Schriftenreihe des Archivs für
Urheber- und Medienrecht (UFITA)

herausgegeben von
Prof. Dr. Michael Grünberger, LL.M. (NYU)
Prof. Dr. Nadine Klass, LL.M. (Wellington)
Band 289

Maria Ottermann

Der Werkschöpfer im Arbeits- und Auftragsverhältnis

Die originäre Inhaberschaft des Urheberrechts unter Berücksichtigung des Urheberpersönlichkeitsrechts und des Urheberkollisionsrechts in Deutschland, England und den Niederlanden

 Nomos

Die Deutsche Nationalbibliothek verzeichnet diese Publikation in der Deutschen Nationalbibliografie; detaillierte bibliografische Daten sind im Internet über http://dnb.d-nb.de abrufbar.

Zugl.: Siegen, Univ., Diss., 2019

ISBN 978-3-8487-5873-9 (Print)
ISBN 978-3-7489-0006-1 (ePDF)

1. Auflage 2019
© Nomos Verlagsgesellschaft, Baden-Baden 2019. Gedruckt in Deutschland. Alle Rechte, auch die des Nachdrucks von Auszügen, der fotomechanischen Wiedergabe und der Übersetzung, vorbehalten. Gedruckt auf alterungsbeständigem Papier.

Meinen Eltern

Vorwort

Die vorliegende Arbeit wurde im Jahr 2018 von der Juristischen Fakultät der Universität Siegen als Dissertation angenommen. Gesetzgebung, Rechtsprechung und Literatur sind auf dem Stand von Oktober 2016.

Besonderer Dank gebührt meiner Doktormutter Frau Professor Dr. Nadine Klass, die die Erstellung der Arbeit mit wertvollen Anregungen begleitet und unterstützt hat. Ebenfalls möchte ich mich bei Herrn Professor Dr. Hannes Rösler für die zügige Erstellung des Zweitgutachtens und die angenehme Prüfungsatmosphäre bei der Disputation bedanken.

Ganz herzlich möchte ich mich bei Sophia Bergler bedanken, die mir immer mit viel Geduld, anregenden Diskussionen und Hilfsbereitschaft zur Seite stand. Dr. Ruth Baumann danke ich von Herzen für unsere kurzweiligen Mittagessen und Kaffeepausen, die meinen Bibliotheksalltag mit viel Freude und Energie gefüllt haben.

Mein ganz besonderer Dank gilt meinem Ehemann, der jede Herausforderung meines Studiums, Rechtsreferendariats und auch der Promotion liebevoll und stoisch mitgetragen hat.

Meinen Eltern, denen ich diese Arbeit widme, und meiner Schwester gilt der größte Dank. Ihre bedingungslose und tatkräftige Unterstützung hat mich auf allen meinen Lebenswegen begleitet. Dafür möchte ich ihnen von Herzen danken.

München, im Juli 2019   Maria Ottermann

Inhaltsverzeichnis

Einleitung

Der Großteil der urheberrechtlich geschützten Arbeitsergebnisse wird in Deutschland durch angestellte oder beauftragte Werkschöpfer geschaffen. Das deutsche Urheberrechtsgesetz hingegen richtet sein Leitbild weiterhin allein an dem freien Werkschöpfer aus, der mit 23,1 % nur einen Bruchteil der insgesamt kreativ Tätigen darstellt.[1]

Zu welchen Auswirkungen führt es, dass das Leitbild des Urheberrechtsgesetzes und die Realität derart auseinanderlaufen?

Betrachtet man die Frage der originären Inhaberschaft des Urheberrechts näher, so gilt ebenso wie beim Freischaffenden sowohl beim angestellten als auch beim beauftragten Werkschöpfer das Schöpferprinzip. D.h. derjenige, der das Werk anfertigt, selbst wenn er mit der Werkschöpfung gesondert beauftragt und bezahlt wurde oder von seinem Arbeitgeber zu Anfertigung angewiesen wurde und dabei ggfs. auf Mittel seines Arbeit- oder Auftraggebers zurückgegriffen hat, ist Urheber des Werks und nach § 7 UrhG auch originärer Inhaber des Urheberrechts. Somit ist dem angestellten und beauftragten Urheber originär das Recht vorbehalten, über die Verwertung seiner Werke zu entscheiden. Aufgrund der translativen Unübertragbarkeit des Urheberrechts kann der Arbeit- bzw. Auftraggeber jedoch nicht Vollrechtsinhaber werden, sondern nur abgeleitete Nutzungsrechte erwerben.[2]

---

1 Bericht des BMWi, Eckdaten der Kultur- und Kreativwirtschaft 2016, S. 4. Die Kernerwerbstätigkeit in der Kultur- und Kreativwirtschaft lag im Jahr 2015 bei rund 1.048.936 Kernerwerbstätigen. Die Kernerwerbstätigen umfassen steuerpflichtige Unternehmer/-innen mit mindestens 17.500 Euro Jahresumsatz und sozialversicherungspflichtig Beschäftigte. Geringfügig Beschäftigte werden dabei nicht berücksichtigt. Zählt man die geringfügig Beschäftigten von rund 518.673 hinzu, betrug die Gesamterwerbstätigenzahl im Jahr 2015 bei rund 1,6 Millionen. Siehe dazu den jährlich erscheinenden Bericht des BMWi, Eckdaten der Kultur- und Kreativwirtschaft 2016, Tabelle 2.1, S. 6. Eine Selbständigenrate von 23,1 % in der Kultur- und Kreativwirtschaft ist im Vergleich zu anderen Branchen vergleichsweise hoch. In den Branchen der Chemischen Industrie, der Energieversorgung, der Finanzdienstleistung, der Maschinenbau- und Automobilindustrie liegt die Zahl der abhängig Beschäftigten bei weit über 90 %, siehe dazu BMWi, Eckdaten der Kultur- und Kreativwirtschaft 2014, Abbildung 2.2, S. 16.
2 Siehe dazu Erstes Kapitel, § 4 A. I.

Auch im Rahmen der urheberpersönlichkeitsrechtlichen Befugnisse unterscheidet das deutsche Urhebergesetz nicht danach, ob das Werk in Erfüllung eines Arbeits- oder Auftragsverhältnis geschaffen wird, sodass das Gesetz auch hier davon ausgeht, dass zwischen dem Arbeit- bzw. Auftragnehmer und dem von ihm geschaffenen Werk ein geistiges Band besteht, das es rechtfertigt, den angestellten und beauftragten Werkschöpfer den Zeitpunkt der Veröffentlichung seines Werks mitbestimmen zu lassen, als Urheber namentlich genannt zu werden, Änderungen seines Ursprungswerks entgegentreten zu können, sich Zugang zu seinem Werk zu verschaffen und die Nutzungsrechte wegen Nichtausübung oder wegen gewandelter Überzeugung zurückzurufen.

Das deutsche Recht weist jedoch nicht einheitlich die originäre Rechtsinhaberschaft dem Arbeitnehmer zu. Während das Urheberrecht uneingeschränkt dem Urheber die originäre Inhaberschaft des Urheberrechts zuweist, gilt hingegen nach den Wertungen im Arbeits- und Sachenrecht der Arbeit- bzw. Auftraggeber als Eigentümer der hergestellten Sache, wenn ein Werk in Erfüllung eines Arbeits- oder Auftragsverhältnis geschaffen wurde.[3] Nach § 950 Abs. 1 BGB erwirbt derjenige das Eigentum an einer Sache, der durch Verarbeitung daraus eine neue bewegliche Sache herstellt, sofern nicht der Wert der Verarbeitung erheblich geringer ist als der Wert des verarbeiteten Stoffes. Hersteller im Sinne des § 950 BGB ist dabei nicht zwingend derjenige, der die verarbeitende Tätigkeit selbst durchführt, sondern nach der Rechtsprechung derjenige, in dessen Namen und wirtschaftlichem Interesse die Herstellung erfolgt. Damit tritt die sachenrechtliche Zuordnung der Inhaberschaft des Eigentums an dem Arbeitsergebnis in Konflikt zu der urheberrechtlichen Wertung des Schöpferprinzips.

Wie lösen andere Rechtsordnungen in Europa diesen Konflikt zwischen dem Urheber-, Sachen- und Arbeitsrecht, wenn ein Werkschöpfer in Erfüllung eines Arbeits- oder Auftragsverhältnisses ein Werk schafft?

Besonders interessant ist dabei der Rechtsvergleich mit den Urheberrechtssystemen in England[4] und den Niederlanden. Während Deutschland ein klarer Vertreter des Droit d' auteur-Ansatzes ist, nach welchem das ur-

---

3 Siehe dazu Erstes Kapitel, § 3 A. II.

4 Der im Rahmen dieser Arbeit verwendete Begriff des englischen Rechts ist nicht gleichbedeutend mit dem im Vereinigten Königreich von Großbritannien und Nordirland geltendem Recht. Das Vereinigte Königreich von Großbritannien und Nordirland gliedert sich in vier selbständige Teilrechtsordnungen: England, Wales, Nordirland und Schottland. England, Wales und Nordirland haben ihren Ursprung im Common Law-Rechtskreis; Schottland basiert hingegen auf römisch-

heberrechtlich geschützte Werk stets auch eine Ausprägung der Persönlichkeit des (angestellten und beauftragten) Werkschöpfers darstellt und den ideellen Interessen des Werkschöpfers auch im Arbeits- und Auftragsverhältnis eine bedeutende Rolle beigemessen wird, ist das Rechtssystem Englands von der gegenläufigen Rechtstradition des Common Law geprägt. Danach wird der Schutz des Urheberrechts rein utilitaristisch mit dem Anreiz für weitere Werkschöpfungen begründet. [5] Um die getätigte Investition zu schützen, weist der englische Copyright, Designs and Patent Act (CDPA) dem Arbeitgeber die originäre Inhaberschaft des *copyright* zu, wenn das Werk in Erfüllung eines Arbeitsverhältnisses geschaffen wird, sog. „*work made for hire*". Zudem kann der Arbeitgeber nahezu ungestört von ideellen Interessen des Arbeitnehmers, das Werk verwerten, da der CDPA zahlreiche gesetzliche Sonderregelungen enthält, die die Anwendung der moral rights für den angestellten und auch beauftragten Werkschöpfer unanwendbar machen oder erheblich einschränken.

Darüber hinaus bietet sich auch ein Vergleich der deutschen mit der niederländischen Rechtslage an, weil das niederländische Auteurswet als Vertreter des Droit d' auteur-Ansatzes ist, den Konflikt zwischen dem Urheber, Sachen- und Arbeitsrecht im Vergleich zu Deutschland ganz anders löst. Denn nach der niederländischen Rechtslage kann dem Arbeit- und dem Auftraggeber originär die Inhaberschaft des Urheberrechts zugewiesen werden.[6] Darüber hinaus lässt sich in der Rechtsprechung eine Tendenz erkennen, wonach auch dem Arbeit- bzw. Auftraggeber die *morele rechten* zugewiesen werden sollen.[7]

---

niederländischen Recht, das jedoch auch vom Common Law-Rechtskreis beeinflusst ist. Das CDPA gilt in allen vier Teilrechtsordnungen. Gerade im Hinblick auf die Gültigkeit und Auslegung von Verträgen können sich jedoch Unterschiede zwischen den Rechtsordnungen in England, Wales auf der einen und Schottland auf der anderen Seite ergeben. Auch für Nordirland gelten häufig abweichende Sonderregelungen. Im Folgenden soll daher unter englischem Recht das Recht von England und Wales verstanden werden, es sei denn, die jeweilige gesetzliche Regelung ist auch in Schottland und Nordirland anwendbar. Siehe dazu Blumenwitz; Einführung in das anglo-amerikanische Recht; 2003, S. 11ff; Henrich/Huber; Einführung in das englische Privatrecht; 2003, S. 36ff; Appt, Der Buy-out-Vertrag im Urheberrecht, 2008, S. 53ff; Hirst in: Reimer, Dietrich; Vertragsfreiheit im Urheberrecht; Vertragsfreiheit im englischen Urheberrecht; S. 63 f.

5 Auch hier verdeutlicht sich die Schutzausrichtung des englischen Urheberrechts bereits bei der Bezeichnung des geltenden englischen Urheberrechtsgesetzes, den Copyright Designs and Patent Act (CDPA), der bereits mit dem Begriff copyright eingeleitet wird.

6 Siehe dazu Erstes Kapitel § 3 C. II.

7 Siehe dazu Erstes Kapitel § 5 C. II.

Vor dem Hintergrund dieser gegensätzlichen Rechtstraditionen und der unterschiedlichen Lösungsansätze der deutschen, englischen und niederländischen Rechtslage stellt sich dennoch die Frage, ob in der Rechtspraxis überhaupt Unterschiede bestehen oder vielmehr Wege gefunden werden, die die unterschiedliche gesetzliche Ausgangslage überwinden, sodass man am Ende zu demselben bzw. zu ähnlichen Ergebnissen gelangt.[8]

Das erste Kapitel widmet sich der Darstellung der nationalen sachrechtlichen Unterschiede, die in Bezug auf die Werke bestehen, die in Erfüllung eines Arbeits- oder Auftragsverhältnis geschaffen werden. Begonnen wird dabei mit der Darstellung der geltenden Rechtslage nach Maßgabe der Revidierten Berner Übereinkunft und des Unionsrechts.[9] Dem schließt sich eine Darstellung der nationalen Rechtslage in Deutschland, England und den Niederlanden an. Hierbei sollen die folgenden Fragen geklärt und erläutert werden: Wer ist originärer Inhaber des Urheberrechts?[10] In welchem Umfang ist der Arbeit- bzw. Auftraggeber zur Verwertung befugt?[11] Gibt es Fälle, in denen der angestellte oder beauftragte Werkschöpfer Anspruch auf eine gesonderte Vergütung hat?[12] Enden die Rechte des Arbeitgebers mit der Beendigung des Arbeitsverhältnisses?[13] Welche urheberpersönlichkeitsrechtlichen Befugnisse stehen dem angestellten bzw. beauftragten Werkschöpfer zu?[14] Können diese urheberpersönlichkeitsrechtlichen Befugnisse vertraglich eingeschränkt werden und wenn ja, in welchem Umfang?[15]

Die Arbeit beschränkt sich jedoch nicht nur auf die Darstellung der materiell-rechtlichen Rechtslage. Denn daneben ist auch entscheidend, welche Rechtsordnung aus kollisionsrechtlicher Sicht zur Anwendung gelangt, wenn entweder die Werkschöpfung oder die Werkverwertung über die nationalen Grenzen hinweggeht. Das *outsourcing* von Werkschöpfungen oder nur einzelner Arbeitsschritte wird sowohl im Arbeits- als auch im Auftragsverhältnis immer verbreiteter. Auch die europaweite bzw. weltweite Verwertung eines Werks ist die Regel geworden. Die rechtliche Beurteilung der grenzüberschreitenden Schöpfung und Verwertung eines in Erfüllung eines Arbeits- und Auftragsverhältnisses geschaffenen Werks im-

---

8 Siehe dazu Erstes Kapitel §§ 4 und 5.
9 Siehe dazu Erstes Kapitel § 1.
10 Siehe dazu Erstes Kapitel § 3 A und B sowie C.
11 Siehe dazu Erstes Kapitel § 4 A und B sowie C.
12 Siehe dazu Erstes Kapitel § 4 A. III.4 und § 4 A.IV.1.4.6.
13 Siehe dazu Erstes Kapitel § 4 A.IV.1.4.7.
14 Siehe dazu Erstes Kapitel § 5 A.I und § 5 B.I sowie & 5 C.I.
15 Siehe dazu Erstes Kapitel § 5 A.III und § 5 B.III sowie & 5 C.III.

pliziert jedoch große rechtliche Herausforderungen. Mit der territorial begrenzten Geltung der nationalen Urheberrechte, führen die nationalen Besonderheiten bei der Zuweisung der originären Inhaberschaft des Urheberrechts und den urheberpersönlichkeitsrechtlichen Befugnissen des Schöpfers zu Rechtsunterschieden bei Grenzübertritt. Dies hat gerade auf die Beurteilung der originären Inhaberschaft des Urheberrechts, der rechtsgeschäftlichen Disposition über die vermögensrechtlichen und urheberpersönlichkeitsrechtlichen Befugnisse Auswirkungen. Der Darstellung des materiellen Urheberrechts schließt sich im daher in dem zweiten Kapitel ein Überblick über das geltende Urheberkollisionsrecht an. Dabei werden zunächst die urheberkollisionsrechtlichen Vorgaben aus den internationalen Konventionen und des primären und sekundären Unionsrechts vorgestellt, die die originäre Inhaberschaft des Urheberrechts unter Berücksichtigung des Urheberpersönlichkeitsrechts betreffen.[16] Zudem werden die nationalen Rechtsordnungen Deutschlands, Englands und den Niederlanden, insbesondere im Hinblick auf die in der Rechtsprechung und der Literatur vertretenen Ansichten, dargestellt.[17]

Bei Sachverhalten mit Auslandsberührung kommt erschwerend hinzu, dass es (bisher) kein einheitliches internationales oder europäisches Urheberrecht gibt, sondern die weltweite Beurteilung des Urheberrechts (auch im Arbeits- und Auftragsverhältnis) von den eingangs dargestellten, zwei konträren Rechtstraditionen geprägt ist. Im dritten Kapitel werden die Harmonisierungsbestrebungen in Europa betrachtet, die die Anknüpfung der Inhaberschaft des Urheberrechts unter Berücksichtigung des Urheberpersönlichkeitsrechts betreffen. Die Darstellung unterscheidet dabei zwischen den Harmonisierungsvorschlägen des materiellen Urheberrechts und des Urheberkollisionsrechts.[18] Die Arbeit schließt mit einer Zusammenfassung und einem Ausblick.

---

16 Siehe dazu Zweites Kapitel § 2 und § 3.
17 Siehe dazu Zweites Kapitel §§ 4 bis 8.
18 Siehe dazu Drittes Kapitel § 1 und § 2.

Erstes Kapitel: Die originäre Inhaberschaft des Urheberrechts im Arbeits- und Auftragsverhältnis unter Berücksichtigung des Urheberpersönlichkeitsrechts

§ 1 *Der Schutz des Werkschöpfers nach der Revidierten Berner Übereinkunft und dem Unionsrecht*

Die angestellten und beauftragten Werkschöpfer befinden sich in einer Spannungslage zwischen den Prinzipien des Urheber-, Sachen- und Arbeitsrechts wieder. Demjenigen, dem die originäre Inhaberschaft des Urheberrechts zugewiesen wird, gebührt auch das Recht originär über die Verwertung des Werks zu bestimmen. Die Verwertung des Werks ist wiederum eng mit der Frage verbunden, ob dem angestellten und beauftragten Werkschöpfer urheberpersönlichkeitsrechtliche Befugnisse zustehen, nach welchen sie auf den Zeitpunkt, die Art und den Umfang der Verwertung Einfluss nehmen können. Wer bestimmt über die Veröffentlichungsreife des Werks? Muss der (angestellte bzw. beauftragte) Werkschöpfer als Urheber namentlich genannt werden? Darf ein Werk nach Fertigstellung nochmals abgeändert werden? All dies sind Fragen, die für diejenigen, die ein Werk verwerten, es jedoch nicht selbst geschaffen haben, von großer Bedeutung sind. Denn handelt der Verwerter ohne eine entsprechende Befugnis kann er den Unterlassungs-, Auskunfts- und Schadensersatzansprüchen des Werkschöpfers ausgesetzt sein. Entscheidend ist daher, wem die originäre Inhaberschaft des Urheberrechts zugewiesen wird und wem und in welchem Umfang die urheberpersönlichkeitsrechtlichen Befugnisse zustehen und in welchem Umfang über diese Rechte vertraglich verfügt werden kann.

Ob der Revidierten Berner Übereinkunft (RBÜ) oder dem Unionsrecht Antworten zu diesen Fragen entnommen werden können, soll Gegenstand der nachfolgenden Untersuchung sein.[19] Der Darstellung der Regelungen

---

19 Das Verhältnis des nationalen Urheberrechts zu den Europäischen Richtlinien und den völkerrechtlichen Vereinbarungen ermittelt sich nach Art. 3 Nr. 1 und Nr. 2 EGBGB. Danach sind unmittelbar anwendendes Sekundärrecht und Regelungen in völkerrechtlichen Vereinbarungen vorrangig gegenüber dem nationalen autonomen Recht zu berücksichtigen, soweit sie unmittelbar anwendbares

der Revidierten Berner Übereinkunft[20] folgt eine Untersuchung des Unionsrechts. Dem schließt sich eine kurze Erörterung der Auswirkungen der „Deckmyn"- Entscheidung des EuGH[21] auf den Schutzumfang der Urheberpersönlichkeitsrechten an.[22]

A. Revidierte Berner Übereinkunft

Die Revidierte Berner Übereinkunft zum Schutz von Werken der Literatur und Kunst vom 9. September 1886 ist eine der wichtigsten internationalen Rechtsgrundlagen in Bezug auf das Urheberrecht.[23] Die Schutzwirkung der RBÜ basiert zum einen auf dem Inländergleichbehandlungsgrundsatz, der nach Art. 5 Abs. 1, 2. HS RBÜ besagt, dass den ausländischen Urhebern für die konventionsgeschützten Werke in allen Verbandsländern, ausgenommen dem eigenen Ursprungsland, die den Inländern im Inland ge-

---

innerstaatliches Recht geworden sind. Nach Art. 3 Nr. 2 EGBGB ergibt sich der Vorrang der Regelungen der Revidierten Berner Übereinkunft gegenüber dem nationalen Recht und nach Art. 216 AEUV ergibt ein Vorrang der völkerrechtlichen Regelungen vor dem Unionsrecht.

20 Deutschland ist seit dem 5.12.1887, die Niederlande seit dem 1.11.2011 und das Vereinigte Königreich ist seit dem 5.12.1887 Mitglied.
der RBÜ. Daneben ist auch die Europäische Union selbst Mitglied.

21 EuGH, GRUR Int. 2014, 969 – Johan Deckmyn and Vrijheidsfonds VZW v. Helena Vandersteen („Deckmyn").

22 Das Übereinkommen über handelsbezogene Rechte des geistigen Eigentums (Trade-Related Aspects of Intellectual Property Rights), kurz TRIPS, bleibt in der Arbeit unberücksichtigt, da TRIPS in wichtigen Punkten auf die RBÜ aufbaut. Nach Art. 9 Abs. 1 S. 1 TRIPS ist für
die TRIPS der Schutzgehalt der RBÜ in der Form der Pariser Fassung aus dem Jahr 1971 zugrunde zu legen. Danach finden Art. 1-21 der RBÜ in der Pariser Fassung Anwendung. Das TRIPS klammert die urheberpersönlichkeitsrechtliche Regelung des Art. 6 bis RBÜ aus, auch wenn dies teilweise durch die Einführung des Art. 1 Abs. 4 WCT (und Art. 5 WPPT) wieder rückgängig gemacht.

23 Im Laufe seiner Rechtskraft erfuhr der Vertrag zahlreiche Vervollständigungen und Revisionen. Vervollständigung in Paris am 4. Mai 1896; Revision in Berlin am 13. November1908; Vervollständigung in Bern am 20. März 1914; Revision in Rom am 2. Juni 1928; Revision in Brüssel am 26. Juni 1948; Revision in Stockholm am 14. Juli 1967; Revision in Paris am 24. Juli 1971 und am 28. September 1979. Inzwischen ist jedoch mit dem WIPO Copyright Treaty (WCT) von 1996 ein Sonderabkommen i.S.v. Art. 20 RBÜ abgeschlossen, das einer weiteren Revision gleichkommt. Seit der Revision von Berlin 1908 wird die Übereinkunft auch Revidierte Berner Übereinkunft zum Schutz von Werken der Literatur und Kunst genannt.

währten Rechte zustehen. Der ausländische Urheber hat danach im Inland einen Anspruch auf materielle Gleichbehandlung mit den Inländern. Zum anderen normiert die RBÜ einen Mindeststandard an besonderen Rechten, die einem Urheber gewährt werden müssen. Zu den besonderen Rechten zählt u.a. die Regelung der Urheberpersönlichkeitsrechte in Art. 6 bis RBÜ.[24] Die Verbandsländer sind nach Art. 36 RBÜ verpflichtet, die notwendigen Maßnahmen zu ergreifen, um die Anwendung dieser Übereinkunft zu gewährleisten.[25] Eine Vorgabe zu der Art der Umsetzung ergibt sich aus Art. 36 RBÜ nicht. Inhaltlich beschränken sich die Vorgaben aus der RBÜ auf das Urheberrecht für internationale Sachverhalte. Vorgaben

---

24 Die 1928 in Rom stattfindende Konferenz hatte erstmalig die Vereinheitlichung des Urheberpersönlichkeitsrechts zum Inhalt. Mit Art. 6 bis RBÜ wurde eine Norm geschaffen, die zwei Regelungen zum Urheberpersönlichkeitsrecht enthielt. Seit der Stockholmer Konferenz im Jahr 1967 hat Art. 6 bis RBÜ den aktuellen Inhalt. An Bedeutung hat die RBÜ durch den Einbezug in das TRIPS-Abkommen gewonnen, das die Art. 1-21 RBÜ gemäß Art. 9 Abs. 1 S. 1 TRIPS zur Grundlage der Urheberrechtsvorschriften macht und diese Artikel damit auch für die WTO-Mitgliedsländern verpflichtend sind. Obwohl das TRIPS-Übereinkommen seine Mitglieder nicht verpflichtet, der RBÜ auch beizutreten, so haben sich de facto sehr viele Länder zum Beitritt zur RBÜ entschlossen. Bisher haben sich jedoch nicht alle Mitgliedsstaaten entschlossen, der Berner Übereinkunft in der Romer Fassung aus dem Jahr 1928 beizutreten, in denen erstmalig Ausführungen zu den Urheberpersönlichkeitsrechten aufgenommen wurden. Auch die Europäische Union ist über Art. 9 Abs. 1 TRIPS an die Regelungen der RBÜ (jedoch mit Ausnahme der Regelungen über das Persönlichkeitsrecht nach Art. 6 bis RBÜ) gebunden. Die RBÜ zählt damit mittelbar zu dem Rechtsbestand der Europäischen Union. Siehe dazu Gaster, ZUM 2006, 8 (9), der die RBÜ als „quasi acquis communautaire" bezeichnet. Siehe dazu auch Lewinski/Katzenberger/Walter in: Loewenheim, Hdb. des Urheberrechts, § 57 Rn. 18.

25 Grundsätzlich kann dieser Vorgabe durch die unmittelbare Anwendung der RBÜ oder die Umsetzung des Vertrags in Form eines Zustimmungsgesetzes nachgekommen werden. Nach Art 94 der Niederländischen Verfassung gelten völkerrechtliche Verträge unmittelbar. Neben der Anpassung der materiellen Rechte auch für Inländer, hat der deutsche Gesetzgeber im Rahmen von § 121 Abs. 4 UrhG ausdrücklich die RBÜ für anwendbar erklärt. Dieser Verweis ist jedoch deklaratorisch, da der konventionsgeschützte Ausländer sich auch direkt auf die RBÜ berufen kann. Setzt der deutsche Gesetzgeber die RBÜ in Form eines Zustimmungsgesetzes um nach Art. 59 Abs. 2, 82 GG, so hat die RBÜ den Rang eines einfachen Gesetzes. Umstritten ist, ob dem UrhG ein Anwendungsvorrang zukommt. Dies ablehnend: BGH, GRUR Int 1987, 40 – Bora Bora; dazu auch Riesenhuber, ZUM 2003, 333 (337).

für rein inländische Sachverhalte für die Auslegungen der nationalen Rechtsordnungen ergeben sich aus der RBÜ nicht.[26]

I. Urheberschaft und Inhaberschaft des Urheberrechts

Die RBÜ definiert weder wer Schöpfer des Werks (Urheber) noch wer Inhaber des Urheberrechts ist.[27] Dennoch trifft die RBÜ an einzelnen Stellen Aussagen zum Urheber und scheint daher gedanklich vom Schöpferprinzip auszugehen.[28] Nach Art. 15 Abs. 1 RBÜ gilt die natürliche Person als Urheber, deren Name in der üblichen Weise auf dem Werkstück angegeben ist. Die RBÜ schweigt jedoch, wenn nicht nur ein Urheber, sondern mehrere Urheber eigenschöpferische Beiträge, geleistet haben oder es sich um Filmwerke handelt. Nach Art. 15 Abs. 2 RBÜ gilt dort, dass die natürliche oder juristische Person als Hersteller des Filmwerks gilt, deren Name in der üblichen Weise auf dem Werkstück angegeben ist. Sofern Filmwerke betroffen sind, ergibt sich daher nach der RBÜ für die nationale Gesetzgebung die Möglichkeit, den Hersteller des Filmwerks zu bestimmen.[29] Die Bezeichnung des Herstellers in Art. 15 Abs. 2 RBÜ neben dem Begriff des Urhebers lässt den Schluss zu, dass es eine Unterscheidung zwischen der Urheberschaft und der Inhaberschaft des Urheberrechts geben kann.[30]

---

26 Diskutiert wird jedoch, ob die RBÜ insbesondere im Rahmen von Art. 10 Abs. 1 RBÜ (Zitierfreiheit) einen Maximalstandard vorgibt, der auch in rein nationalen Sachverhalten zu beachten ist. Darüber hinaus ist auch häufig von der „konventionsfreundlichen" Auslegung des nationalen Rechts die Rede. Beschränkt sich der Sachverhalt auf inländische Geschehnisse, ist dies jedoch abzulehnen: siehe dazu Riesenhuber, ZUM 2003, 333 (340).

27 Stewart/Sandison, International copyright and neighbouring rights, § 5.29; Ricketson/Ginsburg, International copyright and neighbouring rights, 2006, 7.02; Seignette in: ALAI, Copyright in cyberspace, 1996, report of the Netherlands, 309 (310); Quaedvlieg, AMI 1997, 155 (159).

28 Dietz in: Leser/Isomura, S. 851; Nordemann/Vinck/Hertin/Meyer, International copyright and neighboring rights law; 1990, S. 48; Katzenberger in: Schricker, Urheberrecht auf dem Weg zur Informationsgesellschaft, 1997, S. 55 (zur Inhaberschaft des Urheberrechts in WUA und TRIPS, siehe auch S. 57f.); Ricketson, The Berne Convention for the Protection of Literary and Artistic Works; 1987, S. 159.

29 Dazu auch Ginsburg/Janklow, Group of consultants on the Private International Law Aspects of the protection of works and objects of related rights transmitted through global digital networks; 1998, S. 22f; Ulmer, Die Immaterialgüterrechte im internationalen Privatrecht, 1975, S. 39; Dietz in: Leser/Isomura, S. 851 ff.

30 So auch Ricketson, The Berne Convention for the Protection of Literary and Artistic Works; 1987, S. 158.

Es lässt sich der RBÜ hingegen nicht entnehmen, ob die Urheberschaft nur einer natürlichen Person zugeteilt werden kann oder auch der juristischen Person im Arbeits-oder Auftragsverhältnis.[31] Dass die RBÜ von einer unterschiedlichen Zuweisung der Urheberschaft ausgeht, ergibt sich auch aus Art. 14 [bis] Abs. 2 lit. a) RBÜ, der in Bezug auf Filmwerke die Inhaberschaft des Urheberrechts dem Schutzlandprinzip unterwerfen möchte und demnach die Freiheit der Vertragsstaaten voraussetzt, die Inhaberschaft des Urheberrechts unabhängig von der Urheberschaft zuzuweisen. Mit der RBÜ vereinbar sind zumindest die translative Übertragung der vermögensrechtlichen Befugnisse des Urhebers.[32]

II. Urheberpersönlichkeitsrecht

Art. 6 [bis] RBÜ enthält zwei Rechte, die die Persönlichkeit des Urhebers schützen. Zum einen das Recht die Urheberschaft am Werk für sich in Anspruch zu nehmen und zum anderen, sich jeder Entstellung, Verstümmelung, sonstigen Änderung oder Beeinträchtigung des Werkes zu widersetzen, die der Ehre des Urhebers oder seinem Ruf nachteilig sein könnten. Weitere Urheberpersönlichkeitsrechte sind in der RBÜ nicht enthalten.[33] Die Rechte nach Art. 6 [bis] Abs. 1 RBÜ sind dabei unabhängig von der Übertragung der Vermögensrechte des Urhebers[34] und können nach Maßgabe des Art. 6 [bis] Abs. 2 RBÜ auch nach dem Tod des Urhebers weiter ausgeübt werden.

---

31 Drobnig, RabelsZ 40 (1976), 195(199); Seignette, AMI 1990, S. 195; Eechoud, Choice of Law in Copyright and Related Rights, 2003, S. 64; Ginsburg, GRUR Int 2000, 97 (104); Ginsburg/Janklow, Group of consultants on the Private International Law Aspects of the protection of works and objects of related rights transmitted through global digital networks; 1998, S. 24. A.A. Dietz in: Festschrift Kitagawa, Der Begriff des Urhebers im Recht der Berner Konvention, 851(868); Ricketson, The Berne Convention for the Protection of Literary and Artistic Works; 1987, S. 159.
32 Dies folgt aus Art. 2 Abs. 6 S. 2 RBÜ, Art. 6 bis RBÜ. Siehe dazu auch Katzenberger in: Schricker, Urheberrecht auf dem Weg zur Informationsgesellschaft, 1997, S. 55.
33 Stewart/Sandison, International copyright and neighbouring rights, § 4.39.
34 Wie der Wortlaut des Art. 6 [bis] Abs. 1 RBÜ verdeutlicht, scheint die RBÜ von einem dualistischen Schutzsystem im Urheberrecht auszugehen, nach der die ideellen Interessen „unabhängig" von den materiellen Interessen geschützt werden und die materiellen Befugnisse übertragbar sind.

1. Recht auf Anerkennung der Urheberschaft am Werk

Der Urheber hat nach Art. 6 ᵇⁱˢ RBÜ das Recht auf Anerkennung seiner Urheberschaft. Dies beinhaltet das Recht des Urhebers, klar und deutlich als Urheber auf dem Werk bezeichnet zu werden.[35] Dieses Recht kann in drei Bestandteile aufgeteilt werden: Das Urheberbennungsrecht und das Recht, die Art und die Weise der Urheberbenennung zu bestimmen. Aus Art. 7 Abs. 3 RBÜ wird geschlossen, dass der Urheber sein Werk auch anonym oder pseudonym veröffentlichen kann.[36] Der Urheber hat danach auch das Recht, sich gegen die fehlende Bezeichnung seiner Urheberschaft zur Wehr zu setzen.[37] Und schließlich beinhaltet das Recht auf Anerkennung der Urheberschaft auch das Recht, sich gegen die falsche Zuschreibung der Urheberschaft zu wehren.[38]

2. Recht auf Schutz der Werkintegrität

Die RBÜ gibt ferner dem Urheber das Recht, sich gegen jede Entstellung, Verstümmelung, sonstige Änderung oder Beeinträchtigung des Werkes zu wehren, die seiner Ehre oder seinem Ruf nachteilig sein könnten. Unter die Entstellung oder Verstümmelung des Werks fallen direkte Eingriffe in die Werksubstanz, die das Werk und seine Rezeption verändern.[39] Unter „sonstige Beeinträchtigungen" des Werks fallen Nutzungshandlungen des Werks, durch die das Werk nicht in seiner Substanz beeinträchtigt wird, sondern in einem falschen Zusammenhang dargestellt wird.[40] Die Zerstö-

---

35 Ricketson/Ginsburg, International copyright and neighbouring rights, 2006, 10.19.

36 Unklar ist, ob dieses Recht seine Bezeichnung nochmals ändern kann oder ob er an seine erstmalige Bezeichnung gebunden ist. Für eine Bindung an seine erste Wahl: Byrne-Sutton, The owner of a work of visual art and the artist: potential conflict of interests in: Palmer and McKendrick, Interests in Goods 1993, S. 296.

37 Ricketson/Ginsburg, International copyright and neighbouring rights, 2006, 10.19. Das Recht auf Anerkennung der Urheberschaft umfasst jedoch nicht das Recht, sich gegen die Anmaßung der Urheberschaft Dritter zur Wehr zu setzen.

38 Nach Laddie/Prescott/Vitoria, The modern law of copyright and designs, 2011, S. 1015, beinhaltet dies auch das Recht, das einmal gewählte Pseudonym mit der tatsächlichen Namensnennung zu ersetzen.

39 Ricketson/Ginsburg, International copyright and neighbouring rights, 2006, 10.22.

40 Ricketson/Ginsburg, International copyright and neighbouring rights, 2006, 10.24.

rung des Werks stellt hingegen keine Verletzung des Schutzes der Werkintegrität nach Art. 6 [bis] Abs. 1 RBÜ dar.[41] Ob der direkte oder indirekte Eingriff in das Werk auch die Ehre und das Ansehen des Urhebers beeinträchtigt, ist nach objektiven Kriterien zu ermitteln.[42]

3. Rechtsgeschäftliche Disposition über das Urheberpersönlichkeitsrecht

Unklar bleibt, ob sich aus der RBÜ entnehmen lässt, dass die Urheberpersönlichkeitsrechte unübertragbar sind und stets beim Schöpfer verbleiben.[43] Einerseits wird angeführt, dass das Urheberpersönlichkeitsrecht auch dem Schutz des Urhebers vor sich selbst gilt und daher unübertragbar sein müsse.[44] Dem wird jedoch der unklare Wortlaut der RBÜ entgegengehalten.[45] Daher lasse sich entweder der RBÜ entnehmen, dass bei einer vertraglichen Übertragung der vermögensrechtlichen Befugnisse des Urhebers die Urheberpersönlichkeitsrechte beim Urheber verbleiben oder alternativ die Urheberpersönlichkeitsrechte nur dann nicht beim Urheber verbleiben, wenn sie nicht ausdrücklich schriftlich im Vertrag vorbehalten sind[46]. Für die zweite Auslegung spricht, dass sowohl das Vorbringen der

---

41 Ricketson/Ginsburg, International copyright and neighbouring rights, 2006, 10.26 m.w.N., die anführen, dass diese Frage im Rahmen der Brüsseler Konferenz im Jahr 1948 diskutiert wurde. Darin wurde beschlossen, dass die Vertragsstaaten selbst regeln könnten, dass die Zerstörung eines Werks das Recht auf Werkintegrität des Urhebers verletzen könne.

42 Ricketson/Ginsburg, International copyright and neighbouring rights, 2006, 10.29; A.A. Stewart/Sandison, International copyright and neighbouring rights, 4.43, die anführen, dass Art. 6 bis RBÜ keine Vorgaben dazu trifft, ob die Beeinträchtigung der Ehre und des Ansehens nach objektiven oder subjektiven Kriterien erfolge.

43 Doutrelepont, GRUR 1997, 293(295), merkt an, dass es naheliegend erscheint, dass die Fassung des Art. 6 bis RBÜ vom französischen Rechtssystem geprägt ist und daher nicht translativ übertragbar sei. Ricketson/Ginsburg, International copyright and neighbouring rights, 2006, 10.19, verweist darauf, dass Art. 6 [bis] RBÜ nur eine Basis für den Schutz des Urheberpersönlichkeitsrechts und keine Begrenzung setze („*sets a floor not a ceiling*") und sich daher aus der RBÜ keine abschließenden Regelungen für die moral rights ergeben könne.

44 Masouyé, Kommentar zur Berner Übereinkunft zum Schutz von Werken der Literatur und Kunst, 1981, Art. 6 [bis] Rn. 6.

45 Stewart/Sandison, International copyright and neighbouring rights, 4.43.

46 Stewart/Sandison, International copyright and neighbouring rights, 4.43.

französischen[47] als auch der italienischen[48] Delegation zurückgewiesen wurde, die Urheberpersönlichkeitsrechte unübertragbar auszugestalten.[49]

4. Schutzdauer des Urheberrechts und die Ausübung der Rechte nach dem Tod des Urhebers

Nach Art. 6 ^{bis} Abs. 2 S. 1 RBÜ gilt, dass die dem Urheber nach der RBÜ gewährten Urheberpersönlichkeitsrechte nach dem Tod des Urhebers wenigstens bis zum Erlöschen der vermögensrechtlichen Befugnisse in Kraft bleiben und von den Personen oder Institutionen ausgeübt werden, die nach den Rechtsvorschriften des Landes, in dem der Schutz beansprucht wird, hierzu berufen sind. Die vermögensrechtlichen Befugnisse des Urhebers sind nach Art. 7 Abs. 1 RBÜ bis zu fünfzig Jahre nach dem Tod des Urhebers geschützt. Dies hat zur Folge, dass die Urheberpersönlichkeitsrechte nach der RBÜ fünfzig Jahre nach dem Tod des Urhebers geschützt sind. Nach Art. 6 ^{bis} Abs. 2 S. 2 RBÜ gilt jedoch, dass die Länder befugt sind in ihren nationalen Regelungen vorzusehen, dass einzelne dieser Rechte nach dem Tod des Urhebers nicht aufrechterhalten bleiben.

B. Unionsrecht

Die Harmonisierung des nationalen Urheberrechts wurde 1988 mit dem Grünbuch[50] der Europäischen Kommission eingeleitet. Nachdem die Inhalte des ersten Grünbuchs für dessen industriepolitischen Ansatz kritisiert wurden und als „Urheberrecht ohne Urheber"[51] bezeichnet wurden, fand

---

47 Rapport général, Documents de la Conférence réunie à Bruxelles du 5 au 26 Juin 1948; BIRPI, Berne, 1951, S. 97.
48 Rapport général, Documents de la Conférence réunie à Bruxelles du 5 au 26 Juin 1948; BIRPI, Berne, 1951, S. 184, wonach die italienische Delegation im Jahr 1928 auf der Romkonferenz den Vorschlag vorgebracht hat, dass das Urheberpersönlichkeitsrecht des Urhebers unübertragbar sein müsse.
49 Davies/Garnett, Moral rights, 2010, 1.014, S. 9; Stewart/Sandison, International copyright and neighbouring rights, 4.43.
50 Grünbuch über Urheberrecht und die technologische Herausforderung – Urheberrechtsfragen, die sofortiges Handeln erfordern.
51 Kritik kam u.a. vom Max-Planck-Institut für ausländisches und internationales Patent-, Urheber- und Wettbewerbsrecht, wie beispielsweise Schricker, Harmonisierung des Urheber- und Urheberverlagsrechts im EG-Binnenmarkt, in: Becker, Der Buchhandel im Europäischen Binnenmarkt, 1989, S. 29.

bei der Kommission ein Umdenken statt. 1990 wurde eine weitere Initiative zum Grünbuch vorgelegt, welche das Urheberrecht als Schutz „der schöpferischen Tätigkeit im Interessen der Urheber der unternehmen des Kultursektors, der Verbraucher und letztlich der gesamten Gesellschaft" hervorhob.[52]

Die Europäische Union hat bisher acht für das Immaterialgüterrecht relevante Richtlinien erlassen, sodass sich im Urheberrecht eine lange Tradition und ein großer Bestand internationaler Übereinkommen, denen die Mitgliedsstaaten bzw. die Europäische Gemeinschaft selbst angehören, ergibt. Da die Richtlinien hinsichtlich ihres verfolgten Zwecks verbindlich sein können[53], ist im Folgenden zu untersuchen, ob und welchen Zweck die Richtlinien im Hinblick auf die originäre Inhaberschaft des (angestellten sowie des beauftragten) Urhebers und die Befugnisse aus dem Urheberpersönlichkeitsrecht verfolgen.

I. Originäre Inhaberschaft des Urheberrechts im Arbeits- oder Auftragsverhältnis

Die Schutzdauer-Richtlinie[54] bestimmt in Art. 1 Abs. 1 bis 3 die Schutzdauer für alle urheberrechtlich geschützten Werke nach dem Tod der natürlichen (identifizierbaren) Person. Dies legt die Vermutung nahe, dass generell die natürliche Person, die das Werk geschaffen hat, im Vordergrund steht und daher auch als der originäre Inhaber des Werks gelten soll.[55] Dieser Rückschluss lässt jedoch unbeachtet, dass die Schutzdauer-Richtlinie nicht nur die natürliche Person, die das Werk geschaffen hat, in den Vordergrund der zu wahrenden Schutzinteressen rückt, sondern auch die Person, die die Investition getätigt hat. Nach Art. 1 Abs. 5 und 6 der Schutzdauer-Richtlinie kann die Schutzfrist sich jedoch auch danach rich-

---

52 Initiativen zum Grünbuch, KOM 90/584, 17. Januar 1991.
53 Oppermann/Classen/Nettesheim, Europarecht, § 10 Rn. 111 ff.
54 Die Schutzdauerrichtlinie 93/98/EWG wurde am 15. Januar 2007 durch die aktuell geltende Richtlinie 2006/116/EG des Europäischen Parlaments und des Rates vom 12. Dezember 2006 über die Schutzdauer des Urheberrechts und bestimmter verwandter Schutzrechte, zuletzt geändert durch die Richtlinie 2011/77/EU vom 27. September 2011, ersetzt. Verweise beziehen sich auf die Schutzdauer-Richtlinie in der Fassung der Richtlinie 2006/116/EG.
55 Dem kann jedoch auch entgegnet werden, dass selbst die Rechtsordnungen, die das Urheberrecht originär einer juristischen Person zuordnen, die Schutzdauer des Werks nach dem Schöpfer des Werks bemessen wird.

ten, wann das Werk erlaubterweise der Öffentlichkeit zugänglich gemacht wurde. Darüber hinaus heißt es in Erwägungsgrund 11 der Schutzdauer-Richtlinie ausdrücklich, dass die „Aufrechterhaltung und Entwicklung der Kreativität im Interesse der Autoren, der Kulturindustrie, der Verbraucher und der ganzen Gesellschaft sichergestellt werden solle".[56] Daher lässt sich auch aus der Schutzdauer-Richtlinie keine zwingende Zuweisung der originären Inhaberschaft an die natürliche Person entnehmen. Die Vermiet- und Verleih-Richtlinie bestimmt, dass die dort geregelten Rechte dem Urheber zukommen. Dabei enthält die Richtlinie jedoch keine Definition des Urhebers und überlässt damit diese Mitgliedstaaten.[57]

Die Computerprogramm-Richtlinie[58] bezweckte, die nationalen Unterschiede im Umgang mit dem urheberrechtlichen Schutz von Computerprogrammen zu beseitigen und sollte die in den Mitgliedstaaten bestehenden Uneinigkeiten darüber, ob ein Computerprogramm urheberrechtlichen Schutz erlangen kann, beenden. In Vordergrund stand daher, dass Computerprogramme unter der Kategorie literarischer Werke Schutz erfahren. Zur Frage der Urheberschaft an Computerprogrammen legt Art. 2 Abs. 1 fest, dass entweder die natürliche Person, die das Computerprogramm geschaffen hat, Urheber ist, oder – soweit nach den Rechtsvorschriften der Mitgliedstaaten zulässig – die juristische Person, die nach diesen Rechtsvorschriften als Rechtsinhaber gilt.[59] Ebenso lässt die Datenbank-Richtlinie[60] die Frage der originären Inhaberschaft an der Datenbank, die in einem Beschäftigungs- oder Auftragsverhältnis geschaffen wurden, offen.[61] Art. 4 Abs. 1 der Datenbank-Richtlinie enthält wiederum

---

56 Erwägungsgrund 10 der Schutzdauer-Richtlinie 93/98/EWG des Rates in der Fassung vom 29. Oktober 1993.

57 Schricker, Urheberrecht auf dem Weg zur Informationsgesellschaft, 1997, S. 60.

58 Die Computerprogramm-Richtlinie 91/259/EWG wurde ersetzt durch die Richtlinie 2009/24/EG des Europäischen Parlaments und des Rates vom 23. April 2009 über den Rechtsschutz von Computerprogrammen. Zitierte Artikel beziehen sich auf die Computerprogramm-Richtlinie in der Fassung 2009/24/EG.

59 Der Entwurf der Computerprogramm-Richtlinie enthielt noch die Regelung, dass die juristische Person auch als *Urheber* und nicht nur als Rechtsinhaber gilt; Proposal for a Council Directive on the legal protection of computer programs, COM 88/816, 17.03.1989, S. 32.

60 Richtlinie 96/9/EG des Europäischen Parlaments und des Rates vom 11. März 1996 über den rechtlichen Schutz von Datenbanken.

61 Commission Staff Working Paper on the Review of the EC Legal Framework in the Field of Copyright and Related Rights, SEC (2004) 995, Brussels, 19.7.2004 S. 14, merkt Harmonisierungsbedarf diesbezüglich an (*"it would seem advisable to analyse the issue further and, in particular, identify specific situations where harmonisation would yield added value and address Internal Market needs."*)

die Regelung, dass entweder die natürliche Person oder die Gruppe natürlicher Personen, die die Datenbank geschaffen hat, Urheber einer Datenbank ist. Darüber hinaus erklärt Art. 4.1. Datenbank-Richtlinie auch die juristische Person zum Urheber, wenn diese nach den nationalen Vorschriften als Inhaber des Urheberrechts gilt. Letzteres ist deshalb überraschend, weil es die Definition der Urheberschaft auch auf die juristischen Personen erweitert, die nach der jeweiligen Rechtsvorschrift des Mitgliedstaats gar nicht als Urheber, sondern nur als Rechtsinhaber zählt.[62]

Ausdrücklich regelt der europäische Richtliniengeber die Inhaberschaft an Filmwerken. Nach Art. 2 Abs. 2 der Verleih- und Vermietrechts-Richtlinie[63], Art. 1 Abs. 5 Satelliten- und Kabel- Richtlinie[64] sowie Art. 2 Abs. 1 der Schutzdauer-Richtlinie gilt der Hauptregisseur als der oder einer der Urheber eines Filmwerks oder audiovisuellen Werks.[65] Darüber hinaus ist der Gesetzgeber frei, weitere Personen als Miturheber zu bestimmen. Diese Regelung zeigt eine Tendenz zum Droit d`auteur-System und stellt darüber hinaus eine Kompromissregelung dar, indem es die im Copyright-System geltende (Mit)-Inhaberschaft des Filmproduzenten mit der originären Inhaberschaft des schöpfenden Regisseurs vereint.[66]

---

62 Daher vermutet Grützmacher, Urheber- Leistungs- und sui generis Schutz, 1999, S. 291 Rn. 183, dass Urheberschaft im Sinne der Datenbank-Richtlinie Inhaberschaft des Urheberrechts bedeutet. Dazu auch Quaedvlieg in: Synodinou, Tatiana-Helenē, Codification of European copyright law, Authorship and Ownership, S. 212.

63 Die Richtlinie 92/100/EWG wurde durch die Richtlinie 2006/115/EG vom 12. Dezember 2006 ersetzt. Die zitierten Artikel beziehen sich auf die aktuelle Fassung. Die Definition des Regisseurs als (Mit-) Urheber gilt danach nur für die Zwecke der Richtlinie.

64 Richtlinie 93/83/EWG des Rates vom 27. September 1993 zur Koordinierung bestimmter urheber- und leistungsschutzrechtlicher Vorschriften betreffend Satellitenrundfunk und Kabelweiterverbreitung. Die Definition des Regisseurs als (Mit-) Urheber gilt danach ebenfalls nur für die Zwecke der Richtlinie.

65 Dies bestätigend: EuGH, C-277/10 – Luksan v. Petrus van der Net, nach der der nationale Gesetzgeber dem Filmhersteller nicht die originäre alleinige Inhaberschaft des Urheberrechts zuweisen darf.

66 So auch Quaedvlieg in: Synodinou, Tatiana-Helenē, Codification of European copyright law, Authorship and Ownership, S. 214; Strowel in: Sherman/Strowel; Of authors and origins; Droit d`auteur and Copyright: Between History and Nature; S. 389.

II. Originäre Inhaberschaft des Urheberpersönlichkeitsrechts und
Schutzumfang des Urheberpersönlichkeitsrechts

Keine der Richtlinien regelt unmittelbar das Urheberpersönlichkeitsrechts
des Urhebers. Stattdessen betonen die Schutzdauer-Richtlinie[67], die Satelli-
ten- und Kabelweitersendung-Richtlinie[68] sowie die Computerprogramm-
Richtlinie[69] ausdrücklich, dass sie die urheberpersönlichkeitsrechtlichen
Befugnisse unberührt lassen. Die Datenbank-Richtlinie und die InfoSoc-
Richtlinie verweisen schlicht auf die Regelungen der RBÜ[70]. Die Richtlinie über verwaiste Werke[71], die Vermiet- und Verleih-Richtlinie, die
Durchsetzungs-Richtlinie[72], die Folgerecht-Richtlinie[73] sowie die Richtlinie über Topographien und Halbleitererzeugnisse[74] schweigen gänzlich
zum Urheberpersönlichkeitsrecht.

Auch wenn das Urheberpersönlichkeitsrecht inhaltlich bisher nicht unmittelbarer Gegenstand der Europäischen Harmonisierung war, sind der
Sache nach einzelne Regelungen in den Richtlinien auch für das Urheberpersönlichkeitsrecht von Bedeutung.[75] So geht die Datenbank-Richtlinie
zumindest gedanklich davon aus, dass die natürliche Person, die die Datenbank geschaffen hat, Inhaber des Urheberpersönlichkeitsrechts ist.[76]
Auch aus Art. 1 Abs. 3 Computerprogramm- Richtlinie lässt sich mittelbar
die Vermutung ableiten, dass der angestellte Programmierer Inhaber des
Urheberpersönlichkeitsrechts bleibt, wenn die vermögensrechtlichen Be-

---

67 Art. 9 Richtlinie 2006/116/EG.
68 Erwägungsgrund 28 Richtlinie 2006/115/EG.
69 Dies macht die in Korrektur zum Richtlinienentwurf zusätzliche Einfügung des
    Begriffs „wirtschaftlich" deutlich, hierzu auch Müller-Höll, Der Arbeitnehmerur-
    heber in der Europäischen Gemeinschaft, 2005, S. 101.
70 Erwägungsgrund 28 Datenbank-Richtlinie; Erwägungsgrund 19 InfoSoc-Richtli-
    nie.
71 2014/26/EU.
72 2004/48/EG.
73 2001/84/EG.
74 87/54/EWG.
75 So auch Klass, ZUM 2015, 290 (292); Schricker in: Schricker, Urheberrecht auf
    dem Weg zur Informationsgesellschaft, 1997, S. 84.
76 Siehe Erwägungsgrund 28 der Datenbank-Richtlinie. Der Verweis auf die natürli-
    che Person des Urhebers macht deutlich, dass der juristischen Person, die nach
    Art. 1 Abs. 4 Datenbank-Richtlinie auch als Urheber zählen kann, kein Urheber-
    persönlichkeitsrecht zustehen soll.

fugnisse übertragen werden.[77] Dass der Schöpfer des Werks auch Inhaber des Urheberpersönlichkeitsrechts sein soll, unterstützen auch die Ausführungen zu dem Entwurf der Computerprogramm-Richtlinie[78], nach denen dem angestellten Programmierer zumindest das Recht auf Anerkennung der Urheberschaft zukommen soll.[79] Der in Art. 4 lit. b) Computerprogramm- Richtlinie enthaltene Vorbehalt der Übersetzung, Bearbeitung und Umarbeitung hat auch Bedeutung für das Recht auf Werkintegrität. Ferner werden Umarbeitungen vom Schutzbereich freigestellt, wenn diese Computerprogramme oder Datenbanken betreffen.[80] Aus Art. 5 Abs. 3 (lit. a, c, d, f) InfoSoc-Richtlinie ist darüber hinaus ein Recht auf Anbringung einer Urheberbezeichnung abzuleiten.

---

77 So auch Quaedvlieg in: Synodinou, Tatiana-Helenē, Codification of European copyright law, Authorship and Ownership, S. 207; Czarnota/Hart, Legal Protection of Computer Programs in Europe – A Guide to the EC Directive, S. 50; Lehmann, Die europäische Richtlinie über den Schutz von Computerprogrammen in: Lehmann, Rechtsschutz und Verwertung von Computerprogrammen, 1988, 10, Nr. 9; Buchner, Der Schutz von Computerprogrammen und Know-How in Arbeitsverhältnissen in: Lehmann, Rechtsschutz und Verwertung von Computerprogrammen, 1988, 444, Nr. 67. Auch in Bezug auf die Übertragung des Vermietrechts vom Regisseur auf den Filmhersteller nach Art. 3 Abs. 5 Vermiet- und Verleih-Richtlinie wird angenommen, dass das Urheberpersönlichkeitsrecht beim Regisseur verbleibt; dazu Quaedvlieg in: Synodinou, Tatiana-Helenē, Codification of European copyright law, Authorship and Ownership, S. 215, der hinsichtlich der Unübertragbarkeit der moral rights auf s. 94 CDPA verweist.

78 Explanatory Memorandum, 17.3.1989, COM 88/816, Art. 2.1, S. 22.

79 Entwurf Computerprogramm-Richtlinie, Explanatory Memorandum, COM 88/816, 17.03.1989, Art. 2.1, S. 20.

80 Art. 5 Abs. 1 Computerprogramm-Richtlinie; Art. 5 lt. b), 6 Abs. 1 Datenbank-Richtlinie. Der Entwurf der Computerprogramm-Richtlinie ging sogar so weit, dass das Recht auf Schutz der Werkintegrität eingeschränkt sein sollte, da die wesentliche Veränderung eines Computerprogramms die Regel darstellt und daher aus Sicht des Urhebers nicht besonders relevant ist – in Ausnahme zu den Interessen des Urhebers eines klassischen literarischen Werks. Zudem wird in den Erläuterungen davon ausgegangen, dass ein bestehendes Urheberpersönlichkeitsrecht, wie im Fall der Computerprogramme der Schutz des Urhebers auf Werkintegrität, soweit eingeschränkt werden kann, dass der Schutzumfang auf Null reduziert wird. Siehe dazu Entwurf Computerprogramm-Richtlinie, Explanatory Memorandum, COM 88/816, 17.03.1989, Art. 2.4, S. 21. So auch Quaedvlieg in: Synodinou, Tatiana-Helenē, Codification of European copyright law, Authorship and Ownership, S. 210.

III. Verteilung der vermögensrechtlichen Befugnisse im Arbeits- und Auftragsverhältnis

1. Arbeitsverhältnis

Allein für den Bereich der Computerprogramme trifft die Computerprogramm-Richtlinie eine Regelung für die Verteilung der vermögensrechtlichen Befugnisse. Art. 2 Abs. 3 der Computerprogramm-Richtlinie regelt für den Fall, dass das Computerprogramm von einem Arbeitnehmer in Wahrnehmung seiner Aufgaben oder nach Anweisung des Arbeitgebers geschaffen wurde, dass der Arbeitgeber zur Ausübung aller wirtschaftlichen Rechte an dem so geschaffenen Programm berechtigt sein soll, sofern keine anderen vertraglichen Vereinbarungen getroffen wurden. Im Gegensatz dazu ist für den Fall, dass eine Datenbank im Rahmen eines Arbeitsverhältnisses geschaffen wurde, nur die unverbindliche Empfehlung enthalten, dass die nationalen Gesetzgeber nicht daran gehindert sind, den Arbeitgeber im Falle des Fehlens einer vertraglichen Regelung zur Ausübung aller wirtschaftlichen Befugnisse über die im Rahmen des Arbeitsverhältnisses geschaffenen Werkergebnisse zu ermächtigen.[81] Wird in Art. 2.3 Computerprogramm-Richtlinie noch eine Tendenz zum Common Law-System erkannt, wird teilweise aus der Datenbank-Richtlinie und dem Fehlen einer entsprechenden Regelung des Art. 2.3 Computerprogramm-Richtlinie eine Tendenz zum Droit d`auteur-System vermutet.[82]

2. Auftragsverhältnis

Die Computerprogramm-Richtlinie bezieht ihren persönlichen Anwendungsbereich allein auf angestellte Programmierer. Der Entwurf zur Computerprogramm-Richtlinie enthielt noch eine gesetzliche Vermutung zu-

---

81 Erwägungsgrund 19 der Datenbank-Richtlinie. Auf Antrag der englischen, irischen und niederländischen Delegation enthielt die Datenbank-Richtlinie ursprünglich eine dem Art. 2 Abs. 3 Computerprogramm-Richtlinie entsprechende Zuweisung der vermögensrechtlichen Befugnisse an den Arbeitgeber, die jedoch im Laufe des Verfahrens wieder gestrichen wurde.
82 Leistner, Der Rechtsschutz von Datenbanken im deutschen und europäischen Recht, 2000, S. 84ff; dazu auch Quaedvlieg in: Synodinou, Tatiana-Helenē, Codification of European copyright law, Authorship and Ownership, S. 213.

lasten des beauftragten Programmierers.[83] In die Endfassung der Computerprogramm-Richtlinie wurde das Auftragsverhältnis jedoch nicht mehr aufgenommen.[84] Daher ergeben sich aus der Computerprogramm-Richtlinie keine Rückschlüsse für die Verteilung vermögensrechtlicher Befugnisse im Fall von beauftragten Programmierern.

3. Filmwerke

Gemäß Art. 3 Abs. 5 und 6 der Verleih- und Vermietrechts- Richtlinie können die Mitgliedsstaaten die Vermutung vorsehen, dass ein Urheber, vorbehaltlich anderslautender vertraglicher Regelungen, sein Vermietrecht an den Filmhersteller abtritt, wenn er mit einem Filmproduzenten einen Vertrag als Einzel- oder Tarifvereinbarung über eine Filmproduktion abschließt. Dabei behält der Urheber[85] jedoch seinen unverzichtbaren Anspruch auf Vergütung gemäß Art. 5 der Verleih- und Vermietrechts-Richtlinie.[86] In Erwägungsgrund 5 der Verleih- und Vermietrecht-Richtlinie wird neben dem Schutz des Urhebers auch der Schutz der Investitionsinteressen hervorgehoben.

---

83 Art. 2.3. des Entwurfs (COM 88/816, 17.03.1989, S. 32) lautete: "Where a computer program is created under a contract, the natural or legal person commissioned the program shall be entitled to exercise all rights in respect of the program, unless otherwise provided by contract."

84 Die Aufnahme wurde vom Parlament und dem Rat abgelehnt, siehe dazu Blocher/Walter, Computer Program Directive, S. 118 in: Walter/von Lewinski, European Copyright Law.

85 Obwohl die Verleih- und Vermiet-Richtlinie den Mitgliedstaaten die Möglichkeit überlasst, neben dem Regisseur auch den Produzenten zum Miturheber zu machen, bezieht sich dieser Vergütungsanspruch nur auf den Regisseur. So auch Quaedvlieg in: Synodinou, Tatiana-Helenē, Codification of European copyright law, Authorship and Ownership, S. 215; Krikke, Rental and Lending Directive, Art. 4, S. 249, in: Dreier/Hugenholtz, Concise European Copyright Law, 2006.

86 Der Vergütungsanspruch gilt auch im Rahmen der gesetzlichen Schranken. Siehe EuGH, C-277/10 – Luksan v. Petrus van der Net. Danach muss die Vergütung auch für die private Kopie gemäß Art. 5 Abs. 2 lit. b) InfoSoc-Richtlinie entrichtet werden.

IV. Zusammenfassung

Außer im Fall der Regelung der Urheberschaft des Hauptregisseurs eines Filmwerks, mit der eine klare Präferenz für das Schöpferprinzip des Droit d`auteur-System enthalten ist, treffen die Richtlinien keine zwingenden Regelungen zur Inhaberschaft des Urheberrechts. Im Übrigen hat sich der europäische Richtliniengeber bei der Zuweisung der originären Inhaberschaft des Urheberrechts weder für das Droit d`auteur noch für das Copyright-System entschieden und überlässt es dem nationalen Gesetzgeber die originäre Inhaberschaft des Urheberrechts nach autonomen wirtschaftspolitischen Wertungen zu treffen.[87] Dennoch lässt sich auch dort, wo der Richtliniengeber den Mitgliedstaaten einen Umsetzungsspielraum gewährt, eine Tendenz erkennen, nach der der Europäische Gesetzgeber gedanklich vom natürlichen Schöpfer ausgeht.[88] Dennoch wird stets klargestellt, dass auch eine abweichende Zuweisung an den Investor richtlinienrechtlich möglich ist.

Das Urheberpersönlichkeitsrecht wird in den Europäischen Regelungen weitgehend vernachlässigt. Mittelbar lässt sich den Richtlinien jedoch entnehmen, dass die Inhaberschaft des Urheberpersönlichkeitsrechts der natürlichen Person des Schöpfers zustehen soll. Die Verteilung vermögensrechtlicher Befugnisse sind nur der Computerprogramm-Richtlinie in Bezug auf den angestellten Urheber und der Vermiet- und Verleih-Richtlinie für den Filmurheber zu entnehmen. Ein Vergütungsanspruch des Urhebers ist wiederum nur für den Fall der Abtretung des Vermietrechts an den Filmhersteller geregelt.

C. Schutzumfang der Urheberpersönlichkeitsrechte nach der Deckmyn-Entscheidung des EuGH

Da die nationalen Gerichte nach Art. 288 Abs. 3 AEUV an die Entscheidungen des EuGH gebunden sind, hat auch die Entscheidungspraxis des EuGH Auswirkungen auf den Umfang der nationalen Rechte des Urhe-

---

87 Zugeständnisse musste allein der britische Gesetzgeber im Bereich der Filmwerke machen, indem er auch dem Hauptregisseur des Films die Urheberschaft zuweisen musste, die bis dato allein dem Filmproduzenten zugewiesen war.

88 So Quaedvlieg in: Synodinou, Tatiana-Helenē, Codification of European copyright law, Authorship and Ownership, S. 207 m.w.N.

bers haben. Dies zeigt insbesondere die „Deckmyn"[89]-Entscheidung des EuGH, die – wie das Urteil des BGH „auf fett getrimmt" zeigt –, auch den nationalen Schutzumfang der Urheberpersönlichkeitsrechte, insbesondere das Recht auf Schutz der Werkintegrität nach § 14 UrhG, beeinflusst.

In dem Urteil des EuGH und des BGH ging es jeweils um die Auslegung des Begriffs der Parodie im Rahmen der Nutzung eines urheberrechtlich geschützten Werks. Nach Art. 5 Abs. 3 lit. k) der InfoSoc-Richtlinie[90] sind die Mitgliedstaaten berechtigt, Ausnahmeregelungen für die Nutzung der Werke zum Zwecke von Karikaturen, Parodien oder Pastiches aufzunehmen.[91] Der deutsche Gesetzgeber hat sich gegen eine Umsetzung der fakultativ umzusetzenden Ausnahmeregelung zur Parodie in Art. 5 (3) (k) der Richtlinie entschieden. Veränderungen eines Werks im Rahmen einer Parodie können nach deutschem Rechtsverständnis in das Recht des Urhebers eingreifen mit der Folge, dass Bearbeitungen und Umgestaltungen des Werks nach § 23 S. 1 UrhG nur nach dessen Zustimmung zulässig sind. Dennoch ist die Parodie in ihrer Wirkung als Schutzschranke der Sache nach im Rahmen der privilegierten Nutzung gemäß § 24 Abs. 1 UrhG in der deutschen Rechtsprechung anerkannt.[92]

Nach bisheriger deutscher Rechtsprechung setzte eine privilegierte Nutzung eines Werks im Rahmen einer Parodie voraus, dass ein neues, selbständiges Werk geschaffen wird, das die entlehnten eigenpersönlichen Züge des Ursprungswerks angesichts der Eigenart des neuen Werks verblassen lässt.[93] Da eine Parodie jedoch gerade den Sinn hat, das Ursprungswerk noch zu erkennen, wurde in der Rechtsprechung ein weiteres Kriterium entwickelt: der sog. innere Abstand einer Parodie von seinem Ursprungswerk.[94] Die Benutzung eines Werks war daher dann nach der bisherigen deutschen Rechtsprechung nach § 24 UrhG privilegiert, wenn die Parodie sich kritisch mit dem Ursprungswerk auseinandersetzte und einen

---

89 EuGH ZUM-RD 2014, 613 – Deckmyn.
90 Richtlinie 2001/29/EG.
91 Deutschland hat von dieser Möglichkeit keinen Gebrauch gemacht und bemisst die Zulässigkeit einer Parodie im Rahmen der §§ 23 und 24 UrhG.
92 BGH GRUR 1994, 208 – Alcolix; BGH ZUM 1999, 644 – Laras Tochter; BGH ZUM 2003, 777 – Gies-Adler; BGH ZUM 2014, 234 – Pippi-Langstrumpf-Kostüm I; Schulze, in: Dreier/Schulze, § 24 UrhG Rn. 25; Lauber-Rönsberg, ZUM 2015, 658 (659); Specht/Koppermann, ZUM 2016, 19 (19).
93 BGH GRUR 2002, 799, 800 – Stadtbahnfahrzeug; BGH GRUR 1994, 208 – Alcolix.
94 BGH GRUR 1994, 208 – Alcolix; BGH ZUM 1999, 644 – Laras Tochter; BGH ZUM 2003, 777 – Gies-Adler; BGH ZUM 2014, 234 – Pippi-Langstrumpf-Kostüm I.

völlig anderen Gedankeninhalt übermittelte.[95] Gerade das Erfordernis der antithematischen Auseinandersetzung mit dem Ursprungswerk im Sinne des § 24 UrhG verhinderte, dass der Tatbestand der Entstellung nach § 14 UrhG betroffen ist.[96] Denn setzt sich eine Parodie kritisch in gegensätzlicher Weise mit dem Ursprungswerk auseinander, ist dies für den Verkehr erkennbar und die Parodie wird daher nicht dem Urheber des Ursprungswerks zugerechnet.[97]

In dem Fall „Deckmyn"[98] wurde dem EuGH die Auslegung des Art. 22 des belgischen Urheberrechtsgesetzes vorgelegt.[99] In der belgischen Norm ist geregelt, dass sich der Urheber eines bereits rechtmäßig veröffentlichten Werkes den Karikaturen, Parodien oder Pastiches seines Werks nicht widersetzen kann, die unter Beachtung der anständigen Gepflogenheiten hergestellt werden. Dem Urteil lag der folgende Fall zugrunde: Johan Deckmyn, Mitglied einer flämischen Partei, verteilte auf dem Neujahrsempfang der Stadt Gent im Jahr 2011 Kalender, die auf der Vorderseite eine Zeichnung enthielten, die einer Comic-Zeichnung aus dem Jahr 1961 nachempfunden war. Die Kalenderzeichnung stattete die unpersönliche Zentralfigur mit den Charakteristika des Bürgermeisters von Gent aus, sodass in der Kalenderzeichnung nicht einfach nur eine zentrale Figur mit einer Tunika bekleidet über eine Stadt schwebte, sondern der Bürgermeister über die Stadt Gent. Während in der Comiczeichnung nicht näher charakterisierte Personen die Münzen aufsammelten, wurden diese Menschen in der Kalenderzeichnung mit dunkler Hautfarbe und teilweise verschleiert dargestellt. Die Inhaber der Rechte an der Comicreihe waren daher der Ansicht, dass diese Zeichnung ihre Urheberrechte verletzt und erhoben Klage. Deckmyn berief sich darauf, dass seine Zeichnung eine Parodie darstelle und daher eine urheberrechtliche Ausnahmeregel einschlägig sei. Die Kläger sprachen der Zeichnung Deckmyns die Eigenschaft als Parodie ab und warfen dem Beklagten vor, eine diskriminierende Aussage zu vermitteln.

Der EuGH entschied daraufhin, dass es sich bei dem Begriff der Parodie um einen autonom auszulegenden Begriff des Unionsrechts handele und

---

95 BGH GRUR 1994, 208 – Alcolix; BGH GRUR 1994, 191 – Asterix-Persiflagen.
96 BGH ZUM 2014, 234 (238 Rn. 39) – Pippi Langstrumpf; ZUM 2003, 777 (780) – Gies-Adler; ZUM-RD 2000, 325 (328) – Mattscheibe; GRUR 1971, 588 (589) – Disney-Parodie.
97 So auch: Lauber-Rönsberg, ZUM 2015, 658 (660); Specht/Koppermann, ZUM 2016, 19 (21).
98 EuGH, ZUM-RD 2014, 613 (614) – Deckmyn.
99 Wet betreffende het auteursrecht en de naburige rechten vom 30. Juni 1994.

dieser daher europarechtlich einheitlich auszulegen sei.[100] Die wesentlichen Merkmale einer Parodie bestünden darin, an ein bestehendes Werk zu erinnern, gleichzeitig auf dessen wahrnehmbare Unterschiede hinzuweisen und einen Ausdruck von Humor oder eine Verspottung darzustellen.[101] Erforderlich sei nicht, dass die Parodie eine eigene geistige Schöpfung ist.[102] Damit verzichtet der unionsrechtliche Begriff auch auf das Erfordernis der antithematischen Auseinandersetzung.[103] Die Ausnahmeregelung zur Nutzung urheberrechtlich geschützter Werke greife jedoch erst – so der EuGH – nach Abwägung aller Umstände des Einzelfalls.[104]

Mit Urteil des BGH vom 28. Juli 2016 „Auf fett getrimmt"[105] konnte sich der BGH erstmalig mit den neuen Kriterien zur Parodie auseinandersetzen. In dem Fall forderte ein Internetportal seine Nutzer auf, mittels Bildbearbeitung Fotografien von Prominenten in der Weise zu bearbeiten, dass diese fettleibig erscheinen. Ein Fotograf eines der dabei bearbeiteten und später auf dem Internetportal veröffentlichten Bildes klagte gegen die Betreiberin der Internetseite auf Schadensersatz wegen der unberechtigten Nutzung des Bildes sowie der Verletzung seiner immateriellen Interessen. Auf die Berufung der Beklagten lehnte das OLG Hamburg die Klage vollumfänglich ab. Die Veränderung des Fotos sei als freie Benutzung einzuordnen, da sie selbst die Anforderungen an ein Werk erfülle und eine Auseinandersetzung mit dem Ausgangswerk sowie dem von ihm repräsentierten Genre vorliege.[106] Der BGH berücksichtigte die Rechtsprechung des EuGH und verwies zurück an das Berufungsgericht. Der BGH erklärte dabei, dass die neuen Zulässigkeitsvoraussetzungen der Parodie im Rahmen der Auslegung des § 24 Abs. 1 UrhG richtlinienkonform zu berücksichtigen seien.[107] Der BGH folgerte weiter, dass es sich im Rahmen des § 24 Abs. 1 UrhG auch dann um eine Parodie handeln könne, wenn sie selbst keine eigene geistige Schöpfung darstelle.[108] Der BGH will die antithematische Behandlung jedoch weiterhin im Rahmen der Interessenabwägung

---

100 EuGH ZUM-RD 2014, 613 (614 Rn. 15) – Deckmyn.
101 EuGH ZUM-RD 2014, 613 (616 Rn. 33) – Deckmyn.
102 EuGH ZUM-RD 2014, 613 (615 Rn. 21) – Deckmyn.
103 Bereits hier nicht als striktes Kriterium verstanden: BGH GRUR 1994, 191 (193) – Asterix-Persiflagen; BGH GRUR 1994, 206 (208) – Alcolix.
104 EuGH ZUM-RD 2014, 613 (616 Rn. 28, 34) – Deckmyn.
105 BGH, ZUM 2016, 985 – auf fett getrimmt.
106 OLG Hamburg ZUM 2015, 577 (581).
107 BGH, ZUM 2016, 985 (987, Rn. 21) – auf fett getrimmt.
108 BGH, ZUM 2016, 985 (988, Rn. 28) – auf fett getrimmt.

zugunsten des Parodisten berücksichtigen.[109] Dem ist zuzustimmen.[110] Denn die neuen vom EuGH aufgestellten Kriterien zur Zulässigkeit der Parodie führen dazu, dass sich § 24 UrhG – unter Zugrundelegung der abgesenkten Zulässigkeitsvoraussetzungen – und § 14 UrhG nicht mehr gegenseitig ausschließen. Die Interessen des Urhebers aus § 14 UrhG müssen daher gemeinsam mit der Meinungsfreiheit nach Art. 5 Abs. 1 GG Berücksichtigung finden.

Das Deckmyn-Urteil des EuGH zeigt, dass zumindest im Wege der europäischen Rechtsprechung Einfluss auf die nationalen Urheberrechte inklusiver seiner urhebersönlichkeitsrechtlichen Befugnisse genommen wird.

D. Zusammenfassung

Bisher haben sich weder die internationalen Verträge noch das europäische Primär- und Sekundärrecht für einen der beiden Ansätze des Droit d'auteur oder des Common Law Systems entschieden, wenn es um die Zuordnung der originären Inhaberschaft des Urheberrechts und die Verteilung der vermögensrechtlichen Befugnisse und das Urheberpersönlichkeitsrecht im Arbeits- und Auftragsverhältnis geht. Daher ist diesbezüglich das nationale Recht entscheidend.

Während der Europäische Gesetzgeber das Urheberrecht im Auftragsverhältnis unberücksichtigt lässt, wählt er in Bezug auf das Urheberrecht im Arbeitsverhältnis auch nur einen vermittelnden Ansatz. Die Computerprogramm- und die Datenbank-Richtlinie verdeutlichen bei Letzterem anschaulich, dass sich der Europäische Gesetzgeber in Bezug auf die Zuordnung der originären Inhaberschaft des Urheberrechts (und des Urheberpersönlichkeitsrechts) und die Verteilung der vermögensrechtlichen Befugnisse am Arbeitnehmerwerk weder für das Droit d'auteur- noch für das Copyright-System entschieden hat. Grund für diese Zurückhaltung ist, dass die Zuweisung der originären Inhaberschaft im Arbeitsverhältnis ein sensibles Thema betrifft, da sie so eng mit den Grundprinzipien des Urheberrechts und der darin enthaltenen Zweckrichtung des Schutzes verbunden ist. Eine klarere Position nimmt der Europäische Gesetzgeber auch nicht bei der Verteilung der vermögensrechtlichen Befugnisse im Arbeitsverhältnis ein. Während Art. 2 Abs. 3 Computerprogramm-Richtlinie noch

---

109 BGH, ZUM 2016, 985 (989, Rn. 38) – auf fett getrimmt.
110 So auch Lotte, ZUM 2016, 991 (992).

eine klare Präferenz zugunsten des Arbeitgebers enthielt und den Arbeitgeber zur Ausübung aller wirtschaftlichen Rechte an dem im Arbeitsverhältnis geschaffenen Computerprogramm ermächtigte[111], erwähnt der Europäische Gesetzgeber die Verteilung der vermögensrechtlichen Befugnisse
im Arbeitsverhältnis nur noch in Erwägungsgrund 29.

Bisher wurde stets der Regelungsbedarf der Frage der originären Inhaberschaft bestritten. Dies mag daran liegen, dass die originäre Inhaberschaft des Urheberrechts im Bereich der klassischen Werkarten der Literatur, des Dramas, der Musik und der bildenden Kunst stets dem Schöpferprinzip folgt. Unterschiede ergeben sich jedoch in Bezug auf die Arbeitnehmerwerke. Eine Beurteilung der originären Inhaberschaft des Urheberrechts im Arbeitsverhältnis stände vor der Herausforderung nicht nur unterschiedliche Wertungen im Urheberrecht auf einen Nenner zu bringen,
sondern zusätzlich arbeitsrechtliche und vertragsrechtliche Aspekte zu vereinen. Die Europäische Union setzt in ihren Forschungsbemühungen derzeit den Fokus auf das Urhebervertragsrecht und die Herausforderungen
des digitalen Markts.

Zurückhaltung beweist der europäische Gesetzgeber abermals im Rahmen der Verleih- und Vermietrechts- Richtlinie in Bezug auf Filmwerke,
indem er in Art. 3 Abs. 5 und 6 der Verleih- und Vermietrechts- Richtlinie
nur die Möglichkeit regelt, dass die Mitgliedsstaaten die Vermutung vorsehen können, dass ein Urheber, vorbehaltlich anderslautender vertraglicher
Regelungen, sein Vermietrecht an den Filmhersteller abgetreten hat, wenn
er mit einem Filmproduzenten einen Vertrag als Einzel- oder Tarifvereinbarung über eine Filmproduktion abschließt.

§ 2 Der Schutz des Werkschöpfers aus historischer Sicht in Deutschland, England und den Niederlanden

Wie in § 1 der Arbeit dargestellt, ist es dem nationalen Gesetzgeber mangels internationaler oder unionsrechtlicher Regelungen überlassen, die originäre Inhaberschaft des Urheberrechts und die Zuweisung der urheberpersönlichkeitsrechtlichen Befugnisse vorzunehmen. Die nationalen
Rechtstraditionen in Deutschland, England und den Niederlanden unterscheiden sich eklatant: Während Deutschland ein klarer Vertreter des
Droit d' auteur-Ansatzes ist, ist England von der gegenläufigen Rechtstra

---

111 Dies gilt jedoch nur, sofern keine anderen vertraglichen Vereinbarungen getroffen wurden.

dition des Common Law geprägt und die Niederlande wiederum verfolgen als Vertreter des Droit d' auteur-Ansatzes einen innovativen Ansatz. Um die aktuellen Regelungen und Wertungen des Urheberrechtsgesetzes, des *copyright* und des Auteurswet in Bezug auf den angestellten und beauftragten Werkschöpfer zu verstehen, ist es daher hilfreich, das in Deutschland, England und den Niederlanden jeweils geltende Recht in seiner historischen Entwicklung zu betrachten.

A. Historische Entwicklung des deutschen Urheberrechtsgesetzes

I. Privilegienzeitalter

Mit der Erfindung des Buchdrucks durch Johannes Gutenberg um 1445 wurde es erstmals möglich, ein schriftliches Werk ohne großen Aufwand zu vervielfältigen.[112] Mit dieser technischen Neuerung wuchs der Wunsch der Buchdrucker nach einem rechtlichen Schutz gegen Nachdruck. Deshalb wurde nach und nach, obwohl eigentlich der Grundsatz der Nachdruckfreiheit galt[113], der Nachdruck in Ausnahmefällen durch die Erteilung von sog. Privilegien reglementiert.[114] Diese Privilegien des Kaisers, der Landesherren oder der Kirche wurde zunächst in Form von Gewerbemonopolen erteilt, später nur noch zugunsten einzelner Werke und Werkgattungen.[115] Damit wurde der Buchdrucker davor geschützt, dass die drucktechnische Erscheinung nachgeahmt wurde[116]; Schutzgegenstand war somit allein das Druckwerk, nicht der Inhalt des Werks. Neben den Buchdruckern wurden den Autoren zwar sog. Autorenprivilege erteilt, durch die deren schöpferische Leistung Schutz erfuhr. Unklar ist jedoch, ob dadurch auch ein urheberrechtlicher Charakter des Privilegienschutzes nachgewiesen werden kann.[117] Daneben wurden im 16. und 17. Jahrhun-

---

112 Ulmer, Urheber- und Verlagsrecht, 1980, S. 51.
113 Im Jahr 1469 erhielt Johann Speyer von der Stadt Venedig für fünf Jahre das ausschließliche Recht der Buchdruckerkunst, Schack, Urhebervertragsrecht, 2013, Rn. 105, Fn. 9; Privilegien wurden seit dem 16. Jahrhundert auch in Deutschland, Frankreich und England verteilt; Ulmer, Urheber- und Verlagsrecht, 1980, S. 51f. m.w.N.
114 Dies setzte jedoch auch voraus, dass der Urheber oder Herausgeber den Nachdruck bewilligt haben: Ulmer, Urheber- und Verlagsrecht, 1980, S. 52.
115 Zum Privilegienwesen: Gamm, Urheberrechtsgesetz, 1968, § 17, S. 90.
116 Ellins, Copyright law, 1997, S. 59.
117 Ellins, Copyright law, 1997, S. 59 m.w.N.

dert auch territorial begrenzte Gesetze und Verordnungen erlassen, die ein Nachdruckverbot enthielten.[118]

Das Privilegienzeitalter war von den territorialen Beschränkungen der Privilegien geprägt. Denn mit der Überschreitung regionaler Grenzen war der privilegierte Buchdrucker nicht mehr vor dem Nachdruck geschützt. Unübersichtlich wurde die territoriale Zersplitterung des Schutzes zusätzlich durch die zu Zeiten des Heiligen Römischen Reiches uneinheitliche Erteilung. Die Privilegien wurden je nach Gebiet vom Landesherrn, der Kirche oder dem Kaiser erteilt. Ein territorial übergreifendes einheitliches Nachdruckverbot wurde von den Landesherren zunächst als nicht notwendig erachtet, um außerterritorial erteilte Privilegien nicht berücksichtigen zu müssen und dadurch im eigenen Territorium nachdrucken zu können. Die Verleger forderten jedoch eine einheitliche gesetzliche Regelung, um ihre Privilegien auch außerterritorial durchsetzen zu können.[119]

Während die Privilegien den wirtschaftlichen Schutz der Verleger in den Fokus der rechtlichen Betrachtung rückten, gewann der Schutz der Werkschöpfer erst im 16. Jahrhundert an Bedeutung. Die Werkschöpfer verlangten zu dieser Zeit erstmalig nach einem persönlichkeitsrechtlichen Schutz, um sich gegen veränderte oder entstellte Werkdarstellung und die Vervielfältigung ihrer Vorlesungen und Vorträge zur Wehr setzen zu können.

II. Lehre vom Urheberrecht als Geistiges Eigentumsrecht

Juristen und Philosophen suchten deshalb nach einem theoretischen Fundament, um die Interessen der Urheber und Buchdrucker zu ordnen. Die Vertreter der Lehre des Geistigen Eigentums plädierten dafür, das Geistige Eigentum am Werk wie das Sacheigentum einzuordnen und als ein natürlich entstehendes Eigentumsrecht des Verfassers zu behandeln.[120] Die naturrechtliche Zuordnung des Urheberrechts zum Verfasser gemäß der Lehre des Geistigen Eigentums setzte sich dann auch gegen Ende des 18. Jahr-

---

118 Frankfurter Buchdruckerordnungen von 1588, 1598 und 1660, die Nürnberger Verordnungen von 1673; das kaiserliche Mandat von 1685 und das kursächsische Mandat von 1686. Siehe dazu Ellins, Copyright law, 1997, S. 60.
119 Ellins, Copyright law, 1997, S. 60.
120 Gamm, Urheberrechtsgesetz, 1968, § 17, S. 90; Ulmer, Urheber- und Verlagsrecht, 1980, S. 55.

hunderts europaweit[121] gegenüber dem Privilegienwesen durch.[122] Der Vergleich des Urheberrechts mit dem Sacheigentum hatte den Nerv der Zeit getroffen und damit dem Urheberrecht zu Anerkennung verholfen.[123] Aufwind bekam die naturrechtliche Begründung des geistigen Eigentums mit der 1774 erschienenen Schrift von Pütter[124], der beauftragt wurde, die Interessen der Verleger juristisch darzulegen.[125] Um die Rechte der Verleger begründen zu können, griff er auf die naturrechtliche Entstehung des Rechts als geistiges Eigentum zurück.[126]

Gesetzliche Verankerung fand die Lehre des Geistigen Eigentums im Kursächsischem Mandat (1773), im Ersten Preußischen Allgemeinen Landesrecht (1794), im Königlichen Preußischen Gesetz zum Schutz des Eigenthums an Werken der Wissenschaft und Kunst gegen Nachdruck und Nachbildung (1837) und im Badischen Landrecht (1809).[127] Die Kodifikationen waren jedoch wiederum nur territorial begrenzt gültig und konzentrierten sich zum größten Teil allein auf den Schutz des Verle-

---

121 In England wurde dies bereits mit dem s. 19 Act of Anne 1709 und in Deutschland mit dem preußischen Gesetz aus dem Jahr 1837 zum Schutz des Eigentums an Werken der Wissenschaft und der Kunst eingeführt, siehe Walter in: Loewenheim, Hdb. des Urheberrechts, § 58 Rn. 9.

122 Bedeutende Vertreter der Lehre vom Geistigen Eigentum im 18. Jahrhundert waren: Johann Gottlieb Fichte (1762-1814), Immanuel Kant (1724-1804). Im 19. Jahrhundert: Georg Wilhelm Friedrich Hegel, Gustav von Mandry und Rudolf Klostermann.

123 Fichte betonte 1793 in dem Beitrag „Beweis der Unrechtmäßigkeit des Büchernachdrucks", erschienen unter dem Sammelwerk „Sämmtliche Werke", 1846, dass ein Buch aus einem materiellen und einem immateriellen Recht besteht. Die Form der Gedankenführung bleibe das natürliche, angeborene, unveräußerliche Eigentumsrecht des Verfassers an seinen Gedanken, welches rein physisch nicht von einer anderen Person zugeeignet werden könne.

124 Johann Stephan Pütter (1725-1807), Der Büchernachdruck nach ächten Grundsätzen des Rechts geprüft, Göttingen 1774. Darin hieß es: „Werke, die ein Gelehrter ausgearbeitet hat, sind gleich ursprünglich ein wahres Eigenthum ihres Verfassers, so wie ein jeder das, was seiner Geschicklichkeit und seinem Fleisse sein Daseyn zu verdanken hat, als sein Eigenthum ansehen kann".

125 Ellins, Copyright law, 1997, S. 64.

126 Johann Stephan Pütter, zitiert u.a. bei Schack, Urhebervertragsrecht, 2013 Rn. 112; Ulmer, Urheber- und Verlagsrecht, 1980, S. 54; Loewenheim/Dietz in: Schricker/Loewenheim, Einleitung Rn. 100.

127 Ellins, Copyright law, 1997, S. 65; Appt, Der Buy-out-Vertrag im Urheberrecht, 2008, S. 21.

gers.[128] Erst mit der Gründung des Norddeutschen Bundes 1867 und des Deutschen Reiches 1871 wurde erstmalig ein territorial übergreifendes gesamtdeutsches Gesetz erlassen.[129]

III. Lehre vom Urheberrecht als reines Persönlichkeitsrecht

Im Laufe des 19. Jahrhunderts zeigte sich jedoch, dass der Vergleich des Urheberrechts mit dem Sacheigentum nicht alle Aspekte des Urheberrechts abdecken konnte. Während aus dem Sacheigentum das Recht zum Besitz folgte, beinhaltete das geistige Eigentum das Recht zur Verwertung. Darüber hinaus ergaben sich auch zeitliche Unterschiede. So wird das Urheberrecht nur zeitlich begrenzt geschützt, das Sacheigentum hingegen zeitlich unbegrenzt zuerkannt. Wurde die originäre Inhaberschaft des Urhebers zunächst auf das Sacheigentum des Urhebers an seinem Manuskript gestützt, entwickelte sich daraus ein eigenständiges Verständnis des Urheberrechts unabhängig vom Sacheigentum.[130] Aus der Verschiedenheit des Sacheigentum und des Urheberrechts erwuchs der Gedanke, das Urheberrecht als reines Persönlichkeitsrecht anzusehen.[131] Die Betonung des persönlichkeitsrechtlichen Aspekts des Urheberrechts war besonders für die Entwicklung des Urheberpersönlichkeitsrechts von großer Bedeutung.[132]

---

128 Einzig das Badische Landgesetz behandelte das Recht des Urhebers nicht nur als Annex zum Recht des Verlegers, sondern machte es inhaltlich zum Mittelpunkt; Ellins, Copyright law, 1997, S. 66.

129 Gesetz, betreffend das Urheberrecht an Schriftwerken, Abbildungen, musikalischen Kompositionen und dramatischen Werken. Das Gesetz wurde 1870 vom Norddeutschen Bund erlassen und 1871 als Reichsgesetz kodifiziert. Ellins, Copyright law, 1997, S. 68.

130 Ellins, Copyright law, 1997, S. 64.

131 Gamm, Urheberrechtsgesetz, 1968, § 18 S. 94; danach beschreibt das Urheberrecht das Verhältnis des Werkschöpfers zu sich selbst. Erst später wurde der Blick dahingehend erweitert, dass darin das Verhältnis des Urhebers zu seinem geistigen Werk zu sehen war.

132 Otto von Gierke (1841-1921): Bd.1 Deutsches Privatrecht (1895), Nachdruck UFITA 125 (1994), 103ff., der das Urheberrecht als ein aus der geistigen Schöpfung fließendes Persönlichkeitsrecht umschrieb, wonach vermögensrechtlicher Schutz allein als Ausstrahlung des Persönlichkeitsrechts abzuleiten ist. Dazu auch Ellins, Copyright law, 1997, S. 70; Ulmer, Urheber- und Verlagsrecht, 1980, § 17 I 1.

IV. Lehre vom Urheberrecht als Immaterialgüterrecht

Doch die Klassifikation des Urheberrechts als reines Persönlichkeitsrecht, konnte wiederum die Bedeutung des Urheberrechts als Verkehrsgut nicht hinreichend abdecken. Die Vertreter der Lehre des Urheberrechts als Immaterialgüterrecht erkannten, dass das Urheberrecht weder reines Sacheigentum noch ein reines Persönlichkeitsrecht darstellen könnte und führten beide Theorien zusammen. Der Schutz sowohl der vermögensrechtlichen als auch der ideellen Interessen des Urhebers führte zu der Frage, wie die beiden Interessen im Verhältnis zueinander eingeordnet werden sollten. Die dualistische Theorie versteht das Urheberrecht dahingehend, dass das Urheberrecht Vermögensrechte und Persönlichkeitsrechte enthält, die jeweils voneinander trennbar sind und selbständig bestehen.[133] Die Vertreter[134] der monistischen Lehre des Urheberrechts dagegen verstanden das Urheberrecht als ein einheitliches Recht mit doppelter Funktion, in dem die vermögens- und persönlichkeitsrechtlichen Interessen des Urhebers eng verklammert sind. Einprägsam verdeutlichte *Ulmer* den Monismus im Urheberrecht mit der Baumtheorie, wonach das Urheberrecht als Stamm des Baumes zu sehen ist, aus dem als Äste und Zweige untrennbar sowohl vermögensrechtliche als auch urheberpersönlichkeitsrechtliche Befugnisse erwachsen.[135]

Durch die Kodifikation der Berner Übereinkunft 1886 und einzelner internationaler Urheberrechtsregelungen kam es auch in Deutschland zu Reformen, die 1901 zum Erlass des „Gesetzes betreffend das Urheberrecht an Werken der Literatur und der Tonkunst" (LUG) und 1907 zum Erlass des „Gesetzes betreffend das Urheberrecht an Werken der bildenden Künste und der Photographie" (KUG) führten. Beide Gesetze ersetzten das Reichs-

---

133 Vertreter der dualistischen Theorie waren Kohler (Kohler, Urheberrecht an Schriftwerken und Verlagsrecht, Stuttgart 1907), Michaelis (Michaelis, Persönlichkeitsrechtliche Befugnisse im deutschen Urheberrecht, 1926), Müller (Müller, UFITA 1929, S. 367), Soschewer und de Boor. Siehe dazu Gamm, Urheberrechtsgesetz, 1968, Einf. Rn. 24, S. 64; Ann, GRUR Int 2004, 897 (899); Wandtke, GRUR 1995, 385ff.

134 Der Österreicher Karl Lissbauer entwickelte die Idee des monistischen Urheberrechts. Der Monismus fand daraufhin auch in Deutschland Anhänger: Ernst Rabel, 1900, Nachdruck UFITA 108, 1988, 185 ff.; Philipp Allfeld, Das Urheberrecht an Werken der Literatur und der Tonkunst, 2.A. 1928, Einl. S. 20f; Heinrich Mitteis, Grundriß des österreichischen Urheberrechts, 1936, 5. Aufl. 61f. Siehe dazu Ellins, Copyright law, 1997, S. 70, Fn. 223 m.w.N; Jahn, Das Urheberpersönlichkeitsrecht im deutschen und britischen Recht, 1994, S. 23.

135 Ulmer, Urheber- und Verlagsrecht, 1980, § 18 II 4.

gesetz über das Urheberrecht von 1871. Das LUG und das KUG spiegelten das dualistische Verständnis des Urheberrechts wieder. So waren im LUG und KUG noch Regelungen enthalten, wonach das Urheberrecht beschränkt und unbeschränkt übertragbar war.[136] Das KUG und das LUG enthielten auch erste Regelung zum Schutz der ideellen Interessen des Urhebers.[137] Diese Regelungen waren jedoch stets von der Ausübung vermögensrechtlicher Befugnisse abhängig[138], sodass die Vorschriften im KUG und LUG primär vermögensrechtliche Interessen schützten.[139] Bereits vor

---

136 §§ 8 Abs. 3 LUG und 10 Abs. 3 KUG. Übertragungen, die gem. §§ 8 Abs. 3, 9 Abs. 1 LUG oder gem. §§ 10 Abs. 3, 12 Abs. 1 KUG bis zur Einführung des UrhG im Jahr 1965 vertraglich vereinbart wurden, sind gem. § 132 Abs. 2 UrhG weiterhin gültig. Dazu Hertin in: Mestmäcker/Schulze, vor §§ 31 Rn. 9. Die Vollübertragbarkeit wurde aber bereits in beiden Gesetzen durch Auslegungsregeln relativiert. Die Übertragbarkeit des Urheberrechts umfasste im Zweifel nicht die Befugnis des Erwerbers, an dem Werk selbst, an dessen Titel bzw. Bezeichnung sowie an der Bezeichnung des Urhebers Änderungen gemäß § 12 KUG bzw. Zusätze, Kürzungen oder sonstige Änderungen gemäß § 9 Abs. 1 LUG vorzunehmen, dies alles unter dem Vorbehalt von Treu und Glauben. Eine weitere die Übertragung des Urheberrechts einschränkende Auslegungsregelung fand sich in § 14 LUG. Danach verblieben dem Urheber im Falle der Übertragung des Urheberrechts im Zweifel die ausschließlichen Befugnisse, das Werk in anderer Sprache oder Mundart zu verwerten, es dramatisieren oder vertonen zu lassen oder es für Tonträger-oder Filmzwecke zu nutzen. Eine Vorläuferregelung des § 38 UrhG zugunsten des Verfassers von Beiträgen von Sammlungen enthielt § 11 KUG. Wenn nichts anderes vereinbart wurde, sollte jedoch auch im Falle der Übertragung des Urheberrechts bestimmte Rechte, nämlich das Recht, Änderungen am Werk, an dessen Titel und in der Bezeichnung des Urhebers zu untersagen gemäß § 9 LUG und § 12 KUG, beim Urheber verbleiben. Begründet wurde dies damit, dass der Kern des Urheberrechts, das Urheberpersönlichkeitsrecht, nicht abgetreten werden können. Dazu Schricker/Loewenheim in: Schricker/Loewenheim, § 29 UrhG Rn. 1; Hertin in: Mestmäcker/Schulze, vor §§ 31 Rn. 9.

137 Schutz des Veröffentlichungsrechts in § 11 Abs. 1, S. 2 LUG; Schutz vor Zwangsvollstreckung in §§ 10 LUG und 14 KUG; Recht auf Anerkennung der Urheberschaft in §§ 9, 18 Abs. 1, 25 LUG und §§ 13, 18 Abs. 3 KUG; das Recht auf Schutz gegen Entstellung des Werks in §§ 9 Abs. 1, 24 S. 1 LUG und §§ 12 Abs. 1, 21 S. 1 KUG.

138 Beispielsweise lauteten §§ 9 Abs. 1 LUG und 12 KUG wie folgt: „Im Falle der Übertragung des Urheberrechts hat der Erwerber soweit nicht ein anderes vereinbart ist, nicht das Recht, an dem Werke selbst, an dessen Titel und an der Bezeichnung des Urhebers Zusätze, Kürzungen oder sonstige Änderungen vorzunehmen."

139 Ausführlich zu dem Meinungsstand, ob §§ 9 LUG und 12 KUG über den Wortlaut hinaus eine allgemeine Bedeutung zukommt: Jahn, Das Urheberpersönlichkeitsrecht im deutschen und britischen Recht, 1994, S. 28f.

Erlass des UrhG hatten sich Beschränkungen der Übertragbarkeit des Urheberrechts in der Rechtsprechung herauskristallisiert, nach denen das Urheberpersönlichkeitsrecht im Kern als unübertragbar angesehen wurde.[140] In Deutschland erkannte das Reichsgericht im Jahr 1912 erstmalig die ideellen Interessen eines Urhebers an.[141] Im Jahr 1929 verwendete der BGH zum ersten Mal den Begriff des Urheberpersönlichkeitsrechts.[142]

Im Anschluss an die Rom Konferenz im Jahr 1928 wurden auch urheberpersönlichkeitsrechtliche Regelungen in die Berner Übereinkunft aufgenommen, die in Deutschland zu weiteren Reformbewegungen führten.[143] In den fünfziger Jahren des 20. Jahrhunderts entwickelte sich das deutsche Urheberrecht dann immer mehr weg vom Dualismus hin zu einer monistischen Betrachtungsweise. Mit der Einführung des UrhG im Jahr 1965[144] fand der Wandel von der dualistischen[145] zu der monistischen Theorie Eingang in das geschriebene Recht.[146]

V. Urheberrechtsgesetz 1965

Am 1. Januar 1966 trat in Deutschland das „Gesetz über Urheberrecht und verwandte Schutzrechte Urheberrechtsgesetz" (im Folgenden UrhG) vom 9. September 1965 in Kraft. Das UrhG löste insbesondere das LUG und das KUG ab. Es stellt die maßgebliche Gesetzesgrundlage für das deutsche Urheberrecht und die verwandten Leistungsschutzrechte dar und besteht aus fünf Teilen: Der Erste Teil behandelt in den §§ 1-69 UrhG das Urheberrecht, der Zweite Teil in den §§ 70-87 UrhG die Verwandten Schutzrechte, der Dritte Teil enthält Besondere Bestimmungen für das Urheberrecht und verwandte Schutzrecht in den §§ 88-95 UrhG, der Vierte Teil in den §§ 96-119 UrhG die Gemeinsamen Bestimmungen für Urheberrecht und

---

140 RGZ 123, 312 (317ff) – Wilhelm Busch; BGHZ 15, 249 (258ff) – Cosima Wagner.
141 RGZ, I. Zivilsenat. Urt. v. 8. Juni 1912, Az. I. 382/11, RGZ 10, 397– Felseneiland mit Sirenen.
142 BGH GRUR 1929, 508 (509) – Lateinisches Übungsbuch.
143 Zu den Reformentwürfen: Ellins, Copyright law, 1997 S. 71f.
144 Eine vergleichbare Regelung fand sich bis dahin im Österreichischen Urheberrechtsgesetz von 1895.
145 Begründer und Hauptvertreter der dualistischen Theorie in Deutschland war Josef Kohler, siehe dazu Wandtke, GRUR 1995, 385ff.
146 Die monistische Theorie wurde erstmalig im Jahr 1936 in das österreichische Urheberrechtsgesetz von 1936 eingearbeitet.

Verwandte Schutzrechte und der Fünfte Teil enthält die Übergangs- und Schlussbestimmungen in den §§ 120- 143 UrhG.

Insbesondere relevant ist der Erste Teil des UrhG, der wiederum in 8 Abschnitte unterteilt wird. Besonders wichtig für die Beurteilung der Rechtsstellung des angestellten oder beauftragten Urhebers ist sowohl der vierte als auch der fünfte Abschnitt; letzterer ist nochmals in vier Unterabschnitte untergliedert.

Durch die monistische Lehre unterscheidet sich das deutsche Urhebergesetz von den Regelungen in allen anderen Mitgliedstaaten (bis auf Österreich[147]). Allerdings halten sich die praktischen Auswirkungen dieses konstruktiven Unterschieds auch in anderen (kontinentaleuropäischen Mitgliedstaaten) in Grenzen, da auch dort das Urheberpersönlichkeitsrecht stark betont wird.[148]

B. Die historische Entwicklung des englischen Copyright Law

I. Statute of Anne 1710

Mit der Einführung der Druckerpresse in England durch William Caxton im Jahr 1476[149] wurde der Buchdruck in England unter Förderung der Englischen Krone ein wichtiger Wirtschaftszweig. In Form der *royal prerogatives* erteilte die Englische Krone *printing patents* (Druckprivilegien) an die *company of stationers*[150] (Gilde der Buchdrucker und Buchhändler). Den *stationers* wurde damit auf Lebenszeit[151] das ausschließliche Recht verliehen, die bei der Gilde registrierten Bücher zu drucken und für die Engli-

---

147 Siehe § 23 Abs. 3 österreichisches Urheberrechtsgesetz.

148 Dietz, Das primäre Urhebervertragsrecht, 1984, S. 120.

149 Aufgrund eines Tippfehlers war lange umstritten, ob der Buchdruck nicht bereits vor 1476 in England begonnen haben muss. Auslöser war ein in Oxford gedrucktes Buch, in dem als Erscheinungsjahr das Jahr 1468 vermerkt war. Inzwischen wird davon ausgegangen, dass dieses Buch zehn Jahr später gedruckt wurde und beim Erscheinungsjahr ein „X" vergessen wurde, siehe hierzu: Ellins, Copyright law, 1997, S. 36 m.w.N.

150 Kurzform für The Worshipful Company of Stationers in London.

151 Mit dem Tod des Buchdruckers fiel das Recht zurück an die Gilde und konnte erneut vergeben werden, siehe dazu auch Schacht, Die Einschränkung des Urheberpersönlichkeitsrechts im Arbeitsverhältnis, 2004, S. 99 m.w.N.

sche Krone die Zensur auszuüben.[152] Zur Durchsetzung ihrer Rechte wurden den *stationers* das Recht eingeräumt, mit drakonischen Strafen gegen die Raubdrucker vorzugehen.[153] Die Erteilung eines Monopolrechts an einen Buchdrucker hatte für die Englische Krone den Vorteil, dass diese die Inhalte des Druckwerks ohne großen Aufwand überwachen und zensieren konnte.[154] Für die Buchdrucker bedeutete dies die ungehinderte Verfolgung des Buchdrucks.[155] Damit ergänzten sich die Interessen der Krone und der Buchdruckergilde und überstanden auch die Zeiten der Reformation im 16. Jahrhundert.[156] Da die Urheber nicht Mitglied der *company of stationers* waren[157], kam ihnen kein Schutz zu.[158]

---

152 Königin Mary gewährte mit der Charter Mary die ausschließlichen Buchdruckerrechte und verlieh der Gilde darüber hinaus Körperschaftsrechte. Dem folgten die Star Chamber Decrees von 1566, 1586 und 1637 sowie die Ordinances von 1643, 1647 und 1649. Dazu Adeney, The moral rights of authors and performers, 2006, 13.03, S. 366f.; Rose; Authors and owners; 1993, 12; Feather; Publishing, piracy, and politics; 1994, S. 15; Ellins, Copyright law, 1997, S. 37 und 40.

153 Den Buchdruckern wurde das Recht eingeräumt, missbilligte Bücher zu beschlagnahmen, zu verbrennen sowie Geld- und Gefängnisstrafen zu verhängen. Siehe dazu Osterrieth; Die Geschichte des Urheberrechts in England; 1895, S. 20.

154 Adeney, The moral rights of authors and performers, 2006, 13.04, S. 367; Sundara Rajan; Moral rights; 2011, S. 29.

155 Davies/Garnett, Moral rights, 2010, S. 13 führt an, dass bereits im Jahr 1637 bei Druckerzeugnissen anerkannt gewesen sei, dass der Buchdrucker für die Veröffentlichung des Druckwerks unter dem Namen des Urhebers die Zustimmung des Werkschöpfers benötigte. Es war unbestritten, dass dem Werkschöpfer alle Rechte seines Werks gehörte und dem Schöpfer des Werks die Rechte an seinem Werk vor dessen Veröffentlichung zeitlich unbegrenzt zustanden. Dennoch beinhaltete das ausschließliche Recht des Buchdruckers nicht das Recht, die Werke auch abändern zu dürfen. Hierzu: Adeney, The moral rights of authors and performers, 2006, 13.04 und 13.05, S. 367.

156 Ellins, Copyright law, 1997, S. 38 m.w.N.

157 Ellins, Copyright law, 1997, S. 38 m.w.N.

158 Der Schutz nicht-wirtschaftlicher Interessen des Urhebers war im Common Law des 16. und 17. Jahrhundert jedoch nicht gänzlich unbekannt. Insbesondere die Rechtsinstitute des *law of contract* und *law of tort* spielten hier im Common Law eine Rolle. Die englischen Philosophen Thomas Hobbes (1588-1679) und John Locke (1632-1704) trugen sogar zur der Entwicklung eines Individualrechts in Europa bei, die schließlich zu der Anerkennung eines Persönlichkeitsrechts des Urhebers in Europa führte. Josef Kohler begründete unter Heranziehung der englischen Rechtsprechung Jefferys v. Boosey (1854) 10 ER 681, das Recht des Urhebers, die Veröffentlichung des eigenen Werks zu bestimmen. Zu der historischen Entwicklung des *copyright*: Boytha, GRUR Int 1983, 479 (482);

Bereits in dem frühen Entstehen des *copyright* zeigt sich, dass nicht die kreative Leistung im Vordergrund des Schutzes stand. Das *copyright* der Buchdrucker verfolgte in erster Linie, die Macht der Krone zu stärken und unliebsame Kritik zu unterbinden. Als Nebeneffekt diente es auch dazu, die wirtschaftliche Investitionsleistung, die die Buchdrucker mit dem Druck unbekannter oder bekannter Schriftsteller auf sich nahmen, zu schützen. Die *stationers* berücksichtigten dabei nur in dem Maße die Interessen der Urheber, wie sich diese mit den eigenen Interessen überschnitten.[159].

Mit der Aufklärung, dem Ende der Zensur und der sich immer weiterverbreitenden Lehre des geistigen Eigentums geriet der Interessensgleichklang der Krone und der Buchdruckergilde in ein Ungleichgewicht, das die Beendigung des staatlichen Protektionismus der Buchdruckergilde durch die Krone zur Folge hatte[160]. Mit Aufhebung der *Star Chamber* bestand auch keine Rechtsgrundlage mehr für die *company of stationers,* den Raubdruck zu sanktionieren. Um den Buchdruck wieder gesetzlich schützen zu lassen, richtete sich die Gilde wiederholt an das Parlament.[161] Als die in England entbrennende Debatte über die Natur des Urheberrechts Ende des 18. Jahrhunderts auch die Entwicklung der *moral rights* mit sich brachte, betonten neben den Urhebern auch die *stationers* den naturrechtlichen Eigentumsschutz. Dabei waren die Buchhändler nicht von der Idee eines geistigen Eigentums des Schöpfers überzeugt, sondern wollten die eigenen wirtschaftlichen Interessen verbessern, indem sie für ein zeitlich unbegrenztes *copyright* nach dem *Common Law* eintraten.[162] Die Buchdruckergilde argumentierte, dass das *literary copyright* den Schöpfern des

---

Rosati, Exploitation of cultural content and licensing models, 2013, S. 11; Stamatoudi, S. 485; Adeney, The moral rights of authors and performers, 2006, 13.01, S. 366; Davies/Garnett, Moral rights, 2010, 3-004, S. 28; Dworkin, IIC 1981, 476 (476).

159 Der Druck eines Buches erfolgte wortgetreu nach dem Werk des Urhebers. Dies sollte jedoch nicht die Verletzung der Interessen der Werkintegrität wahren, sondern sollte nur verhindern, dass andere *stationers* wiederum an dem neuen Werk das *copyright* erlangen konnten. Hierzu: Ellins, Copyright law, 1997, S. 39 m.w.N.

160 Adeney, The moral rights of authors and performers, 2006, 13.06, S. 367.

161 Zunächst basierten die Petitionen noch auf der Ausübung der Zensur, so Ellins, Copyright law, 1997, S. 40; Feather, [1988] 12 EIPR 377(378).

162 Davies/Garnett, Moral rights, 2010, S. 28; Sundara Rajan; Moral rights; 2011, S. 95 m.w.N.

Werks, deren Rechtsnachfolgern oder den Händlern, die das Vervielfältigungsstück kauften, vorbehalten sein müsse.[163]

Die Vertreter, die das Urheberrecht als ein *natural property right* verstanden, konnten einen zwischenzeitlichen Erfolg mit dem ersten Gesetzesentwurf des *Statute of Anne* im Jahr 1707 verbuchen, welches in der Präambel
feststellte, dass den Schöpfern der Werke das *undoubted property* an ihren
Werken zustehe.[164] Im Vordergrund stehen die Interessen der Allgemeinheit, deren Bildung durch die Versorgung mit geistigen Werken gefördert
werden sollte. Dies wird bereits mit dem Titel des *Statute of Anne „An Act
for the Encouragement of Learning, by Vesting the Copies of Printed Books in the
Authors or Purchasers of such Copies, during the Times therein mentioned"* betont. Zwar wies der *Statute of Anne* auch dem Schöpfer erstmalig das Urheberrecht an dem Werk zu, dennoch war es auch anerkannt, dass das Urheberrecht ebenso den gewerblichen Verwertern zugutekommen sollte. Dieses naturrechtliche Verständnis wich in dem später ratifizierten *Statute of
Anne* im Jahr 1710 jedoch dem *sole right and liberty of printing*.[165] Erstmalig
konnte jedermann und damit auch der Schöpfer des Werks begrenzt für
eine Dauer von vierzehn Jahren[166] das ausschließliche Recht zum Buchdruck erwerben. Dennoch handelte es sich bei dem *Statute of Anne* 1710
nicht um ein Recht des Urhebers. Das Gesetz unterschied nicht zwischen
den Interessen der Urheber und der Verleger und verhinderte auf diese
Weise, dass die Interessen der Urheber getrennt betrachtet und fortentwickelt werden konnten. Das Recht der Urheber wurde zudem zum einen
durch die für die *stationers* günstige Übergangsregelung eingeschränkt, wonach der *Statute of Anne* 1710 erst nach Ablauf einer 21 Jahre andauernden
Schonfrist Anwendung fand.[167] Zum anderen führte zu einer faktischen
Beschneidung des Rechts des Urhebers, dass das *copyright* nach dem *Statute
of Anne* 1710 erst mit der ersten Veröffentlichung des Werks entstand mit

---

163 Adeney, The moral rights of authors and performers, 2006, 13.06, S. 368.
164 Dies spiegelt sich auch in dem Gesetzestitel, den der Entwurf im Jahr 1707 noch
    hatte, wider: „Bill for the Encouragement of Learning, and for the Securing the
    Property of Copies of Books to the Rightful Owners thereof". Siehe hierzu auch
    Adeney, The moral rights of authors and performers, 2006, 13.07, S. 368; Feath-
    er; Publishing, piracy, and politics; 1994, S. 56.
165 Siehe hierzu auch Adeney, The moral rights of authors and performers, 2006,
    13.07, S. 368; Feather; Publishing, piracy, and politics; 1994, S. 56.
166 Statute of Anne, 8 Anne c. 19; näher dazu Sundara Rajan; Moral rights; 2011,
    S. 93; Davies/Garnett, Moral rights, 2010, S. 28.
167 Ellins, Copyright law, 1997, S. 43.

der Folge, dass mit der Veröffentlichung der Buchhändler originärer Inhaber des *copyright* wurde.[168]

Die Begrenzung des *copyright* auf eine Dauer von vierzehn Jahren war den *stationers* ein Dorn im Auge. Um die Möglichkeit zu erlangen, zeitlich unbegrenzte Druckrechte erwerben zu können, traten sie daher weiterhin auch nach Erlass des *Statute of Anne* 1710 für ein naturrechtliches, zeitlich unbegrenzt geltendes *copyright* nach dem *Common Law* ein, in dem zwischen materiellen und immateriellen Bestandteilen des Rechts unterschieden wurde.[169]

Für eine Trennung des materiellen von dem immateriellen Eigentumsrecht trat auch Lord Mansfield in der bahnbrechenden Entscheidung „Millar v. Taylor"[170] im Jahr 1769 ein. Die Entscheidung der King's Bench stellt einen Meilenstein für die Anerkennung eines naturrechtlichen Urheberrechts und die Ausgestaltung der ideellen Interessen der Schöpfer der Werke dar. Darin stellte das Gericht erstmalig fest, dass dem Urheber kraft natürlichen Schöpfungsakts ein zeitlich unbegrenztes *copyright* nach *Common Law* zustehen müsse.[171] Lehne man ein solches Recht des Urhebers ab, würde dies laut Lord Mansfield dazu führen, dass der Urheber nicht mehr die Urheberbezeichnung wählen, keine Änderungen am Werk durchführen, keinen Rücktritt erklären sowie die Veröffentlichung des Werks nicht bestimmen könne.[172] Es wandelte sich das *copyright* erstmalig in ein Recht, das den Schöpfer in den Mittelpunkt stellte.[173] Das Plädoyer für die Rechte

---

168 Schacht, Die Einschränkung des Urheberpersönlichkeitsrechts im Arbeitsverhältnis, 2004, S. 99 m.w. N.

169 Adeney, The moral rights of authors and performers, 2006, 13.07, S. 368.

170 King's Bench 98 E.R. 201 (1769).

171 Näher dazu Adeney, The moral rights of authors and performers, 2006 13.12, S. 369.

172 King's Bench 98 E.R. 201(1769): „From what source, then, is the common law drawn…? […The author] can reap no pecuniary profit, if, the next moment after his work comes out, it may be pirated upon worse paper and in worse print, and in cheaper volume. […] The author may not only be deprived of any profit, but lose the expense he has been at. He is no more master of the use of his *own name. He can not prevent additions He can not retract errors. He can not amend; or cancel a faulty edition.* Any one may print, pirate, and perpetuate the imperfections, to the disgrace and against the will oft he author; may propagate sentiments under his name, which he dissaproves, repents and is ashamed of. *He can exercise no discretion as to the manner in which, or the persons by whom his work shall be published".*

173 Ellins, Copyright law, 1997, S. 48; Schacht, Die Einschränkung des Urheberpersönlichkeitsrechts im Arbeitsverhältnis, 2004, S. 100; Davies/Garnett, Moral rights, 2010, S. 28.

der Urheber kam jedoch vorrangig den Interessen der *stationers* zugute, da sie dadurch in der Lage waren, ein zeitlich unbegrenztes Druckrecht zu erwerben.

Während in der Entscheidung „Millar v. Taylor"[174] alle erdenklichen ideellen Interessen des Urhebers aufgelistet wurden und klargestellt wurde, dass ein Schaden nicht nur finanzieller Natur sein kann, wurde dieser den *moral rights* zugeneigte Ansatz jedoch bei der Entscheidung „Donaldson v. Becket"[175] im Jahr 1774 verworfen. Die höchste britische Gerichtsinstanz, das *House of Lords*, durchschaute die Interessen der *stationers*, sich über den Umweg des *Common Law* ein zeitlich unbegrenztes Druckrecht zu verschaffen. Das Gericht befürchtete, ein zeitlich unbegrenztes *copyright* sichere die Möglichkeit der Zensur und stünde daher im Gegensatz zur Meinungsfreiheit. Daher entschied das *House of Lords*, dass dem Urheber zwar weiterhin vor Veröffentlichung des Werks ein nach dem *Common Law* bestehendes Recht an seinem Werk zustünde, dieses jedoch ab Veröffentlichung erlösche. Ab Veröffentlichung des Werks richte sich das *copyright* allein nach den gesetzlichen Regelungen des *Statute of Anne* 1710 und könne daher nur für einen zeitlich befristeten Zeitraum von vierzehn Jahren den Buchhändlern eingeräumt werden. Die Entscheidung „Donaldson v. Becket" führte daher zu der bis heute im englischen Recht verfolgten Ansicht, dass ein vom *Common Law* naturrechtlich begründetes Recht nicht neben den gesetzlich gewährten Schutz des *Statute of Anne* treten könne. Diese Entscheidung gab den Startschuss, dass sich die Rechtslage in Kontinentaleuropa und in Großbritannien bezüglich der *moral rights* in unterschiedliche Richtungen entwickelte. Während sich in Kontinentaleuropa in der Folgezeit das Urheberrecht kraft Schöpfungsakt durchsetzte, wurde dies in Großbritannien durch die Begrenzung auf das geschriebene Recht ausgeschlossen.

II. Copyright Act 1911

Dem *Statue of Anne* folgten in Großbritannien weitere gesetzliche Regelungen, die sich jeweils auf einzelne urheberrechtlich geschützte Werkgat-

---

174 King's Bench, 98 E.R. 201 (1769).
175 Donaldson and Becket (1774) 4 Burr 2407; 17 Parl. Hist.953.

tungen bezogen[176]. Darunter auch der *Fine Arts Copyright Act* 1862, der erstmalig mit s. 7[177] ein *quasi-moral right*[178] enthielt, das die fälschliche Zuordnung eines Werks zu einer Person unter Strafe stellte.[179] Durch die Vielzahl einzelner Gesetze[180], die auf Veranlassung einzelner Interessengruppen eingeführt wurden, entstand ein systemloser Flickenteppich rechtlicher Regelungen. Dies änderte sich erst mit dem *Copyright Act 1911*, der die Entwicklung eines einheitlichen *Copyright Law* in Großbritannien in Gang setzte. Der *Copyright Act 1911* hob siebzehn Gesetze ganz und vier Gesetze teilweise auf.[181] Auch unter Geltung des *Copyright Act 1911* standen die Interessen der Investoren im Vordergrund. So wurde den Herstellern von Tonaufnahmen das ausschließliche Recht verliehen, Vervielfältigungen ihrer Aufnahmen zu untersagen.[182] Mit dieser Regelung wurde die Entwicklung eingeläutet, den Investoren ein eigenständiges *copyright* einzuräumen. Das *Copyright* 1911 unterschied nicht zwischen den Leistungen der Urheber und den verwandten Schutzrechten und verhinderte auf diese Weise, dass die Interessen der Urheber eigenständig betrachtet und fortentwickelt werden konnten.

---

176 Hierzu zählen der Engraving Act Copyright Act 1734, der Sculpture Copyright Act 1814, der Literary Copyright Act 1842, der Fine Art Copyright Act 1862 sowie die Copyright Musical Compositions Acts von 1882 und 1888. Diese Gesetze entstanden auf Veranlassung von Interessengruppen. Durch diese Gesetze, die auf Veranlassung der Einzelinteressen der Interessengruppen eingeführt wurden, entstand ein systemloser Flickenteppich rechtlicher Regelungen. Dies änderte sich erst mit dem Copyright 1911, der erstmals das britische *copyright* einheitlich kodifizierte.

177 S. 7 des Fine Art Copyright Act 1862 lautete: „No Person shall do or cause to be done any or either of the following acts; that is to say, First, no Person shall fraudulenty sign or otherwise affix, or fraudulently cause to be signed, or otherwise affixed, to or upon any Painting, Drawing, or Photograph, or the Negative thereof, any Name, Initials, or Monogram. [...]"

178 ALAI, Moral rights in the 21st century, 2014, Report UK, S. 2.

179 Der Fine Arts Copyright Act stellt jedoch nicht die erste Kodifikation eines *moral right* dar, da die Handlungen als Straftaten eingeordnet werden und sich keine Anhaltspunkte dafür finden, dass das darin geschützte Urheberrecht weitere, über die wirtschaftlichen Interessen des Urhebers hinausgehende, Interessen zu schützen bestimmt war. Siehe Davies/Garnett, Moral rights, 2010, S. 15f.

180 Ausführlich dazu Ellins, Copyright law, 1997, S. 50-52.

181 Ellins, Copyright law, 1997, S. 50.

182 S. 19 Abs. 1 *Copyright Act 1911*.

III. Copyright Act 1956

Im Jahr 1953 untersuchte das *Gregory Committee* das britische Urheberrecht. Im Anschluss daran wurde das britische Urheberrecht erstmalig übergreifend für alle Werkgattungen im *Copyright Act 1956* geregelt. An die Stelle von s. 7 *Fine Arts Copyright Act* 1862 trat s. 43 *Copyright Act 1956*.[183] Nach s. 43 *Copyright Act 1956* erhielt der Urheber Rechtsschutz gegen die unberechtigte Änderung seiner Malerei, Zeichnungen und Fotografien sowie gegen die unberechtigte Anbringung täuschender Unterschriften oder Initialen. Dennoch ging das Gesetz mit s. 43 *Copyright Act 1956* einen Schritt in Richtung der Regelung von *moral rights*, auch wenn weiterhin die vermögensrechtlichen Interessen des Urhebers und nicht die Persönlichkeit des Urhebers im Vordergrund stand. Der *Gregory Report* konstatierte darüber hinaus, dass das Konzept der *moral rights* unter den Juristen im Vereinigten Königreich weitgehend unbekannt[184] und eine Um-

---

183 S. 43 Copyright Act 1956: „(1)The restrictions imposed by this section shall have effect in relation to literary, dramatic, musical or artistic works; and any reference in this section to a work shall be construed as a reference to such a work. (2)A person (in this subsection referred to as "the offender") contravenes those restrictions as respects another person if, without the licence of that other person, he does any of the following acts in the United Kingdom, that is to say, he — (a)inserts or affixes that other person's name in or on a work of which that person is not the author, or in or on a reproduction of such a work, in such a way as to imply that the other person is the author of the work, or (b)publishes, or sells or lets for hire, or by way of trade offers or exposes for sale or hire, or by way of trade exhibits in public, a work in or on which the other person's name has been so inserted or affixed, if to the offender's knowledge that person is not the author of the work, or (c)does any of the acts mentioned in the last preceding paragraph in relation to, or distributes, reproductions of a work, being reproductions in or on which the other person's name has been so inserted or affixed, if to the offender's knowledge that person is not the author of the work, or (d)performs in public, or broadcasts, a work of which the other person is not the author, as being a work of which he is the author, if to the offender's knowledge that person is not the author of the work. [...]"; hierzu ausführlich mit deutscher Übersetzung des s. 43 Copyright Act 1956: Jahn, Das Urheberpersönlichkeitsrecht im deutschen und britischen Recht, 1994, S. 50-52.

184 Report of the Copyright Committee, Cmnd, 8662, October 1952 (The Gregory Committee), § 219. Unbekannt bzw. unbeliebt waren die *moral rights* im Vereinigten Königreich aus zwei Gründen. Zum einen blieb die Zahl der Verfechter eines britischen *moral right* gering, weil befürchtet wurde, dass mit der Einführung der *moral rights* die ungestörte wirtschaftliche Verwertung der urheberrechtlich geschützten Werke der Vergangenheit angehören könne. Zum anderen war das Urheberrecht seit den Entscheidungen „Millar v. Taylor" und „Do-

setzung des Art. 6 [bis] RBÜ in das britische Urheberrecht erlässlich sei, da die Interessen der Urheber bereits hinreichend durch die Rechte des *Common Law* geschützt seien und dem Vereinigten Königreich nie vorgeworfen worden sei, gegen die Berner Übereinkunft zu verstoßen.[185] Darüber hinaus missfiel den Briten auch die einfache und abstrakte Regelungsweise der moral rights in Art. 6 [bis] RBÜ, die eine komplexe und detaillierte Regelung der *moral rights* präferierten.[186]

Der *Copyright Act 1956* setzte die Regelungsweise des *Copyright Act 1911* fort und gewährte neben den Herstellern von Tonaufnahmen nun auch den Produzenten von Filmen, den Herstellern von Rundfunk- und Fernsehsendungen sowie den Herstellern von typographischen Gestaltungen ein *entrepreneurial copyright*. Das Gesetz unterschied zwischen einem Part I und II. Ersterer enthielt das *copyright* an literarischen, dramatischen, musikalischen und künstlerischen Werken, zweiterer das *entrepreneurial copyright*, das den Unternehmen das *copyright* zuwies. Diese Unterteilung spiegelte sich semantisch in der Bezeichnung der Schutzpersonen wieder. Im Part I wurde diesen als *author*, in Part II hingegen als *maker* bezeichnet. Weitergehende semantische Unterschiede bestanden jedoch nicht, da beide Inhaber des *copyright* wurden. Eine dem kontinentaleuropäischen Urheberrecht entsprechende Unterscheidung zwischen dem klassischen Urheberrecht und dem Recht der verwandten Schutzrechte wurde damit nicht verfolgt. Das in Part II enthaltene *entrepreneurial copyright* wurde originär dem Unternehmer zugeordnet und leitete sich damit nicht von der Rechtsposition des Schöpfers ab. Die ausübenden Künstler erhielten keinen *copyright*-Schutz und ihnen blieb allein die Möglichkeit, sich vertraglich eine Rechtsposition zu verschaffen.

---

naldson v. Becket" positivistisch geprägt. Vor Einführung der *moral rights* in das CDPA 1988 wurde der Terminus der *moral rights* unter den durchschnittlichen britischen Urheberrechtlern eher in einen strafrechtlichen Zusammenhang gebracht. Siehe Davies/Garnett, Moral rights, 2010, S. 13ff.; Stamatoudi, IPQ 1997, S. 479.

185 Report of the Copyright Committee, Cmnd, 8662, October 1952 (The Gregory Committee), § 219. Siehe auch Schacht, Die Einschränkung des Urheberpersönlichkeitsrechts im Arbeitsverhältnis, 2004, S. 98ff; Ellins, Copyright law, 1997, S. 35ff.; Sundara Rajan; Moral rights; 2011, S. 29.

186 Adeney, The moral rights of authors and performers, 2006, 13.28, S. 375.

IV. CDPA 1988

1. Reformbemühungen

Der *Copyright Act 1956* wurde als unübersichtlich empfunden.[187] Darüber hinaus sollte in England auch der Berner Übereinkunft Rechnung getragen werden. Die für notwendig erachtete Reform zog sich über Jahre. Eingeläutet wurde sie mit dem *Whitford Report* im Jahr 1977, dem sich weitere Reformberichte, wie das *Green Paper* im Jahr 1981, ein weiteres *Green Paper* im Jahr 1983 und das *White Paper* im Jahr 1986, anschlossen. Der Grundstein für die Einführung der *moral rights* in das *CDPA 1988* wurde 1977 durch den *Whitford Committee Report* gelegt[188], der Vorschläge zu insgesamt 150 Gesetzesänderungen enthielt. Darunter fand sich auch die Empfehlung, nach Ratifizierung des Brüsseler Texts der RBÜ, auch den mit Art. 6 bis RBÜ für die Urheberpersönlichkeitsrechte entscheidenden Pariser Text zu ratifizieren.[189] Einigkeit bestand im *Whitford Committee* dahingehend, dass nunmehr das Recht, als Urheber bezeichnet zu werden, gesetzlich aufgenommen werden sollte. Dennoch wurde auch hier angemerkt, dass für den Fall der Arbeitnehmerwerke die Aufnahme des Rechts auf Anerkennung der Urheberschaft im Arbeitsverhältnis zu Problemen führen könne.[190] Skeptisch stand das Komitee auch der Einführung des

---

187 Davies/Garnett, Moral rights, 2010, S. 32.
188 Nachdem die Urheberpersönlichkeitsrechte erstmalig mit der Romer Fassung im Jahr 1928 Eingang in die Berner Übereinkunft gefunden haben, wurde in England lange die Ansicht vertreten, dass England dadurch nicht dazu gezwungen sei, Art. 6 bis RBÜ national gesetzlich umzusetzen. So hieß es noch im *Report of the Copyright Committee*, Cmnd, 8662, October 1952 (*The Gregory Committee*), dass eine Anpassung auf nationaler Ebene erlässlich sei. Im *Whitford Committee* Report, Cmnd.6732, HMSO 1977 Abs. 58, hingegen wurde es erstmalig als notwendig erachtet, für den Schutzgewinn, den die Berner Übereinkunft England bietet, auch mit der Umsetzung des Art. 6 bis RBÜ in das englische Gesetz zu beginnen: „Although the Berne Convention limits our freedom of action this is the price we pay for joining in a multi-national agreement with some 60 other countries and thus giving to our authors, composers, artists and film makers the enormous benefit of copyright protection in all those countries without formality, merely by virtue of their having created a work. In addition, our publisher know that when they first publish a work here, even it is not by a Convention national, their investment is protected throughout the Berne Union".
189 Whitford Committee, Abs. 85.
190 Whitford Committee, Abs. 53, 54.

Rechts auf Schutz vor Beeinträchtigung gegenüber.[191] Bereits im *Whitford Committee Report* war die Möglichkeit eines Verzichts auf die *moral rights* enthalten. Diesbezüglich sollte Art. 25 AW des niederländischen *Auteurswet* als Grundlage dienen[192], das Urheberpersönlichkeitsrechte regelt.[193] Das bereits unter dem *Copyright Act 1956* bestehende Recht auf Schutz gegen falsche Zuordnung sollte beibehalten werden.[194] Die Aufnahme eines *droit de suite* wurde jedoch bereits zu diesem Zeitpunkt abgelehnt.[195]

Dem *Whitford Report* folgte 1981 das erste *Green Paper* der Regierung[196], das in Chapter 18 unter der Überschrift „*Miscellaneous*" die *moral rights* als Bestandteil des *copyright* regelte. Das Recht als Urheber genannt zu werden, sollte erstmalig gesetzlich aufgenommen werden.[197] Das *Green Paper* 1981 stellte darüber hinaus klar, dass die Verletzung der *moral rights* keine Urheberrechtsverletzung, sondern nur ein *breach of statutory duty* darstellen sollte.[198] *Moral rights* sollten nicht übertragbar, aber verzichtbar sein.[199] Da das erste *Green Paper* aus dem Jahr 1981 die Gesetzesänderungen im Urheberrecht bei weitem nicht so ausführlich und fundiert behandelte wie sein

---

191 Hier wurde insbesondere kritisiert, dass ein langfristiges Recht auf Schutz der Werkintegrität des Urhebers das Rechtsverhältnis gerade im Verhältnis zu den Erben des Urhebers verkomplizieren könne, *Whitford Committee*, Abs. 53, 54

192 Hier insbesondere die gesetzliche Einschränkung der Abwehrrechte auf die Billigkeit, wie sie Art. 25 Abs. 1 lit. a) und c) AW enthalten. Hierzu auch Gerald in: ALAI, The moral rights of the author, S. 101. Der Vorschlag, sich am niederländischen Art. 25 Auteurswet zu orientieren, konnte sich jedoch am Ende nicht in durchsetzen. Siehe dazu die Ausführungen zum niederländischen Teil.

193 Whitford Report, Abs. 51, 57; Cornish, Rn. 11-048.

194 Dazu auch Davies/Garnett, Moral rights, 2010, S. 32.

195 Whitford Report, Abs. 17.

196 Reform of the Law relating to Copyright, Designs and Performes Protection London 1981; HMSO, Cmnd. 8302/1981.

197 Darüber hinaus sprach sich das *Green Paper* von 1981 für die Aufnahme eines Rechts auf Schutz gegen Beeinträchtigung aus, wonach keine Änderungen in literarischen, dramatischen oder musikalischen Werken ohne die Zustimmung des Autors erfolgen können sollten. Das Recht sollte jedoch nicht Schutz gegen die Änderungen bieten, zu denen der Urheber seine Einwilligung nach den Grundsätzen von Treu und Glauben nicht verweigern könne. Nach dem Vorschlag des *Green Paper* sollten die *moral rights* für eine Zeitdauer von fünfzig Jahren nach dem Tod des Urhebers geschützt werden. Nach dem Tod des Urhebers solle nur der *personal representative* zur Ausübung berechtigt sein. Siehe *Green Paper* 1981, Chapter 18, para. 5f.

198 Green Paper 1981, Chapter 18, para.7.

199 Green Paper 1981, Chapter 18, para.7.

Vorgänger, der *Whitford Report*, wurde es als enttäuschend empfunden.[200] Dem *Green Paper* von 1981 folgte bereits im Jahr 1983 ein weiteres *Green Paper*[201], das jedoch keine Ausführungen zu den *moral rights* enthielt.

Im April 1986 folgte mit dem *White Paper*[202] ein weiterer Reformbericht, der die Vorschläge des *Green Paper* aus dem Jahr 1981 wiederholte[203] und die Ratifikation der RBÜ in der Fassung des Pariser Texts von 1971 forderte. Neben der Forderung nach einem Recht auf Anerkennung der Urheberschaft sowie dem Recht auf Schutz vor Beeinträchtigung stellte das *White Paper* auch klar, dass die Verwertungsrechte unabhängig von den *moral rights* bestehen sollten.[204]

2. Ratifikation des CDPA 1988

Den Reformbemühungen folgte am 30. Oktober 1987 die Vorstellung des *Copyright, Designs and Patents Bill* durch die Regierung im *House of Lords*.[205] Das Gesetz wurde im Parlament, insbesondere im *House of Lords* diskutiert. Dabei fokussierte sich die Kritik vor allem darauf, ob die *moral rights*, insbesondere die *assertion* im Sinne der s. 78 CDPA mit der Berner Konvention übereinstimmen sowie ob sie wirtschaftlich fair und praktikabel sind. Grundsätzlich wurden sie als wünschenswerte Innovation eingeordnet, solange sie nicht das wirtschaftliche Handeln begrenzen und dem Urheber dienen. Kulturelle Erwägungen zu den *moral rights*, das kulturelle Erbe zu schützen und zu fördern, wurden dabei nicht angeführt.[206] Der *Copyright, Designs and Patents Act* wurde am 8. November 1988 verabschiedet und erhielt die königliche Zustimmung am 15. November 1988. Der

---

200 Jahn, Das Urheberpersönlichkeitsrecht im deutschen und britischen Recht, 1994, S. 61 m.w.N. in Fn. 260.

201 Green Paper 1983, Intellectual Property Rights and Innovation, London 1983, HMSO Cmnd.9117, 1983.

202 White Paper 1986, Intellectual Property and Innovation, London 1986, HMSO Cmnd. 9712.

203 Dazu auch Thielecke, Möglichkeiten kollektiver Wahrnehmung des Urheberpersönlichkeitsrechts, 2003, S. 247f.

204 White Paper, 1986, 19.3(b); dies wirkt sich auch auf den Rechtsschutz bei Verletzung der *moral rights* aus, siehe hierzu auch die Ausführungen im ersten Kapitel unter § 4.

205 Dazu näher: Jahn, Das Urheberpersönlichkeitsrecht im deutschen und britischen Recht, 1994, S. 64.

206 Dazu näher: Adeney, The moral rights of authors and performers, 2006, 14.03, 04, S. 389f.

CDPA trat in drei unterschiedlichen Etappen in Kraft, welcher durch die dritte Etappe am 15. Januar 1989 abgeschlossen wurde. Neben dem Vereinigten Königreich von Großbritannien und Nordirland[207] gilt der CDPA auch in Indien, Malta, Pakistan und Zypern.[208]

3. Aufbau des CDPA 1988

Das CDPA ist eines der ausführlichsten gesetzlichen Regelungen zum Urheberrecht. Das Gesetzeswerk besteht aus sieben *Parts*[209] und befasst sich neben dem *Copyright* in Part I auch mit dem Designschutz, mit Patenten und Warenzeichen. Die noch im *Copyright Act 1956* enthaltene Aufteilung in Part I und II wurde in das CDPA 1988 nicht aufgenommen; alle urheberrechtlich geschützten Inhalte wurden nunmehr einheitlich als *works* bezeichnet. Damit hat sich der britische Gesetzgeber endgültig dagegen entschieden, den Schutz nach den Beiträgen des Urhebers und denen des Unternehmers zu unterteilen. Mit dem CDPA fanden nun auch erstmalig die *moral rights* Eingang in das Gesetz. Das CDPA zeichnet sich durch eine konkrete einzelfallbezogene Regelungsweise aus.[210]

Die Regelungen zum *copyright* in *Part I* des CDPA sind in zehn *Chapters* unterteilt. Chapter I regelt in den ss. 1-15 CDPA, welche Werke urheberrechtlich geschützt werden, die Inhaberschaft des *copyright* sowie die Schutzdauer des *copyright*. Chapter II behandelt in den ss. 16-27 CDPA die Rechte des Inhabers des *copyright*. Chapter III führt in den ss. 28-76 CDPA die Handlungen auf, die in Bezug auf das *copyright* zulässig sind. Chapter IV enthält in den ss. 77-89 CDPA die *moral rights*. Chapter V regelt das Urhebervertragsrecht und enthält in den ss. 90-95 CDPA die Übertragungen des *copyright*, den Verzicht und die Zustimmung in Bezug auf die *moral rights*, die Lizenzen sowie die Handhabung des *copyright*. In Chapter VI werden in ss. 96-115 CDPA die Rechtsbehelfe im Falle einer Verletzung

---

207 Damit in den vier Teilrechtsordnungen: England, Wales, Nordirland und Schottland.

208 Als Vorlage diente es darüber hinaus auch für den Copyright Act 1994 in Neuseeland, den Copyright Act 1993 in Jamaica, der Emergency Copright Order in Brunei sowie dem Copyright Related Rights Act 2000 in Irland.

209 Part I: Copyright, Part II: Rights in Performances; Part III: Design Right, Part IV: Registered Designs, Part V: Patent Agents And Trademark Agents, Part VI: Patents, Part VII: Miscellaneous And General.

210 Alle im Part I des CDPA enthaltenen Definitionen sind in s. 179 CDPA alphabetisch mit Verweis auf die entsprechende Gesetzesstelle aufgelistet.

aufgezählt. Chapter VII nennt in ss. 116-144 CDPA die Einräumung von Nutzungsrechten am *copyright*. Chapter VIII führt in ss. 145-152 CDPA die gerichtliche Zuständigkeit auf. In Chapter IX werden in ss. 153-162 CDPA die *Qualifications For And Extent Of Copyright Protection* genannt. Chapter X schließt mit den Regelungen in s. 163-179 CDPA in Bezug auf das *Crown Copyright*, Übergangsregelungen und Interpretationen.

4. Übergangsregelungen

Die im CDPA enthaltenen Rechte finden nicht auf Handlungen Anwendung, die sich vor dem Inkrafttreten des CDPA am 1. August 1989 ereignet haben. Diese sind anhand der Regelungen in s. 43 *Copyright Act 1956* zu messen. Sobald eine Handlung daher nach dem Inkrafttreten des CDPA stattgefunden hat, sind die *moral rights* grundsätzlich auf alle Werke anwendbar, und damit auch auf die, die vor dem Inkrafttreten des CDPA geschaffen wurden.[211] Nach Schedule 1, Paragraph 23, Absatz 1 CDPA gilt jedoch, dass das *right to be identified as author or director* nach s. 77 CDPA, und das *right to object to derogatory treatment of work* nach s. 80 CDPA, keine Anwendung auf Werke der Literatur, des Dramas, der Musik und der bildenden Kunst finden, wenn deren Urheber vor Inkrafttreten des CDPA verstorben sind[212] oder die Filmwerke vor Inkrafttreten des CDPA hergestellt wurden.[213] Die *moral rights* finden ferner in Bezug auf bereits bestehende Werke der Literatur, des Dramas, der Musik oder der bildenden Kunst keine Anwendung, wenn das Urheberrecht originär dem Schöpfer zustand und der Schöpfer das Urheberrecht vor Inkrafttreten des CDPA übertragen oder Rechte in Form einer Lizenzvereinbarung eingeräumt hat.[214] Dasselbe gilt für den Fall, dass die Inhaberschaft des Urheberrechts originär nicht dem Schöpfer des Werks zugeordnet wird.[215] Weiter findet s. 85 CDPA, das Recht des Auftraggebers auf Geheimhaltung der für private Zwecke in Auftrag gegebene Fotografien oder Filme, keine Anwendung auf die Werke, die vor dem Inkrafttreten des CDPA hergestellt wurden.[216]

---

211 Schedule 1, Paragraph 22, 2. Abs. CDPA.
212 Schedule 1, Paragraph 23, 2. Abs. lit. (a) CDPA.
213 Schedule 1, Paragraph 23, 2. Abs. lit. (b) CDPA.
214 Schedule 1, Paragraph 23, 3. Abs. lit. (a) CDPA.
215 Schedule 1, Paragraph 23, 3. Abs. lit. (b) CDPA.
216 Schedule 1, Paragraph 24 CDPA.

Damit gilt im Rahmen der Arbeitnehmerwerke, dass die *moral rights* gemäß dem CDPA nur in Bezug auf die Handlungen und die Werke Anwendung finden, die nach dem Inkrafttreten des CDPA stattgefunden bzw. geschaffen wurden. Dasselbe gilt für Werke, die im Rahmen eines Auftragsverhältnisses geschaffen werden, wenn der Auftraggeber daran vor Inkrafttreten des CDPA Nutzungsrechte eingeräumt bekommt hat oder ihm das Urheberrecht übertragen wurde.

C. Die historische Entwicklung des niederländischen Auteurswet

I. Privilegienzeitalter

Durch die Erfindung des Buchdrucks in Deutschland durch Gutenberg breitete sich dieser auch in den Niederlanden in der Mitte des 15. Jahrhunderts aus.[217] Damit entstand auch in den Niederlanden die Notwendigkeit, die Druckwerke vor dem Nachdruck zu schützen. Um dies zu gewährleisten, erließen die niederländischen Städte erste Nachdruckverbote, welche die erteilten Privilegien schützen sollten. Nach § 13 der allgemeinen Verordnung vom 19. Mai 1570 durfte kein Drucker ein Buch drucken, auf das ein Anderer bereits ein Privileg erhalten hat.[218] Nach Ausbruch der Französischen Revolution im Jahr 1789 und der Kriegserklärung Frankreichs gegenüber England und den Niederlanden im Jahr 1793 wurde der niederländische Staatenbund ab 1795 durch französische Truppen besetzt. Unter der französischen Besetzung wurde die Batavische Republik gegründet. In dieser Zeit entledigte man sich auch des Privilegienwesens.[219] Auch in den Niederlanden fand die Lehre des Geistigen Eigentums Anhänger[220], sodass auch hier das Verständnis vorherrschte, dass das Recht des Schöpfers an seinem Werk mit Schöpfung entsteht. Das naturrechtliche Verständnis fand jedoch nur schleppend Eingang in die niederländische Gesetzge-

---

217 Ausführlich zu den historischen Entwicklungen des Urheberpersönlichkeitsrechts in den Niederlanden: Quaedvlieg in: study ALAI, Moral rights in the 21st century, 2014; allgemein zu der historischen Entwicklung des Auteurswet: Latka, Das droit moral in den Niederlanden, 2000, S. 3ff.
218 Latka, Das droit moral in den Niederlanden, 2000, S. 17.
219 Seignette in: Hugenholtz/Quaedvlieg/Visser, A Century of Dutch Copyright Law, S. 121 m.w.N.
220 Hirsch Ballin, Auteursrecht in wording, 1947, S. 9; Latka, Das droit moral in den Niederlanden, 2000, S. 21.

bung.[221] An die Stelle des Privilegienwesens trat das Verständnis eines zeitlich unbegrenzten Urheberrechts, das mit Veröffentlichung des Werks entstand.[222]

II. Zeitraum ab 1803

Auswirkungen hatte dieser naturrechtliche Ansatz in den Niederlanden nur dahingehend, dass die Verleger und Buchdrucker das Recht des Urhebers erlangten, das Werk zu veröffentlichen und zu vervielfältigen.[223] Bevor die Niederlande in der Zeit zwischen 1810 und 1813 Teil des Französischen Kaiserreichs wurden, waren die Interessen der Buch- und Musikverlage ab 1803 in dem Gesetz *„De Publicatie van het Staatsbewind der Bataafsche Republiek"* geregelt, der den Buch- und Musikverlagen nur noch einen zeitlich begrenzten Schutz vor unbefugten Vervielfältigungen einräumte. Darin wurde zwar das materielle Eigentum am Werk anerkannt, jedoch nicht das Eigentum am immateriellen Gut. Das Gesetz erteilte dem Schöpfer und dem Verleger das *kopierecht*, sobald das Werk veröffentlicht wurde.[224] Das Recht, das Werk vervielfältigen zu dürfen, wurde daher nicht von der Schöpfung, sondern von der Veröffentlichung des Werks abhängig gemacht.[225]

III. Zeitraum ab 1817

Als Teil des Französischen Kaiserreichs wurde auch das niederländische Recht dem französischen naturrechtlichen Rechtssystem angepasst. Auf diese Entwicklung geht das im Jahr 1817 erlassene *"Wet, der regten bepalende die in de Nederlanden, ten opzigte van het drukken en uitgeven van letter- en kunstwerken, kunnen worden uitgeoefend"* zurück. Das Gesetz aus dem Jahr 1817 enthielt in Art. 1 die Regelung, dass das ausschließliche Kopierrecht für den Zeitraum von zwanzig Jahren an Literatur- und Kunstwerken dem

---

221 Hirsch Ballin, Auteursrecht in wording, 1947, S. 10; Latka, Das droit moral in den Niederlanden, 2000, S. 21.

222 Seignette in: Hugenholtz/Quaedvlieg/Visser, A Century of Dutch Copyright Law, S. 121; Hirsch Ballin, Auteursrecht in wording, 1947, S. 11; Latka, Das droit moral in den Niederlanden, 2000, S. 22.

223 Latka, Das droit moral in den Niederlanden, 2000, S. 22.

224 Art. 2 De Publicatie van het Staatsbewind der Bataafsche Republiek (1803).

225 Latka, Das droit moral in den Niederlanden, 2000, S. 23.

Urheber oder dessen Rechtsnachfolger zukommt.[226] Zwar ging es auch von einem naturrechtlichen Entstehen des Rechts des Urhebers aus, doch konzentrierte sich das Gesetz vorwiegend darauf, die Rechte desjenigen zu regeln, der das das Werk veröffentlicht und damit vorwiegend auf die Verleger.[227] Die Rechte der Werkschöpfer wurden darüber hinaus nur rudimentär berücksichtigt[228] und durch formale Anforderungen erschwert.[229]

IV. Zeitraum ab 1881

Im Jahr 1881 wurde das Gesetz von 1817 durch das *„Wet van den 28sten Juni 1881 tot regeling van het auteursrecht"* ersetzt. Darin wurde erstmalig auch der Schutz des Urhebers ausführlicher gesetzlich geregelt.[230] Während das Gesetz aus dem Jahr 1817 nur die Werke der Literatur, der Schrift schützte, regelte das Gesetz aus dem Jahr 1881 erstmalig auch den Schutz der Werke des Dramas und der Musik.[231] Anlass für Kritik gab jedoch der fehlende Schutz der Werke der Kunst.[232] Auch wenn das Gesetz aus dem Jahr 1881 erstmalig die Interessen des Urhebers vor die Interessen der Verwer-

---

226 Grosheide in: Davies/Garnett, Moral Rights, The Netherlands, S. 482. Das Gesetz aus dem Jahr 1917 war daher sehr urheberfreundlich, da danach nur der natürlichen Person das Urheberrecht zukommen konnte. Dies änderte sich 1881 mit der Einführung der fiktiven Urheberschaft, die auch im Auteurswet 1912 aufrechterhalten wurde. Siehe dazu Seignette in: Hugenholtz/Quaedvlieg/Visser, A Century of Dutch Copyright Law, S. 122.

227 Jehoram, GRUR Int 1993, 118 (118), der ausführt, dass Sinn und Zweck des Gesetzes von 1817 es war, „ein Zeichen des Wohlwollens gegenüber den Autoren und Künstlern" zu setzen.

228 Nach Art. 4 Auteurswet 1817 führte die Verletzung des Kopierrechts allein zu der Beschlagnahme der unberechtigten Vervielfältigungsstücke, der Zahlung eines (geringen) Schadensersatzes an den Eigentümer und einer Geldbuße zugunsten der Armen.

229 Der Urheber musste zur Erlangung eines nur rudimentär geregelten Schadensersatzanspruchs drei Exemplare an einer offiziellen Stelle hinterlegen und das Werk musste in einer niederländischen Druckerei gedruckt worden sein. Siehe zu den Voraussetzungen des Schutzes: Latka, Das droit moral in den Niederlanden, 2000, S. 24.

230 Art. 1, 9 Abs. 3, 18-22. Siehe dazu Latka, Das droit moral in den Niederlanden, 2000, S. 25.

231 Latka, Das droit moral in den Niederlanden, 2000, S. 25.

232 Ein im Jahr 1884 veröffentlichter Gesetzesvorschlag zum Schutz der Werke der Kunst wurde nicht in das Gesetz aufgenommen; Hugenholtz in: Hugenholtz/Quaedvlieg/Visser, A Century of Dutch Copyright Law, S. 37f; Grosheide in: Davies/Garnett, Moral Rights, The Netherlands, S. 482.

ter stellte, blieben die ideellen Interessen des Urhebers nur marginal gesetzlich geregelt. Art. 7 S. 2 des Gesetzes aus dem Jahr 1881 enthielt neben der Pflicht zur Quellenangabe in Art. 9 Abs. 3 das Recht des Urhebers zur Veröffentlichung des Werks und die Unzulässigkeit der Zwangsvollstreckung in urheberrechtlich geschützte Werke.[233] Darüber hinaus regelte das Gesetz in Art. 18-22 teilweise das Recht auf Urheberbenennung.

V. Auteurswet 1912

Da das Gesetz aus dem Jahr 1881 nur die Rechte niederländischer Autoren und Verleger schützte und die Niederlande sich anfänglich weigerten, der Berner Übereinkunft beizutreten[234], stand der niederländische Urheberrechtsschutz vermehrt unter internationaler Kritik.[235] Dies führte zu dem Abschluss mehrerer bilateraler Verträge und schließlich im Jahr 1911 zum Beitritt zur Berner Übereinkunft.[236] Damit galten auch in den Niederlanden der Inländergleichbehandlungsgrundsatz und ein Mindestschutz. Bereits ein Jahr nach dem Beitritt zur Berner Übereinkunft wurde das neue Auteurswet 1912 erlassen. Dieses Gesetz war insbesondere von der 1908 in Berlin stattfindenden Revidierten Berner Übereinkunft[237] und anderen na-

---

233 Kritik erfuhr diese weite Unzulässigkeit der Zwangsvollstreckung insbesondere durch Beaufort; Het auteursrecht in het Nederlandsche en internationale recht; 1909, S. 281ff.
234 Grund für die Ablehnung der Berner Übereinkunft war der niederländische Wunsch, ausländische Werke ohne jede urheberrechtliche Beschränkung übersetzen zu dürfen. Nach Art. 5 Berner Übereinkunft besaß der Urheber das zehn Jahre andauernde Recht zu entscheiden, ob sein Werk im Ausland übersetzt werden darf. Da die niederländische Lehre und Wissenschaft jedoch auf ausländische Werke angewiesen war, forderten sie ein freies Übersetzungsrecht. Dazu Latka, Das droit moral in den Niederlanden, 2000, S. 32; Grosheide in: Hugenholtz/Quaedvlieg/Visser, S. 32; Grosheide in: Davies/Garnett, Moral Rights, The Netherlands, S. 482.
235 Grosheide in: Hugenholtz/Quaedvlieg/Visser, A Century of Dutch Copyright Law, S. 31.
236 Grosheide in: Hugenholtz/Quaedvlieg/Visser, A Century of Dutch Copyright Law, S. 26.
237 Grosheide in: Hugenholtz/Quaedvlieg/Visser, A Century of Dutch Copyright Law, S. 26; Hugenholtz in: Hugenholtz/Quaedvlieg/Visser, A Century of Dutch Copyright Law, S. 37; Latka, Das droit moral in den Niederlanden, 2000, S. 33. Der Beitritt zur Revidierten Berner Übereinkunft führte dazu, dass in den Niederlanden auch der Schutz von gestalterischen Werken eingeführt wurde.

tionalen Urheberrechtsgesetzen beeinflusst[238] und betonte dabei insbesondere die Stellung des *auteur*.[239] Die Ursprünge des heutigen niederländischen Verständnisses der Urheberpersönlichkeitsrechte liegen in dem Auteurswet 1912.[240] Das Auteurswet 1912 war Gegenstand zahlreicher Änderungen[241], ist jedoch weiterhin in den Niederlanden in Kraft. Um den antiquarischen Schatten abzulegen, wurde der Titel des Auteurswet 1912 am 13. März 2008 in Auteurswet umbenannt.[242]

VI. Aufbau des Auteurswet

Das niederländische Auteurswet besteht aus den Art. 1 bis 53. Diese sind in insgesamt acht Kapitel unterteilt. Die Artikel in den einzelnen Kapiteln werden wiederum in Paragraphen unterteilt. Für die Frage der Inhaberschaft des Urheberrechts, die Inhaberschaft des Urheberpersönlichkeitsrechts und die urheberpersönlichkeitsrechtlichen Befugnisse ist das erste Kapitel und dabei § 1 *„De aard van het auteursrecht"* (Natur des Urheberrechts), § 2 *„De maker van het werk"* (Der Schöpfer des Werks) sowie § 6 *„De beperkingen van het auteursrecht"* (Die Beschränkungen des Urheberrechts) von besonderer Relevanz. Das Leistungsschutzrecht ist in einem separaten Gesetz, dem *„Wet op de naburige Rechten"* (WNR), geregelt.[243] Im Rahmen der urheberrechtlichen Regelung wird auch auf die Regelung des *Burgerlijk Wetboek*[244] (BW) zurückgegriffen. Das *auteursrecht* entsteht mit

---

238 Dies wurde damit begründet, dass im Hinblick auf das Urheberrecht keine kulturellen Unterschiede herrschen würden. Zu Recht hebt Grosheide in: Hugenholtz/Quaedvlieg/Visser, A Century of Dutch Copyright Law, S. 26, hervor, dass dies deshalb überraschend ist, weil die *cultural diversity* stets als Hemmnis für eine europäische Harmonisierung angegeben wird.

239 Grosheide in: Hugenholtz/Quaedvlieg/Visser, A Century of Dutch Copyright Law, S. 32, führt an, dass der Schutz des Urhebers jedoch nicht von ganzem Herzen verfolgt wurde, wie die großzügigen Übergangsvorschriften zeigten.

240 Quaedvlieg, ALAI, Moral rights in the 21st century, 2014, report of the Netherlands, S. 5; Einleitung in: Hugenholtz/Quaedvlieg/Visser, A Century of Dutch Copyright Law, S. 11.

241 Der urheberpersönlichkeitsrechtliche Teil des Auteurswet wurde in den Jahren 1931, 1972, 1985, 1989 nochmals verändert. Siehe dazu Quaedvlieg, ALAI, Moral rights in the 21st century, 2014, report of the Netherlands, S. 6-15.

242 Hugenholtz/Quaedvlieg/Visser, A Century of Dutch Copyright Law, S. 11.

243 Vom 18. März 1993.

244 Eine englische Übersetzung des Gesetzes findet sich unter http://www.dutchcivillaw.com/civilcodegeneral.htm; zuletzt abgerufen am 19.7.2015.

Schöpfung des Werks. Der Urheber muss für den Schutz keinerlei formale Kriterien erfüllen.[245] Die Schutzdauer des Urheberpersönlichkeitsrechts ist an die Schutzdauer des *auteursrecht* gekoppelt und beträgt 70 Jahre nach dem Tod des Urhebers.[246] Dies verdeutlicht wiederum, dass nicht zuletzt durch die kurzzeitige Zugehörigkeit der Niederlande zum Französischen Kaiserreich das niederländische Auteurswet auch von dem naturrechtlichen, kontinental-europäischen Droit d'auteur-Rechtsverständnis, wie dem Schöpferprinzip, geprägt ist. Darüber hinaus finden sich im Auteurswet jedoch auch pragmatische und zweckorientierte Ansätze, die die Verwertungsinteressen der Verleger, der Arbeitgeber und juristischen Personen in den Vordergrund rücken.[247] Die dualistische Prägung des Auteurswet wird durch den Wortlaut des Art. 25 Abs. 1 S. 1 AW verdeutlicht, nach welchem der Zedent auch bei der rechtsgeschäftlichen Übertragung[248] noch Inhaber seiner *morele rechten* bleibt[249] Damit handelt es sich bei dem *auteursrecht* und den *morelen rechten* um zwei selbständige, trennbare Rechte.[250] Dennoch wird dieser dualistische Ansatz in den Niederlanden nur eingeschränkt verfolgt.[251] So wird davon ausgegangen, dass die vermögensrechtlichen Befugnisse auch mit den ideellen Befugnissen zusammenhängen

---

245 Art. 25 Abs. 2 und 4 AW stellen jedoch hohe Anforderungen an die Geltendmachung der urheberpersönlichkeitsrechtlichen Befugnisse nach dem Tod des Urhebers, sodass das Urheberpersönlichkeitsrecht des Urhebers in der Regel mit dem Tod des Urhebers erlischt. Siehe hier die Ausführungen zu Art. 25 Abs. 2 und 4 AW im ersten Kapitel unter § 4 III.

246 Dies ergibt sich aus Art. 25 Abs. 2 und 4 AW sowie aus der Tatsache, dass die morele rechten das auteursrecht beschränken und deshalb eine einheitliche Schutzdauer gelten muss, dazu Quaedvlieg, ALAI, Moral rights in the 21st century, 2014, report of the Netherlands, S. 39.

247 Art. 7, 8 AW. Siehe dazu Erstes Kapitel, § 3 C.

248 Anders jedoch ein Teil der Rechtsprechung und Literatur im Rahmen der gesetzlichen Fiktion nach Art. 7 und 8 AW. Siehe dazu Erstes Kapitel, § 4 B.I.1 und 2.

249 Lenselink in: Hugenholtz/Quaedvlieg/Visser, A Century of Dutch Copyright Law, Copyright Contract Law, S. 180; van Lingen, Auteursrecht in hoofdlijnen, op. 2007, S. 193; Spoor/Verkade/Visser, Auteursrecht, 2005, § 11.5; Gerbrandy, Kort commentaar op de Auteurswet 1912, 1988, S. 338.

250 Grosheide in: Davies/Garnett, Moral Rights, The Netherlands, S. 483f; Latka, Das droit moral in den Niederlanden, 2000, S. 84.

251 Europäische Kommission, study ETD/99/B5-3000/E°28 2000, S. 98;

und zudem ist die Schutzdauer der *morelen recht* an die Schutzdauer des *auteursrecht* geknüpft.[252]

D. Zusammenfassung

Die vorangegangene Darstellung der historischen Entwicklung hat gezeigt, dass der Schutzzweck des nationalen Urheberrechts auch Auswirkungen auf die Zuweisung der urheberrechtlichen Befugnisse und deren Verkehrsfähigkeit hat. Das deutsche Urheberrecht ist naturrechtlich begründet. Da die erste Kodifikation des Urheberrechts im europäischen Vergleich erst spät erfolgte[253], ist das urheberrechtliche Verständnis Ergebnis jahrhundertlanger Debatten über das Urheberrecht und den Schutz des Urhebers. Damit entwickelte sich in Deutschland zunächst eine Grundkonzeption des Urheberrechts, bevor dieses gesetzlich verankert wurde. Das deutsche Urheberrechtsgesetz rückt uneingeschränkt den Schutz des Schöpfers des Werks in den Vordergrund. Monistisch geprägt handelt es sich um ein Recht eigener Art mit ineinander übergreifenden verwertungs- und urheberpersönlichkeitsrechtlichen Befugnissen, vgl. §§ 1, 11 UrhG.[254] Das Urheberpersönlichkeitsrecht[255] ist nicht übertragbar und verhindert durch die Verbundenheit mit dem Urheberrecht auch die Übertragbarkeit des Urheberrechts gemäß § 29 UrhG. Das Urheberrecht wird damit nicht als reine Handelsware gesehen, sondern zeitgleich als Ausdruck der Persönlichkeit des Schöpfers. Historisch tief verankert ist damit das Schöpferprinzip, nach welchem allein die natürliche Person Urheber und Inhaber des Urheberrechts sein kann.

Im Vergleich zu dem in Deutschland starr verfolgten naturrechtlich geprägten Schöpferprinzip, ist das englische CDPA von utilitaristischen Er-

---

252 Eine weitere Annäherung an das monistische Urheberrecht erfolgt durch die translative Unübertragbarkeit des *auteursrecht* im Vorentwurf zur Neuregelung des auteurscontractenrecht im Auteurswet aus dem Jahr 2010.

253 Im Vergleich zu der ersten gesamtdeutschen Regelung im Jahr 1871 wurde der Statue of Anne bereits 1710 erlassen.

254 Gamm, Urheberrechtsgesetz, 1968, Einf. Rn. 25, S. 65; Ulmer, Urheber- und Verlagsrecht, 1960, § 19, S. 102, in Ulmer, Urheber- und Verlagsrecht, 1980 § 18 II 4, S. 116 heißt es anschaulich: „Die beiden Interessensgruppen erscheinen, wie bei einem Baum, als die Wurzeln des Urheberrechts, und dieses selbst als der einheitliche Stamm. Die urheberrechtlichen Befugnisse aber sind mit Ästen und Zweigen vergleichbar, die aus einem Stamm erwachsen. Sie ziehen Kraft bald aus beiden, bald ganz oder vorwiegend aus einer der Wurzeln."

255 In der Rechtsliteratur hat sich auch der Ausdruck „droit moral" durchgesetzt.

wägungen geprägt, das die Interessen der Allgemeinheit in den Vordergrund stellt. Das englische CDPA schützt den Schöpfer und andere Werkverwerter darin, die Investitionen in das Wirtschaftsgut zu amortisieren. Investitionen, die in die Schöpfung eines Werks getätigt werden, rechtfertigen nach englischer Rechtsauffassung daher die Gewährung eines *copyright*-Schutzes. Dies führt zu der sog. Dichotomie zwischen dem kontinentaleuropäischen Ansatz des Droit d`auteur und dem Ansatz des Common Law. Das urheberrechtlich geschützte Werk ist nach dem Verständnis des CDPA eine reine Handelsware, über die der dualistischen Prägung des *copyright* entsprechend unbeschränkt verfügt werden kann. Dementsprechend wird das *copyright* als Vermögensrecht eingeordnet. Das CDPA unterscheidet demnach auch nicht nach Urheberrechten und verwandten Rechten, sondern bezeichnet die Schutzgegenstände einheitlich als *works*. Schutz gebührt dem, der die Investition auf sich genommen hat, das Werk zu schaffen. Dies kann eine natürliche Person sein, aber auch die juristische Person, die die Geldmittel zur Werkschöpfung aufgebracht hat. Der Urheberrechtsschutz soll die Investoren davor schützen, dass das Werk gewerblich nachgeahmt wird. Nicht der Schutz des Werkschöpfers, sondern die wirtschaftliche Investition ist primär schützenswert. Dies wird auch dadurch verdeutlicht, dass das CDPA gerade nicht das Ziel verfolgt, anwendungsbreite Regelungen zu treffen, sondern stets bemüht ist, den Eingriff in die Privatautonomie auch im copyright so gering wie möglich zu halten. Das Werk führt eine vom Schöpfer losgelöste Existenz, deren Verkehrsfähigkeit daher nur minimal durch die *moral rights* eingeschränkt wird. Der Schutz der ideellen Interessen des Urhebers über die *moral rights* ist strikt von dem *copyright*-Schutz zu trennen.[256]

Im Gegensatz zu dem englischen CDPA, ist das niederländische Auteurswet durch die Zugehörigkeit der Niederlande zum französischen Kaiserreich in den Jahren von 1810 bis 1817 auch von dem naturrechtlichen Gedanken des französischen kontinentaleuropäischen Droit d`auteur beeinflusst. Das heute in den Niederlanden geltende Auteurswet ist jedoch auch das Ergebnis pragmatischer Gesetzgebung.[257] Die Kodifikation des Auteurswet 1912 basiert nicht auf einer langen, philosophisch gewachse-

---

256 Dieser dualistische Ansatz wird auch durch die prozessualen Rechte verdeutlicht. Während die Verletzung des copyright als copyright infringement gerichtlich verfolgt wird, handelt es sich bei der Verletzung der moral rights nur um eine action for breach of statutory duty. Siehe dazu Erstes Kapitel § 6 B.

257 Die Allgemeine Versammlung der niederländischen Juristen-Vereinigung stimmte 1877 über die Zielsetzung des neuen Urheberrechtsgesetzes ab. Mit 40 gegen 9 Stimmen wurde der Ansatz verworfen, dass das auteursrechtAusdruck

nen Rechtstradition.[258] Erst kurz vor Erlass des Auteurswet 1912 beschäftigte sich erstmalig ein Schüler des Rechtsphilosophen Josef Kohler, Henry Louis de Beaufort, tiefgehend mit dem Urheberpersönlichkeitsrecht.[259] Im Gegensatz zu dem deutschen Urheberrechtsgesetz enthält das Auteurswet damit auch pragmatische und zweckorientierte Ansätze, die die Verwertungsinteressen der Verleger, der Arbeitgeber und juristischen Personen in den Vordergrund rücken. Dies führt dazu, dass aus Zweckmäßigkeitserwägungen auch vom Schöpferprinzip abgewichen werden kann. Ebenso wie die originäre Inhaberschaft des Urheberrechts ist auch der Umfang des morele rechten von Zweckmäßigkeitserwägungen bestimmt.

„des literarischen oder geistigen Eigentums" sei. Ebenfalls verworfen wurde mit 42 gegen 7 Stimmen, dass „der Arbeiter das Recht auf den Lohn für seine Arbeit habe, und dass jeder, der sich ohne Grund bereichert mit dem Lohn eines anderen, zur Zurückgabe verpflichtet ist." Ebenfalls verworfen wurde mit 48 gegen 1 Stimme, dass beim Kauf eines Buchexemplars stillschweigend der Bedingung zugestimmt werde, das Buch nicht nachzudrucken. Zustimmung fand mit 36 gegen 10 Stimmen hingegen der Ansatz, dass das neue Auteurswet „im Allgemeininteresse durch Gesetz ein Recht zur ausschließlichen Reproduktion gegeben werden solle. " Dieser pragmatische Ansatz fiel in eine Zeit, in der allgemein der Schutz von Immaterialgüterrechten in Frage gestellt wurde. 1869 führte dieser Ansatz in den Niederlanden sogar dazu, dass das Patentgesetz abgeschafft wurde. 1910 kam es jedoch wieder zur Einführung eines Patentgesetzes. Siehe dazu Jehoram, GRUR Int 1993, 118 (118, 119).

258 Neben den Vertretern des pragmatischen Ansatzes untersuchten einzelne Autoren das rechtliche Fundament des Urheberrechtsschutzes. Daraus entwickelte sich jedoch keine Rechtsdogmatik. Siehe dazu Jehoram, GRUR Int 1993, 118 (119) unter Aufzählung der folgenden Literatur: Viotta, Het auteursrecht van den componist, Amsterdam 1877, S. 8; van de Kasteele, Het auteursrecht in Nederland, Leiden 1885, S. 8; Swart, opmerkingen betreffende auteursrecht op werken van beeldende kunst, Leiden 1891, S. 27.

259 Beaufort; Het auteursrecht in het Nederlandsche en internationale recht; 1909. Zu de Beaufort: Hugenholtz in: Hugenholtz/Quaedvlieg/Visser, A Century of Dutch Copyright Law, S. 37; Quaedvlieg, ALAI, Moral rights in the 21st century, 2014, report of the Netherlands, S. 15; Seignette in: Hugenholtz/Quaedvlieg/ Visser, A Century of Dutch Copyright Law, S. 121.

§ 3 Die originäre Inhaberschaft des Urheberrechts, des copyright und des autersrecht im Arbeits-und Auftragsverhältnis

A. Die originäre Inhaberschaft des Urheberrechts im Arbeits-und Auftragsverhältnis

I. Schöpferprinzip im Urheberrecht

Die originäre Inhaberschaft des Urheberrechts hat weitreichende Folgen für die Verteilung der vermögensrechtlichen Befugnisse im Arbeits- und Auftragsverhältnis. Als originärer Inhaber des Urheberrechts kommt grundsätzlich der Schöpfer oder der Träger der Investition in Betracht. Während im deutschen Marken- und Patentrecht das Investorprinzip und im Arbeits- und Sachenrecht das Herstellerprinzip des Arbeit- bzw. Auftraggebers gelten, findet im Urheberrecht uneingeschränkt das Schöpferprinzip Anwendung. Schöpfer ist gemäß § 7 UrhG derjenige, der die persönliche geistige Schöpfung im Sinne von § 2 Abs. 2 UrhG bewirkt. Demnach kann originärer Inhaber des Urheberrechts nur die natürliche Person sein. Juristische Personen können selbst nicht eigenschöpferisch tätig und somit keine Urheber im Sinne des Urheberrechtsgesetzes sein.[260] Selbst

---

[260] Im LUG (1901) und im KUG (1907) war das Schöpferprinzip nicht ausdrücklich geregelt. Schon vor Inkrafttreten des Urheberrechtsgesetzes am 1. 1. 1966 war allerdings die Rechtsprechung davon ausgegangen, dass das Urheberrecht durch Realakt in der Person des Werkschöpfers entsteht, siehe RGZ 110, 393 (395) – Innenausstattung Riviera; RGZ 124, 68 (71) – Besteckmuster; BGH GRUR 1952, 257 (258) – Krankenhauskartei; BAG GRUR 1961, 491(492) – Nahverkehrschronik); gemäß §§ 5, 6, 25 Abs. 2 KUG und §§ 3, 4, 32 LUG war jedoch ausdrücklich gesetzlich geregelt, dass ausnahmsweise der juristischen Person des öffentlichen Rechts unmittelbar das Urheberrecht zustand, sofern sie als Herausgeber ein Werk veröffentlicht, dessen Verfasser nicht angegeben ist oder wenn sie ein Sammelwerk als Ganzes herausgab. Diese Vorschriften gelten im Rahmen der Übergangsvorschrift des § 134 UrhG bis ins heutige Urheberrecht weiter. Bei einer gemäß §§ 25 Abs. 1, 2 KUG und 32 LUG fünfzig jährigen Schutzdauer, deren Lauf mit der Veröffentlichung des Werkes beginnt, ist es daher bis zum 31.12.2015 noch möglich, dass eine juristische Person als Urheber des Werkes angesehen werden kann. Im Rahmen des UrhG-E ist gefordert worden, die Sonderbestimmung der §§ 3 LUG und 5 KUG beizubehalten und allgemein auf Werke auszudehnen, die von Beamten in Erfüllung ihrer Dienstpflichten geschaffen werden (dies wurde in BT-Drucks. IV/270 in den Ausführungen zu § 7 abgelehnt). Auch für Werke der angewandten Kunst und für Lichtbildwerke, die von Arbeitnehmern für ein Unternehmen geschaffen werden, wird ein unmittelbarer Erwerb des Urheberrechts oder zumindest der Verwertungs-

wenn das Werk in Erfüllung eines Arbeits- oder Auftragsverhältnisses entstanden ist, wird die originäre Inhaberschaft des Urheberrechts stets der natürlichen Person des Werkschöpfers zugeordnet und damit dem angestellten bzw. beauftragten Werkschöpfer. Urheber ist demnach auch der Ghostwriter, der im Rahmen einer Vereinbarung für einen anderen ein Werk schafft, das unter dessen Namen erscheinen soll. Das Urheberschaftsprinzip besteht darüber hinaus auch bei Filmwerken, sodass Urheber nur derjenige ist, der bei der Entstehung des Filmwerkes eine schöpferische Leistung erbracht hat. Dies wird in erster Linie der Regisseur und nicht der Produzent sein. An dem Schöpferprinzip ändert auch die in § 10 UrhG enthaltene Urheberschaftsvermutung nichts. Die Urheberschaftsvermutung bezieht sich nur auf Abs. 1 der Regelung, nach welcher vermutet wird, dass derjenige Urheber ist, der als solcher bezeichnet wird. In § 10 Abs. 2 UrhG ist hingegen keine Urheberschaftsvermutung enthalten, sondern nur die Vermutung, dass die Herausgeber und Verleger ermächtigt sind, die Rechte des Urhebers geltend zu machen, wenn dieser nicht bezeichnet ist.[261] Neben dem klaren Wortlaut des § 43 UrhG wird auch aus der Begründung zum Entwurf des Urheberrechtsgesetzes aus dem Jahr 1965[262] klar, dass das Urheberschaftsprinzip auch uneingeschränkt[263] auf den werkschöpfenden Arbeitnehmerurheber Anwendung findet.[264] Dies

---

rechte durch den Arbeitgeber angestrebt. Derartige Regelungen wurden jedoch abgelehnt, da diese mit § 7 des UrhG-E unvereinbar gewesen wären (BT-Drucks. IV/270, S. 62).

261 Schricker, Urheberrecht auf dem Weg zur Informationsgesellschaft, 1997, S. 68.

262 In der Amtl. Begr. BT-Drucks. IV/270, S. 61f. heißt es dazu „Entsprechend dem allgemeinen Grundsatz des § 7(Reg-E), daß Urheber eines Werkes dessen Schöpfer ist, entsteht auch an einem Werk, das in Erfüllung arbeitsvertraglicher oder dienstlicher Pflichten geschaffen ist, das Urheberrecht in der Person des Arbeitnehmers oder Beamten. (..) Der Entwurf unterscheidet insoweit nicht zwischen dem angestellten und dem freischaffenden Urheber."

263 AmtlBegr. BT-Drucks. IV/270, 277; Nordemann in: Schricker/Loewenheim, § 13 Urheber in Arbeits- und Dienstverhältnissen, Rn. 1; Ders. in: Loewenheim, Hdb. des Urheberrechts, § 63 Rn. 5, 28; Ders. in: Fromm/Nordemann, § 43 UrhG, Rn. 2; Dreier in: Dreier/Schulze, § 42 UrhG Rn. 1; Rojahn in: Schricker/ Loewenheim, § 43 UrhG, Rn. 2; Wandtke in: Wandtke/Bullinger § 43 Rn. 1; Moll, § 16 Rn. 234; Wiebe in: Spindler/Schuster, § 43 UrhG Rn. 1; Enstehung des Urheberrechts durch Realakt in der Person des angestellten Werkschöpfers bereits vor Inkrafttreten des UrhG anerkannt: RGZ 110, 393, 395 – Innenausstattung Riviera; RGZ 124, 68, 71 – Besteckmuster; BGH GRUR 1952, 257, 258 – Krankenhauskartei; BAG GRUR 1961, 491, 492 – Nahverkehrschronik.

264 BGH GRUR 2002, 149/151 – Wetterführungspläne II; BGH GRUR 1991, 523 (525) – Grabungsmaterialien; BGH GRUR 1952, 257/258 – Krankenhauskartei.

gilt auch für den abhängig beschäftigen Urheber, der ein urheberrechtlich geschütztes Computerprogramm im Sinne von § 69 b UrhG schafft.[265]

Es lässt sich daher zusammenfassen, dass im deutschen Urheberrecht stets der Werkschöpfer originären Inhaber des Urheberrechts ist, auch wenn das Werk in Erfüllung eines Arbeits- oder Auftragsverhältnisses geschaffen wurde.

II. Das Spannungsverhältnis zur sachrechtlichen Zuordnung der Inhaberschaft des Eigentums am Werk

Während das deutsche Urheberrecht durchgehend dem Schöpferprinzip folgt, gilt im Sachenrecht durchgehend das Herstellerprinzip. Die sachrechtliche Zuordnung der Inhaberschaft des Eigentums am Werk bemisst sich im Zivilrecht nach den §§ 946 ff. BGB. Nach § 950 Abs. 1 BGB erwirbt derjenige das Eigentum an einer Sache, der durch Verarbeitung daraus eine neue bewegliche Sache herstellt, sofern nicht der Wert der Verarbeitung erheblich geringer ist als der Wert des verarbeiteten Stoffes.[266] Hersteller im Sinne des § 950 BGB ist dabei nicht zwingend derjenige, der die verarbeitende Tätigkeit selbst durchführt, sondern nach der Rechtsprechung derjenige, in dessen Namen und wirtschaftlichem Interesse die Herstellung erfolgt. Maßgebend ist die Verkehrsauffassung eines mit den Verhältnissen vertrauten objektiven Betrachters.[267] Soweit das Werk von einem freien Werkschöpfer geschaffen wird, stimmt die zivilrechtliche Wertung mit der urheberrechtlichen Wertung des Schöpferprinzips nach § 7 UrhG überein, sodass der Werkschöpfer originärer Inhaber des Urheberrechts und des sachrechtlichen Eigentums ist. Die sachrechtliche Zuordnung der Inhaberschaft des Eigentums am Werk verlagert sich hingegen, wenn das Werk im Rahmen eines Auftrags- oder Arbeitsverhältnisses hergestellt wurde. Der beauftragte Urheber, der Fotos, Dias, Manuskripte oder Zeichnungen produziert, ist daher grundsätzlich Inhaber des Eigen-

---

265 Mit dem 2. UrhGÄndG vom 9.06.1993 wurde eine Spezialvorschrift für die Schaffung von Computerprogrammen in Arbeits-oder Dienstverhältnissen erlassen, die die Computerrichtlinie der EG vom 14.05.1991 umsetzte.

266 Zirkel, Das Recht des angestellten Urhebers und EU-Recht, 2002, S. 5; Wandtke in: Wandtke/Bullinger, § 43 UrhG Rn. 37.

267 Bassenge in: Palandt, BGB, § 950 Rn. 4; Wandtke in: Wandtke/Bullinger, § 43 UrhG Rn. 37; BGH GRUR 1991, 523 (526) – Grabungsmaterialien.

tums an den Werkstücken.[268] Der Auftraggeber kann jedoch dann als Hersteller im Sinne von § 950 BGB gelten, wenn die Verarbeitung in seinem Auftrag und mit von ihm gelieferten Stoffen erfolgt.[269] Auch im Arbeits- oder Dienstverhältnis gilt der Arbeitgeber als Hersteller im Sinne des § 950 Abs. 1 BGB, wenn die Herstellung in seinem Namen und in seinem wirtschaftlichen Interesse erfolgte.[270] Hier zeigt sich das oft zitierte „Spannungsverhältnis" bzw. „Dichotomie"[271] zwischen dem Arbeits- bzw. Sachen- und dem Urheberrecht. Nach den arbeits- bzw. sachrechtlichen Wertungen müssen dem Arbeit- bzw. Auftraggeber die Früchte der Arbeit des angestellten und beauftragten Werkschöpfers zugeordnet werden. Nach der Austauschtheorie erhält der Werkschöpfer für seine Tätigkeit einen Arbeitslohn bzw. eine Vergütung. Ob der Arbeitgeber Eigentümer nach § 950 BGB geworden ist, hängt von dem Zweck des Trägers des urheberrechtlichen Werkes ab.[272] Stellt der Arbeitnehmer als Urheber im Rahmen eines Arbeitsvertrages Werke her, ist ein betrieblicher Zweck zu bejahen und der Arbeitgeber erwirbt das sachrechtliche Eigentum an diesen Werkstücken.[273] Ist ein betrieblicher Zweck zu verneinen, ist der Urheber Inha-

---

268 BGH GRUR 1991, 523(526) – Grabungsmaterialien. Die Zuweisung des materiellen Eigentums an den Auftragnehmer lässt sich auch aus der Wertung des § 44 UrhG entnehmen, der von einer rechtsgeschäftlicher „Veräußerung" des Auftragswerks spricht. Im Fall von Tonaufzeichnungen eines Ghostwriters hat das Gericht das sachrechtliche Eigentum jedoch nicht nur nach dem eigentlichen Materialwert der Tonbänder, sondern – unabhängig von der Frage urheberrechtlicher Schutzfähigkeit – nach dem immateriellen Gehalt der darauf dokumentierten Äußerungen des Auftraggebers bemessen. Danach hat das Gericht dem Auftraggeber Helmut Kohl das Sacheigentum an den Tonbandaufnahmen zugeordnet. Siehe hierzu: OLG Köln, Urteil v. 1.8.2014, 6 U 20/14, GRUR-RR 2014, 419ff – Kanzler Kohls Tonbänder.

269 Bassenge in: Palandt, BGB, § 950 Rn. 8.

270 Wandtke in: Wandtke/Bullinger, § 43 UrhG Rn. 37; Bassenge in: Palandt, BGB, § 950 BGB Rn. 6, 9.; BAG GRUR 1961, 491, 492 – Nahverkehrschronik; BGH GRUR 1952, 257, 258 – Krankenhauskartei; BGH GRUR 1976, 264, 265 – gesicherte Spuren; dazu Wandtke in: Wandtke/Bullinger, § 43 UrhG Rn. 37.

271 Fuchs, Arbeitnehmer-Urhebervertragsrecht, 2005, S. 12; Holländer, Arbeitnehmerrechte an Software, 1991, S. 279; Rojahn, Der Arbeitnehmerurheber in Presse, Funk und Fernsehen, 1978, S. 11; Schwab, AuR 1993, S. 131; Ullmann, GRUR 1987, 6 (6); Wandtke, GRUR 1999, 390 (391); Zirkel, Das Recht des angestellten Urhebers und EU-Recht, 2002, S. 5.

272 Wandtke in: Wandtke/Bullinger, § 43 UrhG Rn. 37.

273 BAG GRUR 1961, 491, 492 – Nahverkehrschronik.

ber des sachrechtlichen Eigentums.[274] Soweit der Arbeitgeber Eigentümer des geschuldeten Werkes ist, bleibt er dies auch nach Beendigung des Arbeitsverhältnisses, es sei denn, die Vertragspartner haben etwas anderes vereinbart.[275]

Damit tritt die sachrechtliche Zuordnung der Inhaberschaft des Eigentums nach § 950 BGB in Gegensatz zu der urheberrechtlichen Wertung des Schöpferprinzips, die die originäre Inhaberschaft des Urheberrechts nicht dem Arbeit- bzw. Auftraggeber, sondern dem angestellt und beauftragten Werkschöpfer zuordnet. Der Arbeit- bzw. Auftraggeber ist daher darauf angewiesen, derivate Nutzungsrechte zu erwerben.[276]

B. Die originäre Inhaberschaft des copyright im Arbeits- und Auftragsverhältnis

Die Unterschiede zwischen dem *Copyright-* und dem *Droit d'auteur*-Ansatz werden besonders bei der wirtschaftspolitischen Zuweisung der originären Inhaberschaft des *copyright* im Arbeitsverhältnis deutlich. Während das deutsche Urheberrecht allein dem Schöpfer das Urheberrecht zuweist, ordnet das englische *copyright* nicht nur dem Schöpfer des Werks die *authorship* zu, sondern weist die Inhaberschaft des Urheberrechts auch nach utilitaristischen Erwägungen zu.[277] Neben der Urheberschaft wird die Inhaberschaft im englischen Urheberrecht gesondert verwendet. Grundsätzlich fallen *authorship* und *first ownership* zusammen. Im Fall des angestellten Urhe-

---

274 BGH GRUR 1952, 257, 258 – Krankenhauskartei. Da die Karteikarten lediglich für die private wissenschaftliche Forschung gedacht waren, ist der Urheber und nicht der Arbeitgeber Eigentümer auch des materiellen Trägers des urheberrechtlichen Werks. BAG GRUR 1961, 491 (492) – Nahverkehrschronik. Dazu auch Wandtke in: Wandtke/Bullinger, § 43 UrhG Rn. 37.

275 Wandtke in: Wandtke/Bullinger, § 43 UrhG Rn. 37. Der Arbeitgeber ist in diesem Fall sachrechtlicher Eigentümer und der Arbeitnehmer Besitzdiener. Der Arbeitgeber hat daher gegen den Arbeitnehmer einen Herausgabeanspruch aus § 985 BGB. Der Arbeitnehmer hat wiederum einen Besichtigungsanspruch aus § 809 BGB. Bei Software erstreckt sich der Besichtigungsanspruch auf das gesamte Computerprogramm, nicht nur auf den Quellcode [BGH GRUR 2002, 1046, 1048 – Faxkarte; OLG Frankfurt a. M. ZUM-RD 2007, 406; a. A. OLG Hamburg CR 2005, 558 (559), das den Besichtigungsanspruch beim Quellcode verneinte].

276 Zur Verteilung der vermögensrechtlichen Befugnisse siehe § 4 A.

277 Dazu bereits die historische Entwicklung, siehe dazu Erstes Kapitel, § 2 B.

bers und den Voraussetzungen der s. 11 Abs. 2 DPA fallen *authorship* und *first ownership* hingegen auseinander.

I. Einheit von authorship und first ownership im Auftragsverhältnis

Nach s. 11 Abs. 1 CDPA ist der *author* eines Werks grundsätzlich auch *first owner* des darin enthaltenen *copyright*:

> *The author of a work is the first owner of any copyright in it, subject to the following provisions.*

Grundsätzlich lässt sich daher dem CDPA die Systematik entnehmen, dass *authorship* und *first ownership* des *copyright* nach ss. 9, 11 Abs. 1 CDPA zusammenfallen.

Wer *author* ist bzw. als *author* gilt, wird in s. 9 CDPA legal definiert. S. 9 CDPA lautet wie folgt:

> *(1) In this Part "author", in relation to a work, means the person who creates it.*
> *(2) That person shall be taken to be*
> *(aa) in the case of a sound recording, the producer;*
> *(ab) in the case of a film, the producer and the principal director;*
> *(b) in the case of a broadcast, the person making the broadcast (see section 6(3)) or, in the case of a broadcast which relays another broadcast by reception and immediate re-transmission, the person making that other broadcast;*
> *(d) in the case of the typographical arrangement of a published edition, the publisher.*
> *(3) In the case of a literary, dramatic, musical or artistic work which is computer-generated, the author shall be taken to be the person by whom the arrangements necessary for the creation of the work are undertaken.*
> *(4) [...]*
> *(5) [...]*

1. Schöpfer als author des Werks

Wie sich aus dem ersten Absatz der Norm entnehmen lässt, findet sich das Schöpferprinzip auch im englischen *copyright* wieder. Im Umkehrschluss zu den in Absatz 2 ausdrücklich genannten Werkarten ergibt sich daher für die Werke der Literatur, des Dramas, der Kunst sowie der Musik, dass deren kreativer Schöpfer auch *author* ist. In Verbindung mit s. 11 Abs. 1

CDPA folgt weiter, dass der Schöpfer eines Werks der Literatur, des Dramas, der bildenden Kunst und der Musik auch der originäre Inhaber des in diesen Werken enthaltenen *copyright* ist. Dasselbe gilt auch für den angestellten Urheber.

Etwas anderes kann jedoch im Hinblick auf in Auftrag gegebenes Werke der Fotografie, Malerei, eines Portraits oder einer Gravur gelten. Ist ein solches Werk vor Inkrafttreten des CDPA 1988 geschaffen worden, findet weiterhin s. 4 Abs. 3 *Copyright Act 1956*[278] *Anwendung*[279], nach welchem der Auftraggeber, der die Herstellung eines Werkes der Fotografie, Malerei, eines Portraits oder einer Gravur in Auftrag gegeben hat, auch originärer Inhaber des *copyright* ist.[280] Bezogen auf eine in Auftrag[281] gegebene Fotografie, Malerei, eines Portraits oder einer Gravur kann dies je nach dem Zeitpunkt der Schöpfung zu einer unterschiedlichen Zuordnung des *copyright* führen. Ist eines der genannten Werke in einem Auftragsverhältnis nach Inkrafttreten des CDPA geschaffen worden, findet das CDPA Anwendung, in dem keine speziellen Regelungen zu der Inhaberschaft des Urheberrechts im Auftragsverhältnis enthalten sind, sodass es in diesem Fall bei der allgemeinen Regelung der s. 11 Abs. 1 CDPA bleibt, nach welcher der Auftragnehmer als kreativer Schöpfer des Werks *author* und originärer Inhaber des Urheberrechts ist.

Da die gesetzliche Zuordnung der originären Inhaberschaft des *copyright* nach s. 11 Abs. 2 CDPA auch in Bezug auf die Person, die den Auftrag ausführt und deren Arbeitgeber Anwendung findet, ist zu beachten, dass das

---

278 Section 4 (3) Copyright Act 1956: „Subject to the last preceding subsection, where a person commissions the taking of a photograph, or the painting or drawing of a portrait, or the making of an engraving, and pays or agrees to pay for it in money or money's worth, and the work is made in pursuance of that commission, the person who so commissioned the work shall be entitled to any copyright subsisting therein by virtue of this Part of this Act."

279 Schedule 1, para 10 CDPA.

280 Für das im Rahmen eines Auftragsverhältnisses geschaffene registrierte oder nicht registrierte Design gilt seit dem 1. Oktober 2014, vorbehaltlich abweichender vertraglicher Vereinbarung, dass der Auftragnehmer originärer Inhaber ist, Intellectual Property Act 2014 (Commencement No. 3 and Transitional Provisions) Order 2014, Art. 6. Davor galt der Auftraggeber als originärer Inhaber des Rechts am Design, s. 215 Abs. 1 CDPA a.F. Diese Änderung gewährleistet nun eine einheitliche Zuweisung der originären Inhaberschaft eines Werks, das sowohl Design als auch Urheberschutz erlangt. Zu der alten Rechtslage: Stewart/Sandison, International copyright and neighbouring rights, 18.28, S. 395.

281 Ein Auftragsverhältnis wird im Oxford English Dictionary wie folgt definiert: „To commission – to empower, to entrust with an office or duty; to give a commission or order to or for".

vertragliche Auftragsverhältnis (zeitlich vor der Fertigstellung des Werks) mit der Rechtsperson abgeschlossen wird, der das Urheberrecht ohne Vorliegen eines Auftragsverhältnisses originär zustehen würde.[282]

2. Investor als author des Werks

In den Absätzen 2 und 3 der s. 9 CDPA weicht das englische *copyright* von dem Konzept des Schöpferprinzips zugunsten einer rechtlichen Fiktion des – legt man das deutsche Rechtsverständnis zugrunde – Leistungsschutzberechtigten ab. So gilt im Fall einer Tonaufzeichnung der Produzent, im Fall eines Films der Regisseur[283] sowie der Produzent[284]; im Fall von Rundfunk-, Fernseh- und Kabelprogrammsendungen das Sendeunternehmen, im Falle von computergenerierten Werken der Literatur, der Musik, der bildenden Kunst, die (juristische) Person, die die Vorbereitungen trifft, das urheberrechtlich geschützte Werk zu schaffen[285] und letztlich im Fall von typografischen Zusammenstellungen einer Veröffentlichung der Verleger als *author*. Gerade im Rahmen dieser Werke zeigt sich, dass im

---

282 Hartnett v. Pinkett [1953] 103 L Jo 204; Plix Products Ltd v. Frank M Winstone(Merchants) Ltd [1986] FSR 63; dazu auch Laddie/Prescott/Vitoria, The modern law of copyright and designs, 2011, 22.47, S. 960.

283 Der Regisseur wurde mit der Umsetzung der Schutzdauer-Richtlinie in das CDPA im Jahr 1993 eingefügt. Zuvor wurden Filmwerke als Werke des Unternehmens behandelt. Originärer Inhaber des Urheberrechts war in der Regel ausschließlich der Produzent, der das für die Herstellung des Films Notwendige durchführt. In der Literatur besteht Uneinigkeit, ob die Urheberschaft des Regisseurs tatsächlich für den Regisseur zu Vorteilen führt, da das Urheberrecht übertragbar ist. Als Vorteil wird angeführt, dass die Regisseure dadurch eine bessere Verhandlungsposition hätten und so eine höhere Beteiligung an den Filmeinnahmen erreichen könnten. Dennoch wird entgegnet, dass die erhöhte Beteiligung an den Filmeinnahmen zu einer Senkung der sonstigen Vergütung des Regisseurs führen könne und der Regisseur auch höhere Verwaltungskosten zu tragen habe in Bezug auf die Verhandlung der neu erworbenen Rechte. Siehe hierzu: Kretschmer/Derclaye/Favale/Watt, The Relationship Between Copyright and Contract Law Intellectual, 2010, S. 5.

284 D. h. hier handelt es sich in der Regel um *joint authorship*. Alleiniges Urheberrecht entsteht dann, wenn die Person des Regisseurs und des Produzenten zusammenfallen. Der *producer* ist in s. 178 CDPA als ‚*the person by whom the arrangements for the making of the film are undertaken* definiert.

285 S. 9, 3. Abs. CDPA. Relevant für die Frage der Inhaberschaft des Urheberrechts in einem Fall des österreichischen Gerichtshofs bezüglich der computergesteuerten Aufnahmen via Webcam, siehe hierzu OGH 1. 2. 2000, 4 Ob 15/00k – Wetterkamera, K&R 2000, 460.

englischen *copyright* der *author* nicht immer der kreative Schöpfer ist, sondern vielmehr auch die juristische Person, die die Schöpfung des Werks möglich macht.[286],[287] Der Grund für die Zuweisung der originären Inhaberschaft auch an die Personen, die die Investition treffen, liegt darin begründet, dass das englische Recht keinen wettbewerbsrechtlichen Leistungsschutz bietet, wie es z. B. in Deutschland mit dem Gesetz gegen den unlauteren Wettbewerb (UWG) der Fall ist. Das Fehlen eines wettbewerbsrechtlichen Schutzes in England beeinflusst zum einen den in England geltenden Werkbegriff[288] und zum anderen den Kreis der Schutzberechtigten im *copyright*. Um den Herstellern von Tonaufnahmen und den Fernsehanstalten auch Rechte zu gewähren, die in anderen Ländern über die Ansprüche des Wettbewerbsrechts abgedeckt werden, wurde in England der Weg des Schutzes über das *copyright* gewählt.[289] Darüber hinaus liegt ein weiterer Grund für den weiten Begriff der *authorship* auch darin begründet, dass nach dem englischen Verständnis des *Copyright Law* jede Investition – ob finanzieller oder geistiger Art – schützenswert ist. [290]

---

286 Bently/Sherman, Intellectual property law, 2014, Chapter 5, S. 109.
287 Neben s. 9 CDPA enthalten auch die ss. 106 bis 108 CDPA Ausführungen zu der Person des *author*. Ist nicht bekannt, wer das Werk geschaffen hat und enthält das Werk einen Urheberrechtsvermerk, wie beispielsweise „[Name]", gilt im Sinne einer gesetzlichen Vermutung die darin bezeichnete (juristische) Person als *author* des Werks.
288 Der Werkbegriff zeichnet sich in England durch eine sehr niedrige Gestaltungshöhe aus. Zu den Originalitätskriterien *skill, labour and judgement*: Ellins, Copyright law, 1997, S. 88ff; Peifer, GRUR Int 2014, 1100ff.
289 Ellins, Copyright law, 1997, S. 113f.
290 Die Ursprünge des weiten Begriffs des *author* im englischen Recht finden sich bereits in dem Copyright Act 1956. Im Copyright Act 1956 wurde zwar in Part I und II noch zwischen der Leistung der Schöpfer (*author*) und der Leistung der Verwerter (*maker*) unterschieden. Doch hatte diese Unterteilung bereits zu dieser Zeit keine rechtliche Konsequenz, da beiden Gruppen die originäre Inhaberschaft des *copyright* zugeordnet wurde. Seit Schaffung eines Copyright Law stand nicht der Schöpfer, sondern das Erzeugnis geistiger Arbeit oder finanzieller Investition im Vordergrund. Daher ist es auch eine logische Folge, dass die im Copyright Act 1956 noch verfolgte Bezeichnung der Schöpfer als *author* und die Bezeichnung der Verwerter als maker aufgegeben wurde und nunmehr beide Gruppen als *author* bezeichnet wurden. Zu der historischen Entwicklung des copyright siehe § 2 B.

II. Trennung von authorship und first ownership im Arbeitsverhältnis nach s. 11 Abs. 2 CDPA

Die grundsätzliche Konzeption der Einheit von *authorship* und *first ownership* wird im Rahmen des Arbeitsverhältnisses durchbrochen. Wird ein Werk der Literatur, des Dramas, der bildenden Kunst, der Musik oder ein Filmwerk durch einen Arbeitnehmer im Zuge seines Arbeitsverhältnisses geschaffen, fallen *authorship* und *first ownership* des *copyright* nach s. 11 Abs. 2 CDPA auseinander. Vorbehaltlich der Voraussetzungen der s. 11 Abs. 2 CDPA wird die *first ownership* des *copyright* dem Arbeitgeber zugewiesen.[291] Die Zuordnung der *authorship* richtet sich im Arbeitsverhältnis weiterhin nach s. 9 CDPA, der für den relevanten Bereich der klassischen Werkarten, dem Schöpfer des Werks die *authorship* zuweist.[292] Das englische *copyright* zeichnet sich daher in Bezug auf die originäre Inhaberschaft des *copyright* im Arbeitsverhältnis dadurch aus, dass derjenige, der die wirtschaftliche Investition als Voraussetzung für die Schöpfung des Werks trägt, auch die originäre Inhaberschaft des *copyright* erhält.

Damit die originäre Inhaberschaft des *copyright* dem Arbeitgeber zugewiesen wird, müssen die folgenden vier Voraussetzungen der s. 11 Abs. 2 CDPA gegeben sein:

Zum Ersten muss es sich bei dem Werk um ein *literary, dramatic, musical or artistic work, or a film* handeln. Zum Zweiten muss eines dieser Werke durch einen *employee* und zum Dritten *in the course of his employment* geschaffen worden sein. Zum Vierten dürfen keine anderslautenden vertrag-

---

291 Da im Arbeitsverhältnis dem Arbeitgeber nicht nur alle wirtschaftlichen Befugnisse am Arbeitnehmerwerk eingeräumt werden, sondern darüber hinaus die Inhaberschaft des Urheberrechts zugewiesen wurde, musste das CDPA im Zuge der Computerprogramm-Richtlinie im Hinblick auf die Zuweisung der wirtschaftlichen Befugnisse des Arbeitgebers nicht angepasst werden.

292 Damit wählt das CDPA zwei unterschiedliche Konzepte. Im Hinblick auf die klassischen Werkarten weist sie dem Arbeitnehmer als Schöpfer die *authorship* zu und regelt mit s. 11 Abs. 2 CDPA, dass die *first ownership* dem Arbeitgeber zugewiesen wird. Im Hinblick auf Tonaufzeichnungen, Filmwerke, Rundfunksendungen und computergenerierte Werke der Literatur, der Musik, der bildenden Kunst, weist sie die *authorship* hingegen nicht dem Schöpfer des Werks, sondern der (juristischen) Person zu, die die Vorbereitungen für die Werkschöpfung getroffen hat. In letzterem Fall gilt, dass der *author* auch *first owner* des *copyright* ist. Auswirkungen hat dies insbesondere auf die Zuordnung der Inhaberschaft der *moral rights*, die für die klassischen Werkarten dem *author* (bzw. Regisseur eines Films) zugewiesen werden, ss. 77 ff. CDPA.

lichen Vereinbarungen über die Zuordnung der originären Inhaberschaft des *copyright* getroffen worden sein.

1. Werke im Sinne der s. 11 Abs. 2 CDPA

Die Zuordnung der originären Inhaberschaft des Urheberrechts zum Arbeitgeber findet nach s. 11 Abs. 2 CDPA nur in Bezug auf die Werkkategorien der Literatur, des Dramas, der bildenden Kunst, der Musik sowie der Filmwerke[293] statt.[294] Ausgenommen vom Anwendungsbereich der s. 11 Abs. 2 CDPA sind daher die Tonaufzeichnungen, Rundfunksendungen und die typografischen Zusammenstellungen einer Veröffentlichung, bezüglich derer die *authorship* bereits in s. 9 Abs. 2, 3 CDPA fiktiv der Person zugeordnet wurde, die die Schöpfung des Werks notwendig machte.[295]

2. Employee im Sinne der s. 11 Abs. 2 CDPA

Um zu klären, ob die Person das urheberrechtlich geschützte Werk als Arbeitnehmer[296] oder als unabhängiger Auftragnehmer geschaffen hat, hat

---

293 Filmwerke wurden erst mit einer Gesetzesänderung im Jahr 1996 s. 11 Abs. 2 CDPA hinzugefügt.

294 Vor Geltung des CDPA 1988 wurde bei den literarischen, dramatischen und künstlerischen Werken eines Arbeitnehmers, die für die Veröffentlichung in einer Zeitung oder Zeitschrift geschaffen wurden, im Rahmen der Inhaberschaft des *copyright* nach der Art der Verwendung des Werks unterschieden. Nach s. 4 (2) Copyright Act 1956 wurde das *copyright* dem Inhaber des Pressemediums originär nur in Bezug auf die Veröffentlichung des Werks oder eines Vervielfältigungsstücks in einer Zeitung oder Zeitschrift zugewiesen; in allen anderen Fällen wurde die Inhaberschaft des *copyright* originär dem Arbeitnehmer zugewiesen. Diese Unterscheidung wurde in das CDPA nicht mehr aufgenommen, weil eine klare Trennung schwierig erschien, so Stewart/Sandison, International copyright and neighbouring rights, 18.27, S. 495. Zu der Gesetzgebung vor dem CDPA 1988: Copinger/Garnett/Skone, Copinger and Skone James on copyright, 2011 5-27 bis 5-31, S. 270-272.

295 Bently/Sherman, Intellectual property law, 2014, S. 109. Für diese Werke gilt daher die allgemeine Regel der s. 11 Abs. 1 CDPA, dass der *author* auch *first owner* des *copyright* ist.

296 Hierbei ist anzumerken, dass der Arbeitsvertrag im Englischen sowohl als „*contract of employment*" als auch als „*contract of service*" bezeichnet wird. Der Vertrag, nach der der freischaffende Urheber eine Dienstleistung oder ein Werk schuldet, wird hingegen als „*contract for services*" bezeichnet. Auch wenn die

die englische Rechtsprechung Testverfahren wie den *control test*[297], den *integration test*[298] und den *economic reality test*[299] entwickelt.

Gemäß dem *control test* ist der Grad der Kontrolle entscheidend, mit der die Durchführung der Arbeit begleitet wird; je größer der Grad der Kontrolle ist, desto wahrscheinlicher ist das Vorliegen eines Arbeitsvertrages.[300] Inzwischen ist jedoch anerkannt, dass besonders im Bereich der kreativen Berufe die ausgeübte Kontrolle nicht als einzig entscheidendes Kriterium herangezogen werden kann.[301] Nach dem *integration test* handelt es sich dann um einen Arbeitnehmer, wenn dieser als Teil des Geschäftsbetriebs angestellt ist und dessen Arbeit als integraler Bestandteil des Geschäftsbetriebs zählt.[302] Hingegen handelt es sich um einen freien Dienstleister bzw. Auftragnehmer, wenn dessen Arbeitsleistung zwar dem Geschäftsbetrieb

---

Überschrift generell nur nachrangige Bedeutung für die Auslegung eines Vertrages bieten kann (dies ergibt sich im Vereinigten Königreich kraft Richterrecht nach den *„relabeling clauses“*), ist es bei der Ähnlichkeit der Vertragsbezeichnungen, die sich allein in der Verwendung des Plurals unterscheiden, besonders schwierig, eine Aussage für die Absicht der Parteien herauszulesen. Hierzu ausführlich Laddie/Prescott/Vitoria, The modern law of copyright and designs, 2011, vol 1, 22.26, S. 948ff; Copinger/Garnett/Skone, Copinger and Skone James on copyright, 2011, 5-12, S. 262f. Der Auszubildende (apprentice) fällt auch unter s. 11 Abs. 2 CDPA, siehe hierzu: Copinger/Garnett/Skone, Copinger and Skone James on copyright, 2011, 5-25, S. 269. Zu der Problematik des Leih-Arbeitnehmers: Mersey Docks & Harbour Board v. Coggins & Griffith (Liverpool) Ltd [1947] AC 1; Viasystems (Tyneside) Ltd v. Thermal Transfer [2006] QB 510; Hawley v. Luminar Leisure Ltd [2006] IRLR 817; Biffa Waste Services Ltd v. Maschinenfabrik [2009] QB 725.

297 Yewens v. Noakes (1881) 6 QBD 530; Honeywill and Stein Ltd v. Larkin Brothers Ltd” [1934] 1 KB 191, 196; LJ Performing Right Society Ltd v. Mitchell & Booker (Palais de Danse) Ltd [1924] 1 KB 762; Mersey Docks & Harbour Board v. Coggins & Griffith (Liverpool) Ltd [1947] AC 1.

298 Stevenson Jordan & Harrison Ltd v. MacDonald & Evans [1951] 69 RPC 10, 22; Bank voor Handel an Scheepvart NV v. Slatford [1953] 1 QB 248, 295; Ready Mixed Concrete (South East) Ltd v. Minister of Pensions and National Insurance [1968] 2 QB 497, 524.

299 Market Investigations Ltd v. Minister of Social Security [1969] 2 QB 173; Lee Ting Sang v. Chung Chi-Keung [1990] 2 AC 374.

300 University of London Press Ltd v. University Tutorial Press Ltd [1916] 2 Ch 601; Bently/Cornish in: Geller, International copyright law and practice, UK, § 7 [1] [b] [i].

301 So auch Market Investigations Ltd v. Minister of Social Security [1969] 2 QB 173: „[...] control will no doubt always have to be considered, although it can no longer be regarded as the sole determining factor“.

302 Stevenson Jordan v. MacDonald & Evans [1952] 69 RPC 10; Market Investigation Ltd v. Minister of Social Security [1969] 2 QB 173.

zugutekommt, der Auftragnehmer aber nicht in den Geschäftsbetrieb integriert ist, sondern diesem nur hinzugefügt ist.[303] Darüber hinaus ist gemäß dem *economy reality test* für die Frage, ob der Schöpfer des Werks auch als Arbeitnehmer zu qualifizieren ist, entscheidend, ob der Urheber ausschließlich für den Arbeitgeber tätig ist.[304] Dabei kann auch ausschlaggebend sein, dass der Urheber ein Vollzeitgehalt bezieht[305]. Maßgeblich ist jedoch vor allem, ob die Schöpfung unter Gebrauch der Arbeitsausstattung des vermeintlichen Arbeitgebers geschaffen wird[306] und der Schöpfer das finanzielle Investitionsrisiko trägt.[307]

3. In the course of employment im Sinne der s. 11 Abs. 2 CDPA

Darüber hinaus muss das Arbeitnehmerwerk *in the course of employment* geschaffen worden sein.[308] Hierfür reicht nicht aus, dass die Leistung während der Arbeitszeit erfolgte. Vielmehr ist erforderlich, dass die Arbeitsleistung den Arbeitspflichten des vermeintlichen Arbeitnehmers zuzuordnen ist.[309] Der Umfang der Arbeitspflichten ist grundsätzlich dem zugrundelie-

---

303 Stevenson Jordan v. MacDonald & Evans [1952] 69 RPC 10: „[...] under a contract of service, a man is employed as part of the business, and his work is done as an <u>integral part</u> of the business; whereas, under a contract for services, his work, although done for the business, is not integrated into it but is only accessory to it"; Market Investigation Ltd v. Minister of Social Security [1969] 2 QB 173.

304 Im Sinne eines *exclusive service* des Arbeitnehmers, so in: Re Beeton & Co Ltd [1969] 2 QB 173 und Bauman v. Hulton Press Ltd [1952] 2 All ER 1121.

305 Beloff v. Pressdram Ltd [1973] FSR 33.

306 Beloff v. Pressdram Ltd [1973] FSR 33.

307 Market Investigations Ltd v. Minister of Social Security [1969] 2 QB 173: „The fundamental question which has to be asked is whether the person who has engaged himself to perform the services in question is performing them as a person in business on his own account. If the answer to that question is yes, then the contract is a contract for services. If the answer is no, then the contract is a contract of service." Siehe auch Beloff v. Pressdram Ltd [1973] FSR 33.

308 Stevenson Jordan v. MacDonald & Evans [1952] 69 RPC 10; hierzu auch Laddie/Prescott/Vitoria, The modern law of copyright and designs, 2011, 22.29, S. 950; ders. 22.34, S. 952.

309 In Stevenson Jordan v. MacDonald & Evans [1952] 69 RPC 10, ging es um einen Unternehmensberater, dessen Arbeitspflichten darin bestanden, die Geschäftsräume der Kunden des Arbeitgebers zu besuchen und dort die Geschäftsmethoden und die Buchhaltung zu überprüfen und dem Kunden im Nachgang Empfehlungen zur Verbesserung zu unterbreiten. Diese Empfehlungen sollten vom Unternehmensberater in einem schriftlichen Bericht zusammengefasst

genden Arbeitsvertrag zu entnehmen.[310] Die darin enthaltenen Arbeitspflichten können sowohl ausdrücklich schriftlich und mündlich als auch stillschweigend ergänzt werden.[311] Im Einzelfall kann es schwierig sein, die konkreten Arbeitspflichten des Arbeitnehmers zu ermitteln.[312] Aus den Tatsachen, dass das Arbeitnehmerwerk auf Weisung und auf Kosten des Arbeitgebers in den üblichen Arbeitszeiten durch den Arbeitnehmer geschaffen wurde und das Werk dem Arbeitgeber zugutekommt, lässt sich in der Regel schließen, dass die Schöpfung des Arbeitnehmerwerks zu den Arbeitspflichten des Arbeitnehmers zählte.[313] Die Werkschöpfungen eines Arbeitnehmers, die zwar inhaltlich dem Arbeitsverhältnis zugeordnet werden können, dem Arbeitgeber jedoch nicht zugutekommen, werden in der englischen Literatur als *moonlighting* bezeichnet.[314] Stellt der Urheber beispielsweise dieses Werk einem Mitbewerber zur Verfügung und verletzt der Arbeitnehmer dadurch die Grundsätze von Treu und Glauben, kann

---

werden. Nachdem der Unternehmensberater nicht mehr für die Klägerin tätig war, fertigte dieser ein Buch über Führungsprinzipien an. Die Klage hatte zum Gegenstand, dass sowohl der Unternehmensberater als auch die Unternehmensberatung das Urheberrecht an dem Buch für sich in Anspruch nahmen. Das Buch stützte sich zu einem Teil auf den schriftlichen Bericht, den der Unternehmensberater im Rahmen von Kundenbesuchen anfertigte, und zu einem anderen Teil auf Lesungen, die er während seiner Arbeitszeit, ohne dafür einen zusätzlichen Lohn zu erhalten, über Führungsprinzipien gehalten hat. Die Lesungsunterlagen wurden von dessen Sekretärin während der Arbeitszeit abgetippt. Der Court of Appeal kam zu dem Ergebnis, dass das Urheberrecht an dem Buch, soweit es sich auf die schriftlichen Berichte bezog, dem ehemaligen Arbeitgeber zustand. Das Urheberrecht an den Passagen, die sich auf die Lesungen des Unternehmensberaters bezogen, wurde hingegen originär dem ehemaligen Angestellten zugewiesen. In „Byrne v. Statist Co" ([1914] 1 KB 622) wurde die Übersetzertätigkeit nicht zu den Arbeitspflichten eines Redakteurs gezählt; m.w.N. Laddie/Prescott/Vitoria, The modern law of copyright and designs, 2011, 22.35, S. 953; Copinger/Garnett/Skone, Copinger and Skone James on copyright, 2011, 5-23, S. 268f; Stewart/Sandison, International copyright and neighbouring rights, 18.27, S. 485.

310   Copinger/Garnett/Skone, Copinger and Skone James on copyright, 2011, 5-19, S. 267.

311   Laddie/Prescott/Vitoria, The modern law of copyright and designs, 2011, 22.35, S. 952 unter Verweis auf „Noah v. Shuba" ([1991] FSR 14).

312   Die Gerichte neigen zu einer für den Arbeitnehmer großzügigen Auslegung, so Stewart/Sandison, International copyright and neighbouring rights, 18.27, S. 485.

313   Copinger/Garnett/Skone, Copinger and Skone James on copyright, 2011, 5-19, S. 267.

314   Copinger/Garnett/Skone, Copinger and Skone James on copyright, 2011, 5-21, S. 268.

sich aus dem *right in equity* ergeben, dass der Arbeitnehmer nur treuhänderisch die Inhaberschaft des *copyright* innehat und der Arbeitgeber daraus
einen Anspruch auf Übertragung des *copyright* hat.[315] Universitätsprofesso-
ren erbringen ihre Arbeit frei und nicht im Zuge des Arbeitsverhältnisses
für die Universität. Daher findet s. 11 Abs. 2 DPA auf den Universitätsprofessor keine Anwendung.[316]

4. Subject to any agreement to the contrary im Sinne der s. 11 Abs. 2
    CDPA

Sind die voran genannten Voraussetzungen erfüllt, gilt, dass der Arbeitgeber originärer Inhaber des *copyright* ist.[317] Wollen die Parteien diese
Rechtsfolge nicht, müssen die Parteien vor Fertigstellung[318] eine ausdrückliche schriftliche oder mündliche Regelung treffen. Eine anderslautende
Vereinbarung kann grundsätzlich auch stillschweigend geschlossen werden. Denkbar erscheint eine stillschweigende Vereinbarung im Fall einer
langjährigen Vertragspraxis, in der stets dem Arbeitnehmer die originäre
Inhaberschaft des *copyright* zugewiesen wurde.[319] Aus der Wertung des Gesetzes lässt sich jedoch entnehmen, dass mit der Bezahlung des Lohnes an
den Arbeitnehmer der Arbeitgeber auch originärer Inhaber des *copyright*

---

315 In diesem Fall wäre der Arbeitgeber *beneficial copyright owner* bzw. *copyright ow-
    ner in equity*. Siehe hierzu die Ausführungen in diesem Kapitel unter § 3, C. I.6.
316 Cornish in: Mom/Keuchenius, Het Werkgeversauteursrecht, S. 32; Stevenson
    Jordan v. MacDonald & Evans [1952] 69 RPC 10.
317 Deutsche Rechtswissenschaftler führen an, dass aufgrund der vertraglichen Ab-
    dingbarkeit der s. 11 Abs. 2 CDPA auch von einem derivativen translativen Er-
    werb des Arbeitgebers auszugehen sein könnte. So Ulmer, Die Immaterialgüter-
    rechte im internationalen Privatrecht, 1975, S. 42; Dietz in: Leser/Isomura,
    S. 865. Dietz, der von einem urheberorientierten, urheberzentrierten Verständ-
    nis des Begriffs des Urhebers der RBÜ ausgeht, sieht nur in diesem Fall einen
    Einklang mit der RBÜ. Da der Begriff des Urhebers jedoch in der RBÜ nicht
    definiert ist, lässt sich dies nicht ohne Zweifel festlegen. Darüber hinaus ist auch
    zu berücksichtigen, dass die RBÜ nur bei extraterritorialen Sachverhalten rele-
    vant wird.
318 Wird eine Regelung erst nach Fertigstellung getroffen, wird der Arbeitgeber ori-
    ginärer Inhaber nach s. 11 Abs. 2 CDPA und die Parteien können das *copyright*
    nur nach den formalen Voraussetzungen der s. 90 CDPA übertragen. Siehe
    dazu Bently/Cornish in: Geller, International copyright law and practice, UK,
    § 7 [1][b][i].
319 So in Noah v. Shuba [1991] FSR 14, dazu auch Bently/Sherman, Intellectual
    property law, 2014, S. 120.

werden sollte, daher sind an das Vorliegen einer stillschweigenden Vereinbarung hohe Anforderungen zu stellen.[320]

5. Rechtsfolge der s. 11 Abs. 2 CDPA

Nach s. 11 Abs. 2 CDPA ist der Arbeitgeber originärer Inhaber des *copyright*. Damit werden ihm allein die Vermögensrechte an dem Arbeitnehmerwerk zugewiesen. Der Arbeitgeber kann daher ohne Einschränkung das Werk auf die zum Zeitpunkt der Schöpfung bekannten und sogar unbekannten Nutzungsarten nutzen und verwerten. Der Arbeitgeber kann darüber hinaus ohne Zustimmung des Arbeitnehmers das *copyright* translativ übertragen oder Dritte in Form von Unterlizenzen zur Nutzung ermächtigen.

Dem angestellten Urheber verbleiben keine Rechte am *copyright* mehr. Außer Zahlung seines Arbeitslohns hat der Arbeitnehmer keine weiteren Vergütungs- oder Beteiligungsansprüche an den Verwertungseinnahmen des Arbeitgebers. Mit Übernahme des Investitionsrisikos und der Abgeltung des angestellten Urhebers mit seinem Arbeitslohn, stehen dem Arbeitgeber daher alle erlangten Gewinne zu.

III. Weitere Fälle des Auseinanderfallens von authorship und ownership

1. Crown Copyright

Eine weitere Ausnahme der Regel, dass der *author* auch *first owner* des *copyright* ist, gilt für die Werke, die unter das *Crown Copyright* nach ss. 163 f. CDPA fallen. Wird ein Werk durch einen *officer* oder *servant* der Englischen Krone im Zuge seines Anstellungsverhältnisses geschaffen, ist die Englische Krone originärer Inhaber des in dem Werk enthaltenen *copyright*[321]. Die noch in s. 39 *Copyright Act 1956* enthaltene Einschränkung des *Crown Copyright* auf die Werke, die „unter der Weisung und der Kontrolle" der Englischen Krone geschaffen wurden, wurde mit Aufnahme in das CDPA gestrichen. Die Schutzdauer des *Crown Copyright* beträgt 125 Jahre.

---

320 Copinger/Garnett/Skone, Copinger and Skone James on copyright, 2011, 5-26, S. 269f.

321 Näher zu dem Crown Copyright: Stewart/Sandison, International copyright and neighbouring rights, 18.29, S. 396.

Erfolgt die Veröffentlichung des Werks bereits vor Ablauf von 75 Jahren nach Schöpfung, beträgt die Schutzdauer nur noch 50 Jahre ab Veröffentlichung des Werks.[322]

2. Parliamentary Copyright

Wird ein Werk unter Weisung oder Kontrolle des *House of Commons* oder des *House of Lords* geschaffen, wird dem jeweiligen Parlament die originäre Inhaberschaft des *copyright* zugewiesen, ss. 165-167 CDPA.[323] Darüber hinaus hat das Parlament auch die originäre Inhaberschaft des *copyright* an den Gesetzesentwürfen, die in das Parlament eingeführt werden. Erhält das Gesetz den *Royal Assent*[324] oder wird der Gesetzesvorschlag zurückgewiesen, endet die Inhaberschaft des Parlaments.

3. Internationale Organisationen

Wird ein Werk der Literatur, des Dramas, der Musik oder der bildenden Kunst von einem Angestellten einer internationalen Organisation geschaffen, ist diese Organisation originärer Inhaber des darin enthaltenen *copyright*, s. 168 CDPA.

Eine Übertragung der originären Inhaberschaft des Urheberrechts an den Auftraggeber kann ausdrücklich oder im Fall des Fehlens einer vertraglichen Regelung auf Grundlage des Rechtsinstituts der *beneficial ownership*[325] erfolgen.

---

322 S. 163 Abs. 3 CDPA.
323 Die Regierung von Wales hat zusätzlich geregelt, dass die Regelung auch für Tonaufzeichnungen, Filme, Livesendungen von Rundfunk, Fernsehen oder Kabelprogrammen gilt, die nach der Weisung oder unter der Kontrolle des Parlaments, National Assembly of Wales, geschaffen werden, Parliamentary Copyright (National Assembly for Wales) Order 2007 (S.I. 2007/1116), art. 2 („Modification of section 165 of the Copyright, Designs and Patents Act 1988").
324 Freigabe zur Ratifikation des Gesetzes.
325 Siehe hierzu die Ausführungen in diesem Kapitel unter § 3, C.I.6.

IV. Zusammenfassung

Auch im englischen Recht gilt im Bereich der klassischen Werkarten das Schöpferprinzip, s. 9 CDPA. Im Hinblick auf Tonaufzeichnungen, Filmwerke, Rundfunksendungen und computergenerierte Werke der Literatur, der Musik, der bildenden Kunst gilt jedoch nicht der Schöpfer des Werks, sondern die juristische Person als *author*, welche die Vorbereitungen für die Werkschöpfung getroffen hat. Damit ermöglicht das CDPA sowohl der natürlichen als auch der juristischen Person die Urheberschaft. In beiden Fällen gilt nach s. 11 Abs. 1 CDPA, dass der *author* auch *first owner* des *copyright* ist. Diese allgemeine Regel findet auch im Auftragsverhältnis Anwendung. Eine Sonderregelung trifft das CDPA nur im Rahmen der Werke, die ein Arbeitnehmer im Rahmen seines Arbeitsverhältnisses erstellt. Nach s. 11 Abs. 2 CDPA fallen in diesem Fall *authorship* und *first ownership* auseinander und der Arbeitgeber gilt als *first owner* des *copyright*. Darin liegt ein großer Unterschied zu dem deutschen Urheberrecht, nach dem das Schöpferprinzip stets und damit auch im Arbeitsverhältnis Anwendung findet.

C. Die originäre Inhaberschaft des auteursrecht im Arbeits- und Auftragsverhältnis

Wird eine geistige Schöpfung im Rahmen eines Arbeitsverhältnisses geschaffen, ist das niederländische Immaterialgüterrecht hinsichtlich der Zuweisung der originären Inhaberschaft des Rechts uneinheitlich, wenn man das Urheberrecht, das Patentrecht und das Leistungsschutzrecht betrachtet.[326] So steht dem Arbeitgeber gegen Anspruch auf eine angemessene Vergütung das Recht auf das Patent zu, wenn es sich um eine Arbeitnehmererfindung nach Art. 12 Abs. 1 PatG (1995)[327] handelt. In Bezug auf die

---

326 Siehe dazu van den Broek/den Akker/Berghuis u.a. in: study AIPPI 2004, Employers' rights to intellectual propert, Report Q 183 Netherlands, S. 3.

327 Art. 12 Abs. 1 PatG (1995) lautet: „1. Ist die Erfindung, für die ein Patent angemeldet worden ist, von jemandem gemacht worden, der im Dienstverhältnis zu einem anderen steht, so hat Erstgenannter das Recht auf das Patent, es sei denn, er ist aufgrund der Art seiner Anstellung dazu verpflichtet, da[ß]ss er seine besonderen Fachkenntnisse einsetzt, um Erfindungen der gleichen Art wie diejenigen, auf die sich die Patentanmeldung bezieht, zu erzielen. Im letztgenannten Fall steht das Recht auf das Patent dem Arbeitgeber zu." Siehe dazu Quaedvlieg, GRUR Int 2002, 901(902).

Leistungsschutzrechte gilt jedoch, dass dem Arbeitgeber nach Art. 3 WNR[328] nur ein beschränktes Nutzungsrecht zusteht und dieser damit nicht originärer Inhaber der Rechte wird.

Im Folgenden wird daher die Allokation der urheberrechtlich geschützten Schöpfungen des angestellten und beauftragten Urhebers näher dargestellt.

I. Schöpfer (maker) als originärer Inhaber des auteursrecht

Im niederländischen Recht bemisst sich die originäre Inhaberschaft des *auteursrecht* grundsätzlich nach dem Schöpferprinzip.[329] Art. 1 AW regelt, dass der *maker* (Schöpfer) eines Werks der Literatur, Wissenschaft oder Kunst originärer Inhaber des *auteursrecht* ist, und damit das ausschließliche Recht hat, das Werk zu vervielfältigen und öffentlich wiederzugeben. Dem folgend wird ein Werk dann nach dem Auteurswet geschützt, wenn es eine individuelle Prägung des Schöpfers aufweist und Ergebnis eines kreativen, menschlichen Prozesses ist.[330]

II. Fiktive originäre Inhaberschaft des auteursrecht

Neben dem Schöpferprinzip und der Zuweisung der Inhaberschaft des *auteursrecht* an den tatsächlichen Schöpfer kennt das niederländische Auteurswet darüber hinaus den *(fictief)* *maker* (fiktiven Urheber). An zwei

---

328 Art. 3 WNR (1993) lautet: „Der Arbeitgeber ist befugt, die Rechte des ausübenden Künstlers im Sinne von Art. 2 zu nutzen, soweit dies zwischen den Parteien vereinbart wurde oder aber sich aus der Art des zwischen ihnen geschlossenen Arbeitsvertrages, dem Gewohnheitsrecht oder dem Grundsatz von Treu und Glauben ergibt. Wenn etwas anderes vereinbart wurde oder sich aus der Art der Arbeitsvertrages, dem Gewohnheitsrecht oder dem Grundsatz von Treu und Glauben ergibt, ist der Arbeitgeber verpflichtet, dem ausübenden Künstler oder seinem Rechtsnachfolger eine angemessene Vergütung für jede Art der Nutzung seiner Rechte zu zahlen. Der Arbeitgeber respektiert weiter die in Art. 5 genannten Rechte des ausübenden Künstlers." Siehe dazu Quaedvlieg, GRUR Int 2002, 901(902).

329 Dies ist sowohl in der Literatur als auch in der Rechtsprechung anerkannt: Seignette in: Hugenholtz/Quaedvlieg/Visser, A Century of Dutch Copyright Law, S. 121 m.w.N.; Hoge Raad, NJ 1991, 377 – Kluwer v. Lamoth.

330 Zu der Individualität und Originalität im niederländischen Auteurswet: Quaedvlieg, GRUR Int 2002, 901 ff.

Stellen des Auteurswet, in Art. 7 AW und 8 AW, wird diesbezüglich eine Ausnahme von dem Schöpferprinzip gemacht. Als Rechtsordnung mit kontinentaleuropäischer Prägung stellt dies eine Besonderheit des niederländischen Rechts dar.[331] Dabei orientiert sich das niederländische Recht an den Regelungen des Common Law der sogenannten *work made for hire*-Doktrin. Regelungen zur Zuweisung der originären Inhaberschaft des *auteursrecht* sind neben Art. 7 und 8 AW auch in Art. 6 AW enthalten.

Im Folgenden werden die Regelungen zur fiktiven Urheberschaft im Arbeits- und Auftragsverhältnis vorgestellt.

1. Inhaberschaft des Urheberrechts an Arbeitnehmerwerken nach Art. 7 AW

Art. 7 AW enthält die vertraglich abdingbare gesetzliche Regel, nach der die originäre Inhaberschaft des *auteursrecht* im Arbeitsverhältnis fiktiv dem Arbeitgeber zugewiesen wird. Art. 7 AW lautet wie folgt:

„Besteht die im Dienste eines Anderen geleistete Arbeit in der Herstellung bestimmter Werke der Literatur, Wissenschaft oder Kunst, so wird, sofern nicht die Parteien Abweichendes vereinbart haben, derjenige als Urheber dieser Werke angesehen, in dessen Dienste sie angefertigt sind.“

1.1 Arbeitsvertrag

Der Arbeitgeber gilt fiktiv als der Urheber des Arbeitnehmerwerks, wenn der Anwendungsbereich des Art. 7 AW erfüllt ist. Art. 7 AW nennt als Voraussetzung, dass das Werk im Dienst eines anderen verrichtet werden muss. Dies ist dann gegeben, wenn eine Person in Form eines Arbeitsvertrages beschäftigt wird.[332] Nach Art. 7:610 BW liegt ein Arbeitsvertrag dann vor, wenn die Parteien dahingehend übereinstimmen, dass der Mitarbeiter zu Leistungen verpflichtet wird, die er für eine bestimmte Zeit gegen Lohn oder Gehalt zu erbringen hat. Maßgeblich ist dafür ebenfalls, dass der Arbeitnehmer den Weisungen des Arbeitgebers unterliegt.[333] Die

---

331 Seignette in: Hugenholtz/Quaedvlieg/Visser, A Century of Dutch Copyright Law, S. 123.
332 Paapst, Werkgever en auteursrecht, 2010, S. 10.
333 Seignette in: Hugenholtz/Quaedvlieg/Visser, A Century of Dutch Copyright Law, S. 128; Paapst, Werkgever en auteursrecht, 2010, S. 10.

impliziert zwar nicht, dass der Arbeitgeber den Arbeitnehmer überwachen und kontrollieren muss. Gefordert wird hingegen, dass der Arbeitgeber die allgemeinen Arbeitsbedingungen wie Arbeitszeit, Arbeitsort, Arbeitsinhalt, Produktionsanforderungen, Führen von Stundenzetteln bzw. Erstellen von Fortschrittsberichten bestimmt und das Arbeitsergebnis hinsichtlich Form und Inhalt kontrolliert.[334] Bei der Weisungsgebundenheit des Arbeitnehmers handelt es sich jedoch nicht um eine starre Regel. Die kreative Freiheit des Arbeitnehmers führt daher noch nicht allein zu einem Verneinen eines Arbeitsverhältnisses.[335] Die Rechtsprechung ist bei der Beurteilung eines Arbeitsvertrages nicht einheitlich. Anerkannt ist jedoch, dass die Weisungsgebundenheit auch die tatsächlich zu erbringende Arbeit zu berücksichtigen hat, die im Einzelfall eine höhere kreative Freiheit erfordern kann.[336] Das Vorliegen eines Arbeitsvertrages ist stets von dem Vorliegen eines Auftragsverhältnisses (*overeenkomst van opdracht*[337]) abzugrenzen.[338]

Grundsätzlich ist Art. 7 AW sowohl auf den im privaten Sektor als auch auf den im öffentlichen Sektor tätigen Arbeitnehmer bzw. Beamten anwendbar.[339] Nach der amtlichen Begründung zum Auteurswet 1912 ist Art. 7 AW (zumindest dem persönlichen Anwendungsbereichs der Norm nach) auch auf den Hochschullehrer und die Angestellten der Universität

---

334 Seignette in: Hugenholtz/Quaedvlieg/Visser, A Century of Dutch Copyright Law, S. 128; Paapst, Werkgever en auteursrecht, 2010, S. 11. Sog „formele gezagsbegrip" (formelle Autorität).
335 Seignette in: Hugenholtz/Quaedvlieg/Visser, A Century of Dutch Copyright Law, S. 128; Paapst, Werkgever en auteursrecht, 2010, S. 11.
336 Paapst, Werkgever en auteursrecht, 2010, S. 11. Unter Hinweis darauf, dass bei Wissenschaftlern in der Regel keine Weisung über die Art und Weise der Anfertigung des Werks erfolgt; Gerechtshof Arnhem, LJN BU5540, in dem das Gericht im Fall eines Computerprogramms davon ausging, dass das Fehlen einer Weisungsgebundenheit ein Indiz gegen das Vorliegen von Art. 7 AW sei.
337 Art. 7:400ff. BW.
338 Wie beim Arbeitsvertrag geht es hier um die Erfüllung von Leistungen. Das Auftragsverhältnis wird oft im Vertragsverhältnis zu einem Dienstleister wie Rechtsanwälte, Notare, Makler und andere Berater verwendet. Als Vergütung wird in der Regel ein Stundensatz oder eine feste Gebühr vereinbart. Der Vertragspartner kann dem Dienstleister ebenfalls Weisungen im Hinblick auf die Umsetzung des Vertrages erteilen, sofern diese rechtzeitig erteilt werden und gerechtfertigt sind (Art. 7:402 Absatz 1 BW). Im Gegensatz zu einem Arbeitsvertrag kann das Auftragsverhältnis jedoch fristlos gekündigt werden. Siehe dazu Paapst, Werkgever en auteursrecht, 2010, S. 11.
339 Paapst, Werkgever en auteursrecht, 2010, S. 11.

anzuwenden[340]. Der Zeitarbeiter (*uitzendkrachten*) fällt dann in den persönlichen Anwendungsbereich des Art. 7 AW, wenn die zusätzlichen Voraussetzungen eines befristeten Arbeitsverhältnisses nach Art. 7: 690 BW gegeben sind.[341] Der Auszubildende fällt nicht unter den persönlichen Anwendungsbereich des Art. 7 AW.[342]

1.2 Bestimmtheit des Arbeitnehmerwerks

Ein weiteres entscheidendes Kriterium für die fingierte Inhaberschaft des *auteursrecht* des Arbeitgebers nach Art. 7 AW besteht darin, dass der Arbeitnehmer zu der Schöpfung des konkreten Werks der Literatur, Kunst oder Wissenschaft verpflichtet ist. Dies kann sich sowohl aus seiner arbeitsvertraglichen Leistungsbeschreibung als auch aus einer Arbeitsanweisung seines Arbeitgebers ergeben.[343] Die Arbeitspflichten des Arbeitnehmers ergeben sich in erster Linie aus der Stellenbeschreibung innerhalb des Arbeitsvertrages. Nicht entscheidend ist dabei, ob der Arbeitnehmer das Werk während seiner Arbeitszeit oder in seiner Freizeit geschaffen hat.[344]

Die arbeitsvertraglichen Verpflichtungen können darüber hinaus auch durch spontane Anweisungen des Arbeitgebers ergänzt werden.[345] So entschied das Gericht in der Rechtssache „Laan v. Schoonderbeek"[346], dass das Verfassen eines Buchs durch die Sekretärin van der Laan eine Arbeitsverpflichtung darstellt, wenn diese zuvor von ihrem Arbeitgeber zu dem Verfassen des Buchs aufgefordert wurde, diese das Buch ohne Widerspruch während der Arbeitszeit verfasste und die unternehmerischen Recherche-

---

340 Quaedvlieg, GRUR Int 2002, 901 (904).

341 Ausführlich zu der Rechtslage beim Zeitarbeiter und den Rechtsklauseln der Zeitarbeitsfirmen: Paapst, Werkgever en auteursrecht, 2010, S. 83 ff.

342 Seignette in: Hugenholtz/Quaedvlieg/Visser, A Century of Dutch Copyright Law, S. 128.

343 Seignette in: Hugenholtz/Quaedvlieg/Visser, A Century of Dutch Copyright Law, S. 128; Paapst, Werkgever en auteursrecht, 2010, S. 47f.

344 Rechtbank Utrecht LJN AT5424 – Neefe v.Marxman. D.h. für den Fall, dass das Werk nicht in die Verpflichtung des Arbeitnehmers fällt, kann er selbst dann die Inhaberschaft des Urheberrechts geltend machen, wenn das Werk während seiner Arbeitszeit geschaffen wurde.

345 Seignette in: Hugenholtz/Quaedvlieg/Visser, A Century of Dutch Copyright Law, S. 128; Paapst, Werkgever en auteursrecht, 2010, S. 47f.

346 Hoge Raad, Urteil vom 19.01.1951, NJ 1952, S. 37 – Van der Laan v. Schoonderbeek.

möglichkeiten dafür nutzte, selbst wenn das Verfassen von Büchern nicht Teil ihrer arbeitsvertraglichen Leistungsbeschreibung ist.

Darüber hinaus zeigt die Rechtssache „Van Gunsteren v. Lips"[347], dass Art. 7 AW selbst dann Anwendung finden kann, wenn das konkrete Werk weder Teil der arbeitsvertraglichen Pflichten des Arbeitnehmers ist noch dieser spontan zu der Anfertigung des Werks angewiesen wurde. Der Gerechtshof's-Hertogenbosch legte Art. 7 AW zugunsten des Arbeitgebers weit aus und wandte die Norm auch bezüglich der Werke des Arbeitnehmers an, die dieser aus eigenem Antrieb und eigenverantwortlich während der Arbeitszeit unter Einsatz seiner fachlichen Kenntnis anfertigte. Das Gericht urteilte, dass Art. 7 AW auch auf die des Wissenschaftlers van Gunsteren während seiner Anstellung bei Lips angefertigten Artikel und Computerprogramme Anwendung finden müsse, selbst wenn er konkret zu deren Anfertigung weder arbeitsvertraglich noch direktionsrechtlich verpflichtet war. Die ebenfalls während der Anstellung verfasste Doktorarbeit sowie die weiteren Artikel, die van Gunsteren vor seiner Anstellung bei Lips angefertigt hat, wurden Art. 7 AW jedoch nicht unterstellt. Als Begründung für die Anwendung des Art. 7 AW führte das Gericht an, dass van Gunsteren generell ein Freiraum bei der Erfüllung seiner Arbeitspflichten eingeräumt wurde. Darüber hinaus könnten alle Artikel fachlich der Expertise des Arbeitnehmers zugeordnet werden, aufgrund derer er bei Lips angestellt wurde. Zudem seien einige der Artikel gemeinsam mit anderen Arbeitnehmern von Lips verfasst worden. Des Weiteren haben sich die Artikel auf Produkte und Computerprogramme des Arbeitgebers bezogen. Und schließlich habe van Gunsteren der betrieblichen Nutzung durch den Arbeitgeber nicht widersprochen.[348] Aus der Rechtssache „Van Gunsteren v. Lips" lässt sich daher schließen, dass für den Fall, dass der Arbeitnehmer für die Anfertigung arbeitsvertraglich nicht geschuldeter Werke die finanziellen, organisatorischen Ressourcen des Arbeitgebers nutzt, die fingierte Inhaberschaft des Urheberrechts des Arbeitgebers im Sinne von Art. 7 AW nur durch einen Widerspruch des Arbeitnehmers oder durch eine ausdrücklich anderslautende vertragliche Regelung verhindern werden kann. Sobald der Arbeitnehmer daher die Produktion, Organisation und das damit verbundene Absatzrisiko dem Arbeitgeber überlässt, wird der Arbeit-

---

347 Gerechtshof 's-Hertogenbosch, BIE 1985, S. 81 – Van Gunsteren v. Lips.
348 Gerechtshof 's-Hertogenbosch, Urteil vom 4. Juni 1980, BIE 1985, Nr. 25, S. 81 – Van Gunsteren v. Lips.

nehmer nur durch ausdrückliche vertragliche Abrede die Folgen des Art. 7 AW verhindern können.[349]

Auch wenn Art. 7 AW in persönlicher Hinsicht auf die Hochschulprofessoren und Angestellten der Universität Anwendung findet, gilt Art. 7 AW nach herrschender Meinung in sachlicher Hinsicht nicht für den an der Universität tätigen Wissenschaftler, da deren arbeitsvertragliche Leistungsbeschreibung sich nur allgemein auf das Betreiben von Forschung bezieht und es daher an einer spezifizierten Leistungsbeschreibung fehlt.[350] In der Rechtssache „Rijkslandbouwuniversiteit Wageningen v. De Kruif"[351] war zu entscheiden, ob die Universität Wageningen als Arbeitgeberin nach Art. 7 AW auch fiktive Inhaberin des *auteursrecht* an den von De Kruif im Rahmen seiner Doktorarbeit geschaffenen Zeichnungen und Karten geworden ist. Das Gericht von Arnhem entschied, dass es sich bei einer Doktorarbeit und der darin enthaltenen urheberrechtlich geschützten Werke nicht um spezifizierte Werke im Sinne des Art. 7 AW handele und daher der Doktorand selbst Inhaber des Urheberrechts an den Zeichnungen und Karten sei.[352] Gerade im Hinblick auf den selbständig forschenden Universitätsprofessor wird dies auch von dem niederländischen Schrifttum überzeugend befürwortet.[353]

Die Unanwendbarkeit von Art. 7 AW auf die Angestellten der Universität ist jedoch im niederländischen Schrifttum, auch vermehrt auf Kritik gestoßen. Es wird angeführt, dass insbesondere mit Blick auf die moderne Forschungstätigkeit, in der sich vermehrt zahlreiche Forscher in Forschungsgruppen zusammenschließen und die Universität die Koordination des Projekts übernimmt[354], unter Zweckmäßigkeitserwägungen eine Anwendbarkeit des Art. 7 AW erforderlich und daher eine Zuweisung aller Rechte an dem *auteursrecht* an die Universität zu befürworten sei.[355] Diese Bedenken hat auch die Rechtsprechung in der Rechtssache „Rooijak-

---

349 Seignette in: Hugenholtz/Quaedvlieg/Visser, A Century of Dutch Copyright Law, S. 129; Paapst, Werkgever en auteursrecht, 2010, S. 48.

350 So in Rechtbank. Arnhem, BIE 1194, Nr. 74, S. 264 – Rijkslandbouwuniversiteit Wageningen v. De Kruif; Gerechtshof Den Haag, 14. Oktober 1987, AMI 1988, S. 16 – Rooijakkers v. Rijksuniversiteit Leiden.

351 Rechtbank. Arnhem, BIE 1194, Nr. 74, S. 264 – Rijkslandbouwuniversiteit Wageningen v. De Kruif.

352 Rechtbank. Arnhem, BIE 1194, Nr. 74, S. 264 – Rijkslandbouwuniversiteit Wageningen v. De Kruif; kritisch hierzu Paapst, Werkgever en auteursrecht, 2010, S. 39.

353 Quaedvlieg, GRUR Int 2001, 901 (909).

354 So auch Quaedvlieg, GRUR Int 2002, 901 (909).

355 Quaedvlieg, GRUR Int 2002, 901 (909) m.w.N.

kers v. Rijksuniversiteit Leiden"[356] geteilt. Das Gericht betonte zunächst, dass der an einer Universität Leiden angestellte Wissenschaftler nach eigenem Belieben seinen Forschungsschwerpunkt wählt und es daher grundsätzlich an der für Art. 7 AW notwendigen spezifizierten Leistungsbeschreibung fehle. Art. 7 AW müsse jedoch im Fall des angestellten Wissenschaftlers Rooijakkers gelten, wenn dieser nur zeitlich befristet angestellt gewesen ist, um ein spezielles, bereits laufendes Forschungsprojekt zu verstärken. Das Gericht führte weiter aus, dass der Wissenschaftler zu einem Zeitpunkt zu dem Projekt hinzustieß, an dem das Projekt bereits begonnen hatte sowie die Methoden und Systematik des Projekts bereits bestanden haben.[357]

Die großzügige Anwendung des Art. 7 AW durch die Gerichte zeigt sich auch in der Rechtssache „X v. de Staat der Nederlanden"[358], in der der Gerechtshof Den Haag Art. 7 AW auch auf ein Computerprogramm einer Suchmaschine anwandte, das ein Angestellter des Ministeriums für Inneres und Königreichsbeziehungen in seiner Freizeit geschaffen hatte und zu dessen Anfertigung er arbeitsvertraglich nicht verpflichtet war. Das Gericht sah Art. 7 AW dennoch als gegeben an, da die Anfertigung der Suchmaschine durch den Arbeitnehmer in die weit gefasste Leistungsbeschreibung der Mitarbeit an der Zugänglichmachung des Archivs subsumiert werden könne. Als Argument führte das Gericht an, dass der Arbeitnehmer diese weite Arbeitsbeschreibung geduldet habe. Das Gericht setzte sich jedoch nicht damit auseinander, dass der Arbeitnehmer die Suchmaschine zu Hause programmiert hatte.[359]

---

356 Gerechtshof Den Haag, AMI 1988, S. 16 – Rooijakkers v. Rijksuniversiteit Leiden; dazu auch Paapst, Werkgever en auteursrecht, 2010, S. 41; Seignette in: Hugenholtz/Quaedvlieg/Visser, A Century of Dutch Copyright Law, S. 128.

357 Gerechtshof Den Haag, AMI 1988, S. 16 – Rooijakkers v. Rijksuniversiteit Leiden.

358 Gerechtshof Den Haag, Urteil vom 22. Februar 2011 – X v. de Staat der Nederlanden;
Zaaknummer 200.006.902-0, abzurufen unter http://uitspraken.rechtspraak.nl/inziendocument?id=ECLI:NL:GHSGR:2011:BP7952, zuletzt abgerufen am 8.1.2015.

359 Quaedvlieg, GRUR Int 2002 901 (909), führt diese Entscheidung für die Begründung an, dass die Gerichte bei der Bewertung der Voraussetzungen des Art. 7 AW auch den Grad der persönlichen Prägung des Werks berücksichtigen. Dies zeige sich durch die weite Auslegung des Art. 7 AW im Fall eines Computerprogramms, das nur geringe persönliche Prägung aufweise. Seignette in: Hugenholtz/Quaedvlieg/Visser, A Century of Dutch Copyright Law, S. 133, weist hingegen im Hinblick auf die Entscheidung des Gerichts darauf hin, dass diese auch darauf zurückzuführen sein könnte, dass dem Gerichtsverfahren des Ar-

1.3 Zusammenfassung

Ob ein Arbeitnehmerwerk unter Art. 7 AW fällt, ergibt sich in der niederländischen Rechtspraxis nicht immer eindeutig. Art. 7 AW findet grundsätzlich dann Anwendung, wenn der Arbeitnehmer angestellt wurde, um ein spezifisches Werk oder ein Werk einer bestimmten Kategorie herzustellen. Die bloße Anfrage des Arbeitgebers, ein Werk zu erstellen, das außerhalb seiner arbeitsvertraglichen Leistungsbeschreibung liegt, führt jedoch noch nicht zur Anwendung der Rechtsfolge des Art. 7 AW.

Die oben aufgeführten Urteile zeigen, dass Art. 7 AW außerhalb akademischer Arbeitsverhältnisse[360] auch bezüglich der Werke Anwendung finden kann, die nicht bereits bei Vertragsschluss in der Leistungsbeschreibung spezifiziert worden sind und deren Herstellung erst im Laufe des Arbeitsverhältnisses durch den Arbeitgeber angewiesen wird[361]. Ob die Inhaberschaft des Urheberrechts dem Arbeitgeber zugewiesen wird, ermittelt sich zudem nach dem Verhalten des Arbeitnehmers. Erhebt dieser gegen die Arbeitsanweisung, die inhaltlich außerhalb seiner Leistungsbeschreibung liegt, keinen Widerspruch und fordert er insbesondere keine zusätzliche Vergütung, kann dies für die Anwendbarkeit des Art. 7 AW sprechen. Darüber hinaus kann für das Vorliegen der Voraussetzungen des Art. 7

---

beitnehmers ein Verfahren vorausging, in dem er forderte, dass die Software in die Leistungsbeschreibung aufgenommen wurde und erst nachdem das Gericht dies ablehnte, die Inhaberschaft des Urheberrechts geltend machte.

360 Die hohen Anforderungen an die Bestimmtheit der Arbeitnehmerwerke, die im Rahmen eines universitären Anstellungsverhältnisses gestellt werden, stießen im Schrifttum jedoch auf Kritik. Teilweise wird daher im Schrifttum gefordert, dass das Erfordernis des spezifizierten Werks mit dem Kriterium ersetzt wird, ob dem Arbeitgeber das Recht obliegt, die Art des Ausdrucks des Schöpfers zu kontrollieren. Dieses Recht wird dem Arbeitgeber eines Journalisten zugewiesen. Da im akademischen Bereich das Recht zur Kontrolle nicht gegeben sei, seien die akademischen Werke eines bei einer Universität angestellten Wissenschaftlers zwar vom Anwendungsbereich des Art. 7 AW auszunehmen. Dieses Kriterium würde jedoch eine klare Unterscheidung ermöglichen, die die Anwendung des Art. 7 AW zumindest im akademischen Bereich rechtssicherer machen würde. Hiergegen wird jedoch eingewendet, dass die Rechtssicherheit auf der Seite der akademischen Werke zulasten der Rechtssicherheit von Arbeitsverhältnissen gehe, in denen dem Arbeitnehmer vertraglich ein Vetorecht hinsichtlich der Form und des Ausdrucks seines Werks zugestanden wird. Siehe dazu Seignette in: Hugenholtz/Quaedvlieg/Visser, A Century of Dutch Copyright Law, S. 132; Spoor/Verkade/Visser, Auteursrecht, 2005, S. 44.

361 Paapst, Werkgever en auteursrecht, 2010, S. 41; Seignette in: Hugenholtz/Quaedvlieg/Visser, A Century of Dutch Copyright Law, S. 131.

AW sprechen, dass die Herstellung des Werks in die fachliche Expertise des Arbeitnehmers fällt, aufgrund derer er angestellt wurde. Ebenfalls für die Inhaberschaft des Urheberrechts des Arbeitgebers spricht es, wenn der Arbeitnehmer die finanziellen und organisatorischen Ressourcen des Arbeitgebers bei der Schaffung des Werks nutzt und dem Arbeitgeber vor oder während des Schöpfungsprozesses das Recht zur Kontrolle des Werks zusteht. Indiz für das Vorliegen von Art. 7 AW kann ebenfalls sein, dass das Werk auf die betrieblichen Interessen des Arbeitgebers zugeschnitten ist oder der Arbeitnehmer das Werk vorbehaltlos an seinen Arbeitgeber übergibt, ohne eine eigene Urheberbezeichnung vorzunehmen oder auf andere Weise seine Urheberschaft geltend zu machen.[362]

2. Fiktive Inhaberschaft des Urheberrechts an Auftragnehmerwerken

Grundsätzlich gilt bei beauftragten Schöpfer eines Werks, dass diese auch originäre Inhaber des *auteursrecht* sind. Für die originäre Inhaberschaft des *auteursrecht* an Auftragnehmerwerken können sich im niederländischen Recht Besonderheiten aus Art. 6[363] und 8 AW ergeben.

2.1 Art. 6 AW

Art. 6 AW lautet:

„Schafft jemand ein Werk nach einem Entwurf eines anderen und handelt der unter der Leitung und Aufsicht des anderen, so gilt der andere als Urheber."

Die Voraussetzung des Schöpfens unter Leitung und Aufsicht eines Anderen ist dann erfüllt, wenn der Anweisende die Schöpfung in dem Entwurf so klar darlegt, dass der Auftragnehmer nur noch die Herstellung des Werks übernimmt[364]. Art. 6 AW ist daher mit der deutschen Gehilfenschaft vergleichbar.[365] Sind die schöpferischen Beiträge des Auftragneh-

---

362 Dazu Seignette in: Hugenholtz/Quaedvlieg/Visser, A Century of Dutch Copyright Law, S. 131.

363 Art. 6 AW kann auch in Kombination mit Art. 7 AW Anwendung finden. Dazu Seignette in: Hugenholtz/Quaedvlieg/Visser, A Century of Dutch Copyright Law, S. 122.

364 Seignette in: Hugenholtz/Quaedvlieg/Visser, A Century of Dutch Copyright Law, S. 136.

365 So auch Latka, S. 62.

mers und dessen Anweisenden klar trennbar, gilt, dass derjenige der schöpferisch tätig ist, auch als Urheber zählt.[366] Auswirkungen entfaltet Art. 6 AW besonders in den Fällen, in denen Zweifel darüber bestehen, ob der Auftragnehmer schöpferisch tätig war.[367] Art. 5 und 6 AW ist auch i.V.m. Art. 7 AW anwendbar. Nach Art. 7 AW ist daher der Arbeitgeber der Person Inhaber des Urheberrechts, der die schöpferische Tätigkeit nach Art. 6 AW leistet. Art. 6 AW soll die Werke eines Herstellers erfassen, deren technische Realisierung nicht ohne Überwachung und Leitung eines anderen möglich gewesen wäre.[368]

2.2 Art. 8 AW

Im Rahmen von Auftragnehmerwerken kann die fiktive Urheberschaft der juristischen Person nach Art. 8 AW eine Rolle spielen, wenn die juristische Person das Auftragswerk in ihrem Namen – ohne Verweis auf den Auftragnehmer – veröffentlicht.

Art. 8 AW lautet:

„Veröffentlicht eine öffentliche Einrichtung, Vereinigung, Stiftung oder Handelsgesellschaft ein Werk als von ihr stammend, ohne dabei eine natürliche Person als Urheber zu nennen, so wird sie als Urheber des Werkes angesehen, sofern nicht bewiesen wird, dass unter den gegebenen Umständen die Veröffentlichung unrechtmäßig erfolgte."

Die ursprüngliche Zweckrichtung des Art. 8 AW lag darin, zu verhindern, dass den juristischen Personen der urheberrechtliche Schutz der von ihnen im eigenen Namen veröffentlichten Berichte, Nachrichten und Veröffentlichungen verweigert wird.[369] Um die juristische Person von dem Vorwurf zu befreien, den von ihr veröffentlichten Berichten könne mangels Schöpfungsakt einer natürlichen Person kein urheberrechtlicher Schutz zukommen, wurde die juristische Person bei Veröffentlichungen in ihrem Namen als (fiktiver) Urheber ihrer Veröffentlichungen nach Art. 8

---

366 Hoge Raad, NJ 1991, S. 377 – Kluwer v. Lamoth.
367 Hoge Raad NJ 1991, Nr. 377 – Kluwer Publiekstijdschriften BV v. Lamoth; Institute for Information Law, study on the conditions applicable to contracts relating to Intellectual Property in the European Union, 2002, S. 45; Latka, Das droit moral in den Niederlanden, 2000, S. 62.
368 Paapst, S. 4.
369 van den Eijende/Siegelaar, AMI 2006, S. 200.

AW erklärt.[370] In erster Linie diente Art. 8 AW daher dazu, dass ein Unternehmer den Rechtsverletzungen Dritter aus eigenem Recht entgegen treten kann.[371]

Darüber hinaus ist Art. 8 AW auch im Verhältnis des Auftraggebers zum Auftragnehmer in Fällen relevant, in denen das auftragserteilende Unternehmen die Veröffentlichung des Werks übernimmt.[372] Diese Rechtsprechungspraxis der Gerichte dem Auftraggeber die originäre Inhaberschaft des *auteursrecht* zuzuweisen, blieb jedoch nicht frei von Kritik. Kritisiert wurde insbesondere, dass damit Art. 8 AW so ausgelegt wurde, dass der auftragserteilenden Partei stets die Inhaberschaft des Urheberrechts zugeordnet wird.[373] Dies sei problematisch, da sich die beauftragten Schöpfer eines urheberrechtlich geschützten Werks häufig nicht im Klaren über die Reichweite des Art. 8 AW seien und sie daher erst in Gerichtsverfahren erfuhren, dass sie keine urheberrechtlichen Befugnisse haben, weil der Auftraggeber sie bei der Veröffentlichung des Werks nicht namentlich erwähnte.[374] Die Rechtsfolge des Art. 8 AW kann von dem Auftraggeber nur in der Weise verhindert werden, indem dargelegt wird, dass die Veröffentlichung ohne Urheberbezeichnung des Auftraggebers unberechtigt gewesen ist.[375] Dem Auftragnehmer wird daher angeraten, schriftlich mit dem Auftraggeber zu vereinbaren, dass dem Auftragnehmer die Inhaberschaft des Urheberrechts zusteht bzw. der Auftraggeber verpflichtet wird, bei einer Veröffentlichung des Werks den Auftragnehmer als Urheber zu bezeichnen.[376] Fehlt ein derartiger schriftlicher Nachweis, muss der Auftragnehmer andere Beweise für die Unrechtmäßigkeit der Veröffentlichung erbringen. Schwierig ist dies insbesondere deswegen, weil dem Auftraggeber bereits in der Regel stillschweigend das Recht eingeräumt wird, das Auf-

---

370 Seignette in: Hugenholtz/Quaedvlieg/Visser, A Century of Dutch Copyright Law, S. 136; Vries; L. de Vries, Parlementaire Geschiedenis van de Auteurswet 1912, (looseleaf edition); 7.8.

371 Seignette in: Hugenholtz/Quaedvlieg/Visser, A Century of Dutch Copyright Law, S. 134.

372 Rechtbank Amsterdam, IER 2004, S. 43 – Tariverdi v. Stadsomroep; Gerechtshof Den Haag, BIE 2007, S. 103 – Smit Etiketten v. Benfried; Rechtbank Den Haag, IER 2011/6 – Connect v. KSI; Rechtbank Amsterdam, BIE 1981, S. 239 – Van den Biggelaar v. Katholieke Universiteit van Nijmegen.

373 Van den Eijende/Siegelaar, AMI 2006, S. 200.

374 Seignette in: Hugenholtz/Quaedvlieg/Visser, A Century of Dutch Copyright Law, S. 136.

375 Gerechtshof 's-Hertogenbosch, BIE 2005, Nr. 26 – Zeno v. Agio.

376 Seignette in: Hugenholtz/Quaedvlieg/Visser, A Century of Dutch Copyright Law, S. 136.

tragswerk zu veröffentlichen.[377] Vorgebracht wird daher in der Regel, dass der Auftragnehmer, hätte er von einer Veröffentlichung durch den Auftraggeber im Sinne des Art. 8 AW vorab gewusst, den Auftrag nicht angenommen hätte.[378]

Auch wenn aus technischen, praktischen oder ästhetischen Gründen keine Urheberbezeichnung des Auftragnehmers möglich ist, soll der Auftragnehmer nicht auf Grundlage von Art. 8 AW seines Urheberrechts beraubt werden dürfen.[379] Wertungswidersprüche ergeben sich insbesondere bei Werken der Kunst, die ebenfalls Designschutz nach dem Benelux Convention concerning Intellectual Property[380] erlangen. Denn nach Art. 3.8 Abs. 2[381] i.V.m. Art. 3.29[382] des Benelux Convention concerning Intellectual Property gilt die das Design in Auftrag gebende Partei sowohl als Inhaber des beim Benelux Office for Intellectual Property (BOIP) registrierten Designs als auch des am Design bestehenden Urheberrechts, sofern nicht etwas anderes vertraglich geregelt ist[383].

---

377 Hoge Raad, BIE 1993, 39 – Veld v. Suthormo. Dazu auch Gerbrandy, Kort commentaar op de Auteurswet 1912, 1988, S. 56; Spoor/Verkade/Visser, Auteursrecht, 2005, S. 49; Seignette in: Hugenholtz/Quaedvlieg/Visser, A Century of Dutch Copyright Law, S. 136.

378 Seignette in: Hugenholtz/Quaedvlieg/Visser, A Century of Dutch Copyright Law, S. 136.

379 Seignette in: Hugenholtz/Quaedvlieg/Visser, A Century of Dutch Copyright Law, S. 136.

380 Benelux Convention concerning Intellectual Property (Trademarks and Designs) vom 25. Februar 2005, in den Niederlanden, Belgien und Luxemburg in Kraft getreten am 1. September 2006.

381 Art. 3.8 Benelux Convention concerning Intellectual Property: 1. If a design has been created by a worker or an employee in the course of his employment, the employer shall, unless specified otherwise, be regarded as the creator.
2. If a design has been created on commission, the commissioning party shall, unless specified otherwise, be regarded as the creator, provided that the commission was given with a view to commercial or industrial use of the product in which the design is incorporated.

382 Art. 3.29 Benelux Convention concerning Intellectual Property: Where a design is created in the circumstances referred to in Article 3.8, the copyright relating to the design shall belong to the party regarded as the creator, in accordance with the provisions of that Article.

383 Nach einer im Jahr 2007 ergangenen Entscheidung des Benelux Gerichtshof (NJ 2007, 500 – Electrolux v. SOFAM) sind Art. 3.8 Abs. 2 und Art. 3.29 der Benelux Convention auch auf das nicht registrierte Design anwendbar. Danach findet die Rechtsfolge des Art. 3.8 Abs. 2 und Art. 3.29 der Benelux Convention auch dann Anwendung, wenn das Design nicht registriert ist. Ist das nicht registrierte Design urheberrechtlich geschützt, führt dies im Auftragsverhältnis dazu,

2.3 Keine Anwendung des Art. 7 AW auf Auftragswerke

Im Schrifttum wird auch diskutiert, ob Art. 7 AW auch auf den Auftraggeber Anwendung finden kann.[384] Von den Gerichten wird dies jedoch abgelehnt.[385] Ebenfalls abgelehnt wurde ein Gesetzesvorschlag, nachdem der Wortlaut des Art. 7 AW um die Werke, die im Rahmen eines Auftragsverhältnisses geschaffen wurden, erweitert werden sollte.[386]

2.4 Anwendung des Art. 8 AW zulasten des Filmurhebers

Art. 45g AW weist demjenigen die (Mit-)Urheberschaft an dem Filmwerk zu, der einen Beitrag zu einem Filmwerk schafft. Die Anwendung des Art. 8 AW könnte daher Art. 45g AW entgegenstehen. Bisher ist zu dieser Frage noch keine Rechtsprechung ergangen, sodass abzuwarten bleibt, ob sich die Wertung des Art. 45g AW gegenüber Art. 8 AW durchsetzen kann.[387]

---

dass dem Auftraggeber auch die Inhaberschaft des Urheberrechts zugeordnet wird. Auch der Gerechtshof Amsterdam (Voortman v. HS Design) folgte dieser Einschätzung und erklärte den Auftraggeber zum Inhaber des nicht registrierten Designs und des in dem Design geschützten Urheberrechts. In der Literatur sind diese Entscheidungen auf große Kritik gestoßen. Siehe dazu Seignette in: Hugenholtz/Quaedvlieg/Visser, A Century of Dutch Copyright Law, S. 136 m.w.N.

384 Seignette in: Hugenholtz/Quaedvlieg/Visser, A Century of Dutch Copyright Law, S. 127.
385 Seignette in: Hugenholtz/Quaedvlieg/Visser, A Century of Dutch Copyright Law, S. 127 m.w.N.
386 Seignette in: Hugenholtz/Quaedvlieg/Visser, A Century of Dutch Copyright Law, S. 124.
387 Seignette in: Hugenholtz/Quaedvlieg/Visser, A Century of Dutch Copyright Law, S. 137f m.w.N. Dass der Filmurheber grundsätzlich Inhaber der *morele rechten* bleibt, lässt sich im Umkehrschluss aus Art. 45f AW ableiten, in der der Urheber auf sein Abwehrrecht aus Art. 25 Abs. 1 lit. c) AW verzichtet. Der Verzicht wäre jedoch nicht notwendig, wenn Art. 7 und 8 AW Anwendung finden würden. Siehe dazu Europäische Kommission, study ETD/99/B5-3000/E°28 2000, S. 106.

D. Zusammenfassung

In Deutschland ist nach § 7 UrhG stets die schöpfende Person Urheber und damit auch originärer Inhaber des Urheberrechts. Das Schöpferprinzip gilt uneingeschränkt sowohl im Arbeitsverhältnis als auch im Auftragsverhältnis, sodass der urheberrechtlich schöpfende Arbeitnehmer stets originärer Inhaber des Urheberrechts und damit auch des Urheberpersönlichkeitsrechts ist.

Im *Copyright Law* und *Auteurswet* wird die originäre Inhaberschaft des *copyright* bzw. des *auteursrecht* nicht nur naturrechtlich dem Schöpfer zugewiesen, sondern auch aus Gründen der Zweckmäßigkeit positivistisch der investierenden Partei originär zugeordnet. Damit hat das *copyright* den Konflikt zwischen dem Arbeitsrecht, der das materielle Eigentum an Arbeitnehmerwerken dem Arbeitgeber zuweist, auch im Rahmen des *copyright* zugunsten des Arbeitgebers entschieden.

Im englischen Copyright ist im Fall der klassischen Werkarten der Literatur, des Dramas, der bildenden Kunst und der Musik deren kreative Schöpfer *author* und damit grundsätzlich auch *first owner* des *copyright*. Im Hinblick auf Tonaufzeichnungen, Filmwerke, Rundfunksendungen und computergenerierte Werke der Literatur, der Musik, der bildenden Kunst gilt hingegen abweichend, dass die *authorship* nicht dem kreativen Schöpfer des Werks, sondern vielmehr der juristischen Person zugeordnet wird, die die Schöpfung des Werks notwendig machte. Wird ein Werk der Literatur, des Dramas, der bildenden Kunst, der Musik oder ein Filmwerk durch einen Arbeitnehmer im Zuge seines Arbeitsverhältnisses geschaffen, wird die *first ownership* des *copyright* dem Arbeitgeber zugewiesen. Die Zuordnung der *authorship* richtet sich im Arbeitsverhältnis weiterhin nach s. 9 CDPA, der für den relevanten Bereich der klassischen Werkarten, dem Schöpfer des Werks die *authorship* zuweist.[388] Der *author* des Werks der Literatur, des Dramas, der bildenden Kunst und des Films ist unabhängig da-

---

388 Damit wählt das CDPA zwei unterschiedliche Konzepte. Im Hinblick auf die klassischen Werkarten weist sie dem Arbeitnehmer als Schöpfer die authorship zu und regelt mit s. 11, subs. 2 CDPA, dass die *first ownership* dem Arbeitgeber zugewiesen wird. Im Hinblick auf Tonaufzeichnungen, Filmwerke, Rundfunksendungen und computergenerierte Werke der Literatur, der Musik, der bildenden Kunst, weist sie die authorship hingegen nicht dem Schöpfer des Werks, sondern der (juristischen) Person zu, die die Vorbereitungen für die Werkschöpfung getroffen haben. In letzterem Fall gilt, dass der *author* auch *first owner* des *copyright* ist.

von, ob er auch erster Inhaber des Urheberrechts ist, stets Inhaber der *moral rights*.

Auch das dualistisch geprägte Auteurswet ist ebenso wie das englische Recht im Umgang mit dem *auteursrecht* von Zweckmäßigkeitserwägungen geprägt. Grundsätzlich gilt, dass der *maker* des Werks Urheber und damit originärer Inhaber des Urheberrechts und des Urheberpersönlichkeitsrechts ist. Die rein zweckorientierte Zuweisung der originären Inhaberschaft des Urheberrechts zeigt sich jedoch im Arbeitsverhältnis. Der Arbeitgeber gilt unter den Voraussetzungen des Art. 7 AW fiktiv als Urheber des Werks und ist damit originärer Inhaber des Urheberrechts. Ein großer Teil der Rechtsprechung und Literatur weist dem Arbeitgeber auch die originäre Inhaberschaft der *morelen rechte* zu.[389]

Das englische Copyright Law und das Auteurswet lösen damit das Spannungsverhältnis von Urheber-, Sachen- und Arbeitsrecht damit, dem Arbeitgeber die originäre Inhaberschaft des *copyright* an einem Arbeitnehmerwerk zuzuweisen. Während in Deutschland das Schöpferprinzip uneingeschränkt auch im Arbeitsverhältnis anwendbar bleibt und damit der Arbeitnehmer originärer Inhaber des Urheberrechts ist, knüpfen das englische und das niederländische Urheberrecht vorrangig an die arbeitsrechtlichen Wertungen an. Der Arbeitgeber führt danach bereits eine schützenswerte Handlung aus, indem er mit Beschäftigung des Arbeitnehmers notwendige Investitionen trifft. Er stellt die Arbeitsmittel und trägt das unternehmerische Risiko. Nach Wertung des *Copyright Law und des Auteurswet* verdient die Investition den urheberrechtlichen Schutz. Dem Arbeitgeber gebühren daher gegen Zahlung des Arbeitslohns die Früchte des Arbeitnehmers. Dies gilt gleichermaßen für den Fall, dass die Ergebnisse urheberrechtlich geschützt sind. Verdeutlicht wird diese Zuweisung im Arbeitsverhältnis zum Arbeitgeber auch durch die Einordnung des *copyright* bzw. des *auteursrecht* als Handelsware. Dabei wirkt sich der Opportunismus beim Urheberpersönlichkeitsrecht im Arbeitsverhältnis im englischen und niederländischen Vergleich jedoch auf unterschiedlichen Rechtsebenen aus. Die Rechtsordnungen Englands und der Niederlande unterscheiden sich hingegen bei der Zuweisung der Inhaberschaft des Urheberpersönlichkeitsrechts. Während England dem Schöpfer unabhängig von einem bestehenden Arbeitsverhältnis die Inhaberschaft des Urheberpersönlichkeitsrechts zuweist, weist ein erheblicher Teil der niederländischen Rechtsprechung auch dem Arbeitgeber die Inhaberschaft des Urheberpersönlichkeitsrechts zu.

---

389 Siehe die Ausführungen in § 3 C.

Im Auftragsverhältnis hingegen gehen alle drei Rechtsordnungen von dem Schöpferprinzip aus. In England findet daneben aber noch eine historische Ausnahme Anwendung. Wenn ein Werk der Fotografie, Malerei, ein Portrait oder einer Gravur handelt, das vor Inkrafttreten des CDPA im Jahr 1988 geschaffen worden ist, findet s. 4 (3) Copyright Act 1956 Anwendung mit der Folge, dass der Auftraggeber, der die Herstellung dieses Werkes in Auftrag gegeben hat, originärer Inhaber des *copyright* ist. Größere Folgen hat hier jedoch die Ausnahme im niederländischen Auteurswet. Nach Art. 8 AW ist der Auftraggeber der fiktive Urheber des Auftragswerks, wenn dieser das Auftragswerk im eigenen Namen – ohne Verweis auf den Auftragnehmer – veröffentlicht. Ist dies der Fall ist der Auftraggeber als fiktiver Urheber auch Inhaber des Urheberrechts. Auch im Rahmen von Art. 8 AW wird von einem großen Teil der Rechtsprechung und Literatur angenommen, dass der Auftraggeber auch Inhaber der *morelen rechte* ist.

§ 4 *Die Verteilung vermögensrechtlicher Befugnisse des Urheberrechts, des copyright und des auteursrecht im Arbeits- und Auftragsverhältnis*

Wie bereits dargestellt, lösen die Rechtsordnungen Deutschland, Englands und der Niederlande den Konflikt zwischen dem Urheber-, Sachen- und Arbeitsrecht auf unterschiedliche Weise. Während sowohl das niederländische Auteurswet als auch das englische CDPA dem Arbeitgeber – und im Fall des niederländischen Rechts sogar dem Auftraggeber – jeweils originär die Inhaberschaft des *copyright* bzw. des *auteursrechts* zuweisen, ist nach deutschem Urheberrecht stets der beauftragte und der angestellte Werkschöpfer Inhaber des Urheberrechts.

Vor dem Hintergrund dieser gegensätzlichen Rechtstraditionen und der unterschiedlichen Lösungsansätze der deutschen, englischen und niederländischen Rechtslage stellt sich dennoch die Frage, ob in der Rechtspraxis überhaupt Unterschiede bestehen oder vielmehr Wege gefunden werden, die die unterschiedliche gesetzliche Ausgangslage überwinden, sodass man am Ende zu demselben bzw. zu ähnlichen Ergebnissen gelangt.

A. Deutschland

Bevor auf die Besonderheiten der Verteilung der vermögensrechtlichen Befugnisse an der urheberrechtlich geschützten Werkschöpfung im Auftrags-

und Arbeitsverhältnis eingegangen wird, werden die Grundprinzipien der translativen und konstitutiven Übertragung des Urheberrechts kurz dargestellt.

I. Translative Unübertragbarkeit der vermögensrechtlichen Befugnisse des Urheberrechts unter Lebenden und die Vererblichkeit

Nach § 29 Abs. 1 UrhG ist das Urheberrecht nicht übertragbar, es sei denn, es wird in Erfüllung einer Verfügung von Todes wegen oder an Miterben im Wege der Erbauseinandersetzung übertragen. Die translative Übertragung des Urheberrechts stellt ein Rechtsgeschäft dar, das auf das Urheberrecht unmittelbar einwirkt und nach §§ 398, 413 BGB beim Übertragenden zu einem vollständigen Rechtsverlust führen würde.[390] Unter Lebenden kann das Urheberrecht nicht im Ganzen, ein Miturheberrechtsanteil, einzelne oder die gesamten vermögensrechtlichen Befugnisse, das Urheberpersönlichkeitsrecht oder die urheberpersönlichkeitsrechtlichen Befugnisse[391] auf den Auftrag- bzw. Arbeitgeber übertragen werden.[392] Die Unübertragbarkeit gilt auch für treuhänderische Übertragungen.[393] Ist dennoch eine translative Übertragung des Urheberrechts vertraglich vereinbart worden, ist diese Regelung unwirksam[394] und nach §§ 133, 157 BGB auszulegen. In der Regel ergibt sich aus der Auslegung, dass mit der trans-

---

390 Ulmer, Urheber- und Verlagsrecht, 1980, § 83 II, S. 359, § 86 I, S. 369f; Kraßer, GRUR Int 1973, 230 (231).

391 Siehe hierzu ausführlich Abschnitt D.

392 Schricker/Loewenheim in: Schricker/Loewenheim, § 29 UrhG Rn. 7; Block in: Wandtke/Bullinger, § 29 UrhG Rn. 4; Gamm, Urheberrechtsgesetz, 1968, § 29 UrhG Rn. 3; Schulze in: Dreier/Schulze, § 29 UrhG Rn. 3.

393 Block in: Wandtke/Bullinger, § 29 UrhG Rn. 4.

394 Die h.M. erklärt das Verfügungs- und das Verpflichtungsgeschäft für nichtig gem. §§ 134 BGB, 29 Abs. 1 UrhG: Nordemann in: Loewenheim, Hdb. des Urheberrechts, § 23 Rn. 4; Schricker/Loewenheim in: Schricker/Loewenheim, § 29 UrhG Rn. 15; Block in: Wandtke/Bullinger, § 29 UrhG Rn. 10. Zu Recht weist jedoch Matanovic, Rechtsgeschäftliche Dispositionen über urheberpersönlichkeitsrechtliche Befugnisse, 2006, S. 80, darauf hin, dass die Voraussetzung eines Verbotsgesetzes mit § 29 UrhG nicht erfüllt sind, da es sich bei § 29 UrhG um eine Beschränkung der Verfügungsmacht handelt, die ein Wirksamkeitshindernis und kein Verbotsgesetz im Sinne von § 134 UrhG darstellt. Auswirkungen ergeben sich nur im Hinblick auf § 140 BGB, wenn eine Auslegung des Rechtsgeschäfts nicht möglich ist. Nach § 140 BGB setzt dies jedoch ein nichtiges Rechtsgeschäft voraus. Für eine Umdeutung nach § 140 BGB: Block in: Wandtke/Bullinger, § 29 UrhG Rn. 10. Doch unabhängig von einer Einordnung als

lativen Übertragung die Einräumung von konstitutiven ausschließlichen Nutzungsrechten gemeint war.[395] Von dem Grundsatz der Unübertragbarkeit des Urheberrechts wird dann eine Ausnahme[396] gemacht, wenn das Urheberrecht zur Erfüllung einer Verfügung von Todes wegen oder an Miterben im Wege der Erbauseinandersetzung übertragen wird, §§ 28 Abs. 1 UrhG, 1922 Abs. 1, 1942 Abs. 1 BGB. Der Bestand des Urheberrechts bleibt bei der translativen Übertragung im Todesfall unverändert.

II. Konstitutive Übertragbarkeit der vermögensrechtlichen Befugnisse des Urheberrechts

Zulässig ist hingegen die Einräumung von Nutzungsrechten nach § 31 UrhG. Diese Form der konstitutiven Übertragung des Urheberrechts führt nicht zu einem vollständigen Rechtsverlust des Werkschöpfers, sondern lässt ein neues (Tochter-) Recht entstehen, das von dem Stammrecht des Urheberrechts abgespalten wird und mit ihm verbunden bleibt.[397] Das dem Auftrag- bzw. Arbeitgeber eingeräumte Nutzungsrecht[398] besteht nicht bereits beim angestellten oder beauftragten Werkschöpfer, sondern

---

nichtiges oder unwirksames Geschäft kommen Schadensersatzansprüche aus §§ 311 a Abs. 1, 275 Abs. 1 BGB in Betracht.

395 Nordemann in: Loewenheim, Hdb. des Urheberrechts, § 23 Rn. 3; Schricker/ Loewenheim in: Schricker/Loewenheim, § 29 UrhG Rn. 8; Ulmer, Urheber- und Verlagsrecht, 1980, S. 354; Schulze in: Dreier/Schulze, § 29 UrhG Rn. 17. Der Umfang dieser Nutzungsrechtseinräumung richtet sich dann nach dem Maßstab der Zweckübertragungsklausel des § 31 Abs. 5 UrhG mit der Tendenz des Urheberrechts, so weit als möglich beim Urheber zurückzubleiben. In der Regel wird jedoch von einem ausschließlichen Nutzungsrecht auszugehen sein: Block in: Wandtke/Bullinger, § 29 UrhG Rn. 10.

396 Schulze in: Dreier/Schulze, § 29 UrhG Rn. 21: Weitere Ausnahme im Bereich der verwandten Schutzrechte. Diese sind dann übertragbar, wenn ihnen eine urheberpersönlichkeitsrechtliche Komponente fehlt (vgl. dazu Schulze in: Dreier/ Schulze, § 29 UrhG, vor § 28 Rn. 3).

397 Ulmer, Urheber- und Verlagsrecht, 1980, § 83 II, S. 359, § 86 I, S. 369f; Kraßer, GRUR Int 1973, 230 (231).

398 Im Sprachgebrauch häufig als Lizenz bezeichnet, IV, 270 S. 55, in Analogie zum Patentrecht; Schricker/Loewenheim in: Schricker/Loewenheim, vor § 28 UrhG Rn. 49, plädiert dafür den Begriff der Klarheit wegen nur im Bereich des Verlagsrechts anzuwenden.

stellt eine Abspaltung[399] einzelner Teilausschnitte aus dem Verwertungsrecht des Urhebers dar, das entweder ausschließliche oder nicht-ausschließlichen Nutzungsrechte begründen kann.[400] Dafür wird ähnlich wie bei
einem Nießbrauch gemäß § 1030 BGB oder einem Pfandrecht gemäß
§ 1204 BGB das Urheberrecht als Stammrecht belastet.[401] Dabei wird nach
dem im Zivilrecht geltendem Trennungsprinzip zwischen dem Verpflich-
tungs- und dem Verfügungsgeschäft getrennt, auch wenn diese beiden
Rechtsgeschäfte in der Regel zeitlich zusammenfallen werden.[402] Das Urheberrechtsgesetz regelt unter der Überschrift „Rechtsverkehr im Urheberrecht" sowohl das Verpflichtungs- als auch das Verfügungsgeschäft.[403] Zunächst verpflichtet sich der Lizenznehmer zur konstitutiven Übertragung
des Urheberrechts, die in der Form der ausschließlichen oder nicht-ausschließlichen Nutzungsrechtseinräumung erfüllt wird.[404] Verpflichtungsgeschäfte sind – außer im Fall von Nutzungsrechten an künftigen Werken,
die nach § 40 UrhG schriftlich vereinbart werden müssen – grundsätzlich
formfrei möglich.[405] Das ausschließliche Nutzungsrecht berechtigt den Inhaber zur Nutzung unter Ausschluss aller anderen Personen einschließlich

399 Hilty; Lizenzvertragsrecht; 2001, S. 144f. tritt dafür ein, dass im Rahmen des Ur-
     heberrechts die Abspaltungstheorie keinen Sinn macht, da eine Übertragung
     des Urheberrechts rechtlich nicht zugelassen wird.
400 Loewenheim/Nordemann in: Loewenheim, Hdb. des Urheberrechts, § 26 Rn. 1;
     Schricker/Loewenheim in: Schricker/Loewenheim, vor § 28 UrhG Rn. 75;
     Schulze in: Dreier/Schulze, § 31 UrhG Rn. 11; Nordemann in: Fromm/Norde-
     mann, vor §§ 31 UrhG Rn. 33; Schack, Urhebervertragsrecht, 2013 Rn. 594;
     Gamm, Urheberrechtsgesetz, 1968, § 31 Rn. 10f.
401 Wandtke/Grunert in: Wandtke/Bullinger, vor §§ 31 UrhG Rn. 22; Schack, Urhe-
     bervertragsrecht, 2013 Rn. 594; Rehbinder, Urheberrecht, 2008, Rn. 299;
     Gamm, Urheberrechtsgesetz, 1968 § 31 Rn. 10.
402 Ulmer, Urheber- und Verlagsrecht, 1980 S. 390; Oechsler in: MüKo, § 929 BGB
     Rn. 5.
403 Beim Beamten ist das Verpflichtungsgeschäft öffentlich-rechtlicher und die
     Nutzungsrechtseinräumung privat-rechtlicher Natur; siehe dazu Dreier in: Drei-
     er/Schulze, § 43 UrhG Rn. 18.
404 Schricker/Loewenheim in: Schricker/Loewenheim, vor § 28 UrhG, Rn 52; Dietz,
     Das primäre Urhebervertragsrecht, 1984 S. 69/70; Nordemann in: Fromm/
     Nordemann, vor §§ 31 UrhG Rn. 26: Wandtke/Grunert in: Wandtke/Bullinger,
     vor §§ 31 UrhG Rn. 6, 21; Loewenheim/Nordemann in: Loewenheim, Hdb. des
     Urheberrechts, § 28 Rn. 3; Loewenheim/Nordemann in: Loewenheim, Hdb. des
     Urheberrechts, § 26 Rn. 2.
405 Schricker/Loewenheim in: Schricker/Loewenheim, vor § 28 UrhG, Rn. 53.

des Urhebers.[406] Das einfache Nutzungsrecht berechtigt den Nutzungsberechtigten zur Nutzung neben anderen.[407] Ausschließliche und einfache Nutzungsrechte bleiben gegenüber später eingeräumten Nutzungsrechten wirksam.[408] Das neu geschaffene Nutzungsrecht kann inhaltlich dem Verwertungsrecht des Urhebers entsprechen oder nur zu einzelnen Teilbefugnissen berechtigen, indem es räumlich[409], zeitlich oder inhaltlich beschränkt eingeräumt wird.[410] Aufgrund der Verbindung des Stammrechts mit den eingeräumten Nutzungsrechten spricht man seit *Forkel* auch von der „gebundenen Rechtseinräumung".[411]

1. Rechtsgeschäftliche Dispositionen über die vermögensrechtlichen Befugnisse des Urheberrechts in der Rechtspraxis

Die rechtsgeschäftlichen Dispositionen über das Urheberrecht können in dem Arbeits- oder Auftragsverhältnis zugrundeliegenden Vertragswerk wie beispielsweise dem Arbeits-, Dienst-, oder Werkvertrag, geregelt werden. Sind diese Regelungen als Allgemeine Geschäftsbedingungen im Arbeits-, Dienst-, oder Werkvertrag enthalten, unterliegen sie darüber hinaus der Inhaltskontrolle der §§ 305 ff BGB.[412]

---

406 § 31 Abs. 3 UrhG. Die rechtliche Konstruktion der Abspaltung vom Stammrecht führt dazu, dass der Urheber bei Einräumung eines ausschließlichen Nutzungsrechts weiterhin für die Ansprüche des § 97 UrhG aktivlegitimiert bleibt. Anders hingegen im Markenrecht gemäß § 30 Abs. 3 MarkenG. Vertraglich kann im Urheberrecht auch eine sog. *sole licence* vereinbart werden, wonach der exklusive Nutzungsberechtigte und der Urheber nebeneinander zur Nutzung des Werks berechtigt sind.

407 § 31 Abs. 2 UrhG.

408 § 33 UrhG.

409 Territoriale Aufspaltung grundsätzlich üblich, territoriale Aufspaltung innerhalb Deutschlands allerdings für den Vertrieb von Werkstücken ausgeschlossen.

410 § 31 Abs. 1 S. 2 UrhG. Anders als im Sachenrecht besteht im Urheberrech kein numerus clausus der möglichen Tochterrechte, wobei einzelne Nutzungsarten zumindest über eine gewisse technische und wirtschaftliche Eigenständigkeit verfügen müssen. Dazu Schricker/Loewenheim in: Schricker/Loewenheim, vor § 28 UrhG Rn. 87; Ulmer, Urheber- und Verlagsrecht, 1980, § 84 I.

411 Forkel, Gebundene Rechtsübertragungen, 1977, S. 46.

412 Der beauftragte Werkschöpfer ist dabei Unternehmer im Sinne des § 14 BGB. Die §§ 305 ff. BGB finden daher nur eingeschränkt Anwendung, § 310 Abs. 1 BGB. Da der beauftragte Urheber in Vertragssituation als die schwächere Vertragspartei zählt, hat dennoch eine strengere Inhaltskontrolle im Rahmen der §§ 307 i.V.m. 310 Abs. 1 BGB zu erfolgen (Schricker/Loewenheim in: Schricker/

Für viele Arbeitsbereiche der Kulturwirtschaft gibt es Musterarbeitsverträge mit detaillierten Urheberklauseln, die die Zuweisung der immateriellen Güter zu Gunsten des Arbeitgebers regeln.[413] Auch im Bereich der Auftragswerke werden Nutzungsrechte am Urheberrecht formularvertraglich geregelt. Die Einräumung urheberrechtlicher Nutzungsrechte können auch Gegenstand von Tarifverträgen sein.[414] Üblich sind diese im öffentlichen Rundfunk und Fernsehen, sowohl für angestellte, freie als auch ar-

---

Loewenheim, vor § 28 UrhG Rn. 32; Schulze in: Dreier/Schulze, vor § 31 UrhG Rn. 14; Nordemann in: Fromm/Nordemann, vor §§ 31 UrhG Rn. 195). Der angestellte Werkschöpfer gilt als Verbraucher im Sinne des § 13 BGB, die §§ 305 ff. BGB finden wegen des Verbrauchervertrags nach § 310 Abs. 3 BGB erleichtert zulasten des Arbeitgebers Anwendung (dazu näher: Berger/Wündisch/Abel; Urhebervertragsrecht; § 15 Rn. 2). Dabei sind stets die arbeitsrechtlichen Besonderheiten zu berücksichtigen, § 310 Abs. 4 UrhG. Im Arbeits- und Auftragsverhältnis konzentriert sich die Prüfung aufgrund der §§ 310 Abs. 1 und Abs. 4 BGB auf die Überprüfung überraschender und mehrdeutiger Klauseln nach § 305 c BGB und auf die Inhaltskontrolle nach § 307 BGB. Das Vorliegen einer überraschenden Klausel könnte dann abzulehnen sein, wenn sie aufgrund einer Branchenübung üblich ist, dem Werkschöpfer bekannt war und wirksam vertraglich einbezogen wurde. Überraschend ist eine Klausel dann, wenn sie Werke erfasst, die nicht in einem objektiven Zusammenhang zum Auftrags- oder Arbeitsverhältnis stehen. Bei Auftragswerken kann dies bei Werken in Betracht kommen, die nicht Gegenstand des Auftragsverhältnisses sind. Bei Arbeitsverhältnissen kann dies bei Freizeitwerken und nichtpflichtgebundenen Werken der Fall sein (Wandtke/Grunert in: Wandtke/Bullinger, vor §§ 31 UrhG Rn. 102; Ulrici, Vermögensrechtliche Grundfragen des Arbeitnehmerurheberrechts, S. 219). Eine unangemessene Benachteiligung nach § 307 Abs. 1 S. 1 BGB ist anzunehmen, wenn eine Bestimmung mit wesentlichen Grundgedanken der gesetzlichen Regelung, von der abgewichen wird, nicht zu vereinbaren ist (Schricker/Loewenheim in: Schricker/Loewenheim, vor § 28 UrhG Rn. 39).

413 Olenhusen, ZUM 2010, 474 (477).

414 Alle geltenden Tarifverträge werden beim Bundesministerium für Arbeit und Soziales in einem Tarifregister erfasst. Der gesetzliche Rahmen ist in Deutschland im Tarifvertragsgesetz (TVG) vom 9. April 1949 festgelegt. Eine Tarifbindung entsteht durch die Mitgliedschaft in einer der Tarifvertragsparteien. „Ohne Tarifbindung" ist ein Mitglied nur dann, wenn die Mitgliedersatzung eine Mitgliedschaft „ohne Tarifbindung" vorsieht. Fällt zusätzlich der Betrieb in den fachlichen und örtlichen sowie der angestellte Urheber in den persönlichen Geltungsbereich des Tarifvertrags, gilt der Tarifvertrag für den angestellten Urheber unmittelbar, ohne dass es einer zusätzlichen vertraglichen Einbeziehung bedarf. Aufgrund der zwingenden Regelung des Tarifvertrags sind vertragliche Abweichungen zum Nachteil des Arbeitnehmerurhebers unwirksam. Abweichungen zugunsten des Arbeitnehmerurhebers sind hingegen möglich. Für die arbeitnehmerähnlichen Urheber gilt, dass ihre Arbeitsbedingungen durch Tarifvertrag geregelt werden können, § 12a TVG. Unabhängig davon kann jederzeit ein-

beitnehmerähnliche Werkschöpfer. So enthält beispielsweise § 17 Mantel-tarifvertrag für Zeitungen und für Zeitschriftenredakteure[415], Ziffer 361 ff. Manteltarifvertrag des Bayerischen Rundfunks[416] Regelung über das Urhe-berrecht. Darüber hinaus gibt es auch im Bereich von Designleistungen ta-rifvertragliche Urheberklauseln.[417] Keine Urheberklauseln enthalten die Tarifverträge der privaten Rundfunkanstalten.[418] Neben der ausdrückli-chen hat die stillschweigende Disposition über das Urheberrecht beson-ders im Arbeitsverhältnis, jedoch auch im Auftragsverhältnis eine große Bedeutung.[419]

---

zelvertraglich durch eine so genannte Bezugnahmeklausel die Geltung eines Ta-rifvertrags oder einer bestimmten Tarifregelung vereinbart werden. Man unter-scheidet zwischen dynamischen Klauseln (Inbezugnahme des jeweiligen Tarif-vertrages) und statischen Klauseln (Inbezugnahme des zum Zeitpunkt des Ver-tragsschlusses geltenden Tarifvertrages). Zu den urheberrechtlichen Tarifklau-seln: Steinberg, Urheberrechtliche Klauseln in Tarifverträgen, 1998.

415 Auszug aus § 17 MTV: „[…] Die Redakteurin/der Redakteur räumt dem Verlag das ausschließliche, zeitlich, räumlich und inhaltlich unbeschränkte Recht ein, Urheberrechte und verwandte Schutzrechte i. S. des Urheberrechtsgesetzes, die sie/er in der Erfüllung ihrer/seiner vertraglichen Pflichten aus dem Arbeitsver-hältnis erworben hat, vom Zeitpunkt der Rechtsentstehung an zu nutzen. Die Einräumung umfasst die Befugnis des Verlages, die Rechte im In- und Ausland in körperlicher Form zu nutzen und in unkörperlicher Form öffentlich wieder-zugeben. Dies gilt insbesondere in Printmedien, Film, Rundfunk und/oder digi-talen Medien [Telekommunikations- und Datendienste, z. B. Online-Dienste so-wie Datenbanken und elektronische Trägermedien (z. B. magnetische, optische, magneto-optische und elektronische Trägermedien wie CD-ROM und Disket-ten)] ungeachtet der Übertragungs- und Trägertechniken. […]“

416 Auszug aus dem Manteltarifvertrag Bayerischer Rundfunk Ziffern 361.1 bis 361.3: „Der/Die AN überträgt mit Abschluß des Arbeitsvertrags für die Ver-wertung im Fernseh- und Hörrundfunk die bei Erfüllung seiner/ihrer dienstli-chen Pflichten entstehenden Urheber- und sonstigen Schutzrechte und Eigen-tumsrechte auf den BR. Zu diesen Rechten gehören zum Beispiel: – Die Rechte an Fernsehfilmen, Bild- und Tonträgern sowie an Inszenierungen und Bearbei-tungen, an Wort und Bild, – die Rechte an Skizzen und Entwürfen, – die Rech-te der bildenden Künstler/-innen, Fotografen/Fotografinnen, Schneider/-innen, Friseure/Friseurinnen und Maskenbildner/-innen an ihren Werken, – die Rech-te an den zur Verfilmung oder zur Sendung gelangenden Manuskripten, soweit der/die AN an der Entstehung mitgewirkt hat. Diese Rechte werden dem BR nur für die Verwendung im Fernseh- und Hörrundfunk übertragen. Die über-tragenen Rechte sind durch das Gehalt abgegolten.“

417 Steinberg, Urheberrechtliche Klauseln in Tarifverträgen, 1998, S. 52ff.

418 Olenhusen, ZUM 2010, 474 (477); Ory, in: Berger/Wündisch/Abel; Urheberver-tragsrecht; § 26 Rn. 74.

419 Schacht, Die Einschränkung des Urheberpersönlichkeitsrechts im Arbeitsver-hältnis, 2004, S. 155; Schack, Urhebervertragsrecht, 2013, Rn. 600.

III. Verteilung vermögensrechtlicher Befugnisse im Auftragsverhältnis

Im Folgenden wird die Verteilung der vermögensrechtlichen Befugnisse an dem Urheberrecht im Auftragsverhältnis dargestellt.

1. Nutzungsrechte am Werk

§ 44 UrhG stellt klar, dass der (beauftragte) Werkschöpfer mit der Veräußerung eines Originals des Werks dem Erwerber im Zweifel keine Nutzungsrechte an dem Werk einräumt. Der Auftraggeber erwirbt daher nur dann Nutzungsrechte an dem Urheberrecht des Auftragswerks, wenn der beauftragte Werkschöpfer als Inhaber des Urheberrechts dem Auftraggeber ausdrücklich oder stillschweigend Nutzungsrechte einräumt. Die Einräumung von Nutzungsrechten ist grundsätzlich nicht an eine Form gebunden.[420] Ausnahmen bilden jedoch die Einräumung von Nutzungsrechten an unbekannten Nutzungsarten nach § 31a Abs. 1 S. 1 UrhG und die Einräumung von Nutzungsrechten an künftigen unbestimmten Werken nach § 40 Abs. 1 S. 1 UrhG, deren Rechtseinräumung an die Schriftform gebunden ist. Außerhalb dieser Schriftformerfordernisse kann die Einräumung urheberrechtlicher Nutzungsbefugnisse auch stillschweigend erfolgen, ein dahingehender Parteiwille ist dem Verhalten der Parteien unter Berücksichtigung der gesamten Begleitumstände zu entnehmen.[421] Der entsprechende Parteiwille muss dabei jedoch unzweideutig zum Ausdruck kommen.[422] Ist das Werk noch nicht fertig gestellt, erwirbt der Auftraggeber eine Anwartschaft auf das Nutzungsrecht, das erst mit der Schaffung des Werks zum Vollrecht erstarkt[423].

---

420 Rehbinder, Urheberrecht, 2008, Rn. 559, schlägt jedoch vor, dass die Einräumung ausschließlicher Nutzungsrechte auch die Einhaltung der Schriftform erfordern sollte.

421 Grunert in: Wandtke/Grunert in: Wandtke/Bullinger, vor §§ 31 UrhG, vor § 31 UrhG Rn. 45; BGH GRUR 2010, 628 (631) Rn. 29 – Vorschaubilder I; RGZ 153, 1, 22 ff.; BGH GRUR 1960, 199 (200) – Tofifa; BGHZ 28, 235 (238) – Verkehrskinderlied; BGH GRUR 1971, 362 (363) – Kandinsky II.

422 BGH GRUR 2004, 938, 939 – Comic-Übersetzungen III; BGHZ 22, 210, 212 – Morgenpost; BGH GRUR 1957, 391 – Ledigenheim; BGHZ 131, 8, 12 – Pauschale Rechtseinräumung; LG Köln ZUM 2008, 76, 78)

423 OLG München, ZUM 2000, 767(772) – Rechte des Regisseurs.

1.1 Zweckübertragungsgrundsatz

Eine konkludente oder eine pauschale ausdrückliche Einräumung von Nutzungsrechten beschränkt sich gemäß der Zweckübertragungsregel[424] auf die Nutzungsrechte, die zur Erreichung des Vertragszwecks erforderlich sind.[425] Der Zweckübertragungsgedanke ist ein allgemeines, auch bei formularvertraglichen Regelungen[426] geltendes Prinzip des Urheberrechts, nach welchem das Urheberrecht die Tendenz hat, so weit wie möglich beim Urheber zu verbleiben.[427] Die Zweckübertragungsregel soll den Urheber vor pauschaler Rechtevergabe schützen und es ihm ermöglichen, ein angemessenes Entgelt für die Werknutzung auszuhandeln.[428] Kodifiziert

---

424 Besser Zweckeinräumungsregel oder Vertragszwecktheorie; Wandtke in: Wandtke/Bullinger, § 31 UrhG Rn. 39.

425 Wandtke/Grunert in: Wandtke/Bullinger, vor §§ 31 UrhG Rn. 45, 39; Fromm/ Nordemann, Urheberrecht, vor §§ 31 ff. Rn. 38.

426 Die überwiegende Rechtsprechung (BGH, NJW 2012, 3173ff. – Honorarbedingungen freie Journalisten; BGH GRUR 1984, 45 (48) – Honorarbedingungen; BGH GRUR 1984, 119 (121) – Synchronisationssprecher; BGH GRUR 1974, 786 (787) – Kassettenfilm; KG GRUR 1984, 509 (513) – Honorarbedingungen; OLG Zweibrücken ZUM 2001, 346 (347); OLG Düsseldorf ZUM 2002, 221 – Das weite Land) und ein Teil des Schrifttums (Castendyk in: Loewenheim, Hdb. des Urheberrechts, § 75 Rn. 208; Wandtke/Grunert in: Wandtke/Bullinger, vor §§ 31 UrhG ff. Rn. 109; Nordemann, NJW 2012, 1321(1322); Schack, Urhebervertragsrecht, 2013, Rn. 959; Dammert in: Berger, Christian/Wündisch, Sebastian/Abel, Paul; Urhebervertragsrecht; Verträge über Werke der Baukunst; § 28 Rn. 28f. für den Fall des pauschalen Änderungsvorbehalts; Schricker/ Loewenheim in: Schricker/Loewenheim, vor § 28 UrhG Rn. 14; Donle, Die Bedeutung des § 31 Abs. 5 UrhG für das Urhebervertragsrecht, 1993, S. 253 f) weist dem Zweckübertragungsgedanken nach § 31 Abs. 5 UrhG zu Recht keinen Leitbildcharakter zu und sieht darin – ebenso wie in §§ 88f. UrhG – nur eine Auslegungsregel. Dies ergibt sich bereits aus § 307 Abs. 3 BGB. Ein Leitbildcharakter des § 31 Abs. 5 UrhG würde dazu führen, dass konkrete formularvertragliche Regelungen, die über den Vertragszweck oder den Betriebszweck hinausgehen, unwirksam wären. Die individualvertragliche Spezifizierungslast des § 31 Abs. 5 UrhG würde in Formularverträgen in eine Spezifizierungspflicht umgewandelt. Pauschale Regelungen über das Urheberrecht sind auch nicht wegen des Transparenzgebots nach § 307 Abs. 1 S. 2 BGB unwirksam. Eine Schlechterstellung der formularvertraglichen pauschalen Regelung gegenüber einer individualvertraglichen pauschalen Regelung ist nicht gerechtfertigt ist.

427 Ulmer, Urheber- und Verlagsrecht, 1980 S. 365.

428 Wandtke in: Wandtke/Bullinger, § 31 UrhG Rn. 39. Schricker/Loewenheim in: Schricker/Loewenheim, § 31 UrhG Rn. 85 m.w.N. Kritisiert wird hier, dass die Zweckübertragungsregel nicht dazu führt, dass der Urheber wirtschaftlich an der Verwertung beteiligt wird. So führe sie nur dazu, dass die Nutzungsarten

ist der Gedanke in §§ 31 Abs. 5, 37, 44, 88 Abs. 2 UrhG.[429] Die Zweckübertragungsregel in § 31 Abs. 5 UrhG findet sowohl im Urheber- und Vertragsrecht als auch im Arbeitnehmerurheberrecht, Recht der Verwertungsgesellschaften sowie auf verwandte Schutzrechte Anwendung.[430] Nicht anwendbar ist die Zweckübertragungsregel auf rein schuldrechtliche Nutzungsverträge.[431]

Wenn über den Umfang der Nutzungsrechtseinräumung keine ausdrückliche, eine pauschale[432] oder eine unklare Regelung getroffen wurde, kommt die Zweckübertragungsregel[433] zur Anwendung.[434] Diese besagt, dass wenn die Verwertungshandlung und Nutzungsarten nicht konkret bezeichnet sind, der Auftraggeber im Zweifel nur die Nutzungsrechte an dem Auftragswerk erworben hat, die für die Erreichung des Vertrags-

---

auf den Vertragszweck begrenzt werden. Dadurch nähme sie dem Urheber die Möglichkeit, wirtschaftlich an der Verwertung weiterer Nutzungsarten zu profitieren. So Appt, Der Buy-out-Vertrag im Urheberrecht, 2008, S. 114; Becker, ZUM 1995, 303(306).

429 In § 89 Abs. 1 Satz 1 UrhG ist hingegen eine entgegengesetzte, den Filmhersteller begünstigende Regelung enthalten: „Wer sich zur Mitwirkung bei der Herstellung eines Filmes verpflichtet, räumt damit für den Fall, dass er ein Urheberrecht am Filmwerk erwirbt, dem Filmhersteller im Zweifel das ausschließliche Recht ein, das Filmwerk sowie Übersetzungen und andere filmische Bearbeitungen oder Umgestaltungen des Filmwerkes auf alle Nutzungsarten zu nutzen."

430 Schricker/Loewenheim in: Schricker/Loewenheim, § 31 UrhG Rn. 74, 76.

431 Schricker/Loewenheim in: Schricker/Loewenheim, § 31 UrhG Rn. 81.

432 Die Zweckübertragungsregel bezweckt, auch eine pauschale Rechtseinräumung zu verhindern, um den Urheber vor den unangemessenen wirtschaftlichen Folgen einer Pauschalvergabe mehrerer oder aller Nutzungsrechte zu bewahren.

433 In § 14 LUG hatte der Zweckübertragungsgedanke bereits vor dem UrhG gesetzliche Anerkennung gefunden. Danach verblieben im Falle der Übertragung des Urheberrechts die wichtigsten Bearbeitungsrechte sowie das mechanische Vervielfältigungsrecht, soweit nichts anderes vereinbart war, beim Urheber.

434 Die Literatur zieht die Zweckübertragungsregel für die Ablehnung des Abstraktionsprinzips heran. Sie nimmt aufgrund der Zweckübertragungsregel an, dass sich der Umfang des Verfügungsgeschäfts aus dem zugrundeliegenden Verpflichtungsgeschäft ergibt. Die Literatur folgert daraus, dass in den Fällen, in denen das Verpflichtungsgeschäft nicht (mehr) besteht, das Verfügungsgeschäft auch keinen Inhalt mehr hat. Dazu Lisch, Das Abstraktionsprinzip im deutschen Urheberrecht, 2007, S. 118 m.w.N.Dieser Ansicht kann nicht gefolgt werden. Der Vertragszweck ermittelt sich nach der Zweckübertragungsregel gerade nicht aus dem Verpflichtungsgeschäft, sondern vielmehr nach den außerhalb des Vertrages liegenden Umständen. Tatsächlich führt die Zweckübertragungsregel nicht zu einer engeren Verknüpfung mit dem Verpflichtungsgeschäft, sondern ist eine Begrenzung der dinglichen Nutzungsrechtseinräumung eigener Art.

zwecks erforderlich sind.[435] Ist der Vertragszweck nicht im Vertrag bestimmt, ermittelt sich dieser nicht direkt durch Vertragsauslegung, sondern im Wege einer Feststellung eines für die Auslegung maßgeblichen Elements.[436] Es ist daher zu fragen, ob die Vertragsparteien nach dem gesamten Vertragsinhalt übereinstimmend einen Vertragszweck verfolgt haben.[437] Der Vertragszweck ist aus Sicht beider Vertragsparteien im Wege der Gesamtwürdigung aller Umstände nach Treu und Glauben unter Berücksichtigung der Verkehrssitte zu ermitteln.[438] Kann der Verwerter nicht nachweisen, dass die Nutzung dem Vertragszweck entspricht, hat er die entsprechende Befugnis nicht erworben.[439] Der Zweckeinräumungsgrundsatz garantiert demgemäß dem Werknutzer einen zwingenden Kern von urheberrechtlichen Nutzungsbefugnissen, die für die vereinbarte Verwertung unerlässlich sind.[440] Die Zweckübertragungslehre ist mehr als eine Auslegungsregel, da sie eine Spezifizierungslast des Rechtserwerbers bewirkt und die Auslegung über den Umfang der Nutzungsrechtseinräumung auf den Vertragszweck fixiert.[441] Aufgrund dieser Spezifizierungslast wird § 31 Abs. 5 UrhG auch als Formvorschrift mit abgeschwächter Sanktionierung verstanden, da im Falle der Nichteinhaltung die Rechtseinräumung nicht unwirksam ist, sondern sich die Rechtseinräumung nur auf den Vertragszweck beschränkt.[442] Dabei gilt, dass das Nutzungsrecht im

---

435 Wandtke in: Wandtke/Bullinger, § 31 UrhG Rn. 40; Schricker/Loewenheim in: Schricker/Loewenheim, § 31 UrhG Rn. 69.
436 Schricker/Loewenheim in: Schricker/Loewenheim, § 31 UrhG Rn. 89; Wandtke in: Wandtke/Bullinger, § 31 UrhG Rn. 58; Schulze in: Dreier/Schulze, § 31 UrhG Rn. 111.
437 BGHZ 131, 8 (12) – Pauschale Rechtseinräumung; BGH GRUR 1998, 680 (682) - Comic-Übersetzungen.
438 LG Hamburg ZUM-RD 2006, 456, 458 –Posterwerbung im Internet; BGH GRUR 1957, 391 – Ledigenheim; BGH GRUR 1984, 656, 657 – Vorentwurf; BGH GRUR 1984, 528, 529 – Bestellvertrag; OLG Hamburg GRUR 2000, 45 – CD-Cover.
439 Grunert in: Wandtke/Grunert in: Wandtke/Bullinger, vor §§ 31 UrhG Rn. 45.
440 BGH ZUM-RD 2000, 419 – Programmfehlerbeseitigung; OLG Düsseldorf ZUM 2001, 795 (797).
441 Fromm/Nordemann, Urheberrecht, §§ 31/32 Rn. 19; Loewenheim/Nordemann in: Loewenheim, Hdb. des Urheberrechts, § 26 Rn. 43; Appt, Der Buy-out-Vertrag im Urheberrecht, 2008, S. 111; A.A. Wandtke in: Wandtke/Bullinger, § 31 UrhG Rn. 74, der die Rechtseinräumung weit über den Vertragszweck hinaus nicht von der Vertragsfreiheit gedeckt sieht, da es sich bei § 31 Abs. 5 um eine zwingende Schutznorn handele.
442 Schricker in: Schricker/Loewenheim, §§ 31/32 UrhG Rn. 34; Schulze in: Dreier/Schulze, § 7 UrhG, § 31 Rn. 112.

Zweifel als nicht eingeräumt gilt, wenn dies für die Erreichung des gemeinsamen Vertragszweckes nicht erforderlich ist[443], und ein eingeräumtes Nutzungsrecht im Zweifel als einfaches Nutzungsrecht[444], wenn der
Vertragszweck nicht ein ausschließliches Nutzungsrecht erfordert.[445] Des
Weiteren lassen sich Umfang und Inhalt des Nutzungsrechts, der Nutzungsarten[446] und Abwehrrechte aus dem Vertragszweck erschließen, wobei auch hier der Grundsatz gilt, dass das Urheberrecht im Zweifel soweit
wie möglich beim Urheber verbleibt.[447] Das führt jedoch nicht zwangsläu-
fig dazu, dass die Beschränkung der Nutzungsrechtseinräumung auf den
Vertragszweck zwingend zugunsten des beauftragten Urhebers und damit
zulasten des Auftraggebers wirkt.[448] Da es sich bei § 31 Abs. 5 UrhG um
eine Auslegungsregel und nicht um eine zwingende Schutznorm handelt,
kann die Rechtseinräumung auch über den tatsächlich verfolgten Vertragszweck hinaus erfolgen, indem der Vertragszweck vertraglich breit definiert
wird.[449] Fehlt eine diesbezügliche Nutzungsrechtsregelung, kann die
Rechtseinräumung nur dann über den Vertragszweck hinausgehen, wenn
ein dahingehender Parteiwille – und sei es nur aufgrund der Begleitumstände und des schlüssigen Verhaltens der Beteiligten – unzweideutig zum
Ausdruck kommt.[450] Alleine aus der (möglicherweise rechtswidrigen)

---

443 Schricker/Loewenheim in: Schricker/Loewenheim, § 31 UrhG Rn. 77.
444 Schricker/Loewenheim in: Schricker/Loewenheim, § 31 UrhG Rn. 79.
445 BGH GRUR 1998, 680 (682) – Comic-Übersetzungen; BGH GRUR 1957, 391 –
     Ledigenheim; BGHZ 131, 8 (12) – Pauschale Rechtseinräumung Wandtke in:
     Wandtke/Bullinger, § 31 UrhG Rn. 58.
446 Schricker/Loewenheim in: Schricker/Loewenheim, § 31 UrhG Rn. 87.
447 Wandtke in: Wandtke/Bullinger, § 31 UrhG Rn. 58.
448 In der Mehrheit der Fälle ist dies jedoch anzunehmen, da der Lizenznehmer in
     der Regel eine vollumfassende pauschale Nutzungsrechtseinräumung fordern
     wird; eine in einem Vertrag enthaltene pauschale Nutzungsrechtseinräumung
     wird aufgrund der Zweckübertragungslehre auf einzelne dem Vertragszweck
     entsprechende Nutzungsarten reduziert sein.
449 Ausführlich zu der Frage, ob die breite Definition nach § 31 Abs. 5 UrhG unzu-
     lässig ist: Appt, Der Buy-out-Vertrag im Urheberrecht, 2008, S. 111 ff., der dies
     für zulässig hält. Schricker in: Schricker/Loewenheim, §§ 31/32 UrhG Rn. 39;
     Dreier/Schulze in: Dreier/Schulze, § 14 UrhG, § 31 UrhG Rn. 121, plädieren da-
     für, breite Vereinbarungen über den Vertragszweck auf einen realistischen Kern
     zu reduzieren.
450 Wenn es für das Vertragsverhältnis nicht relevant ist, dass der Verwerter klassi-
     scher Werkarten auch online auftritt oder Print-Produkte auch auf CD-ROM
     veröffentlicht, ist eine diesbezügliche konkludente Rechtseinräumung abzuleh-
     nen; siehe dazu OLG Hamburg ZUM 1999, 78 ff.; LG Berlin ZUM 2000, 73, 75.

Branchenüblichkeit weiterer Nutzungen kann eine stillschweigende Rechtseinräumung aber nicht gefolgert werden.[451]

1.2 Zukünftige unbestimmte Werke

Sollen an einem künftigen und nicht näher oder nur der Gattung nach bestimmten Werk[452] im Voraus individual- oder formularvertraglich[453] Nutzungsrechte eingeräumt werden, ist beim Verpflichtungsgeschäft das Schriftformerfordernis nach § 40 Abs. 1 S. 1 UrhG einzuhalten. Wird dieses Formerfordernis nicht eingehalten, fällt auch das Verfügungsgeschäft kausal weg.[454] Der Urheber, der sich zur Rechtseinräumung an künftigen unbestimmten Werken wirksam verpflichtet hat, kann den Vertrag nach Ablauf von fünf Jahren nach Abschluss des Vertrags kündigen.[455]

Wer das Verlagsrecht für Texte einräumt, geht zunächst nicht davon aus, dass auch eine Online-Nutzung des Werkes im Internet oder die Veröffentlichung per CD-ROM erfolgen wird. Auch reicht z. B. eine pauschale Reproduktionserlaubnis im Zusammenhang mit der Fertigstellung eines Bildbandes nicht aus, sondern es ist notwendig, dass für jedes im Buch veröffentlichte Bild ein Reproduktionsrecht eingeräumt wird; siehe zur stillschweigenden Rechtseinräumung beim beauftragten Urheber: BGH ZUM 2011, 560, 562 – Der Frosch mit der Maske; OLG Köln ZUM-RD 2012, 337 – Newton Bilder; BGH GRUR 2005, 860 (862) – Flash 2000; BGH GRUR 2004, 938, 939 – Comic-Übersetzungen III; BGH GRUR 2000, 145 – Comic-Übersetzungen II; BGH GRUR 1998, 682 – Comic-Übersetzungen I; BGH GRUR 1971, 362, 365 – Kandinsky II; GRUR 1984, 656, 657 – Vorentwurf; GRUR 1984, 528, 529 - Bestellvertrag ; GRUR 1985, 378, 379 – Illustrationsvertrag; Wandtke in: Wandtke/Bullinger, § 31 UrhG Rn. 40.

451 A. A. KG ZUM 2002, 291. In diesem Urteil stellte das Gericht fest, dass ein Übersetzervertrag für Comic-Hefte von 1969 aufgrund damaliger Branchenübung auch die Verwendung der Übersetzungen für andere Sammelbände erfasst.

452 Kotthoff in: Dreyer/Kotthoff/Meckel, Urheberrecht; § 40 UrhG Rn. 8.

453 Eine formularvertragliche Einräumung von Nutzungsrechten für unbekannte Nutzungsarten oder für künftige unbestimmte Werke genügt dem Schriftformerfordernis des § 31a Abs. 1 S. 1 UrhG und des § 40 Abs. 1 S. 1 UrhG und ist dann wirksam, wenn eine angemessene Vergütung vereinbart ist [LG Braunschweig, ZUM 2012, 66 (72), OLG Braunschweig ZUM 2012, 142 (143); LG Mannheim ZUM-RD 2012, 161 (163)].

454 § 40 Abs. 3 UrhG. Schack, Urhebervertragsrecht, 2013, Rn. 630, weist darauf hin, dass die Wirksamkeit der Verfügung von der Verletzung des Schriftformerfordernisses unberührt bleibt und die Verpflichtung nach § 125 S. 1 UrhG formnichtig ist.

455 § 40 Abs. 1 S. 2 UrhG. Die Kündigung bezieht sich sowohl auf die Verpflichtung als auch auf die Verfügung. Siehe dazu Kotthoff in: Dreyer/Kotthoff/

1.3 Unbekannte Nutzungsarten

Die Einräumung von Nutzungsrechten für unbekannte Nutzungsarten war bis 2007 unwirksam.[456] Mit Einführung des § 31a Abs. 1 UrhG kann die Rechtseinräumung unter Einhaltung des Schriftformerfordernisses auch unbekannte Nutzungsarten[457] erfassen. Eine Nutzungsart ist nach allgemeiner Auffassung unbekannt, wenn sie überhaupt noch nicht oder jedenfalls noch nicht als wirtschaftlich bedeutsam und verwertbar bekannt ist. Die wirtschaftliche Bedeutsamkeit ist davon abhängig, ob sich die Entwicklung der Verwendungsform zu einem Massengeschäft voraussehen lässt.[458] Um den Urheber vor nicht abzuschätzenden Rechtsfolgen zu schützen, ist die Rechtseinräumung widerruflich.[459] Der beauftragte Urheber hat für die Verwertung des Auftragswerks in Form einer neuen Nutzungsart den gesetzlichen Anspruch auf Zahlung einer angemessenen Vergütung nach § 32c UrhG. Aufgrund des Schriftformerfordernisses nach § 31a UrhG kann sich eine stillschweigende Rechtseinräumung im Auftragsverhältnis nur auf zum Zeitpunkt der Werkschöpfung bekannte Nutzungsarten beziehen.

Meckel, Urheberrecht; § 40 UrhG Rn. 12. Auf das Kündigungsrecht kann im Voraus nicht verzichtet werde, § 40 Abs. 3 UrhG.

456 § 31 IV UrhG a.F., dazu OLG Hamburg GRUR-RR 2002, 249 – Handy-Klingeltöne als neue Nutzungsart; BGH GRUR 2005, 937 – Der Zauberberg: Filmverwertung auf DVD keine neue Nutzungsart im Vergleich zur Videocassette, da seinerzeit zwar noch unbekannt, aber keine wirtschaftlich eigenständige Verwertungsform, sondern nur Substitution der bisherigen Verwertungsform.

457 Ob eine unbekannte Nutzungsarte vorliegt, ist in zwei Stufen zu prüfen. Erstens muss die Verwendungsform
eine eigenständige Nutzungsart darstellen. Wenn dies der Fall ist, muss zweitens untersucht werden, ob diese Nutzungsart zum Zeitpunkt des Vertragsschlusses unbekannt gewesen ist. Sind beide Voraussetzungen erfüllt und die Schriftform nicht eingehalten worden, hat der Lizenznehmer bezüglich der unbekannten Nutzungsarte keine Rechte erlangt.

458 Vergleiche Donhauser; Der Begriff der unbekannten Nutzungsart gemäß § 31 Abs. 4 UrhG, 2001, S. 118.

459 § 31 Abs. 1 S. 4 UrhG. Von der Widerruflichkeit ausgenommen sind Filmwerke nach §§ 88 Abs. 1 S. 2, 89 Abs. 1 S. 2 UrhG.

2. Übertragung von Nutzungsrechten

Im Urheberrecht werden die Nutzungsrechte in der Regel in Form von Lizenzketten eingeräumt.[460] § 34 Abs. 1 Satz 1 UrhG betrifft die translative Übertragung des dem Erstlizenznehmer eingeräumten Nutzungsrechts. Die Übertragung an den Erwerber im Sinne von § 34 Abs. 1 Satz 1 UrhG ist grundsätzlich nur mit Zustimmung des beauftragten Urhebers wirksam und führt dazu, dass die vollständige Rechtsposition des Erstlizenznehmers auf den Erwerber übergeh.t[461] Die Zustimmung kann ausdrücklich individual- und formularvertraglich[462] geregelt werden. Nach § 34 Abs. 1 S. 2 UrhG darf der beauftragte Urheber jedoch seine Zustimmung nicht entgegen Treu und Glauben verweigern. Wenn die Weigerung des beauftragten Urhebers gegen Treu und Glauben verstößt, kann der Nutzungsberechtigte seine Rechte auch ohne die Zustimmung des Urhebers translativ übertragen.[463] Zur Erleichterung des Rechtsverkehrs finden sich auch in § 34 Abs. 2 und 3 UrhG weitere Einschränkungen vom Zustimmungserfordernis. Bei Übertragung von Nutzungsrechten an den in das Sammelwerk aufgenommenen einzelnen Werken genügt die Zustimmung des Urhebers des einzelnen Werks. Bei Gesamtveräußerung eines Unternehmens oder bei der Veräußerung von Teilen eines Unternehmens ist ebenfalls keine Zustimmung des Urhebers erforderlich.[464] Wenn dem Urheber die Ausübung des Nutzungsrechts durch den Erwerber des Unternehmens oder den Unternehmensteil nach Treu und Glauben nicht zuzumuten ist bzw. wenn sich die Beteiligungsverhältnisse am Unternehmen des Inhabers des Nutzungsrechts wesentlich ändern, kann der Urheber das dem Erwerber

---

460 Die Verträge, die zwischen dem Erstlizenznehmer und dem Erbwerber des Nutzungsrechts oder dem Unterlizenznehmer geschlossen werden, werden als sekundäres Urheberrecht bezeichnet.

461 Schulze in: Dreier/Schulze, § 34 UrhG Rn. 2.

462 Die formularvertragliche Einräumung des Weiterübertragungsrechts im Sinne von §§ 34, 35 UrhG ist dann wirksam, wenn §§ 307 Abs. 2 Nr. 1 BGB, 11 S. 2 UrhG gewahrt ist und der Urheber eine angemessene Vergütung für sein Werk erhält (OLG Jena ZUM-RD 2012, 393 (394); OLG Rostock ZUM 2012, 706 (711)).

463 Denkbar ist dies, wenn die Weigerung nach objektiven Maßstäben willkürlich erscheint und der Urheber keinen sachlichen Grund für die Weigerung hat. Sachliche Gründe des Urhebers können darin liegen, dass eine Übertragung gegen die ideellen oder wirtschaftlichen Interessen des Urhebers verstößt. Die Beweislast trägt in diesem Fall derjenige, der das Recht an einen Erwerber übertragen will.

464 § 34 Abs. 3 Satz 1 UrhG.

übertragene Nutzungsrecht zurückrufen.[465] Darf der Lizenznehmer sein Nutzungsrecht gemäß den genannten Ausnahmen ohne Zustimmung des Urhebers übertragen, haftet der Erwerber des Nutzungsrechts gesamtschuldnerisch für die Erfüllung der sich aus dem Lizenzvertrag mit dem beauftragten Urheber ergebenden Verpflichtungen des Veräußerers.[466] Abweichend von den Regelungen in § 34 UrhG können der beauftragte Urheber und der Auftraggeber auf das Zustimmungserfordernis vertraglich verzichten bzw. abweichend zur gesetzlichen Lage ein Zustimmungserfordernis vereinbaren.[467] Die Zustimmung kann ausdrücklich oder konkludent[468] erklärt werden. Zweifel über die Auslegung der Vereinbarung sind mithilfe der Zweckübertragungsregel zu klären.

3. Einräumung weiterer Nutzungsrechte

Nach § 35 Abs. 1 S. 1 UrhG kann der Auftraggeber als Erstlizenznehmer konstitutiv Nutzungsrechte weiterer Stufen einräumen, wenn er Inhaber eines ausschließlichen Nutzungsrechts ist und der beauftragte Urheber der Weitereinräumung zugestimmt hat. Der Zustimmung bedarf es im Falle der Wahrnehmungsgesellschaft nicht, wenn das ausschließliche Nutzungsrecht nur zur Wahrnehmung der Belange des Urhebers eingeräumt ist.[469] Der Auftraggeber gibt in diesem Fall der konstitutiven Nutzungsrechtseinräumung nicht seine Rechtsstellung gegenüber dem Urheber auf. Die Nutzungsrechte weiterer Stufe können sowohl in Form von einfachen als auch

---

465 § 34 Abs. 2 Satz 2, 3 UrhG
466 § 34 Abs. 4 UrhG.
467 § 34 Abs. 5 S. 2 UrhG. Die pauschale oder in einem Buy-out-Vertrag einzeln vereinbarte Zustimmung zur generellen Übertragung der Nutzungsrechte auf Dritte ist jedoch aufgrund des § 31 Abs. 5 UrhG und aufgrund des Grundsatzes von Treu und Glauben bedenklich, wenn nach Vertragszweck eine solche Übertragung nicht notwendig ist. So Jani, Der Buy-out-Vertrag im Urheberrecht, 2003, S. 61ff. Denn der Urheber könne zu diesem Zeitpunkt nicht wissen, auf wen die Übertragung erfolgen wird. Nach Schulze in: Dreier/Schulze, § 34 Rn. 51, ist ein pauschaler Verzicht auf das Zustimmungsrecht in AGB-Klauseln nach § 307 BGB nichtig; so auch die Rechtsprechung zu § 9 AGBG a.F. (BGH GRUR 1984, 45 (52) – Honorarbedingung Sendevertrag. M.E. ist die pauschale vertragliche Zustimmungserteilung zulässig, führt jedoch in jedem Falle zu einer Gesamtschuld des Veräußerers und des Erwerbers.
468 Rojahn in: Schricker/Loewenheim, § 43 UrhG Rn. 57; Schricker/Loewenheim in: Schricker/Loewenheim, § 34 UrhG Rn. 18.
469 § 35 Abs. 1 S. 2 UrhG.

ausschließlichen Nutzungsrechten eingeräumt werden.[470] Die Bestimmungen in § 34 Abs. 1 S. 2, Abs. 2 und Abs. 5 S. 2 UrhG sind entsprechend anzuwenden.[471] Der beauftragte Urheber darf daher die Zustimmung zur Einräumung weiterer Nutzungsrechte nicht wider Treu und Glauben verweigern. Darüber hinaus reicht im Rahmen von § 35 UrhG die Zustimmung des beauftragten Urhebers des Sammelwerkes. Allerdings können der Inhaber des Nutzungsrechts und der beauftragte Urheber abweichende Regelungen zum Zustimmungserfordernis vereinbaren.

4. Vergütung

Der in § 11 Satz 1 UrhG angeordnete Schutz der geistigen und persönlichen Beziehungen zum Werk ist bei der gesamten Auslegung und Anwendung des Urheberrechts zu beachten.[472] § 11 Satz 2 UrhG stellte eine besondere Ausformung und Intensivierung des Grundsatzes dar, dass der Urheber an der wirtschaftlichen Nutzung seiner Werke tunlichst angemessen zu beteiligen ist.[473] § 11 Satz 2 UrhG stellt dementsprechend ein gesetzli-

---

470 Schricker/Loewenheim in: Schricker/Loewenheim, § 35 UrhG Rn. 4; Schulze in: Dreier/Schulze, § 35 UrhG Rn. 8.

471 § 35 Abs. 2 UrhG.

472 Das Prinzip der angemessenen Vergütung nach § 11 S. 2 UrhG zählt als wesentlicher Grundgedanke des Urheberrechts im Sinne des § 307 BGB. In BT Drucks. 14/8058, S. 17 unten/S. 18 oben heißt es dazu „[§ 11 S. 2 UrhG] vervollständigt das Programm des Urheberrechtsgesetzes und ermöglicht es der Rechtsprechung, die Vorschriften des Gesetzes – auch im Rahmen der AGB-Kontrolle – nach diesem Normzweck auszulegen, denn das Prinzip der angemessenen Vergütung hat künftig Leitbildfunktion." Klauseln, die urheberrechtliche Nutzungsrechte einräumen oder die Vergütung regeln, sind zwar von der Inhaltskontrolle nach § 307 Abs. 3 BGB ausgeschlossen, da es sich dabei um Hauptleistungspflichten handelt (so auch Metzger, Rechtsgeschäfte über das Droit moral, 2002, S. 217; Matanovic, Rechtsgeschäftliche Dispositionen über urheberpersönlichkeitsrechtliche Befugnisse, 2006, S. 321). Klauseln über die Einräumung von Nutzungsrechte oder die Vergütung können jedoch mittelbar über § 307 BGB zu beurteilen werden, wenn dadurch gegen den wesentlichen Leitgedanken des § 11 S. 2 UrhG verstoßen wird (Nordemann, NJW 2012, 3121 (3122)).

473 Bereits vor Inkrafttreten des Urheberrechtsgesetzes 1965 anerkannt. Siehe dazu BGH GRUR 1954, 412 – Platzzuschüsse; BGH GRUR 1955, 492 – Grundig-Reporter; Wandtke in: Wandtke/Bullinger, § 31 UrhG Rn. 2.

ches Leitbild dar.[474] Die Pflicht zur Sicherstellung einer angemessenen Beteiligung des Urhebers an den Erträgen aus der Verwertung seiner Werke stellt eine einfachgesetzliche Ausprägung des verfassungsrechtlichen Schutzes des Urheberrechts nach Art. 14 Abs. 1 GG dar.[475] In dem dem Auftrag zugrunde liegenden Vertrag wird üblicherweise eine Vergütungspflicht des Auftraggebers vereinbart. Die Ausgestaltung der Vergütung unterliegt grundsätzlich der Freiheit der Privatautonomie. Um den Urheber vor den Auswirkungen einer gestörten Vertragsparität zu schützen, hat der Urheber nach § 32 Abs. 1 S. 3 UrhG einen gesetzlich geregelten Anspruch auf eine angemessene Vergütung. Darüber hinaus kann der Urheber auch weitere Vergütungsansprüche aus § 32a Abs. 1 S. 1 und § 32c Abs. 1 S. 1 UrhG ableiten.[476] Die Vergütung kann entweder umsatzabhängig ausgestaltet werden oder in Form einer Einmalzahlung erfolgen.[477] Ist die Höhe der Vergütung vertraglich nicht vereinbart, gibt § 32 Abs. 1 S. 2 UrhG dem Urheber einen Anspruch auf Zahlung einer angemessenen Vergütung.[478]

---

474 Näher dazu Loewenheim in: Schricker/Loewenheim, § 11 UrhG Rn. 8: die Inhaltskontrolle gemäß §§ 305 ff BGB erstreckt sich gemäß § 307 Abs. 3 Nr. 1 BGB jedoch nur auf Bestimmungen, die im Vergleich zu den gesetzlichen Regelungen abweichende Inhalte enthalten. Die Höhe einer angemessenen Vergütung ist nicht gesetzlich geregelt, sodass die Inhaltskontrolle auch nicht die Bestimmungen umfasst, in denen die Art und der Umfang der Vergütung geregelt sind. Dies ist auch sinnvoll im Hinblick auf die Rechtsfolge einer Bestimmung, die einer Inhaltskontrolle gemäß § 306 BGB nicht Stand hält. Die unangemessene Bestimmung zur Vergütung könnte danach gemäß § 306 BGB nichtig sein, der restliche Vertrag würde jedoch wirksam bleiben. Bei den Vertragsbedingungen, die sich mittelbar auf den Preis auswirken, ist jedoch das Prinzip der angemessenen Vergütung als wesentlicher Grundgedanke des Urheberrechts zu beachten.

475 Wandtke/Grunert in: Wandtke/Bullinger, vor §§ 31 UrhG Rn. 2.

476 Daneben ergibt sich aus §§ 22ff. VerlG für den Verleger die Pflicht, eine übliche und angemessene Vergütung zu zahlen.

477 Ausführlich zum Buy-out -Vertrag und zu der Inhaltskontrolle einer Pauschalvergütung: Jani, Der Buy-out-Vertrag im Urheberrecht, 2003 und Appt, Der Buy-out-Vertrag im Urheberrecht, 2008, S. 210.

478 Darunter fallen jedoch nicht per se die Vergütungsklauseln, die nicht zwischen der Vergütung für die Hauptleistung (Übergabe des Werks) und der Vergütung für die Nebenleistung (Rechtseinräumung) trennen, so Appt, Der Buy-out-Vertrag im Urheberrecht, 2008, S. 149; Jani, Der Buy-out-Vertrag im Urheberrecht, 2003, S. 314. Daher wird § 32 Abs. 1 S. 2 UrhG in der Praxis keine große Rolle beigemessen, da sich die Relevanz der Norm auf rein mündlich geschlossene Verträge, die keine Vergütungsabrede beinhalten, konzentriert.

Ist die Vergütung zwar vertraglich vereinbart, aber nicht angemessen[479], hat der Urheber nach § 32 Abs. 1 S. 3 einen Anspruch auf Änderung der vertraglichen Vergütung.[480] Dieser Anspruch spiegelt den in § 11 S. 2 UrhG enthaltenen Grundsatz wieder, wonach sowohl die ideellen als auch die wirtschaftlichen Interessen des Urhebers zu schützen sind. Maßgeblicher Zeitpunkt für die Bemessung der Angemessenheit der Vergütungsregel ist der Zeitpunkt des Vertragsschlusses.[481] Ist zum Zeitpunkt des Vertragsschlusses eine angemessene Vergütung vertraglich vereinbart, kann der Urheber dann eine weitere Vergütungsbeteiligung nach § 32a UrhG fordern, wenn die vertraglich vereinbarte Vergütung im Nachhinein in einem auffälligen Missverhältnis zu den Erträgen und Vorteilen aus der Nutzung des Werkes steht. Nach § 32a UrhG gebührt dem Urheber zur Durchsetzung ein gesetzlicher Anspruch auf Vertragsänderung. Darüber hinaus hat der Urheber Anspruch auf eine gesonderte angemessene Vergütung, wenn der Vertragspartner eine neue Art der Werknutzung nach § 31a UrhG aufnimmt, die im Zeitpunkt des Vertragsschlusses vereinbart, aber noch unbekannt war, § 32c Abs. 1 S. 1 UrhG. Die genannten gesetzlichen Vergütungsansprüche sind unabdingbar.[482] Ein Anspruch auf angemessene oder weitere Vergütung entfällt dann, wenn die Werknutzungsvergütung bereits tariflich festgelegt ist, § 32 Abs. 4 S. 1, 32a Abs. 4 S. 1, ggfs. i.V.m. § 32c Abs. 1 S. 2 UrhG. So geht der Gesetzgeber davon aus, dass tarifliche Vergütungen und gemeinsame Vergütungsregeln von Verbänden die Vergütung bereits in angemessener Weise regeln.[483]

IV. Verteilung vermögensrechtlicher Befugnisse im Arbeitsverhältnis

Ausgangspunkt im Rahmen der rechtsgeschäftlichen Disposition über das Urheberrecht im Arbeitsverhältnis ist das Spannungsverhältnis zwischen den Wertungen des Arbeits- und des Urheberrechts. Wie bereits an anderer

---

479 Die Angemessenheit der Vergütung bestimmt sich nach den Vergütungsregeln der Verbände (beispielsweise des Deutschen Journalistenverbands (DJV), des Schriftstellerverbands, des Deutschen Komponistenverbands, des Bundesverbands Regie, des Bundesverbands Filmschnitts) gemäß § 36 UrhG.

480 Dies gilt dann nicht, wenn der Urheber bereits einen Nutzungsvergütungsanspruch aufgrund eines Tarifvertrags hat, § 32 Abs. 4 UrhG.

481 BT Drucks. 14/8058, S. 18; § 32 Abs. 2 S. 2 UrhG. Dies befürwortend: Appt, Der Buy-out-Vertrag im Urheberrecht, 2008, S. 154.

482 §§ 32 Abs. 3 S. 1, 32a Abs. 3 S. 1, ggfs. i.V.m. 32c Abs. 3 S. 2 UrhG.

483 Dazu auch Olenhusen, ZUM 2010, 474 (476).

Stelle dargestellt[484], wird die originäre Inhaberschaft am materiellen Arbeitsergebnis nach § 950 BGB dem Arbeitgeber zugeordnet. Im Gegensatz dazu ist der Arbeitnehmer jedoch originärer Inhaber des Urheberrechts. Aufgrund der translativen Unübertragbarkeit des Urheberrechts kann der Arbeitgeber keine Rechtsinhaberschaft des Urheberrechts erlangen. Er ist daher auf die Einräumung von Nutzungsrechten durch den Arbeitnehmer angewiesen. Im Fokus der weiteren Betrachtung steht daher die Verteilung der vermögensrechtlichen Befugnisse am Urheberrecht im Arbeitsverhältnis.

1. Grundnorm des § 43 UrhG

Seit 1.1.1966 befindet sich mit § 43 UrhG eine zentrale Norm im Urheberrecht, die das Rechtsverhältnis des Urhebers in Arbeits- und Dienstverhältnissen ausdrücklich behandelt.[485]

Trotz der Kritik an der generalklauselartigen Weite und der Notwendigkeit der Einschränkung durch die Rechtsprechung und Literatur führten die konkreten Reformbemühungen im Professoren[486] - und im Regierungsentwurf zum Urhebervertragsgesetz von 2002 nicht zu einer Änderung des Wortlauts des § 43 UrhG, der weiterhin wie folgt lautet:

„Die Vorschriften dieses Unterabschnitts sind auch anzuwenden, wenn der Urheber das Werk in Erfüllung seiner Verpflichtungen aus einem Arbeits- oder Dienstverhältnis geschaffen hat, soweit sich aus dem Inhalt oder dem Wesen des Arbeits- oder Dienstverhältnisses nichts anderes ergibt."

---

484 Siehe dazu Erstes Kapitel, § 3 A.I.

485 Die dem UrhG vorangegangenen Gesetze, das LUG 1901 und das KUG 1907, normierten die urheberrechtliche Stellung des Arbeitnehmers noch nicht gesondert.

486 § 43 UrhG-ProfE vom 22. Mai 2000 Urheber in Arbeits- oder Dienstverhältnissen (abgedruckt unter GRUR 2000, 765 (767))
(1) Die Vorschriften dieses Gesetzes gelten auch für Urheber, die das Werk in Erfüllung ihrer Verpflichtungen aus
einem Arbeits- oder Dienstverhältnis schaffen.
(2) Im Zweifel erwirbt der Arbeitgeber oder Dienstherr ausschließliche Nutzungsrechte, soweit sie für die Zwecke
seines Betriebs benötigt werden. § 69b bleibt unberührt.
(3) Bei der Berechnung der angemessenen Vergütung nach § 32 ist zu berücksichtigen, ob und inwieweit diese
bereits durch Lohn oder Gehalt abgegolten ist.

Im Folgenden werden die Tatbestandsvoraussetzungen des § 43 Teils. 2 UrhG sowie die in § 43 Teilsätzen 1 und 3 UrhG enthaltenen Rechtsfolgen dargestellt. Die Tatbestandsvoraussetzungen des § 43 Teils. 2 UrhG werden getrennt nach dem persönlichen und sachlichen Anwendungsbereich der Norm dargestellt.

1.1 Persönlicher Anwendungsbereich

1.1.1 Arbeitsverhältnis

Der persönliche Anwendungsbereich des § 43 Teils. 2 UrhG leitet sich von den arbeitsrechtlich anerkannten Grundsätzen der abhängigen weisungsgebundenen Tätigkeit ab. Die Begriffe des Arbeitnehmers und des Arbeitgebers werden gesetzlich nicht definiert, sondern terminologisch vorausgesetzt. Zur Klärung der Begriffe ist daher auf die Rechtsprechung des BAG zurückzugreifen.

In einem Arbeitsverhältnis steht eine Person, die aufgrund eines privatrechtlichen Vertrages[487] im Dienste eines anderen zur Leistung weisungsgebundener[488], fremdbestimmter Arbeit in persönlicher Abhängigkeit verpflichtet ist.[489] Auch befristete Arbeitsverhältnisse unterfallen dem Anwendungsbereich des § 43 UrhG.[490] Ausbildungsverhältnisse gemäß §§ 5 Abs. 1 ArbGG, 5 Abs. 1 BetrVG zählen ebenfalls als Arbeitsverhältnisse im Sinne

---

487 Haben die Parteien ausdrücklich einen Arbeitsvertrag geschlossen, ist der zur Dienstleistung Verpflichtete kraft privatautonomer Entscheidung als Arbeitnehmer mit allen Rechten und Pflichten anzusehen. Nicht maßgeblich für die Einordnung als Arbeitnehmer ist dabei, ob das Arbeitsverhältnis wirksam geschlossen wurde; also ein faktisches Arbeitsverhältnis vorliegt; näheres dazu unter: Röller, Jürgen; Personalbuch 2012, 19. Auflage, 2012, Rn. 2ff.

488 Im Gegensatz zu selbstbestimmten Tätigkeit des Selbständigen; die Voraussetzungen der Weisungsgebundenheit werden § 84 Abs. 1 Satz 2 HGB entnommen. Danach ist derjenige Arbeitnehmer, der nicht im Wesentlichen frei seine Tätigkeit gestalten und seine Arbeitszeit bestimmen kann. Eine persönliche Abhängigkeit liegt vor bei einer Einbindung in eine fremde Arbeitsorganisation, die sich im Weisungsrecht des Arbeitgebers bezüglich Inhalt, Durchführung, Zeit, Dauer, Art und Ort der Tätigkeit zeigt. Bei untergeordneten einfachen Arbeiten ist eine Einordnung in eine fremde Arbeitsorganisation eher anzunehmen als bei gehobenen Tätigkeiten; näheres dazu bei Röller, Jürgen; Personalbuch 2012, 19. Auflage, 2012, Rn. 4ff.

489 BAG, Urteil vom 20.01.2010, Az. 5 AZR 99/09, DB 2010, 788f. – Arbeitnehmerstatus des Organisators und Dirigenten eines Kurorchesters.

490 Dreier in: Dreier/Schulze, § 43 UrhG Rn. 6.

des § 43 UrhG.[491] Geschäftsführer und Vorstände von juristischen Personen im Sinne von § 5 Abs. 1 ArbGG und § 5 Abs. 2 Nr. 1 BetrVG fallen nicht unter den Begriff der Arbeitnehmer und sind daher auch nicht im Rahmen von § 43 UrhG wie Arbeitnehmer zu behandeln.[492] Maßgeblich für die Abgrenzung der Selbständigen von den Arbeitnehmern ist der Grad der persönlichen Abhängigkeit, die sich insbesondere in der Weisungsgebundenheit dokumentiert. Ob eine persönliche Abhängigkeit gegeben ist, muss aufgrund von Indizien im Einzelfall entschieden werden.[493] Typischerweise treffen die durch die Rechtsprechung entwickelten Grundsätze für die Festanstellung der Arbeitnehmereigenschaft auf schöpferisch tätige Personen jedoch nicht ohne weiteres zu.[494] Sowohl Weisungsgebundenheit, abhängige Gestaltung der Arbeitszeit als auch Eingliederung in eine fremde Organisationsstruktur sind gerade bei schöpferisch Tätigen allenfalls Indizien bei der Beurteilung der Arbeitnehmereigenschaft.[495] Diese Kriterien können im Hinblick auf die Notwendigkeit einer schöpferischen Freiheit aber naturgemäß oft nur eine untergeordnete Rolle spielen.[496] So kann im Einzelfall trotz eines bestehenden Weisungsrechts die Arbeitnehmereigenschaft zu verneinen[497] oder selbst bei fehlender fachlicher Weisungsgebundenheit zu bejahen[498] sein. Zudem ist nicht entscheidend, ob das Weisungsrecht – sollte es bestehen – tatsächlich ausgeübt wird. Entscheidend ist daher vielmehr die Art und Weise der Tätigkeit und ob diese vergleichbar ist mit der anderer Arbeitnehmer in einer ähnlich bestimmbaren Organisationsform der Arbeit.[499]

---

491 Für eine Qualifizierung des Leiharbeitnehmers als Arbeitnehmer im Sinne des § 43 UrhG spricht § 7 Abs. 2 AÜG, der für Erfindungen, die von Leiharbeitnehmern geschaffen werden, ausdrücklich den Entleiher als Arbeitgeber i.S.d. Gesetzes über Arbeitnehmererfindungen fingiert. Über urheberrechtliche Werke gibt das AÜG keine Auskunft. Dazu Olenhusen, GRUR 2002, 11(14).

492 Nordemann in: Fromm/Nordemann, § 43 UrhG Rn. 10; Nordemann in: Loewenheim, Hdb. des Urheberrechts, § 63 Rn. 10.

493 Wandtke in: Wandtke/Bullinger, § 43 UrhG Rn. 6; Rojahn in: Schricker/ Loewenheim, § 43 UrhG, § 43 UrhG Rn. 13f.

494 Wandtke in: Wandtke/Bullinger, § 43 UrhG Rn. 6; Rojahn in: Schricker/ Loewenheim, § 43 UrhG, § 43 UrhG Rn. 13f.

495 Wandtke in: Wandtke/Bullinger, § 43 UrhG Rn 6.

496 So auch Dreier in: Dreier/Schulze, § 43 UrhG Rn. 6.

497 Als Gäste verpflichtete Sänger oder Schauspieler unterliegen einem Weisungsrecht, es besteht jedoch in der Regel ein Dienstvertrag gemäß § 611 BGB; siehe BAG ZUM 2007, 507(508).

498 Wandtke in: Wandtke/Bullinger, § 43 UrhG Rn. 7 m.w.N.

499 Wandtke in: Wandtke/Bullinger, § 43 UrhG Rn. 7.

Gerechtfertigt ist die Beschränkung der Rechte des angestellten Urhebers dadurch, dass angestellte Urheber in gesicherten Einkommensverhältnissen nicht in gleichem Maße schutzbedürftig sind wie freie Urheber.[500] Nicht die wirtschaftliche Abhängigkeit an sich, mit der auch viele freischaffende Urheber konfrontiert sind, ist die entscheidende Rechtfertigung für die Anwendung des § 43 UrhG, sondern dass der angestellte Urheber gerade nicht das wirtschaftliche Risiko seiner Schöpfungen trägt und durch ein Dauerschuldverhältnis – in der speziellen Form des Arbeits- oder Dienstverhältnisses – der Lebensunterhalt gesichert ist.[501]

1.1.2 Dienstverhältnisse

Dienstverpflichteter i.S.d. § 43 Teils. 2 UrhG ist zum einen derjenige, der in einem beamtenrechtlichen Dienstverhältnis i.S.d. § 4 BBG steht und statusrechtlich in Form einer Ernennungsurkunde in ein öffentlich-rechtliches Dienst- und Treueverhältnis berufen worden ist.[502] Zum anderen zählen auch die Angestellten von öffentlich-rechtlichen Körperschaften, Anstalten oder Stiftungen zu den Dienstverpflichteten, die als Arbeitnehmer einen Arbeitsvertrag mit dem Dienstherrn geschlossen haben.[503] Die Angestellten des öffentlichen Diensts werden in der Regel dem Tarifvertrag für den öffentlichen Dienst (TvÖD) oder dem Tarifvertrag für den öffentlichen Dienst der Länder (TvL)[504] unterstellt.

---

500 Nordemann in: Loewenheim, Hdb. des Urheberrechts, § 63 Rn. 3; Nordemann in: Fromm/Nordemann, § 43 UrhG Rn. 10 bis 14.

501 Nordemann in: Loewenheim, Hdb. des Urheberrechts, § 63 Rn. 3; Nordemann in: Fromm/Nordemann, § 43 UrhG Rn. 10 bis 14; Amtl. Begr. BT Drucks. IV/270, S. 62.

502 Wie beispielsweise Beamte auf Lebenszeit, auf Probe, auf Widerruf, Polizeivollzugsbeamte, politische Beamte, Beamte im Ruhestand, beamtete Professoren oder beamtete wissenschaftliche und künstlerische Mitarbeiter von Hochschulen, oder auch Richter oder Soldaten, m.w.N. Nordemann in: Fromm/Nordemann, § 43 UrhG, Rn. 11; Wandtke in: Wandtke/Bullinger, § 43 UrhG Rn. 14; Czernik, RdA 2014, 354(355).

503 Zuordnung zum Dienstverhältnis: Wandtke in: Wandtke/Bullinger, § 43 UrhG Rn. 14; Czernik, RdA 2014, 354(355). Zuordnung zum Arbeitsverhältnis: Nordemann in: Fromm/Nordemann, § 43 UrhG Rn. 10; Rojahn in: Schricker/Loewenheim, § 43 UrhG Rn. 10.

504 Länder Berlin und Hessen sind jedoch derzeit nicht Mitglied der Tarifgemeinschaft deutscher Länder (TdL), siehe dazu Czernik, RdA 2014, 354(355).

1.1.3 Nicht vom persönlichen Anwendungsbereich erfasst

Vom Anwendungsbereich des § 43 UrhG nicht erfasst sind die freien Dienstverträge im Sinne von § 611 BGB.[505] Die Regelung des § 43 UrhG stellt eine Ausnahmevorschrift dar, die die Rechte des angestellten Urhebers einschränkt. Die Vorschriften kann daher nur in dem begrenzten Anwendungsbereich der Arbeits- und Dienstverhältnisse Anwendung finden. Freie und beauftragte Werkschöpfer sind regelmäßig selbständig für verschiedene Auftraggeber tätig, wobei sie rechtlich über Dienst- (§ 611 BGB) oder Werkverträge (§ 631 BGB) eingebunden sind.[506] Ebenso wenig wird auch die arbeitnehmerähnliche Person von den Regelungen des § 43 UrhG erfasst.[507] Arbeitnehmerähnliche Personen sind Personen, die selbständig tätig sind, deren Situation aber von der wirtschaftlichen Abhängigkeit vom Auftraggeber geprägt ist, sodass sie auf die Verwertung ihrer Arbeitskraft und die Einkünfte aus der Tätigkeit für den Vertragspartner zur Sicherung ihrer Erwerbsgrundlage angewiesen sind.[508] Auf arbeitnehmerähnliche Personen können zwar arbeitsrechtliche Vorschriften im Einzelfall Anwendung finden gemäß § 12 a TVG. § 43 UrhG stellt jedoch eine Vorschrift dar, die die Rechtsposition des Urhebers einschränkt und nicht zu seinem Schutz konzipiert wurde, sodass § 43 UrhG nicht auf die arbeitnehmerähnliche Person entsprechend angewendet werden kann.[509] Da diese gerade nicht in einem gesicherten Abhängigkeitsverhältnis stehen und deshalb keinen Anspruch auf wiederholte Beschäftigung haben, ist es gerechtfertigt, diese mit den freien Urhebern gleichzustellen und gerade nicht in ihrem Urheberrecht einzuschränken.[510] Schwieriger ist hingegen die Unterscheidung beim Scheinselbständigen. Der Scheinselbständige zeichnet sich dadurch aus, dass er rechtlich wie der freie Mitarbeiter mit einem Dienst- oder Werkvertrag gebunden ist, jedoch nicht von verschie-

---

505   Rojahn in: Schricker/Loewenheim, § 43 UrhG, Rn. 12; Nordemann in: Loewenheim, Hdb. des Urheberrechts, § 63, Rn. 7; Nordemann in: Fromm/Nordemann, § 43 UrhG Rn. 9; Vogel, NJW Spezial 2007, 177(177).

506   Wandtke in: Wandtke/Bullinger, § 43 UrhG Rn. 12.

507   Olenhusen, GRUR 2002, 11(14); BAG, NJW 2003, 3365.; BAG NJW 2007, 1710.

508   Olenhusen GRUR 2002, 11 (14); BAG, NJW 2003, 3365; BAG NJW 2007, 1710.

509   Dreier in: Dreier/Schulze, § 43 UrhG Rn. 8; Rojahn in: Schricker/Loewenheim, § 43 UrhG Rn. 18; Nordemann in: Loewenheim, Hdb. des Urheberrechts, § 63 Rn. 7; ausführlich dazu OlenhusenGRUR 2002, 11 (15).

510   Nordemann in: Fromm/Nordemann, § 43 UrhG Rn. 9; Rojahn in: Schricker/Loewenheim, § 43 UrhG Rn. 16ff.; Nordemann in: Loewenheim, Hdb. des Urheberrechts, § 63 Rn. 7 und 12.

denen Auftraggebern eingebunden wird, sondern faktisch nur von einem Auftraggeber. Arbeitsrechtlich führt das Vorliegen einer Scheinselbständigkeit dazu, dass ein Arbeitsverhältnis zum Schutz des Scheinselbständigen fingiert wird. In der Literatur ist umstritten, ob gemäß der arbeitsrechtlichen Zuordnung auch § 43 UrhG auf den Scheinselbständigen Anwendung finden sollte.[511] Die arbeitsrechtliche Fiktion eines Arbeitsverhältnisses basiert darauf, den Scheinselbständigen zu schützen. Dieser Schutzgedanke kann indes nicht auf der Seite des Urhebervertragsrechts wieder ausgehöhlt werden und zu einer Anwendung des § 43 UrhG beim Scheinselbständigen führen. Daher ist eine Anwendung des § 43 UrhG auch auf den Scheinselbständigen abzulehnen.

1.2 Sachlicher Anwendungsbereich

§ 43 Teils. 2 UrhG erfasst inhaltlich nur die Werke, die der Angestellte „in Erfüllung seiner arbeits- oder dienstvertraglichen Verpflichtungen" anfertigt, sog. Pflichtwerke. Ob ein Arbeitnehmerwerk ein Pflichtwerk darstellt, ist im Einzelfall zu prüfen. Eine Vermutungsregel, wonach das Arbeitnehmerwerk im Zweifel ein Pflichtwerk ist, existiert nicht.[512]

1.2.1 Pflichtwerke aufgrund arbeitsvertraglicher Verpflichtung

Welche arbeitsvertraglichen Verpflichtungen ein Arbeitnehmerurheber hat, ergibt sich aus dem seiner Arbeit zugrundeliegenden Arbeitsvertrag; enthält dieser Individualvertrag keine Regelungen zu urheberrechtlich relevanten Aufgabestellungen, so sind die betriebliche Funktion des Arbeitnehmers, sein Berufsbild, die Üblichkeit, die Verwendbarkeit des Werkes für den Arbeitgeber sowie die tarifrechtlichen Regelungen entscheidend.[513] Im Einzelfall muss anhand von objektiven Umständen geprüft werden, ob eine konkrete oder stillschweigende Abrede über den Inhalt

---

511 Für eine Anwendbarkeit des § 43 UrhG: Wandtke in: Wandtke/Bullinger, § 43 UrhG Rn. 12; gegen eine Anwendbarkeit des § 43 UrhG Dreier in: Dreier/Schulze, § 43 UrhG Rn. 8; Nordemann in: Fromm/Nordemann, § 43 UrhG Rn. 9; Nordemann in: Loewenheim, Hdb. des Urheberrechts, § 63 Rn. 14.
512 Wandtke in: Wandtke/Bullinger, § 43 UrhG Rn. 12.
513 BGH ZUM 2001, 161 (164) – Wetterführungspläne; Dreier in: Dreier/Schulze, § 43 UrhG Rn. 10; Nordemann in: Loewenheim, Hdb. des Urheberrechts, § 63 Rn. 14; Wandtke in: Wandtke/Bullinger, § 43 UrhG Rn. 21.

und Umfang der arbeitsvertraglich vereinbarten Arbeitsaufgabe vorliegt.[514] Die subjektive Auffassung allein führt hingegen nicht zu dem Vorliegen einer arbeitsvertraglichen Pflicht. Um von § 43 UrhG erfasst zu werden, muss ein innerer Zusammenhang zwischen arbeitsvertraglicher Pflichterfüllung und der Schaffung des Werkes bestehen[515]. Dieser innere Zusammenhang zwischen arbeitsvertraglicher Pflichterfüllung und Werkschöpfung liegt unzweifelhaft in den Bereichen vor, in denen die Tätigkeit regelmäßig schöpferische Leistungen beinhaltet. Dennoch muss sich dieser innere Zusammenhang nicht zwingend aus den arbeitsvertraglichen Pflichten im Arbeitsvertrag ergeben.[516] Ausreichend ist jedoch nicht, dass sich die Pflicht allein aus dem Direktionsrecht des Arbeitgebers ableitet. Auch kann zur Beurteilung des Tatbestandsmerkmals „in Erfüllung seiner Verpflichtungen aus einem Arbeitsverhältnis" geprüft werden, ob der Arbeitnehmer bei einem Nichttätigwerden seine Arbeitspflicht verletzen würde.[517] Dabei gilt jedoch, dass die arbeitsvertraglichen Pflichten mündlich, schriftlich und konkludent während des Arbeitsverhältnisses modifiziert werden können.[518] Der Arbeitgeber kann sein Direktionsrecht nur im Rahmen des Arbeitsvertrages ausüben; demnach ist keine über den Gegenstand des Arbeitsvertrages hinausgehende einseitige Erweiterung der arbeitsvertraglichen Pflichten über das Direktionsrecht möglich.[519] Da die kreative Tätigkeit nicht durch Ort und Zeit eingrenzbar ist, fehlt es in er Regel an Weisungen hinsichtlich Ort und Zeit als taugliche Abgrenzungskriterien.[520] Voraussetzung ist jedoch stets, dass die Werkschöpfung durch

---

514 Dreier in: Dreier/Schulze, § 43 UrhG Rn. 10; Nordemann in: Loewenheim, Hdb. des Urheberrechts, § 63 Rn. 14; Wandtke in: Wandtke/Bullinger, § 43 UrhG Rn. 19.

515 Dreier in: Dreier/Schulze, § 43 UrhG Rn. 10; Nordemann in: Loewenheim, Hdb. des Urheberrechts, § 63 Rn. 14.

516 BGH GRUR 2001, 155 (157), innerer Zusammenhang wurde bei einem Computerprogramm bejaht, das durch den Leiter der Gruppe Wettertechnik eines Bergbauunternehmens, der auch Mitglied des Arbeitskreises, genannt Plotten von Wetterführungsplänen, seines Arbeitgebers war, geschaffen wurde; KG ZUM 1998, 167(167), ebenso bejaht wurde es bei einer Erstellung eines Computerprogrammes durch einen Mitarbeiter der Treuhandanstalt. Dazu auch Nordemann in: Fromm/Nordemann, § 43 UrhG Rn. 14.

517 Fuchs, Arbeitnehmer-Urhebervertragsrecht, 2005, S. 37; Holländer, Arbeitnehmerrechte an Software, 1991, S. 615.

518 Fuchs, Arbeitnehmer-Urhebervertragsrecht, 2005, S. 38.

519 Wandtke in: Wandtke/Bullinger, § 43 UrhG Rn. 19.

520 Wandtke in: Wandtke/Bullinger, § 43 UrhG Rn. 20; Wandtke, GRUR 1999, 388 (391 f); Nordemann in: Fromm/Nordemann, § 43 UrhG Rn. 14; Nordemann in:

den angestellten Urheber während der Dauer eines Arbeits- oder Dienstverhältnisses geschaffen wird.[521]

1.2.2 Dienstwerke aufgrund dienstvertraglicher Verpflichtung

Gemäß den Ansätzen zu arbeitsvertraglichen Pflichtwerken ermitteln sich auch die Dienstwerke, die ein Beamter in Erfüllung seiner Dienstpflichten schafft.[522] Hierbei ist jedoch nicht die dienstvertragliche Vereinbarung entscheidend, sondern der dienstrechtliche Aufgabenbereich, der sich für den Beamten entsprechend dem übertragenen Amt, der zugewiesenen Funktion, dem behördeninternen Geschäftsverteilungsplan oder den Anweisungen der Vorgesetzten ergibt.[523] Die Werke, die ein Beamter außerhalb des dienstrechtlichen Aufgabenbereiches erledigt, wie z.B. aufgrund eines gesonderten Auftrags oder aus eigener Initiative, fallen demnach nicht unter § 43 UrhG, selbst wenn sie im Interesse des Dienstherrn erbracht worden sind.[524] Die Begrenzung auf den dienstrechtlichen Aufgabenbereich führt auch dazu, dass die nach § 100 BBG genehmigungsfreie schriftstellerische, wissenschaftliche oder künstlerische Vortragstätigkeit des Beamten sowie die mit Lehr- oder Forschungsaufgaben zusammenhängende selbstständige Gutachtertätigkeit von Lehrern an öffentlichen Hochschulen und Beamten an wissenschaftlichen Instituten und Anstalten nicht von den Pflichtwerken erfasst wird.[525] Keine Rolle spielt dabei, dass der Beamte unter Verwertung dienstlicher Kenntnisse und Erfahrungen schöpferisch tä-

---

Loewenheim, Hdb. des Urheberrechts, § 63 Rn. 14 Rojahn in: Schricker/Loewenheim, § 43 UrhG Rn. 23; Fuchs, Arbeitnehmer-Urhebervertragsrecht, 2005, S. 38; Dreier in: Dreier/Schulze, § 43 UrhG Rn. 10, der zumindest Ort und Zeit eine gewisse Indizwirkung zukommen lassen will.

521 Wandtke in: Wandtke/Bullinger, § 43 UrhG Rn. 21; Wandtke, GRUR 1999, 390 (391); Nordemann in: Fromm/Nordemann, § 43 UrhG Rn. 14; Nordemann in: Loewenheim, Hdb. des Urheberrechts, § 63 Rn. 14; Rojahn in: Schricker/Loewenheim, § 43 UrhG Rn. 23; BGH GRUR 1985, 128 ff. – Elektrodenfabrik.

522 Dreier in: Dreier/Schulze, § 43 UrhG Rn. 11; Rojahn in: Schricker/Loewenheim, § 43 UrhG Rn. 28 m.w.N.

523 Dreier in: Dreier/Schulze, § 43 UrhG Rn. 11; Rojahn in: Schricker/Loewenheim, § 43 UrhG Rn. 28; Seewald/Freudling, NJW 1986, 2688 (2690); Czernik, RdA 2014, 354 (356).

524 BGH GRUR 1972, 713 (715) – Im Rhythmus der Jahrhunderte; Rojahn in: Schricker/Loewenheim, § 43 UrhG Rn. 29.

525 Noch in Bezug auf § 42 Abs. 1 Nr. 3 und 4 BRRG a.F. Rojahn in: Schricker/Loewenheim, § 43 UrhG Rn. 30; Dreier in: Dreier/Schulze, § 43 UrhG Rn. 11.

tig wurde.[526] Der Aufgabenbereich des Angestellten des öffentlichen Diensts bestimmt sich in erster Linie durch den im Arbeitsvertrag bestimmten Aufgabenbereich.[527] Daneben kann die Funktionszuweisung auch dem dienstrechtlichen Aufgabenbereich entnommen werden, wenn die Stelle auch durch einen Beamten besetzt werden kann. Im Fall von Widersprüchen zum dienstrechtlichen Aufgabenbereich ist der Inhalt des Arbeitsvertrags jedoch vorrangig zu berücksichtigen. Abgesehen von Hochschulprofessoren unterfällt das wissenschaftliche Personal, das für private Arbeitgeber oder auch für den Hochschulbereich weisungsgebunden an fremden Werken tätig wird, dem § 43 UrhG.[528] Soweit Hochschullehrer oder andere Dienstverpflichtete eine selbständige weisungsunabhängige Forschung betreiben, findet § 43 Teils. 2 UrhG auf forschungsbezogene Werke keine Anwendung[529], weil deren freie und eigenverantwortliche Tätigkeit davon geprägt ist, dem Wohl der Allgemeinheit und nicht dem wirtschaftlichen Erfolg der Anstellungskörperschaft zu dienen.[530] Den Anwendungsbereich des Dienstverhältnisses im Sinne des § 43 UrhG erweiterte der BGH im privatrechtlichen Sinne auch auf die Personen, die in einem besonderen Abhängigkeitsverhältnis stehen wie z.B. die Ordensschwester, die in eine klösterliche Lebensgemeinschaft eingegliedert ist und einem entsprechenden Abhängigkeitsverhältnis unterliegt.[531]

---

526 Rojahn in: Schricker/Loewenheim, § 43 UrhG Rn. 30; Dreier in: Dreier/Schulze, § 43 UrhG Rn. 11; Ullmann GRUR 1987, 6ff. mit weiteren Beispielen.

527 Czernik, RdA 2014, 354(355); Nordemann in: Fromm/Nordemann, Urheberrecht, § 43 UrhG Rn. 14f.

528 Dreier in: Dreier/Schulze, § 43 UrhG Rn. 12; Wandtke in: Wandtke/Bullinger, § 43 UrhG Rn. 26. Nicht unter die Pflichtwerke fallen daher die Werke der Hochschulangehörigen (Privatdozenten, Lehrbeauftragte, Wissenschaftliche Mitarbeiter, Doktoranden, Diplomanden, Studenten), die in selbstständiger Tätigkeit eigene wissenschaftliche Werke verfassen.

529 BGH GRUR 1991, 523 (525) – Grabungsmaterialien; Wandtke in: Wandtke/ Bullinger, § 43 UrhG Rn. 32; Czernik, RdA 2014, 354(356).

530 BGH GRUR 1991, 523 (525) – Grabungsmaterialien; Ullmann GRUR 1987, 6(9), wonach der Hochschullehrer nicht einem wirtschaftlichen Erfolg der Anstellungskörperschaft verpflichtet ist, sondern seine Forschungstätigkeit auf das Wohl der Allgemeinheit ausgerichtet ist.

531 BGH, NJW 1974, S. 904 (907) – Hummelrechte; OLG Düsseldorf, GRUR 1991, 759 (760). Kritisch zu der Einordnung der privaten besonderen Abhängigkeitsverhältnisse unter § 43 UrhG: Fuchs, Arbeitnehmer-Urhebervertragsrecht, 2005, S. 40, fasst die Ordensschwester unter die arbeitnehmerähnliche Person, die § 43 UrhG nicht unterfällt.

1.2.3 Freie Werke

Arbeitsleistungen, die der Arbeitnehmer oder Dienstverpflichtete außerhalb seiner arbeits- oder dienstvertraglichen Pflichten und damit nicht in Erfüllung seiner Beschäftigung schafft, werden als freie Werke bezeichnet. Als nichtpflichtgebundene Werke werden die freien Werke bezeichnet, die der Arbeitnehmer ebenfalls nicht in Erfüllung seiner Arbeitspflicht schafft, die jedoch inhaltlich einen engen Zusammenhang zu dem Arbeitsverhältnis aufweisen.[532] Die herrschende Meinung unterstellt weder die freien noch die nichtpflichtgebundenen Werke dem § 43 UrhG.[533] Dies gilt selbst dann, wenn der Arbeitnehmer diese Werke mithilfe der Kenntnisse und Erfahrungen geschaffen hat, die er im Rahmen seiner Anstellung gewonnen hat.[534]

1.2.4 Anbietungspflicht bezüglich freier Werke

Mehrheitlich wird auch eine Anbietungspflicht des Arbeitnehmers gegenüber seinem Arbeitgeber bezüglich freier Werke abgelehnt.[535] Ein Teil der Literatur unterscheidet innerhalb der freien Werke und will den Arbeitnehmer zumindest bezüglich der nichtpflichtgebundenen Werke einer An-

---

532 Ausführlich dazu Zirkel, Das Recht des angestellten Urhebers und EU-Recht, 2002, S. 26.

533 BAG GRUR 1984, 430 – Statikprogramme; Mathis, Der Arbeitnehmer als Urheber, 1988, S. 55; BGH GRUR 1972, 713 (714 f.) – Im Rhythmus der Jahrhunderte; Nordemann in: Loewenheim, Hdb. des Urheberrechts, § 63 Rn. 23ff; Wandtke in: Wandtke/Bullinger, § 43 UrhG Rn. 22; Holländer, Arbeitnehmerrechte an Software, 1991, S. 150f; Zirkel, Das Recht des angestellten Urhebers und EU-Recht, 2002, S. 65; Czernik, RdA 2014, 354(356). A.A. BGH GRUR 1978, 244 (245) – Ratgeber Tierheilkunde. Der BGH entschied, dass eine Arbeitnehmerin, deren Arbeitspflichten in der Ausführung von Schreibarbeiten lagen, zur Übertragung von Nutzungsrechten an dem Ratgeber verpflichtet sei und der Arbeitgeber nach § 612 BGB zur Zahlung einer Vergütung verpflichtet sei.

534 Rojahn in: Schricker/Loewenheim, § 43 UrhG Rn. 25; Dreier in: Dreier/Schulze, § 43 UrhG Rn. 9; Nordemann in: Loewenheim, Hdb. des Urheberrechts, § 63 Rn. 14; Wandtke in: Wandtke/Bullinger, § 43 UrhG Rn. 25; Zirkel, Das Recht des angestellten Urhebers und EU-Recht, 2002, S. 26; Holländer, Arbeitnehmerrechte an Software, 1991, S. 614f.

535 Wandtke in: Wandtke/Bullinger, § 43 UrhG Rn. 34; Dreier in: Dreier/Schulze, § 43 UrhG Rn. 13; Däubler AuR 1985, 174; Schwab, NZA-RR 2015, 5 (7); Zirkel, Das Recht des angestellten Urhebers und EU-Recht, 2002, S. 33; Mathis, Der Arbeitnehmer als Urheber, 1988, S. 55.

bietungspflicht unterwerfen.[536] Diese Vertreter argumentieren, dass in diesem Fall die Regelungen zur freien Erfindung nach §§ 18f. ArbnErfG entsprechend anzuwenden seien[537] oder zumindest ein arbeitsvertragliches Wettbewerbsverbot eine Anbietungspflicht begründe.[538] Dem ist jedoch nicht zuzustimmen. Eine Anbietungspflicht ist generell für freie und nichtpflichtgebundene Werke abzulehnen. Die Regelungen zur freien Erfindung sind auf die freien oder nichtpflichtgebundenen Werke nicht entsprechend anwendbar, da es an der Vergleichbarkeit fehlt. Fällt die freie Erfindung in den vorhandenen oder vorbereiteten Arbeitsbereich des Betriebs, ist anzunehmen, dass der Arbeitnehmer diese freie Erfindung unter Zuhilfenahme des Wissens generiert hat, das er sich im Zuge der Beschäftigung bei seinem Arbeitgeber angeeignet hat. Patente werden für Erfindungen auf allen Gebieten der Technik erteilt, sofern sie neu sind, auf einer erfinderischen Tätigkeit beruhen und gewerblich anwendbar sind.[539] Im Gegensatz zum Urheberrecht ist bei der Erfindung und dem Patent daher der Inhalt entscheidend. Wird die Erfindung nicht aufgrund arbeitsvertraglicher Pflichten geschaffen und hat sie dennoch einen engen Zusammenhang zum Arbeitsverhältnis, ist daher naheliegend, dass der Arbeitnehmer bei der Schöpfung auf dasselbe Wissen zurückgreift, das er auch für seine arbeitsvertraglichen Pflichten einsetzt. Beim urheberrechtlich geschützten freien Werk ist es indes nicht entscheidend, ob der Urheber auf Kenntnisse zurückgreift, die er auch für seine arbeitsvertragliche Tätigkeit benötigt. Denn der Urheberschutz basiert gerade nicht auf dem Schutz des Inhalts, sondern schützt die Gestalt, mit der der Urheber seiner Idee auf eigenschöpferische Weise Ausdruck verleiht. Für das urheberrechtlich geschützte Arbeitnehmerwerk ist daher nicht entscheidend, woher die Erkenntnisse stammen, die in dem urheberrechtlich geschützten Werk enthalten sind, sondern vielmehr, ob das Werk in Erfüllung einer arbeitsvertraglichen Pflicht oder im Rahmen des dienstrechtlichen Aufgabenberei-

---

536 BGH GRUR 1985, 129 (130) – Elektrodenfabrik; Wandtke in: Wandtke/Bullinger, § 43 UrhG Rn. 32; Rojahn in: Schricker/Loewenheim, § 43 UrhG Rn. 101; Vinck in: Fromm/Nordemann, Urheberrecht, § 43 UrhG Rn. 3; Schwab NZA-RR 2015, 5 (7).

537 Scholz; Die rechtliche Stellung des Computerprogramme erstellenden Arbeitnehmers nach Urheberrecht, Patentrecht und Arbeitnehmererfindungsrecht; 1989, S. 116f.

538 V. Olenhusen/Ernst in: Hoeren/Sieber/Holznagel; Handbuch Multimedia-Recht; Teil 7.3, Rn. 23; Rehbinder, Urheberrecht, 2008, Rn. 644; Schack, Urhebervertragsrecht, 2013, Rn. 982.

539 § 1 Abs. 1 PatG.

ches geschaffen wird. Eine Anbietungspflicht ist daher aufgrund einer entsprechenden Anwendung der §§ 18f. ArbnErfG für freie und nichtpflichtgebundenen Werke abzulehnen. Auch kann einer Ableitung der Anbietungspflicht aus der arbeitsvertraglichen Treuepflicht nicht zugestimmt werden. Aus der Treuepflicht des Arbeitnehmers können sich allenfalls Einschränkungen des Rechts des Arbeitnehmers ergeben, freie Werke während seiner Beschäftigung bei seinem Arbeitgeber einem Konkurrenten des Arbeitgebers anzubieten. Dies kann eine Verletzung der arbeitsvertraglichen Treuepflicht darstellen, wenn es sich dabei um ein nichtpflichtgebundenes Werk des Arbeitnehmers handelt.[540]

Eine Anbietungspflicht des Dienstverpflichteten gegenüber dem Dienstherrn bezüglich freier Dienstwerke wird von der herrschenden Meinung ebenfalls abgelehnt.[541] Ein Teil der Literatur will die freien Dienstwerke jedoch einer Anbietungspflicht aufgrund der Treuepflicht oder aufgrund einer analogen Anwendung des Arbeitnehmererfindergesetzes unterwerfen.[542] Wie bereits bei den freien Werken, kann sich auch bei den freien Dienstwerken keine Anbietungspflicht aus der Treuepflicht oder einer analogen Anwendung der §§ 18f. ArbnErfG ableiten. Zusätzlich würde eine Anbietungspflicht des Dienstverpflichteten bezüglich freier Werke gegen die Wissenschaftsfreiheit nach Art. 5 Abs. 3 GG verstoßen.[543]

Da eine Anbietungspflicht bezüglich freier Werke abzulehnen ist, muss der Arbeitgeber bzw. Dienstherr die Nutzungsrechte an den freien oder nichtpflichtgebundenen (Dienst-) Werken gesondert vertraglich vereinbaren.

---

540 Das RG hat entschieden, dass redlich erworbene Kenntnisse und Erfahrungen nach Beendigung des Arbeitsverhältnisses in einem späteren Arbeitsverhältnis verwertet werden dürfen (RGZ 63, 33). Wandtke in: Wandtke/Bullinger, § 43 UrhG Rn. 36, weist darauf hin, dass der Konkurrent, der unredlich erworbene Kenntnisse verwertet, gegen §§ 3, 4 Nr. 9, 10, 11 UWG verstößt.

541 Wandtke in: Wandtke/Bullinger, § 43 UrhG Rn. 34; Zirkel, Das Recht des angestellten Urhebers und EU-Recht, 2002, S. 33; Mathis, Der Arbeitnehmer als Urheber, 1988, S. 55.

542 BGH GRUR 1991, 523 (525) – Grabungsmaterialien; Wandtke in: Wandtke/Bullinger, § 43 UrhG Rn. 32 m.w.N; Czernik, RdA 2014, 354 (356).

543 So auch Rojahn in: Schricker/Loewenheim, § 43 UrhG Rn. 126ff; Vinck in: Fromm/Nordemann, Urheberrecht, § 43 UrhG Rn. 3; Schack, Urhebervertragsrecht, 2013, Rn. 982; Dreier in: Dreier in: Dreier/Schulze, § 43 UrhG Rn. 12 m.w.N.

1.3 Rechtsfolge

Die Rechtsfolgen des § 43 UrhG sind den Teilsätzen 1 und 3 der Vorschrift zu entnehmen. Danach sind die „Vorschriften dieses Unterabschnitts auch anzuwenden", „soweit sich aus dem Inhalt oder dem Wesen des Arbeits- oder Dienstverhältnisses nichts anderes ergibt".[544]

1.3.1 „Vorschriften dieses Unterabschnitts sind auch anzuwenden"

Liegen die Voraussetzungen des § 43 Teils. 2 UrhG vor, ergibt sich aus § 43 Teils. 1 UrhG zunächst die Rechtsfolge, dass die Regelungen des 2. Unterabschnitts anzuwenden sind. Bei den Regelungen des zweiten Unterabschnitts handelt es sich um die Regelungen der §§ 31 bis 44[545] UrhG. Aufgrund der ausdrücklichen Hervorhebung wird teilweise geschlossen, dass die Regelungen der §§ 31 ff. UrhG grundsätzlich unanwendbar sind.[546] Begründet wird dies damit, dass ansonsten keine sachgerechten Entscheidungen im Arbeitnehmerurheberrecht möglich seien.[547] Dass die §§ 31 ff. UrhG im Arbeits- und Dienstverhältnis grundsätzlich unanwendbar sind, ist jedoch abzulehnen. Aus der Verwendung des Worts „auch" lässt sich nicht schließen, dass die Regelungen des UrhG grundsätzlich keine Anwendung finden. Vielmehr handelt es sich bei Teils. 1 um eine klarstellende Grundsatzregelung, die den Bogen zu der in Teils. 3 der Norm enthaltenen Ausnahmeregelung schlägt.[548] Darüber hinaus lässt sich der deklaratorische Charakter des Teils. 1 auch mit dem Schöpferprinzip nach § 7 UrhG begründen, das unstreitig auch im Arbeits- und Dienstverhältnis Anwen-

---

544 Anschaulich dazu Fuchs, Arbeitnehmer-Urhebervertragsrecht, 2005, S. 42ff.

545 Uneinigkeit herrscht, ob § 44 UrhG auch unter die nach § 43 UrhG anzuwendenden Rechtsnormen fällt. Dies bejahend: Hilty/Peukert, GRUR Int 2002, 648f; Kraßer in: Beier, Friedrich-Karl/Schricker, Gerhard; Urhebervertragsrecht; Urheberrecht in Arbeits- Dienst- und Auftragsverhältnissen; S. 97. Dies verneinend: Rojahn in: Schricker/Loewenheim, § 43 UrhG Rn. 7; Schack, Urhebervertragsrecht, 2013, Rn. 978. Da der Arbeitgeber jedoch als Hersteller der Pflichtwerke im Sinne des § 950 BGB zählt, ist die Veräußerung eines Arbeitnehmerwerks an den Arbeitgeber wie es § 44 UrhG behandelt, auch nicht relevant. So auchFuchs, Arbeitnehmer-Urhebervertragsrecht, 2005, S. 41.

546 Zöllner in: Hubmann/Forkel/Kraft, S. 526; Kindermann, GRUR 1985, 1008 (1010).

547 Zöllner in: Hubmann/Forkel/Kraft, S. 526; Kindermann, GRUR 1985, 1008 (1010).

548 So auch Fuchs, Arbeitnehmer-Urhebervertragsrecht, 2005, S. 42.

dung findet, jedoch nicht Teil der Aufzählung in § 43 Teils. 1 UrhG ist.[549] Es ist daher die Ansicht abzulehnen, wonach die §§ 31 ff. UrhG nur aufgrund dieser Verweisung Anwendung finden.

1.3.2 „Soweit sich aus dem Inhalt oder dem Wesen des Arbeits- oder Dienstverhältnisses nichts anderes ergibt"

§ 43 Teils. 3 UrhG erklärt eine Ausnahme zu dem nach Teils. 1 geltenden Grundsatz, dass die §§ 31 ff. UrhG grundsätzlich auch im Arbeitsverhältnis Anwendung finden. Danach werden die Rechtsfolgen der nach § 43 Teils. 1 UrhG grundsätzlich anzuwendenden Vorschriften des UrhG um die besonderen Rechtsfolgemerkmale des § 43 Teils. 3 UrhG ergänzt.[550] Die besonderen Rechtsfolgenmerkmale des § 43 Teils. 3 UrhG bestimmen sich nach „Inhalt und Wesen des Arbeits- oder Dienstverhältnisses". Dabei ist § 43 Teils. 3 UrhG der Grundsatz zu entnehmen, dass dieser die grundsätzlich urheberbegünstigenden Vorschriften der §§ 31 ff. UrhG zugunsten des Arbeitgebers einschränken will.[551] Die einschränkende Rechtsfolge des Teils. 3 kann daher die Rechtsfolge einer anzuwendenden Vorschrift nur ergänzen, wenn diese nicht bereits die Interessen der Verwerter begünstigt.[552] § 43 Teils. 3 UrhG führt dazu, dass die Rechtsfolge zwingend anzuwendender Normen modifiziert wird.[553] § 43 Teils. 3 kann jedoch nicht dazu führen, dass zwingend anzuwendende Normen im Bereich der

---

549 So auch Fuchs, Arbeitnehmer-Urhebervertragsrecht, 2005, S. 42.

550 So auch sehr anschaulich: Fuchs, Arbeitnehmer-Urhebervertragsrecht, 2005, S. 42ff.

551 Wandtke, GRUR 1992, 139 (139). Uneinigkeit herrscht jedoch dahingehend wie weit die Einschränkung reichen soll. Für eine generelle Einschränkung bis zur Sittenwidrigkeit tritt Himmelmann, Vergütungsrechtliche Ungleichbehandlung, S. 78, ein. Für eine generelle Übertragung aller vermögensrechtlichen Interessen an den Arbeitgeber: Kindermann GRUR 1985, 1010 (1010); Kunze RdA 1975, 42 (48). Dazu auch Fuchs, Arbeitnehmer-Urhebervertragsrecht, 2005, S 31f.

552 Fuchs, Arbeitnehmer-Urhebervertragsrecht, 2005, S. 44, führt an, dass die Rechtsfolgen des § 38 Abs. 1 S. 1 UrhG nicht durch § 43 Teils. 3 UrhG ergänzt werden können, da diese Auslegungsregel eine verwerterbegünstigende Tendenz hat.

553 So auch Olenhusen, ZUM 2010, 474 (478); Fuchs, Arbeitnehmer-Urhebervertragsrecht, 2005, S. 47f.

Pflichtwerke dispositiv werden.[554] Wie die folgenden Ausführungen zeigen, finden jedoch auch im Arbeits- und Dienstverhältnis die zwingenden Normen des Urhebervertragsrechts Anwendung. Die Modifikation der Rechtsfolgen erfolgt nach Maßgabe des „Inhalts und Wesens des Arbeits- und Dienstverhältnisses". Dabei fällt besonders auf, dass der Gesetzgeber die Besonderheiten des angestellten und dienstverpflichteten Urhebers nicht nur auf den Inhalt des Arbeits- oder Dienstvertrags begrenzen wollte, sondern darüber hinaus auch die zugrundeliegenden Verhältnisse berücksichtigen wollte. Mangels gesetzlicher Definition des „Inhalts und Wesens des Arbeits- und Dienstverhältnisses" bieten diese einen weiten Auslegungsspielraum[555]. Es wird vertreten, dass unter „Inhalt" des Arbeitsverhältnisses die daraus folgenden Rechtsbeziehungen zu verstehen seien und unter Wesen des Arbeitsverhältnisses die Summe aller typenbildenden Strukturmerkmale des Arbeitsverhältnisses[556]. Inhalt des Arbeits- und Dienstverhältnisses sind demnach alle Rechte und Pflichten des Arbeitsverhältnisses, die sich aus dem Arbeitsvertrag oder dem Gesetz ergeben[557]. Das „Wesen des Arbeits- und Dienstverhältnisses"[558] ermöglicht darüber

---

554 Die folgenden Vertreter verstehen jedoch § 43 Teils. 3 UrhG als eine die Nichtabdingbarkeit durchbrechende Sondervorschrift im Urhebervertragsrecht: Rojahn in: Schricker/Loewenheim, § 43 UrhG Rn. 36; Nordemann in: Loewenheim, Hdb. des Urheberrechts, § 63 Rn. 33: bejaht jedoch keine stillschweigende pauschale Abdingbarkeit; Wandtke in: Wandtke/Bullinger, § 43 UrhG Rn. 43; Ulrici, Vermögensrechtliche Grundfragen des Arbeitnehmerurheberrechts, S. 132; Wündisch in: Berger/Wündisch/Abel, § 15 Urhebervertragsrecht und Arbeitsrecht Rn. 23.

555 Bei Arbeitsverträgen gilt, dass der Arbeitgeber nach dem Regel-Ausnahme-Prinzip die Beweislast für die Überlagerung einzelner Vorschriften durch Inhalt und Wesen des Arbeitsverhältnisses trägt, so Wündisch in: Berger/Wündisch/Abel, § 15 Urhebervertragsrecht und Arbeitsrecht Rn. 27 m.w.N; Dreier in: Dreier/Schulze, § 43 UrhG Rn. 15.

556 BT Drucks. IV/270. S. 110ff; Rojahn in: Schricker/Loewenheim, § 43 UrhG Rn. 33; Müller-Höll, Der Arbeitnehmerurheber in der Europäischen Gemeinschaft, 2005, S. 42. Das Wesen des Arbeits- oder Dienstverhältnisses wird häufig als Auslegungsmaxime zugunsten des Arbeitgebers betrachtet; so Mathis, Der Arbeitnehmer als Urheber, 1988, S. 73ff.

557 Fuchs, Arbeitnehmer-Urhebervertragsrecht, 2005, S. 50.

558 Fuchs, Arbeitnehmer-Urhebervertragsrecht, 2005, S. 53ff., verweist darauf, dass der Begriff des „Wesens" des Arbeitsverhältnisses heute bereits vom „Inhalt des Arbeitsverhältnisses" abgedeckt sei. Werde heute nach der Austauschtheorie die Grundlage für den Austausch der Arbeitskraft gegen den Arbeitslohn ausschließlich aus dem Arbeitsvertrag abgeleitet, seien nach der früher vertretenen „Lehre vom personenrechtlichen Gemeinschaftsverhältnis" arbeitsrechtliche

hinaus die Berücksichtigung besonderer Umstände des Einzelfalls sowie das Anstellen von Billigkeitserwägungen.[559]

1.3.3 Fazit zu § 43 UrhG

§ 43 Teils. 2 stellt als Tatbestandsvoraussetzung für die Anwendung der Norm auf, dass der „Urheber das Werk in Erfüllung seiner Verpflichtungen aus einem Arbeits- oder Dienstverhältnis geschaffen" haben muss. Ist diese Voraussetzung gegeben, folgt aus § 43 Teils. 1 UrhG der Grundsatz, dass die §§ 31 ff. UrhG auch im Rahmen des Arbeitsverhältnisses Anwendung finden. Dieses Anwendungsgebot der §§ 31 ff. UrhG wird durch § 43 Teils. 3 UrhG durchbrochen, „soweit sich aus dem Inhalt oder dem Wesen des Arbeits- oder Dienstverhältnisses etwas anderes ergibt". Haben die Beteiligten eine abweichende vertragliche arbeits- oder dienstvertragliche Regelung vereinbart, führt § 43 Teils. 3 UrhG dazu, dass die vertraglich vereinbarte Rechtsfolge die gesetzlichen Rechtsfolgen ergänzt. Gerät die vertraglich vereinbarte Rechtsfolge mit den Regelungen des UrhG in Konflikt, ist dieser im Wege der praktischen Konkordanz zu lösen. Das allgemein geltende Urhebervertragsrecht wird daher mit § 43 UrhG um arbeits- und dienstvertragliche Inhalte ergänzt. Alle übrigen Regelungen des UrhG, die nicht das Urhebervertragsrecht betreffen, bleiben grundsätzlich anwendbar[560]. Dies schließt jedoch nicht aus, dass „Inhalt oder Wesen des Dienst- oder Arbeitsverhältnisses" auch auf andere, außerhalb des 2. Unter-

---

Haupt (!)- leistungspflichten neben dem Arbeitsvertrag aus einer selbständigen Treuepflicht abgeleitet worden. Zum Zeitpunkt des Erlasses der Norm wollte der Gesetzgeber noch für beide Theorien offen sein. Heute sei kein eigenständiger Auslegungsgehalt mehr in dem „Wesen" des Arbeitsverhältnisses zu sehen, da nunmehr die Austauschtheorie anerkannt sei und daher die Hauptleistungspflichten im Arbeitsverhältnis nicht mehr aus einer selbständigen Treuepflicht abgeleitet werden. Fuchs, Arbeitnehmer-Urhebervertragsrecht, 2005, S. 56 m.w.N.

559 Müller-Höll, Der Arbeitnehmerurheber in der Europäischen Gemeinschaft, 2005, S. 43, versteht darunter auch die Strukturmerkmale des Arbeits- und Dienstverhältnisses wie den Grundsatz „do ut des", den Charakter des Dauerschuldverhältnisses und der personale Charakter der arbeitsvertraglichen Verbindung.

560 Nordemann in: Fromm/Nordemann, § 43 UrhG Rn. 2;

abschnittes geregelte Normen des Gesetzes Auswirkungen haben können.[561]

1.4 Verteilung der vermögensrechtlichen Befugnisse an Pflichtwerken im Arbeitsverhältnis nach § 43 UrhG

Im Folgenden werden die Auswirkungen des § 43 Teils. 3 UrhG auf die
Einräumung von Nutzungsrechten an den Arbeitgeber, auf das Erfordernis
der Schriftformerfordernisse nach § 40 Abs. 1 S. 1 UrhG und nach 31 a
Abs. 1 UrhG, auf den Zweckübertragungsgrundsatz nach § 31 Abs. 5 UrhG
sowie auf die Pflicht zur Vergütung nach den §§ 32 ff. UrhG dargestellt.

1.4.1 Nutzungsrechte am Werk

§ 43 UrhG regelt weder einen Zeitpunkt noch eine Pflicht zur Rechtseinräumung im Arbeitsverhältnis.[562]

Im Grundsatz gilt, dass die Verpflichtung[563] zur Rechtseinräumung –
außer im Falle von künftigen unbestimmten Werken nach § 40 Abs. 1 S. 1
UrhG – formlos mündlich, schriftlich, ausdrücklich und stillschweigend
erfolgen kann. Soweit die Parteien keine ausdrückliche Regelung über die
Einräumung von Nutzungsrechten getroffen haben, geht die herrschende
Meinung von einer stillschweigenden Verpflichtung zur Einräumung von
Nutzungsrechten an Arbeitnehmerwerk für den betrieblichen Zweck
aus.[564] Bei unbestimmten künftigen Werken ist eine stillschweigende Ver-

---

561 Rojahn in: Schricker/Loewenheim, § 43 UrhG Rn. 36. Siehe hierzu Abschnitt
    D.III.
562 Wandtke in: Wandtke/Bullinger, § 43 UrhG Rn. 49.
563 Auch im Arbeitnehmerurhebervertragsrecht ist zwischen der Verpflichtung zur
    Einräumung von Nutzungsrechten und dem Verfügungsgeschäft, die die Ein-
    räumung von Nutzungsrechten vollzieht, zu unterscheiden.
564 BT Drucks. IV/270, S. 62; RGZ 110, 393 (396) – Innenausstattung Riviera; BGH
    GRUR 1952, 257 (258) – Krankenhauskartei; BGH GRUR 1960, 609 (612) –
    Wägen und Wagen; BGH GRUR 1974, 480 (483) – Hummelrechte; BGH
    GRUR 1985, 129 (130) – Elektrodenfabrik; BAG GRUR 1984, 429 (431) – Sta-
    tikprogramme; BAG GRUR 1961, 491 – Nahverkehrschronik; BAG BB 1997,
    2112 – Schaufensterdekoration; KG GRUR 1976 246 (265) – Gesicherte Spuren;
    BAG NZA 1997, 765 (766) – Lieferantenwettbewerbs; Wandtke in: Wandtke/
    Bullinger, § 43 UrhG Rn. 50; Rojahn in: Schricker/Loewenheim, § 43 UrhG
    Rn. 40; Rehbinder, Urheberrecht, 2008 Rn. 642; Gamm, Urheberrechtsgesetz,

pflichtung zur Rechtseinräumung im Grundsatz aufgrund des Schriftformerfordernisses nach den §§ 40 Abs. 1 S. 1, 43 UrhG ausgeschlossen. Der
Zeitpunkt der Verfügung im Sinne der Einräumung eines Nutzungsrechts
am Arbeitnehmerwerk wird uneinheitlich beurteilt.

Die herrschende Meinung geht davon aus, dass die dingliche Einigung
im Sinne einer Vorausverfügung bereits mit Abschluss des Arbeitsvertrages
und nicht erst mit der Ablieferung des Werks erfolgt[565]. Ein Teil der Literatur geht davon aus, dass der Urheber erst mit Übergabe des Werks ein
Nutzungsrecht einräumt.[566] Begründet liegt letztere Ansicht in der „Hummelrechte"-Entscheidung des BGH, in der das Gericht davon ausging, dass
mit der Übergabe des Werks auch stillschweigend die für die Auswertung
erforderlichen Nutzungsrechte eingeräumt werden.[567] Die Ansichten stimmen dahingehend überein, dass spätestens mit der Übergabe des Arbeitnehmerwerks eine wirksame stillschweigende Rechtseinräumung auch an
bisher unbestimmten Werken erfolgt, sofern es sich bei dem Werk um ein
Pflichtwerk handelt.[568]

1968, § 43 UrhG Rn. 2; Ulmer, Urheber- und Verlagsrecht, 1980, S. 402; Zirkel,
Das Recht des angestellten Urhebers und EU-Recht, 2002, S. 50; Mathis, Der Arbeitnehmer als Urheber, 1988, S. 92f.; Vinck, Die Rechtsstellung des Urhebers
im Arbeits- und Dienstverhältnis, 1972, S. 19. A.A. Link, GRUR 1986, 141 (145);
Sahmer, UFITA 21 [1956], S. 38, die eine stillschweigende Verpflichtung zur
Rechtseinräumung ablehnen, da ansonsten das Schöpferprinzip im Arbeitsverhältnis indirekt umgangen werden könnte. Dazu auch Fuchs, S. 143.

565 Wandtke in: Wandtke/Bullinger, § 43 UrhG Rn. 51; Müller-Höll, Der Arbeitnehmerurheber in der Europäischen Gemeinschaft, 2005, S. 47; Zirkel, Das
Recht des angestellten Urhebers und EU-Recht, 2002, S. 51; Vinck, Die Rechtsstellung des Urhebers im Arbeits- und Dienstverhältnis, 1972, S. 15f; Rojahn,
Der Arbeitnehmerurheber in Presse, Funk und Fernsehen, 1978, S. 43; Mathis,
Der Arbeitnehmer als Urheber, 1988, S. 94f; Ulmer, Urheber- und Verlagsrecht,
1980, S. 402.

566 Balle, NZA 1997, 868 (870).

567 BGH GRUR 1974, 480 (481, 483) – Hummelrechte. Der BGH wies bei der Entscheidung selbst darauf hin, dass es keiner abschließenden Prüfung bedürfe, ob
eine Vorausübertragung aller künftigen Werknutzungsrechte vorgenommen
worden sei.

568 Wandtke in: Wandtke/Bullinger, § 43 UrhG Rn. 51; Müller-Höll, Der Arbeitnehmerurheber in der Europäischen Gemeinschaft, 2005, S. 47; Mathis, Der Arbeitnehmer als Urheber, 1988, S. 95; Holländer, Arbeitnehmerrechte an Software, 1991, S. 123f.; Rojahn, Der Arbeitnehmerurheber in Presse, Funk und
Fernsehen, 1978, S. 34; Ulmer, Urheber- und Verlagsrecht, 1980, S. 402.

1.4.2 Anwendung der Zweckübertragungsregel im Arbeitsverhältnis

Nach herrschender Meinung findet die Zweckübertragungsregel nach § 31 Abs. 5 UrhG auch im Rahmen von § 43 UrhG Anwendung, wenn der Arbeitgeber oder Dienstherr keine (konkreten) einzelvertraglichen Regelungen zum Inhalt und Umfang der Nutzungsrechtseinräumung getroffen hat.[569] Nach herrschender Ansicht führt § 43 Teils. 3 UrhG nicht dazu, dass dem Arbeitgeber oder Dienstherrn im Zweifel alle Rechte an dem Pflicht- oder Dienstwerk zuzuordnen sind.[570] Die Zweckübertragungslehre ist im Arbeits- und Dienstverhältnis sowohl für die Auslegung einfacher und ausschließlicher Nutzungsrechte, für den räumlichen, zeitlichen und inhaltlichen Umfang der Rechtseinräumung, für die Weiterübertragung

569 RGZ 110, 393, 395 – Inneneinrichtung Riviera; 124, 68, 71 – Besteckmuster; BGH GRUR 1985, 529, 530 – Happening; BAG ZUM 1997, 67, 69; BGH GRUR 1974, 480, 482 – Hummelrechte; BGH GRUR 2005, 860, 862 – Fash 2000; Rojahn in: Schricker/Loewenheim, § 43 UrhG Rn. 48; Dreier in: Dreier in: Dreier/Schulze, § 43 UrhG Rn. 17; Wandtke in: Wandtke/Bullinger, § 43 UrhG Rn. 55; Vinck in: Nordemann in: Fromm/Nordemann, § 43 UrhG Rn. 3; Gamm, Urheberrechtsgesetz, 1968, § 43 Rn. 2; Schacht, Die Einschränkung des Urheberpersönlichkeitsrechts im Arbeitsverhältnis, 2004, S. 51; Wündisch in: Berger/Wündisch/Abel, § 15 Urhebervertragsrecht und Arbeitsrecht Rn. 28; Rojahn in: Schricker/Loewenheim, § 43 UrhG Rn. 48, 51; Kraßer in: Beier, Friedrich-Karl/Schricker, Gerhard; Urhebervertragsrecht; Urheberrecht in Arbeits- Dienst- und Auftragsverhältnissen; S. 91

570 Wenn keine Vereinbarung über den Inhalt und Umfang der Rechtseinräumung besteht, kann weder aus § 43 noch nach der Zweckübertragungslehre eine vollständige stillschweigende Rechtseinräumung über den Betriebszweck hinaus angenommen werden. Denn das Urheberrecht hat die Tendenz, im Fall der Nutzungsrechte soweit als möglich beim Urheber zu verbleiben (Ulmer 365; BGH GRUR 2004, 938 – Comic-Übersetzungen III; OLG München NJW-RR 2000, 1574, 1575 – Literaturhandbuch). Eine vollständige Einräumung aller Nutzungsrechte müsste im Arbeitsvertrag oder in einer gesonderten Abrede ausdrücklich vereinbart sein. § 43 und § 31 Abs. 5 führen hier zu einer engen Auslegung der nach dem Betriebszweck eingeräumten Nutzungsrechte (a. A. Kraßer FS Schricker 1995, 91). Hat der Arbeitgeber mehrere Betriebe, hat er die Nutzungsrechte seines Arbeitnehmers nur für den Betrieb erworben, in dem der Arbeitnehmer tätig ist (BGH GRUR 1978, 244, 246 – Ratgeber für Tierheilkunde). Ausführlich dazu Mathis, Der Arbeitnehmer als Urheber, 1988, S. 111ff; Fuchs, Arbeitnehmer-Urhebervertragsrecht, 2005, S. 80ff; Zirkel, Das Recht des angestellten Urhebers und EU-Recht, 2002, S. 53ff.; Müller-Höll, Der Arbeitnehmerurheber in der Europäischen Gemeinschaft, 2005, S. 48ff; Seewald/Freudling, NJW 1986, 2688 (2690); Wandtke in: Wandtke/Bullinger, § 43 UrhG Rn. 57.

der Nutzungsrechte auf Dritte und für die Nutzungsarten anwendbar.[571] § 43 Teils. 3 UrhG führt im Rahmen der Zweckübertragungsregel zu der Gleichsetzung des Vertragszwecks mit dem Betriebszweck.[572] Nach §§ 43 Teils. 3, 31 Abs. 5 UrhG ist der im Arbeits- und Dienstverhältnis zugrundeliegende Vertrags- bzw. Betriebszweck daher nicht wie im übrigen Urhebervertragsrecht subjektiv nach der Ansicht der Vertragsparteien auszulegen ist, sondern objektiv am Betriebszweck des Arbeitgebers.[573] Die Auswirkungen des § 43 Teils. 3 UrhG auf die Zweckübertragungsregel beziehen sich daher auf das Rechtsfolgenmerkmal des Vertragszwecks. Ist der Betriebszweck nicht vertraglich festgesetzt, beschränkt sich dieser auf die Aktivitäten des Betriebs, die zum Zeitpunkt der Fertigstellung des Arbeitnehmerwerks bestanden oder konkret in Planung waren.[574] In der Regel ist im Arbeitsverhältnis von einer Einräumung ausschließlicher Nutzungsrechte für den Betriebszweck auszugehen.[575]

Sobald der Arbeitgeber die Nutzungsrechtseinräumung explizit ausgestaltet, ist ein Rückgriff auf die in § 31 Abs. 5 UrhG entwickelten Grundsätze zur Bestimmung des Umfangs der Nutzungsrechtseinräumung nicht mehr nötig und folglich kann von den Grundsätzen des § 43 UrhG auch zugunsten des Arbeitgebers abgewichen werden.[576] Der Arbeitgeber ist da-

---

571 Wandtke in: Wandtke/Bullinger, § 43 UrhG Rn. 57. Zu der Anwendbarkeit der Allgemeinen Zweckübertragungslehre im Bereich der Urheberpersönlichkeitsrechte, siehe Abschnitt D. III.4.

572 Fuchs, Arbeitnehmer-Urhebervertragsrecht, 2005, S. 80; Wündisch in: Berger/Wündisch/Abel, § 15 Urhebervertragsrecht und Arbeitsrecht Rn. 28; Rojahn in: Schricker/Loewenheim, § 43 UrhG Rn. 48, 51; Vinck, Die Rechtsstellung des Urhebers im Arbeits- und Dienstverhältnis, 1972, S. 7, 24. A.A. Kolle, GRUR 1985, 1016 (1021), der den konkreten Zweck des Arbeitsvertrags zugrunde legen will. Vermittelnd Kraßer in: Beier, Friedrich-Karl/Schricker, Gerhard; Urhebervertragsrecht; Urheberrecht in Arbeits- Dienst- und Auftragsverhältnissen; S. 91; Wandtke in: Wandtke/Bullinger, § 43 UrhG Rn. 58, die den betrieblichen Zweck im Einzelfall aus dem Arbeitsvertrag entnehmen wollen. Sei dieser dort nicht enthalten, seien jedoch die Produktionsweise des Betriebes und dessen Aufgabenstellungen heranzuziehen.

573 Fuchs, Arbeitnehmer-Urhebervertragsrecht, 2005, S. 80 m.w.N.;

574 Fuchs, Arbeitnehmer-Urhebervertragsrecht, 2005, S. 80; Zirkel, Das Recht des angestellten Urhebers und EU-Recht, 2002, S. 58; Donle; Die Bedeutung des § 31 Abs. 5 UrhG für das Urhebervertragsrecht; 1993, S. 204f.

575 Nordemann in: Loewenheim, Hdb. des Urheberrechts, § 63 Rn. 29; Dreier in: Dreier/Schulze, § 43 UrhG Rn. 18; Holländer, Arbeitnehmerrechte an Software, 1991, S. 143; Däubler, S. 172; Kolle, GRUR 1985, 1016 (1021); Fuchs, Arbeitnehmer-Urhebervertragsrecht, 2005, S. 128.

576 Wündisch in: Berger/Wündisch/Abel, § 15 Urhebervertragsrecht und Arbeitsrecht Rn. 27.

her – wie der Auftraggeber – nicht beschränkt, sich auch Nutzungsrechte zu sichern, die er nach der Auslegung im Sinne von § 43 UrhG nicht unter seinen betrieblichen Zweck fallen würden.[577] Konkretisiert der Arbeitgeber den Umfang der Nutzungsrechtseinräumung, gelten die Grundsätze der Privatautonomie, die wiederum ihre Wirksamkeitsgrenze in der Sittenwidrigkeit gemäß § 138 BGB erfahren.[578]

1.4.3 Übertragung der Nutzungsrechte und Einräumung weiterer Nutzungsrechte

Die Übertragung der vom Arbeitnehmer oder Dienstverpflichteten ausdrücklich oder stillschweigend eingeräumten Nutzungsrechte auf Dritte nach § 34 Abs. 1 S. 1 UrhG bzw. die Einräumung weiterer Nutzungsrechte nach § 35 Abs. 1 S. 1 UrhG kann nur mit Zustimmung des Arbeitnehmers oder Dienstverpflichteten erfolgen.[579] Liegt eine ausdrückliche Zustimmung im Sinne von § 34 Abs. 1 Satz 1 UrhG oder § 35 Absatz 1 Satz 1 UrhG im Arbeitsvertrag nicht vor, ist von einer stillschweigenden Zustimmung nur dann auszugehen, wenn der betriebliche Zweck eine derartige Übertragung möglich und notwendig macht.[580] Daneben ist der Arbeitnehmer zur Erteilung der Zustimmung aus Treu und Glauben verpflichtet, soweit es der Betriebszweck erfordert.[581] Für die Auslegung der Zu-

---

577 Rojahn in: Schricker/Loewenheim, § 43 UrhG Rn. 48.

578 Rojahn in: Schricker/Loewenheim, § 43 UrhG Rn. 48; Reimer, GRUR 1962, 619 (621).

579 OLG Thüringen ZUM 2003, 55 (57); Wandtke in: Wandtke/Bullinger, § 43 UrhG Rn. 80; Vinck in: Fromm/Nordemann, Urheberrecht, § 43 Rn. 3; Rojahn in: Schricker/Loewenheim, § 43 UrhG Rn. 56; Gamm, Urheberrechtsgesetz, 1968, § 43 Rn. 11, 17; Bayreuther in: Richardi/Wlotzke/Wissmann/Oetker, Münchener Handbuch zum Arbeitsrecht, § 91 Rn. 12; Schricker/Loewenheim in: Schricker/Loewenheim, § 34 UrhG Rn. 15.

580 BGH GRUR 2005, 860, 862 – Fash 2000; OLG Jena GRUR-RR 2002, 379, 380 – Rudolstädter Vogelschießen; Wündisch in: Berger/Wündisch/Abel, § 15 Urhebervertragsrecht und Arbeitsrecht Rn. 30; Gamm, Urheberrechtsgesetz, 1968 § 34 Rn. 11; Wandtke in: Wandtke/Bullinger, § 43 UrhG Rn. 81; Rojahn in: Schricker/Loewenheim, § 43 UrhG Rn. 57; Dreier in: Dreier/Schulze, § 43 UrhG Rn. 21.

581 BGH GRUR 2005, 860, 862 – Fash 2000; Wandtke in: Wandtke/Bullinger, § 43 UrhG Rn. 83; Kraßer in: Beier, Friedrich-Karl/Schricker, Gerhard; Urhebervertragsrecht; Urheberrecht in Arbeits- Dienst- und Auftragsverhältnissen; S. 92; Bayreuther in: Richardi/Wlotzke/Wissmann/Oetker, Münchener Handbuch zum Arbeitsrecht, § 91 Rn. 12.

stimmungspflicht aus Treu und Glauben spielt jedoch wiederum die Erforderlichkeit nach dem Betriebszweck eine entscheidende Rolle, sodass die stillschweigende Zustimmung sachlich mit der Zustimmungspflicht aus Treu und Glauben zusammenfällt.[582] Der Umfang der Übertragung des Rechts oder der Unterlizenzierung richtet sich ebenfalls nach §§ 31 Abs. 5, 43 Teils. 3 UrhG.[583] Das Rückrufsrecht nach § 34 Abs. 3 Satz 2 und 3 bei Unternehmensveräußerungen oder einer wesentlichen Änderung der Beteiligungsverhältnisse findet auch beim angestellten Urheber Anwendung.[584] Hier kann es jedoch zu Einschränkungen aufgrund des Inhalts und des Wesens des Arbeitsverhältnisses nach § 43 Teils. 3 UrhG kommen, sodass ein Rückruf nach § 34 Abs. 3 Satz 2 und 3 eher nur in Ausnahmefällen erklärt werden kann.[585] In Betracht kommt ein Rückruf wegen Unzumutbarkeit dann, wenn der angestellte Urheber das Arbeitsverhältnis mit dem übernehmenden Unternehmer fortsetzt oder von seinem Widerrufsrecht nach § 613 a BGB Gebrauch macht.[586] Erklärt der angestellte Urheber den Rückruf, wird dadurch nicht der Arbeitsvertrag aufgelöst, sondern nur die Einräumung des exklusiven Nutzungsrechts beendigt.[587] § 34 Abs. 4 UrhG findet auf den angestellten Urheber keine Anwendung, da im Verhältnis zum Arbeitnehmer die Sonderregel § 613 a BGB gilt.[588]

---

582 Bayreuther in: Richardi/Wlotzke/Wissmann/Oetker, Münchener Handbuch zum Arbeitsrecht, § 91 Rn. 12; Gamm, Urheberrechtsgesetz, 1968 § 34 Rn. 11.

583 Beispielsweise ist bei einer Rundfunkanstalt von einer stillschweigenden Einräumung des Rechts zur Erteilung von Unterlizenzen an ausländische Rundfunkanstalten auszugehen (OLG Hamburg GRUR 1977, 556 – Zwischen Marx und Rothschild). Daneben ist im Falle eines Arbeitnehmers eines Konzerns von einer stillschweigenden Einräumung des Rechts zur Unterlizenzierung an alle mit dem Konzern verbundenen Unternehmen auszugehen, so Bayreuther in: Richardi/Wlotzke/Wissmann/Oetker, Münchener Handbuch zum Arbeitsrecht, § 91 Rn. 12.

584 Rojahn in: Schricker/Loewenheim, § 43 UrhG Rn. 88, Wandtke in: Wandtke/Bullinger, § 43 UrhG Rn. 114; Gennen in: Moll, § 16 Rn. 243.

585 Dreier in: Dreier/Schulze, § 43 UrhG Rn. 38. Wündisch in: Berger/Wündisch/Abel, § 15 Urhebervertragsrecht und Arbeitsrecht Rn. 30 und Wernicke/Kockentiedt ZUM 2004, 348 (356), die auf eine Wechselwirkung mit dem Widerspruchsrecht nach § 613 a Abs. 6 Satz 1 BGB verweisen.

586 Wandtke in: Wandtke/Bullinger, § 43 UrhG Rn. 120; Dreier in: Dreier/Schulze, § 43 UrhG Rn. 38.

587 Wandtke in: Wandtke/Bullinger, § 43 UrhG Rn. 115; im Falle eines nicht-ausschließlichen Nutzungsrechts ist der Rückruf nicht notwendig, weil dem Urheber bereits eine Nutzungsmöglichkeit verbleibt.

588 Wündisch in: Berger/Wündisch/Abel, § 15 Urhebervertragsrecht und Arbeitsrecht Rn. 30.

1.4.4 Künftige unbestimmte Werke

Nach § 40 Abs. 1 S. 1 UrhG kann sich ein Urheber zur Einräumung von Nutzungsrechten an künftigen Werken, die nicht näher oder nur der Gattung nach bestimmt sind, nur dann wirksam verpflichten, wenn dies schriftlich vereinbart wurde. Geht man davon aus, dass die Parteien des Arbeits- oder Dienstverhältnisses keine ausdrückliche Regelung über die Rechtseinräumung im Sinne des § 40 Abs. 1 S. 1 UrhG getroffen haben[589], stellt sich die Frage, welche Auswirkungen „Inhalt und Wesen des Arbeits- und Dienstverhältnisses" nach § 43 Teils. 3 UrhG auf das Schriftformerfordernis[590] nach § 40 Abs. 1 S. 1 UrhG haben. [591]

Für die Entbehrlichkeit der Einhaltung des Schriftformerfordernisses nach § 40 Abs. 1 S. 1 UrhG im Arbeitsverhältnis führt die wohl herrschende Meinung[592] an, dass der Arbeitnehmerurheber nicht schutzbedürftig

---

589 Der schriftliche Arbeitsvertrag, der nur die Arbeitspflichten und die Vergütung, nicht jedoch die Rechtseinräumung regelt, genügt nicht den Anforderungen des § 40 Abs. 1 S. 1 UrhG. Siehe dazu Schack, Urhebervertragsrecht, 2013 Rn. 1119; Ulrici, Vermögensrechtliche Grundfragen des Arbeitnehmerurheberrechts, S. 222ff.; Rojahn in: Schricker/Loewenheim, § 43 UrhG Rn. 44 m.w.N. Daher bezeichnet Fuchs, Arbeitnehmer-Urhebervertragsrecht, 2005, S. 72, das Schriftformerfordernis auch als „Anordnung der Ausdrücklichkeit". Die Übergabe als Verfügungsgeschäft kann auch nicht die Verpflichtung zur Anfertigung des vormals unbestimmten Werks ersetzen. Zu Recht führt daher Fuchs, Arbeitnehmer-Urhebervertragsrecht, 2005, S. 71, an, dass der Zeitpunkt der Verfügung im Rahmen der formbedürftigen Verpflichtungserklärung nach § 40 Abs. 1 S. 1 UrhG keine Rolle spielt.

590 Fuchs, Arbeitnehmer-Urhebervertragsrecht, 2005, S. 72, weist darauf hin, dass es im Rahmen des § 40 UrhG nicht um die Schriftlichkeit an sich ginge, die ja bereits durch den schriftlich niedergelegten Arbeitsvertrag Genüge geleistet würde, sondern um die ausdrückliche Rechteregelung an künftigen unbestimmten Werken.

591 Das Schriftformerfordernis nach § 40 Abs. 1 S. 1 UrhG wirkt sich insbesondere dann aus, wenn das unbestimmte Werk in Teams geschaffen wurde, der Arbeitgeber insolvent wird oder der Arbeitnehmer den Arbeitgeber umgeht und mit einem Dritten eine formwirksame Verpflichtung über ein unbestimmtes Werk trifft. So Fuchs, Arbeitnehmer-Urhebervertragsrecht, 2005, S. 64; Zirkel, Das Recht des angestellten Urhebers und EU-Recht, 2002, S. 52; Ulmer, Urheber- und Verlagsrecht, 1980, S. 404; Rehbinder, Das Urheberrecht im Arbeitsverhältnis, S. 14 f.

592 Balle, NZA 1997 867 (871); Barthel; Arbeitnehmerurheberrechte in Arbeitsverträgen, Tarifverträgen und Betriebsvereinbarungen; 2002, S. 42f.; Bayreuther, GRUR 2003, 570 (572); Dreier/Schulze, § 43 UrhG Rn. 19; Hauptmann; Abhängige Beschäftigung und der urheberrechtliche Schutz des Arbeitsergebnisses; s. 87f.; Himmelmann, Vergütungsrechtliche Ungleichbehandlung, S. 78; Hollän-

sei, da er nicht vor unüberlegten, wirtschaftlich kaum absehbaren Bindungen bewahrt werden müsse. Denn es sei gerade im Interesse des Arbeitnehmers, sich langfristig zu binden.[593] Auch sei der Arbeitnehmerurheber nicht wirtschaftlich so schützenswert wie der freie Urheber, dessen Schutz primär mit der Vorschrift bezweckt werde.[594] Die wirtschaftliche Existenz des Arbeitnehmers sei durch das regelmäßige Gehalt gesichert, sodass das wirtschaftliche Risiko allein beim Arbeitgeber läge.[595] Darüber hinaus müsse der Urheber auch nicht vor der Rechtseinräumung an unbestimmten Arbeitnehmerwerken gewarnt werden, da dieser genau wisse, dass er zur Rechtseinräumung an den Arbeitgeber verpflichtet sei.[596]

---

der, Arbeitnehmerrechte an Software, 1991, S. 115f.; Kolle, GRUR 1985, 1016 (1024); Kraßer in: Beier, Friedrich-Karl/Schricker, Gerhard; Urhebervertragsrecht; Urheberrecht in Arbeits- Dienst- und Auftragsverhältnissen; S. 93; Mathis, Der Arbeitnehmer als Urheber, 1988, S. 89; Rehbinder, Das Urheberrecht im Arbeitsverhältnis, S. 14f.; Rojahn, Der Arbeitnehmerurheber in Presse, Funk und Fernsehen, 1978, S. 53; Rojahn in: Schricker/Loewenheim, § 43 UrhG Rn. 44; Fuchs, Arbeitnehmer-Urhebervertragsrecht, 2005, S. 63 m.w.N.

593 Das Argument schlägt jedoch fehl, wenn der Arbeitnehmerurheber befristet angestellt ist und es bereits aufgrund der arbeitsvertraglichen Gegebenheiten an einer grundsätzlich gewollten langfristigen Bindung fehlt.

594 Holländer, Arbeitnehmerrechte an Software, 1991, S. 117f.; Fuchs, Arbeitnehmer-Urhebervertragsrecht, 2005, S. 63; Mathis, Der Arbeitnehmer als Urheber, 1988, S. 89f.

595 Fuchs, Arbeitnehmer-Urhebervertragsrecht, 2005, S. 63.

596 Rojahn, Der Arbeitnehmerurheber in Presse, Funk und Fernsehen, 1978, S. 53; Fuchs, Arbeitnehmer-Urhebervertragsrecht, 2005, S. 64. Auch wird für die Entbehrlichkeit der Einhaltung der Schriftform nach § 40 Abs. 1 S. 1 UrhG angeführt, dass dies dem Schutz des Arbeitnehmers diene. Denn wenn die Rechtseinräumung an unbestimmten künftigen Werken nach § 40 Abs. 1 S. 1 UrhG, § 125 S. 1 BGB nichtig sei, hätte dies die Nichtigkeit des Arbeitsvertrags zur Folge und die Grundsätze über das fehlerhafte Arbeitsverhältnis fände Anwendung (Fuchs, Arbeitnehmer-Urhebervertragsrecht, 2005, S. 65 m.w.N.). Dem ist jedoch entgegen zu halten, dass in diesem Fall nicht das gesamte Arbeitsverhältnis nichtig sein, sondern eine Teilnichtigkeit nach § 139 BGB in Betracht käme. Des Weiteren wird von den Vertretern, die § 43 Teils. 1 UrhG für eine nicht rein deklaratorische Regelung für die Anwendbarkeit der Regelungen der §§ 31 ff. UrhG im Arbeitsverhältnis halten, angeführt, dass § 43 Teils. 2 UrhG nur die Anwendung der §§ 31 ff. UrhG auf bereits geschaffene Werke behandelt. Die Verpflichtung zur Einräumung von Nutzungsrechten an künftigen unbestimmten Werken sei daher nicht erfasst sei und damit § 40 Abs. 1 S. 1 UrhG schon gar nicht anwendbar (Fuchs, Arbeitnehmer-Urhebervertragsrecht, 2005, S. 42 m.w.N.). Dieser Ansicht ist jedoch entgegen zu halten, dass § 43 Teils. 1 UrhG einen deklaratorischen Grundsatz aufstellt, der mit Teils. 3 durchbrochen wird.

Nach einer anderen Ansicht ist die Einhaltung des Schriftformerfordernisses für die Wirksamkeit der Vorausverfügung notwendig.[597] Dies wird damit begründet, dass auch der angestellte Urheber schutzbedürftig sei und es keinen Grund gäbe, auf die schützende Warnfunktion der Form zu verzichten, da der Arbeitnehmerurheber die Breite der Nutzung durch den Arbeitgeber nicht abschätzen könne und daher ebenso wie der freie Urheber vor unüberlegten Handlungen zu schützen sei.[598] Darüber hinaus wird angeführt, dass der Arbeitnehmer besonders deshalb schützenswert sei, da der Arbeitgeber in der Regel die Arbeitnehmerwerke auch nach Beendigung des Arbeitsverhältnisses nutzen wolle.[599] Da der Urheber jedoch nach Beendigung des Arbeitsverhältnisses keinen Arbeitslohn mehr erhalte, müsse das Schriftformerfordernis nach § 40 Abs. 1 S. 1 UrhG auch den Arbeitnehmerurheber erfassen. Will der Arbeitgeber daher auch Nutzungsrechte an unbestimmten künftigen Werken erlangen, hat er dies durch eine ausdrückliche Rechtseinräumung zu gewährleisten. Weiter wird angeführt, dass die Einräumung von Nutzungsrechten an unbestimmten Werken auch mit der Interessenlage des Wettbewerbsverbots nach §§ 74 ff. HGB vergleichbar sei, da das nachvertragliche Wettbewerbsverbot auch nicht wirksam durch einen formlosen stillschweigenden Arbeitsvertrag vereinbart werden könne.[600]

Selbst wenn man von der Entbehrlichkeit des Schriftformerfordernisses im Arbeitsverhältnis nach § 43 Teils. 3 UrhG ausgeht, ist diese Abweichung von § 40 Abs. 1 S. 1 UrhG an den Voraussetzungen des § 43 UrhG zu messen. § 43 Teils. 3 UrhG kann sich daher m.E. nur auf die sog. Pflichtwerke, die im ursprünglichen Aufgabenbereich des Arbeitnehmers liegen, beziehen, da nur diese vom Anwendungsbereich des § 43 UrhG erfasst sind. Im Laufe des Arbeitsverhältnisses können die Arbeitspflichten einvernehmlich abgeändert werden. Dabei gilt jedoch, dass der Arbeitge-

---

Daher ist trotz des Wortlauts des § 43 UrhG, der nur auf bereits vorhandene Werke abstellt, § 40 UrhG grundsätzlich anwendbar.

597 Däubler, S. 172; Schack, Urhebervertragsrecht, 2013, Rn. 984; Stolz, Der Ghostwriter im deutschen Recht, 1971, S. 14 f.; Wandtke in: Wandtke/Bullinger, § 43 UrhG Rn. 48; Vinck, Die Rechtsstellung des Urhebers im Arbeits- und Dienstverhältnis, 1972, S. 16, 25; Fuchs, Arbeitnehmer-Urhebervertragsrecht, 2005, S. 62 m.w.N.

598 Fuchs, Arbeitnehmer-Urhebervertragsrecht, 2005, S. 69; Wandtke in: Wandtke/Bullinger, § 43 UrhG Rn. 48; Wandtke/Haupt; Die Rechte der Urheber und ausübenden Künstler im Arbeits- und Dienstverhältnis; 1993, GRUR 1999, 390 (399).

599 Fuchs, Arbeitnehmer-Urhebervertragsrecht, 2005, S. 65 f.

600 Fuchs, Arbeitnehmer-Urhebervertragsrecht, 2005, S. 65 f.

ber nicht einseitig über das Direktionsrecht die Arbeitspflichten des Arbeitnehmers anpassen kann. Doch auch die einvernehmliche Anpassung der Arbeitspflichten muss wiederum die Schriftform nach § 40 Abs. 1 S. UrhG beachten, sodass der angestellte Urheber nur wirksam zu der Erstellung von unbestimmten Werken verpflichten kann, wenn diese Pflicht schriftlich vereinbart wurde. Wurde das Schriftformerfordernis nach § 40 Abs. 1 S. 1 UrhG nicht eingehalten, zählt das unbestimmte Werk nicht als Pflichtwerk. Als solches kann es auch nicht der Regelung des § 43 UrhG unterfallen.[601] § 43 Teils. 3 UrhG kann daher auch nicht stillschweigend zu einer Abweichung von dem Schriftformerfordernis nach § 40 Abs. 1 S. 1 UrhG führen, da der Anwendungsbereich mangels Vorliegens eines Pflichtwerks nicht eröffnet ist. Bezüglich der unbestimmten Werke finden daher die Regeln zum Freizeitwerk des Urhebers Anwendung, wenn das Schriftformerfordernis nicht eingehalten wurde.

1.4.5 Unbekannte Nutzungsarten, § 31a Abs. 1 UrhG

Bereits unter Geltung des § 31 Abs. 4 UrhG a.F. wurde mehrheitlich von der Literatur[602] und auch der Rechtsprechung[603] vertreten, dass eine ausdrücklich und schriftliche Abbedingung[604] im Arbeitsverhältnis von § 43 Teils. 3 UrhG erfasst sei und damit wirksame Vereinbarungen auch über unbekannten Nutzungsarten geschlossen werden konnten. Im Hinblick auf den neu kodifizierten § 31a Abs. 1 UrhG stellt sich daher die Frage, ob § 43 Teils. 3 UrhG dazu führt, dass die Einhaltung des Schriftformerfordernisses aufgrund des „Inhalts und Wesens des Arbeits- und Dienstverhältnisses" entbehrlich ist. Eine stillschweigende Abbedingung der §§ 31a, 32c als Schutzvorschriften ist jedoch ausgeschlossen, da es sich dabei nicht um

---

601 Im Ergebnis so auch Fuchs, Arbeitnehmer-Urhebervertragsrecht, 2005, S. 72.

602 Kraßer in: Beier, Friedrich-Karl/Schricker, Gerhard; Urhebervertragsrecht; Urheberrecht in Arbeits- Dienst- und Auftragsverhältnissen; S. 92; Loewenheim, Hdb. des Urheberrechts, § 63 Rn. 33; Rojahn in: Schricker/Loewenheim, § 43 UrhG Rn. 36, 55a; Zirkel, Das Recht des angestellten Urhebers und EU-Recht, 2002, S. 57ff; Fuchs, Arbeitnehmer-Urhebervertragsrecht, 2005, S. 81ff.m.w.N. zur Rechtslage des § 31 Abs. 4 UrhG a.F.

603 BGH GRUR 1995, 212 (214) – Videozweitauswertung III.

604 Beispielsweise mit dem folgenden Wortlaut. "Die Einräumung von Nutzungsrechten für noch nicht bekannte Nutzungsarten sowie Verpflichtungen hierzu sind wirksam."

bloße Auslegungsvorschriften handelt.[605] Der angestellte Urheber ist daher auch schutzbedürftig im Rahmen des § 31 a UrhG, da die technologische Entwicklung auch für ihn unvorhersehbar ist und daher eine enge Auslegung auch im Arbeitsverhältnis geboten ist.[606] Die Rechtseinräumung und die Verpflichtung müssen daher im Arbeitsvertrag oder gesondert schriftlich vereinbart werden. [607] Grundsätzlich findet auch das das Widerrufsrecht nach § 31a Abs. 1 S. 3 UrhG auf den Arbeitnehmerurheber Anwendung. Nach § 43 Teils. 3 UrhG ist der Arbeitnehmer aufgrund der arbeitsvertraglichen Treuepflicht an der Geltendmachung des Widerrufs jedoch dann gehindert, wenn er weiterhin dem Betrieb zugehörig ist und die Verwertung des Arbeitgebers in Form der unbekannten Nutzungsart von dem zur Zeit der Fertigstellung bestehenden Betriebszweck gedeckt ist.[608]

1.4.6 Vergütung

Zu klären ist, ob dem angestellten Urheber neben seinem Arbeitsentgelt auch Ansprüche auf Zahlung einer angemessenen Vergütung nach § 32 Abs. 1 S. 3 UrhG, auf Zahlung einer weiteren Beteiligung nach § 32a Abs. 1 S. 1 UrhG und auf Zahlung einer Vergütung nach § 32c, 31a Abs. 1 UrhG zustehen. Gerade in Bezug auf den befristet[609] beschäftigten oder gering bezahlten Werkschöpfer stellt sich die Frage, inwieweit das Gehalt eine gerechte oder angemessene Vergütung für die Werknutzung gewährleisten kann.

Gegen eine gesonderte Vergütungspflicht wird vorgebracht, dass § 43 UrhG-E ursprünglich einen dritten Absatz enthielt, der eine gesonderte Vergütungspflicht auch im Arbeitsverhältnis kodifizierte. Die Vertreter, die die Anwendbarkeit von § 32 Abs. 1 S. 3 UrhG im Arbeitsverhältnis ab-

---

605 Wandtke in: Wandtke/Bullinger, § 43 UrhG Rn. 69.
606 Wandtke in: Wandtke/Bullinger, § 43 UrhG Rn. 69;
607 § 31 Abs. 1 S. 1 UrhG.
608 Für ein uneingeschränktes Widerrufsrecht: Wandtke in: Wandtke/Bullinger, § 43 UrhG Rn. 68. Für eine generelle Abdingbarkeit des Widerspruchsrechts: Nordemann in: Fromm/Nordemann, Urheberrecht, § 31 a Rn. 18; Nordemann in: Loewenheim, Hdb. des Urheberrechts, § 63 Rn. 33.
609 Nur 20% der abhängig Beschäftigten in der Kultur- und Kreativwirtschaft sind laut einer im April 2010 abgeschlossenen Studie in einer unbefristeten Vollzeitbeschäftigung (Eichhorst/Marx/Thode, Atypische Beschäftigung und Niedriglohnarbeit, 2010, S. 29. In der Branche der IT-Dienstleistungen, deren Werke auch urheberrechtlich relevant werden können, ist der Anteil der unbefristet angestellten Vollzeitbeschäftigten hingegen höher und liegt bei ca. 67 %, S. 29.)

lehnen, führen daher an, dass dieser dritte Absatz nicht Eingang in das Gesetz gefunden hat, da der Gesetzgeber auch den § 32 Abs. 1 S. 3 UrhG nicht auf das Arbeitsverhältnis anwenden wollte.[610] Dem ist jedoch nicht zuzustimmen. Denn § 43 Teils. 2 UrhG enthält einen ausdrücklichen Verweis, dass die Regelungen des zweiten Unterabschnitts grundsätzlich Anwendung finden.[611] Darunter fallen neben dem Anspruch aus § 32 Abs. 1 S. 3 auch die Ansprüche aus § 32a Abs. 1 S. 1 UrhG sowie § 32c Abs. 1 S. 1 UrhG. Auch kann das Argument nicht überzeugen, dass § 32 Abs. 1 S. 3 UrhG geschaffen wurde, um die Interessen des freien Urhebers zu schützen.[612] Angeführt wird in diesem Kontext der Wortlaut der Gesetzesbegründung, in der es heißt, dass die besondere Schutzbedürftigkeit des freien Urhebers „vor allem" [613] der Grund für die Neuregelungen gewesen sei. Auch wird angeführt, dass § 43 Teils. 3 UrhG die Geltung des § 32 Abs. 1 S. 3 UrhG einschränke, da der angestellte Urheber gegenüber dem freien Urheber weniger schutzbedürftig sei[614] und ihm im Gegensatz zum freien Urheber arbeitsrechtliche Maßnahmen zustünden, um seine Vergütungsansprüche und den Anspruch aus § 11 S. 2 UrhG durchzusetzen.[615]

Diese Argumente können jedoch nicht überzeugen. Zum einen lässt sich durch die Begründung des Gesetzes und dem Fokus „vor allem" auf den freien Urheber nicht bereits schließen, dass die Regelung auf den angestellten Urheber keine Anwendung findet.[616] Hätte der Gesetzgeber einen Vergütungsanspruch für den Großteil der Anwendungsfälle[617] ausschließen wollen, ist davon auszugehen, dass er dies ausdrücklich geregelt hätte.[618] Darüber hinaus kann dem angestellten Urheber auch die Schutzbedürftigkeit nicht abgesprochen werden, weil er auch zu Arbeitskampfmaßnahmen berechtigt sei. Denn es ist dem Arbeitnehmer nicht zumut-

---

610 Berger, ZUM 2003, 173(173); Zirkel, WRP 2003, (59ff). Siehe dazu auch BT Drucks. XIV/7564, S. 9, 13.
611 van der Hoff, Die Vergütung angestellter Software-Entwickler, 2009, S. 121; Hilty/Peukert, GRUR Int 2002, 643 (648); ausführlich zu der historischen Auslegung des § 43 Abs. 3 UrhG-E: Kuckuk, Die Vergütungsansprüche der Arbeitnehmerurheber, 2005, S. 134ff.
612 Berger, ZUM 2003, 173 (177).
613 BT Drucks. XIV/8058, S. 18.
614 Bayreuther, GRUR 2003, 570 (573)
615 Berger, ZUM 2003, 173 (175); Kuckuk, Die Vergütungsansprüche der Arbeitnehmerurheber, 2005, S. 128.
616 So auch Kuckuk, Die Vergütungsansprüche der Arbeitnehmerurheber, 2005, S. 136.
617 Ca. 75% der Urheber befinden sich in einem Anstellungsverhältnis.
618 So auch Haas, Das neue Urhebervertragsrecht; 2002, S. 113.

bar, auf Arbeitskampfmaßnahmen verwiesen zu werden, um einen bestehenden Vergütungsanspruch durchzusetzen. Vielmehr spricht der ausdrückliche Verweis auf die tarifvertraglichen Regelungen in § 32 Abs. 4 UrhG dafür, dass der Vergütungsanspruch auch im Arbeitsverhältnis Anwendung findet[619], da Arbeitsverhältnisse besonders von Tarifverträgen geprägt sind. Daraus lässt sich der Gedanke des Gesetzgebers entnehmen, dass der nicht tarifgebundene Arbeitnehmer eines besonderen Schutzes bedarf.[620]

Nach der herrschenden Abgeltungstheorie sollen die §§ 32 Abs. 1 S. 3 und 32a Abs. 1 S. 1 und 32c Abs. 1 UrhG auch im Arbeitsverhältnis Anwendung finden.[621] In Bezug auf die vom Arbeitnehmer erstellten Pflichtwerke soll dem Werkschöpfer kein über den Arbeitslohn hinausgehender Vergütungsanspruch zustehen.[622] Die Vertreter der Abgeltungstheorie bejahen daher nach den Grundsätzen der arbeitsrechtlichen Sonderleistungslehre nur dann einen Anspruch auf eine zusätzliche Vergütung, wenn der Arbeitnehmer eine besondere Leistung erbringt, die über die übliche Arbeitsleistung hinausgeht.[623] Der Abgeltungslehre steht die Trennungstheorie gegenüber, die zwischen dem Lohn als Vergütung für die arbeitsvertragliche Tätigkeit und dem Nutzungsentgelt für die Rechtseinräumung trennt und daher unabhängig vom Arbeitslohn eine gesonderte Vergütung bejaht.[624]

---

619 So auch Wandtke in: Wandtke/Bullinger, § 43 UrhG Rn. 145m.w.N.; Nordemann in: Loewenheim, Hdb. des Urheberrechts, § 63 Rn. 66ff.

620 Kuckuk, Die Vergütungsansprüche der Arbeitnehmerurheber, 2005, S. 136.

621 Rojahn in: Schricker/Loewenheim, § 43 UrhG Rn. 71; Dreier in: Schulze/Dreier § 43 Rn. 30; Dreyer/Kotthoff, § 43 Rn. 23; Nordemann in Fromm/Nordemann § 43 Rn. 58; Berger, ZUM 2003, 173(173); Bayreuther, GRUR 2003, 570 (572); Zirkel, WRP 2003, 59 (64); Bayreuther, § 91 Rn. 21.

622 Die Beweislast, dass die Arbeitsleistung und die Rechtseinräumung von Lohn und Gehalt abgegolten wurde, trägt der Arbeitgeber: BGH GRUR 1978, 244, 246 – Ratgeber für Tierheilkunde; BAG GRUR 1984, 429 (431) – Statikprogramme; BGH GRUR1985, 1081ff – Inkasso-Programm; Rojahn in: Schricker/ Loewenheim, § 43 UrhG Rn. 27, 64; Dreier in: Dreier/Schulze, § 43 UrhG Rn. 9, 30.

623 BAG NJW 1965, 1876 – Abdampfverwertung; BGH GRUR 1978, 244(245) – Ratgeber Tierheilkunde; BAG GRUR 1984, 429 (431) – Statikprogramme; BGH GRUR1985, 1081ff – Inkasso-Programm; Rojahn in: Schricker/Loewenheim, § 43 UrhG Rn. 64; Dreier in: Dreier/Schulze, § 43 UrhG Rn. 30.

624 Schwab, NZA-RR 2015, 5 (8); Hilty/Peukert GRUR Int. 2002, 643 (648); Rehbinder/Peukert, Urheberrecht, Rn. 997; Wandtke GRUR 1999, 394; Wandtke, K&R 2001, 601 (606); Wandtke, GRUR 2015, 831 (837ff); Fuchs, Arbeitnehmer-Urhebervertragsrecht, 2005, S. 174; Olenhusen, ZUM 2010, 474 (479), der zu-

Zunächst ist festzustellen, dass die Abgeltungs- und Trennungstheorie nur dann zu unterschiedlichen Ergebnissen gelangen, wenn es sich um einen zusätzlichen Vergütungsanspruch für ein arbeitsvertraglich geschuldetes Pflichtwerk handelt. Einigkeit besteht jedoch bezüglich der freien oder nicht pflichtgebundenen Werke, für welche beide Theorien einen gesonderten Vergütungsanspruch bejahen. Aber weder die Abgeltungslehre noch die Trennungstheorie berücksichtigen die Besonderheiten der Werkschöpfung im Arbeitsverhältnis in ihrer Gesamtheit. Die Abgeltungslehre setzt für das Vorliegen einer gesonderten Vergütungspflicht eine zusätzliche *Leistung* des Arbeitnehmers voraus. Dies widerspricht jedoch dem klaren Wortlaut des § 32a Abs. 1 S. 1 oder des § 32c Abs. 1 S. 1 UrhG, die an die Verwertung einer bereits bestehenden Leistung des Urhebers anknüpfen. Aus der Abgeltungslehre folgt ferner auch nicht, dass Lohn und Gehalt im Verhältnis zum Arbeitnehmerwerk angemessen sein müssen bzw. unangemessen sein dürfen[625]. Die Trennungstheorie trifft wiederum auch nicht alle Aspekte des Vergütungsanspruchs des angestellten oder dienstverpflichteten Urhebers, denn es ist üblich, dass der Urheber für die Nutzung des Werks für bekannte Nutzungsarten grundsätzlich keine zusätzliche Vergütung erhält und das Nutzungsentgelt im Arbeitslohn enthalten ist, vorausgesetzt der Arbeitgeber zahlt bereits eine angemessene Vergütung im Sinne von § 32 Abs. 1 S. 1 UrhG.

Vorzugswürdig erscheint daher die Trennungstheorie. Sie bildet ab, dass dem angestellten Urheber auch dann ein gesonderter Vergütungsanspruch zustehen kann, wenn er keine zusätzliche besondere Leistung erbringt. Dies steht auch im Einklang mit § 11 S. 2 UrhG, der auch den angestellten Urheber schützt. Bei dem Vergütungsanspruch des angestellten Urhebers aus § 11 S. 2 UrhG sind jedoch nach § 43 Teils. 3 UrhG auch „Inhalt und Wesen des Arbeitsverhältnisses" zu berücksichtigen. Im Fall von Vergütungsansprüchen des angestellten Urhebers ist daher zu beachten, dass dieser unabhängig von seiner Arbeitsleistung ein monatliches Gehalt erhält. In Bezug auf die Pflichtwerke des Arbeitnehmers ist die Trennungstheorie daher dahingehend zu modifizieren, dass in Bezug auf ein Pflichtwerk des Arbeitnehmers grundsätzlich davon auszugehen ist, dass der Anspruch des

---

sätzlich darauf verweist, dass das Arbeitsentgelt der Unterhaltsfunktion und das Nutzungsentgelt darüber hinaus auch dem Anreiz zu Innovationen dient.

625 van der Hoff, Die Vergütung angestellter Software-Entwickler, 2009, S. 122; Hilty/Peukert, GRUR Int 2002, 643 (648); Wandtke in: Wandtke/Bullinger, § 43 UrhG Rn. 145; Kuckuk, Die Vergütungsansprüche der Arbeitnehmerurheber, 2005, S. 137.

Arbeitnehmers auf Zahlung einer angemessenen Vergütung bereits durch Zahlung von Lohn und Gehalt erfüllt wurde. Bezüglich freier und nicht-pflichtgebundener Werke gilt diese Vermutung jedoch nicht, sodass dem Arbeitnehmer daher ein durchsetzbarer Anspruch aus § 32 Abs. 1 S. 3 UrhG bezüglich der freien und nichtpflichtgebundenen Werke zusteht.

1.4.6.1 § 32a Abs. 1 S. 1 UrhG

Auch dem angestellten Urheber steht ein Anspruch auf weitere Vergütung nach § 32a Abs. 1 S. 1 UrhG zu[626], wenn eine ex-post Betrachtung ergibt, dass die dem Urheber gezahlte Vergütung in einem auffälligen Missver-hältnis zu den Erträgen und Vorteilen aus der Nutzung des Arbeitnehmer-werks steht.[627] Das auffällige Missverhältnis ermittelt sich durch eine Ge-

---

[626] van der Hoff, Die Vergütung angestellter Software-Entwickler, 2009, S. 122; Wandtke in: Wandtke/Bullinger, § 43 UrhG Rn. 145f.; Dreier in: Dreier/Schul-ze, § 43 UrhG Rn. Ulrici, Vermögensrechtliche Grundfragen des Arbeitnehmer-urheberrechts, S. 584; Kuckuk, Die Vergütungsansprüche der Arbeitnehmerur-heber, 2005, S. 175; Bayreuther, GRUR 2003, 570 (572); Berger, ZUM 2003, 173 (178); Fuchs, Arbeitnehmer-Urhebervertragsrecht, 2005, S. 197; Schacht, Die Einschränkung des Urheberpersönlichkeitsrechts im Arbeitsverhältnis, 2004, S. 55; Zirkel, Das Recht des angestellten Urhebers und EU-Recht, 2002, S. 80;

[627] Der frühere Vergütungsanspruch des § 36 UrhG a. F. wurde auch auf Compu-terprogramme angewendet, die im Arbeitsverhältnis entstanden sind, sodass die Literatur auch im Rahmen von § 43 UrhG von einer Anwendbarkeit des § 36 UrhG a. F. ausging. Zu der historischen Entwicklung des § 32a UrhG: Ulrici, Vermögensrechtliche Grundfragen des Arbeitnehmerurheberrechts, S. 387ff. Zu § 36 UrhG a.F. beim angestellten Programmierer: BGH GRUR 2001, 155 – Wet-terführungspläne I und GRUR 2002, 149 – Wetterführungspläne II; BAG NZA 1997, 765 (766); Zu der Literaturmeinung: Kuckuk, Die Vergütungsansprüche der Arbeitnehmerurheber, 2005, S. 175; Bayreuther, GRUR 2003, 570 (572); Kolle, GRUR 1985, 1016 (1024); Kraßer in: Beier, Friedrich-Karl/Schricker, Ger-hard; Urhebervertragsrecht; Urheberrecht in Arbeits- Dienst- und Auftragsver-hältnissen; S. 96; Rehbinder, Das Urheberrecht im Arbeitsverhältnis, S. 17; Ro-jahn, Der Arbeitnehmerurheber in Presse, Funk und Fernsehen, 1978, S. 40f.; Ulrici, Vermögensrechtliche Grundfragen des Arbeitnehmerurheberrechts, S. 384. Entgegen der Regelung des § 36 UrhG a.F., wonach die Regelung keine Anwendung auf den Dienstverpflichteten fand (BT-Drucks IV/270, S. 62) gelten §§ 32, 32 a, 32 c UrhG auch für die Dienstverpflichteten: Dreier in: Dreier/ Schulze, § 43 UrhG Rn. 30 m.w.N.

genüberstellung der vereinbarten Gegenleistung mit den Erträgen und Vorteilen aus der Nutzung des Werks.[628]

Für eine Anwendung spricht zum einen der Wortlaut des § 43 UrhG, der auf die Regelungen des zweiten Unterabschnitts verweist.[629] Darüber hinaus lässt sich die Anwendbarkeit auch aus der Bereichsausnahme im Fall von tarifvertraglichen Regelungen nach § 32a Abs. 4 UrhG schließen.[630] Gegen eine Anwendbarkeit des § 32a UrhG wird angeführt, dass dem Arbeitnehmer der volle Gewinn zustehen müsse, da er auch das volle Risiko der Verwertung trage.[631] Dem ist jedoch nicht zuzustimmen, denn der Anspruch auf weitere Vergütung ist im Auftragsverhältnis anerkannt und auch dort trägt der Auftraggeber als Verwerter grundsätzlich das Investitionsrisiko.[632] Vielmehr stellt die Übernahme des Investitionsrisikos ein entscheidendes Kriterium bei der Beurteilung des auffälligen Missverhältnisses im Sinne von § 32a Abs. 1 S. 1 UrhG dar. Für eine Anwendbarkeit sprechen die verfassungsrechtliche Verankerung in Art. 14 GG und der auch im Arbeitsverhältnis geltende Grundsatz auf Schutz der ideellen und wirtschaftlichen Interessen des angestellten Urhebers[633]. Dennoch sind auch im Rahmen des Vergütungsanspruchs aus § 32a Abs. 1 S. 1 UrhG

---

628 Bei § 36 UrhG a.F. war noch ein grobes Missverhältnis notwendig. Heute entspricht das Erfordernis des auffälligen Missverhältnisses dem Kriterium in § 138 Abs. 2 BGB. Ein auffälliges Missverhältnis soll bei einer Abweichung der vereinbarten Vergütung von 100% gegeben sein, BT Drucks. XIV/8058, S. 19. Kritisch dazu aufgrund der Notwendigkeit von Einzelfallentscheidungen: Schack, Urhebervertragsrecht, 2013, Rn. 1098, S. 528.

629 Ulrici, Vermögensrechtliche Grundfragen des Arbeitnehmerurheberrechts, S. 385; Müller-Höll, Der Arbeitnehmerurheber in der Europäischen Gemeinschaft, 2005, S. 67; Schacht, Die Einschränkung des Urheberpersönlichkeitsrechts im Arbeitsverhältnis, 2004, S. 55; Zirkel, Das Recht des angestellten Urhebers und EU-Recht, 2002, S. 80.

630 Ulrici, Vermögensrechtliche Grundfragen des Arbeitnehmerurheberrechts, S. 388; Müller-Höll, Der Arbeitnehmerurheber in der Europäischen Gemeinschaft, 2005, S. 67; Schacht, Die Einschränkung des Urheberpersönlichkeitsrechts im Arbeitsverhältnis, 2004, S. 55; Zirkel, Das Recht des angestellten Urhebers und EU-Recht, 2002, S. 80.

631 Kuckuk, Die Vergütungsansprüche der Arbeitnehmerurheber, 2005, S. 177; Ulrici, Vermögensrechtliche Grundfragen des Arbeitnehmerurheberrechts, S. 388.

632 So auch Kuckuk, Die Vergütungsansprüche der Arbeitnehmerurheber, 2005, S. 177; Ulrici, Vermögensrechtliche Grundfragen des Arbeitnehmerurheberrechts, S. 383.

633 Kuckuk, Die Vergütungsansprüche der Arbeitnehmerurheber, 2005, S. 177; A.A. Ulrici, Vermögensrechtliche Grundfragen des Arbeitnehmerurheberrechts, S. 392, nach die Grundrechte des Arbeitnehmers weder die Vergütungsansprüche verbieten noch gebieten.

die arbeitsvertraglichen Besonderheiten nach § 43 Teils. 3 UrhG zu berücksichtigen. Diese führen dazu, dass das auffällige Missverhältnis sich nicht
im Verhältnis zum monatlichen Gehalt, sondern im Verhältnis zu den gesamten Leistungen des Arbeitgebers im Sinne einer Gesamtbetrachtung ergeben muss.[634] Der Arbeitnehmer kann dabei seinen Anspruch nicht im
Rahmen eines Änderungsvertrags, aber als einen umsatzabhängigen oder
pauschalierten Zahlungsanspruch geltend machen.[635] Im Hinblick auf
§ 32a Abs. 2 UrhG ist jedoch zu beachten, dass der Arbeitnehmer aufgrund
seiner arbeitsvertraglichen Treuepflicht verpflichtet ist, den Arbeitgeber
vor Geltendmachung der Zahlungsansprüche gegenüber den Geschäfts-
partnern des Arbeitgebers den Arbeitgeber auf das auffällige Missverhältnis hinzuweisen.[636]

1.4.6.2 § 32c Abs. 1 S. 1 UrhG

Auch der angestellte Urheber hat Anspruch auf eine gesonderte angemessene Vergütung, wenn der Arbeitgeber eine neue Art der Werknutzung
nach § 31a UrhG aufnimmt, die im Zeitpunkt des Vertragsschlusses vereinbart, aber noch unbekannt war.[637] Für die Anwendbarkeit des § 32c UrhG
im Arbeitsverhältnis spricht wiederum, dass die Bereichsausnahme des
§ 32 Abs. 4 UrhG auch bei der gesonderten Vergütung nach § 32c Abs. 1
S. 1 UrhG gilt.[638] Darüber hinaus spricht für die Anwendbarkeit, dass der
Anspruch aus § 32c UrhG den Anspruch aus § 32 UrhG ergänzt und letzterer auch im Rahmen des Arbeitsverhältnisses Anwendung findet. Auch im
Rahmen von § 32c UrhG gilt jedoch die Vermutung, dass der Anspruch
auf angemessene gesonderte Vergütung bereits durch die Zahlung von

---

634 Kuckuk, Die Vergütungsansprüche der Arbeitnehmerurheber, 2005, S. 177;
635 Kuckuk, Die Vergütungsansprüche der Arbeitnehmerurheber, 2005, S. 181, und
   van der Hoff, Die Vergütung angestellter Software-Entwickler, 2009, S. 127, führen an, dass bei einer Änderung des Arbeitsvertrags ansonsten das Gesamtgebil-
   de gestört würde.
636 Kuckuk, Die Vergütungsansprüche der Arbeitnehmerurheber, 2005, S. 185; van
   der Hoff, Die Vergütung angestellter Software-Entwickler, 2009, s. 217. A.A. Ulrici, Vermögensrechtliche Grundfragen des Arbeitnehmerurheberrechts, s. 395,
   der § 32a UrhG uneingeschränkt im Arbeitsverhältnis anwenden will.
637 Dreier/Schulze, § 43 UrhG Rn. 32; Wandtke in: Wandtke/Bullinger, § 43 UrhG
   Rn. 144.
638 § 32c Abs. 1 S. 2 UrhG. So auch Ulrici, Vermögensrechtliche Grundfragen des
   Arbeitnehmerurheberrechts, S. 396; van der Hoff, Die Vergütung angestellter
   Software-Entwickler, 2009, S. 129.

Lohn und Gehalt erfüllt wurde, wenn die Parteien vereinbart haben, dass der Arbeitgeber das Arbeitnehmerwerk auch in Form der unbekannten Nutzungsart nutzen darf.[639]

1.4.6.3 Abschließende Stellungnahme

Damit ist festzustellen, dass die Vergütungsansprüche des §§ 32 Abs. 1 S. 3, 32a Abs. 1 S. 1, 32c Abs. 1 S. 1 UrhG auch auf den angestellten und dienstverpflichteten Urheber Anwendung finden. Dabei wird die Anwendung des § 32 Abs. 1 S. 1 UrhG auf Ausnahmefälle reduziert sein, da diesbezüglich grundsätzlich davon auszugehen ist, dass die angemessene Vergütung bereit durch die Zahlung des Gehalts erfüllt wurde. Für die Angemessenheit des Gehalts trägt der Arbeitgeber die Beweislast. Die Anwendung des Anspruchs aus § 32a Abs. 1 S. 1 UrhG findet uneingeschränkt auch im Arbeitsverhältnis Anwendung. Nach § 43 Teils. 3 UrhG sind jedoch die Besonderheiten des Arbeitsverhältnisses zu berücksichtigen. Dies führt bei der Beurteilung des auffälligen Missverhältnisses dazu, dass alle Leistungen des Arbeitgebers im Sinne einer Gesamtbetrachtung heranzuziehen sind. Darüber hinaus ist der Arbeitnehmer dazu verpflichtet, den Arbeitgeber darüber zu informieren, gegen dessen Geschäftspartner im Sinne von § 32a Abs. 2 UrhG vorzugehen. § 32c Abs. 1 S. 1 UrhG findet auf den angestellten Urheber uneingeschränkt Anwendung. Nach § 32b UrhG können die Ansprüche des §§ 32 und 32a UrhG nicht abbedungen werden, wenn auf den Nutzungsvertrag mangels einer Rechtswahl deutsches Recht anzuwenden wäre, § 32b Nr. 1 UrhG, oder soweit Gegenstand des Vertrages maßgebliche Nutzungshandlungen im räumlichen Geltungsbereich dieses Gesetzes sind, § 32b Nr. 2 UrhG. Eine Vertragsanpassung entfällt dann, wenn die Werknutzungsvergütung bereits tariflich festgelegt ist, § 32 Abs. 4 S. 1, 32a Abs. 4 S. 1, ggfs. i.V.m. § 32c Abs. 1 S. 2 UrhG. Ohne tarifvertragliche Regelungen stehen daher alle Vergütungsabreden für Arbeitnehmerurheber unter dem Vorbehalt gerichtlicher Nachprüfung. Das arbeitgeberseitige Risiko wird dabei bei den Arbeitnehmerurhebern höher sein, die nicht verbeamtet oder unbefristet angestellt sind, also befristet angestellt sind.[640]

---

639 A.A.van der Hoff, Die Vergütung angestellter Software-Entwickler, 2009, S. 129, der ausführt, dass die Vergütung für eine unbekannte Nutzungsart nicht vorhersehbar sei.

640 So auch Fintel, ZUM 2010, 484 (486),

1.4.7 Nutzungsrechte am Werk nach Beendigung des Arbeitsverhältnisses

Der Arbeitgeber ist an der zeitlich unbefristeten Einräumung von Nutzungsrechten an den Arbeitsergebnissen des Arbeitnehmers interessiert. Es ist daher zu prüfen, welche Auswirkungen die Beendigung des Arbeitsverhältnisses auf die Rechtseinräumung hat. Geht man zunächst davon aus, dass der Arbeitgeber keine ausdrückliche, Regelung zur Dauer der Rechtseinräumung getroffen hat, ist für die Fortdauer des Nutzungsrechts trotz Ablauf des Arbeitsverhältnisses entscheidend, ob das primäre Urhebervertragsrecht abstrakt oder kausal ausgestaltet ist.

1.4.7.1 Abstraktions- und Kausalitätsprinzip

Mit dem Abstraktionsprinzip unterscheidet man, ob das dingliche Geschäft einer kausalen Zweckbestimmung bedarf (inhaltliche bzw. innere Abstraktion[641]) und in seiner Wirksamkeit von der Zweckerreichung des Verpflichtungsgeschäfts abhängig ist (äußerliche Abstraktion[642]). Die innere Abstraktion sagt etwas über den Inhalt eines Verfügungsgeschäfts aus.[643] Folgen der Abstraktheit sind, dass keine Änderung der dinglichen Rechtslage durch Verpflichtungsgeschäfte möglich ist[644] und die Rechtseinräu-

---

641 Gursky/Pfeifer/Wiegand in: Staudinger/Amann, vor §§ 929-931 BGB Rn. 16.

642 Baur/Baur/Stürner; Sachenrecht; 2009, IV § 5 Rn. 41.

643 Begrifflich steht die innere Abstraktion der kausalen Struktur des Verpflichtungsgeschäfts gegenüber. Das Verfügungsgeschäft verlangt nicht wie das Verpflichtungsgeschäft eine inhaltliche Verknüpfung mit einer Zweckbestimmung und ist daher in der Regel neutral und frei von einer kausalen Zweckbestimmung. Baur/Baur/Stürner; Sachenrecht; 2009 IV, § 5 Rn. 41m.w.N. Dennoch können die Parteien auch innerhalb des Verfügungsgeschäfts inhaltlich eine Zweckbestimmung vereinbaren. Siehe dazu Füller; Eigenständiges Sachenrecht?; 2006 S. 115.

644 Baur/Baur/Stürner; Sachenrecht; 2009 IV, § 5 Rn. 41; der Abschluss eines Verpflichtungsgeschäfts führt nicht automatisch zu einer Änderung der sachenrechtlichen Position, sondern nur zu einem schuldrechtlichen Anspruch auf Vornahme des dinglichen Rechtsgeschäfts.

mung des Nutzungsrechts als Verfügungsgeschäft von der Wirksamkeit[645] oder dem Wegfall des Verpflichtungsgeschäfts[646] unabhängig sind. [647] Im Gegensatz zu der äußeren Abstraktion führt eine kausale Verknüpfung von Verpflichtungs- und Verfügungsgeschäft dazu, dass mit Beendigung der Einräumung des Nutzungsrechts, beispielsweise durch Ausübung eines Gestaltungsrechts wie dem Rücktritt oder dem Verzicht, einem Aufhebungsvertrag, dem Eintritt der Befristung, der Kündigung, des Rücktritts oder anderer Formen der Beendigung, auch das Nutzungsrecht des Arbeitgebers erlischt und die Belastung des Stammrechts automatisch wegfällt[648]. Der Arbeitgeber könnte daher auch keine Gegenansprüche gemäß §§ 273, 346 ff BGB geltend machen. Nach Ausübung des Gestaltungsrechts stellt jede weitere Nutzung eine Verletzung des Urheberrechts dar und der ehemals angestellte Urheber könnte dagegen mit Ansprüchen auf Unterlassung und im Falle von schuldhaftem Handeln des ersten Lizenznehmers mit einem Anspruch auf Schadensersatz gemäß § 97 UrhG vorgehen. Der Arbeitgeber wäre damit bei Beendigung des Arbeitsverhältnisses im Fall des Kausalitätsprinzips einem Verletzer im Rahmen des § 97 UrhG gleichgestellt. Dies kann sich unter Umständen auch zulasten des Urhebers auswirken, da dass das Werk bei Wegfall des Verpflichtungsgeschäfts auch nicht mehr wirtschaftlich genutzt wird und der Urheber auch nicht mehr wirtschaftlich davon profitieren kann. Zudem würde der Arbeitgeber bei automatischem Wegfall des Nutzungsrechts mit Beendigung des Arbeitsverhältnisses dieses Risiko bei der Bewertung der Vergü-

---

645 Baur/Baur/Stürner; Sachenrecht; 2009 IV, § 5 Rn. 48; die dingliche Rechtsänderung vollzieht sich wirksam unabhängig davon, ob das zugrundeliegende Verpflichtungsgeschäft wirksam ist.

646 Baur/Baur/Stürner; Sachenrecht; 2009 IV, § 5 Rn. 49; die dingliche Rechtsänderung ist in ihrem Bestand unabhängig davon, ob das zugrundeliegende Verpflichtungsgeschäft (mit der Wirkung ex nunc oder ex tunc) wegfällt.

647 Für das Verpflichtungsgeschäft hat das Abstraktionsprinzip allenfalls mittelbare Auswirkungen. Eine inhaltliche Abstraktion liegt gar nicht vor, da das Verpflichtungsgeschäft stets eine Zweckbestimmung hat. Die äußere Abstraktion liegt zwar als Folge der äußeren Abstraktion des Verfügungsgeschäfts vor auch beim Verpflichtungsgeschäft vor. Diese begründet sich jedoch bereits durch das Trennungsprinzip, welches erklärt, dass das Verpflichtungsgeschäft auf den Abschluss des Verfügungsgeschäfts gerichtet ist; näher dazu Srocke; Das Abstraktionsprinzip im Urheberrecht; 2008 S. 22.

648 Mit dem Wegfall der zweckgebundenen Rechtseinräumung fällt das Nutzungsrecht automatisch wieder dem Mutterrecht zu, d. h. das Stammrecht wird komplettiert. Man spricht hier vom Heimfall des Nutzungsrechts.

tung gegenüber dem Urheber und bei seiner eigenen Investitionsabwägung berücksichtigen.[649]

1.4.7.2 Meinungsstand

Die hierzu vertretenen Ansichten unterscheiden zwischen dem primären und dem sekundären Urhebervertragsrecht.[650] Im primären Urhebervertragsrecht geht das Schrifttum überwiegend von der Geltung des Kausalitätsprinzips aus.[651] Dieser Meinungsstand spiegelt sich auch in der Rechtsprechung wieder, die – außer im Bereich von Filmlizenzen[652] – ebenfalls von der Geltung des Kausalitätsprinzips ausgeht.[653] Im sekundären Urhe-

---

649 So auch Nolden, Das Abstraktionsprinzip im urheberrechtlichen Lizenzverkehr, S. 204.

650 Der Ausdruck wurde in der Literatur geprägt: Dietz, Das primäre Urhebervertragsrecht, 1984 S. 2; Ulmer, Urheber- und Verlagsrecht, 1980, § 83 II, S. 359, § 86 I, S. 369f; Kraßer 230 (231). Unter das primäre Urhebervertragsrecht fallen alle urheberrechtlich relevanten Vertragsgestaltungen, in denen der schöpfende Urheber selbst als Vertragspartner auftritt, da alle weiteren Verträge über Rechte an geschützten Werken von dieser ersten Vertragsbeziehung ableiten. Der weitere Rechtsverkehr zwischen den Verwertern durch Weiterübertragung des Nutzungsrechts oder Einräumung weiterer Nutzungsrechte wird als sekundäres Urhebervertragsrecht bezeichnet.

651 Loewenheim/Nordemann in: Loewenheim, Hdb. des Urheberrechts, § 26 Rn. 3; Wandtke/Grunert in: Wandtke/Bullinger, Vor §§ 31 ff. Rn. 44; Dreier in: Dreier/ Schulze, § 31 UrhG Rn. 18; Jani, Der Buy-out-Vertrag im Urheberrecht, 2003, S. 31f; Kraßer, GRUR Int 1973, S. 237; Wandtke, GRUR 1999, 390 (393 f.); Wente/Härle, GRUR 1997, GRUR 1997, 96 (99).

652 In der Entscheidung BGH GRUR 1958, 504 ff. – Privatsekretärin, in der es um Wiederverfilmungsrechte von noch nicht fertig gestellten Filmwerken ging, wendete der BGH das Abstraktionsprinzip auf das Verhältnis des Urhebers zum Hauptlizenznehmer an. Dazu näher: Schwarz/Klingner 103 (105).

653 Abstraktionsprinzip verneinend OLG München ZUM-RD 1997, 551 (553) – Das Piano; OLG Hamburg GRUR Int. 1998, 431 (435) – Feliksas Bajoras; LG Hamburg ZUM 1999, 859ff. – Sesamstraße; OLG Hamburg GRUR 2002, 335 (336) – Kinderfernseh-Sendereihe; LG Köln GRUR-RR 2006, 357 (359) – Warenwirtschaftsprogramm; OLG Karlsruhe ZUM-RD 2007, 76 (78); OLG Köln GRUR-RR 2007, 33 (34) – Reifen Progressiv (Revisionsinstanz); Wandtke/Grunert in: Wandtke/Bullinger, § 31 UrhG Rn. 6; Schricker/Loewenheim in: Schricker/ Loewenheim, vor § 28 UrhG Rn. 61; Nordemann in: Fromm/Nordemann, Urheberrecht, § 31 Rn. 30 ff. m.w.N.; Dreier/Schulze, § 31 Rn. 19; Srocke, GRUR 2008, 867 ff.

bervertragsrecht ist das Meinungsbild gespaltener[654]. Im Schrifttum lässt sich im sekundären Urhebervertragsrecht keine klare Tendenz zur Geltung des Kausalitätsprinzips feststellen.[655] Der BGH hat für einen Teilbereich des sekundären Urhebervertragsrechts, den Rückruf ausschließlicher Nutzungsrechte nach § 41 UrhG, entschieden, dass Unterlizenzen, die vor Erklärung des Rückrufs erteilt wurden, nicht automatisch mit dem wirksamen Rückruf gem. § 41 UrhG an den Rückrufenden zurückfallen.[656]

1.4.7.3 Abschließende Stellungnahme

Im Urheberrecht findet sich keine Vorschrift, welche die Geltung des Abstraktionsprinzips ausdrücklich anordnet oder voraussetzt. An einzelnen Stellen des UrhG finden sich jedoch Regelungen, die das Verpflichtungs- und das Verfügungsgeschäft kausal verknüpfen. So gilt das Kausalitätsprinzip im Fall des Widerspruchs gemäß § 41 Abs. 5 UrhG (ggfs. i.V.m. § 42 Abs. 5 UrhG) oder im Rahmen von künftigen unbestimmten Werken gemäß § 40 Abs. 3 UrhG mit der Folge, dass mit der Erklärung des Wider-

---

654 Der Gesetzgeber hat die Klärung der Frage, ob abgeleitete Nutzungsrechte (späterer Stufe) bestehen bleiben, wenn die Nutzungsrechte früherer Stufe erlöschen, bewusst nicht beantwortet und den Gerichten zur Klärung überlassen, siehe BT Drucks. 14/6433, S. 16, zu § 33 UrhG.

655 Für Geltung des Abstraktionsprinzips im sekundären Urhebervertragsrechts: Loewenheim/Nordemann in: Loewenheim, Hdb. des Urheberrechts, § 28; § 26 Rn. 3; Schricker/Loewenheim in: Schricker/Loewenheim, vor § 28 UrhG Rn. 61; Wente/Härle, GRUR 1997, 96 (99); Schack, Urhebervertragsrecht, 2013 Rn. 589. A. A. Schulze in: Dreier/Schulze, § 41 Rn. 37; Nordemann in: Fromm/Nordemann, Urheberrecht, § 41 Rn. 40; Wandtke in: Wandtke/Bullinger, § 41 Rn. 28; Czychowski/Nordemann 735 (739).

656 BGH, GRUR 2009, 546, Rn. 8, 17, 19 – Reifen Progressiv: Aus dem Grundsatz der Zweckbindung der Nutzungsrechtseinräumung könnten sich nur Rückschlüsse für die Rechtsbeziehung des Urhebers und des Nutzungsberechtigten des Tochterrechts ergeben. Das Rechtsverhältnis der Nutzungsrechtseinräumung des Enkelrechts sei davon nicht betroffen. Der Grundsatz, dass ein gutgläubiger Erwerb von gegenständlichen Rechten vom Nichtberechtigten nicht möglich ist, führe nicht dazu, dass ein bereits wirksam eingeräumtes Enkelrecht mit dem Tochterrecht gemeinsam an den Urheberrechtsinhaber zurückfällt. Der nachträgliche Verlust eine Nutzungsrechst ist in § 33 Satz 2 UrhG geregelt. Die ausschließlichen und einfachen Nutzungsrechte bleiben wirksam, wenn der Inhaber des Rechts, der das Nutzungsrecht eingeräumt hat, auf sein Recht verzichtet. A.A. OLG Hamburg, 3.Zivilsenat 15.03.2001 – Kinderfernseh-Sendereihe, Rn. 60 m.w.N., wonach der Rückruf auch zu dem Erlöschen der vor Erklärung des Rückrufs erteilten Unterlizenzen führt.

spruchs des Verpflichtungsgeschäfts auch das Nutzungsrecht erlischt.[657] Zum Schutz des Urhebers ist ein automatischer Heimfall der Nutzungsrechte auch beim Rückruf wegen Nichtausübung oder wegen gewandelter Überzeugung in §§ 41 Abs. 5, 42 Abs. 5 UrhG bzw. in § 40 Abs. 3 UrhG geregelt. Darüber hinaus findet sich auch im Verlagswesen mit § 9 VerlG eine Regelung zur kausalen Verknüpfung des Verpflichtungs- mit dem Verfügungsgeschäft. Zu klären ist, wie sich das Urheberrecht auf das allgemeine Zivilrecht auswirkt. Nach § 413 BGB gilt, dass die Vorschriften über die Übertragung von Forderungen auf die Übertragung anderer Rechte entsprechende Anwendung finden, soweit nicht das Gesetz ein anderes vorschreibt. Abweichendes könnte sich im primären Urhebervertragsrecht sowohl aus einer entsprechenden Anwendung des § 9 Abs. 1 VerlG als auch durch § 43 Teils. 3 UrhG ergeben. Rechtsprechung und Literatur, die von der Geltung des Kausalitätsprinzips ausgehen, wenden § 9 VerlG entsprechend im Urhebervertragsrecht an.[658]

§ 9 Abs. 1 des VerlG lautet wie folgt:

"Das Verlagsrecht entsteht mit der Ablieferung des Werks an den Verleger und erlischt mit der Beendigung des Vertragsverhältnisses".

Die analoge Anwendung des § 9 VerlG setzt eine Vergleichbarkeit der Interessenlage und eine planwidrige Regelungslücke voraus. § 9 VerlG findet unmittelbare Anwendung auf den Verlagsvertrag, den der Urheber und

---

657 Das Nutzungsrecht erlischt mit Wirkung ex nunc. Dazu Schricker/Loewenheim in: Schricker/Loewenheim, § 31 UrhG Rn. 33; Dietz/Peukert in: Schricker/ Loewenheim, § 41 UrhG, § 42 UrhG Rn. 24.

658 BGH GRUR 1976, 706 (708) – Serigrafie: in dieser Entscheidung ging der BGH jedoch nicht grundsätzlich vom Kausalprinzip im Urheberrecht aus, sondern nahm nur in einem Ausnahmefall eine Analogie zum Verlagsvertrag an. Der Entscheidung lag der folgende Sachverhalt zugrunde: ein Galerist hatte sich zur Vervielfältigung und Verbreitung von Drucken verpflichtet. Aufgrund dessen bejahte der BGH eine entsprechende Anwendung von § 9 Satz 1 VerlG.: In der weiteren Entscheidung BGH GRUR 1982, 308 (309) – Kunsthändler, ging es um eine vertragliche Regelung, nach der bei Beendigung des Vertrages die Rechte an den vormals Berechtigten zurückfallen sollten, ohne dass es einer besonderen Rückübertragung bedurfte. Eine solche Vereinbarung setzt gedanklich jedoch die grundsätzliche Anerkennung des Abstraktionsprinzips voraus, vom durch vertragliche Vereinbarung abgewichen werden sollte. Kritisch zu der fehlenden Begründung des BGH: Schwarz/Klingner (105, 106); Ulmer, Urheber- und Verlagsrecht, 1980, § 92 I 2 - 4, S. 390 ff.; Schricker/Loewenheim in: Schricker/Loewenheim, vor § 28 UrhG Rn. 61; Wente/Härle, GRUR 1997, 96 (98); Schwarz/Klingner 103(105).

der Verleger[659] über Werke der Literatur und Tonkunst[660] abschließen. Der Verleger ist nur dann zur Vervielfältigung und Verbreitung berechtigt, wenn er gleichzeitig eine wirksame Verpflichtung hierzu eingeht.[661] Daneben sichert § 9 Abs. 1 VerlG den Urheber auch für den Fall des Nichtentstehens oder Wegfalls sonstiger im einzelnen Vertrag vorgesehener Verlegerpflichten ab.[662] Zusätzlich unterliegt der Verleger gemäß § 1 Satz 2 VerlG dem Zwang, das Manuskript zu vervielfältigen und zu verbreiten.[663] Erfolgt dies nicht, kann der Verfasser vom Verlagsvertrag nach § 32 VerlG zurücktreten.[664] Rechtfertigung für die kausale Verknüpfung nach § 9 VerlG und dem hieraus folgenden automatischen Rechterückfall ist, dass das Urheberrecht sich beim Verfasser wieder voll entfalten soll, damit er das Werk anderweitig verwerten kann.[665] Die Ausschaltung des Abstraktionsprinzips schützt also vor allem das Interesse des Verfassers, sein Werk zu veröffentlichen.[666]

Auch im Urhebervertragsrecht kommt dem Urheber ein gesetzlich zugesicherter Schutz zu[667], sodass sich hier eine Gemeinsamkeit zur Interessenlage beim Verlagsvertrag ergibt.[668] Zwar besteht im Urhebervertragsrecht grundsätzlich keine Pflicht des Verwerters zur Verwertung, aber der Urheber kann grundsätzlich gegen Entschädigung einen Rückruf des Nutzungsrechts erklären, wenn der Vertragspartner das Werk nicht nutzt.[669] Der Schutz des Urhebers außerhalb des Verlagsvertrags ist jedoch auch durch die Anwendung der Zweckübertragungsregel geprägt, die nicht nur zu ur-

---

659 Nach § 1 Satz 2 VerlG können Parteien des Verlagslizenzvertrages nur der Verfasser und der Verleger sein.

660 Das Verlagsgesetz regelt nur den Schriftverlag, den Musik- und Theaterverlag, nicht dagegen den Kunstverlag. Damit können nur die Werke der Literatur und Tonkunst, nicht hingegen die Werke der bildenden Kunst Gegenstand eines Verlagsvertrags sein.

661 Schricker; Verlagsrecht; Einl. Rn. 3; Kraßer, GRUR Int 1973, 230 (236); Schack, Urhebervertragsrecht, 2013 Rn. 590 merkt dazu an, dass manzum Zeitpunkt des Erlasses des Verlagsgesetzes 1901 nur eine schuldrechtliche Lizenz kannte.

662 Kraßer, GRUR Int 1973, 230 (236); Wente/Härle, GRUR 1997, 96(97).

663 BGH GRUR 1958, 504 (507) nennt dies den „Verbreitungszwang".

664 Weiter hat der Verfasser einen Anspruch auf Buchführungseinsicht gemäß § 24 VerlG, wenn sich dessen Entgelt nach dem Absatz richtet. Zudem ist eine ausdrückliche Zustimmung erforderlich gemäß § 28 Abs. 1 Satz 2 VerlG.

665 Kraßer, GRUR Int 1973, 230 (236); Wente/Härle, GRUR 1997, 96 (97).

666 So auch Kraßer, GRUR Int 1973, 230 (236); Wente/Härle, GRUR 1997, 96(97).

667 §§ 29, 34, 35, 41, 42 UrhG.

668 Wente/Härle, GRUR 1997, 96(98); Fuchs, Arbeitnehmer-Urhebervertragsrecht, 2005, S. 125.

669 § 42 UrhG.

hebergünstigen Ergebnissen führen kann. Dies hindert eine analoge Anwendung des § 9 VerlG jedoch nicht, da diese zumindest dann keine Anwendung findet, wenn die Parteien eine ausdrückliche vertragliche Regelung getroffen haben. Aufgrund des eingeschränkten sachlichen und persönlichen Anwendungsbereichs des § 9 VerlG kommt eine analoge Anwendung nur für den Bereich des primären Urhebervertragsrechts[670] bezüglich Werken der Literatur und Tonkunst in Betracht.[671] Eine Geltung
im sekundären Urhebervertragsrecht lässt sich daraus daher nicht ableiten.
Für das primäre Urhebervertragsrecht, das Werke außerhalb der Literatur
und Tonkunst betrifft, sowie das sekundäre Urhebervertragsrecht muss daher weiter überlegt werden, ob das Kausalitätsprinzip anzuwenden ist. Für
die generelle Geltung des Kausalitätsprinzips werden auch die im primären Urhebervertragsrecht geltenden Sonderregelungen angeführt, die
ebenfalls von einer kausalen Verknüpfung von Verpflichtungs- und Verfügungsgeschäft ausgehen.[672]Da die Sonderregelungen jedoch auch darauf
hindeuten können, dass im Grundsatz das Abstraktionsprinzip Anwendung findet, ist der Blick auf die Grundprinzipien des Abstraktionsprinzips zu richten. Das Abstraktionsprinzip ist ein allgemeines Prinzip im
deutschen[673] bürgerlichen Recht und nicht nur beschränkt auf das Sachenrecht anwendbar.[674] Für das kausale Verpflichtungsgeschäft gilt der
Grundsatz der Vertragsfreiheit, das Verfügungsgeschäft hingegen unter-

---

670 Die Zurückhaltung der Rechtsprechung § 9 VerlG auch auf Filmwerke anzu-
    wenden, liegt in dem engen persönlichen Anwendungsbereich des § 9 VerlG be-
    gründet, der nur die Verträge des Urhebers mit einem Dritten erfasst. Daher
    lässt sich eine entsprechende Anwendung des Kausalitätsprinzips allenfalls im
    Bereich der §§ 88ff. UrhG begründen. Eine analoge Anwendung des § 9 VerlG
    auf die Verträge des Filmherstellers als Inhaber des Leistungsschutzrechts mit
    einem Dritten nach § 94 UrhG ist daher nicht begründbar.
671 Wente/Härle, GRUR 1997, 96 (99); Fuchs, Arbeitnehmer-Urhebervertragsrecht,
    2005, S. 126; Schwarz/Klingner 103(104).
672 Wente/Härle, GRUR 1997, 96 (97); Ulmer, Urheber- und Verlagsrecht, 1980
    § 83 I.2. S. 359 und § 92 I.2. S. 391; Loewenheim/Nordemann in: Loewenheim,
    Hdb. des Urheberrechts, § 26 Rn. 3.
673 Das Abstraktionsprinzip hat seine Ursprünge in der Übereignungslehre Savi-
    gnys und stellt eine Besonderheit des deutschen Rechts dar; Das chinesische
    und japanische Recht gehen ebenfalls von einer Unabhängigkeit des Verfü-
    gungsgeschäfts aus, das inhaltlich mit dem Abstraktionsprinzip verglichen wird;
    europaweit ist Deutschland jedoch der einzige Vertreter des Abstraktionsprin-
    zips.
674 Beckmann u.a. in: Staudinger/Amann, Eckpfeiler des Zivilrechts, Rn. 48.

liegt meist dem Typenzwang des Sachenrechts.[675] Zwar ist auch die Vertragsfreiheit im Urhebervertragsrecht eingeschränkt durch die Unübertragbarkeit des Urheberrechts und damit auch des Urheberpersönlichkeitsrechts. Dennoch gilt im Urheberrecht gerade kein Typenzwang, da die abgeleiteten Nutzungsrechte keine vorgeformten Typen sind, deren Inhalt isoliert vom Kausalgeschäft bestimmt werden kann.[676] Der Typenzwang betrifft die inhaltliche Abstraktion mit der Folge, dass bezüglich des Inhalts der dinglichen Rechte keine abweichenden Vereinbarungen getroffen werden dürfen. Im Urhebervertragsrecht gilt jedoch gerade nicht das Prinzip der inhaltlichen Abstraktion.[677] So erfährt die Nutzungsrechtseinräumung als Verfügungsgeschäft erst durch den Verpflichtungsvertrag eine konkrete Ausformung, der weiter Aufschluss über Inhalt und Umfang der eingeräumten Befugnisse gibt. Auch das Recht zur Weiterübertragung der Nutzungsrechte nach § 34 UrhG ergibt sich im Zweifel aus der Zweckübertragungsregel.[678] Die Zweckübertragungsregel verdeutlicht die inhaltliche Kausalität des Verpflichtungs- und des Verfügungsgeschäfts, nach der nur die Rechte eingeräumt werden, die der Zweck des Verpflichtungsvertrags erfordert. Auch im Arbeitsverhältnis findet die Zweckübertragungsregel Anwendung.[679] Die Zweckbindung des Verfügungsgeschäfts an das Verpflichtungsgeschäft zeigt, dass das Urhebervertragsrecht auch keine inhaltliche Abstraktheit aufweisen kann. Gegen die Geltung des Abstraktionsprinzips im primären Urhebervertragsrecht spricht darüber hinaus auch, dass der mit dem Abstraktionsprinzip verfolgte Verkehrsschutz nicht auf das primäre Urhebervertragsrecht angewendet werden kann. Das Abstraktionsprinzip verfolgt den Zweck, Zweit- und Dritterwerber und zukünftige Gläubiger zu schützen und dadurch Verkehrsschutz sowie Rechtsklarheit und Rechtssicherheit zu gewährleisten.[680] Grundsätzlich schützt das Abstraktionsprinzip den Erwerber von Nutzungsrechten an dem Urheberrecht, die sich über den Erwerbsgrund ihres Vorgängers kei-

675 Looschelders/Olzen/Schiemann in: Staudinger/Amann; Einl zum SchuldR Rn. 28.
676 Ulmer, Urheber- und Verlagsrecht, 1980 § 92 I.2. S. 391.
677 So auch Fuchs, Arbeitnehmer-Urhebervertragsrecht, 2005, S. 126; Götting, Festgabe für Schricker, S. 71.
678 Wente/Härle, GRUR 1997, 96 (97); Ulmer, Urheber- und Verlagsrecht, 1980 § 83 I.2. S. 359 und § 92 I.2. S. 391.
679 Siehe § 4, A. IV.1.4.2.
680 Looschelders/Olzen/Schiemann in: Staudinger/Amann; Einl zum SchuldR Rn. 28; Baur/Baur/Stürner; Sachenrecht; 2009 IV, § 5 Rn. 41; Gursky/Pfeifer/Wiegand in: Staudinger/Amann, vor §§ 929-931 BGB, Rn. 18.

ne Gedanken machen müssen. Das primäre Urhebervertragsrecht ist jedoch weniger vom Verkehrsschutz als vom Schutz des Urhebers geprägt. Zweck des primären Urhebervertragsrechts ist es, die wirtschaftlichen und ideellen Interessen des Urhebers zu gewährleisten, § 11 S. 2 UrhG.[681]

Abschließend lässt sich daher feststellen: Weil das Verpflichtungs- und das Verfügungsgeschäft im primären Urhebervertragsrecht nicht inhaltlich abstrakt sind und das Urheberrecht weniger vom Verkehrsschutz als vom Schutz des Urhebers geprägt ist, findet das Abstraktionsprinzip im primären Urhebervertragsrecht keine Anwendung.[682] Beim sekundären Urhebervertragsrecht stellt sich die Lage jedoch anders dar. Hier ist von der Geltung des Abstraktionsprinzips auszugehen, da es anders als bei der Begründung von Nutzungsrechten bei der Übertragung der Nutzungsrechte an der besonderen Prägung und Zweckbindung der Verfügung im Verhältnis zur Verpflichtung fehlt. Diese inhaltliche Abstraktheit führt dazu, dass die Weiterübertragung von Nutzungsrechten einem Rechtskauf gleichgesetzt werden kann, bei dem das Abstraktionsprinzip Geltung findet.[683] Darüber hinaus kommt im sekundären Urhebervertragsrecht dem Verkehrsschutz eine große Bedeutung zu, da mangels gutgläubigen Erwerbs von Forderung der Verkehrsschutz allein durch die Geltung des Abstraktionsprin-

---

681 Zum Schutz des Urhebers und als Kontrollinstrument enthält das Urhebervertragsrecht Regelungen, die den Verkehrsschutz und die Privatautonomie des Urhebers eingrenzen wie §§ 11 S. 2, 29, 31, 31 a, 34 Abs. 5, 41 Abs. 4, 42 Abs. 2 UrhG.
682 Loewenheim/Nordemann in: Loewenheim, Hdb. des Urheberrechts, § 26 Rn. 3; Wandtke/Grunert in: Wandtke/Bullinger, Vor §§ 31 ff. Rn. 44; Dreier in: Dreier/Schulze, § 31 UrhG Rn. 18; Jani, Der Buy-out-Vertrag im Urheberrecht, 2003, S. 31f; Kraßer, GRUR Int 1973, S. 237; Wandtke, GRUR 1999, 390 (393 f.); Wente/Härle, GRUR 1997, GRUR 1997, 96 (99); OLG München ZUM-RD 1997, 551 (553) – Das Piano; OLG Hamburg GRUR Int. 1998, 431 (435) – Feliksas Bajoras; LG Hamburg ZUM 1999, 859ff. – Sesamstraße; OLG Hamburg GRUR 2002, 335 (336) – Kinderfernseh-Sendereihe; LG Köln GRUR-RR 2006, 357 (359) – Warenwirtschaftsprogramm; OLG Karlsruhe ZUM-RD 2007, 76 (78); OLG Köln GRUR-RR 2007, 33 (34) – Reifen Progressiv (Revisionsinstanz).
683 So auch Loewenheim/Nordemann in: Loewenheim, Hdb. des Urheberrechts, § 28 Rn. 4; Loewenheim/Nordemann in: Loewenheim, Hdb. des Urheberrechts, § 26 Rn. 3; Kraßer, GRUR Int 1973, 230 (231).

zips herbeigeführt werden kann.[684] Daher ist im sekundären Urhebervertragsrecht von der Geltung des Abstraktionsprinzips auszugehen.[685]

1.4.7.4 Vertragliche Vereinbarung über die Fortgeltung des Verpflichtungsgeschäfts

Die kausale Verknüpfung des Verpflichtungsgeschäfts mit dem Verfügungsgeschäft im primären Urhebervertragsrechts führt im Fall des Arbeitsverhältnisses dazu, dass bei Beendigung oder Wegfall des Verpflichtungsgeschäfts der Arbeitgeber auch das Recht verliert, das Arbeitnehmerwerk zu verwerten. Die Folgen des Kausalitätsprinzips im primären Urhebervertragsrecht kann der Arbeitgeber jedoch umgehen, indem er ausdrücklich oder stillschweigend vertraglich vereinbart, dass die Nutzungsrechte über die Dauer des Arbeitsverhältnisses hinausreichen sollen.[686] Es stellt sich daher die Frage, welche Anforderungen an die stillschweigende Vereinbarung über die Dauer der Rechtseinräumung zu stellen sind. Ein

---

684 Gursky/Pfeifer/Wiegand in: Staudinger/Amann, vor §§ 929-931 BGB, Rn. 18; Wente/Härle, GRUR 1997, 96 (99); Schack, Urhebervertragsrecht, 2013 Rn. 589; Schricker/Loewenheim in: Schricker/Loewenheim, vor § 28 UrhG Rn. 102; im Urheberrecht fehlt es an einem Publizitäts- und Rechtsscheintatbestand, an die eine Gutgläubigkeit angeknüpft werden könnte wie der Besitz im Sachenrecht oder die Eintragung in einem öffentlichen Register; bei doppelter inhaltlich unbeschränkter Einräumung von Exklusivrechten ist nach dem Prioritätsprinzip die erste Einräumung wirksam; der zeitlich nachfolgende Vertragspartner hat Anspruch auf Schadensersatz.

685 Anerkannt ist jedoch, dass das Verfügungsgeschäft an eine aufschiebende oder auflösende Bedingung gemäß § 158 BGB geknüpft werden kann und das Verpflichtungs- mit dem Verfügungsgeschäft kausal verbunden werden kann. Diese Bedingung kann auch stillschweigend vereinbart werden. Jedoch müssen in diesem Fall auch konkrete Anhaltspunkte für die kausale Verknüpfung des Verpflichtungs- und Verfügungsgeschäfts bestehen. Siehe zur Verknüpfung des Verpflichtungsgeschäfts im Abstraktionsprinzip: Gursky/Pfeifer/Wiegand in: Staudinger/Amann, vor §§ 929-931 BGB, Rn. 18, der dafür plädiert, den Parteiwillen großzügig zu berücksichtigen, da die Parteien ebenso einen Eigentumsvorbehalt vereinbaren könnten. Dem stehen die Vertreter einer abweichenden Ansicht gegenüber, die eine Verknüpfung nur dann annehmen, wenn die Parteien ausdrücklich über die Wirksamkeit des Verpflichtungsgeschäfts im Ungewissen waren: Baur/Baur/Stürner; Sachenrecht; 2009 IV, § 5 Rn. 53; BGH, NJW 1982, 275 (278) – Allwetterbad; Beckmann u.a. in: Staudinger/Amann; Eckpfeiler des Zivilrechts Rn. 55.

686 Fuchs, Arbeitnehmer-Urhebervertragsrecht, 2005, S. 126.

Teil der Literatur geht davon aus, dass der Arbeitnehmer im Zweifel keine zeitlich unbegrenzten Nutzungsrechte einräumt.[687]

Dazu im Einzelnen: Auch bei der Auslegung der Reichweite der Nutzungsrechtseinräumung nach der Zweckübertragungsregel nach §§ 31 Abs. 5 UrhG und 43 Teils. 3 UrhG ist das Wesen und der Inhalt des Arbeitsverhältnisses zu berücksichtigen. Ist eine zeitliche unbefristete Nutzungsrechtseinräumung nicht erforderlich, ist im Grundsatz von dem kausalen Wegfall des Nutzungsrechts mit dem Ende des Verpflichtungsgeschäfts auszugehen. Erfordert der betriebliche Zweck hingegen auch die Nutzung des Arbeitnehmerwerks nach Ausscheiden des Arbeitnehmers, kann der Arbeitnehmer nicht einem Verletzer im Sinne des § 97 UrhG gleichgestellt werden. Mit dem kausalen Wegfall des Nutzungsrechts würde der Urheber auch der Möglichkeit beraubt, an der berechtigten Nutzung des Arbeitnehmers weiter finanziell profitieren zu können. Es ist deshalb auch im wirtschaftlichen Interesse des Arbeitnehmers, wenn der Arbeitgeber zur weiteren Nutzung berechtigt bleibt. Des Weiteren wird der Arbeitnehmer bei Anfertigung des Werks in der Regel betriebliches Sonderwissen verwendet haben, aufgrund dessen er auch nach Ende des Arbeitsverhältnisses wegen der arbeitsvertraglichen Treuepflicht daran gehindert sein würde, das Arbeitnehmerwerk eigenständig wirtschaftlich zu nutzen. Diese Umstände werden daher in der Regel für eine unbefristete Nutzungsrechtseinräumung sprechen.

Auch nach Ende des Arbeitsverhältnisses steht dem vormaligen Arbeitnehmer ein gesetzlicher Anspruch auf angemessene Vergütung zu, § 32 UrhG. Der Maßstab der Angemessenheit ermöglicht dabei eine Berücksichtigung im Einzelfall, ob die Vergütung während des Arbeitsverhältnisses ausreichend für die Nutzung des Werks nach Ende des Arbeitsverhältnisses ist. Dies wird bei einem langjährig bestehenden Arbeitsverhältnis eher der Fall sein.

Erfordert der Betriebszweck des Arbeitgebers daher eine Nutzung des Arbeitnehmerwerks nach Beendigung des Arbeitsverhältnisses, ist von einer stillschweigenden zeitlichen unbefristeten Rechtseinräumung durch den vormaligen Arbeitnehmer auszugehen. Der Arbeitnehmer hat im Ge-

---

687 Wandtke in: Wandtke/Bullinger, § 43 UrhG Rn. 76; Wandtke, GRUR 1999, 390 (394); Mathis, Der Arbeitnehmer als Urheber, 1988, S. 100; Bayreuther in: Richardi/Wlotzke/Wissmann/Oetker, Münchener Handbuch zum Arbeitsrecht, § 91 Rn. 13; Loewenheim/Nordemann in: Loewenheim, Hdb. des Urheberrechts, § 28 Rn. 4; Loewenheim/Nordemann in: Loewenheim, Hdb. des Urheberrechts, § 26 Rn. 3; Kraßer, GRUR Int 1973, 230 (231); Fuchs, Arbeitnehmer-Urhebervertragsrecht, 2005, S. 126.

genzug Anspruch auf angemessene Vergütung. Bei der Höhe der Vergütung sind die Dauer des Arbeitsverhältnisses und der Einsatz des Arbeitnehmerwerks beim Arbeitgeber nach Ende des Arbeitsverhältnisses zu berücksichtigen.

2. Grundnorm des § 69 b UrhG

Werden Computerprogramme in Arbeits- oder Dienstverhältnissen geschaffen, findet die Sondervorschrift[688] des § 69 b UrhG Anwendung, welcher eine Umsetzung der unionsrechtlichen Richtlinie 91/250/EWG darstellt.[689] Zur korrekten Umsetzung des Art. 2 Abs. 3 der RL 91/250/EWG ist nationaler Umsetzungsbedarf entstanden.[690] Nach § 137d Abs. 1 UrhG erfasst § 69b UrhG zeitlich auch die Computerprogramme, die vor Erlass der Norm am 24.06.1996 geschaffen wurden[691]. Die Auslegung des § 69b UrhG findet nach Maßgabe der Richtlinie 91/250/EG statt.[692]

2.1 Persönlicher Anwendungsbereich

Der Begriff des Arbeitnehmers und Arbeitgebers ist grundsätzlich europarechtseinheitlich zu bewerten. Da es keine gemeinschaftliche Bestimmung der Begriffe gibt, sind diese nach nationalem Recht zu bestimmen. In

---

688 Dreier in: Dreier/Schulze, § 69b UrhG Rn. 1; Kaboth in: Ahlberg/Götting, § 69b UrhG Rn. 2; Fuchs, Arbeitnehmer-Urhebervertragsrecht, 2005, S. 137f, plädiert hingegen dafür § 69b UrhG nicht nur als Sondervorschrift zu § 43 UrhG zu sehen ist, sondern als lex specialis zu §§ 31, 34f. und § 43 UrhG.

689 Erlangt das Computerprogramm auch Patentschutz ist daneben auch das ArbnErfG anzuwenden. Dazu auch Fuchs, Arbeitnehmer-Urhebervertragsrecht, 2005, S. 132; Dreier in: Dreier/Schulze, § 69b UrhG Rn. 11.

690 BT Drucks. XII/4022, S. 10 f. Der Umsetzungsbedarf entstand durch die Geltung der Zweckübertragungsregel auch im Arbeitsverhältnis. Fehlt eine ausdrückliche Regelung zu den Nutzungsrechten des Arbeitgebers ist aufgrund der Zweckübertragungsregel grundsätzlich davon auszugehen, dass der Arbeitnehmer nur bezogen auf den Betriebszweck Nutzungsrechte erlangt. Der angestellte Urheber bleibt daher außerhalb des Betriebszwecks zur Nutzung berechtigt bleibt. Dies würde jedoch dem Wortlaut des Art. 2 Abs. 3 InfoSoc-RL widersprechen, wonach der Arbeitgeber ausschließlich zur Ausübung aller vermögensrechtlichen Befugnisse am Computerprogramm berechtigt sei.

691 Zu Recht kritisch in Bezug auf die echte Rückwirkung: Grützmacher in: Wandtke/Bullinger, § 69b UrhG Rn. 10, 21 m.w.N.

692 BT Drucks. XII /4022, S. 8.

Deutschland gelten daher dieselben Kriterien wie im Rahmen von § 43 UrhG.[693] Ebenso wie § 43 UrhG findet § 69b UrhG nicht auf den beauftragten Urheber Anwendung.[694]

2.2 Sachlicher Anwendungsbereich

§ 69 b UrhG gilt für alle Werke, die der Arbeitnehmer „in Wahrnehmung seiner Aufgaben oder nach Weisung des Arbeitgebers" geschaffen hat. Der sachliche Anwendungsbereich des § 69b UrhG geht damit über den Anwendungsbereich des § 43 UrhG hinaus, da § 43 UrhG einseitige Weisungen nicht erfasst und nur dann zur Anwendung gelangt, wenn der Angestellte oder Dienstverpflichtete ein Werk „in Erfüllung seiner arbeits- oder dienstvertraglichen Verpflichtungen" anfertigt. § 69b UrhG betrifft damit alle Computerprogramme, die der Arbeitnehmer oder Dienstverpflichtete auf Anweisung während seiner Anstellung in Erfüllung seiner Arbeitspflicht oder nach Weisung des Arbeitgebers geschaffen hat.[695] Ebenso wie im Rahmen von § 43 UrhG sind von § 69b UrhG die Computerprogramme bzw. deren Teile nicht erfasst, die der Arbeitnehmer vor oder nach seiner Anstellung anfertigte oder anfertigen wird.[696]

2.2.1 „In Wahrnehmung seiner Aufgaben"

Die arbeitsvertraglichen oder dienstvertraglichen Aufgaben ergeben sich bei § 69b UrhG – ebenso wie bei § 43 UrhG – primär aus dem Arbeits- oder Dienstvertrag bzw. den tarifvertraglichen Bestimmungen.[697] Trotz

---

693 BT Drucks. XII/4022, S. 11; Fuchs, Arbeitnehmer-Urhebervertragsrecht, 2005, S. 133; siehe dazu die Ausführungen in § 4.A.IV.1.1.

694 BT-Drucks. XII/4022, S. 11; BGH GRUR 2005, 860, 862 – Fash 2000; Dreier in: Dreier/Schulze, § 69b UrhG Rn. 4; Kaboth in: Ahlberg/Götting, § 69b UrhG Rn. 2.

695 Dreier in: Dreier/Schulze, § 69b UrhG Rn. 7.

696 A.A. jedoch BAG CR 1997, 88. In dem Fall ging es um einen Vorschlag eines Arbeitnehmers seinem Arbeitgeber gegenüber, die Betriebssoftware auf die vom Arbeitnehmer vor Beginn des Arbeitsverhältnisses erstellten Software umzustellen. Nachdem der Arbeitgeber diese Softwareumstellung vollzog, der Arbeitnehmer jedoch den Betreib verließ, urteilte das Gericht, dass der Arbeitnehmer dem Arbeitgeber stillschweigend ein nicht-ausschließliches, zeitlich unbegrenzte Nutzungsrecht an der vorbetrieblichen Software eingeräumt hat.

697 Dreier in: Dreier/Schulze, § 69b UrhG Rn. 8.

unterschiedlicher Begrifflichkeiten ist insofern wie bei § 43 UrhG auf die arbeitsrechtlichen Kriterien abzustellen.[698] Dabei zählt das Programmieren auch zu den Arbeitspflichten, wenn das Programmieren einen engen inneren Zusammenhang zu den Arbeitspflichten aufweist[699], der Arbeitnehmer mit Billigung des Arbeitgebers tätig wurde[700] oder der Arbeitnehmer bei Nichttätigwerden seine arbeitsvertragliche Pflicht verletzen würde.[701] Es ist daher im Rahmen von § 69b UrhG nicht erforderlich, dass die Erstellung des Computerprogramms unmittelbar zu den arbeitsvertraglichen Pflichten des Arbeitnehmers zählt.[702]

2.2.2 „Anweisungen des Arbeitgebers"

Die Anweisungen des Arbeitgebers können sowohl abstrakter als auch konkreter Natur sein; es ist dabei jedoch nicht entscheidend, ob die Weisung von der arbeitsvertraglichen Weisungsbefugnis gedeckt ist.[703] Die Weisung kann daher einseitig durch den Arbeitgeber erfolgen und auch nicht arbeitsvertragliche Pflichten umfassen.[704]

---

698 Kaboth in: Ahlberg/Götting, § 69b UrhG Rn. 3.
699 Dies rechtfertigt sich dadurch, dass § 69b UrhG nicht an das Werk, sondern an die Aufgabe anknüpft, so Fuchs, Arbeitnehmer-Urhebervertragsrecht, 2005, S. 132. Im Ergebnis so auch Dreier in: Dreier/Schulze, § 69b UrhG Rn. 8; OLG München CR 2000, 429 (430); Loewenheim in: Schricker/Loewenheim, § 69b UrhG Rn. 6; Kaboth in: Ahlberg/Götting, § 69b UrhG Rn. 9. Ein enger innerer Zusammenhang wurde jedoch in dem Fall abgelehnt, in dem ein Arbeitnehmer mit einem anderen Dienstverpflichteten, der auf dem Gebiet von Annahme und Instandhaltung von Datenübertragungseinrichtungen tätig war, gemeinsam eigenständig neue Programme entwickelt hat: OLG München CR 2000, 429 (430).
700 Loewenheim in: Schricker/Loewenheim, § 69b UrhG Rn. 6.
701 Grützmacher in: Wandtke/Bullinger, § 69b UrhG Rn. 13.
702 So auch Fuchs, Arbeitnehmer-Urhebervertragsrecht, 2005, S. 132.
703 Dreier in: Dreier/Schulze, § 69b UrhG Rn. 8; Grützmacher in: Wandtke/Bullinger, § 69b UrhG Rn. 16; Loewenheim in: Schricker/Loewenheim, § 69b UrhG Rn. 7; Kaboth in: Ahlberg/Götting, § 69b UrhG Rn. 10.
704 So auch Fuchs, Arbeitnehmer-Urhebervertragsrecht, 2005, S. 133 mit Hinweis auf sog. „arbeitsvertraglich unzulässige Weisungen".

2.2.3 Freie Computerprogramme

Hat der Arbeitnehmer ohne arbeitsvertragliche Pflicht und ohne Anweisung ein Programm erstellt, unterfällt das Werk nicht den §§ 69a ff. UrhG.[705]Der Arbeitgeber kann gegen zusätzliche Vergütungsansprüche gesondert Nutzungsrechte daran erlangen.[706]Die Vergütungspflicht des Arbeitgebers[707] und die Anbietungspflicht des Arbeitnehmers[708] werden jedoch in der Literatur uneinheitlich beurteilt, wenn das freie Computerprogramm mit Arbeitsmitteln des Arbeitgebers oder Kenntnissen aus dem Betrieb des Arbeitgebers geschaffen wurde.

2.3 Keine abweichende vertragliche Vereinbarung

Den Parteien steht es frei, eine abweichende vertragliche Regelung zu treffen.[709] Sofern nichts anderes vereinbart ist, ist ausschließlich der Arbeitgeber zur Ausübung aller vermögensrechtlichen Befugnisse an dem Computerprogramm berechtigt, das vom Arbeitnehmer in Wahrnehmung seiner Aufgaben oder nach den Anweisungen seines Arbeitgebers geschaffen wur-

---

705 BT Drucks. XII/4022, S. 11; Loewenheim in: Schricker/Loewenheim, § 69b UrhG Rn. 10; Kaboth in: Ahlberg/Götting, § 69b UrhG Rn. 10.

706 Dreier in: Dreier/Schulze, § 69b UrhG Rn. 8; OLG ZUM-RD 2008, 8; BT Drucks. XII/4022, S. 11; Grützmacher in: Wandtke/Bullinger, § 69b UrhG Rn. 8.

707 Zu Recht für einen zusätzlichen Vergütungsanspruch: Loewenheim in: Schricker/Loewenheim, § 69b UrhG Rn. 9; OLG München CR 2000, 429; LG München CR 1997, 351. Bei der Höhe der Vergütung ist jedoch zu berücksichtigen, dass sich der Arbeitnehmer der Arbeitsmittel des Arbeitgebers bedient hat. Gegen einen Vergütungsanspruch: Grützmacher in: Wandtke/Bullinger, § 69b UrhG Rn. 35.

708 Für eine Anbietungspflicht bei freien Computerprogrammen aus der entsprechenden Anwendung des § 19 ArbNErfG: Holländer, Arbeitnehmerrechte an Software, 1991, S. 614; Grützmacher in: Wandtke/Bullinger, § 69b UrhG Rn. 35; Kolle, GRUR 1985, 1016 (1020). Für eine stillschweigende, jedoch zusätzlich entgeltliche Rechtseinräumung bei freien Computerprogrammen: BAG GRUR 1984, 429 (431) – Statikprogramme; siehe dazu auch Dreier in: Dreier/Schulze, § 69b UrhG Rn. 8. Zu Recht gegen eine Anbietungspflicht und gegen eine analoge Anwendung des § 19 ArbnErfG: LG München CR 1997, 351. Die Wesensunterschiede der Erfindung und des urheberrechtlich geschützten Werks sprechen gegen eine Gleichbehandlung.

709 Die vertragliche Vereinbarung kann mündlich, schriftlich, ausdrücklich und stillschweigend erfolgen. Siehe dazu Dreier in: Dreier/Schulze, § 69b UrhG Rn. 11; Grützmacher in: Wandtke/Bullinger, § 69b UrhG Rn. 17.

de. Der Arbeitnehmer trägt die Beweislast für das Vorliegen einer abweichenden Vereinbarung.[710]Ist das Computerprogramm nicht nur urheberrechtlich, sondern auch patentrechtlich geschützt, kann aus dem Verzicht des Arbeitgebers auf die Inanspruchnahme des Patents nicht geschlossen werden, dass die Parteien auch eine stillschweigende abweichende Regelung zu § 69b UrhG geschlossen haben. Zu Recht verweist *Grützemacher*[711] darauf, dass der Arbeitgeber mit dem Verzicht auf die Patentanmeldung auch andere Ziele verfolgt. Vielmehr kann aus der Entscheidung des Arbeitgebers gegen die kosten- und verwaltungsaufwändige Patentanmeldung genau das Gegenteil geschlossen werden. Denn verfolgt der Arbeitgeber keinen Patentschutz, so ist es naheliegend, dass er zumindest vom urheberrechtlichen Schutz profitieren möchte, zumal der Urheberrechtsschutz keine externen Kosten für Anmeldung und Aufrechterhaltung des Schutzrechts nach sich zieht.[712] Nach § 69b Teils. 3 UrhG können die Parteien jedoch vertraglich vor oder nach Abschluss des Arbeits- oder Dienstvertrags etwas Abweichendes vereinbaren.

2.4 Rechtsfolge

Mit Erfüllung des Tatbestands des § 69b UrhG hat der Arbeitgeber das ausschließliche Recht, alle vermögensrechtlichen Befugnisse an dem Computerprogramm auszuüben. Die herrschende Meinung geht bei § 69b UrhG von einem derivativen Rechtserwerb aus; dabei wird § 69b UrhG teilweise als gesetzliche Lizenz[713] und teilweise als cessio legis[714] verstanden. Die

---

710 Grützmacher in: Wandtke/Bullinger, § 69b UrhG Rn. 17.
711 Grützmacher in: Wandtke/Bullinger, § 69b UrhG Rn. 17.
712 Nimmt der Arbeitgeber die Erfindung nicht in Anspruch, darf der Arbeitnehmer das Patent selbst anmelden und verwerten. In diesem Fall ist der Konflikt zu § 69b UrhG zugunsten des angestellten Programmierers durch § 69f UrhG zu lösen. § 69b UrhG steht daher stets vor dem Vorbehalt des § 69g UrhG.
713 BGH GRUR 2001, 155 – Wetterführungspläne I; BGH GRUR 2002, 149 – Wetterführungspläne II; Grützmacher in: Wandtke/Bullinger, § 69b UrhG Rn. 1; van der Hoff, Die Vergütung angestellter Software-Entwickler, 2009, S. 134, der die gesetzliche Lizenz irrtümlich auch als cessio legis bezeichnet; Fuchs, Arbeitnehmer-Urhebervertragsrecht, 2005, S. 134 m.w.N.
714 Himmelmann, Vergütungsrechtliche Ungleichbehandlung, S. 84; Schack, Urhebervertragsrecht, 2013, Rn. 304; Schacht, Die Einschränkung des Urheberpersönlichkeitsrechts im Arbeitsverhältnis, 2004, S. 116;

restlichen Vertreter der Literatur sowie der deutsche Gesetzgeber verstehen § 69b UrhG als eine gesetzliche Auslegungsregel.[715]

Aus Sicht der richtlinienkonformen Auslegung ist § 69b UrhG jedoch als gesetzliche Lizenz einzuordnen. Aufgrund der wirtschaftlichen Bedeutung von Computerprogrammen sollte ein unionsweiter angemessener Schutz geschaffen werden, um Hindernisse des Gemeinsamen Marktes zu beseitigen.[716] Art. 2 Abs. 3 der Richtlinie 91/250/EG verfolgt das Ziel, dem Arbeitgeber die ausschließlichen wirtschaftlichen Befugnisse zuzuordnen, sofern keine anderweitige vertragliche Absprache zwischen Arbeitnehmer und Arbeitgeber getroffen wurde. Eine gesetzliche Vermutung könnte diese Zielerreichung nicht in jedem Fall gewährleisten, da diese lediglich zu einer Umkehr der Beweislast führen würde. Eine gesetzliche Vermutung würde beim Arbeitgeber zu der Gefahr führen, dass er keine Nutzungsrechte an dem Computerprogramm erlangt. Denn der Arbeitnehmer könnte die gesetzliche Vermutung entweder durch eine einseitig klarstellende Erklärung umgehen oder sich gegenüber einem Dritten vertraglich im Voraus zur Einräumung von Nutzungsrechten an dem Computerprogramm verpflichten mit der Folge, dass der Arbeitgeber aufgrund des Prioritätsprinzips und mangels gutgläubigen Erwerbs von Forderungen kein Nutzungsrecht erlangt.[717] Auch ist nicht der Ansicht zu folgen, § 69b UrhG als cessio legis zu qualifizieren, da es im Rahmen von § 69b UrhG nicht um den Übergang einer Forderung des Urhebers, sondern um den gesetzlichen Übergang originärer Rechte des angestellten Programmierers auf dessen Arbeitgeber geht. Die Richtlinie 91/250/EG erfordert es auch nicht, dass der Arbeitgeber originärer Inhaber des Vermögensrechts in Form einer cessio legis wird[718]. Daher ist § 69b UrhG richtlinienkonform als gesetzliche Lizenz einzuordnen.

---

715 Loewenheim in: Schricker/Loewenheim, § 69b UrhG Rn. 11; Kaboth in: Ahlberg/Götting, § 69b UrhG Rn. 2; die Einordnung des § 69b UrhG als gesetzliche Vermutung lässt sich auch aus BT Drucks. XII/4022, S. 10, schließen, wonach klargestellt wird, dass § 43 UrhG gerade keine gesetzliche Vermutung beinhalte.

716 KOM (88) 816 endg. S. 11.

717 So auch Zirkel, Das Recht des angestellten Urhebers und EU-Recht, 2002, S. 70.

718 Wie sich aus Art. 2 Abs. 1 Richtlinie 91/250/EG ergibt, steht es den Mitgliedstaaten offen, juristischen Personen originär das Urheberrecht zuzuweisen. Da Arbeitgeber in der Regel juristische Personen sein werden, lässt sich daraus entnehmen, dass die Richtlinie keine gesetzliche Abtretung der vermögensrechtlichen Ansprüche vorschreibt. Darüber hinaus ist zu befürchten, dass bei Bejahung einer cessio legis die monistische Auffassung des Urheberrechts gestört werden würde. So auch Zirkel, Das Recht des angestellten Urhebers und EU-Recht, 2002, S. 67.

2.4.1 Nutzungsrechte am Computerprogramm

Der Arbeitgeber bzw. Dienstherr erwirbt nach § 69b UrhG ein ausschließliches, zeitlich, räumlich und inhaltlich unbeschränktes Nutzungsrecht an den Computerprogrammen[719] sowie an nichtfertigen Programmteilen[720] des Arbeitnehmers.[721] § 69b UrhG erfasst sowohl die Nutzungsrechte für alle bekannten als auch unbekannten Nutzungsarten. Das Schriftformerfordernis nach § 31a Abs. 1 UrhG gilt im Bereich des § 69b UrhG nicht. Die Anwendung des § 31 Abs. 4 UrhG a.F. wurde bereits aus Gründen der europäischen Harmonisierung ausgeschlossen.[722] Das Schriftformerfordernis nach § 31a UrhG n.F. findet im Rahmen von § 69b UrhG im Arbeits- und Dienstverhältnis keine Anwendung, da andernfalls entgegen der Wertung des § 69b UrhG Nutzungsrechte beim Arbeitnehmer verbleiben würden.[723] Die ausschließlichen Nutzungsrechte beschränken sich weder auf das Computerprogramm im Objektcode[724], noch sind sie inhaltlich auf den Betriebszweck des Arbeitgebers begrenzt.[725] Aufgrund der umfassenden Zuweisung aller Vermögensrechte an den Arbeitgeber ist kein Anwendungsraum mehr, den Umfang der Rechtseinräumung nach der Zweckübertragungsregel nach § 31 Abs. 5 UrhG zu ermitteln.[726] Der Arbeitnehmer ist von jeglicher vermögensrechtlichen Nutzung der von ihm in Wahrnehmung seiner Aufgaben oder nach Weisung geschaffenen Computerprogramme ausgeschlossen.[727]

---

719 §§ 69b, 69c UrhG.
720 §§ 69a, 69b UrhG.
721 Loewenheim in: Schricker/Loewenheim, § 69b UrhG Rn. 11; Kaboth in: Ahlberg/Götting, § 69b UrhG Rn. 14; Grützmacher in: Wandtke/Bullinger, § 69b UrhG Rn. 1; Fuchs, Arbeitnehmer-Urhebervertragsrecht, 2005, S. 135.
722 Dreier in: Dreier/Schulze, § 69b UrhG Rn. 9.
723 Dreier in: Dreier/Schulze, § 69b UrhG Rn. 9; Grützmacher in: Wandtke/Bullinger, § 69b UrhG Rn. 19; Kaboth in: Ahlberg/Götting, § 69b UrhG Rn. 14; Zirkel, ZUM2004, 626 (629).
724 Kaboth in: Ahlberg/Götting, § 69b UrhG Rn. 15.
725 Fuchs, Arbeitnehmer-Urhebervertragsrecht, 2005, S. 135f. m.w.N.
726 BT Drucks. II/4022, S. 10; Dreier in: Dreier/Schulze, § 69b UrhG Rn. 9; Zirkel, Das Recht des angestellten Urhebers und EU-Recht, 2002, S. 72; Fuchs, Arbeitnehmer-Urhebervertragsrecht, 2005, S. 134.
727 Kaboth in: Ahlberg/Götting, § 69b UrhG Rn. 2.

2.4.2 Weiterübertragung, Einräumung weiterer Nutzungsrechte

§ 69b UrhG soll die Verwertung durch Dritte ermöglichen[728], damit ist der Arbeitgeber aufgrund seiner ausschließlichen vermögensrechtlichen Befugnisse zur Übertragung und Einräumung weiterer Nutzungsrechte nach §§ 34, 35 UrhG auch ohne Zustimmung des angestellten Programmierers berechtigt.[729]

2.4.3 Künftig unbestimmte Werke

Das Schriftformerfordernis nach § 40 Abs. 1 S. 1 UrhG findet auf den angestellten Programmierer keine Anwendung. Zum einen lässt sich dies bereits daraus schließen, dass es sich bei § 69b UrhG um eine gesetzliche Lizenz handelt und § 40 Abs. 1 S. 1 UrhG eine vertraglich eingeräumte Lizenz betrifft. Zum anderen gibt § 69b UrhG bereits den Inhalt und Umfang der Rechtseinräumung vor, nämlich ein zeitlich unbegrenztes, ausschließliches, unbeschränktes Nutzungsrecht. Dies hat zur Folge, dass die Erstreckung auch auf künftig unbestimmte Werke von § 69b UrhG inhaltlich erfasst wird und daher § 40 Abs. 1 S. 1 UrhG keine Geltung mehr erlangt.[730]

2.4.4 Vergütung

Streitig ist, inwieweit § 69b UrhG über die Zuordnung der vermögensrechtlichen Befugnisse hinaus auch eine Regelung zu der Vergütung der

---

728 BT Drucks. II/4022, S. 10.
729 Dreier in: Dreier/Schulze, § 69b UrhG Rn. 10; Loewenheim in: Schricker/ Loewenheim, § 69b UrhG Rn. 12; Kaboth in: Ahlberg/Götting, § 69b UrhG Rn. 14; OLG Frankfurt CR 1998, 525 (526), OLG Frankfurt NJW-RR 1997, 494. A.A. BGH GRUR 2005, 860 – Fash 2000.
730 So auch Fuchs, Arbeitnehmer-Urhebervertragsrecht, 2005, S. 148, der zusätzlich darauf hinweist, dass der Schutzzweck des § 40 Abs. 1 S. 1 UrhG – Berücksichtigung besonderer Entwicklungen wie ein großer Bekanntheitsgrad und daraus folgender erhöhte Verwertbarkeit - nicht auf den angestellten Programmierer passe, da eine höhere Verwertbarkeit bei einem hohen Bekanntheitsgrad des Programmierers im Bereich der Computerprogramme nicht gegeben sei.

ausschließlichen Vermögensrechte beinhaltet.[731] Aus dem Wortlaut der Richtlinie könnte geschlossen werden, dass mit der Zuweisung aller vermögensrechtlichen Befugnisse eine abschließende Regelung über die Ansprüche des Urhebers getroffen werden sollte.[732] Teilweise wird auch bezweifelt, dass der Richtliniengeber den vergütungsrechtlichen Aspekt überhaupt berücksichtigen wollte[733]. Solange der EuGH die Reichweite der Richtlinie nicht klärt, ist daher davon auszugehen, dass der nationale Gesetzgeber bezüglich der Vergütung einen Umsetzungsspielraum hat.[734]Nach herrschender deutscher Meinung sieht § 69b UrhG keine gesonderte Vergütung des angestellten Programmierers vor mit der Folge, dass der angestellte Programmierer bereits durch seinen Arbeitslohn einen angemessenen finanziellen Ausgleich erhält.[735] Der angestellte Programmierer hat daher weder aus einer analogen Anwendung des § 19 ArbnErfG[736] noch aus § 612 BGB[737] einen Anspruch auf gesonderte Vergütung. Uneinigkeit herrscht indes in Bezug auf die gesetzlichen Vergütungsansprüche der §§ 32 ff. UrhG. Teilweise wird ein gesetzlicher Vergütungsanspruch aus §§ 32 und 32a UrhG generell verneint[738], teilweise generell bejaht.[739]

Überzeugender ist es, §§ 32 Abs. 1 S. 3, 32a Abs. 1 S. 1 und 32c Abs. 1 S. 1 UrhG grundsätzlich auch im Rahmen des § 69b UrhG anzuwenden. Aus den Verweisen in §§ 32 Abs. 4 und 32a Abs. 4 UrhG auf die tarifvertraglichen Regelungen lässt sich grundsätzlich schließen, dass diese Regelungen auch im Arbeitsverhältnis Anwendung finden, da dieser Bereich überwie-

---

731 Gennen in: Moll, § 16 Rn. 299; Dreier in: Schulze/Dreier, § 69b Rn. 10; Grützmacher in: Wandtke/Bullinger, § 69b Rn. 18; Wiebe in: Spindler/Schuster, § 69b UrhG Rn. 5.

732 Wohl so auch Czychowski in: Fromm/Nordemann, Urheberrecht, § 69b UrhG Rn. 26.

733 Grützmacher in: Wandtke/Bullinger, § 69b UrhG Rn. 23 m.w.N.

734 So auch Grützmacher in: Wandtke/Bullinger, § 69b UrhG Rn. 23.

735 Gennen in: Moll, § 16 Rn. 298; Grützmacher in: Wandtke/Bullinger, § 69b UrhG Rn. 19; Kaboth/Spies in: Ahlberg/Götting, § 69b UrhG Rn. 14; Dreier in: Dreier/Schulze, § 69b UrhG Rn. 10.

736 BGH GRUR 2001, 155 – Wetterführungspläne I; BGH GRUR 2002, 149 – Wetterführungspläne II; so auch Dreier in: Dreier/Schulze, § 69b UrhG Rn. 9; Kaboth in: Ahlberg/Götting, § 69b UrhG Rn. 17.

737 Dreier in: Dreier/Schulze, § 69b UrhG Rn. 9; Kaboth in: Ahlberg/Götting, § 69b UrhG Rn. 17; Grützmacher in: Wandtke/Bullinger, § 69b UrhG Rn. 25.

738 Czychowski in: Fromm/Nordemann, Urheberrecht, § 69b UrhG Rn. 22ff; Bayreuther, GRUR 2003, 570 (573).

739 Dreier in: Dreier/Schulze, § 69b UrhG Rn. 10; Grützmacher in: Wandtke/Bullinger, § 69b UrhG Rn. 23f.

gend von tarifvertraglichen Regelungen geprägt ist.[740] Im Folgenden werden die einzelnen Vergütungsansprüche des angestellten Programmierers dargestellt.

2.4.4.1 § 32 Abs. 1 S. 3 UrhG

Es ist zwischen dem Anspruch des § 32 Abs. 1 S. 3 UrhG und dem des § 32a Abs. 1 S. 1 UrhG zu unterscheiden. Ebenso wie im Arbeitsverhältnis, das dem § 43 UrhG unterfällt, folgt der Anspruch des angestellten Programmierers auf eine angemessene Vergütung auch aus § 32 Abs. 1 S. 3 UrhG. Ebenfalls wie im Rahmen von § 43 UrhG gilt jedoch auch im Rahmen von § 69b UrhG, dass der Vergütungsanspruch des angestellten Programmierers auf angemessene Vergütung nach § 32 Abs. 1 S. 3 UrhG berücksichtigen muss, dass der Arbeitnehmer bereits ein Gehalt bezogen hat.[741] Es besteht daher grundsätzlich eine Vermutung, dass die in Form des Gehalts bereits geleistete Vergütung auch im Hinblick auf die Einräumung der Nutzungsrechte angemessen ist.[742] Der Anspruch aus § 32 UrhG ist daher zurückhaltend nur anzuwenden, wenn die Vergütung offensichtlich unangemessen ist.[743]

---

740 Eine Unanwendbarkeit der §§ 32 ff. UrhG lässt sich auch nicht daraus schließen, dass tarifvertragliche Regelungen auch auf arbeitnehmerähnliche Personen Anwendung finden können. Siehe dazu Grützmacher in: Wandtke/Bullinger, § 69b UrhG Rn. 23 m.w.N.

741 Czychowski in: Loewenheim, Ulrich/Nordemann, Wilhelm; Urheberrecht im Informationszeitalter; Die angemessene Vergütung im Spannungsfeld zwischen Urhebervertrags- und Arbeitnehmererfindungsrecht; 157 (159ff.); Czychowski in: Fromm/Nordemann, Urheberrecht, § 69b UrhG Rn. 22ff; Bayreuther, GRUR 2003, 570 (573); Loewenheim in: Schricker/Loewenheim, § 69b UrhG Rn. 16. Für eine generelle Anwendbarkeit des § 32 UrhG: Dreier in: Dreier/Schulze, § 69b UrhG Rn. 10; Grützmacher in: Wandtke/Bullinger, § 69b UrhG Rn. 23f.

742 Kuckuk, Die Vergütungsansprüche der Arbeitnehmerurheber, 2005, S. 193; van der Hoff, Die Vergütung angestellter Software-Entwickler, 2009, S. 152, führt weiter an, dass der Anspruch aus § 32 Abs. 1 S. 3 UrhG in der Softwareindustrie keine große Rolle spielt, da die Softwareentwickler in der Regel mit ihrem Gehalt zufrieden seien. Siehe dazu auch die Ausführungen in § 4.A.IV.1.4.6.

743 So auch Kaboth in: Ahlberg/Götting, § 69b UrhG Rn. 17. Als Kriterium für die Unangemessenheit kann jedoch nicht herangezogen werden, dass der Arbeitgeber inhaltlich unbeschränkte Nutzungsrechte erhält. Die Nutzung des Arbeitgebers der Computerprogramme für außerbetriebliche Zwecke kann daher an

2.4.4.2 § 32a Abs. 1 S. 1 UrhG

Der gesetzliche Anspruch aus § 32a Abs. 1 S. 1 UrhG bleibt auch dem computerprogrammherstellenden Arbeitnehmer oder Dienstverpflichteten erhalten.[744] Das Arbeitsrecht schützt nicht davor, dass die vereinbarte Gegenleistung unter Berücksichtigung der gesamten Beziehungen des angestellten Urhebers zum Arbeitgeber in einem auffälligen Missverhältnis zu den Erträgen und Vorteilen aus der Nutzung des Werkes steht, sodass der angestellte Urheber bezüglich § 32 a Abs. 1 S. 1 UrhG ebenso schutzbedürftig ist.[745] Dennoch wird auch der Anspruch des angestellten Programmierers auf Zahlung einer weiteren Vergütung der Ausnahmefall bleiben.[746] Auch im Rahmen von § 69b UrhG stellt die Gesamtwürdigung die gesamten Leistungen des Arbeitgebers – und nicht nur einen Monatslohn – in Verhältnis mit den nach § 69b UrhG einhergehenden Rechten des Arbeitgebers. Denkbar erscheint ein Missverhältnis jedoch bei sehr kurzen oder befristeten Arbeitsverhältnissen[747]. Sowohl § 32 Abs. 1 S. 3 UrhG als auch § 32a Abs. 1 S. 1 UrhG führen nicht zu einer Anpassung des Arbeitsvertrags, sondern zu einem Anspruch auf Zahlung einer umsatzabhängigen Vergütung bzw. einer Einmalzahlung.[748]

2.4.4.3 §§ 32c Abs. 1, 31a UrhG

Der Anspruch aus § 32c Abs. 1 S. 1 UrhG ergänzt den Anspruch aus § 32 Abs. 1 S. 3 UrhG. § 32c Abs. 1 S. 1 UrhG erfasst die vertraglich eingeräumten Nutzungsrechte. Es stellt sich daher die Frage, ob § 32c UrhG auf die gesetzliche Lizenz im Rahmen des § 69b UrhG entsprechend anzuwenden

---

sich noch keinen Sondervergütungsanspruch auslösen; so Kuckuk, Die Vergütungsansprüche der Arbeitnehmerurheber, 2005, S. 193f.

744 BT Drucks. XIV/6433, S. 17; Grützmacher in: Wandtke/Bullinger, § 69b UrhG Rn. 24; Dreier in: Dreier/Schulze, § 69b UrhG Rn. 10; BGH GRUR 2002, 149 – Wetterführungspläne II, erging noch zu § 36 UrhG a.F. A.A. noch zu § 36 UrhG a.F.: OLG Düsseldorf ZUM 2004, 756.

745 Dreier in: Dreier/Schulze, § 69b UrhG Rn. 10; Kaboth in: Ahlberg/Götting, § 69b UrhG Rn. 17; Loewenheim in: Schricker/Loewenheim, § 69b UrhG Rn. 19.

746 Kuckuk, Die Vergütungsansprüche der Arbeitnehmerurheber, 2005, S. 197; van der Hoff, Die Vergütung angestellter Software-Entwickler, 2009, S. 156f.

747 Kuckuk, Die Vergütungsansprüche der Arbeitnehmerurheber, 2005, S. 198 m.w.N.

748 Kuckuk, Die Vergütungsansprüche der Arbeitnehmerurheber, 2005, S. 198.

ist. Dies setzt eine planwidrige Regelungslücke und eine Vergleichbarkeit der Sachlage voraus. Geht man davon aus, dass der europäische Richtlinienengeber die Vergütung des angestellten Programmierers bei Richtlinienerlass nicht bedacht hat, ist von einer planwidrigen Regelungslücke auszugehen. Vergleichbarkeit ist ebenfalls zu bejahen. Denn sowohl im Fall der vertraglichen Einräumung als auch im Fall der gesetzlichen Lizenz wird eine Regelung für unbekannte Nutzungsarten getroffen. Unbekannt ist damit nicht nur die Nutzungsart, sondern sind auch die wirtschaftlichen Ertragsmöglichkeiten, die mit der neuen Nutzungsart verbunden sind. In beiden Fällen kann die vormals vereinbarte Vergütung mit Aufnahme der Nutzung unangemessen werden. Grundsätzlich ist zwar davon auszugehen, dass die Vergütung des angestellten Programmierers auch die Einräumung von unbekannten Nutzungsarten berücksichtigt, da der Arbeitgeber alle vermögensrechtlichen Befugnisse von Anfang zugewiesen bekommt und darauf basierend dem angestellten Programmierer eine Vergütung bezahlt. Ist dies jedoch nicht der Fall, hat auch der angestellte Programmierer einen gesonderten Vergütungsanspruch nach § 32c Abs. 1 S. 1 UrhG.[749]

2.4.5 Nutzungsrechte nach Ende des Arbeitsverhältnisses

Selbst bei Ausscheiden des angestellten Programmierers bleiben die Nutzungsrechte des Arbeitgebers bzw. Dienstherrn bestehen[750], da der Arbeitgeber nach § 69b UrhG zeitlich unbegrenzte Nutzungsrechte eingeräumt bekommt.

V. Besondere Auslegungsregelungen im Bereich des Films

Neben der Zweckübertragungsregel gibt es jedoch auch noch weitere gesetzliche Auslegungsregeln in §§ 88, 89 UrhG, die den Filmhersteller begünstigen. Im Hinblick auf diese gesetzlichen Auslegungsregelungen ist zwischen den Urhebern der vorbestehenden urheberrechtlich geschützten

---

749 Gegen die Anwendbarkeit des § 32c UrhG: Grützmacher in: Wandtke/Bullinger, § 69b UrhG Rn. 24. Für die entsprechende Anwendbarkeit des § 32c UrhG: van der Hoff, Die Vergütung angestellter Software-Entwickler, 2009, S. 158f.
750 Dreier in: Dreier/Schulze, § 69b UrhG Rn. 9; Zirkel, Das Recht des angestellten Urhebers und EU-Recht, 2002, S. 72; Fuchs, Arbeitnehmer-Urhebervertragsrecht, 2005, S. 132.

Werke[751] und den Filmurhebern[752] zu unterscheiden.[753] § 88 UrhG betrifft den Urheber vorbestehender Werke und § 89 UrhG die Filmurheber. Neben den ausschließlichen Nutzungsrechten nach §§ 88 f. UrhG erwirbt der Filmhersteller originär ein neben dem Urheberrecht der Filmurheber und der Urheber der vorbestehenden urheberrechtlich geschützten Werke stehendes verwandtes Schutzrecht.[754]

1. § 88 UrhG

Eine gesetzliche Auslegungsregel findet sich in § 88 UrhG zugunsten des Filmherstellers. Gestattet der Urheber[755] einem anderen[756], sein Werk zu verfilmen, so liegt nach § 88 UrhG darin im Zweifel die Einräumung des ausschließlichen Rechts, das Werk unverändert oder unter Bearbeitung

---

751 Dies betrifft dn Drehbuchautor, Komponisten der Filmmusik, Filmarchitekten, Bühnenbildner und den Filmurheber.

752 In Betracht kommt insoweit der Filmregisseur und daneben auch der Cutter, evtl. auch der Beleuchter und der Tonmeister. Siehe dazu Schack, Urhebervertragsrecht, 2013 Rn. 331ff.

753 Siehe dazu Schack, Urhebervertragsrecht, 2013 Rn. 331ff; Katzenberger in: Schricker/Loewenheim, vor §§ 88 UrhG Rn. 69.

754 Die Rechte des Filmherstellers beziehen sich auf den von ihm geschaffenen Filmträger. Seine Rechte daran lassen sich abschließend dem verwandten Schutzrecht des § 94 UrhG entnehmen. Gemäß § 94 Abs. 1 S. 1 UrhG hat der Filmhersteller das ausschließliche Recht, den Filmträger, auf dem sich das Filmwerk befindet, zu vervielfältigen, zu verbreiten und zur öffentlichen Vorführung, Funksendung oder öffentlichen Zugänglichmachung zu benutzen. Darüber hinaus hat der Filmhersteller nach § 94 Abs. 1 S. 2 UrhG das Recht, jede Entstellung oder Kürzung des Bildträger oder Bild- und Tonträger zu verbieten, die geeignet ist, seine berechtigten Interessen an diesem zu gefährden. Dennoch handelt es sich bei dem verwandten Schutzrecht des Filmherstellers nur um eine vermögensrechtliche Befugnis, das den urheberpersönlichkeitsrechtlichen Schutz nur in der Weise nachbildet wie er die vermögensrechtlichen Interessen des Filmherstellers betrifft. Nach § 94 Abs. 2 S. 1 UrhG kann der Filmhersteller sein Recht als Ganzes übertragen und nach § 94 Abs. 2 S. 2, 3 UrhG abgeleitete Nutzungsrechte im Sinne des § 31 Abs. 1 UrhG einräumen. §§ 34 und 35 UrhG finden keine Anwendung. Siehe dazu Katzenberger in: Schricker/Loewenheim, § 94 UrhG Rn. 7, Rn. 1.

755 § 88 UrhG ist extensiv auszulegen und erfasst neben dem Urheber auch die Partei, die die Rechte vom Urheber erlangt hat und diese Rechte einem Dritten einräumt, um ein Filmwerk herstellen zu lassen. Dazu Meckel in: Dreyer/Kotthoff/Meckel, Urheberrecht; § 88 UrhG Rn. 8.

756 Dies ist in der Regel der Filmhersteller, siehe BT Drucks. IV/270, S. 98.

oder Umgestaltung zur Herstellung eines Filmwerkes zu benutzen und das Filmwerk sowie Übersetzungen und andere filmische Bearbeitungen auf alle Nutzungsarten zu nutzen.[757] In diesem Fall sind § 31a Abs. 1 Satz 3 und 4 und Abs. 2 bis 4 UrhG[758] sowie die Bestimmungen über die Übertragung von Nutzungsrechten (§ 34 UrhG), über die Einräumung weiterer Nutzungsrechte (§ 35 UrhG), über das Rückrufrecht wegen Nichtausübung (§ 41 UrhG) und wegen gewandelter Überzeugung (§ 42 UrhG)[759] nicht anzuwenden. § 88 UrhG findet nur dann Anwendung, wenn die Auslegung unter Maßgabe der Zweckübertragungsregel unklar bleibt.[760] Daher ist zunächst zu prüfen, ob die Parteien eine ausdrückliche oder stillschweigende Regelung über die Nutzungsrechte an dem Werk des Urhebers getroffen haben. Diese Auslegung findet auch anhand der Zweckübertragungsregel nach § 31 Abs. 5 UrhG statt. Ergibt sich danach, dass eine Nutzungsart vom Vertrag erfasst ist oder nicht, ist kein Rückgriff auf § 88 UrhG notwendig.[761] Bleiben jedoch nach der Auslegung anhand der Zweckübertragungsregel noch Zweifel bestehen, kommt § 88 UrhG zur Anwendung. Danach erlangt der Filmhersteller das ausschließliche Recht, das Werk zur Herstellung eines Films zu nutzen bzw. zu bearbeiten.

2. § 89 UrhG

Darüber hinaus enthält auch § 89 UrhG eine gesetzliche Auslegungsregel. Während § 88 UrhG das Werk betrifft, das zur Herstellung eines Films genutzt wird, betrifft § 89 UrhG die schöpferischen Beiträge, die Bestandteil des Films sind. Bei § 88 UrhG geht es daher um eine Auslegungsregel zulasten des drehbuchschreibenden Urhebers und bei § 89 UrhG um eine Auslegungsregel zulasten des Filmurhebers, in der Regel des Regisseurs, des Kameramanns oder des Cutters[762]. Wer sich zur Mitwirkung bei der Herstellung eines Filmes verpflichtet, räumt damit für den Fall, dass er ein Urheberrecht am Filmwerk erwirbt, dem Filmhersteller im Zweifel das ausschließliche Recht ein, das Filmwerk sowie Übersetzungen und andere filmische Bearbeitungen oder Umgestaltungen des Filmwerkes auf alle

---

757 § 88 Abs. 1 S. 1 UrhG.
758 § 88 Abs. 1 S. 2 UrhG.
759 § 90 UrhG.
760 Meckel in: Dreyer/Kotthoff/Meckel, Urheberrecht; § 88 UrhG Rn. 2.
761 Meckel in: Dreyer/Kotthoff/Meckel, Urheberrecht; § 88 UrhG Rn. 2.
762 BT Drucks. IV/270, S. 100.

Nutzungsarten zu nutzen.[763] § 31a Abs. 1 Satz 3 und 4 und Abs. 2 bis 4 UrhG[764] sowie die Bestimmungen über die Übertragung von Nutzungsrechten (§ 34 UrhG), über die Einräumung weiterer Nutzungsrechte (§ 35 UrhG), über das Rückrufrecht wegen Nichtausübung (§ 41 UrhG) und wegen gewandelter Überzeugung (§ 42 UrhG)[765] finden in diesem Fall keine Anwendung. § 89 UrhG kommt erst dann zur Anwendung, wenn die Parteien keine ausdrückliche vertragliche Vereinbarung geschlossen haben.[766] § 89 UrhG findet nur dann Anwendung, wenn überhaupt ein Vertrag zur Herstellung eines Filmwerks besteht.[767] Ist dies der Fall, findet § 89 UrhG auf jede Art von Verträgen, ob Werk-, Dienst-, Arbeits- oder Gesellschaftsvertrag, Anwendung. § 89 UrhG ist gegenüber der allgemeinen Zweckübertragungsregel nach § 31 Abs. 5 UrhG vorrangig.[768] Der Filmhersteller erwirbt danach das ausschließliche Recht, das Filmwerk auf allen Nutzungsarten, ob bekannt oder unbekannt, zu nutzen und zu bearbeiten.

VI. Abschließende Zusammenfassung

1. Originäre Inhaberschaft des Urheberrechts und Verteilung der
   vermögensrechtlichen Befugnisse im Auftragsverhältnis

Auch im Auftragsverhältnis ist der Werkschöpfer Urheber und damit originären Inhaber des Urheberrechts. Da das Urheberrecht translativ unübertragbar ist, kann der Auftraggeber nur konstitutive Nutzungsrechte erwerben. Weder die Einräumung eines ausschließlichen noch eines nichtausschließlichen Nutzungsrechts ist an die Einhaltung von Formerfordernissen gebunden und kann sowohl ausdrücklich als auch stillschweigend erteilt werden. Nutzungsrechte an künftigen unbestimmten Werken und Nutzungsrechte für unbekannte Nutzungsrechte müssen schriftlich nach §§ 31a, 40 UrhG vereinbart werden. Der Auftraggeber ist nur mit Zustimmung des Auftragnehmers berechtigt, sein Nutzungsrecht translativ zu übertragen bzw. an Dritte weiter einzuräumen. Dabei darf der beauftragte Urheber seine Zustimmung jedoch nicht entgegen Treu und Glauben ver-

---

763 § 89 Abs. 1 S. 1 UrhG.
764 § 89 Abs. 1 S. 2 UrhG.
765 § 90 UrhG.
766 Meckel in: Dreyer/Kotthoff/Meckel, Urheberrecht; § 89 UrhG Rn. 3.
767 Meckel in: Dreyer/Kotthoff/Meckel, Urheberrecht; § 89 UrhG Rn. 6.
768 BGH GRUR 2005, 937 (939) – Der Zauberberg; Meckel in: Dreyer/Kotthoff/
     Meckel, Urheberrecht; § 89 UrhG Rn. 3 m.w.N.

weigern. Der beauftragte Urheber hat einen Anspruch auf angemessene und weitere Vergütung nach § 32 Abs. 1 S. 3, 32a Abs. 1 S. 1, ggfs. i.V.m. § 32c Abs. 1 S. 1 UrhG, und damit danach was zur Erreichung des Vertragszwecks benötigt wird. Werden die Nutzungsrechte nicht konkret bezeichnet, sondern pauschal oder stillschweigend eingeräumt, bestimmt sich deren Reichweite nach der Zweckübertragungsregel nach § 31 Abs. 5 UrhG. Unabhängig von einem Anstellungs- und Auftragsverhältnis gilt für Filmwerke die besondere Auslegungsregel der §§ 88f. UrhG, nach welchen der Filmhersteller im Zweifel ausschließliche Nutzungsrechte erlangt.

2. Originäre Inhaberschaft des Urheberrechts und Verteilung der vermögensrechtlichen Befugnisse im Arbeitsverhältnis

Da der angestellte Werkschöpfer originärer Inhaber des Urheberrechts an seinem Werk ist und damit Inhaber aller vermögensrechtlichen Befugnisse, ist auch der Arbeitgeber darauf angewiesen, auf rechtsgeschäftliche Weise Nutzungsrechte zu erlangen. Die vermögensrechtlichen Befugnisse des Arbeitgebers werden für alle Werke außer Computerprogramme in § 43 UrhG und für Computerprogramme in § 69b UrhG geregelt. § 43 UrhG regelt weder einen Zeitpunkt noch eine Pflicht des Arbeitnehmers zur Einräumung von Nutzungsrechten im Arbeitsverhältnis.[769] Die herrschende Meinung geht jedoch von einer stillschweigenden (Voraus-) Verpflichtung zur Einräumung von Nutzungsrechten am Arbeitnehmerwerk aus.[770] Nach herrschender Ansicht führt § 43 Teils. 3 UrhG nicht dazu,

---

769 Wandtke in: Wandtke/Bullinger, § 43 UrhG Rn. 49.
770 BT Drucks. IV/270, S. 62; RGZ 110, 393 (396) – Innenausstattung Riviera; BGH GRUR 1952, 257 (258) – Krankenhauskartei; BGH GRUR 1960, 609 (612) – Wägen und Wagen; BGH GRUR 1974, 480 (483) – Hummelrechte; BGH GRUR 1985, 129 (130) – Elektrodenfabrik; BAG GRUR 1984, 429 (431) – Statikprogramme; BAG GRUR 1961, 491 – Nahverkehrschronik; BAG BB 1997, 2112 – Schaufensterdekoration; KG GRUR 1976 246 (265) – Gesicherte Spuren; BAG NZA 1997, 765 (766) – Lieferantenwettbewerbs; Wandtke in: Wandtke/ Bullinger, § 43 UrhG Rn. 50; Rojahn in: Schricker/Loewenheim, § 43 UrhG Rn. 40; Rehbinder, Urheberrecht, 2008 Rn. 642; Gamm, Urheberrechtsgesetz, 1968, § 43 UrhG Rn. 2; Ulmer, Urheber- und Verlagsrecht, 1980, S. 402; Zirkel, Das Recht des angestellten Urhebers und EU-Recht, 2002, S. 50; Mathis, Der Arbeitnehmer als Urheber, 1988, S. 92f.; Vinck, Die Rechtsstellung des Urhebers im Arbeits- und Dienstverhältnis, 1972, S. 19. A.A. Link, GRUR 1986, 141 (145); Mit Erfüllung des Tatbestands aus § 69b UrhG hat der Arbeitgeber das ausschließlich Recht zur Ausübung aller vermögensrechtlichen Befugnisse an dem

dass dem Arbeitgeber oder Dienstherrn im Zweifel alle Rechte an dem Pflicht- oder Dienstwerk zuzuordnen sind. Die Zweckübertragungsregel nach § 31 Abs. 5 UrhG führt im Arbeits- und Dienstverhältnis zu der Gleichsetzung des Vertragszwecks mit dem Betriebszweck. In der Regel ist daher im Arbeitsverhältnis von einer Einräumung ausschließlicher Nutzungsrechte für den Betriebszweck auszugehen. Nutzungsrechte an unbestimmten künftigen Werken sowie Nutzungsrechte für unbekannte Nutzungsarten erwirbt der Arbeitgeber nur, wenn er das Schriftformerfordernis nach § 40 Abs. 1 S. 1 UrhG bzw. § 31a Abs. 1 S. 1 UrhG einhält. Hat der angestellte Urheber Nutzungsrechte auch für unbekannte Nutzungsarten eingeräumt, kann er das nach § 31a Abs. 1 S. 3 UrhG bestehende Recht, die Einräumung für unbekannte Nutzungsarten zu widerrufen, nicht geltend machen, wenn er weiterhin dem Betrieb zugehörig ist und die Verwertung des Arbeitgebers in Form der unbekannten Nutzungsart von dem zur Zeit der Fertigstellung bestehenden Betriebszweck gedeckt ist. Die Übertragung der vom Arbeitnehmer oder Dienstverpflichteten ausdrücklich oder stillschweigend eingeräumten Nutzungsrechte auf Dritte nach § 34 Abs. 1 S. 1 UrhG bzw. die Einräumung weiterer Nutzungsrechte nach § 35 Abs. 1 S. 1 UrhG kann nur mit Zustimmung des Arbeitnehmers oder Dienstverpflichteten erfolgen.[771] Liegt eine ausdrückliche Zustimmung im Sinne von § 34 Abs. 1 Satz 1 UrhG oder § 35 Absatz 1 Satz 1 UrhG im Arbeitsvertrag nicht vor, ist von einer stillschweigenden Zustimmung dann auszugehen, wenn der betriebliche Zweck eine derartige Übertragung möglich

---

Computerprogramm. Die herrschende Meinung geht bei § 69b UrhG von einem derivativen Rechtserwerb aus. Die Vertreter eines derivativen Erwerbs sehen § 69b UrhG teilweise als gesetzliche Lizenz und teilweise als cessio legis. Ein anderer Teil der Literatur sowie der deutsche Gesetzgeber verstehen § 69b UrhG als eine gesetzliche Auslegungsregel. Aus Sicht der richtlinienkonformen Auslegung erscheint es jedoch richtiger, § 69b UrhG als gesetzliche Lizenz einzuordnen. Zu Recht auch Sahmer, UFITA 21 [1956], S. 38 und Fuchs, S. 143, die eine stillschweigende Verpflichtung zur Rechtseinräumung ablehnen, da ansonsten das Schöpferprinzip im Arbeitsverhältnis indirekt umgangen werden könnte.

771 OLG Thüringen, ZUM 2003, 55 (57); Wandtke in: Wandtke/Bullinger, § 43 UrhG Rn. 80; Vinck in: Fromm/Nordemann, Urheberrecht, § 43 Rn. 3; Rojahn in: Schricker/Loewenheim, § 43 UrhG Rn. 56; Gamm, Urheberrechtsgesetz, 1968, § 43 Rn. 11, 17; Bayreuther in: Richardi/Wlotzke/Wissmann/Oetker, Münchener Handbuch zum Arbeitsrecht, § 91 Rn. 12; Schricker/Loewenheim in: Schricker/Loewenheim, § 34 UrhG Rn. 15.

und notwendig macht.[772] Im primären Urhebervertragsrecht gilt das Kausalitätsprinzip mit der Folge, dass mit Ende des Arbeitsverhältnisses die Nutzungsrechte kausal wegfallen. Erfordert der betriebliche Zweck jedoch, dass die Nutzung des Arbeitnehmerwerks auch nach Ende des Arbeitsverhältnisses möglich sein muss, wird nach § 43 Teils. 3 UrhG eine stillschweigende Fortgeltungsabrede anzunehmen sein. Dem angestellten und dienstverpflichteten Urheber stehen die gesetzliche Vergütungsansprüche nach den §§ 32 Abs. 1 S. 3, 32a Abs. 1 S. 1, 32c Abs. 1 S. 1 UrhG zu. Dabei wird der Anspruch auf eine angemessene Vergütung nach § 32 Abs. 1 S. 1 UrhG auf Ausnahmefälle reduziert sein, da diesbezüglich grundsätzlich davon auszugehen ist, dass die angemessene Vergütung bereits durch die Zahlung des Gehalts erfüllt wurde.

Die vermögensrechtlichen Befugnisse des Arbeitgebers an Computerprogrammen ergeben sich aus § 69b UrhG. Mit Erfüllung des Tatbestands aus § 69b UrhG wird dem Arbeitgeber in Form einer gesetzlichen Lizenz das ausschließliche Recht zur Ausübung aller vermögensrechtlichen Befugnisse an dem Computerprogramm eingeräumt. Die gesetzlich eingeräumten Nutzungsrechte umfassen sowohl die bekannten als auch die unbekannten Nutzungsarten und sind nicht auf den Betriebszweck begrenzt. § 69b UrhG soll die Verwertung durch Dritte ermöglichen, damit ist der Arbeitgeber aufgrund seiner ausschließlichen vermögensrechtlichen Befugnisse zur Übertragung und Einräumung weiterer Nutzungsrechte nach §§ 34, 35 UrhG auch ohne Zustimmung des angestellten Programmierers berechtigt. Selbst bei Ausscheiden des angestellten Programmierers bleiben die Nutzungsrechte des Arbeitgebers bzw. Dienstherrn bestehen. Dem angestellten Programmierer stehen die gesetzlichen Vergütungsansprüche der §§ 32 Abs. 1 S. 3, 32a Abs. 1 S. 1 und 32c Abs. 1 S. 1 UrhG zu. Der Anspruch auf eine angemessene Vergütung nach § 32 Abs. 1 S. 3 UrhG ist jedoch in der Regel durch die Zahlung des Gehalts erfüllt.

---

772 BGH GRUR 2005, 860, 862 – Fash 2000; OLG Jena GRUR-RR 2002, 379, 380 – Rudolstädter Vogelschießen; Wündisch in: Berger/Wündisch/Abel, § 15 Urhebervertragsrecht und Arbeitsrecht Rn. 30; Gamm, Urheberrechtsgesetz, 1968 § 34 Rn. 11; Wandtke in: Wandtke/Bullinger, § 43 UrhG Rn. 81; Rojahn in: Schricker/Loewenheim, § 43 UrhG Rn. 57; Dreier in: Dreier/Schulze, § 43 UrhG Rn. 21.

B. Rechtsgeschäftliche Dispositionen über das copyright

> *„[W]e see the total transfer of rights becoming standard business practice, not out of necessity, not to facilitate enforcement, not for logistic purposes, not for reasons of efficiency or legal security, but as a symptom of existential insecurity, because publishers have no idea what the future has in store for them, and for the works created by their authors …"*[773]
>
> *„In circumstances of pure freedom of transfer, as currently in the UK, the natural justice which copyright is intended to effect has been transformed into contractual injustice."*[774]

Will der originäre Rechtsinhaber in England sein Werk durch Dritte verwerten lassen, stellt Chapter 5 mit den ss. 90 ff. CDPA unter der Überschrift *„Dealings with Rights in Copyright Works"* Regelungen für die rechtsgeschäftliche Disposition über das *copyright* bereit. Relevant werden diese insbesondere im Auftragsverhältnis, da der Auftraggeber nicht originär die Inhaberschaft des *copyright* erwirbt. Auch im Arbeitsverhältnis können die Regelungen an Bedeutung erlangen, wenn die Voraussetzungen der s. 11 Abs. 2 CDPA für die originäre Inhaberschaft des Arbeitgebers nicht vorliegen. Das CDPA unterscheidet zwischen der translativen Übertragung (*assignment*) und der Erteilung von Lizenzen (*licences*), welche unter dem Oberbegriff *transfer of rights* zusammengefasst werden.

I. Translative Übertragung des copyright

Nach s. 90 Abs. 1 CDPA ist das *copyright* als persönliches[775] Eigentum durch Abtretung, testamentarische Verfügung[776] oder kraft Gesetzes[777]

---

773 Bently, Between a Rock and a Hard Place, 2009, S. 16.
774 Bently, Between a Rock and a Hard Place, 2009, S. 33.
775 In England, Wales und Nordirland wird das *copyright* als *personal property* eingeordnet. In Schottland hingegen als *moveable* (bewegliches) *property*. Um beide Formen abzudecken, heißt es in s. 90 Abs. 1 CDPA daher *„personal and moveable property"*.
776 Siehe hier Ausführungen zu der Rechtsgeschäftlichen Disposition über die *moral rights* in diesem Kapitel, § 3, E.III.
777 Als Übertragungen kraft Gesetzes kommen unter anderem die Übertragung im Rahmen eines Insolvenzverfahrens oder die gesetzliche Erbfolge in Betracht.

übertragbar.[778] In den Auftragsverhältnissen fordern die Verhandlungspartner überwiegend die Übertragung aller Rechte.[779]

Die translative Übertragung setzt für ihre Wirksamkeit die Schriftform
sowie die Unterzeichnung des Zedenten bzw. seines Vertreters[780] voraus.[781] Ist das *assignment* nicht unter Einhaltung der Formvorgaben erklärt
worden, ist die Übertragung in eine Vereinbarung zur Übertragung (*agreement to assign*) umzudeuten.[782] In diesem Fall ist der Rechtsinhaber nur in
Form einer Verpflichtung im Rahmen des Billigkeitsrechts (*right of equity*)
gebunden. Rechtlicher Inhaber bleibt daher der Zedent, der Zessionar
wird in diesem Fall nur Inhaber des *copyright* nach dem Billigkeitsrecht
(*owner in equity*).[783]

---

778 S. 90 Abs. 1 CDPA.
779 Kretschmer/Singh/Bently/Cooper, Copyright contracts and earnings of visual
creators, 2011, S. 85. Ca. 46% gaben an, dass die Verhandlungspartner die Übertragung aller Rechte forderten. Die meisten Übertragungen werden dabei bei visuellen Künstlern, wie beispielsweise Grafikern (79%), Fotografen (54%) und Illustratoren (72%) gefordert. Eher selten wird hingegen bei Designern (33%)
und Urhebern der feinen Künste, wie Urheber von Skulpturen und Gemälden
(29%) eine Übertragung gefordert. Siehe S. 85. Eine untergeordnete Bedeutung
hat die Übertragung der Rechte in den Bereichen, in dem das Eigentum an dem
Originalwerk mehr im Vordergrund steht, wie im Bereich der feinen Künste.
Die geringe Anzahl der Übertragungen im Bereich des Designs lässt sich zum
Zeitpunkt der Studie damit begründen, dass der Auftraggeber eines registrierten oder nicht registrierten Designs bis zum 01.10.2014 originärer Inhaber des
Rechts am Design war, s. 215 Abs. 1 CDPA a.F. Daher ist mit einer Zunahme
der Übertragungsregelungen auch im Bereich des Designs zu rechnen, da seit
dem 01.10.2014, vorbehaltlich abweichender vertraglicher Vereinbarung, der
Auftragnehmer originärer Inhaber des Designrechts ist. Mit 79% ist der Prozentsatz bei den visuellen Künstlern besonders hoch. Nach Kretschmer, S. 87, sei
dies darauf zurückzuführen, dass die Werke in unterschiedlichen Medienkanä-
len genützt werden sollen. Kretschmer, S. 88, weist auch darauf hin, dass in den
Bereichen der Werke der bildenden Kunst, in denen besonders häufig eine
Übertragung gefordert wird – wie beispielsweise im Bereich der Fotografie –
55% der Fotografen nie ihre Rechte übertragen. Zurückzuführen sei dies darauf,
dass die Fotografen vertragliche Zugeständnisse eher im Bereich der *moral rights*
machen und im Gegenzug die Übertragung ihrer Rechte ablehnen.
780 Aus dem Wortlaut der s. 90 Abs. 3 CDPA „signed by or on behalf of the assignor" ergibt sich, dass es sich bei der Übertragung des Urheberrechts nicht um
ein höchstpersönliches Recht handelt und eine Vertretung möglich ist.
781 S. 90 Abs. 3 CDPA.
782 Copinger/Garnett/Skone, Copinger and Skone James on copyright, 2011, 5.76,
S. 289; 5.85, 293f; dazu auch Choi, Stellung des Urhebers, 2007, S. 134f.
783 Zu dem *beneficial ownership of copyright* siehe dieses Kapitel, § 3, C. I.6. Siehe
auch Choi, Stellung des Urhebers, 2007, S. 135.

Mit Ausnahme der Schriftform muss die translative Übertragung keine weiteren formellen Anforderungen erfüllen.[784] Es ist insbesondere nicht notwendig, dass die Übertragung die Begriffe *assignment* oder *copyright* enthält. Ausreichend ist, wenn die Vertragsklauseln allgemein und abstrakt gefasst sind. Eine Übertragung kann daher mit den folgenden vertraglichen Formulierungen angenommen werden, wie *„all of the assets and liabilities"*[785] oder *„the whole of the property, copyright and interest, present or future, vested or contingent"*.[786]Aufgrund dieser breiten Formulierungsmöglichkeiten kann es daher im Einzelfall notwendig sein, zu ermitteln, ob tatsächlich eine translative Übertragung des *copyright* vertraglich vereinbart wurde.[787]

Die Übertragung des *copyright* kann sich im englischen Recht sowohl auf ein künftiges Werk[788] als auch auf unbekannte Nutzungsarten[789] beziehen. Wird das *copyright* an einem künftigen Werk übertragen (*prospective ownership of the copyright*), wird der Zessionar mit Schöpfung des Werks neuer Rechtsinhaber. Es ist daher nicht notwendig, dass bei Schöpfung des Werks erneut eine vertragliche Regelung getroffen wird.[790]

Auch inhaltliche und zeitliche Beschränkungen des *assignment* sind möglich. Inhaltlich kann die Übertragung auf einzelne Verwertungshand-

---

784 Laddie/Prescott/Vitoria, The modern law of copyright and designs, 2011, 24.2, S. 1004; Copinger/Garnett/Skone, Copinger and Skone James on copyright, 2011, 5-87, S. 294f.

785 Wilden Pump Engineering Co v. Fusfeld [1985-87] 8 IPR 250.

786 Redwood Music Ltd. v. B. Feldman & Co. Ltd & Ors. [1979] RPC 385, Rn. 394

787 Zu der Abgrenzung des *assignment* von der *licence*, siehe dieses Kapitel, § 3, C. I.3.

788 S. 91 CDPA (vormals in s. 37 Abs. 1 Copyright Act 1956); der *author* schließt als *prospective owner* (künftiger Inhaber des *copyright'*) den Vertrag mit dem Zessionar ab.

789 Dies ist im CDPA nicht ausdrücklich geregelt. Vertraglich abgedeckt werden die unbekannten Nutzungsarten mit der Formulierung „by all means whether known or unknown", so in Messager v. British Broadcasting Co Ltd [1929] AC 151; zu den Auslegungstendenzen hinsichtlich noch nicht bekannter Nutzungsarten bei zweifelhaft formulierten Nutzungsverträgen: Choi, Stellung des Urhebers, 2007, S. 172fs; Bently/Cornish in: Geller, International copyright law and practice, UK, § 4 [3][c].

790 Notwendig wäre dies nur, wenn die vertragliche Regelung darin bestünde, dass sich der Urheber bei Fertigstellung des Werks zur Übertragung des Urheberrechts verpflichtet. Bevor in s. 37 Copyright Act 1956 bzw. in s. 91 CDPA die Regelung aufgenommen wurde, hatte der Zessionar nur einen Anspruch auf Übertragung. *Legal owner* konnte der Zessionar daher erst bei Fertigstellung des Werks werden, davor war er nur *equitable owner*, siehe auch Laddie/Prescott/Vitoria, The modern law of copyright and designs, 2011, 24.6, S. 1008.

lungen beschränkt werden. Dieses *partial assignment* kann sich sowohl auf einzelne oder mehrere Verwertungsrechte im Sinne der s. 16 CDPA als auch auf Unterteile oder Abspaltungen dieser Verwertungsrechte beziehen.[791] Darüber hinaus kann ein *partial assignment* auch nur einzelne Verwendungszwecke betreffen.[792] Innerhalb der Schutzdauer des Werks kann ein *assignment* auch zeitlich beschränkt werden. Uneinigkeit herrscht hingegen bei der räumlichen Beschränkungsmöglichkeit der Übertragung.[793]

Üblicherweise wird in der Vertragspraxis die translative Übertragung des Urheberrechts mit einer sog. *reverter clause* einhergehen.[794] Damit sichert sich der Zedent beispielsweise das Recht zu, dass die Rechtsinhaberschaft des Urheberrechts im Falle eines Vertragsbruchs oder im Fall der Insolvenz[795] des Vertragspartners auf ihn selbst zurückfällt. Mit der Übertragung wechselt die Person des Rechtsinhabers des *copyright*.[796] Der *assignee* erhält bezüglich des übertragenen Gegenstands das unbeschränkte *copy-*

---

791 Dies lässt sich aus dem Wortlaut der s. 90 Abs. 2 lit. (a) CDPA schließen, indem im Gegensatz zu s. 16 CDPA nicht von „acts which the copyright owner has the exclusive right to do", sondern von „things the copyright owner has the exclusive rigth to do" die Rede ist.

792 Copinger/Garnett/Skone, Copinger and Skone James on copyright, 2011, 5-97, S. 298.

793 Für eine räumliche Beschränkung: Dworkin/Taylor; Blackstone's guide to the Copyright, Designs and Patents Act 1988, S. 83. Gegen eine räumliche Beschränkung: Copinger/Garnett/Skone, Copinger and Skone James on copyright, 2011, 5.103, S. 300, der anführt, dass dies gegen den freien Warenverkehr verstoßen würde. So auch Bently/Sherman, Intellectual property law, 2014, Chapter 11, S. 254 unter Verweis auf „IHT International Heiztechnik v. Ideal-Standard" (Case C-9/93, [1994] 1 ECR I-2789) und „British Actors Film Co v. Glover" ([1918] 1 KB 299). Weiter wird auch der Wortlaut der s. 90 Abs. 2 CDPA gegen die räumliche Beschränkungsmöglichkeit angeführt. Während in s. 36 Abs. 3 lit. (b) *Copyright Act* noch eine räumliche Beschränkungsmöglichkeit des *assignment* enthalten war, ist diese in s. 90 Abs. 2 CDPA nicht mehr erwähnt. Gegen eine räumliche Beschränkungsmöglichkeit spräche weiter, dass das CDPA im Gegensatz zu dem Copyright Act nur noch im Vereinigten Königreich gilt und daher räumliche Beschränkungen nicht mehr erforderlich seien. Darüber hinaus könne s. 22 CDPA gegen die Möglichkeit angeführt werden, das *copyright* räumlich beschränkt zu übertragen. Denn in s. 22 CDPA ist nur die Einfuhr in das Vereinigte Königreich geregelt; hierzu: Choi, Stellung des Urhebers, 2007, S. 138f.

794 Dazu Laddie/Prescott/Vitoria, The modern law of copyright and designs, 2011, 24.4, S. 1006.

795 Dies wäre unter Beurteilung nach deutschem Recht unwirksam nach § 103, 2. Abs. InsO.

796 Dazu auch Bently/Sherman, Intellectual property law, 2014, Chapter 11, S. 254.

right für die gesetzliche Schutzdauer des Werks.[797] Handelt es sich nur um ein *partial assignment*, beschränken sich die Rechte des neuen Rechtsinhabers auf die die Übertragung betreffenden Rechte. Stirbt der Zessionar, ist sein Recht vererblich.[798] Vorbehaltlich abweichender vertraglicher Vereinbarungen ist der *assignee* berechtigt, seine Rechtsposition an Dritte zu übertragen. Unter Beachtung der Einschränkungen des *integrity right* nach s. 80 CDPA[799] ist er ebenfalls befugt, Änderungen an dem Werk vorzunehmen.[800] Will der erste *assignor* einer weiteren Person das Urheberrecht unbegrenzt übertragen oder mit derselben Beschränkung übertragen, ist diese zweite Übertragung unwirksam.[801] Ein gutgläubiger Erwerb der Inhaberschaft des *copyright* ist nicht möglich.[802] Aus dem CDPA ergibt sich nicht die Pflicht, die Übertragung des *copyright* zu vergüten.[803] Er kann darüber hinaus im eigenen Namen Verletzungsprozesse des *copyright* führen. Die Verletzungen des *copyright*, die vor dem Zeitpunkt der Übertragung stattgefunden haben, kann der *assignee* nur dann im eigenen Namen führen, wenn er dazu ausdrücklich berechtigt wurde.[804]

II. Weiterübertragung des copyright

Der originäre Inhaber des *copyright* bzw. derjenige, der das *copyright* derivativ durch translative Übertragung erlangt hat, ist darin frei, die Inhaberschaft des *copyright* inhaltlich beschränkt oder unbeschränkt translativ an

---

797 Laddie/Prescott/Vitoria, The modern law of copyright and designs, 2011, 24.3, S. 1005.

798 Bently/Cornish in: Geller, International copyright law and practice, UK, § 7 [4].

799 Sofern diese Anwendung finden, hierzu Schedule 1 Paragraph 23, (3) (a) CDPA.

800 „Frisby v. British Broadcasting Corporation" [1967] Ch 932.

801 Copinger/Garnett/Skone, Copinger and Skone James on copyright, 2011, 5-78, S. 290; Laddie/Prescott/Vitoria, The modern law of copyright and designs, 2011, 24.49, S. 1035; Metzler v. Curwen [1928-35] MCC 127.

802 Ein gutgläubig lastenfreier Erwerb des *copyright* hingegen schon, s. 90 Abs. 4 CDPA.

803 Laddie/Prescott/Vitoria, The modern law of copyright and designs, 2011, 24.4, S. 1004 unter Verweis auf Harding v. Harding [1886]) 17 QBD 442; Re Wasterton [1919] 2 Ch 104; Holt v. Heatherfield Trust [1942] 2 KB 1.

804 Laddie/Prescott/Vitoria, The modern law of copyright and designs, 2011, 24.49, S. 1035 m.w.N.

Dritte zu übertragen oder Nutzungsrechte an dem *copyright* einzuräumen.[805]

Ist der derivative Rechtsinhaber des *copyright* Verpflichtungen gegenüber dem originären Rechtsinhaber eingegangen, wie beispielsweise die Zahlung einer Lizenzgebühr, steht in Frage, ob diese Verpflichtung auch gegenüber dem dritten Rechtsinhaber gilt. Diesbezüglich gilt: Der zweite Rechtsinhaber, der seine Rechtsposition auf einen Vertrag mit dem ersten Rechtsinhaber stützt, kann nur die Rechte, jedoch nicht seine vertraglich auferlegten Pflichten aus dem Vertrag an den dritten Rechtsinhaber übertragen.[806] Verdeutlicht wird diese Problematik in dem Fall „Barker v. Stickney"[807], in dem der Schriftsteller Barker das *copyright* an dem Buch „The Theory and Practice of Heating and Ventilation" gegen Zahlung einer Vergütung an ein Unternehmen übertrug. Das Unternehmen ging in Insolvenz und die Rechtsinhaberschaft des *copyright* an dem Buch wurde an eine dritte Partei übertragen. Das Gericht urteilte, dass die dritte Partei aufgrund der *doctrine of privity of contract* im englischen Recht nicht zur Zahlung der Vergütung an Barker verpflichtet war und dem *author* kein Zurückbehaltungsrecht am *copyright* zustand.[808] Um diese Rechtsfolge zu verhindern, wird gefordert, dass ein *assignment* des *copyright* stets die Rechte und Pflichten des zugrundeliegenden Vertrags umfassen muss. Als Argument wird (der inzwischen wieder aufgehobene) s. 60 of the *Bankruptcy Act* 1914 a.F.[809] herangezogen, nach dem die insolvente natürliche Person die Rechte eines Vertrags über das *copyright* nur in Verbindung mit den

---

805 Institute for Information Law, study on the conditions applicable to contracts relating to Intellectual Property in the European Union, 2002, S. 128; Laddie/Prescott/Vitoria, The modern law of copyright and designs, 2011, S. 894.

806 Auch der Lizenznehmer kann jeweils nur die Rechte am Lizenzgegenstand an Dritte übertragen.

807 [1919] 1 KB 121.

808 Kretschmer/Derclaye/Favale/Watt, The Relationship Between Copyright and Contract Law Intellectual, 2010, S. 75 führt an, dass es sich bei „Barker v. Stickney" um einen Sonderfall der Rechtsprechung handelt, da die *privity of contract* nur dann gilt, wenn der ursprüngliche Rechtsinhaber, hier Barker, keine Zustimmung zur Weiterübertragung des *copyright* erteilt hat und dies in der Regel vertraglich vereinbart wird.

809 S. 60 Bankruptcy Act 1914: „Where the property of a bankrupt comprises the copyright in any work or any interest in such copyright, and he is liable to pay to the author of the work royalties or a share of to the profits in respect thereof, the trustee shall not be entitled to sell, or authorise the sale of, any copies of the work, or to perform or authorise the performance of the work, except on the terms of paying to the author such sums by way of royalty or share of the profits as would have been payable by the bankrupt, nor shall he, without the consent

Pflichten des Vertrags übertragen kann. Darüber hinaus wird auch vorgeschlagen, die Ausnahmeregel der *privity of estate* ebenfalls auf Lizenzverträge anzuwenden, wonach der Pächter nur die Rechte eines Pachtvertrags in Verbindung mit den Pachtvertragspflichten an einen Dritten übertragen kann.[810] Aufgrund der Nähe zwischen der Lizenz über das *copyright* und der Verpachtung einer Pachtsache wird angeführt, dass eine entsprechende Anwendung der *privity of estate* auch auf das *copyright* gerechtfertigt ist.[811]

III. Einräumung von Lizenzen

Neben der Möglichkeit, das *copright* translativ zu übertragen, besteht auch die Möglichkeit, an dem *copyright* Lizenzen einzuräumen. Mit einer Lizenz erlaubt der Rechtsinhaber einem Dritten[812], die Rechte auszuüben, die dem Inhaber des *copyright* zustehen. Mit der Lizenz wird der Dritte zu Handlungen ermächtigt, die ohne die Ermächtigung Verletzungen des *copyright* darstellen würden. Die *licence* ist nur ein *personal right* (relatives Recht) und wirkt daher nur innerhalb des vertraglichen Schuldverhältnisses.[813] Dies hat zur Folge, dass die *licence,* vorbehaltlich anderslautender vertraglicher Vereinbarungen, nicht ohne Zustimmung des Inhabers des *copyright* unter Lebenden übertragbar ist und nicht unterlizenzierbar ist.[814] Darüber hinaus erlischt die Lizenz mit dem Tod des Lizenznehmers.[815] Dies gilt sowohl für die exklusive als auch für die nicht-exklusive Lizenz.[816]

---

of the author or of the court, be entitled to assign the right or transfer the interest or to grant any interest in the right by licence, except upon terms which will secure to the author payments by way of royalty or share of the profits at a rate not less than that which the bankrupt was liable to pay."

810 Bently, Between a Rock and a Hard Place, 2009, S. 105.
811 Bently, Between a Rock and a Hard Place, 2009, S. 105.
812 Zu der *licence to the word at large*: Copinger/Garnett/Skone, Copinger and Skone James on copyright, 2011, 5-226, S. 361.
813 CBS United Kingdom Ltd v. Charmdale Record Distributors Ltd [1989] FSR 289 (295).
814 In Ausnahmefällen kann sich die Übertragbarkeit oder Unterlizenzierbarkeit der Lizenz stillschweigend ergeben. Siehe hierzu die Ausführungen zu der implied licence. ALAI, Moral rights in the 21st century, 2014, Report UK, S. 5.
815 Darüber hinaus erlischt sie auch bei Insolvenz des Lizenzgebers, siehe hierzu: Copinger/Garnett/Skone, Copinger and Skone James on copyright, 2011, 5-231, S. 364 unter Verweis auf Lucas v. Moncrieff [1905] 21 TLR 683.
816 Bently/Sherman, Intellectual property law, 2014, S. 858; Laddie/Prescott/Vitoria, The modern law of copyright and designs, 2011, 14.23; Copinger/Garnett/Skone, Copinger and Skone James on copyright, 2011, 5.196, 5.226, S. 361.

Die Übertragbarkeit oder das Recht zur Erteilung von Unterlizenzen kann sich, wenn diese nicht bereits vertraglich geregelt wird, aber im Ausnahmefall durch *implied terms* ergeben.[817] Der Lizenznehmer hat ohne vertragliche Vereinbarung auch nicht das Recht, das Werk abzuändern.[818].Das Gericht kann jedoch ebenfalls über *implied terms* des Vertrags zu dem Ergebnis gelangen, dass im Ausnahmefall eine Änderung des Werks möglich ist[819]. Ebenso wie das *partial assignment* kann auch die Lizenz inhaltlich und zeitlich beschränkt werden. Eine Lizenz kann exklusiv oder nicht-exklusiv eingeräumt werden.

1. Einräumung einer exklusiven Lizenz

Ebenso wie nach deutschem Recht berechtigt eine exklusive Lizenz nach englischem Recht den Lizenznehmer, das Werk nach den Lizenzbedingungen unter Ausschluss Dritter und des Inhabers des *copyright* zu nutzen und zu verwerten.[820] Nach englischem Recht wird eine Exklusivlizenz jedoch nur dann wirksam eingeräumt, wenn die Schriftform eingehalten wurde und die Lizenz durch den Inhaber des *copyright* oder dessen Vertreter unterzeichnet wurde.[821]Nach deutschem Recht besteht ein Schriftformerfordernis nach § 40 UrhG hingegen nur in Bezug auf unbekannte Nutzungsarten.

Der exklusive Lizenznehmer kann Dritte nur mit dem Inhaber des *copyright* gemeinsam verklagen.[822] Dies gilt dann nicht, wenn der Inhaber des *copyright* tot oder unauffindbar ist.[823] Der Lizenzgeber ist daher grundsätz-

---

817 Siehe hierzu die Ausführungen in diesem Kapitel unter § 3, C. I.6.

818 Bently/Sherman, Intellectual property law, 2014, S. 858.

819 Copinger/Garnett/Skone, Copinger and Skone James on copyright, 2011, 5-228, S. 362, der darauf hinweist, dass das Gericht bei unwesentlichen Änderungen des Werks dazu geneigt sein wird, diese zuzulassen. Unabhängig von einem Änderungsrecht ist der Lizenznehmer jedoch berechtigt, das Werk zu reparieren.

820 S. 92 Abs. 1 CDPA.

821 Wird eine Lizenz nicht schriftlich oder unterzeichnet erteilt, wirkt sie nur im Innenverhältnis nach dem *right of equity*, hierzu: Choi, Stellung des Urhebers, 2007, S. 140; Bently/Sherman, Intellectual property law, 2014, S. 858.

822 S. 101 Abs. 1 CDPA. Die Rechte und Rechtsbehelfe des Lizenznehmers konkurrieren mit denen des Inhabers des *copyright*, s. 102 CDPA. Siehe dazu Bently/Sherman, Intellectual property law, 2014, Chapter 11, S. 257; Pilny, Der englische Verlagsvertrag, 1989, S. 132.

823 Pilny, Der englische Verlagsvertrag, 1989, S. 134.

lich durch die Bewahrung seiner Aktivlegitimation besser prozessrechtlich geschützt als im Fall einer Übertragung seines *copyright*.

2. Einräumung einer nicht-exklusiven Lizenz

Die nicht-exklusive Lizenz verleiht dem Lizenznehmer das Recht, das Werk neben dem Lizenzgeber und anderen Berechtigten nach den Lizenzbedingungen zu nutzen. Um eine nicht-exklusive Lizenz einzuräumen, sind keine Formanforderungen einzuhalten, sodass die Einräumung auch mündlich erfolgen kann.[824]

3. Bindungswirkung der Lizenz gegenüber dem Rechtsnachfolger

Grundsätzlich gilt die Lizenz nur zwischen den Parteien des Lizenzvertrags. In einzelnen Ausnahmefällen regelt das Gesetz jedoch den gesetzlichen Übergang dieser Pflichten auf den Rechtsnachfolger. Im Urheberrecht folgt dies für die Pflichten des Lizenzgebers aus s. 90 Abs. 4 CDPA und speziell für die exklusive Lizenz aus s. 92 Abs. 2 CDPA.

Gemäß s. 90 Abs. 4 CDPA ist der Rechtsnachfolger eines Lizenzgebers an die (exklusiven und nicht-exklusiven) Lizenzen gebunden, die der Rechtsvorgänger eingeräumt hat.[825] Die Bindung des Rechtsnachfolgers erfolgt nur dann nicht, wenn dieser das *copyright* gutgläubig, d. h. ohne positive Kenntnis oder fahrlässige Unkenntnis, gegen Entgelt erworben hat.[826] In dem Fall des gutgläubigen Erwerbs sind auch die Rechtsnachfolger der Person, die das *copyright* gutgläubig erwerben, nicht an die Lizenz gebunden.[827] S. 90 Abs. 4 CDPA findet ebenfalls entsprechende Anwendung auf eine Übertragung, die den Schriftformanforderungen nach s. 90 Abs. 1 CDPA nicht genügt und als ein *agreement to assign* auszulegen ist.[828] Nach s. 92 Abs. 2 CDPA hat der Inhaber einer exklusiven Lizenz dieselben Rech-

---

824 Bently/Sherman, Intellectual property law, 2014, S. 858.
825 Eine entsprechende Regelung gibt es im Fall einer Lizenz an einer Datenbank (Regulation 23 of the Copyright and Rights in Databases Regulations 1997 (SI 1997/3032)) und im Fall der *performers rights* (s. 191B Abs. 4 CDPA).
826 S. 90 Abs. 4 CDPA.
827 S. 90 Abs. 4 CDPA.
828 Copinger/Garnett/Skone, Copinger and Skone James on copyright, 2011, 5-67, S. 289; dazu auch Choi, Stellung des Urhebers, 2007, S. 143.

te gegenüber dem Rechtsnachfolger des Lizenzgebers wie gegenüber dem Lizenzgeber.

Uneinigkeit herrscht im Schrifttum über die jeweiligen Rechte des Lizenznehmers gegenüber dem Rechtsnachfolger des Lizenzgebers nach s. 90 Abs. 4 CDPA und s. 92 Abs. 2 CDPA.[829] Copinger[830] geht davon aus, dass der Lizenznehmer nach s. 90 Abs. 4 CDPA sowohl gegenüber der Allgemeinheit als auch gegenüber dem bösgläubigen Rechtnachfolger des Lizenzgebers zu allen Handlungen gemäß der Lizenzvereinbarung berechtigt ist. Von s. 90 Abs. 4 CDPA sei nach Copinger jedoch nicht das Recht erfasst, rechtlich gegen den Rechtsnachfolger vorzugehen, da der Rechtsnachfolger nicht die Pflichten des Lizenzvertrags übernommen habe. Das Recht auch gegen die Rechtsnachfolger aus den Pflichten des Lizenzvertrags vorzugehen, bestehe nach s. 92 Abs. 2 CDPA nur für den Lizenznehmer einer exklusiven Lizenz.[831]

IV. Abgrenzung von assignment und licence

Ob es sich bei der vertraglichen Abrede um ein *assignment* oder um eine *licence* handelt, ist durch Auslegung anhand der folgenden Kriterien zu ermitteln.[832] Werden einzelne Verwertungsrechte im Sinne der s. 16 CDPA im Umfang beschränkt, kann dies gegen eine Übertragung und für das Vorliegen einer Lizenz sprechen.[833] Hierbei ist jedoch zu beachten, dass die Rechtsprechung vor dem Jahr 1911 vorwiegend bei inhaltlicher Begrenzung der Verwertungsrechte von der Einräumung einer *licence* aus-

---

829 Copinger/Garnett/Skone, Copinger and Skone James on copyright, 2011, 5-205; Laddie/Prescott/Vitoria, The modern law of copyright and designs, 2011, 24; ALAI, Moral rights in the 21st century, 2014, Report UK, S. 3f.

830 Copinger/Garnett/Skone, Copinger and Skone James on copyright, 2011, 5-205.

831 Copinger/Garnett/Skone, Copinger and Skone James on copyright, 2011, vol. 1, 5-205. A.A. Laddie/Prescott/Vitoria, The modern law of copyright and designs, 2011, 24.4 bezweifelt das Erfordernis der s. 92 Abs. 2 CDPA, da diese Rechte bereits für die exklusive und nicht-exklusive Lizenz aus s. 90 Abs. 4 folgen.

832 Torremans; Holyoak and Torremans intellectual property law; 2013, 333; Waelde/Laurie/Brown/Kheria/Cornwell/MacQueen; Contemporary intellectual property; 2013, 22.11, S. 980; Bently/Sherman, Intellectual property law, 2014, S. 858; Laddie/Prescott/Vitoria, The modern law of copyright and designs, 2011, 24.13, S. 1013; Stewart/Sandison, International copyright and neighbouring rights, 18.48, S. 502.

833 Laddie/Prescott/Vitoria, The modern law of copyright and designs, 2011, 24.13, S. 1014.

ging, weil das *partial assignment* erstmalig in den *Copyright Act* 1911[834] ge-setzlich aufgenommen wurde.[835] Die Verwendung der Begriffe *grant a li-cence* oder *assign* kann wiederum nur in Einzelfällen Rückschlüsse auf die Reichweite der Rechtseinräumung geben. Die Richter werden jedoch stets die Umstände des Einzelfalls berücksichtigen. Anhaltspunkt für eine Li-zenz kann die Erhebung von Lizenzgebühren sein.[836] Für ein *assignment* spricht, wenn das Werk neben der ausschließlichen Nutzung auch bearbei-tet werden soll[837] oder eine Rückübertragungsklausel vertraglich verein-bart wurde.[838] Auf ein *partial assignment* deutet es jedoch hin, wenn der Li-zenzgeber die exklusiven Aufführungsrechte einräumt[839], der Vertragspart-ner das ausschließliche Produktionsrecht zugewiesen bekommt[840], der Ver-leger das exklusive Recht eingeräumt bekommt, das Werk zu produzieren, zu veröffentlichen und in jeder Sprache zu veröffentlichen[841] oder dem Verleger das exklusive Recht übertragen wird, das Werk zu drucken und in jeder Form zu veröffentlichen.[842] Als bloße *licence* wurde hingegen ausge-legt, wenn die Vertragsparteien vereinbaren, dass für die Schutzdauer des

---

834 S. 5 Abs. 2 Copyright Act 1911. Dem folgte s. 36 Abs. 2 Copyright Act 1956. Zu der Rechtslage vor dem CDPA: Laddie/Prescott/Vitoria, The modern law of copyright and designs, 2011, 24.18ff., S. 1019ff.

835 Laddie/Prescott/Vitoria, The modern law of copyright and designs, 2011, 24.13, S. 1014.

836 Bently/Sherman, Intellectual property law, 2014, S. 858.

837 Hierbei sind jedoch die *moral rights* des *author* zu berücksichtigen.

838 Bently/Sherman, Intellectual property law, 2014, S. 858.

839 In Messager v. British Broadcasting Co Ltd [1929] AC 151, ging es um die fol-gende Klausel: „The licensor hereby grants the licensee the sole and exclusive rights of representing and performing the play in the UK [...]". Die Auslegung als partial assignment ist besonders aufgrund des klaren Wortlauts, der eindeu-tig auf die Erteilung einer Lizenz Bezug nimmt, überraschend. Begründet wur-de dies mit der im Vertrag enthaltenen *reverter clause*; hierzu auch Waelde/ Laurie/Brown/Kheria/Cornwell/MacQueen; Contemporary intellectual proper-ty; 2013, 22.11, S. 980 m.w.N.

840 In Loew's Inc v. Littler [1958] Ch 650, wurde ein partial assignment in Bezug auf die Formulierung „sole rights of production" angenommen.

841 Chaplin v. Leslie Frewin [1966] Ch 71; [1965] All ER 764. Gegenstand des Ver-fahrens war die folgende Formulierung: „the publisher shall during the legal term of the copyright have the exclusive right of producing, publishing and sell-ing the said work in volume form in any language throughout the world". Be-gründet wurde das *partial assignment* (hier im Widerspruch zu der Wertung des Gerichts vor 1911 bei „Re Clinical Obstetrics") damit, dass der Vertrag mehr-fach den Begriff *assign* enthielt.

842 Jonathan Cape Ltd v. Consolidated Press Ltd [1954] 3 All ER 253, [1954] 1 WLR 1313. Dem Verfahren lag die folgende Klausel zugrunde: „grant the pub-

Urheberrechts das gesamte und exklusive Recht, das Werk zu drucken und zu veröffentlichen[843], das exklusive Recht eingeräumt wird, das Stück binnen zwei Jahre nach Übergabe des Skripts zu verfilmen[844] oder das alleinige und exklusive Recht eingeräumt wird, das Werk auf der ganzen Werk auf Englisch zu veröffentlichen.[845] Die Beispiele zeigen, dass die Abgrenzung der translativen von der konstitutiven Übertragung im Einzelfall schwierig ist. Daher wird den Vertragsparteien angeraten, die Inhaberschaft des *copyright* vertraglich ausdrücklich festzuhalten.[846]

V. Recht zur translativen Weiterübertragung der Lizenz, Recht zur Einräumung weiterer Lizenzen

Weder der exklusive noch der nicht-exklusive Lizenznehmer sind berechtigt, ihre Lizenz ohne Zustimmung des Lizenzgebers translativ an Dritte zu übertragen oder Dritten daran weitere Lizenzen einzuräumen.[847]

---

lishers, their successors and assigns the exclusive right to print and publish in volume form".

843 Re Clinical Obstetrics [1905-10] MCC 176. Diese Art der Auslegung der Formulierung „For the full term of the copyright the whole and exclusive right in all countries to print and publish the work known as Clinical Obstetrics written by and now the property of the author" ist auch darauf zurückzuführen, dass der Vertrag zusätzlich die Modalitäten des Drucks und die Veröffentlichung näher regelte.

844 Frisby v. British Broadcasting Corporation Ltd [1967] Ch 932, [1967] 2 All ER 106. Darin ging es um die folgende Klausel: „the exclusive right to televise the play once only within a period of two years from delivery of the script for a certain fee and to televise repeats within a certain limited period for a reduced fee per repeat". Die BBC wollte eine Änderung an dem Stück vornehmen. Das Gericht lehnte das Recht der BBC das Stück zu ändern ab, da es sich bei der vertraglichen Abrede um eine licence handelte.

845 JHP Ltd v. BBC Worldwide Ltd [2008] FSR 29. Vertrag sah darüber hinaus Lizenzgebühren und eine revert clause vor. Das Gericht ging davon aus, dass es sich bei der folgenden Klausel „sole and exclusive right to publish the work in book form in the English language throughout the world" um eine beschränkte exklusive Lizenz handelt. Als Argument führte das Gericht an, dass der Vertragstext Worte, wie *grant* und gerade nicht *transfer* oder *assign* enthielt und verwies darauf, dass die Aufnahme einer *reverter clause* nicht generell zu dem Vorliegen einer Übertragung führe.

846 Bently/Sherman, Intellectual property law, 2014, S. 858.

847 Institute for Information Law, study on the conditions applicable to contracts relating to Intellectual Property in the European Union, 2002, S. 128; Laddie/Prescott/Vitoria, The modern law of copyright and designs, 2011, S. 894.

VI. Ansprüche aus dem right in equity: die beneficial ownership und implied licence

Rechte am *copyright* können sich im Auftragsverhältnis für den Auftraggeber auch aus *implied terms* ableiten. Wenn es um die Bestimmung des Werks oder um das übertragene *copyright* geht, dürfen ausnahmsweise äußere Umstände mit einbezogen werden.[848] Ausnahmsweise kann der Wortlaut eines Vertrags durch stillschweigende Vertragsbestandteile ergänzt werden, die sich aus dem Handelsbrauch und der Verkehrssitte ergeben.[849] Ein etwaiges Schutzbedürfnis einer Partei hat hingegen keine Auswirkung auf die stillschweigende Vertragsergänzung.[850] Klassischer Anwendungsfall des Anspruchs, der sich aus dem Billigkeitsrecht des *Common Law* ableitet (*right in equity*), ist das Treuhandverhältnis.

Der Billigkeitsanspruch setzt voraus, dass erstens keine gesetzliche Regelung gegeben ist, zweitens keine (formwirksame[851]) vertragliche Regelung über das *copyright* getroffen wurde und drittens die Effizienz des Geschäftsbetriebs (*business efficacy*) dadurch eingeschränkt wird.[852] Durchsetzbar ist ein Anspruch aus dem Billigkeitsrecht jedoch erst dann, wenn eine Vergütung vereinbart wird.[853] Wie bereits an anderer Stelle angemerkt, kann dieser Anspruch sich auch auf die inhaltlich beschränkte oder unbeschränkte Übertragung des *copyright* (*ownership in equity* bzw. *beneficial owner*), die Einräumung einer exklusiven oder nicht-exklusiven Lizenz (*implied li-*

---

848 Die Vertragsauslegung kann in den übrigen Fällen sich allein aus objektiven Umständen ergeben, hier siehe in diesem Kapitel, § 3, D.III.1.

849 Institute for Information Law, study on the conditions applicable to contracts relating to Intellectual Property in the European Union, 2002, S. 128; Laddie/Prescott/Vitoria, The modern law of copyright and designs, 2011, S. 894.

850 Institute for Information Law, study on the conditions applicable to contracts relating to Intellectual Property in the European Union, 2002, S. 128; Laddie/Prescott/Vitoria, The modern law of copyright and designs, 2011, S. 894.

851 Hier insbesondere die Auslegung einer formunwirksamen Übertragung in ein *agreement to assign*: Copinger/Garnett/Skone, Copinger and Skone James on copyright, 2011, 5-177, S. 335.

852 Lester/Mitchell, Johnson-Hicks on UK copyright law, 1989; Bently/Sherman, Intellectual property law, 2014, S. 858.

853 Copinger/Garnett/Skone, Copinger and Skone James on copyright, 2011, 5-177, S. 335, der darauf hinweist, dass daher diese Ansprüche meist mit der symbolischen Vergütung eines Pfunds honoriert werden.

cence), auf das Recht, Unterlizenzen erteilen zu dürfen oder Änderungen am Werk vornehmen zu können, beziehen.[854]

Sofern in dem, dem Auftrag zugrundeliegenden Vertragsverhältnis, keine Regelungen zum Urheberrecht enthalten sind, kann das Rechtsinstitut der *beneficial ownership*[855] – in seltenen Fällen – dazu führen, dass der Auftragnehmer nur treuhänderisch für den Auftraggeber die originäre Inhaberschaft des *copyright* innehat. In diesem Fall wäre der Auftraggeber *beneficial owner* bzw. *equitable owner* und der Auftragnehmer *legal owner* des Urheberrechts. Sind die Voraussetzungen der *beneficial ownership* erfüllt, kann der Auftraggeber die Übertragung der Inhaberschaft des Urheberrechts vom Auftragnehmer verlangen.[856] Sind die Voraussetzungen einer Übertragung nicht gegeben, kommt weiterhin eine stillschweigende Einräumung von Nutzungsrechten, sog. *implied licences*, am Auftragswerk in Betracht.[857] Anhand der folgenden Entscheidungen werden die für die *beneficial ownership* und *implied licence* notwendigen Voraussetzungen veranschaulicht.

1. „Robin Ray v. Classic FM"

Viel zitiert ist in diesem Zusammenhang die Entscheidung „Robin Ray v. Classic FM"[858], in der die *Chancery Division* des *English High Court* erstmalig Voraussetzungen für das Vorliegen der *beneficial ownership of the copyright* aufgestellt hat. Der Entscheidung lag der folgende Sachverhalt zugrunde: Die Radiostation Classic FM beauftragte Robin Ray mit der Zusammenstellung klassischer Musikstücke und deren Einteilung nach Popularität. Auf Basis der vom Auftragnehmer erstellten Dokumente fertigte die Auftraggeberin eine Datenbank an, die sie zunächst nur für die eigene Radiostation nutzte, dann jedoch auch an andere Radiostationen lizenzier-

---

854 Copinger/Garnett/Skone, Copinger and Skone James on copyright, 2011, 5-176, 5-178, S. 335ff.

855 Auch *ownership in equity* genannt.

856 Siehe hierzu: Laddie/Prescott/Vitoria, The modern law of copyright and designs, 2011, 22.75 S. 973f und 22.83, S. 980; hat der *legal owner* zuvor über das Urheberrecht verfügt, kann der Erwerber im englischen Recht das Urheberrecht gutgläubig erworben haben, wenn die Voraussetzungen des *bona fide purchaser for value without notice* vorliegen.

857 Sog. implied licence.

858 Robin Ray v. Classic FM [1998] ECC 488.

te. Der Auftragnehmer widersprach der Erteilung von Nutzungsrechten an andere Radiostationen.

Das Gericht entwickelte in dieser Entscheidung erstmalig die folgenden Kriterien für eine stillschweigende Regelung über das Urheberrecht in einem Auftragsverhältnis[859]: Die bloße Tatsache, dass eine Person mit der Schöpfung eines urheberrechtlich geschützten Werks beauftragt wird, gibt dem Auftraggeber noch keinen Anspruch auf das Urheberrecht.[860] Dieser Anspruch kann jedoch ausdrücklich oder stillschweigend aus dem Vertrag abgeleitet werden,[861] Nur in den Fällen, in denen die geschäftliche Effizienz ausschließlich dann gewährleistet ist, wenn eine Übertragung der Inhaberschaft des Urheberrechts eine Geschäftseffizienz erfolgt, kommt in Betracht, dass das Gericht auch ohne vertragliche Regelung dem Arbeitgeber die Inhaberschaft des Urheberrechts zuweist, sofern dies eindeutig zum Ausdruck kommt und dies den übrigen Regelungen des Vertrags nicht widerspricht.[862] Dem Auftraggeber können jedoch nur die Rechte stillschweigend zuerkannt werden, die er tatsächlich für die zum Zeitpunkt des Vertragsschlusses angestrebte Verwertung des Werks benötigt.[863]Können die Bedürfnisse des Auftraggebers auch durch die Einräumung von Nutzungsrechten gewahrt werden, ist die stillschweigende Regelung auf die Einräumung von Nutzungsrechten begrenzt.[864] Eine Übertragung der Inhaberschaft des Urheberrechts kommt danach nur dann in Betracht, wenn der Auftraggeber auch den Auftragnehmer von der Nutzung ausschließen und gegen Dritte gerichtlich vorgehen können muss.[865] Ergibt die Auslegung, dass eine Einräumung von Nutzungsrechten ausreicht, bemisst sich der Umfang des Nutzungsrechts nach dem Interesse der Vertragsparteien zum Zeitpunkt des Vertragsschlusses und umfasst daher nicht weitere zum Zeitpunkt des Vertragsschlusses unvorhergesehene Verwertungsmöglichkeiten.[866]

---

859 Vor „Robin Ray v. Classic FM" wurde in der Entscheidung „Liverpool City Council v. Irwin" ([1977] AC 239, Rn. 245), bereits festgelegt, dass eine stillschweigende Regelung über das Urheberrecht stets auf den Vertragszweck begrenzt werden müsse.
860 Robin Ray v. Classic FM [1998] ECC 488, Rn. [45], (3).
861 Robin Ray v. Classic FM [1998] ECC 488, Rn. [45], (3).
862 Robin Ray v. Classic FM [1998] ECC 488, Rn. [45], (4).
863 Liverpool City Corpn v. Irwin [1977] AC 239, Rn. 245.
864 Robin Ray v. Classic FM [1998] ECC 488, Rn. [45], (6).
865 Robin Ray v. Classic FM [1998] ECC 488, Rn. [45], (7).
866 Robin Ray v. Classic FM [1998] ECC 488, Rn. [45], (8).

Bezogen auf den streitgegenständlichen Fall urteilte die *Chancery Division* des *English High Court*, dass der Auftragnehmer Inhaber des Urheberrechts an den von ihm erstellten Dokumenten ist. Der Auftragnehmer hat dem Auftraggeber jedoch die Nutzungsrechte einzuräumen, die er für die Nutzung zum Zeitpunkt des Vertragsschlusses benötigt. Da die Unterlizenzierung an andere Radiostationen zum Zeitpunkt des Vertragsschlusses noch nicht beabsichtigt war[867], beschränkte sich die *implied licence*, die auch den Zugriff auf den Source Code umfasste, auf die Einräumung von exklusiven Nutzungsrechten in Bezug auf die Radiostation Classic FM und erfasste damit nicht die Möglichkeit, Unterlizenzen an andere Radiostationen zu erteilen.

In „Robin Ray v. Classic FM" verdeutlicht sich die zurückhaltende Haltung bezüglich der *beneficial ownership*. Fehlt eine vertragliche Regelung über das Urheberrecht wird der Auftraggeber daher in der Regel nur eine *implied licence* an dem Auftragswerk erhalten, die nicht das Recht zur Unterlizenzierung enthält.[868]

2. „Clearsprings Management Ltd v. Businesslinx Ltd"

Die Entscheidung „Clearsprings Management Ltd v. Businesslinx Ltd"[869] verdeutlicht, dass eine stillschweigende Einräumung von Nutzungsrechten nicht zwingend die Einräumung exklusiver Nutzungsrechte und im Falle von Software nicht stets den Zugriff auf den Source Code beinhalten muss. Im Gegensatz zu „Robin Ray v. Classic FM" wurde dem Auftraggeber in „Clearsprings Management Ltd v. Businesslinx Ltd" an der Software des Auftragnehmers nur eine nicht-exklusive Lizenz ohne Zugriff auf den Source Code eingeräumt.[870] Gegenstand des Verfahrens „Clearsprings Management Ltd v. Businesslinx Ltd" war eine Beauftragung mit der Erstel-

---

867 Robin Ray v. Classic FM [1998] ECC 488, Rn. [45], (9).
868 In „John Richardson Computers Ltd v. Flanders" (1993) FSR) wurden den Auftragnehmern die Inhaberschaft des Urheberrechts an den Updates eines dem Auftraggeber gehörenden Computerprogramms zugewiesen und dem Auftraggeber nur Nutzungsrechte stillschweigend eingeräumt. In „Cyprotex Discovery Ltd v. the University of Sheffield" ([2004] RPC 4), wurde die Inhaberschaft des Urheberrechts an Softwareupdates ebenfalls dem Auftragnehmer zugewiesen und dem Auftraggeber nur Nutzungsrechte erteilt. Siehe hierzu auch Laddie 21.69-21.72 und Stokes, Digital copyright, 2014, S. 52.
869 Clearsprings Management Ltd v. Businesslinx Ltd [2006] FSR 3.
870 So in Robin Ray v. Classic FM [1998] ECC 488.

lung einer internetbasierten Datenbank. Der Auftragnehmer erstellte auf Basis der vom Auftraggeber mitgeteilten vertraulichen Informationen die Software und baute dabei – wie es dem Auftraggeber auch bekannt war – auf eine bereits bestehende Software auf. Der Auftraggeber machte gerichtlich geltend, entweder *beneficial owner* der Software zu sein oder zumindest Anspruch auf die Einräumung einer ausschließlichen Lizenz zu haben. Das Gericht urteilte jedoch, dass der Auftraggeber für eine möglichst effiziente Nutzung der Software im Geschäftsbetrieb weder Inhaber des Urheberrechts noch Inhaber eines exklusiven Nutzungsrechts sein müsse. Eine effiziente Ausübung des Geschäftsbetriebs sei bereits durch die Einräumung nicht-exklusiver Nutzungsrechte gewährleistet und der Einschränkung, dass der Auftragnehmer die vertraulichen Informationen des Auftraggebers nicht an Dritte offenbaren dürfe.[871]

3. „Meridian International Services Ltd v. Ian Richardson, IP Enterprises Ltd and Peter Aldersley"

In der Entscheidung „Meridian International Services Ltd v. Ian Richardson, IP Enterprises Ltd and Peter Aldersley"[872] wurde ein Anspruch auf Übertragung der Inhaberschaft des Urheberrechts an einem Auftragswerk abgelehnt. Dieser Entscheidung lag der folgende Sachverhalt zugrunde: Glaxo Smith Kline beauftragte die Meridian International Services Ltd mündlich mit der Herstellung der Software *StratX*. Meridian steckte in finanziellen Schwierigkeiten und daher waren Richardson und Aldersley, die während ihrer Anstellung mit der Herstellung der Software betraut waren, nicht mehr bei Meridian angestellt. Meridian beauftragte daher außerhalb eines Anstellungsverhältnisses die beiden Softwareingenieure mit der Fertigstellung der Software, ohne dabei eine vertragliche Regelung über die Inhaberschaft oder Nutzungsrechte an der Software zu treffen. Gegenüber Glaxo Smith Kline versicherte Meridian die Inhaberschaft des Urheberrechts an der Software. Unbestritten ist Aldersley der kreative Schöpfer des Quellcodes der Software und damit originärer Inhaber des Urheberrechts. Das Vorbringen Meridians, Anspruch auf Übertragung der Inhaberschaft des Urheberrechts zu haben, da die Software geheime Informationen des Auftraggebers enthielt, wurde von dem Gericht abgelehnt.

---

871 Clearsprings Management Ltd v. Businesslinx Ltd [2006] FSR 3.
872 [2008] EWCA Civ 609. Siehe auch „Lucasfilm Ltd v. Ainsworth [2009] FSR 2; Coward v Phaestos Ltd [2013] EWHC 1292.

4. „Griggs Group Ltd v. Evans"

„Griggs Group Ltd v. Evans"[873] ist als einer der seltenen Fälle zu nennen, in denen die in „Robin Ray v. Classic FM" aufgestellten Kriterien dazu führten, dass dem Auftraggeber die *beneficial ownership* am Urheberrecht zugewiesen wurde. In dem im Jahr 2005 vor dem *Court of Appeal* entschiedenem Fall klagte der Hersteller der Doc Martens Schuhe. Im Jahr 1988 beauftragte dieser einen freien Mitarbeiter einer Agentur mit dem Entwurf eines Logos für die Doc Martens Schuhe. Im Jahr 2002 räumte der Auftragnehmer einem Konkurrenten des Klägers ein Nutzungsrecht an dem besagten Logo ein. Das Gericht urteilte daraufhin, dass der Kläger und Auftraggeber *beneficial owner* des Logos sei und der Auftragnehmer daher nicht berechtigt gewesen sei, einem Dritten Nutzungsrechte daran einzuräumen. Die Beauftragung mit dem Logo implizierte, dass dem Auftraggeber auch das Recht zustehen müsse, sich gegen die unberechtigte Nutzung durch Dritten zur Wehr setzen zu können.[874]

Auch in „Griggs Group Ltd v. Evans" bestätigte der *Court of Appeal*, dass für den Fall, dass eine Übertragung der Inhaberschaft des Urheberrechts nicht erforderlich sei, nur die Einräumung einer Lizenz in Betracht käme, deren Umfang sich danach richte, was mindestens erforderlich ist, um die Interessen des Auftraggebers zu sichern.[875] Dabei stellte das Gericht auch klar, dass dabei auch die Vergütung des Auftrags berücksichtigt werden

---

873 R. Griggs Group Ltd & Ors v. Evans & Ors [2005] FSR 31.
874 R. Griggs Group Ltd & Ors v. Evans & Ors [2005] FSR 31.
875 Bedeutend ist diese Aussage deshalb, weil das englische Recht keinen Grundsatz wie die Zweckübertragungsregel kennt.

könne.[876] Das Nutzungsrecht umfasse nicht die Nutzungsmöglichkeit, die unvorhergesehen nach Vertragsschluss eintritt.[877]

5. „Warner v. Gestetner Ltd"

In „Warner v. Gestetner Ltd"[878] ging es ebenfalls um die Beauftragung von Dienstleistungen. Eine Designagentur wurde mit der Erstellung eines Logos beauftragt, das die Zeichnung einer Katze beinhaltete. Das Logo sollte für die Vermarktung der künftigen Produkte eingesetzt werden und wurde mit einer Ausstellung in den Markt eingeführt. Nachdem das Logo auch für Werbezwecke eingesetzt wurde, machte der Auftragnehmer eine Urheberrechtsverletzung geltend. Das Gericht ging jedoch davon aus, dass dem Auftraggeber auch das Recht zur Einsetzung von Werbezwecken zustand, da dies bereits zum Zeitpunkt des Vertragsschlusses beiden Parteien bekannt war.

6. "Atelier Eighty Two Limited v. Kilnworx Climbing"

In „Atelier Eighty Two Limited v. Kilnworx Climbing"[879] wurde eine Agentur mit der Schöpfung von insgesamt drei Logos beauftragt. Zwischen der Agentur Purple Penguin Design und dem Auftraggeber Kilnworx wurde daraufhin ein schriftlicher Auftrag geschlossen. Der Vertrag, der für Kilnworx von dessen Geschäftsführer Lionel Bunting unterschrie-

---

876 Die Berücksichtigung der Vergütung für die Reichweite der Nutzungsrechte ist bereits seit Längerem in der englischen Rechtsprechung anerkannt: In „Stovin-Bradford v. Volpoint Properties Ltd" ([1971] 1 Ch 1007), entwarf ein Architekt gegen eine geringe Vergütung (nominal fee) Entwürfe für den Bau eines Gebäudes. Aufgrund der geringen Vergütung wurde dem Auftraggeber nur ein Nutzungsrecht für die Zwecke der Beantragung einer Baugenehmigung zugestanden. Weitere Nutzungsrechte erhielt der Auftraggeber jedoch nicht. In „Blair v. Osborne & Tompkins" [1971] 21 QB 78, wurde dem Auftraggeber in einem ähnlichen Fall auch das Recht zugestanden das Bauwerk nach den Entwürfen des Architekten anzufertigen, da der Architekt eine angemessene Vergütung im Sinne der Gebührenordnung der RIBA (Royal Institute of British Architects) erhoben hatte.

877 R. Griggs Group Ltd & Ors v. Evans & Ors [2005] FSR 31, Rn. 13, (9) unter Verweis auf Meikle v. Maufe [1941] 3 All ER 144.

878 [1988] EIPR 89.

879 [2015] EWHC 2291 (IPEC).

ben wurde, enthielt keine Regelung über die Inhaberschaft bzw. die Einräumung von Nutzungsrechten an dem Urheberrecht. Die vertraglich ge-
schuldete Vergütung wurde für Kilnworx von einem anderen Unternehmen, Atelier, bezahlt, dessen alleiniger Inhaber Lionel Bunting war. Auch
wenn Kilnworx Atelier zusicherte, das Geld zurückzuzahlen, erfolgte die
Rückzahlung nicht. Daher klagte Atelier gegen *Kilnworx* und machte geltend, durch die Zahlung der Vergütung an Purple Penguin Inhaber des
Urheberrechts an den Logos geworden zu sein und *Kilnworx* daher mit der
Nutzung der Logos sein Urheberrecht verletze. Daher stellte sich auch hier
die Frage, ob Kilnworx nach dem *right in equity* Inhaber des Urheberrechts
oder von Nutzungsrechten am Urheberrecht geworden ist. Das Gericht
legte in diesem Fall die in dem Rechtsstreit „Griggs Group Ltd v. Evans"
entwickelten Kriterien zugrunde und führte aus, dass die wirtschaftliche
Effizienz erfordere, dass ein Auftraggeber eines Logos andere daran hin-
dern könne, das beauftragte Logo zu benutzen.[880] Das Gericht ging darüber hinaus jedoch auch davon aus, dass der Auftraggeber, der seine Waren und Dienstleistungen unter dem Logo anbietet, nicht nur Dritte von
der Nutzung abhalten können muss, sondern darüber hinaus auch Inhaber
des Urheberrechts oder zumindest Inhaber exklusiver Nutzungsrechte sein
müsste.[881] Das Gericht fuhr weiter fort, dass es ungewöhnlich und wirtschaftlich gefährlich sei, wenn der Auftraggeber nicht Inhaber des Urheberrechts wird. Denn in diesem Fall stünde der Auftraggeber vor der Gefahr, dass die Designagentur oder der Designer das Urheberrecht an dem
Logo einem Wettbewerber übertragen könne und dieser Wettbewerber
Dritte und damit auch den Auftraggeber davon abhalten könnte, das Logo
zu nutzen.[882] Um diese Folge zu verhindern, wies das Gericht dem Auftraggeber nach den Grundsätzen des *right in equity* die Inhaberschaft des
Urheberrechts an den drei Logos zu und wies mithin die Klage des Unternehmens Atelier zurück.

VII. Fazit

Die bloße Beauftragung führt nach den englischen Gerichten nicht dazu,
dass die Inhaberschaft des Urheberrechts automatisch an den Auftraggeber
zu übertragen ist. Maßgeblich für die Beurteilung, ob der Auftraggeber

---

880 [2015] EWHC 2291 (IPEC) Rn. 22.
881 [2015] EWHC 2291 (IPEC) Rn. 22.
882 [2015] EWHC 2291 (IPEC), Rn. 23.

auch ohne vertragliche Regelung einen Anspruch auf Übertragung der In-haberschaft im Sinne einer *beneficial ownership* hat, ist die Geschäftseffizi-enz. Der Auftraggeber hat stets nur Ansprüche auf die Rechte, die er tat-sächlich für einen effizienten Geschäftsbetrieb benötigt, nicht jedoch mehr. Wird ein Anspruch auf Übertragung der Inhaberschaft abgelehnt, da der Geschäftsbetrieb auch ohne Übertragung effizient ausgeübt werden kann, kommt die Einräumung einer *implied licence* in Betracht. Insbeson-dere im Rahmen der Beauftragung von Logos ist von der jüngeren Recht-sprechung eine Tendenz zur Übertragung der des Urheberrechts erkenn-bar. Erfordert die Effizienz des Geschäftsbetriebs jedoch keine Übertra-gung der Inhaberschaft des Urheberrechts ist weiter der Umfang der *im-plied licence* entscheidend. Der Umfang der *implied licence* bemisst sich nach dem Stand zum Zeitpunkt des Vertragsschlusses und kann neben den Umständen des Einzelfalls auch die Vergütung berücksichtigen. Da-nach kommen sowohl exklusive als auch nicht-exklusive Nutzungsrechte in Betracht. Im Fall von Software umfassen diese nicht zwingend den Zu-griff auf den Source Code. Die Nutzung von zum Vertragsschluss unbe-kannten Nutzungsarten ist grundsätzlich nicht von einer stillschweigen-den Lizenz erfasst.

VIII. Rechtsgeschäftliche Dispositionen über das copyright im Arbeitsverhältnis

Da s. 11 Abs. 2 CDPA die originäre Inhaberschaft des Arbeitgebers regelt, kommt dem Rechtsinstitut der *beneficial ownership* und der *implied licence* vorwiegend im Auftragsverhältnis eine bedeutende Rolle zu.

Relevant werden kann das Institut der *beneficial ownership* im Rahmen eines Arbeitsverhältnisses dann, wenn die Voraussetzungen der s. 11 Abs. 2 CDPA nicht gegeben sind. Besonders kommen dabei die Fälle in Betracht, in denen der Arbeitgeber gesetzlich keine Rechte an einem Werk erlangen würde, da die Herstellung des Werks nicht in die Arbeitspflichten des Ar-beitnehmers fällt.[883] Grundsätzlich ist es angemessen, dass der Arbeitgeber nur Rechte an den Arbeitnehmerwerken erhält, wenn diese in die Arbeits-pflichten des Arbeitnehmers fallen. Beschäftigt sich der Arbeitnehmer je-doch während der Arbeitszeit unberechtigterweise mit der Schöpfung von Werken für Dritte oder für sich selbst, kann es angemessen sein, dem tat-

---

883 Copinger/Garnett/Skone, Copinger and Skone James on copyright, 2011, 5-179, S. 339.

sächlichen Arbeitgeber und Lohngeber auch die Urheberrechte im Sinne eines *beneficial ownership* zuzuweisen. [884] Verletzt der Arbeitnehmer mit der Schöpfung eines Werks während der Arbeitszeit die Grundsätze von Treu und Glauben gegenüber seinem Arbeitgeber, kommt es in Betracht, dass der Arbeitnehmer die Inhaberschaft des Urheberrechts nur treuhänderisch für seinen Arbeitgeber innehat.[885]

Darüber hinaus können die Grundsätze des *beneficial ownerships* auch auf die urheberrechtlich geschützten Werke eines Geschäftsführers Anwendung finden. [886] Ist der Geschäftsführer eines Unternehmens nicht Angestellter des Unternehmens, sondern nur Organ der Gesellschaft, werden die Grundsätze des *beneficial ownership* auch zugunsten der Gesellschaft angewendet.[887]

IX. Besonderheiten im Bereich des Films: Presumed Transfer

Eine gesetzliche Vermutung zur translativen Übertragung des *copyright* findet sich in s. 93A CDPA zugunsten des Filmproduzenten. Schließt der Filmproduzent mit dem *author* eines Werks der Literatur, des Dramas, der Musik oder der bildenden Kunst[888] einen Vertrag über eine Filmproduktion, gilt die gesetzliche Vermutung, dass dieser sein Vermiet- und Verleihrecht an den Filmproduzenten übertragen hat.[889] Diese Regelung findet jedoch nur Anwendung auf den Urheber eines Werks der Literatur, des Dra-

---

884 Hierzu auch Laddie/Prescott/Vitoria, The modern law of copyright and designs, 2011, vol 1, 22.79ff., S. 978ff.

885 Missing Link Software v. Magee [1989] FSR 361, betraf den Fall eines Softwareherstellers, der während der Arbeitszeit und Anstellung bei seinem Arbeitgeber Software für einen Wettbewerber seines Arbeitgebers herstellte. Dem Arbeitgeber wurde daher die Inhaberschaft des Urheberrechts zugewiesen.

886 Copinger/Garnett/Skone, Copinger and Skone James on copyright, 2011, 5-181, S. 340.

887 Laddie/Prescott/Vitoria, The modern law of copyright and designs, 2011, vol 1, 22.79, S. 978 unter Verweis auf Antocks Lairn Ltd v. Bloohn Ltd [1972] RPC, 219 und Kambrock Distributing Pty Ltd v. Delaney [1984] 4 IPR 79.

888 S. 93A CDPA findet dem klaren Wortlaut nach keine Anwendung auf den Regisseur eines Films. S. 93 A Abs. 3 CDPA stellt jedoch klar, dass diese gesetzliche Vermutungsregel keine Anwendung auf das Drehbuch, die Dialoge oder die Musik finden, die in den Film eingefügt werden und speziell für diesen Zweck erstellt und genutzt werden.

889 S. 93 A CDPA setzt die Richtlinie 2006/115/EG des Europäischen Parlaments und des Rates vom 12. Dezember 2006 um. Dazu auch Bently/Sherman, Intellectual property law, 2014, Chapter 11, S. 256.

mas, der Musik und der Kunst, nicht jedoch auf den Regisseur eines Films oder den Urheber literarischer oder musikalischer Werke, die speziell für den Film geschaffen wurden. Die gesetzliche Übertragungsvermutung korreliert mit der Pflicht des Produzenten zur angemessenen Vergütung des Urhebers, s. 93B CDPA. Die Rechtsfolge der s. 93A CDPA gilt vorbehaltlich anderslautender vertraglicher Vereinbarung.

X. Grenzen rechtsgeschäftlicher Dispositionen

Das *Copyright Law* unterscheidet sich vom Ansatz des *Droit d'auteur* somit auch im Hinblick auf seine Grenzen vertraglicher Disposition im Bereich des *copyright* und der *moral rights*. Das englische Urhebervertragsrecht wird daher im Folgenden auf seine Schutzmechanismen überprüft, die dem Urheber bei und nach Vertragsschluss zustehen.

1. Freedom of contract

Das englische Urhebervertragsrecht wird allen voran von dem Grundsatz der Vertragsfreiheit (*freedom of contract*) bestimmt. Der Grundsatz der Vertragsfreiheit korreliert mit dem Grundsatz der Vertragsbindung (*sanctity of contract*). Wird eine vertragliche Vereinbarung geschlossen, ist sie grundsätzlich zwischen den Vertragsparteien bindend.[890] Der Grundsatz der Vertragsbindung fußt auf der „formalen Rationalität" und nicht auf dem Grundsatz der materiellen Gerechtigkeit von Leistung und Gegenleistung.[891] Das englische Vertragsrecht ist daher von dem Grundprinzip geprägt, dass die zivilrechtliche Handlung des Einzelnen ohne Einmischung

---

890 Bently/Sherman, Intellectual property law, 2014, Chapter 12, S. 273; So auch in: Printing and Numerical Registering Co v. Sampson [1875] CR 19 Eq 462 (465): „The utmost liberty of contracting and that their contracts, when entered into freely and voluntarily, shall be held sacred and shall be enforced by courts of justice." Auch von Whale [1979] EIPR 38, verdeutlicht: „It is understood that British legal tradition likes to interfere as little as possible with freedom of contract, subject to a general framework of law understood by both parties, and there is no doubt that this is the spirit of British Copyright Legislation." Siehe dazu auch Choi, Stellung des Urhebers, 2007, S. 113; Ellins, Copyright law, 1997, S. 153ff; Reimer; Vertragsfreiheit im Urheberrecht; S. 157.

891 Ellins, Copyright law, 1997, S. 154.

des Staates zu gewährleisten ist.[892] Dieser Gedanke basiert auf der Einschätzung, dass die Vertragsparteien gleichgestellt sind und eine Gleichheit der Verhandlungsstärke besteht.[893] Unerfahrene, junge Künstler hingegen stehen den Konzernen nicht allzu selten als die schwächere Partei gegenüber. Dies zeigen auch die Ergebnisse der im Jahr 2007 und 2011 durchgeführten Studien an der Universität Bournemouth.[894] 60,3% der Urheber literarischer Werke[895] und 58,8% der Urheber audiovisueller Werke[896] gaben an, dass sich ihre Verhandlungsposition in den letzten 10 Jahren verschlechtert habe.[897] Die Urheber literarischer Werke, die erfolgreich Vertragsklauseln verhandeln konnten, verfügten sowohl in Deutschland als auch in Großbritannien durchschnittlich über ein höheres Jahreseinkommen[898] Die Studie der Universität Bournemouth aus dem Jahr 2011, die die Situation der Urheber der bildenden Kunst in Großbritannien unter-

---

892 Choi, Stellung des Urhebers, 2007, S. 113.
893 Choi, Stellung des Urhebers, 2007, S. 113; Institute for Information Law, study on the conditions applicable to contracts relating to Intellectual Property in the European Union, 2002, UK Chapter 2, S. 5.
894 Kretschmer/Hartwick; Authors' earnings from copyright and non-copyright sources; 2007; Kretschmer/Singh/Bently/Cooper, Copyright contracts and earnings of visual creators, 2011: In den Studien wurde das Einkommen, die Verhandlungsführung von Urheberrechtsverträgen, Geltendmachung von *moral rights* sowie Streitigkeiten im Umgang mit *moral rights* von professionellen Urhebern untersucht. Die Studie aus dem Jahr 2007 beschäftigt sich mit den Urhebern literarischer und audiovisueller Werke in Großbritannien und in Deutschland, während sich die Studie aus dem Jahr 2011 dem Urheber künstlerischer Werke in Großbritannien widmet. Die Urheber sind nach der Studie professionell, wenn sie mehr als 50% ihrer Tätigkeit mit der Erstellung von Werken der Literatur aufwenden. Zugrunde gelegt sind der Studie aus dem Jahr 2007 Auswertungen des freien Urhebers in Deutschland und im Vereinigten Königreich aus den Jahren 2004/05.
895 Kretschmer/Hartwick, Authors' earnings from copyright and non-copyright sources, 2007, S. 183.
896 Kretschmer/Hartwick, Authors' earnings from copyright and non-copyright sources, 2007, S. 194.
897 Die Studie untersucht auch die Situation der deutschen Urheber literarischer und audiovisueller Werke. In Deutschland gaben im Vergleich sogar 76% der professionellen Autoren und 94,3% der Urheber audiovisueller Werke an, dass sich ihre Verhandlungsposition verschlechtert habe. Siehe hierzu: Kretschmer/Hartwick, Authors' earnings from copyright and non-copyright sources, 2007, S. 183, 194.
898 Die Urheber im Vereinigten Königreich, die erfolgreich verhandelten, verfügten über ein durchschnittliches Jahreseinkommen von £ 40.507 und in Deutschland über € 28.964. Die Urheber, die ihre Vertragsklauseln nicht erfolgreich abändern konnten, verfügten hingegen im Vereinigten Königreich über ein jährli-

suchte, ergab, dass nur 28% der Urheber der Werke der bildenden Kunst in Großbritannien eine Verschlechterung ihrer Verhandlungssituation empfanden.[899] Unter den Künstlern gaben jedoch 50% der britischen Fotografen an, dass sich ihre Verhandlungssituation verschlechtert habe.[900] Laut der Studie aus dem Jahr 2011 konzentrierten sich die Verhandlungen der Urheber der bildenden Kunst durchschnittlich[901] zu 43% auf die Höhe der Vergütung, zu 32% auf den Umfang der Rechte, zu 10% auf das Recht, als Urheber genannt zu werden nach s. 77 CDPA und zu 8% auf das *integrity right* nach s. 80 CDPA[902], 7% der Verhandlungen konzentrierten sich auf die Haftung und Freistellung.[903]

2. Schutzmechanismen bei Vertragsschluss

Als Schutzmechanismus bei Vertragsschluss kommen auch im englischen Urhebervertragsrecht die Formanforderungen und Begrenzung im Hinblick auf die Verfügung über unbekannte Nutzungsarten in Betracht.

---

ches Durchschnittseinkommen von £ 22.950 und in Deutschland von € 13.080; siehe Kretschmer/Hartwick, Authors' earnings from copyright and non-copyright sources, 2007, S. 196.

899 Kretschmer/Singh/Bently/Cooper, Copyright contracts and earnings of visual creators, 2011, S. 77; 36% der durchschnittlichen Urheber der Werke der Kunst gaben sogar an, dass sich ihre Verhandlungssituation verbessert hat; 36% gaben sie als unverändert an.

900 Kretschmer/Singh/Bently/Cooper, Copyright contracts and earnings of visual creators, 2011, S. 77. Der Grund für eine schlechtere Verhandlungsposition der Fotografen könnte in der zunehmenden Digitalisierung liegen sowie in der zunehmenden Anzahl professioneller Fotografen, die sich wiederum vermehrt dem Wettbewerb mit Amateuren stellen müssen, S. 78f.

901 Bei den Werten handelt es sich um Durchschnittswerte der Angaben, die die einzelnen Künstler in der bildenden Kunst in den Bereichen Fotografie, Illustration, feine Künste und Bildhauerei und Design gemacht haben. Die Studie gliedert sich nach den Werkarten im Bereich der bildenden Künste, siehe S. 75.

902 Auffällig ist, dass die Designer angaben, dass sich ihre Verhandlungen zu 73% auf die Vergütung und zu 27% auf den Umfang der eingeräumten Rechte konzentriert. Keine Verhandlung fand hingegen im Bereich der *moral rights* statt. Dies lässt sich zumindest für das *right to be identified as author* auf die Ausnahmeregelung zulasten der Designer in s. 79 Abs. 4 lit. (f) CDPA zurückzuführen.

903 Kretschmer/Singh/Bently/Cooper, Copyright contracts and earnings of visual creators, 2011, S. 75. Bei den Werten handelt es sich um Durchschnittswerte der Angaben, die die einzelnen Künstler in der bildenden Kunst in den Bereichen Fotografie, Illustration, Feine Künste und Bildhauerei und Design gemacht haben.

2.1 Formerfordernisse

Die Übertragung und die Einräumung einer exklusiven Lizenz bedarf der Einhaltung der Schriftform und der Unterschrift des Inhabers des *copyright* oder dessen Vertreters.[904] Die Anforderungen der Schriftform ist in s. 178 CDPA legal definiert und ist im Fall einer juristischen Person durch den Firmenstempel gewahrt. Den Formvorschriften kommt auch urheberschützende Wirkung zu, da dadurch das Stattfinden von Verhandlungen angeregt wird, die Parteien vor unüberlegten überschnellen Vereinbarungen geschützt werden und die Parteien gezwungen sind, sich mit ihren Interessen auseinanderzusetzen.[905] Dennoch wird das Formerfordernis bei der Übertragung auch durch die Rechtsinstitute der *beneficial ownership* und der *implied licence* durchbrochen, sodass sich auch hier wieder zeigt, dass der Schutz des Urhebers als die üblicherweise schwächere Partei im britischen Urheberrecht nicht im Vordergrund steht.[906]

Insgesamt lässt sich daher feststellen, dass der Schutz des Urhebers im englischen Urhebervertragsrecht nicht durchgehend durch Formanforderungen gewährleistet wird.

2.2 Vorausübertragung und Vorausverzicht in Bezug auf unbekannte Nutzungsarten

Das englische Urheberrecht bietet keinen speziellen Schutz im Hinblick auf die Übertragung des *copyright* in Bezug auf unbekannte Nutzungsarten. Dies ist insbesondere in den Bereichen relevant, in denen die Werke durch Digitalisierung neu verwertet werden. Der englische Urheber kann sein *copyright* jedoch ohne Beschränkung auch für unbekannte Nutzungsarten übertragen.[907]

---

904 Ss. 90 Abs. 3, 92 Abs. 1 CDPA.

905 Europäisches Parlament; Contractual Arrangements applicable to creators: law and practice of selected member states; 2014, S. 30; Choi, Stellung des Urhebers, 2007, S. 165 m.w.A.; Ellins, Copyright law, 1997, S. 162; Reimer; Vertragsfreiheit im Urheberrecht; S. 160.

906 Auch die beim Verzicht auf die moral rights bestehende Formanforderung wird ebenfalls durch den formlosen Verzicht durchbrochen, der nach den Grundsätzen des Common Law ebenfalls Bindungswirkung entfaltet, s. 94 Abs. 4 CDPA. Siehe dazu die Ausführungen in § 5 B.III.2.

907 S. 90 CDPA. Der Verzicht auf die moral rights kann sich auch auf unbekannte Nutzungsarten beziehen, siehe dazu s. 94 CDPA.

3. Schutzmechanismen nach Vertragsschluss

Es ist nicht unüblich, dass Verträge über das *copyright* langfristig geschlossen werden. Werden die Verträge mit einem Urheber zu Beginn seiner Karriere vereinbart, kann dies insbesondere im Hinblick auf die Dauer des Vertrags, die Reichweite der eingeräumten Rechte und die vereinbarte Vergütung zu Missverhältnissen führen. Hier trifft den Urheber der Grundsatz der Vertragsbindung besonders hart. Im Folgenden sind daher die Schutzmechanismen des englischen Vertragsrechts in Bezug auf bereits geschlossene Verträge zu untersuchen.

3.1 Auslegung des Vertrags nach objektiven Maßstäben

Das CDPA stellt keine Regelung für die Auslegung von Verträgen über das *copyright* zur Verfügung. Insbesondere ist keine der Zweckübertragungsregel nach § 31 Abs. 5 UrhG vergleichbare Regelung im CDPA zu finden. Daher finden die allgemeinen Auslegungsregelungen des *Common Law* Anwendung[908]. Eine vertragliche Vereinbarung kann dann ausgelegt werden, wenn sie nicht eindeutig, zweifelhaft und unklar formuliert ist.[909] Die Auslegung im *Common Law* orientiert sich ausschließlich an den objektiven Maßstäben. Die subjektive Absicht der Parteien ist für die Auslegung von Inhalt und Umfang des Rechtsgeschäfts nicht heranzuziehen.[910] Das gilt selbst dann, wenn das Ergebnis der objektiven Auslegung nach dem Willen der Parteien nicht gewollt war.[911] Es wird davon ausgegangen, dass die Vertragsparteien nur das wollten, was in dem Vertragstext objektiv zum Ausdruck kommt.[912]

Ein für die Auslegung vertraglicher Vereinbarungen bedeutendes Auslegungsinstrumentarium ist die *Parol Evidence Rule*. Die Richter dürfen danach die vertragsbegleitenden Umstände nicht bei der Auslegung berücksichtigen.[913] Jeder außerhalb des Vertragsdokuments liegende Beweis ist daher bei der Ermittlung des Inhalts ausgeschlossen. Daher ist der Urheber dafür verantwortlich, weitgehende Dispositionen über sein *copyright* durch

---

908 Choi, Stellung des Urhebers, 2007, S. 165.
909 Choi, Stellung des Urhebers, 2007, S. 166.
910 Choi, Stellung des Urhebers, 2007, S. 166.
911 Shore v. Wilson [1842] 8 ER 450; Gale v. Gale [1941] Ch D 209. Siehe hierzu auch Choi, Stellung des Urhebers, 2007, S. 167.
912 Choi, Stellung des Urhebers, 2007, S. 166.
913 Choi, Stellung des Urhebers, 2007, S. 167.

eine möglichst ausführliche Vertragsgestaltung zu verhindern.[914] Der Urheber erfährt daher keinerlei Schutz durch die Vertragsauslegung. Unter Geltung der englischen Auslegungsregeln ist es daher notwendig, den Vertragszweck auch in das Vertragsdokument aufzunehmen, um dadurch zu weitgehende Regelungen auszuschließen. Dies betrifft jedoch nur die Regelungen, die zweideutig und unklar gefasst sind. Eine pauschale Regelung, nach der alle gegenwärtigen und zukünftigen Rechte übertragen werden, ist der Auslegung nicht zugänglich. Damit ist der Urheber grundsätzlich an seine Formulierung gebunden.

3.2 Rechtsmittel bei unangemessenen Verträgen

Gerade bei langjährigen Verträgen können die Vertragsmodalitäten unangemessen geworden sein, insbesondere dann, wenn der Vertrag zwischen Parteien mit unterschiedlicher Verhandlungsmacht geschlossen wurde. Es stellt sich daher die Frage, welche Rechtsmittel dem englischen Urheber zustehen, um sich gegen unangemessene Vertragsklauseln zur Wehr zu setzen.

3.2.1 Inequality of bargaining power

Grundsätzlich gilt, dass auch der Nutzungsvertrag über das *copyright* von der Wertung geprägt ist, dass der Staat sich in die Vertragsautonomie gleichberechtigter Vertragsparteien nicht einmischen darf. Auch in *copyright*-Verträgen wird daher die Vertragsfreiheit als oberster Grundsatz der vertraglichen Einigung angesehen. Dennoch gab es Versuche in der Rechtsprechung, Verträge im Falle einer gestörten Vertragsparität überprüfen zu lassen. Die Rechtsfigur der *inequality of bargaining power* wurde erstmalig in der Entscheidung „Lloyds Bank v. Bundy"[915] herangezogen. Das Gericht stellte darin fest, dass es Ausnahmen von der grundsätzlichen Vertragsfreiheit geben müsse. Ein Vertrag müsse demnach nichtig sein, wenn die Vertragsparität gestört ist und eine Vertragspartei eindeutig der anderen unter-

---

914 Copinger/Garnett/Skone, Copinger and Skone James on copyright, 2011, 5-88, S. 295.
915 (1975) QB 326; dazu auch Appt, Der Buy-out-Vertrag im Urheberrecht, 2008, S. 63.

legen sei.[916] Der Versuch, die *inequality of bargaining power* zu einer allgemeinen Vertragsdoktrin zu erheben, scheiterte jedoch an den Einwänden, dass der *Unfair Contract Terms Act* 1977[917] bereits hinreichend Schutz biete.[918] Gerade im Bereich der Verträge über das *copyright* findet das Gesetz jedoch ausdrücklich keine Anwendung.[919]

3.2.2 Public Policy

Daher ist der Schutz vor gestörter Vertragsparität bei Verträgen über das *copyright* im englischen *Copyright Law* nicht ausdrücklich kodifiziert. Die Gerichte wenden deshalb die allgemeinen Grundprinzipien der *Public Policy* auf die Verträge über das *copyright* an. Diese sind jeweils nur imstande, den Vertrag in Form einer Gesamtbetrachtung zu überprüfen. Einzelne belastende Vertragsklauseln bleiben dabei unberücksichtigt. Nur in Ausnahmefällen wird der benachteiligte Vertragspartner geschützt und die Vertragstreue durchbrochen. In Betracht kommt dies bei Verträgen, die die Handels- und Gewerbefreiheit einschränken (*restraint of trade*) oder bei denen eine Vertragspartei ungebührlich beeinflusst wurde (*undue influence*). Diese Rechte des *Common Law* finden auf alle Verträge und damit auch auf Verträge über das *copyright* Anwendung. Besondere Schutzmechanismen für Verträge über das *copyright* bietet das englische Recht nicht.[920]

---

916 Lloyds Banks v. Bundy [1975] QB 326(336); siehe dazu Appt, Der Buy-out-Vertrag im Urheberrecht, 2008, S. 36.

917 Zuletzt geändert 1.10.2003.

918 Appt, Der Buy-out-Vertrag im Urheberrecht, 2008, S. 36 m.w.N., Ellins, Copyright law, 1997, S. 176.

919 Schedule 1 Paragraph 1 lit. (c) Unfair Contract Terms Act 1977. Es ist unklar, warum die Verträge über das *copyright* ausdrücklich ausgeschlossen wurden. Es wird vermutet, dass der Grund darin liegen könnte, dass das Gesetz grundsätzlich auf Verbraucherverträge Anwendung findet und darauf gerichtet ist, die Haftung zu begrenzen und nicht eine gestörte Vertragsparität zu verhindern. Dazu auch Kretschmer/Derclaye/Favale/Watt, The Relationship Between Copyright and Contract Law Intellectual, 2010, S. 73 m.w.N.

920 Bently/Sherman, Intellectual property law, 2014, S. 273; Bently/Cornish in: Geller, International copyright law and practice, UK, § 4 [3][a][i].

3.2.2.1 Restraint of trade

Die Undurchsetzbarkeit einer vertraglichen Regelung auf Basis der *doctrine of restraint of trade* ist dann gegeben, wenn durch eine vertragliche Abrede eine Vertragspartei sich einer übermäßigen Beschränkung ihrer persönlichen oder wirtschaftlichen Handlungsfreiheit aussetzt. Ob ein Vertrag in seiner Gesamtheit eine unzulässige Beschränkung der Handels- oder Gewerbefreiheit enthält und daher unwirksam ist, ist durch eine Gesamtbetrachtung aller Vertragsinhalte zu ermitteln. Einzelne ungünstige Klauseln können damit wiederum nicht für unwirksam erklärt werden. Liegt eine unzulässige Beschränkung vor, kann diese jedoch gerechtfertigt sein, wenn der begünstigte Vertragspartner *reasonable* Interessen an der Regelung hat.[921]

Ursprünglich handelte es sich dabei um eine Rechtsfigur des *Common Law*, deren Hauptanwendungsfall Wettbewerbsklauseln waren.[922] Mit der Zeit fand die Rechtsfigur des *restraint of trade* auch auf Verträge mit langer Vertragsdauer Anwendung. Im Bereich des *copyright* betraf dies insbesondere Verträge in der Musikindustrie und dabei die Situation, dass ein Bandmitglied vertraglich gehindert war, die Band zu verlassen. Eine unzulässige Beschränkung der Handelsfreiheit ist nur dann anzunehmen, wenn mehrere einschränkende Vertragsklauseln zusammentreffen, wie beispielsweise eine lange Vertragslaufzeit, fehlende oder nur für die begünstigte Vertragspartei bestehende einseitige Kündigungsmöglichkeit, exklusive umfangreiche Nutzungsrechte sowie keine oder eine unangemessen geringe Vergütung.[923] Viel zitiert ist in diesem Zusammenhang die Entscheidung „Schroeder Music Publishing Co. v. Macaulay". [924] Darin übertrug ein aufstrebender Songwriter alle Rechte an seinen bestehenden und künftigen Werken für die weltweite Verwertung. Der Vertrag hatte eine Vertragslaufzeit von fünf Jahren, die sich um weitere fünf Jahre verlängerte,

---

921 Bently/Sherman, Intellectual property law, 2014, S. 275. Die Rechtfertigung ermittelt sich nach dem sog. Nordenfelt-Test, der in der Entscheidung Nordenfelt v. Maim Nordenfelt [1894] AC 535 entwickelt wurde.

922 Choi, Stellung des Urhebers, 2007, S. 208 m.w.N.

923 Zu der doctrine of restraint of trade: Stewart/Sandison, International copyright and neighbouring rights, 18.49, S. 503; Matthies; Die Unwirksamkeit von Verträgen im deutschen, englischen und spanischen Recht mit Blick auf die Angleichung der Rechtssysteme; 2006, S. 94ff.; Choi, Stellung des Urhebers, 2007, S. 206ff.; Kretschmer/Derclaye/Favale/Watt, The Relationship Between Copyright and Contract Law Intellectual, 2010, S. 64.

924 [1974], 3 All ER 616.

wenn die Lizenzgebühren einen Betrag von £5.000 überschritten. Weil den Verwerter keine Verwertungspflicht traf, ausschließlich den Vertrag kündigen an Dritte übertragen konnte, urteilte das Gericht, dass die Abrede auf Basis des *restraint of trade* durch den Verwerter nicht durchsetzbar sei.[925]

Ein weiterer *copyright*-relevanter Fall des *restraint of trade* ist „Panayiotou v. Sony Music Entertainment"[926], in der die Unwirksamkeit des Vertrags aufgrund der *restraint of trade* jedoch abgelehnt wurde. George Michael machte darin die Unwirksamkeit eines Vertrags geltend, den er als Mitglied der Band *Wham!* vor seinem künstlerischen Durchbruch als Solokünstler abgeschlossen hatte. Als George Michael als Solokünstler Erfolge feiern konnte und die Band verlassen wollte, wollte die Plattenfirma eine Klausel durchsetzen, die den Ausstieg eines Bandmitglieds betraf. Bevor er gerichtlich die Unwirksamkeit des Vertrags geltend machte, nutzte George Michael jedoch seine aufgrund des Erfolgs erlangte Verhandlungsmacht dazu, einzelne Bestandteile des Vertrags neu zu verhandeln. Dadurch konnte er die Zahlung einer Vergütung erreichen. Die daraufhin beantragte *restraint of trade* wurde von dem Gericht abgelehnt. Eine unzulässige Beschränkung der Handels- und Gewerbefreiheit von George Michael sei nicht gegeben, weil dieser eine Vergütung erhalten habe und mit der Annahme der Zahlungen als erfahrener und von einem Rechtsanwalt vertretener Künstler die Vertragsmodalitäten bestätigt habe.

Grundsätzlich kann mit der Rechtsfigur der *restraint of trade* der Schutz des *author* erweitert werden. Da diese Rechtsfigur jedoch das Vorliegen einer Vielzahl benachteiligender Regelungen voraussetzt, wird dadurch nur in seltenen Ausnahmefällen die Rechtsposition des *author* tatsächlich verbessert werden. Aufgrund der notwendigen Gesamtbetrachtung aller Umstände fehlt es darüber hinaus an festgesetzten Kriterien und damit an einer für den *author* vorhersehbaren Rechtslage. Insbesondere die Entscheidung „Panayiotou v. Sony Music Entertainment" hat dem Anwendungsbereich Grenzen aufgezeigt, ohne dabei jedoch klare Kriterien aufzustellen. Damit ist der *author* weiterhin der Unsicherheit ausgesetzt, ob der Vertrag

---

925 Ein weiterer *copyright*-relevanter Fall des *restraint of trade* ist „Zang Tumb Tuum (ZTT) v. Johnson (Frankie Goes to Hollywood)" ([1993], EMLR 61). In diesem Fall wurde eine unzulässige Einschränkung der Handels- und Gewerbefreiheit angenommen, weil der Künstler nicht an dem Erlös beteiligt wurde, sich über eine Vertragslaufzeit von neun Jahren exklusiv an den Vertragspartner gebunden hatte und der Vertrag eine Klausel für den Fall des Ausstiegs eines Bandmitglieds enthielt.

926 [1994], EMLR 2. Siehe hierzu: Choi, Stellung des Urhebers, 2007, S. 212f. und Bently/Sherman, Intellectual property law, 2014, S. 277.

tatsächlich im Gesamten unwirksam ist. Darüber hinaus hat die Entscheidung „Panayiotou v. Sony Music Entertainment" die Gefahr aufgezeigt, dass die *restraint of trade* durch Neuverhandlungen eines stark benachteiligenden Vertrags eingeschränkt werden kann. Selbst wenn ein Vertrag eine Vielzahl belastender Verpflichtungen enthält, bedeutet dies nicht, dass das Gericht auch eine Unwirksamkeit des Vertrags nach der Rechtsfigur der *restraint of trade* aussprechen wird.

3.2.2.2 Undue Influence

Neben der Rechtsfigur der *restraint of trade* kann der Grundsatz der Vertragstreue (*sanctity of contract*) auch durch eine ungebührliche Beeinflussung eines Vertragspartners eingeschränkt werden.[927] Diese Rechtsfigur soll verhindern, dass eine der Vertragsparteien auf die andere in der Weise Einfluss ausübt, dass diese ihr einen Vorteil gewährt.[928] Die *undue influence* setzt zweierlei voraus: Erstens einen beherrschenden Einfluss (*dominating influence*) eines Vertragspartners auf den anderen und zweitens den Einsatz dieser Einflussmöglichkeit, um eine deutlich nachteilhafte Vereinbarung (*manifestly disadvantageous transaction*) durchzusetzen.[929] Liegen diese Voraussetzungen vor, hat der beeinflusste Vertragspartner das Recht zur Anfechtung des Vertrags.[930]

Eine beherrschende Einflussmöglichkeit ist gegeben, wenn eine Person der Führung oder dem Ratschlag einer anderen Person so viel Vertrauen schenkt, dass sie in der eigenen Urteils- und Entscheidungsfähigkeit so eingeschränkt ist, dass die Person Inhalt und Zweck des Vertrags nicht mehr beurteilen kann.[931] In der Regel wird dies der Fall sein, wenn ein enges

---

927 O'Sullivan v. Management Agency and Music Ltd [1985] 3 All ER 351. Dort nahm das Gericht eine *undue influence* an, weil der Musikmanager den Künstler zum Abschluss eines einseitig belastenden Vertrags mit einem Label überzeugte, an dem der Manager selbst beteiligt war.

928 Bently/Sherman, Intellectual property law, 2014, S. 274.

929 Bently/Sherman, Intellectual property law, 2014, S. 274 unter Verweis auf Goldworthy v. Brickell [1987] Ch 378, 404.

930 Die bloße Anfechtbarkeit führt dazu, dass vor Anfechtung der gutgläubige Erwerb möglich ist, so Bently/Sherman, Intellectual property law, 2014, S. 235; Kretschmer/Derclaye/Favale/Watt, The Relationship Between Copyright and Contract Law Intellectual, 2010, S. 101.

931 Ausführlich und m.w.N. auch Choi, Stellung des Urhebers, 2007, S. 215 und Kretschmer/Derclaye/Favale/Watt, The Relationship Between Copyright and Contract Law Intellectual, 2010, S. 101.

Vertrauensverhältnis zwischen den Vertragsparteien gegeben ist.[932]Gerade im Bereich der Verlagsverträge, die mit Weltkonzernen geschlossen werden, wird es jedoch in der Regel bereits an dieser Voraussetzung fehlen. Wie die Entscheidung „Elton John v. Richard Leon James"[933] jedoch zeigt, ist es auch in der Musikindustrie nicht ausgeschlossen, dass die Voraussetzungen einer *undue influence* vorliegen. Der Manager Richard James schloss mit Elton John und Bernie Taupin einen Vertrag über die Anfertigung von Liedtexten ab. Mit dem Manager, der als Entdecker der Vertragsparteien gilt, verband die Vertragsparteien ein enges Vertrauensverhältnis. Weiter berücksichtigte das Gericht, dass die Vertragsparteien zum Zeitpunkt des Vertragsschlusses minderjährig waren, durch ihre Eltern vertreten wurden, dennoch aber nicht über einen Rechtsbeistand verfügten. Auf Basis dieses Vertrauensverhältnisses unterzeichneten die Parteien einen Vertrag, der insbesondere hinsichtlich der Vergütung und der Beteiligung an dem Gewinn sehr zugunsten des Plattenlabels wirkte, an dem der Musikmanager selbst beteiligt war.[934]

Zusammenfassend lässt sich daher feststellen, dass die Vertragstreue durch die Rechtsfigur der *undue influence* durchbrochen werden kann. Im Bereich der Urheberrechtsverträge hat diese nur Bedeutung für den beauftragten Urheber. Die Herausforderung dieses Anfechtungsrechts liegt für den *author* darin, ein besonderes Vertrauensverhältnis darlegen zu müssen. Daher kann diese Rechtsfigur dem Auftragnehmer nur in seltenen Fällen Schutz vor unvorteilhaften Klauseln bieten.

3.2.3 Rückrufsrecht

Ein Rückrufsrecht ist weder im CDPA enthalten noch im englischen Recht anerkannt.[935] In der englischen Rechtsprechung sind jedoch Fälle in der Art entschieden worden, dass trotz vertraglicher Übertragung des Urheberrechts Werke nicht verwertet werden durften. Diese Fälle basieren eher auf der Unwirksamkeit der Verträge mangelnder *capacity to contract* (Geschäftsfähigkeit). In „Southey v. Sherwood" [936] ging es um den Fall,

---

932 Bently/Sherman, Intellectual property law, 2014, S. 235; Choi, Stellung des Urhebers, 2007, S. 215 m.w.N.

933 [1991], FSR 397.

934 Dazu auch Choi, Stellung des Urhebers, 2007, S. 216, 223 m.w.N.

935 Davies/Garnett, Moral rights, 2010, 6-006, S. 81.

936 Southey v. Sherwood [1817] 2 Mer. 435; 35 ER. 1006.

dass ein minderjähriger Urheber sein Urheberrecht an einem Gedicht abgetreten hatte. 23 Jahre nach Übertragung des Urheberrechts sollte das Gedicht veröffentlicht werden. Der Urheber wehrte sich erfolgreich gegen diese Veröffentlichung, indem er anführte, dass das Gedicht verleumderischen Inhalts sei und er daher strafrechtliche Sanktionen zu befürchten habe.

In dem Fall „Chaplin v. Frewin"[937] wurde dem minderjährigen Sohn Charly Chaplins hingegen kein Recht zugestanden, sich von dem Vertrag zu lösen. Nachdem dieser ein ausschweifendes Leben führte und dadurch in finanzielle Not geriet, stimmte der Sohn Charly Chaplins vertraglich zu, zu einer von zwei Ghostwritern erstellten Biografie beizutragen. Der Sohn Chaplins konnte das Erscheinen der Biografie unter dem Titel „*I couldn't Smoke the Grass on My Father's Lawn*" nicht verhindern, auch wenn darin viele falsche Tatsachen enthalten waren, die auch den minderjährigen Chaplin in einem schlechten Licht darstellten. Der *Court of Appeal* führte an, dass die persönlichen Interessen jedoch keine Berücksichtigung finden müssen, da auch der Vertragsschluss allein wirtschaftlich motiviert war und er davon auch profitierte.[938]

3.2.4 Anpassung der Vergütung

Der Urheber hat keinen gesetzlichen Anspruch auf Anpassung der Vergütung. Wie die Entscheidung „Elton John v. Richard Leon James" zeigt, kann auch die unangemessene Vergütung im Rahmen der *public policy* Berücksichtigung finden und zu einer Aufhebung des Vertrags führen. Hat sich der Urheber nicht vertraglich eine Kündigungs- oder Rücktrittsmöglichkeit gesichert, bleibt dem Urheber nur der Prozessweg, um sich gegen eine unangemessene Vergütungsklausel zu wehren.

---

937 Chaplin v. Frewin [1966] Ch. 71, Lord Denning M.R.; dazu auch Davies/ Garnett, Moral rights, 2010 6-006, S. 82.

938 Näher zu dem Fall „Chaplin v. Frewin": Colston; Principles of intellectual property law; 1999, S. 260; allgemein zum Rückrufsrecht in Großbritannien: Europäische Kommission, study ETD/99/B5-3000/E°28 2000, Part XII UK, S. 145

3.2.5 Zusammenfassende Würdigung des englischen Urhebervertragsrechts

Das englische Urhebervertragsrecht wird den Schutzmechanismen des allgemeinen Vertragsrechts unterstellt. Auch der Urheber arbeitet daher in *winner-take-all-markets*.[939]

Das englische Urhebervertragsrecht ist vom Grundsatz der Vertragsfreiheit und Vertragsbindung geprägt. Nur in absoluten Ausnahmesituationen können eine gestörte Vertragsparität und einseitig belastende Klauseln zu einer Aufhebung des Vertrags führen. Im englischen Urhebervertragsrecht gibt es keine speziellen Prinzipien, die den Urheber als üblicherweise schwächere Verhandlungspartei schützen. Die allgemeinen Grundsätze zum Vertragsrecht sind daher von den Regeln des *Common Law* bestimmt, die nur vereinzelt den Weg in die Gesetzgebung schafften. Damit sind die Ansprüche des Urhebers stets von der Ansicht des Richters abhängig. Insbesondere der *Unfair Contract Terms Act* 1977 findet keine Anwendung auf Verträge über das *copyright*. Daher bleiben dem *author* allein die Ansprüche aus der *public policy*, wie die *restraint of trade* oder die *undue influence*, um sich mithilfe der Gerichte gegen unangemessene Vertragsklauseln zu wehren. Mithilfe dieser *Common Law* Rechte kann der Urheber jedoch den Vertrag nur in Form einer Gesamtbetrachtung überprüfen lassen. Sie bieten keinen Schutz gegenüber einzelnen belastenden Vertragsklauseln. Es lässt sich zwar feststellen, dass auch die allgemeinen vertragsrechtlichen Ansprüche aus der *public policy* Anwendung auf *copyright*-relevante Sachverhalte finden. Dennoch sind die Ansprüche auf einzelne Ausnahmen beschränkt und können daher zu keiner generellen Erweiterung der Schutzposition des *author* führen. Da die Rechte des *Common Law* nicht kodifiziert sind, unterliegen sie der Auslegung des Richters. Der Urheber steht daher vor der unsicheren Entscheidung, ein bereits gestörtes Vertragsverhältnis durch einen verlorenen Prozess weiter zu belasten.

---

939 Die Urheber im Vereinigten Königreich verfügen im Durchschnitt über ein höheres Einkommen als in die Urheber in Deutschland. Siehe dazu Kretschmer/ Hartwick, Authors' earnings from copyright and non-copyright sources, 2007, S. 5, 26ff. Nach den Autoren des Berichts könnte dies zum einen auf das regulierte Recht in Deutschland und zum anderen auf den globalen Markt zurückzuführen sein, der britischen Urhebern im Gegensatz zu deutschen Urhebern offen stehe.

C. Rechtsgeschäftliche Dispositionen über das auteursrecht

Das niederländische Urheberrecht enthält nur wenige Regelungen zum Urhebervertragsrecht. Auch wenn in der Vergangenheit bereits zahlreiche Gesetzesvorschläge zur Ergänzung des Urhebervertragsrechts unterbreitet wurden[940], wurden diese Vorhaben bisher nicht gesetzlich umgesetzt. Der aktuellste Gesetzesvorschlag zur Änderung des Urhebervertragsrechts wurde im Juni 2010 veröffentlicht.[941] Bevor die Grundzüge des Gesetzesvorschlags aus dem Jahr 2010 skizziert werden, wird die aktuelle Rechtslage dargestellt.

Das geltende Urhebervertragsrecht ist aufgrund nur weniger spezieller urheberrechtlicher Regelungen weitgehend von dem Prinzip der Vertragsfreiheit geprägt.[942]Die einzigen Regelungen zum Urhebervertragsrecht finden sich in Art. 2, 27, 28, 12a und 45d AW.[943] Die letzeren beiden Rege-

---

940 In den 70er-Jahren gab es einen Gesetzesentwurf zur Regelung des Verlagsvertrages. In den 90er-Jahren stand das Urhebervertragsrecht im Gesamten im Fokus und es wurde vorgeschlagen, dieses im Allgemeinen Zivilrecht durch Einfügung eines neunten Buchs neu zu regeln. Im August 2004 unterbreitete das Instituut voor Informatierecht (IvIR) im Auftrag des Justizministeriums einen Gesetzesvorschlag für ein neues Urhebervertragsrecht (Guibault/Hugenholtz; Auteurscontractenrecht: naar een wettelijke regeling? Onderzoek in opdracht van het WODC (Ministerie van Justitie). Dem ging eine im Mai 2002 veröffentlichte Studie über das europäische Urhebervertragsrecht voraus: Guibault/Hugenholtz, Study on the conditions applicable to contracts relating to intellectual property in the European Union. Amsterdam, Institute for Information law, (IViR).

941 Der „voorontwerp auteurscontractenrecht" zum „Wijziging van de Auteurswet en de Wet op de naburige rechten in verband met de aanpassing van het auteurscontractenrecht"; abzurufen unter https://www.internetconsultatie.nl/aute urscontractenrecht; zuletzt abgerufen am 1.4.2015.

942 Als Gründe für die fehlende Regelung eines speziellen Vertragsrechts für Urheber wird zum einen der Einfluss der Verwertungsindustrie angeführt. Zum anderen wird jedoch der Urheber in den Niederlanden nicht per se als die strukturell unterlegene Partei angesehen, die stets eine schlechtere Verhandlungsposition innehat und daher besonderen Schutz bedarf. Ein Ungleichgewicht in der Verhandlungsposition könne sich erst ergeben, wenn im Rahmen von Angebot und Nachfrage ein Ungleichgewicht entstehe. Die Verhandlungsposition des Urhebers ist in den Niederlanden hoch diskutiert: Siehe dazu Poort/Theeuwes AMI 2010, 137ff; Koelman, AMI 2005, 9ff; Lenselink in: Hugenholtz/Quaedvlieg/Visser, A Century of Dutch Copyright Law, Copyright Contract Law, S. 178, 192 m.w.N.

943 Inhaltlich beziehen sich die Regelungen auf das Folgende: Art. 2 AW betrifft die translative Übertragbarkeit des auteursrecht und die ‚Zweckübertragungsregel', Art. 27 AW betrifft die Aktivlegitimation des Zedenten des auteursrecht,

lungen fanden Eingang in das Auteurswet durch europäische Rechtsetzung. Da das Auteurswet keine speziellen Form- oder Wirksamkeitserfordernisse, Auslegungsmittel oder die zur Verfügung stehenden Rechtsmittel enthält, finden diesbezüglich die allgemeinen zivilrechtlichen Grundsätze Anwendung.[944]

I. Translative Übertragung

Entsprechend der dualistischen Prägung des Auteurswet können *n*ach Art. 2 Abs. 1 AW die vermögensrechtlichen Befugnisse des Werkschöpfers (*auteursrecht*) unabhängig von den *morele rechten* vollständig oder in Teilen translativ übertragen werden.[945] Eine Übertragung nach Art. 2 Abs. 1 AW führt zum vollständigen bzw. teilweisen Rechtsverlust des *auteursrecht* beim Zedenten.[946]Nach dem ausdrücklichen Wortlaut des Art. 25 Abs. 1 S. 1 AW bleibt der Zedent bei der rechtsgeschäftlichen Übertragung[947] noch Inhaber seiner *morele rechten*.[948] Das *auteursrecht* kann inhaltlich beschränkt übertragen werden.[949] Uneinigkeit herrscht dahingehend, ob das *auteursrecht* auch zeitlich beschränkt übertragen werden kann.[950] Ein Teil der Literatur nimmt an, dass aus Art. 3.85 Abs. 1 BW folgt, dass eine zeit-

---

Art. 12a AW betrifft die translative Übertragung des Vermietrechts und 45d AW betrifft die Rechte des Filmherstellers.

944 Dabei handelt es sich um die Bücher 3 bis 6 und für den Bereich der Beauftragung zusätzlich um das siebte Buch des BW; siehe dazu Lenselink in: Hugenholtz/Quaedvlieg/Visser, A Century of Dutch Copyright Law, Copyright Contract Law, S. 179.

945 Institute for Information Law, study on the conditions applicable to contracts relating to Intellectual Property in the European Union, 2002, S. 46.

946 Art. 24 AW stellt jedoch klar, dass der Zedent das Recht hat, das gleiche Gemälde anzufertigen. Dem Zedenten bleibt trotz der Übertragung dann eine Rechtsposition, wenn die Parteien vertraglich eine Rücklizenz vereinbart haben.

947 Anders jedoch ein Teil der Rechtsprechung und Literatur im Rahmen der gesetzlichen Fiktion nach Art. 7 und 8 AW. Siehe dazu Erstes Kapitel, § 4, B. II. 1, 2.

948 Lenselink in: Hugenholtz/Quaedvlieg/Visser, A Century of Dutch Copyright Law, Copyright Contract Law, S. 180; van Lingen, Auteursrecht in hoofdlijnen, op. 2007, S. 193; Spoor/Verkade/Visser, Auteursrecht, 2005, § 11.5; Gerbrandy, Kort commentaar op de Auteurswet 1912, 1988, S. 338.

949 Lenselink in: Hugenholtz/Quaedvlieg/Visser, A Century of Dutch Copyright Law, Copyright Contract Law, S. 180.

950 Cohen Jehoram in: Geller, International copyright law and practice, Netherlands, § 4 [3][b].

lich beschränkte Übertragung des Urheberrechts automatisch in ein zeitlich unbegrenztes absolutes Recht umgewandelt wird.[951] Im Schrifttum
wird jedoch auch vertreten, dass im Urheberrecht eine zeitlich beschränkte
Übertragung möglich sein müsse.[952]

Die translative Übertragung des *auteursrecht* kann nur schriftlich in
Form einer Urkunde[953] erfolgen und muss vom Urheber unterschrieben
sein.[954] Eine stillschweigende translative Übertragung des *auteursrecht*
kommt daher nicht in Betracht. Wird bei der vertraglichen Vereinbarung
einer Übertragung das Schriftformerfordernis nach Art. 2 Abs. 2 S. 1 AW
nicht gewahrt, kommt diesbezüglich jedoch eine stillschweigende Einräumung einer Lizenz in Frage.[955]

Nach Art. 45d AW findet das Schriftformerfordernis nicht im Bereich
des Films Anwendung, da sich nach Art. 45d AW vorbehaltlich anderslautender Vereinbarungen die gesetzliche Vermutung einer translativen Übertragung der Rechte des Filmurhebers an den Filmhersteller ergibt.[956] Die
Formfreiheit gilt jedoch nur für den Anwendungsbereich des Art. 45d
AW. Sollen über den Anwendungsbereich des Art. 45d AW hinaus noch
weitere Rechte übertragen werden, findet diesbezüglich das Schriftformerfordernis nach Art. 2 Abs. 2 S. 1 AW Anwendung.

II. Konstitutive Übertragung

Die Möglichkeit, eine Lizenz am *auteursrecht* einzuräumen ist im niederländischen Urheberrecht anerkannt, jedoch nicht ausdrücklich im Auteurswet geregelt. Die Rechtwirkung einer Lizenz ist auf die Vertragspar-

---

951 Lenselink in: Hugenholtz/Quaedvlieg/Visser, A Century of Dutch Copyright
     Law, Copyright Contract Law, S. 180.

952 Lingen, Auteursrecht in hoofdlijnen, 2007, S. 192.

953 Art. 3:95 BW.

954 Art. 2 Abs. 2 S. 1 AW; Institute for Information Law, study on the conditions ap-
     plicable to contracts relating to Intellectual Property in the European Union,
     2002, S. 48.

955 Lenselink in: Hugenholtz/Quaedvlieg/Visser, A Century of Dutch Copyright
     Law, Copyright Contract Law, S. 181; Verkade, NJW 1992, 563 – Laser v. Vloer-
     plan.

956 Lenselink in: Hugenholtz/Quaedvlieg/Visser, A Century of Dutch Copyright
     Law, Copyright Contract Law, S. 181; Cohen Jehoram in: Geller, International
     copyright law and practice, Netherlands, § 4 [3][a].

teien begrenzt.[957]Der Lizenznehmer ist zur Ausübung gemäß den Lizenzbedingungen berechtigt. Art. 2 Abs. 2 AW enthält nur für die translative
Übertragung ein Schriftformerfordernis. Daher wird angenommen, dass
sowohl die exklusive als auch die nicht-exklusive Lizenz stets formfrei erteilt werden kann.[958] Uneinigkeit herrscht im Hinblick auf die exklusive
Lizenz, für die im Schrifttum teilweise die Einhaltung des Schriftformerfordernisses gefordert wird.[959]

III. Rechtsgeschäftliche Dispositionen über das *auteursrecht* im Auftragsverhältnis

1. Rechte am Auftragswerk

In den Fällen des Art. 6 und 8 AW ist der Auftraggeber bereits fiktiver Inhaber des *auteursrecht*. Sind die Voraussetzungen des Art. 6 oder 8 AW
nicht gegeben, kommt jedoch auch eine rechtsgeschäftliche Disposition
des Urhebers über das *auteursrecht* am Werk in Betracht. Der Auftragnehmer kann ausdrücklich oder stillschweigend das *auteursrecht* konstitutiv
auf den Auftraggeber übertragen.

1.1 Zweckübertragungsregel

Obwohl in den Niederlanden das Urhebervertragsrecht nur marginal gesetzlich geregelt ist[960], enthielt das Auteurswet 1912 als erste Urheberrechtsordnung Kontinentaleuropas eine gesetzliche Regelung des Zweck-
übertragungsgedankens. Nach Art. 2 Abs. 2 S. 2 AW richtet sich der Umfang der translativ übertragenen Rechte nach dem Wortlaut der Übertra-

---

957 Lenselink in: Hugenholtz/Quaedvlieg/Visser, A Century of Dutch Copyright
Law, Copyright Contract Law, S. 181; Cohen Jehoram in: Geller, International
copyright law and practice, Netherlands, § 4 [3][a].

958 So auch Cohen Jehoram in: Geller, International copyright law and practice,
Netherlands, § 4 [2][b].

959 Lenselink in: Hugenholtz/Quaedvlieg/Visser, A Century of Dutch Copyright
Law, Copyright Contract Law, S. 182; Institute for Information Law, study on
the conditions applicable to contracts relating to Intellectual Property in the
European Union, 2002, S. 48.

960 Cohen Jehoram in: Geller, International copyright law and practice, Netherlands, § 4 [3][a].

gungsvereinbarung oder nach dem, was notwendigerweise aufgrund der Natur der Sache oder aufgrund des Vertragszwecks erforderlich ist. Hintergrund der Regelung ist es, den Urheber vor zu weitgehenden Übertragungen seines *auteursrecht* zu bewahren.[961] Die Zweckübertragungsregel ist zwar dem Wortlaut nach auf translative Übertragungen begrenzt, doch findet Art. 2 Abs. 2 S. 2 AW auch entsprechende Anwendung auf Lizenzen.[962] Keine Anwendung findet die Regel jedoch auf die audiovisuellen Werke, da die gesetzlichen Auslegungsregeln der §§ 45a ff. AW vorrangig gelten.[963]

1.2 Zukünftige Werke

Das Auteurswet enthält keine Regelung zu der Wirksamkeit von Verpflichtungen in Bezug auf zukünftige Werke. Mehrheitlich wird angenommen, dass sich der Urheber auch im Hinblick auf zukünftige Werke vertraglich verpflichten kann, wenn das Werk und die Verpflichtung hinreichend konkretisiert werden.[964] Zur Begründung wird sowohl von der Rechtsprechung[965] als auch der Literatur[966] Art. 3:97 BW herangezogen. Bis zum Erlass des Art. 3:97 BW war die Rechtslage jedoch uneinheitlicher. So hatte der Hoge Raad im Jahr 1936 entschieden, dass eine Übertragung zukünftiger Werke nicht möglich sei.[967] Diese Entscheidung wurde jedoch heftig kritisiert.[968] Der Übertragung der Rechte an zukünftigen Werken können jedoch dann Wirksamkeitshindernisse entgegenstehen, wenn der Urheber

961 Lenselink in: Hugenholtz/Quaedvlieg/Visser, A Century of Dutch Copyright Law, Copyright Contract Law, S. 186; Cohen Jehoram in: Geller, International copyright law and practice, Netherlands, § 4 [3][c].

962 Lenselink in: Hugenholtz/Quaedvlieg/Visser, A Century of Dutch Copyright Law, Copyright Contract Law, S. 190; Cohen Jehoram in: Geller, International copyright law and practice, Netherlands, § 4 [2][c].

963 Lenselink in: Hugenholtz/Quaedvlieg/Visser, A Century of Dutch Copyright Law, Copyright Contract Law, S. 190; Cohen Jehoram in: Geller, International copyright law and practice, Netherlands, § 4 [2][c].

964 Lenselink in: Hugenholtz/Quaedvlieg/Visser, A Century of Dutch Copyright Law, Copyright Contract Law, S. 188; Cohen Jehoram in: Geller, International copyright law and practice, Netherlands, § 4 [2][c].

965 Hoge Raad, NJ 2002, 610.

966 Lenselink in: Hugenholtz/Quaedvlieg/Visser, A Century of Dutch Copyright Law, Copyright Contract Law, S. 188; Cohen Jehoram in: Geller, International copyright law and practice, Netherlands, § 4 [3][c]

967 Hoge Raad, NJ 1936, 443 – Das Blaue Licht.

968 Gerbrandy, Kort commentaar op de Auteurswet 1912, 1988, S. 32; van Lingen, Auteursrecht in hoofdlijnen, op. 2007, S. 179; Spoor/Verkade/Visser, Auteurs-

alle Rechte an allen seinen zukünftigen Werken überträgt. Da bisher keine Rechtsprechung dazu ergangen ist, geht das niederländische Schrifttum davon aus, dass derartige Verpflichtungen, die gegen die Billigkeit im Sinne des Art. 3:40 BW verstoßen, unwirksam sind.[969]

1.3 Unbekannte Nutzungsarten

Im Auteurswet findet sich keine Regelung, wonach der Urheber auch Vereinbarungen im Hinblick auf unbekannte Nutzungsarten treffen kann. Ob der Urheber sich daher auch in Bezug auf unbekannte Nutzungsarten zu der Übertragung oder zu der Einräumung einer Lizenz verpflichten kann, wird uneinheitlich bewertet. Zur Klärung wird auf die Zweckübertragungsregel nach Art. 2 Abs. 2 S. 2 AW zurückgegriffen. Ein Teil der Literatur geht davon aus, dass die in Art. 2 Abs. 2 S. 2 AW enthaltene Zweckübertragungsregel auch auf unbekannte Nutzungsarten Anwendung findet mit der Folge, dass unbekannte Nutzungsarten nicht von der Übertragung erfasst werden können, weil sie nicht ausdrücklich benannt werden können.[970] Dem stehen die Vertreter gegenüber, die für die ausdrückliche Regelung einen abstrakten Verweis auf unbekannte Nutzungsarten ausreichen lassen wollen.[971] Auch wenn Art. 2 Abs. 2 S. 2 AW sich vom Wortlaut nur auf translative Übertragungen bezieht, findet die Zweckübertragungsregel auch im Hinblick auf Lizenzen Anwendung.[972] In der „Volkskrant"-Entscheidung[973] setzte sich ein Amsterdamer Gericht damit auseinander, ob eine stillschweigend erteilte Lizenz auch die Verwertung in einer zum Zeitpunkt des Vertragsschlusses unbekannten Nutzungsart erfasst. Die Journalisten machten gerichtlich geltend, dass die an die Zeitung *De Volkskrant* stillschweigend eingeräumte Lizenz, ein literarisches Werk drucken

---

recht, 2005, § 9.16; Lenselink in: Hugenholtz/Quaedvlieg/Visser, A Century of Dutch Copyright Law, Copyright Contract Law, S. 188.

969 Spoor/Verkade/Visser, Auteursrecht, 2005, § 9.16; Lenselink in: Hugenholtz/ Quaedvlieg/Visser, A Century of Dutch Copyright Law, Copyright Contract Law, S. 188.

970 Lenselink in: Hugenholtz/Quaedvlieg/Visser, A Century of Dutch Copyright Law, Copyright Contract Law, S. 495ff; Cohen Jehoram in: Geller, International copyright law and practice, Netherlands, § 4 [3][c].

971 Spoor/Verkade/Visser, Auteursrecht, 2005, § 9.15; van Lingen, Auteursrecht in hoofdlijnen, op. 2007, S. 192.

972 Cohen Jehoram in: Geller, International copyright law and practice, Netherlands, § 4 [3][c].

973 Rechtbank Amsterdam, AMI 1997, 194 – De Volkskrant.

zu dürfen, nicht das Recht umfasse, dass die Zeitung das Werk auch im Internet und auf CD-ROM veröffentlichen darf. Das Gericht stimmte den Klägern zu und sah die unbekannte Nutzungsart nicht von der stillschweigenden Lizenz erfasst. Unter Anwendung der Zweckübertragungsregel urteilte das Gericht, dass von der Lizenz nur die zum Zeitpunkt des Vertragsschlusses bekannten Nutzungsarten erfasst sein können.[974]

1.4 Übertragung der Lizenz und Einräumung weiterer Unterlizenzen

Die Übertragbarkeit des Urheberrechts richtet sich nach Art. 3:83 BW. Danach ist ein Vermögensrecht grundsätzlich übertragbar, es sei denn das Gesetz oder die Natur des Rechts schließen dies aus. Das *auteursrecht* gilt als ein Vermögensrecht im Sinne des Art. 3:6 BW. Aufgrund der Natur des *auteursrecht* wird jedoch angenommen, dass das *auteursrecht* nicht ohne Zustimmung des Lizenzgebers translativ und konstitutiv übertragbar ist.[975] Ob der Lizenznehmer die Lizenz auf einen Dritten translativ übertragen oder weitere Unterlizenzen erteilen kann, hängt daher von den ausdrücklich oder stillschweigend vereinbarten Lizenzbedingungen ab.[976] Ist ausdrücklich die Weiterübertragung oder das Recht zur Erteilung von weiteren Lizenzen nicht geregelt, wird in der Regel nicht davon auszugehen sein, dass diese erlaubt sind.[977] Für die Übertragung einer Lizenz gelten jedoch die Formanforderungen des Art. 3:94 BW. Danach muss die Übertragung schriftlich erfolgen und der Lizenzgeber von der Übertragung der Lizenz informiert werden. Überträgt der Urheber das *auteursrecht*, an dem er bereits einem Dritten eine Lizenz eingeräumt hat, kommt dem Lizenzneh-

---

974 Darüber hinaus sah das Gericht auch das Veröffentlichungsrecht der Journalisten verletzt, da diesen bei einer unbekannten Nutzungsart erneut die Entscheidung über das ‚Ob‘ und das ‚Wie‘ der Veröffentlichung zukäme. Siehe dazu Institute for Information Law, study on the conditions applicable to contracts relating to Intellectual Property in the European Union, 2002, S. 50.

975 Wit/van der Burg/van der Meerakker/Berghuis/Overdijk/Veltman in: study AIPPI, Contracts regarding IPR, Report Netherlands Q 190, S. 2.

976 Lenselink in: Hugenholtz/Quaedvlieg/Visser, A Century of Dutch Copyright Law, Copyright Contract Law, S. 182; Institute for Information Law, study on the conditions applicable to contracts relating to Intellectual Property in the European Union, 2002, S. 58.

977 Lenselink in: Hugenholtz/Quaedvlieg/Visser, A Century of Dutch Copyright Law, Copyright Contract Law, S. 182; Wit/van der Burg/van der Meerakker/Berghuis/Overdijk/Veltman in: study AIPPI, Contracts regarding IPR, Report Netherlands Q 190, S. 2f.

mer nicht zwingend Sukzessionsschutz zu.[978] Die Lizenz des Dritten bleibt auch gegenüber dem Erwerber des *auteursrecht* wirksam, wenn der Erwerber von der Lizenz wusste. Wusste der Erwerber jedoch nicht von der Lizenz, kann der Lizenznehmer seine Befugnisse nicht mehr wirksam gegenüber dem Erwerber geltend machen. Der Lizenznehmer hat gegen seinen Lizenzgeber Ansprüche wegen unerlaubter Handlung, wenn der Lizenzgeber wissentlich mit der Übertragung des *auteursrecht* Vertragsbruch begeht.[979]

2. Vergütung

Das Auteurswet enthält keinen gesetzlichen Vergütungsanspruch des Urhebers. Haben die Parteien vertraglich keine Vergütung vereinbart, kann der Vergütungsanspruch auch stillschweigend vereinbart worden sein. Dies ist durch Auslegung nach Art. 3:33 BW, Art. 6:2 BW und Art. 6:248 BW enthaltenen Kriterien zu ermitteln. Ein gesetzlicher Vergütungsanspruch auf Zahlung einer angemessenen Vergütung folgt nur in Bezug auf die translative Übertragung eines Vermiet- oder Verleihrechts nach Art. 12a AW. Insbesondere enthält das Auteurswet keinen Anspruch auf Zahlung einer weiteren Vergütung, wenn die Vergütung im Verhältnis zu der Nutzung unangemessen wurde. Das niederländische Schrifttum befürwortet zum Teil eine Einführung eines gesetzlichen Vergütungsanspruchs bei außergewöhnlicher Gewinnerzielung unter Heranziehung des Gedankens von Treu und Glauben nach Art. 6:248 BW und der Änderung der Geschäftsgrundlage nach Art. 6:258 BW.[980] Darüber hinaus ist auch kein Kündigungsrecht für den Fall geregelt, dass die Vergütung im Laufe des Nutzungszeitraums unangemessen wurde.[981]

---

978 Cohen Jehoram in: Geller, International copyright law and practice, Netherlands, § 4 [3][d]. In Hoge Raad, NJ 1942, S. 205, wird diese Frage zwar behandelt, aber nicht beantwortet.

979 Lenselink in: Hugenholtz/Quaedvlieg/Visser, A Century of Dutch Copyright Law, Copyright Contract Law, S. 183; Hoge Raad, NJ 1996, S. 270; Hoge Raad NJ 1986, S. 760.

980 Quaedvlieg, GRUR Int 2002, 901 (911); Lenselink in: Hugenholtz/Quaedvlieg/Visser, A Century of Dutch Copyright Law, Copyright Contract Law, S. 185; Mom/Keuchenius, Het Werkgeversauteursrecht, S. 27.

981 Lenselink in: Hugenholtz/Quaedvlieg/Visser, A Century of Dutch Copyright Law, Copyright Contract Law, S. 185.

IV. Rechtsgeschäftliche Dispositionen über das auteursrecht im Arbeitsverhältnis

Der Arbeitgeber ist nach Art. 7 AW fiktiver Urheber und damit auch origi-närer Inhaber des *auteursrecht*. Der Arbeitgeber hat daher alle vermögens-rechtlichen Befugnisse nach dem Auteurswet wie der *wahre* Urheber des Werks. Die vermögensrechtlichen Befugnisse sind daher nicht durch die Zweckübertragungsregel gemäß Art. 2 Abs. 2 AW begrenzt, die nur auf rechtsgeschäftliche Dispositionen über das *auteursrecht* Anwendung fin-det.[982] Der Auftrag- oder Arbeitgeber kann daher wie der *wahre* Urheber über sein *auteursrecht* verfügen. Mit Vergütung des Arbeitnehmers sind alle Rechte abgegolten.[983] Der angestellte Schöpfer eines Werks hat grundsätz-lich die Möglichkeit, über den zivilrechtlichen Anspruch auf vernünftiges und faires Verhalten des Arbeitgebers nach Art. 7:611 BW eine weitere Vergütung zu verlangen, wenn die Vergütung nicht im Verhältnis zu dem Nutzen des Werks für den Arbeitgeber steht.[984]

V. Sonderregelungen zugunsten des Filmherstellers

Finden Art. 7 und 8 AW zugunsten des Filmherstellers nicht bereits An-wendung, gilt nach Art. 45d AW, dass der Filmurheber dem Filmhersteller vorbehaltlich anderslautender Vereinbarungen das Recht zur Verbreitung und Vervielfältigung translativ überträgt. Im Gegenzug ist der Filmherstel-ler verpflichtet, den Filmurheber angemessen zu vergüten.[985]

---

982 van den Broek/den Akker/Berghuis u.a. in: study AIPPI 2004, Employers' rights to intellectual propert, Report Q 183 Netherlands, S. 2.
983 Paapst, Werkgever en auteursrecht, 2010, S. 12; van den Broek/den Akker/ Berghuis u.a. in: study AIPPI 2004, Employers' rights to intellectual propert, Re-port Q 183 Netherlands, S. 12.
984 Bisher ist dieser Anspruch jedoch noch nicht gerichtlich geltend gemacht wor-den, siehe dazu van den Broek/den Akker/Berghuis u.a. in: study AIPPI 2004, Employers' rights to intellectual propert, Report Q 183 Netherlands, S. 12.
985 Seignette in: Hugenholtz/Quaedvlieg/Visser, A Century of Dutch Copyright Law, S. 137f.

VI. Gesetzesentwurf 2010

Ein im Jahr 2010 veröffentlichter Gesetzesentwurf soll das bestehende Auteurswet um ein *auteurscontractenrecht*[986] (Urhebervertragsrecht) ergänzen. Im Folgenden werden die Regelungen und der Geltungsbereich der gesetzlichen Regelungen des Vorentwurfs kurz skizziert.

1. Nutzungsrechte

Der Vorentwurf zum *auteurscontractenrecht* enthält zahlreiche, von dem deutschen Urhebervertragsrecht inspirierte Änderungsvorschläge des Auteurswet. Der Vorentwurf sieht vor, dass nunmehr keine translativen Übertragungen des *auteursrecht* möglich sein sollen. Daraus lässt sich eine Abkehr von dem dualistischen Rechtsverständnis des Auteurswet ableiten. Nach Art. 25c Abs. 1 des Vorentwurfs kann der Urheber nur noch konstitutive Nutzungsrechte an dem *auteursrecht* einräumen[987]. Eine exklusive Lizenz soll zudem nur dann wirksam sein, wenn sie schriftlich erteilt wurde. Eine exklusive Lizenz kann gemäß Art. 25b Nr. 1 des Vorentwurfs nur für den Zeitraum von maximal fünf Jahren erteilt werden. Von der 5-Jahres-Regel ausgenommen sind nur die Vereinbarungen des Urhebers mit den Verwertungsgesellschaften. Art. 25e des Vorentwurfs sieht vor, dass der Urheber unter Setzung einer angemessenen Frist den Vertrag ganz oder teilweise kündigen kann, wenn der Lizenznehmer die darin eingeräumte exklusive Lizenz innerhalb eines angemessenen Zeitraums oder innerhalb der gesetzten Nachfrist nicht nutzt. Nach Art. 25f des Vorentwurfs kann der Urheber die exklusive Lizenz zurückrufen, wenn dadurch für eine unbestimmte lange Zeit das Recht an zukünftigen Werken des Urhebers eingeräumt wurde.

---

986 Stand 10.07.2014 befindet sich das Gesetz in der zweiten von sechs „Fasen"; Stand zu überprüfen unter: http://www.rijksoverheid.nl/documenten-en-publica ties/wetsvoorstellen/2012/11/01/wetsvoorstel-auteurscontractenrecht; der Gesetzesentwurf (Voorontwerp auteurscontractenrecht) ist unterhttp://www.int ernetconsultatie.nl/auteurscontractenrecht abrufbar; ausführlich dazu Lenselink in: Hugenholtz/Quaedvlieg/Visser, A Century of Dutch Copyright Law, S. 177-196.

987 Seignette in: Hugenholtz/Quaedvlieg/Visser, A Century of Dutch Copyright Law, S. 140, bezweifelt, dass diese Regelung tatsächlich gesetzlich umgesetzt werden wird.

2. Vergütung

Außer im Fall tarifvertraglicher Regelungen steht dem Urheber nach Art. 25c Nr. 1 des Vorentwurfs die Zahlung einer angemessenen Vergütung zu. Das Gericht kann den Vertrag nach Art. 25d Nr. 1 des Vorentwurfs auflösen, wenn dieser keine angemessene Vergütung vorsieht.

3. Filmwerke

Nach Art 25d Nr. 3 des Vorentwurfs muss der Filmhersteller für die Verwertung des Filmwerks eine angemessene Vergütung zahlen. Nach dem Vorentwurf soll in diesem Fall auch die Zahlung einer pauschalen Vergütung möglich sein.

4. Anwendung im Rahmen des Art. 7 und 8 AW

Grundsätzlich sollen die voran genannten Regelungen nach Art. 25h des Vorentwurfs zwingend und unabdingbar anzuwenden sein. Dies gilt jedoch nach Art. 25h Nr. 3 des Vertragsentwurfs nicht im Rahmen des Anwendungsbereiches des Art. 7 und 8 AW. Daher ist es dem Auftragnehmer anzuraten, weiterhin schriftlich eine Vergütung zu vereinbaren.

5. Fazit

Die Regelungen weisen Ähnlichkeiten zum deutschen Urhebervertragsrecht auf. Es bleibt jedoch abzuwarten, wie sich das Gesetzgebungsverfahren weiterentwickelt. Teilweise wird bezweifelt, dass das Verbot translativer Übertragungen des *auteursrecht* das Gesetzgebungsverfahren übersteht.[988] Es wird kritisiert, dass die Anpassung der Vergütung nur gerichtlich durchgesetzt werden kann.[989] Darüber hinaus wird kritisiert, dass diese Regelungen nicht für den angestellten und beauftragten Urheber im Sinne des Art. 7 und 8 AW gelten. Die Filmhersteller kritisieren wiederum,

---

988 Seignette in: Hugenholtz/Quaedvlieg/Visser, A Century of Dutch Copyright Law, S. 140.

989 Lenselink in: Hugenholtz/Quaedvlieg/Visser, A Century of Dutch Copyright Law, Copyright Contract Law; 177ff.

dass keine dem Art. 7 und 8 AW entsprechende Regelung für sie geschaffen wurde.[990]

D. Zusammenfassung

Die vorangegangene Darstellung zu der Verteilung der vermögensrechtlichen Befugnisse im Arbeits- und Auftragsverhältnis hat gezeigt, dass sich die Rechtsordnungen in Deutschland, England und den Niederlanden nicht nur hinsichtlich der Zuweisung der originären Inhaberschaft des Urheberrechts, des *copyright* und des *auteursrecht* unterscheiden, sondern sich die Unterschiede auch in Bezug auf die Verteilung der vermögensrechtlichen Befugnisse im Arbeits- und Auftragsverhältnis fortsetzen.

I. Verteilung der vermögensrechtlichen Befugnisse im Arbeitsverhältnis

Die vorgestellten Rechtsordnungen unterscheiden sich eklatant bei der gesetzlichen Zuweisung der vermögensrechtlichen Befugnisse am Urheberrecht im Arbeitsverhältnis. Die Niederlande und England wählen die opportunistische Zuweisung der originären Inhaberschaft des *copyright* bzw. *auteursrecht* an den Arbeitgeber und ermöglichen ihm dadurch ohne zusätzlichen rechtsgeschäftlichen Transaktionsaufwand die uneingeschränkte Verwertung des Arbeitnehmerwerks. Treffen die Parteien des Arbeitsverhältnisses daher keine Regelung über die vermögensrechtlichen Befugnisse des Arbeitgebers, erhalten der englische und der niederländische Arbeitgeber das uneingeschränkte Verwertungsrecht des Arbeitnehmerwerks für alle bekannten und unbekannten Nutzungsarten. Trifft der deutsche Arbeitgeber hingegen keine rechtsgeschäftliche Regelung über den Umfang des Nutzungsrechts am Arbeitnehmerwerk wird ihm in der Regel das ausschließliche Nutzungsrecht für den Betriebszweck eingeräumt. Dieses umfasst jedoch im Falle der stillschweigenden Einräumung des Nutzungsrechts mangels Einhaltung der Schriftform nach § 31a Abs. 1 S. 1 UrhG nicht die zum Zeitpunkt der Fertigstellung des Werks unbekannten Nutzungsarten.

Der Arbeitgeber kann darüber hinaus nach englischen und niederländischen Recht ohne Zustimmung des Arbeitnehmers seine Rechtsposition

---

990 Siehe hierzu: Seignette in: Hugenholtz/Quaedvlieg/Visser, A Century of Dutch Copyright Law, S. 137 m.w.N.

an Dritte weitergeben und das *copyright* bzw. *auteursrecht* translativ übertragen oder Dritte in Form von Unterlizenzen zur Nutzung ermächtigen. Dem angestellten Urheber verbleiben keine Rechte am *copyright* mehr. Während somit englische und niederländische Arbeitgeber zur uneingeschränkten Verwertung auch durch Dritte gesetzlich ermächtigt werden, ist der deutsche Arbeitgeber zur Übertragung des Nutzungsrechts an Dritte und zur Einräumung weiterer Nutzungsrechte an Dritte im Sinne von §§ 34 f. UrhG nur dann berechtigt, wenn dies der Betriebszweck des Arbeitgebers zum Zeitpunkt der Fertigstellung des Werks erfordert. Wenn der deutsche Arbeitgeber eine rechtsgeschäftliche Übertragung des Urheberrechts im Arbeitsverhältnis vereinbart, hat er die Möglichkeit sich über den Betriebszweck hinausgehende Nutzungsrechte auch für unbekannte Nutzungsarten zu sichern. Dies kann er im Rahmen des Arbeitsvertrags oder in einem gesonderten Vertrag sicherstellen. Im Gegensatz zum englischen und niederländischen Arbeitgeber muss er dafür eine vertragliche Regelung im Arbeitsvertrag oder in einem gesonderten Vertrag treffen und kann aufgrund der Unübertragbarkeit des Urheberrechts allenfalls ausschließliche Nutzungsrechte am Arbeitnehmerwerk erlangen. Setzt man daher voraus, dass die Verwertung vom betrieblichen Zweck gedeckt ist, ergeben sich beim Vergleich der drei Rechtsordnungen nur Unterschiede im Hinblick auf die Nutzung des Arbeitnehmerwerks in Form von unbekannten Nutzungsarten. Während der englische und niederländische Arbeitgeber *nur* die Voraussetzungen der s. 11 Abs. 2 CDPA bzw. Art. 7 AW darlegen müssen, muss der deutsche Arbeitgeber neben den Tatbestandvoraussetzungen des § 43 UrhG zusätzlich beweisen, dass die Verwertung für den Betriebszweck erforderlich ist.

II. Verteilung der vermögensrechtlichen Befugnisse im Auftragsverhältnis

Aus der monistischen Lehre in Deutschland folgt die Unübertragbarkeit des Urheberrechts, sodass der Auftragnehmer dem Auftraggeber nur konstitutive Nutzungsrechte einräumen kann. Auch in Deutschland fußt das vertragliche Handeln auf dem nach Art. 2 Abs. 1 GG verfassungsrechtlich begründeten Grundsatz der Privatautonomie. Nach den §§ 31 ff. UrhG kann der Urheber jedoch zu seinem Schutz nicht grenzenlos über sein Urheberrecht und seine Urheberpersönlichkeitsrechte verfügen. Der Grundsatz der translativen Unübertragbarkeit des Urheberrechts führt dazu, dass der Urheber auch in Vertragssituationen mit gestörter Vertragsparität Schutz erfährt. Darüber hinaus auch Einschränkung der rechtsgeschäftlichen Disposition über den Zweckübertragungsgrundsatz. Aufgrund der Unübertragbarkeit können der Arbeit- und Auftraggeber nur derivative Nutzungsrechte erlangen. Weder die Einräumung eines ausschließlichen noch eines nicht-ausschließlichen Nutzungsrechts ist an die Einhaltung von Formerfordernissen gebunden und kann sowohl ausdrücklich als auch stillschweigend erteilt werden. Ist die Reichweite des Nutzungsrechts nicht ausdrücklich geregelt, beschränkt sich der Umfang des Nutzungsrechts nach § 31 Abs. 5 UrhG auf den Vertragszweck. Nutzungsrechte an künftigen unbestimmten Werken und Nutzungsrechte für unbekannte Nutzungsrechte müssen schriftlich nach §§ 31a, 40 UrhG vereinbart werden. Der Auftraggeber ist nur mit Zustimmung des Auftragnehmers berechtigt, sein Nutzungsrecht translativ zu übertragen bzw. an Dritte weiter einzuräumen. Dabei darf der beauftragte Urheber seine Zustimmung jedoch nicht entgegen Treu und Glauben verweigern. Der beauftragte Urheber hat einen Anspruch auf angemessene und weitere Vergütung nach § 32 Abs. 1 S. 3, 32a Abs. 1 S. 1, ggfs. i.V.m. § 32c Abs. 1 S. 1 UrhG.

Auch der englische Auftraggeber ist darauf angewiesen, eine vertragliche Regelung mit dem Auftragnehmer über das *copyright* zu treffen. Die Vertragsfreiheit stellt das Fundament der Eigentumsrechte und damit auch des *Copyright Law* dar. Mangels eigener urhebervertragsrechtlicher Kriterien, gilt auch im *Copyright Law* der Grundsatz der Vertragstreue (*,sanctity of contract'*), welcher auf der Grundannahme basiert, dass zwei gleichberechtigte Parteien einen Vertrag schließen, in der paternalistische Eingriffe des Staates keinen Platz haben sollen. Ein Schutz des schwächeren Urhebers ist nicht kodifiziert und kann nur über Umwege der Rechte des Common Law in Ausnahmefällen erreicht werden. Das Grundprinzip der Vertragsfreiheit führt neben den im Common law üblichen *case law* dazu, dass die gesetzlichen Regelungen im CDPA nur so gering wie möglich die Vertragsfreiheit einschränken sollen. Daher sind die Regelungen des CDPA in allen Einzelheiten und sehr ausführlich geregelt. Um den Vertragsparteien dennoch eine weitgehende Handlungsmöglichkeit zu gewährleisten, sind die Regelungen von Ausnahmeregelungen und Qualifikationen geprägt. Dem englischen Richter bleibt daher nur ein sehr geringer Ermessensspielraum bei der Anwendung des Gesetzes.[991] Aufgrund des dualistischen Urheberrechtssystems ist sowohl die translative Übertragung des *copyright* als auch die Einräumung von Nutzungsrechten möglich. Die translative Übertragung als auch die Einräumung exklusiver Nutzungsrechts ist an die Schriftform gebunden. Wird die Schriftform nicht eingehalten oder wurde

---

991 So auch Ellins, Copyright law, 1997, S. 83.

keine Regelung zu den Nutzungsrechten getroffen, kann der Auftraggeber auch aus dem Billigkeitsrecht Ansprüche auf das *copyright* ableiten. Aus dem *right of equity* folgt in der Regel nicht der Anspruch des Auftraggebers auf translative Übertragung des *copyright*. Maßgeblich für die Beurteilung, ob der Auftraggeber auch ohne vertragliche Regelung einen Anspruch auf Übertragung der Inhaberschaft im Sinne einer *beneficial ownership* hat, ist die Geschäftseffizienz. Der Auftraggeber hat stets nur Ansprüche auf die Rechte, die er tatsächlich für einen effizienten Geschäftsbetrieb benötigt. In der Regel wird es sich dabei um eine *implied licence* handeln. Der Umfang der *implied licence* bemisst sich nach dem Stand zum Zeitpunkt des Vertragsschlusses und kann neben den Umständen des Einzelfalls auch die Vergütung berücksichtigen. Danach kommen sowohl exklusive als auch nicht-exklusive Nutzungsrechte in Betracht. Die Nutzung von zum Vertragsschluss unbekannten Nutzungsarten ist in der Regel von einer stillschweigenden Lizenz nicht erfasst. Der Lizenznehmer ist nur unter den Voraussetzungen des *right of equity* ohne Zustimmung des Inhabers des *copyright* unter Lebenden übertragbar und unterlizenzierbar. Der CDPA enthält keine Vergütungsansprüche für den beauftragten Urheber.

Komfortabler ist hingegen die Rechtslage für den Auftraggeber nach niederländischem Recht. In den Fällen des Art. 6 und 8 AW ist der Auftraggeber bereits fiktiver Urheber und damit Inhaber des *auteursrecht*. Als Rechtsinhaber des Urheberrechts ist der Auftraggeber frei, über das Urheberrecht zu verfügen. Sind die Voraussetzungen des Art. 6 oder 8 AW nicht gegeben, kommt aufgrund des dualistischen Urheberrechtssystems in den Niederlanden sowohl eine translative als auch konstitutive Übertragung des Urheberrechts in Betracht. Die translative Übertragung des *auteursrecht* muss schriftlich in Form einer Urkunde[992] erfolgen und vom Urheber unterschrieben werden.[993] Eine stillschweigende translative Übertragung des *auteursrecht* kommt daher nicht in Betracht. Wird bei der vertraglichen Vereinbarung einer Übertragung das Schriftformerfordernis nach Art. 2 Abs. 2 S. 1 AW nicht gewahrt, kommt diesbezüglich jedoch eine stillschweigende Einräumung einer Lizenz in Frage.[994] Nach Art. 45 d AW

---

992 Art. 3:95 BW.

993 Art. 2 Abs. 2 S. 1 AW; Institute for Information Law, study on the conditions applicable to contracts relating to Intellectual Property in the European Union, 2002, S. 48. Teilweise wird angenommen, dass auch die Einräumung einer exklusiven Lizenz nur schriftlich erfolgen kann.

994 Lenselink in: Hugenholtz/Quaedvlieg/Visser, A Century of Dutch Copyright Law, Copyright Contract Law, S. 181; Verkade, NJW 1992, 563 – Laser v. Vloerplan.

gilt das Schriftformerfordernis nicht bei Filmwerken. Die Möglichkeit, eine Lizenz am *auteursrecht* einzuräumen, ist im niederländischen Urheberrecht anerkannt, jedoch nicht ausdrücklich im Auteurswet geregelt. Das Urhebervertragsrecht ist zum jetzigen Zeitpunkt in den Niederlanden nur in Grundzügen gesetzlich geregelt.[995] Der vertragliche Schutz des Urhebers basiert daher weitgehend auf dem allgemein geltenden Prinzip der Vertragsfreiheit, sodass der Urheber keine gesonderte Schutzposition durch das Auteurswet zugewiesen bekommt. Einzig die in Art. 2 Abs. 2 AW enthaltene Zweckübertragungsregel führt zu einer Spezifizierungspflicht des Verwerters. Kommt er dem nicht nach, beschränkt sich sowohl die translative als auch die konstitutive Übertragung des Urheberrechts auf das, was notwendigerweise aufgrund der Natur der Sache oder aufgrund des Vertragszwecks erforderlich ist. Insbesondere enthält das niederländische Recht bisher keine gesetzlichen Vergütungsansprüche des beauftragten Urhebers. Das Auteurswet enthält keinen gesetzlichen Vergütungsanspruch des Urhebers. Haben die Parteien vertraglich keine Vergütung vereinbart, kann der Vergütungsanspruch auch stillschweigend vereinbart worden sein. Dies ist durch Auslegung nach den in Art. 3:33 BW, Art. 6:2 BW und Art. 6:248 BW enthaltenen Kriterien zu ermitteln. Ein gesetzlicher Vergütungsanspruch auf Zahlung einer angemessenen Vergütung folgt nur in Bezug auf die translative Übertragung eines Vermiet- oder Verleihrechts nach Art. 12a AW. Insbesondere enthält das Auteurswet keinen Anspruch auf Zahlung einer weiteren Vergütung, wenn die Vergütung im Verhältnis zu der Nutzung unangemessen wurde.

---

995 Das niederländische Urhebervertragsrecht befindet sich jedoch seit 2010 im Wandel. Der im Jahr 2010 veröffentlichte Vorentwurf zur Einführung eines auteurscontractenrecht in das Auteurswet könnte zu weitreichenden Änderungen der Schutzposition des Urhebers im Rahmen des Urhebervertragsrechts führen. Gerade im Hinblick auf den angestellten und beauftragten Schöpfer sind jedoch gerade im Hinblick auf die Übertragung und Vergütung keine Änderungen zu erwarten, da nach dem Vorentwurf aus dem Jahr 2010 die Regelungen nicht im Rahmen des Art. 7 und 8 AW Anwendung finden sollen. Ist der Anwendungsbereich des Art. 7 und 8 AW nicht eröffnet, führt der Vorentwurf jedoch zu weitreichenden Änderungen, wie der translativen Unübertragbarkeit des auteursrecht und gesetzlichen Vergütungsansprüchen.

III. Fazit

Zwar ist auch der Arbeitgeber nach deutschem Recht zur Verwertung des Arbeitsergebnisses befugt. Um eine mit dem englischen und niederländischen Recht vergleichbare Verwertungsfreiheit im Arbeitsverhältnis zu erreichen, ist der Arbeitgeber nach deutschem Recht jedoch um einiges mehr gefordert. Denn ungleich zu der Rechtssituation in England und den Niederlanden wird dem Arbeitgeber nach deutschem Recht nur ein Teil der vermögensrechtlichen Befugnisse zugewiesen. Aufgrund der translativen Unübertragbarkeit des Urheberrechts, bleibt es ihm jedoch verwehrt, mit einer vertraglichen Regelung alle vermögensrechtlichen Befugnisse zu erwerben. Generell gesprochen, muss der Arbeitgeber nach deutschem Recht jedoch die Verwertungsstrategie viel konkreter bedenken, um für den Einzelfall sicher sein zu können auch im Besitz der relevanten Rechte zu sein. Nach deutschem Recht unterliegt der Arbeitgeber daher einem, verglichen mit der Rechtslage in England und den Niederlanden, höheren Strategie- und Transaktionsaufwand.

Ebenso uneinheitlich gestaltet sich die Rechtslage in Bezug auf die Verteilung der vermögensrechtlichen Befugnisse am Auftragswerk. Allein nach niederländischem Recht kann der Auftraggeber auch originärer Inhaber des auteursrecht und damit der vermögensrechtlichen Befugnisse sein. Nach deutschem und englischem Recht sind die Auftraggeber darauf angewiesen, vertragliche Regelungen über die Verwertung des Auftragswerks zu treffen. Zwar gibt es sowohl nach deutschem als auch nach englischem Recht die Möglichkeit, dass der Auftraggeber auch ohne ausdrückliche Vertragsregelung, stillschweigend Rechte eingeräumt oder übertragen bekommt. Um eine mit dem niederländischen Recht vergleichbare Verwertungsfreiheit im Auftragsverhältnis zu erreichen, muss der Auftraggeber nach deutschem Recht jedoch wiederum einen hohen Strategie- und Transaktionsaufwand betreiben.

Es ist daher festzustellen, dass vor dem Hintergrund der gegensätzlichen Rechtstraditionen des Droit d'auteur und des Common Law unterschiedliche Lösungsansätze hinsichtlich der Verteilung der vermögensrechtlichen Befugnisse im Arbeits- und Auftragsverhältnis nach der deutschen, englischen und niederländischen Rechtslage bestehen. Auch wenn nach der deutschen Rechtslage Mechanismen bereitstehen, die sicherstellen, dass der Arbeit- bzw. Auftraggeber auch zur Verwertung des Arbeits- bzw. Auftragswerk berechtigt ist, sind diese nicht (ohne zusätzlichen Strategie- und Transaktionsaufwand) imstande, die Hürde der unterschiedlichen gesetzlichen Ausgangslage zu überwinden und zu einer mit der englischen oder

niederländischen vergleichbar starken Verwertungsposition des Arbeit-
bzw. Auftraggebers zu gelangen.

§ 5 Das Urheberpersönlichkeitsrecht, die *moral rights* und die *morele rechten* im Arbeits- und Auftragsverhältnis

Wer zahlt, schafft an – diese Redewendung gibt das allgemein in der freien
Wirtschaft vorherrschende Verständnis wieder. Übernimmt der Arbeit-
bzw. Auftraggeber die Finanzierung eines Projekts, so gebührt ihm auch
die Entscheidungshoheit, nach Fertigstellung des Arbeitswerks darüber zu
bestimmen. Gilt dieses Sprichwort auch in Bezug auf die Verwertung eines
urheberrechtlich geschützten Werks? Dies ist mit einem klaren nein zu beantworten. Selbst wenn der Arbeit- bzw. Auftraggeber den Urheber mit
der Werkschöpfung beauftragt und deren Finanzierung übernommen hat,
ist er bei der Verwertung der Werke nicht völlig frei und muss stets, auch
Jahrzehnte nach Fertigstellung des Werks, die ideellen Interessen der
Werkschöpfer berücksichtigen. Je nachdem welche Rechtsordnung dabei
zur Anwendung gelangt und den Umfang der dabei zu beachtenden urheberpersönlichkeitsrechtlichen Befugnisse bestimmt, bedeutet dies im Fall
des deutschen Urheberrechts, dass der Arbeit- bzw. Auftraggeber die Urheberpersönlichkeitsrechte des Werkschöpfers auch nach Fertigstellung des
Werks und sogar Jahrzehnte nach dem Tod des Werkschöpfers respektie-
ren muss.

Die wichtigsten Ausprägungen des Urheberpersönlichkeitsrechts, der
moral rights und der *morele rechten* sind das Veröffentlichungsrecht, das
Recht auf Anerkennung der Urheberschaft, das Recht auf Urheberbezeichnung und das Recht auf Schutz der Werkintegrität. Gelten diese urheberpersönlichkeitsrechtlichen Befugnisse ohne jede Einschränkung auch im
Arbeits- und Auftragsverhältnis, selbst wenn die Werkschöpfung auf den
Weisungen des Arbeitgebers beruhte bzw. gesondert beauftragt wurden
und damit fremdbestimmt war? Welche Auswirkungen hat die Beauftragung durch den Auftraggeber oder die Anweisung des Arbeitgebers auf
den Bestand und den Umfang der Urheberpersönlichkeitsrechte? Kann er
verlangen, als Werkschöpfer namentlich genannt zu werden? Kann der angestellte oder beauftragte Urheber verhindern, dass das von ihm angefer-
tigte Werk bearbeitet und verändert wird?

Dass urheberpersönlichkeitsrechtlichen Befugnisse keineswegs rein
theoretische Rechtsfragen betreffen, zeigt u.a. das medienträchtige Ge-

richtsverfahren „Stuttgart 21".[996] In den vergangenen Jahren mussten sich die Gerichte beispielsweise mit der Frage auseinandersetzen, ob die Erben des Architekten des Stuttgarter Bahnhofgebäudes, das im Jahr 1913 fertig gestellt wurde, Anspruch zusteht, den Wiederaufbau des bereits abgerissenen Nordflügels und die Unterlassung des Abrisses der Seitenflügel zu verlangen.[997] In anderen Verfahren betreffend das Architektenurheberrecht hat sich die Frage gestellt, ob ein Architekt die Beseitigung einer Flachdecke und den Neubau einer Gewölbedecke erfolgreich geltend machen kann, wenn seine Entwürfe nur den Bau einer Gewölbedecke vorsahen.[998] Ferner mussten sich die Gerichte mit der Frage beschäftigen, ob die die Erbin eines Architekten den Rückbau einer erhöhten Chorinsel verlangen kann, wenn die Gemeinde den Altarraum umgestaltet hat.[999]

Das naturrechtlich geprägte Droit d' auteur auf der einen Seite und das utilitaristisch geprägte Common Law auf der anderen Seite verfolgen sehr unterschiedliche Ansätze hinsichtlich des Bestands, des Umfangs und der vertraglichen Einschränkungsmöglichkeiten in Bezug auf Werke, die in Erfüllung eines Arbeits- oder Auftragsverhältnisses geschaffen wurden. Im Folgenden soll daher untersucht werden, welche urheberpersönlichkeitsrechtlichen Befugnisse, *moral rights* und *morele rechten* dem angestellten und beauftragten Werkschöpfer nach deutschem, englischem und niederländischem Recht zustehen.

A. Das Urheberpersönlichkeitsrecht im Urheberrechtsgesetz

I. Einführung

Mit Einführung des UrhG im Jahr 1965 wurde der Begriff des Urheberpersönlichkeitsrechts auch als Überschrift des Vierten Abschnitts aufgenommen. Als sog. Urheberpersönlichkeitsrecht im engeren Sinn werden das

---

996 LG Stuttgart GRUR-Prax 2010, 275 – Stuttgart 21; OLG Stuttgart GRUR-RR 2011, 56, 59 – Stuttgart 21; BGH ZUM 2012, 33 – Stuttgart 21.

997 Darin ging es um die Umgestaltung des Kopfbahnhofs des Stuttgarters Hauptbahnhofs in einen Durchlaufbahnhof und den dafür notwendigen Abriss der Seitenflügel und der den Bahnhof prägenden Treppenanlage in der Schalterhalle. Die Gerichte verneinten einen Unterlassungsanspruch der Erben des Architekten basierend auf §§ 97, 14 UrhG.

998 LG Berlin GRUR 2007, 964(969) – Berliner Hauptbahnhof bzw. Lehrter Bahnhof.

999 BGH GRUR 2008, 984 (986) Rn. 23 – St. Gottfried.

Veröffentlichungsrecht nach § 12 UrhG, das Recht auf Anerkennung der Urheberschaft nach § 13 UrhG und das Recht auf Schutz gegen Entstellung nach § 14 UrhG verstanden.[1000] Daneben befinden sich im UrhG noch weitere Regelungen verstreut, die ebenfalls von urheberpersönlichkeitsrechtlicher Prägung sind und die geistigen und persönlichen Beziehungen des Urhebers zu seinem Werk schützen. Als Urheberpersönlichkeitsrechte im weiteren Sinn werden die Unübertragbarkeit des Urheberrechts nach § 29 UrhG, das Rückrufsrecht wegen gewandelter Überzeugung nach § 42 UrhG, das Rückrufsrecht wegen Nichtausübung nach § 41 UrhG, das Änderungsverbot im Zusammenhang mit Werknutzungsverträgen nach § 39 UrhG, das Zugangsrecht zu den Werkstücken nach § 25 UrhG, das Gebot zur Quellenangabe nach § 63 UrhG und die Einschränkung der Zwangsvollstreckung gegen den Urheber nach § 113 UrhG verstanden. Das Urheberrecht ist nach § 28 Abs. 1 UrhG vererblich. Nach § 30 UrhG hat der Rechtsnachfolger die dem Urheber zustehenden Befugnisse, soweit nichts anderes gesetzlich geregelt ist.[1001] Der Schutz des Urheberpersönlichkeitsrechts endet mit dem Urheberrecht 70 Jahre nach dem Tod des Urhebers, § 64 UrhG.[1002] Die monistische Prägung des Urheberrechts, das sowohl die ideellen als auch die wirtschaftlichen Interessen des Urhebers an seinem Werk schützt, kommt in § 11 UrhG[1003] zum Ausdruck. Im Gegensatz zu den technischen Schutzrechten, die auf der Anwendung von Naturgesetzen beruhen, spiegelt das urheberrechtlich geschützte Werk das Wesen und die Ansichten des Urhebers wider.[1004] Da sich in jedem Werk damit auch die Persönlichkeit seines Urhebers wiederfindet, bleibt der Ur-

---

1000 Wandtke in: Wandtke/Bullinger, § 43 UrhG Rn. 87; Nordemann in: Loewenheim, Hdb. des Urheberrechts, § 63 Rn. 60; Rojahn in: Schricker/Loewenheim, § 43 UrhG Rn. 76.

1001 Für die urheberpersönlichkeitsrechtlichen Befugnisse im engeren Sinne ergibt sich für den Rechtsnachfolger keine Abweichung. Hinsichtlich der Urheberpersönlichkeitsrechte im weiteren Sinne gilt für den Rechtsnachfolger eine Einschränkung bei der Geltendmachung des Rückrufsrechts nach § 42 Abs. 1 S. 2 UrhG und eine erleichterte Zwangsvollstreckung gegen den Rechtsnachfolger des Urhebers nach §§ 114, 115 UrhG.

1002 Wobei die Urheberpersönlichkeitsrechte nicht über die gesamte Schutzdauer in derselben Schutzintensität geschützt werden, siehe dazu Dietz/Peukert in: Loewenheim, Hdb. des Urheberrechts, § 15 Rn. 15 m.w.N.

1003 „Das Urheberrecht schützt den Urheber in seinen geistigen und persönlichen Beziehungen zum Werk und in der Nutzung des Werkes schützt. Es dient zugleich der Sicherung einer angemessenen Vergütung für die Nutzung des Werkes."

1004 Bullinger in: Wandtke/Bullinger, vor § 12 UrhG Rn. 1.

heber mit seinem Werk stets geistig verbunden. Rechtlich soll dieses geistige Band durch das Urheberpersönlichkeitsrecht abgebildet werden, das
den Urheber – selbst im Falle der Verwertung durch einen Dritten oder
seiner Veräußerung – mit seinem Werk verbindet. Der monistischen Theorie des Urheberrechts folgend kann der ideelle Schutz nicht von dem wirtschaftlichen Schutz der Interessen des Urhebers getrennt werden.[1005] So
kann die wirtschaftliche Verwertung eines Werks dem Urheber auch die
Möglichkeit bieten, seine geistigen und ideellen Interessen zu sichern, indem er dadurch Ehre und Anerkennung für die Schaffung seines Werks erfährt. Im Gegenzug wahrt das Recht auf Anerkennung der Urheberschaft
nach § 13 Satz 1 UrhG nicht nur die ideellen Interessen des Urhebers, sondern bietet ihm darüber hinaus auch die Möglichkeit, über den erlangten
Bekanntheitsgrad lukrative Folgeaufträge zu akquirieren.

II. Rechtsgeschäftliche Dispositionen über das Urheberpersönlichkeitsrecht im Arbeits- und Auftragsverhältnis im Allgemeinen

1. Zulässigkeit der Rechtsgeschäfte über Urheberpersönlichkeitsrecht nach § 29 UrhG

1.1 § 29 Abs. 2 UrhG

Im UrhG ist der Umfang der Dispositionsbefugnis des Urhebers über sein
Urheberrecht nur marginal geregelt. § 29 Abs. 1 UrhG normiert die translative Unübertragbarkeit des Urheberrechts, einschließlich des Urheberpersönlichkeitsrechts. § 29 Abs. 2 UrhG sieht hingegen vor, dass die in § 39
UrhG aufgeführten Rechtsgeschäfte über das Urheberpersönlichkeitsrecht
geschlossen werden können. Nach § 39 UrhG sind Rechtsgeschäfte über
die Änderung des Werks, des Titels oder der Urheberrechtsbezeichnung
möglich. Dabei bleibt allerdings die dogmatische Konstruktion dieser Vereinbarung und deren Anwendbarkeit außerhalb der in § 39 UrhG geregelten Bereiche ungeklärt.

Für eine restriktive Auslegung des § 29 Abs. 2 UrhG auf die in § 39
UrhG ausdrücklich genannten Rechtsgeschäfte könnte der Wortlaut der
Norm sowie das Regel- Ausnahme-Verhältnis zu § 29 Abs. 1 UrhG spre-

---

1005 Bullinger in: Wandtke/Bullinger, vor § 12 UrhG Rn. 3.

chen.[1006] Dies würde dazu führen, dass lediglich Änderungsvereinbarungen über das Werk, dessen Titel oder Urheberbezeichnung zwischen dem Urheber und dem Verwerter über das Urheberpersönlichkeitsrechts möglich wären und damit weder darüberhinausgehende urheberpersönlichkeitsrechtliche Inhalte rechtsgeschäftlich geregelt werden könnten, noch treuhänderischen Vereinbarungen des Verwerters mit einem Dritten geschlossen werden könnten. Darüber hinaus wäre fraglich, ob einseitige Willenserklärungen auch von der Zulässigkeit des §§ 29 Abs. 2, 39 UrhG erfasst wären.

Gegen eine auf den Wortlaut beschränkte Auslegung des §§ 29 Abs. 2, 39 UrhG sprechen jedoch die Umstände des Gesetzgebungsverfahrens. Der in § 29 Abs. 2 UrhG enthaltene Verweis auf § 39 UrhG ist auf ein Redaktionsversehen zurückzuführen, da § 39 UrhG-E zum Zeitpunkt der Gesetzesentwürfe noch einen anderen Wortlaut hatte. Der damalige Wortlaut des § 39 UrhG-E[1007] sah eine umfassende Regelung zu Rechtsgeschäften über das Veröffentlichungsrecht, die Urheberbezeichnung, Urhebernennung und Werkänderung vor. Auch wenn der Wortlaut lediglich als Klarstellung der zu diesem Zeitpunkt in Rechtsprechung und Literatur allgemein als zulässig erachteten Rechtsgeschäften dienen sollte, konnte sich der Wortlaut

---

1006 Matanovic, Rechtsgeschäftliche Dispositionen über urheberpersönlichkeitsrechtliche Befugnisse, 2006, S. 78.
1007 In der Fassung des BT Drucks. 14/6433 vom 26.06.2001 lautete Art. 39 UrhG-E mit der Überschrift „Rechtsgeschäfte über Urheberpersönlichkeitsrechte" noch wie folgt: (1) Der Urheber kann das Veröffentlichungsrecht in der Weise ausüben, dass er den Inhaber eines Nutzungsrechts durch Vereinbarung dazu ermächtigt, den Zeitpunkt und die Umstände der Veröffentlichung seines Werkes zu bestimmen. Bis zum Eintritt der Veröffentlichung bleibt der Urheber zur Geltendmachung des Veröffentlichungsrechts gegenüber Dritten befugt. (2) Der Urheber kann durch Vereinbarung mit dem Inhaber eines Nutzungsrechts für eine genau bestimmte beschränkte Nutzung des Werkes auf die Anbringung der Urheberbezeichnung und die Nennung des Urhebernamens verzichten. Der Widerruf des Verzichts kann nur mit Wirkung für die Zukunft und nur für solche Nutzungen erfolgen, die noch nicht begonnen worden sind; er kann nicht ausgeschlossen werden. (3) Der Urheber kann durch Vereinbarung dem Inhaber eines Nutzungsrechts gestatten, im Zusammenhang mit der Werknutzung stehende Änderungen des Werkes, seines Titels oder der Urheberbezeichnung vorzunehmen. Die Vereinbarung ist nur wirksam, wenn die beabsichtigten Änderungen nach Art und Ausmaß genau bezeichnet sind und sich auf eine bestimmte beschränkte Nutzung des Werkes beziehen. Für den Widerruf der Gestattung gilt Absatz 2 Satz 2 entsprechend. (4) Änderungen des Werkes und seines Titels, zu denen der Urheber seine Einwilligung nach Treu und Glauben nicht versagen kann, sind stets zulässig."

nicht durchsetzen, weil vorwiegend die Verwerter fürchteten, dass damit eine abschließende Regelung geschaffen würde.[1008] Dessen ungeachtet wurde der in § 29 Abs. 2 UrhG enthaltene Verweis auf den damaligen § 39 UrhG-E nicht entfernt. Daher lässt sich aus § 29 Abs. 2 UrhG nur schließen, dass Rechtsgeschäfte über das Urheberpersönlichkeitsrecht insoweit zulässig sind wie sie in § 39 UrhG ausdrücklich geregelt sind und darüber hinaus nach ungeschriebenem Recht zugelassen waren.[1009] § 39 UrhG nennt daher nur beispielhaft die zulässigen Rechtsgeschäfte und beschränkt die zulässigen Dispositionen nicht nur auf zweiseitige Vereinbarungen, sondern lässt auch einseitige und treuhänderische Dispositionen über das Urheberpersönlichkeitsrecht zu.[1010] Für diese weite Auslegung spricht auch, dass andernorts im UrhG ebenfalls Beschränkungen des Urheberpersönlichkeitsrechts behandelt werden.[1011]

1.2 Unübertragbarkeit des Urheberpersönlichkeitsrechts nach § 29 Abs. 1 UrhG

Geht man davon aus, dass Rechtsgeschäfte auch über den Wortlaut des §§ 29 Abs. 2, 39 UrhG hinaus zulässig sein können, richtet sich der Blick wiederum auf § 29 Abs. 1 UrhG, der die Unübertragbarkeit des Urheberrechts unter Lebenden regelt. Das Urheberrecht ist nach § 29 Abs. 1 UrhG nicht übertragbar, woraus wieder die monistische Prägung des Urheberrechts folgt.[1012] Will man die Reichweite des § 29 Abs. 1 UrhG erfassen, gilt es den darin verwendeten Begriff der Übertragung zu klären. Die Literatur führt dazu schlagwortartig aus, dass § 29 Abs. 1 UrhG sowohl die Unübertragbarkeit des Urheberpersönlichkeitsrechts im Ganzen als auch des-

---

1008 Matanovic, Rechtsgeschäftliche Dispositionen über urheberpersönlichkeitsrechtliche Befugnisse, 2006, S. 79 m.w.N.
1009 Schacht, Die Einschränkung des Urheberpersönlichkeitsrechts im Arbeitsverhältnis, 2004, S. 26; Schricker, GRUR-Int 2002, 797 (800).
1010 So auch Matanovic, Rechtsgeschäftliche Dispositionen über urheberpersönlichkeitsrechtliche Befugnisse, 2006, S. 80.
1011 Wie Dietz, Der Werkintegritätsschutz im deutschen und US-amerikanischen Recht, 2009 korrekterweise anmerkt, wären die §§ 41f. UrhG nicht notwendig, wenn Beschränkungen des Urheberpersönlichkeitsrechts über den Wortlaut des § 39 UrhG nicht möglich wären.
1012 Schricker/Loewenheim in: Schricker/Loewenheim, § 29 UrhG Rn. 14; Dietz in: Schricker/Loewenheim, vor § 12 UrhG Rn. 26; Dustmann in: Fromm/Nordemann, vor § 12 UrhG Rn. 9; v. Gamm § 29 Rn. 4.

sen vollumfassenden Verzicht umfasst.[1013] Unter die translative Unüber-tragbarkeit fallen sowohl Rechtsgeschäfte, in denen der Urheber seine Rechtsposition auf einen Dritten vollständig im Gesamten oder nur in Teilen „überträgt". Einigkeit besteht dahingehend, dass translative Übertragungen des Urheberpersönlichkeitsrechts unwirksam sind. Die Unwirksamkeit dieser translativen Übertragung ergibt sich aufgrund der fehlenden Verfügungsbefugnis des Urhebers. Der Vertragspartner kann aufgrund des mangelnden gutgläubigen Erwerbs von Forderungen das Urheberpersönlichkeitsrecht nicht erwerben.[1014]Im Bereich der Rechtsgeschäfte über das Urheberpersönlichkeitsrecht wird auch die Rechtsfigur der gebundenen Rechtsübertragung diskutiert.[1015] Da diese Rechtsfigur im Rahmen der Nutzungsrechte am Urheberrecht als konstitutive Übertragung gemäß §§ 31 UrhG allgemein anerkannt ist, lässt sich zumindest für die vermögensrechtlichen Befugnisse feststellen, dass eine konstitutive Übertragung nicht unter § 29 Abs. 1 UrhG fällt. Ob sich dies deckungsgleich auf das Urheberpersönlichkeitsrecht übertragen lässt, bedarf gesonderter Betrachtung.

1013 Schricker/Loewenheim in: Schricker/Loewenheim, § 29 UrhG Rn. 7; Block in: Wandtke/Bullinger, § 29 UrhG Rn. 4; Schulze in: Dreier/Schulze, § 29 UrhG, Rn. 3; Gamm, Urheberrechtsgesetz, 1968, § 29 Rn. 4; zum Verzicht auf das Urheberbenennungsrecht vgl. OLG München GRUR-RR 2004, 33, 34 – Pumuckl-Illustrationen; LG München I ZUM 2010, 733, 740 und OLG München I GRUR-RR 2011, 245, 248 – Tatort-Vorspann; zur Sittenwidrigkeit eines vertraglichen Verzichts auf das Urheberbenennungsrecht vgl. OLG Frankfurt a. M. GRUR 2010, 221, 223 – Betriebswirtschaftlicher Aufsatz.

1014 So auch Matanovic, Rechtsgeschäftliche Dispositionen über urheberpersönlichkeitsrechtliche Befugnisse, 2006, S. 80. A.A., Block in: Wandtke/Bullinger, § 29 UrhG Rn. 7, die die Unwirksamkeit aus §§ 134 BGB und 29 Abs. 1 UrhG ableitet. Dem ist jedoch mangels Verbotsgesetz nicht zu folgen.

1015 Gegen eine konstitutive Übertragbarkeit: Schacht, Die Einschränkung des Urheberpersönlichkeitsrechts im Arbeitsverhältnis, 2004, S. 133; Dieselhorst, Was bringt das Urheberpersönlichkeitsrecht? 1995, S. 125; Schack, Urhebervertragsrecht, 2013, Rn. 563, nimmt zumindest bei isolierten Rechtsgeschäften über das Urheberpersönlichkeitsrecht dies an; Schricker § 8 VerlG Rn. 3; v. Welser 88 ff., 91 m. w. N.; wohl auch Dietz in: Schricker/Loewenheim, vor § 12 UrhG Rn. 26; für Übertragbarkeit des Veröffentlichungsrechts und des Änderungsrechts: Dustmann in: Fromm/Nordemann, vor § 12 UrhG Rn. 10; v. Gamm § 11 Rn. 7 unter Berufung auf die ältere Rechtsprechung BGHZ 15, 249, 258, 260 – Cosima Wagner; RGZ 151, 50, 53 – Babbit-Übersetzung; Krüger-Nieland in: FS für Fritz Hauß; S, 215 (220); Metzger, Rechtsgeschäfte über das Droit moral, 2002, S. 231; Metzger GRUR Int 2003, 9 (11); Dietz, Der Werkintegritätsschutz im deutschen und US-amerikanischen Recht, 2009, S. 127.

Teilweise wird aus der monistischen Prägung des Urheberrechts auch geschlossen, dass § 29 Abs. 1 UrhG auch beim Urheberpersönlichkeitsrecht konstitutive Übertragungen nicht per se ausschließt.[1016] § 29 Abs. 1 UrhG spricht zwar von einer generellen Übertragbarkeit, betrachtet man aber die Entstehungsgeschichte des § 29 S. 2 UrhG a.F., ist es vertretbar, die Regelung allein auf translative Übertragungen zu beziehen, ohne eine Aussage für die gebundene Übertragung des Urheberpersönlichkeitsrechts zu treffen. Denn mit dem 1965 in Kraft getretenen UrhG verabschiedete sich der Gesetzgeber von der Zulässigkeit unbeschränkter und beschränkter translativer Übertragungen des Urheberrechts.[1017] Erst nach Anerkennung eines Urheberpersönlichkeitsrechts Anfang des 20. Jahrhunderts änderte sich dies dahingehend, dass das Urheberpersönlichkeitsrecht unveräußerlich und nur eingeschränkt translativ übertragbar sein sollte, um den Kernbestandteil des Urheberpersönlichkeitsrechts nicht zu berühren.[1018] Daher lässt sich zumindest für die konstitutive Übertragbarkeit des Urheberpersönlichkeitsrechts keine Aussage aus dem § 29 Abs. 1 UrhG entnehmen, der seinerseits nur die translative Unübertragbarkeit regelt.[1019]

1016 Matanovic, Rechtsgeschäftliche Dispositionen über urheberpersönlichkeitsrechtliche Befugnisse, 2006, S. 80 unter Verweis auf die Begründung des RegE, BR Drucks. 404/01 zu Nr. 7 (§ 39 UrhG), S. 53, in dem ausdrücklich auf die Zulässigkeit von Rechtsgeschäften über das Urheberpersönlichkeitsrechts Bezug genommen wird. Dies kann jedoch nicht die konstitutive Übertragbarkeit begründen, da darunter auch rein schuldrechtliche Rechtsgeschäfte fallen könnten.

1017 Unter Geltung des § 8 Abs. 3 LUG und § 10 Abs. 2 KUG waren beschränkte und unbeschränkte translative Übertragungen gesetzlich zulässig, ohne das Urheberpersönlichkeitsrecht davon auszunehmen. Siehe dazu Erstes Kapitel § 3 A.I.

1018 RGZ 123, 312 (317ff) – Wilhelm Busch; BGHZ 15, 249 (258ff) – Cosima Wagner.

1019 A.A. Schacht, Die Einschränkung des Urheberpersönlichkeitsrechts im Arbeitsverhältnis, 2004, S. 133, der in § 29 Abs. 1 UrhG eine generelle Regel zur Unübertragbarkeit des Urheberrechts sieht, von der nur für die vermögensrechtlichen Befugnisse eine Ausnahme getroffen wird, die nach § 31 UrhG auch konstitutiv übertragbar sein soll. Da eine entsprechende Regelung für das Urheberpersönlichkeitsrecht fehle, sei aus § 29 Abs. 1 UrhG auf eine generelle Unübertragbarkeit des Urheberrechts zu schließen.

1.3 Verzicht auf das Urheberpersönlichkeitsrecht

Ist die translative Unübertragbarkeit unter § 29 Abs. 1 UrhG zu fassen, stellt sich die Frage wie die Rechtsgeschäfte zu behandeln sind, in denen der Urheber auf die Geltendmachung seiner Rechtsposition verzichtet. Hinsichtlich des Urheberpersönlichkeitsrechts wird die Unübertragbarkeit auch dahingehend verstanden, dass auf das Urheberpersönlichkeitsrecht nicht vollumfassend verzichtet werden kann.[1020] Auslegungsbedürftig bleibt jedoch der Begriff des Verzichts. Unter einem Verzicht kann eine Dereliktion nach § 959 BGB, ein dinglicher Erlassvertrag nach § 397 BGB oder ein schuldrechtlicher Erlassvertrag verstanden werden.[1021] Das Gesetz geht selbst von der Zulässigkeit verzichtender Rechtsgeschäfte aus.[1022] Dennoch lässt sich aus dem Grundsatz der Unübertragbarkeit nicht bereits schließen, dass der Verzicht auch davon erfasst sein soll.[1023] Aufgrund der generellen Unübertragbarkeit ist jedoch dann von der Unwirksamkeit eines vollumfassenden dinglichen Verzichts auszugehen, wenn dieser qualitativ mit der translativen Unübertragbarkeit gleichzusetzen ist.[1024]

1.4 Fazit

Vor diesem Hintergrund lässt sich der Inhalt des § 29 UrhG wie folgt darstellen: § 29 UrhG trifft nur eine marginale Regelung über die Zulässigkeit der Rechtsgeschäfte über das Urheberpersönlichkeitsrecht. § 29 Abs. 1 UrhG erfasst sowohl die Unwirksamkeit der translativen Übertragung des Urheberpersönlichkeitsrechts sowohl im Ganzen als auch in Teilen als auch den vollumfassenden Verzicht, der einer translativen Übertragung des Urheberpersönlichkeitsrechts gleich zu setzen ist. § 29 Abs. 2 UrhG enthält eine nicht abschließende Aufzählung der zulässigen Rechtsgeschäf-

---

1020 Dietz/Peukert in: Loewenheim, Hdb. des Urheberrechts, § 15 Rn. 17.
1021 Metzger, Rechtsgeschäfte über das Droit moral, 2002, S. 39, Fn. 221 plädiert dafür, den Begriff des Verzichts mit den drei möglichen Rechtsgeschäften der Verfügung, des schuldrechtlichen Vertrags und der Einwilligung zu ersetzen.
1022 Dies zeigen die Regelungen der §§ 23, 41, 42 UrhG.
1023 Dies zeigt sich durch die Betrachtung des Nießbrauchs, der nach § 1059 BGB unübertragbar, aber nach § 1064 BGB verzichtbar ist sowie durch die Unübertragbarkeit der Vereinsmitgliedschaft nach § 38 UrhG, bei der jedoch nach § 39 UrhG auch ein „verzichtender" Austritt möglich ist.
1024 so auch Matanovic, Rechtsgeschäftliche Dispositionen über urheberpersönlichkeitsrechtliche Befugnisse, 2006, S. 85f.

te über das Urheberpersönlichkeitsrecht. Über den Wortlaut hinaus sind auch weitere urheberpersönlichkeitsrechtliche Rechtsgeschäfte zulässig. Deren dogmatische Konstruktion lassen sich § 29 UrhG jedoch nicht entnehmen.

2. Das persönliche Band des Werkschöpfers zu seinem Werk im Arbeits- und Auftragsverhältnis

Im urheberrechtlichen Schrifttum und der Rechtsprechung besteht Einigkeit, dass Dispositionen über das Urheberpersönlichkeitsrecht insbesondere auch im Arbeits- und Auftragsverhältnis möglich sein müssen[1025], diese jedoch Grenzen unterliegen.[1026] Neben der translativen Unübertragbarkeit und Unverzichtbarkeit des Urheberpersönlichkeitsrechts gemäß § 29 Abs. 1 UrhG stellt sich die Frage, ob der hohe Schutz des Urheberpersönlichkeitsrechts auch weitere Einschränkungen der Privatautonomie des Urhebers rechtfertigen kann. Dies beantworten die Vertreter der Kern- und Vorhersehbarkeitstheorie unterschiedlich. Nach Darstellung des Meinungsstands schließt sich eine eigene Würdigung an, welche die Grenzen der rechtsgeschäftlichen Dispositionen im Arbeits- und Auftragsverhältnis im Allgemeinen untersucht.

2.1 Kerntheorie

In der Rechtsprechung und Literatur ist weitgehend die „Theorie vom unverzichtbaren Kern des Urheberpersönlichkeitsrechts" anerkannt. Danach ist die Privatautonomie bei Rechtgeschäften über das Urheberpersönlichkeitsrecht beschränkt, soweit diese den Kern des Urheberpersönlichkeitsrechts betreffen. Bei der Definition des Kerns des Urheberpersönlichkeitsrechts besteht jedoch nur im weitesten Sinne Einigkeit.

Bereits in der Rechtsprechung des Reichsgerichts war es anerkannt, dass die Dispositionsbefugnis beim Urheberrecht nicht so weit reichen kann, dass der Kern des Urheberpersönlichkeitsrechts betroffen ist.[1027] In der

---

1025 A.A. Nipperdey, UFITA 30 (1960), 1 (20).

1026 Erinnernd daran, dass die Dispositionsfreiheit zumindest der des Allgemeinen Persönlichkeitsrechts entsprechen muss Ahrens, 21 (25).

1027 RGZ 123, 312 (317ff) – Wilhelm Busch. Das Reichsgericht entwickelt die Lehre von unantastbarem Kern jedoch im Zusammenhang mit der Übertragung

„Cosima Wagner"[1028]- Entscheidung wandte der BGH erstmalig die vom Reichsgericht entwickelte Lehre auf das Urheberpersönlichkeitsrecht an und beschrieb die Grenze der Privatautonomie als den „unverzichtbaren Restbestand des Urheberpersönlichkeitsrechts". Als besonders sensibel nannte das Gericht den Entstellungsschutz aus § 14 UrhG und das Namensnennungsrecht nach § 13 S. 2 UrhG.[1029] Die aktuelle Rechtsprechung[1030] folgt ebenfalls der Kerntheorie und verweist bei Dispositionen über das Urheberpersönlichkeitsrecht ebenfalls auf dessen unverzichtbaren Kern. Dabei wird der Entstellungsschutz nach Art. 14 GG[1031] regelmäßig dem Kern des Urheberpersönlichkeitsrechts zugeordnet, ebenso das Recht auf Anerkennung der Urheberschaft nach § 13 S. 1 UrhG.[1032]

In der Literatur[1033] wird ebenfalls überwiegend der Kerntheorie gefolgt, dabei werden jedoch unterschiedliche Ansätze für die Beschreibung des Kerns des Urheberpersönlichkeitsrechts vertreten.

---

von Verwertungsrechten an unbekannten Nutzungsarten und nicht im Zusammenhang mit dem Urheberpersönlichkeitsrecht.

1028 BGH, GRUR 1955, 201 (205) – Cosima Wagner.

1029 BGH, GRUR 1955, 201 (205) – Cosima Wagner.

1030 BGH, GRUR 1995, 671 (672) – Namensnennungsrecht des Architekten; BGH GRUR 1971, 269(271) - Das zweite Mal; BGH GRUR 1986, 458(459) -Oberammergauer Passionsspiele I; BGH, GRUR 1999, 230 (232) - Treppenhausgestaltung.

1031 BGH, GRUR 1955, 201(205) – Cosima Wagner; BGH GRUR 1971, 269(271) - Das zweite Mal; BGH GRUR 1986, 458(459) –Oberammergauer Passionsspiele.

1032 BGH GRUR 196, 40 (42) – Straßen- gestern und morgen: Der BGH führt für den filmschaffenden Urheber aus, dass „dem Urheber [...] der persönlichkeitsrechtliche Kern des Urheberrechts verbleibt, zu dem insbesondere der Anspruch zählt, bei der öffentlichen Vorführung einer filmischen Bearbeitung seines Werks genannt zu werden. BGH, GRUR 1995, 671 (672) – Namensnennungsrecht des Architekten: für den beauftragten Architekten: „das Recht auf Anbringung der Urheberbezeichnung kann durch Vertrag zwischen Urheber und Werkverwerter eingeschränkt werden".

1033 Dustmann in: Fromm/Nordemann, vor § 12 UrhG Rn. 3; Dietz in: Schricker/Loewenheim, vor § 12 UrhG Rn. 27; Osenberg, Die Unverzichtbarkeit des Urheberpersönlichkeitsrechts, 1979, S. 41; Ulmer, Urheber- und Verlagsrecht, 1980, § 89 I; Dietz in: Schricker/Loewenheim, vor § 12 UrhG Rn. 27; Schacht, Die Einschränkung des Urheberpersönlichkeitsrechts im Arbeitsverhältnis, 2004, S. 147; Asmus, Die Harmonisierung des Urheberpersönlichkeitsrechts in Europa, 2004, S. 177; Dieselhorst, Was bringt das Urheberpersönlichkeitsrecht?, 1995, S. 145; Seetzen, Der Verzicht im Immaterialgüterrecht, 1966, S. 52f, 60; Bussman in: Bappert/Hodeige/Knecht, FS Walter Bappert, S. 20.

Teilweise wird der Kern des Urheberpersönlichkeitsrechts – der Cosima Wagner-Entscheidung des BGH folgend – als das „unaufhebbare geistige Band zwischen dem Schöpfer und seinem Werk" beschrieben, das dann angetastet wird, wenn die geistige oder persönliche Beziehung des Urhebers zu seinem Werk durch die Art der Ausübung der urheberpersönlichkeitsrechtlichen Beziehungen schwerwiegend gefährdet oder verletzt ist.[1034] Die Bestimmung des Kernbereichs soll danach durch eine Abwägung der widerstreitenden Interessen im Einzelfall erfolgen, in der die mit dem Rechtsgeschäft verfolgten Zwecke mit einbezogen werden sowie durch den Grad, in dem das Werk durch die Persönlichkeit des Urhebers geprägt ist.[1035] Danach gilt, dass das Recht auf Anerkennung der Urheberschaft nach § 13 S. 1 UrhG[1036], das Recht, sich gegen Entstellungen des Werks wehren zu können nach § 14 UrhG[1037] und das Rückrufsrecht nach § 42 UrhG[1038] zum Kernbereich des Urheberpersönlichkeitsrechts zu zählen sind. Hinsichtlich des Namensnennungsrechts nach 13 S. 2 UrhG[1039]

1034 Dustmann in: Fromm/Nordemann, vor § 12 UrhG Rn. 7; Dietz/Peukert in: Schricker/Loewenheim, vor § 12 UrhG Rn. 27; Kreile/Wallner, ZUM 1997, 625(628); Forkel, Gebundene Rechtsübertragungen, 1977, S. 193; Osenberg, Die Unverzichtbarkeit des Urheberpersönlichkeitsrechts, 1979, S. 41; Ulmer, Urheber- und Verlagsrecht, 1980, § 89 I, S. 379; Dustmann in: Fromm/Nordemann, vor § 12 UrhG Rn. 3; Dietz in: Schricker/Loewenheim, vor § 12 UrhG Rn. 27; Asmus, Die Harmonisierung des Urheberpersönlichkeitsrechts in Europa, 2004, S. 177.

1035 Dieselhorst, Was bringt das Urheberpersönlichkeitsrecht? 1995, S. 145; Forkel, Gebundene Rechtsübertragungen, 1977, S. 193; Asmus, Die Harmonisierung des Urheberpersönlichkeitsrechts in Europa, 2004, S. 177.

1036 Gamm, Urheberrechtsgesetz, 1968, § 13 Rn. 3; Forkel, Gebundene Rechtsübertragungen, 1977, S. 210; Dustmann in: Fromm/Nordemann, vor § 12 UrhG Rn. 16; Dietz/Peukert in: Schricker/Loewenheim, vor § 12 UrhG Rn. 27.

1037 Dustmann in: Fromm/Nordemann, vor § 12 UrhG Rn. 20; Dietz/Peukert in: Schricker/Loewenheim, vor § 12 UrhG Rn. 27; Bussman in: Bappert/Hodeige/Knecht, FS Walter Bappert, S. 20; Gamm, Urheberrechtsgesetz, 1968, § 14 Rn. 7; Forkel, Gebundene Rechtsübertragungen, 1977, S. 193, S. 210; Ulmer, Urheber- und Verlagsrecht, 1980, § 89 III, S. 381.

1038 Gamm, Urheberrechtsgesetz, 1968, § 11 Rn. 7; Forkel, Gebundene Rechtsübertragungen, 1977, S. 193.

1039 Dafür: Osenberg, Die Unverzichtbarkeit des Urheberpersönlichkeitsrechts, 1979, S. 161; Kreile/Wallner, ZUM 1997, 625(628); dagegen: Dustmann in: Fromm/Nordemann, vor § 12 UrhG Rn. 9; Dietz/Peukert in: Schricker/Loewenheim, vor § 12 UrhG Rn. 22; Gamm, Urheberrechtsgesetz, 1968, § 11 Rn. 7; differenzierend Forkel, Gebundene Rechtsübertragungen, 1977 und Ulmer, Urheber- und Verlagsrecht, 1980, § 89 III, S. 381, S. 212.

und dem Veröffentlichungsrecht nach § 12 UrhG[1040] besteht hingegen Uneinigkeit, ob diese ebenfalls dem Kernbereich zuzuordnen sind. Demgegenüber führen wiederum Vertreter einer anderen Ansicht an, dass der Kern des Urheberpersönlichkeitsrechts das „Stammrecht"[1041] des Urheberpersönlichkeitsrechts sei, das jeweils nur ein Minus der Bestandteile der einzelnen urheberpersönlichkeitsrechtlichen Befugnisse darstelle. Vertreter einer dritten Ansicht ermitteln die Grenze der Dispositionsbefugnis danach, ob die Einschränkung des Urheberpersönlichkeitsrechts sittenwidrig ist nach § 138 BGB.[1042] Danach muss in jedem Einzelfall eine Abwägung durchgeführt werden, in der zu ermitteln ist, ob mit der Einschränkung gegen das Anstandsgefühl aller billig und gerecht Denkenden verstoßen wird.

Nach einem anderen Ansatz ist die Grenze der Dispositionsfähigkeit über das Urheberpersönlichkeitsrecht dann erreicht, wenn eine schwere Verletzung der „persönlichen Interessen"[1043] zu befürchten ist. Die persönlichen Interessen sind dabei von den geistigen Interessen abzugrenzen, die nicht in den Kernbereich zu zählen sind. Als persönliche Interessen des Urhebers zählen die Veröffentlichungsbefugnis aus § 12 UrhG, das Recht auf Anerkennung der Urheberschaft nach § 13 S. 1 UrhG, der Integritätsschutz nach § 14 UrhG und das Rückrufsrecht aus § 42 UrhG anzusehen.[1044]

Zusammenfassung lässt sich feststellen, dass all diese Ansichten zwar dahingehend übereinstimmen, dass die Dispositionsbefugnis des Urhebers, sein Urheberpersönlichkeitsrecht rechtsgeschäftlich einzuschränken, Grenzen unterliegt. Bei der Definition des Kerns des Urheberpersönlichkeitsrechts hingegen lassen sich nur wenige Gemeinsamkeiten feststellen. Wäh-

---

1040 Dafür: Osenberg, Die Unverzichtbarkeit des Urheberpersönlichkeitsrechts, 1979, S. 80ff; dagegen: Gamm, Urheberrechtsgesetz, 1968, § 11 Rn. 7.
1041 Schricker in: Hubmann/Forkel/Kraft, Die Einwilligung des Urhebers in entstellende Änderungen des Werks, 409 (419).
1042 OLG Hamm, GRUR 1967, 260 (262) - Irene von Velden; BGH GRUR 1971, 269(271) - Das zweite Mal; Seetzen, Der Verzicht im Immaterialgüterrecht, 1966, S. 64; Osenberg, Die Unverzichtbarkeit des Urheberpersönlichkeitsrechts, 1979, S. 23, 41f.; Bussman in: Bappert/Hodeige/Knecht, FS Walter Bappert, S. 22; Dietz/Peukert in: Schricker/Loewenheim, vor § 12 UrhG Rn. 27f; Schacht, Die Einschränkung des Urheberpersönlichkeitsrechts im Arbeitsverhältnis, 2004, S. 144; kritisch dazu Dietz, Der Werkintegritätsschutz im deutschen und US-amerikanischen Recht, 2009, S. 102.
1043 Peter, Das allgemeine Persönlichkeitsrecht und das „droit moral", 1962, S. 52, 75; Seetzen, Der Verzicht im Immaterialgüterrecht, 1966, S. 50f.
1044 Seetzen, Der Verzicht im Immaterialgüterrecht, 1966, S. 52f, 60.

rend Vertreter einzelner Meinungen urheberpersönlichkeitsrechtliche Befugnisse dem Kern des Urheberpersönlichkeitsrechts zuordnen, weisen andere nur einzelne Ausschnitte der urheberpersönlichkeitsrechtlichen Befugnis dem Kernbereich zu. Zumindest im Hinblick auf das Recht auf Anerkennung der Urheberschaft nach § 13 S. 1 UrhG und das Recht auf Integritätsschutz nach § 14 UrhG sind sich der Großteil der Vertreter nahezu einig, dennoch verbleibt bei der Definition und Reichweite des Kerns des Urheberpersönlichkeitsrechts stets eine Unsicherheit, ob die konkrete Einschränkung des Urheberpersönlichkeitsrechts zulässig ist.

2.2 Vorhersehbarkeitstheorie

Die Rechtsunsicherheit, ob im Einzelfall der Kernbereich des Urheberpersönlichkeitsrechts betroffen ist oder ein Rechtsgeschäft sittenwidrig im Sinne des § 138 BGB ist, möchte die Vorhersehbarkeitslehre lösen, indem sie auch Dispositionen über das Urheberpersönlichkeitsrecht im Kernbereich zulässt.[1045] Sie baut auf der Zweckübertragungslehre auf und erklärt alle ausdrücklichen Rechtsgeschäfte über das Urheberpersönlichkeitsrecht für wirksam, wenn die Einschränkungen konkret im Voraus festgelegt worden sind und für den Urheber die Folgen und der Umfang vorhersehbar sind.[1046] Einziges Kriterium für die Zulässigkeit einer urheberpersönlichkeitsrechtlichen Vereinbarung ist nach dieser Ansicht daher die Vorhersehbarkeit der Einschränkung des Urheberpersönlichkeitsrechts.[1047] Eine nach den Vertretern der Kerntheorie unzulässige Einschränkung des Urheberpersönlichkeitsrechts ist nach der Vorhersehbarkeitslehre daher dann zulässig, wenn es sich nicht um eine pauschale Einschränkung des Rechts handelt und die Folgen der Einschränkung für den Urheber vorhersehbar sind.[1048] Begründet wird dies damit, dass Rechtsgeschäfte über andere Rechte, die mit dem Urheberpersönlichkeitsrecht wesensverwandt

---

1045 Schricker in: Hubmann/Forkel/Kraft, Die Einwilligung des Urhebers in entstellende Änderungen des Werks, S. 409; Schricker, Urheberrecht auf dem Weg zur Informationsgesellschaft, 1997, S. 91ff.

1046 Schricker, Urheberrecht auf dem Weg zur Informationsgesellschaft, 1997, S. 91.

1047 Schricker in: Hubmann/Forkel/Kraft, Die Einwilligung des Urhebers in entstellende Änderungen des Werks, S. 409; Schricker, Urheberrecht auf dem Weg zur Informationsgesellschaft, 1997, S. 91.

1048 Schricker, Urheberrecht auf dem Weg zur Informationsgesellschaft, 1997, S. 91.

sind wie das Namensrecht und das Recht am eigenen Bild, ebenfalls zulässig seien.[1049] Darüber hinaus müsse der Urheber imstande sein, individualvertraglich über sein Urheberpersönlichkeitsrecht zu bestimmen.[1050] Unter Rückgriff auf den Zweckübertragungsgrundsatz nach § 31 Abs. 5 UrhG sei eine pauschale Regelung über das Urheberpersönlichkeitsrecht hingegen unwirksam.[1051]Diese Vorhersehbarkeitstheorie ist durch Metzger mit der „erweiterten Vorhersehbarkeitstheorie" weiterentwickelt worden.[1052] Danach soll der Schutz des Urhebers durch die analoge Anwendung des Rückrufrechts nach § 42 UrhG erhöht werden, sodass er die vertraglich eingeräumten urheberpersönlichkeitsrechten Befugnisse gegen die eigene Pflicht zur Entschädigung zurückrufen können soll.[1053]

2.3 Eigene Würdigung

2.3.1 Freiheitsmaximierende Stellung des angestellten bzw. beauftragten Urhebers nur nach der Kernbereichstheorie

Es ist den Vertretern der Kernbereichstheorie dahingehend zuzustimmen, dass vertragliche Regelungen über die urheberpersönlichkeitsrechtlichen Befugnisse nur so weit reichen können wie nicht der Kern der einzelnen urheberpersönlichkeitsrechtlichen Befugnis betroffen ist. Der Kern des Urheberpersönlichkeitsrechts ist nicht mit einer urheberpersönlichkeitsrechtlichen Einzelbefugnis gleichzusetzen, sondern betrifft nur einen Teilbereich des Urheberpersönlichkeitsrechts. Darüber hinaus gilt auch, dass nicht jeder Teilbefugnis ein indisponibler Kernbereich innewohnt. Für die Disposition urheberpersönlichkeitsrechtlicher Befugnisse im Arbeits- und Auftragsverhältnis wird im Folgenden der Kernbereich der urheberpersönlichkeitsrechtlichen Befugnisse untersucht. Die Kernbereiche sind dabei nicht absolut zu verstehen, sondern ergeben sich jeweils im Rahmen einer Interessenabwägung im Einzelfall anhand allgemeiner Kriterien.

1049 Schricker in: Hubmann/Forkel/Kraft, Die Einwilligung des Urhebers in entstellende Änderungen des Werks, 409(412).
1050 Dietz, Der Werkintegritätsschutz im deutschen und US-amerikanischen Recht, 2009, S. 104.
1051 Schricker in: Hubmann/Forkel/Kraft, Die Einwilligung des Urhebers in entstellende Änderungen des Werks, S. 409, 419; Schricker, Urheberrecht auf dem Weg zur Informationsgesellschaft, 1997, S. 93f.
1052 Metzger, Rechtsgeschäfte über das Droit moral, 2002, S. 213.
1053 Metzger, Rechtsgeschäfte über das Droit moral, 2002, S. 213.

Die Indisponibilität des Kernbereichs urheberpersönlichkeitsrechtlicher Befugnisse stellt keine paternalistische Bevormundung des Urhebers dar.[1054] Die Einschränkbarkeit des Urheberpersönlichkeitskerns kann nicht mit dem Vorrang der Privatautonomie gerechtfertigt werden. Durch die grundrechtskonforme Auslegung des einfachen Gesetzesrechts, der Grundrechtsbindung des Gesetzgebers auch im Privatrecht nach Art. 1 Abs. 3 GG und der mittelbaren Drittwirkung der Grundrechte finden Grundrechte als objektive Werteordnung auch im Verhältnis von Privaten zueinander ihren Ausdruck. Grundsätzlich gilt daher, dass die fehlende Dispositionsfähigkeit über den Kern einzelner Urheberpersönlichkeitsrechte die nach Art. 2 Abs. 1 GG verfassungsrechtlich garantierte "Selbstbestimmung des Einzelnen im Rechtsleben"[1055] einschränkt. Anspruch auf privatautonomes Handeln besteht nur dann, wenn alle am Rechtsgeschäft Beteiligten die Entscheidungsfreiheit haben, über das „Ob" und das „Wie" der rechtsgeschäftlichen Bindung zu entscheiden.[1056] Eine freiwillige Disposition über die grundrechtlich geschützten Güter ist dann nicht gegeben, wenn es sich um einseitige Maßnahmen Privater handelt oder Abhängigkeiten bestehen, die nur formal eine autonome Entscheidung zulassen.[1057] Einschränkungen der Privatautonomie können – etwa zum Schutz des schwächeren Vertragsteils oder zum Schutz des Gemeinwohls – notwendig sein. Diese Einschränkungen sind nicht nur am objektivrechtlichen Gehalt, sondern primär am strengeren Maßstab des individuellen Abwehrrechts zu messen. Auf Grundlage einer nur mittelbaren Grundrechtswirkung unter Privaten können die grundrechtlichen Einbruchstellen des Zivilrechts nicht als freiheitssichernd instrumentalisiert werden.[1058] Bei Beurteilung der Verkehrsfähigkeit des Urheberpersönlichkeitsrechts stellt sich daher die Frage, in welchem Umfang der Staat ermächtigt ist, auf Grundlage der staatlichen Schutzpflicht aus dem objektiven Gehalt der Grundrechte in subjektive Grundrechte einzugreifen.[1059] Wäre der Urheber umfassend daran gehindert Rechtsgeschäfte über die urheberpersönlichkeitsrechtlichen Befugnisse zu schließen, würde dies einer paternalistischen Bevormundung des Urhebers entsprechen. Eine derartige Einschrän-

---

1054 So jedoch: Metzger, Rechtsgeschäfte über das Droit moral, 2002, S. 73ff.

1055 Eschenbach/Niebaum, NVwZ 1994, 1079 (1080) m.w.N.

1056 Klein, NJW 1989, 1633 (1640).

1057 Klein, NJW 1989, 1633 (1640).

1058 Eschenbach/Niebaum, NVwZ 1994, 1079 (1080).

1059 Dazu Stern; Das Staatsrecht der Bundesrepublik Deutschland; 1994, S. 69; näher zum freiheitsmaximierenden Paternalismus: Metzger, Rechtsgeschäfte über das Droit moral, 2002, S. 97ff.

kung kann daher nicht von dem Schutzinteresse des Urhebers gedeckt sein.

Von einer Bevormundung kann jedoch dann keine Rede sein, wenn die Einschränkung der Privatautonomie einem notwendigen Schutz des Urhebers folgt und der Urheber die Unwirksamkeit der Einschränkungen des Urheberpersönlichkeitskerns eigenverantwortlich und eigenbestimmt geltend machen kann. Ließe man Vertragsschlüsse über das Urheberpersönlichkeitsrecht unbegrenzt zu, könnte der Schutz ideeller Interesses des Urhebers dem in der Privatautonomie geltenden Grundsatz von Angebot und Nachfrage weichen. Je wichtiger der Vertragsschluss für den Urheber ist, desto schwächer ist seine Verhandlungsposition. Die Urheber, die sich auf eine weitreichende Einschränkung ihrer urheberpersönlichkeitsrechtlichen Befugnisse einlassen, werden mit einem erfolgreichen Vertragsschluss belohnt. Es sind auch Drucksituationen denkbar, in denen die Parteien mit den Auftragsarbeiten bereits begonnen haben und der Urheber bei Weigerung, einzelne Klauseln zu akzeptieren, den erfolgreichen Vertragsabschluss riskiert. Besonders schwach ist die Verhandlungsposition des beauftragten Urhebers, wenn sein Werkschaffen substituierbar ist. Gegenüber großen Konzernen werden sich deshalb nur wenige erfolgreiche Werkschöpfer durchsetzen können, die vorformulierten Vertragsbedingungen erfolgreich zu ihren Gunsten abzuändern. Auch auf den angestellten Urheber kann ein hoher Druck lasten, gerade die befristet angestellten Urheber verfügen über keine starke Verhandlungsmacht, wenn es ihnen primär darum geht eine weitere Verlängerung der Befristung oder eine Entfristung ihres Arbeitsverhältnisses zu erreichen. Es ist daher zu befürchten, dass die strukturelle Unterlegenheit der beauftragten und angestellten Urheber zu einem *Total-Buy-Out* aller urheberpersönlichkeitsrechtlichen Befugnisse führt.

Würde man die Wirksamkeit einer urheberpersönlichkeitsrechtlichen Regelung allein an der Konkretheit der Regelung und der Vorhersehbarkeit der Rechtsfolgen messen, liefe der strukturell unterlegene Urheber Gefahr, sich vertraglich aller wesentlichen urheberpersönlichkeitsrechtlichen Befugnisse entheben zu lassen, sodass es einer „Übertragung" des Urheberpersönlichkeitsrechts gleich käme.[1060] Die Gefahr vor einem weitreichenden Ausverkauf aller Urheberpersönlichkeitsrechte kann auch nicht da-

---

1060 So auch Dustmann in: Fromm/Nordemann, vor § 12 UrhG Rn. 3; Dietz in: Schricker/Loewenheim, vor § 12 UrhG Rn. 27; Osenberg, Die Unverzichtbarkeit des Urheberpersönlichkeitsrechts, 1979, S. 41; Ulmer, Urheber- und Verlagsrecht, 1980, § 89 I; Dietz in: Schricker/Loewenheim, vor § 12 UrhG Rn. 27;

durch ausgeräumt werden, dass im Vorfeld nicht alle relevanten Befugnis-se des Urheberpersönlichkeitsrechts vertraglich aufgezählt werden können und es zumindest für den Bereich der unbekannten Nutzungsarten nicht zu einem völligen Rechtsverlust des Urhebers kommen wird. Dieses Argu-ment kann bereits durch die bei der Rechtseinräumung von Nutzungs-rechten bestehende Vertragspraxis entkräftet werden. Denn in diesem Be-reich ist es üblich, die Nutzungsrechte dem Verwerter anhand detaillierter Regelungen aller erdenklichen Nutzungsarten zuzuweisen. Lässt man da-her eine vertragliche Disposition über den Kern der urheberpersönlich-keitsrechtlichen Befugnisse zu, ist zu befürchten, dass die Vertragspraxis auch dazu übergehen würde, alle in Betracht kommenden urheberpersön-lichkeitsrechtlichen Einschränkungen vertraglich aufzunehmen.

Neben dem Schutz des Urhebers vor weitreichenden Dispositionen spricht weiter für die Indisponibilität des Kernbereichs urheberpersönlich-keitsrechtlicher Befugnisse, dass nur auf diese Weise die Sonderstellung des Urhebers und damit der Schutzweck des Urheberrechts gewährleistet bleiben. Die geistige Verbindung des Urhebers zu seinem Werk in Form eines persönlichen Bands begründet den Schutz des Urheberrechts. Ein Werk, das eine persönliche geistige Schöpfung darstellt, erlangt Urheber-schutz nach § 2 Abs. 2 UrhG.[1061] Eine geistige Schöpfung liegt dann vor, wenn in dem Werk ein individueller Gedanken- oder Gefühlsinhalt zum Ausdruck kommt[1062] bzw. von der Persönlichkeit des Urhebers geprägt ist.[1063] Aus dieser Individualität[1064] des Werks folgt die Notwendigkeit des Urheberrechts, die individuelle geistige oder künstlerische Leistung zu

---

Schacht, Die Einschränkung des Urheberpersönlichkeitsrechts im Arbeitsver-hältnis, 2004, S. 147; Asmus, Die Harmonisierung des Urheberpersönlichkeits-rechts in Europa, 2004, S. 177; Dieselhorst, Was bringt das Urheberpersönlich-keitsrecht?, 1995, S 145; Seetzen, Der Verzicht im Immaterialgüterrecht, 1966, S. 52f, 60; Bussman in: Bappert/Hodeige/Knecht, FS Walter Bappert, S. 20.

1061 Das Werk muss in seiner Formgebung wahrnehmbar sein, sodass die bloße Idee zur Werkschöpfung vom Urheberschutz nicht umfasst ist. Im Gegensatz zum Patent bedarf es keiner objektiven Neuheit des Werkes. Persönlich ist das Werk, wenn es durch menschliche Hand geschaffen wurde. Siehe dazu Norde-mann in: Fromm/Nordemann, § 2 UrhG Rn. 21, 26 m.w.N.

1062 Dietz/Peukert in: Schricker/Loewenheim, vor § 12 UrhG UrhG Rn. 16.

1063 Osenberg, Die Unverzichtbarkeit des Urheberpersönlichkeitsrechts, 1979, S. 3, formuliert es plastisch, indem er fordert, dass das Werk den Stempel des Ver-fassers auf seiner Stirn tragen müsse.

1064 Die Bedeutung des individuellen Gehalts des urheberrechtlich geschützten Werks wird auch durch den EuGH in der Entscheidung „Painer" (EuGH, GRUR 2012, 166) bestätigt. Zusätzlich zu den bereits in der Rechtssache „Info-paq" (EuGH, GRUR Int 2010; 35(39)) bestätigten Kriterien des europäischen

schützen.[1065] § 29 Abs. 1 UrhG soll verhindern, dass das Band des Urhebers zu seinem Werk durch die vertragsrechtlichen Regelungen über sein Urheberpersönlichkeitsrecht durchtrennt wird. Die ideelle Verbindung des Urhebers zu seinem Werk, das geistige Band, ist durch die Unantastbarkeit des Kerns der urheberpersönlichkeitsrechtlichen Befugnisse zu erhalten. Dies wird auch in vermögensrechtlicher Hinsicht gewährleistet, indem der Urheber mit dem Werk über sein Stammrecht, von dem die Nutzungsrechte für die Verwerter abgespalten werden, und die gesetzlichen Vergütungsansprüche verbunden bleibt.

Gegen die „erweiterte Vorhersehbarkeitstheorie" spricht, dass diese die Sonderstellung des Urhebers und der Schutzzweck des Urheberrechts nicht wahren kann. Gewährt man dem Urheber ein Rückrufsrecht entsprechend § 42 UrhG, bezieht sich dieses nur auf die zukünftige Verwertung der Werke und der Urheber trägt alleine die wirtschaftliche Belastung, wenn er der Einschränkung des Kerns der urheberpersönlichkeitsrechtlichen Befugnisse nicht mehr zustimmen kann. Dem Urheber obliegt zusätzlich die Beweislast für das Vorliegen der Voraussetzungen des Rückrufsrechts nach § 42 UrhG analog und des Weiteren die Pflicht, den Verwerter finanziell zu entschädigen. Die Durchsetzung des Kerns seiner Urheberpersönlichkeitsrechte hängt damit im Vornhinein von seiner Verhandlungsstärke und im Nachhinein von seiner finanziellen Situation, sich der Gefahr der Entschädigungspflicht nach § 42 UrhG analog auszusetzen, ab. Dies erscheint im Hinblick auf den Kern des Urheberpersön-

---

Werkbegriffs als „persönliche geistige Schöpfung" modifiziert der EuGH diese unter Heranziehung der Schutzdauer-RL und ihrem Erwägungsgrund 16, wonach für die Schutzfähigkeit zusätzlich erforderlich ist, dass die Persönlichkeit des Urhebers in seinem Werk zum Ausdruck kommt. Der EuGH führte in der Entscheidung weiter aus, dass die Persönlichkeit des Urhebers dann in seinem Werk zum Ausdruck komme, wenn der Urheber bei der Herstellung des Werkes seine schöpferischen Fähigkeiten zum Ausdruck bringen könne und freie kreative Entscheidungen treffen könne. In der Entscheidung „Infopaq" EuGH, GRUR Int 2010; 35(39) musste sich der EuGH auf Vorlage mit der Frage auseinandersetzen, ob die Übernahme von elf Wörtern aus einem Zeitungsartikel eine Vervielfältigung im Sinne des Art. 29 der InfoSoc-RL darstellt. Für die Frage der Zulässigkeit einer Vervielfältigung war zunächst entscheidend, ob es sich bei den elf Wörtern eines Zeitungsausschnitts um einen urheberrechtlich geschützten Inhalt handelte. Indem der EuGH das Kriterium der „eigenen geistigen Schöpfung" auch im Rahmen der InfoSoc-RL anwendete, die auf alle Verwertungshandlungen aller Werkarten Anwendung findet, machte der EuGH deutlich, dass diese Kriterien einheitliche Anwendung finden sollen. Siehe auch EuGH GRUR Int 2011, 148 (151) – Benutzeroberfläche

1065 Loewenheim in: Schricker/Loewenheim, § 2 UrhG Rn. 23.

lichkeitsrechts nicht angemessen. Auch kann die Einschränkung des Kerns der urheberpersönlichkeitsrechtlichen Befugnis auch nicht mit der Investitionslast des Auftrag- oder Arbeitgebers begründet werden. Zum einen wird die Berücksichtigung des Kerns der urheberpersönlichkeitsrechtlichen Befugnisse nur in seltenen Fällen eine Verwertung durch den Auftrag- oder Arbeitgeber unmöglich machen. Zum anderen kann die völlige Einschränkung ideeller Interessen nicht mit der Investitionsbereitschaft des Auftrag- oder Arbeitgebers gerechtfertigt werden, wenn es sich um kurze Auftragsverhältnisse oder befristete Arbeitsverhältnisse handelt, die dem beauftragten und angestellten Urheber gerade keine ausreichende soziale Sicherheit bieten.

Allein das eigenschöpferische Tätigwerden, das sich durch das geistige Band des Urhebers zu seinem Werk ausdrückt, rechtfertigt den Urheberschutz. Kann dieses Band vertraglich durchtrennt und nur bei einseitiger Belastung des Urhebers wieder durch Rückruf gekittet werden, stellt sich ebenso wie bei der Vorhersehbarkeitstheorie die Frage, ob der Urheberrechtsschutz in diesem Fall noch gerechtfertigt ist.[1066] Nach der Kernbereichstheorie hingegen gewinnt der Urheber die Freiheit sich auf die Unwirksamkeit der Regelung zu berufen[1067], ohne dem Anspruch des Verwerters auf Zahlung einer Entschädigung ausgesetzt zu sein. Im Grundsatz erscheint deshalb die Befolgung der Kernbereichstheorie vorzugswürdig.

2.3.2 Entpersönlichung im Arbeits- und Auftragsverhältnis

Es stellt sich jedoch die Frage, inwieweit Einschränkungen der Privatautonomie des angestellten oder beauftragten Werkschöpfers zugunsten des Urheberpersönlichkeitsschutzes gerechtfertigt sind, wenn es sich noch um Werke handelt, die der Urheber in Erfüllung seines Arbeits- oder Auftragsverhältnisses geschaffen hat. Geht es bei der Indisponibilität des Urheberpersönlichkeitsrechtskerns darum, das geistige Band des Urhebers zu seinem Werk zu erhalten, stellt sich hier besonders die Frage, ob den angestellten oder beauftragten Urheber überhaupt ein geistiges Band zu seinem Werk verbindet, oder ob die Fremdorientiertheit und der fehlende Gestal-

---

1066 So auch Peukert, UFITA 2002/III, 883 (886).

1067 Von einem harten Paternalismus wie es Metzger, Rechtsgeschäfte über das Droit moral, 2002, S. 73ff. anmahnt, kann hier gerade keine Rede sein, denn der Urheber hat die Wahl, ob er sich auf die Unwirksamkeit beruft oder nicht. So auch Peukert, UFITA 2002/III, 883 (887).

tungsspielraum der Auftragnehmer- und Arbeitnehmerwerken zu einer Entpersönlichung des Werks führen, die weitreichendere Einschränkungsmöglichkeiten des Urheberpersönlichkeitsrechts im Arbeits- und Auftragsverhältnis möglich machen.

2.3.2.1 Erhöhte Anforderungen an die Gestaltungshöhe?

Ausgangspunkt für die Frage der Begrenzung des urheberrechtlichen Schutzumfangs bei Auftrags- und Arbeitnehmerwerken ist die Befürchtung, dass es im Fall einer uneingeschränkten Schutzfähigkeit zu einer systematischen Unternutzung der Ressource kommen könnte, da zahlreiche Nutzungsrechte unterschiedlicher Rechtsinhaber zu komplizierten Transaktionen führen, die selbst Aufwand und Kosten verursachen.[1068] Daher könnte es bei Werken, die in Erfüllung eines Arbeits- oder Auftragsverhältnisses geschaffen werden, notwendig sein, das erforderliche Mindestmaß an die urheberrechtliche Schutzvoraussetzung der Gestaltungshöhe zu erhöhen und beim Auftragnehmer- und Arbeitnehmerwerk den Schutz der kleinen Münze zu versagen. Indirekt würden sich dadurch auch Folgen für die Rechtsgeschäfte des Urhebers ergeben. Erlangt ein Werk eines Auftrag- oder Arbeitnehmers aufgrund geringer Gestaltungshöhe keinen urheberrechtlichen Schutz, müssen auch die Besonderheiten im Hinblick auf das Urheberpersönlichkeitsrecht nicht eingehalten werden. Insbesondere bei den Werken der angewandten Kunst und den Sprachwerken, die nicht literarischen Charakter haben oder wissenschaftlich-technische Darstellungen enthalten, wird daher teilweise ein „deutliches Überragen der Gestaltungstätigkeit gegenüber der Durchschnittsgestaltung" gefordert.[1069]

Es stellt sich daher die Frage, ob auch bei urheberrechtlich geschützten Auftragnehmer- und Arbeitnehmerwerken ein erhöhtes Mindestmaß an Gestaltungshöhe zu fordern ist. Im Einklang mit der höchstrichterlichen Rechtsprechung ist eine erhöhte Schutzvoraussetzung im Hinblick auf die Gestaltungshöhe bei Auftragnehmer- und Arbeitnehmerwerken jedoch abzulehnen.

Die Anhebung des Mindestmaßes der Gestaltungshöhe geht ursprünglich auf Ulmer zurück, der das Kriterium der Gestaltunghöhe einführte,

---

1068 Peukert, UFITA 2002/III, 883 (886).
1069 Ulmer, GRUR Ausl. 1959, 1 (2); Vogel in: Loewenheim, Hdb. des Urheberrechts, § 2 Rn. 18; Loewenheim in: Loewenheim, Hdb. des Urheberrechts, § 6 Rn. 18f; Nordemann in: Loewenheim, Hdb. des Urheberrechts, § 9 Rn. 20ff.

um die Werke der angewandten Kunst von den geschmacksmusterfähigen Gestaltungen abzugrenzen.[1070] Nach Ulmer sollten nur die Gestaltungen, die sich von der nicht geschützten Durchschnittsgestaltung abheben können, Schutz nach dem Geschmacksmusterrecht erfahren. Daher müsse für die Urheberrechtsschutzfähigkeit ein deutliches Überragen der Durchschnittsgestaltung zu fordern sein.[1071] Auch in der unionsrechtlichen Rechtssetzung wird die Möglichkeit einer unterschiedlichen nationalen Bewertung des Werksbegriffs bei der Werkart der angewandten Kunst ausdrücklich hervorgehoben, jedoch nach Erwägungsgrund 8 der Geschmacksmuster-Richtlinie[1072] auf die Werke der angewandten Kunst beschränkt, für die ein kumulativer Schutz des Geschmacksmusterrechts in Betracht kommt. Ende 2013 hat der BGH sich jedoch gegen eine nationale Unterscheidung entschieden und die jahrelange Rechtsprechung der Gerichte beendet, indem er in der Entscheidung „Geburtstagszug"[1073] die Grundsätze der „kleinen Münze" auch auf die angewandte Kunst anwandte.[1074] Auch außerhalb der angewandten Kunst, ist der Schutz der kleinen Münze anerkannt. Dies steht auch im Einklang mit der europäischen

---

1070 Nordemann in: Fromm/Nordemann, § 2 UrhG Rn. 30.

1071 BGH GRUR 1995, 581 (582) – Silberdistel; BVerfG, GRUR 2005, 410 – Laufendes Auge.

1072 In Erwägungsgrund 8 Richtlinie 98/71/EG des Europäischen Parlaments und des Rates vom 13. Oktober 1998 über den rechtlichen Schutz von Mustern und Modellen heißt es: „Solange das Urheberrecht nicht harmonisiert ist, ist es wichtig, den Grundsatz der Kumulation des Schutzes nach dem einschlägigen Recht für den Schutz eingetragener Muster und nach dem Urheberrecht festzulegen, während es den Mitgliedstaaten
freigestellt bleibt, den Umfang des urheberrechtlichen Schutzes und die Voraussetzungen festzulegen, unter denen dieser Schutz gewährt wird."

1073 BGH NJW 2014, 469 – Geburtstagszug. Der BGH begründete die Ablehnung erhöhter Schutzvoraussetzungen in Bezug auf die Gestaltungshöhe mit der Reform des Geschmacksmusterrechts im Jahr 2004, durch die ein eigenständiges gewerbliches Schutzrecht geschaffen wurde und der enge Bezug zum Urheberrecht damit beseitigt worden war. Der Schutz als Geschmacksmuster setze nicht mehr eine bestimmte Gestaltungshöhe, sondern die Unterschiedlichkeit des Musters voraus. Da zudem Geschmacksmusterschutz und Urheberrechtsschutz nebeneinander bestehen können, rechtfertige der Umstand, dass eine Gestaltung dem Geschmacksmusterschutz zugänglich ist, es nicht, den Urheberschutz der angewandten Kunst von besonderen Voraussetzungen abhängig zu machen.

1074 Wissenschaftlich-technische Darstellungen erlangen jedoch erst dann urheberrechtlichen Schutz, wenn die Gestaltungstätigkeit das Durchschnittliche, das Handwerksmäßige, das Alltägliche und Banale deutlich überragt (BGH, GRUR 1993, 34 (36) – Bedienungsanweisung). Diese erhöhte Anforderung an

Rechtssetzung, die ebenfalls von einem urheberrechtlichen Schutz der kleinen Münze auszugeht. Durch europäische Richtlinien ausdrücklich vorgeschrieben ist der Schutz der kleinen Münze bei Computerprogrammen, Datenbankwerken und Lichtbildwerken.[1075]

Keine erhöhten Anforderungen an die Gestaltungshöhe eines Arbeitnehmer- bzw. Auftragswerks zu setzen ist aus den folgenden Gründen auch angemessen: Grundsätzlich gilt, dass ein individueller Ausdruck in einem Werk vorhanden sein muss, um Urheberrechtsschutz zu erlangen.[1076] Quantitativer Maßstab für dieses Mindestmaß ist die Gestaltungshöhe.[1077] Im Allgemeinen ist das erforderliche Maß der Gestaltungshöhe niedrig anzusetzen.[1078] Auch Werke, die nur einen geringen Grad an Individualität aufweisen – sog. „kleine Münze" des Urheberrechtsschutzes – stellen eine geistige Schöpfung dar und sind urheberrechtlich geschützt.[1079] Für eine erhöhte Schutzvoraussetzung der Gestaltungshöhe bei Arbeits- oder Auftragswerken könnte zwar sprechen, dass gerade im Auftrags- oder Arbeitsverhältnis häufig nicht typisch persönlichkeitsgeprägte Werke geschaffen werden, die den klassischen urheberrechtlichen Ausdrucksformen der Literatur, Kunst oder Musik zugeordnet werden könn-

---

die Schutzvoraussetzungen begründete der BGH damit, dass Gebrauchstexte jedermann zur Verfügung stehen müssten und nicht durch das Urheberrecht einem einzelnen Autor zugesprochen werden könnten. Dementsprechend wurde auch der urheberrechtliche Schutz eines Anwaltsschriftsatzes abgelehnt (LG Köln, Urteil vom 07.07.2010, Az.: 28 O 721/09. A.A. BGH GRUR 1986, 739 – Anwaltsschriftsatz, in der der BGH in Bezug auf einen Anwaltsschriftsatz, der sich durch eine schöpferische Gestaltungskraft und zahlreiche sprachliche Sprach- und Stilmittel auszeichnete, den Urheberrechtsschutz bejaht hatte). Einigkeit besteht dahingehend, dass ein wissenschaftlicher Bericht, der unter Verwendung reiner Fachsprache Forschungsergebnisse wiedergibt, selbst das Erfordernis der geringen Gestaltungshöhe nicht erreichen wird (Nordemann in: Fromm/Nordemann, § 2 UrhG Rn. 118 m.w.N.). Dem gegenüber ist für wissenschaftliche Sprachwerke, die auch nur von einer geringen Individualität geprägt sind, das Vorliegen einer geistigen Schöpfung anzunehmen (so auch schon die Vorinstanz des OLG Nürnberg GRUR-RR 2001, 225 (226) – Dienstanweisung; siehe auch KG GRUR 1991 596 (598) – Schopenhauer-Ausgabe).

1075 Siehe Art. 1 Abs. 3 Software-RL; Art. 3 Abs. 1 Datenbank-RL; Art. 7 Schutzdauer-RL.
1076 Nordemann in: Fromm/Nordemann, § 2 UrhG Rn. 30.
1077 Bullinger in: Wandtke/Bullinger, § 2 UrhG Rn. 15.
1078 Nordemann in: Fromm/Nordemann, § 2 UrhG Rn. 30.
1079 Nordemann in: Fromm/Nordemann, § 2 UrhG Rn. 30.

ten.[1080] Vielmehr finden sich in allen Arbeitsbereichen, in denen der Schriftverkehr, Checklisten, Zwischen- und Abschlussberichte, Organisations- und Ablaufpläne, Vertragsentwürfe u.ä. durch die Auseinandersetzung mit komplexen wissenschaftlichen oder technischen Fragen eine geistige, individuelle Leistung darstellen, Werke, die eine geringe Gestaltungshöhe aufweisen.[1081] Diese sog. „untypische Urheberrechtswerke" sowie Werke der angewandten Kunst wie beispielsweise Gebrauchsgegenstände oder industriell hergestellte kunstgewerbliche Gegenstände, die durch den Bezug auf den Betriebs- und Vertragszweck zweckgebunden sind, finden sich besonders häufig im Bereich der Auftrags- und Arbeitswerke.[1082] Gerade im Bereich von Computerprogrammen und Datenbänken sind die Werke ebenfalls von geringer Gestaltungshöhe. Gegen eine Erhöhung der Schutzvoraussetzungen dieser Werke sprechen jedoch gerade die Interessen des Auftrag- oder Arbeitgebers. Natürlich wäre es für den Arbeitgeber von Vorteil, nicht auf das Urheberpersönlichkeitsrecht des Schöpfers Rücksicht nehmen zu müssen, sofern es sich um Auftragnehmer- und Arbeitnehmerwerke handelt, die nur eine geringe Gestaltungshöhe aufweisen.[1083] Den angestellten bzw. beauftragten Werkschöpfern den Schutz ihres Urheberpersönlichkeitsrechts zu verweigern, hätte jedoch auch zur Folge, dass sich die Arbeit- bzw. Auftraggeber auch im Verhältnis gegenüber Dritten nicht auf den Schutz des Urheberrechts berufen könnten und sich allein auf die Regelungen zum Schutz des lauteren Wettbewerbs verlassen müsste. Den Urheberrechtsschutz daher gänzlich zu versagen, nur, um die urheberpersönlichkeitsrechtlichen Befugnisse der Werkschöpfer nicht beachten zu müssen, ist daher auch aus Sicht der Interessen der Verwerter nicht interessengerecht. Vielmehr ist zu bedenken, dass die Werkschöpfer im Hinblick auf untypische Urheberrechtswerke mit geringer Gestaltungshöhe wohl nur ein geringeres Interesse an der Durchset-

---

1080 Nach Zöllner in: Hubmann/Forkel/Kraft, S. 523ff, sog. „untypischen Urheberrechtswerke".

1081 Rehbinder, Das Urheberrecht im Arbeitsverhältnis, S. 19 geht sogar davon aus, dass nur eine geringe Minderheit der Arbeitnehmer-Werke die Persönlichkeit des Urhebers widerspiegeln und es daher ausreichend ist das Persönlichkeitsrecht des Urhebers über das Allgemeine Persönlichkeitsrecht zu schützen.

1082 Zöllner in: Hubmann/Forkel/Kraft, S. 523ff.

1083 Dem Arbeitnehmer bliebe dann weiterhin die Möglichkeit sich auf sein Allgemeines Persönlichkeitsrecht zu berufen.

zung der Urheberpersönlichkeitsrechte haben[1084]. Die geringe Gestaltungshöhe ist daher im Rahmen der Interessenabwägung bei der vermeintlichen
Disposition über den Kernbereich des Urheberpersönlichkeitsrechts zu berücksichtigen.

Im Ergebnis ist es daher angemessen, den Urheberrechtschutz eines Auf-
trags- oder Arbeitswerks nicht aufgrund geringer Gestaltungshöhe abzulehnen, sondern die geringe Gestaltungshöhe im Rahmen der Interessenabwägung zu berücksichtigen.

2.3.2.2 Entpersönlichung durch geringen Gestaltungsspielraum und Fremdorientierung des Werks?

Darüber hinaus ist zu untersuchen, ob direktionsrechtliche Weisungen des
Arbeitgebers bzw. auftragsspezifische Vorgaben des Auftraggebers dazu
führen können, dass der geringe Gestaltungsspielraum auch zu einer Reduktion des Urheberpersönlichkeitsschutzes des angestellten und beauftragten Urhebers führt. Dabei ist zwischen einem geringen und einem
nicht vorhandenen Gestaltungsspielraum zu unterscheiden.

In der Regel entschließen sich weder der Auftragnehmer noch der Arbeitnehmer aus freien Stücken zur Werkschöpfung. Doch selbst wenn die
Idee und die gestalterische Anregung nachweislich vom Arbeit- oder Auftraggeber stammen, begründet dies in rechtlicher Hinsicht keinen urheberrechtlich relevanten Beitrag des Ideengebers.[1085] Es kann nicht aufgrund einer Weisung oder vertraglichen Vorgabe darauf geschlossen werden, dass der Arbeit- oder Auftraggeber auch Inhaber des Urheberrechts
sein soll[1086]. Darüber hinaus fehlen Ideen und Anregungen in aller Regel

---

1084 So auch Dietz, Der Werkintegritätsschutz im deutschen und US-amerikanischen Recht, 2009, S. 142; Bullinger in: Wandtke/Bullinger, vor § 12 UrhG
Rn. 8.

1085 Dasselbe gilt, wenn der Beitrag des Auftrag- oder Arbeitgebers allein darin besteht, die finanziellen Mittel zur Verfügung zu stellen.

1086 Rehbinder plädiert für eine neue wirtschaftspolitische Ausrichtung. Aus dem
Recht am Arbeitsergebnis folge nicht nur die sachrechtliche Zuordnung des
Arbeitnehmerwerks zum Arbeitgeber, sondern müsse auch eine Minderung
der Persönlichkeitsrechte des angestellten Urhebers folgen. Der Schutz der ideellen Interessen des angestellten Schöpfers sei hinreichend durch das Allgemeine Persönlichkeitsrecht geschützt. Für einen originären Erwerb des Urheberrechtsschutzes durch den Arbeitgeber spräche die Gefahr, dass sich der Arbeitgeber von einer Verwertungsgesellschaft die Rechte holen müsse. Trüge der
Arbeitgeber das Investitionsrisiko, könne er nicht zusätzlich die Beweislast für

die für einen schöpferischen Beitrag erforderliche konkrete Formgebung[1087] und stellen für den handelnden Urheber lediglich einen gemeinfreien Gestaltungsrahmen dar.[1088] Selbst wenn der Arbeit- oder Auftraggeber genaue Vorgaben zur Thematik, zum Umfang, zur Methode oder zu sonstigen Einzelheiten macht, schafft er auf diese Weise noch keinen urheberrechtlich schutzfähigen Beitrag. Mit den Vorgaben erlangt der Auftraggeber lediglich das Recht, nur das Werk abnehmen zu müssen, das den zuvor getroffenen Vorgaben entspricht.[1089]

Von der bloßen Ideengebung sind jedoch die Fälle abzugrenzen, in denen der Auftrag- oder Arbeitgeber teilweise oder ausschließlich einen eigenschöpferischen Beitrag leistet. In ersterem Fall sind ist der Auftrag- bzw. Arbeitgeber dann als Miturheber im Sinne des § 8 UrhG zu qualifizieren, wenn und soweit die Mitwirkung im Einzelfall die Voraussetzungen eines eigenschöpferischen Beitrags erfüllt.[1090] Eine eigenschöpferische Beteiligung des Auftrag- oder Arbeitgebers kann prinzipiell nur dann vorliegen, wenn der Beitrag in der gleichen Werkkategorie erbracht worden ist wie das spätere Werk.[1091] Verbale Anregungen zu einem Bild stellen keinen eigenschöpferischen Beitrag, sondern eine bloße Anregung dar, die urheberrechtlich nicht relevant ist.[1092] Schriftlich erteilte Vorgaben für ein Computerprogramm stellen daher auch keinen eigenschöpferischen Beitrag zu einem Computerprogramm dar.[1093] Bei Sprachwerken hingegen kann die Abgrenzung eines nicht-schöpferischen von einem schöpferischen Beitrag des Auftrag- oder Arbeitgebers schwieriger sein, weil Sprach-

---

den Erwerb der Nutzungsrechte tragen. So Rehbinder in: FS Roeber, 481 (504-506).

1087 Thum in: Wandtke/Bullinger, § 7 UrhG Rn. 13; Schulze in: Dreier/Schulze, § 7 UrhG Rn. 4; BGH, ZUM 1995, 482 (484) – Rosaroter Elefant; OLG Düsseldorf, ZUM-RD 2001, 385 (387) – Spannring.

1088 Thum in: Wandtke/Bullinger, § 7 UrhG Rn. 13; BGH, GRUR 2003, 231 (233) – Staatsbibliothek; BGH, GRUR 1995, 47 (48) – Rosaroter Elefant; KG, GRUR 2004, 129 (130) – Modernisierung einer Liedaufnahme; OLG Düsseldorf, GRUR-RR 2001, 294 f. - Spannring; OLG Köln, AfP 1991, 430 f. – Roncalli; Ulmer, Urheber- und Verlagsrecht, 1980, S. 186.

1089 Schulze in: Dreier/Schulze, § 7 UrhG Rn. 4; BGHZ 19, 382 (384).

1090 Thum in: Wandtke/Bullinger, § 7 UrhG Rn. 10; Ulmer, Urheber- und Verlagsrecht, 1980, S. 186.

1091 Schulze in: Dreier/Schulze, § 7 UrhG Rn. 4.

1092 Schulze in: Dreier/Schulze, § 7 UrhG Rn. 4; Ulmer, Urheber- und Verlagsrecht, 1980, S. 186; BGH, GRUR 2009, 1046 (1050) – Kranhäuser; OLG München GRUR-RR 2010, 161 f. – Bronzeskulptur.

1093 Schulze in: Dreier/Schulze, § 7 UrhG Rn. 4; OLG Köln, GRUR-RR 2005, 303 f. – Entwurfsmaterial.

werke sowohl in mündlicher als auch in schriftlicher Form geschützt sind.[1094] Daher ist gerade bei Sprachwerken und Weisungen des Arbeitgebers die Frage nach dem schöpferischen Beitrag des Arbeitgebers besonders relevant.[1095]

Eine individuelle geistige Schöpfung des Auftrag- oder Arbeitnehmers liegt jedoch dann nicht vor, wenn das Werk seinem Wesen nach keinen Gestaltungsspielraum lässt.[1096] Dies ist dann der Fall, wenn der Gegenstand der Darstellung, die verwendete Fachterminologie oder sonstige Übungen weitgehend vorgegeben sind.[1097] Denkbar ist auch, dass die direktionsrechtliche Weisung des Arbeitgebers dem Arbeitnehmer keinen eigenschöpferischen Spielraum überlässt. In diesem Fall ist der Arbeitnehmer als nicht-schöpferischer Gehilfe zu qualifizieren. Gehilfenschaft des Ausführenden liegt vor, wenn dieser zwar konkrete Beiträge tatsächlicher Art zu einem Werk leistet, dabei jedoch rein mechanisch nach den Weisungen des Auftrag- oder Arbeitgebers handelt[1098], dabei keine eigene Individualität entfaltet, sondern nur als „Ausführungsorgan" eines fremden Gestaltungswillens tätig wird.[1099] Beispielsweise ist Urheber einer Bronzeplastik in der Regel nur der Bildhauer, nicht aber der Metallgießer.[1100] Dasselbe gilt für den Modelleur, der einen fremden Entwurf ausführt.[1101] Auch der wissenschaftliche Assistent einer Hochschule ist bloßer Gehilfe,

---

1094 Schulze in: Dreier/Schulze, § 7 UrhG Rn. 4; BGH, GRUR 1999, 984 (987) – Laras Tochter.

1095 Schulze in: Dreier/Schulze, § 7 UrhG Rn. 4 unter Verweis auf die Entscheidung des OLG Köln, GRUR 1953, 499 – Kronprinzessin Cäcilie I, in der die Erzählung von Memoiren, deren schriftliche Formulierung von einem anderen vorgenommen wird, regelmäßig als eigenschöpferischer Beitrag des Erzählers zu qualifizieren ist.

1096 OLG Nürnberg GRUR-RR 2001, 225(227) – Dienstanweisung; EuGH GRUR 2011, 220 (222).

1097 Schulze in: Dreier/Schulze, § 7 UrhG Rn. 4.

1098 Ahlberg in: Ahlberg/Götting, § 7 UrhG Rn. 11; Thum in: Wandtke/Bullinger, § 7 UrhG Rn. 14.

1099 KG Schulze KGZ 65, 9 – Manfred Köhnlechner; KG GRUR-RR 2004, 129 (130). – Modernisierung einer Liedaufnahme; OLG Zweibrücken GRUR 1997, 363 – Jüdische Friedhöfe; BGH GRUR 1952, 257, 258 – Krankenhauskartei; BGH GRUR 2003, 232 (233) – Staatsbibliothek; GRUR 1956, 382 (384) – Kirchenfenster; Ahlberg in: Ahlberg/Götting, § 7 UrhG Rn. 11; Thum in: Wandtke/Bullinger, § 7 UrhG Rn. 14; Schulze in: Dreier/Schulze, § 7 UrhG Rn. 4; Ulmer, Urheber- und Verlagsrecht, 1980, S. 187. A.A.: Leuze, GRUR 2006, 552 (555).

1100 OLG Köln FuR 1983, 348.

1101 OLG Hamm ZUM-RD 2002, 71 (74) – Wackelkopfhund.

solange er lediglich Material sammelt, Verzeichnisse auflistet oder redaktionelle Korrekturen vornimmt; leistet er jedoch einen eigenen schöpferischen wissenschaftlichen Beitrag, so gebührt ihm auch die (Mit-)Urheberschaft.[1102] Handelt der Auftrag- oder Arbeitnehmer als Gehilfe des Auftrag- oder Arbeitgebers, kommt diesem mangels Urheberstellung auch kein urheberpersönlichkeitsrechtlicher Schutz zu. Lässt die direktionsrechtliche Weisung oder der Auftrag nur wenig Gestaltungsspielraum, wird der individuelle Beitrag des Arbeit- oder Auftragnehmers jedoch geringer sein. Der Urheber wird daher in der Regel auch ein geringeres Interesse an der Durchsetzung seiner Urheberpersönlichkeitsrechte haben. Ein geringer Gestaltungsspielraum im Auftrag- oder Arbeitsverhältnis führt allerdings im Einklang mit der Rechtsprechung des EuGH ebenfalls nicht zu der Einschränkung der Schutzfähigkeit[1103], sondern ist im Rahmen der Interessenabwägung rechtsgeschäftlicher Dispositionen über den Kern der urheberpersönlichkeitsrechtlichen Befugnis zu berücksichtigen.

Die Tatsache, dass die Werke, die in Erfüllung eines Auftrags- oder Arbeitsverhältnisses entstanden sind, fremdorientiert sind und sich nach den direktionsrechtlichen Anweisungen des Arbeitgebers bzw. nach den Vorgaben des Auftraggebers richten, verhindert also nicht, dass diese Werke individuell vom angestellten oder beauftragten Urheber geprägt sind.[1104] Vielmehr existiert auch dort ein geistiges Band des Urhebers zu dem fremdorientierten Werk, wenn dieser auf seine individuelle Weise das Werk mit den Vorgaben des Arbeit- oder Auftraggebers verknüpft und das Werk auf persönlich prägende Weise einem Dritten widmet.[1105]

1102 OLG München ZUM 2000, 404 (406) – Literaturhandbuch; leistet er einen Beitrag zu einem gemeinschaftlichen Werk wird er als Miturheber einzuordnen sein, siehe OLG Hamburg Schulze OLGZ 207, 3.

1103 So auch EuGH, GRUR 2012, 166 – Painer.

1104 A.A. Frey, UFITA 94 (1984), 53 (60), der für das schweizerische Recht fordert, dass der Arbeitgeber neben dem Sacheigentum des Arbeitnehmerwerks auch die originäre Inhaberschaft aller darin enthaltenen Rechte erhält. Larese, UFITA 105 (1987), 7 (13), führt ebenfalls bezogen auf das schweizerische Recht aus, dass der Urheber in fremdbestimmten Werken seine Persönlichkeit nicht Ausdruck verleiht. Darüber hinaus müsse auch berücksichtigt werden, wenn das Werkschaffen wirtschaftlich verwertbare Erzeugnisse moderner Technologie beträfe wie Software. Auch Metzger, Rechtsgeschäfte über das Droit moral, 2002, S. 123, bezweifelt die individuelle Prägung von Auftragswerken und bezeichnet die Behauptung als „metaphysisch und wenig greifbar".

1105 So auch Peifer, Die Individualität im Zivilrecht, 2001, S. 82; Peukert, UFITA 2002/III, 883 (886).

2.3.3 Abschließende Stellungnahme

Es ist der Kernbereichstheorie auch im Arbeits- und Auftragsverhältnis zu folgen. Da die vertraglichen Regelungen über das Urheberpersönlichkeitsrecht in der Regel vor Antritt des Arbeits- bzw. Auftragsverhältnisses geschaffen werden, hat der angestellte und beauftragte Werkschöpfer eine besonders schwache Verhandlungsposition. Die Vorhersehbarkeitstheorie kann dabei den Urheber nicht ausreichend vor der Gefahr schützen, sich aufgrund seiner schwächeren Verhandlungsposition aller urheberpersönlichkeitsrechtlicher Befugnisse zu begeben. Alle vertraglichen Regelungen über das Urheberpersönlichkeitsrechts zuzulassen, wenn sie nur hinreichend klar und vorhersehbar ausgestaltet sind, würdigt deshalb die schützenswerte Position des Urhebers nicht hinreichend. Zumindest für alle bekannten Nutzungsarten bestände die Gefahr, dass das geistige Band des Werkschöpfers zum Werk durchtrennt werden würde. Auch die modifizierte Vorhersehbarkeitstheorie vermag es nicht, den angestellten bzw. beauftragten Werkschöpfer in seiner schwächeren Position zu schützen. Die Möglichkeit, die vertragliche Regelung über das Urheberpersönlichkeitsrecht nach § 42 UrhG zurückzurufen, ändert nichts daran, dass auch hier der Werkschöpfer mit der Beweislast und der finanziellen Entschädigung belastet ist. Es ist daher Kernbereichstheorie zu folgen, nach welcher der angestellte und beauftragte Urheber nicht über den Kernbereich des Urheberpersönlichkeitsrechts verfügen kann. Dabei ist der Kernbereich jedoch nicht absolut, sondern im Wege einer Interessenabwägung im Einzelfall zu ermitteln. Im Rahmen der Interessenabwägung ist auch der Grad der persönlichen Prägung zu berücksichtigen. Durch weisungsgebundene, fremdorientierte Werkschöpfung kann es insbesondere im Bereich der untypischen Urheberrechtswerke der Fall sein, dass diese Werke nur eine geringe persönliche Prägung der Persönlichkeit des angestellten und beauftragten Werkschöpfers aufweisen. Im Arbeits- und Auftragsverhältnis sind jedoch keine erhöhten Anforderungen an die Gestaltungshöhe zu stellen. Eine geringe Gestaltungshöhe kann daher nicht dazu führen, dass der Urheberrechtsschutz generell im Arbeits- und Auftragsverhältnis abgelehnt wird. Vielmehr ist eine geringe Gestaltungshöhe lediglich bei der Interessenabwägung im Rahmen der Ermittlung des Urheberpersönlichkeitsrechtskerns zu berücksichtigen. Bei der Ermittlung des Kernbereichs sind jedoch auch die Bedürfnisse im Arbeits- und Auftragsverhältnisse der Realität anzupassen. Es ist nicht erstrebenswert, eine theoretische Basis zu schaffen, die nicht imstande ist, die praktischen Bedürfnisse im Arbeits- und Auftragsverhältnis abzudecken. Neben der persönlichen Prägung und der Gestaltungshöhe des Werks ist daher auch der (Arbeits-) Vertragszweck zu berücksichtigen. Haben sich beide Parteien auf den (Arbeits-) Vertragszweck geeinigt, so darf dieser nicht durch die Unantastbarkeit des Kernbereichs der urheberpersönlichkeitsrechtlichen Befugnis vereitelt werden. Wenn daher der Hauptzweck des Vertrags mit einem Kernbereich der urheberpersönlichkeitsrechtlichen Befugnis kollidiert und der Hauptvertragszweck ohne eine Regelung über den Kernbereich des Urheberpersönlichkeitsrechts vereitelt wird, muss dies bei der Ermittlung des Kernbereichs berücksichtigt werden. Relevant wird dies insbesondere im Bereich der Ghostwriter-abreden[1106] und der Werksänderungen, die den Tatbestand der gröblichen Entstellung[1107] verwirklichen.

Eine weitere „Aufweichung" der grundsätzlich absolut vor rechtsgeschäftlichen Verfügungen zu schützenden Kernbereiche der Urheberpersönlichkeitsrechten ist allerdings in den Fällen der sogenannten „Ghostwriter-Abreden" sowie in den Fällen von Werksänderungen in Form von gröblichen Entstellungen vorzunehmen. Diesen Fällen ist gemein, dass die Verfügung über die Urheberpersönlichkeitsrechte innerhalb deren Kernbereiche gerade den Hauptzweck des Vertrags ausmacht. Da in der Realität ein großer Bedarf an gerade diesen Vereinbarungen besteht und davon ausgegangen werden muss, dass diese Vereinbarungen auch bei deren rechtlicher Unzulässigkeit abgeschlossen werden (, da die Urheber aufgrund ihrer schwachen Verhandlungsposition dagegen nicht vorgehen werden,) erscheint es nicht erstrebenswert, dies Umstände auf der rechtlichen Ebene unbeachtet zu lassen. Um auch diese Konstellationen in einem rechtlichen Rahmen zu fassen und so eventuell einen effektiveren Urheberschutz zu ermöglichen, ist zu fordern, dass der Umfang des Kernbereichs auch anhand des konkreten Vertragszwecks zu bestimmen ist. Sollte daher der Hauptzweck eines Vertrags mit dem absoluten Kernbereich eines Urheberpersönlichkeitsrechts kollidieren und sollte der absolute Schutz des Kernbereichs den Vertragszweck insgesamt vereiteln, so soll diese Vereinbarung dennoch zulässig sein, weil der Kernbereich in diesen Fällen zu reduzieren ist.[1108]

Abschließend lässt sich nochmals feststellen, dass Regelungen über die urheberpersönlichkeitsrechtlichen Befugnisse nur soweit zulässig sind wie

---

1106 Zu dem Kernbereich im Rahmen der Ghostwriter-abreden: Abschnitt D. IV.2.4.

1107 Zu dem Kernbereich im Rahmen der Werksänderungen siehe Abschnitt D.IV.3.

1108 Dazu ausführlicher Abschnitte D. IV.2.4.3.4 und D. IV.3.5.

sie nicht den Kernbereich der einzelnen Befugnis berühren. Der Kernbereich ist jedoch nicht absolut, sondern relativ unter Berücksichtigung des Grads der persönlichen Prägung, der Gestaltungshöhe des Werks und des Vertragszwecks zu bestimmen.

3. Sittenwidrigkeit nach § 138 BGB

Die Wirksamkeit der Rechtsgeschäfte über das Urheberpersönlichkeitsrecht ist auch am Maßstab des § 138 BGB zu messen.[1109] § 138 BGB fungiert als zivilrechtliche Einbruchstelle für die Grundrechte, die im Wege einer mittelbaren Drittwirkung auf das Privatrechtsverhältnis ausstrahlen.[1110] Sittenwidrig ist ein Rechtsgeschäft nach § 138 Abs. 1 BGB, wenn es „gegen das Anstandsgefühl aller billig und gerecht Denkenden verstößt". Der auslegungsfähige Begriff der guten Sitten berücksichtigt alle rechtlichen und außerrechtlichen Wertungsgesichtspunkte. Bei der Inhaltssittenwidrigkeit eines Rechtsgeschäfts verstößt bereits der objektive Inhalt bereits gegen die guten Sitten. Eine inhaltliche Regelung über das Urheberpersönlichkeitsrecht, die gegen die guten Sitten verstößt, wird jedoch bereits von den urheberrechtlichen Regelungen der § 29 S. 2, § 41 Abs. 4 oder § 42 Abs. 2 UrhG erfasst sein, sodass es keines Rückgriffs auf das allgemeine Wirksamkeitshindernis des § 138 BGB bedarf.[1111] Richtigerweise wird daher in der Literatur angemerkt, dass sich die Sittenwidrigkeit im Bereich des Urheberpersönlichkeitsrechts auf die Umstandssittenwidrigkeit konzentrieren wird[1112], wenn sich die Sittenwidrigkeit aus dem Gesamtcharakter, d.h. aus einer umfassenden Würdigung von Inhalt, Beweggrund und Zweck des Rechtsgeschäfts ergibt. An eine gestörte Vertragsparität könnte sowohl im Falle des beauftragten als auch des angestellten Urhebers zu denken sein. Der beauftragte Urheber unterliegt dem Wettbewerb mit an-

---

1109 Als allgemeines Wirksamkeitshindernis für privatrechtliche Vereinbarungen ist es vom Ansatz der Vertreter abzugrenzen, die den Kernbereich nach den Grundsätzen der § 138 BGB ermitteln.

1110 Ausführlich zum Begriff der guten Sitten: Metzger, Rechtsgeschäfte über das Droit moral, 2002, S. 166ff.

1111 Matanovic, Rechtsgeschäftliche Dispositionen über urheberpersönlichkeitsrechtliche Befugnisse, 2006, S. 325, weist zu Recht darauf hin, dass es sich schwierig darstellt die sittlichen Vorstellungen im Bezug auf das Urheberpersönlichkeitsrecht darzustellen.

1112 Matanovic, Rechtsgeschäftliche Dispositionen über urheberpersönlichkeitsrechtliche Befugnisse, 2006, S. 325.

deren Urhebern und könnte daher gezwungen sein, eine Einschränkung der urheberpersönlichkeitsrechtlichen Befugnisse zu akzeptieren, um überhaupt eine Beauftragung und eine wirtschaftliche Verwertung seines Werks zu erreichen. Auch der angestellte Werkschöpfer kann beispielsweise durch einen befristeten Arbeitsvertrag in einer Lage sein, die es ihm nicht erlaubt, urheberpersönlichkeitsrechtliche Einschränkungen zu verhindern. Doch allein die strukturelle Unterlegenheit führt noch nicht zu der Sittenwidrigkeit des Rechtsgeschäfts. Sittenwidrig sind diese Verträge erst dann, wenn der Überlegene seine Machtposition ausnutzt, um übermäßige Vorteile zu erlangen.[1113] Fehlt es jedoch an dem Element der Machtstellung einerseits oder an der Erlangung übermäßiger Vorteile andererseits, ist die Umstandssittenwidrigkeit des Rechtsgeschäfts zu verneinen.[1114] Daneben bedarf es bei der Umstandssittenwidrigkeit auch eines subjektiven Elements, indem nachzuweisen ist, dass der Vertragspartner die gestörte Vertragsparität auch für die Erreichung der Einschränkung des Urheberpersönlichkeitsrechts eingesetzt hat.[1115] Eine Umstandssittenwidrigkeit wird sich daher nur in Ausnahmefällen ergeben.

4. Allgemeine Zweckübertragungsregel

Ist keine ausdrückliche Regelung über das Urheberpersönlichkeitsrecht getroffen, bestimmt sich die Reichweite der einzelnen urheberpersönlichkeitsrechtlichen Befugnisse nach der allgemeinen Zweckübertragungslehre. § 31 Abs. 5 UrhG bezieht sich nur auf die Einräumung von Nutzungsrechten und kann daher nicht direkt auf die rechtsgeschäftlichen Dispositionen über das Urheberpersönlichkeitsrecht angewendet werden. Es ist jedoch anerkannt, dass der allgemeine Zweckübertragungsgedanke über die Regelung des § 31 Abs. 5 UrhG hinaus auch auf Rechtsgeschäfte über das Urheberpersönlichkeitsrecht Anwendung findet.[1116] Urheberpersönlich-

---

1113 Ellenberger in: Palandt, BGB, § 138 BGB Rn. 8 m.w.N.
1114 Zur Sittenwidrigkeit im Urheberrecht ergangene Entscheidungen: LG Berlin, GRUR 1983, 438 – Joseph Roth; BGH GRUR1962 (256 (257) – Im weißen Rößl.
1115 Verzicht auf das subjektive Element des § 138 BGB ist dann denkbar, wenn der objektive Tatbestand besonders ausgeprägt ist: Ellenberger in: Palandt, BGB, § 138 BGB Rn. 8; BGH GRUR 1972, 718(719) – Stromlieferung.
1116 BGHZ 15, 249 (258ff) – Cosima Wagner; BGHZ 126, 245(249) – Namensnennungsrecht des Architekten; Schricker in: Schricker/Loewenheim, §§ 31/32 UrhG Rn. 37; Hertin in: Mestmäcker/Schulze, §§ 31/32 UrhG, § 31 Rn. 41;

keitsrechte tendieren danach ebenfalls dazu, „so weit wie möglich beim Werkschöpfer zu verbleiben".[1117] Die Auslegung über die Reichweite urheberpersönlichkeitsrechtlicher Befugnisse richtet sich nach dem Vertragszweck. Der Vertragszweck kann ausdrücklich oder konkludent festgelegt sein oder sich durch Auslegung nach §§ 133, 157 BGB ergeben.[1118] Die allgemeine Zweckübertragungslehre findet dann Anwendung, wenn keine[1119] oder eine pauschale Regelung über das Urheberpersönlichkeitsrecht im engen und im weiteren Sinn getroffen wurde.

5. Rechtsdogmatische Einordnung der rechtsgeschäftlichen Dispositionen über das Urheberpersönlichkeitsrecht

Einigkeit besteht dahingehend, dass im Arbeits- und Auftragsverhältnis die Möglichkeit bestehen muss, dass der Werkschöpfer und der Verwerter vertragliche Regelungen über das Urheberpersönlichkeitsrecht treffen. Die rechtstechnischen Konstruktionen der rechtsgeschäftlichen Dispositionen über das Urheberpersönlichkeitsrecht[1120] sind danach zu unterteilen, ob der (angestellte oder beauftragte) Werkschöpfer einzelne urheberpersön-

---

Gamm, Urheberrechtsgesetz, 1968, § 31 Rn. 4; Schilcher; Der Schutz des Urhebers gegen Werkänderungen; 1989, S. 173ff; Matanovic, Rechtsgeschäftliche Dispositionen über urheberpersönlichkeitsrechtliche Befugnisse, 2006; Metzger, Rechtsgeschäfte über das Droit moral, 2002, S. 200, der darauf hinweist, dass die allgemeine Zweckübertragungslehre auch im Bereich der verwandten Schutzrechte und im Verlagsrecht Anwendung findet.

1117 Ulmer, Urheber- und Verlagsrecht, 1980, § 84 IV, S. 365.
1118 Metzger, Rechtsgeschäfte über das Droit moral, 2002, S. 202.
1119 Die allgemeine Zweckübertragungslehre findet auch Anwendung, wenn keine Regelung zu Urheberpersönlichkeitsrechte getroffen wurde. A.A. Matanovic, Rechtsgeschäftliche Dispositionen über urheberpersönlichkeitsrechtliche Befugnisse, 2006, die den Anwendungsbereich der allgemeinen Zweckübertragungslehre nur bei pauschalen Regelungen eröffnet sieht. Daher wendet Matanovic die allgemeine Zweckübertragungslehre nicht an, wenn es sich nur um eine konkludente Rechteregelung handelt, die sich ihrer Ansicht nach allein gemäß §§ 133, 157 BGB ermittelt.
1120 Ausführlich zu der dogmatischen Einordnung des Rechtsgeschäfts über das Urheberpersönlichkeitsrecht: Matanovic, Rechtsgeschäftliche Dispositionen über urheberpersönlichkeitsrechtliche Befugnisse, 2006, S. 108ff; Schacht, Die Einschränkung des Urheberpersönlichkeitsrechts im Arbeitsverhältnis, 2004, S. 140ff.

lichkeitsrechtliche Befugnisse auf den Verwerter „übertragen" [1121] möchte, oder ob der (angestellte oder beauftragte) Urheber auf einzelne urheberpersönlichkeitsrechtliche Befugnisse „verzichten"[1122] möchte. Im Rahmen der „übertragenden" Rechtsgeschäfte über urheberpersönlichkeitsrechtliche Befugnisse kommt die rechtstechnische Einordnung als gebundene (konstitutive) Rechtsübertragung[1123] und die schuldrechtliche Ausübungsüberlassung nach § 185 BGB[1124] in Betracht. Im Rahmen der „verzichtenden" Rechtsgeschäfte wird sowohl der dingliche als auch der schuldrechtliche Erlassvertrag vertreten. Bezüglich des schuldrechtlichen Erlassvertrags wird wiederum zwischen der Einwilligung und der Nichtausübungsabrede (pactum de non petendo) unterschieden.

5.1 „Übertragende" Rechtsgeschäfte über das Urheberpersönlichkeitsrecht

Bei den „übertragenden" Rechtsgeschäften des Urhebers geht es um die Ausübung der urheberpersönlichkeitsrechtlichen Befugnisse des angestellten oder beauftragten Urhebers durch dessen Arbeit- oder Auftraggeber.

5.1.1 Theorie der gebundenen Übertragung

Es wird vertreten, dass die „übertragende" Disposition über das Urheberpersönlichkeitsrecht in Form einer gebundenen (konstitutiven) Übertra-

---

1121 Übertragende Dispositionen können im Rahmen des „Wie" und „Wann" des Veröffentlichungsrechts nach § 12 UrhG, des „Wie" des Urheberbezeichnungsrechts nach § 13 S. 2 UrhG, des Werkschutzrechts nach § 14 UrhG in Betracht.

1122 Verzichtende Dispositionen sind im Rahmen des „Ob" des Veröffentlichungsrechts nach § 12 UrhG, des „Ob" des Urheberbezeichnungsrechts nach § 13 S. 2 UrhG, des Werkschutzrechts nach § 14 UrhG, des Zugangsrechts nach § 25 UrhG sowie des Rückrufsrechts nach § 41 UrhG denkbar.

1123 Forkel, Gebundene Rechtsübertragungen, 1977, S. 192; Dietz/Peukert in: Schricker/Loewenheim, vor § 12 UrhG Rn. 26a; Rehbinder, Urheberrecht, 2008 Rn. 598.

1124 So BGH GRUR 1986, 458(459) - „Oberammergauer Passionsspiele", worin diese materiell-rechtliche Ermächtigung an die prozessuale Ermächtigung der gewillkürten Prozessstandschaft angelehnt wird mit der Folge, dass die materiell-rechtliche Ermächtigung eine Befugnis über ein fremdes Recht im eigenen Namen darstelt.

gung an den Verwerter erfolgen soll.[1125] Als verfügendes Geschäft führe diese nicht zu einem Übergang des ganzen Rechts auf den Verwerter, sondern immer nur eines abgetrennten, geringeren Teils einer urheberpersönlichkeitsrechtlichen Befugnis.[1126] Die Urheberpersönlichkeitsrechte seien an die Übertragung der Verwertungsrechte zu binden[1127] mit der Folge, dass die Einräumung eines konstitutiven Nutzungsrechts sich in gleicher Weise auf das Urheberrecht wie das Urheberpersönlichkeitsrecht beziehen würde. Dabei bliebe das Urheberpersönlichkeitsrecht beim Urheber, wovon jedoch Befugnisse abgespalten würden, die im Bann des Urheberpersönlichkeitsrechts des Urhebers stehen blieben. Diese konstitutive Einräumung eines Rechts am Urheberpersönlichkeitsrechts stünde auch im Einklang mit der Unübertragbarkeit des Urheberrechts nach § 29 Abs. 1 UrhG, da die Rechtszuständigkeit bezüglich des Urheberpersönlichkeitsrechts als Ganzes nicht wechseln würde. Die Befugnisse, die der Verwerter erhält, seien dabei nicht deckungsgleich mit einer Einzelbefugnis des Urheberpersönlichkeitsrechts, sondern enthielten davon wiederum nur einzelne Befugnisse.[1128]Die Ersteinräumung des Urheberpersönlichkeitsrechts erfolge daher ebenfalls entsprechend den Regeln der Rechtseinräumung nach §§ 31 ff. UrhG und der Weiterübertragung nach §§ 34f. UrhG. Durch die Bindung an das Verwertungsrecht werde zum einen dem monistischen Bild des Urheberrechts Rechnung getragen und zum anderen das Urheberpersönlichkeitsrecht den Grundsätzen der Zweckübertragungslehre unterworfen.[1129] Grundsätzlich sei der Urheber auch bei einer konstitutiven Übertragung weiterhin zur Verteidigung seiner ideellen Interessen imstande. Da Verfügungen jedoch absolut wirken, erlange der Verwerter bei dieser gebundenen Übertragung eine von Jedermann zu achtende Rechtsposition, die auch gegenüber dem Urheber durchsetzbar sei. Die gebundene Übertragung führe daher zu einer starken Rechtsposition des Verwerters,

---

1125 Forkel, Gebundene Rechtsübertragungen, 1977, S. 168; Gamm, Urheberrechtsgesetz, 1968, § 11 Rn. 7, § 29 Rn. 4, der zumindest für den Falls des Veröffentlichungsrechts und des Änderungsrechts von einer Übertragbarkeit ausgeht. Siehe auch Metzger, Rechtsgeschäfte über das Droit moral, 2002, S. 226.

1126 Metzger, Rechtsgeschäfte über das Droit moral, 2002, S. 39, verweist darauf, dass im Bereich der Verfügung nur die (konstitutive) Belastung des Urheberpersönlichkeitsrechts in Betracht kommt.

1127 Daher der Ausdruck „gebundene Übertragung".

1128 Forkel, Gebundene Rechtsübertragungen, 1977, S. 45.

1129 Forkel, GRUR 1988, 491(497).

der sich sowohl gegenüber Angriffen Dritter als auch gegenüber der Will-
kür des Urhebers zur Wehr setzen könne.[1130]

5.1.2 Schuldrechtliche Überlassung zur Ausübung des Urheberpersönlichkeitsrechts des Urhebers

Den Vertretern der gebundenen Übertragung des Urheberpersönlichkeitsrechts stehen die Vertreter der schuldrechtlichen Überlassung zur Ausübung der Urheberpersönlichkeitsrechte gegenüber. Der Urheber geht dabei die Verpflichtung ein, die Fremdausübung des überlassenen Rechts zu
dulden.[1131] Die schuldrechtliche Überlassung zur Ausübung kann im eigenen oder im fremden Namen erfolgen.

5.1.2.1 Ausübung des Verwerters im fremden Namen

Letzterer Fall wird durch die Stellvertretung nach §§ 164 ff. BGB[1132] abgedeckt. Dabei finden die Prinzipien der Stellvertretung Anwendung, sodass
der Verwerter als Vertreter des Urhebers stets zu erkennen geben muss,
dass er über ein fremdes Rechts verfügt (Offenkundigkeitsprinzip). Bei
wirksamer Stellvertretung erfolgt die Rechtswirkung allein im Verhältnis
zum vertretenen Urheber. Eine Rechtswirkung gegenüber dem Vertreter
wird durch die Stellvertretung nicht erreicht. Der Vertreter kann nur in
dem Umfang über das Urheberpersönlichkeit des Urhebers verfügen wie
er dazu im Rahmen seiner Vertretungsmacht befugt ist. In welchem Umfang der Urheber selbst wiederum über sein Urheberpersönlichkeitsrecht
disponieren kann, ergibt sich nicht aus den Grundsätzen der Stellvertretung.[1133] Daher löst das Modell der Stellvertretung die grundsätzliche Fra-

---

1130 Forkel, Gebundene Rechtsübertragungen, 1977, S. 195.
1131 Schack, Urhebervertragsrecht, 2013 Rn. 564; Wandtke/Grunert in: Wandtke/
Bullinger, vor §§ 31 UrhG Rn. 34.
1132 Büchler, Die Übertragung des Urheberrechts, 1925, S. 30 f, 39; dies kritisierend
Schack, Urhebervertragsrecht, 2013, Rn. 638 und Ulmer, Urheber- und Verlagsrecht, 1980, § 89 II.
1133 So auch Matanovic, Rechtsgeschäftliche Dispositionen über urheberpersönlichkeitsrechtliche Befugnisse, 2006, S. 115.

ge der dogmatischen Konstruktion der Disposition über das Urheberpersönlichkeitsrecht nicht.[1134]

5.1.2.2 Ausübung des Verwerters im eigenen Namen

Die schuldrechtliche Überlassung zur Rechtsausübung im eigenen Namen wird aus § 185 BGB abgeleitet. Die Einwilligung zur Ausübung verschafft dem Auftrag- oder Arbeitgeber die Ermächtigung, über die fremden urheberpersönlichkeitsrechtlichen Befugnisse wirksam im eigenen Namen zu verfügen, die der (angestellte oder beauftragte) Urheber gegenüber Dritten hat.[1135] Neben der Verfügungsermächtigung ist auch die Einziehungsermächtigung in entsprechender Anwendung des § 185 Abs. 1 BGB anerkannt, aus der das Recht folgt, eine fremde Forderung im eigenen Namen einzuziehen.[1136] Danach wäre der Auftrag- oder Arbeitgeber zur Einziehung einer Forderung ermächtigt, die der (angestellte oder beauftragte) Urheber gegenüber einem Dritten hat.[1137] Da es jedoch bei der Ausübung von urheberpersönlichkeitsrechtlichen Befugnissen nicht nur darum geht, die Rechte auszuüben, die den angestellten oder beauftragten Urhebern gegenüber Dritten zustehen, ist im Fall der Ausübung der urheberpersönlichkeitsrechtlichen Befugnisse besonders die Verfügung „in sonstiger Weise" relevant, die ebenfalls aus den entsprechenden Anwendung des § 185 Abs. 1 BGB ableitet wird. Diese allgemeine Ausübungsermächtigung der „Verfügung in sonstiger Weise" erfasst die Fälle, in denen der Auftrag- oder Arbeitgeber nicht nur die Ansprüche geltend machen möchte, die der (angestellte oder beauftragte) Urheber gegen einen Dritten hat, sondern es um die Ausübung eines fremden Rechts im eigenen Namen geht.[1138] Bei der Ausübungsermächtigung bleibt der angestellte bzw. beauftragte Urheber zur Ausübung des Urheberpersönlichkeitsrechts im eigenen Namen

---

1134 Zur Ergänzung sei erwähnt, dass die Stellvertretung nach §§ 164 BGB eine prozessrechtliche Dimension in der Prozessvollmacht nach den §§ 78, 19 ZPO erfährt.

1135 Heinrichs in: Palandt, § 185 BGB Rn. 7.

1136 Heinrichs in: Palandt, § 185 BGB Rn. 13.

1137 So auch Schulze in: Dreier/Schulze, vor § 12 UrhG Rn. 12; Ulmer, Urheber- und Verlagsrecht, 1980, § 89 II, S. 380; Vinck, Die Rechtsstellung des Urhebers im Arbeits- und Dienstverhältnis, 1972, S. 36; Metzger, Rechtsgeschäfte über das Droit moral, 2002, S. 40; Schack, Urhebervertragsrecht, 2013 Rn. 639.

1138 Heinrichs in: Palandt, § 185 BGB Rn. 13.

berechtigt.[1139] Im Falle widerstreitender Interessen des Urhebers und des Auftrag- oder Arbeitgebers setzen sich die des angestellten bzw. beauftragten Urhebers durch.[1140] Die Überlassung zur Ausübung der urheberpersönlichkeitsrechtlichen Befugnisse kann ausdrücklich oder konkludent durch schlüssiges Handeln erfolgen. Nach § 183 BGB ist die Überlassungserklärung bis zur Vornahme des Rechtsgeschäfts, hier der Ausübung des Urheberpersönlichkeitsrechts, frei widerruflich. Die schuldrechtliche Überlassung zur Ausübung hat in der gewillkürten Prozessstandschaft[1141] ihr prozessuales Gegenstück.[1142]

1139 Wandtke/Grunert in: Wandtke/Bullinger, vor §§ 31 UrhG Rn. 44; Hertin in: Mestmäcker/Schulze, vor §§ 31 UrhG Rn. 36. A.A. Schack, Urhebervertragsrecht, 2013, Rn. 565, wonach der Erwerber nur im Falle einer gewillkürten Prozessstandschaft die Verletzung im eigenen Namen geltend machen kann. Die Reichweite der Befugnisse aufgrund einer schuldrechtlichen Überlassung differiert jedoch je nach Vertreter. Riedel in: Riedel; § 31 UrhG Anm. B 3, geht davon aus, dass diese schuldrechtliche Befugnis sowohl ausschließlich als auch nicht-ausschließlich ausgestaltet sein kann mit der Folge, dass der Urheber im Falle der ausschließlichen Geltung von der Geltendmachung ausgeschlossen sein kann.

1140 Dem Verwerter bleibt allein die Möglichkeit, Schadensersatzansprüche aufgrund positiver Vertragsverletzung gegenüber dem Urheber geltend zu machen.

1141 Die gewillkürte Prozessstandschaft setzt viererlei voraus (näher zu den Voraussetzungen Schacht, Die Einschränkung des Urheberpersönlichkeitsrechts im Arbeitsverhältnis, 2004, S. 139f.): Die Zustimmung oder Ermächtigung des Urhebers zur Prozessführung; die Übertragbarkeit des Rechts (trotz dieser Voraussetzung wird eine gewillkürte Prozessstandschaft auch beim Persönlichkeitsrechten angenommen: BGHZ 199, 237 (242) – „Universitätsemblem"; OLG München, ZUM 1984, 448 (450) –„ Sammelbilder"; ein eigenes rechtsschutzwürdiges Interesse des Klägers und keine unzumutbare Beeinträchtigung des Beklagten. Stimmt der Urheber daher einer gerichtlichen Geltendmachung des Urheberpersönlichkeitsrechts nicht zu, so ist der Erwerber – aufgrund der monistischen Ausgestaltung des Urheberrechts- auch in seinem Verwertungsrecht geschwächt.

1142 Die gewillkürte Prozessstandschaft umfasst nicht automatisch das Recht des Urhebers, die Leistung an sich verlangen zu können. Liegt eine materielle Einziehungsermächtigung nicht vor, kann der Verwerter nur eine Leistung an den Urheber verlangen.

5.1.3 Eigene Würdigung

Bei der rechtstechnischen Einordnung der übertragenden Rechtsgeschäfte ist zu berücksichtigen, dass sowohl der angestellte als auch der beauftragte Urheber geistig mit dem Werk verbunden bleiben sollen. Darüber hinaus muss die rechtstechnische Konstruktion den Kernbereich des Urheberpersönlichkeitsrechts wahren. Gerade im Bereich der Auftragnehmer- und Arbeitnehmerwerke ist zudem erforderlich, dass der Arbeitgeber und Auftragnehmer zumindest außerhalb des Kernbereichs des Urheberpersönlichkeitsrechts eine sichere Rechtsposition erhält, die ihn gegenüber dem angestellten und beauftragten Urheber sowie gegenüber Dritten auch in prozessualer Hinsicht schützt.

Die bereits genannten Kriterien werden größtenteils von der Konstruktion der schuldrechtlichen Überlassung zur Rechtsausübung des Urheberpersönlichkeitsrechts als sonstiges Recht im eigenen Namen nach § 185 BGB abgedeckt. Zwar besteht zwischen den Vertretern der gebundenen Rechtseinräumung und den Vertretern der schuldrechtlichen Überlassung zur Rechtsausübung dahingehend Übereinstimmung, dass beide Ansätze auch den Kernbereich des Urheberpersönlichkeitsrechts wahren wollen. Die Theorie der gebundenen Übertragung des Urheberpersönlichkeitsrechts verfolgt dieses Ziel jedoch nur, indem sie Ausnahmen bildet, die laut Forkel jedoch eher die Bedeutung einer allgemein geltenden Regel einnehmen.[1143] Der Ansatz der gebundenen Rechtseinräumung ist dadurch nicht in sich stimmig und abzulehnen.[1144] So wollen die Vertreter der gebundenen Rechtseinräumung dann die persönlichen Rechte des Urhebers nicht konstitutiv übertragen, sondern nur als fremdes Recht zur Ausübung überlassen, wenn der Kern des Urheberpersönlichkeitsrechts betroffen ist.[1145] In diesem Fall sollen dem Urheber in entsprechender An-

---

1143 Weiter heißt es bei Forkel, Gebundene Rechtsübertragungen, 1977, S. 195: „Sie kann von ausschließlicher Art und frei übertragbar sein und dem Erwerber eine mit Drittschutz und [...] gegen willkürliches Eingreifen des Werkschöpfers gesicherte Position geben, kann aber auch, und das wird häufiger anzunehmen sein, schwächer sein, ja sich in ihren Wirkungen sogar einer bloßen Einwilligung oder Ermächtigung annähern."

1144 Matanovic, Rechtsgeschäftliche Dispositionen über urheberpersönlichkeitsrechtliche Befugnisse, 2006, S. 104f; im Ergebnis so auch Bullinger in: Wandtke/Bullinger, vor § 12 UrhG Rn. 5; Schulze in: Dreier/Schulze, vor § 12 UrhG Rn. 12; Dietz/Peukert in: Schricker/Loewenheim, vor § 12 UrhG Rn. 26; Dietz/Peukert in: Loewenheim, Hdb. des Urheberrechts, § 15 Rn. 17.

1145 Gamm, Urheberrechtsgesetz, 1968, § 11 Rn. 7, § 29 Rn. 4; Forkel, Gebundene Rechtsübertragungen, 1977, S. 44, 187ff; Wandtke/Grunert in: Wandtke/

wendung der §§ 41, 42 UrhG zusätzlich Widerrufsrechte zustehen.[1146] Die gebundene Rechtseinräumung berücksichtigt daher nicht hinreichend, dass das Urheberpersönlichkeitsrecht bereits von Gesetzes wegen nicht wie das Urheberrecht behandelt wird. Dies belegt § 29 Abs. 2 UrhG, der für Rechtsgeschäfte über das Urheberpersönlichkeitsrecht gerade nicht auf die §§ 31 ff. UrhG verweist. Die entsprechende Anwendung der §§ 31 ff. UrhG auf das Urheberpersönlichkeitsrecht widerspricht zudem der ausdrücklichen Gesetzessystematik, sodass bereits von keiner planwidrigen Regelungslücke auszugehen ist. Zudem sprechen gegen eine Gleichbehandlung auch die Rückrufsrechte der §§ 41f. UrhG, die verdeutlichen, dass außerhalb dieser Rückrufsrechte keine automatische Verbindung zu dem urheberrechtlichen Nutzungsrecht besteht. Außerdem widerspricht die absolute Rechtsposition des Verwerters, der sich auch bei Fragen des Urheberpersönlichkeitsrechts gegenüber dem Urheber durchsetzen kann, dem Grundgedanken der Unübertragbarkeit des Urheberpersönlichkeitsrechts nach § 29 UrhG.[1147]

Daher ist der Theorie der schuldrechtlichen Überlassung zur Rechtsausübung nach § 185 Abs. 1 BGB zu folgen. Nach § 183 BGB ergibt sich daher, dass der Urheber bis zur Vornahme des Rechtsgeschäfts die Überlassung widerrufen kann. Der Verwerter wird dadurch in seiner Rechtsposition geschwächt, da er stets der Gefahr ausgesetzt ist, dass der Urheber den Widerruf erklärt.[1148] Es stellt sich daher die Frage, ob auch der angestellte Urheber die Überlassungserklärung widerrufen kann. Die Widerruflichkeit im Sinne des § 183 BGB kann einzelvertraglich ausdrücklich oder stillschweigend ausgeschlossen werden. Auch im Bereich der Urheberpersönlichkeitsrechte gilt, dass „Inhalt und Wesen des Arbeits- und Dienstverhältnisses" zu berücksichtigen sind. Hat der Arbeitnehmer dem Arbeitgeber daher die Ausübung der Urheberpersönlichkeitsrechte ausdrücklich oder stillschweigend zur Rechtsausübung überlassen, ist davon auszugehen, dass der Arbeitnehmer auch stillschweigend den Widerruf ausgeschlossen hat.[1149]

Bullinger, vor §§ 31 UrhG Rn. 38; Hertin in: Mestmäcker/Schulze, vor §§ 31 UrhG Rn. 36.

1146 Forkel, Gebundene Rechtsübertragungen, 1977, S. 193, 195.

1147 Matanovic, Rechtsgeschäftliche Dispositionen über urheberpersönlichkeitsrechtliche Befugnisse, 2006, S. 104ff.

1148 Wandtke/Grunert in: Wandtke/Bullinger, vor §§ 31 UrhG Rn. 38; Metzger, Rechtsgeschäfte über das Droit moral, 2002, S. 40 m.w.N.

1149 A.A. Schacht, Die Einschränkung des Urheberpersönlichkeitsrechts im Arbeitsverhältnis, 2004, S. 138 und Kellerhals, Urheberpersönlichkeitsrechte im

5.2 „Verzichtende" Rechtsgeschäfte über das Urheberpersönlichkeitsrecht

Neben den „übertragenden" Rechtsgeschäften ist die rechtsdogmatische Konstruktion auch für die „verzichtenden" Rechtsgeschäfte über das Urheberpersönlichkeitsrecht zu untersuchen.

5.2.1 Dinglicher Erlassvertrag

In Betracht kommt zunächst ein dinglicher Erlassvertrag. Der Urheber kann dem Verwerter die Schuld aus der Verletzung seines Urheberpersönlichkeitsrechts nach § 397 Abs. 1 BGB erlassen mit der Folge, dass die Forderung beendet[1150] wird. Sobald ein Anspruch des Urhebers entstanden ist, kann dieser nicht zur gerichtlichen Geltendmachung gezwungen werden, sodass zu diesem Zeitpunkt auch eine vertragliche Einigung über den Erlass möglich sein muss.[1151] Umstritten ist hingegen, ob der Erlassvertrag auch bereits bei noch nicht entstandenen Forderungen geschlossen werden kann. Dies wird teilweise dann bejaht, wenn die Forderung bereits konkretisiert ist.[1152] Ließe man es jedoch zu, einen Erlassvertrag über eine tatsächlich noch nicht entstandene Forderung abzuschließen, würde dies die Vorstellung vom Erlassvertrag ad absurdum führen. Denn nur eine bereits entstandene Forderung kann überhaupt erst erlassen werden. Zudem wäre eine solche Vereinbarung nach §§ 134, 276 Abs. 3 BGB unwirksam, da dadurch eine Regelung getroffen würde, die dem Verletzer eine Haftung wegen Vorsatz im Voraus erlassen würde.[1153] Daher kann ein dinglicher Erlassvertrag nur für Forderungen relevant werden, die bereits entstanden sind. Möchten sich der Auftrag- und Arbeitgeber daher im Voraus vertraglich absichern, kommt der dingliche Erlassvertrag nach § 397 BGB nicht in Betracht.

Arbeitsverhältnis, 2000, S. 118, die den Widerruf auf das Vorliegen eines wichtigen Grundes beschränken wollen.

1150   Dietz, Der Werkintegritätsschutz im deutschen und US-amerikanischen Recht, 2009, S. 113.

1151   Rehbinder, Urheberrecht, 2008, Rn. 593.

1152   Dietz, Der Werkintegritätsschutz im deutschen und US-amerikanischen Recht, 2009, S. 114; Rehbinder, Urheberrecht, 2008, Rn. 593.

1153   So auch Dietz, Der Werkintegritätsschutz im deutschen und US-amerikanischen Recht, 2009, S. 114; Matanovic, Rechtsgeschäftliche Dispositionen über urheberpersönlichkeitsrechtliche Befugnisse, 2006, S. 116f.

5.2.2 Schuldrechtliche Nichtausübungsabrede (pactum de non petendo)

Als schuldrechtliche Form des Verzichts kommt die schuldrechtliche Nichtausübungsabrede, auch als „pactum de non petendo" bezeichnet, in Betracht. Aufgrund dieser schuldrechtlichen Vereinbarung verpflichtet sich der Urheber, die aus der Verletzung des Urheberpersönlichkeitsrechts resultierenden Ansprüche nicht geltend zu machen.[1154] Das pactum de non petendo hat gegenüber dem Erlassvertrag den Vorteil, dass die Nichtausübung auch bereits im Vorfeld geschlossen werden kann und künftige Forderungen umfasst. Die Nichtausübungsabrede kann zwar zeitlich befristet vereinbart werden, kann jedoch vom Urheber nicht widerrufen werden. Der Verwerter macht die schuldrechtliche Nichtausübungsabrede als Einrede geltend. Mit der Einrede wird daher nur die Durchsetzbarkeit des Anspruchs verhindert, nicht jedoch dessen Rechtswidrigkeit beseitigt.[1155]

Der Erstverwerter kann ohne Einbindung des Urhebers dem Zweiterwerber die Einrede nach §§ 398, 413 BGB übertragen. In diesem Fall erwirbt der Zweitverwerter jedoch nur die Einrede, mit der er die Durchsetzbarkeit der urheberpersönlichkeitsrechtlichen Verletzungsansprüche des Urhebers im Verhältnis zum Ersterwerber verhindern kann, da die schuldrechtliche Nichtausübungsabrede nur relative Wirkung zwischen den Vertragsparteien entfaltet. Im Hinblick auf die eigene Verletzung des Urheberpersönlichkeitsrechts hilft ihm die vom Erstverwerter übertragene Einrede gegenüber dem Urheber nicht weiter. Der Zweitverwerter kann die Durchsetzbarkeit der eigenen Verletzung des Urheberpersönlichkeitsrechts gegenüber dem Urheber dann verhindern, wenn der Urheber sich auch zugunsten eines bzw. des Zweiterwerbers zur Nichtausübung seiner Forderung verpflichtet hat, sog. „pactum de non petendo zugunsten eines Dritten".[1156] Diese Form hat sowohl für den Urheber als auch für den Zweitverwerter einen Vorteil. Der Urheber muss bei der Vereinbarung eingebunden werden und er hat daher auch die Kontrolle. Dabei gilt, dass der

---

1154 Gamm, Urheberrechtsgesetz, 1968 § 14 Rn. 7; Osenberg, Die Unverzichtbarkeit des Urheberpersönlichkeitsrechts, 1979, S. 8, 44; Schacht, Die Einschränkung des Urheberpersönlichkeitsrechts im Arbeitsverhältnis, 2004, S. 143f.; Dieselhorst, Was bringt das Urheberpersönlichkeitsrecht? 1995, S. 141; Dietz, Der Werkintegritätsschutz im deutschen und US-amerikanischen Recht, 2009, S. 114.

1155 Dietz, Der Werkintegritätsschutz im deutschen und US-amerikanischen Recht, 2009, S. 115.

1156 BGH, NJW 2010, 64ff; Matanovic, Rechtsgeschäftliche Dispositionen über urheberpersönlichkeitsrechtliche Befugnisse, 2006, S. 119.

Dritte auch erst im Nachhinein bezeichnet werden muss.[1157] Der Zweitverwerter hat den Vorteil, dass er die Einrede auch bei eigenen urheberpersönlichkeitsrechtlichen Verletzungen erheben kann.

5.2.3 Einwilligung

Als weitere Form der „verzichtenden" rechtsgeschäftlichen Disposition über das Urheberpersönlichkeitsrecht des Urhebers kommt die Einwilligung in Betracht.[1158] Als Rechtsfigur anerkannt, bleibt deren Rechtsnatur und Wirkung umstritten; so besteht Uneinigkeit dahingehend, ob die Einwilligung rechtfertigende oder tatbestandsausschließende Wirkung hat.[1159]Eine tatbestandsausschließende Wirkung kommt dann in Betracht, wenn das Gesetz – wie beispielsweise beim Bildnisschutz gemäß § 22 KUG – eine Handlung an das Vorliegen einer Einwilligung knüpft.[1160] Die „verzichtenden" Rechtsgeschäfte über das Veröffentlichungsrecht[1161] könnten als tatbestandsausschließende Einwilligungen einzuordnen sein, da die Veröffentlichung nach § 6 UrhG die Zustimmung des Urhebers voraussetzt.[1162] Eine tatbestandsausschließende Wirkung könnte sich auch im Fall des „Verzichts" auf das Werkschutzrecht nach § 14 UrhG ergeben, da sich aus § 23 UrhG die Zulässigkeit von Bearbeitungen nur mit Zustimmung ergibt. Nicht anwendbar ist jedoch die Einwilligung, wenn der Ur-

---

1157 Matanovic, Rechtsgeschäftliche Dispositionen über urheberpersönlichkeitsrechtliche Befugnisse, 2006, S. 119.

1158 Auch als „Gestattung" bezeichnet; Schricker in: Hubmann/Forkel/Kraft, Die Einwilligung des Urhebers in entstellende Änderungen des Werks, S. 409; Kreile/Wallner, ZUM 1997, 625 (628); Dietz in: Schricker/Loewenheim, vor § 12 UrhG Rn. 28.

1159 Rehbinder, Urheberrecht, 2008, Rn. 451, S. 420; Matanovic, Rechtsgeschäftliche Dispositionen über urheberpersönlichkeitsrechtliche Befugnisse, 2006, S. 121 f., weist darauf hin, dass die urheberpersönlichkeitsrechtlichen Befugnisse sowohl als Abwehrrecht als auch als Forderungsrecht konzipiert sind, sodass die Wirkung der Einwilligung auch nicht abstrakt eingeordnet werden kann und daher vom Einzelfall abhängig gemacht werden muss.

1160 Auch in § 23 UrhG ist ausdrücklich von einer Einwilligung im UrhG die Rede, sodass in diesem Fall von einer tatbestandsausschließenden Wirkung auszugehen wäre.

1161 „Verzichtende" Dispositionen über das Veröffentlichungsrechts können Rechtsgeschäfte über das „Ob" des Veröffentlichungsrechts sein.

1162 Ohly, Volenti non fit iniuria, S. 269, verweist im Hinblick auf das Veröffentlichungsrecht zu Recht darauf, dass dieses Recht nach nur einmaliger Ausübung verbraucht ist.

heber nicht auf ein Abwehr- sondern auf ein Forderungsrecht verzichtet. So ist beispielsweise die verzichtende Disposition auf das Zugangsrecht nach § 25 UrhG oder auf das Rückrufsrecht nach § 41 Abs. 1 S. 1 UrhG nicht über die Einwilligung zu konstruieren.[1163] Daher kommt die Anwendung der Einwilligung nur für „verzichtende" Rechtsgeschäfte über Abwehrrechte in Betracht.

Ob ein Rechtsakt widerrufen werden kann, hängt von seiner Rechtsnatur ab. Unwiderruflich wäre die Einwilligung dann, wenn es sich dabei entweder um eine einseitige Gestaltungserklärung oder um eine rechtsgeschäftliche übereinstimmende Willenserklärung handelt. Würde die Einwilligung indes als Realakt eingeordnet, folgte daraus ihre freie Widerruflichkeit.[1164] Überwiegend wird im Schrifttum wohl vertreten, die Einwilligung sei eine rechtsgeschäftliche bzw. rechtsgeschäftsähnliche Erklärung.[1165] Die Rechtsprechung vertritt teilweise, dass es sich dabei um einen bloßen Realakt handele, der jedoch nur unter bestimmten Voraussetzungen widerruflich sein soll.[1166]Richtig erscheint es, die Einwilligungserklärung als eine rechtsgeschäftliche Willenserklärung einzuordnen. Ein Rechtsgeschäft besteht aus einer oder mehreren Willenserklärungen, die allein oder in Verbindung mit anderen Tatbestandsmerkmalen eine Rechtsfolge herbeiführen, weil sie gewollt ist. Davon abzugrenzen sind die Rechtshandlungen. Während die Rechtsfolgen bei den Rechtsgeschäften eintreten, weil sie gewollt sind, treten die Rechtsfolgen bei den Rechtshandlungen unabhängig vom Willen des Handelnden kraft Gesetzes ein.[1167]Geschäftsähnliche Handlungen sind auf einen tatsächlichen Erfolg gerichtete Erklärungen, deren Rechtsfolgen unabhängig vom zugrundelie-

---

1163 So auch Schacht, Die Einschränkung des Urheberpersönlichkeitsrechts im Arbeitsverhältnis, 2004, S. 143; Dieselhorst, Was bringt das Urheberpersönlichkeitsrecht?, S. 118; Matanovic, Rechtsgeschäftliche Dispositionen über urheberpersönlichkeitsrechtliche Befugnisse, 2006, S. 119.

1164 Bei der grundsätzlich freien Widerruflichkeit ist jedoch der Verkehrsschutz auch zu berücksichtigen, der zur Einschränkung der Widerruflichkeit führen kann, so auch Matanovic, Rechtsgeschäftliche Dispositionen über urheberpersönlichkeitsrechtliche Befugnisse, 2006, S. 126.

1165 Ohly, Volenti non fit iniuria, S. 207; Matanovic, Rechtsgeschäftliche Dispositionen über urheberpersönlichkeitsrechtliche Befugnisse, 2006, S. 126; Damm/Rehbock/Smid, Rn. 169 m.w.N.

1166 Als Voraussetzungen werden ein wichtiger Grund, eine Änderung der inneren Einstellung des Einwilligenden oder gewichtige Gründe genannt. Siehe dazu OLG München AfP 1989, 570 (571). Matanovic, Rechtsgeschäftliche Dispositionen über urheberpersönlichkeitsrechtliche Befugnisse, 2006, S. 126.

1167 Ellenberger in: Palandt; vor § 104 BGB Rn. 4.

genden Willen kraft Gesetzes eintreten.[1168] Realakte sind auf einen tatsächlichen Erfolg gerichtete Willensbetätigungen, die unabhängig vom zugrundeliegenden Willen kraft Gesetzes eine Rechtsfolge hervorbringen. Sie unterscheiden sich von geschäftsähnlichen Handlungen dadurch, dass sie keine Erklärungen sind.[1169]Das Urheberpersönlichkeitsrecht ist ein höchstpersönliches Recht. Einschränkungen des Urheberpersönlichkeitsrechts können immer nur im Einklang mit dem Willen des Urhebers erfolgen. Dies folgt bereits aus § 42 UrhG, der dem Urheber ein Rückrufsrecht zugesteht, wenn sich seine Überzeugung wandelt. Daher muss auch die Einwilligung als rechtsgeschäftliche Willenserklärung eingeordnet werden. Die rechtsgeschäftliche „verzichtende" Disposition über das Urheberpersönlichkeitsrechts im Wege der Einwilligung kann daher – ebenso wie bei der rechtstechnischen Einordnung als Nichtausübungsabrede – vom Werkschöpfer nicht widerrufen werden.[1170]

Die Einwilligung ist entsprechend nach den Regeln der §§ 413, 398 BGB abtretbar.[1171] Mit der Abtretung vom Erstverwerter an den Zweitverwerter verliert der Erstverwerter seine Rechtsposition zugunsten des Zweitverwerters. Damit der Erstverwerter weiterhin neben dem Zweitverwerter berechtigt bleibt, wird im Schrifttum die Figur der Einwilligungsermächtigung[1172] angeführt. Der Erstverwerter bekommt danach die Ermächtigung im eigenen Namen mit Wirkung für den Urheber eine Einwilligung an den Zweitverwerter zu erteilen. Mittels dieser Konstruktion bleibt der Erstverwerter neben dem Zweitverwerter ermächtigt.[1173]

1168 Ellenberger in: Palandt; vor § 104 BGB Rn. 7.

1169 Ellenberger in: Palandt; vor § 104 BGB Rn. 9.

1170 Ohly, Volenti non fit iniuria, S. 171, verweist darauf, dass der Grundsatz der Privatautonomie dafürspreche, dass eine Einwilligung sowohl widerruflich als auch unwiderruflich erteilt werden kann.

1171 Dabei gilt jedoch, dass die Abtretbarkeit von der Zustimmung des Urhebers abhängt, so Matanovic, Rechtsgeschäftliche Dispositionen über urheberpersönlichkeitsrechtliche Befugnisse, 2006, S. 126, m.w.N.

1172 Matanovic, Rechtsgeschäftliche Dispositionen über urheberpersönlichkeitsrechtliche Befugnisse, 2006, S. 127; Schack, Urhebervertragsrecht, 2013, Rn. 641, der ausdrücklich auf den schuldrechtlichen Charakter der Rechtsfigur hinweist und für die prozessuale Dimension auf die gewillkürte Prozessstandschaft verweist.

1173 Ebenfalls angeführt wird die Möglichkeit, dass der Erstverwerter eine Einwilligungsvollmacht durch den Urheber erteilt bekommt. In diesem Fall willigt der Erstverwerter in die Verletzung des Urheberpersönlichkeitsrechts durch den Zweitverwerter mit Wirkung für und gegen den Urheber ein. Gegen diese Rechtsfigur spricht jedoch, dass die Parallelität der Rechtsbeziehungen dadurch gestört wird, so Matanovic, Rechtsgeschäftliche Dispositionen über ur-

5.2.4 Eigene Würdigung

Der dingliche Erlassvertrag kann die Interessen im Auftrags- und Arbeitsverhältnis nach einer rechtsgeschäftlichen Regelung über das Urheberpersönlichkeitsrecht nicht hinreichend abdecken, da § 397 BGB eine bereits bestehende Forderung voraussetzt. Daher verbleiben für die rechtsdogmatische Konstruktion der „verzichtenden" Disposition über das Urheberpersönlichkeitsrecht nur die Nichtausübungsabrede und die Einwilligung. Sowohl die Nichtausübungsabrede als auch die Einwilligung sind für den Werkschöpfer unwiderruflich und rechtlich auf einen Zweitverwerter erstreckbar. Die Unterschiede der Nichtausübungsabrede und der Einwilligung liegen in den rechtlichen Folgen. Die Nichtausübungsabrede stellt eine Einrede dar, die die Durchsetzbarkeit entfallen lässt. Die Einwilligung wirkt hingegen rechtfertigend oder tatbestandsausschließend. Daher kann die Einwilligung nur bei verzichtenden Rechtsgeschäften über Abwehrrechte Anwendung finden. Die Nichtausübungsabrede deckt hingegen sowohl die Forderungs- als auch die Abwehrrechte ab. Daher wird teilweise vorgeschlagen, um die „verzichtenden" Rechtsgeschäfte nicht je nach der Einordnung als Forderungs- oder Abwehrrecht unterschiedlich rechtlich konstruieren zu müssen, aufgrund des breiteren Anwendungsfelds von einer Nichtausübungsabrede als Einrede auszugehen, die im Fall eines „Verzichts" auf das Abwehrrecht mit einer Einwilligung einhergeht.[1174]

6. Rechtsgeschäftliche Dispositionen über die urheberpersönlichkeitsrechtlichen Befugnisse in der Rechtspraxis

Die Dispositionen über das Urheberpersönlichkeitsrecht können in dem dem Arbeits- oder Auftragsverhältnis zugrundeliegenden Vertragswerk wie beispielsweise dem Arbeits-, Dienst- oder Werkvertrag, geregelt werden. Dort finden sich jedoch nur selten Ausführungen zu den Urheberpersönlichkeitsrechten. Wenn sie Regelungen zu den Urheberpersönlichkeitsrechten enthalten, beziehen sie sich in der Regel auf Änderungen des

---

heberpersönlichkeitsrechtliche Befugnisse, 2006, S. 128; ausführlich zu der Ermächtigung und der Stellvertretung auch Tinnefeld; Die Einwilligung in urheberrechtliche Nutzungen im Internet; 2012, S. 141ff.

1174 So auch Schacht, Die Einschränkung des Urheberpersönlichkeitsrechts im Arbeitsverhältnis, 2004, S. 144.

Werks[1175] oder auf das Veröffentlichungsrecht. Enthalten diese Regelungen jedoch pauschale Abbedingungen des Urheberpersönlichkeitsrechts des angestellten oder beauftragten Urhebers, sind sie aufgrund des unantastbaren Kernbereichs des Urheberpersönlichkeitsrechts unzulässig. Da der Kern der urheberpersönlichkeitsrechtlichen Befugnis sich jeweils durch Abwägung der beteiligten Interessen ergibt, ist es unmöglich, Regelungen zu treffen, die den Einzelfall hinreichend berücksichtigen. Sind diese Regelungen als Allgemeine Geschäftsbedingungen im Arbeits-, Dienst- oder Werkvertrag enthalten, unterliegen sie darüber hinaus der Inhaltskontrolle der §§ 305 ff BGB.[1176] Im Falle des angestellten Urhebers sind die im Arbeitsrecht geltenden Besonderheiten[1177] zu berücksichtigen.

Im Rahmen von individualvertraglichen Regelungen des Urheberpersönlichkeitsrechts stehen die Vertragsparteien vor der Herausforderung, eine auf den Einzelfall bezogenen Regelung zu treffen. Daneben können die Urheberpersönlichkeitsrechte des angestellten Urhebers auch Gegenstand von Tarifverträgen sein. Alle geltenden Tarifverträge werden beim Bundesministerium für Arbeit und Soziales in einem Tarifregister erfasst. Der gesetzliche Rahmen ist in Deutschland im Tarifvertragsgesetz[1178] festgelegt. Eine Tarifbindung entsteht durch die Mitgliedschaft in einer der Tarifvertragsparteien.[1179] Fällt zusätzlich der Betrieb in den fachlichen und örtlichen sowie der angestellte Urheber in den persönlichen Geltungsbereich des Tarifvertrags, gilt der Tarifvertrag für den angestellten Urheber unmittelbar, ohne dass es einer zusätzlichen vertraglichen Einbeziehung bedarf. Aufgrund der zwingenden Regelung des Tarifvertrags sind vertrag-

---

1175 Eine Aufstellung zu den praxisüblichen Klauseln bei Filmwerken bietet Wallner; Der Schutz von Urheberwerken gegen Entstellungen unter besonderer Berücksichtigung der Verfilmung; 1995, S. 225.

1176 Dabei kommt der Zweckübertragungslehre nach § 31 Abs. 5 UrhG nunmehr seit Einführung des § 11 S. 2 UrhG eine entscheidende Rolle bei der Überprüfung der Angemessenheit der Leistung und Gegenleistung zu. Vor der Einführung des § 11 S. 2 UrhG hatte der BGH die Leitbildfunktion des § 31 Abs. 5 UrhG verneint: BGH GRUR 1984, 45 (48) – Honorarbedingungen; BGH GRUR 1984, 119 (121) – Synchronisationssprecher.

1177 § 310 Abs. 4 BGB.

1178 Abgekürzt TVG vom 9. April 1949.

1179 „Ohne Tarifbindung" ist ein Mitglied nur dann, wenn die Mitgliedersatzung eine Mitgliedschaft „ohne Tarifbindung" vorsieht. Unabhängig davon kann jederzeit einzelvertraglich durch eine so genannte Bezugnahmeklausel die Geltung eines Tarifvertrags oder einer bestimmten Tarifregelung vereinbart werden. Man unterscheidet zwischen dynamischen Klauseln (Inbezugnahme des jeweiligen Tarifvertrages) und statischen Klauseln (Inbezugnahme des zum Zeitpunkt des Vertragsschlusses geltenden Tarifvertrages).

liche Abweichungen zum Nachteil des Arbeitnehmerurhebers unwirksam. Abweichungen zugunsten des Arbeitnehmerurhebers sind hingegen möglich. Für die arbeitnehmerähnlichen Urheber gilt, dass ihre Arbeitsbedingungen durch Tarifvertrag geregelt werden können.[1180]

Die Tarifverträge können auch Regelungen zu den Urheberpersönlichkeitsrechten enthalten. Dabei sind jedoch die gesetzlichen Vorgaben, insbesondere die Unübertragbarkeit des Urheberrechts und damit des Urheberpersönlichkeitsrechts sowie die Wahrung des Urheberpersönlichkeitskerns des Urhebers einzuhalten. Möglich sind Vereinbarungen, die die Verpflichtung des Urhebers enthalten, schuldrechtliche Vereinbarungen über sein Urheberpersönlichkeitsrecht zu treffen. In den Tarifverträgen mit urheberrechtlichen Aspekten finden sich kaum spezifische Bestimmungen über das Urheberpersönlichkeitsrecht.[1181] Wenn Regelungen zum Urheberpersönlichkeitsrecht enthalten sind, wiederholen diese in der Regel[1182] nur die gesetzlichen Regelungen oder verweisen auf diese. Auch in der Literatur wird daher auf die Auslegung der gesetzlichen Regelungen

---

1180 § 12 a TVG.

1181 Manteltarifvertrag für Journalistinnen und Journalisten an Zeitschriften heißt es in § 12 Ziffer 2: „Die Urheberpersönlichkeitsrechte der/des Redakteurin/ Redakteurs an ihren/seinen Beiträgen bleiben unberührt, insbesondere das Recht, Entstellungen, andere Beeinträchtigungen oder Nutzungen zu verbieten, die geeignet sind, ihre/seine berechtigten geistigen und persönlichen Interessen am Beitrag zu gefährden."; Ähnliches ist beispielsweise in dem Tarifvertrag für Arbeitnehmerinnen und Arbeitnehmer in Unternehmen des privatrechtlichen Rundfunks (TPR) (§ 6 Ziffer 2) zu finden.

1182 Ausnahme ist beispielsweise der Tarifvertrag für auf Produktionsdauer Beschäftigte des WDR vom 1. Dezember 1976 in der Fassung vom 1.4.2001, in dem Regelungen zum Änderungs- und Namensnennungsrechts enthalten sind. In Ziffer 13.2.8 heißt es: „das Recht zu Änderungen, Bearbeitungen, Umgestaltungen, Übersetzungen und Untertitelungen durch u.a. Videotext, richtet sich jeweils nach Maßgabe der Ziffer 16". In Ziffer 16.3 heißt es weiter: „Ohne Einwilligung des Beschäftigten sind Änderungen des Werkes, seines Titels oder der Produktion durch den WDR zulässig, wenn
a) sie aus Gründen der in Ziffer 2.5 genannten Art zwingend erforderlich sind;
b) sie aufgrund produktions- oder sendetechnischer Erfordernisse geboten sind;
c) der Beschäftigte seine Einwilligung nach Treu und Glauben nicht versagen kann (Par. 39 UrhG)". In § 16.4 heißt es weiter: „Ist der Beschäftigte Hauptregisseur, so soll er vorher gehört werden, wenn die Änderungen gemäß Ziffer 16.3 wesentlich sind." Zum Namennennungsrecht ist in Ziffer 22.1 geregelt: „Beschäftigte sind, soweit die Nennung rundfunküblich ist, im Zusammenhang mit der Sendung zu nennen, sofern sie nicht widersprochen haben".

verwiesen.[1183] Aufgrund der Herausforderung, eine wirksame individual-vertragliche Regelung über urheberpersönlichkeitsrechtliche Befugnisse zu treffen, gehen die Rechtsprechung[1184] und die Literatur[1185] jedoch davon aus, dass die vertragliche Disposition über das Urheberpersönlichkeitsrecht auch stillschweigend getroffen werden kann. Die stillschweigende Disposition hat besonders im Angestelltenverhältnis eine große Bedeutung.[1186]

III. Rechtsgeschäftliche Dispositionen über das
Urheberpersönlichkeitsrecht im Arbeits-und Auftragsverhältnis

Nachdem die rechtsgeschäftlichen Dispositionen über die urheberpersön-lichkeitsrechtlichen Befugnisse im Allgemeinen betrachtet wurden, folgt nun eine Darstellung der rechtsgeschäftlichen Dispositionen in Bezug auf die konkreten urheberpersönlichkeitsrechtlichen Befugnisse.

1. Das Veröffentlichungsrecht nach § 12 UrhG

Die urheberpersönlichkeitsrechtlichen Befugnisse werden im deutschen UrhG mit dem Veröffentlichungsrecht in § 12 UrhG eingeleitet.

1183 Schacht, Die Einschränkung des Urheberpersönlichkeitsrechts im Arbeitsver-hältnis, 2004, S. 152.
1184 RGZ 110, 393 (395) – Innenausstattung Riviera; BAG GRUR 1961, 491(492) – Nahverkehrschronik.
1185 Nordemann in: Fromm/Nordemann, § 43 UrhG Rn. 52; Dreier in: Dreier/ Schulze, § 43 UrhG Rn. 34; Wandtke in: Wandtke/Bullinger, § 43 UrhG Rn. 84.
1186 Schacht, Die Einschränkung des Urheberpersönlichkeitsrechts im Arbeitsver-hältnis, 2004, S. 155; Schack, Urhebervertragsrecht, 2013, Rn. 600, führt an, dass dabei insbesondere der Nachweis des subjektiven Tatbestands der Wil-lenserklärung Schwierigkeiten bereiten kann; ausführlich für den Fall der Ein-willigung in Internetnutzungen Tinnefeld; Die Einwilligung in urheberrecht-liche Nutzungen im Internet; 2012, S. 102ff.

1.1 Gesetzlicher Schutzumfang

Nach § 12 Abs. 1 UrhG bleibt es dem Urheber vorbehalten, die konkreten Umstände zur Erstveröffentlichung[1187] seines Werkes zu bestimmen.[1188] Das Veröffentlichungsrecht des Urhebers beinhaltet das Recht, über das „Ob" der Erstveröffentlichung zu entscheiden. Von der Frage des „Ob" ist noch die Frage des Zeitpunkts der Veröffentlichungsreife – die Frage des „Wann" – sowie die Art und Weise der Veröffentlichung – die Frage des „Wie" – zu unterscheiden. Der Begriff der Veröffentlichung ergibt sich aus § 6 UrhG.[1189] Ein Werk ist danach veröffentlicht, wenn es mit Zustimmung des Berechtigten der Öffentlichkeit zugänglich gemacht worden ist.[1190] Der Begriff der Öffentlichkeit wird zugunsten des Urhebers eng ausgelegt.[1191] Wird das unveröffentlichte Werk einem nicht persönlich miteinander verbundenen Personenkreis im Sinne von § 15 Abs. 3 UrhG offengelegt, liegt darin noch nicht die Ausübung des Veröffentlichungsrechts.[1192] Es liegt damit noch keine Veröffentlichung vor, wenn der angestellte Urheber sein Werk in seinem Arbeitsumfeld präsentiert.[1193] Gleiches gilt ebenfalls beim beauftragten Urheber, der sein Werk dem Personenkreis seines Auftraggebers offenlegt. Daneben schützt § 12 Abs. 2 UrhG den Urheber eines unveröffentlichten Werkes, das noch nicht durch eine

---

1187 Die Beschränkung auf das Recht der Erstveröffentlichung lässt sich der Formulierung in Absatz 1 „zu veröffentlichen ist" und in Absatz 2 „solange weder... veröffentlicht ist" entnehmen; so auch Dietz/Peukert in: Loewenheim, Hdb. des Urheberrechts, § 15 Rn. 4.

1188 Dietz/Peukert in: Loewenheim, Hdb. des Urheberrechts, § 15 Rn. 7.

1189 Näher zu der Abgrenzung der Veröffentlichung vom dem Erscheinen: Schulze in: Dreier/Schulze, § 12 UrhG Rn. 4.

1190 Bullinger in: Wandtke/Bullinger, § 12 UrhG Rn. 7.

1191 Schulze in: Dreier/Schulze, § 12 UrhG Rn. 5; Dietz/Peukert in: Loewenheim, Hdb. des Urheberrechts, § 15 Rn. 5 m.w.N. verweist darauf, dass mit dem Schutzzweck des § 12 UrhG bestimmte Formen des Testens des Werkes in einem kleineren von vornherein abgegrenzten Kreis noch nicht unter die Veröffentlichung nach § 12 UrhG fallen. Selbst wenn die Voraussetzung des persönlichen Umfelds nach § 15 UrhG nicht gegeben sind. Dasselbe muss m.E. für die Offenlegung im Rahmen des Arbeitsumfeldes gelten, in dem auch keine Veröffentlichung im Sinne von § 12 UrhG gesehen werden kann.

1192 Schulze in: Dreier/Schulze, § 12 UrhG Rn. 5; Bullinger in: Wandtke/Bullinger, § 12 UrhG Rn. 7.

1193 Davon zu unterscheiden ist jedoch die stillschweigende Ausübung des Veröffentlichungsrechts durch den angestellten Urheber, der sein Werk in dem betrieblichen Arbeitsgang frei gibt, so auch Dietz/Peukert in: Schricker/Loewenheim, § 12 UrhG Rn. 10.

Inhaltsangabe oder Beschreibung der Öffentlichkeit bekannt geworden ist, gegenüber einer ungewollten Berichterstattung.[1194] Soll der Verwerter zur Veröffentlichung verpflichtet werden, ergibt sich dies noch nicht zwingend aus der Verwertungspflicht, die den Urheber zu einem Rückrufsrecht nach § 41 UrhG berechtigt. Eine Verpflichtung des Verwerters zur Veröffentlichung des Werkes muss daher vertraglich geregelt werden.

Das Veröffentlichungsrecht wird unter dem Abschnitt des Urheberpersönlichkeitsrechts geführt und zählt daher als Urheberpersönlichkeitsrecht im engeren Sinn.[1195]Trotz seiner Zuordnung zu den Urheberpersönlichkeitsrechten ist das Veröffentlichungsrecht – nicht zuletzt aufgrund der monistischen Einheit des Urheberrechts – eng mit den Verwertungsrechten verbunden. Die enge Verzahnung des Veröffentlichungsrechts mit den vermögensrechtlichen Befugnissen führt zu der besonderen vertragsrechtlichen Relevanz des Veröffentlichungsrechts. Neben Rechtsgeschäften über das allgemeine Veröffentlichungsrecht ist auch das Recht auf Inhaltsmitteilung nach § 12 Abs. 2 UrhG für den Nutzungsberechtigten relevant, da eine Veröffentlichung des Inhalts des Werks werbewirksam und damit für den Absatz des Werks entscheidend ist. Hierbei gilt, dass eine Inhaltsmitteilung nach § 12 Abs. 2 UrhG noch nicht zum Erlöschen des Veröffentlichungsrechts führt und umgekehrt.[1196]

Der Urheber, ob angestellt oder beauftragt, übt sein Veröffentlichungsrecht nach § 12 UrhG mit der Entscheidung über die Publikation aus.[1197] Diese kann ausdrücklich oder – wie es häufiger der Fall sein wird[1198] –

1194 Bullinger in: Wandtke/Bullinger, § 12 UrhG Rn. 19; § 12 Abs. 2 UrhG erstreckt den Schutzumfang ausdrücklich auch auf den Inhalt des Werks; soweit es sich dabei jedoch um urheberrechtlich schutzunfähige Inhalte handelt, die nicht die individuellen Züge des Werkes begründen, fallen sie nicht unter § 12 Abs. 2 UrhG, so Dietz/Peukert in: Loewenheim, Hdb. des Urheberrechts, § 15 Rn. 9.

1195 Seit Erlass des UrhG im Jahr 1965 wird das Veröffentlichungsrecht als Urheberpersönlichkeitsrecht eingeordnet. Im Ministerialentwurf aus dem Jahr 1959 war es inhaltlich von den Urheberpersönlichkeitsrechten abgegrenzt und diesen vorangestellt, näher dazu Gamm, Urheberrechtsgesetz, 1968, § 12 UrhG Rn. 2. International gesehen wird das Veröffentlichungsrecht auch häufig als Verwertungsrecht eingeordnet, Frankreich, Spanien und Ungarn folgen der Einordnung als Urheberpersönlichkeitsrecht. Das Veröffentlichungsrecht und das Recht auf Werkschutz waren bereits in Art. 9, 24 KUG (1907) und Art. 12, 21 LUG (1901) enthalten.

1196 Dreyer in: Dreyer/Kotthoff/Meckel, § 12 UrhG Rn. 19, 25.

1197 Dustmann in: Fromm/Nordemann, § 12 UrhG Rn. 11; Dreyer in: Dreyer/Kotthoff/Meckel, § 12 UrhG Rn. 10.

1198 Dustmann in: Fromm/Nordemann, § 12 UrhG Rn. 11.

konkludent, beispielsweise durch die Übergabe des Manuskripts, getroffen werden. Von der Ausübung des Veröffentlichungsrechts ist das Erlöschen des Veröffentlichungsrechts zu unterscheiden. Das Veröffentlichungsrecht des Urhebers erlischt mit der ersten[1199] rechtmäßigen[1200] Veröffentlichung des Werkes, entsteht jedoch mit jeder selbständig schutzfähigen Bearbeitung oder Fortsetzung des Werkes neu.[1201] Mit dem Erlöschen des Veröffentlichungsrechts des Urhebers nach § 12 UrhG erlöschen auch die Abwehrrechte des Urhebers, sich gegenüber rechtswidrige Veröffentlichungen zur Wehr zu setzen.[1202]

Besonderheiten für das Veröffentlichungsrecht ergeben sich beim Erwerb eines Werkes der bildenden Kunst oder eines Lichtbildwerkes. Mit der Veräußerung des Originals des Werkes räumt der Urheber dem Erwerber kein Nutzungsrecht und kein Veröffentlichungsrecht ein.[1203] Dies gilt insbesondere für Werke der Literatur und Musik. Eine Ausnahme sieht der Gesetzgeber beim Erwerb eines Werkes der bildenden Kunst oder eines Lichtbildwerkes vor, da nach § 44 Abs. 2 UrhG dem Erwerber dieser Wer-

---

1199 Bullinger in: Wandtke/Bullinger, § 12 UrhG Rn. 9; Dreyer in: Dreyer/Kotthoff/
Meckel, § 12 UrhG Rn. 5; Dieselhorst, Was bringt das Urheberpersönlichkeitsrecht?, 1995, S. 109; Ulmer in: Hubmann/Forkel/Kraft, S. 435. Vertreter, die
das Veröffentlichungsrecht als Mehrfachrecht einordnen und bei jeder weiteren unbefugten Veröffentlichung dem Urheber Abwehrrechte einräumen:
Vinck, Die Rechtsstellung des Urhebers im Arbeits- und Dienstverhältnis,
1972, S. 37; Gamm, Urheberrechtsgesetz, 1968, § 12 Rn. 7. Vermittelnd dabei
die Vertreter des Veröffentlichungsrechts im engeren Sinne, die das Veröffentlichungsrecht nur auf eine bestimmte vertraglich genehmigte Form beziehen
und Abwehransprüche dem Urheber zugestehen, wenn von dieser konkreten
Form der Veröffentlichung abgewichen wird: Dustmann in: Fromm/Norde-
mann, § 12 UrhG, § 12 Rn. 10; so auch LG Berlin, GRUR 1983, 761(762) – Por-
traitbild, wonach das Erstveröffentlichungsrecht nach § 12 Abs. 1 UrhG nicht
nur die erste Veröffentlichung erfasst; vielmehr behält der Urheber sich auch
das Recht vor, darüber zu entscheiden, ob sein Werk in einer bisher nicht erfolgten Art veröffentlicht werden soll. Ist die Veröffentlichung bisher in Form
einer Ausstellung in einer Kunsthalle erfolgt, ist für diese Form das Veröffentlichungsrecht zwar verbraucht, nicht aber auch für andere Arten wie z.B. der
Veröffentlichung im Fernsehen.

1200 Es erfolgt kein Erlöschen des Veröffentlichungsrechts, wenn das Werk in Form
einer unberechtigten Bekanntmachung der Öffentlichkeit zugänglich gemacht
wurde; Bullinger in: Wandtke/Bullinger, § 12 UrhG Rn. 14; Dreyer in: Dreyer/
Kotthoff/Meckel, § 12 UrhG Rn. 16.

1201 Dietz/Peukert in: Loewenheim, Hdb. des Urheberrechts, § 15 Rn. 4; Schulze
in: Dreier/Schulze, § 12 UrhG Rn. 8.

1202 Dreyer in: Dreyer/Kotthoff/Meckel, § 12 UrhG Rn. 16.

1203 § 44 Abs. 1 UrhG.

karten das Ausstellungsrecht mit der Veräußerung des Originalwerks eingeräumt wird.[1204] Das Ausstellungsrecht nach § 18 UrhG ist eine besondere Form des Veröffentlichungsrechts und beinhaltet das Recht das Original
oder die Vervielfältigungsstücke eines unveröffentlichten Werkes der bildenden Kunst oder ein unveröffentlichtes Lichtbildwerk öffentlich zu
Schau zu stellen.[1205] Soweit nicht Gegenteiliges geregelt ist, hat der Auftraggeber gemäß § 44 Abs. 2 UrhG das Recht zur Erstausstellung des Werkes, auch, wenn der Urheber das Werk bisher nicht ausgestellt hat.[1206]

Im Folgenden erfolgt eine Darstellung der Interessen im Hinblick auf
das Veröffentlichungsrecht des Urhebers nach § 12 Abs. 1 UrhG im Auf-
trags- und im Arbeitsverhältnis. Dem schließt sich eine Betrachtung der
dogmatischen Konstruktion der Rechtsgeschäfte über das Veröffentlichungsrecht nach § 12 Abs. 1 UrhG[1207] an. Dabei werden die Dispositionen über das Veröffentlichungsrecht getrennt danach dargestellt, ob sie
gleichzeitig mit der Einräumung von Nutzungsrechten erfolgen oder ob
die Nutzungsrechte bereits vor der Disposition über das Veröffentlichungsrecht vorab eingeräumt werden.

1.2 Das Veröffentlichungsrecht im Auftragsverhältnis

Die Bedeutung des Veröffentlichungsrechts im Auftragsverhältnis soll im
Wege einer Gegenüberstellung der Interessen des beauftragten Werkschöpfers und seines Auftraggebers erfolgen. Dem schließt sich eine Darstellung eines möglichen Interessenausgleichs an.

1204 Bullinger in: Wandtke/Bullinger, § 12 UrhG Rn. 11 unter Verweis auf § 44
Abs. 2 UrhG und das Recht des Erwerbers das Werk öffentlich auszustellen, sofern ihm dies durch den Urheber nicht untersagt wurde.
1205 Schulze in: Dreier/Schulze, § 12 UrhG Rn. 10; will der Urheber das von ihm
geschaffene Werk weiterhin ausstellen können, folgt dieser Anspruch nicht aus
dem Gesetz, KG Berlin, GRUR 1981, 742 (742) – Totenmaske. Der Urheber
muss sich in diesem Fall sein Ausstellungsrecht vertraglich sichern.
1206 Schulze in: Dreier/Schulze, § 12 UrhG Rn. 25 merkt an, dass das Ausstellungsrecht nach § 18 UrhG nicht zu Mitteilungen des Inhalts im Sinne von § 12
Abs. 2 UrhG berechtigt.
1207 Auf eine gesonderte Darstellung der Inhaltsmitteilung nach § 12 Abs. 2 UrhG
wird verzichtet und diesbezüglich auf das zu § 12 Abs. 1 UrhG Gesagte verwiesen.

1.2.1 Interessen im Auftragsverhältnis

Dem beauftragten Urheber steht auch im Auftragsverhältnis das Veröffentlichungsrecht zu. Dies gilt auch für den filmschaffenden Urheber, da die
einschränkenden Bestimmungen der §§ 88 - 92 UrhG keine Beschränkungen der Urheberpersönlichkeitsrechte vorsehen.[1208] Beauftragt ein Auftraggeber den Urheber mit der Schöpfung eines Werks, werden die Parteien in
der Regel eine Vereinbarung über die Einräumung von Nutzungsrechten
schließen. Um die Verwertungsrechte ausüben zu können, ist damit auch
eine Regelung über das damit auch wirtschaftlich geprägte Veröffentlichungsrecht des beauftragten Urhebers notwendig. In der Regel wird beiden Parteien daran gelegen sein, dass das Werk an die Öffentlichkeit gelangt. Der Auftraggeber verbindet damit die Möglichkeit wirtschaftlicher
Amortisation. Neben der Amortisation hat das Veröffentlichungsrecht für
den beauftragten Urheber jedoch auch eine ideelle Komponente. Denn
mit der Erstveröffentlichung des Auftragswerks werden die geistigen, ästhetischen, künstlerischen, wissenschaftlichen und politischen Anschauun-
gen des Urhebers offengelegt werden. Dadurch tritt der Urheber in den
kulturellen Kommunikationskreislauf ein und setzt sich dadurch selbst
und sein Werk der kritischen Rezeption durch die Öffentlichkeit aus.[1209]
Da der Zeitpunkt und die Form der Präsentation des Werks in der Öffentlichkeit die Rezeption des Werkes beeinflusst, wird der beauftragte Urheber ebenfalls ein Interesse daran haben, dass es zu einem Zeitpunkt in
einer Form veröffentlicht wird, das dieser ideellen Komponente nach seinem Verständnis den besten Ausdruck verleiht. Der Auftraggeber hat dagegen die Werkschöpfung beauftragt und möchte das Werk strategisch ver-
markten. Dabei können Konflikte über die Bemessung der Veröffentlichungsreife und die Form der Veröffentlichung entstehen.

1.2.2 Interessenausgleich im Auftragsverhältnis

Es ist anerkannt, dass die Ausübung der aus dem Werk resultierenden Urheberpersönlichkeitsrechte unter dem Vorbehalt von Treu und Glauben
stehen. Dies folgt, soweit die Parteien vertraglich verbunden waren, aus

---

1208   KG Berlin, NJW-RR 1986, 608(608) – Paris/Texas; OLG München, ZUM 2000,
       767(772); OLG Köln, GRUR 2005, 337 (337) – Dokumentarfilm Massaker.
1209   Dietz/Peukert in: Loewenheim, Hdb. des Urheberrechts, § 15 Rn. 1; KG Berlin,
       GRUR-RR 2008, S. 188ff. - Günter-Grass-Briefe.

§ 242 BGB.[1210] Könnten die Beteiligten nach der Fertigstellung jeder in eigenem freien künstlerischen Ermessen darüber befinden, ob sie im Zuge ihrer Veröffentlichungsbefugnis das Werk „freizugeben" bereit sind, so wäre beispielsweise die kostenintensive Produktion eines Films ein wirtschaftlich unkalkulierbares Risiko. Ein Verstoß gegen den Grundsatz von Treu und Glauben wird beispielsweise angenommen, wenn eine Kamerafrau nicht geltend machen kann, dass der Film in der „veröffentlichten Fassung die von ihr mit der Kamera verfolgten künstlerischen Absichten verfälscht".[1211] Eine Verletzung von Treu und Glauben wurde indes abgelehnt, wenn der Produzent keine unerträglichen Erschwernisse durch das Veröffentlichungsrecht des Filmregisseurs geltend machen kann.[1212] Sollte daher keine ausdrückliche Regelung über das Veröffentlichungsrecht nach § 12 UrhG getroffen worden sein, lässt sich aus dem Grundsatz von Treu und Glauben nach § 242 BGB schließen, dass der Auftraggeber stillschweigend berechtigt ist, über das „Ob" der Veröffentlichung des Werks zu entscheiden.[1213] Dies ist auch angemessen, da der beauftragte Urheber bereits bei Beauftragung zur Schöpfung des Werks mit der wirtschaftlichen Verwertung rechnen musste und damit auch mit der Tatsache der Veröffentlichung. Will der beauftragte Urheber den Auftraggeber zur Veröffentlichung verpflichten, ergibt sich dies noch nicht aus der Tatsache des Auftragsverhältnisses und muss vertraglich vereinbart werden. Ist dies nicht der Fall, obliegt dem Auftraggeber allein die Entscheidung darüber, ob das Auftragswerk veröffentlicht wird.

1210 KG Berlin, NJW-RR 1985, 608 (609) – Paris/Texas OLG Köln, GRUR 2005, 337 (337) – Dokumentarfilm Massaker.
1211 OLG Köln, GRUR 2005, 337 (338) – Dokumentarfilm Massaker.
1212 KG Berlin, NJW-RR 1986, 608 (609) – Paris/Texas.
1213 Dietz/Peukert in: Loewenheim, Hdb. des Urheberrechts, § 15 Rn. 8; OLG Köln, GRUR 2005, 337 (338) – Dokumentarfilm Massaker, das OLG Köln führt dazu aus: „Das Begehren, den Film nicht zu veröffentlichen, kann danach treuwidrig sein, wenn die Verfehlung der bei der Projektplanung verfolgten Ziele nicht behauptet wird, eine Beteiligung am Schnitt nicht verabredet war und zugleich vollständige Honorarzahlung verlangt wird."; BGH, GRUR 1955, 201 (205) – Cosima Wagner für die treuhänderische Wahrnehmung des Veröffentlichungsrechts: „Wird die Verwertung einem Dritten überlassen, hat der Verwerter in der Regel auch die Berechtigung das Werk zu veröffentlichen." ; im Ergebnis so auch OLG München, ZUM 2000, 767 (772) – Rechte des Regisseurs; Bullinger in: Wandtke/Bullinger, § 12 UrhG Rn. 11 nimmt diese stillschweigende Berechtigung selbst im Falle des Architekten an, der im Rahmen eines Wettbewerbs seine Pläne an den Auslober weitergibt.

Hinsichtlich der „Form" der Veröffentlichung gilt, dass der Auftraggeber als Träger der Investition auch über die Form der wirtschaftlichen Verwertung entscheiden können muss.[1214] Die Interessen des beauftragten Urhebers überwiegen jedoch dann, wenn durch die Form der Veröffentlichung die ideellen Interessen des Urhebers schwerwiegend verletzt werden. In diesem Fall steht dem beauftragten Urheber ein Rückrufsrecht analog[1215] nach § 42 UrhG sowie ein Verweigerungsrecht analog nach den Regeln des § 42 UrhG zu, wenn ihm im Fall der Veröffentlichung des Auftragswerks in dieser Form ein Rückrufsrecht zugestanden wäre.[1216] Dies ist
aufgrund der Abwägung der Interessen auch angemessen. Verletzt die
Form der Veröffentlichung die ideellen Interessen des beauftragten Urhebers schwerwiegend, können neben der Verletzung seines Ehr- und An-
standsgefühls auch seine wirtschaftlichen Interessen betroffen sein. Der beauftragte Urheber verfügt nicht über die finanzielle Sicherheit wie der angestellte Urheber und ist darauf angewiesen, auch über bereits erfolgte
Veröffentlichungen das Interesse bei weiteren Auftraggebern zu wecken,
ihn mit Folgeprojekten zu beauftragen. Kann der Auftraggeber aufgrund
der Verweigerung des Urhebers eine Veröffentlichung in einer bestimmen
Form nicht vornehmen, steht es ihm immer noch frei, das Werk in einer
weniger für den Auftragnehmer beeinträchtigenden Weise zu veröffentlichen. Selbst wenn der Auftraggeber die Form der Veröffentlichung nicht
abändern kann und die wirtschaftlichen Verwertung daher unterbleiben
muss, ist das wirtschaftliche Risiko des Auftraggebers begrenzt. Denn in
diesem Fall stehen ihm vertragliche Instrumente wie das Zurückbehaltungsrecht und das Kündigungsrecht bzw. Rücktrittsgründe aus dem Wegfall der Geschäftsgrundlage zu. Auch kann sich ein Entschädigungsan-
spruch des Auftraggebers aus § 42 Abs. 2 UrhG ergeben.[1217] Die wirtschaftliche Verwertung schwebt stets über dem Auftragsverhältnis. Die Entschädigungspflicht des beauftragten Urhebers bei Rückruf oder Verweigerung
der Veröffentlichung des Auftragswerks ist aufgrund der engen Verknüp-

---

1214 OLG Köln, GRUR 2005, 337 (338) – Dokumentarfilm Massaker.
1215 Einer analogen Anwendung bedarf es dann, wenn es ausschließlich um den
      Rückruf der urheberpersönlichkeitsrechtlichen Befugnisse geht, denn in die-
      sem Fall sollen die Nutzungsrechte erhalten bleiben, damit die Verwertung
      fortgesetzt werden kann, so auch Metzger, Rechtsgeschäfte über das Droit mo-
      ral, 2002, S. 213 mit ausführlicher Begründung der Regelungslücke und der
      Vergleichbarkeit der Interessenlage mit § 42 UrhG.
1216 Metzger, Rechtsgeschäfte über das Droit moral, 2002, S. 213f.
1217 So auch Vinck, Die Rechtsstellung des Urhebers im Arbeits- und Dienstver-
      hältnis, 1972, S. 38.

fung des Veröffentlichungsrechts mit der wirtschaftlichen Verwertung des Werks auch angemessen.

Weiter muss der beauftragte Urheber entscheiden können, ob das Werk veröffentlichungsreif ist. Wird ein Werk unter Missachtung der Entscheidung des Urhebers über die Veröffentlichungsreife seines Werks veröffentlicht, liegt darin ein schwerer Verstoß gegen die ideellen Interessen des Urhebers.[1218] Daher kann der beauftragte Urheber stets den Rückruf oder die Verweigerung nach § 42 UrhG analog erklären.

1.3 Das Veröffentlichungsrecht im Arbeitsverhältnis

Nun folgt eine Darstellung der Interessen des angestellten Urhebers und des Arbeitgebers, der sich eine Darstellung eines möglichen Interessenausgleichs im Arbeitsverhältnis anschließt.

1.3.1 Interessen im Arbeitsverhältnis

Auch im Arbeitsverhältnis rückt die wirtschaftliche Amortisation des Arbeitnehmerwerks[1219] in den Vordergrund. Die Regelung des § 43 UrhG[1220] für die vermögensrechtlichen Befugnisse des Arbeitgebers rückt das sowohl wirtschaftlich als auch ideell geprägte Veröffentlichungsrecht des angestellten Urhebers in einen vorwiegend wirtschaftlich geprägten Kontext. Damit stehen die Interessen des Arbeitgebers an einer unbeeinträchtigten Veröffentlichung des Werks den ideellen Interessen des Urhebers gegenüber. Auch der angestellte Urheber setzt sich mit der Erstveröffentlichung der Kritik der Öffentlichkeit aus, sodass das Veröffentlichungsrecht die ideellen Bedürfnisse des angestellten Urhebers wahren muss.[1221] Daher steht dem angestellten Urheber ebenfalls das Veröffentlichungsrecht nach § 12 UrhG zu.

1218 Dietz/Peukert in: Schricker/Loewenheim, § 12 UrhG Rn. 2

1219 Hier geht es ausschließlich um die Pflichtwerke des angestellten Urhebers.

1220 Auch wenn § 43 UrhG gerade nicht auf das Veröffentlichungsrecht nach § 12 UrhG verweist, führt die enge Verknüpfung des Veröffentlichungsrechts mit dem Verwertungsrecht zumindest indirekt zu einer Einschränkung des Veröffentlichungsrechts des angestellten Urhebers.

1221 Wandtke in: Wandtke/Bullinger, § 43 UrhG Rn. 87; Bullinger in: Wandtke/Bullinger, vor § 12 UrhG, § 12 Rn. 1; Dietz/Peukert in: Loewenheim, Hdb. des Urheberrechts, § 15 Rn. 13.

Abzulehnen ist daher die Ansicht, nach welcher dem angestellten Urheber das Veröffentlichungsrecht nach § 12 UrhG von vornherein nicht zusteht, da der Arbeitslohn nicht von der Übergabe des Werks durch den Arbeitnehmer an den Arbeitgeber abhängig sei.[1222] Nach dieser Ansicht soll dies erst recht gelten, wenn es sich bei dem Werk um urheberrechtlich geschützte Software im Sinne von § 69 b UrhG handelt.[1223] Da dem Arbeitgeber nach § 69 b UrhG alle vermögensrechtlichen Befugnisse zugewiesen seien, könne dem angestellten programmierenden Urheber ein Recht, über das „Ob" und das „Wie" der Veröffentlichung zu bestimmen, nicht zustehen.[1224] Eine Reduktion des Schutzumfangs des Veröffentlichungsrechts nach § 12 UrhG beim angestellten Urheber ist mit dem Gesetzeswortlaut nicht vereinbar. Außerdem sind auch Fälle denkbar, in denen der Arbeitgeber nach § 43 UrhG Nutzungsrechte erlangt und nicht darauf angewiesen ist, das Werk auch erstmalig zu veröffentlichen. Wird das Werk nur innerhalb der betrieblichen Sphäre bekannt gegeben, hat der Urheber dadurch noch nicht sein Erstveröffentlichungsrecht ausgeübt.[1225] Da auch denkbar erscheint, dass der Arbeitgeber das Werk wirtschaftlich nutzt, indem er es unternehmensintern einsetzt und damit nicht der Öffentlichkeit preisgibt, ist eine Beschränkung des Veröffentlichungsrechts beim angestellten Urheber unverhältnismäßig. Dies erscheint auch im Hinblick darauf überzeugend, dass der bekannte und fachlich sehr geschätzte angestellte Urheber sein Werk selbst in einer Fachzeitschrift veröffentlichen soll, um den wirtschaftlichen Wert für den Arbeitgeber zu steigern.[1226] Daneben hat der angestellte Urheber auch ein Interesse, sich gegen unberechtigte Veröffentlichungen von Dritten zu wehren. Somit muss auch dem angestellten Urheber das Veröffentlichungsrecht nach § 12 UrhG zustehen. Dagegen steht für den Arbeitgeber die vom Arbeitnehmer ungestörte Verwertung des Werks im Vordergrund. Dabei will er selbst ohne Rücksprache mit dem Urheber über die Veröffentlichung an sich, deren Zeitpunkt sowie Art und Form entscheiden. Allerdings ist es gerade bei Werken mit

---

1222 Nordemann in: Loewenheim, Hdb. des Urheberrechts, § 63 Rn. 59; Rojahn in: Schricker/Loewenheim, § 43 UrhG Rn. 73ff.; Nordemann in: Fromm/Nordemann, § 43 UrhG Rn. 52.

1223 Nordemann in: Loewenheim, Hdb. des Urheberrechts, § 63 Rn. 59.

1224 Nordemann in: Loewenheim, Hdb. des Urheberrechts, § 63 Rn. 59.

1225 So auch Vinck, Die Rechtsstellung des Urhebers im Arbeits- und Dienstverhältnis, 1972, S. 37; Rojahn, Der Arbeitnehmerurheber in Presse, Funk und Fernsehen, 1978, S. 106; BGHZ 17, 376(378); BGH NJW 1956, 515(517).

1226 Vinck, Die Rechtsstellung des Urhebers im Arbeits- und Dienstverhältnis, 1972, S. 38.

hoher individueller geistiger Schutzhöhe für den angestellten Urheber relevant, den Zeitpunkt der Veröffentlichung seines literarischen Werks, eines Artikels oder Rundfunkbeitrags mitzubestimmen. Zudem ist die Form der Veröffentlichung für den Arbeitnehmer von Belang, denn es wird für ihn einen Unterschied machen, ob sein Werk als Leitartikel erscheint oder zur besten Sendezeit gesendet wird.[1227]

1.3.2 Interessenausgleich im Arbeitsverhältnis

Da der angestellte Urheber von seinem Arbeitgeber die Weisung erhalten, hat das Werk zu schaffen, ist es auch der Arbeitgeber, der über das „Ob" der Veröffentlichung entscheiden kann. Der angestellte Urheber muss dem Arbeitgeber die Befugnis zur Veröffentlichung insoweit einräumen, dass dieser imstande ist, die ihm vertraglich eingeräumten Nutzungsrechte im Rahmen des betrieblichen Zwecks auszuüben.[1228] Sollte eine ausdrückliche Regelung des Veröffentlichungsrechts im Arbeitsvertrag fehlen, wird aufgrund der Relevanz des Veröffentlichungsrechts im Rahmen der Einräumung von Verwertungsrechten an einem unveröffentlichten Werk angenommen, dass der Urheber mit der Einräumung von Verwertungsrechten an einem unveröffentlichten Werk eine stillschweigende Regelung trifft, dass der Arbeitgeber das Werk auch veröffentlichen darf.[1229]

1227 So auch Rojahn, Der Arbeitnehmerurheber in Presse, Funk und Fernsehen, 1978, S. 107.
1228 Wandtke in: Wandtke/Bullinger, § 43 UrhG Rn. 87; nach Vinck, Die Rechtsstellung des Urhebers im Arbeits- und Dienstverhältnis, 1972, S. 38, folgt dies bereits aus der Pflicht des Arbeitnehmers, dem Arbeitgeber das Ergebnis seiner Arbeit zur Verfügung zu stellen; Schacht, Die Einschränkung des Urheberpersönlichkeitsrechts im Arbeitsverhältnis, 2004, S. 164.
1229 LG Köln, ZUM 2010, 369 (370, 372): In der Entscheidung des Landgerichts Köln vom 23. September 2009 hatte sich das Gericht mit der Frage des Schadensersatzes im Wege der Lizenzanalogie wegen unberechtigter Verwendung von Filmbeschreibungen auseinanderzusetzen. Die Parteien stritten um Schadensersatz im Wege der Lizenzanalogie wegen Verwendung von Filmbeschreibungen, welche Mitarbeiter der Rechtsvorgängerin der Klägerin für diese erstellt hatten und welche auf der Webseite der Beklagten verwendet worden waren. Das Urteil ist in zweierlei Hinsicht interessant. Zum einen stellt es klar, dass der Arbeitgeber für urheberpersönlichkeitsrechtliche Ansprüche seiner Arbeitnehmer nach §§ 97 Abs. 2 UrhG nicht aktivlegitimiert ist, sondern den Lizenzaufschlag für urheberpersönlichkeitsrechtliche Verletzungen nur im Wege der Prozessstandschaft geltend machen kann. Zum anderen ist das Urteil für das Veröffentlichungsrecht des Arbeitnehmers nach § 12 UrhG rele-

Gerade aufgrund der Vielfältigkeit des betrieblichen Zwecks des Arbeitgebers und der weitreichenden ideellen und mittelbar wirtschaftlichen Folgen der Erstveröffentlichung des Werks für den Urheber, sind auch die Interessen des Urhebers bei der Veröffentlichung im Wege einer Interessenabwägung im Einzelfall zu berücksichtigen. Die Allgemeine Zweckübertragungslehre ist dabei anwendbar, wenn Zweifel darüber bestehen, ob mit der Einräumung von Nutzungsrechten auch das Recht zur Veröffentlichung durch den Urheber ausgeübt wurde.[1230]

Auch bei der Frage der Art und Weise der Veröffentlichung des Pflichtwerks des Arbeitnehmers sind vorwiegend die Interessen des Arbeitgebers zu berücksichtigen. Die Art und Weise der Veröffentlichung hängt davon ab, welchen Charakter das Werk aufweist und welche betrieblichen Aufgaben der Arbeitgeber damit verfolgt.[1231] Der Arbeitgeber kann die Form der Veröffentlichung jedoch nicht völlig losgelöst von den Interessen des Arbeitnehmers wählen. So muss der Urheber es nicht dulden, wenn der Arbeitgeber das Werk in einer Weise zu veröffentlichen plant, dass seine ideellen Interessen schwerwiegend verletzt. Erfolgt beispielsweise eine Veröffentlichung eines ernsthaften Artikels im Rahmen einer Witzseite, steht dem angestellten Urheber ein Rückrufsrecht inklusive der Pflicht zur Entschädigung entsprechend des § 42 UrhG zu.[1232] Im Gegensatz zu dem beauftragten Urheber ist jedoch beim angestellten Urheber eine höhere Anforderung an die Unzumutbarkeit nach § 42 UrhG zu stellen.[1233] Zu einer ebenfalls abweichenden Betrachtung führt das Arbeitsverhältnis auch bei der Frage des „Wann" der Veröffentlichung. Gebührt es dem beauftragten

---

vant. In dem Urteil führt das LG Köln aus, dass im Arbeitsverhältnis die Urheberpersönlichkeitsrechte von Arbeitnehmern eingeschränkt sind, da der Arbeitgeber ein Interesse an einer weitgehend unbeeinträchtigten Verwertung habe. In Bezug auf das Veröffentlichungsrecht des angestellten Urhebers nach § 12 UrhG führe dies dazu, dass das Veröffentlichungsrecht dem Arbeitgeber stets zur Ausübung überlassen sei, da ansonsten die Einräumung eines Nutzungsrechtes für diesen sinnentleert wäre. So auch Wandtke in: Wandtke/Bullinger, § 43 UrhG Rn. 87; Kotthoff in: Dreyer/Kotthoff/Meckel, § 34 UrhG Rn. 37; Dreier in: Dreier/Schulze, § 43 UrhG Rn. 35; Rojahn in: Schricker/Loewenheim, § 43 UrhG Rn. 73; Nordemann in: Loewenheim, Hdb. des Urheberrechts, § 63 Rn. 59; Dietz/Peukert in: Loewenheim, Hdb. des Urheberrechts, § 15 Rn. 13.

1230 Bullinger in: Wandtke/Bullinger, § 12 UrhG Rn. 10.
1231 Wandtke in: Wandtke/Bullinger, § 43 UrhG Rn. 85.
1232 Rojahn, Der Arbeitnehmerurheber in Presse, Funk und Fernsehen, 1978, S. 107.
1233 So auch Rojahn in: Schricker/Loewenheim, § 43 UrhG Rn. 93.

Urheber, allein über die Veröffentlichung zu entscheiden, sind beim angestellten Urheber auch die Interessen des Arbeitgebers zu berücksichtigen.
Der Arbeitgeber kann nicht ohne Rücksprache mit dem angestellten Urheber das Werk als veröffentlichungsreif einstufen.[1234]Dabei gilt jedoch, dass
der Urheber nicht generell eine Veröffentlichung verweigern kann. Es
wird daher vorgeschlagen, dass der Arbeitgeber im Rahmen seines Direkti-
onsrechts dem Arbeitnehmer eine angemessene Frist zur Fertigstellung des
Werks setzen kann.[1235] Wenn er das Werk bis zum Ablauf der angemessen
gesetzten Frist nicht als veröffentlichungsreif erklärt, hat der Arbeitgeber
das Recht, das Werk erstmalig der Öffentlichkeit preis zu geben.[1236] In diesem Fall wird dem angestellten Urheber das Recht zugestanden, von seinem Namensunterdrückungsrecht Gebrauch machen, wenn das Werk seiner Meinung nach noch nicht veröffentlichungsreif gewesen ist.[1237] Letzteres kann jedoch nur in Ausnahmefällen gerechtfertigt sein. Denn in diesem Fall ist der angestellte Urheber nicht imstande, die ideellen Früchte
der Werkschöpfung zu ernten. Die Werkschöpfung wäre ideell wertlos für
ihn. Daher kann die Veröffentlichung des noch nicht veröffentlichungsrei-
fen Werks ohne Namensnennung des Urhebers nur dann erfolgen, wenn
die Abwägung der Interessen ergibt, dass das Interesse des Arbeitgebers das
des Urhebers überwiegt. Die Interessen des Arbeitnehmers überwiegen, je
größer die individuelle Arbeitsleistung des Arbeitnehmers ist.[1238] Darüber

---

1234 OLG München, ZUM 2000, 767 (772) – Rechte des Regisseurs; Rojahn, Der
      Arbeitnehmerurheber in Presse, Funk und Fernsehen, 1978, S. 108; Schacht,
      Die Einschränkung des Urheberpersönlichkeitsrechts im Arbeitsverhältnis,
      2004, S. 165; Dietz/Peukert in: Loewenheim, Hdb. des Urheberrechts, § 15
      Rn. 13; Wandtke in: Wandtke/Bullinger, § 43 UrhG Rn. 84 und 87, wonach
      der kranke Urheber sein Rechte aus §§ 97 Abs. 2 , 12 UrhG geltend machen
      kann, wenn der Arbeitgeber das Werk ohne Rücksprache während seiner
      krankheitsbedingten Abwesenheit veröffentlicht.
1235 Schacht, Die Einschränkung des Urheberpersönlichkeitsrechts im Arbeitsver-
      hältnis, 2004, S. 146.
1236 Schacht, Die Einschränkung des Urheberpersönlichkeitsrechts im Arbeitsver-
      hältnis, 2004, S. 146.
1237 Wandtke in: Wandtke/Bullinger, § 43 UrhG Rn. 87; Nordemann in: Loewen-
      heim, Hdb. des Urheberrechts, § 63 Rn. 59 führt an, dass dies natürlich noch
      mehr im Fall von Software gelten muss, da der Arbeitgeber dort nach § 69 b
      UrhG zur Ausübung aller vermögensrechtlichen Befugnisse berechtigt ist;
      Schack, Urhebervertragsrecht, 2013, Rn. 988; Rojahn in: Schricker/Loewen-
      heim, § 43 UrhG Rn. 74; Schacht, Die Einschränkung des Urheberpersönlich-
      keitsrechts im Arbeitsverhältnis, 2004, S. 165.
1238 So auch Schacht, Die Einschränkung des Urheberpersönlichkeitsrechts im Ar-
      beitsverhältnis, 2004, S. 166.

hinaus ist dem Urheber ein dem § 42 UrhG entsprechendes Rückrufsrecht zuzugestehen, wenn der Arbeitgeber plant, das Werk trotz fehlender Veröffentlichungsreife zu veröffentlichen.[1239] Der Arbeitgeber darf danach das Werk nicht veröffentlichen, wenn die Veröffentlichung in einer Form erfolgen würde, die der Arbeitnehmer nach § 42 UrhG zurückrufen könnte.[1240] Im Ergebnis ist daher festzustellen: Mit der vorbehaltlosen Zurverfügungstellung des Werks durch den Urheber kann der Arbeitgeber von der stillschweigenden Überlassung des Veröffentlichungsrechts ausgehen. Bei Veröffentlichung des Werks trotz fehlender Veröffentlichungsreife kann der Urheber jedoch gegenüber dem Arbeitgeber Schadensersatz geltend machen, indem er die Verletzung der arbeitsvertraglichen Fürsorgepflicht bzw. die Verletzung des Veröffentlichungsrechts nach § 97 Abs. 2 UrhG rügt. Hierbei und bei der Unzumutbarkeit nach § 42 UrhG sind allerdings beim angestellten Urheber erhöhte Anforderungen zu stellen.[1241]

1.4 Vertragliche Disposition über das Veröffentlichungsrecht nach § 12 Abs. 1 und 2 UrhG bei gleichzeitiger Einräumung von Nutzungsrechten

Die Vereinbarungen über das Veröffentlichungsrecht nach § 12 UrhG können der angestellte oder beauftragte Urhebers sowohl vor[1242] als auch nach der Fertigstellung des Auftrags- oder Pflichtwerks treffen. Während Nutzungsrechte nach § 40 UrhG unabhängig von der Fertigstellung des Werks auch bereits vorab eingeräumt werden können, ist die Fertigstellung des Werks jedoch für die Bestimmung der Veröffentlichungsreife maßgeblich.[1243] Ob Nutzungsrechte daher an dem fertig gestellten Werk einge-

---

1239 Schacht, Die Einschränkung des Urheberpersönlichkeitsrechts im Arbeitsverhältnis, 2004, S. 165; allgemein ohne Bezug auf die Veröffentlichungsreife Vinck, Die Rechtsstellung des Urhebers im Arbeits- und Dienstverhältnis, 1972, S. 38.

1240 So auch Schacht, Die Einschränkung des Urheberpersönlichkeitsrechts im Arbeitsverhältnis, 2004, S. 166; Dietz/Peukert in: Loewenheim, Hdb. des Urheberrechts, § 15 Rn. 8.

1241 So auch Rojahn in: Schricker/Loewenheim, § 43 UrhG Rn. 93.

1242 Dies ergibt sich aus § 40 UrhG, wonach unter Einhaltung des Schriftformerfordernisses auch vorweggenommene vertragliche Regelungen zu Nutzungsrechten getroffen werden können, wenn das Werk noch nicht vollendet ist.

1243 Dietz/Peukert in: Schricker/Loewenheim, § 12 UrhG Rn. 19; Dreyer in: Dreyer/Kotthoff/Meckel, § 12 UrhG Rn. 10; Dustmann in: Fromm/Nordemann, § 12 UrhG Rn. 11.

räumt werden oder an dem noch nicht fertig gestellten Werk vorab eingeräumt werden, hat Auswirkung auf die Disposition über das Veröffentlichungsrecht und insbesondere auf den Zeitpunkt der Ausübung des Veröffentlichungsrechts durch den Urheber. Praktisch relevant sind beim beauftragten Urheber beide Vertragskonstellationen. Dem Tätigwerden des angestellten Urhebers wird jedoch in der Regel der Abschluss eines Arbeitsvertrags vorangehen, sodass der angestellte Urheber seinem Arbeitgeber in
der Regel bereits vorab die Nutzungsrechte an dem Pflichtwerk nach § 43
UrhG eingeräumt hat.

Im Fokus steht zunächst die vertragliche Disposition über das Veröffent-
lichungsrecht bei gleichzeitiger Einräumung von Nutzungsrechten. Hier-
bei erfolgt keine Unterscheidung nach dem beauftragten und angestellten
Urheber, da die dogmatische Konstruktion einheitlich zu beurteilen ist.
Daher ist im Folgenden einheitlich von Urheber, Werk und Verwerter die
Rede.

1.5 Ausübung des Veröffentlichungsrechts

Das Veröffentlichungsrecht kann der Urheber ausdrücklich durch eine vertragliche Regelung oder konkludent ausüben. Ist das Werk bereits bei Nutzungsrechtseinräumung fertig gestellt und fehlt es an einer ausdrücklichen
Regelung über das Veröffentlichungsrecht, übt der Urheber mit der vorbehaltlosen Nutzungsrechtseinräumung sein Veröffentlichungsrecht hinsichtlich des „Ob", des „Wann" und des „Wie" aus[1244]. Wenn der Verwerter das Werk erstmalig veröffentlicht, liegt darin daher keine Fremdausübung des Veröffentlichungsrechts nach § 12 UrhG. Mit der Ausübung des
Veröffentlichungsrechts durch den Urheber „verzichtet" dieser gegenüber
dem nutzungsberechtigten Verwerter auf seinen Abwehranspruch aus
§§ 97 Abs. 2, 12 UrhG.

1.6 Rechtsdogmatische Einordnung

Nachdem bereits geklärt ist, dass der Urheber durch die vorbehaltlose Zurverfügungstellung des Werks sein Veröffentlichungsrecht nach § 12 UrhG
ausübt, stellt sich die Frage, wie der „Verzicht" auf die Abwehrrechte gemäß §§ 97 Abs. 2, 12 UrhG als rechtliche relevante Handlung dogmatisch

---

1244   OLG München, ZUM 2000, 767 (772) – Rechte des Regisseurs.

zu konstruieren ist. Der dingliche Erlassvertrag nach § 397 BGB sowie eine schuldrechtliche Forderungsabtretung nach §§ 398, 413 BGB, 97 Abs. 2, 12 UrhG scheiden mangels bereits bestehender Forderungen aus. Auch die gebundene Übertragung des Veröffentlichungsrechts stellt keine zufriedenstellende Lösung dar, da diese Konstruktion dem Verwerter eine Rechtsposition verschafft, die weit über das hinausgeht, was er für die Veröffentlichung des Werks benötigt. Es ist ausreichend, wenn der Urheber vertraglich verpflichtet wird, seine Abwehrrechte nicht gegenüber dem Verwerter geltend zu machen. Nicht notwendig ist es, dass der Verwerter aufgrund einer gebundenen Übertragung des Veröffentlichungsrechts ein eigenes Abwehrrecht erhält.[1245] Es kann vielmehr im Interesse des beauftragten Urhebers sein, dass dieser seine Abwehransprüche gegenüber nicht berechtigten Dritten weiterhin geltend machen kann. Wie bereits an anderer Stelle ausgeführt[1246], birgt die Konstruktion der gebundenen Übertragung noch weitere Schwächen in sich. Im Ergebnis ist daher von einer schuldrechtlichen Vereinbarung des Verzichts auszugehen. Diesbezüglich kommen die schuldrechtliche Nichtausübungsabrede (pactum de non petendo) und die tatbestandsausschließende[1247] Einwilligung in Betracht. Die Konstruktion der tatbestandsausschließenden Einwilligung hat für den Verwerter den Vorteil, dass diese nicht nur als Einrede die Durchsetzbarkeit eines rechtswidrigen Eingriffs nimmt, sondern bereits auf Tatbestandsebene die Rechtswidrigkeit verhindert. Der Begriff der Einwilligung ist hier als Oberbegriff verwendet, rechtlich muss jedoch nach dem Zeitpunkt des schuldrechtlichen Verzichts zwischen der vorab erklärten Einwilligung und der im Nachhinein erklärten Genehmigung unterschieden werden. Da die Einwilligung eine rechtsgeschäftliche Handlung darstellt, ist sie als solche nicht widerruflich.[1248] Daher bleibt dem beauftragten Ur-

---

1245 So auch Matanovic, Rechtsgeschäftliche Dispositionen über urheberpersönlichkeitsrechtliche Befugnisse, 2006, S. 238.

1246 Siehe Abschnitt D.III.5.

1247 Die tatbestandsausschließende Wirkung der Einwilligung in die Beschränkung des Veröffentlichungsrechts wird aus §§ 12 Abs. 2, 6 UrhG geschlossen, da die Zustimmung bereits im Tatbestand er Veröffentlichung genannt wird, so auch Matanovic, Rechtsgeschäftliche Dispositionen über urheberpersönlichkeitsrechtliche Befugnisse, 2006, S. 233 m.w.N. dort in Fn. 1323.

1248 Vertreter einer anderen Ansicht gelangen zu demselben Ergebnis, indem sie die an sich bis zur Vornahme des Rechtsgeschäfts widerrufliche Einwilligung nach § 183 S. 1 BGB teleologisch zugunsten des Auftraggebers reduzieren und eine Widerruflichkeit generell ausschließen. Dies wird insbesondere mit dem Gleichlauf des Veröffentlichungsrechts mit dem Nutzungsrecht begründet, das ebenso als rechtsgeschäftliche Handlung nicht widerruflich ist.

heber nur der Weg über § 42 UrhG, wenn er sich von dem Nutzungsrecht und seinem schuldrechtlichen Verzicht auf sein Abwehrrecht lösen möchte. Will er sich nur von Letzterem lösen, kommt eine entsprechende Anwendung des § 42 UrhG nur auf das Veröffentlichungsrecht nach § 12 UrhG in Betracht.

Sowohl im Auftrags- als auch im Arbeitsverhältnis kann es relevant werden, dass die dem Verwerter eingeräumten Nutzungsrechte übertragbar sind nach §§ 34 oder 35 UrhG. Es ist daher zu klären, ob der schuldrechtliche Verzicht auf die Abwehrrechte aus §§ 97 Abs. 2, 12 UrhG auf den Zweitverwerter übertragbar sind. Dies spielt jedoch nur dann eine Rolle, wenn das Werk nicht bereits durch den Verwerter veröffentlicht wurde. Grundsätzlich gilt, dass das Veröffentlichungsrecht nach § 12 UrhG nicht dazu missbraucht werden darf, eine berechtigte Nutzung zu verhindern. Ein Teil der Literatur[1249] geht im Fall der Übertragung von Nutzungsrechten nach § 34 UrhG davon aus, dass die urheberpersönlichkeitsrechtlichen Befugnisse, die für die Verwertung des Werks notwendig sind, analog nach § 34 UrhG mit Zustimmung des Urhebers mit übertragen werden. Inhaltlich kann jedoch keine Rechtsposition des Auftraggebers bezüglich des Veröffentlichungsrechts auf den Zweitverwerter weiter übertragen werden, da der Auftraggeber ja gerade nicht das Veröffentlichungsrechts des Urhebers „ausübt", sondern der beauftragte Urheber auf seine Abwehrrechte nach §§ 97 Abs. 2, 12 UrhG verzichtet. Treffender ist es daher davon auszugehen, dass der Urheber mit der für die Übertragung der Nutzungsrechte nach § 34 UrhG erforderlichen Zustimmung auch eine Zustimmung zur Übertragung der Rechtsposition des Verwerters erteilt, nämlich seine Rechtsposition aus der schuldrechtlichen Verzichtserklärung in Form der tatbestandsausschließenden Einwilligung auf den Zweitverwerter nach §§ 398, 413 BGB zu übertragen.[1250] Ist der Erstverwerter zur Einräumung weiterer Nutzungsrechte nach § 35 UrhG befugt, ist danach zu unterscheiden, ob dieser selbst die Erstveröffentlichung vornehmen möchte oder dem weiteren Nutzungsberechtigten dies überlassen möchte. Im ersteren Fall ist keine Regelung über das Veröffentlichungsrecht nach § 12 UrhG notwendig, da mit der Erstveröffentlichung das Recht des Urhebers nach § 12 UrhG erlischt. Ist der Zweitverwerter jedoch derjenige, der die Erstveröffentlichung vornehmen soll, gilt aufgrund der bei § 35 UrhG

1249 Schricker/Loewenheim in: Schricker/Loewenheim, § 34 UrhG, § 34 UrhG Rn. 14; Forkel, Gebundene Rechtsübertragungen, 1977, S. 180.

1250 So auch Matanovic, Rechtsgeschäftliche Dispositionen über urheberpersönlichkeitsrechtliche Befugnisse, 2006, S. 237.

ebenfalls notwendigen Zustimmung das zu § 34 UrhG bereits Gesagte mit der Folge, dass auch hier der beauftragte Urheber seine Zustimmung zur Übertragung der Rechtsposition des Auftraggebers erteilt.[1251]

1.6.1 Rechtsgeschäfte über das Veröffentlichungsrechts im Fall einer Vorab-Einräumung von Nutzungsrechten

Schließen der Verwerter und der Urheber eine vertragliche Vereinbarung über die Schöpfung noch zu schaffender Werke ab, werden die Nutzungsrechte daran nach §§ 31, 40 UrhG im Arbeitsvertrag oder in der dem Auftrag zugrundeliegendem Vertrag im Voraus eingeräumt. Eine vorweggenommene Entscheidung über die Veröffentlichungsreife ist nicht möglich, da der Gegenstand des Veröffentlichungsrechts, das zu veröffentlichende Werk, erst durch die Fertigstellung des Werkes bestimmt wird.[1252] Daher übt der Urheber mit der Einräumung von Nutzungsrechten stillschweigend sein Veröffentlichungsrecht unter der aufschiebenden Bedingung der Veröffentlichungsreife nach § 158 Abs. 1 BGB aus.[1253] Wurde der Nutzungsvertrag bereits vor Fertigstellung abgeschlossen, muss die Zustimmung zur Veröffentlichung des fertig gestellten Werks durch den Urheber gesondert ausdrücklich oder konkludent ergehen. Konkludent kann die

---

1251 So auch Matanovic, Rechtsgeschäftliche Dispositionen über urheberpersönlichkeitsrechtliche Befugnisse, 2006, S. 237.

1252 Dietz/Peukert in: Loewenheim, Hdb. des Urheberrechts, § 15 Die einzelnen Urheberpersönlichkeitsrechte; § 16 Rn. 8; Dietz/Peukert in: Schricker/Loewenheim, vor § 12 UrhG Rn. 20; Dustmann in: Fromm/Nordemann, § 12 UrhG Rn. 5; Urteil des Oberlandesgerichts München vom 20. Juli 2000– 29 U 2762/00, ZUM 2000, 767(772); Bullinger in: Wandtke/Bullinger, § 12 UrhG, Art. 12 UrhG Rn. 5; Schulze in: Dreier/Schulze, § 12 UrhG Rn. 9.

1253 Ohne Diskussion der rechtstechnischen Konstruktion: Dietz/Peukert in: Schricker/Loewenheim, vor § 12 UrhG Rn. 19; KG Berlin ZUM 1997, 213 – Poolregelung; die folgenden Meinungsvertreter sehen die stillschweigenden Einräumung bereits mit der Einräumung des Nutzungsrechts gegeben: Bullinger in: Wandtke/Bullinger, § 12 UrhG Rn. 5; Schulze in: Dreier/Schulze, § 12 UrhG Rn. 9; Dustmann in: Fromm/Nordemann, § 12 UrhG Rn. 8; mit Diskussion der rechtstechnischen Konstruktion Matanovic, Rechtsgeschäftliche Dispositionen über urheberpersönlichkeitsrechtliche Befugnisse, 2006, S. 238 unter Verweis auf die rechtstechnische Alternative, dass eine schuldrechtliche tatbestandsausschließende Einwilligung erst mit Vorliegen der Voraussetzungen des „Ob" der Veröffentlichung stillschweigend durch den beauftragten Urheber erklärt wird.

Zustimmung durch die Überlassung der Nullkopie[1254] erfolgen.[1255] Außerdem kann sich das Recht der Veröffentlichung aus den Umständen ergeben. So lässt sich aus der Abnahme eines Films durch den Filmregisseur auch die Ausübung seines Veröffentlichungsrechts sehen.[1256] Es führt daher zum Eintritt der aufschiebenden Bedingung, wenn der Urheber das Werk beendet und dieses dem Verwerter zur Nutzung übergibt.[1257]

1.6.2 Treuhänderische Wahrnehmung des Veröffentlichungsrechts

Im Schrifttum wird darüber hinaus auch von der treuhänderischen Wahrnehmung des Veröffentlichungsrechts gesprochen. Vielzitiert ist dabei die Entscheidung des BGH "Cosima Wagner"[1258], in der Cosima Wagner ihrer Tochter Eva Chamberlain die Obhut über ihre Tagebücher und Briefe anvertraut hat. Eva Chamberlain sollte nach dem Willen ihrer Mutter völlig frei in der Wahl der Maßnahmen sein, die zur Erfüllung der ihr anvertrauten Aufgaben geboten erschienen. Der BGH ging in diesem Zusammenhang davon aus, dass Eva Chamberlain als Treuhänderin die persönlichkeitsrechtlichen Interessen ihrer Mutter wahrnehmen sollte.[1259] Ein Treuhandverhältnis zeichnet sich entweder durch die Übertragung von Vermögensrechten vom Treuhandgeber an den Treuhänder oder durch die Einräumung der dem Treuhandgeber zustehenden Abwehrrechte an den Treuhänder aus.[1260] Dogmatisch kann das Treuhandverhältnis im Falle sei-

---

1254 KG Berlin, NJW-RR 1986, 608 (608) – Paris/Texas.

1255 OLG München, ZUM 2000, 767 (772) – Rechte des Regisseurs.

1256 Bullinger in: Wandtke/Bullinger, § 12 UrhG Rn. 11; KG Berlin, NJW-RR 1986, 608 (609) – Paris/Texas.

1257 Dustmann in: Fromm/Nordemann, § 12 UrhG Rn. 2 ohne Heranziehung der aufschiebenden Bedingung.

1258 BGH, GRUR 1955, 201ff. – Cosima Wagner.

1259 BGH, GRUR 1955, 201 (205) – Cosima Wagner; häufig herangezogen wird die Entscheidung jedoch auch, weil der BGH davon ausging, dass der Treuhänderin Eva Chamberlain nur die Urheberpersönlichkeitsrechte treuhänderisch anvertraut werden konnten, die nicht den unverzichtbaren Restbestand des Urheberpersönlichkeitsrechts („Kern") darstellten, der wiederum nur durch ihre Erben wahrgenommen werden kann.

1260 Allgemein zur Treuhand: Bassenge in: Palandt, BGB, § 903 BGB Rn. 33; zur Treuhand im urheberpersönlichkeitsrechtlichen Kontext: Metzger, Rechtsgeschäfte über das Droit moral, 2002, S. 47ff., fasst die treuhänderischen Wahrnehmung von Urheberpersönlichkeitsrechten unter „Dispositionen im Interesse des Urhebers" zusammen; Matanovic, Rechtsgeschäftliche Dispositionen über urheberpersönlichkeitsrechtliche Befugnisse, 2006, S. 239ff.

ner unentgeltlichen Ausgestaltung aus §§ 662, 671 BGB, im Falle seiner entgeltlichen Ausgestaltung aus §§ 662, 675 BGB abgeleitet werden.[1261] In Betracht kommt bei der treuhänderischen Wahrnehmung entweder die Übertragung des Veröffentlichungsrechts als solches oder die Wahrnehmung der Abwehrrechte durch den Treuhänder. Die Treuhand in Form der Übertragung urheberpersönlichkeitsrechtlicher Befugnisse scheitert bereits an deren Unübertragbarkeit nach § 29 Abs. 1 UrhG.[1262] Dabei ist darauf hinzuweisen, dass die „Cosima Wagner"-Entscheidung des BGH zum Zeitpunkt des LUG und KUG ergangen ist, in der die Übertragbarkeit des Urheberrechts noch möglich war. Problematisch ist bei der unechten Treuhand jedoch, dass der Urheber gegenüber Dritten weiterhin zur Abwehr imstande sein muss und die Abtretung von Abwehransprüchen nur für bereits entstandene Ansprüche in Betracht kommt. Daher wird vorgeschlagen, dass hinsichtlich des Veröffentlichungsrechts allenfalls eine unechte Treuhand in der Form der Ermächtigungstreuhand Anwendung finden kann, nach der der Urheber als Vollrechtsinhaber neben dem Treuhänder zur Geltendmachung seiner Abwehrrechte berechtigt ist.[1263] Im Rahmen der Fremdausübung des urheberpersönlichkeitsrechtlichen Veröffentlichungsrechts ist dies rechtstechnisch als eine Einziehungsermächtigung analog nach § 185 Abs. 1 BGB einzuordnen.[1264] Durch die tatbestandsausschließende Einwilligung des Urhebers wird der Auftraggeber vor Abwehrrechten des Urhebers nach §§ 97 Abs. 2, 12 UrhG geschützt.

1.7 Fazit

Ob mit der Einräumung von Nutzungsrechten und der vorbehaltlosen Zurverfügungstellung des Werks der Arbeitgeber und Auftraggeber grundsätzlich auch zu der Veröffentlichung des Werkes berechtigt ist, kann sich

---

1261 Bassenge in: Palandt, BGB, § 903 BGB Rn. 33.
1262 Matanovic, Rechtsgeschäftliche Dispositionen über urheberpersönlichkeitsrechtliche Befugnisse, 2006, S. 239f.
1263 Bassenge in: Palandt, BGB, § 903 BGB Rn. 34; für das Veröffentlichungsrecht so auch Matanovic, Rechtsgeschäftliche Dispositionen über urheberpersönlichkeitsrechtliche Befugnisse, 2006, S. 240.
1264 Da der Urheber bereits sein Veröffentlichungsrechts ausgeübt hat, bedarf es nicht der Einordnung als Ermächtigung „in sonstiger Weise", die dem Treuhänder die Möglichkeit gibt, ein fremdes Recht im eigenen Namen auszuüben; so auch Matanovic, Rechtsgeschäftliche Dispositionen über urheberpersönlichkeitsrechtliche Befugnisse, 2006, S. 242.

bei fehlender ausdrücklicher Regelung sowohl beim angestellten als auch beim beauftragten Urheber erst nach einer Interessenabwägung im Einzelfall aus dem Grundsatz von Treu und Glauben nach § 242 BGB ergeben. Beim angestellten Urheber ergibt sich dies zusätzlich indirekt aus § 43 UrhG aufgrund der arbeitsvertraglichen Verpflichtung, die Werknutzung für den betrieblichen Zweck zu ermöglichen. Mitbestimmung kommt sowohl dem angestellten als auch beauftragten Urheber bei der Entscheidung über die Veröffentlichungsreife des Werks zu. Damit der Verwerter das Werk tatsächlich veröffentlichen darf, muss der angestellte und beauftragte Urheber – entweder ausdrücklich oder konkludent – zum Ausdruck bringen, dass das Werk veröffentlichungsreif ist. Die Veröffentlichungsreife gehört zum Kern des Veröffentlichungsrechts, daher darf auf ihr Vorliegen nicht aufgrund eines Arbeitsvertrags oder Auftrags geschlossen werden, mit dem der Urheber zur Schöpfung eines Werkes verpflichtet wird. Die Veröffentlichungsreife muss sich daher zweifelsfrei zum Zeitpunkt der Fertigstellung des Werks ergeben. Ist der beauftragte Urheber mit der Form der Veröffentlichung nicht einverstanden, bleibt ihm die Möglichkeit, einen Rückruf entsprechend den Regeln des § 42 UrhG zu erklären. Dieses Recht kommt auch dem angestellten Urheber zu. An die Voraussetzungen der Unzumutbarkeit sind bei ihm jedoch höhere Anforderungen zu stellen als beim beauftragten Urheber.[1265] Vertraglicher Regelungsbedarf ist gegeben, wenn der angestellte oder beauftragte Urheber selbst daran interessiert ist, das Werk zu veröffentlichen. Zur Klarstellung ist den Vertragsparteien anzuraten, eine Regelung zum Veröffentlichungsrecht von bearbeiteten Werken des Urhebers zu treffen. Darüber hinaus kann es angebracht sein, alle Formen der Veröffentlichung, die betrieblich relevant sind, in den Vertrag aufzunehmen. Darüber hinaus betrieblich relevante Veröffentlichungen können jedoch weiterhin stillschweigend ergänzt werden. Soll der Inhaber eines nicht-ausschließlichen Verwertungsrechts zur Erstveröffentlichung verpflichtet werden, ist dies ebenso vertraglich zu regeln.

2. Das Recht auf Anerkennung der Urheberschaft und das Recht auf Urheberbezeichnung nach § 13 UrhG

Das Recht aus § 13 UrhG gibt dem beauftragten Urheber die Möglichkeit, nach außen in Erscheinung zu treten und durch die Urheberbezeichnung

---

1265 Rojahn in: Schricker/Loewenheim, § 43 UrhG Rn. 43.

auf sich aufmerksam zu machen. Dies ist für den beauftragten Werkschöpfer relevant, um die ideellen Früchte seiner Arbeit zu ernten, jedoch auch notwendig, wenn es um die Akquise von weiteren Aufträgen geht. Das in § 13 UrhG normierte Recht ist auch für den angestellten Urheber von großer Bedeutung. So verschafft der Anspruch auf Urheberbezeichnung dem angestellten Urheber die Möglichkeit, ideell und wirtschaftlich von seinen Mühen zu profitieren. Wirtschaftliche Bedeutung erlangt das Recht dadurch, dass der Urheber nur durch die Namensnennung einen Bekanntheitsgrad erlangen kann, die ihm auch im betrieblichen Ablauf Vorteile verschaffen können. Zudem erlangt der angestellte Urheber nur durch die Namensnennung die Möglichkeit, persönlich mit dem Werk in Verbindung gebracht zu werden und dadurch zu Ehre und Anerkennung für die Schöpfung zu gelangen. Das Recht auf Anerkennung der Urheberschaft ist daher sowohl gegenüber Betriebsangehörigen als auch gegenüber Dritten von Bedeutung und steht damit auch den angestellten Urhebern[1266] – einschließlich den Beamten[1267] und den angestellten Wissenschaftlern[1268] – zu mit der Folge, dass bei den angestellten Urhebern grundsätzlich die allgemeinen Einschränkungsvoraussetzungen zum Tragen kommen.[1269] Gerade bei den Rechtsgeschäften über das „Ob" der Urheberbezeichnung ergeben sich jedoch beim angestellten Urheber Abweichungen zur Interessenlage im Auftragsverhältnis.

2.1 Gesetzlicher Schutzumfang

Das Recht des Urhebers auf Anerkennung seiner Urheberschaft nach § 13 S. 1 UrhG bezeichnet das umfassende Recht des Schöpfers, als Urheber des von ihm stammenden Werkes angegeben zu werden. Es wird von dem Schöpferprinzip abgeleitet und bildet den ideellen und wirtschaftlichen Schutz des Urhebers nach § 11 UrhG ab.[1270] Es besteht generell und ist nicht wie beispielsweise das Veröffentlichungsrecht nach § 12 UrhG, auf

---

1266 RGZ 110, 393 (397) – Innenausstattung Riviera; BGH, GRUR 1978, 360 (361) – Hegel-Archiv; Schulze in: Dreier/Schulze, § 13 UrhG Rn. 18 m.w.N.
1267 BGH GRUR 1972, 713 (715) – Im Rhythmus der Jahrhunderte.
1268 Näher hierzu Thiele, GRUR 2004, 392 (394).
1269 RGZ 110, 393 (397) – Innenausstattung Riviera; Gamm, Urheberrechtsgesetz, 1968, § 13 UrhG Rn. 9; Wandtke in: Wandtke/Bullinger, § 43 UrhG Rn. 88.
1270 Dreyer in: Dreyer/Kotthoff/Meckel, § 13 UrhG Rn. 6; Kroitzsch/Götting in: Ahlberg/Götting, § 13 UrhG Rn. 1.

die Erstveröffentlichung des Werks reduziert.[1271] Mit Ausübung des Rechts auf Anerkennung der Urheberschaft erlischt das Recht aus § 13 S. 1 UrhG gerade nicht und kann daher für die Zukunft widerholt ausgeübt werden[1272]. Das Recht aus § 13 UrhG sichert das geistige Band des Urhebers zu seinem Werk, indem ihm das Werk zugeordnet und zuerkannt wird, das seine Persönlichkeit widerspiegelt.[1273] Das Recht aus § 13 S. 1 UrhG, das ebenfalls durch Art. 6 [bis] RBÜ geschützt ist, beinhaltet, dass der Urheber sich gegen jeden zur Wehr setzen kann, der seine Urheberschaft bestreitet, sich selbst die Urheberschaft des Werkes anmaßt oder einem Dritten zuschreibt.[1274] Neben dem Recht des Schöpfers, sich als der Urheber des Werkes auszugeben, beinhaltet § 13 S. 1 UrhG auch das Recht, sich von seinem Werk zu distanzieren und nicht als Urheber genannt zu werden. Daher kann der Urheber sich auch zur Wehr setzen, um nicht oder nicht mehr mit dem von ihm geschaffenen Werk in Verbindung gebracht zu werden. Diese Rechte stehen jedem Urheber zu, so auch dem Miturheber[1275], bei einer Bearbeitung eines Werks sowohl dem ersten Urheber[1276] als auch dem bearbeitenden Urheber[1277] sowie dem Urheber an einem Sammelwerk[1278], dem Urheber eines wissenschaftlichen Texts nach § 70 UrhG und dem Lichtbildner nach § 72 UrhG. Eine Einschränkung des Rechts auf Anerkennung der Urheberschaft am Werk ergibt sich für Filmwerke aus § 93 Abs. 2 UrhG.

Der wichtigste Anwendungsfall[1279] des allgemeinen Schutzprinzips des Rechts auf Anerkennung der Urheberschaft nach § 13 S. 1 UrhG ist das Urheberbenennungsrecht, das nochmals gesondert in § 13 S. 2 UrhG geregelt ist. Der Urheber hat danach einen Anspruch, selbst zu bestimmen, ob das

---

1271 Schulze in: Dreier/Schulze, § 13 UrhG Rn. 3, 8.
1272 Dreyer in: Dreyer/Kotthoff/Meckel, § 13 UrhG Rn. 9.
1273 Wandtke in: Wandtke/Bullinger, § 43 UrhG Rn. 88; Skrzipek, Urheberpersönlichkeitsrecht und Vorfrage, S. 13.
1274 Kroitzsch/Götting in: Ahlberg/Götting, § 13 UrhG Rn. 8.
1275 Die gesamthänderische Bindung findet auch beim Recht auf Anerkennung der Urheberschaft Anwendung, siehe dazu OLG Karlsruhe, GRUR 1984, 812 (812) – Egerlandbuch.
1276 Der erste Urheber soll sich zumindest solange auf das Recht aus § 13 UrhG beziehen können wie sein originäres Schaffen noch deutlich erkennbar ist; OLG Frankfurt a.M., UFITA Bd. 59 (1971), 306 (307) – Taschenbuch für Wehrfragen; BGH, GRUR 1978, 360 (361) – Hegel-Archiv.
1277 BGH, GRUR 1963 40(42) – Straßen - gestern und morgen.
1278 BGH, GRUR 1978, 360 (361) – Hegel-Archiv.
1279 Dietz/Peukert in: Loewenheim, Hdb. des Urheberrechts, § 15 Rn. 72; so auch AG Frankfurt a.M., ZUM-RD 2006, 479 (479f.).

Originalwerk und seine Vervielfältigungsstücke[1280] unter seinem bürgerlichen Namen, einem Pseudonym oder Künstlerzeichen oder ohne jede Namensangabe an die Öffentlichkeit weitergegeben werden.[1281] Das Recht nach § 13 S. 2 UrhG beinhaltet weiter das Recht, die Art und Weise der Urheberbezeichnung zu bestimmen.[1282] Dies beinhaltet die Möglichkeit, zwischen seinem Vor- und Nachnamen, einem Künstlernamen, Pseudonym[1283] oder Künstlerzeichen zu wählen.[1284] Die Nennung von Kontaktdaten wie Anschrift, Telefonnummer und Homepage sind von dem Recht auf Urheberbezeichnung nicht erfasst.[1285] Die Angabe der Funktion des Urhebers[1286] wird insbesondere dann relevant, wenn mehrere Personen an der Werkschöpfung beteiligt sind.[1287] Im Verlagswesen kann der Verleger die konkrete äußere Form der Urheberbezeichnung bestimmen nach § 14 S. 2 VerlG. Für die Art und Weise der Urheberbezeichnung ist entscheidend, dass der Urheber seinem Werk eindeutig zugeordnet werden kann und die Urheberbezeichnung deutlich genug ist.[1288] § 13 S. 1 ist subsidiär gegenüber § 13 S. 2 UrhG.[1289] Bei der Verwertung in unkörperlicher Form

---

1280 Kroitzsch/Götting in: Ahlberg/Götting, § 13 UrhG Rn. 25; BGH, GRUR 1995, 671 (672) – Namensnennungsrecht des Architekten.
1281 Kroitzsch/Götting in: Ahlberg/Götting, § 13 UrhG Rn. 10.
1282 Kroitzsch/Götting in: Ahlberg/Götting, § 13 UrhG Rn. 11, wobei die Angabe des Berufes oder des Wohnortes nicht unter § 13 S. 2 UrhG fallen soll.
1283 Die Verwendung eines Pseudonyms schützt den Urheber jedoch nicht vor der Aufdeckung seiner Identität, so Bullinger in: Wandtke/Bullinger, § 13 UrhG Rn. 11; Dustmann in: Fromm/Nordemann, § 13 UrhG Rn. 28; Schulze in: Dreier/Schulze, § 13 UrhG Rn. 33.
1284 Dreyer in: Dreyer/Kotthoff/Meckel, § 13 UrhG Rn. 24; Dustmann in: Fromm/Nordemann, § 13 UrhG Rn. 26; Bullinger in: Wandtke/Bullinger, § 13 UrhG Rn. 11.
1285 Dreyer in: Dreyer/Kotthoff/Meckel, § 13 UrhG Rn. 24; Dustmann in: Fromm/Nordemann, § 13 UrhG Rn. 26; Bullinger in: Wandtke/Bullinger, § 13 UrhG Rn. 10.
1286 Beispielsweise die Funktion des Urhebers als Autor, Komponist, Übersetzer, Bearbeiter.
1287 Schulze in: Dreier/Schulze, § 13 UrhG Rn. 18.
1288 Schulze in: Dreier/Schulze, § 13 UrhG Rn. 21.
1289 Dietz/Peukert in: Loewenheim, Hdb. des Urheberrechts, § 15 Rn. 69 führt an, dass § 13 S. 2 UrhG dann vorrangig einschlägig sei, wenn es um die Verwertung und Verwendung körperlicher Werkgegenstände ginge. Daher nimmt Dietz an, dass § 13 S. 1 UrhG die Fälle erfasst, in denen die Werke unkörperlich dargeboten werden ohne gleichzeitigen Einsatz eines sichtbar werdenden Werkstücks. Dabei verweist Dietz jedoch auch darauf, dass die Unterscheidung keine praktische Bedeutung habe, da in jedem Fall das Recht auf Namensnennung des Urhebers aus § 13 UrhG folge.

wie beispielsweise durch öffentliche Wiedergabe ist der Urheber durch Ansage, Nennung im Programm, im Filmvor- oder – abspann oder auf dem Etikett des Bilds oder Tonträgers oder in sonst geeigneter Weise nach § 13 S. 2 UrhG zu nennen.[1290] Bei Werken der Baukunst hat der Architekt das Recht, die Anbringung seines Namens am Gebäude in angemessener Form vom Bauherrn zu verlangen.[1291] Der Auftraggeber oder der Arbeitgeber haben kein Recht aus § 13 UrhG.[1292] Auch wenn der Urheber sich gegen eine Namensnennung am Werk entscheidet, hat dies keine Auswirkungen auf sein Recht auf Anerkennung seiner Urheberschaft nach § 13 S. 1 UrhG. Bei den Mitarbeitern im Hochschulbereich gilt darüber hinaus die Besonderheit, dass sie bei der Veröffentlichung von Forschungsergebnissen stets namentlich genannt werden müssen, da eine Nichtnennung die Dienstpflicht nach § 24 HRG verletzen würde. Die Pflicht zur Urhebernennung entfällt jedoch bei amtlichen Werken nach § 5 UrhG, wenn ein Werk von einer Behörde im amtlichen Interesse zur allgemeinen Kenntnisnahme veröffentlicht wird.

Das Recht, nicht mit einem fremden Werk in Verbindung gebracht zu werden (sog. „negatives Recht auf Namensnennung" bzw. „droit de non-paternité") wird nicht aus § 13 S. 2 UrhG abgeleitet, sondern aus dem Allgemeinen Persönlichkeitsrecht[1293]. Angriffe auf die Ehre des Urhebers in Bezug auf sein Werk wie Schmähkritik über die Qualität eines Werks oder der unberechtigte Plagiatsvorwurf werden ebenfalls vom Allgemeinen zivilrechtlichen Persönlichkeitsschutz aus § 823 Abs. 1, Art. 1 Abs. 1 und Art. 2 Abs. 1 GG erfasst. § 13 S. 2 UrhG war bereits in § 13 KUG enthalten.

1290 Kroitzsch/Götting in: Ahlberg/Götting, § 13 UrhG Rn. 25.

1291 Kroitzsch/Götting in: Ahlberg/Götting, § 13 UrhG Rn. 25.

1292 Das Recht auf Namensnennung wird aber durch das Zitiergebot nach § 63 UrhG ergänzt mit der Folge, dass für Verlage, Zeitungen, Zeitschriften, Sendeunternehmen oder sonstige Publikationsorgane eine Nennung als Quellenangabe nach § 63 UrhG in Betracht kommt.

1293 BGH, ZUM 1990, 180 (182) – Emil Nolde; LG Köln, ZUM-RD 2007, 201 (202) – Schwammskulptur; Wandtke in: Wandtke/Bullinger, § 43 UrhG Rn. 90

2.2 Rechtsgeschäfte über das Urheberbenennungsrecht nach § 13 S. 2 UrhG im Auftragsverhältnis

Allein dem beauftragten Urheber, nicht seinem Auftraggeber, steht das Recht aus § 13 UrhG zu.[1294] Da das Recht des beauftragten Urhebers aus § 13 UrhG nicht – wie beim Veröffentlichungsrecht nach § 12 UrhG – untrennbar mit der Ausübung der vermögensrechtlichen Befugnisse zusammenhängt, ergibt sich nicht bereits aufgrund der vermögensrechtlichen Befugnisse des Auftraggebers, dass das Recht des beauftragten Urhebers auf Urheberbezeichnung nach § 13 S. 2 UrhG aus Treu und Glauben beschränkt werden muss. Denn grundsätzlich gilt, dass die Verwertung des Werkes auch möglich ist, wenn der Auftragnehmer als Urheber genannt wird. Dies wird auch nochmals verdeutlicht durch § 39 UrhG, der § 13 UrhG ergänzt. § 39 Abs. 1 UrhG stellt klar, dass Änderungen der Urheberbezeichnung zulässig sind, wenn sich der nutzungsberechtigte Auftraggeber und der Urheber vertraglich darüber geeinigt haben. § 39 Abs. 2 UrhG führt die Urheberbezeichnung nicht auf mit der Folge, dass der Auftraggeber vom beauftragten Urheber eine Einwilligung zur Änderung der Urheberbezeichnung nicht aus Treu und Glauben fordern kann.

Von der grundsätzlichen Zulässigkeit von Regelungen über das Urheberbezeichnungsrecht nach § 13 S. 2 UrhG, dass auch aus § 39 Abs. 1 UrhG abgeleitet wird, ist der Regelungsgehalt des § 39 Abs. 1 UrhG für die Rechtsausübung des Urhebers über sein Urheberbezeichnungsrecht zu unterscheiden. § 39 Abs. 1 UrhG regelt die Zulässigkeit einer Änderung der Urheberbezeichnung durch den nutzungsberechtigten Auftraggeber, sofern ihm dafür die Zustimmung des Urhebers vorliegt. Eine Änderung einer Urheberbezeichnung setzt eine zuvor getroffene, von der Änderung betroffene Entscheidung des Urhebers voraus. Wenn der Urheber eine Entscheidung über die Urheberbezeichnung trifft, übt er sein Recht aus § 13 S. 2 UrhG aus. Relevant ist in diesem Zusammenhang insbesondere die Nichtnennung des Urhebers, die als „verzichtendes" Rechtsgeschäft einzuordnen ist. § 39 Abs. 1 UrhG geht dem Wortlaut nach jedoch von dem Änderungsrecht des nutzungsberechtigten Auftraggebers aus und bildet daher nicht die „verzichtende" Rechtsausübung des Urhebers, sondern ein Bestimmungsrecht des Auftraggebers ab. Danach kommt § 39 Abs. 1 UrhG ein selbständiger Regelungsgehalt hinsichtlich dieser „übertragenden" Regelungen zu, die dem Auftraggeber das Bestimmungsrecht über das „Ob"

1294 OLG Frankfurt, Beschluss vom 15.02.1990, Az.: 6 W 17/90, NJW 1991, 1839; Schulze in: Dreier/Schulze, § 13 UrhG Rn. 14.

und „Wie" der Urheberbezeichnung geben. Rechtsgeschäftliche Bindung soll daher nur der Zustimmung des Urhebers im Rahmen von § 39 Abs. 1 UrhG zukommen.[1295]

Anerkannt ist, dass § 39 Abs. 1 UrhG nicht nur die Änderung der Urheberbezeichnung erfasst, sondern auch die erstmalige Vereinbarung über die Anbringung bzw. das Weglassen der Urheberbezeichnung.[1296] Ohne eine Vereinbarung nach § 39 Abs. 1 UrhG darf der Auftraggeber die Änderung nicht vornehmen. Fehlen daher vertragliche Regelungen zu § 13 S. 2 UrhG, ist grundsätzlich davon auszugehen, dass die Bestimmungen zum Namensnennungsrecht einzuhalten sind.[1297] Aus § 39 Abs. 1 UrhG ergibt sich dadurch nichts weiter zu der im Vorfeld zu § 39 Abs. 1 UrhG stattgefundenen Rechtsausübung durch den Urheber. Daher lässt sich feststellen, dass sich aus § 39 Abs. 1 UrhG lediglich ergibt, dass Rechtsgeschäfte über die Urheberbezeichnung zulässig sind. Weitere Inhalte zu der dogmatischen Konstruktion der Rechtsausübung des Urhebers nach § 13 S. 2 UrhG lassen sich daraus jedoch nicht ableiten.

Im Rahmen der Rechtsausübung des beauftragten Urhebers über sein Urheberbezeichnungsrecht nach § 13 S. 2 UrhG lassen sich zum einen die Rechtsgeschäfte hinsichtlich des „Ob" einer Urheberbezeichnung und hinsichtlich des „Wie" der Urheberbezeichnung unterscheiden, die im Folgenden dargestellt werden.

1295 Dietz/Peukert in: Schricker/Loewenheim, § 13 UrhG Rn. 24.

1296 Dietz/Peukert in: Loewenheim, Hdb. des Urheberrechts, § 15 Rn. 77; BGH, GRUR 1963 40(42) - Straßen - gestern und morgen: Dem beauftragten Urheber eines vorbestehenden Werks wurde der Anspruch zugesprochen, namentlich im Vorspann des Films genannt zu werden. Das Gericht sprach dem Miturheber aus wettbewerbsrechtlichen Gründen das Recht auf Urhebernennung zu. BGH, GRUR 1995, 671 (672) – Namensnennungsrecht des Architekten: in der Entscheidung hatte sich der BGH mit der Frage auseinanderzusetzen, ob dem beauftragten Architekten ein Recht auf Anbringung der Urheberbezeichnung am Werk nach § 13 S. 2 UrhG zusteht. Da in dem Architektenvertrag aus dem Jahr 1980 keine Regelung enthalten war, führte der BGH aus, dass dem beauftragten Urheber das Recht zwar grundsätzlich zustünde, dieses jedoch dann von der Branchenübung eingeschränkt würde, wenn diese – ausdrücklich oder stillschweigend – Vertragsinhalt geworden ist. Dazu auch Dietz in: Schricker/Loewenheim, vor § 12 UrhG, vor §§ 12ff. Rn. 28f.

1297 Wandtke in: Wandtke/Bullinger, § 43 UrhG Rn. 90.

2.2.1 Rechtsgeschäfte über das „Ob" der Urheberbezeichnung

Im Rahmen der Rechtsgeschäfte über das „Ob" der Urheberbezeichnung geht es in der Regel um die Ausübung der negativen Befugnis der Urheberbezeichnung aus § 13 S. 2 UrhG in Form der Nichtnennung des beauftragten Urhebers. Daher konzentrieren sich die folgenden Ausführungen auf die Regelung der Nichtnennung des Urhebers. Dabei sind folgenden Ausführungen jedoch auch auf die positive Rechtsausübung der Urhebernennung[1298] entsprechend anzuwenden.

Während sich die Art und Weise der Namensnennung beim Urheber nach einer Interessenabwägung im Einzelfall ermittelt, unterliegt die Frage, ob der Urheber an sich eine Urhebernennung verlangen kann, keiner Abwägung.[1299] Unabhängig davon können der beauftragte Urheber und der Auftraggeber eine ausdrückliche Regelung über die Urheberbezeichnung im konkreten Einzelfall[1300] treffen. Da das Recht auf Urheberbezeichnung nach § 13 S. 2 auch das allgemeine Schutzprinzip der Anerkennung der Urheberschaft nach § 13 S. 1 UrhG wiederspiegelt, sind an die vertraglichen Vereinbarungen von Einschränkungen des § 13 UrhG hohe Anforderungen zu stellen. Unter Hinweis auf die Vorschriften der §§ 10 Abs. 2, 66 UrhG, die sich auf eine anonyme Veröffentlichung beziehen, wird vertreten, dass ein unbegrenzter Verzicht auf die Urheberbezeichnung bei der Werkverwertung zulässig sein müsse.[1301] §§ 10 Abs. 2, 66 UrhG regeln zwar den Umgang mit pseudonymen Werken und setzen daher inhaltlich das Recht des Urhebers zur Nichtnennung voraus. Dennoch kann daraus noch nicht geschlossen werden, dass der Urheber gänzlich auf § 13 UrhG verzichten kann.[1302] Außerdem ist ein Rückgriff auf diese Normen nicht notwendig, da bereits § 39 Abs. 1 UrhG zeigt, dass vertragliche Vereinbarungen über die Urheberbezeichnung im Sinne von § 13 S. 2 UrhG möglich sind.

Ausdrückliche Regelungen sind danach unter zweierlei Voraussetzungen zulässig. Zum einen kann eine vertragliche Vereinbarung zur Nicht-

---

1298 Im Rahmen der bildenden Kunst stellt dies beispielsweise die Signierung des Originals dar.
1299 BT Drucks. IV/270, S. 44f.
1300 Schulze in: Dreier/Schulze, § 13 UrhG Rn. 24.
1301 Gamm, Urheberrechtsgesetz, 1968, § 13 UrhG Rn. 3.
1302 Kroitzsch/Götting in: Ahlberg/Götting, § 13 UrhG Rn. 18, weist darauf hin, dass die Normen der §§ 10 Abs. 2 und 66 UrhG nur den tatsächlichen Zustand zeigen, auf die rechtliche Durchsetzbarkeit jedoch keinen Einfluss haben können.

nennung des Urhebers dem Urheber nicht die grundsätzliche Möglichkeit nehmen, seine Meinung darüber zu ändern.[1303] Daher stellt sich stets die Frage der Bindungswirkung einer vertraglichen Regelung.[1304] Zum anderen ist bei der ausdrücklichen Vereinbarung über die Nichtnennung des Urhebers stets zu beachten, dass die Regelung nicht den Kernbereich des § 13 UrhG betreffen darf.[1305] Es wird daher angenommen, dass eine ausdrückliche Regelung über die Nichtnennung getroffen werden kann, sofern dem beauftragten Urheber alle anderen Befugnisse des § 13 S. 1 UrhG verbleiben, er also sich jederzeit zu seinem Werk bekennen kann und der Auftraggeber sich nicht die Urheberschaft seines Werks anmaßt.[1306]

Neben der ausdrücklichen Vereinbarung ist auch eine stillschweigende Beschränkung des Urheberbenennungsrechts nach § 13 S. 2 UrhG in Literatur[1307] und Rechtsprechung[1308] auch beim beauftragten Urheber anerkannt. Diesbezüglich sind zum Schutz des beauftragten Urhebers jedoch strenge Anforderungen zu stellen. Wenn der beauftragte Urheber die Urheberbezeichnung selbst auf dem Werk bei Übergabe an den Auftraggeber unterlässt, ist daraus noch nicht zu schließen, dass er damit auch auf die Nennung seiner Urheberbezeichnung verzichtet.[1309] Dies kann lediglich als Indiz gewertet werden, das der weiteren Auslegung nach §§ 133, 157 BGB bedarf.

Treffen die Vertragsparteien keine Regelung über die Urheberbenennung, stellt sich die Frage, ob sich der beauftragte Urheber bei der Ausübung seines Namensnennungsrechts nach Treu und Glauben den Erfordernissen des Betriebes anpassen muss.[1310] Im Hinblick auf das Namens-

---

1303 OLG München, GRUR-RR 2004, 33 (35) – Pumuckl-Illustrationen.

1304 Dazu nähere Ausführungen im Rahmen der dogmatischen Konstruktion.

1305 Wandtke in: Wandtke/Bullinger, § 43 UrhG Rn. 87; Nordemann in: Loewenheim, Hdb. des Urheberrechts, § 63 Rn. 60; Rojahn in: Schricker/Loewenheim, § 43 UrhG Rn. 76; Dreyer in: Dreyer/Kotthoff/Meckel, § 13 UrhG Rn. 30; Schulze in: Dreier/Schulze, § 13 UrhG Rn. 26.

1306 Dietz/Peukert in: Schricker/Loewenheim, § 13 UrhG Rn. 24, Schacht, Die Einschränkung des Urheberpersönlichkeitsrechts im Arbeitsverhältnis, 2004, S. 177.

1307 Dietz in: Schricker/Loewenheim, vor § 12 UrhG, § 13 Rn. 24, § 39 UrhG Rn. 11, 14ff; Dustmann in: Fromm/Nordemann, § 13 UrhG Rn. 14; Dreyer in: Dreyer/Kotthoff/Meckel, § 13 UrhG Rn. 32.

1308 BGH, GRUR 1963 40 (42) - Straßen - gestern und morgen; BGH GRUR 1972, 713 (715) – Im Rhythmus der Jahrhunderte; OLG Hamm, GRUR-RR 2008, 154 (155) – Copyrightvermerk; BGH, GRUR 1995, 671 (672) – Namensnennungsrecht des Architekten.

1309 Dreyer in: Dreyer/Kotthoff/Meckel, § 13 UrhG Rn. 29.

1310 KG GRUR 1976, 264 – Gesicherte Spuren.

nennungsrecht des Urhebers nach § 13 S. 2 UrhG kann eine branchenübliche[1311] Nichtnennung des Urhebers dazu führen, dass der beauftragte Urheber auf seine Namensnennung verzichtet, sofern dies - ausdrücklich oder stillschweigend - Vertragsinhalt geworden ist.[1312] Soweit sich Verkehrsgewohnheiten oder allgemeine Branchenübungen gebildet haben, ist davon auszugehen, dass diese beim Abschluss von Verwertungsverträgen mangels abweichender Abreden stillschweigend zugrunde gelegt wurden, wenn diese Übung tatsächlich bestand und sie den Vertragspartnern bekannt war.[1313] Das bloße Vorliegen der Branchenüblichkeit reicht nicht aus.[1314] Zusätzlich ist in diesem Fall eine Interessenabwägung erforderlich, in der sowohl die Werkart, die technische Möglichkeit der Anbringung

---

1311 Zu der Branchenüblichkeit im Bereich der Bühne, Film, Rundfunk, Printmedien und Werbeindustrie Wandtke in: Wandtke/Bullinger, § 43 UrhG Rn. 95-98 m.w.N.; Ausführungen zu weiteren Branchen: Rojahn in: Schricker/Loewenheim, § 43 UrhG Rn. 82.

1312 RGZ 110, 393 (397) – Innenausstattung Riviera; OLG Hamm GRUR-RR 2008, 154 (155) – Copyrightvermerk; BGH, GRUR 1995, 671 (672) – Namensnennungsrecht des Architekten; BGH, GRUR 1963 40(42) - Straßen - gestern und morgen; Ulmer, Urheber- und Verlagsrecht, 1980, § 40 IV 2; Dreyer in: Dreyer/Kotthoff/Meckel, § 13 UrhG Rn. 32.

1313 BGH, GRUR 1995, 671 (673) - Namensnennungsrecht des Architekten; BGH, GRUR 1963 40 (42) - Straßen - gestern und morgen; Dustmann in: Fromm/Nordemann, § 13 UrhG Rn. 14; Gamm, Urheberrechtsgesetz, 1968, § 13 Rn. 11; Dietz/Peukert in: Schricker/Loewenheim, § 13 UrhG Rn. 25; Wachshöfer in: Hubmann/Forkel/Kraft, 469 (473).

1314 Kroitzsch/Götting in: Ahlberg/Götting, § 13 UrhG Rn. 18; Wandtke in: Wandtke/Bullinger, § 43 UrhG Rn. 93.

der Urheberbezeichnung[1315], die Zweckbestimmung des Werkes[1316] als auch die Gestaltungshöhe bei der Branchenübung zu berücksichtigen seien. Teilweise wird auch vertreten, dass eine Branchenübung dann nicht einbezogen werde, wenn es sich dabei um eine soziale Unsitte handelt.[1317] Teilweise wird das Kriterium der Branchenübung generell abgelehnt.[1318]

Grund für die Uneinigkeit der stillschweigenden Einbeziehung der Branchenüblichkeit bei der Urheberbenennung ist, dass der Urheber im Rahmen von Vertragsverhandlungen üblicherweise die schwächere Vertragspartei darstellt. Es besteht daher die Befürchtung, dass das Kriterium

---

1315 Osenberg, Die Unverzichtbarkeit des Urheberpersönlichkeitsrechts, 1979, S. 153 führt beispielsweise an, dass die Nichtnennung aufgrund technischer Gegebenheiten nicht möglich sein kann. Kolle, GRUR 1985, 1016 (1017) führt an, dass in der Computerbranche daher keine Namensnennung erfolgen müsse. Dies ist jedoch abzulehnen. Denn dies wird nur in sehr seltenen Fällen der Fall sein, und ist nur auf die Fälle beschränkt, in denen eine Urhebernennung nicht durch Digitalisierung oder durch Urhebernennung im Rahmen der Markenangabe möglich ist. So auch Bullinger in: Wandtke/Bullinger, § 13 UrhG Rn. 24; Matanovic, Rechtsgeschäftliche Dispositionen über urheberpersönlichkeitsrechtliche Befugnisse, 2006, S. 261; Wandtke in: Wandtke/Bullinger, § 43 UrhG Rn. 94. Däubler, AuR 1985, 169 (173) verweist darauf, dass das positive Recht auf Namensnennung auch bei Computerprogrammen ohne Beeinträchtigung des betrieblichen Zwecks durch Einfügung eines separaten Menüpunkts gewahrt werden könne.

1316 OLG München GRUR 1969, 146 – Werbegrafik, wonach das Recht auf Namensnennung daher bei einem nicht beeinträchtigenden Signum auf einer Werbeanzeige besteht; Wandtke in: Wandtke/Bullinger, § 43 UrhG Rn. 92 führt an, dass eine auffällige Signierung jedoch bei einer Werbeanzeige aufgrund der Gefährdung des Werbezwecks nicht vom Recht auf Namensnennung gedeckt sei, A.A. Matanovic, Rechtsgeschäftliche Dispositionen über urheberpersönlichkeitsrechtliche Befugnisse, 2006, S. 260.

1317 OLG Düsseldorf GRUR RR 006, 393 (395); LG München I, Schulze LGZ 102,3; Schulze in: Dreier/Schulze, § 13 Rn. 26; Schack, Urhebervertragsrecht, 2013, Rn. 377; Dietz/Peukert in: Schricker/Loewenheim, § 13 UrhG Rn. 25; Bullinger in: Wandtke/Bullinger, § 13 UrhG Rn. 24; Schacht, Die Einschränkung des Urheberpersönlichkeitsrechts im Arbeitsverhältnis, 2004, S. 178f; Matanovic, Rechtsgeschäftliche Dispositionen über urheberpersönlichkeitsrechtliche Befugnisse, 2006, S. 260; A.A.Dreyer in: Dreyer/Kotthoff/Meckel, § 13 UrhG Rn. 33.

1318 Radmann ZUM 2001, 788 (792) führt dabei an, dass die stillschweigende Einbeziehung der Branchenübung mit der nach § 13 Satz 2 UrhG uneingeschränkten Gewährleistung des Namensnennungsrechts, der Wertung des AGBG (jetzt AGB) und der Rechtsprechung des BVerfG zum Schutze strukturell unterlegener Vertragsparteien nicht vereinbar sei und daher abzulehnen sei.

der Branchenüblichkeit eine einseitige Durchsetzung der Interessen des Auftraggebers verschleiert.

Daher wollen einige Vertreter neben dem Kriterium der Sittenwidrigkeit nach § 138 Abs. 1 BGB die weitere Grenze der sozialen Unsitte in die Interessenabwägung mit einbeziehen. Dagegen wird eingewendet, dass dies das soziale Ungleichgewicht nur perpetuiere, da damit weiterhin eine konkludente Abbedingung kraft Branchenübung akzeptiert und erst in einem zweiten Schritt auf ihre Sozialverträglichkeit hin überprüft werden würde.[1319]

Dem ist zumindest im Ergebnis zuzustimmen. Die Unsitte ist nicht als rechtssicheres Kriterium geeignet. Mangelnde Vertragsparität ist bereits von der Sittenwidrigkeit des § 138 Abs. 1 BGB erfasst.[1320] Bedenklich bleibt weiterhin, dass eine bestehende Branchenübung zu einer Aufgabe des Schutzes des § 13 UrhG führen könnte. Daher muss auch hier gelten, dass die Branchenübung nur soweit Vertragsinhalt werden kann, wenn dies für beide Vertragsparteien erkennbar war und nicht den Kernbereich des § 13 UrhG betrifft.[1321] Da die Branchenüblichkeit für den Auftraggeber günstiger ist als für den beauftragten Urheber, der in der Regel dadurch namentlich nicht genannt wird, trägt der Auftraggeber bei der Geltendmachung der Branchenüblichkeit die Beweislast für Erkennbarkeit und deren Vorliegen.[1322] Insgesamt gilt, dass der beauftragte Urheber sich nicht aus Treu und Glauben den Erfordernissen des Betriebs anpassen muss. Eine stillschweigende Verzichtserklärung aufgrund von Branchenüblichkeit kann nur dann angenommen werden, wenn die Branchenübung tatsächlich existiert, diese den Parteien bekannt war und die Parteien davon abgesehen haben, eine abweichende Regelung zu treffen. Für eine abweichende Regelung muss es bereits ausreichen, dass der beauftragte Urheber mündlich oder schriftlich zum Ausdruck bringt, dass er mit der Branchenübung nicht einverstanden ist. Hat er dies getan, wird die Branchenübung nicht zum Vertragsinhalt. Ist dies jedoch nicht der Fall, ist der beauftragte Urheber bereits hinreichend geschützt durch das Erfordernis der Erkennbarkeit der Branchenübung. Auch bei der Branchenübung gilt jedoch, dass sie nur

---

1319 Radmann ZUM 2001, 788 (790).
1320 Dreyer in: Dreyer/Kotthoff/Meckel, § 13 UrhG Rn. 33f.
1321 BT Drucks. IV/270, S. 44; Dreyer in: Dreyer/Kotthoff/Meckel, § 13 UrhG Rn. 30, 42.
1322 Schulze in: Dreier/Schulze, § 13 UrhG Rn. 28; OLG München, GRUR 1969, 146 (147) unter Anwendung des Grundsatzes der Zweckübertragung ist im Zweifel davon auszugehen, dass der beauftragte Urheber namentlich zu nennen ist.

so weit gehen kann, wie der Kernbereich des § 13 UrhG nicht berührt wird.

Eine stillschweigende Beschränkung des Urheberbezeichnungsrechts des beauftragten Urhebers lässt sich außerhalb der Branchenübung nicht allein aus der vertraglichen Beziehung aus Treu und Glauben nach § 242 BGB schließen. So folgt nicht bereits aus der Einräumung exklusiver Nutzungsrechte eine stillschweigende Begrenzung des Rechts auf Urhebernennung.[1323] Der Auftraggeber, der Vervielfältigungen von einem Originalwerk anfertigen darf, darf ebenfalls ohne ausdrückliche Abrede keine Veränderungen an der Urheberbezeichnung vornehmen, § 39 Abs. 1 UrhG. Dabei muss auch erkennbar sein, dass es sich um eine Kopie des Werks handelt, ansonsten steht eine Strafbarkeit nach § 107 Abs. 1 Nr. 2 StGB im Raum.[1324]

2.2.2 Rechtsgeschäfte über das „Wie" der Urheberbezeichnung

Hinsichtlich der Rechtsgeschäfte über das „Wie" der Urheberbezeichnung sind die Rechtsausübungen des Urhebers von der Überlassung der Namensnennung an einen Dritten und dabei zwischen der ausdrücklichen und der stillschweigenden Rechtsausübung des Urhebers über das „Wie" der Urheberbezeichnung zu unterscheiden.

Ist keine ausdrückliche Regelung über die Art der Urheberbezeichnung getroffen worden, so kann bei der Vertragsauslegung ergänzend auf die Verkehrssitte und Branchenüblichkeit zurückgegriffen werden.[1325] Das Recht auf Urheberbezeichnung besteht dabei jedoch nicht schrankenlos. Liegt keine ausdrückliche Regelung vor, so sind im Rahmen einer Interessenabwägung auch die Interessen Dritter zu berücksichtigen.[1326] Die Interessen des Auftraggebers überwiegen dann, wenn die Urheberbezeichnung reklamehaft und wettbewerbsrechtlich relevant ist.[1327] Im Hinblick auf die Art und Weise der Urheberbenennung bestehen weniger Bedenken bei der Anwendung der Branchenüblichkeit, da in diesem Fall bereits der An-

---

1323 Kroitzsch/Götting in: Ahlberg/Götting, § 13 UrhG Rn. 19; OLG Hamm, GRUR-RR 2008, 154 (155) – Copyrightvermerk, in der es um die Einräumung exklusiver Nutzungsrechte an einer Software ging.
1324 Kroitzsch/Götting in: Ahlberg/Götting, § 13 UrhG Rn. 26.
1325 Dreyer in: Dreyer/Kotthoff/Meckel, § 13 UrhG Rn. 25.
1326 Dreyer in: Dreyer/Kotthoff/Meckel, § 13 UrhG Rn. 25.
1327 Dreyer in: Dreyer/Kotthoff/Meckel, § 13 UrhG Rn. 25.

spruch aus § 13 S. 2 UrhG garantiert ist.[1328] Übergibt der Urheber ein Werk mit seinem Namen, Decknamen oder Signatur, ist davon auszugehen, dass er damit sein Recht auf Urheberbezeichnung ausübt.[1329] Auch außerhalb der Branchenübung ist der Auftraggeber berechtigt, die Größe und den Ort der Urheberbezeichnung zu bestimmen.[1330] Für das Verlagswesen folgt dies bereits aus § 14 VerlG.[1331] Trifft den Auftraggeber daher eine Verwertungspflicht des Auftragswerks, besteht eine vergleichbare Interessenlage, die eine analoge Anwendung auch außerhalb des Verlagswesens rechtfertigt.

Von der eigenen Rechtsausübung des beauftragten Urhebers ist die Überlassung der Urheberbezeichnung an den Auftraggeber zu unterscheiden. Dies kann jedoch nur dann der Fall sein, wenn nicht bereits eine Branchen- oder Betriebsübung besteht.[1332] Die Zulässigkeit dieser Fremdausübung des Auftraggebers ergibt sich zum einen als Bestandteil des Rechts, selbst die Urheberbezeichnung auszuwählen, die auch das Recht umfasst, einen Dritten in den eigenen Grenzen auswählen zu lassen.[1333] Zum anderen lässt sich die Zulässigkeit der Fremdausübung auch aus § 39 Abs. 1 UrhG schließen, der dem Nutzungsberechtigten das Recht zur Änderung gibt und damit eine Fremdausübung des Urheberbezeichnungsrechts beinhaltet. Das Bestimmungsrecht des Auftraggebers kann sich allerdings nur auf die Auswahl von durch den beauftragten Urheber bereits gewählten Alternativen beziehen und kann die Auswahl aufgrund der Wahrung des Kernbereichs des Urheberbezeichnungsrechts nicht völlig losgelöst vom Urheber entschieden werden, denn ansonsten bestünde die Gefahr einer Verletzung von § 29 UrhG.[1334]

1328 Matanovic, Rechtsgeschäftliche Dispositionen über urheberpersönlichkeitsrechtliche Befugnisse, 2006, S. 268.

1329 Dreyer in: Dreyer/Kotthoff/Meckel, § 13 UrhG Rn. 26.

1330 Kroitzsch/Götting in: Ahlberg/Götting, § 13 UrhG Rn. 30.

1331 § 14 VerlG lautet: „Der Verleger ist verpflichtet, das Werk in der zweckentsprechenden und üblichen Weise zu vervielfältigen und zu verbreiten. Die Form und Ausstattung der Abzüge wird unter Beobachtung der im Verlagshandel herrschenden Übung sowie mit Rücksicht auf Zweck und Inhalt des Werkes vom Verleger bestimmt."

1332 Matanovic, Rechtsgeschäftliche Dispositionen über urheberpersönlichkeitsrechtliche Befugnisse, 2006, S. 269.

1333 Matanovic, Rechtsgeschäftliche Dispositionen über urheberpersönlichkeitsrechtliche Befugnisse, 2006, S. 269; Forkel, Gebundene Rechtsübertragungen, 1977, S. 212.

1334 Matanovic, Rechtsgeschäftliche Dispositionen über urheberpersönlichkeitsrechtliche Befugnisse, 2006, S. 269.

2.2.3 Rechtsdogmatische Einordnung

Rechtstechnisch ist der schuldrechtliche Verzicht[1335] des Urhebers auf seine Abwehrrechte aus §§ 97 Abs. 2, 13 UrhG als Einwilligung[1336] einzuordnen, welche nicht widerruflich ist.[1337] Der Urheber ist damit nicht mehr berechtigt, seine Abwehransprüche aus §§ 97 Abs. 2, 13 UrhG gegenüber seinem Auftraggeber geltend zu machen. Besonders relevant ist bei der Disposition über das Urheberbenennungsrecht die Bindungswirkung der Vereinbarung. Wenn der Urheber die Urheberbezeichnung selbst auf dem Werk unterlässt, ist daraus noch nicht zu schließen, dass er damit auch auf die Nennung seiner Urheberbezeichnung verzichtet.[1338] Dadurch ist der Urheber nicht daran gehindert, sein Recht aus § 13 S. 2 UrhG immer wieder neu auszuüben. Bindung erfolgt erst dann, wenn eine rechtsgeschäftliche Vereinbarung über § 13 UrhG getroffen wurde.[1339] Ob eine rechtsgeschäftliche Vereinbarung des beauftragten Urhebers im Einzelfall vorliegt, ist im Rahmen einer Interessenabwägung zu ermitteln. Im Falle von Zweifeln ist die allgemeine Zweckübertragungsregel heranzuziehen.[1340] Ergibt die Auslegung, dass es sich nicht nur um eine bloße Rechtsausübung des Urhebers, sondern um eine rechtsgeschäftliche Handlung handelt, kann diese nicht gegenüber dem Auftraggeber widerrufen werden. Allein im Falle einer Unzumutbarkeit steht dem beauftragten Urheber ein Rückrufsrecht nach § 42 UrhG analog der Beschränkung des Urheberbezeichnungsrechts zu. Daneben kommen die allgemeinen Beendigungsrechte wie die Kündigung aus wichtigem Grund nach § 314 BGB in Betracht.

1335 So auch Schulze in: Dreier/Schulze, § 13 UrhG Rn. 24.

1336 Im Gegensatz zu der verzichtenden Disposition über das Veröffentlichungsrecht nach § 12 UrhG ist die Einwilligung nicht bereits negatives Tatbestandsmerkmal, sondern wirkt nur rechtfertigend und beseitigt damit nur die Rechtswidrigkeit. Als Begründung wird angeführt, dass es hinsichtlich des Urheberbenennungsrechts an Regelungen fehlt wie den §§ 6 und 12 Abs. 2 UrhG, die bei der Begründung der tatbestandsausschließenden Wirkung der Einwilligung in die Beschränkung des Veröffentlichungsrechts nach § 12 UrhG herangezogen werden; so auch Matanovic, Rechtsgeschäftliche Dispositionen über urheberpersönlichkeitsrechtliche Befugnisse, 2006, S. 259.

1337 Siehe dazu Abschnitt Erstes Kapitel, § 5 A. 5.

1338 Dietz/Peukert in: Schricker/Loewenheim, § 13 UrhG Rn. 24; Dreyer in: Dreyer/Kotthoff/Meckel, § 13 UrhG Rn. 25.

1339 Dreyer in: Dreyer/Kotthoff/Meckel, § 13 UrhG Rn. 25.

1340 Dietz/Peukert in: Schricker/Loewenheim, § 13 UrhG Rn. 24.

Die Rechtsgeschäfte über das „Wie" der Urheberbenennung stellen rechtstechnisch eine Rechtsausübung in sonstiger Weise[1341] nach § 185 Abs. 1 BGB analog dar. Als rechtsgeschäftliche Handlung, die mit Willen des Urhebers geschieht, ist sie nicht frei widerruflich.[1342] §§ 41 und 42 UrhG finden analoge Anwendung[1343]. Ist der Auftraggeber neben der Ausübung in sonstiger Weise nach § 185 BGB analog auch zur Einräumung von Unterlizenzen oder zur Übertragung seiner Nutzungsrechte nach §§ 34, 35 UrhG berechtigt, ist im Rahmen einer Auslegung nach §§ 133, 157 BGB zu ermitteln, ob dem weiteren Nutzungsberechtigten auch ein Bestimmungsrecht der Urheberbezeichnung zukommen soll. Denkbar ist in diesem Zusammenhang, dass der Auftraggeber berechtigt ist, den weiteren Nutzungsberechtigten zu unterermächtigen.[1344]

2.3 Rechtsgeschäfte über das Urheberbenennungsrecht nach § 13 S. 2 UrhG im Arbeitsverhältnis

2.3.1 Rechtsgeschäfte über das „Ob" der Urheberbezeichnung

Bei ausdrücklichen Vereinbarungen über das „Ob" der Urheberbezeichnung gilt daher auch bei den angestellten Urhebern, dass Beschränkungen nicht dazu führen dürfen, dass der Kerngehalt des Urheberpersönlichkeits-

---

1341 Da der Auftraggeber hier das Bezeichnungsrecht des Urhebers im eigenen Namen ausübt, handelt es sich hier um eine Ausübung in sonstiger Weise (im Gegensatz zum Veröffentlichungsrecht, bei dem es sich mangels Fremdausübung des Auftraggebers um eine analog nach § 185 Abs. 1 BGB zu behandelnde Einziehungsermächtigung handelt).

1342 § 183 S. 1 UrhG ist zugunsten des Auftraggebers teleologisch zu reduzieren, so auch Matanovic, Rechtsgeschäftliche Dispositionen über urheberpersönlichkeitsrechtliche Befugnisse, 2006, s. 269.

1343 Aus § 41 Abs. 7 UrhG ergibt sich, dass weitere Ansprüche vom Rückrufsrecht unberührt bleiben. Relevant ist im Lizenzvertrag als Dauerschuldverhältnis die Kündigung des gesamten Vertrags oder eine Teilkündigung der Regelung über die Urheberbezeichnung aus wichtigem Grund nach § 314 BGB, so Schricker/Loewenheim in: Schricker/Loewenheim, § 31 UrhG Rn. 41, der jedoch von der Subsidiarität gegenüber den Rückrufsrechten ausgeht; Matanovic, Rechtsgeschäftliche Dispositionen über urheberpersönlichkeitsrechtliche Befugnisse, 2006, S. 270.

1344 Für eine Unterermächtigung bei Zustimmung der Übertragung der Nutzungsrechte nach §§ 34, 35 UrhG Lößl; Rechtsnachfolge in Verlagsverträgen; 1997, S. 14; Matanovic, Rechtsgeschäftliche Dispositionen über urheberpersönlichkeitsrechtliche Befugnisse, 2006, S. 271.

rechts betroffen ist.[1345] Zum Kernbereich zählt auch hier, dass der Arbeitgeber nicht berechtigt ist, die Urheberschaft an einem Werk seines Arbeitnehmerurhebers sich selbst anzumaßen oder Dritten zuzuschreiben.[1346] Ausdrückliche Regelungen zur Nennung des angestellten Urhebers finden sich im Tarifvertrag für Film- und Fernsehschaffende.[1347] Auch im Zeitungs- und Zeitschriftenbereich geht der Trend dahin, in Tarifverträgen die Namensnennungspflicht des Arbeitgebers aufzunehmen. Hier ist aber keine einheitliche Übung festzustellen. Bei Textbeiträgen in einer Zeitung oder Zeitschrift werden i. d. R. die Namen der Autoren genannt. Die Rundfunk- und Fernsehanstalten haben in ihren Tarifverträgen die Vereinbarung getroffen, dass eine Namensnennung der Urheber erfolgen soll, soweit es rundfunküblich ist und der Urheber dem nicht widersprochen hat. Allgemein anerkannt ist, dass im Rahmen von § 13 UrhG nur schuldrechtliche Vereinbarungen möglich sind.[1348]

Fehlt eine vertragliche Vereinbarung über das „Ob" der Urheberbezeichnung, kann es beim angestellten Urheber ebenso wie beim beauftragten Urheber auch zu einer stillschweigenden Beschränkung des Namensnennungsrechts kommen. Dabei kommt der Beschränkung aufgrund der Branchenübung ebenfalls eine große Bedeutung zu.[1349]Hat das Unternehmen eine betriebliche Namensnennung entwickelt, gilt diese vorrangig vor der Branchenübung.[1350]Das Vorliegen der Voraussetzung der Branchenüblichkeit unterliegt beim angestellten Urheber gleichermaßen wie beim beauftragten Urheber einer kritischen Prüfung.[1351] Damit die branchenübliche Nichtnennung stillschweigend Vertragsinhalt werden kann,

---

1345 Kroitzsch/Götting in: Ahlberg/Götting, § 13 UrhG Rn. 30; Dietz/Peukert in: Loewenheim, Hdb. des Urheberrechts, § 15 Rn. 79; Dreyer in: Dreyer/Kotthoff/Meckel, § 13 UrhG Rn. 42.

1346 Vinck, Die Rechtsstellung des Urhebers im Arbeits- und Dienstverhältnis, 1972, S. 41; Rojahn, Der Arbeitnehmerurheber in Presse, Funk und Fernsehen, 1978, S. 108; Gamm, Urheberrechtsgesetz, 1968, § 13 UrhG Rn. 3; Schacht, Die Einschränkung des Urheberpersönlichkeitsrechts im Arbeitsverhältnis, 2004, S. 170.

1347 Ziffer 3.10. des TV http://www.connexx-av.de/tarifvertraege.php Tarifverträge für beauftragte und angestellte Urheber-Danach haben Regisseure, Hauptdarsteller, Produktionsleiter, Kameramänner, Architekten, Tonmeister, 1. Aufnahmeleiter, Cutter, Masken- und Kostümbildner einen Anspruch auf Namensnennung im Vor- und Nachspann des Films, soweit ein Vor- und Nachspann hergestellt wird.

1348 Wandtke in: Wandtke/Bullinger, § 43 UrhG Rn. 88.

1349 Rojahn in: Schricker/Loewenheim, § 43 UrhG Rn. 80.

1350 Rojahn in: Schricker/Loewenheim, § 43 UrhG Rn. 81.

1351 Kroitzsch/Götting in: Ahlberg/Götting, § 13 UrhG Rn. 30.

ist auch beim angestellten Urheber zu fordern, dass diese Branchenüblichkeit für ihn erkennbar war. Es ist nicht bereits mit Abschluss des Arbeitsvertrags davon auszugehen, dass der Arbeitnehmer mangels anderer ausdrücklicher Regelungen die Branchenübung akzeptiert.[1352] Für das Vorliegen der Branchenübung und deren Erkennbarkeit für den Arbeitnehmer trägt der Arbeitgeber die Beweislast.[1353] Durch die betriebliche Einbindung des angestellten Urhebers in den Betrieb und den Kontakt zu anderen Urhebern wird jedoch die Erkennbarkeit der Branchenübung beim angestellten Urheber keine große Hürde darstellen. Außerdem verhindert das Urheberbenennungsrecht des Arbeitnehmers nicht die wirtschaftliche Verwertung durch den Arbeitgeber, es besteht gerade keine mittelbare Verbindung zum Verwertungsrecht wie beim Veröffentlichungsrecht. Daher werden die Interessen des Arbeitgebers bereits dadurch hinreichend berücksichtigt. Eine Branchenübung wird damit auch dann Vertragsinhalt des Arbeitsvertrags, wenn diese tatsächlich besteht, für den Arbeitnehmer erkennbar war und keine abweichenden Regelungen getroffen wurden. Das Kriterium der sozialen Unsitte ist auch im Rahmen des Arbeitsverhältnisses wenig hilfreich[1354], Grenze bildet allein die Sittenwidrigkeit nach § 138 BGB.

Darüber hinaus kann sich jedoch beim angestellten Urheber aus der arbeitsvertraglichen Treuepflicht gegenüber seinem Arbeitgeber eine Beschränkung des Urheberbezeichnungsrechts ergeben.[1355] So führt auch die Regierungsbegründung aus, dass aus dem Zweck des Arbeitsvertrags folgen kann, dass der angestellte Urheber sein Recht auf Urhebernennung im

---

1352 Schacht, Die Einschränkung des Urheberpersönlichkeitsrechts im Arbeitsverhältnis, 2004, S. 168; a.A. Vinck, Die Rechtsstellung des Urhebers im Arbeits- und Dienstverhältnis, 1972, S. 43 und Rojahn in: Schricker/Loewenheim, § 43 UrhG Rn. 81; Rojahn, Der Arbeitnehmerurheber in Presse, Funk und Fernsehen, 1978, S. 112, die jeweils keine Erkennbarkeit der Branchenüblichkeit beim angestellten Urheber fordern.

1353 Dustmann in: Fromm/Nordemann, § 13 UrhG Rn. 14.

1354 Dreyer in: Dreyer/Kotthoff/Meckel, § 13 UrhG Rn. 33; A.A. Dustmann in: Fromm/Nordemann, § 13 UrhG Rn. 17 für den angestellten Schriftsteller; Rojahn in: Schricker/Loewenheim, § 43 UrhG Rn. 81; Dietz/Peukert in: Schricker/Loewenheim, § 13 UrhG Rn. 25; OLG Düsseldorf, GRUR-RR 2006, 393 (395); LG München I ZUM 1995, 57 (58).

1355 Kroitzsch/Götting in: Ahlberg/Götting, § 13 UrhG Rn. 30; Dietz/Peukert in: Loewenheim, Hdb. des Urheberrechts, § 15 Rn. 79; Rojahn, Der Arbeitnehmerurheber in Presse, Funk und Fernsehen, 1978, S. 111, Vinck, Die Rechtsstellung des Urhebers im Arbeits- und Dienstverhältnis, 1972, S. 41.

Rahmen der betrieblichen Nutzung abbedingt.[1356] So wird davon ausgegangen, dass der angestellte Urheber namentlich nicht zu nennen ist, wenn sich diese Notwendigkeit aus dem Arbeitsvertrag ergibt.[1357] Eine Beschränkung des „Ob" der Urheberbezeichnung kann sich jedoch nur in Ausnahmefällen aus der Treuepflicht des Arbeitnehmers ableiten lassen.[1358] Denkbar erscheint dies jedoch dann, wenn die Ausübung des Rechts des Arbeitnehmers aus § 13 UrhG für den Arbeitgeber unzumutbar ist.[1359] Beamte und im öffentlichen Dienst Tätige werden wegen der Natur des Vertragsverhältnisses im Rahmen einer umfassenden Interessenabwägung weitergehende Beschränkungen hinnehmen müssen als andere Arbeitnehmer.[1360]Besonderes Bedürfnis an der Nichtnennung des angestellten Urhebers ist insbesondere denkbar, wenn die Werke Ausdruck besonderer behördlicher Autorität sind und daher eine Urhebernennung dazu führen könnte, dass die Werke als subjektive Meinung aufgefasst werden könnten.

2.3.2 Rechtsgeschäfte über das „Wie" der Urheberbezeichnung

Haben sich bezüglich der Namensnennung Verkehrsgepflogenheiten entwickelt, so ist der Arbeitgeber nur in diesem Rahmen verpflichtet, die Urheberbezeichnung vorzunehmen.[1361] An die Einbeziehung dieser Branchenübung sind keine hohen Anforderungen zu stellen. Insbesondere ist für die Einbeziehung der Branchenübung hinsichtlich der Art und Weise der Urheberbezeichnung eine Erkennbarkeit für den angestellten Urheber nicht erforderlich.

1356 BT Drucks. IV/270, S. 62.
1357 Rojahn in: Schricker/Loewenheim, § 43 UrhG Rn. 80.
1358 Vinck, Die Rechtsstellung des Urhebers im Arbeits- und Dienstverhältnis, 1972, S. 42.
1359 So auch schon Vinck, Die Rechtsstellung des Urhebers im Arbeits- und Dienstverhältnis, 1972, S. 42.
1360 Vinck, Die Rechtsstellung des Urhebers im Arbeits- und Dienstverhältnis, 1972, S. 42.
1361 Ulmer, Urheber- und Verlagsrecht, 1980, § 40 IV 2; Vinck, Die Rechtsstellung des Urhebers im Arbeits- und Dienstverhältnis, 1972, S. 42; Rojahn in: Schricker/Loewenheim, § 43 UrhG Rn. 80.

2.3.3 Rechtsdogmatische Einordnung

Hinsichtlich der rechtstechnischen Einordnung ist auf die Ausführungen zu § 13 S. 2 UrhG beim beauftragten Urheber zu verweisen.

2.4 Ghostwriter[1362]-Vereinbarung

Eine Ghostwriter-Vereinbarung ist weder im Auftrags- noch im Arbeitsverhältnis unüblich. Im Auftragsverhältnis kann ein einzelner Urheber als Ghostwriter auftreten, es gibt jedoch auch Ghostwriter-Unternehmen, die auf eine Vielzahl von Ghostwritern zurückgreifen können. Derartige Konstellationen finden sich vor allem in der Sparte der „Auto"-Biografien. Die Ghostwriter-Unternehmen greifen im Bereich wissenschaftlicher Texte zumeist auf freie Mitarbeiter zurück. In diesem Fall liegt sowohl im Verhältnis des Auftraggebers zum Ghostwriter-Unternehmen als auch im Innenverhältnis ein Werkvertrag vor. Bei der Erbringung musikalischer oder rhetorischer Ghostwriter-Dienstleistungen werden diese Dienstleistungen mitunter von Arbeitnehmern des Ghostwriter-Unternehmens erbracht.[1363] Das Rechtsverhältnis ist in diesem Fall im Außenverhältnis werkvertraglicher, im Innenverhältnis arbeitsvertraglicher Natur. Unabhängig von dem Ghostwriter-Unternehmen sind Ghostwriter-Tätigkeiten auch in Arbeitsverhältnissen denkbar, wenn der Arbeitnehmer für seinen Arbeitgeber tätig wird. Besonders relevant sind in diesem Zusammenhang auch die beamten- und sonstigen öffentlich-rechtlichen Dienstverhältnisse, in denen beispielsweise der wissenschaftliche Mitarbeiter für den Lehrstuhlinhaber tätig wird.

Mittels der Ghostwriter-Vereinbarung wird das Recht auf Anerkennung der Urheberschaft nicht dem Urheber, sondern einem Dritten zugeordnet. Dieser ist dann berechtigt, sich als Urheber zu bezeichnen. Der Urheber verpflichtet sich durch die Ghostwriter-Vereinbarung, die eigene Urheber-

---

1362 Praktisch relevant sind nicht nur die schriftlichen Sprachwerke, sondern auch die der bildenden Kunst („Ghostpainter") und die der Musik („Ghostcomposer"); zu den unterschiedlichen Werkarten: Metzger, Rechtsgeschäfte über das Droit moral, 2002, S. 22, FN. 118 m.w.N.

1363 Abzurufen unter: http://www.urheber.und.recht.info/beitraege/ghostwriting/; zuletzt abgerufen am 5.12.2014.

schaft geheim zu halten.[1364] Gerade die Vereinbarung, die eigene Urheberschaft in der Öffentlichkeit zu verschweigen, erscheint im Hinblick auf das Recht auf Anerkennung der Urheberschaft nach § 13 S. 1 UrhG problematisch. Dennoch besteht ein praktisches Bedürfnis, eine wirksame Ghostwriter-Vereinbarung zu treffen. So kann eine derartige Vereinbarung den Interessen aller Parteien dienen. Der Ghostwriter verfügt über die schöpferischen Fähigkeiten, doch interessiert dies vielleicht den Markt nicht. Durch die Ghostwriter-Tätigkeit bietet sich ihm jedoch die Möglichkeit, diese Fähigkeiten trotzdem wirtschaftlich nutzen zu können. Der Auftraggeber bzw. Arbeitgeber erspart sich viel Zeit und kann dennoch von einem Werk im eigenen Namen profitieren.

Aufgrund des praktischen Bedürfnisses an wirksamen Ghostwriter-Vereinbarungen stellt sich die Frage, ob sich der Urheber vertraglich zum Schweigen verpflichten lassen kann oder ob der Schutz des Urhebers aus § 13 S. 1 UrhG und die Unantastbarkeit des Kernbereichs des Rechts auf Anerkennung der Urheberschaft einer wirksamen Vereinbarung entgegensteht.

2.4.1 Ansätze in der Rechtsprechung

Auch die Rechtsprechung hatte sich in der Vergangenheit mit Ghostwriter-Vereinbarungen und dieser Frage auseinanderzusetzen.

In der Rechtssache des KG Berlin „Manfred Köhnlechner"[1365] setzte sich das Gericht mit der namentlichen Nichtnennung von Miturhebern unter lauterkeitsrechtlichen Gesichtspunkten auseinander. Die Klägerin, eine Verbraucherzentrale, warf der Beklagten, einem Verlag, eine nach § 5 UWG unzulässige irreführende geschäftliche Handlung vor, da der Verlag auf der ersten Umschlagseite einer Taschenbuchreihe über Hautkrankheiten allein den Namen von Manfred Köhnlechner aufführte, die weiteren mitarbeitenden Personen[1366] jedoch namentlich nicht erwähnte. Da Köhnlechner diesen Mitarbeitern hinsichtlich Art und Umfang der Werkschöpfung keinen unverrückbaren Rahmen vorgegeben hatte, hatten diese Urhe-

---

1364 Osenberg, Die Unverzichtbarkeit des Urheberpersönlichkeitsrechts, 1979, S. 82; Schacht, Die Einschränkung des Urheberpersönlichkeitsrechts im Arbeitsverhältnis, 2004, S. 172.

1365 KG Berlin, Urteil vom 09.04.1976 – 5 U 731/76, abzurufen unter BeckRS 1976, 00789 – Manfred Köhnlechner.

1366 Ob diese Hilfspersonen werkvertraglich oder arbeitsvertraglich zur Mitarbeiter verpflichtet wurden, ergibt sich aus dem Urteil nicht.

ber das Werk auch eigentümlich geprägt. Das Gericht würdigte zwar, dass das Namensnennungsrecht dieser Mitautoren ausdrücklich oder konkludent beschränkt werden könne[1367], sah in der Nichtnennung der weiteren Urheber jedoch eine unzulässige Geschäftshandlung nach § 5 UWG, da die Unzulässigkeit für den Verlag erkennbar gewesen sei und es dem Verlag möglich gewesen wäre, die weiteren Urheber namentlich zu nennen.[1368]

Weiter hatte sich das OLG Naumburg[1369] mit der Wirksamkeit einer Kündigung einer Ghostwriter-Vereinbarung und der Auswirkung auf die Vergütungsansprüche auseinanderzusetzen. Da kein wichtiger Grund dargelegt wurde, wurde dem Ghostwriter kein Kündigungsrecht nach § 314 BGB, sondern nur ein Kündigungsrecht nach § 649 S. 1 BGB zugestanden.[1370]

Die Zulässigkeit einer Ghostwriter-Vereinbarung im Hinblick auf § 13 S. 1 UrhG war zuletzt vor dem OLG Frankfurt Gegenstand des Verfahrens. Darin hatte sich das OLG Frankfurt[1371] mit der Zulässigkeit einer Ghostwriter-Vereinbarung im Rahmen eines Anstellungsverhältnisses beschäftigt. Der Leiter eines Marktforschungsteams wurde von seinem Dienstvorgesetzten angewiesen, zu einer vom Teamleiter angefertigten Marktstudie einen Aufsatz in einer Fachzeitschrift zu verfassen. Der Aufsatz sollte jedoch nicht unter dem Namen des Teamleiters, sondern unter dem Namen des Dienstvorgesetzten erscheinen. Ohne dies weiter mit dem Teamleiter abzusprechen, gab der Dienstvorgesetzte in seiner Funktion als Honorarprofessor den Fachaufsatz auch in seiner Publikationsliste an, die über die Universitätshomepage abrufbar war. Nachdem der Teamleiter den Dienstvorgesetzten zur Streichung des von ihm verfassten Aufsatzes von der Publikationsliste aufforderte, kam er dieser Aufforderung nach. Er weigerte sich jedoch, eine vorbeugende Unterlassungserklärung zu unterzeichnen, sodass sich das OLG Frankfurt in der daraufhin vom Verfasser des Texts angestrengten Unterlassungsklage mit der Frage der Sittenwidrigkeit die-

---

1367 Aussagen zu der Zulässigkeit von Ghostwriter-Vereinbarungen lassen sich der Rechtssache Manfred Köhnlechner jedoch nicht entnehmen, da es sich nur mit der Nennung der Autoren, nicht jedoch mit der schuldrechtlichen Verpflichtung auseinandersetzt, die eigenen Urheberschaft geheim zu halten.

1368 KG Berlin, Urteil, BeckRS 1976, 00789, Rn. 52, 54.

1369 OLG Naumburg, Urteil vom 08.05.2008, Az.: 2 U 9/08, BeckRS 2008, 22960 – Honorar bei Kündigung des Ghostwriters für Autobiografie.

1370 Darüber hinaus hatte sich das LG Berlin, Teilurteil vom 06.05.2011, Az.: 103 O 41/10, BeckRS 2012, 04828 mit der Unterlassung von Werbebehauptungen und Zahlung von Abmahnkosten auseinanderzusetzen.

1371 OLG Frankfurt, GRUR 2010, 221ff. – betriebswirtschaftlicher Aufsatz.

ser Ghostwriter-Abrede befassen musste. Der Teamleiter gab darin an, dass allein die strukturelle Unterlegenheit als Arbeitnehmer und die Angst vor beruflichen Nachteilen ihn dazu gebracht hätten, der Ghostwriter-Abrede zuzustimmen, sodass dies als sittenwidrig einzustufen sei im Sinne von § 138 BGB. In der Abmachung der Veröffentlichung des Aufsatzes unter fremdem Namen sah das Gericht dagegen eine zulässige Vereinbarung über das Urheberbenennungsrecht nach § 13 S. 2 UrhG.[1372] Bei Abwägung der Interessen kam das Gericht zu dem Schluss, dass diese zulässig sei, da ideelle Interessen des Verfassers nicht verletzt seien, da er ohnehin kein wissenschaftliches Renommee durch die Veröffentlichung im eigenen Namen erlangt hätte.[1373]

2.4.2 Ansätze in der Literatur

In der Literatur sind die Meinungen zur Zulässigkeit von Ghostwriter-Vereinbarungen uneinheitlich. Teilweise werden sie per se als unzulässig eingeordnet.[1374] Teilweise werden sie dann als zulässig eingestuft, wenn sie Reden und Texte zu aktuellen politischen Themen betreffen.[1375] Auch wird bei der Zulässigkeit einer Ghostwriter-Vereinbarung danach unterschieden, ob sich die Vereinbarung auf ein fremd- oder eigenorientiertes Werk des Ghostwriters bezieht. Ghostwriter-Abreden zu fremdorientierten Werken werden in der Literatur teilweise als zulässig eingeordnet.[1376] Unter fremdorientierten Werken werden dabei solche Werke eines Urhebers verstanden, die Vorstellungen und Meinungen des späteren Namensträgers zum Ausdruck bringen und objektiv eine Beziehung zum Stil und Vorstellungsgehalt des Namensträgers herstellen.[1377]

1372 OLG Frankfurt, GRUR 2010, 221 (222) – betriebswirtschaftlicher Aufsatz.

1373 OLG Frankfurt, GRUR 2010, (223) – betriebswirtschaftlicher Aufsatz.

1374 Schacht, Die Einschränkung des Urheberpersönlichkeitsrechts im Arbeitsverhältnis, 2004, S. 173 ff.

1375 Osenberg, Die Unverzichtbarkeit des Urheberpersönlichkeitsrechts, 1979, S. 126; Dietz/Peukert in: Schricker/Loewenheim, § 13 UrhG Rn. 28.

1376 Stolz, Der Ghostwriter im deutschen Recht, 1971, S. 62, 67; Bullinger in: Wandtke/Bullinger, § 13 UrhG Rn. 22.

1377 Vinck, Die Rechtsstellung des Urhebers im Arbeits- und Dienstverhältnis, 1972, S. 42, der in diesem Fall anführt, dass es bereits an einer urheberrechtlich geschützten Leistung fehlt, wenn in einem Werk lediglich fremde Ideen und Wertvorstellungen enthalten sind.

2.4.3 Eigene Stellungnahme

Das Vorgehen, die Zulässigkeit der Ghostwriter-Vereinbarung von der vorliegenden Werkart bzw. von dem konkreten Inhalt abhängig zu machen, findet in der Systematik des UrhG keine Stütze und ist daher abzulehnen.[1378] Auch sind keine praktischen Notwendigkeiten ersichtlich. Denn gerade bei politischen Reden besteht kein erhöhtes Bedürfnis an der Zulässigkeit von Ghostwriter-Vereinbarungen. Der mündliche Vortrag eines Politikers impliziert nicht zwingend, dass dieser selbst die gehaltene Rede verfasst hat. Außerdem kann sich wiederum ein eigener urheberrechtlich relevanter Gehalt durch den eigenen Ausdruck des Politikers ergeben. Im Einzelfall kann es sich bei politischen Reden auch nur um eine konkludente Vereinbarung über die Nichtnennung des Urhebers handeln, da weder ausdrücklich noch konkludent zum Ausdruck gebracht wird, dass der Politiker sich auch als Urheber der Rede ausgibt.[1379] In der Regel wird der Urheber nur für den Inhalt verantwortlich gemacht, der spezielle urheberrechtliche Ausdruck tritt dabei in den Hintergrund. Auch spielt die Verschwiegenheitsverpflichtung bei Ghostwritern politischer Reden nicht die entscheidende Rolle. Denn häufig ist zumindest in den beteiligten interessierten Kreisen bekannt, dass der Politiker nicht der Urheber der Rede ist. Teilweise sind die Redenschreiber sogar namentlich in der Öffentlichkeit bekannt. Die Problematik von Ghostwriter-Vereinbarungen in allen ihren Aspekten wird deshalb bei politischen Reden gerade nicht relevant. Gegen ein praktisches Bedürfnis an Ghostwriter-Abreden spricht auch, dass sich der Politiker vor allem für den Inhalt seiner Reden der Kritik stellen muss. Die in dem urheberrechtlichen Werk enthaltenden Meinungen und Werturteile sind für den Urheberrechtsschutz jedoch nicht relevant.

Auch führt die Unterscheidung zwischen fremd- und eigenorientierten Werken nicht weiter. Das Kriterium der Fremdorientiertheit enthält keine Aussage zu dem urheberrechtlichen Gehalt des Werks, sondern verdeutlicht nur, dass sich der Inhalt des Werks an einer fremden Person orientiert.[1380] Dies ist jedoch für den urheberrechtlichen Schutz des Ausdrucks und der Form nicht entscheidend. Die Zulässigkeit von Ghostwriter-Ver-

---

1378 So auch Matanovic, Rechtsgeschäftliche Dispositionen über urheberpersönlichkeitsrechtliche Befugnisse, 2006, S. 275.

1379 So auch Schacht, Die Einschränkung des Urheberpersönlichkeitsrechts im Arbeitsverhältnis, 2004, S. 173.

1380 Siehe hierzu auch die Ausführungen zu der Fremdorientiertheit des Werks in Abschnitt D. III. 2.3.2.2.

einbarungen kann daher weder von der Werkart noch von der Fremdorientiertheit des Werks abhängig gemacht werden.

Vielmehr ist die Zulässigkeit von Ghostwriter-Vereinbarungen allein danach zu beurteilen, ob der Kern der einzelnen urheberpersönlichkeitsrechten Befugnis betroffen ist. Inhaltlich lässt sich die Ghostwriter-Vereinbarung in drei rechtliche relevante Aspekte einteilen: die Nichtnennung des Ghostwriter-Urhebers, die Bezeichnung einer an der Werksschöpfung unbeteiligten natürlichen Person als Urheber und die Verschwiegenheitsverpflichtung des Urhebers, sich nicht zu seiner Urheberschaft in der Öffentlichkeit zu bekennen.

2.4.3.1 Nichtnennung des Ghostwriter-Urhebers

Die namentliche Nichtnennung des Urhebers nach § 13 S. 2 UrhG kann schuldrechtlich vereinbart werden. Bei diesen Rechtsgeschäften über § 13 S. 2 UrhG bilden der unverzichtbare Kern des Rechts auf Anerkennung zu der eigenen Urheberschaft und die Sittenwidrigkeit nach § 138 Abs. 1 BGB die Grenze der Wirksamkeit. Die Nichtnennung nimmt dem Urheber jedoch nicht das Recht, sich selbst zu seiner Urheberschaft zu bekennen. Der Urheber kann daher unproblematisch schuldrechtlich auf seine Urhebernennung verzichten.

2.4.3.2 Bezeichnung eines Dritten als Urheber

Als nächstes ist die Zulässigkeit einer Vereinbarung zu erörtern, in der der Urheber einwilligt, dass ein Dritter als Urheber seines Werks bezeichnet wird. Problematisch ist dabei, dass mit der Fremdanmaßung der Urheberschaft auch eine Übertragung des Urheberrechts und damit ein Verstoß gegen § 29 UrhG gegeben sein könnte. Bei der Bezeichnung des Werks geht es jedoch nicht darum, das Urheberrecht an sich zu übertragen, sondern nur darum, dass mit der Bezeichnung eines Dritten der Eindruck erweckt werden soll, dass ein Dritter das Werk geschaffen hat. Tatsächlich ist die Vereinbarung daher nicht wegen § 29 UrhG unwirksam, da durch die Bezeichnung eines Dritten als Urheber der eigentliche Urheber noch nicht in seinem Recht auf Anerkennung der Urheberschaft beschnitten wird.

2.4.3.3 Verpflichtung zum Schweigen über eigene Urheberschaft

Problematisch erscheint jedoch die Verpflichtung, die eigene Urheberschaft gegenüber der Öffentlichkeit zu verschweigen. Die dauerhafte Verpflichtung zum Schweigen könnte einem dinglichen Verzicht gleichkommen, welcher aufgrund der Unübertragbarkeit des Urheberpersönlichkeitsrechts nach § 29 Abs. 1 UrhG unwirksam wäre. Teilweise wird deshalb dem Ghostwriter nach Ablauf von fünf Jahren unter Anwendung des Rechtsgedankens des §§ 40 Abs. 1 S. 2, 41 Abs. 4 S. 2 UrhG ein Rückrufsrecht zugestanden.[1381] § 40 UrhG gibt dem Urheber (unter Einhaltung des Schriftformerfordernisses) die Möglichkeit, Nutzungsrechte an künftigen Werken einzuräumen. Nach § 40 Abs. 1 S. 2 UrhG haben beide Vertragsparteien jedoch das Recht, diese vertragliche Regelung nach Ablauf von fünf Jahren nach dem Abschluss des Vertrages zu kündigen. Eine analoge Anwendung einer Norm setzt eine planwidrige Regelungslücke sowie eine Vergleichbarkeit der Interessenlage voraus. § 41 UrhG möchte verhindern, dass der Urheber sich einer Sperre für eigenes Tätigwerden unterwirft. Die Verschwiegenheitsverpflichtung sperrt den Urheber davor, sich selbst zu der Urheberschaft zu bekennen. Zwar sind bei § 41 UrhG auch wirtschaftliche Aspekte relevant, dennoch kann dies aufgrund der Einheitlichkeit des Urheberrechts und der untrennbaren Vereinigung von ideellen und vermögensrechtlichen Bestandteilen nicht entscheidend sein. Vielmehr sind auch in direkter Anwendung des § 41 UrhG ebenfalls ideelle Interessen verletzt, denn durch die fehlende Werkverwertung bleiben dem Urheber auch Ruhm, Ehre und Anerkennung verwehrt. Die vergleichbare Interessenlage ist gerade dadurch gegeben, dass der Urheber nicht an der Ausübung eines zum Kernbestand des Urheberrechts zählenden (Rückrufs)-Rechts vertraglich im Voraus mehr als fünf Jahre gehindert werden darf.[1382] Wenn die vergleichbare Interessenlage aber darin besteht, dass auf ein zum Kernbestand zählendes Recht nicht länger als fünf Jahre verzich-

1381 LG München I, ZUM 2003, 64(66); OLG München, ZUM 2003, 964 (968); OLG München, GRUR-RR 2004, 33 (35) – Pumuckl-Illustrationen; OLG Frankfurt, GRUR 2010, 221 (223) – betriebswirtschaftlicher Aufsatz.
1382 So auch Dietz/Peukert in: Schricker/Loewenheim, § 13 UrhG Rn. 9, 29; Schulze in: Dreier/Schulze, § 13 UrhG Rn. 31; Dietz/Peukert in: Loewenheim, Hdb. des Urheberrechts, § 15 Rn. 80; Nordemann-Schiffel in: Fromm/Nordemann, § 48 VerlG; § 48 VerlG Rn. 2; Bullinger in: Wandtke/Bullinger, vor § 12 UrhGff. UrhG Rn. 7, Bullinger in: Wandtke/Bullinger, § 13 UrhG Rn. 23.

tet werden darf, bezieht sich die Analogie nicht auf § 41 Abs. 1 UrhG[1383], sondern allein auf § 41 Abs. 4 S. 2 UrhG. Dies hat zur Folge, dass sich aus der analogen Anwendung des § 41 Abs. 4 S. 2 UrhG die Unwirksamkeit der zeitlich unbegrenzten Verschwiegenheitspflicht des Urhebers ergibt und gerade kein Gestaltungsrecht nach § 41 Abs. 1 UrhG.[1384]

Es ist jedoch fraglich, ob die analoge Anwendung des § 41 Abs. 4 S. 2 UrhG auch die Interessen der Parteien im Auftrags- und im Arbeitsverhältnis hinreichend berücksichtigt. Sowohl auf der Werkschöpferseite als auch auf der Seite der Person, die ein Ghostwriter-Werk in Auftrag gibt, besteht ein praktisches Bedürfnis für diese Vereinbarung. Durch die analoge Anwendung des § 41 Abs. 4 S. 2 UrhG wird die Möglichkeit geschaffen, zumindest eine rechtlich bindende Regelung für fünf Jahre zu treffen. Die analoge Anwendung des § 41 Abs. 4 S. 2 UrhG käme dieser Interessenlage entgegen.

Wollen die Parteien nach Ablauf von fünf Jahren eine Weitergeltung der Ghostwriter-Vereinbarung vertraglich regeln, hätten sie die Möglichkeit, diese erneut für weitere fünf Jahre zu vereinbaren. Durch diese Konstruktion gäbe daher der Urheber theoretisch nie den Kern seines Rechts auf Anerkennung der Urheberschaft aus § 13 S. 1 UrhG auf, da er sich maximal für die Zeit von fünf Jahren zur Verschwiegenheit binden kann. Es ist jedoch zu bezweifeln, dass diese Konstruktion auch für den Werkschöpfer von Vorteil ist. Theoretisch führt die zeitliche Begrenzung auf fünf Jahre dazu, dass der Werkschöpfer nach fünf Jahren seine Urheberschaft preisgeben darf. Tatsächlich wird es dies jedoch nicht tun, da in diesem Fall sein Ruf und Ansehen als Ghostwriter davon abhängt, dass er dies nicht tut. Die Tätigkeit des Ghostwriters ist in besonderem Maße von Vertrauen und Verschwiegenheit geprägt. Selbst wenn er nach Ablauf der fünf Jahre seine Ghostwriter Tätigkeit berechtigterweise preisgeben dürfte, riskiert er, dass er entweder keine weiteren Aufträge von seinem Arbeit- bzw. Auftraggeber erhält, oder dass er auch bei anderen potentiellen Auftraggebern seinen Ruf verliert. Der Druck, ein neues Auftragsverhältnis zu generieren

---

1383 So wohl Dustmann in: Fromm/Nordemann, § 13 UrhG Rn. 20, der ein „Kündigungsrecht" ablehnt, weil es an der vergleichbaren Interessenlage zu § 41 Abs. 1 UrhG fehle, da eine vertragliche Bindung, die länger als fünf Jahre anhält, weder unabsehbare wirtschaftliche Folgen habe noch berechtigte Verwertungsinteressen berühre.

1384 Da es sich bei der automatischen Unwirksamkeit nicht um ein Gestaltungsrecht handelt, findet auch die Entschädigungspflicht des Urhebers nach § 41 Abs. 6 UrhG keine Anwendung, so auch Matanovic, Rechtsgeschäftliche Dispositionen über urheberpersönlichkeitsrechtliche Befugnisse, 2006, S. 275.

oder vielleicht eine Entfristung oder erneute befristete Anstellung im Arbeitsverhältnis zu erreichen, führt dazu, dass der Werkschöpfer seine Rechte ohnehin nur selten bzw. überhaupt nicht ausüben wird. Darüber hinaus kann sich die Unsicherheit der Verwerter auch negativ auf die Vergütung des Werkschöpfers auswirken. Dies wiederum hat auch für den Werkschöpfer Nachteile, da dies sein Tätigkeitsfeld reduziert. Die diskutierte Konstruktion dürfte daher, was den Schutz des Urhebers betrifft, ins Leere gehen.

2.4.3.4 Vereitelung des Vertragszwecks

Es stellt sich daher die Frage, wie die grundsätzlich schwächere Vertragsposition berücksichtigt werden kann und dennoch eine Regelung getroffen werden kann, die den praktischen Bedürfnissen im Arbeits- und Auftragsverhältnis gerecht wird. Lässt man uneingeschränkt vertragliche Regelungen zu, in denen der Urheber sich verpflichtet, seine Urheberschaft zu verschweigen, führt dies zu einer unnötigen Begrenzung der Urheberpersönlichkeitsrechte, die auch mit der Unübertragbarkeit des Urheberpersönlichkeitsrechts nicht vereinbar ist. Lässt man jedoch ausnahmslos keine Regelung zu, in denen sich der Urheber zur Verschwiegenheit verpflichtet, verschließt man sich den praktischen Bedürfnissen des Marktes und das Urheberrecht gerät immer mehr zu einem theoretischen Konstrukt, das die Wirklichkeit nicht abdecken kann. Letzteres würde dazu führen, dass sich eine praktische Parallelwelt bildet, in der sich die Parteien zu Handlungen verpflichten, die zwar nach dem Urheberrecht nicht wirksam sind, jedoch vom Werkschöpfer nicht angegriffen werden. Darüber hinaus besteht auch auf der Seite der Verwerter das Bedürfnis, eine rechtssichere Regelung treffen zu können. Eine Regelung, die den Urheber nur für fünf Jahre wirksam verpflichten kann, über die Urheberschaft zu schweigen, bedeutet für den Verwerter eine Unsicherheit, die sich auch auf die Bereitschaft, eine Investition auf sich zu nehmen, auswirken kann.

Dennoch muss gerade beim Recht auf Anerkennung der Urheberschaft berücksichtigt werden, dass es sich hierbei um einen Kern einer urheberpersönlichkeitsrechtlichen Befugnis handelt. Ließe man daher eine unbeschränkte Regelung darüber zu, würde dies den Markt verändern und die Verwerter würden sich dieses Recht auf Vorrat sichern, um für Eventualitäten gewappnet zu sein. Daher muss eine Grenze gefunden werden, die sowohl die Interessen der Werkschöpfer als auch die Interessen der Verwerter berücksichtigt. Die Verwerter haben im Bereich der Ghostwriter-

Werke das Interesse, rechtssichere und rechtswirksame Regelungen treffen zu können. Der Werkschöpfer muss jedoch vor einem „Ausverkauf" seiner Rechte geschützt werden, wenn er dem nicht vertraglich zugestimmt hat und dies nicht für die Verwertung des Werks notwendig ist.

Im Einzelfall muss daher auch das Recht auf Anerkennung der Urheberschaft vertraglich im Fall einer Ghostwriter-Abrede eingeschränkt werden können, wenn ansonsten der Hauptzweck des Vertrags vereitelt werden würde. Wenn der Hauptzweck des Vertrags nur dann gewahrt werden kann, wenn der Kernbereich des Urheberpersönlichkeitsrechts vertraglich eingeschränkt wird, muss der Urheber im Fall der Ghostwriter-Abrede unabhängig von dem Arbeits- oder Auftragsverhältnis auch über den Kernbereich des Urheberrechts wirksam verfügen können. Diese Konstruktion ermöglicht es, das Urheberpersönlichkeitsrecht an die Rechtsrealität anzupassen und zu verhindern, dass die Rechtstheorie nicht mehr imstande ist, die praktischen Bedürfnisse vertraglich abzubilden. Wenn der Hauptzweck des Vertrags daher darin besteht, das Werk des Ghostwriters als das eigene Werk auszugeben, der Urheber sich vertraglich darauf einlässt und eine Vergütung dafür erhält, dann ist es sowohl im Interesse des Auftragnehmers als auch des Auftraggebers, dass der Auftragnehmer rechtsbindend auf das Recht auf Anerkennung der Urheberschaft verzichten kann. Diese Verzichtsmöglichkeit auf den Kern des Urheberpersönlichkeitsrechts muss jedoch auf die Fälle reduziert werden, in denen ansonsten der Hauptzweck des Vertrags vereitelt würde und die Parteien sich ausdrücklich auf die Einschränkung des Rechts auf Anerkennung der Urheberschaft geeinigt haben. Ob der Hauptzweck des Vertrags ohne diese ausdrückliche Regelung vereitelt würde, ist durch Auslegung zu ermitteln. Für die Ermittlung des Vertragszwecks ist der wirkliche Wille der Vertragsparteien entscheidend, sofern dieser zu der Ermittlung eines übereinstimmenden Vertragszwecks führt. Lässt sich ein übereinstimmender Wille nicht ermitteln, ermittelt sich der Vertragszweck nach dem objektiven Empfängerhorizont. Ist die Einschränkung des Kerns des Urheberpersönlichkeitsrechts - im Fall von Ghostwriter-Abreden – das Recht auf Anerkennung der Urheberschaft – nicht für die Ausübung des Hauptzwecks des Vertrags notwendig, dann ist die Regelung unwirksam.

Hat der Urheber sich jedoch schuldrechtlich wirksam zur Verschwiegenheit verpflichtet, darf er keine Aussage über die eigene Urheberschaft des Werks treffen. Die Ansicht, dem Urheber auf Nachfrage ein Bekenntnis zur eigenen Urheberschaft zuzuerkennen, weil der Urheber nicht zur Lüge verpflichtet werden dürfe[1385], ist abzulehnen. Der Werkschöpfer hat kein Recht zum Vertragsbruch. In diesem Fall wäre seitens des Arbeitgebers oder Auftraggebers zu befürchten, dass sich der Urheber bei jeder Verletzung der vertraglichen Verschwiegenheit darauf berufen könnte, dass er auf eine direkte Frage nicht lügen dürfe. Der Ghostwriter ist daher verpflichtet auf die Frage zu schweigen.[1386] Für den angestellten Ghostwriter wird dabei angenommen, dass sich die Verschwiegenheitsverpflichtung nur auf die außerbetriebliche Öffentlichkeit bezieht und sich der angestellte Urheber zumindest im innerbetrieblichen oder innerdienstlichen Bereich zur eigenen Urheberschaft bekennen kann.[1387]

2.5 Fazit

Das Urhebernennungsrecht des angestellten oder beauftragten Urhebers nach § 13 S. 2 UrhG kann sowohl ausdrücklich als auch stillschweigend eingeschränkt werden. Bei der stillschweigenden Einschränkung des Namensnennungsrechts ist vor allem die Branchenübung relevant. Für die Einbeziehung der Branchenübung ist sowohl beim beauftragten als auch beim angestellten Urheber erforderlich, dass diese Branchenübung tatsächlich besteht, für den Urheber erkennbar war und keine gegenteilige Regelung getroffen wurde. Eine zusätzliche Einschränkung des Namensnennungsrechts kann sich beim angestellten Urheber aus seiner arbeitsvertraglichen Treuepflicht ergeben. Rechtsgeschäfte über das Recht auf Anerkennung der Urheberschaft dürfen grundsätzlich jedoch nicht den Kernbereich des Urheberpersönlichkeitsrechts berühren. Unbeschränkte Verzichtsmöglichkeiten führen auch dazu, dass der Umfang der urheberpersönlichkeitsrechtlichen Befugnisse allein von seiner Verhandlungsstärke abhängt. Daher ist es notwendig, dem Urheber Schutzbereiche zuzugestehen, von denen er vertraglich nicht abweichen darf. Geht man davon aus, dass Verwerter gegenüber Urhebern mit einer starken Schutzposition zurückhaltend sind, ist es umso wichtiger, dass einheitliche Grenzen rechtsgeschäftlicher Verzichte auf das Urheberpersönlichkeitsrechts eingeführt

---

1385 Stolz, Der Ghostwriter im deutschen Recht, 1971, S. 82; Osenberg, Die Unverzichtbarkeit des Urheberpersönlichkeitsrechts, 1979, S. 127, S. 138.
1386 So auch Dustmann in: Fromm/Nordemann, § 13 UrhG Rn. 20.
1387 Rojahn in: Schricker/Loewenheim, § 43 UrhG Rn. 78; Zöllner in: Hubmann/Forkel/Kraft, S. 523.

werden[1388]. Dies soll verhindern, dass sich der Markt nur die Urheber aussucht, die bereit sind, am weitreichendsten auf ihre Urheberpersönlichkeitsrechte zu verzichten.[1389] Der Verzicht kann daher grundsätzlich nur so weit reichen wie nicht der Kern des Urheberpersönlichkeitsrechts betroffen ist. Dennoch darf sich auch das Urheberrecht nicht dem praktischen Bedürfnis nach weitergehenden Vereinbarungen verschließen, sodass auch Rechtsgeschäfte über den Kern des Rechts auf Anerkennung der Urheberschaft im Einzelfall möglich sein müssen, wenn sich die Parteien ausdrücklich darauf geeinigt haben und ansonsten der Hauptzweck des Vertrags vereitelt würde.

3. Das Recht auf Schutz der Werkintegrität nach § 14 UrhG

Nach § 14 UrhG hat der Werkschöpfer auch ein Recht auf Schutz der Werkintegrität.

3.1 Gesetzlicher Schutzumfang

Der Schutz der Werkintegrität ergibt sich aus §§ 14 und 39 UrhG sowie für den Filmbereich eingeschränkt aus § 93 UrhG.[1390] Darin ist der einheitliche Grundgedanke enthalten, dass dem Urheber in gewissen Grenzen Bestand- und Integritätsschutz seines Werkes sowohl gegenüber dem vertraglich[1391] und gesetzlich legitimierten Nutzungsberechtigten[1392] als auch ge-

---

1388 Kretschmer/Hartwick, Authors' earnings from copyright and non-copyright sources, 2007, S. 5, 26ff. Dies befürwortend: Bently, Between a Rock and a Hard Place, 2009, S. 80, der anführt, dass das Urheberrecht nicht nur die Interessen der Verwerter, sondern auch der Urheber berücksichtigen muss.

1389 Insbesondere soll dadurch das englische Szenario verhindert werden, nach dem die englischen Urheber abhängig von ihrer Bereitschaft, auf Urheberpersönlichkeitsrechte zu verzichten, in eine *white* oder *black list* aufgenommen zu werden. Siehe dazu Erstes Kapitel, § 4 B.

1390 Änderungsrechtlich relevant können auch die Regelungen zum Bearbeitungsrecht nach §§ 23, 38 Abs. 1, 69 c Nr. 2, 88 Abs. 1, 89 Abs. 1 UrhG sein.

1391 § 39 Abs. 1 UrhG.

1392 Der Schutz der Werkintegrität gilt auch für die Werke, deren Benutzung nach den §§ 44 a ff. UrhG gesetzlich zulässig ist. Im Rahmen der gesetzlichen Schranken (§§ 44a ff) sind einzelne urheberrechtliche Eingriffe ausdrücklich gestattet wie die Wiedergabe kurzer Auszüge in Form einer Übersicht (§ 49 Abs. 1 Satz 2 UrhG), die Zitierung einzelner Stellen eines Werkes (§ 51 Nr. 2

genüber dem sachenrechtlichen Eigentümer oder Besitzer des Werkoriginals[1393] bzw. Vervielfältigungsstückes zusteht.[1394] Eine Trennung zwischen einem allgemein urheberrechtlich begründeten Änderungsverbot nach § 39 UrhG und einem aus § 14 UrhG abzuleitenden Entstellungs- und Beeinträchtigungsverbot lässt sich weder semantisch noch gesetzlich begründen.[1395] §§ 97 Abs. 2, 14 UrhG geben dem Urheber das Recht, eine Entstellung oder eine andere Beeinträchtigung seines Werkes zu verbieten, die geeignet ist, seine berechtigten geistigen oder persönlichen Interessen am Werk zu gefährden. Der Schutzumfang des § 14 UrhG geht dabei über den des Art. 6 bis Abs. 1 RBÜ hinaus, der sich auf den Schutz von Ruf und Ehre beschränkt.[1396] Eine Einschränkung erfährt der Schutz der Werkintegrität des Urhebers gegenüber dem Werknutzungsberechtigten durch das vertraglich (ausdrücklich oder stillschweigend) oder nach Treu und Glauben begründete Änderungsrecht gemäß § 39 Abs. 1 und Abs. 2 UrhG.

Fehlt eine ausdrückliche oder stillschweigende Änderungsbefugnis nach § 39 Abs. 1 UrhG, kann weiter in Betracht kommen, dass der Urheber die Einwilligung zu den Änderungen seines Werks nach Treu und Glauben gemäß § 39 Abs. 2 UrhG nicht verweigern kann. Ob das Recht auf Werkin-

---

UrhG), die Vervielfältigung kleiner Teile eines Werkes für den eigenen Gebrauch (§ 53 Abs. 2 Nr. 4a UrhG). Abgesehen von den in Abs. 2-4 genannten Ausnahmen gilt auch hier grundsätzlich das Änderungsverbot (§ 62 Abs. 1 UrhG). Dazu Schulze in: Dreier/Schulze, § 14 UrhG Rn. 22. Die Voraussetzungen für eine Vereinbarung oder für eine gesetzliche Schranke muss der Nutzer konkret darlegen und beweisen. Siehe dazu Schulze in: Dreier/Schulze, § 14 UrhG Rn. 15; Nordemann in: Fromm/Nordemann, Urheberrecht, § 39 UrhG Rn. 36.

1393 Auch der Eigentümer oder Besitzer, denen keine Nutzungsrechte eingeräumt wurden, unterliegt dem Änderungsverbot des Werks. Siehe dazu Kroitzsch/Götting in: Ahlberg/Götting, § 14 UrhG Rn. 5; BGH GRUR 1974, 675 (676) – Schulerweiterung; BGH GRUR 1982, 107(109) – Kirchen-Innenraumgestaltung; BGH GRUR 2008, 984 (986) Rn. 23 – St. Gottfried.

1394 Dietz/Peukert in: Loewenheim, Hdb. des Urheberrechts, § 15 Rn. 88.

1395 Dietz/Peukert in: Loewenheim, Hdb. des Urheberrechts, § 15 Rn. 87; Dietz, Der Werkintegritätsschutz im deutschen und US-amerikanischen Recht, 2009, S. 30ff. A.A. BGH, der für den Begriff der Werkänderung nach § 39 Abs. 1 UrhG einen Eingriff in die Substanz des Werkes voraussetzt (BGH GRUR 1982, 107 (109) – Kirchen-Innenraumgestaltung; siehe dazu Kroitzsch/Götting in: Ahlberg/Götting, § 14 UrhG Rn. 3.

1396 Schulze in: Dreier/Schulze, § 14 UrhG Rn. 3; Kroitzsch/Götting in: Ahlberg/Götting, § 14 UrhG Rn. 1.

tegrität[1397] verletzt ist, wird dreistufig[1398] geprüft: Zunächst muss eine Entstellung oder Beeinträchtigung des Werks objektiv festgestellt werden.[1399] Wie sich aus der Formulierung des § 14 UrhG ergibt, handelt es sich bei der Beeinträchtigung um einen Oberbegriff, der sowohl die Änderung als auch die Entstellung erfasst.[1400] Eine Beeinträchtigung stellt jede Verschlechterung oder Abwertung des Werks dar, die in den Augen eines unvoreingenommenen Durchschnittsbetrachters zu einer Abweichung vom geistig-ästhetischen Gesamteindruck des Werkes führt.[1401] Eine Entstellung stellt einen besonders schwerwiegenden Fall der Beeinträchtigung dar.[1402] Im Rahmen der Beeinträchtigung und Entstellung ist zwischen direkten und indirekten Eingriffen zu unterscheiden. Erstere stellen im Sinne einer Änderung des Werks einen Eingriff in die Werksubstanz dar, Letztere bringen das Werk in einen Sachzusammenhang, der sich auf die Darstellung des Werks auswirkt.[1403] Indirekte Eingriffe in die Werksub-

---

1397 Diese dreistufige Prüfung findet bei Werkbeeinträchtigung, Werkentstellung nach § 14 UrhG und bei Änderung im Sinne des § 39 UrhG Anwendung. Siehe dazu Schulze in: Dreier/Schulze, § 14 UrhG Rn. 9.

1398 Dietz/Peukert in: Loewenheim, Hdb. des Urheberrechts, § 15 Rn. 103; Dietz/Peukert in: Schricker/Loewenheim, § 14 UrhG Rn. 18ff.; Schack, Urhebervertragsrecht, 2013, Rn. 341; Manche Vertreter gehen hingegen von einer zweistufigen Prüfung aus und lassen die zweite Prüfungsstufe weg.

1399 Dietz/Peukert in: Loewenheim, Hdb. des Urheberrechts, § 15 Rn. 103; Kroitzsch/Götting in: Ahlberg/Götting, § 14 UrhG Rn. 6; Dietz/Peukert in: Schricker/Loewenheim, § 14 UrhG Rn. 18, 21 ff.; Schulze in: Dreier/Schulze, § 14 UrhG Rn. 9 ff.; BGH GRUR 1989, 106 (107) – Oberammergauer Passionsspiele II.

1400 Kroitzsch/Götting in: Ahlberg/Götting, § 14 UrhG Rn. 3; Dietz/Peukert in: Schricker/Loewenheim, § 14 UrhG Rn. 19ff; Dietz/Peukert in: Loewenheim, Hdb. des Urheberrechts, § 15 Rn. 104; Schulze in: Dreier/Schulze, § 14 UrhG Rn. 5.

1401 Dietz/Peukert in: Loewenheim, Hdb. des Urheberrechts, § 15 Rn. 105.

1402 Die Kürzung einer Filmmusik und Ersetzung eines erheblichen Teils mit Musik eines anderen Komponisten stellt eine Entstellung dar, siehe dazu OLG München GRUR Int. 1993, 332 – Christoph Columbus. Ein Musikwerk kann durch die Werbeunterbrechung entstellt werden, siehe dazu Kroitzsch/Götting in: Ahlberg/Götting, § 14 UrhG Rn. 3, 9.; Dietz/Peukert in: Schricker/Loewenheim, § 14 UrhG Rn. 26.

1403 Dietz/Peukert in: Loewenheim, Hdb. des Urheberrechts, § 15 Rn. 106f., unter Hinweis darauf, dass ein direkter Eingriff auch ohne Verletzung der Werksubstanz gegeben sein kann, wenn das Werk verändert oder verkürzt dargestellt wird; beispielsweise handelt es sich um einen direkten Eingriff in die Werkintegrität, wenn der Schwarz-Weiß-Film unberechtigt nachträglich koloriert würde. Zu dem Fall im John Huston im kollisionsrechtlichen Zusammenhang, Zweites Kapitel, Abschnitt A.III.2.1.

stanz sind ebenfalls von dem Schutzbereich erfasst.[1404] Maßgeblich für die Prüfung der Beeinträchtigung und Entstellung ist die objektive Änderung des vom Urheber geschaffenen Gesamteindrucks.[1405] Die subjektive Ansicht des Urhebers ist nicht entscheidend, da dadurch der Tatbestand unbestimmt und aufgeweicht werden würde.[1406] Maßstab für den Durchschnittsbetrachter ist dabei jedoch die vom Urheber verliehene Gestalt des Werks.[1407] Im Falle einer Werkbeeinträchtigung[1408] ist in einem zweiten Prüfungsschritt zu prüfen, ob diese geeignet ist, die ideellen Interessen des Urhebers zu gefährden.[1409] Dabei ist jedoch vom Bestandsinteresse des Ur-

---

1404 OLG Frankfurt GRUR 1995, 215 (216) – Springtoifel. Der Entscheidung liegt der Sachverhalt zugrunde: Musikstücke eines seriösen Künstlers wurden mit Musiktiteln von Künstlern zusammengestellt, die der rechtsradikalen Szene zugeordnet wurden. Dadurch wurde der betroffene Musiker in den rechtsradikalen Zusammenhang gestellt, sodass darin ein indirekter Eingriff in die Werke anzunehmen war. Siehe auch BGH GRUR 2002, 532 (534) – Unikatrahmen. Dazu Schulze in: Dreier/Schulze, § 14 UrhG Rn. 6; Kroitzsch/Götting in: Ahlberg/Götting, § 14 UrhG Rn. 3.
1405 Damit nicht ausreichend, wenn nur ein unwesentlicher Teil des Werks objektiv beeinträchtigt wird.
1406 BGH GRUR 1982, 107 (110) – Kirchen-Innenraumgestaltung; LG München I ZUM-RD 2000, 308 (310) – Rundfunkmäßige Nutzung von Werken der bildenden Kunst; Bullinger in: Wandtke/Bullinger, § 14 UrhG Rn. 5 m.w.N.; Schulze in: Dreier/Schulze, § 14 UrhG Rn. 10. A.A. Kroitzsch/Götting in: Ahlberg/Götting, § 14 UrhG Rn. 11, der es auf die Sicht des Urhebers ankommen lassen will. Der Tatbestand könne auch dann verwirklicht werden, wenn die Veränderung bei objektiver Betrachtung keine abwertende Beurteilung verdienen würde. Dabei verweist Kroitzsch auch darauf, dass die Würdigung der subjektiven Sicht des Urhebers sich jedoch im Rahmen einer vernünftigen Beurteilung des Einzelfalls halten müsse.
1407 Bullinger in: Wandtke/Bullinger, § 14 UrhG Rn. 5.
1408 Der Relativsatz des § 14 Abs. 1, Teils. 3 UrhG gilt lediglich für den Begriff der sonstigen Beeinträchtigung. Dies zeigt der im Teils. 3 verwendete Singular („die geeignet ist"). Dazu Bullinger in: Wandtke/Bullinger, § 14 UrhG Rn. 9; a. A. Dustmann in: Fromm/Nordemann, § 14 UrhG 14 Rn. 17 ff.
1409 Schulze in: Dreier/Schulze, § 14 UrhG Rn. 27; Kroitzsch/Götting in: Ahlberg/ Götting, § 14 UrhG Rn. 9; Dietz/Peukert in: Schricker/Loewenheim, § 14 UrhG Rn. 18, 27; Schulze in: Dreier/Schulze, § 14 UrhG Rn. 8; Dietz, Der Werkintegritätsschutz im deutschen und US-amerikanischen Recht, 2009, S. 44. Die Rechtsprechung setzt hingegen die Entstellung der Interessensgefährdung gleich: BGH GRUR 2009, 395 (397) – Klingeltöne für Mobiltelefone: „In der Verwendung eines – nicht für diesen Verwendungszweck geschaffenen – Musikwerkes als Klingelton liegt eine Entstellung oder eine andere Beeinträchtigung des Werkes, die geeignet ist, die berechtigten geistigen oder persönlichen Interessen des Urhebers am Werk zu gefährden."

hebers auszugehen, sodass in aller Regel die Eignung zur Interessensgefährdung durch das objektive Vorliegen der Beeinträchtigung bereits indiziert ist.[1410]

Der dritte Prüfungsschritt führt sowohl im Fall der Werkentstellung als auch im Fall der Werkbeeinträchtigung[1411] zu einer Interessenabwägung, in der das Bestandsinteresse des Urhebers dem Nutzungs- und Gebrauchsinteresse des Verwerters gegenüber gestellt wird[1412]. Der Urheber hat nur dann einen Verbotsanspruch aus §§ 97, 14 UrhG, wenn die Auslegung ergibt, dass sein Bestandsinteresse das Verwertungsinteresse des Auftragbzw. Arbeitgebers überwiegt.

3.2 Schutz der Werkintegrität im Filmbereich

Im Bereich des Films wird der Schutz der Werkintegrität des § 14 UrhG nach § 93 UrhG auf den Schutz vor „gröblichen Entstellungen"[1413] oder „gröblichen Beeinträchtigungen ihrer Werke oder Leistungen"[1414] beschränkt. Diese liegen dann vor, wenn in besonders starker Weise in die von § 14 UrhG geschützten Interessen eingegriffen wird oder wenn eine völlige Verkehrung des ursprünglichen Sinngehalts des Filmwerks bzw. des ihm zugrundeliegenden Werkes oder eine völlige Verunstaltung von urheberrechtlich wesentlichen Teilen des Films oder Werkes entgegen den

---

1410 Kroitzsch/Götting in: Ahlberg/Götting, § 14 UrhG Rn. 6.

1411 Bullinger in: Wandtke/Bullinger, § 14 UrhG Rn. 11.

1412 Schulze in: Dreier/Schulze, § 14 UrhG Rn. 27; Kroitzsch/Götting in: Ahlberg/ Götting, § 14 UrhG Rn. 9; Dietz/Peukert in: Schricker/Loewenheim, § 14 UrhG Rn. 18, 27; Schulze in: Dreier/Schulze, § 14 UrhG Rn. 8; Dietz, Der Werkintegritätsschutz im deutschen und US-amerikanischen Recht, 2009, S. 44; BGH GRUR 1982, 107 (108) – Kirchen-Innenraumgestaltung; BGH GRUR 1989, 106 (107) – Oberammergauer Passionsspiele II.

1413 Für die Frage, ob das vorbestehende Werk der Literatur durch die Herstellung eines Filmwerks entstellt wurde, ist der Gesamtinhalt des Buches und des Films zu vergleichen. Dabei kommt es auf den Eindruck an, den das Werk nach dem Durchschnittsurteil des für Kunst empfänglichen und mit Kunstdingen vertrauten Menschen vermittelt. Siehe dazu OLG München GRUR 1986, 460 (462) – Die unendliche Geschichte.

1414 Neben § 93 UrhG sind im Bereich des Films auch die ausschließlichen Rechte des Filmherstellers zu berücksichtigen nach §§ 88f. UrhG. Näher zu dem Änderungsverbot im Film- und Theaterbereich: Wandtke in: Wandtke/Bullinger, § 43 UrhG Rn. 104-107.

Intentionen der Urheberberechtigten stattfindet.[1415] Manegold und Cernik geben zu Recht zu bedenken, dass das Erfordernis der Sinnentstellung des Filmwerks die Untersagungsschwelle unverhältnismäßig hoch ansetzen würde.[1416] Das Vorliegen einer gröblichen Entstellung kann jedoch auch im Rahmen von § 93 UrhG nicht nach dem subjektiven Eindruck des Urhebers bestimmt werden. Maßgeblich ist daher auch hier das Durchschnittsurteil des jeweiligen Rezipientenkreises.[1417]

Eine gröbliche Entstellung wurde sowohl durch das LG München als auch durch das OLG München in dem Fall „Die unendliche Geschichte" bejaht, in dem bei der Verfilmung eines Buches dessen Schluss erheblich abgeändert wurde und dadurch „die Gedankenführung des Buchs in ihrem Sinn völlig entstellt und zum reinen Ulk gemacht" wurde[1418]. Das KG bejahte ebenfalls eine gröbliche Entstellung im Sinne des § 93 UrhG in Bezug auf den Protagonisten eines Films, dessen Charakter in dem Stück durch die Einfügung von zahlreichen Oscar-Wilde-Zitaten ohne zwingende Notwendigkeit gröblich verändert wurden.[1419]

In Bezug auf die Kürzung des Dokumentarfilms „Schlacht um Berlin" von insgesamt 80 Minuten auf 40 Minuten Laufzeit verneinte das Kammergericht hingegen das Vorliegen einer gröblichen Entstellung.[1420] Der streitgegenständliche Dokumentarfilm befasst sich anhand von originalen Archiv-Filmdokumenten mit dem Alltagsleben der Berliner Bevölkerung in der Vor- und Nachkapitulationszeit. In der Vorkapitulationszeit geht es um die filmische Darstellung der letzten Kriegsmonate unter Betonung der Implikationen des Krieges für die Berliner Bevölkerung und ihrer Lebensbedingungen, der zweite Teil widmet sich dem Überleben und dem Wiedererstehen zivilen Lebens unter den Besatzungsmächten. Die gekürz-

---

1415 OLG München, GRUR 1986, 460, 461 – Die unendliche Geschichte; KG GRUR 2004, 497, 498 – Schlacht um Berlin; Dietz, Der Werkintegritätsschutz im deutschen und US-amerikanischen Recht, 2009, S. 55 schlägt aufgrund des schwammigen Begriffs der gröblichen Entstellung bzw. Beeinträchtigung vor, dass die für § 93 UrhG notwendige Entscheidung erst im Rahmen der Interessenabwägung berücksichtigt wird.

1416 Manegold/ Cernik in: Wandtke/Bullinger, § 93 UrhG Rn. 19.

1417 Manegold/ Cernik in: Wandtke/Bullinger, § 93 UrhG Rn. 20; Nordemann in: Fromm/Nordemann, § 93 UrhG Rn. 12; Diesbach in: Ahlberg/Götting, § 93 UrhG Rn. 17; OLG München GRUR 1986, 460, 462 – Die unendliche Geschichte unter Berufung auf BGH GRUR 1974, 675, 677 – Schulerweiterung und BGH GRUR 1983, 107, 110 – Kirchen-Innenraumgestaltung.

1418 OLG München, GRUR 1986, 460 (462) – Die unendliche Geschichte.

1419 KG, UFITA 59, 279 – Oscar-Wilde-Zitate.

1420 KG, GRUR 2004, 497 – Schlacht um Berlin.

te Fassung umfasst nur die erste Hälfte des Filmes bis zur Kapitulation. Das Gericht urteilte, dass die Kürzung des Filmes an der "Wendemarke Kapitulation" den Intentionen des Klägers und dem in seinem Film dokumentierten geistigen Gehalt nicht gerecht werde und die Aussage des Filmes inhaltlich verändere, die Grenze zur gröblichen Entstellung jedoch nicht überschritten werde, da die Kürzung des Filmes weder eine völlige Verkehrung des ursprünglichen Sinngehalts des Filmwerks oder eine völlige Verunstaltung von urheberrechtlich wesentlichen Teilen des Films entgegen den Intentionen des Urhebers bewirke, noch unter Berücksichtigung der Gestaltungshöhe des Werkes und der Art und Intensität des Eingriffs durch die Beklagte ein vorrangiger Schutz des Klägers als Urheber angezeigt sei.[1421]

Das OLG Frankfurt hatte hingegen die Kürzung eines Films um ein Drittel der Laufzeit zumindest als eine Entstellung im Sinne des § 14 UrhG gewertet.[1422] Das Urteil des KG in dem Fall „Schlacht um Berlin" lässt sich daher so begründen, dass in diesem Fall der Dokumentarfilm von seiner Struktur in zwei selbständige Teile trennbar war und an einer Sollbruchstelle gekürzt wurde.

Einen unberechtigten Eingriff in § 14 UrhG sah das OLG München in dem Fall „Christoph Kolumbus". Das Gericht hatte sich darin mit der Frage auseinanderzusetzen, ob der teilweise Austausch der Musik zu einer Fernsehserie durch die Musik eines anderen Komponisten eine Entstellung darstellt. Das Gericht bejahte eine Entstellung im Sinne des § 14 UrhG mit der Begründung, dass im Vergleich zur Originalmusik die der deutschen Fassung der Fernsehserie zugrunde gelegte Musik erheblich abweiche. Während die Sendefolge insgesamt um eine halbe Stunde gekürzt worden sei, sei hingegen der Musikanteil um eine volle Stunde von 50 % auf 30 % reduziert worden.[1423]

Die Frage, ob die nachträgliche Kolorierung eines Schwarz-Weiß Filmes[1424] eine gröbliche Entstellung darstellen kann, wird in der Literatur nicht einheitlich bewertet.[1425] Gegen eine gröbliche Entstellung wird ein-

---

1421 KG, GRUR 2004, 497 (498) – Schlacht um Berlin.
1422 OLG Frankfurt, GRUR 1989, 203 – Wüstenflug.
1423 OLG München GRUR Int 1993, 332 (333) – Christoph Kolumbus.
1424 Das Urheberrechtsgesetz von 1965 findet nach § 129 Abs. 1 UrhG auch auf die Schwarz-Weiß Filme Anwendung, die vor Inkrafttreten des Gesetzes geschaffen wurden und urheberrechtlichen Schutz genießen.
1425 Dafür: Schulze in: Dreier/Schulze, § 93 UrhG Rn. 9; Manegold/ Cernik in: Wandtke/Bullinger, § 93 UrhG Rn. 35. Dagegen: v. Hartlieb / Schwarz, Handbuch des Film-, Fernseh- und Videorechts, Kapitel 44 Rn. 20.

gewendet, dass die Nachkolorierungstechnik mittlerweile so fortgeschritten sei, dass eine gröbliche Beeinträchtigung nicht vorliege.[1426] Dem wird entgegnet, dass eine gröbliche Entstellung nicht nur dann vorliege, wenn der ursprüngliche Sinngehalt des Filmwerks völlig verkehrt würde oder wesentliche Teile des Films oder Werkes entgegen den Intentionen der Urheberberechtigten völlig verunstaltet würden, sondern auch, wenn der Film ohne die betreffende Änderung ausgewertet werden könnte.[1427] Es wird daher zu Recht gefordert, dass selbst wenn sich der Sinngehalt des Filmes durch die nachträgliche Kolorierung nicht völlig verkehrt haben sollte, diese eine gröbliche Entstellung im Sinne von § 93 UrhG darstelle, wenn sie nicht notwendig gewesen sei für den Werkgenuss.[1428] Dafür spricht ebenfalls, dass sich beim Schwarz-Weiß Film jede Änderung der Kolorierung auf den Charakter des Films auswirkt.[1429] Die Interessenabwägung muss insbesondere dann zugunsten des Filmurhebers ausfallen, wenn der nachkolorierte Film zu einer Zeit geschaffen wurde, in der bereits Farbtechnologien verfügbar gewesen wären.[1430] Aber auch bei Schwarz-Weiß Filmen, die vor der Entwicklung des Farbfilms geschaffen wurden, spricht für eine Abwägung zugunsten des Urhebers, dass das Investitionsrisiko des Filmherstellers bereits amortisiert haben dürfte.[1431]

3.3 Das Recht auf Schutz der Werkintegrität im Auftragsverhältnis

Das urheberpersönlichkeitsrechtliche Änderungsverbot ist Gegenstand von zahlreichen Vertragskonstellationen im Auftragsverhältnis. Dem Interesse des Auftraggebers, das Werk so unbeschränkt wie möglich zu nutzen, steht das Interesse des Auftragnehmers gegenüber, dass durch die Nutzung und Änderung des Werks dessen Authentizität nicht verloren geht. Neben der ideellen Komponente des Integritätsschutzes weist dieser jedoch auch eine enge Verbindung zu der wirtschaftlichen Verwertung auf, da Änderungs-

---

1426 v. Hartlieb / Schwarz, Handbuch des Film-, Fernseh- und Videorechts, Kapitel 44 Rn. 20.
1427 Schulze in: Dreier/Schulze, § 93 UrhG Rn. 9.
1428 Schulze in: Dreier/Schulze, § 93 UrhG Rn. 9.
1429 Schulze in: Dreier/Schulze, § 93 UrhG Rn. 9; Manegold/ Cernik in: Wandtke/ Bullinger, § 93 UrhG Rn. 35.
1430 Nordemann in: Fromm/Nordemann, § 93 Rn. 23; Dietz/Peukert in: Schricker/ Loewenheim, § 93 Rn. 22; Manegold/ Cernik in: Wandtke/Bullinger, § 93 UrhG Rn. 35.
1431 Manegold/ Cernik in: Wandtke/Bullinger, § 93 UrhG Rn. 35.

vereinbarungen im Auftragsverhältnis häufig mit der Einräumung von Nutzungsrechten verbunden sind. Ist zu befürchten, dass die Änderung eine Beeinträchtigung oder Entstellung des Werks im Sinne von § 14 UrhG darstellen könnte, wird das Interesse des Auftraggebers größer sein, sich vertraglich ausdrücklich abzusichern. Multimediawerke stellen ebenfalls im Bereich der Änderungsvereinbarungen eine Herausforderung dar. Die technischen Neuerungen bieten Möglichkeiten, die Werke zu verändern, bergen jedoch auch die Gefahr, dass die Werkveränderungen unter § 14 UrhG fallen. Damit ist es gerade im Bereich der Multimediawerke notwendig, eine klare Regelung zu finden. Eine wichtige Fallgruppe stellt auch die Nutzung von Open Source Software dar. Änderungsvereinbarungen können jedoch auch außerhalb von vertraglich eingeräumten Nutzungsrechten im Bereich des Architektenvertragsrechts relevant werden, wenn der Hauseigentümer sicherstellen möchte, dass der beauftragte Architekt den Änderungen des Bauwerks zustimmt. Neben der vertraglichen Änderungsvereinbarung nach § 39 Abs. 1 UrhG kommt eine Änderungsbefugnis nach Treu und Glauben gemäß § 39 Abs. 2 UrhG in Betracht.

3.3.1 § 39 Abs. 1 UrhG

Nach § 39 Abs. 1 UrhG gilt, dass eine Änderungsbefugnis mit dem Nutzungsberechtigten vertraglich vereinbart werden kann. Hierbei ist wiederum zwischen ausdrücklichen und stillschweigenden Vereinbarungen im Sinne von § 39 Abs. 1 UrhG zu unterscheiden.

Hat der beauftragte Urheber einem Nutzungsberechtigten, die Änderung seines Werks gestattet, so wird eine Veränderung, die im Rahmen der vereinbarten Bearbeitung geboten ist oder der der Urheber ausdrücklich zugestimmt hat, regelmäßig keine Urheberinteressen verletzen können.[1432] Es stellt sich jedoch die Frage, inwieweit der Urheber über seinen Integritätsschutz vertraglich verfügen kann. Insbesondere ist fraglich, ob auch hier die Lehre vom Kernbereich Anwendung findet und der Urheber einer gröblichen Entstellung seines Werks nicht zustimmen kann. Grundsätzlich gilt, dass die pauschale vertragliche Vereinbarung nur die Befugnisse umfassen kann, die der Urheber aufgrund von Treu und Glauben nach § 39 Abs. 2 UrhG nicht verweigern kann. Gegenstand von § 39 Abs. 1 UrhG können daher nur die Vereinbarungen sein, die hinreichend kon-

---

1432 Kroitzsch/Götting in: Ahlberg/Götting, § 14 UrhG Rn. 9; BGH GRUR 1989, 106 (107) – Oberammergauer Passionsspiele II.

kret gefasst sind. Grundsätzlich gilt, dass ein nachvollziehbares Bedürfnis der Vertragsparteien besteht, eine transparente und rechtssichere Regelung über das Änderungsrecht zu treffen. Wollen die Parteien eine ausdrückliche vertragliche Regelung treffen, muss diese konkret nach Art und Ausmaß bezeichnet werden.[1433] Teilweise wird aufgrund des unverzichtbaren Urheberpersönlichkeitskerns angenommen, dass eine ausdrückliche Einwilligung in eine Werkentstellung nicht möglich sei.[1434] Vertreter einer anderen Ansicht lassen auch Vereinbarungen im Kern des Änderungsschutzes zu, wenn die Einwilligung konkret gefasst ist und die Änderungen für den Urheber vorhersehbar sind.[1435] Im Rahmen der Zulässigkeit der Einwilligung wird teilweise auch danach unterschieden, ob es sich um einen direkten Substanzeingriff oder indirekten Eingriff handelt, wobei ersterer unzulässig sein soll.[1436]

Insgesamt überzeugender ist es, die Änderungsvereinbarungen unabhängig von einem Kern des Integritätsschutzes zuzulassen, solange die Vereinbarung so konkret und vorhersehbar für den Urheber gefasst ist, dass der Urheber eine klare Vorstellung von der Gestalt des geänderten Werks hat und dieser zugestimmt hat. Da es sich bei Änderungshandlungen grundsätzlich um vertretbare Handlungen handelt, sind diese nicht an der Kernbereichslehre zu messen. Begründen lässt sich dies zum einen durch den Vergleich mit der Situation, in der der Urheber selbst die Änderung des Werks beauftragt würde. Ist die Änderung so konkret gefasst, dass die Durchführung auch durch den Urheber selbst hätte durchgeführt werden können, ist er nicht in dem Maße schutzbedürftig wie beim Verzicht auf das Recht, als Urheber anerkannt zu werden. Die Nichtgeltung der Kern-

---

1433 Wandtke in: Wandtke/Bullinger, § 43 UrhG Rn. 99.
1434 BGH, GRUR 1971, 269 (271) – Das zweite Mal; KG ZUM-RD 2005, 381 (386) – Die Weber; Dietz/Peukert in: Loewenheim, Hdb. des Urheberrechts, § 15 Rn. 91; Bullinger in: Wandtke/Bullinger, § 14 UrhG Rn. 12; Grunert in: Wandtke/Bullinger, § 39 UrhG Rn. 13; Dreyer in: Dreyer/Kotthoff/Meckel, § 14 UrhG Rn. 52; Gamm, Urheberrechtsgesetz, 1968, § 39 UrhG Rn. 8 und Rojahn in: Schricker/Loewenheim, § 43 UrhG Rn. 85 wollen den Kernbereich auch im Fall von vertraglichen Vereinbarungen im Arbeitsverhältnis über die Werkintegrität unangestastet wissen.
1435 Matanovic, Rechtsgeschäftliche Dispositionen über urheberpersönlichkeitsrechtliche Befugnisse, 2006, S. 290, die eine ausdrückliche Regelung nur daran misst, ob diese nach Art und Umfang bestimmt genug formuliert ist und für den Urheber vorhersehbar. So auch, jedoch generell für alle Urheberpersönlichkeitsrechte: Metzger, Rechtsgeschäfte über das Droit moral, 2002, S. 200ff; Kroitzsch/Götting in: Ahlberg/Götting, § 14 UrhG Rn. 36.
1436 Nordemann in: Fromm/Nordemann, Urheberrecht, § 39 UrhG Rn. 2

bereichstheorie im Rahmen konkreter Änderungsvereinbarungen ist zudem durch das wirtschaftliche Bedürfnis nach Rechtssicherheit zu begründen.[1437] Der Urheber erfährt bereits hinreichenden Schutz durch das grundsätzlich geltende Änderungsverbot in § 39 Abs. 1 UrhG und die Unwirksamkeit pauschaler Vereinbarungen. Kann der Urheber sich daher mit dem Verwerter nicht auf einen klaren Wortlaut der Änderungsvereinbarung einigen, ist der Auftraggeber grundsätzlich nicht zur Änderung befugt. Die Nichtgeltung der Kernbereichslehre ist darüber hinaus gerechtfertigt, weil das Gesetz selbst Änderungen des Werkes und seines Titels für zulässig erklärt, zu denen der Urheber seine Einwilligung nach Treu und Glauben nicht versagen kann.[1438] Hat der beauftragte Urheber daher einem konkreten und damit vorhersehbaren Eingriff in das Werk zugestimmt, ist dieser daran gebunden und kann gegen den Auftraggeber keine Unterlassungsansprüche nach §§ 97, 14 UrhG geltend machen.[1439] In Bezug auf pauschale[1440] oder stillschweigende[1441] Änderungsvereinbarungen findet die Kernbereichslehre jedoch Anwendung, sodass diese ihre Grenze im Entstellungsverbot finden.

Liegt keine ausdrückliche Vereinbarung vor, kann sich auch aus dem Zusammenhang eine stillschweigende Regelung über die Zulässigkeit von Werkänderungen ergeben. Auch für die Einräumung des Änderungsrechts gilt die allgemeine Zweckübertragungsregel, sodass sich die stillschweigende Vereinbarung aus dem zugrundeliegenden Vertragszweck ergeben kann.[1442] Die vertragliche Nutzungsberechtigung des Auftraggebers ist hier zu berücksichtigen. Hierbei ist zwischen einem Nutzungsrecht des

---

1437 Bullinger in: Wandtke/Bullinger, § 14 UrhG Rn. 12.

1438 Kroitzsch/Götting in: Ahlberg/Götting, § 14 UrhG Rn. 36.

1439 A.A. BGH GRUR 1971, 269, 271 – Das zweite Mal; KG ZUM-RD 2005, 381 (386) – Die Weber; Dietz/Peukert in: Loewenheim, Hdb. des Urheberrechts, § 15 Rn. 91; Bullinger in: Wandtke/Bullinger, § 14 UrhG Rn. 12; Grunert in: Wandtke/Bullinger, § 39 UrhG Rn. 13; Dreyer in: Dreyer/Kotthoff/Meckel, § 14 UrhG Rn. 52.

1440 Der konkrete Eingriff muss dem Urheber bekannt sein. Pauschale Änderungsklauseln können daher gegen § 307 Abs. 1 und 2 Nr. 1 BGB verstoßen und unwirksam sein: Dietz/Peukert in: Schricker/Loewenheim, § 14 UrhG Rn. 11; Schulze in: Dreier/Schulze, § 14 UrhG Rn. 41; KG ZUM-RD 2005, 381, 385 f – Die Weber.

1441 Denkbar erscheint jedoch eine stillschweigende Zustimmung zur gröblichen Entstellung, wenn der Urheber die Entstellung akzeptiert hat und dadurch eine Vertrauensbasis geschaffen hat: OLG München GRUR 1986, 460, 463 – Die Unendliche Geschichte.

1442 Aus § 37 UrhG ergibt sich zwar, dass im Falle einer Nutzungsrechtseinräumung das Recht, in die Verwertung einer Bearbeitung eines Werks einzuwilli-

Auftraggebers mit und ohne Bearbeitungscharakter zu unterscheiden.[1443] Im Falle eines Nutzungsrechts mit Bearbeitungscharakter räumt der beauftragte Urheber seinem Auftraggeber bereits stillschweigend eine Änderungsbefugnis ein.[1444] Ist der beauftragte Urheber (vorbestehender Werke) zur Herstellung eines Filmwerks verpflichtet, ist darüber hinaus § 88 Abs. 1 UrhG zu beachten, wonach der Filmhersteller bereits in Form einer gesetzlichen Vermutung zu den notwendigen Änderungen berechtigt ist. Die Einräumung von Nutzungsrechten ohne Bearbeitungscharakter kann darüber hinaus auch ein stillschweigendes Änderungsrecht beinhalten, wenn die Werknutzung in einer anderen Darbietungsform erfolgen soll[1445] oder der Vertragszweck so deutlich hervortritt, dass eine Änderungsbefugnis danach erforderlich ist. Konkludente Vereinbarungen können sich jedoch nicht auf den Kern des Urheberpersönlichkeitsrechts erstrecken, sodass nicht von einer stillschweigenden Einwilligung in grobe Werkentstellun-

---

gen, beim Urheber verbleibt. Auch im Rahmen von § 37 UrhG ist anerkannt, dass das Bearbeitungsrecht stillschweigend aus dem Vertragszweck folgen kann. Nordemann in: Fromm/Nordemann, § 39 UrhG Rn. 16.

1443 Dietz/Peukert in: Loewenheim, Hdb. des Urheberrechts, § 15 Rn. 90.

1444 Dietz/Peukert in: Loewenheim, Hdb. des Urheberrechts, § 15 Rn. 94.

1445 BGH, GRUR 1971, 35f. – Maske in Blau: In der Entscheidung ging es um die Aufführung eines in Auftrag gegebenen Bühnenstücks. Der Aufführungsvertrag enthielt in § 7 eine Regelung zu den Bearbeitungsrechten des Auftraggebers: "1. Der Bühnenunternehmer ist gegenüber dem Urheber verpflichtet: [...] b) soweit nicht etwas anderes vereinbart ist, an dem Werk selbst, an seinem Titel und an der Bezeichnung des Urhebers Zusätze, Kürzungen oder sonstige Änderungen zu unterlassen. Zulässig sind unwesentliche Änderungen, für die der Berechtigte seine Zustimmung nach Treu und Glauben nicht versagen darf. Jedoch hat der Bühnenunternehmer dem Werkberechtigten auf dessen Verlangen diese Änderungen mitzuteilen und das Soufflierbuch vorzulegen. Zu welchen Änderungen seines Werkes der Urheber nach Treu und Glauben seine Zustimmung nicht versagen kann, sei nach dem Gericht abhängig von der Verwertungsart und dem Rang des Werkes. Wenn auch bei Bühnenaufführungen älterer Operetten wegen des Wandels des Zeitgeschmackes dem Regisseur ein weiter Spielraum für Werkänderungen einzuräumen ist, so sei ihm doch eine eigenmächtige Verfälschung der Charaktere der Hauptfiguren, die Streichung wesentlicher Musiknummern, die Einfügung mehrerer Musikstücke anderer Komponisten nicht gestattet. Die Änderung der Charaktere der Hauptpersonen sei vom Änderungsrechts des Regisseurs nach Treu und Glauben erfasst. Nicht von Treu und Glauben erfasst ist jedoch die Änderung des Slogans in „gekonnte Verhohnepiepelung der Maske in Blau", die das Stück zu einer Parodie mache. Dazu auch Dietz/Peukert in: Loewenheim, Hdb. des Urheberrechts, § 15 Rn. 94.

gen auszugehen ist.[1446] Unabhängig ob eine vertragliche Regelung getroffen wurde, führt jede änderungsrechtliche Fragestellung zu einer Interessenabwägung.[1447] Im Rahmen der Interessenabwägung bildet jedoch weiterhin das Bestands- und Integritätsinteresse des Urhebers den Ausgangspunkt. Die Gefährdung der Interessen des beauftragten Urhebers am Bestand des Werks sind daher grundsätzlich indiziert.[1448] Die ökonomischen Interessen des Werknutzers führen zu einem Abrücken vom absoluten Werkintegritätsschutz des Urhebers. Die Indizwirkung der Interessensgefährdung entfällt daher, wenn der Urheber durch eine Änderungsvereinbarung nach § 39 Abs. 1 UrhG bereits zu erkennen gegeben hat, dass ihm an dem Bestand und der Integrität nur eingeschränkt etwas liegt.[1449] Ist die Änderungsvereinbarung daher hinreichend klar und bestimmt formuliert, überwiegt das Verwertungsinteresse das Bestandsinteresse des Urhebers. Ist die Änderungsvereinbarung stillschweigend vereinbart oder nicht hinreichend bestimmt oder vorhersehbar formuliert, ist weiter abzuwägen. Dabei ist jedoch zu beachten, dass der Sinngehalt des Werks im Kern erhalten bleiben muss.[1450] Als Wertungskriterien können im Rahmen der Interessenabwägung die Kriterien des § 62 Abs. 2 bis 4 UrhG herangezogen wer-

---

1446 BGH, GRUR 1999, 230 (232) - Treppenhausgestaltung, BGH, GRUR 1986, 458 (459) – Oberammergauer Passionsspiele I; Dietz/Peukert in: Loewenheim, Hdb. des Urheberrechts, § 15 Rn. 114.

1447 BGH, GRUR 1999, 230 (232) - Treppenhausgestaltung; Dietz/Peukert in: Loewenheim, Hdb. des Urheberrechts, § 15 Rn. 89; Dietz/Peukert in: Schricker/Loewenheim, § 14 UrhG Rn. 28ff.

1448 BGH GRUR 1974, 675 (676) – Schulerweiterung; Dietz/Peukert in: Schricker/Loewenheim, § 14 UrhG Rn. 28; Schulze in: Dreier/Schulze, § 14 UrhG Rn. 16; Dietz/Peukert in: Loewenheim, Hdb. des Urheberrechts, § 15 Rn. 103, 109.

1449 Dietz/Peukert in: Loewenheim, Hdb. des Urheberrechts, § 15 Rn. 89.

1450 Das LG Hamburg (Urteil vom 22.10.2010, 308 O 78/10, GRUR-RR 2010, 460 (462) – Plan B) hatte sich mit dem Umfang des redaktionellen Bearbeitungsrechts auseinanderzusetzen. Ein Auftragnehmer wurde mit der Anfertigung eines Texts beauftragt, der unter der Überschrift „Plan B" erschien. Der Urheber begehrte die Unterlassung der Vervielfältigung und Verbreitung des erschienenen Textes, weil das Werk redaktionell bearbeitet worden war. Dem Auftrag lag ein Vertrag für freie Mitarbeit zugrunde, in dem unter § 1 Nr. 3 geregelt worden war: „Der Chefredakteur oder seine Beauftragten sind zur Änderung und Bearbeitung der Beiträge von Herrn C berechtigt, soweit diese Bearbeitung nicht den Sinn des Beitrags unzumutbar verändert."Die Auslegung dieser pauschalen Änderungsvereinbarung erfolgte nach Ansicht des Gerichts nach allgemeinen Grundsätzen. Ausgangspunkt sei das Bestands- und Integritätsinteresse des Urhebers. Grenze jeder Änderungsbefugnis sei das im Kern unübertragbare Urheberpersönlichkeitsrecht; gröbliche Entstellungen könnten danach stets verhindert werden. Das Gericht sah den Kernbereich des Ände-

den.[1451] Weiter sind im Rahmen der Interessenabwägung die Gestaltungshöhe, der Grad der schöpferischen Eigenart sowie der spezifische künstlerische Rang des Werks, die Intensität des Eingriffs sowie der Verwertungszweck zu berücksichtigen.[1452] Die Interessenabwägung kann bei einer stillschweigenden Änderungsbefugnis jedoch auch so weit gehen, dass sich der Schutz der Werkintegrität auf die gröbliche Entstellung beschränkt wie es § 93 UrhG für die Filmwerke ausdrücklich klarstellt.[1453]

3.3.2 § 39 Abs. 2 UrhG

Nach § 39 Abs. 2 UrhG kann sich die Änderungsbefugnis des Auftraggebers auch aus Treu und Glauben ergeben. § 39 Abs. 2 UrhG ist eine Ausnahmevorschrift, die dem Schutz des Urhebers dient. Daher ist sie auch im Auftragsverhältnis eng auszulegen.[1454] Grundsätzlich ist das Bestandsinteresse des beauftragten Urhebers vorrangig gegenüber dem Änderungsinteresse des Auftraggebers.[1455] Das Interesse des Auftraggebers ist jedoch dann zu beachten, wenn die Verweigerung des beauftragten Urhebers, einer Änderung zuzustimmen einer unzulässigen Rechtsausübung entspräche. Aus § 39 Abs. 2 UrhG ergibt sich daher die Fiktion der Zustimmung. § 39 Abs. 2 UrhG ist nicht abdingbar. Im Rahmen der für § 39 Abs. 2 UrhG not-

---

rungsrechts nach § 24 UrhG betroffen, da große Teile des Textes umgeschrieben worden seien und dabei selbst kleinste sprachliche Besonderheiten ohne erkennbaren Grund ersetzt worden seien. Der urheberrechtlich geschützte Sprachstil eines Werks als Teil der geistigen Leistung des Urhebers wurde grundlegend und umfassend verändert.

1451 Dietz/Peukert in: Loewenheim, Hdb. des Urheberrechts, § 15 Rn. 115.
1452 Für den Filmbereich: BGH, GRUR 1971, 35(35) – Maske in Blau; KG, ZUM-RD 2005, 381 (385) – Die Weber; BGH GRUR 2008, 984 (986) – St. Gottfried; OLG Hamburg GRUR 1997, 822 (822) – Edgar-Wallace-Filme. Im Bereich der Bauwerke: LG Leipzig ZUM 2005, 487(492) – Museumsfußboden; LG Berlin GRUR 2007, 964(969) – Berliner Hauptbahnhof bzw. Lehrter Bahnhof; LG Stuttgart GRUR-Prax 2010, 275 – Stuttgart 21; OLG Stuttgart GRUR-RR 2011, 56, 59 – Stuttgart 21; BGH ZUM 2012, 33 – Stuttgart 21 (Nichtzulassungsbeschwerde wurde vom BGH abgewiesen). Siehe dazu auch Grunert in: Wandtke/Bullinger, § 39 UrhG Rn. 24; Dietz/Peukert in: Loewenheim, Hdb. des Urheberrechts, § 15 Rn. 113; Dietz/Peukert in: Schricker/Loewenheim, § 14 UrhG Rn. 34.
1453 Nordemann in: Fromm/Nordemann, § 39 UrhG Rn. 19.
1454 Rojahn in: Schricker/Loewenheim, § 43 UrhG Rn. 83ff.
1455 BGH, GRUR 1971, 35 (37) – Maske in Blau.

wendigen Interessenabwägung ist die Verkehrssitte[1456] zu berücksichtigen. Insbesondere in dem Fall, in dem die Änderungen zur Erfüllung des Vertragszwecks notwendig sind, wird die Interessenabwägung ergeben, dass der Urheber die Zustimmung nicht verweigern darf und diese daher nach § 39 Abs. 2 UrhG zu fingieren ist. Den Erfolg eines Bühnenstücks durch Änderungen zu erhöhen kann nicht auf § 39 Abs. 2 UrhG gestützt werden, wenn der Urheber dadurch sein geistiges Band verlieren würde. Soweit die Besonderheit der betreffenden Werkart, des vereinbarten Nutzungsrechts, der gesetzlich gestatteten Nutzung oder der Interessenlage des Eigentümers des Werkes es nicht rechtfertigen, von der bestehenden Werkform abzuweichen, überwiegt jedoch das Bestandsinteresse des Urhebers.[1457] Hat der Auftraggeber weder ausdrücklich noch stillschweigend Nutzungsrechte eingeräumt bekommen, finden § 39 Abs. 1 und Abs. 2 UrhG keine unmittelbare Anwendung.[1458] Im Schrifttum wird jedoch eine analoge Anwendung des § 39 Abs. 2 UrhG angenommen mit der Folge, dass auch im Fall, dass weder eine ausdrückliche noch stillschweigende Nutzungsrechtsregelung besteht, eine Interessenabwägung unter dem Maßstab von Treu und Glauben, jedoch in einer Gesamtschau mit §§ 11, 14 UrhG, stattfindet.[1459] Besonders relevant ist diese Konstellation im Bereich der Bauwerke. Der Architekt muss die Änderungen nach Treu und Glauben dulden, die der Erhaltung und Verbesserung des Gebrauchszwecks dienen.[1460] Zumutbar kann eine Änderung auch dann sein, wenn es andere weniger beeinträchtigende Optionen gibt.[1461] Die Grenze bildet ein schwerwiegender Eingriff in § 14 UrhG des Urhebers.[1462]

1456 BGH GRUR 2008, 984 (986) – St. Gottfried; Nordemann in: Fromm/Nordemann, § 39 UrhG Rn. 23.

1457 Schulze in: Dreier/Schulze, § 14 UrhG Rn. 16; Dietz/Peukert in: Schricker/Loewenheim, § 14 UrhG Rn. 28; BGH GRUR 1974, 675 (676) – Schulerweiterung.

1458 Dietz/Peukert in: Schricker/Loewenheim, § 14 UrhG Rn. 25.

1459 Dietz/Peukert in: Schricker/Loewenheim, § 14 UrhG Rn. 25f; Nordemann in: Fromm/Nordemann, § 39 UrhG Rn. 33; Schulze in: Dreier/Schulze, § 14 UrhG Rn. 25; Bullinger in: Wandtke/Bullinger, § 14 UrhG Rn. 21.

1460 Davon abzugrenzen ist die gestalterische, überwiegende künstlerische Architektur, bei der der Gebrauchszweck nicht im Vordergrund steht und damit Änderungen nicht auf den Vertragszweck gestützt werden können: OLG Köln, GRUR-RR 2010, 182ff. – Pferdeskulptur.

1461 BGH GRUR 1974, 675 (676) – Schulerweiterung.

1462 BGH, GRUR 1999, 230 (232) - Treppenhausgestaltung. In dieser Entscheidung hat der BGH hinsichtlich des Aufstellens einer Skulptur im Treppenhaus einen schwerwiegenden Eingriff bejaht.

Ein Abwägungskriterium zugunsten des Änderungswunsches des Verwerters ist ein geringer Grad der Individualität.[1463] Das Interesse des Schulträgers an einer möglichst kostensparenden Erweiterung eines Schulgebäudes überwiegt die Interessen des Architekten an der Erhaltung des Gesamteindrucks eines Bauwerks, wenn dieses nur geringe Schöpfungshöhe hat.[1464]Die urheberpersönlichkeitsrechtlichen Interessen wiegen hingegen besonders schwer, wenn das Werk ein hohes Maß an Individualität aufweist.[1465] Daher werden Beeinträchtigungen der Werkintegrität bei Computerprogrammen eher selten sein, da die Vielzahl von Datenverarbeitungsprogrammen häufig nur einen geringen Grad an eigenschöpferischer Leistung aufweisen wird.[1466]

Ein weiteres Abwägungskriterium zugunsten des Verwertungsinteresses des Auftraggebers ist ein dem Werk zugrundeliegender Gebrauchszweck, der Änderungen erforderlich macht. Da das Werk den wirtschaftlichen Interessen seines Eigentümers genügen muss, ist der Gebrauchszweck, für den das Werk geschaffen worden ist, im Rahmen der Interessenabwägung zu berücksichtigen.[1467] Hier ist als weiteres Kriterium auch der künstlerische Rang[1468] des Werks zu berücksichtigen, ob es sich um ein Werk der bildenden Kunst, der Literatur oder der Musik oder um ein Gebrauchswerk handelt.[1469] Bei Werken der bildenden Kunst, der Literatur oder der Musik ist die Erwartung an die Authentizität der Werke hoch, sodass ver-

---

1463 Schulze in: Dreier/Schulze, § 14 UrhG Rn. 31; Dustmann in: Fromm/Nordemann, Urheberrecht, § 14 UrhG Rn. 29; Bullinger in: Wandtke/Bullinger, § 14 UrhG Rn. 16.
1464 BGH GRUR 1974, 675 (677) – Schulerweiterung; dazu auch Dietz/Peukert in: Schricker/Loewenheim, § 14 UrhG Rn. 30; Schulze in: Dreier/Schulze, § 14 UrhG Rn. 31.
1465 Dreier/Schulze, § 14 UrhG Rn. 31; Bullinger in: Wandtke/Bullinger, § 14 UrhG Rn. 78.
1466 Kroitzsch/Götting in: Ahlberg/Götting, § 14 UrhG Rn. 9; Rojahn, Der Arbeitnehmerurheber in Presse, Funk und Fernsehen, 1978, S. 119.
1467 BGH GRUR 1971, 269, 271 – Das zweite Mal; Bullinger in: Wandtke/Bullinger, § 14 UrhG Rn. 18; Schulze in: Dreier/Schulze, § 14 UrhG Rn. 26. Bei der Gestaltung von Sakralräumen ist auch das kirchliche Selbstbestimmungsrecht zu berücksichtigen (BGH NJW 2008, 3784 (3788) – St. Gottfried)
1468 Der künstlerische Rang bedeutet eine hierarchische Einordnung eines Werkes (und seines Urhebers) im kunsthistorischen Sinn. Siehe dazu Bullinger in: Wandtke/Bullinger, § 14 UrhG Rn. 17.
1469 Dietz/Peukert in: Schricker/Loewenheim, § 14 UrhG Rn. 30; Bullinger in: Wandtke/Bullinger, § 14 UrhG Rn. 78.

fälschende Eingriffe schwer wiegen.[1470] Der Urheber eines Gebrauchswerks weiß hingegen, dass der Eigentümer das Werk für einen bestimmten
Zweck verwenden möchte. Daher muss der Urheber damit rechnen, dass
die wechselnden Umstände des Gebrauchszwecks eine Veränderung des
Gebrauchswerks notwendig machen können.[1471]

Das Bestandschutzinteresse des Architekten unterliegt dem Verwertungsinteresse des Auftraggebers, wenn in einem Kircheninnenraum Laut-
sprecher aufgestellt werden, um dort dem Gebrauchszweck entsprechend
auch Kirchenmusik abspielen zu können.[1472] Der Gebrauchszweck spielte
auch in der Entscheidung „Stuttgart 21" [1473] eine entscheidende Rolle. Darin ging es um die Umgestaltung des Kopfbahnhofs des Stuttgarters
Hauptbahnhofs in einen Durchlaufbahnhof und den dafür notwendigen
Abriss der Seitenflügel und der den Bahnhof prägenden Treppenanlage in
der Schalterhalle. Die Gerichte verneinten einen Unterlassungsanspruch
der Erben des Architekten basierend auf §§ 97, 14 UrhG. Maßgebend für
die Entscheidungen war, dass der Eigentümer grundsätzlich die Möglichkeit haben muss, ein Werk, das dem Gebrauch der Bevölkerung dient, zu
modernisieren. Darüber hinaus wurde auch berücksichtigt, dass es sich um
ein altes Gebäude handelt und die Kläger einen postmortalen Integritätsschutz des Urhebers geltend machen, dem an sich ein geringeres Gewicht
zugemessen werden muss als zu Lebzeiten. Neben dem intendierten Gebrauchszweck sind bei Bauwerken auch baupolizeiliche und sonstige ord-
nungsrechtliche Vorschriften zu berücksichtigen.[1474] Der Architekt kann
deshalb dem Bauherrn die Ausführung baulicher Details, die in der vorliegenden Planung noch nicht ausgearbeitet sind, nur dann untersagen,
wenn hierin ein extremer Bruch mit der bereits vorliegenden Planung zu

---

1470 BGH GRUR 1989, 106 (108) – Oberammergauer Passionsspiele II; Ulmer, Ur-
heber- und Verlagsrecht, 1980, § 41II 1 ff.; Kroitzsch/Götting in: Ahlberg/
Götting, § 14 UrhG Rn. 19.
1471 BGH GRUR 1974, 675 ff. – Schulerweiterung; dazu auch Bullinger in: Wandt-
ke/Bullinger, § 14 UrhG Rn. 18; Kroitzsch/Götting in: Ahlberg/Götting, § 14
UrhG Rn. 20.
1472 BGH GRUR 1982, 107 (110 f.) – Kirchen-Innenraumgestaltung.
1473 LG Stuttgart GRUR-Prax 2010, 275 – Stuttgart 21; OLG Stuttgart GRUR-RR
2011, 56, 59 – Stuttgart 21; BGH ZUM 2012, 33 – Stuttgart 21 (Nichtzulassungsbeschwerde wurde vom BGH abgewiesen).
1474 Schulze in: Dreier/Schulze, § 14 UrhG Rn. 26.

sehen ist.[1475] Daneben sind auch Art und Intensität des Eingriffs zu berücksichtigen.[1476]

3.4 Das Recht auf Schutz der Werkintegrität im Arbeitsverhältnis

Auch der angestellte Urheber hat das Recht, Entstellungen oder andere Beeinträchtigungen nach §§ 97 Abs. 2, 14 UrhG abzuwehren, wenn sie geeignet sind, seine berechtigten geistigen und persönlichen Interessen zu gefährden, und die Interessenabwägung darüber hinaus ein Überwiegen des Bestandsinteresses des Arbeitnehmers gegenüber dem Nutzungsinteresse des Arbeitgebers ergibt. Der angestellte Urheber hat das Recht, dass das von ihm geschaffene Werk in unveränderter Form der Nachwelt zugänglich gemacht wird.[1477] Gerade im Arbeitsverhältnis können jedoch Änderungen des Arbeitnehmerwerks erforderlich werden. Zu denken ist hier zunächst an die Arbeitnehmerwerke, die entweder im Rahmen einer Arbeitsteilung oder nach Ausscheiden des schöpfenden Arbeitnehmers verändert werden. Auch im Rahmen von Sprachwerken können redaktionelle Änderungen notwendig sein, um auf aktuelle Entwicklungen reagieren zu können. Für den angestellten Urheber, der dem Arbeitgeber Nutzungsrechte einräumt, lassen auch § 39 Abs. 1 UrhG Änderungsvereinbarungen und § 39 Abs. 2 UrhG Änderungen des Werkes und seines Titels zu, zu denen der Urheber seine Einwilligung nach Treu und Glauben nicht versagen kann.

Wie bereits beim beauftragten Urheber ausgeführt, unterliegt jede änderungsrechtliche Fragestellung jedoch auch beim angestellten Urheber einer Interessenabwägung. Insoweit ist auf die Ausführungen zu der Interessenabwägung im Auftragsverhältnis zu verweisen, da der angestellte oder dienstverpflichtete Urheber keine stärkere Rechtsstellung haben kann als der beauftragte Urheber.[1478]Bei der Interessenabwägung im Arbeitsverhältnis rückt zusätzlich die wirtschaftliche Verwertung in den Vordergrund, da der angestellte Urheber wirtschaftlich abgesichert ist. Beim angestellten Urheber ist im Gegensatz zum beauftragten Urheber gesondert der Be-

---

1475 Kroitzsch/Götting in: Ahlberg/Götting, § 14 UrhG Rn. 9; OLG Düsseldorf GRUR 1979, 318 – Treppenwangen.
1476 Schulze in: Dreier/Schulze, § 14 UrhG Rn. 31; Dietz/Peukert in: Dietz/Peukert in: Schricker/Loewenheim, § 14 UrhG Rn. 30f.
1477 BGH GRUR 1974, 675 (676) – Schulerweiterung; BGH, GRUR 1999, 230 (232) - Treppenhausgestaltung.
1478 Dreier in: Dreier/Schulze, § 43 Rn. 37.

triebszweck des Arbeitgebers zu berücksichtigen. Dabei ist der betriebliche Zweck so entscheidend, dass der Arbeitgeber berechtigt sein muss, Änderungen an dem Werk vorzunehmen, die für den Betriebszweck förderlich sind und keine Rechte Dritte beeinträchtigen. Die Änderungsbefugnis des Arbeitgebers ist damit weiter als die des Auftraggebers.[1479]

Die Reichweite der Änderungsbefugnis im Arbeitsverhältnis kann sich jedoch nur im Wege einer Interessenabwägung ergeben. Die Änderungsbefugnis der Tendenzbetriebe ist weiter als bei sonstigen Arbeitgebern.[1480] Dabei ist wiederum die Schöpfungshöhe des betreffenden Werkes zu berücksichtigen.[1481] Keine Änderungsbefugnis des Arbeitgebers besteht jedoch, wenn es sich nicht um ein Pflichtwerk des Arbeitnehmers handelt.[1482] Die Änderungsbefugnis des Dienstherrn soll angesichts der besonderen Treuepflicht der Beamten noch weiter reichen.[1483] Im Rahmen von Computerprogrammen wird in der Regel das Verwertungsinteresse des Arbeitgebers überwiegen, da die geistigen und persönlichen Beziehungen des Urhebers zu seinem Werk weniger ausgeprägt sein werden. Darüber hinaus kann sich eine Änderungsbefugnis in diesem Bereich auch aus dem Verwertungszweck ergeben, der Weiterentwicklungen und Anpassungen erforderlich macht.[1484] Ist eine Änderung nach Abwägung der Interessen jedoch unzulässig, verstößt es zudem gegen das Veröffentlichungsrecht und Namensnennungsrecht des Urhebers, wenn der Arbeitgeber dieses – entgegen der Absprache mit dem Arbeitnehmer – in anonymisierter Form veröffentlicht.[1485] Im Rahmen der Interessenabwägung kann jedoch berücksichtigt werden, wenn der Arbeitnehmer aufgrund einer berechtigter-

---

1479 Rojahn in: Schricker/Loewenheim, § 43 UrhG Rn. 83 m.w.N.

1480 Rojahn in: Schricker/Loewenheim, § 43 UrhG Rn. 86; Dreier in: Dreier/Schulze, § 43 Rn. 37.

1481 OLG Frankfurt GRUR 1976, 199 – Götterdämmerung; Rojahn in: Schricker/Loewenheim, § 43 UrhG Rn. 86; Dreier in: Dreier/Schulze, § 43 Rn. 37.

1482 OLG Nürnberg ZUM 1999, 656 (658): Angestellter Leiter eines Museums muss keine Änderungen an dem Museumsführer hinnehmen, den er nicht in Erfüllung seiner Arbeitspflichten geschaffen hat. Dazu Rojahn in: Schricker/Loewenheim, § 43 UrhG Rn. 86; Dreier in: Dreier/Schulze, § 43 Rn. 37.

1483 Dreier in: Dreier/Schulze, § 43 Rn. 37.

1484 Van der Hoff, Die Vergütung angestellter Software-Entwickler, 2009, S. Nordemann in: Loewenheim, Hdb. des Urheberrechts, § 63 UrhG Rn. 62; Vgl. Fromm/Nordemann/Czychowski, Urheberrecht, § 69 b Rn. 15; Schricker/Loewenheim, Urheberrecht, § 69 b Rn. 14.

1485 Dietz, Der Werkintegritätsschutz im deutschen und US-amerikanischen Recht, 2009, S. 146; Schacht, Die Einschränkung des Urheberpersönlichkeitsrechts im Arbeitsverhältnis, 2004, S. 187; Kellerhals, Urheberpersönlichkeitsrechte im

weise fehlenden Urheberzeichnung nicht als Urheber assoziiert wird. In diesem Fall kann daher das Verwertungsinteresse das Bestandsinteresse des Arbeitnehmers überwiegen.[1486]

3.4.1 § 39 Abs. 1 UrhG

Auch im Arbeitsverhältnis bemisst sich die Regelung der Änderungsbefugnis nach § 39 Abs. 1 UrhG, da § 43 UrhG für den gesetzlich nutzungsberechtigten Arbeitgeber und Arbeitnehmer auch auf diese Regelung verweist.[1487] Dabei gilt, dass diese – ebenso wie bei der Änderungsvereinbarung – so konkret und vorhersehbar für den Arbeitnehmer wie möglich formuliert sein soll. Liegt keine oder nur eine pauschale Änderungsvereinbarung vor, bildet wiederum der Kern des Werkintegritätsschutzes die Grenze.[1488] Der Kern des Urheberpersönlichkeitsrechts ist dann betroffen, wenn die Änderung des Werks zu seiner Entstellung führt-[1489] Ist keine ausdrückliche Regelung über § 14 UrhG getroffen, ist davon auszugehen, dass der Arbeitnehmer im Rahmen des Vertragszwecks stillschweigend in die Änderungen des Arbeitgebers einwilligt.[1490] Im Rahmen der Interessenabwägung sind der betriebliche Zweck, die Art und Intensität des Ein-

---

Arbeitsverhältnis, 2000, S. 190; A.A. Dittrich in: Rehbinder, Die Urheberpersönlichkeitsrechte des Arbeitnehmerurhebers, S. 33.

1486 Nordemann in: Loewenheim, Hdb. des Urheberrechts, § 63 Rn. 62; Nordemann in: Fromm/Nordemann, Urheberrecht, § 43 UrhG Rn. 55.

1487 Kroitzsch/Götting in: Ahlberg/Götting, § 14 UrhG Rn. 23; Schacht, Die Einschränkung des Urheberpersönlichkeitsrechts im Arbeitsverhältnis, 2004, S. 182; Schacht, Die Einschränkung des Urheberpersönlichkeitsrechts im Arbeitsverhältnis, 2004, S. 181; Vinck, Die Rechtsstellung des Urhebers im Arbeits- und Dienstverhältnis, 1972, S. 48.

1488 Rojahn, Der Arbeitnehmerurheber in Presse, Funk und Fernsehen, 1978, S. 120; Vinck, Die Rechtsstellung des Urhebers im Arbeits- und Dienstverhältnis, 1972, S. 50 ff.; Dietz/Peukert in: Schricker/Loewenheim, § 14 UrhG Rn. 34; Schacht, Die Einschränkung des Urheberpersönlichkeitsrechts im Arbeitsverhältnis, 2004, S. 183.

1489 Schacht, Die Einschränkung des Urheberpersönlichkeitsrechts im Arbeitsverhältnis, 2004, S. 183.

1490 Dietz/Peukert in: Loewenheim, Hdb. des Urheberrechts, § 15 Rn. 114; Dietz/Peukert in: Schricker/Loewenheim, § 14 UrhG Rn. 34; Bullinger in: Wandtke/Bullinger, § 14 UrhG Rn. 99; Schacht, Die Einschränkung des Urheberpersönlichkeitsrechts im Arbeitsverhältnis, 2004, S. 185; Vinck, Die Rechtsstellung des Urhebers im Arbeits- und Dienstverhältnis, 1972, S. 48.

griffs, die Gestaltungshöhe[1491] sowie die Branchenübung[1492] als Kriterien heranzuziehen. Die Partei, die sich auf die Branchenübung beruft, ist für ihr Vorliegen beweispflichtig. Wird die Branchenübung im Rahmen der stillschweigenden Befugnis nach § 39 Abs. 1 UrhG berücksichtigt, ist für deren Einbeziehung die Kenntnis des Arbeitnehmers von der Branchenübung erforderlich.[1493]

3.4.2 § 39 Abs. 2 UrhG

Liegt weder eine ausdrückliche Regelung noch eine stillschweigende Regelung im Sinne des § 39 Abs. 1 UrhG vor, kann der angestellte Urheber aus Treu und Glauben zur Zustimmung zu Änderungen nach § 39 Abs. 2 UrhG verpflichtet sein. Die Reichweite des Änderungsrechts ermittelt sich auch im Arbeitsverhältnis im Rahmen einer Interessenabwägung im Einzelfall.[1494] Im Rahmen der Abwägung nach Treu und Glauben im Sinne von § 39 Abs. 2 UrhG kann die Branchenübung als Kriterium der Interessenabwägung auch dann herangezogen werden, wenn der angestellte Urheber keine Kenntnis davon hatte.[1495] Das Bestandsinteresse des Arbeitnehmers ist daher im Arbeitsverhältnis eingeschränkt, weil der Arbeitgeber auf die Verwertung des Arbeitnehmerwerks angewiesen ist.[1496] Der Umfang der Duldungspflicht ist anhand der allgemeinen Zweckübertragungsregel zu ermitteln. Dabei soll es allein dem Arbeitgeber obliegen,

---

1491 Dietz, Der Werkintegritätsschutz im deutschen und US-amerikanischen Recht, 2009, S. 143; zurückhaltend hingegen Schacht, Die Einschränkung des Urheberpersönlichkeitsrechts im Arbeitsverhältnis, 2004, S. 157f.
Rojahn in: Schricker/Loewenheim, § 43 UrhG Rn. 86; Wandtke in: Wandtke/Bullinger, § 43 UrhG, §; A.A. Kellerhals, Urheberpersönlichkeitsrechte im Arbeitsverhältnis, 2000, S. 160. zurückhaltend Schacht, Die Einschränkung des Urheberpersönlichkeitsrechts im Arbeitsverhältnis, 2004, S. 157f.
1492 Rojahn in: Schricker/Loewenheim, § 43 UrhG Rn. 86; Wandtke in: Wandtke/Bullinger, § 43 UrhG Rn. 85; Kellerhals, Urheberpersönlichkeitsrechte im Arbeitsverhältnis, 2000, S. 156; Schacht, Die Einschränkung des Urheberpersönlichkeitsrechts im Arbeitsverhältnis, 2004, S. 156.
1493 Rojahn in: Schricker/Loewenheim, § 43 UrhG Rn. 86.
1494 Rojahn in: Schricker/Loewenheim, § 43 UrhG Rn. 86; Dietz, Der Werkintegritätsschutz im deutschen und US-amerikanischen Recht, 2009, S. 145.
1495 Rojahn in: Schricker/Loewenheim, § 43 UrhG Rn. 87, die auch im Rahmen der stillschweigenden Einwilligung keine Kenntnis des Urhebers von der Branchenübung fordert.
1496 Rojahn in: Schricker/Loewenheim, § 43 UrhG Rn. 86.

über die Frage zu entscheiden, ob das Arbeitnehmerwerk unverändert oder in veränderter Form verwertet werden soll.[1497] Erst wenn die Wesenszüge des Arbeitnehmerwerks berührt werden, endet das Änderungsrecht des Arbeitgebers.[1498]

Neben den bereits genannten Abwägungskriterien ist im Rahmen der Interessenabwägung zusätzlich zugunsten des Arbeitgebers zu berücksichtigen, dass das Werk im Rahmen eines Anstellungsverhältnisses geschaffen wurde.[1499] Im Rahmen der Abwägung kommt aber auch den wirtschaftlichen und technischen Interessen des Arbeitgebers eine besondere Rolle zu. Insbesondere ist für die Änderungsbefugnis auch entscheidend, ob durch die Form oder den Inhalt des Werks Rechte Dritter verletzt werden.[1500] Ebenfalls ist zu berücksichtigen, ob die Änderungen objektiv oder nur subjektiv notwendig sind.[1501]

Abzulehnen ist die Ansicht, dass der Arbeitgeber unabhängig von einer Interessenabwägung stets bis zur Grenze der Entstellung Änderungen vornehmen darf.[1502] Ebenfalls ist im Rahmen der Interessenabwägung nicht das arbeitsrechtliche Direktionsrecht heranzuziehen.[1503] Ausschlaggebend für die Zulässigkeit der Änderung durch den Arbeitgeber kann es daher nicht sein, ob der Arbeitnehmer bei Schöpfung des Werks die Änderung bereits im Rahmen einer direktionsrechtlichen Weisung des Arbeitgebers hätte dulden müssen. Denn der Hinweis auf das Direktionsrecht hilft gera-

---

1497 Nordemann in: Fromm/Nordemann, § 43 UrhG Rn. 48; A.A. Rojahn in: Schricker/Loewenheim, § 43 UrhG Rn. 86.

1498 Nordemann in: Fromm/Nordemann, § 43 UrhG Rn. 48.

1499 Dietz/Peukert in: Loewenheim, Hdb. des Urheberrechts, § 15 Rn. 114; Dietz/Peukert in: Schricker/Loewenheim, § 14 UrhG Rn. 34; Wandtke in: Wandtke/Bullinger, § 43 UrhG Rn. 99; Rojahn in: Schricker/Loewenheim, § 43 UrhG Rn. 86; Rojahn, Der Arbeitnehmerurheber in Presse, Funk und Fernsehen, 1978, S. 119; Vinck, Die Rechtsstellung des Urhebers im Arbeits- und Dienstverhältnis, 1972, S. 48.

1500 Rojahn in: Schricker/Loewenheim, § 43 UrhG Rn. 86.

1501 Dietz, Der Werkintegritätsschutz im deutschen und US-amerikanischen Recht, 2009, S. 145, die ausführt, dass bei objektiv notwendigen Änderungen das Interesse des Arbeitgebers in der Regel überwiegt.

1502 Schmieder, GRUR 1967, 297(299).

1503 Wandtke in: Wandtke/Bullinger, § 43 UrhG Rn. 101; Rojahn in: Schricker/Loewenheim, § 43 UrhG Rn. 86f.; A.A. Nordemann in: Fromm/Nordemann, § 43 UrhG Rn. 48; Dietz, Der Werkintegritätsschutz im deutschen und US-amerikanischen Recht, 2009, S. 146, die jedoch nur ein eingeschränktes Änderungsrecht aus dem Direktionsrecht ableitet.

de bei künstlerischen oder wissenschaftlichen Leistungen nicht weiter.[1504]
Das gilt auch in Bezug auf den dienstverpflichteten Werkschöpfer.[1505]

3.5 Rechtsdogmatische Einordnung

Im Rahmen der Rechtsgeschäfte über § 14 UrhG ist zwischen der Berechtigung eines Dritten, selbst Änderungen vorzunehmen, und der Verpflichtung des Urhebers, selbst keine Änderungen vorzunehmen, zu unterscheiden. Die Berechtigung, an dem Werk des Urhebers Änderungen vorzunehmen, erfolgt rechtstechnisch in der Form der Einwilligung. Auch hier stellt sich die Frage, ob die Einwilligung rechtfertigend[1506] oder tatbestandsausschließend[1507] wirkt.[1508] Da im zweiten Schritt die Prüfung der Interessensgefährdung erfolgt und diese zu verneinen wäre, wenn der Urheber in die Änderung seines Werks einwilligt, könnte dies für die tatbestandsausschließende Wirkung der Einwilligung sprechen. Das Vorliegen einer Interessensgefährdung ermittelt sich jedoch anhand objektiver Kriterien und wird in der Regel indiziert. Würde die Interessensgefährdung objektiv abgelehnt, weil eine vertragliche Regelung besteht, stünde es dem Urheber weiterhin frei, eine Interessensgefährdung substantiiert darzulegen. Daher ist es im Interesse der Nutzungsberechtigten, von einer rechtfertigenden Wirkung der Einwilligung auszugehen.[1509] Soll der Urheber

---

1504 Wandtke in: Wandtke/Bullinger, § 43 UrhG Rn. 102, führt an, dass die Gestaltung gerade nicht auf der Weisung des Arbeitgebers beruht.

1505 Wandtke in: Wandtke/Bullinger, § 43 UrhG Rn. 101; a.A. KG ZUM-RD 1997, 175, 180 – Poldok.

1506 Schricker in: Hubmann/Forkel/Kraft, Die Einwilligung des Urhebers in entstellende Änderungen des Werks, S. 409 (410); Matanovic, Rechtsgeschäftliche Dispositionen über urheberpersönlichkeitsrechtliche Befugnisse, 2006, S. 286 f.

1507 So ausdrücklich Schack, Urhebervertragsrecht, 2013 Rn. 347; wohl auch Bullinger in: Wandtke/Bullinger, § 14 UrhG Rn. 13; Dreier/Schulze in: Dreier/Schulze, § 14 UrhG, § 13 UrhG Rn. 15.

1508 Schacht, Die Einschränkung des Urheberpersönlichkeitsrechts im Arbeitsverhältnis, 2004, S. 183 und Kellerhals, Urheberpersönlichkeitsrechte im Arbeitsverhältnis, 2000, S. 182, gehen von einem schuldrechtlichen Verzicht (pactum de non petendo) aus. Dies ist jedoch mit Matanovic, Rechtsgeschäftliche Dispositionen über urheberpersönlichkeitsrechtliche Befugnisse, 2006, S. 286 (Fn. 1612) abzulehnen, da dem Urheber kein Anspruch aus §§ 97 Abs. 2, 14 UrhG gegenüber dem Nutzungsberechtigten zusteht, wenn dieser die vertraglich eingewilligten Änderungen durchführt.

1509 So auch Matanovic, Rechtsgeschäftliche Dispositionen über urheberpersönlichkeitsrechtliche Befugnisse, 2006, S. 287, die jedoch für den Fall der konkre-

darüber hinaus auch dazu verpflichtet werden, selbst keine Werkänderungen durchzuführen, muss dies gesondert vertraglich vereinbart werden. Dies folgt nicht bereits aus der Zustimmung zur Änderung.

3.6 Fazit

Sowohl im Auftrags- als auch im Arbeitsverhältnis besteht ein grundsätzliches Änderungsverbot. Dieses folgt aus §§ 14 und 39 Abs. 1 UrhG und für den Filmbereich beschränkt aus § 93 UrhG. Änderungsbefugnisse können sowohl ausdrücklich als auch stillschweigend vereinbart werden, § 39 Abs. 1 UrhG. Darüber hinaus kann die Änderungsbefugnis auch aus dem Grundsatz von Treu und Glauben folgen, § 39 Abs. 2 UrhG. Dabei reicht die aus Treu und Glauben abgeleitete Änderungsbefugnis in der Regel im Arbeitsverhältnis weiter als im Auftragsverhältnis. In jedem Fall ist das Bestandsinteresse des Urhebers gegen das Verwertungsinteresse des Auftraggebers und Arbeitgebers abzuwägen. Dabei ist Ausgangspunkt das Bestandsinteresse des Urhebers. Hat er eine vertragliche Änderungsvereinbarung geschlossen, reduziert dies das Bestandsinteresse des Urhebers. Im Falle einer ausdrücklichen und hinreichend bestimmten Änderungsvereinbarung kann der Urheber – entgegen der Kernbereichstheorie – auch einer Entstellung seines Werks zustimmen. Im Rahmen der Interessenabwägung sind die Gestaltungshöhe des Werks, der künstlerische Rang, der vertragliche vorausgesetzte Gebrauchs- oder Verwertungszweck sowie die Schöpfung im Rahmen eines Arbeits- oder Dienstverhältnisses zu berücksichtigen.

4. Das Zugangsrecht zum Werk aus § 25 UrhG

Neben Urheberpersönlichkeitsrechten im engeren Sinne finden sich auch weitere urheberpersönlichkeitsrechtliche Befugnisse im weiteren Sinne im UrhG wie das Recht des Urhebers auf Zugang zum Werk nach § 25 UrhG.

---

ten Einzelbewilligung einer Werkveränderung von einer tatbestandsausschließenden Wirkung der Einwilligung ausgeht.

4.1 Gesetzlicher Schutzumfang

Das Zugangsrecht des Urhebers zu seinem Werk war bereits vor Geltung des UrhG anerkannt.[1510] Das Zugangsrecht ist Ausfluss des Urheberpersönlichkeitsrechts, das die persönliche Beziehung des Urhebers zu seinem Werk ab dem Zeitpunkt schützt, an dem es sich nicht mehr im Besitz des Urhebers befindet.[1511] Nach § 25 UrhG kann der Urheber[1512] vom Besitzer oder Eigentümer des Originals oder eines Vervielfältigungsstückes Zugang zu seinem Werk verlangen, soweit dies zur Herstellung von Vervielfältigungen und Bearbeitungen des Werks erforderlich ist. Das Zugangsrecht besteht nur für die in § 25 UrhG genannten Zwecke, nämlich der Herstellung von Vervielfältigungsstücken oder Bearbeitungen.[1513] Der Besitzer oder Eigentümer muss dem Urheber als Minus zur Herstellung und Bearbeitung auch zum Zweck der Erstellung von Werkverzeichnissen Zugang zum Werk ermöglichen.[1514] Sofern der Zugang zu einem dieser Zwecke erfolgt, kommt es auf das zugrundeliegende Motiv des Urhebers nicht an.[1515] Der Urheber kann daher sowohl ein ideelles als auch materielles Interesse mit dem Zugangsrechte verfolgen. Ist die Zweckbindung jedoch nicht gegeben, kann sich der Urheber nicht auf das Zugangsrecht berufen.[1516] Aufwand und Kosten für den Zugang zum Werk und das Anferti-

---

1510 BGH GRUR 1952, 257 (258) – Krankenhauskartei; BAG GRUR 1961, 491 (492) – Nahverkehrschronik.
1511 Freudenberg in: Ahlberg/Götting, § 25 UrhG Rn. 2.
1512 Der Werknutzungsberechtigte kann sich wiederum nicht auf § 25 UrhG berufen, da es diesem an dem urheberpersönlichkeitsrechtlichen Bezug zum Werk fehlt. Siehe dazu Vogel in: Schricker/Loewenheim, § 25 UrhG Rn. 7; Nordemann in: Fromm/Nordemann, Urheberrecht, § 25 UrhG Rn. 8. A.A. Freudenberg in: Ahlberg/Götting, § 25 UrhG Rn. 7; Dreier in: Dreier/Schulze, § 25 UrhG Rn. 5.
1513 Bullinger in: Wandtke/Bullinger, § 25 UrhG Rn. 7; Freudenberg in: Kroitzsch/Götting in: Ahlberg/Götting, § 12 UrhG, § 25 UrhG Rn. 18; Vogel in: Schricker/Loewenheim, § 25 UrhG Rn. 12; Nordemann in: Fromm/Nordemann, Urheberrecht, § 25 UrhG Rn. 13.
1514 Freudenberg in: Kroitzsch/Götting in: Ahlberg/Götting, § 12 UrhG, § 25 UrhG Rn. 18; Vogel in: Schricker/Loewenheim, § 25 UrhG Rn. 12; Nordemann in: Fromm/Nordemann, Urheberrecht, § 25 UrhG Rn. 13.
1515 Freudenberg in: Kroitzsch/Götting in: Ahlberg/Götting, § 12 UrhG, § 25 UrhG Rn. 19.
1516 Beispielsweise kann der Urheber nicht das Zugangsrecht dafür nutzen, seine Ansprüche aus § 14 UrhG durchzusetzen (in diesem Fall muss er die Voraussetzungen des § 809 BGB erfüllen): Bullinger in: Wandtke/Bullinger, § 25 UrhG Rn. 9; Vogel in: Schricker/Loewenheim, § 25 UrhG Rn. 12; Freudenberg

gen von Anschauungsmaterialien gehen zulasten des Urhebers.[1517] Der Besitzer oder Eigentümer hat jedoch ein Weigerungsrecht, wenn seine berechtigten Interessen durch den Zugang des Urhebers zum Werk beeinträchtigt werden würden.[1518] Ob die Interessen des Besitzers bzw. Eigentümers berechtigt sind und das Interesse des Urhebers am Zugang zum Werk überwiegen, ist im Rahmen einer Einzelfallabwägung zu ermitteln. Für das Vorliegen von berechtigten Interessen ist der Besitzer und Eigentümer darlegungs- und beweispflichtig.[1519] Der Besitzer oder Eigentümer ist wiederum nicht verpflichtet dem Urheber das Werk herauszugeben.[1520] Neben § 25 UrhG können der Urheber und der Besitzer auch ein vertragliches Zugangsrecht vereinbaren.[1521]

4.2 Das Zugangsrecht im Auftragsverhältnis

Dem Auftraggeber wird durch den Dienst- oder Werkvertrag in der Regel der Besitz und das Eigentum an dem Werk übertragen. Für den beauftragten Urheber wird es jedoch die Regel sein, dass er sich vor Übergabe des Werks Kopien oder Lichtbilder von dem Werk anfertigt, um die Auftragswerke dem eigenen Portfolio hinzuzufügen. Im Rahmen der Abwägung wird berücksichtigt, ob das Zugangsrecht das Original oder Vervielfältigungsstücke des Originals betrifft.[1522] Der Auftragnehmer ist jedoch dann nicht zur Anfertigung von Vervielfältigungsstücken berechtigt, wenn der Auftraggeber ausschließliche Nutzungsrechte erlangt hat.[1523]

---

in: Kroitzsch/Götting in: Ahlberg/Götting, § 12 UrhG, § 25 UrhG Rn. 3, 20, der die Ausübung des Zugangsrechts auch als Grundlage für Auskunftsansprüche über die Person des Erwerbers oder über den Besitzstand des Besitzers zulässt, m.w.N. A. A. Dreier in: Dreier/Schulze, § 25 UrhG Rn. 14.

1517 Schacht, Die Einschränkung des Urheberpersönlichkeitsrechts im Arbeitsverhältnis, 2004, S. 198.
1518 § 25 Abs. 1 a.E. UrhG.
1519 Bullinger in: Wandtke/Bullinger, § 25 UrhG Rn. 14.
1520 § 25 Abs. 2 UrhG. Der Urheber eines Werkes hat aus § 25 Abs. 1 auch keinen Anspruch darauf, dass ihm ein Werk zu Ausstellungszwecken zur Verfügung gestellt wird: KG GRUR 1981, 742, 743 – Totenmaske I.
1521 Freudenberg in: Ahlberg/Götting, § 25 UrhG Rn. 39. Im Bereich der Architektur gibt es ein vertragliches Zugangsrecht nach § 7 Abs. 4 ABfA.
1522 Freudenberg in: Ahlberg/Götting, § 25 UrhG Rn. 3.
1523 Schacht, Die Einschränkung des Urheberpersönlichkeitsrechts im Arbeitsverhältnis, 2004, S. 196.

In die Interessenabwägung ist einzubeziehen, ob der Zugang zu dem Werk oder Vervielfältigungsstück erforderlich ist. Der Zugang zum Werk ist dann erforderlich, wenn der Urheber selbst kein Werkexemplar besitzt und auch anderweitig nicht an ein derartiges Exemplar herankommen kann.[1524] Der Zugang zum Originalwerk ist dann erforderlich, wenn nur dieses die vollständige Information enthält.[1525] Dies wird besonders dann relevant, wenn es weitere Vervielfältigungsstücke gibt.[1526] Wenn es gerade auf den Abgleich mit dem Original ankommt, kann der beauftragte Urheber, der selbst im Besitz eines Vervielfältigungsstückes ist, auch Zugang zum Original geltend machen.[1527] Die Beweislast für die Erforderlichkeit des Werkzugangs liegt grundsätzlich beim Urheber. Da die Darlegung im Einzelfall schwierig sein kann, dass der Urheber keinen Zugang Werkexemplaren hat, geht die herrschende Meinung von einer Beweislastumkehr aus mit der Folge, dass der Besitzer oder Eigentümer des Werks beweisen muss, dass der Zugang bei ihm nicht erforderlich ist.[1528]

Ob der Auftraggeber dem Urheber den Zugang verweigern kann, weil seine schutzwürdigen Interessen überwiegen[1529], ist im Rahmen einer Interessenabwägung zu ermitteln.[1530] Die Befürchtung des Auftraggebers, das Auftragswerk könne durch eine mögliche Herstellung eines Vervielfältigungsstücks an Wert verlieren, stellt kein berechtigtes Interesse dar.[1531] Im Rahmen der Interessenabwägung ist auch das Integritätsinteresse des Auftraggebers zu berücksichtigen.[1532] So ist das mildeste Mittel des Zu-

---

1524 Schulze in: Dreier/Schulze, § 25 UrhG Rn. 19
1525 Bullinger in: Wandtke/Bullinger, § 25 UrhG Rn. 12; Schulze in: Dreier/Schulze, § 25 UrhG Rn. 19; Vogel in: Schricker/Loewenheim, § 25 UrhG Rn. 13.
1526 Freudenberg in: Kroitzsch/Götting in: Ahlberg/Götting, § 12 UrhG, § 25 UrhG Rn. 16; Bullinger in: Wandtke/Bullinger, § 25 UrhG Rn. 13.
1527 Freudenberg in: Kroitzsch/Götting in: Ahlberg/Götting, § 12 UrhG, § 25 UrhG Rn. 17.
1528 Schulze in: Dreier/Schulze, § 25 UrhG Rn. 20; Nordemann in: Fromm/Nordemann, Urheberrecht, § 25 UrhG Rn. 21; Vogel in: Schricker/Loewenheim, § 25 UrhG Rn. 15; Bullinger in: Wandtke/Bullinger, § 25 UrhG Rn. 13.
1529 Vogel in: Schricker/Loewenheim, § 25 UrhG Rn. 16; Bullinger in: Wandtke/Bullinger, § 25 UrhG Rn. 14.
1530 Bullinger in: Wandtke/Bullinger, § 25 UrhG Rn. 14; Vogel in: Schricker/Loewenheim, § 25 UrhG Rn. 16; Schulze in: Dreier/Schulze, § 25 UrhG Rn. 17. Siehe auch LG Düsseldorf BauR 1980, 86 f. – Zugangsrecht des Architekten zu einem privaten Wohnhaus.
1531 KG GRUR 1983, 507 (508 f.) – Totenmaske II; Freudenberg in: Kroitzsch/Götting in: Ahlberg/Götting, § 12 UrhG, § 25 UrhG Rn. 30.
1532 Bullinger in: Wandtke/Bullinger, § 25 UrhG Rn. 16; Vogel in: Schricker/Loewenheim, § 25 UrhG Rn. 18.

gangs zu wählen, um sicherzustellen, dass das Werk am wenigsten beeinträchtigt wird. Besonders im Bereich der bildenden Kunst kann die Besichtigung des Werks bereits beeinträchtigend wirken.[1533] Der Wunsch nach Geheimhaltung des Auftraggebers kann nur dann ein berechtigtes Interesse darstellen, wenn das Werk noch nicht veröffentlicht wurde.[1534]

4.3 Das Zugangsrecht im Arbeitsverhältnis

Der angestellte Urheber hat auch ein Recht auf Zugang zu seinen Werkstücken, soweit dies zur Herstellung von Vervielfältigungsstücken oder zur Bearbeitung des Werkes erforderlich ist und keine berechtigten Interessen des Arbeitsgebers entgegenstehen.[1535] Da der angestellte Urheber in der Regel keine Dokumentation über seine Werke führt, ist das Recht auf Zugang zum Werk besonders für den Arbeitnehmer von besonderer Bedeutung. Insbesondere nach Beendigung des Arbeitsverhältnisses kann es für den vormaligen Arbeitnehmer wichtig werden, seine bisherigen Arbeiten für sein Portfolio oder eine Bewerbung zusammenzustellen.[1536] Im Einzelfall können allerdings auch im Arbeitsverhältnis berechtigte Interessen des Arbeitgebers einem Zugang durch den Urheber entgegenstehen.[1537] Ein berechtigtes Interesse des Arbeitgebers könnte dann gegeben sein, wenn das Arbeitnehmerwerk nur eine geringe schöpferische Höhe aufweist und die Ermöglichung des Zugangs beim Arbeitgeber einen unzumutbaren organisatorischen Aufwand verursacht.[1538] Das Zugangsrecht wird teilweise

1533 Freudenberg in: Kroitzsch/Götting in: Ahlberg/Götting, § 12 UrhG, § 25 UrhG Rn. 33, führt an, dass die Entnahme von Materialproben nur in äußersten Ausnahmefällen als zulässig erachtet werden kann.
1534 Nordemann in: Fromm/Nordemann, Urheberrecht, § 25 UrhG Rn. 17; Bullinger in: Wandtke/Bullinger, § 25 UrhG Rn. 15; Schulze in: Dreier/Schulze, § 25 UrhG Rn. 21. A.A. BT Drucks. IV/270, S. 52, der ein Geheimhaltungsinteresse als berechtigtes Interesse einstuft.
1535 Kroitzsch/Götting in: Ahlberg/Götting, § 12 UrhG, § 25 UrhG Rn. 5; Rojahn in: Schricker/Loewenheim, § 43 UrhG Rn. 96; Dreier in: Dreier/Schulze, § 43 UrhG Rn. 39.
1536 Rojahn in: Schricker/Loewenheim, § 43 UrhG Rn. 96; Dreier in: Dreier/Schulze, § 43 UrhG Rn. 39; Vinck, Die Rechtsstellung des Urhebers im Arbeits- und Dienstverhältnis, 1972, S. 67; Schacht, Die Einschränkung des Urheberpersönlichkeitsrechts im Arbeitsverhältnis, 2004, S. 197.
1537 Rojahn in: Schricker/Loewenheim, § 43 UrhG Rn. 97.
1538 Rojahn in: Schricker/Loewenheim, § 43 UrhG Rn. 97; Dreier in: Dreier/Schulze, § 43 UrhG Rn. 39; Schacht, Die Einschränkung des Urheberpersönlichkeits-

tarifvertraglich in zeitlicher Hinsicht beschränkt.[1539] Ein berechtigtes Interesse des Arbeitgebers besteht auch dann, wenn der Urheber durch das Zugangsrecht seine Geheimhaltungs- oder Verschwiegenheitspflicht aus dem Arbeitsverhältnis umgehen möchte[1540]. Weiter ist zu berücksichtigen, dass der Arbeitnehmer in der Regel dem Arbeitgeber ausschließliche Nutzungsrechte eingeräumt hat, die im Einzelfall auch über das Arbeitsverhältnis hinaus fortbestehen. Die Anfertigung eines Vervielfältigungsstücks kann daher im Einzelfall den berechtigten Interessen des Arbeitgebers widersprechen. Der Arbeitgeber muss jedoch sein berechtigtes Interesse darlegen. Die Befürchtung eines Missbrauchs genügt der Beweislast des Arbeitgebers nicht. Das berechtigte Interesse des Arbeitgebers, den Missbrauch eines Arbeitnehmers zu verhindern, wird insbesondere bei Computerprogrammen relevant, da hier aufgrund der technischen Möglichkeiten eine hohe Missbrauchsgefahr besteht, die auch zu wirtschaftlichen Einbußen beim Arbeitgeber führen kann.[1541] Auch beim angestellten Urheber beinhaltet das Recht auf Zugang zum Werk jedoch nicht das Recht, die Herausgabe des Werks zu verweigern.[1542]

4.4 Fazit

Sowohl im Auftrags- als auch im Arbeitsverhältnis steht dem beauftragten bzw. dem angestellten Urheber das Recht auf Zugang zum Werk zu. Der Auftraggeber und der Arbeitgeber müssen im Wege einer Beweislastumkehr darlegen, warum es nicht erforderlich ist, dass der Urheber Zugang

---

rechts im Arbeitsverhältnis, 2004, S. 197; Wandtke in: Wandtke/Bullinger, § 43 UrhG Rn. 110; Nordemann in: Loewenheim, Hdb. des Urheberrechts, § 63 Rn. 39; Kolle, GRUR 1985 1016 (1024).

1539 Siehe Ziffer 367.2 des MTV. Gerade im Rundfunkbereich besteht ein berechtigtes Interesse aufgrund der Fülle an Beiträge den Aufwand zumindest durch eine zeitliche Grenze zu beschränken. Siehe dazu Dreier in: Dreier/Schulze, § 43 UrhG Rn. 39; Rojahn in: Schricker/Loewenheim, § 43 UrhG Rn. 99; Rojahn, Der Arbeitnehmerurheber in Presse, Funk und Fernsehen, 1978, S. 145; Wandtke in: Wandtke/Bullinger, § 43 UrhG Rn. 112.

1540 Schacht, Die Einschränkung des Urheberpersönlichkeitsrechts im Arbeitsverhältnis, 2004, S. 198.

1541 Kolle, GRUR 1985 1016 (1024). Schacht, Die Einschränkung des Urheberpersönlichkeitsrechts im Arbeitsverhältnis, 2004, S. 200, verweist jedoch weiter darauf, dass die Gefahr nur zeitlich limitiert bestehe, da die Softwarebranche schnelllebig sei und ein Computerprogramm schnell veralte.

1542 BAG, GRUR 1961, 491 (493) – Nahverkehrschronik.

zum Werk erlangt. Darüber hinaus können jedoch auch berechtigte Interessen des Auftraggebers oder des Arbeitgebers dem Zugangsrecht des Urhebers entgegenstehen.

5. Das Rückrufsrecht wegen gewandelter Überzeugung nach § 41 UrhG

Nach § 41 UrhG hat der Werkschöpfer ein Rückrufsrecht wegen gewandelter Überzeugung.

5.1 Gesetzlicher Schutzumfang

Gemäß § 41 Abs. 1 S. 1 UrhG kann der Urheber das Nutzungsrecht zurückrufen, wenn der Inhaber eines ausschließlichen Nutzungsrechts das Recht nicht oder nur unzureichend ausübt und dadurch berechtigte Interessen des Urhebers verletzt werden. Das Rückrufsrecht wegen gewandelter Überzeugung findet auf alle Werkarten Anwendung. Besonders relevant ist es bei Werken, in denen die Persönlichkeit besonders zum Ausdruck gelangt wie bei Werken der Kunst und Wissenschaft.[1543]

Im Filmbereich steht das Rückrufsrecht wegen Nichtausübung weder dem Urheber vorbestehender Werke im Sinne von § 88 UrhG noch dem Filmurheber nach § 89 UrhG zu[1544]. Im Verlagsbereich bestehen weitere Rückrufsrechte, die nach § 41 Abs. 7 UrhG weiterhin Anwendung finden.[1545]

Das Rückrufsrecht nach § 41 UrhG ist sowohl urheberpersönlichkeitsrechtlicher als auch vermögensrechtlicher Natur.[1546] Die vermögensrechtliche Natur zeigt sich dann, wenn der Urheber eine umsatzabhängige Ver-

---

1543 Wandtke in: Wandtke/Bullinger, § 43 UrhG Rn. 118; Kolle, GRUR 1985, 1016 (1024), weist darauf hin, dass im Falle der Softwareerstellung ein Rückrufsrecht nicht denkbar sei; a.A. Wandtke in: Wandtke/Bullinger, § 43 UrhG Rn. 119 entgegnet, dass eine Relevanz zumindest für den Bereich der Computergrafiken und Computerspiele denkbar sei.
1544 § 90 UrhG.
1545 Bei nicht vertragsmäßiger Vervielfältigung und Verbreitung (§§ 32, 30 VerlG), wenn keine Neuauflage erfolgt (§ 17 VerlG, 45 VerlG für den Fall von Sammelwerken).
1546 Gamm, Urheberrechtsgesetz, 1968, Art. 41 UrhG Rn. 8; Wegner in: Ahlberg/Götting, § 41 UrhG Rn. 2; Schricker/Peukert in: Schricker/Loewenheim, § 41 UrhG Rn. 4.

gütung erhält.[1547] Der Urheber kann seinen Anspruch gegen jeden richten, der Inhaber einer ausschließlichen Lizenz ist, damit neben dem Auftraggeber oder Arbeitgeber auch gegen den Dritten, der das ausschließliche Recht eingeräumt oder übertragen bekommen hat.[1548] Das ausschließliche Nutzungsrecht muss sich auf eine konkrete Nutzung beziehen mit der Folge, dass das Rückrufsrecht für jedes einzelne Nutzungsrecht gesondert besteht und sich gesondert nach § 41 UrhG richtet.[1549] Daher hat der Rückruf nur eine Teilnichtigkeit[1550] zur Folge, wenn der Vertrag mehrere Nutzungsrechte beinhaltet und der Lizenznehmer nur einen Teil davon nicht ausübt. Das ausschließliche Recht muss nicht oder nur unzureichend wahrgenommen worden sein. Es ist nicht erforderlich, dass vertraglich eine Ausübungspflicht vereinbart wurde.[1551]Eine unzureichende Ausübung des Nutzungsrechts kann auch anzunehmen sein, wenn der Lizenznehmer seine Abwehransprüche gegenüber Dritten nicht geltend macht.[1552] Darüber hinaus müssen berechtigte Interessen des Urhebers erheblich verletzt sein. Der Rückruf ist darüber hinaus dann ausgeschlossen, wenn die Nichtausübung überwiegend auf Umständen beruht, deren Behebung dem Urheber zuzumuten ist.[1553] Der Urheber kann jeweils nur die ausschließlichen Nutzungsrechte zurückrufen, bezüglich derer die Voraussetzungen des § 41 UrhG gegeben sind.[1554] Die Geltendmachung des Rückrufsrechts kann nicht vor Ablauf von zwei Jahren seit Einräumung oder Übertragung des Nutzungsrechts oder, wenn das Werk später abgeliefert wird, seit der Ablieferung geltend gemacht werden. Bei einem Zeitungsbeitrag beträgt die Frist der Geltendmachung drei Monate, bei einem Beitrag zu einer Zeitschrift, die monatlich oder in kürzeren Abständen er-

---

1547 Wegner in: Ahlberg/Götting § 41 UrhG Rn. 2; Schricker/Peukert in: Schricker/Loewenheim, § 41 UrhG Rn. 6.

1548 Wegner in: Ahlberg/Götting, § 41 UrhG Rn. 2.

1549 Wegner in: Ahlberg/Götting, § 41 UrhG Rn. 4.

1550 Dies ist zumindest dann der Fall, wenn der Lizenzvertrag eine Klausel enthält, wonach eine Teilnichtigkeit nicht zu einer Gesamtnichtigkeit des Vertrags führen soll. Dazu Wegner in: Ahlberg/Götting, § 41 UrhG Rn. 4.

1551 Nur wenn diese verletzt wird, liegt eine Verletzung einer Vertragspflicht vor.

1552 Wegner in: Ahlberg/Götting, § 41 UrhG Rn. 6.

1553 § 41 Abs. 1 S. 2 UrhG. Dies ist beispielsweise bei der Nichtvornahme kleiner Änderungen durch den Urheber der Fall. Siehe dazu Wegner in: Ahlberg/Götting, § 41 UrhG Rn. 9.

1554 Der Urheber kann daher nicht alle Nutzungsrechte bezüglich aller Werke zurückrufen (GRUR 1970, 40 (44) – Musikverleger I und GRUR 1973, 328 – Musikverleger II). Siehe dazu Wegner in: Ahlberg/Götting, § 41 UrhG Rn. 2; Schricker/Peukert in: Schricker/Loewenheim, § 41 UrhG Rn. 23.

scheint, sechs Monate und bei einem Beitrag zu anderen Zeitschriften ein Jahr.[1555] Die Frist beginnt bei einer Übertragung des Nutzungsrechts auf einen Dritten stets von neuem zu laufen.[1556]

Der Rückruf als formloses, einseitiges und empfangsbedürftiges Gestaltungsrecht löst das schuldrechtliche Verpflichtungsgeschäft rückwirkend auf. Wann ein Urheber das Nutzungsrecht wegen Nichtausübung zurückrufen kann, ist im Einzelfall festzustellen.[1557] Nach § 41 Abs. 5 UrhG erlischt mit Wirksamwerden des Rückrufs auch das dinglich eingeräumte Nutzungsrecht.[1558] Mit Rückruf des vom Erstlizenznehmer weiter eingeräumten Nutzungsrechts fällt das Nutzungsrecht mit der Wirkung ex nunc unmittelbar an den Urheber zurück.[1559] Gemäß § 41 Abs. 6 UrhG hat der Urheber den Betroffenen zu entschädigen, wenn und soweit es der Billigkeit entspricht, also nur, wenn die Zahlung dem Urheber bei Abwägung der Interessen der Beteiligten zugemutet werden kann[1560]. In der Regel wird jedoch der Rückruf wegen Nichtausübung nach § 41 UrhG keine Entschädigungspflicht nach sich ziehen.[1561] Die Entschädigungspflicht wurde trotz Kritik aufgenommen, um die schutzwürdigen Interessen des Nutzungsberechtigten zu schützen, der im Vertrauen auf sein Nutzungsrecht bereits Aufwendungen gemacht oder für den Erwerb des Rechts ein Entgelt gezahlt hat.[1562] Im Rahmen der Interessenabwägung ist zu berücksichtigen, dass der Inhaber des Nutzungsrechts bereits zwei Jahre lang das Recht zur Nutzung hatte, ohne das Recht auch auszuüben.[1563]

1555 § 42 Abs. 2 UrhG.
1556 Wegner in: Ahlberg/Götting, § 41 UrhG Rn. 11.
1557 Wandtke in: Wandtke/Bullinger, § 43 UrhG Rn. 116; OLG Köln, ZUM-RD 2005, 333(334), nahm nach vier Jahren der Nichtausübung ein Rückrufsrecht an.
1558 BT Drucks. IV/270, S. 60.
1559 Wegner in: Ahlberg/Götting, § 41 UrhG Rn. 21; Nordemann in: Fromm/Nordemann, Urheberrecht, § 41 UrhG Rn. 2.
1560 BT Drucks. IV/270, S. 60. Dazu auch Skrzipek, Urheberpersönlichkeitsrecht und Vorfrage, S. 18.
1561 Schulze in: Dreier/Schulze, § 41 UrhG Rn. 38.
1562 BT Drucks. IV/270, S. 60.
1563 Schulze in: Dreier/Schulze, § 41 UrhG Rn. 38.

5.2 Das Rückrufsrecht nach § 41 UrhG im Auftragsverhältnis

Das Rückrufsrecht wegen Nichtausübung ist vertraglich unabding-bar.[1564] Daher kann auch der Auftragnehmer auf das Rückrufsrecht vertrag-lich nicht verzichten. Überwiegend wird jedoch vertreten, dass nach Ab-lauf der in § 41 Abs. 2 UrhG genannten Frist der Verzicht auf das Rück-rufsrecht zulässig sei.[1565] Dies steht nicht im Widerspruch zum Schutz-zweck des § 41 UrhG, nicht im Voraus auf das Recht verzichten zu kön-nen[1566], da ein solcher Verzicht nur das Rückrufsrecht des Urhebers be-trifft, das bis zu diesem Zeitpunkt bereits begründet ist.[1567] Bevor der Rückruf erklärt werden kann, muss dem Inhaber des ausschließlichen Nut-zungsrechts eine angemessene Nachfrist gesetzt werden, in der er zur Aus-übung aufgefordert und der Rückruf angekündigt wird.[1568] Darüber hinaus kann der Urheber jedoch für einen Zeitraum von fünf Jahren die Aus-übung des Rückrufsrechts ausschließen.[1569]

5.3 Das Rückrufsrecht nach § 41 UrhG im Arbeitsverhältnis

Das Rückrufsrecht wegen Nichtausübung aus § 41 UrhG steht auch dem angestellten und dienstverpflichteten Urheber zu, wird jedoch durch In-halt und Wesen des Arbeits- und Dienstverhältnisses erheblich einge-schränkt.[1570] Der Grund für die Einschränkung liegt darin, dass der Arbeit-nehmer keinen Anspruch auf Verwertung des Werks durch den Arbeitge-ber hat. Die optimale Verwertung des Werks ist für den angestellten Urhe-ber auch nicht von großer Bedeutung, da für seine Vergütung allein die Tätigkeit und nicht der Erfolg des Arbeitsergebnisses maßgeblich ist. Es wird daher allein dem Arbeitgeber als Träger des Investitionsrisikos zuge-standen, über die Verwertung zu entscheiden. Daher ist das Rückrufsrecht wegen Nichtausübung des angestellten Urhebers auf Ausnahmefälle redu-

---

1564 § 41 Abs. 4 UrhG.
1565 Wegner in: Ahlberg/Götting, § 41 UrhG Rn. 19; Schacht, Die Einschränkung des Urheberpersönlichkeitsrechts im Arbeitsverhältnis, 2004, S. 189; Gamm, Urheberrechtsgesetz, 1968, § 41 UrhG Rn. 10.
1566 BT Drucks. IV/270, S. 60.
1567 Wegner in: Ahlberg/Götting, § 41 UrhG Rn. 19.
1568 § 41 Abs. 3 UrhG.
1569 § 41 Abs. 5 S. 1 UrhG.
1570 Rojahn in: Schricker/Loewenheim, § 43 UrhG Rn. 88; Schricker/Peukert in: Schricker/Loewenheim, § 41 UrhG Rn. 6.

ziert. Im Rahmen der Interessenabwägung ist zu berücksichtigen, dass die vermögensrechtlichen Interessen des Urhebers grundsätzlich bereits mit der Lohnzahlung abgegolten sind.[1571]Weiterhin kommt ein Rückruf des angestellten Urhebers aufgrund seiner urheberpersönlichkeitsrechtlichen Belange in Betracht.[1572] Die Interessen des angestellten Urhebers können die Interessen seines Arbeitgebers dann überwiegen, wenn der Arbeitgeber überhaupt kein Interesse an der Verwertung zeigt.[1573] Zugunsten des angestellten Urhebers kann die Interessenabwägung auch ausfallen, wenn es um den Rückruf von Nutzungsrechten geht, die dem Arbeitgeber über den betrieblichen Zweck hinaus vom Arbeitnehmer eingeräumt wurden oder die freien oder nichtpflichtgebundenen Werke des Arbeitnehmers betreffen.[1574] Zulasten des angestellten Urhebers ist es jedoch im Rahmen der Interessenabwägung zu berücksichtigen, wenn der angestellte Urheber mit den zurückgerufenen Nutzungsrechten in Konkurrenz zum Arbeitgeber treten will.[1575] Eine weitere Einschränkung erfährt das Rückrufsrecht wegen Nichtausübung im Dienstverhältnis. Da der Beamte zur Zurückstellung aller persönlichen Interessen in Bezug auf seine Arbeitsergebnisse verpflichtet ist, ist die Geltendmachung des Rückrufsrechts durch den Beamten auf besondere Ausnahmefälle reduziert.[1576]

6. Das Rückrufsrecht wegen gewandelter Überzeugung nach § 42 UrhG

Neben § 41 UrhG hat der Werkschöpfer auch ein Rückrufsrecht wegen gewandelter Überzeugung nach § 42 UrhG.

1571   Dreier in: Dreier/Schulze, § 43 UrhG Rn. 38; Gennen in: Moll, § 16 Rn. 241.
1572   Dreier in: Dreier/Schulze, § 43 UrhG Rn. 38; Wandtke in: Wandtke/Bullinger, § 43 UrhG Rn. 116; Rojahn in: Schricker/Loewenheim, § 43 UrhG Rn. 88.
1573   Dreier in: Dreier/Schulze, § 43 UrhG Rn. 38.
1574   Dreier in: Dreier/Schulze, § 43 UrhG Rn. 38; Wandtke in: Wandtke/Bullinger, § 43 UrhG Rn. 116; Rojahn in: Schricker/Loewenheim, § 43 UrhG Rn. 89. A.A. Gamm, Urheberrechtsgesetz, 1968, § 41 Rn. 12, schließt den Rückruf eines Teils der Nutzungsrechte aus.
1575   Dreier in: Dreier/Schulze, § 43 UrhG Rn. 38; Rojahn in: Schricker/Loewenheim, § 43 UrhG Rn. 89.
1576   Rojahn in: Schricker/Loewenheim, § 43 UrhG Rn. 90; Dreier in: Dreier/Schulze, § 43 UrhG Rn. 38; eher kritisch gegenüber einer gesteigerten Treuepflicht des Beamten, da der Dienstherr auch kein gesteigertes Verwertungsinteresse hat.

6.1 Gesetzlicher Schutzumfang

Nach § 42 Abs. 1 S. 1 UrhG kann der Urheber weitere Nutzungsrechte zurückrufen, wenn das Werk nicht mehr seiner Überzeugung entspricht und ihm objektiv daher die Verwertung durch den Nutzungsberechtigten nicht mehr zugemutet werden kann.[1577] Ebenso wie beim Rückrufsrecht nach § 41 UrhG handelt es sich dabei um ein einseitiges Gestaltungsrecht, das auch das dinglich eingeräumte Nutzungsrecht automatisch erlöschen lässt.[1578] Der Rückruf kann ein einfaches oder ausschließliches, inhaltlich oder zeitlich beschränktes oder unbeschränktes Nutzungsrecht betreffen. Das Nutzungsrecht muss jedoch eine urheberrechtlich relevante Nutzung zum Inhalt haben, sodass ein bereits veröffentlichtes Werk trotz Rückruf weiter veröffentlicht werden darf. Das Gleiche gilt im Falle eines Werks, dessen Verbreitungsrecht nach rechtmäßigem Inverkehrbringen erschöpft ist.[1579] Gesetzliche Lizenzen unterliegen ebenfalls nicht dem Rückrufsrecht[1580] mit der Folge, dass der angestellte Programmierer das Nutzungsrecht an dem Computerprogramm nicht zurückrufen kann.[1581] Das Rückrufsrecht wegen gewandelter Überzeugung dient allein der Wahrung ideeller Interessen des Urhebers und kann daher nur vom Urheber selbst, jedoch nicht von dessen Rechtsnachfolgern[1582] ausgeübt werden. Nach § 90 UrhG findet das Rückrufsrecht nach § 42 Abs. 1 S. 1 UrhG im Bereich der Filmwerke auf die in § 88 Abs. 1 Nr. 2 bis 5 UrhG und § 89 Abs. 1 UrhG bezeichneten Rechte keine Anwendung. Das Rückrufsrecht führt nur zu einem Erlöschen mit der Wirkung ex nunc. Bereits verbreitete Exemplare seines Werkes kann der Urheber mit seinem Rückrufsrecht nicht zurückziehen.[1583] Das Werk entspricht dann nicht mehr der Überzeugung des Ur-

---

1577 Bei Sammlungen für den Kirchen-, Schul- oder Unterrichtsgebrauch und den Rückruf von Nutzungsrechten daran ist § 46 Abs. 5 UrhG zu beachten.
1578 §§ 42 Abs. 5, 41 Abs. 5 UrhG.
1579 Schulze in: Dreier/Schulze, § 43 UrhG Rn. 10.
1580 Schulze in: Dreier/Schulze, § 43 UrhG Rn. 11.
1581 Schulze in: Dreier/Schulze, § 43 UrhG Rn. 30 für die gesetzlichen Lizenzen des § 44a UrhG.
1582 Der Rechtsnachfolger kann nur dann den Rückruf aus § 42 UrhG erklären, wenn er nachweist, dass der Urheber vor seinem Tod zum Rückruf berechtigt gewesen wäre und an der Erklärung gehindert war oder diese letztwillig verfügt hat, § 42 Abs. 1 S. 2 UrhG. Dazu Spautz/Götting in: Ahlberg/Götting, § 42 Rn. 9ff.
1583 Spautz/Götting in: Ahlberg/Götting, § 42 Rn. 6; Schulze in: Dreier/Schulze, § 43 UrhG Rn. 12; Nordemann in: Fromm/Nordemann, Urheberrecht, § 42 UrhG Rn. 5; Wandtke in: Wandtke/Bullinger, § 42 UrhG Rn. 4

hebers, wenn der Urheber aus triftigen persönlichen Gründen von seinem Werk abgerückt ist. Dies kann dann der Fall sein, wenn das Werk oder die Ansichten nach der aktuellen Lehre und Wissenschaft überholt oder widerlegt sind.[1584]Für die den Überzeugungswandel begründenden Tatsachen ist der Urheber beweispflichtig.[1585] Darüber hinaus muss die Verwertung des Werkes dem Urheber unzumutbar sein. Die Unzumutbarkeit ist im Rahmen einer Interessenabwägung auch anhand objektiver Maßstäbe zu ermitteln.[1586] Nach § 42 Abs. 3 S. 1 UrhG ist der Urheber im Falle des Rückrufs zur Entschädigung verpflichtet.[1587]Im Gegensatz zur Entschädigungspflicht im Rahmen des Rückrufsrechts wegen Nichtausübung nach § 41 UrhG ist die Entschädigungspflicht nicht auf die Billigkeit begrenzt, sondern muss zumindest die Aufwendungen des Nutzungsberechtigten decken.[1588]Es besteht jedoch keine Verpflichtung zur vollen Schadensersatzleistung.[1589] Die Höhe der Entschädigungszahlung ist im Rahmen einer Interessenabwägung zu ermitteln. Dabei ist zu berücksichtigen, dass der Nutzungsberechtigte durch den Rückruf des Nutzungsrechts benachteiligt wird und die gewandelte Überzeugung des Urhebers nicht verursacht hat.

Aufgrund der hohen Anforderungen des § 42 UrhG ist die Bedeutung des Rückrufsrechts wegen gewandelter Überzeugung gering, weil der Verwerter ein überholtes Werk in der Regel auch nicht verwerten möchte und der Urheber mit dem Nutzungsberechtigten auch ohne Geltendmachung des Rückrufs eine gemeinsame Vorgehensweise wie beispielsweise die Abänderung des Werks finden werden.[1590] Das Rückrufsrecht nach § 42 UrhG hat daher nur in Ausnahmefällen Bedeutung. Die Nichtausübungsabrede ist nach § 42 Abs. 2 S. 2 UrhG beim Rückrufsrecht wegen gewandelter Überzeugung ausgeschlossen.

1584 BT Drucks. IV/270, S. 61; Spautz/Götting in: Ahlberg/Götting, § 42 Rn. 7; Schulze in: Dreier/Schulze, § 42 UrhG Rn. 16; Wandtke in: Wandtke/Bullinger, § 42 UrhG Rn. 5.

1585 Schulze in: Dreier/Schulze, § 42 UrhG Rn. 17.

1586 Schulze in: Dreier/Schulze, § 42 UrhG Rn. 18; Wandtke in: Wandtke/Bullinger, § 42 UrhG Rn. 7; Dietz/Peukert in: Schricker/Loewenheim, § 42 UrhG Rn. 25.

1587 Im Gegensatz zum Rückrufsrecht nach § 41 UrhG unterliegt die Frage der Entschädigung nicht der Billigkeit.

1588 § 42 Abs. 3 S. 2 UrhG.

1589 § 42 Abs. 3 S. 2, 2.HS UrhG. Siehe hierzu: Spautz/Götting in: Ahlberg/Götting, § 42 UrhG Rn. 16; Dietz/Peukert in: Schricker/Loewenheim, § 42 UrhG Rn. 29 f.

1590 So auch Schulze in: Dreier/Schulze, § 42 UrhG Rn. 2.

6.2 Das Rückrufsrecht nach § 42 UrhG im Auftragsverhältnis

Das Rückrufsrecht wegen gewandelter Überzeugung nach § 42 UrhG kann nicht vertraglich im Voraus abbedungen werden.[1591] Wie bereits im Falle des Rückrufsrechts wegen Nichtausübung nach § 41 UrhG kann der Urheber jedoch zum Zeitpunkt des Entstehens des Rückrufsrechts, d.h. wenn die weitere Nutzung des Nutzungsrechts wegen gewandelter Überzeugung tatsächlich für den Urheber nicht mehr zumutbar ist, auf sein Recht verzichten. Der Verzicht schließt jedoch nicht aus, dass der Urheber aufgrund neuer Gegebenheiten erneut ein Rückrufsrechts ausübt[1592]. Vereinbarungen, nach denen der Urheber sich verpflichtet, vom Rückrufsrecht keinen Gebrauch zu machen, sind ebenfalls unwirksam.[1593]

6.3 Das Rückrufsrecht nach § 42 UrhG im Arbeitsverhältnis

Das Rückrufsrecht wegen gewandelter Überzeugung nach § 42 UrhG ist auch beim angestellten Urheber zu berücksichtigen.[1594] Die Interessenlage des angestellten Urhebers unterscheidet sich zum beauftragten Urheber nicht wesentlich.[1595] Bei der Interessenabwägung ist hauptsächlich die Schöpfungshöhe zu berücksichtigen.[1596] Im Arbeitsverhältnis wird jedoch die Spanne der Zumutbarkeit erweitert.[1597] Ein Rückrufsrecht wurde für ein Werk verneint, das der Urheber unabhängig von seiner eigenen künst-

---

1591 Spautz/Götting in: Ahlberg/Götting, § 42 UrhG Rn. 17; Wandtke in: Wandtke/Bullinger, § 43 UrhG Rn. 116.

1592 Dietz/Peukert in: Schricker/Loewenheim, § 42 UrhG Rn. 10; Schulze in: Dreier/Schulze, § 42 UrhG Rn. 20; Gennen in: Moll; § 16 Rechte am Arbeitsergebnis Rn. 242.

1593 § 42 Abs. 3 S. 2 UrhG, dazu auch Schulze in: Dreier/Schulze, § 42 UrhG Rn. 21.

1594 Rojahn in: Schricker/Loewenheim, § 43 UrhG Rn. 93; Dreier, § 43 UrhG Rn. 38; Mathis, Der Arbeitnehmer als Urheber, 1988, S. 153;

1595 Rojahn in: Schricker/Loewenheim, § 43 UrhG Rn. 93.

1596 Dietz/Peukert inSchricker/Loewenheim, § 42 UrhG Rn. 42; Rojahn in: Schricker/Loewenheim, § 43 UrhG Rn. 93; Dreier, § 43 UrhG Rn. 38; Gamm, Urheberrechtsgesetz, 1968, § 42 UrhG Rn. 6.

1597 Rojahn in: Schricker/Loewenheim, § 43 UrhG Rn. 94; Vinck, Die Rechtsstellung des Urhebers im Arbeits- und Dienstverhältnis, 1972, S. 76; Schacht, Die Einschränkung des Urheberpersönlichkeitsrechts im Arbeitsverhältnis, 2004, S. 195.

lerischen Auffassung geschaffen hat[1598] oder wenn er am Werk nicht namentlich genannt wird.[1599] Für dienstverpflichtete Urheber ist der Anwendungsbereich des § 42 UrhG weiter eingeschränkt, weil die Unzumutbarkeitsgrenze bei hoheitlichen Aufgaben sehr hoch ist.[1600] In diesem Zusammenhang können jedoch Sachverständigengutachten im Rahmen des Rückrufs nach § 42 UrhG relevant sein.[1601]

B. Die moral rights im Copyright Law

„There is a widely held belief that the concept of moral rights is a relatively novel intruder into common law copyright systems; and that such systems, by dint of Article 6 bis of the Berne Convention, are being compelled, kicking and screaming, to dilute their pure economic approach to copyright with alien personality rights. "[1602]

I. Einführung

Mit Erlass des CDPA im Jahr 1988 wurden erstmalig auch *moral rights* in Chapter IV des Part I geregelt: Als *moral rights* können zum einen das *right to be identified as author or director* (Recht des Urhebers oder Regisseurs auf Namensnennung)[1603] und das *right to object to derogatory treatment of work* (Recht auf Schutz gegen Beeinträchtigung)[1604] bezeichnet. Daneben finden sich weitere *personal rights* in dem CDPA, die auch als quasi-*moral*

1598 Rojahn in: Schricker/Loewenheim, § 43 UrhG Rn. 94; Schacht, Die Einschränkung des Urheberpersönlichkeitsrechts im Arbeitsverhältnis, 2004, S. 195.

1599 Rojahn in: Schricker/Loewenheim, § 43 UrhG Rn. 94; Nordemann in: Fromm/Nordemann, Urheberrecht, § 43 UrhG Rn. 50.

1600 Schacht, Die Einschränkung des Urheberpersönlichkeitsrechts im Arbeitsverhältnis, 2004, S. 195.

1601 Schacht, Die Einschränkung des Urheberpersönlichkeitsrechts im Arbeitsverhältnis, 2004, S. 195.

1602 Dworkin, ALAI 1993, The moral right of the author, UK, S. 37.

1603 S. 77-79 CDPA. Das *right to be identified as author or director* wird auch als *paternity right* oder gemeinsam mit dem Recht aus s. 84 CDPA als *right of attribution* bezeichnet, siehe dazu Europäische Kommission, study ETD/99/B5-3000/E°28 2000, Part XII UK, S. 139.

1604 S. 80-83 CDPA; wird auch als *integrity right* oder *right of respect* bezeichnet.

rights bezeichnet werden[1605]: das *right to object to false attribution of work* (Recht auf Schutz gegen falsche Zuschreibung)[1606] sowie das *right to privacy of certain photographs and films* (Recht auf Geheimhaltung bestimmter Fotografien und Filme).[1607] Der Schutz der *moral rights* im CDPA wird durch die im *Common Law* anerkannten Rechte, *defamation* (Schutz vor Rufschädigung), *passing off* (Schutz gegen Verwechslungsgefahr) sowie *injurious falsehood* (Schutz gegen üble Nachrede) ergänzt.[1608] Das Recht des Urhebers oder Regisseurs auf Namensnennung, Recht auf Schutz gegen Beeinträchtigung und Recht auf Geheimhaltung bestimmter Fotografien und Filme wird für die Dauer des Schutzes des copyrights gewährt, d.h. für einen Zeitraum von fünfzig Jahren[1609] und das Recht auf Schutz gegen falsche Zuschreibung für einen Zeitraum von zwanzig Jahre nach dem Tod des Schöpfers gewährt[1610].

II. Originäre Inhaberschaft der moral rights

Das Recht, als Urheber oder Regisseur bezeichnet zu werden nach ss. 77ff. CDPA und das Recht auf Schutz der Werkintegrität nach ss. 80ff. CDPA, stehen den *authors* eines Werks der Literatur, des Dramas, der Musik, der Kunst und dem *director* eines Films zu. *Author* im Sinne der klassischen Werkarten ist der Schöpfer des Werks und im Falle des Filmwerks der Regisseur[1611]. Für das Arbeits- und Auftragsverhältnis bedeutet dies, dass der Arbeitnehmer und der Auftragnehmer Rechtsinhaber der *moral rights* sind, da sie jeweils nach s. 9 CDPA *author* sind. Die Zuweisung der originären Inhaberschaft des *copyright* an den Arbeitgeber nach s. 11 Abs. 2 CDPA hat daher keine Auswirkungen auf die Rechtsinhaberschaft der *moral rights*.

1605 Insbesondere s. 85 CDPA wird nur als quasi-*moral right* bezeichnet, da sich das Recht nicht auf ein urheberrechtlich geschütztes Werk bezieht und nicht nach dem Tod des Urhebers ausgeübt werden kann, Stamatoudi, S. 479.
1606 S. 84 CDPA.
1607 S. 85 CDPA.
1608 Copinger/Garnett/Skone, Copinger and Skone James on copyright, 2011, 22-4.
1609 S. 86 Abs. 1 CDPA.
1610 S. 86 Abs. 2 CDPA.
1611 S. 9 CDPA.

Die fingierte *authorship* zugunsten der Hersteller der Werke nach s. 9 Abs. 2 und 3 CDPA[1612] hat keine Auswirkung auf die Rechtsinhaberschaft der *moral rights*, da die *moral rights* der ss. 77 ff. CDPA und ss. 80 ff. CDPA nur in Bezug auf die *authors* der klassischen Werkarten Anwendung finden. Produzenten, Sendeunternehmen und Verleger sind daher nicht Rechtsinhaber der *moral rights* der ss. 77ff. CDPA.[1613]

Rechtsinhaber des Rechts aus s. 84 CDPA ist jede Person, die fälschlicherweise als Urheber eines Werks der Literatur, des Dramas, der Musik, der bildenden Kunst oder als Regisseur eines Films bezeichnet wird. Das Recht aus s. 85 CDPA steht dem Auftraggeber einer Fotografie oder eines Films zu. Wer *author, director, commissioner* im Sinne der ss. 77 ff. CDPA Regelungen ist, ermittelt sich nach dem Recht, das zur Zeit der Schöpfung des Werks Geltung hatte.[1614]

1612 Danach gilt im Fall einer Tonaufzeichnung der Produzent, im Fall eines Films der Regisseur und Produzent, im Fall von Sendungen von Rundfunk, Fernsehen und Kabelprogrammen das Sendeunternehmen, im Falle von computergenerierten Werken der Literatur, der Musik, der bildenden Kunst, die (juristische) Person, die die Vorbereitungen trifft, das urheberrechtliche geschützte Werk zu schaffen, und im Fall von typografischen Zusammenstellungen einer Veröffentlichung der Verleger als *author*.

1613 Die *moral rights* der *performer* sind in den ss. 205F ff. CDPA enthalten und sind nicht Gegenstand dieser Arbeit.

1614 Schedule 1, para 10 CDPA.

III. Rechtsgeschäftliche Disposition über die moral rights

> „*Not only are these problems economic, but fundamental rights of free expression are also under threat. Unlike the majority of their European counterparts, UK freelance creators are frequently coerced into waiving their moral rights, often irrevocably, to grant unlimited rights to publishers and broadcasters to edit, copy, alter, add to, take from, adapt or translate their contributions* ".[1615]

1. Unübertragbarkeit der moral rights unter Lebenden und Vererblichkeit

Moral rights sind unter Lebenden nicht translativ übertragbar.[1616] Dies gilt auch, wenn die originäre Inhaberschaft des *copyright* dem Arbeitgeber, der Krone oder einer internationalen Organisation zugeordnet wird.

Die in ss. 77, 80 und 85 CDPA genannten *moral rights* sind nach s. 95 Abs. 1. CDPA vererblich und können somit auch nach dem Tod Urhebers dessen Interessen schützen. Dabei bleiben die Interessen der Erben aber unberücksichtigt.[1617] Nach englischem Recht wird den Erben der Nachlass nicht direkt übertragen. Zunächst erfolgt eine Auseinandersetzung mit dem Nachlass durch die *personal representatives*, die sich um die Zahlung der Erbschaftssteuer und die Verteilung an die Erben oder die Erbengemeinschaft kümmern.[1618] Von dem Prinzip der Vorschaltung der *personal representatives* wird im Rahmen der Vererbung der *moral rights* abgewichen. S. 95 Abs. 1 lit. (a) CDPA weist demjenigen, der testamentarisch zur Ausübung der *moral rights* bestimmt wurde, unmittelbar und daher ohne Einbindung der *personal representatives* die *moral rights* zu. Liegt keine diesbezüglich testamentarische Verfügung vor, gehen die *moral rights* auf die Erben des *copyright* über nach s. 95 Abs. 1 lit. (b) CDPA. Das *copyright* wird wiederum mithilfe der *personal representatives* abgewickelt, sodass im Fall des s. 95 Abs. 1 lit. (b) CDPA die *moral rights* zunächst von den *personal representatives* verwaltet werden. Ist auch kein Erbe des *copyright* bestimmt, übernehmen ebenfalls die *personal representatives* die Vertretung der *moral*

1615 Bently, Between a Rock and a Hard Place, 2009, S. 6.
1616 S. 94 CDPA.
1617 Copinger, Rn. 11.76.
1618 Ausführlich dazu Thielecke, Möglichkeiten kollektiver Wahrnehmung des Urheberpersönlichkeitsrechts, 2003, S. 278ff.

rights des Urhebers[1619]. Über das Recht auf Schutz gegen falsche Zuordnung des Werks nach s. 84 CDPA kann im Vorfeld nicht testamentarisch verfügt werden, sodass das Recht nach Tod der falsch zugeordneten Person nur durch *personal representatives* ausgeübt werden kann.[1620]

2. Verzicht auf die moral rights

Trotz der Unübertragbarkeit der *moral rights* unter Lebenden kann der Urheber und Regisseur auf die *moral rights* verzichten und einen *waiver* erklären.[1621] Mit dem *waiver* gibt der *author* bzw. Regisseur die *moral rights* auf mit der Folge, dass diese bezüglich der Werke, auf die sich der Verzicht bezieht, gegenüber den Personen, auf die sich die Wirkung des Verzichts erstreckt, nicht mehr ausgeübt werden können. Der Verzicht soll die Fälle abdecken, in denen es notwendig ist, eine langfristige und formale Befreiung von den *moral rights* zu erreichen.[1622]

Die im Jahr 2011 an der Universität Bournemouth durchgeführte Studie untersuchte auch die Rechtspraxis im Umgang mit dem Verzicht auf die *moral rights*. Dabei ist jedoch darauf hinzuweisen, dass sich die Studie nur mit der Situation der Schöpfer von Werken der bildenden Kunst beschäftigt hat. 73% der Künstler gaben darin an, dass sie nie auf ihre *moral rights* verzichten.[1623] Die 27% der Künstler, die auf ihr *moral right* in den Jahren 2009 und 2010 verzichtet haben, gaben weiter an, dass der Verzicht in der Regel (69%) nur 1-25% ihrer Werke betrifft.[1624] Der eher geringere Prozentsatz an Verträgen, der einen Verzicht der *moral rights* enthält, muss auch mit dem Erfordernis in Verbindung gesetzt werden, dass das *right to*

1619 Thielecke, Möglichkeiten kollektiver Wahrnehmung des Urheberpersönlichkeitsrechts, 2003, S. 278; Copinger/Garnett/Skone, Copinger and Skone James on copyright, 2011, 11.76.

1620 S. 95 (5) CDPA; dazu auch Stamatoudi, S. 493.

1621 S. 87 CDPA.

1622 Adeney, The moral rights of authors and performers, 2006, 14.120, S. 423; Copinger/Garnett/Skone, Copinger and Skone James on copyright, 2011, 11-80, S. 747.

1623 Kretschmer/Singh/Bently/Cooper, Copyright contracts and earnings of visual creators, 2011, S. 94. In den einzelnen Berufsgruppen der Künstler ergeben sich dabei keine großen Abweichungen. Der höchste Prozentsatz der Künstlergruppe, die auf ihre *moral rights* verzichten, liegt bei den Designern und Illustratoren und beträgt jeweils 26%.

1624 Kretschmer/Singh/Bently/Cooper, Copyright contracts and earnings of visual creators, 2011, S. 97.

be identified as author überhaupt erst geltend gemacht werden muss. Die im Jahr 2007 durchgeführt Studie, die die Situation der Urheber literarischer Werke untersuchte, ergab, dass nur rund 20% der Urheber dieses Recht geltend machen.[1625] Im Bereich der Werke der Kunst ist vorwiegend das *integrity right* vom Verzicht betroffen.[1626] Die Studie aus dem Jahr 2011 beschäftigte sich zudem mit der Frage, ob sich die Vertragssituation im Bereich des Verzichts auf die *moral rights* verändert hat. 76% der Künstler gaben an, dass sich die Situation nicht geändert habe.[1627] 18% der Künstler erklärten jedoch, dass eine wachsende Nachfrage nach Verzichtserklärungen bestünde.[1628] Damit ist der Prozentsatz bei den Verzichtserklärungen auf die *moral rights* (18%) geringer als in Bezug auf die Häufigkeit von Übertragungen des *copyright* (hier vermeldeten 30% der Künstler durchschnittlich einen Anstieg). Betrachtet man im Hinblick auf die Verzichtserklärungen auf die *moral rights* die einzelnen Gruppen der Künstler, zeigt sich, dass 23% der Illustratoren und 24% der Fotografen eine Zunahme von Verzichtserklärungen auf die *moral rights* meldeten.[1629] Der Grund für diese erhöhte Anzahl von Verzichtserklärungen in diesem Bereich lässt sich wohl darauf zurückführen, dass die bekanntesten Streitigkeiten zu den *moral rights* jeweils Illustratoren betrafen und daher deren Auftraggeber vermehrt den Verzicht auf die *moral rights* fordern.[1630] Bemerkenswert ist auch, dass nur 9% der Designer angaben, dass die Forderung nach Verzichtserklärungen zugenommen habe. Gleichzeitig gaben sie auch an, dass sie über *moral rights* nicht verhandelten[1631] und dennoch werden rund einer Viertel aller Designer in der Regel (in 76-100% der Fälle) namentlich aufgeführt. Diese Entwicklung lässt sich wohl darauf zurückführen, dass der Auftraggeber wirtschaftlich davon profitiert, wenn der Designer na-

---

1625 Kretschmer/Singh/Bently/Cooper, Copyright contracts and earnings of visual creators, 2011, S. 97.

1626 Kretschmer/Singh/Bently/Cooper, Copyright contracts and earnings of visual creators, 2011, S. 98.

1627 Kretschmer/Singh/Bently/Cooper, Copyright contracts and earnings of visual creators, 2011, S. 99.

1628 Kretschmer/Singh/Bently/Cooper, Copyright contracts and earnings of visual creators, 2011, S. 99.

1629 Kretschmer/Singh/Bently/Cooper, Copyright contracts and earnings of visual creators, 2011, S. 99.

1630 „Pasterfield v. Denham" [1999] FSR 168; „Tidy v. Trustees of NHM" [1997] 39 IPR.

1631 Kretschmer/Singh/Bently/Cooper, Copyright contracts and earnings of visual creators, 2011, S. 75.

mentlich genannt wird.[1632] Daher lassen sich die Ergebnisse der Studie nicht auf alle Werkschöpfer anderer Werkarten übertragen.

2.1 Voraussetzungen des Verzichts

Die Verzichtserklärung muss *by instrument in writing* erklärt werden.[1633] Damit ist sowohl die vertragliche zweiseitige Vereinbarung als auch eine einseitige Urkunde erfasst.[1634] Verzichtet der Inhaber zugunsten des Inhabers oder des zukünftigen Inhabers[1635] des Urheberrechts auf seine *moral rights*, ist der Verzichtende auch gegenüber dessen Rechtsnachfolgern und Lizenznehmern an den Verzicht gebunden.[1636] Das Schriftformerfordernis wird durch die in Absatz 4 enthaltene Regelung wieder aufgeweicht, so-dass ein formloser Verzicht nach den allgemeinen Grundsätzen des Vertragsrechts – jedoch nur innerhalb des Vertragsverhältnisses – bindend wirkt.[1637] Da der Verzicht formularvertraglich geregelt kann, ist der Verzicht auf die *moral rights* standardmäßig in den Verträgen enthalten.[1638]

1632 So auch Kretschmer/Singh/Bently/Cooper, Copyright contracts and earnings of visual creators, 2011, S. 101.

1633 S. 87, 2. Abs. CDPA.

1634 Davies/Garnett, Moral rights, 2010, 10-034; S. 319. Copinger/Garnett/Skone, Copinger and Skone James on copyright, 2011, 11-82, S. 748; Laddie/Prescott/ Vitoria, The modern law of copyright and designs, 2011, 13.55, S. 682.

1635 Dies betrifft den Fall, dass das Werk vor Fertigstellung übertragen wurde (prospective ownership), s. 91 CDPA. Siehe hierzu in diesem Kapitel: § 3, C. 6.

1636 S. 87 Abs. 3 a.E. CDPA. Überträgt der *author* sein *copyright* translativ und verzichtet dabei auch auf seine *moral rights,* gilt der Verzicht auch gegenüber den Rechtsnachfolgern des Inhabers seines *copyright.* Im Fall der Lizenz findet eine solche Erstreckung auf die Unterlizenznehmer von Gesetzes wegen nicht statt.

1637 S. 87, 4. Abs. CDPA. Diese Regelung ist im Common Law einzigartig, lässt sie doch den Verzicht auf die *moral rights* fast grenzenlos zu. Diese Regelung spiegelt wiederum die Sorge wider, dass die *moral rights* nicht einer wirtschaftlichen Verwertung entgegen stehen dürfen, siehe dazu auch Adeney, The moral rights of authors and performers, 2006, 14.123, S. 324; Laddie/Prescott/Vitoria, The modern law of copyright and designs, 2011, 13.55, S. 682; Copinger/ Garnett/Skone, Copinger and Skone James on copyright, 2011, 11-82, S. 748; Stamatoudi, S. 494, weist darauf hin, dass ein Gericht stets den formlosen Verzicht genügen lassen wird, wenn der formlose Verzicht mit einer mündlichen Erklärung einher geht und der Vertragspartner davon ausging, dass der *author* sein *moral right* nicht ausüben wird.

1638 Davies/Garnett, Moral rights, 2010, 10-033, S. 319; Bently, Between a Rock and a Hard Place, 2009, S. 16.

S. 87 Abs. 2 CDPA erklärt, dass der Verzicht von der *person giving up the right* erklärt werden muss. Es stellt sich die Frage, ob der Verzicht in Vertretung für den Inhaber der *moral rights* erklärt werden kann. Im Umkehrschluss aus s. 176 Abs. 2 CDPA und s. 205J Abs. 2 CDPA, in der die Möglichkeit einer Erklärung eines Verzichts ausdrücklich geregelt ist, kann ein Verzicht im Sinne der s. 87 CDPA nicht in Vertretung erklärt werden.[1639] S. 176 Abs. 2 CPDA lässt ausdrücklich zu, dass ein Verzicht auch in Vertretung durch die Gesellschaft erklärt werden kann. Nach s. 205J Abs. 2 CDPA kann der ausübende Künstler auch in Vertretung auf seine *moral rights* verzichten.[1640]

Der Verzicht unterliegt keinen inhaltlichen Beschränkungen. Somit kann sich der Verzicht auf alle ausgewählten Werke oder Werkarten beziehen. Darüber hinaus kann der Verzicht pauschal für alle bestehenden und sogar künftigen Werke erklärt werden.[1641] Ebenso kann der Verzicht unter einer Bedingung erklärt werden[1642] und muss trotz seiner weitreichenden Folgen nicht entgeltlich ausgestaltet sein.[1643]

2.2 Unwiderruflichkeit des Verzichts

Der *author* ist an seinen Verzicht gegenüber dem Vertragspartner, dessen Lizenznehmern und Rechtsnachfolgern gebunden.[1644] Ohne ausdrücklich vertraglich vereinbarten Widerrufsvorbehalt ist der Verzicht unwiderruflich.[1645] Dies lässt sich zum einen aus dem Wortlaut des *„giving up"* in s. 87, 1 Abs. CDPA schließen. Zum anderen ergibt sich dies auch aus s. 87, 3. Abs. CDPA, wonach die Widerruflichkeit eines *waiver* ausdrücklich verein-

---

1639 Davies/Garnett, Moral rights, 2010, 10-035, S. 319.
1640 Davies/Garnett, Moral rights, 2010, 10-035, S. 320.
1641 S. 87, 2. Abs. lit. (a) CDPA.
1642 S. 87, 2. Abs. lit. (b) CPDA.
1643 Europäische Kommission, study ETD/99/B5-3000/E°28 2000, Part XII UK, S. 148; Davies/Garnett, Moral rights, 2010, 10-034, S. 320; Copinger/Garnett/ Skone, Copinger and Skone James on copyright, 2011, 11-82, S. 748; Laddie/ Prescott/Vitoria, The modern law of copyright and designs, 2011, 13.55, S. 682; Bently/Sherman, Intellectual property law, 2014, S. 290.
1644 S. 87, 2. Abs. a.E. CDPA. Siehe zu der Unwiderruflichkeit: Stamatoudi, S. 494; auch wird diskutiert, ob der *waiver* darüber hinaus zugunsten der gesamten Welt (*world at large*) erklärt werden kann; dem zustimmend Davies/Garnett, Moral rights, 2010, 10-036, S. 321 unter (5).
1645 Davies/Garnett, Moral rights, 2010, 10-044, S. 325; Flint/Thorne/Williams, Intellectual property, 1989, 7.49, S. 74; Schacht, S. 97.

bart werden kann.[1646] Die Erklärung eines *waiver* führt daher dazu, dass die Person für die gesamte Dauer des *moral right* auf dessen Ausübung verzichtet.[1647] Verzichtet der *author* bzw. *director* auf sein Recht, als Urheber bzw. Regisseur genannt zu werden und enthält dieser Verzicht keinen Widerrufsvorbehalt, so ist der *author* für alle Zeit daran gehindert, seine Identität zu offenbaren. Dies ist besonders relevant für die Fälle des beauftragten Ghostwriters.[1648] Hat der *author* ohne Einhaltung der Schriftform einen Verzicht erklärt, kann dieser formlose Verzicht widerrufen werden.[1649]

3. Zustimmung zum Eingriff in die moral rights

Neben der Möglichkeit des Werkschöpfers, einen Verzicht zu erklären, kann der *author* auch der verletzenden Handlung zustimmen.[1650] Die Zustimmung ist auf einzelne Handlungen und in der Regel auf einmalig eintretende Verletzungsfälle gerichtet.[1651] Die Zustimmung für eine bestimmte verletzende Handlung eines Dritten wirkt tatbestandsausschließend.[1652] Der Inhaber des *moral right* kann diesbezüglich keine Verletzung seiner *moral rights* geltend machen. Die Handlungen, die nicht von der Zustimmung des Inhabers der *moral rights* erfasst sind, können jedoch weiterhin Gegenstand von Verletzungsprozessen sein.[1653]

1646 So Davies/Garnett, Moral rights, 2010, 10-048, S. 348. Davies/Garnett, Moral rights, 2010, 10-044, S. 325 führt jedoch auch an, dass ein *waiver*-Verzicht Teil eines Vertrags ist, der wenn der Vertrag widerruflich ausgestaltet ist, auch zu der Widerruflichkeit des *waiver* führt.

1647 Davies/Garnett, Moral rights, 2010, 10-048, S. 329.

1648 Siehe dazu auch Luckman, 25. Auch im englischen Recht gilt der Ghostwriter grundsätzlich als der Inhaber des Urheberrechts, siehe hierzu „Donoghue v. Allied Newspapers Ltd" ([1938] Ch 106); Laddie/Prescott/Vitoria, The modern law of copyright and designs, 2011, vol.1 3.93, S. 120 m.w.N.

1649 Copinger/Garnett/Skone, Copinger and Skone James on copyright, 2011, 10-038, S. 322f.

1650 S. 87 Abs. 1 CDPA.

1651 Copinger/Garnett/Skone, Copinger and Skone James on copyright, 2011, 11-80, S. 747.

1652 S. 87, 1. Abs. CDPA.

1653 Hansard, Vol. 491, col. 395: „[Consent] means consent of the doing of an act but there must be an act in the minds of both parties before there can be anything to which consent can be given"

3.1 Voraussetzungen für die Erteilung einer Zustimmung

Die Zustimmung kann schriftlich, mündlich, ausdrücklich oder stillschweigend durch den Inhaber der *moral rights* erteilt werden.[1654] In der Beauftragung eines urheberrechtlich geschützten Werks liegt noch keine stillschweigende Zustimmung des Auftragnehmers in die Verletzung seiner *moral rights*.[1655] Uneinigkeit herrscht, ob die Zustimmung in Vertretung für den Inhaber der *moral rights* erfolgen kann oder ob es sich bei ihrer Erteilung um ein höchstpersönliches Recht handelt. Bezüglich des *waiver of moral rights* gilt, dass dieser nicht in Vertretung für den *author* erklärt werden kann. In s. 87, 1. Abs. CDPA heißt es, dass die *person entitled to that right* die Zustimmung erteilen kann. Üblicherweise, wenn der Urheber durch eine Agentur vertreten wird, kann dieser für den Urheber auch einen *consent* erteilen. Ist das Werk durch eine Gemeinschaft von Urhebern bzw. Regisseuren geschaffen worden, ist der *consent* eines jeden Schöpfers erforderlich.[1656]

3.2 Widerruflichkeit der Zustimmung

Im Gegensatz zum Verzicht kann der Inhaber der *moral rights* seine Zustimmung widerrufen.[1657]

1654 In der Erklärung der Regierung heißt es dazu (Hansard, Vol.491, col. 195) „We envisage consent in respect of moral rights to operate very like a licence in respect of copyright; that is, that it may be implied, expressed or sinified by conduct. [...] Waiver of rights in advance should be in writing but consent to the doing of particular act ought to be able to be given in any way whatever." Dazu auch Europäische Kommission, study ETD/99/B5-3000/E°28 2000, Part XII UK, S. 148; Davies/Garnett, Moral rights, 2010, S. 326.

1655 „Pasterfield v. Denham" [1999] F.S.R.168 County Court; dazu auch Davies/Garnett, Moral rights, 2010, S. 326; Adeney, The moral rights of authors and performers, 2006, 14.91, S. 413.

1656 Dies ergibt sich aus der entsprechenden Anwendung der s. 88 CDPA, die Regelungen zu der Gemeinschaft von Urheber bzw. Regisseuren regelt. Diese sind auch auf den *consent* entsprechend anwendbar, siehe dazu auch Davies/Garnett, Moral rights, 2010, 10-046, S. 327.

1657 Davies/Garnett, Moral rights, 2010, 10-048, S. 328.

3.3 Abgrenzung von Verzicht und Zustimmung

Der Verzicht soll die Fälle abdecken, in denen es notwendig ist, eine langfristige und formale Befreiung von den *moral rights* zu erreichen.[1658] Die Zustimmung ist hingegen auf einmalig auftretende Handlungen gerichtet und damit zeitlich befristet.[1659] Der Verzicht bezieht sich auf Werke, während die Zustimmung sich nur auf bestimmte Handlungen bezieht.[1660] Ein weiterer Unterschied liegt in der Befugnis, die *moral rights* geltend zu machen. Beim *waiver* gibt die Person ihre *moral rights* auf mit der Folge, dass sie dieses nicht mehr ausüben kann und deren Verletzung nicht mehr geltend machen kann. Beim *consent* hingegen stimmt sie nur der verletzenden Handlung zu, behält jedoch prinzipiell ihre *moral rights*. Darüber hinaus liegt der Unterschied weiterhin darin, dass der *waiver* grundsätzlich und vorbehaltlich anderslautender vertraglicher Vereinbarungen unwiderruflich und der *consent* widerruflich ist. Die uneingeschränkte Möglichkeit, auf die *moral rights* zu verzichten und Verletzungshandlungen zuzustimmen, lässt sich darauf zurückführen, dass im englischen Recht die Privatautonomie des Einzelnen sehr hoch bewertet wird und keine Schutzmechanismen zugunsten des Einzelnen bestehen, selbst wenn dieser wie der *author* üblicherweise in einer schwächeren Verhandlungsposition ist.[1661]

IV. Moral rights und personal rights im Arbeits- und Auftragsverhältnis

1. Right to be identified as author or director

Nach s. 77 Abs. 1, 1. HS. CDPA hat der Urheber eines Werks der Literatur, des Dramas, der bildenden Kunst, der Musik und der Regisseur eines Filmwerks das Recht, auf dem Werk und jedem Vervielfältigungsstück seines Werks als Urheber bzw. Regisseur bezeichnet zu werden. Neben S. 77 CDPA enthalten auch die beiden Folgenormen Regelungen zu dem *right to be identified as author or director*. s. 77 CDPA konkretisiert das Recht im Hin-

---

1658 Adeney, The moral rights of authors and performers, 2006, 14.120, S. 423; Copinger/Garnett/Skone, Copinger and Skone James on copyright, 2011, 11-80, S. 747.

1659 Copinger/Garnett/Skone, Copinger and Skone James on copyright, 2011, 11-80, S. 747.

1660 Groves, Copyright and designs law, 1991, S. 133.

1661 Davies/Garnett, Moral rights, 2010, 10-033, S. 319; siehe hierzu die Ausführungen in diesem Kapitel unter § 3, D. I. zu *sanctity of contract*.

blick auf einzelne Nutzungs- und Werkarten. S. 78 CDPA behandelt die Voraussetzung der Geltendmachung des Rechts und s. 79 CPDA schließt mit einer ausführlichen Aufzählung von Ausnahmeregelungen, in denen das *right to be identified as author or director* keine Anwendung findet.

1.1 Konkretisierung des Schutzumfangs für Nutzungs- und Werkarten

Bei welcher Art der Nutzung des Werks eine Urheberbezeichnung aufgenommen werden muss, wird für einzelne Nutzungs- und Werkarten in den s. 77 Abs. 2 bis 5 CDPA konkretisiert. Der Urheber eines literarischen und dramatischen Werks hat das Recht, als Urheber genannt zu werden, wenn das Werk gewerblich veröffentlicht wird, öffentlich aufgeführt oder öffentlich wiedergegeben wird[1662] oder wenn Vervielfältigungsstücke eines Filmes oder einer Filmaufnahme, die das Werk enthalten, an die Öffentlichkeit herausgegeben werden.[1663] Diese Rechte stehen auch dem Bearbeiter eines literarischen Werks zu.[1664] Der Urheber eines Musikwerks muss dann als Urheber bezeichnet werden, wenn das Musikwerk gewerblich veröffentlicht wird[1665] oder Vervielfältigungsstücke einer Tonaufnahme des Werks an die Öffentlichkeit herausgegeben werden.[1666] Auch hier gilt das Recht, als Urheber genannt zu werden, ebenfalls für den Bearbeiter des Musikwerks.[1667] Der Urheber eines Werks der bildenden Kunst hat das Recht, als Urheber bezeichnet zu werden, wenn das Kunstwerk gewerblich veröffentlicht wird[1668], öffentlich ausgestellt wird[1669], eine Abbildung des Kunstwerks öffentlich wiedergegeben wird[1670] oder das Kunstwerk in einem Film oder dessen Vervielfältigungsstücke in einem Film öffentlich optisch wiedergeben wird.[1671] Werden Bauwerke der Architektur, Architekturmodelle, Skulpturen, handwerkliche Kunst, Vervielfältigungsstücke grafischer Darstellungen oder fotografische Ablichtungen dieser Werke an die Öffentlichkeit gerichtet, hat der Urheber ebenfalls das Recht, als Urhe-

---

1662 S. 77 Abs. 2 lit. a) CDPA.
1663 S. 77 Abs. 2 lit. b) CDPA.
1664 S. 77 Abs. 2 a.E. CDPA.
1665 S. 77 Abs. 3 lit. a) CDPA.
1666 S. 77 Abs. 3 lit. b) CDPA.
1667 S. 77 Abs. 3 a.E. CDPA.
1668 s. 77 Abs. 4 lit. a) CDPA
1669 S. 77 Abs. 4 lit. a) CDPA.
1670 S. 77 Abs. 4 lit. a) CDPA.
1671 S. 77 Abs. 4 lit. b) CDPA.

ber genannt zu werden.[1672] Werden ein Filmwerk oder dessen Vervielfältigungsstücke öffentlich wiedergegeben, hat der Regisseur das Recht, als Regisseur bezeichnet zu werden.[1673]

1.2 Art und Weise der Urheberbezeichnung

Die Bezeichnung des Urhebers bzw. Regisseurs muss *clear and reasonably
prominent*[1674] sein. Das CDPA definiert diesen Begriff nicht, sondern konkretisiert in Einzelfällen detailliert[1675] die Art und Weise der Urheberbezeichnung. Wird das Werk gewerblich veröffentlicht oder ein Vervielfältigungsstück eines Films oder einer Tonaufzeichnung an die Öffentlichkeit
gerichtet, muss die Bezeichnung auf oder in dem Werk bzw. auf oder in
dem Vervielfältigungsstück des Werks kenntlich gemacht werden.[1676] Eine
Ausnahme von der Pflicht, jedes Werk oder Vervielfältigungsstück mit dessen Urheber oder Regisseur zu kennzeichnen, macht das Gesetz dann,
wenn dies nicht *appropriate* ist.[1677] In diesen Fällen soll die Kennzeichnung
auf eine Weise erfolgen, die die Identität des Urhebers für die Person
kenntlich macht, die eine Kopie erlangt. Unangemessen kann eine Urheberkennzeichnung sein, wenn diese aufgrund der hohen Anzahl der beteiligten Urheber bzw. Regisseure nicht möglich ist oder das Werk bzw. sein
Vervielfältigungsstück zu klein ist, um eine genaue Kennzeichnung zu ermöglichen.[1678] Es ist nicht erforderlich, dass die Urheberbezeichnung bereits beim Kauf erkennbar ist, vielmehr soll es ausreichen, wenn die Kennzeichnung bei Gebrauch offenkundig wird.[1679] Der Urheber eines Werks
der Baukunst hat das Recht, an dem fertig gestellten, von ihm entworfenen Bauwerk namentlich genannt zu werden.[1680] Wird mehr als ein Bauwerk nach der Zeichnung des Architekten errichtet, begrenzt sich das

---

1672 S. 77 Abs. 4 lit. c) CDPA.
1673 S. 77 Abs. 6 CDPA.
1674 S. 77 Abs. 7 CDPA.
1675 Nach Copinger/Garnett/Skone, Copinger and Skone James on copyright,
      2011, Rn. 22-19 dadurch unübersichtliche Regelungsweise.
1676 S. 77, 7. Abs. lit. (a), 1. HS CDPA.
1677 S. 77, 7. Abs. lit. (a), 2. HS CPDA.
1678 Davies/Garnett, Moral rights, 2010, 7-041, S. 134.
1679 Davies/Garnett, Moral rights, 2010, 7-039, S. 134 unter Hinweis darauf, dass
      der Wortlaut der s. 77, 7. Abs. lit. (a) CDPA *„notice of a person acquiring a copy"*
      weit ausgelegt werden müsse und daher nicht nur den Zeitpunkt des Kaufes
      erfasst ist.
1680 S. 77, 5. Abs. HS. 1. CDPA.

Recht des Architekten auf das zuerst errichtete Gebäude.[1681] Die Urheberbezeichnung an einem Bauwerk muss für die Person, die das Bauwerk betritt oder sich ihm nähert, *by appropriate means* sichtbar sein.[1682] *By appropriate means* wird im CDPA nicht definiert, gilt jedoch dann bereits erfüllt, wenn der Architekt namentlich genannt wird. Er hat kein Recht auf werbewirksame Präsentation seines Namens, ausreichend ist bereits ein kleines Kennzeichen.[1683] Darüber hinaus kann der Urheber bzw. Regisseur auch verlangen, dass die Urheberbezeichnung in Form eines Pseudonyms, in Form von Initialen oder auf andere spezialisierte Weise erfolgt.[1684] Auf die anonyme Veröffentlichung hat der Urheber bzw. Regisseur hingegen keinen Anspruch.[1685] Hat der Urheber oder Regisseur die Art der Bezeichnung bei Geltendmachung des Rechts nach s. 78 CDPA spezifiziert, ist der Urheber bzw. Regisseur in dieser Weise namentlich zu nennen. Wurde keine Spezifizierung getroffen, kann jede vernünftige Art der Urheberbezeichnung verwendet werden.[1686] Die Art der Urheberbezeichnung muss dabei jedoch klar zu verstehen geben, dass diejenige Person auch *author* bzw. Regisseur des Werks ist.[1687]

Das Recht, als Urheber oder Regisseur bezeichnet zu werden, wird im englischen Recht nur teilweise mit der Pflicht zur Quellenangabe flankiert. Auch wenn es im wissenschaftlichen Bereich üblich ist, die Quelle zu zitieren, ergibt sich dies nicht aus den Regelungen des CDPA. Die Pflicht, die Quelle zu zitieren, besteht nach s. 30 CDPA nur im Fall der Kritik oder Rezension[1688] eines Werks.

1681 S. 77, 5. Abs. HS. 2. CDPA; nach Davies/Garnett, Moral rights, 2010, 7-037, S. 131, wäre es vorzugswürdig, dass der Architekt an dem Gebäude bezeichnet wird, das ihm die größte Aufmerksamkeit zu Teil werden lässt.
1682 S. 77, 7. Abs. lit. b) CDPA.
1683 Lester/Mitchell, Johnson-Hicks on UK copyright law, 1989, 11.01, S. 364.
1684 S. 77, 8. Abs. CDPA.
1685 Adeney, The moral rights of authors and performers, 2006, 14.34, S. 397; Europäische Kommission, study ETD/99/B5-3000/E°28 2000, Part XII UK, S. 142.
1686 S. 77, 8. Abs. CDPA; dazu auch Davies/Garnett, Moral rights, 2010, 7-047, S. 137.
1687 In dem Fall "Sawking v. Hyperion Records Ltd" ([2004] EWHC 1530 (Ch) Abs. 85) wurde geurteilt, dass die Bezeichnung „*With thanks to Dr. Lionel Sawkins for his preparation of performance materials for this recording*", die Urheberschaft nicht hinreichend zum Ausdruck bringt und daher das Recht als Urheber bezeichnet zu werden, verletzt ist.
1688 So auch in der Art. 5 (3) (d) der InfoSoc-RL (2001/29/EG) enthalten.

1.3 Die Geltendmachung des Rechts als Schutzvoraussetzung

Das Recht als Urheber bzw. Regisseur bezeichnet zu werden, kann nur dann verletzt werden, wenn es im Sinne der s. 78 CDPA geltend gemacht wird.[1689] Die Geltendmachung des Rechts muss durch den Urheber oder Regisseur selbst erfolgen und kann nicht durch einen Vertreter erklärt werden.[1690] Der Urheber bzw. Regisseur kann das Recht zum einen im Rahmen der Übertragung des Urheberrechts durch schriftliche Vereinbarung mit dem Nutzungsberechtigten geltend machen.[1691] Unabhängig von der erlangten Kenntnis wirkt diese Art der Geltendmachung sowohl gegenüber dem Zessionar des Rechts als auch gegenüber dessen Rechtsnachfolgern, wenn diese aus dem Recht des Zessionars vorgehen.[1692] Zum anderen kann der Urheber bzw. Regisseur das Recht auch durch eine gesonderte Urkunde geltend machen.[1693] In diesem Fall entfaltet die Geltendmachung Rechtskraft gegenüber jedermann, der von der Urkunde Kenntnis erlangt.[1694] Daher ist es im Interesse des Urhebers bzw. Regisseurs, die Geltendmachung im Rahmen der Lizenzvereinbarung zu regeln.[1695]

1689 Die Voraussetzung der *assertion* gilt auch für das Urhebernennungsrecht des ausübenden Künstlers nach s. 205D CDPA.

1690 Für die Möglichkeit einer Vertretung könnten die Regelungen s. 90, 3. Abs. CDPA und s. 176, 2. Abs. CDPA sprechen. Nach s. 90, 3. Abs. CDPA gilt, dass die Übertragung des Urheberrechts auch in Vertretung für den Übertragenden erfolgen kann. In s. 176, 2. Abs. CDPA ist geregelt, dass die Geltendmachung auch durch eine juristische Person erfolgen kann. Da es sich dabei um kodifizierte Ausnahmeregelungen handelt, wird davon ausgegangen, dass durch die grundsätzliche Regelung der s. 78, 2. Abs. lit. (b) CDPA die Geltendmachung vom Urheber bzw. Regisseur persönlich unterzeichnet werden muss. So auch in der Entscheidung „Beckingham v. Hodgens" ([2003] E.C.D.R. 6), in der die Geltendmachung in Vertretung für den Urheber als nicht ausreichend erachtet wurde; dazu ausführlich: Davies/Garnett, Moral rights, 2010, 7-062, S. 146. A.A. Copinger/Garnett/Skone, Copinger and Skone James on copyright, 2011, 11.20, nach dem die Geltendmachung auch in Vertretung für den Urheber bzw. Regisseur erfolgen kann.

1691 S. 78, 2. Abs. lit. (a) CDPA.

1692 S. 78, 4. Abs. lit. (a) CDPA.

1693 S. 78, 2. Abs. lit. (b) CDPA. Typischerweise erfolgt die Geltendmachung des paternity right wie folgt: "[The author] hereby asserts his right to be identified as the author of [the work]."

1694 S. 78, 4. Abs. lit. (b) CDPA.

1695 So auch Europäische Kommission, study ETD/99/B5-3000/E°28 2000, Part XII UK, S. 140.

Eine Studie[1696], die im Jahr 2007 an der Universität Bournemouth durchgeführt wurde, hat ergeben, dass 65% der professionellen Urheber literarischer Werke ihr Recht stets geltend machten.[1697] Bei Werken der bildenden Kunst werden die Anforderungen an die Geltendmachung erleichtert. Danach gilt zusätzlich, dass das Recht als Urheber bezeichnet zu werden, auch durch die Anbringung der Urheberbezeichnung auf dem Original, dem Vervielfältigungsstück, dem Rahmen oder an einem anderen Ort des Werks geltend gemacht werden kann.[1698] In diesem Fall entfaltet die Geltendmachung Rechtskraft gegenüber jedermann, der in den Besitz des Originals oder Vervielfältigungsstücks gelangt, unabhängig davon, ob die Urheberkennzeichnung noch angebracht oder sichtbar ist.[1699] Darüber hinaus kann der Urheber eines Werks der bildenden Kunst in einer Vereinbarung, in der das Recht zur Herstellung von Vervielfältigungsstücken erteilt wird, festlegen, dass der Urheber im Falle der öffentlichen Ausstellung eines Vervielfältigungsstücks sein Recht als Urheber bezeichnet zu werden, geltend macht.[1700] In diesem Fall gilt die Geltendmachung sowohl gegenüber dem Vertragspartner als auch gegenüber demjenigen, der unabhängig von der Kenntnis der Geltendmachung des Urhebers in den Besitz einer im Sinne der Vereinbarung hergestellten Kopie gelangt.[1701] Hat der Urheber bzw. Regisseur das Recht bereits geltend gemacht, ist er an diese Entscheidung nicht gebunden und kann diese widerrufen und auch inhaltlich abändern.[1702] Die Geltendmachung des Rechts kann darüber hinaus auch im Nachhinein erfolgen.[1703] Nach s. 78, 5. Abs. CDPA gilt jedoch, dass eine verspätete Geltendmachung bei der Höhe des Scha-

---

1696 Kretschmer/Hartwick; Authors' earnings from copyright and non-copyright sources; 2007. In dieser Studie wurden das Einkommen und die Vertragssituation der *professional authors* (Autoren, die mehr als 50% ihrer Zeit mit der Schaffung literarischer Werke verbringen) und der *audiovisual authors* in den Jahren 2004 und 2005 untersucht.

1697 20% hingegen machen ihr Recht nie und 15% das Recht manchmal geltend. Für die Urheber audiovisueller Medien ergibt sich eine ähnliche Verteilung. 26,3% der Urheber dieser Werke machen das Recht nie, 21,2% manchmal und 52,5% stets geltend. Siehe dazu Kretschmer/Hartwick, Authors' earnings from copyright and non-copyright sources, 2007, S. 178, 189.

1698 S. 78, 3. Abs. lit. (a) CDPA.

1699 S. 78, 4. Abs. lit. (c) CDPA.

1700 S. 78, 3. Abs. lit. (b) CDPA.

1701 S. 78, 4. Abs. lit. (d) CDPA.

1702 Relevant werden kann dies insbesondere, wenn der Urheber die Art seiner Urheberbezeichnung ändert.

1703 Die Möglichkeit der verspäteten Geltendmachung und dass dadurch nicht das Entstehen von Schadensersatzansprüchen gehindert werden, ergibt sich aus

densersatzes berücksichtigt wird. Uneinigkeit herrscht dahingehend, ob der Geltendmachung eine rückwirkende Wirkung zukommt oder ob diese erst ab Ausübung ihre Wirkung entfaltet. Für eine rückwirkende Wirkung wird angeführt, dass die Geltendmachung des Rechts nach s. 77 CDPA nur beeinflusst, ob die Verletzungsansprüche durchsetzbar sind oder nicht[1704]; die Geltendmachung habe jedoch keine Auswirkung darauf, ob es sich um eine Verletzung des Rechts nach s. 77 CDPA handelt.[1705] Dem wird eingewendet, dass aus Gründen des Verkehrsschutzes Schadensersatzansprüche nur für die Zeit nach Geltendmachung des Rechts verlangt werden können.[1706]

1.4 Gesetzliche Ausnahmen

Das Recht, als Urheber oder Regisseur bezeichnet zu werden, wird neben der Voraussetzung der Geltendmachung weiter inhaltlich beschränkt. Es gilt nur vorbehaltlich der in s. 79 Abs. 2 bis 7 CDPA genannten gesetzlichen Ausnahmen.[1707] Das Recht auf Anerkennung der Urheberschaft ist ausgeschlossen, wenn das *copyright* am Werk nach s. 11, 2. Abs. CDPA originär dem Arbeitgeber des Urhebers[1708] oder dem Arbeitgeber des Regisseurs[1709] zugewiesen wird. Begründet wird diese Ausnahme damit, dass es für den Arbeitgeber eine zu große Last darstelle, alle Urheber, die an dem Arbeitnehmerwerk einen Beitrag geleistet haben, zu nennen.[1710] Diese Regelung wurde insbesondere geschaffen, um den Verleger davor zu bewahren, bei Sammelwerken alle beitragenden Autoren nennen zu müssen.[1711]

---

einem Umkehrschluss aus s. 103 Abs. 2 CDPA. Dazu auch Thielecke, Möglichkeiten kollektiver Wahrnehmung des Urheberpersönlichkeitsrechts, 2003, S. 262.

1704 Merkin, 16.12.
1705 Merkin, 16.12.
1706 Dworkin/Taylor, Blackstone's guide to the CDPA 1988, S. 96; Jahn, S. 113.
1707 S. 77 Abs. 9; 79 Abs. 1 CDPA.
1708 S. 79, 3. Abs. lit. (a) CDPA.
1709 S. 79, 3. Abs. lit. (b) CDPA.
1710 Groves, Copyright and designs law, 1991, S. 122; Flint/Thorne/Williams, Intellectual property, 1989, 7.23, 67.
1711 Merkin, Sweet & Maxwell's UK & EC competition law statutes, 2004, 16.9.; Adeney, The moral rights of authors and performers, 2006, 14.14, S. 393, unter Verweis auf eine Rede von Mr. Butcher im House of Commons, in der er die Ausnahmeregelung für den angestellten Urheber und den Regisseur wie folgt begründet: *„Instead of using his paternity right to achieve greater public recognition,*

Der angestellte Urheber bzw. Regisseur hat daher kein Recht, namentlich genannt zu werden. Dasselbe gilt für den Fall, wenn die originäre Inhaberschaft des *copyright* der Krone oder dem Parlament nach s. 164-167 CDPA[1712] oder den internationalen Organisationen nach s. 168 CDPA zugewiesen wird.[1713] Dies gilt jedoch nur für den Fall, dass der Urheber bzw. Regisseur nicht bereits im Vorfeld in oder auf veröffentlichten Vervielfältigungsstücken des Werks genannt wurde.[1714]

Nachdem das Recht keine Anwendung auf den angestellten Urheber und Regisseur findet, sind die folgenden werksbezogenen Ausnahmen besonders für den beauftragten Urheber von Bedeutung. Das Recht, als Urheber genannt zu werden, besteht darüber hinaus nicht im Falle von Computerprogrammen, Schrifttypen und computererzeugten Werken.[1715] Darüber hinaus muss der Urheber bzw. Regisseur eines Werks insbesondere dann nicht namentlich genannt werden, wenn bereits die Handlung das *copyright* nicht verletzt. So ist das Recht ausgeschlossen, wenn das Werk auf redliche Weise zu Zwecken der Berichterstattung über Tagesereignisse mittels Tonaufnahme, Film und Sendung im Sinne von s. 30 CDPA genutzt wird.[1716] Darüber hinaus muss der Urheber bzw. Regisseur eines Werks nicht namentlich genannt werden, wenn dessen Werk nur beiläufig in ein Werk der Kunst, der Tonaufnahme, des Films oder gesendete Werke aufgenommen wird.[1717] Der Urheber bzw. Regisseur eines Werks muss ebenfalls nicht genannt werden, wenn es sich bei dem Werk um Prüfungsfragen[1718], parlamentarische und juristische Verfahren[1719], Aufträge von der königlichen Krone oder gesetzliche Untersuchungsaufträge[1720] handelt. Des Weiteren muss der Urheber bzw. Regisseur des Werks nicht namentlich aufgeführt werden, wenn das Werk für den Gebrauch als Design-

---

an employee might agree to waive his identification right only in return for extra money or improved conditions. [...] An employer should not have to buy the right of use a work for which he has already paid, nor should he be forced to choose between identifying the author or not using the work at all."

1712 S. 79, 7. Abs. lit. (a) CDPA.
1713 S. 79, 7. Abs. lit. (b) CDPA.
1714 S. 79, 7. Abs. a.E. CDPA.
1715 S. 79, 2. Abs. lit. (a, b, c) CDPA. Diese Ausnahmen sind insbesondere für den beauftragten Urheber von Relevanz.
1716 S. 79, 4. Abs. lit. (a) CDPA.
1717 S. 79, 4. Abs. lit. (b) CDPA.
1718 S. 79, 4. Abs. lit. (c) CDPA.
1719 S. 79, 4. Abs. lit. (d) CDPA.
1720 S. 79, 4. Abs. lit. (e) CDPA.

entwurf oder Modell bestimmt ist[1721], zur Nutzung eines Werks der bildenden Kunst im Rahmen einer Lizenzvereinbarung im Sinne von s. 52 CDPA [1722] eingesetzt wird oder vermutet wird, dass dessen urheberrechtlicher Schutz abgelaufen ist[1723].

Der Urheber bzw. Regisseur eines Werks muss ebenfalls nicht genannt werden, wenn die Verwendung des Werks zum Zwecke der Berichterstattung über laufende Ereignisse erfolgt[1724]. Insbesondere für den beauftragten Urheber bedeutsam ist, dass der Urheber nicht bei der Veröffentlichung in einer Zeitung, Zeitschrift, ähnlicher Erscheinungsart[1725] oder der Veröffentlichung in einer Enzyklopädie, einem Nachschlagewerk, Jahresbuch oder in anderem Sammelwerk[1726] namentlich genannt werden muss, wenn das Werk der Literatur, des Dramas, der Musik oder der Kunst für diesen Zweck geschaffen wurde.[1727]

1.5 Kritische Würdigung

Die englische Gesetzgebung ist generell und auch in Bezug auf die *moral rights* von der Aufzählung von Einzelfällen geprägt. Dies erschwert nicht nur einen abstrakten Überblick über die Rechtslage, daneben entstehen durch die Aufzählung von Einzelfällen auch Regelungslücken.[1728] Zu Inkonsistenzen führt dies insbesondere[1729] in dem Fall, in dem die Veröffentlichung eines Werks nicht gewerblich erfolgt. Nach s. 77 Abs. 4 lit. c) CD-

---

1721 S. 79, 4. Abs. lit. (f) CDPA: dadurch weitreichender Ausschluss der beauftragten Designer vom Recht, als Urheber genannt zu werden.

1722 S. 79, 4. Abs. lit. (g) CDPA.

1723 S. 79, 4. Abs. lit. (h) CDPA

1724 S. 79 Abs. 5 CDPA. Von dieser Ausnahme sind vor allem die Redakteure und Journalisten betroffen.

1725 S. 79, 6. Abs. lit. (a) CDPA.

1726 S. 79, 6. Abs. lit. (b) CDPA.

1727 Damit wird jedes Auftragswerk, das abgedruckt wird, vom Anwendungsbereich des Urhebernennungsrechts ausgenommen.

1728 Davies/Garnett, Moral rights, 2010, 7-043, S. 134.

1729 Darüber hinaus führt Davies/Garnett, Moral rights, 2010, 7-003, an, dass das Recht aus s. 77 CDPA allen zustehen müsse, die im Rahmen des CDPA als *author* bezeichnet werden. S. 77 Abs. 1 CDPA weist lediglich dem Regisseur das Recht zu, als Regisseur bezeichnet zu werden Nach s. 9 Abs. 2 lit. (ab) CDPA gelten bei einem Filmwerk jedoch sowohl der Produzent als auch der Regisseur als *author*, sodass die alleinige Zuschreibung des Rechts an den Regisseur inkonsistent ist.

PA hat auch der Urheber einen Anspruch darauf, als Urheber bezeichnet zu werden, wenn sich sein Werk an die Öffentlichkeit richtet (*issues to the public*). In s. 77 Abs. 7 lit. (a) CDPA ist jedoch nur die Art und Weise der gewerblichen Veröffentlichung (*published commercially*) konkretisiert, sodass eine Regelungslücke für den Fall der nicht gewerblichen Veröffentlichung besteht.[1730] Auch kann s. 77 Abs. 7 lit. (c) CDPA keine weitere Klärung geben. Lit. (c) leitet zwar mit den Worten *in any other cases* ein, stellt jedoch trotz des Wortlauts keine Generalklausel dar. Danach ist die Identität des Urhebers oder Regisseurs der Person zur Kenntnis zu bringen, die die Vorstellung, Ausstellung oder Sendung sieht oder hört.[1731] Für den Fall, dass ein Bauwerk nicht gewerblich veröffentlicht wird, aber dennoch an die Öffentlichkeit gerichtet wird, wird daher vorgeschlagen, eine weitere gesetzliche Regelung in lit. (a) aufzunehmen.[1732]

Darüber hinaus wird in Bezug auf die Ausnahmeregelungen nach s. 79 Abs. 4 CDPA kritisiert, dass bei den nicht lizenzierten Nutzungen, die keine *copyright*-Verletzung darstellen, – außer im Falle eines öffentlich ausgestellten Werks der Kunst – die Urheber und Regisseure nicht namentlich genannt werden müssen.[1733] Erfordert die Nutzung eines Werks keine gesonderte Lizenz, weil sie nach dem *copyright* nicht relevant ist, stehen dem Urheber oder Regisseur das Recht nicht zu, namentlich genannt zu werden. Darüber hinaus enthält s. 79 CDPA weitreichende Ausnahmen. So müssen die Designer[1734] in der Regel nicht namentlich genannt werden, genauso die Urheber, deren Werk der Literatur, des Dramas, der Musik oder der Kunst in einer Zeitschrift, Zeitung oder einem anderen Druckwerk als Folge des Auftrags veröffentlicht wird.[1735] Gerade Letzteres verhindert, dass der aufstrebende Künstler einem breiteren Publikum bekannt wird.

1730 Davies/Garnett, Moral rights, 2010, 7-043, S. 134.
1731 S. 77, 7. Abs. lit. (c) CDPA.
1732 Davies/Garnett, Moral rights, 2010, 7-043, S. 134.
1733 So auch Ginsburg, GRUR Int 1991, 593(605). Davies/Garnett, Moral rights, 2010, 7-036, S. 129f, hingegen kritisiert die in s. 77 Abs. 4 lit. (a) CDPA enthaltene Regelung und plädiert, dass dies auch unter s. 79 Abs. 4 CDPA fallen solle.
1734 S. 79 Abs. 4 lit. (f) CDPA.
1735 S. 79 Abs. 6 CDPA.

Darüber hinaus steht die Geltendmachung im Sinne von s. 78 CDPA seit Einführung der *moral rights* in das CDPA unter heftiger Kritik.[1736] Insbesondere wird bezweifelt, ob sie mit den Vorgaben der Berner Übereinkunft und der darin enthaltenen Formfreiheit nach Art. 5 Abs. 2 RBÜ vereinbart ist.[1737] Es mag besonders in diesem Zusammenhang nicht einleuchten, dass – außer im Fall von Werken der bildenden Kunst – die Urheberbezeichnung auf dem Werk nicht ausreicht, um das Recht im Sinne von s. 78 CDPA geltend zu machen. Die Befürworter hingegen berufen sich auf den Wortlaut des Art. 6 bis RBÜ, „*the author shall have the right to claim authorship of the work*", der ihrer Ansicht nach selbst das Recht aus Art. 6 bis RBÜ von deren aktiven Inanspruchnahme abhängig macht.[1738] Darüber hinaus erfährt s. 78 CDPA weitere Kritik, weil damit die Ausübung des Rechts, als Urheber oder Regisseur bezeichnet zu werden, erheblich erschwert wird. Denn sie setzt nicht nur Kenntnis der Regelung, sondern auch die Fähigkeit voraus, diese gegenüber dem möglicherweise stärkeren Vertragspartner geltend zu machen.[1739] Dem wird wiederum entgegengehalten, dass der Verwerter eines Werks Klarheit über seine Verantwortlichkeiten haben muss.[1740] Als Kompromisslösung wird vorgeschlagen, dass der Verwerter dann die Person als Urheber bzw. Regisseur zu nennen habe, wenn sie ihm namentlich bekannt ist.[1741] Ist sie ihm nicht bekannt, soll in Anlehnung an die Regelungen der ss. 79, 4. Abs. lit. (h), 57 CDPA eine Bezeichnung des Urhebers entbehrlich sein.[1742]

Darüber hinaus ist auch die Reichweite der Geltendmachung durch den Urheber bzw. Regisseur mit Blick auf dritte Parteien kritisch zu sehen.[1743] So bindet die Geltendmachung in der Übertragungsvereinbarung nach s. 78 Abs. 3 lit. (a) CDPA nur dann dessen Rechtsnachfolger, wenn dies aus dem Recht des Zessionars vorgeht. Dessen Rechtsnachfolger wird jedoch im Zweifelsfall aus eigenem und nicht aus fremdem Recht vorgehen.[1744]

1736 Adeney, The moral rights of authors and performers, 2006, 14.42, S. 400; Ricketson/Ginsburg, International copyright and neighbouring rights, 2006, 6.92 unter Hinweis darauf, dass ein Land aufgrund von Art. 5 Abs. 2 RBÜ gerade nicht seine eigenen formellen Regelungen aufstellen könne.
1737 So auch Ginsburg, GRUR Int 1991, 593 (603).
1738 Lord Beaverbrook, Hansard, HL Vol. 491, 352.
1739 Thielecke, Möglichkeiten kollektiver Wahrnehmung des Urheberpersönlichkeitsrechts, 2003, S. 261.
1740 Davies/Garnett, Moral rights, 2010, 7-048, S. 139.
1741 Davies/Garnett, Moral rights, 2010, 7-048, S. 139.
1742 Davies/Garnett, Moral rights, 2010, 7-048, S. 139.
1743 So auch Ginsburg, GRUR Int 1991, 593 (604).
1744 Ginsburg, GRUR Int 1991, 593 (605).

Selbst diese inhaltlich bereits sehr eingeschränkte Bindungswirkung auf dritte Parteien findet keine Anwendung, wenn der Inhaber der *moral rights* das *copyright* nur in Form einer Lizenz an den Vertragspartner weitergibt. In diesem Fall wäre der Urheber unter dem Aspekt der *moral rights* besser geschützt, wenn er sein *copyright* überträgt und nicht an einen Dritten lizenziert. Denn der Unterlizenznehmer ist nicht an die Geltendmachung des Urhebers oder Regisseurs gebunden, es sei denn, der Unterlizenznehmer hätte Kenntnis von der Geltendmachung des Anerkennungsrechts durch den Urheber in der ursprünglichen Lizenzvereinbarung.[1745] Des Weiteren ist auch fraglich, wie der Urheber durch eine Geltendmachung des Anerkennungsrechts in Form einer Urkunde Dritte an die Geltendmachung binden kann. In diesem Fall wird der Urheber stets die Beweislast für die Kenntnisnahme des Dritten tragen.

Des Weiteren bleibt auch die Ausnahmeregelung zulasten der Arbeitnehmer in s. 79 Abs. 3 CDPA nicht frei von Kritik. Gerade die Schwächung der Rolle der Arbeitnehmer, die bereits die Inhaberschaft des *copyright* an den Arbeitgeber nach s. 11, 2. Abs. CDPA übertragen, wird kritisiert. Während von einem Teil der Literatur eingeräumt wird, dass den Urhebern und Regisseuren zumindest die *moral rights* und damit auch das Recht auf Anerkennung der Urheberschaft zustehen muss[1746], wird von einem anderen Teil der Literatur ins Feld geführt, dass dies die Ausübung der Vermögensrechte durch die Arbeitgeber erschweren könne und dadurch im Widerspruch zu der Zuweisung der ersten Inhaberschaft des Urheberrechts an Arbeitnehmerwerken steht.[1747]

Dem englischen Urheber wird im CDPA nicht ausdrücklich ein Recht eingeräumt, fremde Angriffe auf seine Urheberschaft abzuwehren. Dieses Recht erlangt er nur indirekt durch die Geltendmachung, als Urheber oder Regisseur bezeichnet werden zu wollen. Steht dem Urheber aufgrund der zahlreichen Ausnahmen kein Nennungsrecht zu, kann er auch fremde Angriffe auf seine Urheberschaft nicht abwehren.

1.6 Bedeutung für den angestellten Urheber

Da s. 79 Abs. 3 CDPA regelt, dass der angestellte Urheber bzw. Regisseur vom Schutzbereich des Rechts ausgeschlossen ist, wenn die Inhaberschaft

---

1745 Ginsburg, GRUR Int 1991, 593 (604).
1746 Groves, Copyright and designs law, 1991, S. 122.
1747 Groves, Copyright and designs law, 1991, S. 122.

des Urheberrechts originär dem Arbeitgeber des Urhebers bzw. des Regisseurs nach s. 11, 2. Abs. lit. (a) CDPA zugewiesen wird, hat das Recht aus s.
77 CDPA keine Bedeutung für den Arbeitnehmer. Dennoch ist in Arbeitsverträgen häufig ein Verzicht auf das Nennungsrecht enthalten.[1748] Dies
liegt daran, dass die Ausnahmeregelung der s. 79 Abs. 3 CDPA nach s.
205C und 205D CDPA nicht für den ausübenden Künstler gilt. Auch beim
ausübenden Künstler setzt das Recht, als *author* oder *director* genannt zu
werden, die Geltendmachung des Rechts nach s. 205D CDPA voraus. Da
im CDPA nicht zwischen dem Urheberrecht und den verwandten Schutzrechten unterschieden wird, wird der Arbeitgeber trotz der gesetzlichen
Ausnahme des s. 79, 3. Abs. CDPA darauf bestehen, dass der Arbeitnehmer
trotz der gesetzlichen Regelung nochmals ausdrücklich auf das Recht nach
s. 77 CDPA verzichtet.

1.7 Bedeutung für den beauftragten Urheber

„All persons who have to make a living by attracting the public to their
works, be they artists in the sense of painters, or be they literary men who
write books or who perform in the other branches of the arts, such as pi-
anists and musicians, must live by getting known to the public".[1749]Die gesetzliche Ausnahmeregelung der s. 79, 3. Abs. CDPA findet allein auf den
Urheber im Arbeitsverhältnis Anwendung. Daher ist der Urheber, der im
Rahmen eines Auftragsverhältnisses ein urheberrechtlich geschütztes Werk
schafft, grundsätzlich im Sinne der s. 77 CDPA namentlich zu nennen, sofern er das Recht geltend gemacht hat. S. 79 CDPA enthält jedoch weitere
weitreichende Ausnahmeregelungen, die dazu führen, dass besonders der
Urheber von Designentwürfen nicht namentlich genannt werden muss.
Darüber hinaus sind auch die Urheber vom Recht nach s. 77 CDPA ausgenommen, deren Werk der Literatur, des Dramas, der Musik und der Kunst
zur Veröffentlichung in einem Druckwerk in Auftrag gegeben wurde. Darüber hinaus wird der Auftraggeber stets darauf bestehen, dass der Auftragnehmer einen Verzicht auf das Recht nach s. 77 CDPA erklärt. Gerichtlich
klargestellt wurde jedoch, dass die bloße Beauftragung eines Urhebers oder
Regisseurs nicht zu der Annahme führt, dass der Urheber stillschweigend

---

1748 Groves, Copyright and designs law, 1991, S. 122.
1749 Tolnay v. Criterion Film Productions Ltd [1936] 2 All E.R. 1625; dazu auch
      Davies/Garnett, Moral rights, 2010, 1-009, S. 7.

formlos im Sinne der s. 87 Abs. 4 CDPA auf sein Recht verzichtet hat.[1750] Die im Jahr 2011 an der Universität von Bournemouth durchgeführte Studie hat ergeben, dass der nur 51% der Werkschöpfer eines Werks der bildenden Kunst in der Regel[1751] namentlich genannt werden.[1752]

2. Right to object to derogatory treatment

Das Recht auf Schutz der Werkintegrität[1753] steht dem Urheber eines Werks der Literatur, des Dramas, der Musik, der bildenden Kunst sowie dem Regisseur eines Filmwerks zu.[1754] Im Gegensatz zu dem Recht, als Urheber bzw. Regisseur bezeichnet zu werden im Sinne von s. 77 CDPA, muss das Recht auf Schutz gegen Beeinträchtigung nicht gesondert geltend gemacht werden. Insgesamt widmen sich die ss. 80-83 CDPA dem *integrity right.* Der zweite Absatz der s. 80 CDPA legal definiert, wann ein *derogatory treatment* gegeben ist. Die Absätze drei bis sechs der s. 80 CDPA konkretisieren für einzelne Nutzungs- und Werkarten wann das Recht auf Schutz gegen Beeinträchtigung verletzt ist. S. 81 CDPA enthält wiederum eine umfangreiche Auflistung aller Ausnahmeregelungen, in denen das *integrity right* nicht besteht. S. 82 CDPA stellt Sonderregelungen für die Werke auf, an denen die originäre Inhaberschaft des *copyright* dem Arbeitgeber, der Englischen Krone bzw. dem Parlament oder einer internationalen Organisation zugewiesen wird.

1750 Pasterfield v. Denham [1999] F.S.R.168; dazu auch Davies/Garnett, Moral rights, 2010, S. 326; Adeney, The moral rights of authors and performers, 2006, 14.91, S. 413.

1751 D. h. bei 76-100% ihrer Werke, siehe: Kretschmer/Singh/Bently/Cooper, Copyright contracts and earnings of visual creators, 2011, S. 80.

1752 Kretschmer/Singh/Bently/Cooper, Copyright contracts and earnings of visual creators, 2011, S. 80. Nicht namentlich genannt werden 6% der Künstler, 19% der Künstler werden bei 1-25% ihrer Werke namentlich genannt und 10% der Künstler werden bei 26-50% ihrer Werke namentlich genannt. Betrachtet man die einzelnen Werkarten, ergeben sich insbesondere bei den Fotografen und den Designern Unterschiede. Die Fotografen werden nur zu 38% bei 76-100% ihrer Werke namentlich genannt. Noch schlechter steht es bei den Designern, bei denen nur 26% bei 76-100% ihrer Werke namentlich genannt werden, S. 80. Beachtenswert ist, dass 26% der Designer angaben, dass die Zahl ihrer Urheberbezeichnungen gestiegen ist, S. 84.

1753 Dieses Recht wird in der englischen Literatur neben „*right to object to derogatory treatment*" auch als „*right of integrity*" oder als „*right of respect*" bezeichnet.

1754 S. 80, 1. Abs. CDPA.

2.1 Begriff des derogatory treatment

Der gesetzliche Schutzumfang des *derogatory treatment* bestimmt sich nach den in s. 80 Abs. 2 CDPA enthaltenen Definitionen.

2.1.1 Treatment

Treatment umfasst nach s. 80 Abs. 2 lit. (a) CDPA jede Hinzufügung, Streichung, Änderung oder Bearbeitung eines Werks oder eines Werkteils.[1755] Darunter fällt auch das Einfügen eines Exzerpts eines Werks in einen neuen Kontext.[1756] Voraussetzung ist jedoch stets, dass es sich um eine grobe und nicht nur geringfügige Abweichung des Originalzustands handelt.[1757] Nicht ausreichend ist daher, wenn das Originalwerk nur detailgetreu verkleinert wird.[1758] Ebenfalls stellen nur kleine Farbabweichungen keine Entstellung des Werks dar.[1759] Die Kolorierung von Schwarz-Weiß-Filmen könnte im Einzelfall ein *treatment* im Sinne des s. 80 Abs. 2 lit. (a) CDPA darstellen.[1760] Die klassischen Schwarz-Weiß-Filme, die vor Inkrafttreten

---

[1755] Nach s. 89 Abs. 2 CDPA muss es sich dabei nicht um einen wesentlichen (substantial) Teil des Werks handeln.

[1756] Ein *derogatory treatment* wurde in den folgenden Fällen angenommen: ''Morrison Leahy Music Ltd v. Lightbond Ltd'' ([1993] EMLR 144) machten u.a. die Produktionsfirma und George Michael als zweiter Kläger die Verletzung seines *integrity right* geltend. Der Beklagte wollte Testteile von insgesamt Musikwerken, die zumindest zum Teil von George Michael geschrieben wurden, akustisch mit weiteren Werken Dritter mischen. Das Gericht urteilte, dass es sich bei der neuen Version um eine Veränderung des ursprünglichen Werks handelt und daher das *integrity right* verletzt sei. In „Confetti Records v. Warner Music U Ltd" ([2003], EWHC 1274), machte der Urheber eines musikalischen Werks ebenfalls erfolgreich die Verletzung des *integrity right* geltend, da durch die Einfügung der Zeile „shizzle my nizzle" in Form eines Sprechgesangs das bestehende musikalisches Werk abgeändert und beeinträchtigt wurde.

[1757] Harrison v. Harrison [2010] FSR 25.

[1758] Tidy v. Trustees of the Natural History Museum [1995] 30, IPR 501(506), Chancery Division. In diesem Fall wurden die Zeichnungen von Dinosauriern des bekannten Cartoonisten Bill Tidy auf ein Viertel der Originalgröße verkleinert. Das Gericht lehnte die Verletzung des *integrity right* ab, da es nicht davon ausging, dass die Öffentlichkeit nicht davon ausgeht, dass durch die Verkleinerung des Maßstabs das Ansehen des Urhebers beeinträchtigt wird. Ein indirekter Eingriff in das *integrity right* wurde in dieser Entscheidung nicht diskutiert.

[1759] Pasterfield v. Denham [1999], FSR 168 (182).

[1760] Dworkin, ALAI 1993, The moral right of the author, UK, S. 40.

des CDPA 1988 hergestellt wurden, fallen jedoch nicht unter den zeitlichen Anwendungsbereich des CDPA und damit nicht unter den Schutz aus s. 80 CDPA.[1761] De lege lata sind Übersetzungen von Werken der Literatur und des Dramas ausdrücklich vom Tatbestand des *treatment* ausgeschlossen, sodass eine Übersetzung, mag sie auch noch so sehr den ursprünglichen Inhalt abändern und beeinträchtigen, niemals das *integrity right* verletzen kann.[1762] Ebenso wenig kann es sich bei einem Arrangement, der Transkription des Schlüssels, der Tonart oder der Tonlage eines Werks der Musik um ein *treatment* handeln.[1763]

Von den englischen Gerichten noch nicht ausdrücklich entschieden ist, ob ein *treatment* stets einen direkten Eingriff in die Werksubstanz voraussetzt oder ob darunter auch indirekte Eingriffe fallen, die das Werk in einen anderen Sachzusammenhang stellen (*use out of context*) und dadurch das Werk beeinträchtigen. Die Literatur sieht überwiegend indirekte Eingriffe nicht vom Schutzumfang des *integrity right* erfasst.[1764] Ein indirekter Eingriff in die Werksubstanz stellt jedoch dann ein *treatment* dar, wenn dieser mit einem direkten Eingriff in die Werksubstanz verbunden ist.[1765]

1761 Schedule 1 des CDPA, paragraph 23, 2. Abs. lit. (b) siehe dazu auch Europäische Kommission, study ETD/99/B5-3000/E°28 2000, Part XII UK, S. 142; Jahn, Das Urheberpersönlichkeitsrecht im deutschen und britischen Recht, 1994, S. 144f.

1762 S. 80, 2. Abs. lit. (i) CDPA. Dies kritisierend: Copinger/Garnett/Skone, Copinger and Skone James on copyright, 2011, 11-42, S. 728.

1763 S. 80, 2. Abs. lit. (ii) CDPA.

1764 Treiger-Bar-Am in: Porsdam, Helle; Copyright and other fairy tales; Adaptions with integrity; S. 68, führt an, dass der *use out of context* erst gar nicht die Ehre des *author* verletzen könne, sondern vielmehr nur das autonome Recht des *author* beträfe, den Ausdruck seines Werks zu bestimmen. Die Rezeption des Werks wiederum richte sich stets nach dem Empfängerhorizont. Daher könne der indirekte Eingriff, der auf die Rezeption des Empfängers Bezuge nehme, nicht vom *integrity right* erfasst sein. Dazu ausführlich: Davies/Garnett, Moral rights, 2010, 8-021f., S. 238ff; Copinger/Garnett/Skone, Copinger and Skone James on copyright, 2011, 11-48. S. 732; Adeney, The moral rights of authors and performers, 2006, 14.67, S. 407; Rosati, Exploitation of cultural content and licensing models, 2013, S. 12; Laddie/Prescott/Vitoria, The modern law of copyright and designs, 2011, 13.18; Stamatoudi, S. 481.

1765 Treiger-Bar-Am in: Porsdam, Helle; Copyright and other fairy tales; Adaptions with integrity; S. 69; Rosati, Exploitation of cultural content and licensing models, 2013, S. 12. So in der Entscheidung "Morrison Leahy Music Ltd v. Lightbond Ltd" ([1993] EMLR 144). In diesem Zusammenhang wird häufig die amerikanische Entscheidung des Supreme Court „Shostakovich v. Twentieth Century-Fox Film Corp." (196 Misc. 67, 80 N.Y.S. 2d 575 (1948)) zitiert, in

Es bleibt daher abzuwarten, wie die englischen Gerichte auf die „Deckmyn"-Entscheidung des EuGH[1766] reagieren.

2.1.2 Derogatory

Der Eingriff in die Werksubstanz im Sinne des *treatment* ist dann beeinträchtigend (*derogatory*), wenn dieser zu einer Entstellung oder Verstümmelung des Werks führt oder in anderer Weise die Ehre oder den Ruf des Urhebers bzw. des Regisseurs herabsetzt.[1767]Ob eine Entstellung oder Verstümmelung vorliegt oder der Ruf des Urhebers herabgesetzt wird, wird nach herrschenden Meinungen in Rechtsprechung[1768] und Literatur[1769] anhand objektiver Kriterien ermittelt. Ob die Ehre oder der Ruf des Urhebers bzw. des Regisseurs betroffen ist, wird damit in Einklang mit den *Common Law*- Ansprüchen des *tort of defamation* und des *tort of passing off*, die ebenfalls nach objektiven Kriterien ermittelt werden, festgestellt.[1770] Nur in sehr begrenztem Maße ist im Rahmen des *integrity right* die subjektive Ansicht des Urhebers bzw. Regisseurs maßgeblich.[1771] Uneinigkeit

---

der es um die Kompositionen eines russischen Musikers ging, in der die Sowjetunion scharf kritisiert wurde und die zur Untermalung eines Films verwendet wurde. Da es sich hier nur um einen indirekten Eingriff in die Werksubstanz handelte, wurde die Verletzung des Rechts aus s. 80 CDPA abgelehnt. Siehe dazu auch Sundara Rajan; Moral rights; 2011, S. 142ff.

1766 Zu der „Deckmyn"-Entscheidung, siehe auch Lauber-Rönsberg, ZUM 2015, 658 ff.

1767 S. 80, 2. Abs. lit. (b) CDPA.

1768 Morrison Leahy Music Ltd v. Lightbond Ltd [1993] E.M.L.R. 144; Tidy v. Trustees of the Natural History Museum [1995] 30, I.P.R. 501; Pasterfield v. Denham [1999], FSR 168; Confetti Records v. Warner Music [2003] EWHC 1274.

1769 Cornish, S. 450; A.A. Stokes, Digital copyright, 2014, S. 82.

1770 Im Rahmen dieser Rechte ist die Beeinträchtigung anerkanntermaßen nach objektiven Kriterien zu ermitteln, siehe hierzu E.P. SKONE JAMES, p. 628; Stokes, Digital copyright, 2014, S. 82.

1771 Phillips/Firth, Introduction to intellectual property law, 2001, 18.12; Jahn, Das Urheberpersönlichkeitsrecht im deutschen und britischen Recht, 1994, S. 121.

herrscht in Rechtsprechung[1772] und Literatur[1773], ob es sich bei der Entstellung des Werks und der Herabwürdigung der Ehre und des Ansehens des Urhebers um zwei kumulative oder um zwei unabhängige Kriterien handelt.[1774]

Im Zusammenhang mit der Beeinträchtigung des Werks ist ferner zu klären, ob die Zerstörung des Werks ebenfalls ein *derogatory treatment* darstellt. In der Literatur wird uneinheitlich beurteilt, ob es sich bei der Zerstörung eines Werks um ein *derogatory treatment* handelt.[1775] Es bestehen Tendenzen, wonach der *author* die Zerstörung seines Werks nicht verhindern kann.[1776] Probleme bereitet nicht die Behandlung im Sinne eines *treatment*, sondern die Frage, ob es sich dabei auch um Herabwürdigung der Ehre und des Ansehens handelt.[1777] Die Zerstörung eines Werks im privaten Kreis wird jedoch den Tatbestand der s. 80, 1. Abs. CDPA nicht erfül-

---

1772 Für eine kumulative Auslegung: „Pasterfield v. Denham" ([1999], FSR 168 (182)), in der die Entstellung unter Heranziehung des *honour or reputation test* angewendet wurde; so auch in „Confetti Records v. Warner Music" [2003] EWHC 1274) unter Hinweis auf den Wortlaut des Art. 6 [bis] RBÜ sowie auf die kanadische Entscheidung „Snow v. The Eaton Centre" ([1982] 70 CPR 105). Für eine unabhängige Auslegung der beiden Kriterien: Tidy v. Trustees of the Natural History Museum [1998] 39 IPR 501; Morrison Leahy Music Ltd v. Lightbond Ltd [1993] EMLR 144.

1773 Die herrschende Meinung in der Literatur neigt zu einer kumulativen Auslegung: Copinger/Garnett/Skone, Copinger and Skone James on copyright, 2011, 11-43, S. 729, der dies aus dem Wort otherwise in s. 80 Abs. 2 lit. (b) CDPA schließt und aus Art. 6 [bis] RBÜ. Im Ergebnis so auch Bently/Sherman, Intellectual property law, 2014, S. 245 m.w.N. ; Ricketson/Ginsburg, International copyright and neighbouring rights, 2006, S. 245; Dworkin/Taylor; Blackstone's guide to the Copyright, Designs and Patents Act 1988, S. 96f; so auch Adeney, The moral rights of authors and performers, 2006, 14.72, S. 409; a.A. wohl Groves, Copyright and designs law, 1991, S. 127, und Stokes, Digital copyright, 2014, S. 82., die davon ausgehen, dass beim Vorliegen einer *distortion or mutilation* stets das Ansehen des Urhebers beeinträchtigt wird.

1774 Neuseeland, die das CDPA für ihren Copyright Act 1993 als Vorbild nutzte, löste diese Unklarheit zugunsten zweier unabhängiger Kriterien in s. 98, 1. Abs.: „*The treatment of a work is derogatory if whether by distortion or mutilation of the work or otherwise, the treatment is prejudicial to the honour or reputation of the author or director.*"

1775 Sterling, World copyright law, 2008, 8.05, S. 397.

1776 Dworkin, ALAI 1993, The moral right of the author, UK, S. 100; Europäische Kommission, study ETD/99/B5-3000/E°28 2000, Part XII UK, S. 142.

1777 Copinger/Garnett/Skone, Copinger and Skone James on copyright, 2011, 11-47, sieht die Ehre und das Ansehen des Urhebers bzw. des Regisseurs als verletzt an, wenn das Werk öffentlich als Kundgebung über den Urheber bzw. Regisseur zerstört wird.

len.[1778] Will der Urheber bzw. Regisseur daher verhindern, dass sein Werk zerstört werden kann, ist dies vertraglich zu regeln, da es keine allgemeine Pflicht des Eigentümers gibt, das Werk vor Zerstörung zu schützen.[1779]

2.2 Konkretisierung des Schutzumfangs für Nutzungs- und Werkarten

Absatz 3 der s. 80 CDPA konkretisiert für einzelne Nutzungs- und Werkarten, wann eine Verletzung des Rechts auf Schutz vor Beeinträchtigung des Werks gegeben ist. Das *integrity right* an einem Werk der Literatur, des Dramas oder der Musik ist dann verletzt, wenn eine Person eine beeinträchtigende Behandlung eines Werks gewerblich veröffentlicht, öffentlich wiedergibt oder sendet.[1780] Eine Verletzung dieser Werkarten ist auch dann gegeben, wenn eine Person Vervielfältigungsstücke eines Films oder einer Tonaufnahme an die Öffentlichkeit herausgibt und die Vervielfältigungsstücke selbst eine Beeinträchtigung darstellen oder eine Beeinträchtigung enthalten.[1781] Bei einem Werk der bildenden Kunst ist das *integrity right* dann verletzt, wenn eine Person eine beeinträchtigende Behandlung des Werks gewerblich veröffentlicht oder öffentlich ausstellt[1782], ein Abbild des beeinträchtigenden Werks sendet[1783], einen Film, der ein Abbild eines beeinträchtigenden Werks enthält, öffentlich zeigt[1784] oder Vervielfältigungsstücke eines solchen Films an die Öffentlichkeit herausgibt.[1785] Ferner verletzt eine Person das Recht auf Schutz gegen Beeinträchtigung, wenn sie Vervielfältigungsstücke eines grafischen Werks oder Fotografien an die Öffentlichkeit herausgibt, die eine beeinträchtigende Behandlung eines architektonischen Modells eines Bauwerks[1786], einer Skulptur[1787]

1778 Europäische Kommission, study ETD/99/B5-3000/E°28 2000, Part XII UK, S. 142.
1779 Bently/Cornish in: Geller, International copyright law and practice, UK, § 7 [1], [c].
1780 S. 80 Abs. 3 lit. (a) CDPA.
1781 S. 80 Abs. 3 lit. (b) CDPA.
1782 S. 80 Abs. 4 lit. (a) CDPA.
1783 S. 80 Abs. 4 lit. (a) CDPA.
1784 S. 80 Abs. 4 lit. (b) CDPA.
1785 S. 80 Abs. 4 lit. (b) CDPA.
1786 S. 80 Abs. 4 lit. (c) (i) CDPA.
1787 S. 80 Abs. 4 lit. (c) (ii) CDPA.

oder eines Werks des Kunsthandwerks[1788] zeigen.[1789] Die Regelung zum Werk der Kunst ist jedoch nicht auf das Werk der Baukunst anzuwenden.[1790] Ist der Urheber eines Werks der Architektur namentlich auf dem Gebäude genannt, kann der Urheber des Bauwerks im Falle einer beeinträchtigenden Behandlung nur verlangen, dass seine Urheberbezeichnung von dem Gebäude entfernt wird. Ist der Urheber des Bauwerks jedoch nicht namentlich auf dem Gebäude genannt, bietet ihm das CDPA keine rechtlichen Möglichkeiten, dagegen vorzugehen.[1791] Die weite Eingrenzung des Rechts des Architekten wird damit begründet, dass es hier um den Schutz der Investition des Bauherrn geht und es dem Architekten offen stünde, sich vertraglich abzusichern.[1792] Bei einem Film wird das Recht auf Schutz gegen Beeinträchtigung verletzt, wenn der beeinträchtigende Film öffentlich gezeigt oder wiedergegeben wird[1793] oder Vervielfältigungsstücke davon an die Öffentlichkeit gegeben werden.[1794] Nach Absatz 7 der s. 80 CDPA besteht das Recht auf Schutz gegen Beeinträchtigung auch in Bezug auf die beeinträchtigende Behandlung von Werkteilen.[1795] Das Recht ist dann verletzt, wenn die Behandlung nicht durch den Urheber bzw. Regisseur vorgenommen wurde, diese Werkteile jedoch dem Urheber bzw. Regisseur (wahrscheinlich) als deren Werk zugeschrieben werden.

2.2.1 Besitz oder Handel mit einem verletzenden Produkt

Das Recht auf Schutz vor Beeinträchtigung ist auch dann verletzt, wenn eine Person einen rechtsverletzenden Gegenstand besitzt[1796], einen solchen Gegenstand verkauft, vermietet, zum Verkauf oder Verleih anbietet oder

---

1788 S. 80 Abs. 4 lit. (c) (iii) CDPA.
1789 S. 80 Abs. 4 lit. (c) CDPA entspricht dem Wortlaut der s. 77 Abs. 4 lit. (c) CDPA.
1790 S. 80 Abs. 5 CDPA.
1791 Copinger/Garnett/Skone, Copinger and Skone James on copyright, 2011, 11-52, S. 733; Europäische Kommission, study ETD/99/B5-3000/E°28 2000, Part XII UK, S. 143.
1792 Dworkin in: ALAI, The moral rights of the author, S. 97; Europäische Kommission, study ETD/99/B5-3000/E°28 2000, Part XII UK, S. 143.
1793 S. 80, 6. Abs. lit. (a) CDPA.
1794 S. 80, 6. Abs. lit. (b) CDPA.
1795 Es ist daher nicht notwendig, dass es sich um einen wesentlichen Teil des Gesamtwerks handelt, s. 89 Abs. 1 CDPA
1796 S. 83, 1. Abs. lit. (a) CDPA.

ausstellt[1797], innerhalb des Geschäftsbetriebs öffentlich ausstellt oder verbreitet[1798] oder außerhalb des Geschäftsbetriebs verbreitet und dies nachhaltig die Ehre oder den Ruf des Urhebers oder Regisseurs beeinträchtigt[1799], sofern diese Person Kenntnis oder Grund zur der Annahme hatte, dass es sich dabei um ein verletzendes Produkt handelt.[1800] Um ein verletzendes Produkt handelt es sich dann, wenn das Werk oder das Vervielfältigungsstück des Werks beeinträchtigend behandelt wurde im Sinne der s. 80 CDPA[1801] und darüber hinaus muss es tatsächlich oder mit einer Wahrscheinlichkeit Gegenstand einer verletzenden Handlung im Sinne der s. 83 CDPA gewesen sein.[1802]

Zusammenfassen lässt sich daher, dass es für die Verletzung des *integrity right* stets eines Aktes in der Öffentlichkeit bedarf. Die bloße Entstellung eines Werks, ohne diese an die Öffentlichkeit zu richten, reicht für eine Verletzung des Rechts nicht aus.[1803]

2.2.2 Gesetzliche Ausnahmen

Ebenso wie das Namensnennungsrecht nach s. 77 CDPA, findet das *integrity right* ebenfalls keine Anwendung auf Computerprogramme oder computererzeugte Werke.[1804] Ferner ist das Recht auf Schutz gegen Beeinträchtigung nicht anwendbar auf ein Werk, das zum Zwecke der Berichterstattung über Tagesereignisse geschaffen wurde.[1805] Begründet wird letzteres mit dem vorrangigen Interesse der Allgemeinheit, so zeitnah wie möglich über aktuelle Zeitgeschehnisse informiert zu werden. Darüber hinaus steht dem Urheber bzw. Regisseur das *integrity right* nicht zu, wenn das Werk der Literatur, des Dramas, der Musik oder der Kunst in einer Zeitung,

---

1797 S. 83, 1. Abs. lit. (b) CDPA.

1798 S. 83, 1. Abs. lit. (c) CDPA.

1799 S. 83, 1. Abs. lit. (d) CDPA.

1800 S. 83, 1. Abs. a.E.

1801 S. 83, 2. Abs. lit. (a) CDPA.

1802 S. 83, 2. Abs. lit. (b) CDPA.

1803 Adeney, The moral rights of authors and performers, 2006, 14.84, S. 412. Klarer Unterschied zu der deutschen Sichtweise, nach der bereits eine Entstellung gegeben ist, wenn zu befürchten ist, dass das entstellte Werk an die Öffentlichkeit gerichtet wird. Siehe dazu BGH, Felseneiland mit Sirenen.

1804 S. 81, 2. Abs. CDPA. Diese Regelung entspricht nur teilweise der Regelung in s. 79, 2. Abs. CDPA, da die dort in lit. (b) genannten Schrifttypen in s. 81, 2. Abs. CDPA nicht enthalten sind.

1805 S. 81, 3. Abs. CDPA. Die Vorschrift entspricht s. 79, 5. Abs. CDPA.

Zeitschrift, einer ähnlichen Erscheinungsart[1806], in einer Enzyklopädie, einem Nachschlagewerk, einem Jahresbuch oder in anderem Sammelwerk[1807] veröffentlicht wird und das Werk für diesen Zweck geschaffen wurde oder der Urheber bzw. Regisseur seine Zustimmung zur Veröffentlichung des Werks erteilt hat. Darüber hinaus besteht das *integrity right* auch in Bezug auf jede weitere Verwertung des Werks nicht, wenn sie ohne Veränderung des veröffentlichten Inhalts erfolgt.[1808] Nach Absatz 5 der s. 81 CDPA ist das Recht auf Schutz vor Beeinträchtigung auch nicht verletzt, wenn die Schutzdauer des Urheberrechts bereits abgelaufen ist im Sinne der s. 57 oder 66A CDPA. Nach Absatz 6 der s. 81 CDPA darf ein *derogatory treatment* erfolgen, wenn die Begehung eines Delikts vermieden werden soll[1809] oder eine durch Gesetz oder aufgrund eines Gesetzes auferlegte Pflicht erfüllt werden soll.[1810] Kritik unter den britischen Sendern löst jedoch die weitere in Absatz 6 enthaltene Ausnahmeregelung allein zugunsten der British Broadcasting Corporation (BBC) aus[1811], wonach das *integrity right* eines Urhebers bzw. Regisseurs nicht verletzt ist, wenn die BBC das Werk bändert und Beiträge nicht sendet, die gegen den guten Geschmack oder die guten Sitten verstoßen oder geeignet sind, Gewalttätigkeiten hervorzurufen und das öffentliche Empfinden zu beleidigen.[1812] Die unter Absatz 6 der s. 81 CDPA genannten Ausnahmen finden jedoch bei Werken, in denen der Urheber bzw. der Regisseur namentlich genannt wird, nur unter dem Vorbehalt Anwendung, dass der Urheber bzw. Regisseur durch eine *sufficient disclaimer*[1813] von dem veränderten Werk distanziert wird.[1814]

1806 S. 81, 4. Abs. S. 1 lit. (a) CDPA.

1807 S. 81, 4. Abs. S. 1 lit. (b) CDPA.

1808 S. 81, 4. Abs. S. 2 CDPA.

1809 S. 81, 6. Abs. lit. (a) CDPA.

1810 S. 81, 6. Abs. lit. (b) CDPA.

1811 Kritisiert wird, dass die Ausnahmeregelung der BBC einen klaren Wettbewerbsvorteil verschaffe und der Anwendungsbereich der *offends against good taste or decency* sehr weit gefasst ist und auch nicht durch eine gesetzliche Definition eine kreative Auslegung verhindert; siehe hierzu Jahn, Das Urheberpersönlichkeitsrecht im deutschen und britischen Recht, 1994, S. 125.

1812 S. 81, 6. Abs. lit. (c) CDPA.

1813 Nach s. 178 CDPA erfordert ein *sufficient disclaimer* eine klare und eindeutig hervortretende Kennzeichnung und soll damit ohne Zweifel zum Ausdruck bringen, dass das Werk des Urhebers bzw. Regisseurs ohne dessen Zustimmung erfolgt.

1814 S. 81, 6. Abs. a.E. CDPA.

2.3 Qualifikation des integrity right im Arbeitsverhältnis

S. 82 CDPA qualifiziert die Anforderungen an die Verletzung des *integrity right* in Bezug auf die Werke, an denen die erste Inhaberschaft des Urheberrechts nach 11, 2. Abs. CDPA dem Arbeitgeber des Urhebers bzw. Regisseurs[1815], der Krone bzw. dem Parlament[1816] oder einer internationalen Organisation[1817] zugewiesen wird. S. 80 CDPA findet auf Handlungen an den voran genannten Werken keine Anwendung, wenn diese von dem ersten Inhaber des Urheberrechts[1818] oder mit der Zustimmung des ersten Inhabers des Urheberrechts vorgenommen werden. Dies gilt jedoch nur für den Fall, dass der angestellte Urheber bzw. angestellte Regisseur nicht zum Zeitpunkt der relevanten Handlung[1819] oder im Vorfeld in oder auf Vervielfältigungsstücken[1820] namentlich genannt wurde. Ist der angestellte Urheber bzw. angestellte Regisseur jedoch zum Zeitpunkt der relevanten Handlung oder im Vorfeld in oder auf Vervielfältigungsstücken namentlich genannt worden, findet das *integrity right* nach s. 80 CDPA Anwendung, ist jedoch dann nicht verletzt, wenn ein *sufficient disclaimer* den angestellten Urheber bzw. angestellten Regisseur von der Änderung distanziert.[1821] Damit wird das *integrity right* beim angestellten Urheber in zweierlei Art beschränkt. Zum einen findet es nur Anwendung, wenn der angestellte Urheber namentlich genannt wurde und zum anderen ist das Recht dann nicht verletzt, wenn der Arbeitgeber einen *disclaimer* aufnimmt. Da der angestellte Urheber jedoch nach s. 79 Abs. CDPA bereits nicht namentlich genannt werden muss, wird das *integrity right* bereits an der ersten Voraussetzung scheitern.

2.4 Kritische Würdigung des right to object to derogatory treatment

Kritisch einzuordnen ist, dass unter den Schutzbereich des *integrity right* nur die direkten Eingriffe in die Werkintegrität fallen. Gerade im Hinblick auf die Einräumung von Änderungsrechten an dem *copyright* ist zu befürchten, dass daraus auch die Zustimmung oder der formlose Verzicht ge-

---

1815 S. 82, 1. Abs. lit. (a) CDPA.
1816 S. 82, 1. Abs. lit. (b) CDPA.
1817 S. 82, 1. Abs. lit. (c) CDPA.
1818 D.h. der Arbeitgeber nach s. 11, 2. Abs. CDPA.
1819 S. 82, 2. Abs., 1. HS. lit. (a) CDPA.
1820 S. 82, 2. Abs., 1. HS. lit. (b) CDPA.
1821 S. 82, 2. Abs., 2. HS. CDPA.

schlossen wird.[1822] Darüber hinaus wird auch kritisiert, dass das englische Urheberrecht bisher nur Ausnahmeregelungen für die freie wirtschaftliche Nutzung des Werks enthält. Es fehlt jedoch weiterhin eine Ausnahmeregelung, die eine Verletzung des *integrity right* für den Fall ausschließt, dass das Werk Gegenstand von Kritik und Rezensionen wird.[1823]

Neben den gesetzlichen Ausnahmen des *integrity right* wird das Recht durch s. 103, 2. Abs. CDPA geschwächt, da diese Regelung dem Gericht ermöglicht, eine Unterlassungsverfügung davon abhängig zu machen, ob das Werk einen *disclaimer* enthält, nach welchem der Urheber bzw. der Regisseur von der Änderung des Werks distanziert wird[1824]. Daher wird in der Praxis stets ein *disclaimer* aufgenommen werden, um dem Urheber bzw. dem Regisseur das Recht aus s. 80 CDPA zu entziehen.[1825] Als besonders weitreichend sind auch die Ausnahmeregelungen in s. 81 Abs. 4 CDPA einzustufen. Sobald ein Werk der Literatur, des Dramas, der Musik oder der bildenden Kunst für die Veröffentlichung geschaffen wird oder das Recht zur Veröffentlichung eingeräumt wird, ist das *integrity right* nicht zu beachten. Dies wird insbesondere die beauftragten Urheber und dabei die Journalisten und Redakteure treffen, deren tägliche Arbeit darin besteht, Werke zu schaffen, die für die Veröffentlichung bestimmt sind. Es ist zwar zu befürworten, dass das *integrity right* auch auf Arbeitnehmer Anwendung findet. Dennoch wird das Recht durch die Sonderregelungen in die völlige Bedeutungslosigkeit gebracht. Da der Arbeitgeber den Arbeitnehmer nicht namentlich nennen muss, ist bereits zu bezweifeln, dass die Schutzvoraussetzungen der s. 82 Abs. 2 lit. (a, b) CDPA überhaupt jemals bestehen. Wird der Arbeitnehmer im Ausnahmefall doch namentlich genannt werden, ist der Arbeitgeber wiederum nicht an das *integrity right* gebunden, wenn er einen *disclaimer* aufnimmt. Darüber hinaus ist auch ein Totalverzicht auf das *integrity right* im Hinblick auf alle gegenwärtigen künftigen Werke bezüglich gegenwärtig bekannter als auch unbekannter Nutzungsarten möglich. Dieser Totalverzicht impliziert die Gefahr, dass

---

1822 So auch Ginsburg, GRUR Int 1991, 593 (604).

1823 Rosati, Exploitation of cultural content and licensing models, 2013, S. 12 m.w.N.

1824 Europäische Kommission, study ETD/99/B5-3000/E°28 2000, Part XII UK, S. 142; Bently/Cornish in: Geller, International copyright law and practice, UK, § 7 [1] [c] [ii]; Rij, Moral rights, 1995, S. 162; Sterling, World copyright law, 2008, 8.04, S. 396.

1825 Europäische Kommission, study ETD/99/B5-3000/E°28 2000, Part XII UK, S. 142.

die Diversität des Meinungsbilds durch die ungehinderte Änderung der Auftragswerke in der Öffentlichkeit abnimmt. [1826]

2.5 Bedeutung für den angestellten Urheber

Das *integrity right* findet im Gegensatz zu dem Urhebernennungsrecht nach s. 77 CDPA grundsätzlich auch auf den angestellten Urheber Anwendung, sofern dieser bei der Veröffentlichung des Werks bereits namentlich genannt wurde. Der Anwendungsbereich des *integrity right* wird zusätzlich so qualifiziert, dass der Arbeitnehmer ein *derogatory treatment* nicht verhindern kann, sondern nur einen Anspruch hat, in Form eines *disclaimer* von dem beeinträchtigten Arbeitnehmerwerk distanziert zu werden. Daher ist das bereits an sich sehr eingeschränkte *integrity right* für den Arbeitnehmer nahezu bedeutungslos.

2.6 Bedeutung für den beauftragten Urheber

Die Ausnahmeregelungen der s. 81 CDPA orientieren sich an den Ausnahmen nach s. 79 CDPA. Damit sind wiederum besonders die Designer und die beauftragten Urheber der Werke der Literatur, des Dramas, der Kunst und Musik von dem *integrity right* ausgenommen, deren Auftragswerke in einem Druckwerk veröffentlicht werden. Darüber hinaus hat der Architekt nur einen Anspruch auf Entfernung seines Namens, s. 80 Abs. 5 CDPA.

3. Right to object to false attribution nach s. 84 CDPA

Das CDPA gibt einer Person das Recht, sich gegen die falsche Zuschreibung eines Werks der Literatur, des Dramas, der bildenden Kunst[1827] oder eines Filmwerks[1828] zur Wehr zu setzen und bildet damit das Gegenstück zu dem Recht aus s. 77 CDPA, als Urheber bzw. Regisseur eines Werks bezeichnet zu werden.[1829]Das in s. 84 CDPA enthaltene Recht wird nicht als

---

1826 Bently, Between a Rock and a Hard Place, 2009, S. 36.
1827 S. 84, 1. Abs. lit. (a) CDPA.
1828 S. 84, 1. Abs. lit. (b) CDPA.
1829 Europäische Kommission, study ETD/99/B5-3000/E°28 2000, Part XII UK, S. 141; Dworkin, ALAI 1993, The moral right of the author, UK, S. 96.

moral right im strengen Sinne eingeordnet[1830], da das Recht nicht nur auf den Schöpfer eines urheberrechtlich geschützten Werks, sondern auf alle Personen Anwendung findet, die fälschlicherweise als Urheber bezeichnet werden.[1831] Zudem muss die falsche Zuordnung auch nicht zwingend ein urheberrechtlich geschütztes Werk betreffen.[1832] Die Verletzung des Rechts aus s. 84 CDPA kann mit einer Markenrechtsverletzung einhergehen, wenn der Name ebenfalls als Marke registriert ist. Darüber hinaus ist ebenfalls eine Überschneidung mit dem *tort of passing off* denkbar.[1833] Eine *attribution* liegt dann vor, wenn eine ausdrückliche oder versteckte Behauptung über die Urheberschaft eines Werks aufgestellt wird.[1834] *Falsely* ist die Behauptung dann, wenn es sich bei der genannten Person nicht um den tatsächlichen Urheber handelt. Erforderlich ist hierbei, dass durch die Behauptung ein (falscher) Urheber bzw. Regisseur hinreichend erkennbar wird.[1835] Von s. 84 CDPA ist auch der Fall erfasst, dass ein Miturheber als alleiniger Urheber bezeichnet wird. Der tatsächliche Miturheber kann daher aus s. 84 CDPA vorgehen, um als Miturheber bezeichnet zu werden.[1836] In der Rechtsprechung kann das Recht, sich gegen die falsche Zuschreibung der Urheberschaft zu wehren, auch zu Überschneidungen mit dem *integrity right* nach s. 80 CDPA führen. In der Entscheidung „Moore v. News of the World"[1837] hatte die geschiedene Ehefrau von Roger Moore, Dorothy Squires, die Zeitung *News of the World* verklagt, als diese ein tatsächlich stattgefundenes Interview in völlig abgeänderter Weise veröffentlichte und als von ihr stammend ausgaben. Indem das Originalinterview

---

1830 Europäische Kommission, study ETD/99/B5-3000/E°28 2000, Part XII UK, S. 141; Doutrelepont, Le droit moral de l'auteur et le droit communautaire, 1997, S. 211; Dworkin, ALAI 1993, The moral right of the author, UK, S. 97.

1831 Europäische Kommission, study ETD/99/B5-3000/E°28 2000, Part XII UK, S. 141; Doutrelepont, Le droit moral de l'auteur et le droit communautaire, 1997, S. 211; Dworkin, ALAI 1993, The moral right of the author, UK, S. 97.

1832 Lester/Mitchell, Johnson-Hicks on UK copyright law, 1989, 11:26; Jahn, Das Urheberpersönlichkeitsrecht im deutschen und britischen Recht, 1994, S. 131.

1833 Europäische Kommission, study ETD/99/B5-3000/E°28 2000, Part XII UK, S. 141.

1834 S. 84, 1. Abs. a.E. CDPA.

1835 Jahn, Das Urheberpersönlichkeitsrecht im deutschen und britischen Recht, 1994, S. 129; Lester/Mitchell, Johnson-Hicks on UK copyright law, 1989, 11.26.

1836 Europäische Kommission, study ETD/99/B5-3000/E°28 2000, Part XII UK, S. 141; Copinger/Garnett/Skone, Copinger and Skone James on copyright, 2011, 11-64, S. 638.

1837 Moore v. News of the World (1972), 1 QB 441; so auch schon Noah v. Shuba [1991] FSR 14. Siehe dazu auch Europäische Kommission, study ETD/99/B5-3000/E°28 2000, Part XII UK, S. 142.

um erdichtete Passagen ergänzt wurde, wurde das Originalinterview abgeändert und diesbezüglich das *integrity right* verletzt.[1838]

4. Right to privacy of certain photographs and films, s. 85 CDPA

Ist eine Person mit der Aufnahme einer Fotografie oder mit der Herstellung eines Films zu privaten und häuslichen Zwecken beauftragt worden und erlangt diese Fotografie oder Film urheberrechtlichen Schutz, hat der Auftraggeber das Recht, sich gegen die Verbreitung von Kopien an die Öffentlichkeit[1839], gegen die öffentliche Ausstellung oder Vorführung[1840] oder gegen die Sendung in einem Kabelprogrammdienst[1841] zu wehren. Das Recht aus s. 85 CDPA besteht jedoch vorbehaltlich der vier in Absatz 2 genannten Ausnahmen. Danach ist das Recht des Auftraggebers nicht betroffen, wenn die Handlung aufgrund der folgenden Vorschriften das Urheberrecht nicht verletzt: Beiläufige Aufnahme in ein Werk der bildenden Kunst, in einen Film oder in eine Sendung[1842], Einsatz in einem parlamentarischen Verfahren oder Gerichtsverfahren[1843], Gegenstand eines königlichen Auftrags oder einer gesetzlich vorgeschriebenen Untersuchung[1844], Akt unter staatlicher Aufsicht[1845], Ablauf der Schutzdauer des Urheberrechts[1846]. Um den Hintergrund dieser Regelung zu verstehen, bedarf es des Vergleichs mit seiner Vorgängerregelung im *Copyright Act 1956*.[1847] Hier galt, dass der Inhaber eines Films auch Inhaber der urheberrechtlich geschützten Fotografie war.[1848]Ist die Fotografie jedoch im Rahmen eines Auftragsverhältnisses angefertigt worden, galt der Auftraggeber und nicht der Fotograf als der Inhaber des Urheberrechts. Dies führte dazu, dass der Fotograf keine Rechte an dem Bild hatte und keine Möglichkeit hatte, ein

---

1838 Moore v. News of the World (1972), 1 QB 441; so auch in: Noah v. Shuba [1991] FSR 14.
1839 S. 85, 1. Abs. lit. (a) CDPA.
1840 S. 85, 1. Abs. lit. (b) CDPA.
1841 S. 85, 1. Abs. lit. (c) CDPA.
1842 S. 85, 2. Abs. lit. (a) unter Bezug auf s. 31 CDPA.
1843 S. 85, 2. Abs. lit. (b) unter Bezug auf s. 45 CDPA.
1844 S. 85, 2. Abs. lit. (c) unter Bezug auf s. 46 CDPA.
1845 S. 85, 2. Abs. lit. (d) unter Bezug auf s. 50 CDPA.
1846 S. 85, 2. Abs. lit. (e) unter Bezug auf s. 57, 66A CDPA.
1847 Hierzu näher: Europäische Kommission, study ETD/99/B5-3000/E°28 2000, Part XII UK, S. 150ff.; Jahn, Das Urheberpersönlichkeitsrecht im deutschen und britischen Recht, 1994, S. 132f.
1848 S. 4, 3.Abs. Copyright Act 1956.

Werk darüber hinaus wirtschaftlich zu verwerten. Nach der heute geltenden Regelung gilt hingegen der beauftragte Fotograf und nicht der Auftraggeber als der originäre Inhaber des Urheberrechts.[1849] Will der beauftragte Fotograf daher das urheberrechtlich geschützte Werk weiter wirtschaftlich verwerten, wäre er an sich frei, dies zu tun, sofern keine vertragliche Regelung dies verhindern würde.[1850] Da dies jedoch als unverhältnismäßig empfunden wird[1851], wird dem Auftraggeber mit s. 85 CDPA das
Recht auf Geheimhaltung von Fotografien und Filmen zugestanden, wenn
dieser die Anfertigung von Fotografien oder eines Videofilms für private
Zwecke in Auftrag gegeben hat.[1852]

Das Recht nach s. 85 CDPA gilt nicht als *moral right* im strengen Sinne,
da der Auftraggeber selbst kein Urheberrecht gesetzlich zugewiesen bekommt.[1853] Der Grund, warum s. 85 CDPA dem Auftraggeber das Recht
zuweist und nicht allen abgelichteten oder dargestellten Personen, die
ebenfalls ein Interesse an der Geheimhaltung des Werks haben können, ist
auf Praktikabilitätsgründe zurückzuführen, da es im Einzelfall schwierig
sein kann, die Erlaubnis aller beteiligten Personen einzuholen.[1854] Dem
Auftraggeber steht das Recht nicht zu, wenn es um die Anfertigung eines
Portraits geht[1855] oder es sich nur um einen unwesentlichen Teil der Fotografie oder des Films handelt.[1856] Im Falle einer gemeinschaftlichen Beauftragung gilt ein Verzicht eines Auftraggebers nicht für die gesamte Gemeinschaft.[1857] Dasselbe gilt, wenn nur ein Auftraggeber der Gemeinschaft

---

1849 S. 9, 11 CDPA.
1850 Cornish, GRUR Int 1993, 500 (503).
1851 Europäische Kommission, study ETD/99/B5-3000/E°28 2000, Part XII UK,
      S. 151; Cornish, GRUR INT 1993, 500 (503); Philips /Firth Rn. 18:14; dazu
      auch Jahn, Das Urheberpersönlichkeitsrecht im deutschen und britischen
      Recht, 1994, S. 132f.
1852 In dem Fall „Williams v. Settle" ([1960] 2 All ER 806, (1960) 1 WLR 1072)
      wurde ein Fotograf auf Grundlage von s. 85 CDPA daran gehindert, Fotos von
      einer Hochzeitsgesellschaft zu verkaufen, auf deren Bildern ein Familienmit-
      glied abgelichtet war, das einem Mord zum Opfer fiel; hierzu: Europäische
      Kommission, study ETD/99/B5-3000/E°28 2000, Part XII UK, S. 151.
1853 Dworkin, ALAI 1993, The moral right of the author, UK, S. 97; Merkin, Sweet
      & Maxwell's UK & EC competition law statutes, 2004, 16:4.
1854 Europäische Kommission, study ETD/99/B5-3000/E°28 2000, Part XII UK,
      S. 150; WR Cornish, 11-86, S. 398.
1855 Europäische Kommission, study ETD/99/B5-3000/E°28 2000, Part XII UK,
      S. 150.
1856 S. 89 Abs. 2 CDPA.
1857 S. 88 Abs. 6 lit. (b) CDPA.

der Auftraggeber das Recht zur Veröffentlichung der Fotografie oder des Films erteilt hat.[1858]

5. Nicht im CDPA enthaltene Rechte

5.1 Veröffentlichungsrecht

Wie sich aus ss. 16 Abs. 1 lit. (b), 18 CDPA ergibt, wird die erste Veröffentlichung[1859] des Werks im englischen Recht nicht den *moral rights* sondern dem vermögensrechtlichen Verwertungsrecht zugeordnet. Derjenige, der das Recht hat, das Werk zu verwerten, hat auch das Recht, die erste Veröffentlichung des Werks zu steuern.[1860] Das Recht findet auf alle Werkarten Anwendung und kann als Teil des *copyright* Gegenstand von *assignments* und *licences* sein. Das Recht ist auf die erste Veröffentlichung des Werks beschränkt. Es steht dem Inhaber des *copyright* daher auch das Recht zu, über die Veröffentlichungsreife des Werks zu bestimmen.[1861] Wird daher dem Arbeitgeber originär das *copyright* an dem Arbeitnehmerwerk zugewiesen, ist es auch der Arbeitgeber, der über den Zeitpunkt sowie die Art und Weise der Veröffentlichung entscheiden kann. Da der Auftragnehmer originärer Inhaber des *copyright* ist, kommt auch ihm grundsätzlich das Recht zu, über den Zeitpunkt sowie die Art und Weise der Veröffentlichung zu entscheiden.[1862] Solange er daher Inhaber des *copyright* ist und diese Rechtsposition nicht an den Auftraggeber übertragen hat nach s. 90 CDPA, hat er auch das alleinige Recht, die erste Veröffentlichung zu bestimmen. Eine Weitergabe des Werks im engen Kreis stellt noch keine Veröffentlichung des Werks dar.[1863] Überträgt der Urheber das *copyright* an künftigen Werken, erlangt der Vertragspartner mit Fertigstellung des Werks auch das Veröffentlichungsrecht. Nur in seltenen Ausnahmefällen, in denen der Urheber mit der Übertragung aller künftiger Werke in eine Vertragssituation gerät, die sich durch eine extreme *inequality of bargaining*

1858 Europäische Kommission, study ETD/99/B5-3000/E°28 2000, Part XII UK, S. 151.

1859 Auch als right of divulgation oder right of publication bezeichnet.

1860 Doyle v. Wright [1928-35] M.C.C. 243; dazu auch Davies/Garnett, Moral rights, 2010 6-005, S. 81.

1861 Prince Albert v. Strange [1849], 3 DeGex & Sm. 652, 64 E. R. 293.

1862 Davies/Garnett, Moral rights, 2010, 1-011, S. 8.

1863 Europäische Kommission, study ETD/99/B5-3000/E°28 2000, Part XII UK, S, 139; Doyle v. Wright [1928-35] H.C.C. 243.

power auszeichnet, kann es möglich werden, dass die Gerichte ein Veröffentlichungsrecht verneinen und den Vertrag im Gesamten für unwirksam erklären. So geschah es in dem Fall „Schroeder Music Publishing Co. v. Macaulay"[1864], in der das *assignment of the copyright* aufgrund der *restraint of trade* für undurchsetzbar erklärt wurde mit der Folge, dass der Vertragspartner die ihm übertragenen Werke nicht veröffentlichen durfte.[1865] Darüber hinaus kann die Veröffentlichung des Werks auch über das Geheimhaltungsrecht gesteuert werden.[1866]

5.2 Recht auf Zugang zum Werk

Im englischen Recht besteht ebenfalls kein Recht des Urhebers bzw. Regisseurs auf Zugang zu einem Werk gegenüber dem Besitzer des Originalwerks oder Vervielfältigungsstücke des Werks.[1867] Der Urheber ist daher bei Bedarf darauf angewiesen, sich dieses Recht vertraglich zu sichern.

C. Die morele rechten des angestellten und beauftragten Werkschöpfers
im Auteurswet

I. Einführung

Die urheberpersönlichkeitsrechtlichen Befugnisse sind seit Erlass des Auteurswet 1912 in Art. 25 AW ausdrücklich geregelt.[1868] Die urheberpersönlichkeitsrechtlichen Befugnisse des Urhebers werden in Art. 25 AW schlicht als *rechte* (Rechte) aufgezählt. In der niederländischen Literatur werden diese als *persoonlijkheidsrechte* oder *morele rechten* bezeichnet[1869],

---

1864 [1974], 3 All ER 616.
1865 Dazu auch Europäische Kommission, study ETD/99/B5-3000/E°28 2000, Part XII UK, S, 139.
1866 Davies/Garnett, Moral rights, 2010, 6-005, S. 81; Adeney, The moral rights of authors and performers, 2006, 14181, S. 437; Prince Albert v. Strange [1849] 47 ER 1302; Gilbert v. Star Newspapers [1894] 11 T.L.R. 4.
1867 Davies/Garnett, Moral rights, 2010, 1-006, S. 6, 6-007, s. 82.
1868 Die aktuelle Fassung des Art. 25 AW gilt seit der Änderung des Auteurswet im Jahr 1989. (Das Änderungsgesetz vom 3. Juli 1989 trat am 1. Oktober 1989 in Kraft; dazu Quaedvlieg, ALAI, Moral rights in the 21st century, 2014, report of the Netherlands, S. 15.
1869 In der folgenden Untersuchung wird einheitlich der Begriff ‚morele rechten‘ verwendet.

die den Urheber in Form eines geistigen Bandes mit dem Werk verbinden.[1870] Art. 25 AW regelt ausdrücklich das Recht auf Anerkennung der Urheberschaft (*droit à la paternité*)[1871] und das Recht auf Werk- und Integritätsschutz (*droit au respect*). Mittelbar aus dem Auteurswet ergibt sich weiter das Veröffentlichungsrecht (*droit de divulgation*). Dem Wortlaut des Art 25 AW nach sind die *morele rechten* als Abwehrrechte formuliert. Im Jahr 1985[1872] wurden die Regelungen des Art. 25 AW um spezielle Regelungen für den Filmurheber in Art. 45e AW ergänzt.

Die *morele rechten* finden auf alle Werke Anwendung, die nach dem Auteurswet geschützt sind.[1873] Das Verständnis über das Urheberpersönlichkeitsrecht ist in den Niederlanden insbesondere von Henri Louis de Beaufort geprägt worden[1874], dessen praxisorientierte Sichtweise auch heute noch den Umgang mit den *morelen rechten* bestimmt.[1875] Die *morele rechten* entstehen ebenso wie das *auteursrecht* mit Schöpfung des Werks.[1876]

Art. 25 AW lautet in der deutschen Übersetzung:

I. Der Urheber eines Werks hat, selbst nachdem er sein Urheberrecht übertragen hat, folgende Rechte:

   a. Das Recht, sich der Veröffentlichung des Werks ohne Angabe seines Namens oder unter anderer Urheberbezeichnung zu widersetzen, sofern der Widerstand hiergegen nicht unbillig ist;

   b. das Recht, sich der Veröffentlichung des Werks unter einem anderen als seinem Namen sowie der Änderung der Werks- oder der Urheberbezeichnung zu widersetzen, sofern diese am oder im

---

1870 Quaedvlieg, ALAI, Moral rights in the 21st century, 2014, report of the Netherlands, S. 15; Spoor/Verkade/Visser, Auteursrecht, 2005, S. 352; Gerbrandy, Kort commentaar op de Auteurswet 1912, 1988, S. 287.

1871 Vor 1989 war das Recht des Urhebers auf Urhebernennung nur für Filme geregelt, siehe dazu Cohen Jehoram, ALAI, The moral right of the author, 1993, Netherlands, S. 179.

1872 30 Mai 1985, Staatsblad 1985, 307; siehe auch Quaedvlieg, ALAI, Moral rights in the 21st century, 2014, report of the Netherlands, S. 13.

1873 Van der Marel/Schaap in: Rij, Moral rights, 1995, S. 116.

1874 Beaufort; Het auteursrecht in het Nederlandsche en internationale recht; 1909; de Beaufort prägt das Urheberpersönlichkeitsrecht mit seiner pragmatischen auf den Punkt gebrachten Sichtweise, dass mit der Veröffentlichung eines Werks unter dem Namen des Urhebers, dessen öffentliches Ansehen und Ehre bloßgelegt und er für das Werk verantwortlich gemacht wird, so Quaedvlieg, ALAI, Moral rights in the 21st century, 2014, report of the Netherlands, S. 15.

1875 Quaedvlieg, ALAI, Moral rights in the 21st century, 2014, report of the Netherlands, S. 15.

1876 Van der Marel/Schaap in: Rij, Moral rights, 1995, S. 116.

Werk in Erscheinung treten oder im Zusammenhang mit dem Werk veröffentlicht werden;

c. das Recht, sich einer Änderung des Werks zu widersetzen, sofern dies nicht unbillig ist;

d. das Recht, sich gegen jede Entstellung, Verstümmelung oder andere Beeinträchtigungen seines Werks zu widersetzen, sofern diese geeignet sind, die Ehre, das Ansehen des Urhebers oder dessen Wertschätzung als solche zu beeinträchtigen.

II. Die im ersten Absatz genannten Rechte stehen nach dem Tod des Urhebers bis zum Ablauf der Schutzdauer des Urheberrechts, den Personen zu, die durch testamentarische Verfügung oder durch Vermächtnis angewiesen wurden, diese Rechte zu wahren.

III. Auf das in Absatz 1 lit. a) genannte Recht kann verzichtet werden. Auf die in Absatz 1 it. b) und c) genannten Rechte kann verzichtet werden, sofern der Verzicht die Änderung des Werks oder dessen Werksbezeichnung, betrifft.

IV .Hat der Urheber das Urheberrecht an einem Werk übertragen, bleibt er berechtigt, Änderungen an dem Werk vorzunehmen, sofern diese nicht gegen Treu und Glauben verstoßen und im Einklang mit gesellschaftlichen Gepflogenheiten sind. Solange das Urheberrecht besteht, gilt dasselbe für die vom Urheber von Todes wegen bestimmte Person, wenn anzunehmen ist, dass der Urheber die Änderung genehmigt hätte.

Neben Art. 25 AW kann der Urheber seine ideellen Interessen am Werke auch über die zivilrechtlichen Grundsätze der unerlaubten Handlung nach Art. 6:162 BW schützen.[1877]

II. Inhaberschaft der morele rechten im Auftrags- und Arbeitsverhältnis

Aufgrund der dualistischen Prägung des *auteursrecht* und der *morele rechten* und der darauffolgenden Möglichkeit, dass die Inhaberschaft am *auteursrecht* von der *morele rechten* auseinanderfallen kann, ist nun zu untersuchen, wer originärer Inhaber der *morele rechten* nach Art. 25 AW ist.

1877 Grosheide in: Davies/Garnett, Moral Rights, The Netherlands, S. 502; Europäische Kommission, study ETD/99/B5-3000/E°28 2000, S. 109; Spoor/Verkade/Visser, Auteursrecht, 2005, § 7.4; Jan Kabel in: ALAI, The moral rights of the author, S. 386.

1. Maker als Inhaber der morele rechten

Grundsätzlich ist der Schöpfer des Werks auch Inhaber der *morele rechten* nach Art. 25 AW. Das geistige Band des Schöpfers zu seinem Werk führt dazu, dass nur er die Rechte aus Art. 25 AW ausüben kann.[1878] Wie Art. 25 S. 1 AW klarstellt, hat die translative Übertragung des *auteursrecht* keine Auswirkung auf die Zuordnung der *morele rechten*.

2. Fiktief maker als Inhaber der morele rechten?

Es stellt sich jedoch die Frage, ob die gesetzliche Zuordnung zu einem fiktiven Urheber nach Art. 7 und 8 AW Auswirkungen auf die originäre Zuordnung der Inhaberschaft der *morele rechten* hat. Wie bereits an anderer Stelle dargestellt, weist der niederländische Gesetzgeber die Inhaberschaft des *auteursrecht* nach Art. 7 und 8 AW fiktiv dem Arbeitgeber bzw. der juristischen Person zu, unter deren Namen das Werk veröffentlicht wird. Uneinigkeit herrscht im niederländischen Schrifttum[1879] und in der Rechtsprechung[1880] dahingehend, ob sich aus Art. 7 und 8 AW auch ergibt, dass dem Arbeitgeber neben der Inhaberschaft des *auteursrecht* auch die Inhaberschaft der *morele rechten* zukommt und damit der fingierte Urheber nach Art. 7 und 8 AW neben den vermögensrechtlichen Befugnissen auch die *morele rechten* ausüben kann. Aus den Materialien zum Auteurswet lässt sich diese Frage nicht beantworten.[1881] Im Jahr 1952 wurde im Rah-

---

1878 Grosheide in: Davies/Garnett, Moral Rights, The Netherlands, S. 485.

1879 Seignette in: Hugenholtz/Quaedvlieg/Visser, A Century of Dutch Copyright Law, S. 125; Quaedvlieg, ALAI, Moral rights in the 21st century, 2014, report of the Netherlands, S. 22; Gerbrandy, Kort commentaar op de Auteurswet 1912, 1988, S. 290; Seignette, Challenges to the creator doctrine, 1994, S. 115, führt an, dass die Zuweisung aller Rechte an den Arbeitgeber angemessen ist, wenn er alle finanziellen, organisatorischen Risiken trägt. Der Urheber könne sich gegen die Entstellung des Werks auch auf seine zivilrechtlichen Rechte aus der Vertragsbeziehung oder auf das Deliktsrecht beziehen.

1880 Gerechtshof's-Hertogenbosch, BIE 1985, S. 99 – van Gunsteren v. Lips; Rechtbank Amsterdam, AMI 1988, 18 – Zeinstra v. van den Hoek; Rechtbank Den Haag, AMI 1993, S. 94 – PTT-Automatisering. Gegen eine Inhaberschaft der morele rechten des fiktiven Urhebers: Hof Amsterdam, NJ 1971, S. 30 – Spaarbankboekje; Hof Amsterdam, AMI 2004, S. 24 – Tariverdi v. Stadsomroep; Rechtbank Den Haag, AMI 2011, 200 - Aerodata v. Mzoem.

1881 Seignette in: Hugenholtz/Quaedvlieg/Visser, A Century of Dutch Copyright Law, S. 125.

men der Überarbeitung des Auteurswet vorgeschlagen, dass Art. 7 AW in der Weise geändert werden soll, dass auf den fiktiven Urheber nach 7 AW auch die *morele rechten* übergehen sollen, die der fiktive Urheber der Natur und dem betrieblichen Zweck nach benötigt.[1882] Über diesen Vorschlag wurde jedoch nie im Parlament entschieden.[1883] Die Fragestellung wurde Jahre später erneut im Rahmen von Art. 2 Abs. 3 Computerprogramm-Richtlinie aufgeworfen, wonach alle vermögensrechtlichen Befugnisse des Urhebers an einem Computerprogramm durch dessen Arbeitgeber ausgeübt werden können.[1884] Da die Regierung davon ausging, dass die Zuordnung der vermögensrechtlichen Befugnisse an einem Computerprogramm auf den Arbeitgeber im Sinne des Art. 2 Abs. 3 Computerprogramm-Richtlinie inhaltlich bereits von Art. 7 AW abgedeckt sei, erfolgte keine gesonderte Umsetzung des Art. 2 Abs. 3 der Computerprogramm-Richtlinie in das niederländische Auteurswet.[1885] Im Schrifttum und in der Rechtsprechung gehen die Meinungen hinsichtlich der Reichweite der fiktiven Inhaberschaft nach Art. 7 und 8 AW auseinander.

Die Vertreter, die Art. 7 und 8 AW allein auf die vermögensrechtlichen Befugnisse beschränken wollen, bringen vor, dass aufgrund der höchstpersönlichen Natur der *morele rechten* der Urheber selbst und nicht dessen Auftrag- oder Arbeitgeber Inhaber der *morele rechten* sein müsse und daher nur der Schöpfer des Werks die *morele rechten* ausüben dürfe.[1886] Dieser Grundsatz gelte auch für den Bereich der Leistungsschutzrechte, sodass dasselbe auch für Art. 7 und 8 AW gelten müsse.[1887] Teilweise wird vorgeschlagen, dem Arbeit- oder Auftraggeber ein separates kommerzielles ide-

---

1882 Seignette in: Hugenholtz/Quaedvlieg/Visser, A Century of Dutch Copyright Law, S. 125 m.w.N.

1883 Seignette in: Hugenholtz/Quaedvlieg/Visser, A Century of Dutch Copyright Law, S. 125.

1884 Es wird daher auch vertreten, dass der fiktive Urheber von Computerprogrammen aufgrund des klaren Wortlauts der Richtlinie nicht Inhaber der morele rechten ist. Siehe dazu Europäische Kommission, study ETD/99/B5-3000/E°28 2000, S. 104.

1885 Seignette in: Hugenholtz/Quaedvlieg/Visser, A Century of Dutch Copyright Law, S. 125

1886 Gerbrandy, Kort commentaar op de Auteurswet 1912, 1988, S. 40f.; Spoor/Verkade/Visser, Auteursrecht, 2005, § 7.8; Mom/Keuchenius, Het Werkgeversauteursrecht, S. 21; Quaedvlieg, AMI 1993, S. 83, 86, Lingen, Auteursrecht in hoofdlijnen, 2007, S. 105f. A.A. Van der Marel/Schaap in: Rij, Moral rights, 1995, S. 118; Jeroen Arnolds in: ALAI, The moral rights of the author, S. 456.

1887 Aus Art. 2, 3 und 5 WNR ergibt sich das Recht des Arbeitgebers, die Rechte des Arbeitnehmers unter Wahrung dessen Interessen auszuüben. Vom Recht des Arbeitgebers, die Rechte des Arbeitnehmers auszuüben, sind nach Art. 5

elles Recht zuzuerkennen, das nicht an Dritte übertragbar ist.[1888] Für die Zuweisung der *morele rechten* an den Auftrag- und Arbeitgeber wird vorgebracht, dass derjenige, der gesetzlich (fingierter) Inhaber des *auteursrecht* ist, auch die *morele rechten* nach Art. 25, 45a ff. AW ausüben können müsse.[1889] Derjenige, der die Kosten der Produktion, der Organisation und das damit verbundene Investitionsrisiko trägt, müsse auch die *morele rechten* ausüben können, damit dieser auch das Werk und dessen Ansehen schützen könne.[1890] Darüber hinaus führen weitere Autoren an, dass eine juristische Person ebenso in den ideellen Interessen verletzt werden könne, sodass auch eine juristische Person die *morele rechten* ausüben können müsse.[1891] Nach den Vertretern, die dem Auftrag- und Arbeitgeber im Sinne von Art. 7 und 8 AW neben den vermögensrechtlichen Befugnissen auch die *morele rechten* zuweisen möchten, wollen die ideellen Interessen des angestellten und beauftragten Urhebers nach den zivilrechtlichen Grundsätzen des Burgerlijk Wetboek schützen.[1892] Die Rechtsprechung ist hinsichtlich der Zuweisung der *morele rechten* an den Arbeitgeber uneinheitlich[1893], wobei sich eine Tendenz zur Zuweisung der *morele rechten* an den

---

WNR jedoch das Recht auf Anerkennung der Urheberschaft, das Recht, sich gegen Dritte, die sich die Urheberschaft des Werks anmaßen, zu wehren sowie das Recht, sich gegen unsachgemäße Änderungen und Entstellungen zu wehren, die die Ehre des Urhebers beeinträchtigen, ausgenommen. M.E. ist die Regelung des Art. 5WNR nicht analogiefähig, da der Arbeitgeber nach dem WNR gar nicht die originäre Inhaberschaft der vermögensrechtlichen Befugnisse zugewiesen bekommt und nur konstitutive Nutzungsrechte erlangt.

1888 Europäische Kommission, study ETD/99/B5-3000/E°28 2000, S. 110; Quaedvlieg in: ALAI; Copyright in cyberspace; 1996, S. 229

1889 Jeroen Arnolds in: ALAI, The moral rights of the author, S. 456. Zudem wird angeführt, dass bisher keine Fälle bekannt geworden seien, in denen die fiktiven Urheber die morele rechten übermäßig ausgeübt hätten; siehe dazu Europäische Kommission, study ETD/99/B5-3000/E°28 2000, S. 110; Quaedvlieg, ALAI, Moral rights in the 21st century, 2014, report of the Netherlands, S. 23.

1890 Seignette in: Hugenholtz/Quaedvlieg/Visser, A Century of Dutch Copyright Law, S. 127.

1891 Quaedvlieg, ALAI, Moral rights in the 21st century, 2014, report of the Netherlands, S. 23; Gerbrandy, Kort commentaar op de Auteurswet 1912, 1988, S. 40;

1892 Seignette in: Hugenholtz/Quaedvlieg/Visser, A Century of Dutch Copyright Law, S. 127; Grosheide in: Davies/Garnett, Moral Rights, The Netherlands, S. 483, der den Schutz des Urheberrechts und der morele rechten auch auf zivilrechtliche Regelungen stützen möchte (Art. 6:2, 6:248, 6:162 BW). A.A. Spoor/Verkade/Visser, Auteursrecht, 2005, § 7.5; h: Hoge Raad, NJ 1986, 692 – Frenkel v KRO.

1893 Für die Inhaberschaft der morele rechten des fiktiven Urhebers: Gerechtshof's-Hertogenbosch, BIE 1985, S. 99 – van Gunsteren v. Lips; Rechtbank Amster-

fiktiven Urheber abzeichnet.[1894] Einigkeit besteht jedoch dahingehend, dass der Schutzumfang der ideellen Interessen des Schöpfers im Arbeit- und Auftragsverhältnis stets so weit eingeschränkt werden muss, dass der Arbeit- bzw. Auftraggeber die vermögensrechtlichen Befugnisse ungestört ausüben kann.[1895] Damit ist den beiden Ansichten gemein, dass der Schutzumfang der *morele rechten* bzw. der ideellen Schutzansprüche des Zivilrechts stets unter dem Vorbehalt der ungestörten Verwertung durch den Arbeit- oder Auftraggeber steht.

3. Art. 9 AW

Uneinigkeit im Hinblick auf die Reichweite auf die *morele rechten* herrscht auch im Hinblick von Art. 9 AW. Nach Art. 9 AW kann im Fall eines Druckwerks, auf dem der der Verfasser nicht oder nicht mit seinem wahren Namen genannt wird, die Person, die als Herausgeber oder als Drucker auf dem Werk erscheint, gegenüber Dritten das *auteursrecht* zugunsten des Berechtigten ausüben. Fraglich ist, ob unter das *auteursrecht* im Sinne von Art. 9 AW auch die *morele rechten* nach Art. 25 AW fallen. Art. 25 AW verwendet den Begriff *auteursrecht* in Abgrenzung zu den in diesem Artikel gewährten *morele rechten*. Da *morele rechten* unter Lebenden nicht abtretbar sind, kann sich der Begriff des *auteursrecht* in Art. 25 AW auch nicht auf das Urheberpersönlichkeitsrecht beziehen. Dennoch gehen einige Vertreter davon aus, dass unter das in Art. 9 AW verwendete *auteursrecht* auch das *morele rechten* fallen müsse.[1896]

---

dam, AMI 1988, 18 – Zeinstra v. van den Hoek; Rechtbank Den Haag, AMI 1993, S. 94 – PTT-Automatisering. Gegen eine Inhaberschaft der morele rechten des fiktiven Urhebers: Hof Amsterdam, NJ 1971, S. 30 – Spaarbankboekje; Hof Amsterdam, AMI 2004, S. 24 – Tariverdi v. Stadsomroep; Zu dem Streitstand: Seignette, in: Hugenholtz/Quaedvlieg/Visser, A Century of Dutch Copyright Law, S. 126; Spoor/Verkade/Visser, Auteursrecht, 2005, § 7.8.

1894 Insbesondere die unteren Gerichte sprechen dem fingierten Inhaber des Urheberrechts im Sinne von Art. 7, 8 AW auch die Ausübung der morele rechten zu: Rechtbank Den Haag, AMI 2011, 200 - Aerodata v. Mzoem; siehe dazu auch Report Netherlands in: International Association for the Protection of Intellectual Property, AIPPI; Employers' rights to intellectual property; 2004, S. 4f.

1895 Paapst, Werkgever en auteursrecht, 2010, S. 7; Mom/Keuchenius, Het Werkgeversauteursrecht, S. 89.

1896 Latka, Das droit moral in den Niederlanden, 2000, S. 105 m.w.N.

III. Rechtsgeschäftliche Dispositionen über die morele rechten

1. Verhältnis zum Allgemeinen Persönlichkeitsrecht

Das niederländische Recht enthält keinen Schutz für das Allgemeine Persönlichkeitsrecht[1897], sondern regelt nur einzelne Persönlichkeitsrechte. Einzelgesetzlich geschützt sind die Persönlichkeitsrechte wie das Recht auf Leben und körperliche Unversehrtheit[1898], das Recht auf persönliche Freiheit, das Recht auf Privatsphäre[1899], das Recht auf die Ehre, guten Namen und Ruf[1900], das Recht am eigenen Bild[1901], das Recht am Briefgeheimnis[1902] sowie die *morele rechten*. Da es kein Allgemeines Persönlichkeitsrecht in den Niederlanden gibt, ergeben sich auch keine weiteren Einschränkungen, die in Bezug auf die besonderen Persönlichkeitsrechte einzuhalten sind.

2. Unübertragbarkeit unter Lebenden und Vererblichkeit

Im Umkehrschluss aus Art. 25 Abs. 1 S. 1 AW folgt, dass die *morele rechten* im Gegensatz zum *auteursrecht* nicht übertragbar sind.[1903] Im Todesfall des Urhebers können die *morele rechten* bis zum Ende der Schutzdauer des *auteursrecht* nur durch die Erben geltend machen, die in Form einer testamentarischen Verfügung oder eines Vermächtnisses ausdrücklich vom Ur-

---

1897 Hoge Raad vom 23.10.1987, NJ 1988, 310; Hoge Raad vom 22.1.1988; NJ 1988, 891; Latka, Das droit moral in den Niederlanden, 2000, S. 91 m.w.N.
1898 Art. 10 GW.
1899 Art. 17 GW, Art. 12 GW Art. 55 Wetboek van Strafrecht, WvS (WvS); Art. 370 WvS, Art. 138 WvS.
1900 Art. 6:162 NBW; Art. 261 WvS, Art. 266.
1901 Art. 21, 35 AW.
1902 Art. 13 GW, Art. 201, 202, 371-374 [bis] WvS.
1903 Die Unübertragbarkeit unter Lebenden ergibt sich auch aus dem Umkehrschluss aus Art. 25 Abs. 2 AW, der nur unter bestimmten Voraussetzungen eine Übertragbarkeit des Urheberpersönlichkeitsrechts im Todesfall zulässt. Gerbrandy, Kort commentaar op de Auteurswet 1912, 1988, S. 307, Spoor/Verkade/Visser, Auteursrecht, 2005, S. 298; van Lingen, Auteursrecht in hoofdlijnen, op. 2007, S. 105; Latka, Das droit moral in den Niederlanden, 2000, S. 135.

heber angewiesen wurden, diese Rechte zu wahren.[1904] Hat der Urheber weder durch Testament noch durch Vermächtnis über seine *morele rechten* verfügt, sind Dritte daher nicht befugt, diese nach dem Tod des Urhebers auszuüben. Die *morele rechten* erlöschen in diesem Fall.[1905] Ein genereller Übergang der *morele rechten* auf die Erben des Urhebers wurde im Gesetzgebungsverfahren 1912 ausdrücklich abgelehnt[1906] und damit begründet, dass es nicht Aufgabe des Gesetzgebers sei, eine weitergehende Regelung für den Todesfall des Urhebers zu treffen, wenn der Urheber es selbst nicht für notwendig erachtet habe, seinen Erben eine Überwachungsbefugnis über seine *morele rechten* in seinem Todesfall einzuräumen. Es wird kritisiert, dass Art. 25 Abs. 2 AW nicht im Einklang mit der Formfreiheit nach Art. 5 Abs. 2 RBÜ steht. Die Erben des Urhebers, die nicht ausdrücklich zur Überwachung der *morele rechten* des Urhebers bestellt wurden, haben jedoch die Möglichkeit, im Rahmen der gerichtlichen Geltendmachung einer Verletzung des *auteursrecht* auch eine Verletzung der *morele rechten* geltend zu machen, da eine Verletzung der *morele rechten* stets auch einen Verstoß gegen die Verwertungsrechte darstellt.[1907] Darüber hinaus kann

---

1904 Da weder unter den Urhebern noch unter allen Notaren diese Voraussetzung allgemein bekannt sei, führe dies dazu, dass in Ermangelung einer derartigen testamentarischen Verfügung die Geltendmachung der morele rechten mit dem Tod des Urhebers endet. Vor 1973 konnten die morele rechten nach dem Tod des Urhebers nicht ausgeübt werden. Dazu auch Quaedvlieg, ALAI, Moral rights in the 21st century, 2014, report of the Netherlands, S. 39. Werden neben den morele rechten auch die vermögensrechtlichen Befugnisse verletzt, können die Erben sowohl die Verletzung des auteursrecht als auch der morele rechten geltend machen, so Grosheide in: Davies/Garnett, Moral Rights, The Netherlands, S. 502. Darüber hinaus können die Erben auch eine unerlaubte Handlung nach Art. 6:162 BW geltend machen. Dies steht unter der Voraussetzung, dass die Erben darlegen müssen, dass die Änderungen des Werks ihnen gegenüber eine unerlaubte Handlung darstellt. Dazu Van der Marel/Schaap in: Rij, Moral rights, 1995, S. 119.

1905 Latka, Das droit moral in den Niederlanden, 2000, S. 136 m.w.N.

1906 Spoor/Verkade/Visser, Auteursrecht, 2005, S. 308 und Gerbrandy, Kort commentaar op de Auteurswet 1912, 1988, S. 306 wenden gegen die jetzige Fassung des Art. 25 Abs. 2 AW ein, dass der Urheber benachteiligt werde, der diese Regelung nicht kenne und der aus den Umständen nicht imstande ist, eine Regelung über seine Urheberpersönlichkeitsrechte zu treffen.

1907 Spoor/Verkade/Visser, Auteursrecht, 2005, S. 308; Latka, Das droit moral in den Niederlanden, 2000, S. 136f. Diese Verbindung der morele rechten mit dem auteursrecht zeigt erneut, dass in den Niederlanden der Dualismus nicht uneingeschränkt verfolgt wird.

eine Verletzung der *morele rechten* auch als unerlaubte Handlung gem. Art. 6:162 BW geltend gemacht werden.[1908]

3. Gesetzliche Beschränkungen der morele rechten

Die *morele rechten* des Urhebers gelten nicht uneingeschränkt. Für einzelne Befugnisse ergibt sich bereits von Gesetzes wegen eine Einschränkung. Die Ausübung der Abwehrrechte wird in Art. 25 Abs. 1 lit. a) und c) gesetzlich durch Billigkeitserwägungen begrenzt.[1909] Nach Art. 25 Abs. 1 lit. a) AW kann sich der Urheber der Veröffentlichung des Werks ohne Angabe seines Namens oder unter anderer Urheberbezeichnung nicht widersetzen, wenn dies unbillig ist. Ebenfalls an die Billigkeit geknüpft ist das Recht nach Art. 25 Abs. 1 lit. c) AW, sich gegen Änderungen des Werks zur Wehr zu setzen. Nach Art. 25 Abs. 1 lit. d) AW hat der Urheber nur dann das Recht, sich gegen jede Entstellung, Verstümmelung oder andere Beeinträchtigungen seines Werks zu widersetzen, sofern diese geeignet ist, die Ehre, das Ansehen des Urhebers oder dessen Wertschätzung als solche zu beeinträchtigen.

4. Verzicht auf die morele rechten

Die *morele rechten* sind, wie schon erwähnt, unübertragbar. Nach Art. 25 Abs. 3 AW ist es jedoch teilweise zulässig, auf einzelne *morele rechten* (auch im Voraus) zu verzichten.[1910] Um den Schutz der *morele rechten* zu gewährleisten, kann der Urheber jedoch nicht im Gesamten auf seine *morele rechten* verzichten.[1911] Aus Art. 25 Abs. 1 lit. c) und d) AW i.V.m. Art. 25 Abs. 3 AW ergibt sich eine Stufenleiter der Eingriffe in ein Werk. Inhaltlich ist

---

1908 Spoor/Verkade/Visser, Auteursrecht, 2005, S. 308.

1909 Anschaulich stellt dies Bob Wachter in seiner Anmerkung zu der Entscheidung „Patrimonium v. Reijers" (NJ 1974, S. 61) dar, in der er feststellt, dass wenn der Rechtsinhaber eines immateriellen Rechts und der Rechtsinhaber eines materiellen Guts, an dem die immateriellen Rechte bestehen, auseinanderfallen, müssen die unterschiedlichen Interessen gegeneinander abgewogen werden; dazu auch Quaedvlieg, ALAI, Moral rights in the 21st century, 2014, report of the Netherlands, S. 44.

1910 Europäische Kommission, study ETD/99/B5-3000/E°28 2000, S. 106.

1911 Gerbrandy, Kort commentaar op de Auteurswet 1912, 1988, S. 306; Latka, Das droit moral in den Niederlanden, 2000, S. 139.

zunächst zwischen Änderungen im Sinne von Art. 25 Abs. 1 lit. c) AW und Entstellungen im Sinne des Art. 25 Abs. 1 lit. d) AW zu unterscheiden. Der Urheber hat gemäß Art. 25 Abs. 1 lit. c) AW nur dann ein Abwehrrecht gegen Änderungen, wenn die Geltendmachung des Rechts nicht unbillig ist. Kann der Urheber billigerweise sein Abwehrrecht gegen Änderungen geltend machen, kann er auf dieses Recht auch nach Art. 25 Abs. 3 AW verzichten. Des Weiteren ist bei den Entstellungen im Sinne des Art. 25 Abs. 1 lit. d) AW danach zu unterscheiden, ob diese die Ehre und das Ansehen des Urhebers beeinträchtigen oder nicht. Liegt eine Beeinträchtigung der Ehre und das Ansehen des Urhebers nicht vor, richten sich die Rechte des Urhebers nach Art. 25 Abs. 1 lit. c) AW und der Urheber kann daher auch auf das Abwehrrecht verzichten gemäß Art. 25 Abs. 3 AW. Beeinträchtigt die Entstellung des Werks die Ehre und das Ansehen des Urhebers, hat der Urheber ein Abwehrrecht aus Art. 25 Abs. 1 lit. d) AW, auf das er gemäß Art. 25 Abs. 3 AW jedoch nicht verzichten kann.

Soweit die *morele rechten* bereits gesetzlich durch Billigkeitserwägungen eingeschränkt werden (Art. 25 Abs. 1 lit. a) und c) AW) und die Interessenabwägung im Rahmen der Billigkeit das Überwiegen der Interessen der verwertenden Partei ergibt, wird angenommen, dass der Urheber stillschweigend auf sein Abwehrrecht im Sinne des Abwägungsergebnisses verzichtet hat.[1912]

Beinhaltet der Verzicht des Urhebers die Erklärung, das Recht auf Werkintegrität nach Fertigstellung des Werks nicht geltend zu machen, führt dies dazu, dass der Auftraggeber unabhängig von den dadurch entstehenden Folgekosten *vor* Fertigstellung des Werks keine Änderungen vornehmen darf.[1913] In Art. 45f AW ist ein gesetzlicher Verzicht des Urhebers eines Filmwerks enthalten, Änderungen (darunter fallen jedoch nicht Entstellungen oder Beeinträchtigungen) seines Werks abzuwehren.

1912 Quaedvlieg, ALAI, Moral rights in the 21st century, 2014, report of the Netherlands, S. 27.

1913 Rechtbank Maastricht, IEPT20090729 – Loxodrome v. Fortior. In dieser Rechtssache ging es um ein Bauwerk, dessen Fertigstellung in fünf Bauphasen unterteilt wurde. Der Urheber erklärte in dem Vertrag, dass er „nach Fertigstellung" des Werks sich keinen Änderungen widersetzen würde. Das Gericht urteilte, dass der Auftraggeber erst nach Abschluss der jeweiligen Bauphase berechtigt war, Änderungen vorzunehmen, selbst wenn dies beim Auftraggeber zu einem höheren Aufwand und Kosten führen wird. Dazu auch Quaedvlieg, ALAI, Moral rights in the 21st century, 2014, report of the Netherlands, S. 2.

Bei dem Verzicht handelt es sich um eine einseitige unwiderrufliche Willenserklärung und nicht um einen Vertrag.[1914] Der Verzicht ist an keine Formerfordernisse gebunden und kann daher ausdrücklich oder stillschweigend erfolgen.[1915]Im Rahmen des rechtsgeschäftlichen Verzichts sind die allgemeinen zivilrechtlichen Grundsätze des Burgerlijk Wetboek (niederländisches Bürgerliches Gesetzbuch) einzuhalten, wonach ein Verzicht nach Art. 3:40 BW für nichtig erklärt werden kann, wenn er gegen die guten Sitten, die öffentliche Ordnung oder gegen gesetzliche Vorschriften verstößt. Ebenfalls ist der Grundsatz von Angemessenheit und Billigkeit nach Art. 6:248 BW zu beachten.[1916]

IV. Morele rechten im Arbeits- und Auftragsverhältnis

1. Droit à la paternité

Art. 25 Abs. 1 lit. a) und b) AW weist dem Urheber das Recht auf Anerkennung seiner Urheberschaft und das Recht auf Bestimmung der Urheberbezeichnung zu. Im niederländischen Schrifttum wird dieses Recht – erneut anlehnend an das französische Recht – als *droit à la paternité* bezeichnet.[1917] Nach Art. 25 Abs. 1 lit. a) und b) AW hat der Urheber das Recht, sich gegen die Veröffentlichung des Werks ohne Nennung seines Namens, gegen die Veröffentlichung des Werks unter einer anderen als der von ihm gewählten Urheberbezeichnung, gegen die Veröffentlichung des Werks unter einem anderen Namen sowie gegen Änderungen der Werks- oder Urheberbezeichnung zur Wehr setzen.[1918] Auch wenn Art. 25 Abs. 1 lit. a) und b) AW dem Wortlaut nach als Abwehrrecht ausgestaltet ist, folgt daraus im Umkehrschluss stets auch das positive Recht des Urhebers, diese Befugnisse auszuüben.[1919]

1914 Europäische Kommission, study ETD/99/B5-3000/E°28 2000, S. 109; van der Marel/Schaap in: Rij, Moral rights, 1995, S. 118.

1915 Jeroen Arnolds in: ALAI, The moral rights of the author, S. 456.

1916 Spoor/Verkade/Visser, Auteursrecht, 2005, S. 304; Latka, Das droit moral in den Niederlanden, 2000, S. 141.

1917 Van Lingen, Auteursrecht in hoofdlijnen, op. 2007, S. 108; Latka, Das droit moral in den Niederlanden, 2000, S. 100.

1918 Aus Art. 25 Abs. 1 lit. b) AW wird zusätzlich das Recht des Urhebers abgeleitet, das Werk auch anonym veröffentlichen zu lassen. Siehe dazu Grosheide in: Davies/Garnett, Moral Rights, The Netherlands, S. 487.

1919 Latka, Das droit moral in den Niederlanden, 2000, S. 101.

Das droit à la paternité lässt sich inhaltlich aufteilen in das Recht auf Anerkennung der eigenen Urheberschaft und das Recht auf Urhebernennung.

1.1 Das Recht auf Anerkennung der Urheberschaft

Das Recht auf Anerkennung der Urheberschaft ist in Art. 25 Abs. 1 lit. a) AW geregelt. Danach kann sich der Urheber stets auf seine Urheberschaft berufen.[1920] Art. 25 Abs. 1 lit. a) AW wurde im Jahr 1989 in das Auteurswet aufgenommen, um das in Art. 6 bis RBÜ enthaltene Mindestrecht nun auch ausdrücklich im niederländischen Recht zu regeln.[1921] Danach kann sich der Urheber jederzeit auf seine Urheberschaft berufen. Das Recht auf Anerkennung der Urheberschaft wird durch das Gebot der Quellenangabe flankiert, das in Art. 15, 15 lit. a und 16 AW enthalten ist.

1.2 Einschränkungen des Rechts auf Anerkennung der Urheberschaft im Arbeits- und Auftragsverhältnis

Nach Art. 25 Abs. 3 AW kann der Urheber auf sein Recht nach Art. 25 Abs. 1 lit. a) AW verzichten, bei der Veröffentlichung des Werks namentlich genannt zu werden. Der Verzicht beinhaltet nach herrschender Meinung jedoch nicht das Recht des Urhebers, zuzustimmen, dass eine andere Person als Urheber bezeichnet wird.[1922] Daher kann im niederländischen Recht der Ghostwriter stets sein Recht wahrnehmen, seine Urheberschaft zu erklären.[1923]

1920 Latka, Das droit moral in den Niederlanden, 2000, S. 101.
1921 Vor der Aufnahme in das AW war das Recht auf Anerkennung der Urheberschaft bereits teilweise anerkannt, so Rechtbank Rotterdam, NJ 1961, Nr. 169. A.A. Rechtbank Amsterdam vom 03.07.1985, AMI, S. 83, wonach dem Urheber kein allgemeines Recht auf Anerkennung der Urheberschaft zusteht. M.w.N. van Lingen, Auteursrecht in hoofdlijnen, op. 2007, S. 108; Latka, Das droit moral in den Niederlanden, 2000, S. 102.
1922 Europäische Kommission, study ETD/99/B5-3000/E°28 2000, S. 109; Doutrelepont, Le droit moral de l'auteur et le droit communautaire, 1997, S. 246.
1923 Europäische Kommission, study ETD/99/B5-3000/E°28 2000, S. 109; Doutrelepont, Le droit moral de l'auteur et le droit communautaire, 1997, S. 246; Spoor/Verkade/Visser, Auteursrecht, 2005, § 7.3.

1.3 Das Recht auf Urhebernennung

Daneben ergibt sich aus Art. 25 Abs. 1 lit. a) AW das Recht des Urhebers auf Urhebernennung.[1924] Im Vorfeld der gesetzlichen Regelung des Art. 25 AW wurde insbesondere bei fotografischen Werken eine Namensnennungspflicht des Urhebers diskutiert.[1925]Diese wurde jedoch nicht in Art. 25 AW aufgenommen.

1.4 Einschränkungen des Rechts auf Urhebernennung im Arbeits- und Auftragsverhältnis

Im niederländischen Recht wird das Recht des Urhebers auf Urhebernennung gesetzlich durch Billigkeitserwägungen begrenzt. Auch im niederländischen Recht kommt der Branchenübung dabei eine bedeutende Rolle zu.[1926]Eine Urheberbezeichnung ist danach nicht aufzunehmen, wenn diese branchenunüblich ist.[1927] Es kann jedoch nicht aus der bloßen Nutzung eines Werks innerhalb einer bestimmten Branche geschlossen werden, dass es keiner Urheberbezeichnung bedarf. Auch im niederländischen Recht muss die Prüfung der Billigkeit im Rahmen einer Interessenabwägung erfolgen.[1928] Die bloße Verwertungsabsicht des Verwerters reicht nicht aus, um das Werk anonym zu veröffentlichen. Der wirtschaftliche Aspekt des

---

1924 Dies ergibt sich wiederum aus einem Umkehrschluss aus der in Art. 25 enthaltenen Abwehrbefugnis, durch die auch auf die positive Befugnis des Urhebers geschlossen wird, so Spoor/Verkade/Visser, Auteursrecht, 2005, S. 325; Latka, Das droit moral in den Niederlanden, 2000, S. 104 m.w.N. Nicht in Art. 25 AW ist das Recht enthalten, die Art und Weise der Urheberbezeichnung zu wählen.
1925 Ausführlich zu den Forderungen der Namensnennungspflicht durch die niederländische Stiftung zum Schutz und zur Durchsetzung der Urheberrechte an fotografischen Werken (BURAFO – Stichting tot bescheming en handhaving von foto-auteursrechten): Latka, Das droit moral in den Niederlanden, 2000, S. 102.
1926 van Lingen, Auteursrecht in hoofdlijnen, op. 2007, S. 108; Spoor/Verkade/Visser, Auteursrecht, 2005, S. 328; Latka, Das droit moral in den Niederlanden, 2000, S. 108.
1927 van Lingen, Auteursrecht in hoofdlijnen, op. 2007, S. 108; Spoor/Verkade/Visser, Auteursrecht, 2005, S. 326.
1928 van Lingen, Auteursrecht in hoofdlijnen, op. 2007, S. 108; Spoor/Verkade/Visser, Auteursrecht, 2005, S. 328; Latka, Das droit moral in den Niederlanden, 2000, S. 108; Cohen Jehoram in: Geller, International copyright law and practice, Netherlands, § 7 [2][a].

Rechts auf Urhebernennung gewinnt in der niederländischen Rechtsprechung zunehmend an Bedeutung. Es ist anerkannt, dass das Recht auf Urhebernennung zunächst das Band des Urhebers zu seinem Werk darstellt. Daneben dient es insbesondere auch den wirtschaftlichen Interessen des beauftragten Urhebers, neue Aufträge zu akquirieren und den Namen des Urhebers bekannt zu machen.[1929] Ist der Urheber bereits allgemein bekannt, kann die Interessenabwägung daher ergeben, dass eine Urheberbezeichnung nicht erforderlich ist. So urteilte die Rechtbank Arnhem, dass die Urheber des Designs der niederländischen Banknoten keinen Anspruch auf Urhebernennung haben, da allgemein bekannt ist, dass Oxenaar and Kruit die Urheber der Banknoten sind.[1930]

Nimmt man an, dass das Recht auf Urhebernennung nicht dem fiktiven Urheber nach Art. 7 und 8 AW[1931], sondern dem *wahren* angestellten oder beauftragten Urheber zusteht, ergibt sich aus der Formulierung des Art. 25 AW als Abwehrrecht und der ausdrücklichen Regelung des Art. 45e AW für Filmurheber, dass die Beweislast beim Arbeitgeber bzw. der juristischen Person, auf die die Regelungen des 8 AW Anwendung finden, liegt, warum eine Urheberbezeichnung des Schöpfers im Einzelfall nicht möglich ist[1932]. Doch selbst wenn das Recht aus Art. 25 Abs. 1 lit. a) und b) AW originär dem fiktiven Urheber nach Art. 7 und 8 AW zugewiesen wird, kann der Urheber auch auf Grundlage allgemeiner zivilrechtlicher Grundsätze sein Recht durchsetzen, als Urheber genannt zu werden.[1933]

1929 Rechtbank Den Haag, AMI 2011, 200 – Aerodata v. Mzoem.

1930 Rechtbank Arnhem, AMI 1995, S. 90 – OHRA v. Oxenaar en Kruit; siehe dazu Quaedvlieg, ALAI, Moral rights in the 21st century, 2014, report of the Netherlands, S. 23.
Rechtbank Arnhem, AMI 1995, S. 90 – OHRA v. Oxenaar.

1931 Der Gerechtshof Amsterdam entschied in diesem Zusammenhang, dass dem Arbeitgeber das höchstpersönliche Recht auf Urhebernennung nicht zustehen könne (Gerechtshof Amsterdam, vom 13. Juli 2011, hier – Smith v. Vrije Universiteit bzw. Christmas cards, AMI 2011, S. 203); siehe dazu auch Quaedvlieg, ALAI, Moral rights in the 21st century, 2014, report of the Netherlands, S. 22.

1932 Seignette in: Hugenholtz/Quaedvlieg/Visser, A Century of Dutch Copyright Law, S. 127. A.A. Grosheide in: Davies/Garnett, Moral Rights, The Netherlands, S. 487, der dem Urheber die Beweislast auferlegen will für die Frage, ob die Geltendmachung des Rechts als Urheber genannt zu werden, nicht unbillig ist.

1933 Die Rechtbank Utrecht wies dem Arbeitgeber zwar die Inhaberschaft der morele rechten zu, der Arbeitnehmer, der zwischenzeitlich das Unternehmen verlassen hat, konnte jedoch auf Grundlage des (nachvertraglichen) Grundsatzes von Treu und Glauben sein Recht durchsetzen, als Urheber des Werks namentlich genannt zu werden (Rechtbank Utrecht, AMI 2009, S. 78f. – Ten

1.5 Einschränkungen zugunsten des Filmherstellers

Als lex specialis zu Art. 25 Abs. 1 lit. a) und b) AW wird das Recht des Filmurhebers, als Urheber bezeichnet zu werden, in Art. 45e AW geregelt. Art. 45 e lit. a) AW gibt dem Filmurheber das Recht, seinen Namen an der dafür gebräuchlichen Stelle im Vor- oder Abspann des Films nennen zu lassen. Während das Recht auf Anbringung der Urheberbezeichnung in Art. 25 Abs. 1 lit. a) AW durch die Billigkeit begrenzt wird, ist in Art. 45e AW eine solche Begrenzung bewusst nicht aufgenommen worden. Das Recht des Filmurhebers, als Urheber bezeichnet zu werden, wird daher nicht gesetzlich durch Billigkeitserwägungen eingeschränkt.[1934] Zudem hat der Filmurheber nach Art. 45e lit. b) AW das Recht, dass der Vor- oder Abspann des Films, in dem er namentlich genannt wird, auch tatsächlich ausgestrahlt wird. Darüber hinaus kann der Filmurheber nach Art. 45e lit. c) AW auch verlangen, dass der Filmurheber bei der Veröffentlichung des Filmwerks anonym bleibt, sofern dies nicht unbillig ist. Unbillig kann das Verlangen des Filmurhebers auf anonyme Veröffentlichung des Filmwerks dann sein, wenn keine Beeinträchtigung des Rufs des Filmurhebers zu befürchten ist.[1935] Im Übrigen kann sich der Filmurheber auch auf Art. 25 Abs. 1 lit. a) und b) AW berufen.[1936]

1.6 Fazit

Beim droit à la paternité ist zwischen dem Recht auf Anerkennung der Urheberschaft und dem Recht auf Urhebernennung zu unterscheiden. Die Geltendmachung des droit à la paternité ist gesetzlich durch Billigkeitserwägungen beschränkt. Im Rahmen der Interessenabwägung beim Recht auf Urhebernennung spielt insbesondere die Branchenübung eine entscheidende Rolle. Durch die Begrenzung des Rechts auf die Billigkeit obliegt dem Urheber die Beweislast, warum eine Urhebernennung im Einzelfall billig ist. Nach Art. 25 Abs. 3 AW kann der Urheber auf sein Recht nach Art. 25 Abs. 1 lit. a) AW verzichten, bei der Veröffentlichung des

---

Have & Stevens v. Berenschot. Siehe dazu Quaedvlieg, ALAI, Moral rights in the 21st century, 2014, report of the Netherlands, S. 22 m.w.N.

1934 Im Bereich des Films ist daher die Anwendung des Art. 8 AW nahezu ausgeschlossen. So auch Seignette in: Hugenholtz/Quaedvlieg/Visser, A Century of Dutch Copyright Law, S. 137.

1935 Grosheide in: Davies/Garnett, Moral Rights, The Netherlands, S. 488.

1936 Gerbrandy, Kort commentaar op de Auteurswet 1912, 1988, S. 401.

Werks namentlich genannt zu werden. Er kann jedoch nicht vertraglich wirksam auf das Recht verzichten, sich gegen die Urheberschaftsanmaßung eines Dritten zur Wehr zu setzen.

2. Droit de non-paternité

Das Recht, sich gegen die falsche Zuschreibung der Urheberschaft zu wehren, ergibt sich nicht aus Art. 25 Abs. 1 AW[1937], sondern aus dem Strafgesetzbuch. Nach Art. 326 b Wetboek van Strafrecht (WvS) macht sich derjenige strafbar, der einen Urhebernamen verfälscht.

3. Droit au respect

Das Interesse des Urhebers an Bestand und Unversehrtheit seines Werks wird im niederländischen Recht durch Art. 25 Abs. 1 lit. c) und d) AW geschützt und wiederum in Anlehnung an die im französischen Rechtssystem verwendeten Begriffe als *„droit au respect"* bezeichnet. Nach Art. 25 Abs. 1 lit. c) AW kann sich der Urheber gegen Änderungen Dritter seines Werks wehren, sofern dies nicht unbillig ist. Nach Art. 25 Abs. 1 lit. d) AW steht dem Urheber das Recht zu, sich gegen Entstellungen und Beeinträchtigungen seines Werks zur Wehr zu setzen, die den Ruf und die Ehre des Urhebers beeinträchtigen. Wiederum gesondert geregelt ist der Werk- und Änderungsschutz beim Filmurheber in Art. 45f AW.

In der niederländischen Rechtsprechung wird der Schutz der Werkintegrität auch auf den Rechtsschutz der unerlaubten Handlung gestützt.[1938]

1937 Grosheide in: Davies/Garnett, Moral Rights, The Netherlands, S. 488.

1938 Bei den folgenden Entscheidungen ist dies darauf zurückzuführen, dass das AW keine Anwendung fand, da es sich nicht um niederländische Staatsangehörige handelt: Rechtbank Amsterdam, NJ 1958, S. 59 – Ahmad Kamal v. Drukkerij De Spaarnestad; Rechtbank Rotterdam, NJW 1962, S. 169 – Morheim and James v. Kerco c.s. In den folgenden Entscheidungen wurde die Werkintegrität eines Niederländers aus den zivilrechtlichen Grundsätzen abgeleitet: Rechtbank Den Haag, NJ 1963, S. 164 – Smol v. Baruch bzw. ‚man, vrouw, sexualiteit'; Hoge Raad, NJ 1974, S. 61 – Patrimonium v. Reijers. Siehe dazu auch Quaedvlieg, ALAI, Moral rights in the 21st century, 2014, report of the Netherlands, S. 23f.

3.1 Änderung des Werks und der Werksbezeichnung

Nach Art. 25 Abs. 1 lit. c) AW kann sich der Urheber gegen Änderungen seines Werks zu Wehr setzen, sofern dies unbillig ist. Wann eine Werksänderung (*wijziging*) gegeben ist, ist nicht legal definiert. Die Änderung im Sinne des Art. 25 Abs. 1 lit. c) AW erfasst sowohl die Änderung der Werksbezeichnung als auch die Änderung des Werks.[1939] Änderungen des Werks werden in der niederländischen Rechtsprechung insbesondere im Umgang mit Bauwerken relevant, bei denen praktische Bedürfnisse die Anpassung oder Modernisierung des Bauwerks erfordern.

3.1.1 Die Ermittlung der Billigkeit im Arbeits- und Auftragsverhältnis

Ob die Geltendmachung des Abwehrrechts gegen eine Änderung des Werks der Billigkeit entspricht, ist im Rahmen einer Interessenabwägung zu ermitteln. In der Rechtsprechung haben sich für die Bemessung der Billigkeit Kriterien herausgebildet. Geht man nicht bereits davon aus, dass das Änderungsrecht nach Art. 25 Abs. 1 lit. c) AW dem fiktiven Urheber nach Art. 7 und 8 AW zugewiesen wird, sind diese Kriterien auch maßgeblich für den angestellten und beauftragten Urheber. Das Bestandsinteresse des beauftragten Urhebers wird in der Rechtsprechung im Rahmen einer Interessenabwägung dem Verwertungsinteresse des Auftraggebers gegenübergestellt. In der Rechtsprechung fällt auf, dass die Gerichte dazu neigen, im Rahmen vertraglicher Vereinbarungen häufig auf stillschweigende Vereinbarungen zurückzugreifen, bevor sie sich mit den *morele rechten* nach Art. 25 und 45 ff. AW auseinandersetzen.

Zulasten des Urhebers sind die folgenden Kriterien heranzuziehen. Ist das Werk von geringer Gestaltungshöhe oder weist es vorwiegend funktionale Elemente auf, kann dies dafürsprechen, dass die Geltendmachung der Abwehrbefugnis unbillig ist nach Art. 25 Abs. 1 lit. c) AW.[1940] Relevant war das Änderungsrecht in der Vergangenheit vorwiegend im Zusammenhang mit Werken der Baukunst, die restauriert oder den Bedürfnissen der

---

1939 Latka, Das droit moral in den Niederlanden, 2000, S. 115; Lingen, Auteursrecht in hoofdlijnen, 2007, S. 109.
1940 Quaedvlieg, ALAI, Moral rights in the 21st century, 2014, report of the Netherlands, S. 41; Spoor/Verkade/Visser, Auteursrecht, 2005, § 7.13.

Nutzer angepasst werden mussten.[1941] Dass die Geltendmachung des Abwehrrechts zu einer erhöhten finanziellen Belastung des Verwerters führt, führt nicht zu der Unbilligkeit des Abwehrrechts; zu berücksichtigen ist jedoch, wenn der Verwerter keine alternativen Vorgehensweisen hat.[1942] Auch der Einsatzort des Werks ist im Rahmen der Interessenabwägung zu berücksichtigen. Dabei können berechtige Interessen Dritter zu einer Einschränkung des Rechts des Urhebers führen.[1943] Ist die Änderung des Werks Ergebnis natürlicher Verschleißerscheinungen oder Alterungsprozesse, kann die Interessenabwägung dazu führen, dass der Urheber keinen Anspruch auf Wiederherstellung des ursprünglichen Zustands hat, sondern nur Entschädigung in Geld oder Entfernung der Urheberbezeichnung wählen.[1944] Wird das Werk geschaffen, um einem bestimmten Nutzen zu dienen, können dabei erhöhte Anforderungen an die Unbilligkeit zu setzen sein.[1945] Auch kann im Rahmen der Interessenabwägung Berücksichtigung finden, ob das Werk ein Einzelstück oder ein Massenprodukt ist.[1946] Daneben ist auch zu berücksichtigen, ob das Werk aufgrund einer vertraglichen Verpflichtung zu erbringen ist. Der beauftragte oder angestellte Urheber, der vertraglich zustimmt, ein Werk zu schaffen und in die Änderung des Werks einwilligt, muss auch nach Art. 25 Abs. 1 lit. c) AW

1941 Quaedvlieg, ALAI, Moral rights in the 21st century, 2014, report of the Netherlands, S. 41; Rechtbank Rotterdam, AMI 199, S. 149 – Shell v. De la Haye.

1942 Rechtbank Zwolle, BIE 1988, S. 200 –Van Klingeren v. Gemeente Dronten, in der dem Renovierungsbegehren stattgegeben wurde. Anders hingegen Rechtbank Leeuwarden, AMI 1989, S. 17 – Bonnema v. Tietjerksteradeel, in der das Begehren des Bauherrn abgelehnt wurde, die Wärmeregulierung einer neu erbauten Stadthalle auf eine möglichst günstige Art zu steuern. Wie bereits im Rahmen der Bauphase vom Architekten vorgeschlagen, musste die Stadthalle daher mit einer Klimaanlage ausgestattet werden, die das Dreifache an Kosten verursachte. Siehe auch Quaedvlieg, ALAI, Moral rights in the 21st century, 2014, report of the Netherlands, S. 25f.

1943 Quaedvlieg, ALAI, Moral rights in the 21st century, 2014, report of the Netherlands, S. 43; Hoge Raad, NJ 1995, 691 – De negendo van OMA bzw. Körmeling v. Vlaardingen; Rechtsbank Amsterdam, AMI 1998, S. 15 – Mirko Krabbé v. AMC; Rechbank Arnhem, AMI 1990, S. 33 – Smeets v. Crematorium.

1944 Quaedvlieg, ALAI, Moral rights in the 21st century, 2014, report of the Netherlands, S. 43; Rechtbank Amsterdam, NJ 1978, S. 218 – Koetsier v. Schiphol; Hof 's-Hertogenbosch, NJ 1991, 441 - Lenartz v. Gemeente Sittard; siehe zu letzterer Entscheidung ausführlich Schrage, S. 162.

1945 Gerechtshof Den Haag, AMI 2000, S. 14 – Shell v. De la Haye; Quaedvlieg, ALAI, Moral rights in the 21st century, 2014, report of the Netherlands, S. 42.

1946 Quaedvlieg, ALAI, Moral rights in the 21st century, 2014, report of the Netherlands, S. 41f.

Änderungen akzeptieren.[1947] Darüber hinaus ist der Integritätsschutz des Urhebers im Rahmen von Art. 25 Abs. 1 lit. c) AW geringer einzustufen, wenn der Urheber nicht namentlich genannt wird. Dies ist gerade beim angestellten Urheber zusätzlich zu berücksichtigen sei, da das Werk häufig ohne den Namen des Urhebers veröffentlicht wird.[1948] So sei anzunehmen, dass das geistige Band im Fall des angestellten Urhebers zu seinem Werk nicht so ausgeprägt sei wie bei einem freien Urheber. Darüber hinaus sei auch zu berücksichtigen, dass der angestellte Urheber auch den Instruktionen des Arbeitgebers Folge leisten müsse und daher ebenfalls die persönliche Bindung des angestellten Urhebers zu seinem Werk nicht so eng sei.[1949] Daher sind an die Billigkeit der Geltendmachung des Abwehrrechts durch den angestellten Urheber höhere Anforderungen zu stellen.

Zugunsten des Urhebers ist im Rahmen der Interessenabwägung die bereits erreichte Reputation und der Bekanntheitsgrad des Urhebers oder des Werks zu berücksichtigen.[1950]Denn der Arbeit- oder Auftraggeber muss sich im Klaren sein, dass die Beauftragung eines renommierten Urhebers zu weiterer Verantwortung führen kann.[1951] Darüber hinaus ist auch zugunsten des Urhebers zu berücksichtigen, wenn das Werk zu einem großen Umfang verändert wurde.[1952] Ebenso kann auch der Einsatzort des Werks nicht nur zur Berücksichtigung Interessen Dritter führen, sondern auch zugunsten des Urhebers bewertet werden.[1953] Darüber hinaus ist auch einzubeziehen, ob das Werk bereits veröffentlicht wurde.[1954]

1947 Quaedvlieg, ALAI, Moral rights in the 21st century, 2014, report of the Netherlands, S. 42.

1948 Quaedvlieg, ALAI, Moral rights in the 21st century, 2014, report of the Netherlands, S. 42.

1949 Quaedvlieg, ALAI, Moral rights in the 21st century, 2014, report of the Netherlands, S. 42.

1950 Rechtbank Groningen AMI 2005, S. 149 – Irene Verbeek v. Groningen; Rechtbank Arnhem, AMI 2002, S. 187 - Jelles v. Zwolle; Quaedvlieg, ALAI, Moral rights in the 21st century, 2014, report of the Netherlands, S. 43 m.w.N.

1951 Rechtbank Leeuwarden, IER 1988, S. 88 - Bonnema v. Tietjerksteradeel.

1952 Quaedvlieg, ALAI, Moral rights in the 21st century, 2014, report of the Netherlands, S. 43 weist darauf hin, dass die erfolgreiche Geltendmachung der Abwehrbefugnis nach Art. 25 Abs. 1 lit. c) AW meist dann erfolgte, wenn das Werk in einem großen Umfang verändert wurde; siehe Rechtbank Maastricht, AMI 2009, S. 122 – Van Dijk v. Limburg, AMI 2009, S. 122; Rechtbank Leeuwarden IER 1988, S. 88 – Bonnema v. Tietjerksteradeel.

1953 Rechtbank Groningen AMI 2005, S. 149 – Irene Verbeek v. Groningen.

1954 Quaedvlieg, ALAI, Moral rights in the 21st century, 2014, report of the Netherlands, S. 44.

3.1.2 Besonderheiten für den Bereich der Filmwerke

Abweichendes gilt nach Art. 45f AW für den Urheber eines Filmwerks, der von Gesetzes wegen gegenüber dem Produzenten auf den Schutz vor Änderungen nach Art. 25 Abs. 1 lit. c) AW verzichtet. Will der Urheber eines Filmwerks sich daher das Recht beibehalten, sich gegen Änderungen seines Werks zur Wehr zu setzen, muss diese gesetzliche Fiktion durch eine vertragliche Regelung außer Kraft gesetzt werden. Auf die Möglichkeit, sich vertraglich von der Fiktion des Art. 45 f. AG zu lösen, kann der Urheber nach Art. 25 Abs. 3 AW nicht verzichten.[1955] Im Bereich der Filmwerke hat die Rechtbank Amsterdam bereits vor Einführung des Art. 45f AW zu einer produzentenfreundlichen Interessenabwägung geneigt. In der Rechtssache „Het bittere Kruid"[1956] ging es um die Änderungen eines Drehbuchs. Die Filmurheberin hatte dem Produzenten die Erlaubnis erteilt, Änderungen an dem Drehbuch vorzunehmen. Ursprünglich ging es in dem Drehbuch um eine autobiographische Erzählung einer jüdischen Schriftstellerin in den Niederländen zu Zeiten des Nazi-Regimes. Der Produzent ergänzte die Geschichte um eine Freundschaft der Protagonistin mit zwei Jungen, die Mitglied der Hitlerjugend waren. Das Gericht erklärte, dass der Produzent die Interessen der Filmurheberin bei der Änderung des Drehbuchs nicht berücksichtigt habe. Das Gericht urteilte dennoch, dass keine Verletzung des Rechts aus Art. 25 Abs. 1 lit. c) AW gegeben sei. Aufgrund des sensiblen Themas und der Betroffenheit der gesamten jüdischen Gemeinde verpflichtete das Gericht den Filmproduzenten jedoch, zu Beginn des Films einen Disclaimer zugunsten der Filmurheberin aufzunehmen.[1957]

3.2 Verzerrung, Entstellungen oder andere Beeinträchtigungen des Werks (misvorming, verminking of andere aantasting)

Der Schutz vor Verzerrung, Entstellungen oder anderen Beeinträchtigungen folgt aus Art. 25 Abs. 1 lit. d) AW. Dem Wortlaut nach ist der Schutz vor Entstellung und Beeinträchtigungen des Werks nicht durch Billigkeit begrenzt. Der Urheber hat dann eine Abwehrbefugnis gegen die Verzer-

---

1955 Latka, Das droit moral in den Niederlanden, 2000, S. 141.
1956 Rechtbank Amsterdam, AMI 1985, 90 – Het bittere Kruid.
1957 Siehe dazu auch Jeroen Arnolds in: ALAI, The moral rights of the author, S. 457.

rung, Entstellung oder andere Beeinträchtigung, wenn diese zu einer Beeinträchtigung des Ansehens und der Ehre des Urhebers führt.[1958] Der Urheber kann nicht auf die Abwehrbefugnis nach Art. 25 Abs. 1 lit. d) verzichten. Der Schutzbereich des Art. 25 Abs. 1 lit. d) AW kann sowohl bei direkten als auch bei indirekten Eingriffen[1959] in die Werksubstanz gegeben sein.[1960] Zur Abgrenzung einer Änderung im Sinne des Art. 25 Abs. 1 lit. c) AW kommt der Tatbestand des Art. 25 Abs. 1 lit. d) AW dann in Betracht, wenn die Einwirkung auf das Werk den Kern des Werks betrifft, d.h. die Intention, die der Schöpfer mit der Schöpfung des Werks verbindet[1961] und das Werk dadurch keinerlei Ähnlichkeit mehr zu dem Ursprungswerk aufweist.[1962]

In der niederländischen Rechtsprechung ging es bisher vermehrt um indirekte Eingriffe in die Werksubstanz. Diese können als Beeinträchtigung (*aantasting*) eine Abwehrbefugnis des Urhebers aus Art. 25 Abs. 1 lit. d) AW auslösen. Eine Beeinträchtigung kann dann gegeben sein, wenn das Werk in einem unvorhersehbaren Zusammenhang wiedergegeben oder

---

1958 Liegt eine Beeinträchtigung der Ehre und des Ansehens des Urhebers nicht vor, richten sich die Rechte des Urhebers nach Art. 25 Abs. 1 lit. c) AW.

1959 Quaedvlieg, ALAI, Moral rights in the 21st century, 2014, report of the Netherlands, S. 29f, 74.

1960 Grosheide in: Davies/Garnett, Moral Rights, The Netherlands, S. 489.

1961 Grosheide in: Davies/Garnett, Moral Rights, The Netherlands, S. 489; Latka, Das droit moral in den Niederlanden, 2000, S. 116; Lingen, Auteursrecht in hoofdlijnen, 2007, S. 109; Siehe dazu Hoge Raad vom 22.06.1973, NJ 1974, Nr. 61, 133 (135).

1962 Grosheide in: Davies/Garnett, Moral Rights, The Netherlands, S. 489. Diskutiert wurde dies im Rahmen der Rechtssache „Waiting for Godot" (Rechtbank Haarlem, AMI 1988, 83 (85), in der das Theaterstück „Waiting for Godot" von Samuel Beckett nicht wie vorgesehen von männlichen, sondern von weiblichen Schauspielern, die als Männer verkleidet waren, dargestellt wurden. Die Klage von Samuel Becket, das Theaterstück würde im Sinne von Art. 25 Abs. 1 lit. d) AW entstellt, wurde vom Gericht zurückgewiesen. Siehe dazu auch Quaedvlieg, ALAI, Moral rights in the 21st century, 2014, report of the Netherlands, S. 55, der das ablehnende Urteil des Gerichts auch auf die Bedeutung der Meinungsfreiheit im Rahmen der Interessenabwägung zurückführt. Als in Frankreich das Stück in derselben Besetzung aufgeführt wurde, klagte Becket (bzw. seine Erben) 1992 auch in Frankreich und obsiegte diesmal, siehe dazu Haute Cour de Justice Paris, RIDA 1993, S. 225; Cohen Jehoram, ALAI, The moral right of the author, 1993, Netherlands, S. 243. Eine Klage in Italien, in denen die Erben die Verletzung der Urheberpersönlichkeitsrechte geltend machten, wurde hingegen abgewiesen.

ausgestellt wird.[1963] Grundsätzlich führt eine Veränderung des Ausstellungsorts nicht zu einer Verletzung des Rechts aus Art. 25 Abs. 1 lit. d) AW. Das Recht kann jedoch dann verletzt werden, wenn der Ausstellungsort vertraglich geregelt wurde. Dies kann insbesondere im Rahmen von Auftragswerken relevant werden. In der Rechtssache „Haarlem v. Spronken"[1964] ging es um die Beauftragung eines Künstlers mit der Erstellung einer Skulptur (Sun Fighter), die auf dem Marktplatz von Haarlem zusammen mit einem Brunnen aufgestellt werden sollte. Als die Gemeinde die Skulptur andernorts ohne Brunnen aufstellen wollte, klagte der Urheber auf Verletzung des Art. 25 Abs. 1 lit. d) AW mit der Begründung, dass er das Werk nur geschaffen habe, weil es an exponierter Stelle ausgestellt werden sollte. Das Gericht urteilte daraufhin, dass der Urheber Anspruch darauf habe, dass seine Skulptur auf dem Marktplatz mit einem funktionierenden Brunnen aufgestellt wird.

Ein weiterer Fall, in dem das Gericht in der Veränderung der Umgebung des Werks eine Verletzung des Art. 25 Abs. 1 lit. d) AW bejahte, ist die Rechtssache „Irene Verbeek v. Groningen".[1965] Die bekannte Künstlerin Verbeek wurde von der Gemeinde Groningen mit der Anfertigung einer Deckenmalerei im Theater der Gemeinde Groningen beauftragt. Bei der Werkschöpfung bezog die Künstlerin auch die roten Teppiche des Raums in die Planung mit ein. Als im Zuge von Renovierungsarbeiten der rote Teppich durch einen blauen Teppich ersetzt wurde, machte die Künstlerin ihr Abwehrrecht aus Art. 25 Abs. 1 lit. d) AW geltend. Das Gericht verpflichtete daraufhin die Gemeinde, den blauen Teppich zu entfernen.[1966]

In der Rechtssache „Van Dijk v. Provincie Limburg"[1967] ging es um ein Portrait des Gouverneurs von Limburg. Das Auftragswerk wurde geschaffen, um in der Galerie eines öffentlichen Gebäudes ausgestellt zu werden. Als das Gemälde in der Eingangshalle des Gebäudes aufgehängt wurde, klagte der Künstler van Dijk, dass dadurch sein Werk im Sinne von Art. 25

1963 Grosheide in: Davies/Garnett, Moral Rights, The Netherlands, S. 489; Quaedvlieg, ALAI, Moral rights in the 21st century, 2014, report of the Netherlands, S. 47.

1964 Rechtbank 's-Hertogenbosch, NJ 1991, S. 444.

1965 Rechtbank Groningen AMI 2005, S. 149 – Irene Verbeek v. Groningen.

1966 Siehe zu der Entscheidung auch Quaedvlieg, ALAI, Moral rights in the 21st century, 2014, report of the Netherlands, S. 30.

1967 Grosheide in: Davies/Garnett, Moral Rights, The Netherlands, S. 489 unter Verweis auf: Rechtbank Maastricht, Urteil vom 30. Oktober 2008, LJN: BG2967. abzurufen unter www.boek9.nl.; zuletzt abgerufen am 1.4.2015.

Abs. 1 lit. d) AW entstellt würde. Das Gericht stellte zwar klar, dass im Einzelfall eine Entstellung gegeben sein könnte, wenn ein Gemälde an einem anderen Ort als zuvor beabsichtigt, ausgestellt wird. Dennoch habe der Künstler nicht ausreichend dargetan, dass dadurch seine Ehre und Ansehen verletzt worden seien.[1968]

In der Rechtssache „De Zonnevechter"[1969] ging es ebenfalls um ein Auftragswerk. Der Urheber, der beauftragt wurde, einen Brunnen anzufertigen, wehrte sich dagegen, dass der Auftraggeber den Brunnen an anderer als bisher beabsichtigter Stelle aufstellte. Das Gericht urteilte, dass der Auftrag die stillschweigende Vereinbarung enthielt, dass der Brunnen tatsächlich an dem Ort aufgestellt werde, der zum Zeitpunkt der Beauftragung dafür vorgesehen war.[1970] Daher verstieß der Auftraggeber gegen eine vertraglich auferlegte Pflicht.

3.3 Beeinträchtigung von Ehre und Ansehen des Urhebers

Ob die Ehre oder das Ansehen des Urhebers im Sinne des Art. 25 Abs. 1 lit. d) AW beeinträchtigt sind, ist nach objektiven und normativen Kriterien zu ermitteln.[1971] Der Urheber ist daher nicht verpflichtet, einen tatsächlichen Schaden darzulegen.[1972] Vielmehr ist das Recht dann verletzt, wenn das Werk in einer Weise beeinträchtigt ist, die die Ehre und das Ansehen des Urhebers objektiv beeinträchtigen.[1973] Ein objektives Kriterium für die Beeinträchtigung der Ehre und des Ansehens des Urhebers ist die namentliche Nennung des Urhebers am Werk.[1974] Wenn der Urheber mangels Ur-

---

1968 Hier wurde eine Beweispflicht des Urhebers angenommen, die Verletzung der Ehre und des Ansehens darzulegen.

1969 Hof 's-Hertogenbosch, AMI 1992, S. 35 – De Zonnevechter.

1970 Dazu auch Grosheide in: Davies/Garnett, Moral Rights, The Netherlands, S. 498.

1971 Quaedvlieg, ALAI, Moral rights in the 21st century, 2014, report of the Netherlands, S. 26.

1972 Quaedvlieg, ALAI, Moral rights in the 21st century, 2014, report of the Netherlands, S. 26; A.A.Europäische Kommission, study ETD/99/B5-3000/E°28 2000, S. 100, wonach jedoch die Verletzung der Ehre und des Ansehens auch objektiv zu ermitteln ist.

1973 Quaedvlieg, ALAI, Moral rights in the 21st century, 2014, report of the Netherlands, S. 48.

1974 Quaedvlieg, ALAI, Moral rights in the 21st century, 2014, report of the Netherlands, S. 43; Rechtbank Arnhem, AMI 2009, S. 213 – Van der Leest v. D.P. Factory bzw. 'gehaakte langbeenknuffelbeesten'.

hebernennung nicht mit dem Werk in Verbindung gebracht werden kann, können auch objektiv dessen Ehre und Ansehen nicht beeinträchtigt werden.[1975]

Weiter wird angeführt, dass die Zustimmung zur Entstellung des Urhebers objektiv die Verletzung der Ehre und des Ansehens des Urhebers ausschließe. In diesem Sinne wird vertreten, dass eine Verzichtserklärung des Urhebers rein faktisch eine Entstellung zu einer bloßen Änderung im Sinne des Art. 25 Abs. 1 lit. c) AW umwandeln könne, auf die der Urheber rechtmäßig gemäß Art. 25 Abs. 3 AW verzichten könne.[1976] Dem wird entgegengehalten, dass dies zu einer Umgehung der Regelung des Art. 25 AW führe, der den Verzicht im Rahmen des Art. 25 Abs. 1 lit. d) AW gerade nicht zulässt.[1977] Als Kompromiss wird vorgebracht, dass die Grenze des Urhebers, einen Verzicht im Rahmen des Art. 25 Abs. 1 lit. d) AW zu erklären, dort liegen solle, wo der Verwerter nicht mehr davon ausgehen kann, dass dieser Verzicht dem wahren Interesse des Urhebers entspricht.[1978]

3.4 Billigkeitserwägung auch im Rahmen von Art. 25 Abs. 1 lit. d) AW?

Da der Wortlaut des Art. 25 Abs. 1 lit. d) AW die Abwehrbefugnis bei Entstellung oder anderer Beeinträchtigung des Werks nicht durch Billigkeitserwägungen begrenzt, wird vertreten, dass Interessen Dritter im Rahmen einer Interessenabwägung nicht berücksichtigt werden können.[1979] Die

---

1975 Bejaht wurde dies als Comiczeichnungen in ein politisches Programm aufgenommen wurde; Europäische Kommission, study ETD/99/B5-3000/E°28 2000, S. 101 m.w.N. Quaedvlieg, ALAI, Moral rights in the 21st century, 2014, report of the Netherlands, S. 43, plädiert hingegen dafür, dass dies jedoch nicht als einziges absolutes Kriterium herangezogen werden solle.

1976 Quaedvlieg, ALAI, Moral rights in the 21st century, 2014, report of the Netherlands, S. 48; Kabel/Quaedvlieg in: Hugenholtz/Quaedvlieg/Visser, A Century of Dutch Copyright Law, Moral Rights, S. 327.

1977 Quaedvlieg, ALAI, Moral rights in the 21st century, 2014, report of the Netherlands, S. 48.

1978 Quaedvlieg, ALAI, Moral rights in the 21st century, 2014, report of the Netherlands, S. 48.

1979 Herman Cohen Jehoram in seiner Anmerkung der Entscheidung der Rechtbank Zwolle zur Rechtssache „Van Klingeren v. Gemeente Dronten", AMI 1988, S. 131. A.A. Jan Kabel in seiner Anmerkung zur Rechtssache „Struycken v. NAI" (IER 1999, S. 22), der die Interessen Dritter auch im Rahmen des Art. 25 Abs. lit. d) AW berücksichtigen will. Zu dem Streitstand: Quaedvlieg, ALAI, Moral rights in the 21st century, 2014, report of the Netherlands, S. 45.

Rechtsprechung scheint sich dem im Ergebnis nicht uneingeschränkt anzuschließen. In der Rechtssache „Bonnema v. SBB"[1980] betonte das Gericht zwar, dass Art. 25 Abs. 1 lit. d) AW eine Interessenabwägung nicht beinhalte. Dennoch berücksichtigte das Gericht bei der objektiven Frage, ob die Ehre oder das Ansehen beeinträchtigt ist, ob der Dritte Gründe für die Entstellung anführen kann.[1981] Für eine Interessenabwägung auch im Rahmen des Art. 25 Abs. 1 lit. d) AW wird angeführt, dass ansonsten das Recht des Urhebers übermäßig ausgedehnt würde.[1982] Unterschiede können sich im Einzelfall dann ergeben, wenn aufseiten des Verwerters hohe Investitionen entstünden, um die Entstellung des Werks zu verhindern. Je nachdem, ob das Gericht neben der Beeinträchtigung der Ehre und des Ansehens noch weitere Interessen berücksichtigt, können sich hier Unterschiede ergeben.[1983]

3.5 Zerstörung des Werks

Ob die Zerstörung eines Werks auch zu der Abwehrbefugnis nach Art. 25 Abs. 1 lit. d) AW berechtigt, wird uneinheitlich betrachtet.[1984] Einzelne Vertreter bejahen dies und führen zur Begründung an, dass Art. 25 Abs. 1 lit. d) AW gerade keine gesetzliche Billigkeitsgrenze enthalte und daher die Interessen des Urhebers im Rahmen von lit. d) vorrangig zu beachten sei-

---

1980 Rechtbank Leeuwarden, NJ 1991, 443 – Bonnema v. SBB; siehe dazu ausführlich Schrage, S. 170.

1981 Jan Kabel weist jedoch in seiner Anmerkung zu der Rechtssache „Bonnema v. SBB" (AMI 1999, S. 158) darauf hin, dass die Gründe Dritter im Rahmen der objektiv normativen Bewertung der Beeinträchtigung der Ehre und des Ansehens des Urhebers berücksichtigt werden und nicht mit einer Interessenabwägung zu verwechseln seien.

1982 Quaedvlieg, ALAI, Moral rights in the 21st century, 2014, report of the Netherlands, S. 45f.

1983 Quaedvlieg, ALAI, Moral rights in the 21st century, 2014, report of the Netherlands, S. 46f m.w.N. entgegnet dem jedoch, dass die niederländischen Gerichte auch im Rahmen der morele rechten wirtschaftliche Interesse der Verwerter berücksichtigen. Darüber hinaus können diese wirtschaftlichen Interessen auch in die Bewertung der Beeinträchtigung von Ehre und Ansehen des Urhebers einfließen, denn dem Urheber könnte auch vorgeworfen werden, dass er es trotz der hohen Investition des Verwerters unterlassen habe, die Grenzen zulässiger Änderungen festzulegen.

1984 Cohen Jehoram in: Geller, International copyright law and practice, Netherlands, § 7 [2][b].

en.[1985] Dem setzen die Vertreter der Gegenansicht entgegen, dass Art. 25 Abs. 1 lit. d) AW die Herabsetzung der Ehre und Anerkennung des Urhebers voraussetze und der Urheber in seinem Ansehen zum Werk nicht herabgesetzt werden könne, wenn es an einem Werk fehle.[1986] Ein großer Teil der Literatur[1987] und Rechtsprechung[1988] wählt hingegen einen Mittelweg und ermittelt im Rahmen einer Interessenabwägung, ob die Ehre und das Ansehen des Urhebers durch die Zerstörung des Werks im Sinne des Art. 25 Abs. 1 lit. d) AW beeinträchtigt sind. Dies sei dann zu verneinen, wenn es einen vernünftigen Grund (*gegronde reden*)[1989] gibt. Daher sei die Verletzung des Rechts aus Art. 25 Abs. 1 lit. d) AW zu verneinen, wenn eine Zerstörung des Werks nachvollziehbar oder sogar unvermeidbar war. Ist das Werk indes grundlos zerstört worden, komme wiederum eine Verletzung de *morele rechten* des Urhebers in Betracht.[1990] Der Hoge Raad lehnte diesen Ansatz jedoch ab und verneinte, dass die Zerstörung eines Werks das Recht aus Art. 25 Abs. 1 lit. d) AW verletzen könne, da die beteiligten Interessen nicht über die Ehre und Anerkennung des Urhebers abgewogen werden könnten[1991]. Um die Interessen des Urhebers zu schützen, verwies der Hoge Raad auf allgemein zivilrechtliche Grundsätze, auf die sich der Urheber jedoch anstelle von Art. 25 Abs. lit. d) AW berufen könne.[1992]

1985 Rechtbank Leeuwarden, AMI 1999, S. 158.

1986 Cohen Jehoram, ALAI, The moral right of the author, 1993, Netherlands, S. 437.

1987 Spoor/Verkade/Visser, Auteursrecht, 2005, S. 379; van Lingen, Auteursrecht in hoofdlijnen, op. 2007, S. 113; Europäische Kommission, study ETD/99/B5-3000/E°28 2000, S. 104.

1988 Rechtbank Amsterdam, IER 1992, S. 20 – Staal v. Beurspassage; Rechtbank Leeuwarden, AMI 1996, S. 13 - Van den Berg v. Rijksuniversiteit Groningen; Rechtbank Arnhem, AMI 2002, S. 19 – Jelles v. Zwolle; Rechtbank Utrecht, AMI 1999, S. 39 – Van Schijndel v. Utrecht; Rechtbank Haarlem, AMI 2001, S. 148 - Röling v. Haarlem.

1989 Quaedvlieg, ALAI, Moral rights in the 21st century, 2014, report of the Netherlands, S. 52.

1990 Quaedvlieg, ALAI, Moral rights in the 21st century, 2014, report of the Netherlands, S. 52.

1991 Quaedvlieg, ALAI, Moral rights in the 21st century, 2014, report of the Netherlands, S. 52.

1992 Es wird angeführt, dass die Zerstörung eines einzigen Exemplars eines Werks eine Verletzung der in Art. 3:13, Abs. 2 BW oder 6:162 BW genannten zivilrechtlichen Rechte darstellen kann: Grosheide in: Davies/Garnett, Moral Rights, The Netherlands, S. 489; Hoge Raad, AMI 2004, S. 140 – Jelles v. Zwolle; Gerechtshof 's-Hertogenbosch, NJ 1991, 441 - Lenartz v. Gemeente Sittard.

3.6 Bedeutung des Schutzes vor Änderungen im Auftrags- und Arbeitsverhältnis

Das Recht, sich gegen Änderungen zu wehren, steht – mit Ausnahme des Filmurhebers nach Art. 45f AW – auch dem angestellten und beauftragten Urheber zu. Im Rahmen der Interessenabwägung ist gesondert zu berücksichtigen, dass der Urheber vertraglich zu der Erstellung des Werks verpflichtet ist. Weist man dem Arbeit- oder Auftraggeber im Sinne des Art. 7 und 8 AW nicht bereits von vornherein das Abwehrrecht nach Art. 25 Abs. 1 lit. c) AW zu, ist zu berücksichtigen, ob dieser im Rahmen der Verwertungsrechte zu der Vornahme von Änderungen des Werks oder des Werktitels berechtigt ist. Da das *auteursrecht* nach Art. 7 und 8 AW originär dem Arbeit- bzw. Auftraggeber zugeordnet wird, ist der fiktive Urheber auch zu Änderungen des Werks berechtigt. Daher wird der Arbeit- und Auftragnehmer mit Übergabe des Werks stillschweigend auf das Recht aus Art. 25 Abs. 1 lit. d) AW verzichten. Der Arbeit- und Auftragnehmer – inklusive der Filmurheber – kann sich nach Art. 25 Abs. 1 lit. d) AW auch der Entstellung und Beeinträchtigung ihres Werks entgegenstellen. Das Recht ist jedoch dann nicht verzichtbar, wenn es nach objektiven Gesichtspunkten die Ehre und das Ansehen des Urhebers beeinträchtigt. Hat der Urheber der Änderung des Werks zugestimmt, ist in der Regel anzunehmen, dass die Ehre und das Ansehen des Urhebers nicht betroffen sind. Die Zerstörung des Werks fällt nicht in den Anwendungsbereich des Art. 25 Abs. 1 lit. c) oder d) AW.

4. Nicht als morele rechten im Auteurswet geregelt

4.1 Veröffentlichungsrecht

4.1.1 Gesetzlicher Schutzumfang

Das Recht des Urhebers, die Erstveröffentlichung seines Werks zu bestimmen, wird im niederländischen Recht den Vermögensrechten zugeord-

---

Siehe dazu auch Quaedvlieg, ALAI, Moral rights in the 21st century, 2014, report of the Netherlands, S. 26.

net.[1993] Daneben ist jedoch anerkannt, dass im Rahmen des Veröffentlichungsrechts auch ideelle Interesse des Urhebers geschützt werden können.[1994] Erwähnung findet das Veröffentlichungsrecht im niederländischen Auteurswet in Art. 2 Abs. 3[1995], Art. 12[1996], Art. 15a Abs. 1[1997], Art. 16 Abs. 1[1998] sowie in Art. 25 AW. Im Auteurswet wird diesbezüglich der Begriff des *openbaarmaken* verwendet. Die Einordnung als Vermögensrecht lässt sich aus dem Gesetz schließen, dass das Veröffentlichungsrecht im Rahmen der Verwertungsrechte (*exploitatierechte*) erwähnt. Die ideellen Interessen des Urhebers werden jedoch im Rahmen des Art. 2 Abs. 3 AW berücksichtigt, wonach die Zwangsvollstreckung in das unveröffentlichte Werk unzulässig ist, da es allein dem Urheber bzw. seinen Erben obliegen soll, über die Veröffentlichung seines Werks zu entscheiden.[1999] Das Recht des Urhebers, die erste Inhaltsmitteilung eines unveröffentlichten Werks zu bestimmen, ist ebenfalls nicht ausdrücklich im niederländischen Au-

---

1993 Quaedvlieg, ALAI, Moral rights in the 21st century, 2014, report of the Netherlands, S. 16; Grosheide in: Davies/Garnett, Moral Rights, The Netherlands, S. 496.

1994 Quaedvlieg, ALAI, Moral rights in the 21st century, 2014, report of the Netherlands, S. 16, 20 unter Hinweis darauf, dass das Verwertungsrecht stets auch Auswirkungen auf das Veröffentlichungsrecht haben kann. Da das niederländische Auteurswet nicht streng dualistisch sei, sei eine strenge Trennung von vermögensrechtlichen und ideellen Interessen nicht zwingend; Europäische Kommission, study ETD/99/B5-3000/E°28 2000, S. 98.

1995 Art. 2 Abs. 3 AW erklärt die Zwangsvollstreckung in unveröffentlichte Werke für unzulässig.

1996 Art. 12 Abs. 1 S. 2 AW knüpft an das Erscheinen des Werks als Druckversion an. Quaedvlieg, ALAI, Moral rights in the 21st century, 2014, report of the Netherlands, S. 17 merkt an, dass Art. 12 AW Bücher im Blick hatte und die anderen Werke der Kunst, Musik und des Films unberücksichtigt lässt. Auch im Rahmen von Art. 12 AW hat sich die niederländische Rechtsprechung die Frage gestellt, ob das Veröffentlichungsrecht neben dem Schutz der ästhetischen Form des Werks auch noch einen inhaltlichen Schutz bietet, hierzu unter Diskussion der Rechtsprechung, ders. S. 16f.

1997 Nach Art. 15a AW knüpft das Recht, ein Werk zu zitieren, an die rechtmäßige Veröffentlichung an.

1998 Nach Art. 16 Abs. 1 Nr. 1 AW ist die Vervielfältigung oder Veröffentlichung eines Teils eines Werks dann zulässig, wenn das Werk bereits rechtmäßig veröffentlicht wurde.

1999 Spoor/Verkade/Visser, Auteursrecht, 2005, S. 309f.; van Lingen, Auteursrecht in hoofdlijnen, op. 2007, S. 106f.; Latka, Das droit moral in den Niederlanden, 2000, S. 98.

teurswet geregelt, wird jedoch aus Art. 2 Abs. 3 AW abgeleitet.[2000] Danach ist es auch dem Inhaber des *auteursrecht* vorbehalten, darüber zu bestimmen, ob und wann der Inhalt des unveröffentlichten Werks an die Öffentlichkeit gelangt. Das Recht des Urhebers, zu bestimmen, wann sein Werk veröffentlichungsreif ist, ergibt sich auch nur mittelbar aus dem Auteurswet. Das Veröffentlichungsrecht des Urhebers kann auch dann betroffen sein, wenn das Werk zu einem völlig anderen Zeitpunkt veröffentlicht wird, als es vertraglich vereinbart war.[2001]

Die niederländische Literatur bevorzugt die Unterscheidung in das *droit de divulgation* und das *droit de publication* wie es auch im französischen Recht üblich ist. Das *droit de divulgation* beschreibt danach das Inverkehrbringen von Vervielfältigungsstücken[2002], das *droit de publication* die vom Willen des Inhabers des *autersrecht* getragene erste Veröffentlichung seines Werks.[2003] Letzteres wird auch als *recht tot eerste openbaarmaking* bezeichnet. Ob unter das *droit de publication* nur die erste Veröffentlichung fällt, ist umstritten.[2004] Ein Teil der Literatur vertritt, dass das Veröffentlichungsrecht des Urhebers nicht nur die erste, sondern auch jede wiederholte Veröffentlichung des Werks erfasst.[2005] Dem wird entgegengehalten, dass ein Werk mit der Erstveröffentlichung bereits in die Öffentlichkeit gelangt ist und der Urheber sich bereits der öffentlichen Rezeption gestellt hat.[2006] Erfolgt eine Neuauflage des bereits veröffentlichten Werks, sei der Urheber daher nicht mehr schutzbedürftig.[2007]

2000 Gerbrandy, Kort commentaar op de Auteurswet 1912, 1988, S. 293; Latka, Das droit moral in den Niederlanden, 2000, S. 98.

2001 Gerechtshof Amsterdam Court, vom 14. Mai 1964, NJ 1964, 453 – Geesink v. Terra Nostra, sah das Veröffentlichungsrecht des Urhebers als möglicherweise verletzt an durch die Veröffentlichung eines Werks nach 19 Jahren; dazu auch Quaedvlieg, ALAI, Moral rights in the 21st century, 2014, report of the Netherlands, S. 18.

2002 Latka, Das droit moral in den Niederlanden, 2000, S. 98.

2003 Latka, Das droit moral in den Niederlanden, 2000, S. 98.

2004 Quaedvlieg, ALAI, Moral rights in the 21st century, 2014, report of the Netherlands, S. 16, führt an, dass die Meinungen, wann ein Werk veröffentlicht wurde, auseinandergehen. Eine enge Ansicht knüpft die Veröffentlichung daran an, ob das Werk gedruckt der Öffentlichkeit zur Verfügung steht. Die weitere Ansicht sieht das Werk dann als veröffentlicht an, wenn der Urheber getragen von seinem Willen das Werk aus seinem privaten Kreis entlässt.

2005 Spoor/Verkade/Visser, Auteursrecht, 2005, S. 309.

2006 Quaedvlieg, ALAI, Moral rights in the 21st century, 2014, report of the Netherlands, S. 19.

2007 Gerbrandy, Kort commentaar op de Auteurswet 1912, 1988, S. 229.

In der Rechtssache „Poortvliet v. Hovener" [2008] hat der Hoge Raad entschieden, dass das Veröffentlichungsrecht mit der ersten Veröffentlichung des Werks dann nicht erschöpft ist, wenn das Werk in veränderter Form veröffentlicht wird. So hat der Hoge Raad entschieden, dass die rechtmäßige Verwendung von Zeichnungen für einen Kalender das Veröffentlichungsrecht für die weitere Verwendung im Rahmen eines Kalenders erschöpft. Werden die Zeichnungen danach auf Spanplatten gedruckt, entsteht das Veröffentlichungsrecht des Urhebers erneut.[2009] Daraus lässt sich schließen, dass die erste rechtmäßige Veröffentlichung eines Werks nicht eine neue Verwertung des Werks erfasst, die mit einem Teil des Werks auf einem neuen physischen Gegenstand erfolgt. Der Urheber soll demnach neu entscheiden dürfen, wenn das Werk auf eine veränderte Art auf dem Markt erscheint.

Erst kürzlich musste sich der EuGH in der Rechtssache „Art&Allposters"[2010] auf Vorlage des Hoge Raad[2011] mit der Frage auseinandersetzen, ob das Verbreitungsrecht aufgrund rechtmäßiger Veröffentlichung in Form eines Posters auch dann erschöpft ist, wenn die auf den Postern abgebildeten Bilder mittels eines chemischen Prozesses auf eine Leinwand übertragen wurden. Wie bereits in der Entscheidung „Poortvliet v. Hovener" ändert sich auch hier der physische Untergrund des Werks, sodass in Frage steht, ob der Inhaber des *auteursrecht* erneut die Veröffentlichung kontrollieren kann. Anfang 2015 entschied der EuGH[2012] in dieser Rechtssache, dass Veränderungen des physischen Untergrunds des Werks auch

---

2008 Hoge Raad, NJ 1979, 412 – Poortvliet v. Hovener.

2009 Siehe auch Verkade in: Hugenholtz/Quaedvlieg/Visser, A Century of Dutch Copyright Law, S. 291ff.

2010 EuGH, C-419/13 – Art&Allposters.

2011 Hoge Raad, NJ 2013, 400 – canvas transfers. Der Beklagte und Revisionskläger Art&Allposters gab an, dass die Gerichte unberücksichtigt ließen, dass die Erschöpfung des Verbreitungsrechts bereits aufgrund Art. 4 InfoSoc-Richtlinie harmonisiert sei und dass nachträgliche Änderungen des Werks keine Auswirkungen auf die Erschöpfung des Verbreitungsrechts haben können. Der Revisionsbeklagte und Kläger Pictoright erwiderte, dass die Veränderung des Werks noch nicht harmonisiert sei und daher die niederländische Rechtsprechung (Poortvliet) weiterhin relevant sei. Das Berufungsgericht hatte die Verletzung des Verbreitungsrechts des Urhebers bejaht; Vorinstanz: Rechtbank Roermond, AMI 2011, S. 25ff. Die Vorinstanz hatte angenommen, dass die chemische Ablösung der Zeichnung und Anbringung auf einer Leinwand keine veränderte Erscheinungsform darstellt und daher das Veröffentlichungsrecht des Urhebers mit der ersten rechtmäßigen Veröffentlichung in Form des Posters als erschöpft angesehen.

2012 EuGH, C-419/13, Rn. 46 – Art&Allposters.

Auswirkungen auf die Erschöpfung des Verbreitungsrechts haben können. Der EuGH stellte darüber hinaus fest, dass eine rechtmäßige Verbreitung eines Werks nicht die erneute Verbreitung des Werks erfasst, wenn dieses zuvor in einer Weise geändert wurde, dass es eine neue Reproduktion des ursprünglichen Werks darstellt.[2013] Nunmehr ist der Hoge Raad am Zug, um zu entscheiden, ob im Sinne des Berufungsgerichts eine Reproduktion des Werks gegeben ist oder nicht.

4.1.2 Einschränkung zugunsten des Filmherstellers

In Art. 45b AW ist vorbehaltlich anderslautender Vereinbarung geregelt, dass der Filmproduzent auch dann das unvollendete Werk für den beabsichtigen Zweck nutzen darf, wenn der Filmurheber nicht imstande oder nicht bereit ist, das Filmwerk zu vollenden. Daraus wird geschlossen, dass der Urheber an sich die Veröffentlichung verhindern kann, wenn er das Werk selbst noch nicht als fertig gestellt ansieht.[2014]

4.1.3 Verwertungspflicht im Auftragsverhältnis

Mit dem Veröffentlichungsrecht des Inhabers der Verwertungsrechte stellte sich in der niederländischen Rechtsprechung vermehrt die Frage, ob den Auftraggeber gegenüber dem beauftragten Urheber eine Verwertungspflicht trifft. So wurde von der niederländischen Rechtsprechung angenommen, dass bei Beauftragung mit der Erstellung eines speziellen Werks die Verpflichtung des Auftraggebers einhergeht, das Werk auch zu verwerten.[2015] Nur wenn der Auftraggeber berechtigte Interessen hat, das Werk nicht zu verwerten, hat der Auftragnehmer keinen Anspruch auf Verwertung.[2016] Die fehlende Verwertung kann zu einem Rückrufsrecht des Urhe-

---

2013 EuGH, C-419/13, Rn. 46 – Art&Allposters.
2014 Quaedvlieg, ALAI, Moral rights in the 21st century, 2014, report of the Netherlands, S. 18.
2015 Spoor/Verkade/Visser, Auteursrecht, 2005, § 9.21; Lenselink in: Hugenholtz/Quaedvlieg/Visser, A Century of Dutch Copyright Law, Copyright Contract Law, S. 185; Hoge Raad, NJ 1995, 691 – negende van OMA.
2016 Lenselink in: Hugenholtz/Quaedvlieg/Visser, A Century of Dutch Copyright Law, Copyright Contract Law, S. 185.

bers führen.[2017] In der Rechtssache „KRO v. Frenkel" [2018] hatte der Hoge
Raad darüber zu entscheiden, ob der Auftraggeber aufgrund berechtigter
Interessen nicht zur Verwertung eines Auftragswerks verpflichtet ist. Im
konkreten Fall wurde *Frenkel* von der niederländischen öffentlich-rechtlichen Fernsehanstalt Katholieke Radio Omroep (KRO) zu der Erstellung
einer Fernsehdokumentation über einen im Dschungel von Malaysia lebenden kleinen Stamm von Ureinwohnern – die Senoi – beauftragt. Die
Dokumentation trägt den Titel „Dreams are alive" und beschäftigt sich mit
der Auseinandersetzung und (therapeutischen) Analyse der Senoi mit
ihren Träumen. In dem dem Auftrag zugrundeliegenden Vertrag war geregelt, dass die KRO nicht zur Ausstrahlung des Werks verpflichtet ist. Als
Frenkel das Werk fertigstellt hatte, wurde ihm jedoch in Aussicht gestellt,
dass das Werk ausgestrahlt wird. In der Folgezeit änderte die KRO jedoch
ihre Meinung und lehnte die Ausstrahlung der Dokumentation ab, da diese mit dem Bild der Fernsehanstalt nicht vereinbar sei. Nachdem die Forderung Frenkels, das Werk bis zum 1. Januar 1984 auszustrahlen, von der
KRO unberücksichtigt blieb, erhob Frenkel Klage. Der Hoge Raad urteilte,
dass bei der Verwertungspflicht des Auftraggebers auch zu berücksichtigen
sei, ob das Werk mit den Zielen und Werten des Auftraggebers vereinbar
ist. Trotz der vertraglichen Regelung, das Werk nicht ausstrahlen zu müssen, könnten jedoch die ideellen Interessen des Auftragnehmers und damit
dessen dem Veröffentlichungswunsch nicht unberücksichtigt bleiben. Der
Gerechtshof den Haag urteilte daraufhin zugunsten Frenkels[2019] und die
KRO strahlte die Dokumentation schließlich aus. Die Entscheidung löste
eine Diskussion über die *morele rechten* aus und führte zu der Frage, ob der
in Art. 25 AW enthaltene Katalog abschließend gefasst ist. Uneinigkeit
herrscht weiterhin dahingehend, ob der Wunsch des Urhebers, dass sein
Werk auch veröffentlicht wird, als *morele rechten* einzuordnen ist oder
schlicht im Rahmen der Interessenabwägung zu berücksichtigen ist.[2020]

Ebenfalls mit der Pflicht zur Veröffentlichung des Auftraggebers musste
sich der Hoge Raad in der Rechtssache „De negendo van OMA bzw. Kör-

---

2017 Spoor/Verkade/Visser, Auteursrecht, 2005, § 9.21; Lenselink in: Hugenholtz/
   Quaedvlieg/Visser, A Century of Dutch Copyright Law, Copyright Contract
   Law, S. 185. Dieses Rückrufsrecht wird auf die zivilrechtlichen Grundsätze von
   Treu und Glauben gestützt, Art. 6:2; 6:248 BW.
2018 Hoge Raad, NJW 1986, 69 – Frenkel v. KRO.
2019 Gerechtshof Den Haag, NJ 1987, 472 – Frenkel v. KRO.
2020 Siehe zur Diskussion: Quaedvlieg, ALAI, Moral rights in the 21st century,
   2014, report of the Netherlands, S. 34 m.w.N.

meling v. Vlaardingen" [2021] auseinandersetzen. Darin ging es um ein Schild, das auf dem Dach eines Altersheims befestigt werden sollte. Das Schild wurde von dem Künstler Körmeling entworfen und trug in neonfarbener Aufschrift die Worte *„de negendo OMA"* (das neunte OMA). Das Schild sollte dem in Rotterdam ansässigen Office for Metropolitan Architecture (OMA) gewidmet sein. Im Niederländischen ist „Oma" ebenfalls die Kurzform für Großmutter und die Bewohner des Altersheims waren daher gegen die Aufstellung des Schilds. Wie bereits an anderer Stelle angeführt, betonte das Gericht, dass der beauftragte Urheber Körmeling ein berechtigtes Interesse an der Aufstellung des Schildes hat und dies grundsätzlich zu der Verwertungspflicht des Auftraggebers führe. Etwas anderes gelte jedoch, wenn berechtigte Interessen Dritter betroffen sind. In diesem Fall wertete das Gericht, dass die Interessen der Bewohner des Altersheims vorrangig zu berücksichtigen seien.

4.2 Rückrufsrecht des Urhebers

Ausdrücklich ist im Auteurswet kein Rückrufsrecht des Urhebers enthalten.[2022] Nach Art. 25 Abs. 4 AW ist der Urheber jedoch nach translativer Übertragung des *auteursrecht* zu Änderungen des Werks berechtigt, die er nach dem Grundsatz von Treu und Glauben üblicherweise vornehmen darf.[2023] Dem Urheber soll danach ein Änderungsrecht im Hinblick auf wissenschaftliche Werke zustehen, um diese Werke für neue Auflagen zu aktualisieren.[2024] Das Änderungsrecht berechtigt den Urheber jedoch nicht zum Rückruf erteilter Lizenzen oder rechtsgeschäftlicher Übertragungen des *auteursrecht*.[2025] Ein Rückrufsrecht erteilter Lizenz oder Rechtsübertra-

---

2021 Hoge Raad, NJ 1995, 691 – De negendo van OMA bzw. Körmeling v. Vlaardingen. Dazu auch Grosheide in: Davies/Garnett, Moral Rights, The Netherlands, S. 499; Quaedvlieg, ALAI, Moral rights in the 21st century, 2014, report of the Netherlands, S. 36.

2022 Grosheide in: Davies/Garnett, Moral Rights, The Netherlands, S. 496.

2023 Spoor/Verkade/Visser, Auteursrecht, 2005, § 7.11; Cohen Jehoram, ALAI, The moral right of the author, 1993, Netherlands, S. 50, 183.; van der Marel/Schaap in: Rij, Moral rights, 1995, S. 118.

2024 So auch in: Rechtbank Assen, AMI 1988, 61 – Thea Beckman v. Rest Boek.

2025 Grosheide in: Davies/Garnett, Moral Rights, The Netherlands, S. 497.

gungen könnte jedoch im Einzelfall aus Art. 6:248 BW oder Art. 6:258 BW abgeleitet werden.[2026]

4.3 Zugangsrecht des Urhebers

Nach niederländischem Recht besteht kein Recht des Urhebers auf Zugang zu seinem Werk.[2027]

D. Zusammenfassung

Die vorangegangene Darstellung der Länderberichte hat gezeigt, dass sich der Inhalt und der Umfang der Urheberpersönlichkeitsrechte, *moral rights* und *morele rechten* im Arbeits- und Auftragsverhältnis eklatant unterscheiden.

I. Gesetzliche und rechtsgeschäftliche Einschränkungen des Urheberpersönlichkeitsrechts, moral rights und der morele rechten

Sowohl das englische copyright als auch das niederländische Auteurswet enthalten im Gegensatz zum deutschen Urheberrechtsgesetz zahlreiche gesetzliche Ausnahmeregelungen für die Werkschöpfung im Arbeits- und Auftragsverhältnis.

2026 Rechtbank Dordrecht, KG 1994, 27 – Mom and Dad and Santa Claus. Siehe hierzu auch Grosheide in: Davies/Garnett, Moral Rights, The Netherlands, S. 497. In der Rechtssache „Geesink v. Terra Nostra" (NJ 1964, 453) ging es um die Veröffentlichung von Zeichnungen des Künstlers Geesink, die diese 19 Jahre vor der geplanten Veröffentlichung angefertigt hatte. Inzwischen war der Stil der Zeichnungen jedoch veraltet. Das Gericht urteilte, dass es dann eine Urheberrechtsverletzung darstellen könne, wenn die Veröffentlichung zu einem völlig unterschiedlichen Zeitpunkt erfolgt als der Urheber vermuten kann. Das Gericht gab dem Urheber jedoch nicht das Recht, seine vor 19 Jahren erteilte Lizenz zurückzurufen, sondern gab dem Verlag die Auflage, das Datum der Schöpfung bei der Veröffentlichung der Zeichnungen zu nennen. Dazu auch Grosheide in: Davies/Garnett, Moral Rights, The Netherlands, S. 497; Quaedvlieg, ALAI, Moral rights in the 21st century, 2014, report of the Netherlands, S. 26; Jeroen Arnolds in: ALAI, The moral rights of the author, S. 459.
2027 Grosheide in: Davies/Garnett, Moral Rights, The Netherlands, S. 497.

Insbesondere das englische *copyright*-System der *moral rights* zeichnet sich dadurch aus, dass auch hier stets die Durchsetzung der vermögensrechtlichen Interessen im Vordergrund steht. Ist das *right to be identified as author or director* nach s. 79, subs. 3 CDPA auf den Arbeitnehmer, der im Zuge seines Arbeitsverhältnisses ein Werk im Sinne von s. 11, subs. 2 CDPA schafft, von vornherein nicht anwendbar, wird das *integrity right* so weit eingeschränkt, dass es für den Arbeitnehmer völlig bedeutungslos ist. Der Fokus auf den Schutz der Investitionen im *Copyright Law* setzt sich damit im Rahmen der *moral rights* fort. Durch die originäre Inhaberschaft des Arbeitgebers am *copyright* wird die rechtliche Sicherheit der wirtschaftlichen Verwertung gewährleistet. Die wirtschaftliche Verwertungsfreiheit des Arbeitgebers darf jedoch nach englischem Verständnis nicht durch die *moral rights* gefährdet werden. Der Investitionsschutz im *Copyright Law* bewirkt daher auch eine weite Einschränkung der *moral rights* des Arbeitnehmers. Im Rahmen der englischen Regelungsweise der *moral rights* fällt auf, dass darunter auch Rechte gefasst werden, die wie das Recht auf falsche Zuschreibung der Urheberschaft in s. 84 CDPA und das Recht auf Geheimhaltung von Fotografien und Filmen nach s. 85 CDPA sich nicht nur auf die ideellen Interessen des Urhebers, sondern auch auf allgemeine persönlichkeitsrechtliche Interessen beziehen. Die Vermischung von urheberbezogenen und allgemein ausgerichteten Rechten unter der Überschrift der *moral rights* verdeutlicht ein mit der deutschen Rechtslage unterschiedliches Verständnis des englischen Gesetzgebers für die ideellen Interessen des Urhebers. Damit wird wieder der Eindruck verfestigt, dass das englische *copyright* die *moral rights* völlig von den vermögensrechtlichen Befugnissen trennt und darunter alle Interessen fasst, die mit der wirtschaftlichen Verwertung eines urheberrechtlich geschützten Werks nichts zu tun haben.

Dieser zweckorientierte Ansatz findet sich auch im niederländischen *Auteurswet* im Umgang mit den *morelen rechten*. So wird das *droit à la paternité* nach Art. 25 Abs. 1 lit. a) AW nur dann geschützt, wenn die Billigkeit im Einzelfall nicht die Geltendmachung des Rechts ausschließt. Dieselben Einschränkungen gelten gemäß Art. 25 Abs. 1 lit. c) AW im Fall von Änderungen des Werks oder des Werktitels. Entstellungen, Verzerrungen und andere Beeinträchtigungen des Werks kann der Urheber nach Art. 25 Abs. 1 lit. d) AW dann abwehren, wenn diese die Ehre und das Ansehen des Urhebers beeinträchtigen. Ist die Ehre und das Ansehen des Urhebers objektiv beeinträchtigt, kann der Urheber nicht rechtsgeschäftlich auf die Geltendmachung der Abwehrbefugnis verzichten. Ist die Ehre und das Ansehen jedoch objektiv nicht beeinträchtigt, finden die Voraussetzungen der Werksänderung nach Art. 25 Abs. 1 lit. c) AW Anwendung und die Abwehrbefugnis ist verzichtbar. Der zweckorientierte Ansatz der *morelen rechte* zeigt sich weiter bei der teilweise vertretenen Ansicht, dass gemäß Art. 7 und 8 AW nicht nur das vermögensrechtlichen *auteursrecht*, sondern auch die *morelen rechte* originär dem Arbeit- und Auftraggeber zugeordnet werden. Die Vertreter, die Art. 7 und 8 AW auch auf die *morelen rechte* erstrecken, leiten zumindest das Recht auf Urhebernennung von den zivilrechtlichen Regelungen des BW ab[2028]. Dennoch gilt allgemein, dass der Schutzumfang der *morelen rechte* bzw. der ideellen Interessen aus dem Zivilrecht dadurch reduziert wird, dass der Auftragnehmer und Arbeitnehmer vertraglich zur Erstellung des Werks verpflichtet ist.[2029]Somit wird der Umfang der Rechte im Rahmen der Billigkeitsabwägung in der Regel weitgehend zulasten des Arbeit- oder Auftragnehmers eingeschränkt bzw. von einem stillschweigenden Verzicht auf die Abwehrrechte auszugehen sein. Die namentliche Nennung des Schöpfers wird daher weitgehend durch die Branchenübung ausgeschlossen sein. Etwas anderes kann jedoch die Billigkeitsabwägung ergeben, wenn der Schöpfer des Werks über einen Bekanntheitsgrad verfügt. Erfolgt die Veröffentlichung des Werks ohne Nennung des Schöpfers folgt daraus weiter, dass der Schutz auf Werkintegrität auch in großem Maße zulasten des Schöpfers eingeschränkt werden kann, da er nicht mit dem Werk in Verbindung gebracht werden kann und daher eine Beeinträchtigung der Ehre und des Ansehens auszuschließen ist.

Der englischen und niederländischen verwertungsfreundlichen Handhabung der *moral rights* und der *morele rechten* steht die schöpferfreundliche Systematik des deutschen Urheberrechtsgesetzes gegenüber, die keine gesetzlichen Schutzbeschränkungen enthält, die das Urheberpersönlichkeitsrecht des angestellten und beauftragten Urhebers gesondert einschränken. Allein mit § 93 UrhG ist eine Norm im deutschen Urheberrecht enthalten, die das Recht des Urhebers eines Filmwerks darauf beschränkt, nur gröbli-

---

2028 Quaedvlieg, ALAI, Moral rights in the 21st century, 2014, report of the Netherlands, S. 4.

2029 Bisher sind nur wenige Entscheidungen des Hoge Raad über die Verletzung von den morelen rechten des Urhebers ergangen. Dies wird u.a. darauf zurückgeführt, dass die Gerichte es bevorzugen eine Verletzung der vertraglichen Vereinbarungen anzunehmen, bevor sie eine Verletzung der morelen rechte diskutieren, so Quaedvlieg, ALAI, Moral rights in the 21st century, 2014, report of the Netherlands, S. 3; Grosheide in: Davies/Garnett, Moral Rights, The Netherlands, S. 498 unter Verweis auf: Hoge Raad, NJ 1974, 61 – Patrimonium v. Reijers.

che Entstellungen oder andere gröbliche Beeinträchtigungen ihrer Werke verbieten zu können.

Noch weitreichender sind hingegen die Unterschiede zwischen der deutschen, niederländischen und englischen Rechtsordnung im Hinblick auf die vertragliche Einschränkbarkeit des Urheberpersönlichkeitsrechts, *moral rights* und *morele rechten*. So kann in Deutschland die Einschränkung der Urheberpersönlichkeitsrechte nur nach umfassender Interessensabwägung unter Wahrung des Kerns des Urheberpersönlichkeitsrechts erfolgen. In der Interessensabwägung können die Verkehrsgewohnheiten, Branchenübungen und die Schöpfung im Rahmen eines Arbeitsverhältnisses Berücksichtigung finden. Das englische Recht zeichnet sich hingegen durch sehr weitreichende Verzichtsmöglichkeit auf die *moral rights* aus. Es kann für gegenwärtige und künftige Werke sowie gegenwärtig bekannte und unbekannte Nutzungsarten auf die *moral rights* verzichtet werden. Der Verzicht kann pauschal erklärt werden. Obwohl der Verzicht grundsätzlich schriftlich und eigens unterzeichnet erklärt werden muss, kommt auch dem formlosen Verzicht zumindest im Vertragsverhältnis Bindungswirkung nach dem *law of equity* zu. Darüber hinaus kann einzelnen Verletzungshandlungen zugestimmt werden. Damit wird eine völlig ungestörte Ausübung der Vermögensrechte gewährleistet. Auch nach niederländischen Recht kann nach Art. 25 Abs. 3 AW teilweise auf einzelne *morelen rechte* (auch im Voraus) verzichtet werden. Um den Schutz der *morelen rechte* zu gewährleisten, kann der Urheber jedoch nicht im Gesamten auf seine *morelen rechte* verzichten[2030]. Aus Art. 25 Abs. 1 lit. c) und d) AW i.V.m. Art. 25 Abs. 3 AW ergibt sich eine Stufenleiter der Eingriffe in ein Werk. Inhaltlich ist zunächst zwischen Änderungen im Sinne von Art. 25 Abs. 1 lit. c) AW und Entstellungen im Sinne des Art. 25 Abs. 1 lit. d) AW zu unterscheiden. Der Urheber hat gemäß Art. 25 Abs. 1 lit. c) AW nur dann ein Abwehrrecht gegen Änderungen, wenn die Geltendmachung des Rechts nicht unbillig ist. Kann der Urheber billigerweise sein Abwehrrecht gegen Änderungen geltend machen, kann er auf dieses Recht auch nach Art. 25 Abs. 3 AW verzichten. Des Weiteren ist bei den Entstellungen im Sinne des Art. 25 Abs. 1 lit. d) AW danach zu unterscheiden, ob diese die Ehre und das Ansehen des Urhebers beeinträchtigen oder nicht. Liegt eine Beeinträchtigung der Ehre und des Ansehens des Urhebers nicht vor, richten sich die Rechte des Urhebers nach Art. 25 Abs. 1 lit. c) AW und der Urheber kann daher auch auf das Abwehrrecht verzichten gemäß Art. 25

[2030] Gerbrandy, Kort commentaar op de Auteurswet 1912, 1988, S. 306; Latka, Das droit moral in den Niederlanden, 2000, S. 139.

Abs. 3 AW. Beeinträchtigt die Entstellung des Werks die Ehre und das Ansehen des Urhebers, hat der Urheber ein Abwehrrecht aus Art. 25 Abs. 1 lit. d) AW, auf das er gemäß Art. 25 Abs. 3 AW jedoch nicht verzichten kann. Soweit die *morelen rechte* bereits gesetzlich durch Billigkeitserwägungen eingeschränkt werden (Art. 25 Abs. 1 lit. a) und c) AW) und die Interessenabwägung im Rahmen der Billigkeit das Überwiegen der Interessen der verwertenden Partei ergibt, wird angenommen, dass der Urheber stillschweigend auf sein Abwehrrecht im Sinne des Abwägungsergebnisses verzichtet hat.[2031] Beinhaltet der Verzicht des Urhebers die Erklärung, das Recht auf Werkintegrität *nach Fertigstellung des Werks* nicht geltend zu machen, führt dies dazu, dass der Auftraggeber unabhängig von den dadurch entstehenden Folgekosten *vor* Fertigstellung des Werks keine Änderungen vornehmen darf.[2032] In Art. 45f AW ist ein gesetzlicher Verzicht des Urhebers eines Filmwerks enthalten, Änderungen (darunter fallen jedoch nicht Entstellungen oder Beeinträchtigungen) seines Werks abzuwehren. Bei dem Verzicht handelt es sich um eine einseitige unwiderrufliche Willenserklärung und nicht um einen Vertrag.[2033] Der Verzicht ist an keine Formerfordernisse gebunden und kann daher ausdrücklich oder stillschweigend erfolgen.[2034] Im Rahmen des rechtsgeschäftlichen Verzichts sind die allgemeinen zivilrechtlichen Grundsätze des Burgerlijk Wetboek einzuhalten, wonach ein Verzicht nach Art. 3:40 BW für nichtig erklärt werden kann, wenn er gegen die guten Sitten, die öffentliche Ordnung oder gegen gesetzliche Vorschriften verstößt. Ebenfalls ist der Grundsatz von Angemessenheit und Billigkeit nach Art. 6:248 BW zu beachten.[2035]

2031 Quaedvlieg, ALAI, Moral rights in the 21st century, 2014, report of the Netherlands, S. 27.

2032 Rechtbank Maastricht, IEPT20090729 – Loxodrome v. Fortior. In dieser Rechtssache ging es um ein Bauwerk, dessen Fertigstellung in fünf Bauphasen unterteilt wurde. Der Urheber erklärte in dem Vertrag, dass er "nach Fertigstellung" des Werks sich keinen Änderungen widersetzen würde. Das Gericht urteilte, dass der Auftraggeber erst nach Abschluss der jeweiligen Bauphase berechtigt war, Änderungen vorzunehmen, selbst wenn dies beim Auftraggeber zu einem höheren Aufwand und Kosten führen wird. Dazu auch Quaedvlieg, ALAI, Moral rights in the 21st century, 2014, report of the Netherlands, S. 27;

2033 Europäische Kommission, study ETD/99/B5-3000/E°28 2000, S. 109; van der Marel/Schaap in: Rij, Moral rights, 1995, S. 118.

2034 Jeroen Arnolds in: ALAI, The moral rights of the author, S. 456.

2035 Spoor/Verkade/Visser, Auteursrecht, 2005, S. 304; Latka, Das droit moral in den Niederlanden, 2000, S. 141.

II. Recht auf Anerkennung der Urheberschaft

Sowohl nach niederländischem als auch nach deutschem Recht steht dem angestellten und dem beauftragten Werkschöpfer das Recht zu, als Urheber bezeichnet zu werden. Dies beinhaltet sowohl nach deutschem und auch niederländischen Recht auch das Recht, sich gegen fremde Angriffe auf die Urheberschaft zur Wehr zu setzen. Im niederländischen Recht gilt dies auch dann, wenn der Arbeit- oder Auftraggeber originäre Inhaber des *auteursrecht* sind. Nach deutschem und niederländischem Recht wird dieses Recht jedoch nicht ohne Einschränkung gewährt. Grundsätzlich und damit auch im Arbeits- und Auftragsverhältnis wird im niederländischen Recht das Recht des Urhebers auf Urhebernennung gesetzlich durch Billigkeitserwägungen begrenzt. Dabei kommt auch der Branchenübung eine bedeutende Rolle zu. Eine Urheberbezeichnung ist danach nicht aufzunehmen, wenn diese branchenunüblich ist. Die Prüfung der Billigkeit erfolgt im Rahmen einer Interessenabwägung. Der wirtschaftliche Aspekt des Rechts auf Urhebernennung gewinnt in der niederländischen Rechtsprechung zunehmend an Bedeutung. Da das Recht auf Urhebernennung auch dazu dient, namentlich bekannt zu werden und neue Aufträge zu akquirieren, kann die Urhebernennung dann unbillig sein, wenn der Werkschöpfer bereits allgemein bekannt ist. Das Recht des Filmurhebers, als Urheber bezeichnet zu werden, ist in einer speziellen Norm geregelt. Danach hat der Filmurheber das Recht, seinen Namen an dafür gebräuchlicher Stelle im Vor- oder Abspann des Films nennen zu lassen. Zudem hat der Filmurheber das Recht, dass dieser Vor- oder Abspann auch tatsächlich ausgestrahlt wird. Das Kriterium der Branchenüblichkeit spielt auch im deutschen Recht eine entscheidende Rolle. Der angestellte Werkschöpfer kann nach deutschem Recht dann die Nennung als Urheber nicht verlangen, wenn diese dem betrieblichen Zweck des Arbeitgebers zuwiderläuft oder betriebsüblich ist. Die Einschränkung des Rechts, fremde Angriffe auf die Urheberschaft abzuwehren, darf nach deutschem Recht jedoch nicht so weit reichen, dass der Kern des Urheberpersönlichkeitsrechts tangiert wird. Für Ghostwriter-Abreden bedeutet dies nach aktueller Rechtsprechung, dass eine Einschränkung unter Zugrundelegung des Gedankens von § 41 Abs. 4 UrhG nicht für einen längeren Zeitraum als von fünf Jahren erfolgen darf. Der Ghostwriter kann daher nach deutschem Recht maximal für einen Zeitraum von fünf Jahren zum Schweigen über seine Urheberschaft verpflichtet werden.

Nach englischem Recht hat der angestellte Werkschöpfer kein Recht, als *author* oder *director* genannt zu werden oder sich einer fälschlichen Anmaßung der Urheberschaft an seinen Werken zur Wehr setzen.[2036] Dem beauftragten Werkschöpfer steht nach s. 78 CDPA das Recht, sich als Urheber zu bezeichnen, erst dann zu, wenn er es gesondert geltend gemacht hat. Und auch selbst, wenn dies erfolgt ist, unterliegt der Schutzumfang weiteren gesetzlichen Einschränkungen nach s. 79 CDPA. Hat der beauftragte Urheber in England all diese Hürden überschritten, steht er jedoch vor der weiteren Entscheidung, ob er das Recht auch tatsächlich geltend machen möchte. Mit der Bezeichnung als Urheber wird ihm zwar die Chance eröffnet, namentlich bekannt zu werden und dadurch Folgeaufträge akquirieren zu können. Gleichzeitig setzt er sich damit auch der Gefahr aus, mit der Geltendmachung des Rechts in die Missgunst potentieller Auftraggeber zu fallen und auf die sogenannten *black list* gesetzt zu werden. Verzichtet er hingegen auf sein Recht bzw. macht er es im Fall von s. 77 CDPA erst gar nicht geltend, erhöht er dadurch seine Chance, zumindest von diesem Auftraggeber weitere Aufträge generieren zu können und auf die sogenannte *white list* aufgenommen zu werden. Da der Vertragsschluss häufig erst nach Beginn der Auftragsarbeiten erfolgt, steht der beauftragte Urheber noch vor Fertigstellung des Werks vor der Gefahr, dass es zu keinem Vertragsschluss kommt und er für seine bereits getätigten Ausgaben nicht entschädigt wird. Hat der beauftragte Werkschöpfer das Recht, sich als Urheber zu bezeichnen, geltend gemacht, folgt daraus auch indirekt das Recht, sich gegen Dritte zu wehren, die die Urheberschaft des Werks in Anspruch nehmen. Inwieweit die Geltendmachung des Rechts nach s. 78 CDPA auch gegenüber Dritten wirkt, bestimmt sich danach, ob der Urheber sein Recht zeitgleich mit der vertraglichen Regelung der Vermögensrechte in Form einer Übertragung oder in Form einer Lizenzvereinbarung geltend macht oder die Geltendmachung in Form einer Urkunde erfolgt. Erfolgt die Geltendmachung im Rahmen eines *assignment*, ist der Urheber gegenüber jedermann zur Abwehr einer falschen Urheberbezeichnung berechtigt. Macht der Urheber das Recht im Rahmen der Lizenzvereinbarung geltend, sind diejenigen zur Wahrung des Rechts verpflichtet, die von der Lizenzvereinbarung und der Geltendmachung Kenntnis erlangt haben. Darüber hinaus kann der Urheber auch im Nach-

---

2036 Daneben stehen dem Urheber jedoch auch Rechte des Common Law zu Verfügung. Hier kommen insbesondere die Klage auf Schadensersatz wegen böswilliger Unwahrheit (tort of malicious falsehood) in Betracht. Diese kann in Ausnahmefällen auch gegen Dritte durchgesetzt werden, mit denen der Urheber vertraglich nicht verbunden ist. Siehe hierzu Ellins, Copyright law, 1997, S. 210.

hinein das Recht geltend machen und Dritte dadurch zur Einhaltung zwingen. Hat der Urheber hingegen das Recht nicht geltend gemacht oder hat er nach Geltendmachung darauf verzichtet, kann er auch Angriffe Dritter auf seine Urheberschaft nicht mehr abwehren.

III. Recht auf Schutz der Werkintegrität

§ 14 UrhG gibt auch dem angestellten Werkschöpfer das Recht auf Schutz der Werkintegrität. Dem angestellten Werkschöpfer steht nach englischem Recht das Recht auf Schutz der Werkintegrität nur dann zu, wenn er zuvor als Urheber bzw. Regisseur namentlich genannt worden ist. Selbst, wenn dies der Fall ist, ist das *integrity right* des angestellten Werkschöpfers dann nicht verletzt, wenn der Arbeitgeber einen Disclaimer aufnimmt, in dem er den angestellten Urheber bzw. angestellten Regisseur von der Änderung distanziert. Da der angestellte Urheber nach s. 79, subs. 3 CDPA keinen Anspruch hat, als Urheber oder Regisseur bezeichnet zu werden, und es für den Arbeitgeber ein Leichtes ist, einen Disclaimer aufzunehmen, wird das *integrity right* für den angestellten Urheber dadurch nahezu bedeutungslos. Ob das Recht aus § 14 UrhG verletzt ist, ermittelt sich im Wege der Interessensabwägung durch Gegenüberstellung der Interessen des Urhebers auf Bestandschutz und der vermögensrechtlichen Interessen des Verwerters. Im Rahmen der Abwägung wird die Art und Intensität des Eingriffs, die Gestaltungshöhe berücksichtigt sowie, ob das Werk im Rahmen eines Auftrags- oder Arbeitsverhältnis geschaffen wurde. Ist das Werk im Rahmen eines Auftrags- oder Arbeitsverhältnisses geschaffen worden und ist daher der Arbeitgeber und Auftraggeber auf die Verwertung des Werks und eine diesbezügliche Veränderung des Werks angewiesen, ist dies im Rahmen der Abwägung ebenfalls zu berücksichtigen. Das Recht aus § 14 UrhG kann nach § 39 UrhG vertraglich eingeschränkt werden. Dabei ist jedoch wiederum der Kern des Urheberpersönlichkeitsrechts zu berücksichtigen, der nicht eingeschränkt werden kann. Insgesamt hat das deutsche Recht auf Schutz der Werkintegrität einen weiten Schutzbereich und bietet durch die Abwägung der Interessen eine Grundlage für eine flexible und angemessene Entscheidung der Gerichte im Einzelfall. Nach niederländischem Recht ist zwischen zwei Ansichten zu unterscheiden: Die Vertreter, die davon ausgehen, dass dem Arbeit- bzw. Auftraggeber auch die *morele rechten* originär zugewiesen werden, weisen auch dem Arbeit- bzw. Auftraggeber das Recht zu, über Änderungen des Werks zu bestimmen. Folgt man jedoch der Ansicht, dass der angestellte und beauftragte

Werkschöpfer Inhaber der morele rechten sind, kann sich sowohl der angestellte als auch beauftragte Werkschöpfer – mit Ausnahme des Filmurhebers – gegen Änderungen des Werks zur Wehr setzen, soweit diese nicht unbillig ist. Dabei sind die Billigkeitsanforderungen nach niederländischem Recht in Bezug auf den angestellten Werkschöpfer hoch anzusetzen. Weiter kann sich der angestellte und beauftragte Werkschöpfer – nun inklusive des Filmurhebers – auch gegen die Entstellung und Beeinträchtigung des Werks zur Wehr setzen. Das Recht ist jedoch dann nicht verzichtbar, wenn nach objektiven Gesichtspunkten die Ehre und das Ansehen des Werkschöpfers beeinträchtigt sind. Hat der Urheber der Änderung des Werks zugestimmt, ist in der Regel anzunehmen, dass die Ehre und das Ansehen des Urhebers nicht betroffen sind.

In Bezug auf den beauftragten Werkschöpfer findet das *integrity right* grundsätzlich Anwendung. Der Anwendungsbereich wird jedoch durch die Aufzählung zahlreicher Ausnahmen erneut sehr eingeschränkt. Beispielsweise kann sich der beauftragte Werkschöpfer nicht gegen Änderungen wehren, die von ihm erstellte Computerprogramme oder computererzeugte Werke betreffen. Viel weiter reichen jedoch die Ausnahmen im Bereich des Journalismus. Das Recht auf Schutz gegen Beeinträchtigung ist nicht anwendbar, wenn das Werk zum Zwecke der Berichterstattung über Tagesereignisse geschaffen wurde oder das Werk der Literatur, des Dramas, der Musik oder der bildenden Kunst in einer Zeitung, Zeitschrift, ähnlicher Erscheinungsart oder in einer Enzyklopädie, einem Nachschlagewerk, einem Jahresbuch oder in anderem Sammelwerk veröffentlicht wird und das Werk für diesen Zweck geschaffen wurde. Generell erfasst das integrity right nur den Schutz vor direkten Eingriffen in die Werksubstanz und schützt daher nicht davor, dass das Werk in einen falschen Sachzusammenhang gebracht wird und dadurch beeinträchtigt wird. Auch fällt die völlige Zerstörung eines Werks nicht in den Schutzbereich der s. 80 CDPA. Insgesamt lässt das CDPA den Gerichten nur wenig Ermessensspielraum.

IV. Rückrufsrechte

Einzig das deutsche Urheberrecht enthält mit § 41 UrhG ein Rückrufsrecht wegen Nichtausübung und mit § 42 UrhG ein Rückrufsrecht wegen gewandelter Überzeugung. Diese Rückrufsrechte stehen grundsätzlich auch dem angestellten und beauftragten Werkschöpfer zu. Das Rückrufsrecht wegen Nichtausübung aus § 41 UrhG wird jedoch durch Inhalt und Wesen des Arbeits- und Dienstverhältnisses erheblich eingeschränkt, da der Arbeitnehmer keinen Anspruch auf Verwertung des Werks durch den Arbeitgeber hat. Im Rahmen der Interessenabwägung ist zu berücksichtigen, dass die vermögensrechtlichen Interessen des Urhebers grundsätzlich bereits mit der Lohnzahlung erfüllt sind. Die Interessen des angestellten Urhebers können die Interessen seines Arbeitgebers dann überwiegen, wenn der Arbeitgeber überhaupt kein Interesse an der Verwertung zeigt. Eine weitere Einschränkung erfährt das Rückrufsrecht wegen Nichtausübung im Dienstverhältnis. Da der Beamte zur Zurückstellung aller persönlichen Interessen in Bezug auf seine Arbeitsergebnisse verpflichtet ist, ist die Geltendmachung des Rückrufsrechts durch den Beamten auf besondere Ausnahmefälle reduziert. Auch das Rückrufsrecht aus § 42 Abs. 1 S. 1 UrhG steht dem angestellten und beauftragten Werkschöpfer zu, wird jedoch auch zu deren Lasten eingeschränkt. Da gesetzliche Lizenzen nicht dem Rückrufsrecht nach § 42 UrhG unterliegen, kann der angestellte Programmierer das Nutzungsrecht an dem Computerprogramm nicht zurückrufen. Generell ist die Bedeutung des Rückrufsrecht aus § 42 UrhG gering, auch weil der Verwerter ein überholtes Werk in der Regel auch nicht verwerten möchte und der Urheber mit dem Nutzungsberechtigten auch ohne Geltendmachung des Rückrufs eine gemeinsame Vorgehensweise wie beispielsweise die Abänderung des Werks finden werden. Die Interessenlage des angestellten Urhebers unterscheidet sich hierbei zu der des beauftragten Urhebers nicht wesentlich. Bei der Interessenabwägung ist hauptsächlich die Schöpfungshöhe zu berücksichtigen. Im Arbeitsverhältnis wird jedoch die Spanne der Zumutbarkeit erweitert. Für dienstverpflichtete Urheber ist der Anwendungsbereich des § 42 UrhG weiter eingeschränkt. Wie bereits angeführt, enthält weder das englische noch das niederländische Recht ein Rückrufsrecht des Werkschöpfers. In einzelnen Fällen haben englische Gerichte jedoch trotz vertraglicher Übertragung des Urheberrechts ein Verwertungsrecht des Erwerbers verneint. Diese Verwertungsverbote stützten sich jedoch auf die Unwirksamkeit der Verträge aufgrund mangelnder Geschäftsfähigkeit. Neben der geschäftlichen Unerfahrenheit minderjähriger Vertragspartner hat in der Vergangenheit jedoch auch zeitlich unbefristete, unentgeltliche Lizenzen zu einem Rückrufsrechts führen des Werkschöpfers geführt. Das niederländische Auteurswet enthält wiederum mit Art. 25 Abs. 4 AW das Recht des Werkschöpfers, auch noch nach translativer Übertragung des *auteursrecht* Änderungen des Werks vorzunehmen, wenn er diese von dem Grundsatz von Treu und Glauben gedeckt sind. Dem Urheber soll danach ein Änderungsrecht im Hinblick auf wissenschaftliche Werke zustehen, um diese Werke für neue

Auflagen zu aktualisieren. Das Änderungsrecht berechtigt den Urheber jedoch nicht zum Rückruf erteilter Lizenzen oder rechtsgeschäftlicher Übertragungen des *auteursrecht.*

V. Veröffentlichungsrecht

Im Gegensatz zum CDPA und zum Auteurswet regelt das deutsche Urheberrechtsgesetz das Veröffentlichungsrecht nach § 12 UrhG nicht als Vermögensrecht, sondern als Urheberpersönlichkeitsrecht. Inhaltlich führt dies nur zu Unterschieden im Hinblick auf die Frage, wer über die Veröffentlichungsreife des Werks entscheiden darf.

Im englischen und niederländischen Recht folgt jeweils aus der Einordnung des Veröffentlichungsrechts als Vermögensrecht, dass das Recht über das „ob" und das „Wie" der Veröffentlichung zu entscheiden, demjenigen zusteht, der berechtigt ist, das Werk auszuwerten. Da der Arbeitgeber originärer Inhaber des *copyright* ist, kann er damit auch über das „Ob" und „Wie" der Veröffentlichung entscheiden. Wird dem Auftraggeber die vermögensrechtliche Verwertung in Form einer Übertragung oder einer Lizenz eingeräumt, steht ihm auch das Recht zu, über die Veröffentlichung zu entscheiden. Das Veröffentlichungsrecht ist auch von der Übertragung des Urheberrechts an künftigen Werken erfasst.[2037] Dies gilt auch für die Übertragung des Urheberrechts an bereits bestehenden Werken im Rahmen des Auftragsverhältnisses. Insoweit stimmt das niederländische Recht mit dem englischen Recht überein. Besondere Relevanz hat in der niederländischen Rechtsprechung darüber hinaus die Frage erlangt, ob aus dem Veröffentlichungsrecht des Auftraggebers auch eine Verwertungspflicht des Auftragswerks folgt. Grundsätzlich ist diese zu bejahen, außer, der Auftraggeber kann berechtigte Interessen geltend machen, das Werk nicht zu verwerten. Auch nach deutschem Recht ist der angestellte und beauftragte Werkschöpfer verpflichtet dem Arbeit- bzw. Auftraggeber die Veröffentlichungsrechte in der Weise zu überlassen, dass diese ihre wirtschaftlichen Interessen verfolgen können. Im Einzelnen bedeutet dies, dass weder der angestellte noch der beauftragte Urheber über das „Ob" der Veröffentlichung entscheiden können. Auch die Entscheidung über das „Wie" ist in beiden Fällen eingeschränkt, dass sie nur über die Veröffentlichungsreife

---

2037 Im Einzelfall kann bei der Übertragung aller künftiger Werke jedoch der Vertrag nach den Regeln der *restraint of trade* unwirksam sein, sodass damit auch das Veröffentlichungsrecht des Auftraggebers entfallen würde.

entscheiden können. Beim Arbeitnehmer kommt hinzu, dass dieser nach Ablauf einer angemessenen Frist auch ein Werk veröffentlichen kann, das der Arbeitnehmer selbst nicht als veröffentlichungsreif einordnet. Da auch das Veröffentlichungsrecht nach deutschem Recht nicht übertragbar ist, wird es in der Regel durch die Einräumung vermögensrechtlicher Befugnisse durch den Urheber ausgeübt.

VI. Recht gegen falsche Zuschreibung der Urheberschaft

Sowohl das deutsche, das englische und das niederländische Recht schützen eine Person davor, die Urheberschaft eines Werks zugeordnet zu bekommen, das sie nicht geschaffen hat. Der Unterschied liegt allein in der Verortung des Schutzes. Während nach deutschem Rechtsverständnis das Recht, sich gegen die falsche Zuschreibung fremder Werke zu wehren, nicht dem Urheberpersönlichkeitsrecht, sondern aus dem Allgemeinen Persönlichkeitsrecht aus Art. 2 Abs. 1 GG, Art. 1 Abs. 1 abgeleitet wird, wird im englischen Urheberrecht es als *quasi-moral right* in s. 84 CDPA angesehen. Im niederländischen Recht macht sich derjenige hingegen strafbar Art. 326 b Wetboek van Strafrecht (niederländisches Strafgesetzbuch), wer einen Urhebernamen verfälscht.

§ 6 Die prozessrechtlichen Befugnisse des Arbeits- und Auftraggebers nach deutschem, englischem und niederländischem Recht

Während der Arbeit- und Auftraggeber nach deutschem Recht als Inhaber eines Nutzungsrechts seine Rechte nur mit Ermächtigung des Werkschöpfers im Wege der gewillkürten Prozessstandschaft[2038] geltend machen[2039], unterscheidet sich die Rechtslage nach niederländischen und englischem

---

2038 Allgemein dürfen die Urheberpersönlichkeitsrechte nicht durch einen Dritten im eigenen Namen geltend gemacht werden, BGH GRUR 1983, 379 (381) – Geldmafiosi; LG Köln, Urteil vom 23. September 2009, Az.:28 O 250/09, ZUM 2010, 369 (370).Teilweise wird auch vertreten, dass innerhalb des Kernbereichs des Urheberpersönlichkeitsrechts auch keine gewillkürte Prozessstandschaft möglich sein soll; So Bullinger in: Wandtke/Bullinger, vor § 12 UrhG Rn. 5. A.A. BGH ZUM 2010, 792 (794) – Klingeltöne für Mobiltelefone II.

2039 Schulze in: Dreier/Schulze, § 31 UrhG Rn. 51; Gamm, Urheberrechtsgesetz, 1968, § 31 UrhG Rn. 11; die erforderliche Zustimmung des Rechtsinhabers kann sich aus dem Verwertungsvertrag ergeben. Zudem muss der einfache Li-

Recht, wenn der Arbeit- bzw. Auftraggeber Rechtsinhaber des *auteursrecht* bzw. des *copyright* ist. So kann der Arbeitgeber bzw. Auftraggeber nach englischem Recht im Fall der originären oder abgeleiteten Inhaberschaft des *copyright* auch *copyright infringement* Prozesse im eigenen Namen aus eigenem Recht führen.[2040] Will der *beneficial owner*[2041] des *copyright* eigenständig Prozesse führen, muss er zuvor sein Billigkeitsrecht geltend machen, um zum *legal owner* zu werden.[2042] Schließt er sich zuvor mit dem *legal owner* des *copyright* zu einer Streitgenossenschaft zusammen, ist er als *beneficial owner* jedoch auch aktivlegitimiert.[2043] Der Inhaber einer exklusiven Lizenz ist gegenüber Dritten – nicht hingegen gegenüber dem Lizenzgeber – aktivlegitimiert, wenn er sich mit dem Urheber zu einer Streitgenossenschaft zusammenschließt.[2044] Er ist nur dann berechtigt, alleine einen Rechtsprozess zu führen, wenn der Urheber tot oder nicht auffindbar ist.[2045]

Hinsichtlich der moral rights gilt hingegen, dass nach s. 103 (1) CDPA allein der Inhaber der *moral rights*, d. h. der Werkschöpfer oder sein Rechtsnachfolger, berechtigt ist, die Verletzung der *moral rights* geltend zu machen. Da die *moral rights* nicht als Bestandteil des *copyright* zählen, kann deren Verletzung nicht als *copyright infringement*, sondern nur im Wege einer *breach of statutory duty* (Verletzung einer gesetzlich auferlegten Pflicht) oder einer *action in torts* (unerlaubten Handlung) erfolgen.[2046] Die

---

zenznehmer über ein berechtigtes Interesse verfügen. Dieses ist anerkannt, soweit die Rechtsverletzung die ihm eingeräumten Nutzungsbefugnisse berühren, so BGH GRUR 61, 635 – Stahlrohrstuhl I, ebenso bei Wahrnehmung von Ansprüchen aus Urheberpersönlichkeitsrecht, soweit diese Ansprüche übertragbar sind, so BGH, ZUM 1990, 180 (182) – Emil Nolde, und bei Vorliegen einer Einziehungsermächtigung, siehe dazu BGH GRUR 1960, 630 (631) – Orchester Graunke.

2040 Pilny, Der englische Verlagsvertrag, 1989, S. 127.
2041 Siehe die Ausführungen in § 4 B.VI.
2042 Copinger/Garnett/Skone, Copinger and Skone James on copyright, 2011, 5-190, S. 342.
2043 Siehe hierzu Laddie, 22.83, S. 980 ff m.w.N.; Bently/Sherman, Intellectual property law, 2014, Chapter 11, S. 255; Copinger/Garnett/Skone, Copinger and Skone James on copyright, 2011, 5-190, S. 342.
2044 Institute for Information Law, study on the conditions applicable to contracts relating to Intellectual Property in the European Union, 2002, S. 128; Bently/Cornish in: Geller, International copyright law and practice, UK, § 8 [4].
2045 Institute for Information Law, study on the conditions applicable to contracts relating to Intellectual Property in the European Union, 2002, S. 128; Pilny, Der englische Verlagsvertrag, 1989, S. 134.
2046 Davies/Garnett, Moral rights, 2010, S. 34; Cornish, (449).

Trennung der Vermögensrechte von den *moral rights* verdeutlicht den im *copyright* vorherrschenden Dualismus. Aus der Trennung des *copyright* von den *moral rights* lässt sich ebenfalls schließen, dass die *moral rights* nicht – wie es bei den Vermögensrechten der Fall ist – dem *law of property* zugeordnet werden können. S. 103 (1) CDPA erweitert damit die Rechtsposition des s. 43 *Copyright Act 1956*, nach der nur die falsche Zuordnung im Rahmen des *breach of statutory duty* verfolgt werden konnte. Für die Geltendmachung eines *breach of statutory duty*[2047] finden die Regelungen des *tort* Anwendung mit der Folge, dass für die gerichtliche Geltendmachung einer Verletzung von *moral rights* es nicht notwendig ist, einen tatsächlich erlittenen Schaden darzulegen.[2048]

Für den Fall, dass es sich um eine Verletzung des Rechts auf Schutz der Werkintegrität nach s. 80 CDPA handelt, schränkt s. 103, 2. Abs. CDPA die Möglichkeit einer Unterlassungsverfügung ein, wenn die Beeinträchtigung des Werks im Einzelfall angemessen ist und ein *disclaimer* aufgenommen wird, die den Urheber oder den Filmregisseur von der Bearbeitung des Werks distanziert.[2049] Die Möglichkeit, als Vorstufe einer Unterlassungsverfügung einen *disclaimer* aufzunehmen, gibt dem Gericht die Möglichkeit, nach der Schwere der Beeinträchtigung des Werks abzuwägen. Gibt das Gericht zu verstehen, dass es der Ansicht ist, dass das *integrity right* verletzt ist, wird daher der Beklagte einen *disclaimer* aufnehmen, um den Erlass einer Unterlassungsverfügung zu verhindern. S. 103, 2. Abs. CDPA steht unter Kritik.[2050] Ist das *integrity right* eines Architekten verletzt, kann dieser im Rahmen der Unterlassungsverfügung nur verlangen, dass sein Name auf dem Bauwerk entfernt wird, sofern sich eine Urheberbezeichnung auf dem Gebäude befindet.[2051] Darüber hinaus kann nach s. 103, 2. Abs. CDPA die verspätete Geltendmachung des Urhebernennungsrechts

---

2047 Ein zivilrechtlicher Anspruch aus einem *breach of statutory duty* ist dann gegeben, wenn eine gesetzliche Pflicht eines Schutzgesetzes verletzt wird und der Kläger in den Schutzbereich der Norm fällt. Ob ein Schutzgesetz vorliegt, ermittelt sich durch Auslegung oder durch den Wortlaut der Norm selbst. Nach s.103 (1) handelt es sich bei den moral rights um Schutzgesetze. Dazu näher: Laddie/Prescott/Vitoria, The modern law of copyright and designs, 2011, 13. 43.

2048 Clark v. Associated Newspapers Ltd [1998] 1 W.L.R. 1558, 1564; dazu auch Davies/Garnett, Moral rights, 2010, 10-050, S. 329; 10-056, S. 331 führt an, dass die Verletzung des Rechts aus s. 77 CDPA mit dem Schaden des Verlusts von Anerkennung und Ehre für die Arbeit bemessen wird.

2049 Siehe dazu nochmals die vorangegangenen Ausführungen in § 5 B. IV.2.

2050 Siehe dazu Davies/Garnett, Moral rights, 2010, 8-042, S 263; 10-052, S. 331.

2051 S. 80, 5. Abs. CDPA.

nach s. 78 CDPA bei der Höhe des zu ersetzenden Schadens berücksichtigt werden. Trotz der gesetzlichen Einschränkungen im Hinblick auf die prozessrechtliche Einschränkung der Verletzung von *moral rights* geben 11,4% der professionellen Urheber literarischer Werke[2052] und 10,1% der Urheber audiovisueller Werke[2053] im Vereinigten Königreich an, dass sie Streitigkeiten über *moral rights* führen. Dabei liegt das durchschnittliche Jahreseinkommen[2054] bei den Urhebern höher, die Streitigkeiten über die *moral rights* führen.[2055] Die Urheber der Werke der bildenden Kunst befinden sich im Durchschnitt häufiger in Streitigkeiten über die *moral rights* als ihre Kollegen der literarischen Werke in Großbritannien. So gaben 21% der Künstler an, dass sie Streitigkeiten über *moral rights* führen. Dies kann daran liegen, dass die Künstler im Vergleich zu den Urhebern literarischer Werke weniger häufig rechtlichen Rat einholen und es dadurch zu Missverständnissen in der Vertragsausführung kommt.[2056] Daneben können auch die sich verschlechternden Vertragsbedingungen eine Rolle spielen[2057]. Durchschnittlich betreffen die Streitigkeiten über die *moral rights*

2052 Kretschmer/Hartwick, Authors' earnings from copyright and non-copyright sources, 2007, S. 179.

2053 Kretschmer/Hartwick, Authors' earnings from copyright and non-copyright sources, 2007, S. 190.

2054 So lag das durchschnittliche Jahreseinkommen von Urhebern, die Streitigkeiten führen bei von £ 34.732 und denjenigen, die keine Streitigkeiten führen bei £31.691, siehe Kretschmer/Hartwick, Authors' earnings from copyright and non-copyright sources, 2007, S. 198.

2055 Die deutschen Urheber literarischer Werke führen hingegen doppelt bzw. dreifach so viele Streitigkeiten wie ihre englischen Kollegen. 24,6% der professionellen Urheber literarischer Werke (S. 169) und 37,8% der Urheber audiovisueller Medien (S. 190) in Deutschland geben an, dass sie Streitigkeiten über Urheberpersönlichkeitsrechte führen. Auch in Deutschland verfügen die Urheber, die über das Urheberpersönlichkeitsrecht verhandeln, durchschnittlich über ein höheres Jahreseinkommen. Die Autoren, die Streitigkeiten über Urheberpersönlichkeitsrechte führen, verfügten über ein durchschnittliches Einkommen von € 25.863. Die Autoren, die keine Streitigkeiten führen, verfügten hingegen über ein geringeres jährliches Durchschnittseinkommen von € 17,586, siehe Kretschmer/Hartwick, Authors' earnings from copyright and non-copyright sources, 2007, S. 198.

2056 Im Gegensatz zu 65% der Urheber literarischer Werke holen nur 15% der Künstler vor Unterzeichnung vertraglicher Regelungen rechtlichen Rat ein, siehe Kretschmer/Hartwick, Authors' earnings from copyright and non-copyright sources, 2007, S. 175 und Kretschmer/Singh/Bently/Cooper, Copyright contracts and earnings of visual creators, 2011, S. 69.

2057 Insbesondere die Fotografen sind aufgrund der Digitalisierung schlechten Vertragsbedingungen ausgesetzt und fangen nun an, sich auch gerichtlich zur

im Bereich der Werke der bildenden Kunst überwiegend das Recht, als Urheber genannt zu werden (55%)[2058] und nur nachrangig das *integrity right*. Betrachtet man die einzelnen Werkarten innerhalb der bildenden Künste, fordern überwiegend die Fotografen gerichtlich das Recht ein, als Urheber genannt zu werden (70%[2059]). Dies lässt sich wohl darauf zurückführen, dass den Fotografen bei den Verhandlungen besonders das Nennungsrecht von Bedeutung ist, in der Praxis jedoch nur 38% der Fotografen in der Regel (in 75-100% der Fälle) namentlich genannt werden.[2060] Im Gegensatz dazu klagen die Illustratoren vorwiegend wegen der Verletzung des *integrity right* (59%[2061]). Dies lässt sich wohl darauf zurückführen, dass die Illustratoren mehr Verhandlungen über das *integrity right* führen[2062] und die Verletzung des Urhebernennungsrechts nicht so gravierend ist, da 74% Illustratoren in der Regel (in 75-100% der Fälle) namentlich genannt werden.[2063]

Neben den *breach of statutory duty* kann der *author* auch die im *Common Law* bestehenden Rechtsbehelfe in Anspruch nehmen, die ihm in Bezug auf die *moral rights* zustehen.[2064] Trotz des Wortlauts in s. 171, 4. Abs. CDPA *„acts infringing any of the rights"*, sollen davon auch die Handlungen erfasst sein, die die *moral rights* aufgrund eines erklärten *waiver* oder *consent* nicht verletzen.[2065] Relevant sind besonders die vertragsrechtlichen Ansprüche, die Ansprüche des *Common Law* und dabei die Rechtsbehelfe des

---

Wehr zu setzen, Kretschmer/Singh/Bently/Cooper, Copyright contracts and earnings of visual creators, 2011, S. 104.

2058 45% der Streitigkeiten betrafen das *integrity right*, Kretschmer/Singh/Bently/Cooper, Copyright contracts and earnings of visual creators, 2011, S. 105. Betrachtet man die einzelnen Werkarten innerhalb der bildenden Künste, ergibt sich im Bezug auf Fotografen ein noch deutlicheres Überwiegen der Streitigkeiten bezüglich des Rechts, als Urheber genannt zu werden.

2059 Kretschmer/Singh/Bently/Cooper, Copyright contracts and earnings of visual creators, 2011, S. 106.

2060 Kretschmer/Singh/Bently/Cooper, Copyright contracts and earnings of visual creators, 2011, S. 80.

2061 Kretschmer/Singh/Bently/Cooper, Copyright contracts and earnings of visual creators, 2011, S. 106.

2062 Kretschmer/Singh/Bently/Cooper, Copyright contracts and earnings of visual creators, 2011, S. 76.

2063 Kretschmer/Singh/Bently/Cooper, Copyright contracts and earnings of visual creators, 2011, S. 80.

2064 S. 171, 4. Abs. CDPA.

2065 Adeney, The moral rights of authors and performers, 2006, 14.167, S. 433f unter Hinweis darauf, dass jedoch in diesem Fall zu prüfen ist, ob der *waiver* oder *consent* die Rechtsdurchsetzung hemmt (*estoppel*).

law of torts.[2066] Das *law of torts* unterscheidet nach den Handlungsformen zwischen *tort of passing-off* (Schutz gegen Verwechslungsgefahr)[2067], *tort of defamation* (Schutz vor Rufschädigung)[2068] und dem *tort of breach of confidence* (Geheimnisschutz)[2069] sowie injurious falsehood (Schutz gegen üble Nachrede). Neben dem *law of tort* kann der Urheber auch aus dem *law of contract*[2070] vorgehen. Die Rechtsbehelfe des *Common Law* werden durch die Normen des CDPA nicht verdrängt und können neben den *breach of*

2066 Einen Überblick über das *law of torts* bietet Adeney, The moral rights of authors and performers, 2006, 14.165-14.193, S. 433-440; Alemdjrodo, Das Urheberpersönlichkeitsrecht, 2005, S. 51ff.

2067 Wird ein Werk ohne Erlaubnis des Urhebers geändert und in der geänderten Form vermarktet ohne klarzustellen, dass die Änderungen nicht durch den ursprünglichen Urheber vorgenommen wurden, kann der Urheber in seinem Recht aus *passing off* verletzt sein. Will der Urheber die unerlaubte Handlung im Rahmen des Rechts des *passing off* geltend machen, muss er beweisen, dass sein Geschäftswert (goodwill) betroffen ist und dieser durch die Handlung tatsächlich oder wahrscheinlich zu Schaden kommt. Dazu näher: Adeney, The moral rights of authors and performers, 2006, 14.185, S. 438.

2068 Die *tort of defamation* schützt eine Person vor Rufschädigung. *Tort of libel* betrifft die Rufschädigungen in Schrift, die *tort of slander* die mündliche Rufschädigung. Ein *tort of defamation* kann vorliegen, wenn ein Werk des Urhebers ohne dessen Zustimmung verändert wurde oder ein fremdes Werk fälschlicherweise als vom Urheber stammend ausgegeben wird. Schutz erlangt die *personal reputation*; siehe dazu näher: Carter-Ruck/Mullis/Doley; Carter-Ruck on libel and privacy; 2010; Adeney, The moral rights of authors and performers, 2006, 14.191, S. 439f; Davies/Garnett, Moral rights, 2010, 10-056, S. 332; relevante Rechtsprechung dazu Moore v. News of the World [1972] 1 Q.B. 441, 450; Humphreys v. Thompson [1905-1910] Mac. C.C. 148. Dort konnte der Kläger erfolgreich Ansprüche aus *tort of defamation* geltend machen, da der Beklagte die Charaktere eines Romans umbenannt hatte und der Text des Romans durch Überschriften unterteilt wurde; in „Frisby v. BBC", (2 All. E.R. 106 [1967] 1 Q.B. 349), änderte die BBC den Wortlaut des Drehbuchs, indem es die Zeile „standing up" aus dem Drehbuch entfernte. Darin wurde eine *unzulässige structural alteration* gesehen. Die Entscheidung erging vor Erlass des CDPA, wäre jedoch unter Geltung des CDPA genauso entschieden worden, siehe hierzu: Groves, Copyright and designs law, 1991, S. 130, Fn. 77; hierzu auch Jahn, Das Urheberpersönlichkeitsrecht im deutschen und britischen Recht, 1994, S. 53; Cornish, (449) führt an, dass unter das *right of integrity* gegenüber dem *law of defamation* nicht nur die *personal reputation*, sondern auch die *professional integrity* fällt; dazu auch Groves, Copyright and designs law, 1991, S. 128.

2069 Die *breach of confidence* kann dazu führen, dass der Werkschöpfer die Veröffentlichung seines Werks kontrollieren kann.

2070 Das englische Vertragsrecht kann in Einzelfällen auch die persönlichen Interessen des Urhebers schützen. Problematisch ist hierbei, dass die Ansprüche

statutory duty geltend gemacht werden.[2071] Neben den Rechten des *Common Law* können die *moral rights* auch durch die Verwertungsrechte[2072] des Rechtsinhabers oder durch vertragliche Vereinbarungen geschützt werden. Daneben kommt es auch in Betracht, aus dem *Trade Descriptions Act* 1968 vorzugehen.[2073]

Sowohl der Inhaber des *auteursrecht,* der das Recht durch translative Übertragung erlangt hat, als auch der Urheber, der das *auteursrecht* translativ übertragen hat, sind nach Art. 27 AW prozessrechtlich zur Geltendmachung von Verletzungen des *auteursrecht* befugt.[2074] Nach Art. 27 Abs. 2 AW kann das Gericht in geeigneten Fällen einen Pauschalbetrag festsetzen. Nach Art. 27 Abs. 3 AW sind nach dem Tod des Urhebers bis zum Ablauf der Schutzdauer dessen Erben oder Vermächtnisnehmer zur Geltendmachung von Verletzungen des *auteursrecht* berechtigt. Auch der Lizenznehmer ist unter Voraussetzungen des Art. 27a AW zur prozessrechtlichen Geltendmachung der Verletzung des *auteursrecht* befugt. Zunächst kann der Lizenznehmer[2075] den Prozessen des Lizenzgebers oder des Urhebers beitreten.[2076] In diesem Prozess kann er jedoch nur dann die Erstattung

---

sich ausdrücklich aus dem Vertragstext ergeben müssen, hierzu näher Alemdjrodo, Das Urheberpersönlichkeitsrecht, 2005, S. 52.

2071 Copinger/Garnett/Skone, Copinger and Skone James on copyright, 2011, 22-4; Pasterfield v. Denham [1999] F.S.R.168, 182; Clark v. Associated Newspaper Ltd [1998] 1 All ER 959; dazu auch Thielecke, Möglichkeiten kollektiver Wahrnehmung des Urheberpersönlichkeitsrechts, 2003, S. 250.

2072 Das *integrity right* kann ebenfalls durch eine Verletzung des *copyright* verfolgt werden. Die Veränderung des Werks (adaption right), ohne Zustimmung des Rechtsinhabers verletzt neben dem *integrity right* auch die Verwertungsrechte des Rechtsinhabers. Das *adaption right* kann nach s. 21, 1. Abs. CDPA nur für die Änderung eines literarischen, dramatischen oder musikalischen Werks herangezogen werden. Den Urhebern eines Filmwerks bleibt jedoch die Möglichkeit, das Werk in eine Kategorie nach s. 21, 3. Abs. (i)-(iii) CDPA umzuschreiben, siehe dazu Adeney, The moral rights of authors and performers, 2006, 14.172, S. 435.

2073 Siehe dazu auch Adeney, The moral rights of authors and performers, 2006, 14.189, S. 439.

2074 Dazu Europäische Kommission, study ETD/99/B5-3000/E°28 2000, S. 109; Wit/van der Burg/van der Meerakker/Berghuis/Overdijk/Veltman in: study AIPPI, Contracts regarding IPR, Report Netherlands Q 190, S. 2.

2075 Diesbezüglich wird nicht zwischen dem exklusiven und nicht exklusiven Lizenznehmer unterschieden, so Wit/van der Burg/van der Meerakker/Berghuis/Overdijk/Veltman in: study AIPPI, Contracts regarding IPR, Report Netherlands Q 190, S. 2.

2076 Wit/van der Burg/van der Meerakker/Berghuis/Overdijk/Veltman in: study AIPPI, Contracts regarding IPR, Report Netherlands Q 190, S. 2.

des eigenen Schadens verlangen, wenn der Lizenznehmer vom Lizenzgeber zusätzlich dazu ermächtigt wurde.[2077] Darüber hinaus kann er auch in Prozessstandschaft für den Urheber bzw. den Lizenzgeber die Verletzung der *auteursrecht* und der *morele rechten* geltend machen; in diesem Fall bezieht sich der Schaden jedoch allein auf den Urheber bzw. den Lizenzgeber.[2078] Die Rechtsfolgen einer Verletzung des *auteursrecht* und der *morele rechten* richten sich nach der Haftung wegen unerlaubter Handlung gemäß Art. 6:162 BW.[2079] Bei der Verletzung des Integritätsrechts nach Art. 25 Abs. 1 lit. c) AW neigen die Gerichte dazu, bei einer Unterlassungsverfügung vorrangig zu prüfen, ob es ausreicht, wenn der Urheber nicht namentlich genannt wird.[2080] Neben den zivilrechtlichen Ansprüchen kann dem Urheber auch der Strafrechtsweg offenstehen. Nach Art. 34 AW macht sich derjenige strafbar, der die *morele rechten* des Urhebers vorsätzlich verletzt. Nach Art. 326b WvS macht sich derjenige strafbar, der ein Werk wahrheitswidrig als sein eigenes ausgibt.

2077 Wit/van der Burg/van der Meerakker/Berghuis/Overdijk/Veltman in: study AIPPI, Contracts regarding IPR, Report Netherlands Q 190, S. 2; Cohen Jehoram in: Geller, International copyright law and practice, Netherlands, § 8 [4].

2078 Europäische Kommission, study ETD/99/B5-3000/E°28 2000, S. 109; Cohen Jehoram in: Geller, International copyright law and practice, Netherlands, § 8 [4].

2079 Art. 6:162 BW setzt einen Verstoß gegen ein Gesetz, eine gesetzlich auferlegte Pflicht. Der Verstoß muss von demjenigen verschuldet sein. Nach Art. 6.163 BW entsteht keine Haftung, wenn die Verletzung der gesetzlich auferlegten Pflicht nicht dem Schutzzweck dient. Auch im niederländischen Recht ist die Geltendmachung einer Unterlassungsverfügung nach Art. 3:296 BW nicht an ein Verschulden geknüpft. Der Kläger muss darüber hinaus über ein Rechtsschutzbedürfnis nach Art. 3:303 BW verfügen. Die Rechtsfolgen richten sich nach Art. 6:95, Art. 6: 106-6:110 BW. So kann er zum Beispiel vollen Schadenersatz fordern, die Herausgabe aller Gewinne, die aus dem Urheberrechtsverstoß erwachsen sind, und die Vernichtung der Produkte, die für den Verstoß genutzt wurden. Einige Verstöße wie Produktpiraterie gelten unter dem Urheberrechtsgesetz als Straftat. In dringenden Fällen kann der Urheber Eilverfahren beantragen. Siehe dazu Grosheide in: Davies/Garnett, Moral Rights, The Netherlands, S. 504.

2080 Grosheide in: Davies/Garnett, Moral Rights, The Netherlands, S. 504.

Zweites Kapitel: Kollisionsrechtliche Anknüpfung der
Inhaberschaft des Urheberrechts unter
Berücksichtigung des
Urheberpersönlichkeitsrechts

*"It is clear that private international law is a second best solution, but for
the time being it may be the only workable solution".* [2081]

§ 1 Einführung

Trotz des Abschlusses Internationaler Konventionen und des Erlasses Europäischer Gesetzgebung und dadurch bereits vorangeschrittener Harmonisierung des materiellen Urheberrechts haben die beiden gegenläufigen Systeme des kontinentaleuropäischen *Droit d'auteur-* und des angelsächsischen *Copyright*-Systems bisher eine einheitliche Beurteilung der originären Inhaberschaft des Urheberrechts und der Urheberpersönlichkeitsrechte bei Werken, die von abhängig beschäftigten oder von beauftragten Urhebern geschaffen werden, verhindert. Daher leitet sich zum jetzigen Zeitpunkt der Schutz des Urheberwerks von zahlreichen nationalen Rechtsordnungen, einzelnen europäischen Rechtsakten und internationalen Staatsakten ab, die dem Urheber außerhalb des Ursprungslands[2082] einen Mindestschutzstandard[2083] zusichern. Wie das 1. Kapitel gezeigt hat, ergeben sich in den nationalen Rechtsordnungen besonders im Auftrags- und Arbeitsverhältnis Unterschiede in Bezug auf die originäre Inhaberschaft des Urheberrechts. Wie der Rechtsvergleich gezeigt hat, kann es nach nie-

---

2081 Torremans in: Axhamn, Johan; Copyright in a borderless online environment;
Copyright Territoriality in a Borderless Online Environment; S. 24.
2082 Art. 5 Abs. 1 RBÜ.
2083 Nach Neuhaus, Die Grundbegriffe des internationalen Privatrechts, 1976
S. 121 auch „relative Universalität" genannt: „Das ausländische Rechtsverhältnis wird einem inländischen gleichgestellt, sei es durch besonderen Akt, sei es automatisch, und hat daher im Inland dieselben Rechtswirkungen wie ein inländisches Rechtsverhältnis."; Regelin, Das Kollisionsrecht der Immaterialgüterrechte, 1999, S. 84; Peinze, Internationales Urheberrecht in Deutschland und England, 2002, S. 17, 171.

derländischem Recht in Auftrags- und Arbeitsverhältnissen dazu kommen, dass die Inhaberschaft des *auteursrecht* und der *morele rechten* dem Arbeit- oder Auftraggeber zugewiesen wird. Gerade in diesem Fall ist daher die Anknüpfung der Inhaberschaft des Urheberrechts und der urheberpersönlichkeitsrechtlichen Befugnisse von großer Bedeutung. Darüber hinaus ergeben sich weitere Unterschiede bei den rechtsgeschäftlichen Dispositionen über das Urheberrecht und das Urheberpersönlichkeitsrecht. So kann beispielsweise nach der englischen Rechtsordnung die translative Übertragung des *copyright* und der pauschale Komplettverzicht auf die *moral rights* wirksam sein, in der deutschen nicht und in der niederländischen Rechtsordnung hingegen nur zum Teil.

In diesem 2. Kapitel soll daher untersucht werden, wie sich die nationalen sachrechtlichen Unterschiede bei der kollisionsrechtlichen Anknüpfung fortsetzen. Dafür werden die kollisionsrechtlichen Vorgaben in den Internationalen Konventionen und im Unionsrechts untersucht. Soweit kollisionsrechtliche Vorgaben enthalten sind, werden diese in Bezug auf die originäre Inhaberschaft des Urheberrechts und des Urheberpersönlichkeitsrechts sowie der vertraglichen Verpflichtungen über das Urheberrecht und das Urheberpersönlichkeitsrecht untersucht. Zunächst ist jedoch zu klären, wann ein nationales Gericht bei grenzüberschreitenden Sachverhalten sachlich und örtlich zuständig ist.

A. Internationale Zuständigkeit der Gerichte

Bevor es um die Bestimmung des anwendbaren Rechts geht, ist das zuständige Gericht zu ermitteln.

I. Grundlegendes zur EuGVVO

Die Geltendmachung von ausländischen Urheberrechtsverletzungen vor einem inländischen Gericht und der Erlass extraterritorialer Verfügungen sind möglich, wenn das ausländische Gericht international zuständig ist. Die internationale Zuständigkeit eines Gerichts ermittelte sich erstmalig aus dem Übereinkommen der Europäischen Gemeinschaft über die gerichtliche Zuständigkeit und die Vollstreckung gerichtlicher Entscheidungen in Zivil- und Handelssachen (EuGVÜ). Ab dem 1. März 2002 wurde das EuGVÜ weitgehend durch die EuGVVO[2084] ersetzt. Klagen, die den Bestand oder die Verletzung von grenzüberschreitenden Immaterialgüterrechten zum Gegenstand haben, fallen, da es sich dabei um Zivil- und Handelssachen gemäß Art. 1 Abs. 1 S. 1 EuGVVO und Art. 1 Abs. 2 EuGVVO handelt, in den Zuständigkeitsbereich der EuGVVO. Für die nicht registerfähigen Immaterialgüterrechten gelten aus einem Umkehrschluss aus Art. 22 Nr. 4 EuGVVO, der eine ausschließliche Zuständigkeit des Eintragungsstaats nur für solche Klagen anordnet, die die Eintragung oder Gültigkeit von eintragungspflichtigen Immaterialgüterrechten betrifft, die allgemeinen Zuständigkeitsregeln der Art. 2 Abs. 2, Art. 2 Abs. 1 (Wohnort des Beklagten), Art. 5 Nr. 3 (Ort der unerlaubten Handlung) und Art. 6 Nr. 1 EuGVVO (Gerichtsstand der Streitgenossenschaft). Liegt eine internationale Zuständigkeit eines Gerichts nach einem dieser Regelungen oder liegt eine vorrangig bindende Gerichtsstandvereinbarung nach Art. 23 EuGVVO vor, kann das danach zuständige Gericht umfassend über die geltend gemachten Ansprüche entscheiden. Liegt hingegen nur eine nationale Zuständigkeit eines Gerichts vor, kann dieses nur territorial für dessen Territorium ein Urteil fällen. In Deutschland, Großbritannien und den Niederlanden ist die EuGVVO am 1. März 2002 in Kraft getreten. Sobald die EuGVVO Anwendung findet, ist ein Rückgriff auf nationale[2085] Vorschriften nicht mehr zulässig. Für die internationale Zuständigkeit der

---

2084 Europäische Verordnung (EG) Nr. 44/2001 des Rates vom 22. Dezember 2000 über die gerichtliche Zuständigkeit und die Anerkennung und Vollstreckung von Entscheidungen in Zivil- und Handelssachen hierin ist u.a. die internationale Zuständigkeit der Gerichte gegenüber einem Beklagten aus einem der 28 Mitgliedsstaaten mit der Ausnahme von Dänemark geregelt.

2085 Gemäß § 104 Satz 1 UrhG ist für alle Rechtsstreitigkeiten, durch die ein Anspruch aufgrund des Urheberrechtsgesetzes geltend gemacht wird, der ordentliche Rechtsweg gegeben. Macht der Arbeitnehmer hingegen ausschließlich seinen Vergütungsanspruch geltend, so bleibt der Rechtsweg zu den Gerichten für Arbeitssachen (im Falle der Beamten ist das Verwaltungsgericht zuständig, § 52 Nr. 4 VwGO. Beckstein, Einschränkungen des Schutzlandprinzips, 2010, S. 21 m.w.N) unberührt, § 104 Satz 2 UrhG. Sobald neben dem Vergütungsanspruch auch urheberrechtliche (Vor-)Fragen zu klären sind, ist die Urheberrechtsstreitkammer für den gesamten Rechtsstreit zuständig. Die Zuständigkeit der ordentlichen Gerichte bei Inlandssachverhalten ergibt sich aus der ZPO. Zur funktionalen Zuständigkeit der Gerichte: Für marken-, wettbewerbs- und geschmacksmusterrechtliche Ansprüche ist die Kammer für Handelssachen zuständig, § 95 Abs. 1 Ziff. 4 c und 5 GVG, für Urheberrechtsstreitigkeiten die Zivilkammer, § 71 GVG. Darüber hinaus können Urheberrechts-, Markenrechts- und Geschmacksmusterrechtsstreitigkeiten an verschiedenen Gerichten konzentriert sein. Konzentrationsermächtigungen, nach denen Lan-

EuGVVO sind der Wohnort des Beklagten gemäß Art. 2 Abs. 2, Art. 2 Abs. 1, der Ort der unerlaubten Handlung gemäß Art. 5 Nr. 3[2086] oder der Gerichtsstand der Streitgenossenschaft gemäß Art. 6 Nr. 1 EuGVVO[2087] maßgeblich.

1. Vertragliche und deliktische Anspruchsgrundlagen

Der Urheber, der in Erfüllung eines Auftrags- oder Arbeitsverhältnisses ein urheberrechtlich geschütztes Werk schafft und die Nutzungsrechte vertraglich einräumt, kann seine Verletzungsansprüche auf vertragliche und deliktische Anspruchsgrundlagen stützen. Will der Kläger vertragliche und deliktische Ansprüche vor ein und demselben Gericht geltend machen, kann er den Beklagten nur an dessen allgemeinem Gerichtsstand nach

---

desregierungen die Ermächtigung eingeräumt wird, durch Rechtsverordnung Streitsachen, für die das Landgericht in erster Instanz oder in der Berufungsinstanz zuständig ist, für die Bezirke mehrerer Landgerichte einem von ihnen zuzuweisen, finden sich in § 105 UrhG, § 140 Abs. 2 MarkenG, § 15 Abs. 2 Geschmacksmuster, Näheres dazu Rojahn in: Loewenheim, Hdb. des Urheberrechts, § 92 Zuständigkeit der Gerichte und anwaltliche Vertretung Rn. 7, alle darauf basierenden Verordnungen finden sich unter Fn. 3 zu Rn. 7.

2086 Urheberrechtsverletzungen sind stets auch unerlaubte Handlungen in diesem Sinne. Art. 5 Nr. 3 EuGVVO stellt nunmehr klar, dass auch vorbeugende Unterlassungsklagen in seinen Anwendungsbereich fallen. Der EuGH nimmt die Deliktzuständigkeit des Art. 5 Nr. 3 EuGVVO sowohl am Handlungs- als auch am Erfolgsort an. In der „Shevill v. Presse Alliance"-Entscheidung des EuGH (Slg. 1995, I-415) geht der EuGH bei Verletzungen von Persönlichkeitsrechten davon aus, dass der Gerichtsstand des Erfolgsortes nur territorial über die für dieses Land geltend gemachten Ansprüche urteilen kann; Reber, ZUM 2005, 194 (195ff.), setzt sich ausführlich mit der Frage auseinander, ob die vom EuGH zur „Shevill"-Entscheidung für persönlichkeitsrechtliche Verletzungen getroffenen Entscheidungen („formelle Mosaikbetrachtung") zum Erfolgsort auch auf Urheberrechtsverletzungen angewandt werden kann und lehnt dies ab, da der Grundsatz allgemein anerkannt sei, dass bei der Verletzung von Immaterialgüterrechten allein auf das Recht des Handlungsorts abzustellen ist. Reber begründet dies zu Recht wie folgt: Die Verletzungstatbestände des gewerblichen Rechtsschutzes und Urheberrechts normieren Handlungsunrecht und knüpfen an die Vornahme bestimmter Verletzungshandlungen (Herstellen, Feilhalten, Inverkehrbringen, Kennzeichnen, Vervielfältigen, Verbreiten, Aufführen, Vorführen, Senden etc.) im Inland an, ohne Rücksicht darauf, wo der schädigende Erfolg eingetreten ist. Siehe dazu auch Beier/Schricker/Ulmer, GRUR Int. 1985, 104 (106).

2087 Dazu auch Engelen in: Kono, Intellectual property and private international law, Netherlands, S. 855-859.

Art. 2 EuGVVO verklagen. Konkurrierende vertragliche Ansprüche können am Gerichtsstand der unerlaubten Handlung nicht nach Art. 5 Nr. 3 EuGVVO geltend gemacht werden. Für die Vorfrage, ob die Rechtswidrigkeit deliktischer Handlungen durch vertragliche Vereinbarung ausgeschlossen wird, ist jedoch die Zuständigkeit aus Art. 5 Nr. 3 EuGVVO eröffnet.[2088]

2. Streitgenossenschaft

Für den Fall der territorial begrenzten Immaterialgüterrechte stellte sich in letzter Zeit vermehrt die Frage, ob die Klagen gegen mehrere Beklagte gem. Art. 6 Nr. 1 EuGVVO zu einer streitgenossenschaftlichen Klage zusammengefasst werden können.[2089] Die darin enthaltene Zuständigkeitsregelung eröffnet einen besonderen Gerichtsstand für Fälle, in denen mehrere in verschiedenen Mitgliedsstaaten wohnende Personen zusammen am Wohnsitz eines der Beklagten verklagt werden sollen.[2090] Im Hinblick auf die Auswirkungen des innerhalb Europas überwiegend verfolgten Territorialitätsprinzips ist fraglich, ob mehrere Klagen, die Handlungen nicht nur innerhalb eines ein Territoriums betreffen, das für die Streitgenossenschaft nach Art. 6 Nr. 1 EuGVVO erforderliche Konnexitätserfordernis erfüllen. Konnexität zwischen der Erstklage (sog. Ankerklage) und den Ansprüchen, die mit weiteren Klagen verfolgt werden, ist dann gegeben, wenn ein gewisser Zusammenhang besteht, der eine gemeinsame Entscheidung geboten erscheinen lässt, um die Gefahr widersprüchlicher Entscheidungen in getrennten Verfahren zu vermeiden[2091]. Insoweit darf für die Frage, ob alle Ansprüche von einer gemeinsamen Vorfrage abhängen, auf die lex causae zurückgegriffen werden. Konnexität im Sinne von Art. 6 Nr. 1 EuGVVO ist im Falle der Gesamtschuldnerschaft, der akzessorischen Haftung sowie Ansprüche gegen Miteigentümer- oder Gesamthandsgemein-

---

2088 Stadler in: Musielak; Art. 5 EuGVVO Rn. 22.
2089 Art. 6 Nr. 1 EuGVVO lautet: „Eine Person, die ihren Wohnsitz im Hoheitsgebiet eines Mitgliedstaats hat, kann auch verklagt werden: 1. wenn mehrere Personen zusammen verklagt werden, vor dem Gericht des Ortes, an dem einer der Beklagten seinen Wohnsitz hat, sofern zwischen den Klagen eine so enge Beziehung gegeben ist, dass eine gemeinsame Verhandlung und Entscheidung geboten erscheint, um zu vermeiden, dass in getrennten Verfahren widersprechende Entscheidungen ergehen könnten."
2090 Siehe dazu Sujecki, GRUR Int 2013, 201(202) m.w.N.
2091 Stadler in: Musielak; Art. 6 EuGVVO; Art. 6 EuGVVO Rn. 2a.

schaften unstrittig gegeben.[2092] Ob darüber hinaus Konnexität gegeben ist, wird vom nationalen Gericht nach europäisch autonomen Gesichtspunkten bestimmt.[2093] Häufig ist die Frage dem EuGH zur Klärung im Rahmen von Vorabentscheidungsverfahren zur Auslegung vorgelegt worden, welche im Folgenden kurz dargestellt werden sollen.

In der Entscheidung „Réunion Europénne"[2094] führte der EuGH aus, dass bei einer Schadensersatzklage gegen mehrere Beklagte, die einerseits auf einer vertraglichen und andererseits auf einer deliktischen Haftung basiert, kein Sachzusammenhang zwischen diesen beiden Klagen vorläge und somit Art. 6 Nr. 1 EuGVVO nicht einschlägig sei.[2095] Auch die von niederländischen Gerichten verfolgte Ansicht, dass die Streitgenossenschaft nach Art. 6 Nr. 1 EuGVVO bei Klagen gegen mehrere Gesellschaften einer Unternehmensgruppe gegeben sei, wenn diese ein Europäisches Patent gemeinschaftlich verletzten („spider in the web"-Theorie [2096]), lehnte der EuGH mit der „Roche"[2097]- Entscheidung ab. Er verwies darauf, dass bei einer Verletzung eines Europäischen Patents durch mehrere in verschiedenen Vertragsstaaten ansässige Gesellschaften aufgrund von im Hoheitsgebiet eines oder mehrerer Vertragsstaaten begangenen Handlungen nicht dieselbe Sach- und Rechtslage vorläge[2098] und daher die in den verschiedenen Vertragsstaaten begangenen Verletzungshandlungen, die ihnen vorgeworfen werden, nicht dieselben seien.[2099] Zudem sei auch die Rechtslage nicht dieselbe, da es sich bei dem Europäischen Patent nicht um ein einheitliches Immaterialgüterrecht handele, sondern um ein Bündel nationaler Rechte, sodass jede Klage wegen der Verletzung eines Europäischen Patents anhand des einschlägigen nationalen Rechts zu prüfen sei, das in jedem der Staaten gelte, für die es erteilt worden sei.[2100] Ein Wandel wurde

---

2092 Stadler in: Musielak; Art. 6 EuGVVO; Art. 6 EuGVVO Rn. 2a.

2093 Stadler in: Musielak; Art. 6 EuGVVO; Art. 6 EuGVVO Rn. 2a.

2094 EuGH, Urteil vom 26.05.2005, C-77/04 – Groupement d'intérêt économique GIE Réunion.

2095 EuGH, EuZW 1999, 59 (60, Rn. 50) – Réunion européenne.

2096 Zuständig sei dann das Gericht des Mitgliedsstaats, in dessen Gebiet die Gesellschaft mit Führungsfunktion ihren Sitz hat.

2097 EuGH, Urteil vom 13.07.2006, Case C-539/03 – Roche Nederland BV.

2098 EuGH, 13. Juli 2006, Case C-539/03, – Roche Nederland BV and Others v. Frederick Primus and Milton Goldenberg"- Rn. 26.

2099 EuGH, 13. Juli 2006, Case C-539/03 – „Roche Nederland BV and Others v. Frederick Primus and Milton Goldenberg- Rn. 27.

2100 Sujecki, GRUR Int 2013, 201 (203); die Entscheidung des EuGH wurde kritisiert, da das Europäische Patent zwar nur ein europäisches Verfahren darstellt,

mit der „Freeport"[2101]-Entscheidung eingeläutet, in welcher der EuGH die Anwendung des Art. 6 Nr. 1 EuGVVO nicht versagte, obwohl die gegen mehrere Beklagte erhobenen Klagen auf unterschiedlichen Rechtsgrundlagen beruhten.[2102] Einschränkend führte der EuGH in der „Solvay"[2103]-Entscheidung aus, dass der Anwendung des Gerichtsstands der Streitgenossenschaft nach Art. 6 Nr. 1 EuGVVO zumindest dann nichts entgegen stehe, wenn die Klage auf Verletzung des gleichen nationalen Teils des Europäischen Patents beruhe.[2104] In der aktuellen Vorabentscheidung „Painer"[2105], die die grenzüberschreitende Verletzung von Urheberrechten in Österreich und Deutschland betraf, führte der EuGH aus, dass es für die Zulässigkeit einer Streitgenossenschaft nach Art. 6 Nr. 1 EuGVVO nicht hinderlich sei, dass die gegen mehrere Beklagte wegen inhaltlich identischer Urheberrechtsverletzungen erhobenen Klagen auf jeweils in einem Mitgliedsstaat national geltenden Rechtsgrundlagen beruhten.[2106] Die Abkehr des EuGH von der noch in der „Roche"-Entscheidung verfolgten Ansicht, dass unterschiedliche Rechtsgrundlagen einer Streitgenossenschaft nach Art. 6 Nr. 1 EuGVVO entgegen stehen, ist damit zu erklären, dass in dem Fall „Painer" die beiden Beklagten in Deutschland und Österreich in Bezug aufeinander gehandelt haben und es daher für sie vorhersehbar sein musste, dass sie gemeinsam an einem Gerichtsstand angeklagt werden.[2107]

II. Fazit

Das international zuständige Gericht kann extraterritoriale Verfügungen erlassen. Die internationale Zuständigkeit eines Gerichts ermittelt sich nach Art. 2, 5 und 6 EuGVVO. Will der Kläger vertragliche und deliktische Anspruchsgrundlagen geltend machen, muss er beim allgemeinen Wohnort des Beklagten nach Art. 2 EuGVVO Klage einreichen. Will ein Kläger gegen mehrere Beklagte Klage einreichen, kann er unter den Vorausset-

---

aus dem ein Bündel nationaler Patenten erwächst, die jedoch aufgrund Art. 69 EPÜ einheitlich auszulegen sind.
2101 EuGH, Urteil vom 11.10.2007, C-98/06 – Freeport plc.
2102 NJW 2007, 3702 (3705, Rn. 41)
2103 EuGH, Urteil vom 12.07.2013, C-616/10 – Solvay SA gegen Solvay SA.
2104 EuGH, Urteil vom 12. Juli 2012, C-616/10 – Solvay SA gegen Solvay SA.
2105 EuGH, Urteil 7.03.2013, C-145/10 – Eva-Maria Painer gegen Standard Verlags GmbH.
2106 Roth, EuZW 2012, 182 (185, Rn. 86).
2107 Roth, EuZW 2012, 182 (185, Rn. 81).

zungen der Konnexität die Klage an dem besonderen Gerichtsstand nach
Art. 6 Nr. 1 EuGVVO einreichen. Aufgrund territorialer Urheberrechte
wird das Erfordernis jedoch dann nicht erfüllt sein, wenn unterschiedliche
nationale Bündelrechte betroffen sind. In diesem Fall muss ein Kläger die
Klagen gegen jeden vermeintlichen Verletzer seines Urheberrechts gesondert vor dem Gericht des jeweiligen Verletzers geltend machen. Auch
wenn besondere Umstände dazu führen können, dass ein Sachzusammenhang im Sinne von Art. 6 Nr. 1 EuGVVO vorliegt, wie z.B., wenn die Verletzer mit Bezug aufeinander agierten, ein einheitlicher Lebenssachverhalt
oder die unterschiedlichen Rechtsordnungen im Wesentlichen identisch
sind, ist der Sachzusammenhang in der Regel zu verneinen. Prozessrechtlich führt dies zu einem erhöhten Aufwand, der einen erhöhten Eingang
von Gerichtsverfahren, höhere Gerichtskosten, längere Gerichtsverfahren
und länger andauernde Rechtsunsicherheit zur Folge hat. Das international zuständige Gericht wendet das am Gerichtsort geltende Kollisionsrecht
an.

B. Systematik des Kollisionsrechts

Da der Geltungsbereich einer nationalen Urheberrechtsordnung auf das
Gebiet des Erlassstaats begrenzt ist[2108], stellt sich die Frage, welche Rechtsordnung das international zuständige Gericht bei der Ermittlung der originären Inhaberschaft des Urheberrechts und des Urheberpersönlichkeitsrechts bei einem grenzüberschreitenden Sachverhalt anwenden soll. Das
auf privatrechtliche Rechtsverhältnisse anwendbare Recht bestimmt sich
bei Sachverhalten mit einer Verbindung zum Recht eines ausländischen
Staats im Urheberrecht nach den allgemeinen, im Immaterialgüterrecht
geltenden Prinzipien und Kollisionsregeln[2109] des Internationalen Privatrechts. Das Internationale Privatrecht setzt sich aus einer Gesamtheit von
Rechtssätzen zusammen, die bestimmen, welche nationale Rechtsordnung
anzuwenden ist.[2110] Entgegen des wörtlichen Verständnisses eines internationalen Rechts gilt das Internationale Privatrecht nicht international.

2108 Näher zum Territorialitätsprinzip und zum Universalitätsprinzip: 2. Kapitel,
2. Teilabschnitt.
2109 Soweit das Kollisionsrecht urheberrechtliche Sachverhalte erfasst, wird es auch
als „Urheberkollisionsrecht" bezeichnet, im Englischen „conflict of laws".
2110 Neuhaus, Die Grundbegriffe des internationalen Privatrechts, 1976 § 1 I.3.,
S. 1f.

Vielmehr hat jeder Staat sein eigenes autonomes Internationales Privatrecht. Gleichbedeutend mit dem Internationalen Privatrecht wird der Begriff Kollisionsrecht verwendet. Eine Verbindung zum Recht eines ausländischen Staats liegt bereits dann vor, wenn die Anwendung einer fremden Rechtsordnung überhaupt denkbar erscheint.[2111] Welches Kollisionsrecht das international zuständige Gericht anwendet, richtet sich nach der Rechtsordnung am Gerichtsstand (sog. lex fori).[2112] Die Kollisionsnormen verweisen dann wiederum auf bestimmte materielle Bestimmungen, die auf den Sachverhalt anwendbar sind. Durch die Verweisung im Kollisionsrecht wird der Sachverhalt mit der anzuwendenden Rechtsordnung (auch Sachrecht bzw. lex causa genannt) „angeknüpft".

C. Fremdenrecht

Vom Kollisionsrecht ist der Begriff des Fremdenrechts[2113] zu unterscheiden. Das Fremdenrecht regelt den persönlichen Anwendungsbereich des (angeknüpften) Sachrechts und bestimmt, inwieweit Angehörige fremder Staaten im Inland Rechtsschutz genießen. Wird dem Ausländer im Inland fremdenrechtlich der Schutz des inländischen Urheberrechts versagt, wird das Werk in diesem Inland zum Allgemeingut. Während fremdenrechtliche Beschränkungen im Privatrecht eher selten[2114] sind, finden sich im Immaterialgüterrecht, sowohl in den nationalen Rechtsordnungen als auch in den Internationalen Konventionen, weiterhin fremdenrechtliche Beschränkungen.[2115] Die fremdenrechtlichen Beschränkungen sind notwendig, um die Staaten, die bisher nicht den Internationalen Konventionen beigetreten sind, zum Beitritt zu bewegen. Die immaterialgüterrechtlichen

---

2111 Neuhaus, Die Grundbegriffe des internationalen Privatrechts, 1976 § 1 I.3., S. 1f.

2112 Vereinbarungen, welche die internationale Zuständigkeit eines Gerichts betreffen, haben daher auch Einfluss auf das anzuwendende Kollisionsrecht.

2113 Nationale fremdenrechtliche Regelungen finden sich in Deutschland, England und den Niederlanden in: §§ 120-12 UrhG, ss. 153-162 CDPA und Art. 47 AW.

2114 Grundsätzlich wird die nationale Bewertung anerkannt, wie z.B. in Art. 7 Abs. 1 Satz 1 EGBGB: „Die Rechtsfähigkeit und die Geschäftsfähigkeit einer Person unterliegen dem Recht des Staates, dem die Person angehört. Dies gilt auch, soweit die Geschäftsfähigkeit durch Eheschließung erweitert wird." Fremdenrechtliche Beschränkungen finden sich im deutschen Zivilrecht z.B. in §§ 110 Abs. 2 Nr. 1, 328 Abs. 1 Nr. 5 ZPO und im deutschen Strafrecht z.B. in § 104 a StGB.

2115 § 125 Abs. 5 UrhG, § 121 Abs. 4 UrhG, § 23 WZG a.F.

Regelungen in den Internationalen Konventionen gewährleisten einen materiellen Mindestschutz. Die nationalen fremdenrechtlichen Beschränkungen verlieren durch den in den Internationalen Staatsverträgen enthaltenen Inländergleichbehandlungsgrundsatz an Bedeutung, sobald der besagte Staat die Staatsverträge ratifiziert hat. Da die fremdenrechtlichen Regelungen jedoch Teil des nationalen Sachrechts sind, kommen diese erst zum Tragen, wenn das anzuwendende nationale Sachrecht kollisionsrechtlich angeknüpft wurde. Daher ist das Fremdenrecht nicht dem Kollisionsrecht, sondern dem Sachrecht zuzuordnen.

D. Rechtsquellen des Kollisionsrechts

Die einzelstaatlichen autonomen Regelungen des Kollisionsrechts finden erst dann Anwendung, wenn nicht unmittelbar anwendbare Regelungen der Europäischen Union oder nationale Regelungen, die völkerrechtliche Vereinbarungen in innerstaatliches Recht umsetzen, vorrangig anzuwenden sind.[2116] Vor der Anwendung des autonomen nationalen Kollisionsrechts muss das Gericht daher überprüfen, ob unmittelbar anwendbare Regelungen der Europäischen Union oder nationale Regelungen, die völkerrechtliche Vereinbarungen in innerstaatliches Recht umsetzen[2117], bestehen[2118]. Für das Immaterialgüterrecht gelten kollisionsrechtliche Regelungen der Rom I-VO[2119] und Rom II-VO.[2120] Inhaltlich decken die beiden Rom-Verordnungen fast vollumfänglich das Kollisionsrecht der privaten

---

2116 Art. 3 Nr. 1 lit. a) und b) EGBGB für den Anwendungsvorrang der unmittelbar anwendbaren Rom I-VO und Rom II-VO und Art. 3 Nr. 2 für den Anwendungsvorrang der in nationales Recht umgesetzten völkerrechtlichen Vereinbarungen.

2117 In Deutschland setzt die Anwendung von Völkerrecht die gesetzliche Umsetzung in Form eines Zustimmungsgesetzes nach Art. 59 Abs. 2, 82 GG voraus. Durch die Umsetzung wird das Völkerrecht zu nationalem Recht, das jedoch weiterhin dem nationalen autonomen Recht vorangeht, Art. 3 Nr. 2 EGBGB. Das nationale autonome Recht ist wiederum völkerrechtsfreundlich auszulegen. Siehe dazu Dreier in: Dreier/Schulze, vor §§ 120 UrhG ff. Rn. 23.

2118 Kropholler, Internationales Privatrecht, 2006, § 9, S. 56.

2119 Verordnung (EG) Nr. 593/2008 des Europäischen Parlaments und des Rates vom 17. Juni 2008 über das auf vertragliche Schuldverhältnisse anzuwendende Recht.

2120 Verordnung (EG) Nr. 864/2007 des Europäischen Parlaments und des Rates vom 11. Juli 2007 über das auf außervertragliche Schuldverhältnisse anzuwendende Recht.

(außer-)vertraglichen Schuldverhältnisse ab.[2121] Nach Art. 288 Abs. 2 des AEUV gelten die europäischen Verordnungen unmittelbar.

Art. 28 Rom II-VO und Art. 25 Rom I-VO enthalten (jeweils wortgleiche) ausdrückliche Regelungen zum Verhältnis der internationalen Abkommen und der europäischen Rom-Verordnungen. Nach Art. 28 Abs. 1 Rom II-VO (bzw. Art. 25 Abs. 1 Rom I-VO) finden die europäischen Rom-Verordnungen dann keine Anwendung, wenn einer der beteiligten Mitgliedsstaaten dem internationalen Übereinkommen zum Zeitpunkt der Annahme der Verordnung angehörte und dieses Übereinkommen dem Anwendungsbereich der Verordnung zuzuordnen ist.[2122] Wie sich aus Erwägungsgrund 36 der Rom II-VO[2123] ergibt, soll Art. 28 Abs. 1 Rom II-VO sicherstellen, dass bestehende Verpflichtungen der Mitgliedsstaaten gegenüber Drittstaaten weiterhin erfüllt werden. Grundsätzlich ist daher zwischen völkerrechtlichen Bindungen der Europäischen Union und solchen der Mitgliedsstaaten zu unterscheiden, wobei Art. 28 Abs. 1 Rom II-VO nur den Vorrang der völkerrechtlichen Bindungen der Mitgliedsstaaten gegenüber der Rom II-VO behandelt.[2124] Diese Abkommen sind nach Art. 28 Abs. 1 weiterhin im Verhältnis zu Drittstaaten anwendbar. Deutschland[2125], England und die Niederlande haben die RBÜ vor Erlass der Rom I-VO und Rom II-VO ratifiziert, sodass nach Art. 28 Abs. 1 Rom II-VO grundsätzlich die RBÜ Vorrang genießt. Nach Art. 28 Abs. 2 Rom II-VO

2121 Das prozessuale Pendant ist die Verordnung (EG) Nr. 44/2001 des Rates vom 22. Dezember 2000 über die gerichtliche Zuständigkeit und die Anerkennung und Vollstreckung von Entscheidungen in Zivil- und Handelssachen (Brüssel I-VO).

2122 Drexl in: MüKo, Band 11, Internationales Immaterialgüterrecht, Rn. 166, führt an, dass frühere internationale Übereinkommen im Sinne des Absatzes 1 nur für jene Staaten anwendbar sind, die zum Stichtag bereits durch das Abkommen gebunden waren. Ist dies für mindestens einen Staat nicht der Fall, folge aus Art. 28 Abs. 1 Rom II-VO ein Verbot, solchen Abkommen beizutreten. In diesem Fall kann nur noch die Europäische Union selbst das Internationale Abkommen abschließen. Dies ergibt sich auch aus Erwägungsgrund 37 der Rom II-VO.

2123 Erwägungsgrund 36 lautet: „Um die internationalen Verpflichtungen, die die Mitgliedsstaaten eingegangen sind, zu wahren, darf sich die Verordnung nicht auf internationale Übereinkommen auswirken, denen ein oder mehrere Mitgliedsstaaten zum Zeitpunkt der Annahme dieser Verordnung angehören. Um den Zugang zu den Rechtsakten zu erleichtern, sollte die Kommission anhand der Angaben der Mitgliedsstaaten ein Verzeichnis der betreffenden Übereinkommen im Amtsblatt der Europäischen Union veröffentlichen."

2124 Drexl in: MüKo, Band 11, Internationales Immaterialgüterrecht, Rn. 166.

2125 In Deutschland findet die RBÜ über § 121 Abs. 4 UrhG Anwendung.

(bzw. Art. 25 Abs. 2 Rom I-VO) hat die europäische Verordnung jedoch in den Beziehungen zwischen den Mitgliedsstaaten ein stärkeres Gewicht, soweit das internationale Übereinkommen Bereiche betrifft, die in der europäischen Verordnung geregelt sind.[2126] Da die RBÜ und das WUA nicht nur mit europäischen Mitgliedsstaaten geschlossen wurde, findet die Ausnahme nach Art. 28 Abs. 2 Rom II-VO keine Anwendung.

Etwas anderes ergibt sich auch nicht nach Art. 27 Rom II-VO (bzw. Art. 23 Rom I-VO[2127]), wonach die Rom-Verordnungen ebenfalls nicht die Anwendung der Vorschriften des Gemeinschaftsrechts berühren[2128], die für besondere Gegenstände Kollisionsnormen für (außer)vertragliche Schuldverhältnisse enthalten. Da die RBÜ nicht nur von den Mitgliedsstaaten, sondern auch von der Europäischen Union abgeschlossen wurde, ergibt sich aus Art. 27 Rom II-VO die vorrangige Geltung der RBÜ im Verhältnis zu den Rom-Verordnungen. Auch nach Art. 216 AEUV gilt der Grundsatz, dass Gemeinschaftsrechtsakte auch den Europäischen Gesetzgeber binden, sodass nach Art 216 AEUV die RBÜ auch vorrangig im Verhältnis zum unionsrechtlichen Primärrecht gilt.[2129] Daher sind zunächst die internationalen Übereinkommen auf kollisionsrechtliche Regelungen

---

2126 Soweit bilaterale Übereinkommen mit Drittstaaten geschlossen werden, gelten die Übereinkommen vorrangig. Etwas anderes gilt jedoch dann, wenn ein bilaterales Einkommen nur zwischen Mitgliedsstaaten geschlossen wird. Relevant wird letzteres beim Abkommen zum Schutze geografischer Herkunftsangaben, das Deutschland mit Frankreich, Griechenland, Italien und Spanien abgeschlossen hat. Die Europäische Verordnung findet in der Beziehung zwischen den Mitgliedsstaaten vorrangig Anwendung. Fragen, die nicht von der Europäischen Verordnung erfasst werden, ermitteln sich jedoch dann nach dem bilateralen Abkommen. Drexl in: MüKo, Band 11, Internationales Immaterialgüterrecht, Rn. 167, merkt für das Verhältnis des Schutzlandprinzips nach Art. 8 Rom II-VO und dem Ursprungslandprinzip nach dem Abkommen zum Schutze geografischer Herkunftsangaben an, dass Art. 8 Rom II-VO vorrangig gilt und das Ursprungslandprinzip jedoch in Bezug auf die rechtmäßige Benutzung der Produktspezifikationen Anwendung findet.

2127 Die Gemeinschaftsrechtsakte finden jedoch keine Anwendung im Rahmen von Versicherungsverträgen nach Art. 7 Rom I-VO.

2128 So auch Giedke, Cloud Computing, 2013, S. 299. Drexl in: MüKo, Band 11, Internationales Immaterialgüterrecht, Rn. 169 verweist jedoch auf Erwägungsgrund 35 der Rom II-VO, wonach Art 27 Rom II-VO wohl nur von sekundärrechtlichen Kollisionsnormen ausgeht.

2129 Zum Verhältnis der nach der RBÜ geltenden Renvoi und dem Ausschluss der Renvoi nach Art. 24 Rom II-VO: Giedke, Cloud Computing, 2013, S. 298f, die für eine vorrangige Anwendung des Art. 24 Rom II-VO plädiert.

zu überprüfen und im Nachgang die kollisionsrechtlichen Regelungen des primärrechtlichen und sekundärrechtlichen Unionsrechts.[2130]

E. Territoriale und universale Ansätze im Sachrecht

Grundsätzlich lassen sich kollisionsrechtliche Anknüpfungen in einen territorial begrenzten und in einen universal geltenden Ansatz aufteilen. Diese gegenläufigen Ansätze wirken bis in das nationale Urheberrechtsverständnis hinein. Während die Positionierung im Sachrecht für das Territorialitäts- bzw. das Universalitätsprinzip eher von dogmatischer Natur ist, stellt sich die entscheidende Frage auf Ebene des Urheberkollisionsrechts. Bei der Darstellung der kollisionsrechtlichen Ansätze wird der Fokus auf das Schutzlandprinzip (sog. lex loci protectionis), das Ursprungslandprinzip (sog. lex loci originis) und das Vertragsstatut (sog. lex contractus) gelegt.

Dem Urheberkollisionsrecht nähert man sich am besten über die Gegensätze zwischen dem territorialen und dem universalen Ansatz. Kollisionsrechtlich verfolgen die Vertreter des Schutzlandprinzips einen territorialen und die Vertreter des Ursprungslandprinzips und des (Arbeits-)Vertragsstatuts einen universalen Ansatz. Da das Schutzlandprinzip mit dem Territorialitätsprinzip und das Ursprungslandprinzip mit dem Universalitätsprinzip „korrespondiert"[2131], sollen zunächst die sachrechtlichen Grundsätze des Territorialitäts- und des Universalitätsprinzips dargestellt werden.

2130 Grünberger weist darauf hin, dass für das Verhältnis von Art. 8 Rom II-VO und Art. 5 RBÜ keine Entscheidung über den Vorrang einer Norm getroffen werden muss. Denn geht man davon aus, dass Art. 5 RBÜ kollisionsrechtliche Vorgaben enthält, wären diese deckungsgleich mit dem in Art. 8 Rom II-VO geregeltem Schutzlandprinzip, sodass es nicht zu einem Widerspruch der Regelungen der RBÜ und der Rom II-VO kommen würde.

2131 Klass, GRUR Int 2007, 373 (379); Drexl in: MüKo, Band 11, Internationales Immaterialgüterrecht, Rn. 9; Birkmann, Die Anknüpfung der originären Inhaberschaft am Urheberrecht, 2009, S. 51 f.; Katzenberger in: Schricker/Loewenheim, vor §§ 120 UrhG Rn. 124; FS Schricker, S. 225, 240 und 242 aE; Kropholler, Internationales Privatrecht, 2006, S. 546; Loewenheim, ZUM 1999, 923 (924); Sack, WRP 2000, 269, 270; Strömholm, FS Dietz, 2001, S. 533, 534 f.; Ulmer, Die Immaterialgüterrechte im internationalen Privatrecht, 1975, S. 9.

I. Territoriale und universale Ansätze im Sachrecht

Welcher Geltungsbereich dem objektiven Urheberrecht zukommt, hängt davon ab, ob man das Urheberrecht als ein territorial begrenztes oder universales Recht begreift. Zumindest in dem Bereich der registerfähigen technischen Schutzrechte ist das Territorialitätsprinzip anerkannt, da deren Wirksamkeitsvoraussetzung die nationale bzw. europaweite Registrierung bei einem Patent- und Markenamt ist.[2132] Auch wenn das System der jeweiligen nationalen Schutzrechtsvergabe zu einem hohen Verwaltungsaufwand führt, da Anmeldung, Erteilungsvoraussetzungen und Aufrechterhaltung des Schutzrechts bei jedem Registeramt gesondert zu bewirken sind[2133], werden die Auswirkungen in dem Bereich der technischen Schutzrechte durch die Anerkennung der Priorität von Anmeldungen[2134], die Schaffung gemeinschaftsweiter Schutzsysteme und die internationale Vereinheitlichung des Anmeldeverfahrens abgemildert. Im Bereich der nicht registerfähigen Urheberrechte wird – wenn auch nicht ohne Durchbrechungen[2135] – überwiegend dem Territorialitätsprinzip gefolgt.[2136] Im Gegensatz zu den technischen Schutzrechten steht das Territorialitätsprinzip im Urheberrecht jedoch verstärkt unter Kritik. Grund ist hierfür, dass das Urheberrecht körperlich nirgendwo belegen ist. Eine territorial begrenzte Wirkung als Folge eines nationalen Registrierungserfordernisses lässt sich auch aufgrund ihres formfreien Entstehens[2137] kraft natürlichen Schöpfungsakts nicht begründen. Ebenso macht der Werkgenuss nicht an den Staatsgrenzen Halt. Es bedarf daher der näheren Auseinandersetzung,

---

2132 Drexl in: MüKo, Band 11, Internationales Immaterialgüterrecht, Rn. 8; Zur Geltung des Territorialitätsprinzips auf die durch Benutzung erworbene Marke; Ropohl, Zur Anknüpfung der formlosen Markenrechte im Internationalen Markenrecht; 2003, S. 95.

2133 Peifer, ZUM 2006, 1(3).

2134 Art. 4 PVÜ.

2135 Mitteilung der Kommission an den Rat; Die Wahrnehmung von Urheberrechten und verwandten Schutzrechten im Binnenmarkt; Brüssel, den 16.04.2004, Kapitel 1.2.1, S. 8: Der Gerichtshof hat die Anwendung des Territorialitätsprinzips nur hinsichtlich der gemeinschaftsweiten Erschöpfung der Verbreitungsrechte, sofern dies in Widerspruch zum freien Warenverkehr gerät sowie hinsichtlich von Wettbewerbsvorschriften, sofern sich dies aus wettbewerbsbeschränkenden Vereinbarungen, aufeinander abgestimmten Verhaltensweisen oder aus der missbräuchlichen Ausnutzung einer beherrschenden Stellung ergibt, eingeschränkt.

2136 Siehe hierzu den nachfolgenden Gliederungspunkt Ziffer 1.

2137 Art. 5 Abs. 2 Satz 1 RBÜ.

ob ein ubiquitäres Werk ebenfalls dem Territorialitätsprinzip unterfallen
soll.

1. Territorialitätsprinzip

Im Urheberrecht gehen die Vertreter des Territorialitätsprinzips davon aus,
dass es nicht ein transnationales Urheberrecht gibt, sondern nur ein Bündel[2138] nationaler Immaterialgüterrechte.[2139] Das internationale Urheberrecht setzt sich somit aus einem „Mosaik" bzw. „Flickenteppich"[2140] nationaler Bausteine zusammen. Daraus folgt, dass nur eine inländische Handlung ein inländisches Urheberrecht verletzen und nur eine extraterritoriale
Handlung das dort extraterritorial geltende Urheberrecht verletzen
kann[2141]. Überschreitet der Urheber daher die nationale Grenze, nimmt er
sein im Ursprungsland erworbenes Urheberrecht nicht mit über die Staats-
grenze, sondern erwirbt auf fremdem Staatsgebiet immer wieder ein neues
Urheberrecht.[2142]

2. Universalitätsprinzip

Von dem Territorialitätsprinzip unterscheidet sich grundlegend das Universalitätsprinzip, dessen Vertreter die weltweite, universale Anerkennung
eines aufgrund eines einheitlichen Schöpfungsakts entstandenen Urheberrechts fordern, das nach dem Recht des Ursprungslands bewertet werden
soll.[2143] Danach sei das Urheberrecht als ein einheitliches Ganzes anzuerkennen.[2144] Begründet wird dies damit, dass das Urheberrecht der maßgebliche Regelungsgegenstand sein müsse und nicht das regelnde Gesetz.[2145]
Um zu verhindern, dass das Urheberrecht mit Überschreiten der Staats-

---

2138 Soergel hat den Begriff Bündeltheorie begründet.
2139 Regelin, Das Kollisionsrecht der Immaterialgüterrechte, 1999, S. 92; Welser in:
     Wandtke/Bullinger, vor § 120 UrhG Rn. 5; Drexl in: MüKo, Band 11, Interna-
     tionales Immaterialgüterrecht, Rn. 6.
2140 BVerfG, GRUR 1990, 438 – Bob Dylan.
2141 BGH, NJW 1985, 197 – Maja.
2142 Peifer, ZUM 2006,1 (2).
2143 Drexl in: MüKo, Band 11, Internationales Immaterialgüterrecht, Rn. 15.
2144 Schack, Urhebervertragsrecht, 2013 Rn .919; Drobnig, RabelsZ 40 (1976), 195
     (197); Neuhaus, RabelsZ 40 (1976), 191 (194).
2145 Schack, Urhebervertragsrecht, 2013 Rn. 914.

grenze erlischt und in einem anderen Staatsgebiet mit neuen Entstehungs-
und Übertragungsvoraussetzungen entstehen muss, dürfe das Urheberrecht nicht territorial begrenzt werden, sondern müsse universale, grenzüberschreitende Geltung erlangen.[2146]

3. Kollisionsrechtliche Wirkung

Bevor auf die territorialen und universalen Ansätze im Urheberkollisionsrecht eingegangen wird, ist zu klären, ob es sich bei dem Territorialitätsprinzip und dem Universalitätsprinzip um Prinzipien des Sach- oder Kollisionsrechts handelt.

3.1 Territorialitätsprinzip

Wer das Territorialitätsprinzip begreifen und abbilden möchte, steht vor
der Herausforderung, einen Begriff zu definieren, der in der Rechtspraxis
mit einer großen Unschärfe verwendet wird. Das Territorialitätsprinzip
wird als Grundsatz des Sach-, Prozess- sowie des Völkerrechts[2147] verwendet. Im Internationalen Urheberrecht wird er zudem meist begrifflich mit
dem kollisionsrechtlichen Schutzlandprinzip gleichgesetzt.[2148] Wenn man
die Rechtsprechung zum Territorialitätsprinzip betrachtet, ist man versucht, das Territorialitätsprinzip inhaltlich mit dem Schutzlandprinzip
gleichzusetzen und ihm damit auch einen kollisionsrechtlichen Inhalt bei-
zumessen. Entweder wird das Territorialitätsprinzip in einem Atemzug

---

2146 Schack, Zur Anknüpfung des Urheberrechts im internationalen Privatrecht,
  1979 S. 47 (88); Schack, Urhebervertragsrecht, 2013 Rn. 919; Drobnig, RabelsZ
  40 (1976), 195; Neuhaus, RabelsZ 40 (1976), 191; Birk, UFITA 108 (1988),
  101ff.; sowie der Ansatz des American Law Institutes, Intellectual Property:
  Principles Governing Jurisdiction, Choice of Law, and Judgments in Transnational Disputes, Discussion Draft (April 10, 2006), § 313 zur Frage der ersten
  Inhaberschaft.
2147 Fezer/Koos in: Staudinger/Amann, Buch 11, IPR, Rn. 883: „als Ausdruck der
  Begrenzung der Ausübung von Hoheitsrechten gegenüber der Souveränität
  anderer Staaten."
2148 Vorschlag für eine Verordnung des Europäischen Parlaments und des Rates
  über das auf außervertragliche Schuldverhältnisse anzuwendende Recht
  („Rom II"), http://www.ipr.uni-heidelberg.de/cms/content/ROM-II-VO-E.pdf ,
  S. 22, verweist darauf, dass „ das Schutzlandprinzip [...] auch als Territorialitätsprinzip bezeichnet werden kann."

mit dem Schutzlandprinzip genannt oder es wird ausdrücklich darauf hingewiesen, dass sich aus dem Territorialitätsprinzip das Schutzlandprinzip ergäbe.[2149] Es ist dem Territorialitätsprinzip seine wesentliche Bedeutung für das Kollisionsrecht zwar nicht abzusprechen, dennoch geht eine Gleichsetzung beider Grundprinzipien aus zwei Gründen zu weit.[2150] Zum einen kann nicht vorausgesetzt werden, dass im Immaterialgüterrecht uneingeschränkt dem Territorialitätsprinzip gefolgt wird.[2151] Zum anderen würde eine Gleichsetzung dazu führen, dass es auf kollisionsrechtliche Prinzipien nicht mehr ankäme. Die territoriale Begrenzung eines nationalen Rechts führt nicht zwingend dazu, dass die ausländische Verwertung eines im Inland entstandenen Urheberrechts kollisionsrechtlich an das ausländische Recht anknüpfen muss. Würde man das Territorialitätsmit dem Schutzlandprinzip gleichsetzen, überginge man dabei das Ursprungslandprinzip, welches im Falle seiner Geltung auch bei einem territorial geltenden nationalen Urheberrecht kollisionsrechtlich an das Recht des Ursprungslands anknüpfen würde. Damit ist die Verknüpfung des Territorialitätsprinzips mit dem Schutzlandprinzip rechtlich und denklogisch nicht zwingend[2152], auch wenn Teile der Literatur die Verknüpfung als „sinnvoll" [2153] bzw. als miteinander „korrespondierend"[2154] bezeich-

---

2149 Regelin, Das Kollisionsrecht der Immaterialgüterrechte, 1999, S. 92; 93, dort Fn. 13: weiter führt Regelin aus, dass es der strikten Trennung zwischen Sach- und Kollisionsrecht im Immaterialgüterrecht nicht bedürfe, da das Territorialitätsprinzip derart prägend sei und somit auch auf kollisionsrechtlicher Ebene zu beachten.

2150 So auch Peinze, Internationales Urheberrecht in Deutschland und England, 2002, S. 171f.; Drexl in: MüKo, Band 11, Internationales Immaterialgüterrecht, Rn. 14.

2151 Drexl in: MüKo, Band 11, Internationales Immaterialgüterrecht, Rn. 14.

2152 [36] Näher dazu die Ausführungen in diesem Kapitel unter § 1, E. I. 1.

2153 Regelin, Das Kollisionsrecht der Immaterialgüterrechte, 1999, S. 171; Sack, FS E. Lorenz, S. 659, 674 f. (unter Geltung des Territorialitätsgrundsatz sei nur die Schutzlandanknüpfung „sinnvoll").

2154 So spiegelt sich die sachrechtliche Konzeption des nationalen Urheberrechts in der Anerkennung der Schutzlandanknüpfung als allseitige Kollisionsnorm in der Regel wider, so auch Klass, GRUR Int 2007, 373 (379); Drexl in: MüKo, Band 11, Internationales Immaterialgüterrecht, Rn. 9. So die wohl hM Birkmann, Die Anknüpfung der originären Inhaberschaft am Urheberrecht, 2009, S. 51 f.; Katzenberger in: Schricker/Loewenheim, vor §§ 120 UrhG Rn. 124; FS Schricker, S. 225, 240 und 242 aE; Kropholler, Internationales Privatrecht, 2006, S. 546; Loewenheim, ZUM 1999, 923 (924); Sack, WRP 2000, 269, 270;

nen.[2155] Dies zeigt sich zudem darin, dass das Gericht auch dann das Recht des Schutzlands anwendet, wenn das Schutzland selbst nicht dem Territorialitätsgrundsatz folgt.[2156] Ein territorial begrenztes Urheberrecht gibt damit zwar Aufschluss über den Geltungsbereich des nationalen Rechts, beantwortet aber noch nicht die Frage, welches nationale Recht im transnationalen Sachverhalt Anwendung finden soll. Daher kann dem Territorialitätsprinzip weder eine eigenständige kollisionsrechtliche Anknüpfung noch eine zwingende Verknüpfung mit dem Schutzlandprinzip entnommen werden.[2157]

3.2 Universalitätsprinzip

Das Universalitätsprinzip steht dogmatisch zwar dem Territorialitätsprinzip gegenüber, doch kann nicht bereits daraus geschlossen werden, dass es sich allein deswegen um ein Prinzip des Sachrechts handelt. Ebenso wie beim Territorialitätsprinzip ergibt sich auch aus dem Universalitätsprinzip nicht, nach welcher Rechtsordnung das einmal erworbene Urheberrecht bewertet werden soll. Das Universalitätsprinzip geht jedoch weiter, da mit ihm die Forderung verbunden ist, das einmal erworbene Urheberrecht weltweit nach einer Rechtsordnung anzuerkennen.[2158] Kollisionsrechtlich wird daher zumindest die Aussage getroffen, dass es sich um eine einheitliche Rechtsordnung handeln soll. Welche Rechtsordnung dies sein soll,

---

Strömholm, FS Dietz, 2001, S. 533, 534 f.; Ulmer, Die Immaterialgüterrechte im internationalen Privatrecht, 1975, S. 9.

2155 Vermittelnd führt Peinze aus, dass das Territorialitätsprinzip zumindest nicht dem Schutzlandprinzip entgegen steht Peinze, Internationales Urheberrecht in Deutschland und England, 2002, S. 173 m.w.N. in Fn. 741.

2156 Nach Drexl in: MüKo, Band 11, Internationales Immaterialgüterrecht, Rn. 14, liegt es nur dann anders, wenn das Kollisionsrecht der lex fori den Rück- oder Weiterverweis zulässt.

2157 Fezer/Koos in: Staudinger/Amann, Buch 11, IPR, Rn. 883; Drexl in: MüKo, Band 11, Internationales Immaterialgüterrecht, Rn. 7; a.A. Beckstein, Einschränkungen des Schutzlandprinzips, 2010, S. 36f., der zumindest in Bezug auf ausländische Schutzrechte im Territorialitätsprinzip einen kollisionsrechtlichen Grundsatz sieht, wenn die Verweisung auf Gesetze eines Staats hinsichtlich des Entstehens des Rechts nur in dem Umfang erfolgt, in dem das Hoheitsgebiet dieses Staats oder dessen Schutzrechte betroffen sind; Beckstein weist jedoch auch ausdrücklich darauf hin, dass das Territorialitätsprinzip dennoch von einer klassischen Anknüpfungsregel zu unterscheiden ist.

2158 So auch Dreier in: Dreier/Schulze, vor § 120 UrhG Rn. 29; Drexl in: MüKo, Band 11, Internationales Immaterialgüterrecht, Rn. 16.

wird jedoch von dem Universalitätsprinzip nicht beantwortet. Erst das in der Regel mit dem Universalitätsprinzip korrespondierende Ursprungs- landprinzip liefert kollisionsrechtliche Anknüpfungspunkte, wie den Ort der Erstveröffentlichung, den Ort der Werkschöpfung, den gewöhnlichen Aufenthaltsort des Werkschöpfers oder die Nationalität des Werkschöp- fers. Demnach ist das Universalitätsprinzip ebenfalls ein Prinzip des Sach- rechts.[2159]

II. Vorstellung möglicher kollisionsrechtlicher Anknüpfungen im Arbeits- und Auftragsverhältnis

Es gibt vielfältige Möglichkeiten, kollisionsrechtlich das anwendbare Recht für die Inhaberschaft des Urheberrechts und des Urheberpersönlich- keitsrechts für die Übertragung, Einräumung und Einschränkung des Ur- heberrechts und des Urheberpersönlichkeitsrechts zu ermitteln. Mögliche Anknüpfungen können das Schutzlandprinzip, das Ursprungslandprinzip, das Vertragsstatut und das Recht des Forumstaats sein.

1. Schutzlandprinzip

Auch auf kollisionsrechtlicher Ebene konkurrieren der territoriale und der universale Ansatz miteinander. Die Vertreter der territorialen Anknüpfung folgen dem Schutzlandprinzip, welches die Anknüpfung an das Recht des- jenigen Staats für maßgeblich erklärt, für dessen Gebiet der Immaterialgü- terschutz in Anspruch genommen wird.[2160]

2159 So auch Drexl in: MüKo, Band 11, Internationales Immaterialgüterrecht, Rn. 16, der darüber hinaus das Universalitätsprinzip als kollisionsrechtliches Prinzip der „einheitlichen" Anknüpfung bezeichnet.
2160 Das allgemeine Deliktsstatut, d.h. das Recht des Handlungs- oder des Erfolgs- orts, kommt somit nicht zur Anwendung (BGH GRUR 2011, 227 (228) Rn. 20 – Italienische Bauhausmöbel; BGH, GRUR 2007, 871 (873) – Wagenfeld- Leuchte; BGH, GRUR 2007, 691 Rn. 18 – Staatsgeschenk; BGH, GRUR 2004, 421 (422) – Tonträgerpiraterie durch CD-Export; BGH, GRUR 2003, 328 (329) – Sender Felsberg; BGH GRUR 1999, 152 (153) – Spielbankaffaire; BGH, GRUR 1994, 798 – Folgerecht bei Auslandsbezug.

2. Ursprungslandprinzip

Dem steht die universale Anknüpfung des Ursprungslandprinzips gegenüber, nach welcher das Urheberrecht nach dem Recht des Ursprungslands zu bestimmen ist. Als Ursprungsland kommt das Land der ersten Veröffentlichung[2161], der Aufenthaltsort des Werkschöpfers zum Zeitpunkt der Schöpfung[2162] , die Niederlassung des Arbeitgebers[2163] oder des Auftraggebers[2164] oder der Ort des Arbeitsplatzes[2165] in Betracht. Die Vertreter[2166], die eine punktuelle universale Anknüpfung bevorzugen, knüpfen Inhalt, Schranken und Erlöschen des Urheberrechts an das Recht des Schutzlands an und das Entstehen des Urheberrechts, insbesondere die Person seines ersten Inhabers, an das Recht des Ursprungslands. Als Begründungen werden u.a. der universelle, menschenrechtlich geschützte Kern des Urheberrechts, das kollisionsrechtliche Interesse an Rechtssicherheit und Vorhersehbarkeit sowie das Bedürfnis nach allgemeingültigen immaterialgüterrechtlichen Regelungen im globalen Markt angeführt.[2167]

Auf europäischer Ebene bezieht Art. 8 Abs. 1 Rom I-VO[2168] für die außervertraglichen Schuldverhältnisse Stellung zugunsten des Schutzlandprinzips, wobei zweifelhaft bleibt, ob die Vorschrift auch eine Anknüpfungsregel für die originäre Rechteinhaberschaft des Urheberrechts und Urheberpersönlichkeitsrechts enthält.[2169] Trotz der gesetzlichen Regelung flaut daher die Kritik der Vertreter nicht ab, die die universelle Anerkennung eines einheitlichen Urheberrechts mit der kollisionsrechtlichen Anknüpfung an das Ursprungslandprinzip[2170] fordern. Den Vertretern in der

---

2161 Drexl in: MüKo, Band 11, Internationales Immaterialgüterrecht, Rn. 16.
2162 Drexl in: MüKo, Band 11, Internationales Immaterialgüterrecht, Rn. 16.
2163 Drexl in: MüKo, Band 11, Internationales Immaterialgüterrecht, Rn. 16.
2164 Drexl in: MüKo, Band 11, Internationales Immaterialgüterrecht, Rn. 16.
2165 Drexl in: MüKo, Band 11, Internationales Immaterialgüterrecht, Rn. 16.
2166 Klass, GRUR Int 2007, 373; Schack, MMR 2000, 59 (63); Ginsburg, GRUR Int 2000, 97(107 ff.); Welser in: Wandtke/Bullinger, vor § 120 UrhG Rn. 11.
2167 Schack, MMR 2000, 59 (62).
2168 Verordnung (EG) Nr. 864/2007 des Europäischen Parlaments und des Rates vom 11. Juli 2007 über das auf außervertragliche Schuldverhältnisse anzuwendende Recht für den genannten Teilbereich zivilrechtlicher Ansprüche.
2169 Näher dazu dies Ausführungen in diesem Kapitel unter § 3, B. III. 2.1.4.
2170 Drexl in: MüKo, Band 11, Internationales Immaterialgüterrecht, Rn. 9; Schack, Urhebervertragsrecht, Rn. 804 ff.; ders., Anknüpfung des Urheberrechts im Internationalen Privatrecht, S. 61; ähnlich Intveen S. 85 ff.; Klass, GRUR Int. 2007, 373; dies. GRUR Int. 2008, 546; Regelin S. 82 ff.; van Eechoud, Choice of Law in Copyright, S. 178 ff. (allerdings nicht zugunsten der Anknüpfung an

Literatur schließen sich auch die Vertreter internationaler Forschungsgruppen an.[2171] Einschränkend fordern einige Vertreter zumindest für die
Aspekte der Schutzentstehung, insbesondere für die Bestimmung der ersten Rechtsinhaberschaft, einen universellen Ansatz und die kollisionsrechtliche Anknüpfung an das Ursprungslandprinzip.

3. Vertragsstatut bzw. Arbeitsvertragsstatut

Neben den territorial bzw. universal basierten kollisionsrechtlichen Anknüpfungen kommt auch eine kollisionsrechtliche Anknüpfung der originären Inhaberschaft des Urheberrechts und der Urheberpersönlichkeitsrechte an das Vertragsstatut im Fall des beauftragten Urhebers bzw. an das
Arbeitsvertragsstatut im Fall des angestellten Urhebers in Betracht. Das
Vertrags- bzw. Arbeitsvertragsstatut bezeichnet das auf die vertraglichen
Beziehungen der Parteien anzuwendende Recht. Dieses Statut regelt das
gesamte Vertragsverhältnis, einschließlich des Zustandekommens, der
Gültigkeit, des Inhalts der Ansprüche und des Erlöschens. Da die nationalen Unterschiede hinsichtlich der originären Inhaberschaft und des Urheberpersönlichkeitsrechts speziell in den Bereichen des angestellten und des
beauftragten Urhebers auftreten und dort jeweils vertragliche Einigungen
die Basis für das Werkschaffen bilden, kommt es ebenfalls in Betracht, diese sensiblen Fragen insgesamt dem Vertragsstatut unterfallen zu lassen,
dessen Systematik neben der freien Rechtswahl auch Durchbrechungen in
Form von Sonderanknüpfungen und den Grundsätzen des *ordre public* zulässt.

4. Recht des Gerichtstands

Darüber hinaus kommt auch eine Anknüpfung an das Recht des Gerichtsstands in Betracht. Danach kann zum einen ein Verweis auf das materielle
Recht des Gerichtsorts folgen. Zum anderen können die international
zwingenden Normen des Staats des Gerichtsorts zusätzlich zur Anwen-

---

das Ursprungsland, sondern zugunsten der Anwendung des Personalstatuts
des Werkschöpfers).
2171 ALI: Principles Governing Jurisdiction, Choice of Law, 2008; § 313: Anerkennung des Universalitätsprinzips mit einer Anknüpfung an das Recht des gewöhnlichen Aufenthalts des Werkschöpfers.

dung gelangen oder über den *ordre public*-Vorbehalt die Anwendung des kollisionsrechtlich berufenden Sachrechts verhindern, weil sie gegen die öffentliche Ordnung des Staats des Gerichtsstands verstoßen würde.

§ 2 Kollisionsrechtliche Vorgaben aus dem Recht der Internationalen Konventionen

Es stellt sich die Frage, ob sich sachrechtliche Vorgaben zur originären Inhaberschaft des Urheberrechts und des Urheberpersönlichkeitsrecht im Arbeits- und Auftragsverhältnis aus den internationalen Konventionen ableiten lassen. Hier kommen insbesondere die Revidierte Berner Übereinkunft (RBÜ)[2172], der Allgemeinen Erklärung der Menschenrechte von 1948 sowie der Internationalen Pakt über wirtschaftliche, soziale und kulturelle Rechte von 1966 in Betracht.[2173]

A. Revidierte Berner Übereinkunft

Gerichte verweisen häufig ohne nähere Begründung darauf, dass das Schutzlandprinzip sich aus Art. 5 RBÜ ableiten lässt. Weiter weist sowohl der Kommissionsvorschlag aus 2003 als auch der Beitrag der Hamburg Group darauf hin, dass die RBÜ das Schutzlandprinzip anordnet. Auch wenn diese Ansicht in der Literatur nicht durchweg geteilt wird[2174], finden

---

2172 Deutschland ist seit dem 5.12.1887, die Niederlande seit dem1.11.2011 und das Vereinigte Königrech ist seit dem 5.12.1887 Mitglied der RBÜ. Daneben ist auch die Europäische Union selbst,

2173 Das Übereinkommen über handelsbezogene Rechte des geistigen Eigentums (Trade-Related Aspects of Intellectual Property Rights), kurz TRIPS, bleibt in der Arbeit unberücksichtigt, da TRIPS in wichtigen Punkten auf die RBÜ aufbaut. Nach Art. 9 Abs. 1 S. 1 TRIPS ist für die TRIPS der Schutzgehalt der RBÜ in der Form der Pariser Fassung aus dem Jahr 1971 zugrunde zu legen. Danach finden Art. 1-21 der RBÜ in der Pariser Fassung Anwendung. Das TRIPS klammert die urheberpersönlichkeitsrechtliche Regelung des Art. 6 bis RBÜ aus, auch wenn dies teilweise durch die Einführung des Art. 1 Abs. 4 WCT (und Art. 5 WPPT) wieder rückgängig gemacht.

2174 Dies ist nach Drexl in: MüKo, Band 11, Internationales Immaterialgüterrecht, Rn. 144, kritisch zu sehen. Drexl weist darauf hin, dass für den Fall, dass die Internationalen Konventionen bereits Vorgaben für die kollisionsrechtliche Anknüpfung im Wege des Schutzlandprinzips enthalten, zum einen die weitere Regelung in der Rom II-VO „überflüssig" wäre und zum anderen die Rege-

sich überwiegend Ansätze in der Rechtsprechung, die Art. 5 RBÜ als kollisionsrechtliche Anknüpfung an das Recht des Schutzlands sehen. Im Folgenden soll die RBÜ zunächst allgemein auf ihre kollisionsrechtlichen Vorgaben überprüft werden. Sollten diese bestehen, ist deren Reichweite auf die Anknüpfung der originären Inhaberschaft des Urheberrechts und des Urheberpersönlichkeitsrechts weiter zu untersuchen. Dem schließt sich eine Prüfung des Art. 14 bis RBÜ an.

I. Art. 5 RBÜ

Es ist zu untersuchen, ob Art. 5 RBÜ neben dem Inländergleichbehandlungsgrundsatz auch kollisionsrechtliche Anknüpfungen für die Frage der Inhaberschaft des Urheberpersönlichkeitsrechts hat.

1. Inländergleichbehandlungsgrundsatz

Der in Art. 5 Abs. 1, 1. HS und Art. 5 Abs. 2 S. 2 RBÜ enthaltene Inländergleichbehandlungsgrundsatz[2175] soll die bis zur Ratifikation der RBÜ bestehende Rechtslosigkeit des ausländischen Urhebers außerhalb seines Ursprungslands überwinden. Art. 5 Abs. 1, 2. HS RBÜ gibt den ausländischen Urhebern für die konventionsgeschützten Werke in allen Verbandsländern, ausgenommen dem eigenen Ursprungsland, die den Inländern im Inland gewährten Rechte. Der ausländische Urheber hat danach im Inland einen Anspruch auf materielle Gleichbehandlung mit den Inländern. Daneben finden sich auch in den autonomen, nationalen Urheberrechtsgesetzen fremdenrechtliche Regelungen, die jedoch aufgrund dieser in der RBÜ enthaltenen Regelung weitgehend an Bedeutung verloren haben.

2. Kollisionsrechtliche Verweisung

Während die fremdenrechtliche Komponente des Inländergleichbehandlungsgrundsatzes allgemein anerkannt ist, besteht in Rechtsprechung und Schrifttum Uneinigkeit darüber, ob dem Inländergleichbehandlungs-

---

lungsautonomie des nationalen und Europäischen Gesetzgebers konterkariert würde.
2175 Auch „Assimilationsprinzip" oder „principle of national treatment" genannt.

grundsatz zusätzlich eine kollisionsrechtliche Komponente innewohnt und, wenn ja, ob diese eine Verweisung auf das Recht des Schutzlands[2176] oder auf das Recht des Gerichtsstands[2177] beinhaltet. Zur Begründung verweisen beide Vertretergruppen auf den Wortlaut des Art. 5 Abs. 2 S. 2 RBÜ. Nach dem Wortlaut des Art. 5 Abs. 2 RBÜ richten sich der Umfang des Schutzes sowie die dem Urheber zur Wahrung seiner Rechte zustehenden Rechtsbehelfe ausschließlich nach den Rechtsvorschriften des Lands, in dem der Schutz beansprucht wird.

2.1 Kollisionsrechtliche Gesamtverweisung auf das Recht des Gerichtsstands

Betrachtet man den Wortlaut des Art. 5 Abs. 2 S. 2 RBÜ weiter, verweist dieser hinsichtlich des anzuwendenden Rechts auf die „Rechtsvorschriften des Lands, in dem der Schutz beansprucht wird". Die Vertreter, die in Art. 5 Abs. 2 S. 2 RBÜ einen Verweis auf das Recht des Gerichtsstands sehen, begründen dies mit dem Wortlaut des Art. 5 Abs. 2 S. 2 RBÜ. Darin ist zum einen von dem Recht des Lands die Rede, „in dem" der Schutz beansprucht wird. Zum anderen seien die in Art. 5 Abs. 2 S. 2 RBÜ enthaltenen „Rechtsbehelfe" als prozessualer Rechtsschutz zu deuten, der sich stets nach dem Recht des Gerichtsorts richte.[2178] Daher sei aus Art. 5 Abs. 2 S. 2 RBÜ eine vollumfängliche Verweisung auf das Recht des Forumstaats zu

---

2176 Drexl in: MüKo, Band 11, Internationales Immaterialgüterrecht, Rn. 2, Lewinski/Katzenberger/Walter in: Loewenheim, Hdb. des Urheberrechts, § 57; § 57 Rn. 68; Drobnig, RabelsZ 40 (1976), 195 (197); Dieselhorst, ZUM 1998, 293 (298); Gaster, ZUM 2006, 242 (244); Ulmer, Urheber- und Verlagsrecht, 1980, S. 83.

2177 Vertreter in Deutschland: Schack, Urhebervertragsrecht, 2013 Rn. 891; Neuhaus, RabelsZ 40 (1976), 191(193); Siehr, IPrax 1992, 29 (31); Skrzipek, Urheberpersönlichkeitsrecht und Vorfrage, S. 47; Vertreter in den Niederlanden Eechoud, Choice of Law in Copyright and Related Rights, 2003, S. 125f.; Rechtbank Amsterdam BIE 1980, S. 23 – „Venus v. Mars", darin wendete das Amsterdamer Gericht das Recht des Gerichtsstands nach Art. 5 RBÜ an, um zu ermitteln, ob ein Werk, das in mehreren mitteleuropäischen Staaten verletzt wurde, schutzfähig ist. Vertreter in England: Fentiman in: Drexl/Kur, International property and private international law, S. 135; Court of Appeal, GRUR Int. 1999, 787 (789) – „Pearce v. Arup".

2178 Skrzipek, Urheberpersönlichkeitsrecht und Vorfrage, S. 49; Peinze, Internationales Urheberrecht in Deutschland und England, 2002, S. 135; Schack, ZUM 1989, 267(277).

verstehen.[2179] Dieser umfasse neben dem Kollisionsrecht auch das Sachrecht. Die Vertreter führen daher aus, dass der Inländergleichbehandlungsgrundsatz dazu führen müsse, dass der Ausländer auch vor dem inländischen Gericht mit dem Inländer gleichbehandelt werden müsse und daher das kollisions- und materiell-rechtliche Recht des Inländers auch auf den Ausländer Anwendung finden müsse.[2180] Konsequenz zeigt diese Ansicht darin, dass sowohl auf das Kollisions- als auch auf das Sachrecht verwiesen wird. Eine alleinige Verweisung auf das Sachrecht des Forumstaats käme einem Forum Shopping gleich und wäre daher abzulehnen. Dennoch zeigt diese Ansicht darin ihre Schwächen, dass sie auch auf das Sachrecht des Forumstaats verweist und damit eine kollisionsrechtliche Prüfung vorwegnimmt. Diese kann zwar auch zu der Anwendung des Sachrechts des Forumstaats führen, muss es jedoch nicht.[2181] Daher ist diese Ansicht abzulehnen.

2.2 Kollisionsrechtliche Verweisung auf das Recht des Schutzlands

Die Vertreter des Schutzlandprinzips verweisen hingegen darauf, dass der Wortlaut des Art. 5 Abs. 2 S. 2 RBÜ dahingehend auszulegen sei, dass darunter die Rechtsordnung zu verstehen sei, „für dessen Gebiet Schutz beansprucht wird".[2182] Die in Art. 5 Abs. 2 S. 2 RBÜ enthaltenen „Rechtsbehelfe" seien wiederum als die materiellen Verletzungsansprüche des Urhebers zu verstehen[2183] und erlaubten daher auch die Anwendung des Rechts des Schutzlands.

Weiter weisen die Vertreter einer kollisionsrechtlichen Verweisung auf das Schutzlandprinzip darauf hin, dass nach Art. 5 Abs. 2 S. 1, HS. 2 RBÜ der „Genuss und die Ausübung [...] unabhängig vom Bestehen des Schut-

---

2179 So auch in der englischen Entscheidung „Pearce v. Arup" ([1999] 1 All ER 769, in der das englische Gericht als Folge auch das englische *Private International Law* anwandte. Dazu auch Peinze, Internationales Urheberrecht in Deutschland und England, 2002, S. 133. Siehe die Ausführungen weiter unten unter § 4.

2180 Schack, GRUR Int 1999, 645.

2181 So auch Spoendlin, UFITA (107) 1988, 11 (18); Ullrich; Urheberrecht und Satellitenrundfunk; 2009, S. 106.

2182 Skrzipek, Urheberpersönlichkeitsrecht und Vorfrage, S. 50; Katzenberger, FS Schricker, 225 (243); v. Welser vor 120 Rn. 10.

2183 Skrzipek, Urheberpersönlichkeitsrecht und Vorfrage, S. 50; Katzenberger, FS Schricker, 225 (243); v. Welser vor 120 Rn. 10.

zes im Ursprungsland des Werkes" sei und dadurch bereits eine Entscheidung gegen das Recht des Ursprungslands getroffen wäre.[2184]Ebenfalls wird vorgebracht, dass der allgemein anerkannte Inländergleichbehandlungsgrundsatz nur Sinn mache, wenn man ihn auch kollisionsrechtlich zugunsten einer Anwendung des Rechts des Schutzlands qualifiziere. Denn nur bei der Anwendung des Schutzlandprinzips komme es zu der Problematik, dass das kollisionsrechtlich berufene Sachrecht fremdenrechtlich nicht anwendbar sei.

Wird das anzuwendende Sachrecht nach dem Ursprungslandprinzip ermittelt, ist der Urheber stets im persönlichen Anwendungsbereich des Urheberrechtsgesetzes des Ursprungslands. Etwas anderes ergibt sich auch nicht aus Art. 5 Abs. 3 RBÜ, der die Rechte nach der RBÜ nur auf die Ausländer im Inland beschränkt und damit die Inländer im Inland aus dem Schutz der RBÜ ausnimmt. Daher ließe sich allein daraus, dass Art. 5 Abs. 1 RBÜ kollisionsrechtlich bei einer Anwendung des Rechts des Ursprungslands nach Art. 5 Abs. 3 RBÜ leerlaufen würde, noch nicht schließen, dass das Schutzlandprinzip Anwendung finden muss.

2.3 Rein fremdenrechtlicher Inhalt

Art. 5 RBÜ ist jedoch rein fremdenrechtlich zu qualifizieren. Weder Art. 5 Abs. 1 noch Abs. 3 RBÜ enthalten Kollisionsregeln. Der Verweis auf das Ursprungsland ist daher nicht kollisionsrechtlich, sondern allein im Verhältnis zu Art. 5 Abs. 4 RBÜ zu sehen, in dem beispielsweise gemäß lit. a) das Ursprungsland als das Land definiert ist, in dem der Urheber sein Werk erstmalig veröffentlicht hat. In Art. 5 Abs. 1 RBÜ[2185] bezieht sich der Verweis ausdrücklich auf die (materiellen) Rechte, die den inländischen

---

2184 Fentiman in: Drexl/Kur, International property and private international law, S. 134ff. verweist darauf, dass Art. 5 RBÜ in Bezug auf das Ursprungslandprinzip leer läuft. Eine Aussage trifft Art. 5 RBÜ nur für die ausländische Rechtsordnung mit der Folge, dass diese auch persönlich auf den ausländischen Rechteinhaber Anwendung findet. Eine kollisionsrechtliche Aussage zugunsten des Schutzlandprinzips, des Deliktstatuts oder des Rechts des Gerichtsstands lässt sich Art. 5 RBÜ jedoch nach Fentiman nicht entnehmen.

2185 Für die rein fremdenrechtliche Qualifikation des Art. 5 Abs. 1 Satz 1 spricht ebenfalls die Begründung des Urheberrechtsgesetz-Entwurfes aus dem Jahr 1962, in dem die Aufnahme des § 131 Abs. 4 UrhG-E im Hinblick auf den in den Internationalen Staatsverträgen bereits enthaltenen Inländergleichbehandlungsgrundsatz nur klarstellenden Charakter zugewiesen wird; BT Drucks. IV/270, Begründung Teil B zu § 131 UrhG-E 1962, S. 112, rechte Spalte.

Urhebern gewährt werden. Auch hier scheint daher wieder das Problem gelöst zu werden, dass die Anwendung der Urheberrechtsgesetze immer an die jeweilige Staatsangehörigkeit geknüpft ist. Liest man auch Art. 5 Abs. 3 RBÜ vor dem fremdenrechtlichen Hintergrund, bilden die Absätze 1 bis 3 eine harmonische Einheit. Denn eine fremdenrechtliche Regelung ist nur für den Urheber notwendig, der nicht von vornherein von der inländischen Rechtsordnung persönlich erfasst wird. Der inländische Verbandsangehörige ist jedoch stets Adressat des im Inland geltenden Rechts, sodass die Ausklammerung des Ursprungslands im Falle einer fremdenrechtlichen Deutung nur klarstellenden Charakter hat.

Auch der Begründung, Art. 5 Abs. 1 RBÜ wolle einen generellen Inländergleichbehandlungsgrundsatz aufstellen und könne nicht davon abhängig gemacht werden, ob das inländische Recht kollisionsrechtlich überhaupt zur Anwendung gelange, kann nicht gefolgt werden.[2186]

Bei der RBÜ geht es darum, einen Mindestschutz durchzusetzen. Dieser Mindestschutz soll zunächst über die Regelungen der RBÜ selbst und darüber hinaus über den Inländerschutz des Ausländers erreicht werden. Wesentlich im Internationalen Urheberrecht ist die Unterscheidung zwischen Fremdenrecht und Kollisionsrecht. Daher ist das Argument nicht nachvollziehbar, dass eine fremdenrechtliche Regelung zur Vollständigkeit auch immer eine kollisionsrechtliche Komponente enthalten muss. Während das Fremdenrecht bestimmt, ob Ausländer im Inland Rechtsschutz genießen, regelt das Kollisionsrecht, welche Rechtsordnung für diesen Schutz maßgeblich ist. Da die RBÜ als Internationaler Staatsvertrag von Mindestschutz geprägt und dabei den Fokus auf das materielle Urheberrecht legt, scheint ebenso denkbar, allein den fremdenrechtlichen Inhalt im Blick zu haben. Da zum Zeitpunkt der Ratifikation der RBÜ die Urheberrechtsordnungen der Verbandsländer meist nur auf inländische Verbandsangehörige Anwendung fanden und ausländischen Verbandsangehörigen der Schutz verwehrt wurde, war der ausländische Urheber nicht von dem Sachrecht erfasst. Betrachtet man Art. 5 Abs. 1 RBÜ im Lichte anderer Internationaler Staatsverträge, die ebenfalls den Inländergleichbehandlungsgrundsatz regeln, spricht dies ebenfalls für eine rein fremdenrechtliche Betrachtung des Art. 5 RBÜ. Art. 5 RBÜ ist daher auch im Kontext zu Art. 2 des Übereinkommens von Rom von 1980 und Art. II Welturheberrechtsabkommen zu sehen, die beide ohne Zweifel eine rein fremden-

---

2186 So auch Drexl in: MüKo, Band 11, Internationales Immaterialgüterrecht, Rn. 70 m.w.N.

rechtliche en enthalten.[2187] Diese Wertung entspricht auch der Rechtsprechung des EuGH. Auch der EuGH verweist im Jahr 2005 darauf, dass Art. 5 RBÜ nicht den Zweck verfolge, das anwendbare Recht zu bestimmen. [2188]

Darüber hinaus ist im Hinblick auf den Entstehungszeitpunkt der RBÜ zu bezweifeln, dass das rechtliche Verständnis hinsichtlich des Kollisions- und Fremdenrechts bereits zu diesem Zeitpunkt bedacht wurde.[2189] So ging man zum Zeitpunkt der Ratifikation der RBÜ noch davon aus, dass die Klage am Verletzungsort erhoben wird. [2190] Zudem folgten die Gerichte zum damaligen Zeitpunkt nicht dem Schutzlandprinzip, sondern in der Regel dem Deliktstatut.[2191]

Der Inländerbehandlungsgrundsatz verwirklicht somit ein Prinzip der nur formellen Reziprozität und verhindert dadurch, dass das Gericht den Reziprozitätstest durchführen muss.[2192]

2.4 Bedeutung für die Anknüpfung der Inhaberschaft des Urheberrechts und des Urheberpersönlichkeitsrechts

Selbst wenn man davon ausginge, dass Art. 5 Abs. 2 Satz 2 RBÜ ein kollisionsrechtlicher Verweis auf das Recht des Schutzlands entnommen werden kann, hat dies keine Auswirkungen auf die Ermittlung der originären In-

---

2187 So auch Eechoud, Choice of Law in Copyright and Related Rights, 2003, S. 107; Fentiman in: Drexl/Kur, International property and private international law, S. 135.

2188 EuGH, NJW 2005, 3269 (3270) – Tod's SpA, „Tod's France SARL v. Heyraud SA."

2189 Bouche, GRUR Int 2003, 73(75).

2190 Skrzipek, Urheberpersönlichkeitsrecht und Vorfrage, S. 49; Knörzer, Das Urheberrecht im deutschen internationalen Privatrecht; 1992, S. 36.

2191 Eechoud, Choice of Law in Copyright and Related Rights, 2003, S. 108, führt an, dass die Hälfte der zwischen 1888 und 1904 geführten Verfahren in Frankreich, Deutschland, Niederlanden vor den Strafgerichten geführt wurden.

2192 So auch Schack, Zur Anknüpfung des Urheberrechts im internationalen Privatrecht, 1979 Rn. 32 und Eechoud, Choice of Law in Copyright and Related Rights, 2003, S. 126, die die kollisionsrechtliche Deutung unter Berufung auf Art. 5 Abs. 3 RBÜ ablehnen und drauf verweisen, dass Art. 5 Abs. 2 Satz 2 RBÜ im Kontext zu Art. 5 Abs. 3 RBÜ gelesen werden müsse. Läge man den zweiten Absatz im Sinne einer Kollisionsnorm aus, so müsse man auch den dritten Absatz als solchen verstehen. Daraus ergäbe sich jedoch ein Widerspruch, sodass weder aus dem zweiten noch aus dem dritten Absatz eine Kollisionsnorm zu entnehmen sei.

haberschaft.[2193] Der Wortlaut der Vorschrift umfasst nämlich nicht die Frage der Inhaberschaft. Dass Art. 5 Abs. 2 Satz 2 RBÜ nicht die Frage der Inhaberschaft umfasst, lässt sich auch auf die Notwendigkeit der Spezialregelung in Art. 14 bis Abs. 2 lit. a) RBÜ begründen. Wenn das Schutzlandprinzip auch die Frage der Inhaberschaft regeln würde, so wäre die Spezialregelung in Art. 14 bis RBÜ nicht notwendig.

II. Anknüpfung der Inhaberschaft des Urheberrechts an Filmwerke nach dem Schutzlandprinzip gemäß Art. 14 bis Abs. 2 lit. a) RBÜ

Die RBÜ enthält für Filmwerke die spezielle Regelung des Art. 14 bis Abs. 2 lit. a) RBÜ, nach welcher es den Gesetzgebern der Rechtsordnungen der Schutzländer überlassen wird, den Inhaber des Urheberrechts an Filmwerken zu bestimmen. Uneinigkeit herrscht, welche Bedeutung der Norm für Filmwerke beigemessen wird und darüber hinaus auch, welche Rückschlüsse sich aus dieser Norm für Werke ableiten lassen, die keine Filmwerke sind.

2193 Eechoud, Choice of Law in Copyright and Related Rights, 2003, S. 109; Skrzipek, Urheberpersönlichkeitsrecht und Vorfrage, S. 50; Drobnig, RabelsZ 40 (1976), 195 (197); Hoeren/Meyer, Verbotene Filme, S. 376; Regelin, Das Kollisionsrecht der Immaterialgüterrechte, 1999, S. 78; Knörzer, Das Urheberrecht im deutschen internationalen Privatrecht; 1992, S. 38; Ricketson, The Berne Convention for the Protection of Literary and Artistic Works; 1987, S. 208 verweisen darauf, dass unter Art. 5 Abs. 2 , S. 2 RBÜ allein die Rechte des Urhebers im Sinne von Bestand und Umfang und gerade nicht im Hinblick auf die Entstehung bzw. Erstinhaberschaft des Urheberrechts zu verstehen ist. A.A. Birkmann, S. 90 und Drexl in: MüKo, Band 11, Internationales Immaterialgüterrecht, Rn. 79, die darauf hinweisen, dass Art. 5 RBÜ auch vor dem Hintergrund des Art. 3 TRIPS gelesen werden müsse. Die Fußnote zu Art. 3 TRIPS verweise beim „Schutz des Geistigen Eigentums" auch auf den „Erwerb" des Urheberrechts mit der Folge, dass auch die Frage der Rechteinhaberschaft nach dem Schutzlandprinzip zu beurteilen sei. Dies ist jedoch abzulehnen, da die TRIPS zeitlich nach der RBÜ ratifiziert wurde und sich daher keine Rückschlüsse aus dem Entstehungsprozess daraus ableiten lassen.

1. Bedeutung für Filmwerke

Umstritten ist, ob Art. 14 [bis] RBÜ ein kollisionsrechtlicher Verweis auf das Recht des Schutzlands[2194] oder ein Gesamtverweis auf das Sach- und Kollisionsrecht des Schutzlands[2195] zu entnehmen ist. Letzterer könnte in kollisionsrechtlicher Hinsicht damit auch zu einer Anwendung des lex originis führen. Wie bereits im Rahmen des Art. 5 Abs. 2 S. 2 RBÜ angeführt, spricht gegen eine kollisionsrechtliche Verweisung auf das Recht des Schutzlands der Wortlaut der Norm. Darin ist vielmehr eine gedankliche Verbindung zu Art. 15 Abs. 2 RBÜ zu ziehen. Nach Art. 15 Abs. 2 RBÜ gilt dort, dass die natürliche oder juristische Person als Hersteller des Filmwerks gilt, deren Name in der üblichen Weise auf dem Werkstück angegeben ist. Sofern Filmwerke betroffen sind, ergibt sich daher nach der RBÜ für die nationale Gesetzgebung die Möglichkeit, den Hersteller des Filmwerks zu bestimmen.[2196] Lässt die RBÜ daher dem nationalen Gesetzgeber die Möglichkeit, neben dem Urheber noch den Hersteller des Films zu bezeichnen, können sich daraus auch nationale Unterschiede im Hinblick auf die Inhaberschaft des Urheberrechts an Filmwerken ergeben. Da aufgrund des Wortlauts der Norm („in dem der Schutz beansprucht wird") jedoch nicht von einer reinen Kollisionsregel auszugehen ist, ist darin ein Gesamtverweis auf das gesamte Recht des Schutzlands zu sehen.[2197]

2194 Walter in: Loewenheim, Hdb. des Urheberrechts, § 58 Rn. 22.

2195 Birkmann, Die Anknüpfung der originären Inhaberschaft am Urheberrecht, 2009, S. 93; Drexl in: MüKo, Band 11, Internationales Immaterialgüterrecht, Rn. 160; Drobnig, RabelsZ 40 (1976), 195; Schack, Urhebervertragsrecht, 2013, Rn. 1016f.; Welser in: Wandtke/Bullinger, vor § 120 UrhG Rn. 10.

2196 Dazu auch Ginsburg/Janklow, Group of consultants on the Private International Law Aspects of the protection of works and objects of related rights transmitted through global digital networks; 1998, S. 22f; Ulmer, Die Immaterialgüterrechte im internationalen Privatrecht, 1975, S. 39; Dietz in: Leser/Isomura, S. 851 ff.

2197 So auch Seignette in: ALAI, Copyright in cyberspace, 1996, report of the Netherlands, 309 (310). Bezeichnend ist auch, dass der BGH in seiner „Spielbankaffaire"-Entscheidung, MMR 1998, 35(37)), in der es um die Ermittlung der Inhaberschaft des Urheberrechts an einem Filmwerk ging, auf Art. 14 [bis] Abs. 2 lit. a) RBÜ gar nicht einging.

2. Bedeutung für Werke außer Filmwerke

Auch außerhalb von Filmwerken wird Art. 14 [bis] Abs. 2 lit. a) RBÜ vielfältig ausgelegt.[2198] Ein Teil der Literatur leitet daraus ab, dass sich im Übrigen, d.h. für alle anderen Werke außer Filmwerke, die Inhaberschaft des Urheberrechts nicht nach dem Schutzlandprinzip ermittele.[2199] Andere Vertreter sehen darin die Kodifikation einer bereits bestehenden Regel, die nicht nur auf Filmwerke, sondern auf die kollisionsrechtliche Ermittlung der Inhaberschaft des Urheberrechts an allen Werken Anwendung finde[2200]. Einer anderen Ansicht nach ist eine kollisionsrechtliche Anknüpfung für alle anderen Werke außer Filmwerke nicht notwendig, da die RBÜ im Übrigen materiell-rechtlich regelt, wer Inhaber des Urheberrechts sei, sodass eine Kollisionsregel nicht notwendig sei.[2201] Am überzeugendsten ist hingegen eine vierte Ansicht, nach welcher aus Art. 14 [bis] Abs. 2 lit. a) RBÜ keinerlei Rückschlüsse für die Ermittlung der Inhaberschaft des Urheberrechts an anderen Werken außer Filmwerken abgeleitet werden könne.[2202] Die Verbandsländer konnten sich nur im Hinblick auf Filmwerke auf die Regelung des Art. 14 [bis] RBÜ verständigen; darüber hinaus bestand keine einheitliche Meinung, sodass diese auch nicht aus Art. 14 [bis] RBÜ abgeleitet werden können.[2203] Daher lassen sich auch aus Art. 14 [bis] RBÜ keine Rückschlüsse für die kollisionsrechtliche Anknüpfung der Inhaberschaft des Urheberrechts an Werke der Literatur und Kunst ableiten.

2198 Dazu auch Drexl in: MüKo, Band 11, Internationales Immaterialgüterrecht, Rn. 75; Birkmann, Die Anknüpfung der originären Inhaberschaft am Urheberrecht, 2009, S. 93; Dietz in: Leser/Isomura, S. 861.

2199 Regelin, Das Kollisionsrecht der Immaterialgüterrechte, 1999, S. 78; Xalabarder, RIDA 2002 (193), 2 (30).

2200 Ulmer, RabelsZ 41 (1977), 479 (499); Drexl in: MüKo, Band 11, Internationales Immaterialgüterrecht, Rn. 75; Spoendlin, UFITA 107 (1988), 11 (23f.).

2201 Drexl in: MüKo, Band 11, Internationales Immaterialgüterrecht, Rn. 75; Boytha, GRUR Int. 1983, 379 (383).

2202 So auch Ginsburg/Janklow, Group of consultants on the Private International Law Aspects of the protection of works and objects of related rights transmitted through global digital networks; 1998, S. 24; Ricketson/Ginsburg, International copyright and neighbouring rights, 2006, 20.10; Stewart/Sandison, International copyright and neighbouring rights, 5.47; Dietz in: Leser/Isomura, S. 864.

2203 Ricketson/Ginsburg, International copyright and neighbouring rights, 2006, 20.10; Stewart/Sandison, International copyright and neighbouring rights, 5.47.

III. Fazit

Es lässt sich feststellen, dass der RBÜ kein kollisionsrechtlicher Inhalt und damit auch kein kollisionsrechtlicher Verweis auf das Recht des Schutzlands zu entnehmen ist.[2204] Vielmehr enthält die RBÜ nur fremdenrechtliche Regelungen. Der Wortlaut des Art. 5 Abs. 2 S. 2 RBÜ ist nur unter dem Blickwinkel des im Inland schöpfenden, ausländischen Urhebers zu lesen. Er hat nicht zum Ziel, Fragen der Verwertung oder der Verletzung zu klären, sondern soll dem Urheber nur den Schutz im Inland gewährleisten. Art. 5 Abs. 1, HS. 1 RBÜ verdeutlicht den territorialen Charakter der inländischen Urheberrechtsgesetze. Da die Urheberrechtsgesetze meist keine fremdenrechtlichen Regelungen enthielten und allein auf die Staatsangehörigkeit des Schöpfers abstellten, wären Werke von Ausländern im Inland nicht geschützt. Da die ausländischen Urheberrechtsgesetze jedoch ebenfalls aufgrund des territorialen Charakters des ausländischen Urheberrechtsgesetzes sachrechtlich keine Anwendung fanden, hätte dies zur Folge gehabt, dass der ausländische Schöpfer im Inland ein Werk schafft, das keinen Urheberrechtsschutz erlangt. Mit Art. 5 Abs. 1, HS. 2 RBÜ setzt die RBÜ eindeutig ihren Schwerpunkt auf das materielle Recht, indem es mit der RBÜ Mindestrechte einräumt.

Auch aus Art. 14 ^bis Abs. 2 lit. a) RBÜ ist kein kollisionsrechtlicher Verweis auf das Recht des Schutzlands abzuleiten. Für Filmwerke beinhaltet es einen Gesamtverweis auf das gesamte Recht, in dem der Schutz beansprucht wird. Bezüglich Werken, die keine Filmwerke darstellen, lässt sich aus Art. 14 ^bis Abs. 2 lit. a) RBÜ keinerlei Aussage ableiten.

B. Übereinkunft von Montevideo

Die Übereinkunft von Montevideo vom 11. Januar 1889 betreffend den Schutz von Werken der Literatur und Kunst nebst Zusatzprotokoll vom 13. Februar 1889 ist heute von Deutschland nur noch übergangsrechtlich

---

2204 So auch Seignette in: ALAI, Copyright in cyberspace, 1996, report of the Netherlands, 309 (309), die Art. 5 Abs. 3 RBÜ nur dann eine Aussage zum anwendbarem Recht entnimmt, wenn es um den Schutz eines Werks im Ursprungsland geht. Aus Art. 5 Abs. 3 RBÜ folge in diesem Fall die Anwendung des Ursprungslandprinzips. So auch Eechoud, Choice of Law in Copyright and Related Rights, 2003, S. 124 (m.w.N. in Fn. 353) unter Hinweis darauf, dass selbst die Gerichte, die das Schutzlandprinzip anwenden, Art. 5 RBÜ nicht zitieren.

zu beachten. Nach dem Beitritt Deutschlands mit Gesetz vom 26. März 1927 trat sie im Verhältnis zu Argentinien und Paraguay am 1. September 1927 und zu Bolivien am 14. -September 1927 in Kraft. Die Besonderheit der Übereinkunft von Montevideo im Vergleich zu den meisten anderen Abkommen im Internationalen Urheberrecht ist die Bestimmung des Art. 2 der Übereinkunft, demzufolge dem Urheber von Werken der Literatur und Kunst in den Vertragsstaaten diejenigen Rechte zustehen, die das Gesetz desjenigen Staats gewährt, in dem die erste Veröffentlichung oder Herstellung stattgefunden hat. Wegen Art. 20 RBÜ[2205] ist der Schutz nach Art. 2 Übereinkunft von Montevideo spätestens seit dem Beitritt Argentiniens (1967), Paraguays (1992) und Boliviens (1993) zur RBÜ nicht mehr anwendbar. Daher spielt auch Art. 2 der Übereinkunft von Montevideo für die kollisionsrechtliche Ermittlung der Inhaberschaft des Urheberrechts und des Urheberpersönlichkeitsrechts keine Rolle.

C. Fazit

Den Internationalen Konventionen lassen sich keine kollisionsrechtlichen Vorgaben für die Ermittlung der Inhaberschaft des Urheberrechts, des Urheberpersönlichkeitsrechts oder deren Übertragung entnehmen.

§ 3 Kollisionsrechtliche Vorgaben aus dem Unionsrecht

Das Unionsrecht gliedert sich in das primäre und sekundäre Unionsrecht. Das Verhältnis des nationalen Urheberrechts zu den Europäischen Richtlinien und den völkerrechtlichen Vereinbarungen ermittelt sich nach Art. 3 Nr. 1 und Nr. 2 EGBGB. Danach sind unmittelbar anwendendes Sekundärrecht und Regelungen in völkerrechtlichen Vereinbarungen vorrangig gegenüber dem nationalen autonomen Recht zu berücksichtigen, soweit sie unmittelbar anwendbares innerstaatliches Recht geworden sind. Nach Art. 3 Nr. 2 EGBGB ergibt sich daher der Vorrang der Regelungen der Re-

---

2205 Dies gilt auch nach Art. XIX Welturheberrechtsabkommen (WUA). Die WUA ist gemäß der Zusatzerklärung lit. C) zu Art. XVII WUA in den Beziehungen zwischen den Ländern des Berner Verbandes auf den Schutz der Werke nicht anwendbar, die als Ursprungsland ein Land des Berner Verbandes sind. WUA hat weitgehend an Bedeutung verloren, als USA (1989), Nachfolgestaaten der UdSSR (1994) und China (1992) der RBÜ beigetreten sind.

vidierten Berner Übereinkunft gegenüber dem nationalen Recht. Auch nach Art. 216 AEUV ergibt sich ein Vorrang der völkerrechtlichen Regelungen vor dem Unionsrecht.

A. Vertrag über die Arbeitsweise der Europäischen Union (AEUV)

Die wichtigsten primärrechtlichen Quellen des Europarechts sind der Vertrag über die Europäische Union (EUV) und der Vertrag über die Arbeitsweise der Europäischen Union (AEUV).[2206] Weder in dem EUV noch im AEUV sind Regelungen zu einem einheitlichen Europäischen Urheberrecht enthalten. Damit lassen sich aus dem Europäischen Primärrecht keine rechtlichen Vorgaben für die Frage der originären Inhaberschaft und den Umfang der urheberpersönlichkeitsrechtlichen Befugnisse ableiten. Zu überprüfen sind demnach die sekundärrechtlichen Regelungen des Unionsrechts sowie die Rechtsprechung des EuGH. Bisher sind nur auf dem Gebiet des Kollisionsrechts Europäische Verordnungen erlassen worden, sodass nur Richtlinien als Anknüpfungspunkt für sachrechtliche Vorgaben des Urheberrechts in Betracht kommen. Während der Verordnung unmittelbare innerstaatliche Geltung zukommt, wirken Richtlinien grundsätzlich nicht innerstaatlich, sind nur für den Mitgliedstaat hinsichtlich des verfolgten Zwecks verbindlich, überlassen dem innerstaatlichen Recht jedoch die Wahl der Form und der Mittel ihrer Umsetzung.[2207]

Das Verhältnis des nationalen Urheberrechts zu den Europäischen Richtlinien und den völkerrechtlichen Vereinbarungen ermittelt sich nach Art. 3 Nr. 1 und Nr. 2 EGBGB. Danach sind unmittelbar anwendendes Sekundärrecht und Regelungen in völkerrechtlichen Vereinbarungen vorrangig gegenüber dem nationalen autonomen Recht zu berücksichtigen,

---

2206 Daneben ist auch der Vertrag zur Gründung der Europäischen Atomgemeinschaft (Euratom-Vertrag) noch immer gültig. Auch zum Primärrecht gehören die diesen Verträgen beigefügten Protokolle, die jeweils ganz spezifische Belange regeln, jedoch „als Bestandteil der Verträge" gegenüber den EUV-/AEUV-Bestimmungen als rechtlich gleichwertig gelten (Art. 51 EUV).

2207 Eine Richtlinienregelung gilt grundsätzlich nicht unmittelbar im Vertikalverhältnis und wird nur im Rahmen der richtlinienkonformen Auslegung berücksichtigt. Unionsbürger können sich jedoch dann unmittelbar auf Richtlinien vor den Gerichten der Mitgliedstaaten berufen, wenn diese eindeutige Pflichten begründen, und der Mitgliedstaat sie nicht frist- und formgerecht umgesetzt hat; dazu näher: Oppermann/Classen/Nettesheim, Europarecht, § 10 Rn. 111 ff.

soweit sie unmittelbar anwendbares innerstaatliches Recht geworden sind. Nach Art. 3 Nr. 2 EGBGB ergibt sich daher der Vorrang der Regelungen der Revidierten Berner Übereinkunft gegenüber dem nationalen Recht. Auch nach Art. 216 AEUV ergibt sich ein Vorrang der völkerrechtlichen Regelungen vor dem Unionsrecht.

Kollisionsrechtliche Vorgaben können sich aus dem primären Unionsrecht, dem Vertrag über die Arbeitsweise der Europäischen Union (AEUV), ergeben.

I. Europäisches Diskriminierungsverbots nach Art. 18 AEUV

Aus dem Nichtdiskriminierungsgrundsatz des Art. 18 AEUV könnte auch in kollisionsrechtlicher Hinsicht abgeleitet werden, dass der Einzelne nicht durch Kollisionsregeln diskriminiert werden darf, die den Ausländer gegenüber dem Inländer benachteiligen.

Eine Diskriminierung des Ausländers gegenüber dem Inländer ist dann denkbar, wenn nationale Rechtsordnungen etwa im Urheberrecht am Recht des Ursprungslands und nicht am Recht des Schutzlands anknüpfen.[2208] In Betracht kommt daher, dem Diskriminierungsverbot des Art. 18 Abs. 1 AEUV eine Anordnung zugunsten des Schutzlandprinzips zu entnehmen. Der Nichtdiskriminierungsgrundsatz gemäß Art. 18 AEUV besagt, dass die Angehörigen anderer Mitgliedsstaaten weder unmittelbar noch mittelbar schlechter behandelt werden dürfen als die Staatsangehörigen des betreffenden Staats.

In der „Phil-Collins" [2209]-Entscheidung hatte sich der EuGH auf Vorlage des LG München I mit der Frage auseinanderzusetzen, ob die in einem Mitgliedstaat für den Schutz künstlerischer Darbietungen bestehende Regelung mit dem Diskriminierungsverbot[2210] vereinbar ist, wenn sie den Angehörigen eines anderen Mitgliedstaats nicht dieselben Schutzmöglichkeiten wie inländischen Künstlern gewährt.[2211] Gegenstand des Verfahrens war der Vertrieb von rechtswidrig hergestellten Tonträgern eines von Phil Collins in den USA im Jahr 1983 gegebenen Livekonzerts. § 75 Abs. 2

2208 Diese Frage aufwerfend, jedoch im Ergebnis verneinend: Drexl in: MüKo, Band 11, Internationales Immaterialgüterrecht, Rn. 121, Birkmann, Die Anknüpfung der originären Inhaberschaft am Urheberrecht, 2009, S. 99.
2209 EuGH, GRUR Int. 1994, 53ff. – Phil Collins.
2210 Damals stellte sich die Frage bezüglich Art. 7 EWG-Vertrag, heute würde sich dies nach Art. 18 AEUV beurteilen.
2211 EuGH, GRUR Int. 1994, 53 (54) – Phil Collins.

UrhG gibt dem ausübenden Künstler das ausschließliche Recht, die Tonträger zu vervielfältigen und zu vertreiben. Gemäß §§ 96, 97 UrhG kann sich der ausübende Künstler gegen rechtswidrig hergestellte Vervielfältigungsstücke in Form von Unterlassungs- und Schadensersatzansprüchen wehren. Entscheidend für das Verfahren war, ob der Schutz des ausübenden Künstlers nach § 75 UrhG nur dem deutschen Urheber unabhängig von dem Aufführungsort zustehen soll wie es § 125 Abs. 1 UrhG a.F. festsetzt. Ausländer kommen nur dann in den Genuss von § 75 UrhG, wenn die Darbietung in Deutschland stattgefunden hat. Dieser eingeschränkte Schutz von Ausländern nach dem UrhG konnte nach der damaligen Fassung des UrhG nur auf Grundlage des Reziprozitätsgrundsatzes durch den Abschluss von Staatsverträgen erweitert werden, §§ 125 Abs. 5 S. 2 i.V.m. 212 Abs. 5 S. 2 UrhG. Im vorliegenden Falle konnte selbst der Reziprozitätsgrundsatz nicht zu einer Erweiterung des Schutzumfangs führen.[2212]

Der EuGH urteilte daraufhin, dass der Nichtdiskriminierungsgrundsatz dahin auszulegen sei, dass sich ein Urheber oder ausübender Künstler eines anderen Mitgliedsstaats oder derjenige, der Rechte von ihm ableitet, vor dem nationalen Gericht unmittelbar auf das in dieser Vorschrift niedergelegte Diskriminierungsverbot berufen könne, um Gewährung des Schutzes zu verlangen, der den inländischen Urhebern und ausübenden Künstlern vorbehalten ist.[2213] Eine Diskriminierung könnte neben dem persönlichen Anwendungsbereich einer inländischen Norm auch mittelbar durch die Kollisionsregel hervorgerufen werden. In Betracht käme eine mittelbare Schlechterstellung in dem Fall, in dem die kollisionsrechtlichen Normen auf das Ursprungsland verweisen, welches verglichen mit der lex fori des Mitgliedsstaats eine für den Urheber ungünstigere Regelung enthält.[2214] Diese denkbare mittelbare Diskriminierung beurteilt jedoch wiederum eine Lage, nachdem eine kollisionsrechtliche Zuordnung bereits

---

2212 Das dafür maßgebliche Internationale Abkommen über den Schutz der ausübenden Künstler, der Hersteller von Tonträgern und der Sendeunternehmen vom 26. Oktober 1961 (Rom-Abkommen) knüpft in Art. 4 hinsichtlich der Inländergleichbehandlung an das Recht des Ursprungslands an. Da die USA dem Rom-Abkommen bis heute nicht beigetreten sind, konnte sich Phil Collins darauf nicht berufen.

2213 In Folge des „Phil-Collins"-Urteils des EuGH erfolgte die Gesetzesänderung des § 120 Abs. 2 UrhG, nach welcher auch die „Staatsangehörigen eines anderen Mitgliedsstaats der Europäischen Union oder eines anderen Vertragsstaats des Abkommens über den Europäischen Wirtschaftsraum" aufgenommen wurden.

2214 So auch Drexl in: MüKo, Band 11, Internationales Immaterialgüterrecht, Rn. 122.

stattgefunden hat. Dem Diskriminierungsverbot kann daher keine kollisionsrechtliche Verweisung entnommen werden. Das primäre Unionsrecht enthält daher keine kollisionsrechtlichen Vorgaben für die originäre Inhaberschaft des Urheberrechts und der Urheberpersönlichkeitsrechte.

II. Europäischer Erschöpfungsgrundsatz

In der Literatur wird vertreten, dass dem Europäischen Erschöpfungsgrundsatz eine Kollisionsregel zugunsten des Rechts des Ursprungslands zu entnehmen sei.[2215] In seiner Entscheidung zum Urheberrecht „Deutsche Grammophon/Polydor"[2216] leitete der EuGH aus der Warenverkehrsfreiheit die gemeinschaftsweite Erschöpfung des urheberrechtlichen Verbreitungsrechts ab und lockerte damit die strenge territoriale Betrachtung der Warenverkehrsfreiheit auf. Der Europäische Erschöpfungsgrundsatz besagt, dass der Veräußerer, der sich entscheidet, sein Werk innerhalb Deutschlands, der Europäischen Union oder innerhalb des Europäischen Wirtschaftsraums in die Öffentlichkeit gelangen zu lassen, seine ausschließliche Befugnis, die Weiterverbreitung des Werks zu bestimmen, verliert, sodass sich das Verbreitungsrecht mit der erstmaligen rechtmäßigen[2217] Veräußerung des betreffenden Vervielfältigungsstücks verbraucht

---

2215 Roth, RabelsZ 55 (1991), 624, 667; SackWRP 1994, 281, 288 f.; Sonnenberger ZVglRWiss. 95 (1996), 3, 10 f. a.A. Drexl in: MüKo, Band 11, Internationales Immaterialgüterrecht, Rn. 121.

2216 EuGH, GRUR Int .1971, 450 – Deutsche Grammophon/Polydor. Der Entscheidung lag der Sachverhalt zugrunde, dass der Deutschen Grammophon das ausschließliche Verbreitungsrecht in Deutschland an den von ihr produzierten Tonträgern zustand. Grammophon veräußerte Tonträger an ihre französische Tochtergesellschaft, welche wiederum die Grosshandelskette Metro erwarb und in Deutschland in ihren Märkten reimportierte. Grammophon wollte gegen die Veräußerung in Deutschland aufgrund ihres exklusiven Verbreitungsrechts vorgehen. Der EuGH sah darin eine unzulässige Beschränkung des freien Warenverkehrs zwischen den Mitgliedsstaaten und führte aus, dass die Grundfreiheiten zwar nicht den Bestand der Schutzrechte berührten, jedoch deren Ausübung (ähnlich für das Patentrecht: EuGH, NJW 1975, S. 516 – Centrafarm I).

2217 Mangels gutgläubigen Erwerbs von Forderungen kann das Recht zur Weiterverbreitung sich nur insoweit aus dem Erschöpfungsgrundsatz ergeben, wie das Vervielfältigungsstück in einem der Mitgliedsstaaten mit Zustimmung des Berechtigten veräußert worden ist; Schulze in: Dreier/Schulze, § 17 UrhG Rn. 32f.: wird die Vervielfältigung eines Werks nur bestimmten Personen bzw. nur in einem Mitgliedsstaat gestattet, ist das von einer anderen Person bzw.

bzw. erschöpft. Zur Begründung führt der EuGH aus, dass es mit den Bestimmungen des EWG-Vertrags[2218] über den freien Warenverkehr innerhalb des Gemeinsamen Marktes unvereinbar sei, wenn der Urheber über die Erstverbreitung auch die Weiterverbreitung beschränken möchte. [2219] Das Verbreitungsrecht umfasst jede Form der Eigentums- oder Besitzüberlassung körperlicher[2220] Werkexemplare, also auch das Vermieten[2221], [2222] und erfordert ein gewerbsmäßiges Handeln in der Öffentlichkeit.[2223] Fraglich ist, ob der Europäische Erschöpfungsgrundsatz auch kollisionsrechtlich auf eine Abkehr von dem territorialen Ansatz hindeute. Wegen seiner inhaltlichen Beschränkung auf die Warenverkehrsfreiheit[2224] und dabei auf das Verbreitungsrecht führt der Europäische Erschöpfungsgrundsatz jedoch nicht zu einer generellen Abkehr von der territorialen Betrachtung.[2225] Selbst für den engen Anwendungsbereich der Verbreitungshandlung kann sich daraus auch keine kollisionsrechtliche Vorgabe ergeben, da

---

das in einem anderen Mitgliedsstaat hergestellte Vervielfältigungsstück rechtswidrig und darf nicht verbreitet werden, sodass es auf eine etwaige Erschöpfung des Weiterverbreitungsrechts nicht mehr ankommt.

2218 Damals bezüglich Art. 30 EWG-Vertrag, heute stellt sich die Frage hinsichtlich Art. 28 AEUV.

2219 Näheres dazu in: Schulze in: Dreier/Schulze, § 17 UrhG, § 17 UrhG Rn .30,35.

2220 Schulze in: Dreier/Schulze, § 17 UrhG,

2221 Allgemein ausgenommen vom Erschöpfungsgrundsatz ist die Vermietung von Werkexemplaren gemäß § 17 Abs. 3 UrhG, weitere Beschränkungen finden sich in den Schranken der §§ 44a ff UrhG.

2222 Schulze in: Dreier/Schulze, § 17 UrhG, § 17 UrhG Rn. 3, Rn. 18 m.w.N.

2223 Die Erschöpfung des Erstverbreitungsrechts ist nunmehr auch gesetzlich in § 17 Abs. 2 UrhG, Art. 9 Abs. 2 Richtlinie zum Vermiet- und Verleihrecht, Art. 4c Computerprogramm- Richtlinie, Art. 5c Datenbank-Richtlinie, Art. 4 Abs. 2 Richtlinie zur Informationsgesellschaft vorgegeben, welche weiterhin zur richtlinienkonformen Auslegung heranzuziehen sind.

2224 In dem verbundenen Vorabentscheidungsverfahren (C-429/08; C-403/08) „Premier League"- und „Murphy"- Verfahren verwies Generalanwältin Kokott ausdrücklich darauf, dass auch im Bereich der Computersoftware, Musikwerke, E-Books und Filme, die im Internet heruntergeladen werden können und daher auch in elektronischer Form weitergeleitet werden können, eine Trennung von Ware und Dienstleistung schwer fällt und daher auch im Bereich der Dienstleistungsfreiheit die Anwendung des Erschöpfungsgrundsatzes Sinn machen würde. Der EuGH beschränkte sich in seinem Urteil ausdrücklich auf die Anwendung in dem Bereich der audiovisuellen Medien und verwies nur implizit auf den Europäischen Erschöpfungsgrundsatz, siehe EuGH 3.02.2011 – Schlussanträge der Generalanwältin Juliane Kokott, Rn. 185.

2225 So auch Drexl in: MüKo, Band 11, Internationales Immaterialgüterrecht, Rn. 121.

er nur die inhaltlichen Schranken des nationalen (Sach-)Urheberrechts bestimmt, indem danach eine im Ausland vorgenommene Verbreitungshandlung berücksichtigt wird.[2226] Damit ist der Europäische Erschöpfungsgrundsatz der kollisionsrechtlichen Anknüpfungsfrage nachgeschaltet und kann ihr nicht gleichgesetzt werden.

Daher ergibt sich auch aus dem Europäischen Erschöpfungsgrundsatz keine kollisionsrechtliche Vorgabe zugunsten des Ursprungslandprinzips.

B. Rom I-VO und Rom II-VO

Daher ist nun das Europäische Sekundärrecht auf kollisionsrechtliche Anknüpfungen zu untersuchen. Für das Immaterialgüterrecht ersetzen die Rom I-VO[2227] und die Rom II-VO[2228] im Umfang ihrer Anwendungsbereiche das national geltende Kollisionsrecht vollständig. Inhaltlich decken die beiden Rom-Verordnungen fast vollumfänglich das Kollisionsrecht der privaten (außer-)vertraglichen Schuldverhältnisse ab.[2229]

I. Systematik der Rom I-VO und Rom II-VO

Beiden Rom-Verordnungen liegt in Teilen dieselbe Systematik[2230] zugrunde. Daher werden zunächst die Gemeinsamkeiten dargestellt, an die sich die Besonderheiten der Rom I- und II-VO gesondert anschließen. Die kollisionsrechtlichen Regelungen der Rom-Verordnungen kommen dann zur

---

2226 So auch Drexl in: MüKo, Band 11, Internationales Immaterialgüterrecht, Rn. 121.

2227 Verordnung (EG) Nr. 593/2008 des Europäischen Parlaments und des Rates vom 17. Juni 2008 über das auf vertragliche Schuldverhältnisse anzuwendende Recht.

2228 Verordnung (EG) Nr. 864/2007 des Europäischen Parlaments und des Rates vom 11. Juli 2007 über das auf außervertragliche Schuldverhältnisse anzuwendende Recht.

2229 Das prozessuale Pendant ist die Verordnung (EG) Nr. 44/2001 des Rates vom 22. Dezember 2000 über die gerichtliche Zuständigkeit und die Anerkennung und Vollstreckung von Entscheidungen in Zivil- und Handelssachen (Brüssel I-VO).

2230 Da die Rom-Verordnungen hinsichtlich ihres materiellen Anwendungsbereichs im Einklang stehen (siehe auch Erwägungsgrund 7 zur Rom I-VO) kann die Rechtsprechung des EuGH zu Art. 1 Abs. 1 S. 1 EuGVO zur Auslegung des Begriffes des Zivil- und Handelssachen herangezogen werden.

Anwendung, wenn die vertraglichen[2231] bzw. außervertraglichen[2232] Schuldverhältnisse in Zivil- und Handelssachen eine Verbindung zum Recht verschiedener Staaten aufweisen.[2233]Dabei sind an den notwendigen Auslandsbezug keine hohen Anforderungen zu stellen, es genügt, dass es einer Klärung bedarf, welche Rechtsordnung anzuwenden ist.[2234] Sowohl die Rom I-VO[2235] als auch die Rom II-VO[2236] gelten ferner nur für den Bereich der Zivil- und Handelssachen.[2237] Eine positive Umschreibung der Zivil- und Handelssache findet sich bisher nicht; stattdessen erfolgt nur eine Abgrenzung zu den in Art. 1 Satz 2 Rom II-VO genannten Materien des Öffentlichen Rechts. Die Eingrenzung bezüglich der Zivil- und Handelssachen führt dazu, dass die Durchsetzung des geistigen Eigentums, selbst wenn sie vor Zivilgerichten zu verhandeln sind, nicht unter den Anwendungsbereich der Rom-II VO fällt, wenn sie im Zusammenhang mit der Ausübung hoheitlicher Befugnisse entstehen.[2238] Entscheidend für den EuGH ist dafür der Zusammenhang des Rechtsverhältnisses mit der Ausübung hoheitlicher Befugnisse, nicht dagegen die Frage, ob eine Behörde oder öffentliche Stelle beteiligt ist.[2239] Eine Stelle übt dann hoheitliche Befugnisse aus, wenn sie Rechte oder Befugnisse in Anspruch nehmen kann, die von denjenigen Privater abweichen.[2240] Werden Behörden fiskalisch oder nicht-hoheitlich tätig, sind für hieraus entstehende vertragliche und

---

2231 Anwendungsbereich der Rom I-VO.

2232 Anwendungsbereich der Rom II-VO.

2233 Art. 1 Satz 1 Rom I-VO, Art. 1 Abs. 1 Rom II-VO.

2234 Martiny in: MüKo, Band 10 Rom-I VO, Art. 1 Rn. 15; aus Art. 3 Abs. 3 Rom I-VO ergibt sich, dass für das Vorliegen einer Auslandsbeziehung bereits die Rechtswahl genügt, siehe Martiny in: MüKo, Band 10 Rom-I VO, Art. 3 Rn. 88.

2235 Art. 1 Abs. 2 Rom I-VO.

2236 Art. 1 Abs. 2 Rom II-VO; beispielsweise soll die Rom II-VO nach Artikel 1 Absatz 2 lit. g) Rom II-VO bei Verletzung der Privatsphäre oder des Persönlichkeitsrechts keine Anwendung finden, diesbezüglich gelten weiterhin die Art. 40 ff. EGBGB.

2237 Kieninger in: Ferrari/Kieninger/Mankowski u.a, Internationales Privatrecht, Art. 1 Rom I-VO; Art. 1 Rom I-VO Rn. 3.

2238 Dies gilt ebenso für die Rom-I VO.

2239 Kieninger in: Ferrari/Kieninger/Mankowski u.a, Internationales Privatrecht, Art. 1 Rom I-VO; Art. 1 Rom I-VO Rn. 4; Martiny in: MüKo, Band 10 Rom-I VO, Art. 1 Rom I-VO Rn. 6.

2240 Martiny in: MüKo, Band 10 Rom-I VO, Art. 1 Rom I-VO Rn. 6; Kieninger in: Ferrari/Kieninger/Mankowski u.a, Internationales Privatrecht, Art. 1 Rom I-VO; Art. 1 Rom I-VO Rn. 5.

außervertragliche Ansprüche die Vorschriften der Rom I-VO bzw. der Rom II-VO anwendbar.[2241]

Die Rom I-VO und die Rom II-VO beanspruchen darüber hinaus jeweils universelle Wirkung[2242], sodass deren Kollisionsnormen auch zur Anwendung der Rechtsordnung eines Drittstaats führen kann. Des Weiteren beschränken sie sich nicht nur auf die kollisionsrechtliche Regelung binnenmarktbezogener Sachverhalte[2243], sondern finden bereits dann Anwendung, wenn das Schuldverhältnis eine Verbindung zum Recht verschiedener Staaten aufweist.[2244] Eine Differenzierung zwischen Sachverhalten mit Gemeinschaftsbezug und reinen Drittstaaten-Sachverhalten wird daher nicht vorgenommen. Eine weitere Gemeinsamkeit liegt darin, dass beide Rom-Verordnungen bei rein innerstaatlichen Sachverhalten eine kollisionsrechtliche Rechtswahl ausschließen.[2245] Dort gibt es allein die Möglichkeit der materiell-rechtlichen Verweisung in den Grenzen des zwingend anzuwendenden nationalen Rechts. Sobald sich das anwendbare Sachrecht aus der Verordnung ergibt, finden die kollisionsrechtlichen Normen dieses Sachrechts keine zusätzliche Anwendung.[2246] Rück- und Weiterverweisungen (Renvoi) sind damit ausgeschlossen.

II. Die Kollisionsregeln der Rom I-VO für das Auftrags- und Arbeitsverhältnis

1. Anwendungsbereich der Rom I-VO

Die Rom I-VO regelt das auf vertragliche Schuldverhältnisse anzuwendende Recht. Vorgänger der Rom I-VO war das Übereinkommen 80/934/EWG

2241 Martiny in: MüKo, Band 10 Rom-I VO, Art. 1 Rom I-VO Rn. 6.

2242 Art. 3 Rom II-VO und Art. 2 Rom I-VO lauten wiederum gleichermaßen: „Das nach dieser Verordnung bezeichnete Recht ist auch dann anzuwenden, wenn es nicht das Recht eines Mitgliedstaats ist."

2243 Kritiker sehen darin eine Überschreitung der Kompetenzgrundlage der EU. Es gibt Stimmen in der Literatur, die aus Art. 65 EG einen Binnenmarktbezug ableiten mit der Folge, dass europäisches Kollisionsrecht lediglich rein innergemeinschaftliche Sachverhalte regeln dürfe, siehe dazu Leible/Lehmann, RIW 2009 m.w.N; Befürworter begründen die universelle Wirkung mit der Außenkompetenz der EG für Drittstaatensachverhalte: Martiny in: MüKo, Band 10 Rom-I VO Rn. 1 m.w.N.

2244 Siehe Art 1 Abs. 1 Satz 1 Rom II-VO und Art 1 Abs. 1 Satz 1 Rom I-VO.

2245 Art. 3 Abs. 3 Rom I-VO, Art. 14 Abs. 2 Rom II-VO.

2246 Kein Rückverweis nach Art. 20 Rom I-VO, Art. 24 Rom II-VO.

über das auf vertragliche Schuldverhältnisse anzuwendende Recht (Übereinkommen von Rom[2247]), das am 19. Juni 1980 in Rom zur Unterzeichnung aufgelegt wurde und am 1. April 1991 in Kraft trat. In Deutschland wurde es ratifiziert und in den Art. 27 ff. EGBGB durch das Gesetz zur Neuregelung des Internationalen Privatrechts umgesetzt.[2248] Der Erlass der Rom I-VO wurde durch das Grünbuch über die Umwandlung des Übereinkommens von Rom aus dem Jahre 1980 über das auf vertragliche Schuldverhältnisse anzuwendende Recht in ein Gemeinschaftsinstrument sowie über seine Aktualisierung[2249] vorbereitet.

Die Rom I-VO ist zeitlich auf Verträge, die nach dem 17. Dezember 2009 geschlossen wurden, anwendbar.[2250] Gemäß Art. 1 Abs. 4 Rom I-VO gilt die Rom I-VO für alle Mitgliedsstaaten einschließlich dem Vereinigten Königreich[2251], mit Ausnahme von Dänemark unmittelbar. Sachlich gilt die Rom I-VO für alle vertraglichen Schuldverhältnisse, soweit die Verordnung ihre Anwendbarkeit nicht ausdrücklich ausschließt.[2252] Die Auslegung des Begriffs der vertraglichen Schuldverhältnisse soll sich an dem gemeinschaftsrechtlichen Verständnis orientieren[2253], dabei ist insbesondere

---

2247 Als völkerrechtlicher Vertrag muss das Übereinkommen von Rom ratifiziert und umgesetzt werden und gilt gerade nicht wie eine Verordnung unionsweit unmittelbar; auch Europäische Schuldvertragsübereinkommen (EVÜ) genannt.

2248 Italien hat gemäß Art. 57 IPR und Österreich hat gemäß Art. 53 Abs. 2 IPRG die unmittelbare Anwendung des Übereinkommens von Rom angeordnet.

2249 KOM (2002) 654 endg.

2250 Art. 28 Rom I-VO.

2251 Das Vereinigte Königrecht ist (ebenso wie Nordirland und Spanien) als Mehrrechtsstaat grundsätzlich nicht an die Rom I-VO gebunden, siehe Art. 22 Abs. 2 Rom I-VO. Das Vereinigte Königreich hatte sich ursprünglich nicht beteiligt (siehe Erwägungsgrund 45), jedoch später gegenüber Rat und Kommission noch eine opt-in-Erklärung abgegeben, welche nach Art. 11 Abs. 3 EG analog positiv entschieden wurde (siehe Entscheidung der Kommission vom 22. Dezember 2008 über den Antrag des Vereinigten Königreichs auf Annahme der Verordnung (EG) Nr. 593/2008 des Europäischen Parlaments und des Rates über das auf vertragliche Schuldverhältnisse anzuwendende Recht (Rom I), ABl. EU 2009 Nr. L 10/22). Da die Rom I-VO gemäß Art. 1 Abs. 4 Rom I-VO, Erwägungsgrund 46 der VERORDNUNG (EG) Nr. 593/2008 DES EUROPÄISCHEN PARLAMENTS UND DES RATES vom 17. Juni 2008 über das auf vertragliche Schuldverhältnisse anzuwendende Recht (Rom I); nicht für Dänemark gilt, hat Dänemark weiterhin sein eigenes Internationales Privatrecht, das aus dem Übereinkommen von Rom besteht.

2252 Art. 1 Rom I-VO, Art. 23 Rom I-VO bezieht sich auf Vorschriften des Gemeinschaftsrechts, die für besondere Bereiche Kollisionsnormen enthalten.

2253 Martiny in: MüKo, Band 10 Rom-I VO, Art. 1 Rom I-VO Rn. 7.

die Rechtsprechung des EuGH zu Art. 5 Nr. 1 und 3 EuGVÜ berücksichtigen. Danach ist der Begriff des vertraglichen Schuldverhältnisses weit[2254] zu verstehen. Wesentliches Kriterium ist das Merkmal einer freiwillig eingegangenen Verpflichtung, die eine rechtsgeschäftliche Sonderverbindung zwischen diesen Parteien entstehen lässt.[2255]

2. Bedeutung für Urheberrechtsverträge im Auftrags- und Arbeitsverhältnis

Vertragliche Schuldverhältnisse spielen sowohl beim angestellten als auch beim beauftragten Urheber eine entscheidende Rolle. Neben den vertraglich geschlossenen Arbeits- oder Auftragsverträgen fallen auch die faktischen Arbeits- und Auftragsverhältnisse in den Anwendungsbereich der Rom I-VO. In diesem Zusammenhang stellt sich besonders die Frage, ob sich der Rom I-VO kollisionsrechtliche Vorgaben für urheberrechtsspezifische Fragestellungen entnehmen lassen. In den Erwägungsgründen der Rom I-VO wird das Immaterialgüterrecht nicht berücksichtigt. Historisch lässt sich allein dem Bericht über das Übereinkommen über das auf vertragliche Schuldverhältnisse anzuwendende Recht vom 31. Oktober 1980[2256] entnehmen, dass „das Gebiet der dinglichen Rechte und der Immaterialgüterrechte nicht unter diese Vorschriften fällt, da sich das Übereinkommen nur auf das auf vertragliche Schuldverhältnisse anzuwendende Recht bezieht".[2257]

Übereinstimmend wird in Rechtsprechung und Schrifttum vertreten, dass alle das Urheberrecht bzw. die Immaterialgüterrechte unmittelbar betreffenden Fragestellungen, wie die Inhaberschaft des Urheberrecht und des Urheberpersönlichkeitsrechts, die Entstehung, der Schutzumfang, die vertragliche Übertragbarkeit des Urheberrechts und die Einschränkbarkeit des Urheberpersönlichkeitsrechts und das Erlöschen des Urheberrechts

---

2254 Kieninger in: Ferrari/Kieninger/Mankowski u.a, Internationales Privatrecht, Art. 1 Rom I-VO Rn. 5; Martiny in: MüKo, Band 10 Rom-I VO Rn. 6 m.w.N.

2255 Martiny in: MüKo, Band 10 Rom-I VO, Art. 1 Rom I-VO Rn. 7.

2256 Giuliano/Lagarde, Bericht über das Übereinkommen über das auf vertragliche Schuldverhältnisse anzuwendende Recht, 1980, C/282, S. 10 rechte Spalte oben.

2257 Diese Klarstellung war ausdrücklich in einen Artikel des ursprünglichen Vorentwurfs zur Rom I-VO aufgenommen worden. Die Arbeitsgruppe hielt es jedoch für überflüssig, diese Klarstellung innerhalb des Texts der Rom I-VO zu wiederholen.

nicht dem Vertragsstatut unterfallen und sich nach dem Vertragsstatut daher nur rein vertragliche, außerhalb des Kernbereichs des Urheberrechts liegende, Fragestellungen bestimmen.[2258] Rein vertragliche Fragestellungen werden im Rahmen von Urheberrechtsverträgen insbesondere bei der Vertragsauslegung nach Art. 12 Rom I-VO und den Formanforderungen des Vertrags nach Art. 11 Rom I-VO relevant. In Frage steht, ob sich weitere kollisionsrechtliche Rückschlüsse aus der Rom I-VO auch im Hinblick auf das Verfügungsgeschäft sowie im Hinblick auf speziell arbeitnehmerschützende Normen nach Art. 8 Rom I-VO ableiten lassen.

Bevor auf die Reichweite der kollisionsrechtlichen Anknüpfungen der Rom I-VO auf diese Aspekte eingegangen wird, wird zunächst das anwendbare Vertragsstatut bestimmt.

3. Bestimmung des Vertragsstatuts

Das Vertragsstatut kann durch freie Rechtswahl nach Art. 3 Rom I-VO festgelegt werden sowie im Falle des Fehlens einer vertraglichen Regelung sich konkludent nach den Kriterien des Art. 4 Rom I-VO bestimmen.

3.1 Freie Rechtswahl nach Art. 3 Rom I-VO

Grundsätzlich gilt innerhalb der vertraglichen Schuldverhältnisse die Rechtswahlfreiheit nach Art. 3 Rom I-VO. Die Rechtswahl erfolgt durch einen ausdrücklichen oder stillschweigenden Verweisungsvertrag[2259], der

---

2258 BGH, GRUR 1999, 152 (155) – „Spielbankaffaire"; BGH, GRUR 2011, 1134 (1136) – Lepo Sumera; Drexl in: MüKo, Band 11, Internationales Immaterialgüterrecht, Rn. 173; Wille, GRUR Int 2008, 389 (390); Hilty/Peukert, GRUR Int. 2002, 643 (644); Nordemann-Schiffeln in: Fromm/Nordemann, Urheberrecht, vor §§ 120 ff. UrhG Rn. 83; Katzenberger in: Schricker/Loewenheim, vor §§ 120 UrhG, Vor §§ 120ff. Rn. 120ff.; Ulmer, Die Immaterialgüterrechte im internationalen Privatrecht, 1975, S. 82f; Dreier in: Dreier/Schulze, vor § 120 UrhG, Vor §§ 120ff. Rn. 49; differenzierend: Schack, Urhebervertragsrecht, 2013, Rn. 1290, 1043ff.

2259 Martiny in: MüKo, Band 10 Rom-I VO, Art. 3 Rom I-VO Rn. 5: Art. 3 Abs. 5 i.V. m. Art. 10 Rom I-VO unterstellen die Wirksamkeit und das Zustandekommen der Rechtswahl dem gleichen Recht, das für den Hauptvertrag gilt. Dies ist die Konsequenz der Anerkennung der Parteiautonomie und der engen Verbindung von Haupt- und Verweisungsvertrag. Die Rechtswahl erfolgt im Allgemeinen in einer Klausel des Hauptvertrags („Es gilt deutsches Recht"); es

regelmäßig eine kollisionsrechtliche Verweisung enthält.[2260] Die Unterscheidung zwischen kollisionsrechtlicher und materiell-rechtlicher Verweisung[2261] liegt auch den Art. 3 ff. Rom I-VO zu Grunde.[2262] Die Rechtswahl führt dazu, dass die Parteien eine Rechtsordnung als Ganzes, d.h. unter Einschluss seiner zwingenden Normen vereinbaren. [2263]

3.2 Die konkludente Rechtswahl nach Art. 4 Abs. 1 und 2 Rom I-VO

Haben die Vertragsparteien keine ausdrückliche Vereinbarung getroffen, kann sich das anzuwendende Recht nach Art. 3 Abs. 1, S. 2 Rom-I-VO auch konkludent aus den Bestimmungen bzw. Umständen des Vertrags erge-

---

soll verhindert werden, dass beide nach unterschiedlichen Regeln beurteilt werden. Daraus folgt, dass die Rechtswahl ein selbständiger Vertrag ist.

2260 Martiny in: MüKo, Band 10 Rom-I VO, Art. 3 Rom I-VO Rn. 14.

2261 Eine rein materiell-rechtliche Rechtswahl führt zur Anwendung einer (komplizierten) Mischung des gewählten Rechts und des zwingenden Rechts des Vertrags- oder Deliktstatuts.

2262 Martiny in: MüKo, Band 10 Rom-I VO, Art. 3 Rom I-VO Rn. 14: Sie ergibt sich aus einem Umkehrschluss aus Art. 3 Abs. 3, Art. 6 Abs. 1 und Art. 8 Abs. 1, galt aber auch schon nach altem Recht.

2263 Martiny in: MüKo, Band 10 Rom-I VO, Art. 3 Rom I-VO Rn. 14 und 53; die häufig in Verträgen zu findende Abbedingung von Kollisionsrecht („es findet das deutsche Recht unter Ausschluss des Kollisionsrechts Anwendung") führt dazu, dass nur dispositive Kollisionsnormen unangewendet bleiben (Sonnenberger in: Staudinger/Amann; Buch 10, Einl IPR Rn. 619). Problematisch ist dieser Ausschluss, da im grenzüberschreitenden Sachverhalt die Rechtswahl erst durch das Kollisionsrecht erlaubt ist, siehe Art. 3 Rom I-VO bzw. Art. 3 EGBGB. Das Kollisionsrecht ist von Amts wegen zu beachten und teilweise unabdingbar, daher läuft man Gefahr, dass die Rechtswahlklausel im Gesamten für unwirksam erklärt wird, siehe dazu Mallmann 2953ff. Allerdings wird die Frage, ob eine Rechtswahl überhaupt zulässig ist, nach dem am Gerichtsort geltendem Recht (lex fori) beurteilt. Die Frage, ob die Rechtswahl im konkreten Fall wirksam war, richtet sich erst nach dem Vertragsstatut (ein Problem ergibt sich dabei bei US-amerikanischen Gerichtsständen, die nach ihrer lex fori keine Rechtswahl zulassen). Art. 20 Rom I-VO; Art. 24 Rom II-VO sprechen nur Sachnormverweise aus, verweisen daher sowieso ihrerseits nicht auf anderes Kollisionsrecht. Eine prozessuale Vereinbarung, aufgrund derer die Anwendung des Kollisionsrechts ausgeschlossen ist (zum französischen „accord procédural" Sonnenberger in: Staudinger/Amann; Buch 10, Internationales Privatrecht Einleitung; Einl. IPR Rn. 230), ist nicht möglich. Der deutsche Richter hat das anwendbare Recht von Amts wegen zu ermitteln.

ben.[2264] Für das Arbeitsverhältnis können sich jedoch abweichende Sonderanknüpfungen nach Art. 8 Rom I-VO ergeben, die gegenüber dem nach Art. 4 Rom I-VO ermittelten Vertragsstatut vorrangig zu beachten sind.

Das Vertragsstatut nach Art. 4 Rom I-VO ist objektiv anzuknüpfen. Objektive Anknüpfungen sind im Europäischen Kollisionsrecht die rechtfertigungsbedürftige Ausnahme und nicht die Regel.[2265] Für bestimmte Vertragstypen ist in Art. 4 Abs. 1 Rom I-VO das anzuwendende Recht abschließend geregelt. Wenn keiner oder mehrere dieser Vertragstypen vorliegen, ist nach Art. 4 Abs. 2 Rom I-VO die vertragscharakteristische Leistung[2266] zu ermitteln. Erst wenn diese nicht bestimmbar ist, wird nach Art. 4 Abs. 4 Rom I-VO die engste Verbindung zu einem Staat relevant.

3.2.1 Lizenzvertrag unter Art. 4 Abs. 1 Rom I-VO?

Es ist daher zunächst zu prüfen, ob das Vertragsverhältnis einem der in Art. 4 Abs. 1 Rom I-VO genannten Vertragstypen zuzuordnen ist. Da nach Art. 8 Rom I-VO eine Sonderanknüpfung für den Arbeitsvertrag gilt, ist zunächst der Fokus allein auf das Auftragsverhältnis zu legen. In der Regel wird es dabei auch um die Einräumung von Nutzungsrechten an dem Werk gehen. Ist der Urheber zur Erstellung von Standardsoftware verpflichtet, kann jedoch auch allein ein Kaufvertrag in Betracht kommen. In diesem Fall richtet sich die konkludente Rechtswahl nach Art. 4 Abs. 1 lit. a) Rom I-VO mit der Folge, dass der Kaufvertrag über bewegliche Sachen dem Recht des Staats unterliegt, in dem der Verkäufer seinen gewöhnlichen Aufenthalt hat. Von größerer Relevanz für das Auftrags- und Arbeitsverhältnis ist jedoch die Frage, ob der Lizenzvertrag dem Dienstleistungsvertrag nach Art. 4 Abs. 1 lit. b) Rom I-VO zugeordnet werden kann. Für Dienstleistungsverträge richtet sich die konkludente Rechtswahl nach dem Recht des Staats, in dem der Dienstleister seinen gewöhnlichen Aufenthalt hat. Ausdrücklich ist der Lizenzvertrag nicht in Art. 4 Rom I-VO

2264 Fehlt im Vertrag eine explizite Rechtswahl, kann z.B. die Vertragssprache ein – wenn auch nicht hinreichendes – Indiz für eine bestimmte, konkludente Rechtswahl sein; ebenfalls ist eine Gerichtsstandsvereinbarung „ein zu berücksichtigender Faktor", siehe Erwägungsgrund 12 der Rom I-VO.

2265 Siehe dazu Leible/Lehmann, RIW 2009, S. 67.

2266 Grundsätzlich ist hierbei die Sach- und nicht die Geldleistung maßgeblich. Kommen mehrere Vertragstypen in Betracht, ist für deren Abgrenzung nach Erwägungsgrund 19 der Rom I-VO maßgeblich, „so sollte die charakteristische Leistung des Vertrags nach ihrem Schwerpunkt bestimmt werden."

geregelt. Die in dem Kommissionsvorschlag für die Rom I-VO vom 15. Dezember 2005 in Art. 4 lit. f) (s. dort S. 6, 17) noch enthaltene Regelung, nach der „[f]ür Verträge über Rechte an geistigem Eigentum oder gewerbliche Schutzrechte [...] das Recht des Staates maßgebend [ist], in dem die Person, die diese Rechte überträgt oder zur Nutzung überlässt, ihren gewöhnlichen Aufenthalt hat", stieß u.a. in Deutschland und in den Niederlanden auf Kritik und wurde daraufhin nicht aufgenommen[2267]. Nach der „Falco"[2268]-Entscheidung des EuGH ist wiederum klargestellt worden, dass ein Lizenzvertrag keinen Dienstleistungsvertrag darstellt.[2269] Sind in einem Kauf- oder Dienstleistungsvertrag auch Elemente eines Lizenzvertrags enthalten, mit dem der Inhaber eines Immaterialgüterrechts seinem Vertragspartner das Recht zu einer entgeltlichen Nutzung einräumt, lässt sich dieser Vertrag daher nicht mehr dem Kauf- oder Dienstleistungsvertrag zuordnen.[2270] Der Lizenzvertrag lässt sich somit keinem Vertragstyp des Art. 4 Abs. 1 Rom I-VO zuordnen.

2267 Siehe Vermerk der deutschen Delegation für den Ausschuss für Zivilrecht (Rom I), abzurufen unter: http://register.consilium.europa.eu/doc/srv?l=DE&f=ST%2013035%202006%20ADD%2012, wird gegen die Aufnahme des Art. 4 lit. f) des Kommissionsvorschlags argumentiert, dass es sich dabei um eine „zu starre Regelung handele, die den komplexen Fallkonstellationen auf dem Gebiet des Geistigen Eigentums nicht gerecht werden können" (siehe S. 6); in dem Vermerk der niederländischen Delegation für den Ausschuss für Zivilrecht (Rom I), abzurufen unter: http://register.consilium.europa.eu/doc/srv?l=EN&f=ST%2013035%202006%20ADD%2016, verweist darauf, dass ein Lizenzvertrag in der Regel einen Mischvertrag darstellt, der nicht unter starre Regeln gefasst werden sollte (siehe S. 5); ausführlich dazu Stimmel 783ff.

2268 EuGH, NJW 2009, 1865 – Falco Privatstiftung, „Thomas Rabitsch v. Gisela Weller-Lindhorst." Siehe dazu ausführlich: Werra in: Synodinou, Codification of European copyright law, An Essential Brick in the Building of European Copyright; S. 274ff.

2269 Die Entscheidung ist zwar basierend auf Art. 5 Abs. 1 lit. b) EuGVVO ergangen, doch muss dies europarechtskonform auch im Rahmen des Art. 4 Abs. 1 lit. b) Rom I-VO gelten. So auch Metzger in: Kono, Intellectual property and private international law, Germany, S. 600; Engelen in: Kono, Intellectual property and private international law, Netherlands, S. 870f.

2270 Für den Dienstleistungsvertrag: Martiny in: MüKo, Band 10 Rom-I VO, Art. 4 Rom I-VO Rn. 30 m.w.N.

3.2.2 Charakteristische Leistung des Lizenzvertrags im Sinne des Art. 4 Abs. 2 Rom I-VO

Ist Art. 4 Abs. 1 Rom I-VO nicht einschlägig, gilt nach Art. 4 Abs. 2 Rom I-VO das Recht des Staats als maßgeblich, in dem die Partei, welche die für den Vertrag charakteristische Leistung zu erbringen hat, ihren gewöhnlichen Aufenthalt hat.[2271] Wird dem Vertragspartner vom Rechtsinhaber gegen Entgelt ein Nutzungsrecht eingeräumt, dann stellt diese Rechtseinräumung die charakteristische Leistung dar, sodass das Recht des Staats anwendbar ist, in dem der Rechtsinhaber seinen Sitz hat.[2272] Die charakteristische Leistung des Urheberrechtsvertrags kann jedoch auch durch eine Verwertungspflicht bestimmt werden. Wenn den Lizenznehmer daher eine Verwertungspflicht trifft, so ist die Verwertungspflicht die charakteristische Leistung mit der Folge, dass der Aufenthaltsort des Lizenznehmers entscheidend ist, da er die charakteristische Vertragsleistung erbringt.[2273] Das Vertragsstatut kann sich daher – in Abhängigkeit, ob eine Verwertungspflicht des Lizenzgebers gegeben ist – nach dem Recht des Staats richten, in dem der Lizenznehmer oder Lizenzgeber seinen gewöhnlichen Aufenthaltsort hat.

3.3 Fazit

Das Vertragsstatut ermittelt sich durch freie Rechtswahl nach Art. 3 Rom I-VO. Wurde keine Rechtswahl getroffen, wird das Vertragsstatut nach Art. 4 Rom I-VO ermittelt. Da der Urheberrechtsvertrag im Auftragsverhältnis stets eine Regelung über das Urheberrecht enthalten wird, und sich der Lizenzvertrag keiner in Art. 4 Abs. 1 Rom I-VO genannten Vertragstypen zuordnen lässt, ist das anwendbare Recht nach der charakteristischen Leistung im Sinne des Art. 4 Abs. 2 Rom I-VO zu ermitteln. Danach richtet sich der Lizenzvertrag nach dem Recht des Staats, in dem der Lizenzgeber seinen gewöhnlichen Aufenthaltsort hat. Trifft den Lizenznehmer jedoch eine Verwertungspflicht, gilt nach Art. 4 Abs. 2 Rom I-VO das Recht des Staats als Vertragsstatut, in dem der Lizenznehmer seinen gewöhnli-

---

2271 Siehe Erwägungsgrund 19 der Rom I-VO.
2272 Dreier in: Dreier/Schulze, vor § 120 UrhG Rn. 52; Fezer/Koos in: Staudinger/ Amann, Buch 11, IPR, Rn. 977; Welser in: Wandtke/Bullinger, vor § 120 UrhG Rn. 24.
2273 Katzenberger in: Schricker/Loewenheim, vor §§ 120 UrhG Rn. 24.

chen Aufenthaltsort hat. Sonderanknüpfungen ergeben sich für den angestellten Urheber nach Art. 8 Rom I-VO, die gegenüber den Regelungen des
Art. 4 Rom I-VO vorrangig gelten.

4. Reichweite des Vertragsstatuts

Nachdem das Vertragsstatut bestimmt wurde, ist zu untersuchen, für welche Aspekte des Urheberrechtsvertrags sich das anwendbare Recht bestimmt. Die Reichweite des nach Art. 3 und 4 Rom I-VO bestimmten Vertragsstatuts richtet sich nach Art. 10, 11 und 12 Rom I-VO.

Wie bereits festgestellt, trifft die Rom I-VO jedoch nur für rein vertragliche Fragestellungen die kollisionsrechtliche Anknüpfung. Alle das Urheberrecht bzw. das Immaterialgüterrecht unmittelbar betreffende Fragestellungen, wie die Entstehung, der Schutzumfang und das Erlöschen des Urheberrechts, unterfallen nicht dem Vertragsstatut.

Art. 12 Rom I-VO bestimmt die Reichweite des auf den Vertrag anzuwendenden Rechts. Diese Norm ist in Verbindung mit Art. 10 Rom I-VO
zu lesen, die gemeinsam das Prinzip der einheitlichen Anknüpfung von
Voraussetzungen und Wirkungen eines Rechtsgeschäfts verdeutlichen.[2274]
Wie sich aus dem Wortlaut von Art. 12 Abs. 1 Rom I-VO ergibt, handelt es
sich dabei um eine beispielhafte[2275] und gerade nicht abschließende Aufzählung, die darum bemüht ist, möglichst alle Rechte und Pflichten der
Parteien dem Vertragsstatut zu unterstellen.[2276]

4.1 Formgültigkeit des Urheberrechtsvertrags

Wie der Vergleich der nationalen Rechtsordnungen gezeigt hat, ergeben
sich bereits aus dem Vergleich der Rechtsordnungen Deutschlands, der
Niederlande und Englands unterschiedliche Formanforderungen in Bezug
auf die Übertragung des Urheberrechts. Da die Vertragsparteien in der Re-

---

2274 Martiny in: MüKo, Art. 12 Rom I-VO Rn. 1, 3.
2275 BT Drucks. 10/504, S. 20, 82.
2276 Die Eingriffsnormen nach Art. 3 Abs. 3 und 4, Art. 5 bis Art. 9 Rom I-VO gehen hingegen den von Art. 12 berufenen Vorschriften vor; siehe: MüKo, Münchener Kommentar zum Bürgerlichen Gesetzbuch; Art. 12 Rn. 3; die Eingriffsnormen der Art. 3 ff. Rom I-VO sind auch dann zu beachten, wenn sich keine
der Parteien darauf beruft bzw. die Rechtswahl unter Ausschluss des anzuwenden Kollisionsrechts vereinbart wird.

gel räumlich unbegrenzte Nutzungsrechte einräumen, kann es daher vorkommen, dass die Vertragsparteien unwissentlich die Formanforderungen eines Staats nicht einhalten. Damit die Vertragsparteien sich nicht mit allen Formanforderungen Europas auseinandersetzen müssen, bestimmt Art. 11 Rom I-VO in diesem Fall das anwendbare Recht und konkretisiert dadurch, welche Formanforderungen die Vertragsparteien einhalten müssen, um wirksame grenzüberschreitende Nutzungsrechte einzuräumen. Art. 11 Rom I-VO gilt nach Art. 3 Abs. 5 Rom I-VO auch für die Formwirksamkeit der Rechtswahl. Art. 11 Rom I-VO führt zur Maßgeblichkeit der Formerfordernisse des nach dem in Rom I-VO ermittelten Vertragsstatuts oder alternativ des Rechts des Staats, in dem der Vertrag geschlossen wurde. Dabei unterscheidet Art. 11 Rom I-VO danach, ob es sich um ein Platz- oder Distanzgeschäft handelt.

Nach Art. 11 Abs. 1 Rom I-VO richten sich die Formerfordernisse des Vertrags entweder nach dem Vertragsstatut oder nach dem Recht des Staats, in dem der Vertrag abgeschlossen wurde, sofern beide sich in demselben Staat befinden. Schließen daher die Vertragsparteien auf deutschem Boden einen Urheberrechtsvertrag, so gelten entweder die Formerfordernisse des Vertragsstatuts oder des deutschen UrhG. Praktisch relevanter als die Platzgeschäfte sind jedoch die Distanzgeschäfte, in denen sich die Vertragsparteien nicht in demselben Staat befinden. Für diesen Fall regelt Art. 11 Abs. 2 Rom I-VO, dass es ausreicht, wenn entweder die Formerfordernisse des Vertragsstatuts oder des Rechts eines der Staaten erfüllt sin, in denen sich eine der Vertragsparteien oder ihr Vertreter zum Zeitpunkt des Vertragsschlusses befinden, oder ihren gewöhnlichen Aufenthalt hat.[2277] Für einseitige Rechtsgeschäfte, wie beispielsweise für den einseitigen Verzicht auf die *moral rights* im englischen Recht gilt nach s. 87 Abs. 2 CDPA, dass dieser schriftlich zu erfolgen hat. Nach Art. 11 Abs. 3 Rom I-VO richten sich die Formerfordernisse eines einseitigen Rechtsgeschäfts entweder nach dem Vertragsstatut oder nach dem Recht des Staats, in dem dieses Rechtsgeschäft vorgenommen worden ist oder in dem die Person, die das Rechtsgeschäft vorgenommen hat, zu diesem Zeitpunkt ihren gewöhnlichen Aufenthalt hatte.

Es lässt sich daher zusammenfassen, dass die Formgültigkeit eines Vertrags oder einseitigen Rechtsgeschäfts entweder nach dem Vertragsstatut oder nach dem Ortsrecht bestimmt wird.[2278]

2277 Art. 19 Rom I-VO.
2278 Etwas anderes kann im Fall von Verbraucherverträgen im Sinne des Art. 6 Rom I-VO gelten, nach welchem das Recht des Staats maßgeblich ist, in dem

4.2 Auslegung des Urheberrechtsvertrags

Nach Art. 12 Abs. 1 lit. a) Rom I-VO richtet sich die Auslegung des Vertrags nach den Regeln des Vertragsstatuts.

4.2.1 Autonome Auslegungsregeln

Dies hat insbesondere im Urhebervertragsrecht weitreichende Folgen, wenn das autonome Urheberrecht besondere Auslegungsregeln für pauschale konstitutive und translative Übertragungen des Urheberrechts enthält. Vor allem das deutsche und das niederländische Recht enthalten in § 31 Abs. 5 UrhG und in Art. 2 Abs. 2 AW Auslegungsregeln für Urheberrechtsverträge.[2279] In beiden Fällen führt die Anwendung der Auslegungsregeln dazu, dass das Urheberrecht soweit wie möglich beim Urheber verbleibt. Pauschale Vereinbarungen über die Einräumung von Nutzungsrechten bzw. translative Übertragung des *auteursrecht* werden daher auf das reduziert, was notwendigerweise aufgrund der Natur der Sache oder aufgrund des Vertragszwecks erforderlich ist. Werden daher im Rahmen eines Auftragsverhältnisses räumlich unbegrenzte Nutzungsrechte eingeräumt oder das Urheberrecht pauschal translativ übertragen, stellt sich die Frage, ob für jedes territoriale Urheberrechtsbündel auch die eigenen autonomen Auslegungsregeln zur Anwendung gelangen. Von Nachteil kann dies insbesondere für den englischen Auftraggeber sein, der die vom Auftragnehmer eingeräumten bzw. übertragenen Urheberrechte nach Maßgabe des heimischen CDPA formuliert und eine pauschale Übertragung des Urheberrechts für alle Nutzungsarten genügen lässt. Würden daher für jedes nationale Urheberrecht die autonomen Auslegungsregeln zur Anwendung gelangen, würde der englische Auftraggeber rein wirtschaftlich gesehen – unabhängig von der rechtlichen translativen Übertragbarkeit – territorial betrachtet über eine unterschiedliche Reichweite an Rechten verfügen können. Art. 12 Abs. 1 lit. a) Rom I-VO hat dieses Problem erkannt und er-

---

der Verbraucher seinen Wohnort hat. Im Fall von Verträgen über Immobilien unterliegen die Formvorschriften nach Art. 11 Abs. 5 Rom I-VO dem Belegenheitsrecht, wenn die dort geltenden Formerfordernisse international zwingend sind (§ 311b Abs. 1 BGB ist nicht international zwingend im Sinne des Art. 11 Abs. 5 Rom I-VO).

2279 Siehe dazu Erstes Kapitel, § 4 A. II. 1.1. und § 4 C.III.1.1.

klärt ausschließlich das nach dem Vertragsstatut anzuwendende Recht für maßgeblich für die Auslegung des (Urheberrechts-)Vertrags.

Die im nationalen Recht enthaltenden Auslegungsregelungen wie § 31 Abs. 5 UrhG und Art. 2 Abs. 2 AW finden daher nur dann Anwendung, wenn ein deutsches bzw. niederländisches Vertragsstatut gegeben ist.[2280]

4.2.2 Auslegung der Fachtermini nach Vertragsstatut?

Unabhängig von der getroffenen Rechtswahl diskutiert die deutsche Rechtsprechung auch, ob die vertragliche Verwendung fremdsprachiger Fachtermini darüber hinaus dazu führen könnte, dass sich die Auslegung nach der Rechtsordnung richtet, in der dieser Fachterminus üblicherweise verwendet wird.[2281] In Betracht könnte kommen, dass trotz eines gewählten Vertragsstatuts auch sprachliche Herkunft und Bedeutung der Klauseln zu berücksichtigen sind. Bezieht man diesen Ansatz auf den Urheberrechtsvertrag, könnte dies dazu führen, dass bei der Auslegung der Begriffe *assignment* oder *waiver of moral rights* auch die Bedeutung der Rechtsbegriffe herangezogen wird, in der diese üblicherweise verwendet werden. Im europäischen Raum könnte dies zu einer unbewussten Einbeziehung der englischen Rechtsordnung führen, wenn englische Rechtsbegriffe verwendet werden. Dieser Ansatz der deutschen Rechtsprechung ist anhand eines deutschen Vertragsstatuts zu überprüfen. Die Argumentation der Rechtsprechung stützt sich darauf, dass für die Auslegung eines Vertrags nach deutschem Vertragsstatut nach § 133 BGB zunächst der wirkliche Wille der Vertragsparteien entscheidend ist. Haben beide Parteien einen übereinstimmenden Regelungswillen gehabt, diesen aber falsch ausgedrückt, zählt nur der wirkliche Wille (falsa demonstratio non nocet). Steht der wirkliche Wille nicht fest, kommt es auf den angeblichen Parteiwillen bzw. den objektiven Empfängerhorizont an. Im Fall des genannten Beispiels könnte dies dazu führen, dass die translative Übertragung im Sinne des *assignment*

2280 Drexl in: MüKo, Band 11, Internationales Immaterialgüterrecht, Rn. 166; Wille, GRUR Int 2008, 389 (390); Metzger in: Kono, Intellectual property and private international law, Germany, S. 600; Nordemann-Schiffel in: Fromm/Nordemann, Urheberrecht, vor §§ 120 UrhG Rn. 88. Die Unabdingbarkeit des § 31 Abs. 5 UrhG entfaltet nur unter Geltung des deutschen Rechts seine Wirkung. § 31 Abs. 5 UrhG stellt insbesondere keine national zwingende Norm im Sinne des Art. 9 Rom I-VO dar.

2281 OLG Hamburg, GRUR Int 1990, 388 (389); VersR 1996, 229(229); BGH, NJW-RR 1992, 423 (425). Siehe auch Armbrüster NJW 2011, 812 (815 ff.).

oder der Verzicht auf das Urheberpersönlichkeitsrecht (*waiver of moral rights*) nach der englischen Rechtsordnung ermittelt werden könnten. Bei der Auslegung eines ausländischen Rechtsbegriffs kann jedoch nicht ausschließlich die ausländische Rechtsordnung herangezogen werden. Diese Rechtsprechung ist daher bei einzelnen Vertretern der Literatur zu Recht auf Kritik gestoßen.[2282] Denn die Vertragsparteien entscheiden sich meist aus Praktikabilitätsgründen für die englische Vertragssprache. Selbst Verträge zwischen zwei Unternehmen aus dem deutschen Sprachraum werden vermehrt in englischer Sprache geschlossen, wenn verbundene Unternehmen im Ausland bestehen. Daher kann mit der Vertragssprache kein darüber hinausgehender Zweck verbunden werden.

4.2.3 Fazit

Es lässt sich daher zusammenfassen, dass die autonomen Auslegungsregeln des Urhebervertragsrechts nur dann Anwendung finden, wenn diese dem nach dem Vertragsstatut anwendbaren Recht entstammen.

4.3 Erstreckung des Vertragsstatuts auf das Verfügungsgeschäft?

Weiterhin gilt, dass für die urheberrechtsspezifischen Fragestellungen das Vertragsstatut anerkanntermaßen keine Anwendung findet. Für das primäre Urhebervertragsrecht wurde vertreten, dass das Verpflichtungs- und Verfügungsgeschäft kausal miteinander verknüpft sind. Es stellt sich die Frage, ob sich das Vertragsstatut auch auf das Verfügungsgeschäft erstreckt. Die Beurteilung des Verfügungsgeschäfts ist gerade im internationalen Rechtsverkehr von großer Bedeutung, da sich daraus ergibt, ob die Verkehrsfähigkeit des Urheberrechts beschränkt ist, ob das Urheberrecht bzw. Nutzungsrecht daran gutgläubig erworben werden kann und ob Sukzessionsschutz besteht. Gerade im deutschen Zivilrecht, das dem Trennungsprinzip folgt und damit zwischen schuldrechtlicher Verpflichtung und dinglicher Verfügung unterscheidet, ist daher besonders relevant, ob auch das Verfügungsgeschäft von dem Vertragsstatut erfasst wird.

Im Folgenden wird dies anhand der Art. 12 Abs. 1 lit. b) Rom I-VO und Art. 12 Abs. 2 Rom I-VO ermittelt.

2282 Triebel/Balthasar, NJW 2004, 2189 (2193).

4.3.1 Art. 12 Abs. 1 lit. b) Rom I-VO

In Art. 12 Abs. 1 lit. b) ist geregelt, dass das auf den Vertrag anzuwendende Recht auch für die Erfüllung der durch ihn begründeten Verpflichtungen maßgeblich ist. Danach legt das Vertragsstatut nicht nur die Erfüllung fest, sondern auch, welche Verpflichtungen durch den Vertrag begründet werden, d.h. die Gesamtheit der beiderseitigen vertraglichen Pflichten.[2283] Neben den Erfüllungsansprüchen umfasst Art. 12 Abs. 1 lit b) Rom I-VO auch die Sekundäransprüche aus dem Vertrag wie Vertragsauflösung und Schadensersatz wegen Vertragsverletzung.[2284] Schwierigkeiten[2285] bereitet die Abgrenzung der vertraglichen Schuldverhältnisse von den außervertraglichen Schuldverhältnissen gerade im Fall der vorvertraglichen Haftung. Die Haftung aus culpa in contrahendo unterfällt dabei anerkanntermaßen der Rom II-VO.[2286] Unterscheidungskriterium ist die „autonome Selbstbindung"[2287] und der Gegenstand der Pflichtverletzung.[2288] Bezieht sich die Pflichtverletzung auf den Vertragsgegenstand, ist die Rom I-VO anzuwenden; bezieht sich die Verletzung hingegen auf allgemeine Pflichten ohne Bezug zu einer Sonderverbindung der Parteien, ist der Anwendungsbereich der Rom II-VO eröffnet.[2289]

Dem Wortlaut nach umfasst Art. 12 Rom I-VO die Erfüllung des Rechtsgeschäfts. Erfüllung könnte auch die Verfügung miteinschließen. Die Beurteilung des Verhältnisses zum Vertragsstatut von Verpflichtungs- und Verfügungsgeschäft richtet sich nach der Einheits- bzw. Spaltungstheorie. Nach der sogenannten Spaltungstheorie beurteilen die Vertreter die Verfü-

---

2283 MüKo, Münchener Kommentar zum Bürgerlichen Gesetzbuch; Art. 12 Rom I-VO Rn. 50; das Vertragsstatut umfasst dabei sowohl die Haupt- als auch die Nebenpflichten.

2284 Martiny in: MüKo, Band 10 Rom-I VO, Art. 1 Rom I-VO Rn. 7; Spickhoff in: Bamberger/Roth; Art. 9 Rom I-VO; Art. 3 Rom-I-VO, Rn. 8, umfasst auch die Rückerstattung des zu viel gezahlten Kaufpreises nach Minderung oder eine Vertragsstrafe.

2285 Als Verordnungen der Europäischen Gemeinschaft, hat der EuGH die Auslegungskompetenz. Mit der Streichung des Art. 68 Abs. 1 EGV, nach dem nur das letztinstanzliche, nationale Gericht den EuGH anrufen konnte, kann nunmehr nach Art. 267 AEUV jedes nationale Gericht vor dem EuGH ein Vorabentscheidungsverfahren anstrengen, m.w.N. Pfeiffer/Weller/Nordmeier in: Spindler/Schuster; Vorbemerkung zu Art. 1 Rom I-VO Rn. 2.

2286 Art. 12 Rom II-VO.

2287 Martiny in: MüKo, Band 10 Rom-I VO, Art. 1 Rom I-VO Rn. 9.

2288 Martiny in: MüKo, Band 10 Rom-I VO, Art. 1 Rom I-VO Rn. 9.

2289 Martiny in: MüKo, Band 10 Rom-I VO, Art. 1 Rom I-VO Rn. 10.

gungsgeschäfte losgelöst von den Verpflichtungsgeschäften und unterwerfen die Beurteilung des Verpflichtungsgeschäfts dem Vertragsstatut und die Beurteilung des Verfügungsgeschäfts ausschließlich nach dem Schutzlandstatut.[2290], [2291] Neben der gespaltenen Anknüpfung an das Schutzlandstatut wird auch vertreten, dass das Verfügungsgeschäft universell nach dem Ursprungslandprinzip anknüpft wird.[2292] Nach der gegenläufigen Ansicht der Einheitstheorie werden das Verpflichtungs- und das Verfügungsgeschäft einheitlich nach dem Vertragsstatut bemessen, jedoch unter dem Vorbehalt, dem Territorialitätsprinzip entsprechend bestimmte Fragen stets nach dem Recht des jeweiligen Schutzlands zu beurteilen.[2293] Eine Entscheidung für oder gegen die Einheits- oder Spaltungstheorie lässt sich auf Basis der Rom I-VO nicht treffen.[2294] Daher erstreckt sich das Vertragsstatut nicht auf das Verfügungsgeschäft nach Art. 12 Abs. 1 lit. b) Rom I-VO.

4.3.2 Art. 12 Abs. 2 Rom I-VO

Die Erstreckung des Vertragsstatuts auf das Verfügungsgeschäft könnte aus Art. 12 Abs. 2 Rom I-VO abzuleiten sein. Art. 12 Abs. 2 Rom I-VO erklärt, dass in Bezug auf die Art und Weise der Erfüllung und die vom Gläubiger im Falle mangelhafter Erfüllung zu treffenden Maßnahmen das Recht des

---

2290 Zimmer; Urheberrechtliche Verpflichtungen und Verfügungen im Internationalen Privatrecht; 2006 schlägt vor das Schutzlandprinzip in diesem Fall treffender als Verwertungslandprinzip zu bezeichnen, S. 149.

2291 Fezer/Koos in: Staudinger/Amann, Buch 11, IPR, Rn. 1122; Lauber–Rönsberg in: Möhring/Nicolini; Sonderbereiche: Kollisionsrecht; Rn. 33; Welser in: Wandtke/Bullinger, vor § 120 UrhG Rn. 22.

2292 Schack, Urhebervertragsrecht, 2013 Rn. 1290; dazu auch Nordemann-Schiffel in: Fromm/Nordemann, Urheberrecht, vor §§ 120 UrhG Rn. 83.

2293 Katzenberger in: Schricker/Loewenheim, vor §§ 120 UrhG, vor § 120 UrhG Rn. 149; Walter in: Loewenheim, Hdb. des Urheberrechts, § 58 Anwendbares Recht Rn. 162.

2294 A.A. Schack, Urhebervertragsrecht, 2013 Rn. 1290, der aufgrund Art. 14 Abs. 1 und 2 Rom I-VO von der Geltung der Spaltungstheorie ausgeht. Dem ist jedoch nicht zuzustimmen. Auch wenn in Art. 14 Abs. 1 Rom I-VO ausdrücklich geregelt ist, dass sich das gesamte Rechtsverhältnis der Forderungsabtretung, auch bezüglich der dinglichen Aspekte (Erwägungsgrund 38 der Rom I-VO), nach dem Vertragsstatut angeknüpft wird, lässt sich daraus noch kein Anhaltspunkt für die Positionierung bei der Einheits- bzw. Spaltungstheorie entnehmen. So auch Stimmel S. 790; Drexl in: MüKo, Band 11, Internationales Immaterialgüterrecht, Rn. 173 ohne Verweis auf Art. 14 Rom I-VO.

Staats zu berücksichtigen ist, in dem die Erfüllung erfolgt ist. Da die Rom I-VO die „Art und Weise" der Erfüllung nicht definiert, ist der zweite Absatz im Lichte des ersten Absatzes zu lesen. Nach Art. 12 Abs. 1 lit. b) Rom I-VO legt das Vertragsstatut nicht nur die Erfüllung fest, sondern auch, welche Verpflichtungen „durch ihn begründet" werden, also an wen, was, wann und wo zu leisten ist.[2295] Art. 12 Abs. 2 bezieht sich daher nur auf die Art und Weise der Erfüllung und damit nur auf das „wie" der Leistung.[2296] Hintergrund der Regelung ist, dass die Leistungserbringung nicht daran scheitern soll, dass sie am Ort nicht so durchgeführt werden kann wie vereinbart und vom Vertragsstatut an sich vorgesehen. Darunter fallen z.B. Untersuchungs- und Rügepflichten[2297], nicht hingegen die Frage des rechtlichen „ob" der Erfüllungsleistung nach Art. 12 Abs. 2 Rom I-VO. Zudem kann nach Art 12 Abs. 2 Rom I-VO nur das Recht des Erfüllungsorts berücksichtigt werden, darin ist jedoch kein Anwendungsvorrang zugunsten des Rechts am Erfüllungsort enthalten. Daher ergibt sich auch aus Art. 12 Abs. 2 Rom I-VO keine kollisionsrechtliche Erstreckung des Vertragsstatuts auf das Verfügungsgeschäft.

4.3.3 Fazit

Die Regelungen der Rom I-VO erstrecken sich nicht auf das Verfügungsgeschäft. Daher beantwortet das autonome (Kollisions-)Recht nicht nur die rein urheberrechtlichen Fragestellungen wie die Übertragbarkeit des Urheberrechts, Einschränkbarkeit des Urheberrechts, sondern auch das Verhältnis des Verpflichtungs- zum Verfügungsgeschäft.[2298]

5. Sonderanknüpfung im Arbeitsverhältnis nach Art. 8 Rom I-VO

Für den angestellten Urheber ist die Sonderanknüpfung des Art. 8 Rom I-VO zu beachten, die eine spezielle Kollisionsnorm im Rahmen von Individualarbeitsverträgen enthält. Art. 8 Rom I-VO basiert auf Art. 6 des Über-

---

2295 MüKo, Münchener Kommentar zum Bürgerlichen Gesetzbuch Rn. 50.
2296 MüKo, Münchener Kommentar zum Bürgerlichen Gesetzbuch Rn. 176.
2297 BT Drucks. 10/504, S. 82.
2298 BGH, GRUR 1999, 152 (155) – Spielbankaffaire; BGH, GRUR 2011, 1134 (1136) – Lepo Sumera; Drexl in: MüKo, Band 11, Internationales Immaterialgüterrecht, Rn. 173; Nordemann-Schiffel in: Fromm/Nordemann, Urheberrecht, vor §§ 120 UrhG Rn. 83.

einkommens von Rom. Im Vergleich zu der Vorgängernorm hat sich
Art. 8 Rom I-VO materiell-rechtlich nur geringfügig verändert.[2299] Art. 8
Rom I-VO findet Anwendung auf Arbeitsverträge und Arbeitsverhältnisse
von Einzelpersonen und erfasst dabei nicht kollektivrechtliche Regelungen
wie Tarifverträge und Betriebsvereinbarungen.[2300] Umfasst werden Vereinbarungen zwischen Arbeitgeber und Arbeitnehmer, die eine abhängige,
weisungsgebundene und entgeltliche Tätigkeit zum Gegenstand haben. [2301] Der beauftragte Urheber, der seine Tätigkeit selbständig und unabhängig erbringt, wird daher von Art. 8 Rom I-VO nicht erfasst.[2302]

Nach Art. 8 Abs. 1 Satz 2 Rom I-VO darf die (nach Art. 3 Rom I-VO getroffene) Rechtwahl nicht dazu führen, dass zwingende arbeitnehmerschützende Vorschriften ausgeschlossen werden, die bei objektiver Anknüpfung maßgeblich wären und für den Arbeitnehmer zu günstigeren[2303] Folgen führen würde als die Normen des gewählten Vertragssta-

2299 Im Gegensatz zu Art. 6 Abs. 1 Übereinkommen von Rom präzisiert Art. 8
Abs. 1 Rom I-VO die Voraussetzungen mehr (der Eingriffsnorm Art. 6 des
Übereinkommens von Rom verwendete nur den Begriff „zwingend anzuwenden", Art. 8 Rom I-VO präzisiert die Eingriffsnorm „als eine Bestimmung, von
denen nach dem Recht, das nach den Absätzen 2, 3 und 4 des vorliegenden Artikels mangels einer Rechtswahl anzuwenden wäre, nicht durch Vereinbarung
abgewichen werden darf). Zudem ist in Art. 8 Abs. 2 Rom I-VO der gewöhnliche Arbeitsplatz nicht nur der Ort ist, „in dem", sondern auch „vom aus" der
Arbeitnehmer gewöhnlich seine Arbeit verrichtet. Im Gegensatz zu dem Übereinkommen von Rom enthält die Rom I-VO Erwägungsgründe, die für die
Auslegung der Bestimmungen herangezogen werden können. (Diese Ergänzung ist in den Fällen relevant, in denen der Arbeitnehmer keinen einheitlichen gewöhnlichen Arbeitsplatz hat wie Piloten, Flugbegleiter, LKW-Fahrer,
Monteure. Diese Ergänzung führt dazu, dass für diese Arbeitnehmergruppen
auch Art. 8 Abs. 2 und nicht der nachfolgende Abs. 3 Rom I-VO einschlägig
ist.) Ausführlich zu Art. 6 Übereinkommen von Rom und dem Art. 6 Rom I-Vorentwurf: Junker, 401ff; m.w.N. Mankowski in: Ferrari, Franco/Leible, Stefan; Rome I Regulation; Employment Contracts under Article 8 of the Rome I
Regulation; S. 171 ff.
2300 Oetker in: Richardi/Wlotzke/Wissmann/Oetker, Münchener Handbuch zum
Arbeitsrecht, § 11 Arbeitskollisionsrecht Rn. 8.
2301 Martiny in: MüKo, Band 10 Rom-I VO, Art. 8 Rn. 18.
2302 Martiny in: MüKo, Band 10 Rom-I VO, Art. 8 Rn. 19 m.w.N. auch zum
Scheinselbstständigen, auf den Art. 8 Rom I-VO Anwendung findet.
2303 Erwägungsgrund 35 der Rom I-VO hebt hervor, dass die zwingend anzuwendende Norm den Arbeitnehmer schützen muss und daher für ihn günstiger
wirken muss.

tuts.[2304] Es stellt sich daher die Frage, ob sich aus Art. 8 Rom I-VO ergibt, dass auch rein urheberrechtsspezifische Aspekte kollisionsrechtlich nach dem Arbeitsvertragsstatut zu ermitteln sind.

5.1 Bestimmung des Arbeitsvertragsstatuts

Das Arbeitsvertragsstatut bestimmt sich entweder subjektiv nach der Rechtswahl der Vertragsparteien nach Art. 8 Abs. 1 i.V.m. Art. 3 Rom I-VO oder objektiv durch die in Art. 8 Abs. 2 Rom I-VO[2305] genannten Anknüpfungskriterien. Das nach dem zweiten Absatz objektiv angeknüpfte Recht überlagert das gewählte Arbeitsvertragsstatut hinsichtlich der arbeitnehmerschützenden Elemente mit der Folge, dass das anwendbare Recht aus einer Mischung des gewählten und objektiv anzuwendenden Arbeitsvertragsstatuts besteht. Der Schutzcharakter der von Art. 8 Rom I-VO erfassten Norm wird weit interpretiert, sodass darunter auch Normen fallen, die neben dem Schutz der Allgemeinheit auch den Arbeitnehmer schützen.[2306] Normen, die unabhängig von einer Arbeitnehmereigenschaft die schwächere Partei schützen, werden von Art. 8 Rom I-VO nicht erfasst.[2307]

2304   Schlachter in: Erfurter Kommentar zum Arbeitsrecht, 14. Auflage 2014, Art. 8 Rom I-VO, Rn. 19; Martiny in: MüKo, Band 10 Rom-I VO, Art. 8 Rom I-VO Rn. 39; dazu auch Erwägungsgrund 23 der Rom I-VO.

2305   Nach Art. 8 Abs. 2 Rom I-VO unterliegen die Arbeitsverträge dem Recht des Staats, in dem der Arbeitnehmer in Erfüllung des Vertrags gewöhnlich seine Arbeit verrichtet, selbst wenn er vorübergehend in einen anderen Staat entsandt wird. Liegt ein gewöhnlicher Arbeitsort nicht vor, ist nach Art. 8 Abs. 3 Rom I-VO das Recht des Staats maßgeblich, in dem sich die Niederlassung befindet, die den Arbeitnehmer eingestellt hat. Ergibt sich jedoch nach der Gesamtbetrachtung, dass ein Arbeitsvertrag eine engere Verbindung zu einem anderen Staat aufweist, ist das Recht dieses anderen Staats anzuwenden, Art. 8 Abs. 4 Rom I-VO.

2306   Oetker in: Richardi/Wlotzke/Wissmann/Oetker, Münchener Handbuch zum Arbeitsrecht, § 11 Arbeitskollisionsrecht Rn. 23. Im Rahmen des *ordre public* reicht ein mittelbarer Schutz der Allgemeinheit hingegen nicht aus.

2307   Oetker in: Richardi/Wlotzke/Wissmann/Oetker, Münchener Handbuch zum Arbeitsrecht, § 11 Arbeitskollisionsrecht Rn. 23; hierbei kommt jedoch in Betracht, dass die schützende Norm international zwingend ist nach Art. 9 Rom I-VO und als solche ebenfalls nicht abbedungen werden darf.

5.2 Sonderanknüpfung der Inhaberschaft des Urheberrechts und des Urheberpersönlichkeitsrechts nach dem Arbeitsvertragsstatut

Gerade im Hinblick auf ein deutsches Arbeitsvertragsstatut, in der die Inhaberschaft am Urheberrecht zwingend dem schöpfenden Arbeitnehmer zugewiesen wird, könnte Art. 8 Rom I-VO dazu führen, dass die Inhaberschaft des Urheberrechts und des Urheberpersönlichkeitsrechts selbst außerhalb des territorialen Geltungsbereichs des deutschen Urheberrechtgesetzes einheitlich nach dem deutschen objektiv anzuwendenden Arbeitsvertragsstatut zu ermitteln ist.

Während für die Anknüpfung der Inhaberschaft an registrierten Schutzrechten das Schutzlandprinzip allgemein anerkannt ist, ermittelt sich nach Art. 60 Abs. 1 Satz 2 Europäisches Patentübereinkommen die Frage, wer im Verhältnis des Arbeitnehmers und des Arbeitgebers das Recht auf das Europäische Patent hat, nach dem „Recht des Staats, in dem der Arbeitnehmer überwiegend beschäftigt ist." Auch andere nationale Kollisionsregelungen[2308] sehen vor, dass sich die Frage der originären Inhaberschaft des Urheberrechts (und des Urheberpersönlichkeitsrechts) nicht nach dem Schutzlandprinzip, sondern nach dem Arbeitsvertragsstatut richtet, wenn es um die Inhaberschaft an einer von einem Arbeitnehmer generierten Erfindung geht. Der zwingend anzuwendende § 22 Satz 1 ArbNErfG[2309], der besondere Regelungen zu Erfindungen von an Hochschulen Beschäftigen enthält, gilt als Schutznorm im Sinne von Art. 8 Rom-I-VO.[2310] Darüber hinaus werden in ausländischen Kollisionsregelungen auch Vereinbarungen über Arbeitnehmererfindungen hinsichtlich der Frage, wer ein Recht

---

2308 Ist nicht festzustellen, in welchem Staat der Arbeitnehmer überwiegend beschäftigt ist, so ist das Recht des Staats anzuwenden, in dem der Arbeitgeber den Betrieb unterhält, dem der Arbeitnehmer angehört; Art. 34 Abs. 2 Österreichisches IPRG: „Für Immaterialgüterrechte, die mit der Tätigkeit eines Arbeitnehmers im Rahmen seines Arbeitsverhältnisses zusammenhängen, ist für das Verhältnis zwischen dem Arbeitgeber und dem Arbeitnehmer die für das Arbeitsverhältnis geltende Verweisungsnorm maßgebend." Art. 122 Abs. 3 Schweizerisches IPRG: „Verträge zwischen Arbeitgebern und Arbeitnehmern über Rechte an Immaterialgütern, die der Arbeitnehmer im Rahmen der Erfüllung des Arbeitsvertrages geschaffen hat, unterstehen dem auf den Arbeitsvertrag anwendbaren Recht."

2309 § 22 Satz 1 ArbNErfG lautet: „Die Vorschriften dieses Gesetzes können zuungunsten des Arbeitnehmers nicht abgedungen werden."

2310 Deinert, Internationales Arbeitsrecht, 2013 Rn. 9.

auf Erteilung des Patents hat, nach dem Arbeitsvertragsstatut bemessen.[2311] Begründet wird dies damit, dass die Erfindung den arbeitsrechtlichen Zusammenhängen nähersteht als dem Recht des Schutzlands. [2312] Es stellt sich daher die Frage, ob auch das deutsche Schöpferprinzip gemäß § 7 UrhG, das ebenfalls Anwendung auf den angestellten Urheber findet, eine arbeitnehmerschützende Norm im Sinne von Art. 8 Rom I-VO darstellt. Dies ist jedoch zu verneinen. § 7 UrhG findet nicht nur auf den angestellten Urheber Anwendung, sondern allgemein auf den Schöpfer urheberrechtlich geschützter Werke. Daher fehlt § 7 UrhG der für Art. 8 Abs. 1 S. 2 Rom I-VO notwendig speziell arbeitnehmerschützende Inhalt.[2313]

5.3 Sonderanknüpfung der Befugnisse des Arbeitgebers nach dem Arbeitsvertragsstatut

Im Gegensatz zu § 7 UrhG könnte es sich jedoch bei § 43 UrhG um eine speziell den Arbeitnehmer schützende Norm handeln. Haben der Arbeit-

---

2311 Martiny in: MüKo, Band 10 Rom-I VO, Art. 8 Rn. 97; Deinert, Internationales Arbeitsrecht, 2013 § 12 Rn. 9; Art. 34 Abs. 2 Österreichisches IPRG: „Für Immaterialgüterrechte, die mit der Tätigkeit eines Arbeitnehmers im Rahmen seines Arbeitsverhältnisses zusammenhängen, ist für das Verhältnis zwischen dem Arbeitgeber und dem Arbeitnehmer die für das Arbeitsverhältnis geltende Verweisungsnorm maßgebend." Art. 122 Abs. 3 Schweizerisches IPRG: „Verträge zwischen Arbeitgebern und Arbeitnehmern über Rechte an Immaterialgütern, die der Arbeitnehmer im Rahmen der Erfüllung des Arbeitsvertrages geschaffen hat, unterstehen dem auf den Arbeitsvertrag anwendbaren Recht."

2312 Martiny in: MüKo, Band 10 Rom-I VO Rn. 97; Deinert, Internationales Arbeitsrecht, 2013 § 12 Rn. 10; Sack in: FS Steindorff 1990, 1333(1339): Der Vollständigkeit halber ist zu ergänzen, dass von der Frage der personalen Zuordnung bei Arbeitnehmererfindungen die Frage nach Begründung, Art und Umfang des Schutzes (auch bezüglich des Erfinderpersönlichkeitsrechts) zu trennen ist, welche sich nach dem Schutzrechtsstatut richtet.

2313 Im Ergebnis so auch, jedoch ohne nähere Begründung: LG München I BeckRS 2012, 13691 (für die urheberrechtliche Schutzfähigkeit und für die Rechteinhaberschaft); Drexl in: MüKo, Band 11, Internationales Immaterialgüterrecht, Rn. 182; Rojahn in: Schricker/Loewenheim, § 43 UrhG, Rn. 4; Klass, GRUR Int. 2008, 546 (555); Pütz, PRax 2005, 13 m.w.N. Für die Erweiterung der Geltung auf die Ermittlung der originären Inhaberschaft: Fawcett/Torremans, Intellectual property and private international law, 2011, 13.91, S. 722; Zu der einheitlichen Anknüpfung der Inhaberschaft des Urheberrechts im Arbeits- und Auftragsverhältnis siehe auch die Ausführungen im dritten Kapitel unter § 2.

geber und der Arbeitnehmer keine vertragliche Regelung zu den Nutzungsrechten an dem Werk geschlossen, erhält der Arbeitgeber nach § 43 UrhG insoweit Nutzungsrechte an dem Werk, wie sich dies aus dem Inhalt oder dem Wesen des Arbeits- oder Dienstverhältnisses ergibt. Ob diese Regelung für den Arbeitnehmer günstiger wirkt als die gesetzliche Lage, ist aus zwei Perspektiven zu betrachten. § 43 UrhG kann für den Arbeitnehmer zu günstigeren Folgen führen, da der Arbeitgeber keine weitergehenden Nutzungsrechte erhält als es nach dem Inhalt oder Wesen des Arbeits- oder Dienstverhältnisses notwendig ist. Andererseits beinhaltet § 43 UrhG auch die Verpflichtung, dass der Arbeitnehmer an den Arbeitgeber Nutzungsrechte einräumt, sodass § 43 UrhG nicht nur für den Arbeitnehmer objektiv günstige Folgen hat. Nach der überwiegenden Meinung in der Literatur soll § 43 UrhG eine objektiv arbeitnehmerschützende Norm im Sinne von Art. 8 Abs. 1 Rom I-VO sein.[2314]

Dem ist jedoch nicht zu folgen. Schafft ein Urheber ein Werk in Erfüllung seiner Verpflichtungen aus einem Arbeits- oder Dienstverhältnis, folgt aus § 43 Teils. 1 UrhG der Grundsatz, dass die §§ 31 ff. UrhG auch im Rahmen des Arbeitsverhältnisses Anwendung finden. Aus § 43 Teils. 1 UrhG lässt sich kein speziell arbeitnehmerschützender Inhalt ableiten. Das Anwendungsgebot der §§ 31 ff. UrhG wird darüber durch § 43 Teils. 3 UrhG durchbrochen, „soweit sich aus dem Inhalt oder dem Wesen des Arbeits- oder Dienstverhältnisses nichts anderes ergibt." § 43 Teils. 3 UrhG führt weiter dazu, dass die Beteiligten eine abweichende arbeits- oder dienstvertragliche Regelung vereinbaren können. Dies führt dann nach § 43 Teils. 3 UrhG dazu, dass die vertraglich vereinbarte Rechtsfolge die gesetzlichen Rechtsfolgen ergänzt. Durch § 43 Teils. 3 UrhG können die zwingenden Vorschriften des UrhG im Arbeits- und Dienstverhältnis abdingbar werden. Gerät die vertraglich vereinbarte Rechtsfolge mit den Regelungen des UrhG in Konflikt, ist dieser im Wege der praktischen Konkordanz zu lösen. Das allgemein geltende Urhebervertragsrecht wird daher mit § 43 UrhG um arbeits- und dienstvertragliche Inhalte ergänzt. Es lässt

---

2314 Deinert, Internationales Arbeitsrecht, 2013 § 12 Rn. 13; Birk in: Hubmann/ Forkel/Kraft, Arbeitnehmer und arbeitnehmerähnliche Person im Urheberrecht bei Auslandsbeziehungen,1 (5); Birk, RabelsZ 46 (1982), 384 (400); Martiny in: MüKo, Band 10 Rom-I VO, Art. 8 Rn. 97; Oetker in: Richardi/Wlotzke/ Wissmann/Oetker, Münchener Handbuch zum Arbeitsrecht, § 11 Arbeitskollisionsrecht; § 11Rn. 96; Spickhoff in: Bamberger/Roth; Art. 9 Rom I-VO Rn. 11; zu den arbeitnehmerschützenden, zwingenden Vorschriften zählen hingegen die Vergütungsansprüche nach §§ 32, 32 a UrhG, so auch Wündisch in: Berger/Wündisch/Abel, § 15 Urhebervertragsrecht und Arbeitsrecht Rn. 58.

sich daher feststellen, dass die an sich urheberfreundlichen Regelungen im Arbeitsverhältnis zugunsten des Urhebers weiter eingeschränkt werden können. Bei der Bewertung einer arbeitnehmerschützenden Norm darf keine Rolle spielen, ob die Regelungen anderer Rechtsordnungen weitreichendere Befugnisse des Arbeitgebers vorsehen.[2315] Vielmehr geht es darum, dass eine speziell arbeitnehmerschützende Norm dem Arbeitnehmer auch bei einem abweichenden Vertragsstatut erhalten bleiben soll. Der arbeitnehmerschützende Charakter kann sich jedoch nicht allein aus dem europäischen Rechtsvergleich ergeben. Daher hat § 43 UrhG keinen speziell arbeitnehmerschützenden Inhalt. § 43 UrhG ist daher nicht als Sonderanknüpfung zwingend anzuwenden, wenn objektiv ein deutsches Arbeitsvertragsstatut gilt.[2316]

5.4 Fazit

Liegt daher objektiv ein deutsches Arbeitsvertragsstatut im Sinne von Art. 8 Rom I-VO vor, folgt daraus nicht die zwingende Anwendung der §§ 7, 29 UrhG und 43 UrhG in Bezug auf den angestellten Urheber.

6. Bedeutung der Rom I-VO für die Anknüpfung der Inhaberschaft des Urheberrechts und des Urheberpersönlichkeitsrechts

Die Rom I-VO enthält Kollisionsregeln für rein vertragliche Fragestellungen. Alle das Urheberrecht bzw. Immaterialgüterrecht unmittelbar betreffenden Fragestellungen wie die Inhaberschaft des Urheberrechts und des Urheberpersönlichkeitsrechts, die Entstehung, der Schutzumfang, die vertragliche Übertragbarkeit des Urheberrechts und die Einschränkbarkeit des Urheberpersönlichkeitsrechts sowie das Erlöschen des Urheberrechts lassen sich nicht aus dem Vertragsstatut ermitteln. Doch auch im Rahmen der Urheberrechtsverträge spielen rein vertragliche Aspekte eine Rolle. So

---

2315 Wie beispielsweise Art. 7 AW und s. 11 (2) CDPA.

2316 A.A. Deinert, Internationales Arbeitsrecht, 2013 § 12 Rn. 13; Birk in: Hubmann/Forkel/Kraft, Arbeitnehmer und arbeitnehmerähnliche Person im Urheberrecht bei Auslandsbeziehungen,1 (5); Birk, RabelsZ 46 (1982), 384 (400); Martiny in: MüKo, Band 10 Rom-I VO, Art. 8 Rn. 97; Oetker in: Richardi/Wlotzke/Wissmann/Oetker, Münchener Handbuch zum Arbeitsrecht, § 11 Arbeitskollisionsrecht; § 11 Rn. 96; Spickhoff in: Bamberger/Roth; Art. 8 Rom I-VO Rn. 11

richtet sich die Formgültigkeit des Vertrags, welche insbesondere für die Übertragung des Urheberrechts und den Verzicht des Urheberpersönlichkeitsrechts von Bedeutung ist, entweder nach dem Vertragsstatut oder nach dem Recht des Orts des Vertragsschlusses. Die Auslegung des Urheberrechtsvertrags richtet sich wiederum nach dem Vertragsstatut nach Art. 12 Abs. 1 lit. a) Rom I-VO. Auslegungsregeln, wie beispielsweise die Zweckübertragungsregel nach § 31 Abs. 5 UrhG oder nach Art. 2 Abs. 2 AW finden somit nur Anwendung, wenn die entsprechende Rechtsordnung dem Recht des Vertragsstatuts entspricht. Das Vertragsstatut erstreckt sich jedoch nicht auf das Verfügungsgeschäft mit der Folge, dass der gutgläubige Erwerb des Nutzungsrechts oder der Sukzessionsschutz sich nach dem autonomen Kollisionsrecht der Mitgliedsstaaten richtet. Für den angestellten Urheber ergeben sich aus den §§ 7, 43, 29 UrhG keine Sonderanknüpfungen im Sinne des Art. 8 Rom I-VO, wenn objektiv ein deutsches Arbeitsvertragsstatut vorliegt.

III. Rom II-VO und die Anknüpfung an das Schutzlandprinzip

Kollisionsrechtliche Vorgaben für die Anknüpfung der Inhaberschaft des Urheberrechts und des Urheberpersönlichkeitsrechts könnten sich jedoch aus der Rom II-VO ergeben.

1. Anwendungsbereich der Rom II-VO

Sachlich ist der Anwendungsbereich der Rom II-VO auf Ansprüche aus außervertraglichen Schuldverhältnissen (Delikt, Bereicherung, und Geschäftsführung ohne Auftrag) und die damit zusammenhängenden haftungsrechtlichen Fragen gemäß Art. 15 Rom II-VO begrenzt. Aus der klarstellenden Norm des Art. 2 Rom II-VO ergibt sich, dass in das Anwendungsgebiet der Rom II-VO auch das Rechtsverhältnis aus Verschulden bei Vertragsverhandlungen (culpa in contrahendo[2317]) als außervertragliches Schuldverhältnis fällt. [2318] Letztere ist ausdrücklich in Art 1 Abs. 2 lit. i) Rom I-VO aus dem Anwendungsbereich der Rom I-VO herausgenommen.

2317 Aus Erwägungsgrund 30 Satz 4 der Rom II-VO ergibt sich jedoch, dass Art. 4 Rom II-VO die deliktische Haftung für Personenschäden bei Vertragsverhandlungen abdeckt.

2318 Junker in: MüKo, Band 10 Rom-II VO Rn. 6.

Für die Eröffnung des sachlichen Anwendungsbereichs der Rom II-VO genügt nach Maßgabe von dessen Art. 2 Abs. 2 und 3 Rom II-VO bereits die Wahrscheinlichkeit eines schädigenden Ereignisses. Damit werden negatorische Ansprüche miteingeschlossen.

Gemäß Art. 1 Abs. 4 Rom II-VO gilt die Rom II-VO für alle Mitgliedsstaaten einschließlich dem Vereinigten Königreich und Irland[2319] mit Ausnahme von Dänemark[2320] unmittelbar. Die zeitliche Anwendbarkeit bestimmt sich nach Art. 31 und 32 Rom II-VO. Danach findet die Rom II-VO Anwendung auf alle schadensbegründenden Ereignisse, die ab dem 11. Januar 2009 eintreten.[2321] Unter dem schadensbegründenden Ereignis ist die Handlung zu verstehen, die den Schaden begründet.[2322]

Da die Rom II-VO nur außervertragliche Ansprüche erfasst, ist die Anwendung der Kollisionsnormen der Rom II-VO im Rahmen des Auftrags- oder Arbeitsverhältnisses nur im Verhältnis zu Dritten in Betracht zu ziehen.

2. Urheberpersönlichkeitsrecht vom Anwendungsbereich der Rom II-VO erfasst?

Es stellt sich die Frage, ob die Rom II-VO auch Kollisionsregeln für das Urheberpersönlichkeitsrecht aufstellt. In Betracht kommt, dass die Verletzung des Urheberpersönlichkeitsrechts – ebenso wie die Verletzung der Privatsphäre oder der Persönlichkeitsrechte, einschließlich der Verleumdung – nach Art. 1 Abs. 2 lit. g) Rom II-VO vom Anwendungsbereich der Rom II-VO ausgeschlossen ist.[2323] Für einen Ausschluss auch des Urheber-

---

2319 Das Vereinigte Königreich und Irland sind aufgrund der Mehrstaatenregelung des Art. 25 Rom II-VO nicht unmittelbar an die Rom II-VO gebunden. Da sie sich aber an der Annahme und Anwendung der Verordnung beteiligen, Erwägungsgründe der Rom II-VO Nr. 39 und 40, finden Sie auch dort unmittelbar Anwendung.

2320 Eine Anwendbarkeit gegenüber Dänemark erscheint aus Gründen des effet utile vorzugswürdig.

2321 Die VO kann daher ab 11. Januar 2009 auf schadensbegründende Ereignisse, die sich nach dem 20. August 2007 ereignet haben, angewendet werden. Dazu High Court of Justice, [2009] 1 All ER 1116 – „Maher & Anor v. Groupama"

2322 Drexl in: MüKo, Band 11, Internationales Immaterialgüterrecht, Rn. 149.

2323 Für Ausschluss des Urheberpersönlichkeitsrechts: Schack, Urhebervertragsrecht, 2013, Rn. 1018. Gegen Ausschluss des Urheberpersönlichkeitsrechts: Grünberger, ZvglRWiss 2009, S. 173; Sack, WRP 2008, 1405 (1406) ; Drexl in: MüKo, Band 11, Internationales Immaterialgüterrecht, Rn. 154.

persönlichkeitsrechts vom sachlichen Anwendungsbereich der Rom II-VO spricht, dass das Urheberpersönlichkeitsrecht ein besonderes Persönlichkeitsrecht darstellt.[2324] Darüber hinaus hat der Rechtsvergleich mit den englischen *moral rights* gezeigt, dass beispielsweise das Recht, sich gegen die falsche Zuschreibung der Urheberschaft zu wehren, in England nach S. 84 CDPA den ‚quasi'-*moral rights*, in Deutschland dem Allgemeinen Persönlichkeitsrecht und in den Niederlanden dem strafrechtlichen Schutz nach Art. 326 b WvS zugeordnet wird. Um unterschiedliche Anknüpfungen zu verhindern, könnte es daher angebracht sein, das Urheberpersönlichkeitsrecht nicht der Rom II-VO zu unterwerfen.

Im Ergebnis ist jedoch das Urheberpersönlichkeitsrecht auch unter den Anwendungsbereich der Rom II-VO zu fassen. Für eine Einbeziehung des Urheberpersönlichkeitsrechts in den Wortlaut den Anwendungsbereich der Rom II-VO spricht, dass Art. 1 Abs. 2 lit. g) Rom II-VO nur personenbezogene Rechte aufzählt und daher für Rechte, die sich zudem auf ein Werk beziehen, keine Aussage ableiten lässt[2325]. Aus Erwägungsgrund 26 der Rom II-VO ergibt sich, dass die Rechte des geistigen Eigentums auch das Urheberrecht einschließen. Aus der Rechtsprechung des EuGH ergibt sich, dass das Urheberpersönlichkeitsrecht zum spezifischen Gegenstand des Urheberrechts gehört.[2326]

Daher ist die Verletzung des Urheberpersönlichkeitsrechts nicht gemäß Art. 1 Abs. 2 lit. g) Rom II-VO vom Anwendungsbereich der Rom II-VO ausgenommen.[2327]

2324 Dietz/Peukert in: Loewenheim, Hdb. des Urheberrechts, § 15 Rn. 8; Dietz/Peukert in: Schricker/Loewenheim, vor § 12 UrhG Rn. 14, 16; a.A. Lucas-Schloetter, GRUR Int 2002 809 ff, der das Urheberpersönlichkeitsrecht nicht unter das Allgemeine Persönlichkeitsrecht fasst.

2325 Die Diskussion wurde vorwiegend von Medienvertretern und der Presse geführt, um den freien Verkehr personenbezogener Daten zu gewährleisten. Inhaltlich geht es daher vielmehr um den Schutz der Grundrechte und Grundfreiheiten und insbesondere um den Schutz der Privatsphäre natürlicher Personen bei der Verarbeitung personenbezogener Daten. Dazu Dicey/Morris/Collins/Briggs, 34-011, S. 2147f. und 34-035, S. 2165f, der jedoch keine Ausführungen in Bezug auf die *moral rights* tätigt, jedoch generell dafür plädert, die Ausnahme des Art. 1 Abs. 2 lit. g) Rom II-VO aufzuheben.

2326 EuGH, GRUR 1994, 280 (282) – Phil Collins; so auch Klass, ZUM 2015, 290(292) m.w.N.

2327 So auch Wadlow in: Kono, Intellectual property and private international law, United Kingdom, S. 1095.

2.1 Anwendbares Statut

2.1.1 Rechtswahlfreiheit nach Art. 4 Rom II-VO

Wie bei den vertraglichen Schuldverhältnissen im Rahmen der Rom I-VO besteht auch bei den außervertraglichen Schuldverhältnissen unter engen Voraussetzungen die Möglichkeit einer Rechtswahl, siehe Art. 14 Abs. 1 Rom II-VO. Gemäß Art 4 Abs. 1 Rom II-VO findet grundsätzlich das Recht des Staats Anwendung, in dem der Schaden eintritt.

Nachdem der Vorentwurf noch keine spezielle Regelung zu den außervertraglichen Ansprüchen im Bereich des geistigen Eigentums enthielt und dies in der Literatur kritisiert wurde, nahm die Kommission nunmehr vier Bestimmungen auf, die das geistige Eigentum betreffen. Es beginnt mit Art. 8 Abs. 1 Rom II-VO, wonach bei außervertraglichen Schuldverhältnissen aus einer Verletzung von Rechten des geistigen Eigentums das Recht des Staats anzuwenden ist, „für den"[2328] der Schutz beansprucht wird. Art. 8 Abs. 2 enthält eine kollisionsrechtliche Regelung zu einheitlichen europäischen Rechtstiteln[2329], die eine Unteranknüpfung an das

---

2328 Art. 8 Abs. 1 Rom-II-VO in der Fassung des Vorschlags für eine Verordnung des Europäischen Parlaments und des Rates über das auf außervertragliche Schuldverhältnisse anzuwendende Recht vom 22. Juli 2003, KOM(2003) 427 endgültig, 2003/0168 (COD) war der Wortlaut noch missverständlicher formuliert und lautete: „Auf außervertragliche Schuldverhältnisse, die aus der Verletzung von Rechten an geistigem Eigentum entstanden sind, ist das Recht des Staats anzuwenden, in dem der Schutz beansprucht wird." Wortlaut des Vorschlags abzurufen unter: http://www.ipr.uni-heidelberg.de/md/jura/ipr/forschung/rom-ii-vo-e.pdf Stand 8. Juli 2014; S. 38.

2329 Gemeinschaftsmarke;   Gemeinschaftssortenschutzrecht;   Gemeinschaftsgeschmacksmusterrecht, geografische Herkunftsangaben im Sinne der Verordnung Nr. 510/2006; Europäisches Patent (die Verordnung (EU) Nr. 1257/2012 des Europäischen Parlaments und des Rates über die Umsetzung der Verstärkten Zusammenarbeit im Bereich der Schaffung eines einheitlichen Patentschutzes vom 17. Dezember 2012 wurde am 19. Februar 2013 durch 25 EU-Mitgliedsstaaten (nicht darunter: Spanien und Italien) unterzeichnet; die Kompetenz zum Erlass gemeinschaftlicher Rechtstitel begründet sich auf § 118 AEUV; gemäß § 118 Abs. 1 AEUV reicht für den Beschluss gemäß Art. 289 Abs. 1, 294 AEUV i.V.m. Art. 16 Abs. 3 EUV die qualifizierte Mehrheit im ordentlichen Gesetzgebungsverfahren des Parlaments; gemäß § 118 Abs. 2 AEUV ist jedoch im besonderen Gesetzgebungsverfahren Einstimmigkeit bei der Regelung zur Sprache erforderlich; Italien und Spanien widersprachen der sprachlichen Beschränkung auf Deutsch, Englisch und Französisch. Daraufhin fasst der Rat einen Beschluss über die „Verstärkte Zusammenarbeit" nach Art. 20 Abs .2 EUV, um eine VO über das „Patent mit einheitlicher Wirkung"

Recht der Mitgliedsstaaten ermöglicht, soweit die Gemeinschaftsakte keine Regelung dazu enthalten. Art. 8 Abs. 3 Rom II-VO endet mit dem Ausschluss der Rechtswahlfreiheit für Ansprüche, die das geistige Eigentum betreffen.[2330] Der Ausschluss der Parteiautonomie wird damit begründet, dass es bei den außervertraglichen Ansprüchen nicht allein um die Interessen der Beteiligten eines Rechtsstreits geht, sondern um die Interessen der übrigen Marktteilnehmer, sodass der Grundsatz der Rechtsgleichheit zu wahren sei.[2331] Die vierte das geistige Eigentum betreffende Norm, Art. 13 Rom II-VO, erklärt Art. 8 Rom II-VO auch auf Ansprüche aus Bereicherung, Geschäftsführung ohne Auftrag und Verschulden bei Vertragsverhandlungen anwendbar.

2.1.2 Schutzlandprinzip gemäß Art. 8 Abs. 1 Rom II-VO

Mit Art. 8 Abs. 1 Rom II-VO wurde auf Gemeinschaftsebene erstmalig eine Norm geschaffen, die das Schutzlandprinzip kodifiziert. Nach Art. 8 Abs. 1 Rom II-VO beurteilen sich die außervertraglichen Schuldverhältnisse nach

---

zu ermöglichen. Die Verstärkte Zusammenarbeit richtet sich nach der Vereinbarung der beteiligten Mitgliedstaaten. Für die Beschlussfassungen im Rat gilt Art. 330 AEUV; an den Beratungen nehmen alle Ratsmitglieder teil, abstimmungsberechtigt sind jedoch nur die Vertreter der an der Zusammenarbeit beteiligten Mitgliedstaaten. Die qualifizierte Mehrheit bestimmt sich nach Art. 238 Abs. 3 AEUV. Die im Rahmen der Verstärkten Zusammenarbeit beschlossenen Maßnahmen sind nur zwischen deren Teilnehmern verbindlich und bleiben daher ohne Wirkung für Italien und Spanien und sind auch Bestandteil des acquis communautaire im Sinne des Art. 20 Abs. 4 EUV. Die Finanzierung obliegt den Teilnehmern, wenn nicht der Rat einstimmig etwas anderes bestimmt gemäß Art. 332 AEUV.

Hiergegen erheben Spanien und Italien Klage vor dem EuGH (C-274/11 und C-295/11) und zweifeln die Anwendung von Art. 20 EUV zur Überwindung der Einstimmigkeit nach Art. 118 II AEUV an. Es muss von mindestens 13 oder 9 Staaten, darunter Deutschland, Frankreich und das Vereinigte Königreich, ratifiziert werden, um in Kraft treten zu können: Ratifizierungsstand: http://ec.europa.eu/internal_market/indprop/patent/ratification/index_de.htm.; zuletzt abgerufen am 15. Mai 2015.

2330 Dies kritisierend: Engelen in: Kono, Intellectual property and private international law, Netherlands, S. 866, der zumindest nach Entstehen der Ansprüche eine Rechtswahl der Parteien zulassen möchte.

2331 Kadner Graziano S. 1(57, 58). Hamburger Gruppe, S. 38; Notwendigkeit in Frage stellend: Engelen in: Kono, Intellectual property and private international law, Netherlands, S. 866.

dem Recht des Schutzlands. Dabei handelt es sich um eine Verweisung auf das materielle Recht des Schutzlands, da eine Renvoi nach Art. 24 Rom II-VO ausgeschlossen ist. Im Folgenden soll geklärt werden, ob die „außervertraglichen Schuldverhältnisse" im Sinne des Art. 8 Abs. 1 Rom II-VO auch den Schutzumfang des Urheberrechts und des Urheberpersönlichkeitsrechts, die Übertragbarkeit des Urheberrechts und die Verzichtsmöglichkeiten des Urheberpersönlichkeitsrechts sowie die Ermittlung der originären Inhaberschaft des Urheberrechts und des Urheberpersönlichkeitsrechts umfassen.

Die Auslegung Europäischen Sekundär- oder Primärrechts erfolgt auf der Grundlage eines gemeinschaftlich autonomen Rechtsverständnisses.[2332] Dies führt dazu, dass auch hier der Inhalt einer Rechtsnorm nach grammatischen, historischen, systematischen und teleologischen Gesichtspunkten[2333] ausgelegt wird, jedoch unter der Prämisse, dass das Ergebnis zusätzlich mit den Erfordernissen des Gemeinschaftsrechts abgestimmt werden muss und damit von dem Recht am Gerichtsstand oder dem anzuwendenden Sachrechts losgelöst wird.[2334]

2.1.3 Schutzumfang des Urheberrechts und des Urheberpersönlichkeitsrechts

Es besteht dahingehend Einigkeit, dass unter die außervertraglichen Schuldverhältnisse der Schutzumfang und die Anspruchsvoraussetzungen des Rechts des geistigen Eigentums fallen.[2335] Daher wird im Rahmen von

---

2332 Besonderheiten der Auslegung im Unionsrecht, insbesondere der starken Gewichtung der Teleologie sowie zum effet utile: Riesenhuber/*Riesenhuber:* Europäische Methodenlehre, § 11 Rn. 1 ff; die Auslegungskompetenz liegt gemäß Art. 276 AUEV beim Europäischen Gerichtshof; näher dazu im Allgemeinen: Sonnenberger in: Staudinger/Amann; Buch 10, Internationales Privatrecht Einleitung;

2333 So auch schon die „canones" des Savigny; allgemein zur Auslegung: Sonnenberger in: Staudinger/Amann; Buch 10, Internationales Privatrecht Einleitung; Einl. IPR Rn. 533 ff.

2334 Junker in: MüKo, Band 10 Rom-II VO Rn. 30; Martiny in: MüKo, Band 10 Rom-I VO, Art. 8 Rn. 14ff; Sonnenberger in: Staudinger/Amann; Buch 10, Internationales Privatrecht Einleitung; Einl. IPR Rn. 533 ff.

2335 Grünberger, ZVglRWiss 108 (2009), 134 (158); Schack, FS Kropholler, 2008, S 651, 656; Obergfell IPRax 2005, 12; Drexl in: MüKo, Band 11, Internationales Immaterialgüterrecht, Rn. 155-164; Sack, WRP 2008, 1405(1407); Basedow/Metzger in: Trunk, Alexander/Knieper, Rolf/Svetlanov, Andrej; Russland im

außervertraglichen Schuldverhältnissen der Schutzumfang des Urheberrechts und der Urheberpersönlichkeitsrechte nach dem Recht des Schutzlands ermittelt.

2.1.4 Anknüpfung der Inhaberschaft des Urheberrechts und des Urheberpersönlichkeitsrechts nach dem Schutzlandprinzip?

Zunächst ist die Frage zu klären, ob Art. 8 Abs. 1 Rom II-VO und das darin
geregelte Schutzlandprinzip auch die Anknüpfung der originären Inhaberschaft des Urheberrechts erfasst. Ob die im Urheberkollisionsrecht besonders strittige Frage der Anknüpfung der Inhaberschaft des Urheberrechts
unter Berücksichtigung des Urheberpersönlichkeitsrechts auch nach dem
Schutzlandprinzip erfolgen soll, wird von Art. 8 Abs. 1 Rom II-VO nicht
ausdrücklich klargestellt. In der Literatur ist die Reichweite von Art. 8
Rom II-VO umstritten. Während ein Teil der Literatur Art. 8 Abs. 1 Rom
II-VO nur auf den Schutzumfang, die Anspruchsvoraussetzungen und seine Ausgestaltung, nicht aber auf die Inhaberschaft anwenden möchte[2336],
gehen wiederum andere Vertreter davon aus, dass Art. 8 Abs. 1 Rom II-VO
auch die Anknüpfung der Inhaberschaft umfasst.[2337] Diejenigen Vertreter,
die die Inhaberschaft nicht von Art. 8 Abs. 1 Rom II-VO erfasst sehen,
knüpfen die originäre Inhaberschaft nach den Regeln des national gelten-

---

Kontext der internationalen Entwicklung- Festschrift für Mark Moiseevic Boguslavskij; Lex loci protectionis europea : Anmerkungen zu Art. 8 des Vorschlags der EG-Kommission für eine "Verordnung über das auf außervertragliche Schuldverhältnisse anzuwendende Recht" ("Rom II"); 153 (167); Metzger
in: Kono, Intellectual property and private international law, Germany, S. 589
unter 2.1.3.3.

2336 Schack, FS Kropholler, 2008, 651, 656; Obergfell IPRax 2005, 12; Palandt/
Thorn Rn. 9; Drexl, IntImmGR, Rn 155-164; Sack, WRP 2008,1405(1407); Ba-
sedow/Metzger in: Trunk, Alexander/Knieper, Rolf/Svetlanov, Andrej; Russland im Kontext der internationalen Entwicklung- Festschrift für Mark Moiseevic Boguslavskij; Lex loci protectionis europea : Anmerkungen zu Art. 8 des
Vorschlags der EG-Kommission für eine "Verordnung über das auf außervertragliche Schuldverhältnisse anzuwendende Recht" ("Rom II"); S. 153 (167);
Metzger in: Kono, Intellectual property and private international law, Germany, S. 589 unter 2.1.3.3.

2337 Grünberger, ZVglRWiss 108 (2009), 134, 158).

den Kollisionsrechts an.[2338] Aus dem Wortlaut [2339]des Art. 8 Abs. 1 Rom II-VO, der nur die „außervertraglichen Schuldverhältnissen aus einer Verletzung von Rechten des geistigen Eigentums" nennt, ergibt sich zunächst nur, dass das Schutzlandprinzip nur Anwendung auf die Ansprüche finden soll, die sich nicht aus einem vertraglichen Sonderverhältnis, sondern aus gesetzlichen Ansprüchen ableiten lassen. Nach Erwägungsgrund 26 der Rom II-VO soll unter die Rechte des geistigen Eigentums ausdrücklich auch das Urheberrecht fallen.

2.1.4.1 Wortlaut „Grund und Umfang der Haftung"

Da der Wortlaut des Art. 8 Rom II-VO die Inhaberschaft des Urheberrechts nicht explizit nennt, ist die Norm diesbezüglich auslegungsbedürftig. Bei der Auslegung ist auch der den Geltungsbereich der Rom II-VO regelnde Art. 15 Rom II-VO heranzuziehen. Nach Art. 15 lit. a) Rom II-VO ist das nach der Rom II-VO auf außervertragliche Schuldverhältnisse anzuwendende Recht für den „Grund und den Umfang der Haftung einschließlich der Bestimmung der Personen, die für ihre Handlungen haftbar gemacht werden können", maßgeblich. Nach den Materialien zur Rom II-VO werden unter „Grund und Umfang der Haftung" alle haftungsbegründenden Merkmale erfasst, insbesondere die Art der Haftung, die Arten des Verschuldens und ihre Definitionen, die Voraussetzungen des Unterlassungsdelikts sowie der Kausalzusammenhang zwischen dem schadensbegründenden Ereignis und dem Schaden.[2340]

Dies lässt sich dem Wortlaut des Art. 8 Abs. 1 und des Art. 15 lit. a) Rom II-VO jedoch nicht entnehmen. Nach den Regelungen der Rom II-VO richtet sich nach Art. 15 lit. a) auch die Bestimmung der Personen, deren

---

2338 Hoeren in: Hoeren/Sieber/Holznagel, Handbuch Multimedia-Recht, Teil 7.8 Kollisionsrechtliche Anknüpfungen in internationalen Datenbanken Rn. 11 a.E.; Welser in: Wandtke/Bullinger, vor § 120 UrhG Rn. 11; Wadlow in: Kono, Intellectual property and private international law, United Kingdom, S. 1095; wohl auch Engelen in: Kono, Intellectual property and private international law, Netherlands, S. 872.

2339 Die grammatische Auslegung orientiert sich nicht nur an einer Sprachfassung, sondern kann alle Fassungen in den Amtssprachen der Gemeinschaft heranziehen, da diese nach Art. 314 EG, Art. 4 EWG-Sprachen-VO gleichwertig sind. Der englischen Fassung kommt dabei besondere Bedeutung zu.

2340 Junker in: MüKo, Band 10 Rom-II VO; Art. 15 Rom II-VO, Rn. 8; KOM (2003) 427 endg. S. 26.

Handlungen haftungsbegründend sein können.[2341] Wie Junker[2342] klarstellt, fallen unter Art. 15 lit. a) Rom II-VO beispielsweise die Haltereigenschaft bei der Gefährdungshaftung im Straßenverkehr oder die Tierhaltereigenschaft bei der Haftung für Schäden, die durch ein Tier verursacht werden. Dadurch wird deutlich, dass Art. 15 lit. a) Rom II-VO inhaltlich nicht auf das Urheberrecht und dessen Besonderheiten zugeschnitten ist. Haftungsbegründende Handlungen beziehen sich vielmehr auf die verschuldensunabhängige Gefährdungshaftung. Da die Inhaberschaft an einem Urheberrecht nicht haftungsbegründend wirken kann, lässt sich der Wortsinn von Art. 15 lit. a) Rom II-VO nicht auf die Inhaberschaft am Urheberrecht erstrecken. Die in Art. 15 lit. f) Rom II-VO enthaltene Komplementärvorschrift zu lit. a), wonach auch die Bestimmung der Personen, die einen Anspruch auf Schadensersatz haben, nach der Rom II-VO zu ermitteln sind, lässt sich ebenfalls nicht auf das Urheberrecht und die Ermittlung der Inhaberschaft erstrecken.

Damit lässt sich aus dem Wortsinn des Art. 8 Abs. 1 und Art. 15 lit. a) und f) Rom II-VO nicht schließen, dass sich die Inhaberschaft an dem Urheberrecht ebenfalls aus dem außervertraglichen Statut schließen lässt.

2.1.4.2 Historische Auslegung

Die historische Auslegung beleuchtet den Geltungsbereich einer Norm aus der Entstehungsgeschichte der entsprechenden Norm.[2343] Der Vorentwurf der Europäischen Kommission, Generaldirektion Justiz und Inneres, vom Mai 2002[2344] enthielt noch keine Ausführungen zu der kollisionsrechtlichen Anknüpfung von Immaterialgüterrechten. Neben den ca. 80 Beiträgen, die von den Mitgliedsstaaten, Hochschulen sowie Wirtschafts- und

---

2341 Junker in: MüKo, Band 10 Rom-II VO; Art. 15 Rom II-VO, Rn. 9.

2342 Junker in: MüKo, Band 10 Rom-II VO; Art. 15 Rom II-VO, Rn. 9.

2343 Entscheidend für die historische Auslegung ist der Wille des Verordnungsgebers, der sich auch aus den Erwägungsgründen zum Rom I-Text ergibt, Art. 253 EG, aus der Kommissionsbegründung zum Verordnungsentwurf sowie aus den Stellungnahmen des Parlaments und des Rates.

2344 Abzurufen unter http://lorenz.userweb.mwn.de/material/rom2e1.htm, Stand 11. Juli 2014.

Verbraucherverbänden[2345] an die Kommission gesandt wurden, wurde die fehlende Berücksichtigung der kollisionsrechtlichen Anknüpfungen von registerfähigen Immaterialgüterrechten auch von der *Hamburg Group for Private International Law* kritisiert.[2346] Die Kritik griff dabei auf, dass durch die fehlende Aufnahme einer Regelung zu Immaterialgüterrechten der Eindruck erweckt werde, dass die Ansprüche aus der Verletzung der Rechte des geistigen Eigentums der allgemeinen kollisionsrechtlichen Regelung, der Maßgeblichkeit des Rechts des Erfolgsorts, unterfallen solle.[2347] Die *Hamburg Group* forderte in ihrem Beitrag aus dem Jahr 2002 die Einfügung eines Artikels. 6a, der in Absatz 1 wie folgt lautete: „The law applicable to a non-contractual obligation arising from an infringement of a copyright or a registered industrial property right shall be the law of the country for which protection is claimed." In der finalen Ausfertigung des Kommissionsvorschlags für eine Verordnung des Europäischen Parlaments und des Rates auf außervertragliche Schuldverhältnisse anzuwendende Recht vom 22. Juli 2003[2348] orientierte sich die Kommission an diesem Vorschlag *der Hamburg Group* und nahm nunmehr in Art. 8 Abs. 1 des Entwurfs auf, dass „für außervertragliche Schuldverhältnisse aus einer Verletzung von Rechten des geistigen Eigentums das Recht des Staats anzuwenden sei, für den der Schutz beansprucht wird." Für die historische Auslegung kann daher sowohl auf den Vorschlag der *Hamburg Group* aus dem Jahr 2002 als auch auf den Kommissionsvorschlag aus dem Jahr 2003 zurückgegriffen werden. In der Begründung des Kommissionsvorschlags findet sich ein allgemeiner Hinweis auf das Schutzlandprinzip, das bei Verletzung von Rechten des geistigen Eigentums allgemein anerkannt sei.[2349] Diesem Hinweis scheint es jedoch im Hinblick auf nationale kollisionsrechtliche An-

---

2345 Die bei der Kommission eingegangenen Beiträge können eingesehen werden unter:
http://europa.eu.int/comm/justice_home/news/consulting_public/rome_ii/ne ws_summary_rome2_en.htm; die Vertreter des Bayerischen Staatsministeriums kritisierten beispielsweise, dass die Ansprüche aus Verletzungen der Immaterialgüterrechte nicht ausdrücklich vom Anwendungsbereich ausgenommen seien: http://ec.europa.eu/justice/news/consulting_public/rome_ii/contrib utions/bayerisches_staatsministerium_de.pdf, Stand 11. Juli 2014.

2346 Die *Comments on the European Commission''s Draft Proposal for a Council Regulation on the Law Applicable to Non-Contractual Obligations der Hamburg Group for Private International Law* sind abgedruckt in RabelsZ 67 (2003) 1-56.

2347 Hamburg Group for Private International Law, RabelsZ 67 (2003) 1(21).

2348 Deutsche Fassung: KOM 2003/427 (endg.); englische Fassung KOM 2003/427 (final).

2349 KOM 2003/427 (endg) S. 22, KOM 2003/427 (final) S. 20.

knüpfungsregeln, die de lege lata nicht dem Schutzlandprinzip folgen, an Tiefe zu fehlen. Denn tatsächlich kann man europaweit nicht davon ausgehen, dass das Schutzlandprinzip allgemein anerkannt ist[2350]; schließlich sprechen bereits die nationalen kollisionsrechtlichen Regelungen dagegen, die das Ursprungslandprinzip festsetzen.[2351] In dem Kommissionsvorschlag wird zur weiteren Begründung ausgeführt, dass das Schutzlandprinzip mit dem Territorialitätsprinzip gleichzusetzen sei.[2352] Doch gerade bei einem Verweis auf das sachrechtliche Territorialitätsprinzip kann keine fundierte Auseinandersetzung mit dem kollisionsrechtlichen Schutzlandprinzip unterstellt werden. Der Kommissionsvorschlag führt weiter aus, dass „für Urheberrechte das Recht des Lands gelten solle, in dem die Verletzungshandlung begangen worden ist".[2353] Dies würde es ermöglichen, die „Unabhängigkeit der Rechte, die ihr Inhaber in jedem Land genießt" [2354], zu gewährleisten. Trotz des expliziten Verweises auf die Inhaberschaft lässt sich daraus jedoch nicht schließen, dass das Schutzlandprinzip auch für die kollisionsrechtliche Anknüpfung der originären Inhaberschaft gelten soll, denn der Wortlaut macht gerade nicht deutlich, dass in zwei Mitgliedsstaaten eine personenverschiedene Zuordnung der originären Inhaberschaft aufgrund einer Anknüpfung nach dem Recht des Schutzlands gegeben sein kann.[2355] Die *Hamburg Group* verweist ebenfalls in ihrer Kommentierung zu Art. 6 a ihres Entwurfes darauf, dass die Inha-

---

2350 So auch Dickinson; The Rome II Regulation; 2008, 8.22 weist darauf hin, dass vor dem Rom I-Vorentwurf gerade kein einheitlicher Umgang mit der Verletzung der Rechte des geistigen Eigentums vorherrschte.

2351 Dem Ursprungslandprinzip folgt Griechenland nach Art. 67 URG 1993, hinsichtlich der Entstehung des Urheberrechts knüpft Portugal ebenfalls nach dem Ursprungslandprinzip an nach Art. 48 Código Civil von 1966, Frankreich knüpft nur die Inhaberschaft gesondert nach dem Ursprungslandprinzip an; Rumänien Art. 60 IPRG 1992. Als nicht-europäisches Land, das ebenfalls nicht dem Schutzlandprinzip folgt, seien an dieser Stelle noch die Vereinigten Staaten von Amerika angeführt. Ist die kollisionsrechtliche Anknüpfung der Inhaberschaft nicht von Art. 8 Rom II-VO abgedeckt, so richtet sich die Anknüpfung nach nationalem Kollisionsrecht. Erfolgt die Anknüpfung in Form der Gesamtverweisung (wie in Art. 4 Abs. 1 Satz 1 EGBGB) und nicht in Form der Sachnormverweisung, können die kollisionsrechtlichen Sonderanknüpfungen auch außerhalb der in diesen Ländern ansässigen Gerichte Anwendung finden.

2352 Siehe KOM 2003/427 (endg.), S. 22 unten.

2353 KOM 2003/427 (endg.), S. 22 unten.

2354 KOM 2003/427 (endg.), S. 22 unten.

2355 Würde der Kommissionsvorschlag in seiner deutschen Fassung dies beachten, müsste es auf S. 22 wie folgt lauten: „die ihr *jeweiliger* Inhaber…." Die engli-

berschaft an registerfähigen Rechten sich auch nach dem kollisionsrechtlichen Schutzlandprinzip ermittelt.[2356] Auf die Anknüpfung der Inhaberschaft an einem urheberrechtlichen Werk wird jedoch auch in dem Entwurf der *Hamburg Group* nicht eingegangen.[2357] Daher lassen sich aus beiden für die historische Auslegung relevanten Quellen keine Rückschlüsse für die kollisionsrechtliche Anknüpfung der Inhaberschaft am urheberrechtlich geschützten Werk entnehmen.

2.1.4.3 Auslegung nach der Gesetzessystematik

Aus der allgemeinen Systematik des Europäischen Gesetzgebers[2358], die kollisionsrechtliche Anknüpfung für die Verletzung der Rechte des geistigen Eigentums möglichst umfassend regeln zu wollen, könnte sich jedoch ergeben, dass sich der Umfang der kollisionsrechtlichen Verweisung nur auf die Tatbestandsmerkmale bezieht, die im Rahmen eines außervertraglichen Schuldverhältnisses zu klären sind. Tatbestandsmerkmale, die wie die Inhaberschaft des Urheberrechts jedoch sowohl vertragliche als auch außervertragliche Schuldverhältnisse betreffen, könnten daher nicht von einer Rom-Verordnung geregelt werden.[2359] Wie sich sowohl aus Erwägungsgrund 7 der Rom I-VO als auch aus Erwägungsgrund 7 der Rom II-VO ergibt, sollen der materielle Anwendungsbereich und die Bestimmun-

---

sche Fassung des Kommissionsvorschlags lässt hingegen die Inhaberschaft unerwähnt, dort heißt es lediglich auf S. 20: „In copyright cases the courts apply the law of the country where the violation was committed. This solution confirms that the rights held in each country are independent."

2356 Hamburg Group for Private International Law, RabelsZ 67 (2003), 1(21).

2357 So auch Drexl in: MüKo, Band 11, Internationales Immaterialgüterrecht, Rn. 160.

2358 Die systematische Auslegung beurteilt die innere Struktur der Rom I-VO. Mit Blick auf die enge Beziehung zur Rom II-VO sowie zur EuGVO sind auch diese Rechtsakte für die Auslegung heranzuziehen. Besondere Bedeutung kommt der bisherigen Rechtsprechung des EuGH zum Europäischen Gerichtsstands- und Vollstreckungsübereinkommen (EuGVÜ) zu, die für inhaltsgleiche Vorschriften der EuGVO heranzuziehen ist und grundsätzlich ihre Gültigkeit behält.

2359 So auch Drexl in: MüKo, Band 11, Internationales Immaterialgüterrecht, Rn. 162; Dicey/Morris/Collins/Briggs, 34-016 (Fn. 123 m.w.N.), 34-020; 34-026, weist darauf hin, dass der Anwendungsbereich der Rom-Verordnungen sich auf (*contractual/non-contractual*) *obligations* bezieht und daher alle Vorfragen, wie der *personal title* oder die Übertragung gar nicht vom Anwendungsbereich der Rom-Verordnungen umfasst sein können.

gen der beiden Rom-Verordnungen miteinander im Einklang stehen. Im Gegensatz zu der Rom II-VO enthält die Rom I-VO keine Sonderregelungen für den Bereich des geistigen Eigentums. Die Anknüpfung der originären Inhaberschaft ist jedoch nicht nur im Bereich der außervertraglichen, sondern auch im Bereich der vertraglichen Schuldverhältnisse relevant. Es würde daher der einheitlichen Systematik widersprechen, wenn der Europäische Gesetzgeber die Inhaberschaft trotz ihrer Relevanz für alle Ansprüche aus dem geistigen Eigentum in einer Verordnung regelt, die nur auf außervertragliche Ansprüche Anwendung findet. Daher kann der Europäische Gesetzgeber ebenso den Gedanken verfolgt haben, die Rechtsinhaberschaft kollisionsrechtlich nicht regeln zu wollen, gerade um eine einheitliche Anknüpfung zu ermöglichen.[2360]

2.1.5 Übertragbarkeit des Urheberrechts und Verzichtsmöglichkeiten auf das Urheberpersönlichkeitsrecht

Die Übertragbarkeit des Urheberrechts und die Verzichtsmöglichkeiten auf das Urheberpersönlichkeitsrechts betreffen Fragestellungen, die nicht dem außervertraglichen Schuldverhältnis zuzuordnen sind. Daher werden diese Fragen auch nicht von dem Schutzlandprinzip des Art. 8 Abs. 1 Rom II-VO erfasst.

2.1.6 Fazit

Der Anwendungsbereich des Art. 8 Abs. 1 Rom II-VO bezieht sich auf die Ermittlung des Schutzumfangs des Urheberrechts und des Urheberpersönlichkeitsrechts im Rahmen von außervertraglichen Schuldverhältnissen. Ist der Schutzumfang des Rechts daher im Rahmen einer vertraglichen Ver-

---

2360 Drexl in: MüKo, Band 11, Internationales Immaterialgüterrecht, Rn. 162 verweist zudem darauf, dass ein weiteres systematisches Argument gegen die Anwendung des Art. 8 Abs. 1 Rom II-VO auf die originäre Inhaberschaft spricht. Dies würde bei den Ländern, deren Kollisionsrecht hinsichtlich der Bestimmung der originären Inhaberschaft auf das Ursprungslandprinzip verweist, zu einem „Statutenwechsel" führen, sodass aufgrund des Art. 8 Abs. 1 Rom II-VO die originäre Inhaberschaft an das Recht des Schutzlands anzuknüpfen sei. Statutenwechsel seien jedoch stets mit einer Übergangsvorschrift verbunden wie sie sich beispielsweise in Erwägungsgrund 10 der Schutzdauer-Richtlinie befände.

bindung, wie im Fall des Arbeits- oder Auftragsverhältnisse zu ermitteln, lässt sich dies nicht anhand von Art. 8 Rom II-VO ermitteln. Die Übertragbarkeit des Urheberrechts und die Verzichtsmöglichkeiten auf das Urheberpersönlichkeitsrecht sowie die Inhaberschaft des Urheberrechts und des Urheberpersönlichkeitsrechts werden ebenfalls nicht von der kollisionsrechtlichen Verweisung auf das Recht des Schutzlands nach Art. 8 Abs. 1 Rom II-VO erfasst.

3. Kollisionsrechtliche Anknüpfung an das Recht des Gerichtsstands in Form von international zwingenden Eingriffsnormen und den ordre public-Vorbehalt

Urheberrechtliche Fragestellungen könnten auch nach der Rechtsordnung des Staats zu bestimmen sein, in der die Klage erhoben wird. Die öffentliche Ordnung oder wesentliche Grundsätze der Rechtsordnung des Staats des angerufenen Gerichts können dazu führen, dass entweder eine international zwingende Norm des Staats des Gerichtsorts zur Anwendung gelangt oder der *ordre public*-Vorbehalt die Anwendung einer Norm des anzuwendenden Sachrechts verhindert, weil sie gegen die öffentliche Ordnung des Staats des Gerichtsstands verstoßen würde.

3.1 „John Huston"-Entscheidungen

Die Anwendung des Rechts des Gerichtsstands kann gerade im Hinblick auf die Inhaberschaft des Urheberrechts und des Urheberpersönlichkeitsrechts eine Möglichkeit sein, nationale Wertungen durchzusetzen. Über die Grenzen Frankreichs hinweg erlangte die Rechtssache „John Huston" Bekanntheit, die die französischen Gerichte in den Jahren 1988 bis 1994 beschäftigt hielt. Darin zeigt sich der Kampf der *Droit d'auteur*-Länder, auch bei internationalen Streitigkeiten den Schutz der ideellen Interessen des Urhebers zu erhalten. Zur Einführung in die Systematik der international zwingenden Eingriffsnormen und des *ordre public*-Vorbehalts bietet es sich daher an, die Rechtssache zum Ausgangspunkt der Diskussion zu machen. „John Huston" lag der folgende Sachverhalt zugrunde: Der amerikanische Regisseur John Huston hatte 1950 einen Schwarz-Weiß-Film namens „Asphalt Jungle", basierend auf einem von ihm und Ben Maddow verfassten Drehbuch, für Metro-Goldwyn-Mayer gedreht.[2361] Der dem amerikanischen Recht unterfallende Arbeitsvertrag zwischen Metro-Goldwyn-Mayer und John Huston enthielt eine Abtretung aller Urheberrechte an den Arbeitgeber.[2362]Die amerikanische Gesellschaft Loews Inc., die Muttergesellschaft der Filmgesellschaft Metro-Goldwyn-Mayer, erhielt am 2. Mai 1950 von dem *Copyright Office* der Vereinigten Staaten eine Eintragungsurkunde über die Urheberrechte am Film „Asphalt Jungle". Mit dem Vertrag vom 5. August 1986 übertrug die Loews Inc. der Turner Entertainment Inc., die sich auf die Kolorierung alter Schwarz-Weiß-Filme spezialisiert hatte, die Rechte an dem Film „Asphalt Jungle". Ohne die Zustimmung[2363] John Hustons einzuholen stellte Turner Entertainment Inc. eine kolorierte Fassung des Films „Asphalt Jungle" her. Für diese nachkolorierte Fassung erhielt Turner Entertainment Inc. am 20. Juni 1988 vom US-amerikanischen *Copyright Office* eine Eintragungsurkunde. Der französische Fernsehkanal *La Cinq* kündigte für den 20. Juni 1988 die Ausstrahlung der kolorierten Fassung des „Asphalt Jungle" an. Die Erben John Hustons und Ben Maddows wollten diese Ausstrahlung verhindern und wandten sich gerichtlich gegen *la Société exploitation de la cinquième chaîne*. In den sechs darauffolgenden Gerichtsverfahren wurde durch die Erben John Hustons und Ben Maddows vorgebracht, dass durch die nicht genehmigte Ausstrahlung des kolorierten Films das Urheberrecht und durch die Kolorierung das Filmwerk entstellt würde und damit das Urheberpersönlichkeitsrecht verletzt würde. Die Beklagten verwiesen darauf, dass die Kläger nicht Inhaber des Urheberrechts seien und hilfsweise darauf, dass die

---

2361 „Asphalt Jungle" zählt zu den Klassikern des Film noir, der verschiedenen Genres wie den Kriminalfilm, den Gangsterfilm, den Detektivfilm, den Thriller und das Melodram umfasst. Die Inszenierung des Film noir bedient sich düsterer Technikelemente wie Schattenbilder, düsterer Beleuchtung und der Schwarz-Weiß-Fotografie. „Asphalt Jungle" erhielt vier Oscar-Nominierungen, u.a. eine für die beste Kameraführung in der Kategorie Schwarz-Weiß-Film, dazu Bärenfänger/Poelk in: Hoeren/Meyer, Verbotene Filme, The Asphalt Jungle, S. 353.

2362 Eechoud in: Drexl, Josef/Kur, Annette; International property and private international law; Alternatives to the Lex Protectionis as the Choic-of-Law Rule for Initial Ownership of Copyright; 290.

2363 John Huston starb am 28. August 1987. Beerbt wurde er von seinen drei Kindern. Eine Zustimmung hätte Huston zu Lebzeiten höchstwahrscheinlich verweigert, wie er es bereits im November 1986 getan hatte, als er sich mit letzter Lebenskraft gegen die Kolorierung seines Films „The Maltese Falcon" wehrte; mehr Details dazu Bärenfänger/Poelk in: Hoeren/Meyer, Verbotene Filme, The Asphalt Jungle, S. 357.

Kolorierung eine vom Verwertungsrecht umfasste rechtmäßige Verwertungshandlung sei, die das Urheberpersönlichkeitsrecht solange nicht beeinträchtige, wie sie fachgerecht durchgeführt werde.

Je nachdem, welche Rechtsordnung kollisionsrechtlich zur Klärung berufen wird, ergeben sich unterschiedliche Ergebnisse. Zur Auswahl stehen das US-amerikanische Recht als das Recht des Ursprungslands, das französische Recht als Recht des Schutzlands sowie einzelne zwingende Bestimmungen des französischen Rechts über die Grundsätze der international zwingenden Eingriffsnormen oder den *ordre public*-Vorbehalt. Mit dem französischen Urheberrecht trifft ein kontinentaleuropäischer Vertreter mit einem dualistischen Ansatz auf das US-amerikanische Urheberrecht, das den *Copyright*-Ansatz verfolgt.

Nach US-amerikanischem Recht erwirbt der Produzent eines Filmwerks, auch wenn es sich dabei um eine juristische Person handelt, nach § 201 (b) Copyright Act[2364] im Falle bestehender Arbeits- (oder Auftrags-) Verhältnisse alle Rechte am Urheberrecht. Danach wäre Metro-Goldwyn-Mayer ursprünglicher Inhaber des Urheberrechts gewesen. Mit der Übertragung wurde Turner Entertainment Inc. Inhaber des Urheberrechts. Ein Urheberpersönlichkeitsrecht hingegen bestand danach nicht, da es sich bei „Asphalt Jungle" erstens um ein Filmwerk handelt und zweitens dieses durch einen Arbeitnehmer geschaffen wurde.[2365]

Unter Anwendung des französischen Rechts wäre hingegen der schöpfende Regisseur originärer Inhaber des Urheberrechts und des Urheberpersönlichkeitsrechts gemäß Art. L 113-7 des französischen *Code de la Propriété Intellectuelle*.[2366] Nach dem französischen dualistischen System sind die Verwertungsrechte von den Urheberpersönlichkeitsrechten trennbar. Die

---

2364 Sct. 201 (b) Copyright Act lautet: „(b) Works Made for Hire — In the case of a work made for hire, the employer or other person for whom the work was prepared is considered the author for purposes of this title, and, unless the parties have expressly agreed otherwise in a written instrument signed by them, owns all of the rights comprised in the copyright."

2365 Sct. 106 A Copyright Act bezieht sich nur auf „visual art", welches nach der Definition von Sct. 101 Copyright Act keine Filmwerke umfasst.

2366 Ont la qualité d'auteur d'une oeuvre audiovisuelle la ou les personnes physiques qui réalisent la création intellectuelle de cette œuvre. Sont présumés, sauf preuve contraire, coauteurs d'une œuvre audiovisuelle réalisée en collaboration : 1° L'auteur du scénario ; 2° L'auteur de l'adaptation ; 3° L'auteur du texte parlé ; 4° L'auteur des compositions musicales avec ou sans paroles spécialement réalisées pour l'œuvre ; 5° Le réalisateur. Lorsque l'œuvre audiovisuelle est tirée d'une œuvre ou d'un scénario préexistants encore protégés, les auteurs de l'œuvre originaire sont assimilés aux auteurs de l'œuvre nouvelle.

Verwertungsrechte wären somit mit Übertragung an Turner Entertainment Inc. übergegangen, die Urheberpersönlichkeitsrechte würden jedoch beim schöpfenden John Huston bzw. nach dessen Tod bei dessen Erben verbleiben. Nach Beurteilung gemäß den Grundsätzen des französischen Rechts würde die Kolorierung eines Schwarz-Weiß-Films das Urheberpersönlichkeitsrecht des Schöpfers verletzen, da die Kolorierung dieses Werks erstens eine zustimmungsbedürftige Handlung ist und zweitens die Zustimmung John Hustons und / oder dessen Erben nicht vorliegt.

Es ist daher interessant, wie die französischen Gerichte den Sachverhalt rechtlich beurteilten. Die Erben John Hustons und Ben Maddows wandten sich am 24. Juni 1988 vor dem Tribunal de Grande Instance de Paris im einstweiligen Rechtsschutzverfahren gegen die Ausstrahlung der kolorierten Fassung. Das Tribunal de Grande Instance de Paris erließ die einstweilige Verfügung, dass der kolorierte Film nicht ausgestrahlt werden dürfe, da die Ausstrahlung des kolorierten Films im Fernsehen einen unerträglichen und irreparablen Schaden mit sich bringen würde.[2367] Das Berufungsgericht der Cour d'appel de Paris bestätigte am 25. Juni 1988 diese einstweilige Verfügung. Dem folgte ein Hauptsacheverfahren vor dem Tribunal de Grande Instance de Paris, das mit Urteil vom 23. November 1988 wiederum die vorangegangenen Verfügungen bestätigte. Erst das Hauptsacheverfahren vor dem Berufungsgericht Cour d'appel de Paris am 6. Juli 1989 urteilte zugunsten Turner Entertainment Inc. und hob das Urteil vom 23. November 1988 auf. Das Berufungsgericht wurde in seiner Begründung konkreter und verwies darauf, dass grundsätzlich für die Beurteilung der Inhaberschaft des Urheberrechts und des Urheberpersönlichkeitsrechts US-amerikanisches Recht Anwendung finde. Die Anwendung des *ordre public*-Vorbehalts könnte jedoch hinsichtlich der Inhaberschaft des Urheberpersönlichkeitsrechts zu einem anderen Ergebnis führen. Der *ordre public* sei jedoch nicht einschlägig, da die Ausstrahlung nicht imstande sei, die gesellschaftlichen Grundlagen zu erschüttern.[2368]

Das Revisionsgericht Cour de Cassation hob wiederum am 28. Mai 1991 das Urteil des Berufungsgerichts vom 23. November 1988 auf und urteilte nunmehr, dass das Urheberpersönlichkeitsrecht nicht nach US-amerikanischem Recht, sondern nach Art. 6 des französischen Urheberrechtsgesetzes vom 11. März 1957 zu beurteilen sei und daher allein den schöpfenden Ur-

---

2367   Cour d`appel de Paris 4ème ch. , 937 (940).
2368   Cour d`appel de Paris 4ème ch. , 937 (940).

hebern John Huston und Ben Maddow zustände.[2369] Das Revisionsgericht führte weiter aus, dass Art. 6 des französischen Urheberrechtsgesetzes vom 11. März 1957 als „loi de police" zwingend anzuwenden sei, sodass John Huston und Ben Maddow das Urheberpersönlichkeitsrecht bezüglich des Schwarz-Weiß-Films „Asphalt Jungle" zustünde. Die Cour de Cassation verwies daher die Rechtssache zurück an die Cour d'appel de Versailles zur Entscheidung.

Die Cour d'appel de Versailles urteilte abschließend am 19. Dezember 1994[2370], dass die Erben John Hustons und Ben Maddows Inhaber der Urheberpersönlichkeitsrechte seien. Zu diesem Ergebnis gelangte die Cour d'appel de Versailles jedoch nicht über die international zwingende Anwendung des Art. 6 des französischen Urheberrechtsgesetzes vom 11. März 1957 als „loi de police", sondern über die Anwendung des *ordre public*-Vorbehalts.[2371]

Knüpften die französischen Gerichte noch einstimmig die originäre Inhaberschaft des Urheberrechts an das Recht des Ursprungslands an, bestand jedoch keine Einigkeit mehr darüber, wie mit dem Urheberpersönlichkeitsrecht umzugehen ist. Einig waren sich die französischen Gerichte nur dahingehend, dass das Urheberpersönlichkeitsrecht nach französischem Recht zu beurteilen sei. Da sich die französischen Gerichte im Fall „John Huston" bei der Anknüpfung der Inhaberschaft des Urheberpersönlichkeitsrechts mit der Bandbreite der rechtlichen Möglichkeiten – von der Anknüpfung an das Recht des Ursprungslands über die Anwendung des Art. 6 des französischen Urheberrechts gemäß den Grundsätzen der international zwingenden Eingriffsnorm als „loi de police" bis zu der Anwendung der Grundsätze des französischen Rechts gemäß dem *ordre public*-Vorbehalt – auseinandersetzten, dient dieser Fall besonders gut als Ausgangspunkt, um sich mit den Regelungen der Rom-Verordnungen zu den internationalen Eingriffsnormen und dem *ordre public*-Vorbehalt näher auseinanderzusetzen. Nach der Darstellung der international zwingenden Eingriffsnormen nach Art. 9 Rom I-VO und Art. 16 Rom II-VO folgt daher

---

2369 Ausführlich zu der Frage, ob die Kolorierung eine Entstellung darstellt: Bärenfänger/Poelk in: Hoeren/Meyer, Verbotene Filme, The Asphalt Jungle, S. 386 ff.

2370 Die Entscheidung ist nachzulesen in RIDA 1995 164 (389).

2371 Birkmann, Die Anknüpfung der originären Inhaberschaft am Urheberrecht, 2009, S. 190, weist darauf hin, dass in der Literatur hauptsächlich die Entscheidung vom 28. Mai 1991 Beachtung findet, nicht jedoch die Entscheidung vom 19. Dezember 1994.; zu dem Fall „John Huston" ausführlich: Bärenfänger/Poelk in: Hoeren/Meyer, Verbotene Filme, The Asphalt Jungle, S. 353.

die Darstellung des *ordre public*-Vorbehalts nach Art. 26 Rom I-VO und Art. 21 Rom II-VO.

3.2 Die Anwendung international zwingender Normen des Rechts des Gerichtsstands in der Rom I- und Rom II-VO nach Art. 9 Rom I-VO und Art. 16 Rom II-VO

Die kollisionsrechtlichen Regelungen werden sowohl in der Rom I-VO als auch in der Rom II-VO durch international zwingende nationale Eingriffsnormen[2372] durchbrochen. Ausdrücklich geregelt ist das System der Eingriffsnormen im Europäischen Sekundärrecht in Art. 9 Rom I-VO und Art. 16 Rom II-VO, wonach die Anwendung der sogenannten international zwingenden Normen des Staats des angerufenen Gerichts[2373] gestattet wird. Während die Regelungen des Art. 9 Rom I-VO konkreter gefasst sind, führt Art. 16 Rom II-VO nur knapp aus, dass die Rom II-VO nicht die Anwendung der nach dem Recht des Staats des angerufenen Gerichts geltenden Vorschriften, die ohne Rücksicht auf das für das außervertragliche Schuldverhältnis maßgebende Recht den Sachverhalt zwingend regeln, berührt. Inhaltlich stimmt Art. 16 Rom II-VO mit dem Wortlaut des Art. 9 Abs. 2 Rom I-VO überein, sodass es naheliegend erscheint, die Definition der zwingenden Norm, wie sie in Art. 9 Abs. 1 Rom I-VO enthalten ist, auch für die Begriffsfindung von Art. 16 Rom II-VO entsprechend heranzuziehen.

3.2.1 International zwingende Norm

Im Anschluss an die Arblade-Formel des EuGH[2374] wurde die international zwingende Eingriffsnorm in Art. 9 Abs. 1 Rom I-VO so definiert, dass

---

2372 Die Überschriften der deutschen Fassung des Art. 9 Rom I-VO und des Art. 16 Rom II-VO bezeichnen solche Vorschriften als Eingriffsnormen. Diese ermöglichte Anwendung solcher Eingriffsnormen kann sowohl im Wege kollisionsrechtlicher Sonderanknüpfung als auch durch bloße Berücksichtigung dieser Vorschriften im Rahmen des anwendbaren materiellen Rechts geschehen.

2373 Unstreitig betrifft Art. 16 Rom II-VO nur die Anwendung von Eingriffsnormen des Forumstaats: Junker in: MüKo, Band 10 Rom-II VO; Art. 16 Rom-II-VO Rn. 23.

2374 Die Formulierung geht zurück auf EuGH, verb. Rs. C-369/96 und C-376/96, Arblade, Slg. 1999, I-8430, Rn. 30 EuGH Slg. 1999, I-8453 geht zurück und wie-

deren Einhaltung von einem Staat als so entscheidend für die Wahrung seines öffentlichen Interesses, insbesondere seiner politischen, sozialen oder wirtschaftlichen Organisation, angesehen wird, dass sie ungeachtet des nach Maßgabe dieser Verordnung auf den Vertrag anzuwendenden Rechts auf alle Sachverhalte anzuwenden ist, die in ihren Anwendungsbereich fallen. [2375] Die Wahl eines fremden Rechts darf daher nicht dazu führen, dass von den international zwingenden Vorschriften des Gerichtsorts abgewichen wird.[2376] Die Anwendung von inländischen international zwingenden Eingriffsnormen unterliegt danach einem abs*oluten* Anwendungsbefehl.[2377] Dabei stehen den innerstaatlichen Vorschriften des Gerichtsorts direkt anwendbare Bestimmungen des Europäischen Primär- und Sekundärrechts gleich.[2378] Nicht jede national zwingende Norm stellt jedoch eine Eingriffsnorm nach Art. 9 Abs. 1 Rom I-VO bzw. Art. 16 Rom II-VO dar. Die Abgrenzung der einfach zwingenden Normen von den in-

---

derum auf Formulierung von Friedrich Carl von Savigny, System des heutigen römischen Rechts, Bd. 8, 1849, S. 36.

2375 Erwägungsgrund 32 der Rom II-VO und 37 der Rom I-VO; dazu ausführlich: Martiny in: MüKo, Band 10 Rom-I VO, Art. 9 Rn. 3; Junker in: MüKo, Band 10 Rom-II VO; Art. 16 Rom-II-VO Rn. 6ff weist darauf hin, dass die Erwägungsgründe die Eingriffsnorm und den *ordre public* in einem Atemzug nennen und damit die gegenseitige Abgrenzung erschweren. Der Hinweis in den Erwägungsgründen auf „außergewöhnliche Umstände" passe nach Junker allenfalls für den *ordre public*, aber nicht für die Eingriffsnormen, deren Anwendung keineswegs von „außergewöhnlichen Umständen" abhängig sei. Zudem verweist Junker darauf, dass der Wortlaut des Art. 16 Rom II-VO im Wesentlichen dem Wortlaut des Art. 7 Abs. 2 Übereinkommen von Rom entspricht. Dadurch sei weiterhin nicht geklärt, ob es sich bei den Eingriffsnormen nur um öffentlich-rechtliche Normen handeln könne oder auch zivilrechtlichen Normen unter Umständen Eingriffsnormcharakter zukommen könne.

2376 Im Rahmen des Art. 9 Rom I-VO sind diese auch nicht inhaltlich auf den Geltungsbereich des Art. 12 Rom I-VO beschränkt, da es sich dabei um eine nicht abschließende Regelung („insbesondere") handelt. Bezogen auf den Anwendungsbereich des Art. 16 Rom II-VO sollen die international zwingenden Normen auch dann Anwendung finden, wenn sie nicht über das Recht des Schutzlands nach Art. 8 Abs. 1 Rom II-VO Geltung erlangen. Daher stellt sich auch hier insbesondere die Frage, ob sich nationale Regelungen zur Inhaberschaft, Übertragbarkeit und Vergütung international zwingend durchsetzen, auch wenn diese Punkte nicht in Art. 12 Rom I-VO aufgezählt sind.

2377 Spickhoff in: Bamberger/Roth; Art. 9 Rom I-VO; Art. 9 Rn. 16.

2378 Martiny in: MüKo, Band 10 Rom-I VO, Art. 9 Rn. 28; Richtlinien der EG kommt als solchen nicht die Wirkung einer Eingriffsnorm iS des Art. 9 zu; zu der Frage der Anwendung der Sonderanknüpfung an die Handelsvertreterrichtlinie: Staudinger/Magnus Art. 34 EGBGB Rn. 42; EuGH Slg. 2000, I-9305 = NJW 2001, 2007ff.

ternational zwingenden Vorschriften erfolgt nach dem verfolgten Zweck.[2379] Wenn eine Vorschrift ihren vom anwendbaren Recht unabhängigen Geltungsanspruch nicht selbst ausdrücklich formuliert[2380], muss er nach dem Gesetzeszweck ermittelt werden, insbesondere muss festgestellt werden, ob die Norm ausschließlich Individualschutz bietet oder auch Gemeinschaftsinteressen dient, die nicht zur Disposition der Parteien steht.[2381] Der Schutz von Gemeinschaftsinteressen ist nicht bereits dann erfüllt, wenn eine öffentlich-rechtliche Norm nicht dispositiv ist.[2382] Als Eingrenzungskriterien können jedoch die Art der Normdurchsetzung, eine behördliche Aufsicht[2383] oder deren Strafbewehrtheit[2384] gelten. Ein starkes Indiz dafür, dass über das Individualinteresse hinausgehende Interessen verfolgt werden, ist die Einschaltung staatlicher Stellen, wie etwa die Regelungen über die Massenentlassung, in die die Arbeitsbehörden eingebunden sind, der Schutz der Betriebsverfassungsorgane, der in § 103 BetrVG auch die Gerichte einbindet sowie der Schwerbehinderten- und Mutterschutz, dessen Durchsetzung durch öffentlich-rechtliche Erlaubnisvorbehalte gesichert ist.[2385] Es kommt gerade nicht darauf an, dass die besagte Eingriffsnorm auch international gesetzlich geregelt ist.

3.2.1.1 Abgrenzung zu national zwingenden Normen nach Art. 8 Rom I-VO

Gerade im Verhältnis zu den zwingenden (arbeitnehmerschützenden) Normen, die nach Art. 3 und 8 Rom I-VO Vorrang genießen, ergeben sich Abgrenzungsprobleme zu den Eingriffsnormen nach Art. 9 Rom I-VO. Der Hauptunterschied der zwingenden Normen im Sinne von Art. 8 Rom I-VO zu den international zwingenden Normen im Sinne des Art. 9 Rom

---

2379 Martiny in: MüKo, Band 10 Rom-I VO, Art. 9 Rn. 3.
2380 Art. 2 AEntG.
2381 Wenn sie beiden Zwecken dient: „Doppelzwecktheorie", m.w.N. Martiny in: MüKo, Band 10 Rom-I VO, Art. 9 Rn. 19.
2382 Martiny in: MüKo, Band 10 Rom-I VO, Art. 9 Rn. 19; Nordemann-Schiffel in: Fromm/Nordemann, Urheberrecht, vor §§ 120 UrhG Rn. 87; Thorn in: Palandt, BGB, Art. 9 Rom I-VO Rn. 5.
2383 Eine Durchsetzung mit hoheitlichen Mitteln spricht für das Vorliegen einer international zwingenden Norm, sie dazu Martiny in: MüKo, Band 10 Rom-I VO, Art. 9 Rn. 20.
2384 Martiny in: MüKo, Band 10 Rom-I VO, Art. 9 Rn. 21.
2385 Erwägungsgrund 28 der Rom I-VO ; näher dazu auch Spickhoff in: Bamberger/Roth; Art. 9 Rom I-VO; Art. 9 Rn. 6.

I-VO liegt darin, dass die Schutzvorschriften des Art. 8 Rom I-VO zwar ebenfalls – soweit günstiger – rechtswahlfest sind, sie jedoch im Gegensatz zu den Eingriffsnormen des Art. 9 Rom I-VO über das Vertragsstatut Anwendung finden.[2386] Dementsprechend ist grundsätzlich davon auszugehen, dass die Schutzvorschriften nach Art. 8 Rom I-VO zwingendes Privatrecht sind, das nicht zu den Eingriffsvorschriften des Art. 9 gehört.[2387] Zudem ist der Kreis der international zwingenden Bestimmungen im Sinne von Art. 9 Rom I-VO enger zu ziehen als der der innerstaatlich oder national zwingenden Normen im Sinne des Art. 3 oder 8 Rom I-VO. [2388] Letztgenannte müssen nur innerstaatlich ihre Anwendbarkeit beanspruchen, erstgenannte auch international.[2389] Vorrangig sind daher arbeitsschutzrechtliche Vorschriften über Art. 8 Rom I-VO zu beachten[2390], es ist aber nicht ausgeschlossen, diese ausnahmsweise über Art. 9 Rom I-VO durchzusetzen, sofern die arbeitsrechtliche Vorschrift nicht nur Individual- sondern hauptsächlich Gemeinwohlinteressen verfolgt. [2391] Im Gegensatz zu den arbeitnehmerschützenden Normen kommt es bei den international zwingenden Normen gerade nicht auf einen Günstigkeitsvergleich an. Daher scheint es insgesamt praktikabler, arbeitnehmerschützende Vorschriften dem Art. 8 Rom I-VO zu unterstellen, solange der Gemeinwohlbezug nicht offensichtlich überwiegt und Art. 9 Rom I-VO demgegenüber restriktiv auszulegen.[2392] Es gilt daher weiter zu klären, welche international zwingenden Normen über Art. 9 Rom I-VO bzw. Art. 16 Rom II-VO zur Anwendung gelangen.

2386 Martiny in: MüKo, Band 10 Rom-I VO, Art. 9 Rn. 23.

2387 Martiny in: MüKo, Band 10 Rom-I VO, Art. 9 Rn. 23.

2388 Spickhoff in: Bamberger/Roth; Art. 9 Rom I-VO; Art. 9 Rn. 6.

2389 BAG, Urteil vom 12.12.2001, BeckRS 2001, 30226102.

2390 Erwägungsgrund 37 der Rom I-VO: Gründe des öffentlichen Interesses rechtfertigen es, dass die Gerichte der Mitgliedsstaaten unter außergewöhnlichen Umständen die Vorbehaltsklausel („ordre public") und Eingriffsnormen anwenden können. Der Begriff „Eingriffsnormen" sollte vom Begriff „Bestimmungen, von denen nicht durch Vereinbarung abgewichen werden kann", unterschieden und enger ausgelegt werden.

2391 Martiny in: MüKo, Band 10 Rom-I VO, Art. 9 Rn. 99; Mankowski, IPRax 1994, 94 ff

2392 Schlachter in: Dieterich/Müller-Glöge, Art. 9 Rom I-VO Rn. 21.

3.2.1.2 International zwingende Vergütungsansprüche?

Es stellt sich daher die Frage, welche urheberrechtlichen Regelungen von einem Staat als so entscheidend für die Wahrung seines öffentlichen Interesses, insbesondere seiner politischen, sozialen oder wirtschaftlichen Organisation, angesehen wird, dass deren Einhaltung international zwingend ist. Daraus ergibt sich bereits, dass nicht alle urhebervertragsrechtlichen Regeln des UrhG international zwingend im Sinne von Art. 9 Rom I-VO sein können.[2393]

Nach § 32b UrhG finden die §§ 32, 32 a UrhG zwingende Anwendung, wenn auf den urheberrechtlichen Nutzungsvertrag mangels einer Rechtswahl deutsches Recht anzuwenden wäre oder der Vertrag maßgebliche Nutzungshandlungen im Inland zum Gegenstand habe.[2394] Daneben kommen auch die Vergütungsansprüche der §§ 31a, 32c UrhG in Betracht. Wie bereits angeführt führt die nationale Unabdingbarkeit nicht bereits zum Vorliegen einer internationalen zwingenden Norm im Sinne des Art. 9 Rom I-VO bzw. Art. 16 Rom II-VO. Daher stellen die §§ 32, 32a UrhG noch keine international zwingenden Normen dar. Für alle Vergütungsansprüche, d.h. für die §§ 32, 32a, 31a, 32c UrhG, ist daher allgemein zu prüfen, ob diese auch die Interessen der Allgemeinheit schützen. Der nationale gesetzliche Vergütungsanspruch dient primär dem Schutz der vermögensrechtlichen Interessen des Urhebers. Daneben dient er sekundär jedoch auch der Allgemeinheit. Denn der Urheber, der eine angemessene Vergütung erhält, bekommt einen finanziellen Anreiz, urheberrechtlich geschützte Werke zu schaffen. Dies bereichert das Kultur- und nicht zuletzt das Wirtschaftsleben. Die mittelbare Förderung der Interessen der Allgemeinheit reicht jedoch nicht für das Vorliegen einer international

---

2393 Martiny in: MüKo, Band 10 Rom-I VO, Art. 9 Rn. 86; Katzenberger in: Schricker/Loewenheim, vor §§ 120 UrhG Rn. 166.

2394 Dem zustimmend: Nordemann-Schiffel in: Fromm/Nordemann, Urheberrecht, vor §§ 120 UrhG Rn. 87; Dreier in: Dreier/Schulze, vor § 120 UrhG Rn. 55; Riesenhuber, ZUM 2007, 949.

zwingenden Norm aus.[2395] Daher sind die Vergütungsansprüche des UrhG nicht als international zwingend zu qualifizieren.[2396]

3.2.1.3 Originäre Inhaberschaft des Urheberrechts und Urheberpersönlichkeitsrechts des Arbeitnehmers bzw. Auftragnehmers international zwingend?

National zwingende arbeitsrechtliche Eingriffsnormen im Sinne des Art. 8 Rom I-VO können im Einzelfall gleichzeitig international zwingend sein im Sinne von Art. 9 Abs. 1 Rom I-VO. [2397] Da für die Inhaberschaft des Urheberrechts eine national zwingende Eingriffsnorm im Sinne des Art. 8 Rom I-VO bereits abgelehnt wurde, stellt sich daher die Frage, ob die Inhaberschaft des Urheberrechts und des Urheberpersönlichkeitsrechts des Ar-

---

2395 Insbesondere kann im Hinblick auf Art. 9 Rom I-VO bzw. Art. 16 Rom II-VO nicht die „Ingmar"-Entscheidung des EuGH (EuGH, EuZW 2001, 51 – „Ingmar GB Ltd v. Eaton Leonard Technologies Inc.") herangezogen werden, um die mittelbare Förderung der Interessen der Allgemeinheit für die Qualifikation als international zwingende Norm genügen zu lassen. In der „Ingmar"-Entscheidung ging es um einen Handelsvertretervertrag zwischen einem englischen Handelsvertreter mit Niederlassung in England und einem kalifornischen Unternehmen über den Vertrieb im Vereinigten Königreich und Irland. Trotz der Rechtswahl kalifornischen Rechts wurde die Anwendung des in der Handelsvertreterrichtlinie festgeschriebenen Ausgleichsanspruchs wegen des Schutzes des Handelsvertreters als international zwingend eingeordnet. Begründet wurde dies u.a. mit dem mittelbaren Schutz der Interessen der Allgemeinheit durch die dadurch erreichte Wettbewerbsgleichheit und des „starken Gemeinschaftsbezuges". Die „Ingmar"-Entscheidung kann jedoch nicht dazu führen, dass auch im Rahmen von Art. 9 Rom I-VO der mittelbare Schutz der Allgemeinheit ausreicht. Der Unterschied liegt jedoch darin, dass der Vergütungsanspruch des Handelsvertreters auf sekundärem Unionsrecht basiert und nicht wie im Fall der §§ 32 ff. UrhG auf nationalem Recht. Dazu auch Drexl in: MüKo, Band 11, Internationales Immaterialgüterrecht, Rn. 221.

2396 So auch Drexl in: MüKo, Band 11, Internationales Immaterialgüterrecht, Rn. 220.

2397 § 130 Abs. 2 GWB, das den Anwendungsbereich des Kartellgesetzes auf alle die Wettbewerbsbeschränkungen erstreckt, die sich im Inland auswirken. § 14 Abs 1 MuSchG; §§ 15 Abs 1, 18 BEEG wegen deren sozialpolitischer Bedeutung, die in dem öffentlich-rechtlichen Erlaubnisvorbehalt zum Ausdruck kommen; § 3 EFZG aufgrund seiner Verknüpfung mit dem Sozial- und Krankenversicherungsrecht, § 2 AEntG, der den Anwendungsbereich bestimmter Mindestarbeitsbedingungen, etwa die §§ 3, 5 ArbZG, § 3 BUrlG u.a. zwingend auf alle im Inland beschäftigten Arbeitnehmer erstreckt sowie § 3 AentG; m.w.N. Spickhoff in: Bamberger/Roth; Art. 9 Rom I-VO; Art. 9 Rn. 6.

beitnehmers bzw. Auftragnehmers gemäß § 7 UrhG international zwingend im Sinne des Art. 9 Rom I-VO sein kann. Dies erfordert, dass die Zuordnung der Inhaberschaft des Urheberrechts und des Urheberpersönlichkeitsrechts dem Schutz der Allgemeinheit dient. Dies ist jedoch abzulehnen, da der Urheberschutz nur mittelbar mit dem Schutz der Allgemeinheit gleichgesetzt werden kann.[2398] Die mittelbare Förderung der Kultur durch urheberschützende Normen reicht nicht aus, damit die Rechtsordnung des Gerichtsstands ihre Regelungen zur Inhaberschaft des Urheberrechts und des Urheberpersönlichkeitsrechts international zwingend durchsetzen kann. Dies würde auch dem Grundsatz des Kollisionsrechts widersprechen, dass nationale Normen grundsätzlich gleichwertig sind. Weiter spricht dagegen, Fragen der originären Inhaberschaft des Urheberrechts oder des Urheberpersönlichkeitsrechts dem Art. 9 Abs. 1 Rom I-VO zu unterwerfen, da es sich bei den national zwingenden Normen um Eingriffsnormen des lex fori handelt und diese nicht zwingend die engste Verbindung zum Sachverhalt haben.

3.2.1.4 Unübertragbarkeit des Urheberrechts und beschränkte Verzichtsmöglichkeiten auf das Urheberpersönlichkeitsrecht als international zwingend?

§ 29 UrhG kann ebenfalls nicht als international zwingende Norm im Sinne des Art. 9 Rom I-VO durchgesetzt werden.[2399] Da die Übertragbarkeit jedoch den Kern des Urheberrechts betrifft und damit ohnehin nicht vom Vertragsstatut erfasst wird, ermittelt sich die Zulässigkeit der rechtsgeschäftlichen Disposition über das Urheberrecht und das Urheberpersönlichkeitsrecht nach den allgemeinen Kollisionsregeln.

2398 Der Umfang des Schutzes des Urheberpersönlichkeitsrechts sollte sich vielmehr nach dem Recht des Schutzlands bemessen. Im Ergebnis so auch Nordemann-Schiffeln in: Fromm/Nordemann, Urheberrecht, vor §§ 120 UrhG Rn. 88, die die §§ 12-14 UrhG international zwingend anwenden möchte, wenn ein wesentlicher Teil der Verwertung auch in Deutschland stattfindet. Ein Unterschied kann sich jedoch dann ergeben, wenn das angerufene Gericht nicht in Deutschland liegt und damit nicht die international zwingenden Normen der deutschen lex fori Anwendung finden.

2399 Im Rahmen von Art. 16 Rom II-VO wird die Übertragbarkeit keine Rolle spielen, da es stets eine vertragliche Disposition im Sinne der Rom I-VO voraussetzt.

3.2.1.5 Fazit

International zwingende Normen des Rechts des Gerichtsstands sind nicht mit national zwingenden Normen gleichzusetzen. Es ist stets erforderlich, dass die nationale Norm den Interessen der Allgemeinheit dient. Dies ist für die Frage der originären Inhaberschaft des Urheberrechts und des Urheberpersönlichkeitsrechts, der Übertragbarkeit des Urheberrechts, den Verzichtsmöglichkeiten auf das Urheberpersönlichkeitsrecht sowie die Vergütungsansprüche des Urhebers zu verneinen.

3.2.2 Drittstaatliche zwingende Normen

Neben den international zwingenden Eingriffsnormen des Staats des Gerichtstands können nach Art. 9 Abs. 3 Rom I-VO auch drittstaatliche Normen Geltung beanspruchen, die weder dem Vertragsstatut noch dem Staat des Gerichtsstands angehören.[2400] Drittstaatliche Normen im Sinne Art. 9 Abs. 3 Rom I-VO sind dann zu berücksichtigen, wenn es sich dabei um Eingriffsnormen des Erfüllungsorts handelt, die die Erfüllung des Vertrags unrechtmäßig werden lassen. In Abkehr von Art. 7 Abs. 1 Übereinkommen von Rom kommt es nicht auf eine enge Verbindung zu dem Erfüllungsort an.[2401] Bei der Entscheidung, ob diesen Eingriffsnormen „Wirkung zu verleihen"[2402] ist, werden – ähnlich wie nach Art. 7 Abs. 1 Übereinkommen von Rom – Art und Zweck dieser Normen sowie die Folgen berücksichtigt, die sich aus ihrer Anwendung oder Nichtanwendung erge-

---

2400 M.w.N. Martiny in: MüKo, Band 10 Rom-I VO, Art. 9 Rn. 34.

2401 Martiny in: MüKo, Band 10 Rom-I VO, Art. 9 Rn. 34; Pfeiffer 622 (628) führt an, dass aufgrund des kollisionsrechtlichen Gehalts der Rom I-Verordnung anzunehmen sei, dass es sich um Rechtswirkungen handele und dabei nicht lediglich eine Berücksichtigung als Tatsache gemeint sei.

2402 Martiny in: MüKo, Band 10 Rom-I VO, Art. 9 Rn. 3.
      Verstoß gegen die guten Sitten (§ 138 BGB); dies kommt in Betracht, wenn die ausländische Eingriffsnorm einem gemeinsamen übernationalen Interesse dient; Unmöglichkeit der Leistung (§§ 275, 311 a BGB): dies kommt bei einem durchsetzbaren ausländischen Leistungsverbot in Betracht; Störung der Geschäftsgrundlage (§ 313 BGB): z.B. Anpassung eines dem deutschen Recht unterliegenden Vergleichs, der wegen eines iranischen Alkoholeinfuhrverbots nicht mehr erfüllt werden konnte. Kropholler, Internationales Privatrecht, 2006, § 52.

ben würden.[2403] Im Gegensatz zu Art. 9 Rom I-VO trifft Art. 16 Rom II-VO jedoch keine entsprechende Regelung zu der Berücksichtigung von drittstaatlichen Normen.[2404] Da diese drittstaatlichen Normen des Erfüllungsorts bereits durch das Schutzlandprinzip zu berücksichtigen sind, da die Verwertung mit der Erfüllung gleichzusetzen ist, ergibt sich für das Urheberrecht hieraus nur die Folge, wie sie sich bereits aus dem Schutzlandprinzip ergibt. Überträgt ein Urheber sein Urheberrecht in einem Staat, dessen Rechtsordnung das Urheberrecht als unübertragbar erklärt, ist das Rechtsgeschäft unwirksam. Für die kollisionsrechtliche Anknüpfung der originären Inhaberschaft des Urheberrechts oder des Urheberpersönlichkeitsrechts ergeben sich aus Art. 9 Rom I-VO und Art. 16 Rom II-VO jedoch keine Vorgaben.

3.3 Die ordre public-Vorbehalte in der Rom I- und Rom II-VO nach Art. 26 Rom I-VO und Art. 21 Rom II-VO

Die in Art. 21 Rom I-VO und Art. 26 Rom II-VO enthaltenen und von Amts wegen[2405] zu beachtenden *ordre public*-Vorbehalte führen dazu, dass die Rechtssätze einer ausländischen Rechtsordnung nicht zur Anwendung kommen, sofern deren Anwendung mit wesentlichen Grundsätzen des Rechts des Staats des angerufenen Gerichts nicht in Einklang zu bringen sind. Dem Forumstaat obliegt es, die Grenzen des eigenen *ordre public* festzusetzen. Was zur öffentlichen Ordnung des Staats des angerufenen Gerichts zählt, richtet sich daher nach nationalem Recht und nicht nach Gemeinschaftsrecht.[2406]

2403 Im Gegensatz zu Art. 7 Übereinkommen von Rom wurde mit Art. 9 Abs. 3 Rom I-VO Rechtssicherheit gewonnen. Während bei Art. 7 Übereinkommen von Rom noch zu befürchten war, dass das Gericht eine enge Bindung zu einem Drittstaat sah, die eine Vertragspartei nicht erkannt hatte, ist bei Art. 9 Abs. 3 Rom I-VO die verbleibende Unwägbarkeit die Ermittlung des Erfüllungsorts.

2404 Eine entsprechende Vorschrift über die Beachtung ausländischer Eingriffsnormen war zwar noch in dem Gesetzesentwurf zur Rom II-VO enthalten. Wegen des Widerstands in Großbritannien kam es jedoch zur Streichung dieser Regelung. Aufgrund dieser Entstehungs- bzw. Streichungshistorie ist es umstritten, welche Schlussfolgerungen für die Behandlung ausländischer Eingriffsnormen im Rahmen des Anwendungsbereiches der Rom II-VO zu ziehen sind.

2405 Martiny in: MüKo, Band 10 Rom-I VO, Art. 21 Rom I-VO Rn. 1.

2406 Leible, Rom I und Rom II, 2008, S. 71.

Allerdings ist der nationale Gesetzgeber bezüglich des Inhalts nicht völlig frei. Im verfahrensrechtlichen Zusammenhang hat der EuGH formuliert, es sei zwar nicht seine Sache, den Inhalt der öffentlichen Ordnung zu definieren, er habe aber über die Grenzen zu wachen. [2407] Um den Schutz der durch die nationale Rechtsordnung und der durch die Gemeinschaftsrechtsordnung verliehenen Rechte zu gewährleisten, ist es Sache des rechtsprechenden Gerichts, von der Anwendung ausländischer Normen abzusehen, wenn diese offensichtlich mit tragenden Grundsätzen des nationalen Rechts oder des Gemeinschaftsrechts unvereinbar sind.[2408] Mit immer weiter voranschreitender Harmonisierung nähern sich auch die Rechtsordnungen der Mitgliedsstaaten an mit der Folge, dass von dem *ordre public*-Vorbehalt zurückhaltend Gebrauch zu machen ist.[2409] Dementsprechend ist der Rückgriff auf den *ordre public* dann ausgeschlossen, sobald harmonisiertes Sachrecht vorliegt.[2410] Liegt dies nicht vor, so bedeutet die Anwendung des *ordre public*-Vorbehalts auch, dass die damit einhergehende Beschränkung von Grundfreiheiten einer Rechtfertigung bedarf. Die Bedeutung des *ordre public*-Vorbehalts ist daher im Arbeitsrecht gering[2411], zumal die Zulassung ausländischen Arbeitsrechts ohnehin durch Art. 3 Abs. 3, 8 Abs. 1 und 9 Rom I-VO stark eingeschränkt ist.[2412] Erwägungsgrund 37 der Rom I-VO spricht ausdrücklich von außergewöhnlichen Umständen, die

---

2407 Art. 22 Abs. 1 lit. a) des Bericht des Rechtsausschusses der Berichterstatterin Diana Wallis (A6-0211/2005 vom 27. Juni 2005) über den Vorschlag für eine Verordnung des Europäischen Parlaments und des Rates über das auf außervertragliche Schuldverhältnisse anzuwendende Recht („Rom II") (KOM(2003)0427–C5-0338/2003; 2003/0168(COD): „Der Vorschlag des Rechtsausschlusses sah vor, die Definition des ordre public europäischer zu formulieren. Die Anwendung einer Norm sollte dann unterbleiben, wenn diese zu einem Verstoß gegen Grundrechte und -freiheiten führen würde, wie sie in der Europäischen Menschenrechtskonvention, im nationalen Verfassungsrecht und im internationalen humanitären Recht verankert sind. Durchzusetzen vermochte sich dieser Vorschlag im weiteren Gesetzgebungsverfahren jedoch nicht. Eingewandt wurde insbesondere, dass der ordre public der Mitgliedsstaaten zwar gemeinsame Elemente aufweise, es aber dennoch Unterschiede gebe, und es derzeit schwierig sei, gemeinsame Kriterien und einschlägige Referenzen für die Bestimmung des Begriffs der öffentlichen Ordnung festzulegen." Näher dazu Leible, Rom I und Rom II, 2008, S. 72; Martiny in: MüKo, Band 10 Rom-I VO, Art. 21 Rom I-VO Rn. 3.
2408 Leible, Rom I und Rom II, 2008, S. 72.
2409 Deinert, Internationales Arbeitsrecht, 2013 § 3 Rn. 14.
2410 Deinert, Internationales Arbeitsrecht, 2013 § 3 Rn. 14.
2411 BAG NJW 1985, 2910; BAG, NZA 1995, 1191.
2412 Schlachter in: Dieterich/Müller-Glöge, Art. 9 Rom-I-VO Rn. 2.

über eine hinreichende Inlandsbeziehung verfügen.[2413] Es muss sich daher um einen schweren Verstoß gegen inländische Wertvorstellungen handeln.[2414] Es stellt sich daher die Frage, ob die originäre Inhaberschaft des Urheberrechts oder des Urheberpersönlichkeitsrechts unter den Vorbehalt des *ordre public* fallen könnte. Tatbestandlich wird der *ordre public* erst relevant, wenn ausländisches Recht zur Anwendung gelangt, das mit der öffentlichen Ordnung des Rechts am deutschen Gerichtstand nicht vereinbart ist. Um den deutschen *ordre public* jedoch zur Anwendung zu bringen, muss der Sachverhalt über den deutschen Gerichtsstand hinaus eine inländische Beziehung zu Deutschland aufweisen. Folgt man dem Schutzlandprinzip bei der Bestimmung der Inhaberschaft des Urheberrechts bei der rechtsgeschäftlichen Disposition über das Urheberrecht und das Urheberpersönlichkeitsrecht, führt dies jedoch dazu, dass nur dann ausländisches Recht Anwendung findet, wenn auch Schutz im Ausland betroffen ist. Daher wird bei Anwendung des Schutzlandprinzips eine Anwendung des inländischen *ordre public* fehlschlagen.[2415]

2413 Martiny in: MüKo, Band 10 Rom-I VO, Art. 21 Rom I-VO Rn. 7.

2414 Martiny in: MüKo, Band 10 Rom-I VO, Art. 21 Rom I-VO Rn. 7; Klass 546 (554) verweist zusätzlich darauf, dass sowohl die Anwendung von international zwingenden Eingriffsnormen als auch die Anwendung des *ordre public* nur in absoluten Ausnahmefällen zugelassen werden könnten, da die einseitige Bevorzugung nationalen Rechts den internationalen Entscheidungseinklang zu sehr störe und zu Rechtsunsicherheit führe; so auch Leible, Rom I und Rom II, 2008, S. 67.

2415 So auch Drexl in: MüKo, Band 11, Internationales Immaterialgüterrecht, Rn. 218. Anders ist auch der Fall nicht zu beurteilen, wenn es beispielsweise um die Durchsetzung des nationalen Verständnisses der Zuweisung der originären Inhaberschaft des Urheberrechts oder des Urheberpersönlichkeitsrechts zur natürlichen Person geht. Die Anwendung ausländischen Rechts könnte dazu führen, dass der angestellte oder beauftragte Urheber nicht mehr originär die Inhaberschaft des Urheberrechts oder Urheberpersönlichkeitsrechts zugewiesen bekommt. Eine Beziehung zum Inland könnte beispielsweise dann gegeben sein, wenn der Urheber das Werk im Inland geschaffen hat. Würde man den Ort der Schöpfung als Anknüpfungspunkt zum inländischen Recht im Sinne des *ordre public* ausreichen lassen, würde dies dazu führen, dass der *ordre public* zu einem Instrument des Urhebers wird und die Gefahr des Forum Shoppings eintritt. Dies würde zudem zu einer Verletzung des Inländergleichbehandlungsgrundsatzes führen, da der deutsche Urheber stets einen höheren Schutz vor deutschen Gerichten erhielte als der ausländische Urheber.

4. Fazit Rom I-und Rom II-VO

Die Rom I-VO erfasst bisher nur die Anknüpfung für „rein" vertragsrechtliche Fragen, nicht jedoch die allgemein urheberrechtliche Frage der Anknüpfung hinsichtlich der Inhaberschaft des Urheberrechts unter Berücksichtigung des Urheberpersönlichkeitsrechts. Art. 8 Rom II-VO enthält wiederum eine kollisionsrechtliche Verweisung auf das Recht des Schutzlands. Diese umfasst für außervertragliche Schuldverhältnisse die Ermittlung des Schutzumfangs des Urheberrechts und des Urheberpersönlichkeitsrechts. Für rechtsgeschäftliche Dispositionen über das Urheberrecht und das Urheberpersönlichkeitsrecht sowie die Ermittlung der Inhaberschaft des Urheberrechts und des Urheberpersönlichkeitsrechts lassen sich der Rom II-VO jedoch keine Anhaltspunkte entnehmen. Greift man den zu Anfang gewählten Beispielsfall „John Huston" wieder auf, ist festzustellen, dass dieser unter Zugrundelegung der Rom-Verordnungen nicht zu der Durchsetzung der französischen Regelungen zum Urheberpersönlichkeitsrechts hätte führen können.

IV. Satelliten- und Kabelweiterleitungs-Richtlinie

Art. 1 Abs. 2 lit. b) der Satelliten- und Kabel-Richtlinie[2416] regelt das sog. Sendelandprinzip, wonach das Sendeunternehmen bei Satellitensendungen grundsätzlich nur die rechtlichen Vorgaben des Mitgliedsstaats beachten muss, in dem sie niedergelassen sind.[2417] Dies hat zur Folge, dass das Sendeunternehmen nur die Rechte des Sendestaats benötigt, um Sendungen über Satellit öffentlich wiederzugeben. Das führt dazu, dass die Nutzungshandlung bei Satellitensendungen allein auf den Sendestaat beschränkt wird und daher nicht die Rechte in den Empfangsstaaten[2418] be-

---

2416 Richtlinie 93/83/EWG des Rates vom 27. September 1993 zur Koordinierung bestimmter urheber- und leistungsschutzrechtlicher Vorschriften betreffend Satellitenrundfunk und Kabelweiterverbreitung.

2417 Damit gilt für Satellitensendungen nicht mehr die Bogsch-Theorie, wonach die Urheberrechte für jedes Empfangsland eingeholt werden mussten.

2418 Wenn die Nutzungshandlung bei Satellitensendungen nicht auf den Sendestaat bezogen würde, würde das Empfangsstaatsprinzip dazu führen, dass die Sendeunternehmen jedes Angebot den Rechtsvorschriften sämtlicher Mitgliedsstaaten angepasst werden müssten, in denen es empfangen werden kann. Das Sendelandprinzip verhindert daher einen sehr hohen Bürokratie- und Kostenaufwand für die Sendeunternehmen. Hauptargument der Empfangsland-

achtet werden müssen. Das Sendelandprinzip definiert damit die urheber-
rechtsrelevante Handlung[2419] und stellt daher keine kollisionsrechtliche
Verweisung auf das Ursprungsland dar.[2420]

V. Fazit

Es lässt sich daher feststellen, dass die Internationalen Konventionen nur
fremdenrechtliche Regelungen enthalten und daher keine kollisionsrechtlichen Vorgaben für das Internationale Urheberrecht treffen. Auch dem
primären Unionsrecht lassen sich keine Kollisionsregeln entnehmen. Allein die beiden Rom-Verordnungen enthalten kollisionsrechtliche Verwei-
sungen. Die Rom I-VO behandelt jedoch nur kollisionsrechtliche Anknüpfungen für ausschließlich vertragliche Fragestellungen und trifft damit keine kollisionsrechtliche Vorgabe für rechtsgeschäftliche Dispositionen über
das Urheberrecht und das Urheberpersönlichkeitsrecht. Die Rom II-VO
führt dazu, dass außervertragliche Schuldverhältnisse nach dem Recht des
Schutzlands zu ermitteln sind. Darunter fallen jedoch nur die außerver-

---

theorie ist, dass Sendeunternehmen bei Geltung allein des Rechts des Sende-
lands versucht sein könnten, die Aussendung der programmtragenden Signale
in ein Land mit niedrigem Schutzniveau oder mit unzureichender Rechtsdurchsetzung zu verlagern; so auch Dreier in: Dreier/Schulze, § 20 a UrhG
Rn. 2.

2419 Dreier in: Dreier/Schulze, § 20 a UrhG Rn. 11.

2420 Die Harmonisierung nur für den Bereich der Satellitensendungen wird besonders von den Medienanstalten kritisiert. Die teilweise erreichte Harmonisierung für den Bereich der Satellitensendungen führe dazu, dass dasselbe Werk
bei einer ortsgleichen Nutzung auf unterschiedlichen Endgeräten rechtlich differenziert für die jeweilige Nutzungshandlung bewertet werden müsse. Siehe
dazu Peifer, ZUM 2006, 1(3); Institute of Information Law; The Recasting of
Copyright & Related Rights for the Knowledge Economy; Annex 2, II, S. 292.
Stellungnahme der ARD und des ZDF, abzurufen unter: http://www.ard.de/in
tern/standpunkte/-/id=1925282/property=download/nid=8236/19yg9lr/2009_12
_creative_content.pdf , Stand 6. September 2013: „Im Zuge der Konvergenz
der Medien nutzt der Zuschauer die audiovisuellen Inhalte der Sendeunternehmen wo, wann und wie er will. Dabei wird der vorgegebene Programmab-
lauf, d.h. die vorgegebene Zeitabfolge zunehmend aufgelöst. Ebenso werden
Inhalte gemäß individueller Präferenzen über verschiedene Plattformen und
Endgeräte komplementär oder auch integrativ genutzt. Das liegt in der Logik
technologischer Konvergenz begründet. Notwendig ist die Verfügbarmachung
medialer Inhalte zur orts- und zeitsouveränen Nutzung, auf dem PC, auf dem
heimischen Fernseher, aber auch auf den mobilen Empfangsgeräten.“

traglichen Schuldverhältnisse und dabei nur der Schutzumfang des Urheberrechts und des Urheberpersönlichkeitsrechts. Kollisionsrechtliche Vorgaben für die Bestimmung der Inhaberschaft des Urheberrechts und des Urheberpersönlichkeitsrechts sowie die Übertragbarkeit des Urheberrechts und die Verzichtsmöglichkeiten auf das Urheberpersönlichkeitsrecht lassen sich der Rom II-VO nicht entnehmen. Daher sind im Anschluss die nationalen Kollisionsregeln im Hinblick auf ihre Anknüpfung der Inhaberschaft und des Urheberpersönlichkeitsrechts zu untersuchen.

§ 4 Einführung in die kollisionsrechtliche Anknüpfung der nationalen Rechtsordnungen in Deutschland, England und den Niederlanden

Der Gang ins nationale Kollisionsrecht ist für die Bereiche entscheidend, in denen die Rom I-VO und die Rom II-VO auf europarechtlicher Ebene keine kollisionsrechtliche Anknüpfungsregelung getroffen haben. Unterschiede ergeben sich primär bei der Bestimmung der Inhaberschaft des Urheberrechts und des Urheberpersönlichkeitsrechts. Die Bestimmung der originären Inhaberschaft des Urheberrechts und des Urheberpersönlichkeitsrechts spielt sowohl in vertraglichen als auch in außervertraglichen Schuldverhältnissen eine Rolle. Daneben wird die Übertragbarkeit national unterschiedlich beurteilt. Hier sind insbesondere die translative und konstitutive Übertragbarkeit des Urheberrechts bedeutsam, die je nach anwendbarem Recht nur mit Zustimmung des Rechtsinhabers erfolgen kann.[2421] Unter diesem Punkt sind auch die Verzichtsmöglichkeiten auf das Urheberpersönlichkeitsrecht zu berücksichtigen. Hier ergeben sich je nach anwendbarem nationalem Recht Unterschiede, ob die Urheberpersönlichkeitsrechte pauschal abbedungen werden können oder ob nur unter erhöhten Anforderungen unter Wahrung des Urheberpersönlichkeitskerns darüber disponiert werden kann. Die Möglichkeit, rechtsgeschäftlich über das Urheberrecht oder das Urheberpersönlichkeitsrecht zu disponieren, spielt besonders im Auftrags- und Arbeitsverhältnis eine Rolle.

Im Folgenden werden daher die autonomen Urheberkollisionsregelungen für die Anknüpfung der Inhaberschaft des Urheberrechts und des Urheberpersönlichkeitsrechts sowie die Übertragbarkeit des Urheberrechts und die Einschränkungsmöglichkeiten des Urheberpersönlichkeitsrechts überblicksmäßig dargestellt. Soweit notwendig, wird dabei zwischen der Ansicht der Rechtsprechung und des Schrifttums differenziert.

2421 § 34 UrhG, 35 UrhG.

A. Urheberkollisionsrecht nach deutschem Recht

Den deutschen Richter trifft nach § 139 ZPO von Amts wegen eine richterliche Hinweis- und Nachfragepflicht, ob Verbindung zu einem grenzüberschreitenden Sachverhalt besteht. Nach § 293 ZPO ist ausländisches Recht anzuwenden.[2422] Bereits vor Erlass der EuGVÜ erließen die deutschen Gerichte extraterritoriale Verfügungen.[2423]

Das Urheberkollisionsrecht ist in Deutschland gesetzlich nicht speziell geregelt. In der fremdenrechtlichen Norm der §§ 120-123 UrhG finden sich keine kollisionsrechtlichen Regelungen.[2424] Auf die kollisionsrechtlichen Fragen des Urheberrechts, die nicht bereits von der vorrangig geltenden Rom II-VO erfasst werden, findet daher ebenfalls das Gesetz für das Internationale Privatrecht in Deutschland, das Einführungsgesetz zum Bürgerlichen Gesetzbuch (EGBGB), Anwendung. Der deutsche Gesetzgeber hat dabei auf die Rom-Verordnungen reagiert und das EGBGB in einem zweistufigen Vorgehen[2425] angepasst. Die Kollisionsregeln des EGBGB zu den außervertraglichen Schuldverhältnissen wurden dabei nicht aufgehoben, da ihnen im Hinblick auf den begrenzten Anwendungsbereich der Rom II-VO den Art. 38 ff. EGBGB eine wichtige Lückenfül-

---

2422 Ausführlich dazu Sonnenberger in: Staudinger/Amann; Buch 10, Internationales Privatrecht Einleitung; Einl.IPR Rn. 624 ff.

2423 Hinsichtlich von Schadensersatzansprüchen aus der Verletzung eines Zeichenrechts: RGZ 129, 385 (388) – „Norsk Vacuum Oil v. Eagle Oil": „Aus der Nichteintragung eines ausländischen Warenzeichens in der deutschen Warenzeichenrolle folgt nur, dass diesem Zeichen nicht der Schutz des deutschen Warenzeichenrechts zugutekommt. Das ist von der Bedeutung für Verletzungen, die innerhalb des Deutschen Reiches begangen werden. Dagegen besteht kein Grund für die Annahme, dass es unzulässig sei, einen Inländer, der die Verletzungshandlung gegen ein nur im ausländischen Staat geschütztes Warenzeichen dort begangen hat, vor einem deutschen Gericht aus dem ausländischen Warenzeichengesetz in Anspruch zu nehmen."

2424 So auch Klass, GRUR Int. 2007, 373 (375).

2425 Anpassung des EGBGB an die Rom-I VO: Gesetz zur Anpassung der Vorschriften des Internationalen Privatrechts an die Verordnung (EG) Nr. 864/2007 vom 10. Dezember 2008, BGBl. I S. 2402; gemeinsam mit der Rom-I-VO in Kraft getreten am 11. Januar 2009; Anpassung des EGBGB (Art. 38-46 EGBGB) an die Rom-II VO: Gesetz zur Anpassung der Vorschriften des Internationalen Privatrechts an die Verordnung (EG) Nr. 593/2008 vom 25. Juni 2009, BGBl. I S. 1574; gemeinsam mit der Rom-II-VO in Kraft getreten am 17. Dezember 2009.

lungsfunktion zukommt.[2426] Der Regierungsentwurf des „Gesetzes zum Internationalen Privatrecht für außervertragliche Schuldverhältnisse und für Sachen" ging selbst von der Geltung des Schutzlandprinzips aus und sah im Zuge dessen von seiner ausdrücklichen Regelung ab.[2427] Art. 40 Abs. 1 EGBGB erklärt als allgemeine Kollisionsnorm für unerlaubte Handlungen den Handlungs- oder Erfolgsort als den maßgeblichen Anknüpfungspunkt. Nach der herrschenden Meinung ist Art. 40 EGBGB jedoch nicht auf die Anknüpfung des Urheberrechts anzuwenden[2428]. Im Folgenden soll das System des Urheberkollisionsrechts in Deutschland dargestellt werden. Da das anwendbare Recht bei internationalen urheberrechtlichen Sachverhalten nicht dem Gesetz entnommen werden kann, folgt eine kurze Darstellung des Meinungsstands der Rechtsprechung und Literatur. Soweit es notwendig ist, wird bei der Anknüpfung nach der Inhaberschaft des Urheberrechts und Urheberpersönlichkeitsrechts unterschieden.

B. Urheberkollisionsrecht nach englischem Recht

Die Richter in England und Wales unterliegen nicht von Amts wegen der Pflicht, die Anwendung ausländischen Rechts zu ermitteln. Die Parteien des Rechtsstreits müssen daher Tatsachen vortragen, die ausländische Elemente beinhalten. Nur wenn dieser Tatsachenvortrag durch die Parteien

---

2426 Der zeitliche Anwendungsbereich der Rom II-VO ist nach Art. 31 Rom II-VO auf die Sachverhalte beschränkt, die ab dem 11. Januar 2009 liegen. Bis zum 10. Januar 2009 gilt autonomes staatliches Recht weiter. Der sachliche Anwendungsbereich ist gemäß Art. 2 Abs. 1 Rom II-VO auf „schadensbegründendes Ereignis", was jedoch nicht den Anwendungsbereich allein auf das Deliktsrecht beschränkt.

2427 BT-Drucks. RegE 14/343, S. 10 rechte Spalte unten.

2428 Begründet wird dies damit, dass im Urheberkollisionsrecht der Erfolg der Handlung kein geeigneter Anknüpfungspunkt ist. Betrachtet man beim Deliktstatut nach Art. 40 EGBGB die Handlung als den maßgeblichen Anknüpfungspunkt, ergeben sich jedoch keine Unterschiede zum Schutzlandprinzip. Dazu auch Dreier in: Dreier/Schulze, vor § 120 UrhG Rn. 27; Kropholler, Internationales Privatrecht, 2006, S. 546; BGH, GRUR 1999, 152 (153) – „Spielbankaffaire." Ausführlich zur Anwendung des Art. 40 EGBGB im Immaterialgüterrecht: Peinze, Internationales Urheberrecht in Deutschland und England, 2002, S. 173 ff.; Birkmann, Die Anknüpfung der originären Inhaberschaft am Urheberrecht, 2009, S. 112 ff.

erfolgt, ist auch der Richter in England und Wales zur Anwendung des Internationalen Privatrechts verpflichtet.[2429]

Bis zur Einführung des Private International Law 1995 (PIL) und dem Erlass bahnbrechender Gerichtsentscheidungen im Bereich des Urheberkollisionsrechts erklärten sich die englischen Gerichte nur in Ausnahmefällen für die Verletzung ausländischer Urheberrechte für zuständig und wandten – wenn sie doch tätig wurden – auch bei grenzüberschreitenden Sachverhalten das Recht des englischen Gerichtsstands auf die Ermittlung des Bestands und Umfangs des Urheberrechts an.[2430] Vor Inkrafttreten der EuGVÜ war das englische Verständnis des Urheberkollisionsrecht davon geprägt, dass aus der territorialen Natur des Immaterialgüterrechts folge, dass die Verletzung eines britischen Immaterialguts nur vor britischen Gerichten und umgekehrt, die Verletzung eines deutschen Immaterialguts nur vor deutschen Gerichten geltend gemacht werden könne. Dies wurde mit zwei Prinzipien des britischen Rechts belegt. Zum einen ging man gemäß der *Moçambique-rule* davon aus, dass das Immaterialgüterrecht eine unbewegliche Sache sei, die daher nur an ihrem Belegenheitsort eingeklagt werden könne.[2431] Zum anderen wurde die kollisionsrechtliche Regelung der *double actionability rule* verfolgt, wonach ein im Ausland begangenes Delikt nur dann vor englischen Gerichten justiziabel war, wenn es sowohl nach englischem Recht als auch nach dem Recht des Begehungsorts als Delikt justiziabel ist.[2432] Da die meisten Länder Urheberrechtsverletzungen der Kategorie *tort* zuordnen, konnte eine Verletzung ausländischen

---

2429 Dicey/Morris/Collins/Briggs, 9-003, S. 319.

2430 Siehe dazu Peinze, Internationales Urheberrecht in Deutschland und England, 2002, S. 228, 235; Cornish, GRUR Int. 1996, 285 (286); Kieninger, GRUR 1998, 280 (284).

2431 Diese Regelung ging auf eine im Jahr 1893 ergangene Entscheidung des House of Lords in der Rechtssache „British South Africa Co. v. Companhia de Moçambique" ([1891-4] All ER Rep 640) zurück. Diese Entscheidung bezog sich zwar auf Grundstücke, doch wurde die *Moçambique-rule* auch auf alle Immaterialgüterrechte angewandt. In diesem Sinne urteilte erstmalig der dem *Common Law* zugehörige Supreme Court of Victoria in der Rechtssache „Potter v. Broken Hill Pty Co. Ltd" ([1905] VLR 612), in dem er die *Moçambique-rule* auch auf Patentstreitigkeiten zur Anwendung brachte. Siehe dazu Adeney, The moral rights of authors and performers, 2006, 19.250, S. 693ff.; Peinze, Internationales Urheberrecht in Deutschland und England, 2002, S. 228, 235; Cornish, GRUR Int. 1996, 285 (286); Kieninger, GRUR 1998, 280 (284); Klass, GRUR Int. 2007, 373 (377).

2432 Adeney, The moral rights of authors and performers, 2006, 19.252, S. 694; Kieninger, GRUR 1998, 280(284); Peinze, Internationales Urheberrecht in Deutschland und England, 2002, S. 217ff.

Rechts vor dem Hintergrund der Geltung des Territorialitätsprinzips nie zugleich eine Verletzung nationalen Rechts darstellen, sodass Klagen eines nicht in Großbritannien liegenden Schutzrechtsteils nicht vor britischen Gerichten geltend gemacht werden können. Auf die *moral rights* konnte die *Moçambique-rule* nicht angewendet werden, da es sich dabei nicht um Vermögensrechte handelt.[2433]

Durch die Einführung des PIL im Jahr 1995 wurde die *double actionability rule* durch s. 10 PIL (*Miscellaneous Provisions Act*) 1995 aufgehoben, die nunmehr eine alleinige Anknüpfung an das Deliktsstatut bestimmt. Nach Inkrafttreten der EuGVÜ im Jahr 1968[2434] sahen die britischen Gerichte auch von den Voraussetzungen der *Moçambique-rule* ab und erließen auch extraterritoriale Verfügungen. Der Vorrang der EuGVVO gegenüber der *Moçambique-rule* wurde in den grundlegenden Entscheidungen „Pearce v. Arup"[2435] und „Controls Ltd v. Suzo International (UK) Ltd"[2436] begründet.[2437] Diese beiden Entscheidungen haben den Weg bereitet, auch die

---

2433 Adeney, The moral rights of authors and performers, 2006, 19.251, S. 694.

2434 Mit Wirkung ab dem 1. März 2002 für alle Staaten der Europäischen Union, mit Ausnahme Dänemarks, durch die Brüssel-I-Verordnung (EG) Nr. 44/2001 (EuGVVO) abgelöst.

2435 In dieser Rechtssache erging zunächst eine Entscheidung des High Court (GB) Chancery Division, [1997] 3 All ER 31. In der Entscheidung ging es darum, ob ein englisches Gericht über eine Klage wegen der Verletzung eines niederländischen Urheberrechts entscheiden darf. Darin stellt das Gericht klar, dass sowohl die *double actionability rule* als auch die *Moçambique-rule* keine Anwendung finden, wenn sich die Zuständigkeit eines englischen Gerichts nach Art. 2, 5, 6 EuGVVO ergäbe. Dies bestätigte auch das Revisionsgericht (Court of Appeal, FSR [1999] 746). Zu der Entscheidung des High Court siehe: Adeney, The moral rights of authors and performers, 2006, 19.258, S. 696; GRUR Int. 1998, 317-322; Peinze, Internationales Urheberrecht in Deutschland und England, 2002, S. 276 ff; Wadlow in: Kono, Intellectual property and private international law, United Kingdom, S. 1067ff. Zu der Entscheidung des Court of Appeal siehe: Peinze, Internationales Urheberrecht in Deutschland und England, 2002, S. 288ff.

2436 High Court (GB) Chancery Division, FSR 1997, S. 660 – „Coin Controls Ltd v. Suzo International (UK) Ltd" Das Urteil beschäftigte sich mit einem eingetragenen Patent. Das Gericht urteilte, dass die EuGVVO gegenüber der *Moçambique-rule* nicht vorrangig sei, wenn es um ein registriertes Schutzrecht ging. Das Urheberrecht sei jedoch überall einklagbar, wenn die Voraussetzungen der Art. 2, 5, 6 EuGVVO a. F. gegeben seien. Daher bestätigte „Coin Controls Ltd v. Suzo International (UK) Ltd" für Urheberrechte die Entscheidung des High Court in der Rechtssache „Pearce v. Arup".

2437 Gesetzlich wurde die Nichtgeltung der *Moçambique-rule* jedoch nur für Grundstücke klargestellt nach s. 30 *des Civil Jurisdiction and Judgement Act* 1982.

Verletzung ausländischer Schutzrechte im In- und Ausland[2438] zu überprüfen.[2439]

England hat kein spezielles Urheberkollisionsrecht. Die allgemeinen kollisionsrechtlichen Regelungen des *Private International Law Act (PIL)* sind daher auch auf das Immaterialgüterrecht anzuwenden.[2440] Der *PIL Act* regelt die kollisionsrechtliche Anknüpfung von *torts;* für Urheberrechtsverletzungen sind die Kollisionsregeln der ss. 11, 12, 14 PIL relevant.[2441] Nach s. 11 PIL ist grundsätzlich das materielle[2442] Recht des Staats anwendbar, in dem die unerlaubte Handlung begangen wurde. Dies gilt jedoch dann nicht, wenn die Anwendung einer anderen Rechtsordnung *substantially more appropriate* ist. Nach s. 12 Abs. 1 PIL ist in diesem Fall die wesentlich angemessenere Rechtsordnung anzuwenden (sog. *rule of displacement*). Eine Auslegungshilfe, wann eine andere Anknüpfungsregel wesentlich angemessener ist, bietet s. 12 Abs. 2 PIL. Dort werden drei unterschiedliche Kriterien genannt; Erstens Faktoren in Bezug auf die Parteien, zweitens Faktoren in Bezug auf die Ereignisse und drittens Faktoren in Bezug auf die Folgen oder Umstände der Ereignisse. Zu ersterem sind auch vertragliche Beziehungen und ein gewähltes Vertragsstatut zu zählen.[2443] Uneinigkeit besteht dahingehend, ob die *rule of displacement* nach s. 12 PIL auch auf urheberrechtliche Streitigkeiten Anwendung findet. Es wird vertreten,

---

2438 Cornish, GRUR Int. 1996, 285(288) unter Hinweis auf die Entscheidung „Plastus Kreativ v. Minnesota Mining" [1995] RPC, S. 447, in der sich die Zurückhaltung der englischen Gerichte zeigt, über extraterritoriale Verletzungshandlungen zu urteilen. So heißt es in dem Urteil: „If it happened that there was not an adequate remedy in the other state, then it might be appropriate that action be taken in a state in which there was an appropriate remedy."

2439 „Coin Controls Ltd/Suzo International (UK) Ltd" (oben Fn. 35), S. 674-679; bestätigend Arnold (oben Fn. 35), S. 420; kritisierend Kieninger (oben Fn. 7), S. 288.

2440 Fawcett/Torremans, Intellectual property and private international law, 2011, S. 822.

2441 Anwendbar ist der PIL Act auf *torts*, die nach dem 1. Mai 1996 begangen wurden. Ausführlich zu den Kollisionsregeln des PIL im Urheberrecht: Peinze, Internationales Urheberrecht in Deutschland und England, 2002, S. 345ff; Cornish, GRUR Int. 1996, 285ff.

2442 Nach s. 9 Abs. 5 PIL gilt, dass der Verweis keine Renvoi enthält. Dazu Peinze, Internationales Urheberrecht in Deutschland und England, 2002, S. 346.

2443 Der PIL-Act lässt jedoch keine Rechtswahl zu. Mittelbar kann die Vertragsbeziehung jedoch auch durch das Vertragsstatut beeinflusst werden, siehe dazu Peinze, Internationales Urheberrecht in Deutschland und England, 2002, S. 347; Von Hein, RabelsZ 2000, 595 (606).

dass die Anwendung von Art. 12 PIL in urheberrechtlichen Streitigkeiten zu verneinen ist.[2444]

Die kollisionsrechtlichen Regelungen des *Private International Act* sind jedoch erst gar nicht anwendbar, wenn nach s. 14, Abs. 4 PIL die Regelungen des CDPA zwingend vorrangig anzuwenden sind.[2445] Zwingend sind die Regelungen des CDPA dann anzuwenden, wenn es sich um eine Verletzung britischen Rechts in England handelt.[2446] Uneinheitlich wird beurteilt, ob das CDPA darüber hinaus zwingend anzuwenden ist, wenn ein ausländisches Urheberrecht in England verletzt wird.[2447] Wird ein briti-

---

2444 Europäische Kommission; Final Report to the Study on Intellectual Property and Conflict of Laws; April 2000, S. 49 mit Hinweis auf Cornish, HL Paper 36 (1995), S. 64. Dem wird entgegengehalten, dass sich diese Ausnahme nicht in S. 12 PIL widerspiegelt und daher auch s. 12 anzuwenden ist. Daher geht Peinze, Internationales Urheberrecht in Deutschland und England, 2002, S. 347, davon aus, dass s. 12 PIL auch bei Urheberrechtsstreitigkeiten Anwendung findet.

2445 Vergleichbar ist diese Regelung mit den international zwingenden Normen nach Art. 16 Rom II-VO. Siehe dazu Peinze, Internationales Urheberrecht in Deutschland und England, 2002, S. 348.

2446 Fawcett/Torremans, Intellectual property and private international law, 2011, 15.57, S. 822; Dicey/Morris/Collins/Briggs, rule 201, 35-028; Peinze, Internationales Urheberrecht in Deutschland und England, 2002, S. 348.

2447 Wenn man s. 11 PIL anwendet, ergibt sich bei einer Verletzung in England die Anwendung englischen Rechts. Dasselbe ergibt sich, wenn man nach s. 14, Abs. 4 PIL direkt englisches Rechts anwendet. Unterschiede ergeben sich jedoch dann, wenn die weitere Kollisionsregel der s. 12 PIL zur Anwendung gelangt. Denn in diesem Fall könnte sich ergeben, dass nicht englisches Recht Anwendung findet. Siehe dazu Peinze, Internationales Urheberrecht in Deutschland und England, 2002, S. 349 unter Hinweis auf Beatson, HL Paper 36 (1995), S. 62. A.A. Fawcett/Torremans, Intellectual property and private international law, 2011, 15.59, S. 822, die anführen, dass sich s. 14, Abs. 4 PIL nur in Ausnahmefällen gegenüber den Kollisionsregeln durchsetzen kann und daher die Anknüpfung vorrangig nach den ss. 11, 12 PIL zu erfolgen habe. Folgt man jedoch der Ansicht Cornishs, dass s. 12 PIL bei Urheberrechtsstreitigkeiten keine Anwendung findet, ergibt sich sachlich kein Unterschied mehr.

sches Urheberrecht[2448] oder ausländisches Urheberrecht[2449] im Ausland verletzt, finden s. 11 PIL uneingeschränkt und s. 12 PIL eingeschränkt Anwendung. Die Anwendung der *public policy* nach s. 14 Abs. 3 PIL kann dazu führen, dass ausländisches Recht durch das englische Gericht für unanwendbar erklärt wird.[2450]

Fremdenrechtliche Regelungen finden sich hingegen in Section 153-162 CDPA. Daraus ergibt sich der urheberrechtliche Schutz nach dem CDPA für einen britischen Bürger oder wenn das Werk in Großbritannien erstveröffentlicht wurde. Diese Regelungen bestimmen, ob ein Werk in Großbritannien geschützt wird, setzen jedoch nicht fest, nach welchem Recht sich der Schutz alternativ richtet.[2451]

C. Urheberkollisionsrecht nach niederländischem Recht

In den Niederlanden besteht kein autonomes Urheberkollisionsrecht. Das Internationale Privatrecht ist im Zehnten Buch des *Burgerlijk Wetboek* geregelt. Die niederländischen Gerichte sind im Hauptsacheverfahren von

---

2448 In der Entscheidung „Def Lepp v. Stuart-Brown" ([1986] RPS, S. 273) ging es um die Verletzung eines ‚britischen' Urheberrechts in den Niederlanden. Unter Anwendung der s. 11 PIL wurde niederländisches Recht zugrundegelegt. In der Entscheidung „Boys v. Chaplin" ([1968] All ER, S. 283ff) ging es um die Verletzung eines ‚britischen' Urheberrechts auf Malta. Nach s. 11 PIL hätte demnach maltesisches Recht zur Anwendung gelangen müssen, dennoch wandte das englische Gericht nach Maßgabe der s. 12 PIL englisches Recht auf die ausländische Verletzungshandlung an, da Kläger und Beklagter englische Staatsangehörige waren. Siehe dazu Peinze, Internationales Urheberrecht in Deutschland und England, 2002, S. 349f.

2449 Wird das aus dem Land x stammende ausländische Urheberrecht auch im Ausland x verletzt, ist kein Raum mehr für die Anwendung der *displacement rule* nach s. 12 PIL. Wird hingegen dieses aus x stammende ausländische Urheberrecht im Ausland y verletzt, kann s. 12 PIL dann Anwendung finden. Dazu Fawcett/Torremans, Intellectual property and private international law, 2011, S. 822ff.; Peinze, Internationales Urheberrecht in Deutschland und England, 2002, S. 350.

2450 Damit sind die englischen Gerichte jedoch zurückhaltend, siehe dazu Peinze, Internationales Urheberrecht in Deutschland und England, 2002, S. 351. Eine Anwendung der Regelungen des *forum* wird jedoch im Bereich der *moral rights* als wahrscheinlich erachtet, Fawcett/Torremans, Intellectual property and private international law, 2011, S. 792, Fn. 253.

2451 Fawcett/Torremans, Intellectual property and private international law, 2011, 13.75, S. 716, 13.89, S. 721, wobei das Ursprungslandprinzip sowohl die Urheberschaft als auch die originäre Inhaberschaft erfassen soll.

Amts wegen gemäß Art. 10:2 BW zur Überprüfung und zur Anwendung des Kollisionsrechts verpflichtet. Häufig[2452] wird aus Gründen der Zeitersparnis jedoch der einstweilige Rechtsschutz (sog. *kort geding*[2453]) angestrengt. Auch dort gilt der Grundsatz *iura novit curia* (Das Gericht kennt das Recht) nach Art. 25 WBRv.[2454] Das Gericht muss daher grundsätzlich ermitteln, welches materielle Recht Anwendung findet.[2455]Im Einzelfall kann die Eilbedürftigkeit jedoch der kollisionsrechtlichen Untersuchung des anwendbaren Rechts entgegen stehen[2456]. Die Partei, die sich auf die Anwendung eines ausländischen Rechts beruft, muss in ausreichender Weise darlegen, warum das ausländische Recht Anwendung finden soll.[2457] Die Partei ist der Darlegungspflicht in ausreichender Weise nachgekommen, wenn der Inhalt des ausländischen Rechts mit hinreichender Wahrscheinlichkeit ermittelt wurde.[2458] Ist das ausländische Recht jedoch in angemessener Zeit nicht ermittelbar, findet das Recht mit der engsten

---

2452 Prozentual stieg der Anteil der einstweiligen Verfügungen im Jahr 1927 von 1,7 % auf 30 % im Jahr 1989. Damit bestätigt sich die Annahme, dass in den Niederlanden das *kort geding*-Verfahren zu einem Quasi-Hauptsachverfahren entwickelt hat. Dies liegt auch daran, dass die niederländischen Gerichte im Rahmen des *kort geding* wenig zurückhaltend sind, die Hauptsache vorwegzunehmen. Siehe dazu Adolphsen; Europäisches Zivilverfahrensrecht; 2011, S. 205.

2453 Das *kort geding*-Verfahren ist in Art. 254 Abs. 1, 256 Wet op belastingen van rechtsverkeer (WBRv) geregelt. Allgemein zu den Voraussetzungen des *kort geding*-Verfahrens: Schneider, Die Leistungsverfügung im niederländischen, deutschen und europäischen Zivilprozessrecht, 2013, S. 132 ff. Das *kort geding*-Verfahren erlaubt auch eine Leistungsverfügung (Dieselbe, S. 166ff.), setzt geringere Anforderungen an die Beweismittel (Dieselbe, S. 178) und stellt bei der Entscheidungsfindung entscheidend auf den Parteivortrag ab (Dieselbe, S. 187). Siehe dazu auch Freudenthal in: Report on the Application of Regulation Brussels I in the Netherlands, Questionnaire 1, Study JLS/C4/2005/03, National Report, The Netherlands, Ziffer 2.2.27.1.ff.

2454 Dazu auch Eechoud, Choice of Law in Copyright and Related Rights, 2003, Chapter 4, S. 96; Schneider, Die Leistungsverfügung im niederländischen, deutschen und europäischen Zivilprozessrecht, 2013, S. 188.

2455 Schneider, Die Leistungsverfügung im niederländischen, deutschen und europäischen Zivilprozessrecht, 2013, S. 188; Hoge Raad, NJ 1915, Nr. 865.

2456 Schneider, Die Leistungsverfügung im niederländischen, deutschen und europäischen Zivilprozessrecht, 2013, S. 188; Brinkhof, GRUR Int. 1997, 489 (494).

2457 Eechoud, Choice of Law in Copyright and Related Rights, 2003, Chapter 4, S. 96; Schneider, Die Leistungsverfügung im niederländischen, deutschen und europäischen Zivilprozessrecht, 2013, S. 189.

2458 Schneider, Die Leistungsverfügung im niederländischen, deutschen und europäischen Zivilprozessrecht, 2013, S. 189. Dies kann beispielsweise durch

Verbindung zum Sachverhalt Anwendung. Im Rahmen der *kort geding*-Verfahren handelt es sich dabei um das materielle Recht des Gerichtstands.[2459] Die häufige Geltendmachung der Ansprüche im Rahmen des einstweiligen Rechtsschutzes des *kort geding*-Verfahrens führt daher dazu, dass die Anwendung ausländischen Rechts in den Hintergrund tritt. Ebenso wie in Deutschland erließen die niederländischen Gerichte bereits vor Erlass der EuGVÜ extraterritoriale Verfügungen[2460]; auch wenn dies nicht ohne Kritik blieb.[2461]

Da sich die niederländischen Gerichte im *kort geding*-Verfahren nur eingeschränkt mit der Anwendung ausländischen Rechts auseinandersetzen, liegen nur wenige niederländische Gerichtsverfahren vor, in denen die kollisionsrechtliche Anknüpfung des anwendbaren Rechts diskutiert wird.[2462] In der Literatur wird die Anknüpfung hauptsächlich unter pragmatischen Gesichtspunkten diskutiert.

§ 5 Kollisionsrechtliche Anknüpfung im Hinblick auf den Bestand und den Inhalt des Urheberrechts, copyright und des auteursrecht

Die Anknüpfung des Bestands und des Inhalts des Urheberrechts unter Berücksichtigung des Urheberpersönlichkeitsrechts ermitteln sich in Deutschland nach einhelliger Meinung in Rechtsprechung[2463] und Schrift-

---

die Einholung von schriftlichen Gutachten oder der Anhörung von Sachverständigen gemäß Art. 67, 68 WBRv erfolgen.

2459 Schneider, Die Leistungsverfügung im niederländischen, deutschen und europäischen Zivilprozessrecht, 2013, S. 188f.; Brinkhof, WPNR 6180 (1995), S. 309.

2460 Angeführt wird dabei stets die auf dem Gebiet des Patentrechts ergangene Entscheidung des Hoge Raad, NJ 1992, S. 1597 – van der Burg Interlas/Lincoln, in der eine grenzüberschreitende Untersagungsverfügung für das gesamte Benelux-Gebiet erlassen wurde. Siehe dazu auch Bertrams, Das grenzüberschreitende Verletzungsverbot im niederländischen Patentrecht, GRUR Int. 1995, 193ff.

2461 Viele Autoren fordern eine territoriale Beschränkung der Entscheidungszuständigkeit in diesem Gerichtsstand auf den Gerichtsstaat Brinkhof, GRUR Int. 1997, 489 (496).

2462 Seignette in: ALAI, Copyright in cyberspace, 1996, report of the Netherlands, 309 (310), weist darauf hin, dass die niederländischen Gerichte häufig kollisionsrechtliche Anknüpfungen ignorieren.

2463 BGH, MMR 1998, 35ff. (38) – „Spielbankaffaire": „[...] die Ansprüche, die der Inhaber einer ausschließlichen urheberrechtlichen Befugnis im Fall der Verletzung dieses Rechts geltend machen kann, (richten sich) gemäß dem deutschen

tum[2464] nach dem Schutzlandprinzip. Zur Begründung verweisen die Gerichte[2465] und das Schrifttum[2466] dabei vorwiegend auf Art. 5 Abs. 2 S. 2 RBÜ. Teilweise verweisen die deutschen Gerichte allgemein auf das deutsche Internationale Privatrecht und scheinen damit von einer gewohnheitsrechtlichen Anerkennung des Schutzlandprinzips auszugehen.[2467] Trotz der richterlichen Hinweis- und Nachfragepflicht nach § 139 ZPO sind auch Urheberrechtsentscheidungen mit grenzüberschreitendem Bezug ergangen, in denen die kollisionsrechtliche Anknüpfung gar nicht the-

---

internationalen Privatrecht nach dem Recht des Schutzlands [...]." So auch BGH, GRUR Int. 1975, 361 – August Vierzehn; BGH, GRUR 1955, 256(258) – Alf; BGH, GRUR 2003, 328 (329) – Sender Felsberg; OLG München, GRUR 1990, 677(677) – Foxy Lady; BGH, NJW 2004, 1629 (1630) – Hundefigur.

2464 Ulmer, Die Immaterialgüterrechte im internationalen Privatrecht, 1975, S. 10f, 37ff; Birkmann, Die Anknüpfung der originären Inhaberschaft am Urheberrecht, 2009, S. 85f.; Drexl in: MüKo, Band 11, Internationales Immaterialgüterrecht, Rn. 72; Spoendlin, UFITA 107 (1988), 11 (19); Dreier in: Dreier/Schulze, vor § 120 UrhG Rn. 28; Katzenberger in: Schricker/Loewenheim, vor §§ 120 UrhG, vor § 120 UrhG Rn. 125; Gaster 8 (9); Walter in: Loewenheim, Hdb. des Urheberrechts, § 58 Rn. 8; Regelin, Das Kollisionsrecht der Immaterialgüterrechte, 1999, S. 165 ff., 171, 178 ff.

2465 BGH, GRUR 1955, 256(258) – Alf: „Die Rechtsmacht des Urhebers wie des Nutzungsberechtigten eines urheberrechtlichen Verwertungsrechts gehört zum Umfang des gewährten Schutzes und richtet sich gemäß Art. 5 Abs. 2 Satz 2 RBÜ nach den Rechtsvorschriften des Lands, in welchem der Schutz beansprucht wird, sonach nach der deutschen Rechtsordnung. Zum Umfang des Schutzes rechnet auch die aus dem Immaterialgüterrecht oder einem Nutzungsrecht hieran hergeleitete materielle Berechtigung zur Verfolgung von Rechtsverletzungen."

2466 Ulmer, Die Immaterialgüterrechte im internationalen Privatrecht, 1975, S. 10f, 37ff; Birkmann, Die Anknüpfung der originären Inhaberschaft am Urheberrecht, 2009, S. 85f.; Drexl in: MüKo, Band 11, Internationales Immaterialgüterrecht, Rn. 72; Spoendlin, UFITA 107 (1988), 11 (19); Dreier in: Dreier/Schulze, vor § 120 UrhG Rn. 28; Katzenberger in: Schricker/Loewenheim, vor §§ 120 UrhG, vor § 120 UrhG Rn. 125; Gaster 8 (9).

2467 BGH, MMR 1998, 35(37) – „Spielbankaffaire"; BGH, GRUR 2003, 328 (329) – Sender Felsberg: „[...] die Frage, ob bei grenzüberschreitenden Rundfunksendungen Ansprüche aus Urheberrechten oder Leistungsschutzrechten bestehen, gemäß dem deutschen internationalen Privatrecht grundsätzlich nach dem Recht des Schutzlands zu beurteilen ist, d.h. nach dem Recht desjenigen Staats, für dessen Gebiet der Immaterialgüterschutz in Anspruch genommen wird." Ohne nähere Begründung zur Anwendung des Schutzlandprinzips: OLG München, GRUR 1990, 677(677) – Foxy Lady; BGH, GRUR 2003, 328 (329) – Sender Felsberg; BGH, NJW 2004, 1629 (1630) – Hundefigur.

matisiert wurde und es zu einer Anwendung des Rechts des Schutzlands kam.[2468]

Der Schutz des Urheberrechts und des Urheberpersönlichkeitsrechts ermittelt sich nach den ss. 11, 12 PIL. Daher findet grundsätzlich nach s. 11 PIL das Deliktstatut Anwendung und daher das Recht des Staats, in dessen Gebiet die unerlaubte Handlung vorgenommen wurde. Abweichende Anknüpfungen können sich nach s. 12, 14 Abs. 4, Abs. 3 PIL ergeben.[2469]

Die außervertragliche Verletzung des Urheberrechts und der gesetzliche Schutzumfang des Urheberrechts werden nach dem Schutzlandprinzip ermittelt.[2470] Dabei begründen die Gerichte die Anwendung des Schutzlandprinzips mit dem Inländergleichbehandlungsgrundsatz der RBÜ, andere Gerichte wenden das Deliktstatut an, ohne sich auf Art. 5 RBÜ zu beziehen.[2471]

§ 6 Anknüpfung der Inhaberschaft des Urheberrechts, des copyright und des auteursrecht unter Berücksichtigung des Urheberpersönlichkeitsrechts, moral rights und morele rechtenunter Berücksichtigung des Urheberpersönlichkeitsrechts

Unterschiedliche Meinungen ergeben sich jedoch bei der kollisionsrechtlichen Anknüpfung der Inhaberschaft des Urheberrechts (und des Urheberpersönlichkeitsrechts).

2468 BGH, GRUR Int. 1975, 361 – August Vierzehn, in der allein die fremdenrechtlichen Regelungen des § 121 Abs. 6 i.V.m. Art. 4 Abs. 4, 6 Abs. 1 RBÜ thematisiert wurden.
2469 Siehe hierzu die Ausführungen in der Einführung.
2470 Hoge Raad, NJ 1995, S. 669; Seignette in: ALAI; Copyright in cyberspace; 1996, 309 (313).
2471 Eechoud, Choice of Law in Copyright and Related Rights, 2003, S. 95.

A. Anküpfung der Inhaberschaft des Urheberrechts unter
   Berücksichtigung des Urheberpersönlichkeitsrechts nach deutschem
   Kollisionsrecht

Die deutschen Gerichte folgen bei der kollisionsrechtlichen Anknüpfung
der Inhaberschaft des Urheberrechts dem Schutzlandprinzip.[2472] Dabei
wird jedoch nicht danach unterschieden, ob das Werk von einem freien
Urheber oder in Erfüllung eines Auftrags- oder Arbeitsverhältnisses geschaffen wurde. Die Entscheidung „Spielbankaffaire" des BGH verwies lediglich darauf, dass es sich um ein Filmwerk handelte. Der Koproduktions-
vertrag über die Herstellung dieses Spielfilms zwischen der DEFA und
Erich M. deutet darauf hin, dass es sich dabei um ein Auftragswerk und
um kein Arbeitnehmerwerk handelt. Doch in anderen zugrundeliegenden
Sachverhalten handelt es sich nicht zwingend um Auftragswerke. Die Einräumung von Nutzungsrechten kann auch nach Abschluss des Werks stattgefunden haben. Da diese Punkte jedoch bisher nicht Teil einer Gerichts-

---

2472 BGH, GRUR 1955, 256(258) – Alf: „Die Rechtsmacht des Urhebers wie des
Nutzungsberechtigten eines urheberrechtlichen Verwertungsrechts gehört
zum Umfang des gewährten Schutzes und richtet sich gemäß Art. 5 Abs. 2 S. 2
RBÜ nach den Rechtsvorschriften des Landes, in welchem der Schutz beansprucht wird, sonach nach der deutschen Rechtsordnung. Zum Umfang des
Schutzes rechnet auch die aus dem Immaterialgüterrecht oder einem Nutzungsrecht hieran hergeleitete materielle Berechtigung zur Verfolgung von
Rechtsverletzungen." So auch BGH, MMR 1998, 35ff. – „Spielbankaffaire":
„ [D](d)ie Frage, wer als Urheber und erster Inhaber des Urheberrechts an
einem Filmwerk anzusehen ist, entscheidet ebenso wie die Frage der Schutzwirkung das Recht des Schutzlands." Interessant ist bei der Entscheidung
„Spielbankaffaire", dass das Gericht nicht auf Art. 14 ^bis Abs. 2 lit. a) RBÜ verwiesen hat, wodurch wiederum verdeutlicht wird, dass der Norm kein kollisionsrechtlicher Inhalt zugemessen wird. Für den Bereich der Computerprogramme: BGH, GRUR 2013, 509 (510) – UniBasic-IDOS: „Die Beurteilung der
Frage, wer als Urheber und damit als Inhaber des Urheberrechts an dem Computerprogramm anzusehen ist, ist ebenso nach dem Recht des Schutzlandes zu
beurteilen, wie die Frage, ob urheberrechtliche Befugnisse übertragbar sind
[…]." Für den Bereich der Werke der Kunst: OLG Düsseldorf, ZUM 2006, 326
(328) – „Die 3 Fragezeichen." In der Entscheidung stritten die Klägerin und
der Beklagte darüber, wem von beiden die Berechtigung zur Herstellung und
zum Vertrieb von Hockern, die auf ein Werk von Marcel Breuer zurückgin-
gen, zusteht. Das Gericht führt zu dem Verhältnis des Vertragsstatuts zum
Schutzlandprinzip aus, dass „[…] nach den einschlägigen Kollisionsregeln […]
das Recht des Schutzlandes u.a. dafür maßgeblich [ist], wer Urheber und erster
Inhaber des Urheberrechts ist."

entscheidung waren, ist nur zu vermuten, dass die Gerichte auch in diesem Fall von der Anwendung des Schutzlandprinzips ausgehen würden.[2473]

Das Meinungsbild im Schrifttum ist hinsichtlich der kollisionsrechtlichen Anknüpfung der Inhaberschaft des Urheberrechts differenzierter. Zwar knüpft der Großteil der Literatur die Inhaberschaft des Urheberrechts weiterhin an dem Schutzlandprinzip an.[2474] Dennoch weist ein immer größer werdender Teil der Literatur auf die Vorteile einer universellen Anknüpfung der Inhaberschaft des Urheberrechts an das Ursprungslandprinzip hin.[2475] Gerade im Bereich der Arbeitnehmerwerke plädiert ein erheblicher Teil der Literatur für die einheitliche Anknüpfung der originären Inhaberschaft des Urheberrechts.[2476] Ein Teil der Vertreter dieser einheitlichen Anknüpfung wollen die originäre Inhaberschaft des Urheberrechts an dem Arbeitsvertragsstatut anknüpfen.[2477] Andere Vertreter in der Literatur möchten als Anknüpfungspunkt den Ort als maßgeblich erklären, an dem der Arbeitnehmer gewöhnlich seine Arbeit verrichtet.[2478] Ein anderer – wenn auch kleinerer – Teil der Literatur will die Inhaberschaft

---

2473 So auch die Vermutung bei: Birkmann, Die Anknüpfung der originären Inhaberschaft am Urheberrecht, 2009, S. 130.

2474 Welser in: Wandtke/Bullinger, vor § 120 UrhG Rn. 11 f.; Walter in: Loewenheim, Hdb. des Urheberrechts, § 58 Rn. 20; Dreier in: Dreier/Schulze, vor § 120 UrhG Rn. 30; Drexl in: MüKo, Band 11, Internationales Immaterialgüterrecht, Rn. 166; Ulmer, RabelsZ 41 (1977), 195; Regelin, Das Kollisionsrecht der Immaterialgüterrechte, 1999, S. 178; Wille, GRUR Int. 2008, 389 (391); ausführlich dazu Birkmann, Die Anknüpfung der originären Inhaberschaft am Urheberrecht, 2009, S. 121 ff.

2475 Klass, GRUR Int. 2007, S. 373; Schack, Urhebervertragsrecht, 2013, Rn. 1036; Drobnig, RabelsZ 40 (1976), S. 195ff; Siehr, UFITA 108 (1988); Neuhaus, RabelsZ 40 (1976), S. 191ff.

2476 Ulmer, Die Immaterialgüterrechte im internationalen Privatrecht, 1975, S. 41; Schack, Urhebervertragsrecht, 2013, Rn. 1036; Regelin, Das Kollisionsrecht der Immaterialgüterrechte, 1999, S. 178ff.; Drobnig, RabelsZ 40 (1976), S. 195ff; Spoendlin, UFITA 107 (1988), S. 186.

2477 Ulmer, Die Immaterialgüterrechte im internationalen Privatrecht, 1975, S. 41; Regelin, Das Kollisionsrecht der Immaterialgüterrechte, 1999, S. 186; Birk in: Hubmann/Forkel/Kraft, Arbeitnehmer und arbeitnehmerähnliche Person im Urheberrecht bei Auslandsbeziehungen, S. 1 (3); Birk, UFITA 108) 1988, S. 101 (106); Drobnig, RabelsZ 40 (1976), S. 195ff; Spoendlin, UFITA 107 (1988), S. 186; Schack, Urhebervertragsrecht, 2013, Rn. 1036; Klass, GRUR Int. 2008, 546 (556), die neben der Anknüpfung an das Arbeitsvertragsstatut auch die Anknüpfung an den üblichen Aufenthaltsort für möglich hält.

2478 Ulmer, Die Immaterialgüterrechte im internationalen Privatrecht, 1975, S. 41.

des Urheberrechts an Arbeitnehmerwerken nach dem Schutzlandprinzip ermitteln.[2479]

Hinsichtlich der Anknüpfung im Urheberrecht unterscheiden die Gerichte nicht zwischen der Inhaberschaft des Urheberrechts und des Urheberpersönlichkeitsrechts. Dies liegt wohl daran, dass sie bisher noch nicht zu einer Entscheidung berufen waren, in dem der Urheber nicht Inhaber des Urheberpersönlichkeitsrechts war. Aufgrund der in Deutschland geltenden monistischen Auffassung des Urheberrechts ist jedoch davon auszugehen, dass die Gerichte auch die Inhaberschaft des Urheberrechts und des Urheberpersönlichkeitsrechts einheitlich beurteilen würden.[2480]

Ein Großteil der Literatur möchte auch die Inhaberschaft des Urheberpersönlichkeitsrechts dem Schutzlandprinzip unterstellen.[2481] Teilweise wird vorgeschlagen, die Inhaberschaft des Urheberpersönlichkeitsrechts dem Recht des Ursprungslands zu unterwerfen.[2482] Dabei wird teilweise vorgeschlagen, die Inhaberschaft des Urheberpersönlichkeitsrechts nach dem Recht des Orts der ersten Veröffentlichung[2483] oder nach dem Recht des gewöhnlichen Aufenthaltsorts des Werkschöpfers[2484] zu bestimmen.

B. Anknüpfung der Inhaberschaft des copyright und der moral rights

Der *Private International Act* und das CDPA enthalten keine kollisionsrechtlichen Vorgaben für die Anknüpfung der Inhaberschaft des Urheber-

---

2479 Dreier in: Dreier/Schulze, vor § 120 UrhG Rn. 53; Drexl in: MüKo, Band 11, Internationales Immaterialgüterrecht, Rn. 194; Birkmann, Die Anknüpfung der originären Inhaberschaft am Urheberrecht, 2009, S. 258 ff.

2480 Birkmann, Die Anknüpfung der originären Inhaberschaft am Urheberrecht, 2009, S. 141.

2481 Birkmann, Die Anknüpfung der originären Inhaberschaft am Urheberrecht, 2009, S. 144; Dreier in: Dreier/Schulze, vor § 120 UrhG Rn. 30; Katzenberger in: Schricker/Loewenheim, vor §§ 120 UrhG Rn. 129; Walter in: Loewenheim, Hdb. des Urheberrechts, § 58 Rn. 18; Lucas-Schloetter, GRUR Int. 2002, 809 (812).

2482 Schack, Urhebervertragsrecht, 2013, Rn. 1036; Skrzipek, Urheberpersönlichkeitsrecht und Vorfrage, S. 54ff; Regelin, Das Kollisionsrecht der Immaterialgüterrechte, 1999, S. 188, der jedoch bei der Anknüpfung der Inhaberschaft des Urheberrechts dem Schutzlandprinzip folgt.

2483 Skrzipek, Urheberpersönlichkeitsrecht und Vorfrage, S. 62.

2484 So einheitlich auch in Bezug auf den angestellten Urheber: Klass, GRUR Int. 2008, 546 (554, 556). Bietet der gewöhnliche Aufenthaltsort keinen Schutz des Urheberpersönlichkeitsrechts, solle die Inhaberschaft des Urheberpersönlichkeitsrechts nach dem Recht des Schutzlands zu ermitteln sein.

rechts.[2485] Soweit ersichtlich, ist keine englische Rechtsprechung zur kollisionsrechtlichen Anknüpfung der Inhaberschaft des Urheberrechts und des Urheberpersönlichkeitsrechts ergangen.

Mehrheitlich wird im Schrifttum die universelle kollisionsrechtliche Anknüpfung der Inhaberschaft des Urheberrechts an eine Rechtsordnung befürwortet.[2486] Allgemein wird dabei der Ort der ersten Veröffentlichung[2487] und im Fall der Werke, die in Erfüllung eines Arbeitsverhältnisses geschaffen werden, das Arbeitsvertragsstatut vorgeschlagen.[2488] Dabei verweisen sie auf den Vorteil, dass der an der Verwertung interessierte Unternehmer sich immer an den Urheber wenden wird. Zudem sei dabei der Vorteil von Bedeutung, dass danach für jeden nur eine Rechtsordnung maßgeblich sei, da jedes Werk nur ein Ursprungsland habe.[2489] Sie führen dabei an, dass dies die internationale Verwertung erleichtern würde, da der Urheber nur nach einer Rechtsordnung ermittelt würde.

Das Schrifttum will grundsätzlich den Inhaber der *moral rights* nach den Regeln der kollisionsrechtlichen Anknüpfung der Inhaberschaft des Urheberrechts und damit ebenfalls nach dem Ursprungslandprinzip oder nach dem Arbeitsvertragsstatut ermitteln.[2490] Abweichend davon soll die Inhaberschaft des Urheberpersönlichkeitsrechts jedoch nach Maßgabe der *public policy* nach dem Recht des Gerichtsstands ermittelt werden, wenn das Recht des Ursprungslands einen ungenügenden Schutzstandard bietet

---

2485 S. 9 Abs. 4 PIL stellt klar, dass die Kollisionsregeln des Gesetzes nur auf die *claims* Anwendung finden. Daraus ist zu schließen, dass die *defences* zur *claim* nicht vom PIL erfasst werden. Die Inhaberschaft des Urheberrechts wird durch den Beklagten in der Regel in der Verletzungsklage in Form einer *defence* gerichtlich geltend gemacht werden, sodass die Inhaberschaft daher nicht von der PIL erfasst wird. Siehe dazu Fawcett/Torremans, Intellectual property and private international law, 2011, S. 856; Peinze, Internationales Urheberrecht in Deutschland und England, 2002, S. 355. In der Regel werden die *defences* auf das *Common Law* gestützt und damit auf das Delikt anwendbare Recht.

2486 Fawcett/Torremans, Intellectual property and private international law, 2011, 13.73ff, S. 715ff.

2487 Fawcett/Torremans, Intellectual property and private international law, 2011, 13.76, S. 716.

2488 Fawcett/Torremans, Intellectual property and private international law, 2011, 13.77, S. 717; 13.90, 721; Torremans, EIPR 2005, 220 (221).

2489 Fawcett/Torremans, Intellectual property and private international law, 2011, S. 721; Ricketson/Ginsburg, International copyright and neighbouring rights, 2006, 20.41 f; Torremans, EIPR 2005, 220 (221).

2490 Fawcett/Torremans, Intellectual property and private international law, 2011, S. 717; Ricketson/Ginsburg, International copyright and neighbouring rights, 2006, 20.41 f.

oder nach dem Recht fundamentale Rechte dem Werkschöpfer verwehrt werden.[2491] In diesem Fall müssten sich Schutzumfang und Inhaberschaft des Urheberpersönlichkeitsrechts einheitlich nach dem Recht des Gerichtsstands richten.[2492]

C. Anknüpfung der Inhaberschaft des auteursrecht und der morele rechten

Die niederländischen Gerichte sind bei der Anknüpfung der Inhaberschaft des Urheberrechts uneinheitlich.[2493] So wird die Inhaberschaft des Urheberrechts teilweise nach dem Schutzland-[2494] und teilweise nach dem Ursprungslandprinzip[2495] ermittelt. In der neueren Rechtsprechung lässt sich jedoch eine leichte Tendenz zur Anwendung des Ursprungslandprinzips feststellen.[2496] In Ermangelung ergangener Rechtsprechung ist davon auszugehen, dass die Gerichte die Inhaberschaft des Urheberpersönlichkeitsrechts ebenfalls unter Anwendung der Regeln bestimmen, die für die Bestimmung der Inhaberschaft des Urheberrechts zugrunde gelegt werden.

Das niederländische Schrifttum befürwortet es, die Inhaberschaft des Urheberrechts allgemein nach dem Ursprungslandprinzip an den Ort der

---

2491 Fawcett/Torremans, Intellectual property and private international law, 2011, 13.77, S. 717; Torremans, EIPR 2005, 220 (221); Adeney, The moral rights of authors and performers, 2006, 19.264, S. 698.

2492 Fawcett/Torremans, Intellectual property and private international law, 2011, 13.77, S. 717; Torremans, EIPR 2005, 220 (221).

2493 Eechoud, Choice of Law in Copyright and Related Rights, 2003, S. 124.

2494 Hoge Raad, NJ 1936, S. 443 – Das blaue Licht HR 13. Februar 1936; Hoge Raad, NJ 1942, S. 205 – Fire over England, Gerechtshof 's-Grevenhage, Urteil vom 7. Dezember 2010, Case 200.052.577/01- „Stichting Intien Film and Music (SIFAM) v. Temptations Business Group BV."

2495 Hof Den Haag, IER 1998, S. 20 – „Kabushiki v. Danone"; Rechtbank Dordrecht, AMI 1998, 1 (7-12) – KPN v. Kapitol; Hoge Raad, NJ 1996, S. 682 – „Dior v. Evora"; Gerechtshof Den Bosch, AMI 2009, 34 (36) – „Michaud v. Grahan Packaging"; Rechtbank Amsterdam, AMI 1998, S. 48 – „Impag v. Marvin Glass"; Rechtbank Utrecht, IER 1998, S. 22 – „Lancôme v. Kruidvat" (kurios ist hier, dass das niederländische Gericht das Ursprungslandprinzip (und damit niederländisches Recht) bei der Inhaberschaft des Arbeitgebers anwendete, jedoch das Recht des Schutzlands (französisches Recht) bei der Ermittlung, ob ein Gemeinschaftswerk vorliegt.

2496 Eechoud, Choice of Law in Copyright and Related Rights, 2003, S. 124.

Schöpfung anzuknüpfen.[2497] Geht es jedoch um die originäre Inhaberschaft des Urheberrechts an Werken, die im Rahmen eines Arbeitsverhältnisses geschaffen werden, soll die originäre Inhaberschaft des Urheberrechts nach dem Arbeitsstatut ermittelt werden.[2498] Dabei wird auch auf das Recht des gewöhnlichen Aufenthaltsorts des Werkschöpfers verwiesen.[2499] Die Literatur unterscheidet nicht hinsichtlich der Anknüpfung der Inhaberschaft des Urheberrechts und des Urheberpersönlichkeitsrechts.[2500]

§ 7 Anknüpfung der Übertragbarkeit des Urheberrechts, copyright und des auteursrecht sowie der Einschränkbarkeit des Urheberpersönlichkeitsrechts, moral rights und morele rechten

A. Rechtslage in Deutschland

Von der Rechtsprechung[2501] und dem Schrifttum[2502] wird nahezu einheitlich vertreten, dass die Rechtsordnung, welche die Schutzwirkung des Im-

---

2497 Seignette in: ALAI, Copyright in cyberspace, 1996, report of the Netherlands, 309 (310); Quaedvlieg, AMI 1997, 155 (158); so auch Engelen in: Kono, Intellectual property and private international law, Netherlands, S. 872, der jedoch auch darauf hinweist, dass eine einheitliche Anknüpfung dann nichts bringt, wenn diese nur von einer Nation verfolgt wird. Es ist daher auch notwendig, dass der Staat, in dem das Gericht mit der Sache befasst wird, ebenfalls diesen kollisionsrechtlichen Ansatz verfolgt.

2498 Engelen in: Kono, Toshiyuki; Intellectual property and private international law; Netherlands; S. 872; Seignette in: ALAI, Copyright in cyberspace, 1996, report of the Netherlands, 309 (310); Quaedvlieg, AMI 1997, 155 (161).

2499 Eechoud, Choice of Law in Copyright and Related Rights, 2003, S. 179; Eechoud in: Drexl, Josef/Kur, Annette; International property and private international law; Alternatives to the Lex Protectionis as the Choic-of-Law Rule for Initial Ownership of Copyright; S. 289ff.

2500 Eechoud, Choice of Law in Copyright and Related Rights, 2003, S. 121ff; Eechoud in: Drexl, Josef/Kur, Annette; International property and private international law; Alternatives to the Lex Protectionis as the Choic-of-Law Rule for Initial Ownership of Copyright; S. 289ff.

2501 OLG Frankfurt, GRUR 1998, S. 141 – Macintosh Entwürfe; BGH, MMR 1998, 35(37) – „Spielbankaffaire"; BGH GRUR Int. 1993, 257 (258) – Alf: „Auf vertragliche Absprachen ist in diesem Zusammenhang – entgegen der Ansicht der Revision – nicht abzustellen. Die Rechtsordnung, welche die Schutzwirkung des Immaterialgüterrechts bestimmt, ist der vertraglichen Disposition der Parteien entzogen."

2502 Birk in: Hubmann/Forkel/Kraft, Arbeitnehmer und arbeitnehmerähnliche Person im Urheberrecht bei Auslandsbeziehungen, S. 1, 5; Ulmer, Die Immateri-

materialgüterrechts bestimmt, der vertraglichen Disposition der Parteien entzogen ist und sich die Übertragbarkeit des Urheberrechts und die Einschränkbarkeit des Urheberpersönlichkeitsrechts damit nach dem Recht des Schutzlands richtet.

B. Rechtslage in England

In der Rechtsprechung wurde die Übertragbarkeit des Urheberrechts bisher nach dem Schutzlandprinzip ermittelt. In „Campbell Connelly & Co Ltd v. Noble"[2503] wurde die Wirksamkeit eines vertraglich translativ übertragenen Urheberrechts überprüft. Nach dem Vertragsstatut war englisches Recht anzuwenden. Da die Nutzung des Urheberrechts jedoch in den USA stattfand, wurde auf die Frage, ob das Urheberrecht translativ übertragbar ist, US-Recht als das Recht des Schutzlands angewendet.[2504]

Die Frage, ob ein Urheberrecht als Ganzes übertragbar ist, ergibt sich nicht aus dem *Private International Law Act*. Das Schrifttum plädiert dafür, die Übertragbarkeit des Urheberrechts im Sinne der Rechtsprechung auch nach dem Schutzland zu ermitteln.[2505] Danach ist die Wirksamkeit der Übertragung nach dem Vertragsstatut zu ermitteln, die Frage der generellen Übertragbarkeit hingegen nach dem Recht des Schutzlands.[2506]

C. Rechtslage in den Niederlanden

In der jüngeren Rechtsprechung hat sich der Hoge Raad nicht damit auseinandergesetzt, welches Recht auf die Übertragbarkeit des Urheberrechts

---

algüterrechte im internationalen Privatrecht, 1975, S. 50, 51; Katzenberger in: Schricker/Loewenheim, vor §§ 120 UrhG, vor §§ 120 ff. Rn. 93; Metzger in: Kono, Intellectual property and private international law, Germany, S. 600, 613; A.A. Schack, Urhebervertragsrecht, 2013, Rn. 1043, der die Übertragbarkeit nach dem Ursprungslandprinzip bestimmen will.

2503 1963 1 WLR, 252(255).

2504 Siehe dazu Fawcett/Torremans, Intellectual property and private international law, 2011, 13.96, S. 724 unter Hinweis auf den ebenso beurteilten Fall: „Corcovado Music Corpn v. Hollis Music", 981 F2d 679 (2d Cir 1993).

2505 Fawcett/Torremans, Intellectual property and private international law, 2011, 13.96, S. 724; Dicey Morris, 22-051; Bently/Cornish in: Geller, International copyright law and practice, UK, § 4 [2].

2506 Fawcett/Torremans, Intellectual property and private international law, 2011, 13.96, S. 724.

und der Verzichtsmöglichkeiten auf das Urheberpersönlichkeitsrecht Anwendung findet.[2507] Auch in der Vergangenheit haben sich die unteren Gerichte nur mit der Anwendung des Rechts auf die Übertragung des Urheberrechts auseinandergesetzt. Bezüglich der Übertragung von Schutzrechten wandten die niederländischen Gerichte überwiegend das Schutzlandprinzip[2508] und in Bezug auf den Umfang der übertragenen Rechte das Vertragsstatut an.[2509] Die Entscheidungen betreffen jedoch nicht die Frage der Übertragbarkeit, sodass aus den folgenden Entscheidungen keine Rückschlüsse zum anwendbaren Recht in Bezug auf die Übertragbarkeit des Urheberrechts bzw. der Verzichtsmöglichkeiten auf das Urheberpersönlichkeitsrecht entnommen werden können. In der Rechtssache „Scientology" [2510] ging es um einen in den USA geschlossenen Urheberrechtsvertrag. Der Umfang der darin eingeräumten Lizenz wurde nach dem Vertragsstatut und damit nach amerikanischem Recht bemessen. Die Verletzung des vertraglich eingeräumten Urheberrechts in den Niederlanden wurde jedoch nach dem Schutzlandprinzip und damit nach niederländischem Recht bemessen. In der Rechtssache „Technip Kinetisch stroomschema"[2511] ging es ebenso um die vertragliche translative Übertragung des Urheberrechts an einem Computerprogramm. Das Gericht wandte auf die Formanforderungen der translativen Übertragung das Vertragsstatut und damit das schweizerische Recht an.[2512] In der Rechtssache „Michaud v. Owens"[2513] ging es wiederum um die vertragliche translative Übertragung des Urheberrechts. Das Gericht wandte die *lex proprietatis* und damit das Recht der übertragenden Partei auf die Reichweite der Übertragung

---

2507 Hoge Raad, NJ 1934, S. 443 wendet das Schutzlandprinzip auf die Übertragbarkeit des Urheberrechts an.

2508 Eechoud, Choice of Law in Copyright and Related Rights, 2003, 110 m.w.N. „Bigott v. Ducall" 1999.

2509 Der frühere Ansatz der Rechtsprechung ging dahin, den Umfang der vertraglich eingeräumten Lizenz oder translativen Übertragung nach dem Schutzland zu bemessen. Hoge Raad, NJ 1964, S. 403; Dazu auch Cohen Jehoram in: Geller, International copyright law and practice, Netherlands, § 4[2][a].

2510 Gerechtshof Den Haag, AMI 1999, S. 110 – Scientology (auf Englisch übersetzt: 2 ECDR 83).

2511 Hof Den Haag, IEPT 20070920.

2512 Da die Anknüpfung an das Vertragsstatut nach Art. 11 Rom I-VO jedoch auch die Formanforderungen der Verpflichtungen umfasst, steht dies im Einklang mit der Rom I-VO.

2513 Hof 's-Hertogenbosch, IEPT 20081014.

an.[2514] Zu der Übertragbarkeit des Urheberrechts lässt sich den Entscheidungen nichts entnehmen.

Geht es nicht um die rechtsgeschäftliche Übertragbarkeit, sondern um die Übertragung des Urheberpersönlichkeitsrechts von Todes wegen, verfolgen die Gerichte bei der Anknüpfung der Inhaberschaft des Urheberpersönlichkeitsrechts eine abweichende Vorgehensweise. Dies mag jedoch in erster Linie daran liegen, dass die nationale Regelung, die die Geltendmachung der *morele rechten* nach dem Tod des Urhebers regelt, aufgrund ihrer Unvereinbarkeit mit der RBÜ kritisiert wird.[2515] Problematisch ist in diesem Zusammenhang insbesondere die Regelung des Art. 25 Abs. 2 AW, wonach die Geltendmachung der *morele rechten* nach dem Tod des Urhebers nur dann durch dessen Erben erfolgen kann, wenn diese in Form einer testamentarischen Verfügung oder eines Vermächtnisses ausdrücklich vom Urheber angewiesen wurden, diese Rechte zu wahren. Um diese Rechtsfolge zu umgehen, neigen die niederländischen Gerichte dazu, das nationale niederländische Recht aufgrund kollisionsrechtlicher Anknüpfungen für unanwendbar zu erklären.[2516] So auch in der Rechtssache „Carmina Burana"[2517], in der die Witwe von Carl Orff eine Unterlassungsverfügung auf Basis der Verletzung des Art. 25 AW erwirkte, um zu verhindern, dass das Opernstück „Carmina Burana" als Coverversion im House-Musikstil aufgenommen wird. Das Gericht lehnte durch das kollisionsrechtliche

---

2514 Das Gericht entschied jedoch nicht über die Übertragbarkeit des Urheberrechts. Engelen in: Kono, Intellectual property and private international law, Netherlands, S. 874, der selbst ein Verfechter der lex proprietatis ist, wendet jedoch ein, dass die Übertragbarkeit des Urheberrechts nicht nur die Vertragsparteien betrifft, sodass diese Frage dem Schutzlandprinzip unterworfen werden sollte. So auch van der Burg, IER 2006, S. 131, der jedoch alle Fragen zur Übertragung des Urheberrechts dem Schutzlandprinzip unterwerfen möchte.

2515 Quaedvlieg, ALAI, Moral rights in the 21st century, 2014, report of the Netherlands, S. 39; Visser, AMI 1993, 169(171).

2516 Grosheide in: Hugenholtz/Quaedvlieg/Visser, A Century of Dutch Copyright Law, S. 501.

2517 Rechtbank Amsterdam, AMI 1992, 112 (114) – Carmina Burana. Anders noch: Hof Den Haag, AMI 2005, 37 (39) – „Raedecker v. Nederlands Congrescentrum", in der die Urheberpersönlichkeitsrechte nach dem Schutzlandprinzip (in diesem Fall nach niederländischem Recht und damit unter Geltung des Art. 25 Abs. 2 AW) bestimmt wurden und die wirksame Geltendmachung des Urheberpersönlichkeitsrechts abgelehnt wurde, weil es an einer ausdrücklichen Bevollmächtigung im Sinne des Art. 25 Abs. 2 AW fehlte.

Prinzip der *locus regit actum*[2518] die Anwendung niederländischen Rechts auf die Frage der Rechtsnachfolge der Rechte nach Art. 25 AW ab.[2519]

Das Schrifttum möchte überwiegend das Recht des Schutzlands auf die Frage der Übertragbarkeit des Urheberrechts anwenden.[2520] Teilweise wird auch vorgeschlagen, die Übertragbarkeit des Urheberrechts und die Einschränkbarkeit des Urheberpersönlichkeitsrechts nach dem Vertragsstatut zu ermitteln.[2521]

§ 8 Zusammenfassende Würdigung

Die Ausführungen haben gezeigt, dass die nationalen Gesetze in Deutschland, England und den Niederlanden über kein spezifisches kodifiziertes Urheberkollisionsrecht verfügen.

Weitgehende Übereinstimmung besteht bei der kollisionsrechtlichen Anknüpfung des Inhalts des Urheberrechts, des *copyright* und des *auteursrecht*. Deutschland, die Niederlande und England verfolgen dabei übereinstimmend die Anwendung des Rechts des Schutzlands.

Bei der kollisionsrechtlichen Anknüpfung der originären Inhaberschaft des Urheberrechts zeigen sich jedoch Unterschiede. Während die deutsche, englische und niederländische Literatur größtenteils eine einheitliche Anknüpfung der originären Inhaberschaft des Urheberrechts unter Berücksichtigung des Urheberpersönlichkeitsrechts an das Recht des Ursprungslands favorisiert, spricht sich die deutsche Rechtsprechung für die Geltung des Rechts des Schutzlands aus. Die niederländische Rechtsprechung gibt bei der Anknüpfung der originären Inhaberschaft des *auteursrecht* ein uneinheitliches Bild ab, wobei sich in der aktuelleren Rechtsprechung ein leichter Vorsprung des Ursprungslandprinzips vor dem Schutzlandprinzip abzeichnet. Die originäre Inhaberschaft des Urheberrechts an Arbeitneh-

---

2518 Danach ist das Recht des Orts maßgeblich. Im Fall der Übertragung von Todes wegen entscheidet die Regel locus regit actum, sodass das Recht des Staats Anwendung findet, in dem der Urheber verstorben ist.

2519 Grosheide in: Hugenholtz/Quaedvlieg/Visser, A Century of Dutch Copyright Law, S. 501; Quaedvlieg, ALAI, Moral rights in the 21st century, 2014, report of the Netherlands, S. 39; Europäische Kommission, study ETD/99/B5-3000/E °28 2000, S. 111.

2520 Engelen in: Kono, Intellectual property and private international law, Netherlands, S. 874; Van der Burg, IER 2006, S. 131; Seignette in: ALAI; Copyright in cyberspace; 1996, 309 (313).

2521 Eechoud, Choice of Law in Copyright and Related Rights, 2003, S. 203.

merwerken wird hingegen im deutschen, niederländischen und englischen Schrifttum mehrheitlich einheitlich entweder nach dem Recht des Ursprungslands oder nach dem Arbeitsvertragsstatut angeknüpft.

Unterschiede ergeben sich auch bei der Anknüpfung der Inhaberschaft des Urheberpersönlichkeitsrechts. Hier wird die gesamte Palette kollisionsrechtlicher Anknüpfungen vertreten. Mangels einschlägiger Rechtsprechung bietet sich ein differenziertes Bild im Schrifttum. In Deutschland vertreten teilweise sowohl die Anhänger des Schutzlandprinzips als auch die Anhänger des Ursprungslandprinzips, dass die Inhaberschaft des Urheberpersönlichkeitsrechts sich nach denselben Regelungen ermitteln soll wie die Inhaberschaft des Urheberrechts. Teilweise wird in Deutschland jedoch auch vertreten, dass die Inhaberschaft des Urheberpersönlichkeitsrechts nach dem gewöhnlichen Aufenthaltsort angeknüpft werden kann. In England wird grundsätzlich die Anknüpfung an das Recht des Ursprungslands vertreten, jedoch mit der Möglichkeit, dass das anwendbare Recht aufgrund der Wertungen der *public policy* unangewendet bleibt.

Im Rahmen der kollisionsrechtlichen Anknüpfung der Frage der Übertragbarkeit des Urheberrechts und der Einschränkungsmöglichkeiten des Urheberpersönlichkeitsrechts zeigt sich in Deutschland, England und den Niederlanden wiederum ein (nahezu) einheitliches Bild zugunsten des Rechts des Schutzlands.

Drittes Kapitel: Harmonisierungsbedarf des Urheberrechts im Arbeits- und Auftragsverhältnis

§ 1 Materielles Urheberrecht im Arbeits- und Auftragsverhältnis

A. Einführung

Wie der materielle Rechtsvergleich zwischen den Rechtsordnungen Deutschlands, Englands und der Niederlande gezeigt hat, unterscheiden sich die vermögensrechtlichen Befugnisse des Arbeitgebers im Hinblick auf die Begrenzung auf den Betriebszweck[2522], die zustimmungsfreie Übertragbarkeit bzw. Unterlizenzierbarkeit der eigenen vermögensrechtlichen Befugnisse und die Erstreckung der Rechte auf die zum Zeitpunkt der Fertigstellung des Werks unbekannten Nutzungsarten. Während die Rechtsordnungen Englands und der Niederlande das Urheberrecht als Handelsware begreifen und dem Arbeitgeber unbeschränkte Vermögensrechte am Arbeitnehmerwerk zuweisen, bleibt beim deutschen Arbeitgeber – vorausgesetzt er trifft keine ausdrückliche Regelung über das Urheberrecht – eine Rechtsunsicherheit, ob das ausschließliche Recht und die Übertragbarkeit bzw. Unterlizenzierbarkeit des Rechts tatsächlich vom Betriebszweck erfasst sind. Die Rechte für unbekannte Nutzungsarten kann er nur erlangen, wenn er eine schriftliche Regelung trifft. Mit Grenzübertritt ändert sich damit nicht nur die Inhaberschaft des Urheberrechts im Arbeitsverhältnis, sondern auch der Umfang der Rechte, die dem Arbeitgeber vermögensrechtlich zugewiesen werden, wenn er keine ausdrückliche vertragliche Regelung trifft.

Auch im Auftragsverhältnis zeigen die deutsche, englische und niederländische Rechtslage ein uneinheitliches Bild. Zwar basieren alle Rechtsordnungen im Auftragsverhältnis auf dem Prinzip der Vertragsfreiheit. Unterschiedlich bewertet wird hingegen, ob der Urheber aufgrund einer geschwächten Verhandlungsposition zusätzlicher Schutzmechanismen be-

---

2522 Während der niederländische und der englische Arbeitgeber originäre Rechtsinhaber des copyright und des auteursrecht sind und damit inhaltlich nicht auf den Betriebszweck beschränkt sind, erwirbt der deutsche Arbeitgeber nach § 43 UrhG nur die Rechte an dem urheberrechtlichen Werk, die nach dem Betriebszweck erforderlich sind. Siehe dazu Erstes Kapitel, § 4 A.IV.1.

darf. Zusätzliche nationale Rechtsunterschiede offenbaren sich bei der Möglichkeit, das Urheberrecht translativ zu übertragen. Vereinzelt werden rechtsgeschäftliche Dispositionen über das Urheberrecht an Formanforderungen geknüpft. Weitere Ansprüche des Urhebers wie Vergütungsansprüche bzw. Anspruch gegenüber dem Auftraggeber auf Verwertung des Werks werden ebenfalls unterschiedlich gesetzlich geregelt.

Die Harmonisierung des Urheberrechts ist in der europäischen Politik und europäischer Rechtswissenschaft erneut in den Fokus gelangt. Der zuständige EU-Kommissar für Digitale Wirtschaft und Gesellschaft, Günther Oettinger, hat das Urheberrecht zu einem der Kernthemen seiner Amtsperiode erklärt und angekündigt, das Europäische Urheberrecht zu reformieren und an die digitale Entwicklung anzupassen. Am 6. Mai 2015 veröffentlichte die Europäische Kommission ihre Strategie für einen digitalen Binnenmarkt für Europa.[2523] Ohne sich auf die Art der Umsetzung der Harmonisierung festzulegen, kündigte die Europäische Kommission darin eine Harmonisierung der territorialen Schutzregelungen digitaler Werke an, um eine unionsweite Nutzung und Verwertung zu erleichtern. Dabei solle nicht nur die Vergütung des Urhebers berücksichtigt werden, sondern, es sollen auch gesetzliche Schranken für die Anwendung digitaler Inhalte in Forschung und Bildung geregelt werden. Die Europäische Kommission kündigte darin auch an, zu überprüfen, ob der Anwendungsbereich der Satelliten- und Kabel-Richtlinie auch auf die digitale Übertragung erweitert werden soll.[2524]

Konkrete Vorschläge zur Harmonisierung des Europäischen Urheberrechts liegen bereits in der europäischen Rechtswissenschaft vor. Diese beschränken sich jedoch nicht auf die Angleichung eines digitalen Binnenmarkts. Der Entwurf zu einem *European Copyright Code* (ECC) ist der Versuch renommierter niederländischer, englischer, belgischer und deutscher Urheberrechtswissenschaftler, ein Regelwerk zu entwickeln, das die politischen Urheberrechtsdebatten auf europäischer Ebene beeinflussen und zu mehr *transparency and consistency* im Europäischen Urheberrecht führen soll. Das Projekt wurde im Jahr 2002 gestartet und endete im Jahr 2010 mit der Veröffentlichung eines Gesetzesentwurfs[2525], welcher u.a. Regelungen zu der Urheberschaft, Inhaberschaft des Urheberrechts und des Urhe-

---

2523 KOM (2015) 192 endg.
2524 KOM 2015/192 endg, 6. Mai 2015, S. 8.
2525 Dieser ist unter http://www.copyrightcode.eu/abrufbar (zuletzt abgerufen am: 15. Mai 2015. Zum *European Copyright Code* siehe: Hugenholtz in: Synodinou; Codification of European copyright law; Chapter 17; Hilty in: Synodinou; Co-

berpersönlichkeitsrechts, Umfang der vermögensrechtlichen Befugnisse im Arbeits- und Auftragsverhältnis sowie Regelungen zum Umfang und Einschränkungsmöglichkeit des Urheberpersönlichkeitsrechts enthält.

Es soll hier keine abschließende Stellungnahme zu der Frage erfolgen, wie das Urheberrecht im Arbeits- oder Auftragsverhältnis verteilt werden sollen. Ziel dieses Kapitels ist es, eine mögliche Harmonisierung der materiellen und kollisionsrechtlichen Unterschiede zu diskutieren, die im Rahmen des Rechtsvergleichs im ersten und zweiten Kapitel vorgestellt wurden.

B. Der Weg zu einer Harmonisierung des Urheberrechts im Auftrags- und Arbeitsverhältnis

I. Harmonisierungsbedürfnis für das Urheberrecht im Auftrags- oder Arbeitsverhältnis

Die rechtliche Beurteilung der grenzüberschreitenden Schöpfung und Verwertung eines in Erfüllung eines Arbeits- und Auftragsverhältnisses geschaffenen Werks impliziert derzeit noch große rechtliche Herausforderungen. Die digitale Entwicklung verändert nicht nur die Schöpfung von Werken, sondern auch deren Verwertung und fordert das territoriale materielle Urheberrecht heraus.

Territorial begrenzte, hinsichtlich der Inhaberschaft des Urheberrechts und der Verteilung der vermögensrechtlichen Befugnisse im Arbeits- und Auftragsverhältnis sowie im Urhebervertragsrecht sich unterscheidende Rechtsordnungen erschweren nicht nur die rechtliche Beurteilung der gesetzlichen Ausgangslage, sondern auch die Angleichung der Rechte auf vertraglicher Ebene. Dabei ist zwischen dem primären Urhebervertragsrecht im Arbeits- und Auftragsverhältnis, das Regelungen zwischen dem Arbeit- bzw. Auftraggeber und dem Urheber umfasst, und dem sekundären Urhebervertragsrecht zu unterscheiden, das die nachfolgenden Verwertungshandlungen des Arbeit- bzw. Auftraggebers mit Dritten betrifft. Ins-

---

dification of European copyright law; Chapter 18; Lucas in: Synodinou; Codification of European copyright law; Chapter 19; Kuhlen, Richtungsweisend oder eine verpasste Chance? Der Copyright-Code des Wittem Projekts, http://www.iuwis.de/sites/default/files/kommentar-zum-wittem-project00510.pdf, zuletzt abgerufen am:15. Mai 2015; Strowel/Vanbrabant in: Werra, Research handbook on intellectual property licensing, S. 29ff.; zu der amerikanischen Sicht auf den ECC: Ginsburg, S. 1 ff.

besondere bei europaweit tätigen Unternehmen führen unterschiedliche Urheberrechtsregelungen zu einem erhöhten Transaktionsaufwand, wenn der Arbeit- bzw. Auftraggeber seine Rechtsposition vertraglich unternehmensweit angleichen möchte. Sollte der Arbeitgeber auf der primären Urhebervertragsebene seine Rechte an den urheberrechtlich geschützten Werken europaweit nicht vertraglich angeglichen haben, führt dies auf der Ebene des sekundären Urhebervertragsrechts erneut zu einem erhöhten Transaktionsaufwand, wenn der Drittverwerter eine europaweit maximale Rechtsposition erwerben möchte. Relevant wird in diesem Zusammenhang, ob die Rechte des Arbeit- bzw. Auftraggebers zweckmäßig oder auf die zum Zeitpunkt der Schöpfung bekannten Nutzungsarten beschränkt sind. Materiell unterschiedliche vermögensrechtliche Befugnisse des Arbeitgebers führen dazu, dass er nicht wirksam mit unionsweiter Wirkung das Urheberrecht translativ übertragen kann. Doch selbst wenn der Arbeit- bzw. Auftraggeber einem Dritten nur Nutzungsrechte an einem Werk einräumen möchte, wird europaweit unterschiedlich bewertet, ob er zur Weiterübertragung bzw. zur Unterlizenzierung der Vermögensrechte befugt ist. Möchte der Arbeit- bzw. Auftraggeber daher sichergehen, dass er sowohl im primären als auch im sekundären Urhebervertragsrecht rechtlich wirksame und bindende Regelungen trifft, muss er alle Rechtsordnungen am Ort der jeweiligen Schöpfung und am Ort der geplanten Verwertung untersuchen. Die rechtliche Beurteilung der Rechtsordnungen der einzelnen Schöpfungs- und Verwertungsorte führt zu einem erhöhten Transaktionsaufwand. Darüber hinaus wird dieser weiter durch einen Verhandlungsaufwand zwischen dem Arbeit- bzw. Auftraggeber und dem Drittverwerter erhöht, weil die Parteien der sekundären Urhebervertragsregelungen sich darauf einigen müssen, ob sie eine einheitliche, wirksame rechtliche Verwertungsregelung treffen wollen, die sich nach dem rechtlich möglichen Minimum richtet[2526] oder zahlreiche Verwertungsregelungen treffen wollen, die territorial begrenzte Maximalrechte[2527] beinhalten. Einfacher ist es daher, weder grenzüberschreitende Schöpfungen noch grenzüberschreitende Verwertungshandlungen vertraglich zu regeln. Dies setzt

---

2526 Vorausgesetzt der Arbeitgeber ist zur Übertragung oder Einräumung weiterer Nutzungsrechte befugt, kann es sich bei dem rechtlich möglichen Minimum um die Unterlizenzierung nichtausschließlicher, nichtübertragbarer und nicht unterlizenzierbarer Nutzungsrechte handeln.

2527 So könnte der Arbeitgeber – sollten die Voraussetzungen des Art. 7 AW bzw. s. 11 Abs. 2 CDPA gegeben sein – die Inhaberschaft des Urheberrechts für die Verwertung in England bzw. in den Niederlanden derivativ translativ übertragen.

jedoch eine gesetzliche Ausgangslage voraus, die einheitlich ist und die Interessen der beteiligten Parteien angemessen berücksichtigt. Ist die gesetzliche Ausgangslage hingegen differenziert, kann dies zu einem Handelshemmnis führen. Auch auf prozessualer Ebene bestehen diese Schwierigkeiten fort. Territorial begrenzte nationale Urheberrechte werfen nicht nur die Frage des anwendbaren Rechts auf, sondern fordern den Kläger heraus, unterschiedliche Verletzungshandlungen, die unterschiedliche territoriale Rechte betreffen, prozessökonomisch geltend zu machen.

II. Rechtliche Umsetzungsmöglichkeiten

Eine Harmonisierung auf Unionsebene kann nur die Bereiche betreffen, die nicht in den allzuständigen Bereich der Mitgliedstaaten fallen. Der europäische Gesetzgeber hat eine nur beschränkte Gesetzgebungskompetenz, die auf die enumerativen Ermächtigungsgrundlagen begrenzt ist gemäß Art. 53 I, 62, 114 AEUV. Die Tätigkeit macht zusätzlich der Vorbehalt der Eigentumsordnung und der Kulturauftrag inhaltliche Vorgaben, Art. 151, 295 AEUV. Eine konkrete Zuweisung der Zuständigkeit der Europäischen Union im Bereich des Urheberrechts existiert nicht.

1. Europäisches Sekundärrecht

Die auf das Geistige Eigentum am häufigsten angewendete Rechtsgrundlage ist Art. 114 AEUV über die Angleichung der Rechtsvorschriften der Mitgliedstaaten. Dies setzt voraus, dass die Harmonisierung dem Funktionieren des Binnenmarktes dient. Bisher konzentrierte sich die Harmonisierung im Urheberrecht auf den Erlass von Sekundärrecht in Form von acht Richtlinien. Im Kollisionsrecht ist mit der Rom I-VO und Rom II-VO erstmalig auch unmittelbar geltendes Sekundärrecht erlassen worden.

Das Europäische Urheberrecht könnte weiterhin auf der Basis des Art. 114 AEUV im Wege von Verordnungen gemäß Art. 288 Abs. 2 AEUV, Richtlinien gemäß Art. 288 Abs. 3 AEUV oder Empfehlungen gemäß Art. 288 Abs. 4 AEUV harmonisiert werden. Während die Verordnung unmittelbar gilt und Anwendungsvorrang gegenüber der nationalen Gesetzgebung genießt, lässt die Richtlinie den Mitgliedstaaten weiterhin Handlungsspielraum bei der Umsetzung der gemeinsamen Ziele. Die Richtlinie bietet den Vorteil, dass sie nur hinsichtlich ihres Zwecks bindend ist, den Mitgliedstaaten jedoch einen eigenen Umsetzungsspielraum hinsichtlich

Form und Mittel überlasst. Die Empfehlung hat im Rahmen der Harmonisierung nur eine untergeordnete Rolle, da sie weder im Zweck noch in der Umsetzung verbindlich ist und daher gerade in den sensiblen Bereichen der Inhaberschaft des Urheberrechts und der Verteilung vermögensrechtlicher Befugnisse im Arbeits- und Auftragsverhältnis nur wenig ausrichten kann[2528].

2. Einheitlicher Europäischer Urheberrechtstitel

Mit dem Vertrag von Lissabon wurde neben Art. 114 AEUV eine neue Rechtsgrundlage geschaffen, die das unmittelbare Handeln der Union im Bereich des geistigen Eigentums ermöglicht. Mit Art. 118 AEUV kann die Europäische Union im ordentlichen Gesetzgebungsverfahren nach Art. 294 AUEV mit qualifizierter[2529] Mehrheit unionsweit einheitliche Rechtstitel zum geistigen Eigentum erlassen. Nach Art. 118 Abs. 2 AEUV legt der Rat durch Verordnungen und nach Anhörung des Europäischen Parlaments die Sprachenregelungen für die europäischen Rechtstitel fest.

Mit Art. 118 AEUV ist es damit auch möglich, einen einheitlichen Europäischen Urheberrechtstitel einzuführen. Die Union unterliegt im Rahmen von Art. 118 AEUV dem Subsidiaritätsprinzip gemäß Art. 5 Abs. 3 AEUV und darf im Sinne von Art. 2 Abs. 2 und Art. 4 Abs. 2 AEUV nur dann eingreifen, soweit das Ziel der Verwirklichung oder des Funktionierens des Binnenmarkts von den Mitgliedstaaten nicht ausreichend umgesetzt werden kann und besser auf Unionsebene zu verwirklichen ist.[2530]

2528 Bisher ist speziell für das Gebiet des Urheberrechts eine Empfehlung ergangen: Empfehlung der Kommission vom 18. Mai 2005 für die länderübergreifende kollektive Wahrnehmung von Urheberrechten und verwandten Schutzrechten, die für legale Online-Musikdienste benötigt werden (ABl. L 276 vom 21. Oktober 2005, S. 54–57). Diese wurde jedoch nicht direkt an die Mitgliedstaaten, sondern an direkt an die Interessengruppen gerichtet. Weitere Empfehlungen auf dem Gebiet des geistigen Eigentums: Empfehlung der Kommission vom 10. April 2008 zum Umgang mit geistigem Eigentum bei Wissenstransfertätigkeiten und für einen Praxiskodex für Hochschulen und andere öffentliche Forschungseinrichtungen, (ABl. L 146 vom 5. Juni 2008, S. 19–24) sowie die Empfehlung der Kommission vom 5. Februar 1976 an die Mitgliedstaaten über die in den Patentübereinkommen bezeichneten Maßeinheiten (ABl. L 43 vom 19. Februar 1976, S. 22–24).
2529 Bisher musste die Harmonisierung auf Art. 308 EUV gestützt werden, wonach ein einstimmiger Beschluss notwendig war.
2530 Stieper in: Grabitz; Art. 118 AEUV Rn. 4.

Die sich daraus ergebende Kompetenzausübungsschranke ist jedoch kein ernsthaftes Hindernis für die Schaffung europäischer Rechtstitel des geistigen Eigentums. Das gilt auch für den Bereich des Urheberrechts.[2531] Der Erlass eines einheitlichen Rechtstitels im Bereich des Urheberrechts steht vor einer größeren Herausforderung als die bereits bestehenden Europäischen Gemeinschaftsrechte, wie die Gemeinschaftsmarke und das Gemeinschaftsgeschmacksmuster, die jeweils durch Anmeldung und Eintragung bei der zuständigen Behörde entstehen. Da das Urheberrecht kraft Schöpfungsakt entsteht, muss es – wie Art. 5 Abs. 2 RBÜ verdeutlicht – keine Formerfordernisse erfüllen. Dies führt zu der Frage, in welchem Verhältnis der nationale Rechtsanspruch und der Anspruch aus dem Europäischen Urheberrechtstitel stehen sollen.[2532] Würde ein Europäischer Urheberrechtstitel vorrangig gelten, würde dies die Territorialität der nationalen Urheberrechte beseitigen.

3. Harmonisierungsansätze im Schrifttum

Derzeit wird überwiegend die Harmonisierung des Urheberrechts im Wege des Sekundären Unionsrechts bevorzugt.[2533] Zurückhaltung herrscht gegenüber der Einführung eines einheitlichen Europäischen Urheber-

---

2531 Stieper in: Grabitz; Art. 118 AEUV Rn. 4.

2532 Dazu auch Die Europäische Kommission in: Creative Content in a European Digital Single Market: Challenges for the Future, A Reflection Document of DG INFSO and DG MARKT, 22. Oktober 2009, S. 18f.: „A Community copyright title would have instant Community-wide effect, thereby creating a single market for copyrights and related rights. It would overcome the issue that each national copyright law, though harmonised as to its substantive scope, applies only in one particular national territory. A Community copyright would enhance legal security and transparency, for right owners and users alike, and greatly reduce transaction and licensing costs. Unification of EU copyright by regulation could also restore the balance between rights and exceptions – a balance that is currently skewed by the fact that the harmonisation directives mandate basic economic rights, but merely permit certain exceptions and limitations. A regulation could provide that rights and exceptions are afforded the same degree of harmonisation." Dazu auch Georgopoulos in: Synodinou, Codification of European copyright law, S. 38, 42, der zusätzlich darauf hinweist, dass die Schaffung eines Europäischen Urheberrechtstitels mit der Schaffung einer Institution einhergeht, die für die Erteilung und Überwachung der Urheberrechtstitel zuständig ist.

2533 Creative Content in a European Digital Single Market: Challenges for the Future, A Reflection Document of DG INFSO and DG MARKT, 22. Oktober

rechtstitels, insbesondere, weil ungeklärt ist, in welchem Verhältnis der Gemeinschaftsurheberrechtsschutz und der nationale Urheberrechtsschutz stehen würden und wie sich die Registrierung eines Titels mit der im Urheberrecht geltenden Formfreiheit des Urheberrechts steht.[2534] Uneinheitlich wird beurteilt, welche Bereiche des Urheberrechts und des Urhebervertragsrechts von den sekundärrechtlichen Unionsregelungen erfasst sein sollen. Allgemein wird vorgeschlagen, das Europäische Urheberrecht auf die Basis unterschiedlich wirkender sekundärrechtlicher Rechtsquellen zu stellen. Einer Ansicht nach könnten alle Bereiche, in denen bereits breite Übereinstimmung herrscht, in Form einer Verordnung nochmals erlassen werden.[2535] Diese Verordnung wäre dann gegenüber dem nationalen Urheberrecht vorrangig. Die Bereiche, in denen bisher keine breite Übereinstimmung herrscht – wie beispielsweise im Bereich des Urhebervertragsrechts oder der Urheberpersönlichkeitsrechte – könnten wiederum in Form einer Richtlinie oder Empfehlung an die Mitgliedstaaten gerichtet werden.[2536]

2009, S. 18; für eine unionsweite Regelung entweder in Form einer Verordnung für digitale Medien und der Einführung eines Online Lizenzierungssystems: Monti; A new strategy for the single market at the service of Europe`s economy and society; 9. Mai 2010, S. 46; Gotzen in: Synodinou, Codification of European copyright law, The European Legislator`s Strategy in the Field of Copyright Harmonization; S. 52, weist darauf hin, dass die Einführung eines Gemeinschaftsurheberrechts und einer damit erforderlichen Registrierung in Konflikt zum Art. 5 Abs. 2 RBÜ stehen würde. Peifer, GRUR Int. 2010, 671-675; Jougleux in: Synodinou, Codification of European copyright law, The Plurality of Legal Systems in Copyright Law; S. 65; Hilty in: Synodinou, Codification of European copyright law, Reflections on a European Copyright Codification; S. 360. So auch Günther Oettinger, der im Ausschuss für Recht und Verbraucherschutz am 14. Januar 2015 den Erlass einer *Copyright Directive* in Erwägung zog, die zu einem Teil als Verordnung unmittelbare Geltung erlange und zu einem anderen Teil als Richtlinie erlassen werden könnte, die den Mitgliedstaaten zur nationalen Umsetzung überlassen werde (https://www.bundestag.de/presse/hib/2015_01/-/354376 zuletzt abgerufen am 4. Mai 2015).

2534 Hilty in: Synodinou, Codification of European copyright law, Reflections on a European Copyright Codification; S. 360.

2535 Gotzen in: Synodinou, Codification of European copyright law, The European Legislator`s Strategy in the Field of Copyright Harmonization; S. 52; Hugenholtz, Copyright without Frontiers: the Problem of Territoriality in European Copyright Law in: Derclaye; Research handbook on the future of EU copyright; 2009, S. 26.

2536 Gotzen in: Synodinou, Codification of European copyright law, The European Legislator`s Strategy in the Field of Copyright Harmonization; S. 53; Hugenholtz, Copyright without Frontiers : the Problem of Territoriality in European

Eine andere Ansicht lehnt die Wiederholung des bisherigen Harmonisierungsstands in Form einer Verordnung ab.[2537] Dies würde zum einen nicht das Problem beseitigen, dass die bisher erlassenen Richtlinien inhaltlich teilweise inkonsistent sind und zum anderen, dass die Richtlinien bisher den Mitgliedstaaten einen Umsetzungsspielraum einräumten.[2538] Es wird vielmehr eine Harmonisierung auf vier Ebenen vorgeschlagen. Die Kernbereiche des Urheberrechtsschutzes, wie der Schutzumfang, der Umfang der Vermögensrechte, die Schutzdauer und die drei Kernelemente des Urheberpersönlichkeitsrechts – das Veröffentlichungsrecht, das Recht auf Anerkennung der Urheberschaft und der Schutz der Werkintegrität – sollen nach dieser Ansicht einheitlich in Form einer Verordnung geregelt werden.[2539] Die übrigen Bereiche sollen erst dann von einer Harmonisierung erfasst werden, wenn es der Binnenmarkt erfordert.[2540] Solange der Binnenmarkt eine Angleichung nicht erforderlich macht, sei eine Stellungnahme in Form von Empfehlungen möglich.[2541] Die vierte Stufe solle die Bereiche umfassen, die keine Harmonisierung erfordern und die den Mitgliedstaaten zur autonomen Regelung überlassen werden.[2542] Einer anderen Ansicht nach sollen nur die Bereiche, die den Binnenmarkt beeinträchtigen, im Wege einer Verordnung geregelt werden. Den Binnenmarkt beeinträchtigen sollen demnach die Frage des Urheberrechtschutzes, der Vermögensrechte, die gesetzlichen Schranken, die Schutzdauer und die Durchsetzung des Urheberrechts.[2543] Die Frage der Inhaberschaft des Urheberrechts und die Urheberpersönlichkeitsrechte hingegen sollen nicht

---

Copyright Law in: Derclaye; Research handbook on the future of EU copyright; 2009, S. 26; siehe auch Institute of Information Law; The Recasting of Copyright & Related Rights for the Knowledge Economy; S. 220f; Hugenholtz in: Synodinou, Codification of European copyright law, The Wittem Group`s European Copyright Code; S. 52.

2537 Hilty in: Synodinou, Codification of European copyright law, Reflections on a European Copyright Codification; S. 361.

2538 Hilty in: Synodinou, Codification of European copyright law, Reflections on a European Copyright Codification; S. 361.

2539 Hilty in: Synodinou, Codification of European copyright law, Reflections on a European Copyright Codification; S. 362.

2540 Hilty in: Synodinou, Codification of European copyright law, Reflections on a European Copyright Codification; S. 363.

2541 Hilty in: Synodinou, Codification of European copyright law, Reflections on a European Copyright Codification; S. 363.

2542 Hilty in: Synodinou, Codification of European copyright law, Reflections on a European Copyright Codification; S. 363.

2543 Jougleux in: Synodinou, Codification of European copyright law, The Plurality of Legal Systems in Copyright Law; S. 65.

den Binnenmarkt beeinträchtigen und daher nicht in Form einer Verordnung, sondern in Form einer de-minimis-Regelung erfasst werden, die es den Mitgliedstaaten überlässt, autonome Regelungen zu erlassen.[2544]

Der Entwurf des *European Copyright Code* schlägt eine weitgehende Regelung des Urheberrechts und des Urhebervertragsrechts vor. Der *ECC* enthält Regelungen zum Schutzbereich des Urheberrechts, zur Urheberschaft, zur Inhaberschaft des Urheberrechts und des Urheberpersönlichkeitsrechts, zu den urheberpersönlichkeitsrechtlichen Befugnissen, der Verteilung der vermögensrechtlichen Befugnisse auch im Arbeits- und Auftragsverhältnis und das Urhebervertragsrecht. Darüber hinaus enthält es Regelungen zu den gesetzlichen Schranken des Urheberrechts.

4. Fazit

Die Einführung eines Europäischen Urheberrechts wird in der europäischen Politik und in der europäischen Rechtswissenschaft befürwortet. Auch wenn mit Art. 118 AEUV eine Rechtsgrundlage geschaffen wurde, welche die Einführung eines Gemeinschaftsurheberrechtstitels möglich macht, stößt die Einführung eines einheitlichen Europäischen Urheberrechtstitels derzeit noch auf Bedenken. Befürwortet wird eine Regelung des Europäischen Urheberrechts im Wege des sekundären Unionsrechts. Es ist denkbar, die Regelungen auf ein mehrstufig wirkendes Schutzsystem zu stützen, das teilweise in Form einer Verordnung und teilweise in Form von Richtlinien bzw. Empfehlungen geregelt wird. Uneinheitlich wird beurteilt, welche Kernbereiche des Urheberrechts mit unmittelbarer Rechtswirkung geregelt werden sollen, welche Bereiche nur hinsichtlich des Zwecks bindend harmonisiert werden sollen und welche Bereiche den Mitgliedstaaten zur autonomen Regelung überlassen werden sollen.

III. Kernbereiche der Harmonisierung

Wie der vorherige Punkt gezeigt hat, gehen die Meinungen dahingehend auseinander, welche Bereiche des Urheberrechts harmonisierungsbedürftig sind. Wie der Rechtsvergleich gezeigt hat, ergeben sich nationale Unterschiede beim Urheberrecht im Arbeitsverhältnis in Bezug auf die originäre

---

2544 Jougleux in: Synodinou, Codification of European copyright law, The Plurality of Legal Systems in Copyright Law; S. 66.

Inhaberschaft des Urheberrechts und des Urheberpersönlichkeitsrechts, die Verteilung der vermögensrechtlichen Befugnisse des Urheberrechts sowie in Bezug auf den Schutzumfang und die Einschränkungsmöglichkeiten des Urheberpersönlichkeitsrechts.

Im Auftragsverhältnis liegen die Hauptunterschiede ebenfalls bei der originären Inhaberschaft des Urheberrechts und des Urheberpersönlichkeitsrechts, ferner bei der Übertragbarkeit des Urheberrechts, den Einschränkungsmöglichkeiten des Urheberpersönlichkeitsrechts, der Vertragsauslegung und den Vergütungsansprüchen.

Im Folgenden soll untersucht werden, welche Bereiche des Urheberrechts und des Urhebervertragsrechts im Arbeits- und Auftragsverhältnis in den Fokus der Rechtsharmonisierung gerückt werden sollten. Dabei wird auch auf die Harmonisierungsansätze im *ECC* eingegangen.

1. Originäre Inhaberschaft des Urheberrechts[2545] im Arbeits- und Auftragsverhältnis

Die national sich unterscheidende Zuweisung der originären Inhaberschaft des Urheberrechts (und des Urheberpersönlichkeitsrechts) verdeutlicht die Dichotomie des *Droit d'auteur*- und des *Copyright*-Systems. Während die Rechtsordnungen kontinentaleuropäischer und damit individualistischer Prägung in der Regel[2546] der natürlichen Person die Urheber-

---

2545 Zwar folgt aus der Sicht eines monistischen Urheberrechtssystems bereits aus der Inhaberschaft des Urheberrechts die Inhaberschaft des Urheberpersönlichkeitsrechts, dennoch muss an dieser Stelle auch angemerkt werden, dass das monistische Urheberrechtsverständnis derzeit nur in Deutschland, Österreich und Slowenien vertreten wird und damit der große Rest Europas dualistisch geprägt ist. Zuwachs könnnten die Vertreter des monistischen Urheberrechtssystems durch die Niederlande bekommen, die in ihrem im Jahr 2010 erlassenen *auteurscontractenrecht* eine Tendenz zum Monismus erkennen lassen. Wird jedoch die harmonisierte Einführung eines Europäischen Urheberrechts untersucht, ist es angebracht, die Frage der Inhaberschaft des Urheberrechts gesondert von der Frage der Inhaberschaft des Urheberpersönlichkeitsrechts zu behandeln.

2546 Eine Ausnahme sieht das individualistisch geprägte französische Urheberrecht vor, welches das Urheberrecht am „œuvre collective" der juristischen oder natürlichen Person zuweist, unter deren Leitung und Name das Werk entsteht und veröffentlicht wird (Art. L. 113-2 Abs. 3 und 113-5 *Code de la Propriété Intellectuelle*). Siehe dazu Metzger in: Leible/Ohly/Zech, Vom Einzelurheber zu Teams und Netzwerken, S. 90; Thielecke/Bechtolsheim, GRUR Int. 2003, 754 (757 f.).

schaft und die Inhaberschaft des Urheberrechts zuweisen, lassen die Rechtsordnungen des *Common Law* eine zweckorientierte Zuweisung der Inhaberschaft des Urheberrechts auch an die (juristische) Person zu, die die Investition der Werkschöpfung getragen hat. Selbst wenn die utilitaristisch geprägte Rechtsordnung eine Zuordnung der Inhaberschaft des Urheberrechts im Arbeitsverhältnis zum Arbeitgeber vornimmt, heißt dies jedoch nicht, dass es dementsprechend auch im Auftragsverhältnis die Inhaberschaft des Urheberrechts originär dem Auftraggeber zugewiesen wird. Die europäischen Urheberrechtsordnungen enthalten in der Regel keine Regelungen zur der Inhaberschaft des Urheberrechts im Auftragsverhältnis. Das niederländische *Auteurswet* nimmt als kontinentaleuropäische Rechtsordnung in zweierlei Hinsicht eine Sonderstellung ein, indem es sowohl im Arbeits- als auch im Auftragsverhältnis zulässt, die originäre Inhaberschaft des Urheberrechts (und des Urheberpersönlichkeitsrechts) dem Arbeit- bzw. Auftraggeber zuzuweisen. Dabei können die Grunderwägungen einer individuellen und utilitaristischen Zuweisung der Inhaberschaft des Urheberrechts sowohl auf das Arbeits- als auch das Auftragsverhältnis angelegt werden. Die Zuweisung der Inhaberschaft des Urheberrechts soll daher übergreifend für das Arbeits- und das Auftragsverhältnis behandelt werden.

Beurteilt man die Harmonisierung der originären Inhaberschaft des Urheberrechts, stehen sich die beiden Urheberrechtssysteme des *Droit d'auteur* und des *Common Law* diametral gegenüber. Da es sich bei der Zuweisung der originären Inhaberschaft des Urheberrechts (und des Urheberpersönlichkeitsrechts) um das Herzstück der einzelnen Urheberrechtssysteme handelt, deren Ansätze und Regelungen wirtschaftspolitisch und rechtshistorisch gewachsen sind, ist es nahezu unmöglich, in dieser Frage eine Kompromisslösung durchzusetzen. Auch wenn vereinzelt noch Hoffnung im Schrifttum besteht, die gegensätzlichen Rechtssysteme in Bezug auf die Frage der originären Inhaberschaft des Urheberrechts zu harmonisieren[2547], wird diese zusätzlich dadurch erschwert, dass eine Kompromisslösung auf der Ebene der Inhaberschaft des Urheberrechts nicht möglich ist, da ein Rechtssystem die Inhaberschaft des Urheberrechts im Auftrags- und Arbeitsverhältnis entweder individualistisch oder utilitaristisch zuweist.

2547 Quaedvlieg in: Synodinou, Tatiana-Helenē, Codification of European copyright law, Authorship and Ownership, S. 198, der darauf hinweist, dass am Ende das praktische Bedürfnis an einer einheitlichen europäischen Lösung zu der Harmonisierung der originären Inhaberschaft des Urheberrechts führen wird.

Die Diskussionen enden daher unweigerlich in der Rechtsideologie, welche eine Rechtsharmonisierung in besonderen Maßen herausfordert.

Wie bereits im Ersten Kapitel dargestellt, gehen die Europäischen Richtlinien gedanklich vom Schöpferprinzip aus.[2548] Der *ECC* legt uneingeschränkt den *Droit d'auteur*-Ansatz zugrunde und definiert den Urheber als die natürliche Person bzw. die Gruppe von Menschen, die das Werk geschaffen haben.[2549] Originärer Inhaber des Urheberrechts ist somit der Urheber.[2550] An dieser Zuordnung hält der *ECC* auch im Arbeits- und Auftragsverhältnis fest.[2551]

Dennoch gibt es Stimmen, die die personale Zuweisung der originären Inhaberschaft des Urheberrechts im *Droit d'auteur*-System neu hinterfragen möchten. Vorwiegend in der schweizerischen[2552], jedoch auch in der deutschen[2553] Literatur wird vorgeschlagen, dem Arbeitgeber die Früchte der

---

2548 Im Fall der Filmwerke wird jedoch davon abgewichen, indem dem Hauptdirektor eines Films zumindest die Mitinhaberschaft des Urheberrechts zugeordnet wird.

2549 Art. 2.1. *ECC*.

2550 Art. 2.3 Abs. 1 *ECC*.

2551 Art. 2.5 und 2.6 *ECC*.

2552 Frey, UFITA 94 (1984), 53(60), fordert für das schweizerische Recht, dass der Arbeitgeber neben dem Sacheigentum des Arbeitnehmerwerks auch die originäre Inhaberschaft aller darin enthaltenen Rechte erhält. Larese, UFITA 105 (1987), 7 (13), UFITA 79 (1977), 153 (170), (zu Larese: siehe bereits der Länderbericht Deutschland, 1. Kapitel, § 3) führt ebenfalls bezogen auf das schweizerische Recht aus, dass der Urheber in fremdbestimmten Werken seiner Persönlichkeit nicht Ausdruck verleiht und daher kein Urheberrecht entstünde. Wenn der Arbeitgeber das Werk unter seinem Namen veröffentlicht, müsse ihm daher das Urheberrecht originär zukommen. Larese stellt jedoch klar, dass das Zeichnungsrecht des Arbeitgebers, sich selbst als Urheber zu bezeichnen, kein Urheberrecht sei, da es vor der Zeichnung keine Urheber gebe. Das Urheberrecht entstehe im Arbeitsverhältnis daher nicht durch Schöpfung, sondern durch Zeichnung des Arbeitgebers. Dessen Zeichnungsrecht sei vertraglich dispositiv und beinhalte keinen Persönlichkeitsschutz für den Arbeitnehmer, der wiederum aus dem Allgemeinen Persönlichkeitsrecht folge. Für die originäre Zuweisung der Inhaberschaft des Urheberrechts auch Maur, UFITA 118 (1992), 87 (109).

2553 Rehbinder in: FS Roeber, 481(504-506), plädiert ebenfalls für eine neue wirtschaftspolitische Ausrichtung. Aus dem Recht am Arbeitsergebnis folge nicht nur die sachrechtliche Zuordnung des Arbeitnehmerwerks zum Arbeitgeber, sondern auch die Zuordnung des immateriellen Rechts am Arbeitsergebnis sowie die Minderung der Persönlichkeitsrechte des angestellten Urhebers. Der Schutz der ideellen Interessen des angestellten Schöpfers sei hinreichend durch das Allgemeine Persönlichkeitsrecht geschützt. So auch Fechner; Geisti-

Arbeit des Arbeitnehmers originär zuzuweisen.[2554] Auch § 104[2555] des Entwurfs eines Gesetzes zur Bereinigung des Arbeitsrechts vom 12. September 1996 ging (fälschlicherweise[2556]) davon aus, dass es bereits anerkannt sei, dass urheberrechtlich geschützte Werke, die der Arbeitnehmer in Erfüllung seiner Arbeitsaufgabe oder während der Arbeitszeit oder mit Mitteln des Betriebs herstellt hat, originär dem Arbeitgeber zugewiesen werden und daher kein gesonderter Übertragungsakt im Arbeitsverhältnis erforderlich sei.[2557]

---

ges Eigentum und Verfassung; 1999, S. 452 f., der jedoch nur für den Fall, dass ein Beitrag eines Teams nicht mehr individuell zurechenbar ist, dem Arbeitgeber originär zugewiesen werden soll. Aufgeworfen wurde die Frage ebenfalls in dem Gutachten des Münchener Max-Planck-Instituts, siehe dazu Katzenberger in: Schricker, Urheberrecht auf dem Weg zur Informationsgesellschaft, 1997, S. 53f, in welchem die Aufgabe des Schöpferprinzips jedoch abgelehnt wurde, weil es mit dem deutschen Verfassungsrecht sowie dem internationalen Menschenrecht nicht vereinbar sei. Die von Rehbinder vertretene Ansicht, das Recht des Arbeitgebers am materiellen Arbeitsergebnis mit dem Recht am immateriellen Urheberrecht gleichzusetzen, ist abzulehnen. Das immaterielle Recht am Arbeitsergebnis wird nicht im Arbeitsrecht, sondern in einem Sondergesetz zum Urheberrecht geregelt. Das Urheberrechtsgesetz regelt die Allokation des Urheberrechts und damit die immateriellen Rechte an dem Arbeitsergebnis. Daher lässt sich nicht per se aus dem Arbeitsrecht eine zwingende Allokation zum Arbeitgeber schließen, da es zwei unterschiedliche Rechtsordnungen mit unterschiedlichen wirtschaftspolitischen Erwägungen betrifft. Im Ergebnis so auch Katzenberger in: Schricker, Urheberrecht auf dem Weg zur Informationsgesellschaft, 1997, S. 54, 69, 75, der darauf hinweist, dass die Inhaberschaft des Urheberrechts des Schöpfer verfassungs- und menschenrechtlich vorgegeben ist.

2554 Dazu auch Schacht, Die Einschränkung des Urheberpersönlichkeitsrechts im Arbeitsverhältnis, 2004, S. 66 ff; Zirkel, Das Recht des angestellten Urhebers und EU-Recht, 2002, S. 215ff.

2555 § 104 des Entwurfs lautet: Stellt der Arbeitnehmer in Erfüllung seiner Arbeitsaufgabe oder während der Arbeitszeit oder mit Mitteln des Betriebs ein urheberrechtlich geschütztes Werk her, so hat der Arbeitgeber das Recht, das Werk ausschließlich zu nutzen. Dasselbe gilt, wenn das Werk maßgeblich auf Erfahrungen oder Arbeiten des Betriebes beruht; in diesem Fall schuldet der Arbeitgeber dem Arbeitnehmer eine angemessene Vergütung. Bei der Veröffentlichung ist der Arbeitnehmer als Urheber zu nennen, es sei denn, es ist etwas anderes vereinbart oder die Nennung ist unüblich. (BR, Drucks. 671/96, S. 76.)

2556 Zu der Rechtsfolge des § 43 UrhG siehe 1. Kapitel, § 3. Ausdrücklich zu dem falschen Ansatz der originären Zuweisung an den Arbeitgeber nach § 104 des Entwurfes: Himmelmann, GRUR 1999, S. 903; Fuchs, Arbeitnehmer-Urhebervertragsrecht, 2005, S. 19.

2557 Das besagte Gesetz fand jedoch nicht die notwendige Zustimmung und wurde deshalb nicht gesetzlich erlassen. Seit 2006 ist das Vorhaben, ein einheitliches

1.1 Wirtschaftliches Risiko beim Arbeitgeber

Als Argumente für eine utilitaristisch geprägte originäre Zuweisung der Inhaberschaft des Urheberrechts an den Arbeitgeber wird angeführt, dass dem Arbeitgeber aufgrund des Investitions- und Verwertungsrisikos auch die Früchte der Arbeit zugewiesen werden müssten, um eine gerechte Verteilung des getragenen Risikos mit den erhaltenen Vorteilen zu bewirken.[2558] Der Urheber sei zwar mit der Schöpfung des Werks befasst, müsse sich jedoch weder um die Infrastruktur des Arbeitsprozesses, die notwendige Investition noch um das Risiko und die Organisation des Verwertungsprozesses kümmern. Zusätzlich ist der abhängige Urheber durch Lohn und Gehalt sozial abgesichert. Aus diesem Blickwinkel wird daher angeführt, dass der Arbeitnehmer alle Vorteile genießen könnte, währenddessen der Arbeitgeber alle Nachteile des Schaffens- und Verwertungsprozesses tragen müsse.[2559]

Tatsächlich erlangt der Arbeitnehmer Vorteile aus der Anstellung als Urheber. So wird er unabhängig von einer wirtschaftlichen Verwertbarkeit des Arbeitsergebnisses entlohnt. Der Lohn orientiert sich in der Regel nicht (oder im Fall flexibler Zulagen nur zu einem vernachlässigbaren Teil) an dem Gewinn und dem Verlust des Arbeitgebers. Vielmehr kann der angestellte Urheber beispielsweise nach der deutschen Rechtslage eine weitere Vergütung nach § 32 ff. UrhG verlangen, wenn dem Arbeitgeber mit dem Werk ein herausragender Verwertungserfolg gelingt.[2560]

Dabei darf jedoch nicht aus dem Auge verloren werden, dass auch der Arbeitgeber Wege gefunden hat, das Risiko zumindest teilweise auf den Arbeitnehmer zu verlagern. Insbesondere in den kreativen Berufen ist es üblich, dass die Arbeitnehmer zeitlich befristet angestellt werden, im Rahmen eines Leiharbeitsverhältnisses ihre Arbeit verrichten oder als freier

---

Arbeitsvertragsgesetz (ArbVG) zu schaffen, im Auftrag der Bertelsmann Stiftung erneut aufgenommen worden. Der zweite im Jahr 2007 veröffentlichte Entwurf (abzurufen unter http://www.bertelsmann-stiftung.de) der Kölner Hochschulprofessoren Prof. Dr. Henssler und Prof. Dr. Preis enthält jedoch keine urheberrechtliche Regelung. Dazu auch Wandtke in: Wandtke/Bullinger, § 43 UrhG Rn. 2, der die Aufnahme urheberrechtlicher Regelungen in das Arbeitsvertragsgesetz befürworten würde.

2558 Quaedvlieg in: Synodinou, Tatiana-Helenē, Codification of European copyright law, Authorship and Ownership, S. 223.

2559 Frey, UFITA 94 (1984), 53(59).

2560 Der Anspruch auf angemessene finanzielle Beteiligung des Urhebers ist auch in Erwägungsgrund 31 der InfoSoc-Richtlinie enthalten.

Mitarbeiter auftragsbezogen tätig werden. Nur 20 % der abhängig Beschäftigten in der Kultur- und Kreativwirtschaft sind laut einer im April 2010 abgeschlossenen Studie in einer unbefristeten Vollzeitbeschäftigung.[2561] Dennoch enden die dem Arbeitgeber eingeräumten vermögensrechtlichen Befugnisse nicht mit dem Ablauf der Befristung.[2562] Sowohl der private als auch der öffentliche Arbeitgeber versucht damit, sein Investitions- und Verwertungsrisiko durch Beschränkung der Verpflichtungen auf personaler Ebene so gering wie möglich zu halten. Die Teilzeitbeschäftigung bzw. die zeitlich befristete Anstellung des Urhebers führt dazu, dass der Arbeitgeber sein Unternehmensrisiko auf den Arbeitnehmer verlagert. Dasselbe gilt auch für den Schöpfer eines urheberrechtlich geschützten Werks im Auftragsverhältnis. Der beauftragte Urheber ist von vornherein projektbezogen angestellt und verfügt daher über keine soziale Sicherheit. Damit tragen sowohl der Auftraggeber als auch der Auftragnehmer ein eigenes unternehmerisches Risiko. Darüber hinaus beteiligen sich der angestellte und beauftragte Urheber auch am Verwertungsrisiko, wenn sie namentlich am Werk genannt werden. Die Urhebernennung führt nicht zwingend zu Ruhm und Anerkennung und der Urheber setzt damit auch seine berufliche Reputation aufs Spiel. Auf der anderen Seite kann der Urheber dadurch auch einen Beitrag zur Verwertung des Werks leisten, wenn er mit seinem renommierten Namen mit dem Werk in Verbindung gebracht wird. Daher lässt sich die Zuweisung der originären Inhaberschaft des Urheberrechts weder im Arbeits- noch im Auftragsverhältnis mit der Übernahme des wirtschaftlichen Risikos begründen.[2563]

2561 Eichhorst/Marx/Thode, Atypische Beschäftigung und Niedriglohnarbeit, 2010, S. 29. In der Branche der IT-Dienstleistungen, deren Werke auch urheberrechtlich relevant werden können, liegt der Anteil der unbefristet angestellten Vollzeitbeschäftigten hingegen bei 67 %, Eichhorst/Marx/Thode, Atypische Beschäftigung und Niedriglohnarbeit, 2010, S. 29.

2562 Dazu Erstes Kapitel, § 3. Siehe auch Quaedvlieg in: Synodinou, Tatiana-Helenē, Codification of European copyright law, Authorship and Ownership, S. 229.

2563 Im Bereich der Filmwerke gilt – unabhängig von der vertraglichen Einbindung –, dass der Hauptdirektor des Films zumindest Mitinhaber des Urheberrechts ist. Denkbar könnte es daher sein, in den Bereichen, in denen der Arbeit- bzw. Auftraggeber – ebenso wie bei einem Filmwerk – ein hohes Investitionsrisiko trägt, diesem gemeinsam mit dem Urheber die Mitinhaberschaft des Urheberrechts zuzuweisen. Aus deutscher Sicht würde dies jedoch zu einer Verkomplizierung der Rechtslage führen. Außerdem zeigt die Zuweisung der (Mit-) Inhaberschaft des Urheberrechts an den Hauptdirektor wiederum die invidiuelle Prägung und begründet keine utilitaristische Zuweisung an den Investor. Letzteres wird nur insoweit zugelassen, wie der Hauptdirektor zumin-

1.2 Vorausverfügung an die Verwertungsgesellschaften

Für einen originären Erwerb des Urheberrechts des Arbeitgebers wird ferner die Gefahr angeführt, dass sich der Arbeitgeber von einer Verwertungsgesellschaft die Rechte holen müsse, wenn der Arbeitnehmer schon vor Schaffung des Werks die Rechte einer Verwertungsgesellschaft eingeräumt hat.[2564] Trüge der Arbeitgeber das Investionsrisiko, könne er nicht zusätzlich das Risiko tragen, ob der Arbeitnehmer auch imstande ist, die für die Verwertung notwendigen Rechte einzuräumen. Dem ist jedoch nicht zuzustimmen. Der Arbeitnehmer räumt nach deutscher Rechtslage dem Arbeitgeber bereits mit Abschluss des Arbeitsvertrages in Form einer Vorausverfügung die Nutzungsrechte am Werk ein.[2565] Nachfolgende Verfügungen können daher mangels gutgläubigen Erwerbs des Urheberrechts nicht zu einer Rechtsposition der Verwertungsgesellschaft führen. Selbst wenn man mit einem Teil der deutschen Literatur davon ausgeht, dass der Arbeitnehmer dem Arbeitgeber erst mit Fertigstellung des Werks Nutzungsrechte einräumt und der Arbeitnehmer vor Fertigstellung des Werks einer Verwertungsgesellschaft Nutzungsrechte an dem Werk eingeräumt hat, so hat der Arbeitgeber in diesem Fall einen Anspruch auf Freistellung gegenüber der Verwertungsgesellschaft und einen Regressanspruch gegenüber dem Arbeitnehmer, der seine Pflicht verletzt hat, die Rechte frei von Rechten Dritter einzuräumen.[2566] Daher kann auch die Sorge vor einer Vorausverfügung an die Verwertungsgesellschaft nicht dazu führen, dass dem Arbeitgeber die Rechte originär zugewiesen werden müssen.

---

dest Mitinhaber des Urheberrechts bleibt. Denn die dadurch entstehende Gesamthandgemeinschaft würde dem Arbeit- bzw. Auftraggeber auch nicht die uneingeschränkten Verwertungsrechte zuweisen, sondern jedes Handeln würde Einstimmigkeit in der Gemeinschaft voraussetzen.

2564 Rehbinder in: FS Roeber, 481(504-506); Stolz, UFITA 101 (1985), 29 (45); Dittrich in: Rehbinder, Die Urheberpersönlichkeitsrechte des Arbeitnehmerurhebers, S. 20.

2565 Wandtke in: Wandtke/Bullinger, § 43 UrhG Rn. 51; Müller-Höll, Der Arbeitnehmerurheber in der Europäischen Gemeinschaft, 2005, S. 47; Zirkel, Das Recht des angestellten Urhebers und EU-Recht, 2002, S. 51; Vinck, Die Rechtsstellung des Urhebers im Arbeits- und Dienstverhältnis, 1972, S. 15f; Rojahn, Der Arbeitnehmerurheber in Presse, Funk und Fernsehen, 1978, S. 43; Mathis, Der Arbeitnehmer als Urheber, 1988, S. 94f; Ulmer, Urheber- und Verlagsrecht, 1980, S. 402.

2566 Schacht, Die Einschränkung des Urheberpersönlichkeitsrechts im Arbeitsverhältnis, 2004, S. 80; Schack, ZUM, 1990, 59(60); so auch Rehbinder, Rn. 331, der dem Arbeitnehmer eine Offenbarungspflicht auferlegt.

1.3 Beweislastverteilung

Darüber hinaus wird für eine Zuweisung der Inhaberschaft des Urheberrechts angeführt, dass der Arbeitgeber bei einem derivativen Nutzungsrechteerwerb prozessual den Rechtsgrund und den Umfang der Nutzungsrechte darlegen müsse.[2567] Um den Verletzungen des Urheberrechts durch Dritte entgegen treten zu können, sei es notwendig, dass der Arbeitgeber mit einer streitfähigen prozessualen Position ausgestattet ist.[2568] Neben den Verletzungen des Urheberrechts müsse der Arbeitgeber sich auch gegen Werkentstellungen zur Wehr setzen können.[2569] Die Aktivlegitimation des Arbeitgebers kann ebenfalls kein geeignetes Kriterium für die Zuweisung der originären Inhaberschaft des Urheberrechts an den Arbeitgeber sein. Schließlich gebührt dem Arbeitgeber bei Einräumung eines exklusiven Nutzungsrechts auch das Recht, prozessual die Rechte zu verteidigen. Da auch die Zuweisung der originären Inhaberschaft des Urheberrechts an den Arbeitgeber stets tatbestandlich an Voraussetzungen geknüpft ist, kann die originäre Inhaberschaft des Urheberrechts nicht darüber hinweghelfen, dass der Arbeitgeber stets das Vorliegen der sachlichen und persönlichen Tatbestandsvoraussetzungen darlegen muss.[2570] Dies führt dazu, dass auch der englische und niederländische Arbeitgeber die Voraussetzungen der s. 11 Abs. 2 CDPA bzw. Art. 7 AW darlegen müssen, um den originären Erwerb des Urheberrechts zu begründen.

1.4 Förderung der Innovation

Ferner wird vorgebracht, dass eine zweckorientierte Zuweisung der Inhaberschaft des Urheberrechts an die (juristische) Person, die die Verwertung vornimmt, erforderlich ist, um die Innovation zu fördern.[2571] Die Zuweisung der Inhaberschaft des Urheberrechts an die Person des Verwerters

---

2567 So Rehbinder in: FS Roeber, 481(504-506); Frey, UFITA 94 (1984), 53(59).

2568 Maur, UFITA 118 (1992), 87 (110ff.).

2569 Maur, UFITA 118 (1992), 87 (122).

2570 Gegenstand von gerichtlichen Auseinandersetzungen ist in Deutschland weniger die Frage über den Umfang der Nutzungsrechte, sondern vielmehr die Frage, ob die persönlichen und sachlichen Voraussetzungen des § 43 UrhG gegeben sind. So auch Zirkel, Das Recht des angestellten Urhebers und EU-Recht, 2002, S. 219 m.w.N.

2571 Seignette, Challenges to the Creator Doctrine, 1994, S. 84ff.

führe zu Rechtssicherheit und reduziere den Transaktionsaufwand.[2572] Demnach müsste der Verwerter zumindest die Rechte originär zugewiesen bekommen, die er für die Verwertung benötigt. Die Innovationsförderung erfolgt jedoch nicht allein durch die Verwertung. Auch der Urheber trägt durch seine schöpferische Tätigkeit zu der Innovation bei, denn ohne seine Tätigkeit könnte keine Verwertung stattfinden. Dementsprechend geht auch die InfoSoc-Richtlinie von einem hohen Schutzniveau des Urheberrechts aus.[2573] Um die Urheber zu der schöpferischen Tätigkeit und damit zu einem Beitrag zur Innovation zu motivieren, müssen die Urheber danach für die Nutzung ihrer Werke eine angemessene Vergütung erhalten.[2574] Das können die Urheber jedoch leichter einfordern, wenn bei ihnen noch Rechte verbleiben, an denen der Arbeit- bzw. Auftraggeber Interesse hat. Das Urheberrecht ist damit nicht nur ein Mittel der Innovation, sondern auch ein notwendiges Mittel, das kulturelle Schaffen in Europa zu garantieren und die Unabhängigkeit und Würde der Urheber und ausübenden Künstler zu wahren.[2575] Daher kann allein aus dem Beitrag des Auftrag- bzw. Arbeitgebers an der Verwertung und damit an der Innovation nicht geschlossen werden, dass diese auch originäre Inhaber des Urheberrechts sein müssen.[2576]

1.5 Eigene Würdigung

Es ist daher festzustellen, dass die Übernahme des Investitions- und Verwertungsrisikos, die Möglichkeit von Vorausverfügungen an Verwertungsgesellschaften und die Förderung der Innovation nicht begründen können, dass dem Auftrag- oder Arbeitgeber die originäre Inhaberschaft des Urheberrechts zuzuweisen ist.[2577] Die Binnenmarktrelevanz der Inhaberschaft des Urheberrechts im Arbeits- und Auftragsverhältnis besteht dann

---

2572 Seignette, Challenges to the Creator Doctrine, 1994, S. 84ff.
2573 Erwägungsgrund 9 InfoSoc-Richtlinie.
2574 Erwägungsgrund 10 InfoSoc-Richtlinie.
2575 Erwägungsgrund 11 der InfoSoc-Richtlinie.
2576 Dazu auch Quaedvlieg in: Synodinou, Tatiana-Helenē, Codification of European copyright law, Authorship and Ownership, S. 226.
2577 Katzenberger in: Schricker, Urheberrecht auf dem Weg zur Informationsgesellschaft, 1997, S. 71, führt auch an, dass der Nutzer nichts gewinnt, wenn der Arbeitgeber Inhaber des Urheberrechts ist, weil dieses Verhältnis für den außenstehenden Nutzer im Dunkeln bleibe.

nicht[2578], wenn Mechanismen denkbar sind, die die Rechtsposition des Arbeit- bzw. Auftraggebers in angemessener Weise berücksichtigen. Hierbei ist der Fokus auf die Verteilung der vermögensrechtlichen Befugnisse zu setzen. Das idealistische Festhalten am Schöpferprinzip bei der Beurteilung der Urheberschaft und Inhaberschaft des Urheberrechts verträgt sich daher dann mit den praktischen Bedürfnissen im Arbeits- und Auftragsverhältnis, wenn die vermögensrechtlichen Befugnisse angemessen berücksichtigt sind.

2. Originäre Inhaberschaft des Urheberpersönlichkeitsrechts

In einer vom *Droit d'auteur*-System geprägten Urheberrechtsordnung ist dem Schöpfer stets die Inhaberschaft des Urheberrechts bzw. den vermögensrechtlichen Befugnissen zuzuweisen. Aus dem monistisch geprägten Urheberrechtssystem folgt weiter, dass die Zuweisung der Inhaberschaft des Urheberrechts untrennbar mit der Inhaberschaft des Urheberpersönlichkeitsrechts verbunden ist. Auch der ECC weist dem Urheber unabhängig vom Arbeits- und Auftragsverhältnis die Inhaberschaft der Urheberpersönlichkeitsrechte zu.[2579] Der dualistisch geprägte *Common Law*-Ansatz macht ein Auseinanderfallen der Inhaberschaft des Urheberrechts und des Urheberpersönlichkeitsrechts möglich. Wie die niederländische Literatur und Rechtsprechung zeigen, ist es denkbar, dem Arbeit- bzw. Auftraggeber neben den vermögensrechtlichen Befugnissen auch die Inhaberschaft des Urheberpersönlichkeitsrechts zuzuordnen. Vereinzelt wird auch in der deutschen Literatur gefordert, dem Arbeitgeber ebenfalls den Schutz der Urheberpersönlichkeitsrechte zukommen zu lassen und die Arbeitnehmer allein vom Schutz des Allgemeinen Persönlichkeitsrechts profitieren zu lassen.[2580]

2578 Katzenberger in: Schricker, Urheberrecht auf dem Weg zur Informationsgesellschaft, 1997, S. 58, geht davon aus, dass die Zuweisung der originären Inhaberschaft des Urheberrechts Binnenmarktrelevanz aufweist und dies auch zu einem Handelshemmnis führen kann. A.A. KOM 95, 382 endg., 19. Juli 1995, S. 35f., sieht die Frage der Inhaberschaft des Urheberrechts selbst durch die Entwicklung der neuen Technik nicht berührt.
2579 Art. 2.2 Abs. 1 *ECC*.
2580 Rehbinder in:FS Roeber, 481 (504-506).

2.1 Urheberpersönlichkeitsrecht als Schutz der ideellen Interessen des Urhebers

Würde dem Arbeit- oder Auftraggeber originär auch das Urheberpersönlichkeitsrecht zugewiesen, würde dadurch das geistige Band des Urhebers zu seinem Werk durchtrennt.[2581] Auch im Arbeits- und Auftragsverhältnis ist der Schutz der ideellen Interessen des Urhebers erforderlich und als höchstpersönliches Recht dem Schöpfer zuzuordnen. Die Ablehnung eines Schutzes der ideellen Interessen des angestellten und beauftragten Urhebers aufgrund einer im Einzelfall möglicherweise niedrigeren Gestaltungshöhe kann ebenfalls nicht überzeugen. Zwar kann es gerade im Bereich der Datenbanken oder Computerprogramme möglich sein, dass das Auftrags- oder Arbeitnehmerwerk eine geringe individuelle Prägung aufweist[2582] und dadurch der Schutzumfang des Urheberpersönlichkeitsrechts reduziert ist. Wie bereits an anderer Stelle angemerkt, kann eine geringe Gestaltungshöhe im Rahmen der Interessenabwägung berücksichtigt werden, wenn es um die Einschränkung urheberpersönlichkeitsrechtlicher Befugnisse geht.[2583] Der Schutz der kleinen Münze muss jedoch auch im Arbeits- und Auftragsverhältnis gelten. Außerdem kann aus einer geringen individuellen Prägung des Arbeitnehmer- oder Auftragswerks noch nicht geschlossen werden, dass dem Arbeit- oder Auftraggeber die Inhaberschaft des Urheberpersönlichkeitsrechts gebühren solle, der wiederum das Werk gar nicht mit seiner Persönlichkeit geprägt hat.[2584] Darüber hinaus würde durch die Zuweisung der Inhaberschaft des Urheberpersönlichkeitsrechts an den Arbeit- oder Auftraggeber auch die Rechtfertigung des Urheberrechtsschutzes in Frage gestellt. Denn nur die individuelle Leistung im Sinne einer persönlichen geistigen Schöpfung rechtfertigt den Urheberschutz. Auch im europäischen Sekundärrecht findet sich beispielsweise in Art. 1 Abs. 3 Computerprogramm-Richtlinie diese Schutzvoraussetzung wieder. Sowohl Erwägungsgrund 31 der InfoSoc-Richtlinie als auch § 11 S. 2 UrhG stellen klar, dass ein fairer Ausgleich zwischen den beteiligten Interessen stattfinden muss und damit neben den wirtschaftlichen Interessen des Arbeit- bzw. Auftraggebers auch die ideellen Interessen des Urhebers Schutz verdienen. Die Urheberpersönlichkeitsrechte dienen den urei-

---

2581 Siehe dazu Ausführungen im Ersten Kapitel, § 3.
2582 So Larese, UFITA 105 (1987), 7 (13); Larese, UFITA 79 (1977), 153 (170).
2583 Siehe dazu 1. Kapitel, § 3.
2584 So auch Schacht, Die Einschränkung des Urheberpersönlichkeitsrechts im Arbeitsverhältnis, 2004, S. 84, für den Fall der Arbeitnehmerwerke.

genen Interessen des Schöpfers. Um zu Ruhm und Anerkennung zu gelangen, ist es erforderlich, dass der beauftragte und auch der angestellte Urheber namentlich genannt werden. Die Urhebernennung kann auch als Teil der Vergütung angesehen werden.[2585] Mit der Namensnennung des Schöpfers wird zusätzlich das Interesse des Schöpfers verdeutlicht, die Werkintegrität zu schützen. Wird dem Urheber daher der Schutz seiner ideellen Interessen dadurch verwehrt, dass das Urheberrecht originär dem Arbeit- oder Auftraggeber zugewiesen wird, ist dies systemfremd.

2.2 Schutz der wirtschaftlichen Interessen des Auftrag- bzw. Arbeitgebers durch Gewerblichen Rechtsschutz

Würde der Auftrag- oder Arbeitgeber in den Schutzfokus des Urheberpersönlichkeitsrechts gerückt, hätte dies weitreichende Folgen für die Kulturwirtschaft. Da der Arbeitgeber bzw. der Verwerter vorwiegend an der optimalen Verwertung des Werks interessiert ist, würden allein wirtschaftliche Beweggründe die Ausübung des Urheberpersönlichkeitsrechts bestimmen. Neben der optimalen Verwertung des Werks ist der Arbeitgeber darüber hinaus an einem Nachahmungsschutz interessiert. Dies hätte ebenfalls weitreichende Folgen für die Geltendmachung der Urheberpersönlichkeitsrechte. Die Nennung des Urhebers würde nur dann erfolgen, wenn es dem Absatz des Werks dienen würde. Der Integritätsschutz würde wiederum nur nach Maßgabe der Massenkompatibilität im Rahmen der Verwertung eine Rolle spielen. Wie bereits an anderer Stelle ausgeführt[2586], müssen die Urheberpersönlichkeitsrechte jedoch eine Einschränkung im Auftrags- und Arbeitsverhältnis erfahren. Dennoch dürfen insbesondere die klassischen Werkarten im Arbeits- und Auftragsverhältnis nicht ihr charakteristisches Gesicht verlieren und mit einem reinen Wirtschaftsgut gleichgesetzt werden. Das Allgemeine Persönlichkeitsrecht kann den Urheber nicht hinreichend schützen, da es die Verbindung des Urhebers zu seinem Werk nicht erfasst. Die Zuweisung der vermögensrechtlichen und urheberpersönlichkeitsrechtlichen Befugnisse würde zu einer Degradierung des Kulturguts zu einem Wirtschaftsgut führen. Dies würde die Rechtfertigung des Urheberrechtsschutzes und auch die lange Schutzdauer von 70 Jahren nach dem Tod des Urhebers in Frage stellen. Darüber hinaus sind

---

2585 So auch Quaedvlieg in: Synodinou, Tatiana-Helenē, Codification of European copyright law, Authorship and Ownership, S. 202.
2586 Siehe hierzu Kapitel 1, § 3.

die Interessen des Arbeit- oder Auftraggebers an einem Nachahmungsschutz des Arbeitnehmer- bzw. Auftragswerks bereits hinreichend durch den Gewerblichen Rechtsschutz, hier insbesondere durch das Markenrecht, den unlauteren Wettbewerb und das Kartellrecht, geschützt.[2587]

2.3 Interessen der Allgemeinheit

Die Urheberpersönlichkeitsrechte des Urhebers dienen auch dem Schutz der Allgemeinheit. So führen die Urhebernennung und der Schutz der Werkintegrität zu einer Vertrauensbildung der Allgemeinheit, dass es sich bei dem Werk um das ursprüngliche, authentische, unverfälschte Werk des Schöpfers handelt. Gerade im Bereich der klassischen Werkarten dient der Schutz der Werkintegrität auch einer Erhaltung der kulturellen Diversität, welche nur dann gewährleistet werden kann, wenn nicht nur wirtschaftliche, sondern auch ideelle Beweggründe bei der Verwertung des Werks maßgeblich sind.[2588]

2.4 Fazit

Im Ergebnis ist festzustellen, dass die Argumente, die für die Zuweisung der originären Inhaberschaft des Urheberpersönlichkeitsrechts im Arbeits- und Auftragsverhältnis zum Arbeit- bzw. Auftraggeber angeführt werden, nicht überzeugen können. Vielmehr sprechen gute Gründe, wie die Qualifikation des Urheberrechts als Kulturgut, dafür, die originäre Inhaberschaft des Urheberpersönlichkeitsrechts auch im Auftrags- und Arbeitsverhältnis dem Schöpfer zuzuweisen. Dennoch kann die Zuweisung der Inhaberschaft des Urheberpersönlichkeitsrechts zum Schöpfer nicht darüber hinwegtäuschen, dass diese Rechte insbesondere im Arbeits- und Auftragsverhältnis eine Einschränkung erfahren.

2587 So auch Quaedvlieg in: Synodinou, Tatiana-Helenē, Codification of European copyright law, Authorship and Ownership, S. 205. Die *Common Law*-Länder, in denen kein Schutz vor einem unlauteren Wettbewerb besteht, können dieses Schutzdefizit nicht mit dem Urheberrecht auffangen. Da das Urheberrecht stets nur den Ausdruck und nicht den Inhalt schützt, ist die Zuordnung zum Urheberrecht systemfremd und muss andernorts aufgefangen werden.

2588 So auch Quaedvlieg in: Synodinou, Tatiana-Helenē, Codification of European copyright law, Authorship and Ownership, S. 206.

3. Harmonisierung der vermögensrechtlichen Befugnisse im Arbeits- und Auftragsverhältnis?

Der Umstand, dass im europäischen Vergleich bei Grenzübertritt die Inhaberschaft des Urheberrechts wechselt, ist im Bereich des Arbeits- und Auftragsverhältnisses hinzunehmen, wenn andere Mechanismen imstande sind, die praktischen Bedürfnisse der Arbeit- und Auftraggeber zu berücksichtigen. Entscheidender als die Zuordnung der Inhaberschaft des Urheberrechts ist daher die Verteilung der vermögensrechtlichen Befugnisse im Arbeits- und Auftragsverhältnis. Einigkeit besteht dahingehend, dass der Arbeit- und Auftraggeber der Werke, die der Arbeitnehmer bzw. Auftragnehmer in Erfüllung seiner vertraglichen Pflichten angefertigt hat, wirtschaftlich profitieren soll.[2589]

Der Fokus einer möglichen Rechtsharmonisierung ist daher auf den Umfang der vermögensrechtlichen Befugnisse im Arbeits- und Auftragsverhältnis zu richten.[2590] Denn letztendlich führt die Inhaberschaft des Urheberrechts dazu, dass dem Arbeitgeber alle Vermögensrechte am Arbeitnehmerwerk zugewiesen werden. Die Frage der Inhaberschaft ist daher zweitrangig, wenn der Arbeitgeber in vermögensrechtlicher Hinsicht ausreichend befugt ist. Handelshemmnisse können hingegen entstehen, wenn der Arbeit- oder Auftraggeber nur durch zusätzlichen Transaktionsaufwand seine Vermögensrechte sichern kann. Darüber hinaus könnte es auch ein Handelshemmnis darstellen, wenn der ausländische Arbeitgeber tatsächlich nicht die Rechte erwerben kann, die er nach seiner inländischen Rechtsordnung erlangen kann. Eine Angleichung der vermögensrechtlichen Befugnisse im Arbeits- und Auftragsverhältnis ist zudem erfolgsversprechender als die Angleichung der originären Inhaberschaft des Urheberrechts und Urheberpersönlichkeitsrechts. Zum einen sind sich die englische, niederländische und deutsche Rechtsauffassung bereits im Kern einig, dass dem Arbeit- und Auftraggeber Vermögensrechte zugewiesen werden müssen. Zum anderen bestehen auf dem Gebiet zwar auch mit der

---

2589 International Association for the Protection of Intellectual Property, AIPPI; Employers' rights to intellectual property; 2004, Summary Report, S. 1.

2590 So auch Werra in: Synodinou, Codification of European copyright law, An Essential Brick in the Building of European Copyright; S. 263. A.A. Lewinski in: Synodinou, Codification of European copyright law, Copyright Contracts; S. 242, die anführt, dass die notwendige Binnenmarktrelevanz nur schwer darzulegen ist. Auch zeigte die Europäische Kommission bisher kein Interesse an der Harmonisierung des Urhebervertragsrechts, siehe dazu KOM 95/382 endg. 17. Juli 1995, S. 42, S. 67; S. 69ff.

translativen Übertragbarkeit des Urheberrechts eklatante Unterschiede. Dennoch besteht die Möglichkeit, diese Uneinigkeit auf ein wirtschaftlich einheitliches Ziel zu lenken. Sensible und nicht durch Kompromisse lösbare Fragestellungen wie die Entscheidung für oder gegen das urheberzentrierte *Droit d'auteur*-System bzw. investitionsgeprägte *Common Law*-System können außen vor bleiben. Die Harmonisierung der vermögensrechtlichen Befugnisse im Arbeits- und Auftragsverhältnis können sich auch in die bisherigen Harmonisierungsbemühungen des Europäischen Gesetzgebers einfügen.

3.1 Harmonisierung der vermögensrechtlichen Befugnisse im Arbeitsverhältnis

Für eine Harmonisierung der vermögensrechtlichen Befugnisse im Arbeitsverhältnis spricht zudem, dass die bisherige Situation im grenzüberschreitenden Sachverhalt wenig Rechtsklarheit bietet. Sowohl der englische als auch der niederländische Arbeitgeber werden aufgrund der eigenen Rechtsordnung davon ausgehen, dass ihnen auch bei Grenzübertritt alle vermögensrechtlichen Befugnisse an dem Arbeitnehmerwerk zustehen und basierend auf dieser nationalen Rechtseinschätzung davon absehen, vertragliche Regelungen zu treffen. Zudem würde die Harmonisierung der Verteilung der vermögensrechtlichen Befugnisse im Arbeitsverhältnis auch den Transaktionsaufwand reduzieren, da der Arbeitgeber sich nicht vertraglich mit jedem Verwertungsland auseinandersetzen müsste. Der Transaktionsaufwand könnte reduziert werden, indem dem Arbeitgeber zumindest vermögensrechtliche Mindestbefugnisse zugeordnet werden. Die Tatsache, dass der Arbeitnehmer sich aus eigenem Entschluss zu der Schöpfung von Werken in Erfüllung arbeitsvertraglichen Pflichten entschieden hat und der Arbeitgeber zumindest zum Teil das Investitions- und Verwertungsrisiko trägt, rechtfertigen es, dem Arbeitgeber eine rechtssichere Position für die Verwertung des Arbeitnehmerwerks zu geben. Eine rechtssichere Situation birgt auch für den Arbeitnehmer Vorteile. Eine einheitliche Mindestlösung führt dazu, dass sowohl der Arbeitgeber als auch der Arbeitnehmer für die eigenen Rechte sensibilisiert werden. Gerade in den Zeiten, in denen der Urheber mit einem Total-Buy-Out seiner Rechte konfrontiert wird, stärkt dies das Problembewusstsein des Urhebers, welches als erster Schritt für die Stärkung seiner Verhandlungsposition notwendig ist.

3.1.1 Harmonisierungsansätze

Es stellt sich die Frage, wie die Befugnisse des Arbeitgebers an dem urheberrechtlich geschützten Arbeitnehmerwerk harmonisiert werden könnten. Kompromisse bei der Verteilung vermögensrechtlicher Befugnisse wurden auf europäischer Ebene bereits im Rahmen von §§ 69b und 88f. UrhG erreicht. Zudem dient auch Art. 2.5. ECC als Diskussionsgrundlage. Es ist daher zu überprüfen, inwieweit diese Regelungen Vorbildcharakter für die Verteilung der vermögensrechtlichen Befugnisse im Arbeitsverhältnis haben können.

3.1.1.1 Art. 2.5. European Copyright Code

In Art. 2.5 ECC wird vorgeschlagen, dem Arbeitgeber vorbehaltlich anderslautender Vereinbarung alle vermögensrechtlichen Befugnisse an dem Werk, das der Arbeitnehmer in Erfüllung seiner vertraglichen Pflichten oder nach Maßgabe der Weisungen des Arbeitgebers erstellt hat, translativ zu übertragen. Das ECC folgt daher der dualistischen Lehre des Urheberrechts. Dem Arbeitnehmer stehen für diese Übertragung keine gesetzlichen Vergütungsansprüche zu.[2591] Die translative Übertragung kann formfrei erfolgen.[2592] Darüber hinaus trifft den Arbeitgeber keine inhaltliche Spezifizierungspflicht. Der Umfang der vermögensrechtlichen Befugnisse begrenzt sich daher nicht auf den Vertragszweck, wenn der Arbeitgeber die Höhe der Vergütung, den räumlichen Umfang, die Nutzungsarten, die Dauer der Nutzung nicht konkretisiert hat.[2593] Mit der Übertragung ist der Arbeitgeber damit derivativ Inhaber des *copyright* geworden.[2594] Dabei ist er nicht auf den Betriebszweck beschränkt und kann das Arbeitnehmerwerk auch in erst später bekanntwerdenden Nutzungsarten verwerten.

2591 2.3. (3) ECC i.V.m. Fn. 20.
2592 Art. 2.3. (4) ECC i.V.m. Fn. 20.
2593 Art. 2.4. ECC i.V.m. Fn. 20.
2594 Die Urheberpersönlichkeitsrechte verbleiben jedoch nach Art. 2.2 (2) ECC stets beim Urheber.

3.1.1.2 § 69b UrhG

Die vermögensrechtlichen Befugnisse an den Arbeitnehmerwerken, die keine Computerprogramme darstellen, könnten nach dem Vorbild des § 69b UrhG ausgestaltet werden. Im Vergleich zu dem in Art. 2.5. ECC enthaltenen Vorschlag würde dies bedeuten, dass der Arbeitgeber nur konstitutive Nutzungsrechte erlangen würde, die jedoch ebenso wie bei Art. 2.5 ECC auch dazu führen würden, dass der Arbeitgeber unbeschränkt vermögensrechtlich befugt wäre. § 69b UrhG gibt dem Urheber in Ausnahmefällen gesetzliche Vergütungsansprüche für den Fall, dass nicht anzunehmen ist, dass die Vergütung nicht bereits mit dem Gehalt abgegolten ist.[2595] Die Rechtseinräumung ist nicht auf den Betriebszweck beschränkt und erstreckt sich auch auf die zum Zeitpunkt der Werkschöpfung unbekannten Nutzungsarten. Darüber hinaus dürfte der Arbeitgeber unbeschränkt die vermögensrechtlichen Befugnisse übertragen oder weiterlizenzieren, gemäß §§ 34, 35 UrhG.

3.1.1.3 §§ 88f. UrhG

Eine weitere Möglichkeit besteht darin, die vermögensrechtlichen Befugnisse nach Maßgabe der §§ 88f. UrhG auszugestalten, nach welchen der Arbeitgeber im Zweifel[2596] exklusive Nutzungsrechte erwerben würde.[2597] Würde man die Befugnisse des Arbeitgebers nach Maßgabe der §§ 88f. UrhG ausgestalten, würde dies dazu führen, dass der Arbeitgeber das Arbeitnehmerwerk unverändert und in bearbeiteter Form verwerten darf. Urheberschützende Beschränkungen, wie das Widerrufsrecht bei der Verwertung in vormals unbekannten Nutzungsarten sowie die Bestimmungen über die Übertragung von Nutzungsrechten (§ 34 UrhG) über die Einräumung weiterer Nutzungsrechte (§ 35 UrhG), über das Rückrufrecht wegen Nichtausübung (§ 41 UrhG) und wegen gewandelter Überzeugung (§ 42 UrhG) wären nicht anzuwenden.[2598]

2595 Siehe die Ausführungen im Ersten Kapitel unter § 3.

2596 §§ 88 und 89 UrhG finden jedoch nur dann Anwendung, wenn die Auslegung nach Maßgabe der Zweckübertragungsregel unklar bleibt.

2597 Dies wird insbesondere im Bereich der Multimediawerke vorgeschlagen, so Schack, Rn. 217.

2598 § 88 Abs. 1 S. 2 UrhG.

3.1.2 Eigene Würdigung

Art. 2.5. ECC und § 69b UrhG sind speziell auf die Situation des Arbeitnehmers zugeschnitten.[2599] §§ 88f. UrhG finden unabhängig von der Art der vertraglichen Verpflichtung auch außerhalb des Arbeitsverhältnisses in Auftragsverhältnissen Anwendung. Allen drei Ansätzen ist zumindest in Form der deutschen Umsetzung gemein, dass sie dem Schöpfer die originäre Inhaberschaft des Urheberrechts zuweisen und dem Arbeitgeber derivativ (entweder konstitutiv oder translativ) Rechte übertragen. Unterschiede bestehen darin, welche Rechtsposition beim Arbeitnehmer verbleibt. Art. 2.5 ECC geht von einer translativen Übertragung der Vermögensrechte an den Auftraggeber aus und folgt demnach der dualistischen Lehre des Urheberrechts. Danach verbleibt beim Urheber keine vermögensrechtliche Befugnis mehr. Doch selbst wenn § 69b UrhG dem Arbeitgeber nur konstitutiv alle Vermögensrechte in Form von Nutzungsrechten eingeräumt werden, verbleibt beim Urheber nur noch ein leere Hülse vermögensrechtlicher Befugnisse. § 69b UrhG suggeriert damit nicht nur eine Trennbarkeit der Vermögensrechte von den Urheberpersönlichkeitsrechten, sondern führt letztendlich auch dazu, dass der Urheber das Werk nicht mehr verwerten darf. Ebenso wie in § 69b UrhG würde sich auch die Rechtslage nach den §§ 88f. UrhG beurteilen.

3.1.2.1 Aufgabe des monistischen Systems?

Art. 2.5. ECC, § 69b UrhG und §§ 88f. UrhG weisen alle Vermögensrechte dem Arbeitgeber bzw. Filmhersteller zu und setzen damit zumindest gedanklich die Trennbarkeit der Vermögens- von den Urheberpersönlichkeitsrechten voraus. Dies wirft zum einen die Frage auf, ob die europäische Harmonisierung der Verteilung von Vermögensrechten stets die Aufgabe der monistischen Lehre des Urheberrechts erfordert. Zumindest im Bereich der Computerprogramme scheint dieser Gedanke nicht mehr aufzuhalten sein. An der dualistischen Lehre des Urheberrechts ist zu kritisieren, dass sie vorgibt, zwei ineinander verschlungene Schutzbereiche des Urheberrechts trennen zu können. Das Recht, ein Werk verwerten zu dürfen, kann nicht unabhängig vom Veröffentlichungsrecht oder dem Recht auf Anerkennung der Urheberschaft bewertet werden. Das Recht, Änderun-

---

2599 Die Anwendung der §§ 69b, 88f. UrhG ablehnend: Katzenberger in: Schricker, Urheberrecht auf dem Weg zur Informationsgesellschaft, 1997, S. 72, 77.

gen am Werk vornehmen zu dürfen, findet stets seine Grenze am Schutz der Werkintegrität. Dennoch darf das monistische System nicht rein ideologisch betrachtet werden, denn auch die dualistische Lehre verhindert nicht, dass der Inhaber des Urheberpersönlichkeitsrechts etwas verbietet, was der Inhaber des Vermögensrechts gestattet.[2600]Geht es daher allein darum, die urheberpersönlichkeitsrechtlichen Befugnisse zu gewährleisten, ergibt dies noch keine klare Präferenz zugunsten der monistischen Auffassung. Zwar wird das Zusammenspiel von Vermögens- und Urheberpersönlichkeitsrechten am überzeugendsten und ehrlichsten durch die monistische Theorie des Urheberrechts gelöst, doch darf auch nicht unterschätzt werden, welch großer Schritt in Richtung einer Harmonisierung des Urheberrechts durch die Aufgabe des Monismus erreicht werden könnte.

3.1.2.2 Gesetzliche Vergütungsansprüche im Arbeitsverhältnis?

Im Hinblick auf die tatsächliche Anstellungssituation des Urhebers, der in der Regel befristet tätig ist, kann nicht davon die Rede sein, dass der angestellte Urheber bereits ausreichend finanziell durch das Gehalt abgesichert ist. Der Anspruch auf angemessene Vergütung ist auch im Europäischen Sekundärrecht enthalten.[2601]Es ist daher zu befürworten, dass auch dem angestellten Urheber zusätzliche Vergütungsansprüche zugutekommen. Hier spielt neben dem Anspruch auf angemessene Vergütung auch die weitere Vergütung nach den §§ 32 ff. UrhG eine entscheidende Rolle. Entgegen Art. 2.5 ECC und § 69b UrhG wäre daher ein gesonderter Vergütungsanspruch aufzunehmen. Bei der Höhe der Vergütungsansprüche ist auch die Länge bzw. noch bestehende betriebliche Zugehörigkeit zu berücksichtigen.

2600 So auch Schack, Rn. 307; Zirkel, Das Recht des angestellten Urhebers und EU-Recht, 2002, S. 219.
2601 Der Urheber behält auch seinen unverzichtbaren Anspruch auf Vergütung gemäß Art. 5 der Verleih- und Vermietrechts-Richtlinie. Zudem ist der Anspruch auf angemessene Vergütung auch in Erwägungsgrund 31 der InfoSoc-Richtlinie enthalten.

3.1.2.3 Beschränkung der Vermögensrechte des Arbeitgebers auf den Betriebszweck und auf bereits bekannte Nutzungsarten?

Entscheidend ist auch die Frage, ob die vermögensrechtlichen Befugnisse des Arbeitgebers auf die Verwertung im Betriebszweck und/oder auf die zum Zeitpunkt der Werkschöpfung bekannten Nutzungsarten beschränkt sein sollten. Art. 2.5. ECC, § 69b UrhG und die §§ 88f. UrhG gewähren dem Arbeitgeber inhaltlich unbeschränkte Vermögensrechte, die weder auf den Betriebszweck noch auf die zum Zeitpunkt der Schöpfung des Arbeitnehmerwerks bekannten Nutzungsarten beschränkt sind. Dies stimmt auch mit der Rechtslage in England und den Niederlanden überein. Die deutsche Regelung des § 43 UrhG weist hingegen dem Arbeitgeber nur die Rechte zu, die für die Verwertung des Arbeitnehmerwerks im betrieblichen Zweck erforderlich sind. In der Regel wird es sich dabei auch um ausschließliche Verwertungsrechte handeln. Trifft der deutsche Arbeitgeber keine schriftliche Regelung, können sich dessen Rechte aufgrund des Schriftformerfordernisses nach § 31a UrhG nur auf zum Zeitpunkt der Fertigstellung des Werks bekannte Nutzungsarten beziehen.

Es stellt sich daher die Frage, ob inhaltlich unbeschränkte Vermögensrechte des Arbeitgebers für die effiziente Verwertung des Arbeitnehmerwerks erforderlich sind. Da sich in der Regel die Verwertung des Arbeitgebers im Rahmen des Betriebszwecks halten wird und zum Zeitpunkt der Fertigstellung des Werks unbekannte Nutzungsarten für die Verwertung noch keine Rolle spielen, hat der Arbeitgeber zum Zeitpunkt der Fertigstellung kein tatsächliches berechtigtes Interesse an inhaltlich unbeschränkten Vermögensrechten. Damit greift auch der im Arbeitsverhältnis geltende Grundsatz, dass die Vermögensrechte nach Maßgabe des erforderlichen Vertragszwecks zwischen den Vertragsparteien verteilt werden.

Dennoch stellt sich die Frage, welche Bedeutung verbleibende Rechte für den Arbeitnehmer haben. Fest steht, dass der Arbeitnehmer aufgrund des arbeitsvertraglichen Treueverhältnisses nicht dazu berechtigt ist, mit dem Arbeitgeber während des Bestehens des Arbeitsverhältnisses in Konkurrenz zu treten.[2602] Auch nach Ende des Arbeitsverhältnisses kann dieser Grundsatz nachwirken, wenn die außerbetriebliche Verwertung des Arbeitnehmerwerks weiterhin mit den Betriebszwecken des ehemaligen Arbeitgebers in Verbindung gebracht wird oder der Arbeitgeber seine Verschwiegenheitsverpflichtung damit verletzt. Diese Beschränkung des nachvertraglichen Treueverhältnisses erlaubt es dem Urheber jedoch nicht, das

---

2602 Hunziker in: UFITA 101 (1985), 49 (58); Zirkel, S. 228.

Werk identisch für andere Zwecke als die betrieblichen Zwecke des ehemaligen Arbeitgebers zu verwenden. Daher darf der Arbeitnehmer auch nach Ende des Arbeitsverhältnisses die Pflichtwerke nicht für außerbetriebliche Zwecke verwerten.[2603] Wenn der Arbeitnehmer die Werke ohnehin nicht außerbetrieblich verwerten kann, stellt sich umso mehr die Frage, warum dem Arbeitgeber nicht von vornherein alle Vermögensrechte zugewiesen werden sollten.

Das Urheberrecht als Kulturgut und individuelle Leistung des Arbeitnehmers darf nicht ausschließlich aus der vermögensrechtlichen Sicht des Arbeitgebers betrachtet werden. Jede vermögensrechtliche Befugnis des Arbeitgebers ist danach zu untersuchen, ob sie erforderlich ist und mit den Interessen des Arbeitnehmers vereinbart ist. Ausgangspunkt sollte daher sein, dem Arbeitgeber die Rechte zuzuweisen, die er für die betriebsmäßige Verwertung benötigt. Für den Arbeitgeber ist vor allem entscheidend, dass er das Werk in seinem betrieblichen Zweck verwerten kann. Mögliche Veränderungen des Betriebszwecks und die Nutzung des Arbeitnehmerwerks in vormals unbekannten Nutzungsarten betreffen zunächst nur Eventualitäten, die zumindest zum Zeitpunkt der Fertigstellung des Arbeitnehmerwerks nicht relevant sind. Verändert sich die betriebliche Ausrichtung des Arbeitgebers bzw. ergeben sich durch technologische Neuerungen neue Verwertungsmöglichkeiten in vormals unbekannten Nutzungsarten, hat der Arbeitgeber jedoch ein zu berücksichtigendes berechtigtes Interesse, diese Rechte auch im Nachhinein unabhängig von seiner noch bestehenden betrieblichen Zugehörigkeit vom Urheber erwerben zu können. Auch der Arbeitnehmer ist grundsätzlich an dem Erfolg seines Werks und damit an einer Verwertung des Werks interessiert. Da der Arbeitnehmer Anspruch auf eine angemessene bzw. weitere Vergütung hat und selbst aufgrund des arbeitsvertraglichen Treueverhältnisses weder innerhalb noch außerhalb des betrieblichen Zwecks dazu berechtigt ist, das Arbeitnehmerwerk selbst zu verwerten, hat der Arbeitnehmer grundsätzlich auch ein Interesse daran, dass sein Werk durch den Arbeitgeber in Form von vormals unbekannten Nutzungsarten oder auch außerhalb des Betriebszwecks verwertet wird.

Räumt man dem Arbeitgeber zum Zeitpunkt der Fertigstellung des Werks nur inhaltlich auf den Betriebszweck begrenzte Vermögensrechte ein, die unbekannte Nutzungsarten im Falle der stillschweigenden Einräumung nicht erfassen würden, würde dies dem Arbeitnehmer eine stärkere Verhandlungsposition bei der Durchsetzung seiner gesetzlichen Vergü-

---

2603 So auch Zirkel, S. 229.

tungsansprüche geben. Daher ist die inhaltlich unbegrenzte Einräumung aller Vermögensrechte an den Arbeitgeber außerhalb von Computerprogrammen abzulehnen. Aus Gründen der Rechtsklarheit ist es erforderlich, die Frage der Übertragbarkeit und Unterlizenzierbarkeit der Vermögensrechte unionsweit klar zu regeln. Die inhaltlich auf den Betriebszweck eingeschränkten Nutzungsrechte sollten daher im Zweifel unterlizenzierbar und übertragbar ausgestaltet sein. Dies würde zum einen eine Angleichung an die Rechtsposition der Inhaberschaft des Urheberrechts des Arbeitgebers bedeuten, aber auch tatsächliche praktische Bedürfnisse abdecken, da die freie Zirkulation innerhalb großer Konzerne die Realität darstellt. Es wäre auch zu befürworten, dem Arbeitgeber – vorbehaltlich berechtigter Interessen des Arbeitnehmers – den Anspruch einzuräumen, sich weitere Nutzungsrechte, insbesondere außerhalb des Betriebszwecks bzw. für vormals unbekannte Nutzungsrechte, einräumen zu lassen. Dies hat für den Arbeitnehmer den Vorteil, dass er eine gestärkte Verhandlungsposition bei der Durchsetzung seiner Vergütungsansprüche hat. Der Arbeitgeber sollte jedoch nur dann Anspruch auf Einräumung weiterer Nutzungsrechte haben, wenn dem keine berechtigten Interessen des Arbeitnehmers entgegenstehen. Ein berechtigtes Interesse könnte u.a. dann vorliegen, wenn ideelle Interessen des Urhebers verletzt würden oder keine angemessene Vergütung vereinbart wurde. Stehen keine berechtigten Interessen des Urhebers entgegen, ist der Urheber auch nach Beendigung des Arbeitsverhältnisses verpflichtet, die entsprechenden Nutzungsrechte einzuräumen. Dem eventuell entstehenden Verwertungsinteresse des Arbeitgebers wird dadurch ebenfalls hinreichend Rechnung getragen, denn der angestellte Urheber kann der Einräumung von Nutzungsrechten außerhalb des Betriebszwecks bzw. für vormals unbekannte Nutzungsarten nur aus berechtigten Interessen verweigern. Zudem hätte diese Konstruktion den Vorteil, dass die vermögensrechtlichen Befugnisse des Arbeitgebers vereinheitlicht würden.

Den gemeinen angestellten Urheber anders als den angestellten Programmierer zu behandeln, der alle seine Vermögensrechte nach Art. 1 Abs. 3 Computerprogramm-Richtlinie bzw. § 69b UrhG auf den Arbeitgeber überträgt, ist auch aus sachlichen Gründen gerechtfertigt. Der Schutz der klassischen Werkarten ist nicht mit dem Schutz der Computerprogramme gleichzusetzen. In der Regel sind die klassischen Werkarten mehr von der Persönlichkeit des Urhebers geprägt. Es ist daher im Bereich der Computerprogramme unwahrscheinlicher, dass der Verwertung berechtig-

te Interesse des angestellten Programmierers entgegenstehen[2604]. Die geringere individuelle Prägung der Computerprogramme führt dazu, dass § 69b
UrhG nicht den Arbeitnehmerwerken der klassischen Werkarten zugrunde gelegt werden kann.

Auch können die §§ 88f. UrhG nicht dazu führen, dass dem Arbeitgeber
inhaltlich unbegrenzte Vermögensrechte übertragen werden müssen. Die
§§ 88f. UrhG werden mit dem hohen finanziellen und organisatorischen
Aufwand des Filmherstellers begründet. Nicht zuletzt wegen der Vereinigung unterschiedlicher Ausdrucksformen wie Bild, Sprache und Musik sei
es notwendig, dem Filmhersteller eine rechtssichere Position zuzuweisen,
damit er seine Investition amortisieren könne. Dies gilt im Filmbereich für
den Urheber unabhängig von seiner vertraglichen Verpflichtung in Form
eines Arbeitsvertrags oder Auftragsverhältnisses. Die Anwendung der
§§ 88 ff. UrhG wird auch für den Bereich digitaler Werke vorgeschlagen,
die ebenso wie das Filmwerk aus unterschiedlichen Ausdrucksformen wie
Text, Bild, Musik und Computerprogrammen zusammengesetzt werden.[2605] Die rein finanzielle Leistung als Ausgangspunkt für die weitreichende Zuweisung vermögensrechtlicher Befugnisse zu betrachten, ist jedoch kritisch zu beurteilen. Das Urheberrecht dient dazu, sowohl die ideellen als auch die wirtschaftlichen Interessen zu schützen. Weist man unabhängig von tatsächlichen Bedürfnissen die ausschließlichen Nutzungsrechte an einem Werk dem Hersteller zu, so führt dies zu einer einseitigen
Betrachtung der wirtschaftlichen Interessen. Demjenigen alle Recht zuzuweisen, der die Infrastruktur und die finanziellen Mittel zur Verfügung
stellt, lässt die Charakterisierung des Urheberrechts als Kulturgut hinterfragen und erweckt den Eindruck, dass das Urheberrecht ein reines Wirtschaftsgut ist. Darüber hinaus ist eine entsprechende Anwendung der
§§ 88 ff. UrhG auf digitale Werke auch deshalb kritisch, weil diesen Werken nicht zwingend ein hoher finanzieller und organisatorischer Aufwand
vorangeht.

2604 Eine weitere Begründung könnte auch in dem mit 67 % vergleichsweise hohen
Anteil der unbefristet angestellten vollzeitbeschäftigten Programmierer gesehen werden. Damit ist der angestellte Programmierer in einer vergleichsweise
sichereren Arbeitssituation. Siehe zu dem Anteil der Vollzeitbeschäftigten in
der Softwarebranche: Eichhorst/Marx/Thode, Atypische Beschäftigung und
Niedriglohnarbeit, 2010, S. 29.

2605 Schricker, Multiforme Werke – Urheberrecht in einer sich wandelnden Medi-
enwelt, 755-767 in: FS Strömholm, Uppsala Band II, 755(761); Peifer, Die Individualität im Zivilrecht, 2001, S. 89.

3.1.2.4 Fazit

Die Harmonisierung der Verteilung von vermögensrechtlichen Befugnissen im Arbeitsverhältnis ist zu befürworten. Geeignetes Mittel ist dabei die Regelung in Form einer Verordnung. Soweit die Arbeitsvertragsparteien keine ausdrückliche Regelung über die Einräumung von Nutzungsrechten getroffen haben, ist von einer stillschweigenden Verpflichtung zur Einräumung von Nutzungsrechten an dem Arbeitnehmerwerk für den betrieblichen Zweck auszugehen. Die stillschweigende Einräumung sollte nicht die zum Zeitpunkt des Vertragsschlusses unbekannten Nutzungsarten sowie die Nutzung außerhalb des Betriebszwecks erfassen. Da der Arbeitnehmer und der Arbeitgeber grundsätzlich das Interesse an der Verwertung des Arbeitnehmerwerks teilen, hat der Arbeitgeber auch ohne schriftliche Vereinbarung im Zweifel einen Anspruch auf Einräumung ausschließlicher Nutzungsrechte an dem Arbeitnehmerwerk außerhalb des betrieblichen Zwecks und für vormals unbekannte Nutzungsarten[2606], sofern keine berechtigten Interessen des Arbeitnehmers entgegenstehen. Berechtigte Interessen des Arbeitnehmers können das Entgegenstehen berechtigter ideeller Interessen des Urhebers nach den §§ 12 ff. UrhG oder die fehlende Vereinbarung einer angemessenen Vergütung sein.[2607]

3.2 Harmonisierung der vermögensrechtlichen Befugnisse im Auftragsverhältnis

Eine Harmonisierung der vermögensrechtlichen Befugnisse im Auftragsverhältnis beinhaltet die Harmonisierung des Urhebervertragsrechts. Die nationalen Rechtsauffassungen unterscheiden sich insbesondere darin, ob

---

2606 Katzenberger in: Schricker, Urheberrecht auf dem Weg zur Informationsgesellschaft, 1997, S. 71, führt ebenfalls an, dass die Einräumung der Nutzungsrechte für unbekannte Nutzungsarten im Arbeitsverhältnis denkbar erscheint.

2607 Hierbei ist denkbar, auf den bereits im Jahr 2000 im Rahmen der Reform des Urhebervertragsrechts entworfenen 43 Abs. 2 S. 1 UrhG-E (BT Drucks. XIV/ 6433, S. 5) zurückzugreifen, nach welchem der Arbeitgeber oder Dienstherr im Zweifel ausschließliche Nutzungsrechte erwirbt, soweit diese für Zwecke seines Betriebes benötigt werden. Der Entwurf könnte wie folgt ergänzt werden: „Der Arbeitgeber oder Dienstherr ist im Zweifel berechtigt, seine Nutzungsrechte an Dritte zu übertragen oder zu unterlizenzieren. Sofern keine berechtigten Interessen des Urhebers entgegenstehen, kann der Arbeitgeber die Einräumung weiterer Nutzungsrechte für weitergehende Zwecke oder für bekanntwerdende Nutzungsarten verlangen."

das Prinzip der Vertragsfreiheit um den Schutzmechanismus zugunsten des (beauftragten) Urhebers zu erweitern ist. Zusätzliche nationale Rechtsunterschiede offenbaren sich bei der Möglichkeit, das Urheberrecht translativ zu übertragen. Vereinzelt werden rechtsgeschäftliche Dispositionen über das Urheberrecht an Formanforderungen geknüpft. Weitere Ansprüche des Urhebers wie Vergütungsansprüche bzw. der Anspruch gegenüber dem Auftraggeber auf Verwertung des Werks werden ebenfalls unterschiedlich gesetzlich geregelt.

3.2.1 Harmonisierungsansätze

3.2.1.1 Art. 2.3., 2.4. und 2.6. ECC

Art. 2.6. ECC weist dem Auftraggeber die vermögensrechtlichen Rechte an dem Auftragswerk zu, die für die Nutzung des Werks nach dem zugrundeliegenden Vertragszweck benötigt werden.[2608] Der Vertragszweck bestimmt sich nach der Kenntnis des Urhebers oder nach den Vertragsbedingungen. Daneben wird vorgeschlagen, dass das Urheberrecht konstitutiv und – unter Einhaltung der Schriftform – translativ übertragen werden kann. Dem Urheber soll bei der translativen Übertragung des Urheberrechts Vergütungsanspruch zustehen.[2609]

3.2.1.2 Art. 88f. UrhG

Auch im Bereich der Auftragswerke könnte die Regelung zu den vermögensrechtlichen Befugnissen an Filmwerken nach §§ 88f. UrhG als Grundlage verwendet werden. Danach würden dem Auftraggeber im Zweifel alle vermögensrechtlichen Befugnisse an dem Filmwerk zustehen.

2608 Dabei handelt es sich um eine im Auftragsverhältnis geltende Sonderregelung. Allgemein gilt nach Art. 2.4. ECC die Zweckübertragungsregel. Danach gilt im Falle eines Vertrags, der die Vergütung, die räumliche Geltung, die Verwertungsart und die Dauer der exklusiv eingeräumten oder translativ übertragenen Rechte nicht konkret benennt, dass diese Rechte nach dem Vertragszweck zum Zeitpunkt des Vertragsschlusses bestimmt werden.
2609 Art. 2.3. ECC.

3.2.2 Eigene Würdigung

Der Vergleich der Rechtsordnungen Deutschlands, Englands und der Niederlande hat gezeigt, dass die vermögensrechtlichen Befugnisse im Auftragsverhältnis unterschiedlich verteilt werden. Dabei nimmt insbesondere der niederländische Art. 8 AW eine Sonderstellung ein, nach welchem der Auftraggeber als fiktiver Urheber alle Vermögensrechte innehat, wenn das Werk ohne Nennung des natürlichen Schöpfers erfolgt. Im grenzüberschreitenden Sachverhalt können dadurch Handelshemmnisse entstehen, wenn der Auftraggeber sich nur mit erhöhtem Verhandlungs- und Transaktionsaufwand die Rechte sichern kann, die er für die vertragsgemäße Verwertung benötigt.[2610] Rein wirtschaftlich betrachtet ist dabei nicht entscheidend, ob es sich bei den derivativen Rechten des Auftraggebers um konstitutive Nutzungsrechte oder die translative Übertragung der Inhaberschaft des Urheberrechts handelt.[2611]

Um den Transaktionsaufwand gering zu halten und die grenzüberschreitende Lizenzierung zu erleichtern, ist die Harmonisierung des Urhebervertragsrechts im Wege einer Europäischen Verordnung zu befürworten. Kernbereich der Harmonisierung sollte zum einen die Einführung eines gesetzlichen Vergütungsanspruchs und die Regelung der Voraussetzung für eine Übertragbarkeit der Verwertung für unbekannte Nutzungsarten sein. Zum anderen ist die Einführung einer Auslegungsregel zu befürworten, die den Auftraggeber im Zweifel vorbehaltlich anderslautender vertraglicher Vereinbarungen zu der Verwertung des Auftragswerks im Vertragszweck ermächtigt.[2612]Da die Auslegungsregel dem Auftraggeber

---

2610 So auch Werra in: Synodinou, Codification of European copyright law, An Essential Brick in the Building of European Copyright; S. 260, 263.

2611 Dennoch ist in der Europäischen Richtliniensetzung eine Tendenz zum dualistischen Urheberrechtssystem zu erkennen, die im Auftragsverhältnis auch die translative Übertragung von Vermögensrechten ermöglicht. Für eine Regelung der Übertragbarkeit des Urheberrechts: Werra in: Synodinou, Codification of European copyright law, An Essential Brick in the Building of European Copyright; S. 264.

2612 Dies hätte zudem den Vorteil, dass die bisherige Regel des Art. 12 Abs. 1 lit. a) Rom I-VO, wonach sich die Auslegung des Vertrags im grenzüberschreitenden Sachverhalt nach dem Vertragsstatut richtet, durch harmonisiertes materielles Recht überlagert würde. Dies ist sehr zu befürworten. Die Rechtswahl ist in grenzüberschreitenden Sachverhalten häufig Knackpunkt der Verhandlung und als Kompromiss wird in der Regel eine neutrale Rechtsordnung gewählt. Würde die Vertragsauslegung im Urheberrechtsvertrag harmonisiert, würde dies zu interessengerechteren Lösungen bei der Auslegung von Urheberrechts-

nur die Mindestrechte zuweisen soll, die er für die Verwertung benötigt, ist im Zweifel nur von der Einräumung nichtausschließlicher Nutzungsrechte auszugehen, die im Zweifel nicht übertragbar und unterlizenzierbar sind. Da Unterschiede bei der prozessualen Geltendmachung von Verletzungshandlungen der Nutzungsrechte bestehen, sollte sich die Harmonisierung auch dazu äußern, ob dem Inhaber eines Nutzungsrechts auch prozessuale Rechte gegenüber Dritten zustehen sollen. Zu befürworten wäre auch eine Regelung, nach welcher der Auftragnehmer einen Anspruch auf Rückruf seiner erteilten Nutzungsrechte hat, wenn der Auftraggeber unzumutbar gegen die ideellen Interessen des Urhebers verstößt oder der Auftraggeber das Werk nicht verwertet.

4. Urheberpersönlichkeitsrechte im Arbeits- und Auftragsverhältnis

Die Regelungen zum Urheberpersönlichkeitsrecht sind innerhalb der Mitgliedstaaten sehr unterschiedlich. Einig ist man sich allein darin, dass das Urheberpersönlichkeitsrecht nicht translativ übertragbar ist. Dennoch ergeben sich im Auftrags- und Arbeitsverhältnis gerade bei der originären Zuordnung des Urheberpersönlichkeitsrechts rechtliche Unterschiede. Nach niederländischem Recht wird zum Teil in Rechtsprechung und Literatur angenommen, dass der Arbeit- bzw. Auftraggeber auch das Urheberpersönlichkeitsrecht nach Art. 7 und 8 AW originär zugewiesen bekommt. Der Rechtsvergleich der materiellen Rechtsordnungen hat ferner gezeigt, dass wesentliche Unterschiede beim gesetzlichen Schutzumfang des Urheberpersönlichkeitsrechts und vor allem bei der rechtsgeschäftlichen Disposition über das Urheberpersönlichkeitsrechts bestehen. Gerade im Bereich der Arbeitnehmerwerke, in denen nach englischem Recht die Anwendung des Urheberpersönlichkeitsrechts nahezu ausgeschlossen ist, ergeben sich eklatante Unterschiede bei der Berücksichtigung ideeller Interessen der Urheber. Darüber hinaus werden einzelne Werkarten wie Computerprogramme aus dem Schutzumfang des Urheberpersönlichkeitsrechts sowohl im Arbeits- als auch Auftragsverhältnis ausgenommen. Auch die europäische Rechtsprechung verdeutlicht die eklatanten Unterschiede beim Urheberpersönlichkeitsrecht. Die „John Huston"[2613]-Entscheidungen, die die

---

verträgen führen. Für die Harmonisierung des Vertragsauslegung auch Werra in: Synodinou, Codification of European copyright law, An Essential Brick in the Building of European Copyright; S. 264.

2613 Siehe dazu ausführlich das Zweite Kapitel.

französischen Gerichte über Jahre in Atem hielten, verdeutlichen das Potential des Urheberpersönlichkeitsrechts, ein Handelshemmnis darzustellen. Besonders kritisch ist die Tendenz der nationalen Gerichte zu beurteilen, die nationalen Unterschiede des Urheberpersönlichkeitsrechts auch unabhängig von der kollisionsrechtlichen Anwendung des nationalen Rechts als zwingendes nationales Recht oder als *ordre public* zur Anwendung zu bringen. Dadurch wird die Problematik des unterschiedlichen Schutzumfangs des Urheberpersönlichkeitsrechts im Auftrags- und Arbeitsverhältnis nochmals verschärft.

Umso überraschender ist es, dass die Europäische Kommission selbst nach der Feststellung, dass sich ein unterschiedlicher Schutzumfang des Urheberpersönlichkeitsrechts auch auf den Binnenmarkt auswirken kann[2614], eine Harmonisierung des Urheberpersönlichkeitsrechts nicht für notwendig hält. Auch davor stand die Harmonisierung des Urheberpersönlichkeitsrechts nicht im Fokus der Europäischen Kommission.[2615] Das Programmpapier „Initiativen zum Grünbuch"[2616] weist darauf hin, dass unterschiedliche Konzepte zum Urheberpersönlichkeitsrecht in den Mitgliedstaaten bestehen. Als Konfliktfall nennt das Programmpapier dabei die Kolorierung von Schwarz-Weiß-Filmen. Auch nachdem die Kommission sich in dem Grünbuch „Urheberrecht und verwandte Schutzrechte"[2617] in einem eigenen Abschnitt mit dem Urheberpersönlichkeitsrecht auseinandergesetzt und dabei festgestellt hat, dass das Recht auf Schutz der Werkintegrität Anlass für große Kontroversen innerhalb der Mitgliedstaaten gibt, konstatierte sie, dass die Unterschiede jedoch nicht so groß seien, dass eine Rechtsangleichung insbesondere im Hinblick auf die technische Entwicklung notwendig erscheint.[2618] Begründet wird dies auch damit,

---

2614 KOM (96), 568 endg.,20.11.1996, S. 27.
2615 Schricker in: Schricker, Urheberrecht auf dem Weg zur Informationsgesellschaft, 1997, S. 80, führt an, dass dies zum einen daran liegen kann, dass die Wichtigkeit unterschätzt wurde oder zum anderen, dass vor der Diskrepanz der unterschiedlichen Urheberrechtsysteme kapituliert wurde. Zu der Harmonisierung des Urheberpersönlichkeitsrechts: Asmus, Die Harmonisierung des Urheberpersönlichkeitsrechts in Europa, 2004; Alemdjrodo, Das Urheberpersönlichkeitsrecht, 2005; Adeney, The moral rights of authors and performers, 2006, 31-072, S. 1068; Metzger, Europäisches Urheberrecht ohne Droit moral – Status quo und Perspektiven einer Harmonisierung des Urheberpersönlichkeitsrechts, in: FS Schricker, 2005, S. 455, 460.
2616 KOM 90/584, 17. Januar 1991, S. 33.
2617 KOM 95/382 endg., 19. Juli 1995, S. 65ff.
2618 Schricker in: Schricker, Urheberrecht auf dem Weg zur Informationsgesellschaft, 1997, S. 86.

dass das Urheberpersönlichkeitsrecht keine Binnenmarktrelevanz darstelle, da es nur selten geltend gemacht werde.[2619]Auch die Mehrheit der europäischen Mitgliedstaaten sieht beim Urheberpersönlichkeitsrecht keinen Harmonisierungsbedarf, da dadurch der hohe Schutzfaktor in einzelnen Mitgliedstaaten riskiert werden könnte.[2620]

4.1 Harmonisierungsansätze

Die Verfasser des ECC sehen hingegen auch bei den Urheberpersönlichkeitsrechten einen Harmonisierungsbedarf. Nach Art. 3.1. ECC sollen dem Urheber das Veröffentlichungsrecht, das Recht auf Anerkennung der Urheberschaft sowie das Recht auf Schutz der Werkintegrität zustehen. Ferner soll bei der Ausübung der *moral rights* nach dem Tod des Urhebers unterschieden werden. Den einzelnen *moral rights* soll dabei keine einheitliche Schutzdauer zukommen.[2621] So soll nach den Verfassern des ECC das Recht über das „Ob" und das „Wie" der Veröffentlichung zu entscheiden, mit dem Tod des Urhebers enden. Die übrigen *moral rights* sollen hingegen vom Rechtsnachfolger des Urhebers geltend gemacht werden können. Der Umfang des Rechts auf Anerkennung der Urheberschaft und auf Schutz der Werkintegrität soll ferner nach dem Tod des Urhebers auch inhaltlich beschränkt sein.[2622] Für diese Rechte sollen danach nur die Interessen des verstorbenen Urhebers und die berechtigten Interessen Dritter Berücksichtigung finden. Der ECC regelt darüber hinaus auch die rechtsgeschäftliche Disposition über das Urheberpersönlichkeitsrecht. Rechtsgeschäftliche Einschränkungen der *moral rights* sollen nach Art. 3.5. ECC möglich sein. Der Urheber soll danach zustimmen können, seine Rechte nicht auszuüben. Diese Zustimmung müsse inhaltlich bestimmt genug sein und dürfe nicht pauschal erklärt werden. Zudem müsse sich der Verzicht auf eine be-

---

2619 Schricker in: Schricker, Urheberrecht auf dem Weg zur Informationsgesellschaft, 1997, S. 86.

2620 Europäische Kommission, study ETD/99/B5-3000/E°28 2000, S. 225; so auch Hugenholtz in: Synodinou, Codification of European copyright law, The Wittem Group`s European Copyright Code; Lewinski in: Synodinou, Codification of European copyright law, Copyright Contracts; S. 242. A.A. Kikkis in: Synodinou, Codification of European copyright law, Moral Rights; S. 233; Werra in: Synodinou, Codification of European copyright law, An Essential Brick in the Building of European Copyright; S. 265.

2621 Fn. 22 ECC.

2622 Art. 3.6. (2) ECC.

stimmte Nutzungsart des Werks beziehen und vom Wortlaut her eindeutig sein.[2623] Dazu zähle auch die Angabe, auf welche Art das Werk genutzt werden soll.[2624] Die Zustimmung soll jedoch nicht an eine Schriftform gebunden sein und könnte nach dem ECC auch stillschweigend erfolgen. Bemerkenswert ist, dass nach Art. 3.6. (1) ECC die Ausübung der *moral rights* durch Interessen Dritter eingeschränkt werden kann, wenn die Interessen Dritter durch die Ausübung unverhältnismäßig eingeschränkt würden.

4.2 Eigene Würdigung

Betrachtet man den Schutz des Urhebers und seines Werks unabhängig von wirtschaftlichen Erwägungen, wird niemand den Schutz des Urhebers und seiner ideellen Interessen verneinen. Sobald das Werk jedoch in Erfüllung einer (arbeits-)vertraglichen Verpflichtung geschaffen wird und die Verwertung auf dem Markt angestrebt wird, wird es wiederum schwierig fallen, die wirtschaftlichen Interessen bei der Beurteilung der Urheberpersönlichkeitsrechte völlig unberücksichtigt zu lassen. Wie bereits angeführt wählen hierbei die vorgestellten Rechtsordnungen Deutschlands, Englands und der Niederlande sehr gegensätzliche Rechtspositionen. England reduziert den gesetzlichen Schutzbereich im Arbeits- und Auftragsverhältnis in Bezug auf einzelne Werkarten wie Computerprogramme auf Null. Die Niederlande schützen das *droit à la paternité* und die Werkintegrität vor Änderungen nur dann, wenn die Billigkeit im Einzelfall nicht die Geltendmachung des Rechts ausschließt. Entstellungen, Verzerrungen und andere Beeinträchtigungen des Werks kann der Urheber nur dann abwehren, wenn diese die Ehre und das Ansehen des Urhebers beeinträchtigen. Auch in Deutschland werden die Urheberpersönlichkeitsrechte eingeschränkt. Die Einschränkung erfolgt jedoch nicht generell durch eine gesetzliche Einschränkung des Schutzumfangs, sondern durch eine Interessenabwägung im Einzelfall. Dabei werden die Interessen des Urhebers denen des Verwerters gegenübergestellt.

Diese unterschiedlichen gesetzlichen und rechtsgeschäftlichen Regelungen zum Urheberpersönlichkeitsrecht gefährden die freie unionsweite Zir-

---

2623 Fn. 28, 30 ECC.
2624 Fn. 32 ECC.

kulation urheberrechtlich geschützter Werke[2625] und daher ist die Harmonisierung des Urheberpersönlichkeitsrechts zu befürworten.[2626] Wird die Harmonisierung der vermögensrechtlichen Befugnisse bereits befürwortet, um den Transaktionsaufwand im Arbeits- und Auftragsverhältnis zu reduzieren, muss dies erst recht für die Urheberpersönlichkeitsrechte gelten. Nimmt eine Partei im Auftrags- oder Arbeitsverhältnis den Transaktionsaufwand auf sich, ist es bereits bei jetziger Rechtslage möglich, wirtschaftlich vergleichbare Rechtspositionen des Arbeit- bzw. Auftraggebers zu schaffen. Die derzeitige Lage der rechtsgeschäftlichen Disposition über das Urheberpersönlichkeitsrecht hingegen stellt sich ganz anders dar. Neben Unterschieden im gesetzlichen Schutzumfang kann noch nicht einmal die vertragliche Disposition über das Urheberpersönlichkeitsrecht zu einer vergleichbaren Rechtslage führen. Uneinheitliche rechtsgeschäftliche Regelungen über das Urheberpersönlichkeitsrecht führen derzeit dazu, dass vertragliche Regelungen nicht durchgehend in den Mitgliedstaaten wirksam sind.[2627] Nicht nur die allgemeine rechtsgeschäftliche Dispositionsfähigkeit ist teilweise national bestritten, sondern auch der Umfang, in dem die Urheberpersönlichkeitsrechte im Arbeits- oder Auftragsverhältnis rechtsgeschäftlich eingeschränkt werden können.

Harmonisierungsbedürftig ist dabei insbesondere der Schutzumfang der Urheberpersönlichkeitsrechte. Dabei ist ebenfalls die Europäische Verord-

---

2625 Dies bestätigt auch die bereits bestehende Rechtspraxis in England, in der Urheber, die auf einen hohen Schutzstandard ihrer Urheberpersönlichkeitsrechts bestehen, vor der Gefahr stehen auf die black list aufgenommen zu werden und somit nicht beauftragt zu werden.

2626 Kikkis in: Synodinou, Codification of European copyright law, Moral Rights; S. 234f. sieht die Harmonisierung des Urheberpersönlichkeitsrechts sogar als unvermeidbar. Für die Harmonisierung des Urheberpersönlichkeitsrechts ebenfalls: Werra in: Synodinou, Codification of European copyright law, An Essential Brick in the Building of European Copyright; S. 265. Für eine Harmonisierung der Rechtsgeschäfte über das Urheberpersönlichkeitsrecht: Schricker in: Schricker, Urheberrecht auf dem Weg zur Informationsgesellschaft, 1997, S. 91, 93. A.A. Gotzen in: Synodinou, Codification of European copyright law, The European Legislator`s Strategy in the Field of Copyright Harmonization; S. 53; Hugenholtz, Copyright without Frontiers : the Problem of Territoriality in European Copyright Law in: Derclaye; Research handbook on the future of EU copyright; 2009, S. 26. Siehe dazu auch Institute of Information Law; The Recasting of Copyright & Related Rights for the Knowledge Economy; S. 220f; Hugenholtz in: Synodinou, Codification of European copyright law, The Wittem Group`s European Copyright Code; S. 52.

2627 So auch Kikkis in: Synodinou, Codification of European copyright law, Moral Rights; S. 233.

nung das geeignete Harmonisierungsmittel. Zu befürworten ist daher, dass die Harmonisierung die relevanten Urheberpersönlichkeitsrechte nach Vorbild des Art. 3.1. ECC aufzählt. Die Einordnung des Veröffentlichungsrechts als Urheberpersönlichkeitsrecht ist dabei zu begrüßen, da nur in diesem Fall dem angestellten und beauftragten Urheber originär das Recht zugeordnet wird, über den Zeitpunkt und die Art und Weise der Veröffentlichung zu entscheiden.[2628] Ebenso wesentlich ist es, die Schutzdauer des Urheberpersönlichkeitsrechts anzugleichen. Diese sollte sich nach der Schutzdauer der Vermögensrechte richten. Eine zeitliche Abstufung der einzelnen Urheberpersönlichkeitsrechte ist nicht zu befürworten, da die erstmalige Veröffentlichung eines Werks auch nach dem Tod des Urhebers gegen berechtigte Interessen des Urhebers verstoßen kann, wenn beispielsweise das Werk einer Schöpfungsphase zugeordnet wird, von der sich der Urheber zu Lebzeiten stets erfolgreich distanzieren konnte.

4.2.1 Gesetzliche Reduktion des Schutzumfangs der Urheberpersönlichkeitsrechte im Arbeitsverhältnis und Auftragsverhältnis

Es ist denkbar, eine gesetzliche Beschränkung des Urheberpersönlichkeitsrechts nach dem Vorbild des § 93 UrhG im Arbeits- und Auftragsverhältnis aufzunehmen. Gesetzliche Einschränkungen des Urheberpersönlichkeitsrechts im Arbeits- und Auftragsverhältnis haben den Vorteil, dass sie die Rechtssicherheit erhöhen und aufgrund der Rechtsklarheit die Transaktionskosten reduzieren. Dennoch führt jede gesetzliche Reduktion des Schutzumfangs dazu, dass der angestellte und beauftragte Urheber per se seiner Rechtsposition beraubt wird, die für die Verwertung des Werks

---

2628 Wird das Veröffentlichungsrecht als Vermögensrecht eingeordnet, verliert der Urheber bei der originären Zuordnung der Inhaberschaft im Arbeitsverhältnis damit auch die Befugnis, über sein Veröffentlichungsrecht zu entscheiden. Zwar muss im Rahmen des Veröffentlichungsrechts im Arbeits- und Auftragsverhältnis auch das Verwertungsinteresse berücksichtigt werden, sodass das Recht zumindest hinsichtlich des „Ob" und „Wie" der Veröffentlichung eingeschränkt werden sollte. Vorbehaltlich vertraglicher (ausdrücklicher oder stillschweigender) Regelungen sollte der Urheber auch im Arbeits- und Auftragsverhältnis über die Veröffentlichungsreife des Werks (mit-)entscheiden können.

nicht zwingend erforderlich ist.[2629] Dies ist insbesondere im Bereich der klassischen Werkarten nicht zu befürworten. Weitreichendere Einschränkungen sind im Bereich der Computerprogramme und der Datenbanken denkbar. Dennoch sollte auch in diesem Bereich von einer gesetzlichen Reduktion des Schutzumfangs abgesehen werden. Anzustreben ist daher, den Schutzumfang der Urheberpersönlichkeitsrechte im Arbeits- und Auftragsverhältnis im Rahmen einer Interessenabwägung im Einzelfall zu ermitteln. Im Rahmen dieser Abwägung ist die Gestaltungshöhe, die Fremdorientiertheit des Werks und die individuelle Prägung des Werks zu berücksichtigen.

4.2.2 Rechtsgeschäftliche Dispositionen über das Urheberpersönlichkeitsrecht

Die Harmonisierung sollte sich zudem auf die rechtsgeschäftliche Disposition über das Urheberpersönlichkeitsrecht beziehen. Es ist eine Regelung aufzunehmen, nach der der allgemein bestehenden Auffassung in den Mitgliedstaaten Ausdruck verliehen wird, dass die translative Übertragbarkeit des Urheberpersönlichkeitsrechts ausgeschlossen ist. Zusätzlich zu der in Art. 3.5. ECC enthaltenen „verzichtenden" Disposition über das Urheberpersönlichkeitsrecht sollte jedoch auch eine „übertragende" Disposition über das Urheberpersönlichkeitsrecht gesetzlich berücksichtigt werden. Diese ist beispielsweise dann notwendig, wenn das Werk durch den Verwerter veröffentlicht werden soll und dieser damit das Veröffentlichungsrecht des Urhebers „ausübt". Den Verzicht an spezielle Bestimmtheitsanforderungen zu knüpfen, ist zu befürworten. Pauschale Verzichtserklärungen können nicht zu einer Bindung des Urhebers führen. Die Formfreiheit ist besonders dann wichtig, wenn der Verzicht stillschweigend erfolgt. Zudem besteht Klärungsbedarf, ob der Verzicht widerruflich ausgestaltet werden soll.[2630]

Rechtsgeschäfte über das Urheberpersönlichkeitsrecht dürfen grundsätzlich jedoch nicht den Kernbereich des Urheberpersönlichkeitsrechts be-

---

2629 Gegen eine generelle Reduktion des Schutzumfangs der Urheberpersönlichkeitsrechte aufgrund seines verfassungs- und menschenrechtlichen Gehalts und der bindenden Regelung des Art. 6 [bis] RBÜ: Schricker in: Schricker, Urheberrecht auf dem Weg zur Informationsgesellschaft, 1997, S. 91.

2630 Werra in: Synodinou, Codification of European copyright law, An Essential Brick in the Building of European Copyright; S. 265, plädiert zu Recht für eine Unwiderruflichkeit.

rühren. Am Beispiel Englands zeigt sich, dass die unbeschränkte Verzichtsmöglichkeit zu einer schlechten Verhandlungsposition des Urhebers führt und es faktisch zu einer Reduktion des gesetzlichen Schutzumfangs führt. Daher ist es notwendig, dem Urheber Schutzbereiche zuzugestehen, von denen er vertraglich nicht abweichen darf. Geht man davon aus, dass Verwerter gegenüber Urhebern mit einer starken Schutzposition zurückhaltend sind, ist es umso wichtiger, dass einheitliche Grenzen rechtsgeschäftlicher Verzichte auf das Urheberpersönlichkeitsrecht eingeführt werden.[2631] Dies soll verhindern, dass sich der Markt nur die Urheber aussucht, die bereit sind, am weitreichendsten auf ihre Urheberpersönlichkeitsrechte zu verzichten.[2632] Der Verzicht kann daher grundsätzlich nur so weit reichen, wie nicht der Kern des Urheberpersönlichkeitsrechts betroffen ist.

Der Kern des Urheberpersönlichkeitsrechts besteht grundsätzlich aus dem Recht auf Anerkennung der Urheberschaft und dem Schutz vor gröblichen Entstellungen des Werks. Über diese beiden Kernbereiche kann der Urheber daher nicht disponieren. Im Einzelfall soll jedoch auch der Kern des Urheberpersönlichkeitsrechts im Voraus eingeschränkt werden können, wenn ansonsten der Hauptzweck des Vertrags vereitelt werden würde. Wenn der Hauptzweck des Vertrags aus dem Kernbereich des Urheberpersönlichkeitsrechts besteht, muss der Urheber unabhängig von dem Arbeits- oder Auftragsverhältnis auch über den Kernbereich des Urheberrechts verfügen können. Diese Konstruktion soll es ermöglichen, das Urheberpersönlichkeitsrecht an die Rechtsrealität anzupassen und verhindern, dass die Rechtstheorie nicht mehr imstande ist, die praktischen Bedürfnisse vertraglich abzubilden. Der Urheber muss in diesem Fall rechtswirksam auf den Kern des Urheberpersönlichkeitsrechts im Voraus verzichten können. Hierbei ist besonders an die Ghostwriter-Abreden zu denken. Wenn der Hauptzweck des Vertrags darin besteht, das Werk des Ghostwriters als das eigene Werk auszugeben, der Urheber sich vertraglich darauf einlässt und eine Vergütung dafür erhält, dann ist es sowohl im Interesse des Auftragnehmers als auch des Auftraggebers, dass der Auftragnehmer rechtsbindend auf das Recht auf Anerkennung der Urheberschaft verzichten

---

2631 Kretschmer/Hartwick, Authors' earnings from copyright and non-copyright sources, 2007, S. 5, 26ff; Dies befürwortend: Bently, Between a Rock and a Hard Place, 2009, S. 80, der anführt, dass das Urheberrecht nicht nur die Interessen der Verwerter, sondern auch der Urheber berücksichtigen muss.

2632 Insbesondere soll dadurch das englische Szenario verhindert werden, nach dem die englischen Urheber abhängig von ihrer Bereitschaft auf Urheberpersönlichkeitsrechte zu verzichten, in eine die auf die Ausübung *white* oder *black list* aufgenommen zu werden. Siehe dazu 1. Kapitel, § 4.

kann. Diese Verzichtsmöglichkeit auf den Kern des Urheberpersönlichkeitsrechts soll jedoch auf die Fälle reduziert, in denen ansonsten der Hauptzweck des Vertrags vereitelt würde.[2633] Für die Ermittlung des Vertragszwecks ist der wirkliche Wille der Vertragsparteien entscheidend, sofern dieser zu der Ermittlung eines übereinstimmenden Vertragszwecks führt. Lässt sich ein übereinstimmender Wille nicht ermitteln, ermittelt sich der Vertragszweck nach dem objektiven Empfängerhorizont.

5. Fazit

Es ist eine Harmonisierung des Europäischen Urheberrechts im Wege einer europäischen Verordnung zu befürworten. Die von der Europäischen Kommission im Jahr 2015 bereits geplante Überarbeitung des Europäischen Urheberrechts ist zu begrüßen. Dennoch sollte dabei auch darauf geachtet werden, dass die bereits bestehenden Handelshemmnisse im Bereich des Urheberrechts im Arbeits- und Auftragsverhältnis ebenfalls Berücksichtigung finden und sich die Harmonisierung nicht nur auf den Teilbereich eines digitalen Binnenmarkts beschränkt. Vielmehr sollte es zum Anlass genommen werden, das Urheberrecht, die Verteilung vermögensrechtlicher Befugnisse und die Urheberpersönlichkeitsrechte europaweit anzugleichen und die Harmonisierung dadurch auf breitere Beine zu stellen.

§ 2 Urheberkollisionsrecht im Arbeits- und Auftragsverhältnis

A. Einführung

Die materiellen Unterschiede beim Urheber im Auftrags- und Arbeitsverhältnis setzen sich auch im Urheberkollisionsrecht fort. Der Vergleich des Kollisionsrechts der Rechtsordnungen Deutschlands, Englands und der Niederlande hat gezeigt, dass Uneinigkeit bei der Anknüpfung der Inhaberschaft des Urheberrechts im Arbeits- und Auftragsverhältnis besteht. Auf die vermögensrechtliche Befugnis hat dies vor allem dann Auswir-

---

2633 Klass, ZUM 2015, 290 (306), verweist darauf, dass die Ausgestaltung eines Europäischen Urheberpersönlichkeitsrechts auch einen Kompromiss zwischen den Bedürfnissen der Kulturindustrie, insbesondere der Filmindustrie, und dem Schutz des Kernbereichs des Urheberpersönlichkeitsrechts finden muss.

kung, wenn der Arbeit- bzw. Auftraggeber keine vertragliche Regelung getroffen hat. Weitgehend Einigkeit zugunsten der Anwendung des Rechts des Schutzlands besteht bei der Anknüpfung des Bestands und des Umfangs des Urheberrechtsschutzes sowie bei der Frage der Übertragbarkeit des Urheberrechts. Im Folgenden sollen daher die derzeit in Europa und im Vergleich auch die in den USA in der Forschungslandschaft diskutierten Regelungsansätze hinsichtlich der kollisionsrechtlichen Anknüpfungen der Inhaberschaft des Urheberrechts und des Urheberpersönlichkeitsrechts im Arbeits- und Auftragsverhältnis untersucht werden. Auf die Darstellung der kollisionsrechtlichen Anknüpfung bei der Frage der Übertragbarkeit des Urheberrechts und des Urheberpersönlichkeitsrechts wird an dieser Stelle verzichtet, da sowohl in der Forschungslandschaft als auch in der Literatur einheitlich die Anknüpfung an das Recht des Schutzlands vertreten wird.

B. Forschungsansätze im Urheberkollisionsrecht im Arbeits- und Auftragsverhältnis

Derzeit gibt es zwei bedeutende internationale Forschungsprojekte im Bereich des Urheberkollisionsrechts. Zum einen ist die Initiative *des American Law Institute (ALI)*, die den Titel „Intellectual Property: Principles Governing Jurisdiction, Choice of Law, and Judgments in Transnational Disputes"[2634] trägt, zu nennen.[2635] Zum anderen bildete sich auch unter Initiative von Josef Drexl und Annette Kur eine gemeinsame Forschungsgruppe des Münchener Max-Planck-Instituts für Innovation und Wettbewerb

---

2634   Im Folgenden als „ALI Principles" bezeichnet.
2635   Daneben beschäftigen sich Rechtswissenschaftler im Rahmen dreier asiatischer Forschungsprojekte mit dem Internationalen Privatrecht. Dabei handelt es sich um das *Japanese Transpareny Proposal* von Oktober 2009 (abzurufen unter http://www.tomeika.jur.kyushu-u.ac.jp/ip/pdf/TransparencyRULES2009Nov 1. pdf; zuletzt abgerufen am 11. Mai 2015) Des Weiteren hat sich eine rein koreanische Forschungsgruppe mit dem Internationalen Privatrecht auseinandergesetzt und im März 2010 im Rahmen die *KOPILA Principles* veröffentlicht. Darüber hinaus besteht eine Forschungsgruppe, die sich aus japanischen und koreanischen Wissenschaftlern zusammensetzt und die *Japanese-Korean Principles* (auch *Waseda Principles* genannt) im Oktober 2010 (abzurufen unter; zuletzt abgerufen am: 11. Mai 2015) aufgesetzt hat. Daneben hat sich auch eine internationale Forschungsgruppe der *International Law Association* (ILA) gebildet, die sich seit 2012 in *Intellectual Property and Private International Law* mit der Thematik befasst.

und des Hamburger Max-Planck-Instituts für ausländisches und internationales Privatrecht unter dem Akronym „CLIP" (European Max Planck Group on Conflict of Laws in Intellectual Property).[2636] Anstoß für beide Forschungsgruppen, Grundregeln zum Kollisionsrecht im Bereich des Immaterialgüterrechts zu entwickeln, war das Scheitern der Verhandlungen über das Internationale Privatrecht im Rahmen der Haager Konferenz für Internationales Privatrecht. Der im Jahr 1999 fertiggestellte Entwurf zur internationalen Zuständigkeit in Zivil- und Handelssachen sollte die Zuständigkeitsregelungen für Immaterialgüterrechtsverfahren innerhalb eines internationalen Gerichtstandsübereinkommens zusammenzufassen. Dieser stieß jedoch auf großen Widerstand und galt insbesondere aufgrund der Einbeziehung der Rechte des geistigen Eigentums als gescheitert. Initiiert wurden das ALI-Projekt durch die New Yorker Professorinnen Jane C. Ginsburg und Rochelle Dreyfuss. Sie nahmen den Entwurf zum Anlass, die im Bereich des geistigen Eigentums angestoßenen Überlegungen weiter zu vertiefen. Im Jahr 2001 erfolgte ein erster Entwurf. Nachdem das *American Law Institute* das Projekt im Jahr 2002 übernommen hatte und auch der europäische Wissenschaftler François Dessemontet dem Projekt beitrat, wurde das Projekt im Jahr 2007 erfolgreich abgeschlossen und es erfolgte eine Veröffentlichung der finalen Fassung im Jahr 2008 (*ALI-Principles*).[2637] Etwa zeitgleich mit der Forschungsgruppe am ALI, setzten sich auch europäische Rechtswissenschaftler mit der Reformierung des Urheberkollisionsrechts auseinander. Die sogenannten *CLIP-Principles* wurden in der Finalfassung im Dezember 2011 veröffentlicht.[2638]

C. Kollisionsrechtliche Anknüpfung der originären Inhaberschaft des Urheberrechts im Arbeits- und Auftragsverhältnis

I. Ansätze in den ALI- und CLIP- Principles

Sowohl die *ALI-* als auch die *CLIP-Principles* enthalten spezielle kollisionsrechtliche Regelungen zur Anknüpfung der originären Inhaberschaft des Urheberrechts.

2636 www.cl-ip.eu (zuletzt abgerufen am: 11. Mai 2015).

2637 Die Kommentierung der *ALI-Principles* erfolgt in: American Law Institute; Intellectual property; 2008.

2638 Die Kommentierung der *CLIP-Principles* erfolgt in: Conflict of laws in intellectual property; op. 2013.

1. CLIP

Für die Bestimmung der ursprünglichen Inhaberschaft des Urheberrechts findet nach Art. 3:201 Abs. 1 CLIP das Recht des Schutzlandes Anwendung.[2639] Dieser Ansatz wird sowohl für die Inhaberschaft des Urheberrechts im Arbeits- als auch im Auftragsverhältnis gewählt und gilt ebenso für die Beurteilung der Mitinhaberschaft des Urheberrechts durch eine Gemeinschaft von Urhebern. Erfolgt die Werkschöpfung im Rahmen einer *work made for hire*[2640]-Situation wird der in Absatz 1 enthaltene kollisionsrechtliche Grundsatz um eine gesetzliche Übertragungsvermutung ergänzt.[2641] Danach gilt, dass bei Bestehen einer engen Verbindung mit einer Rechtsordnung, in der das Prinzip des *work made for hire* zur Anwendung kommt, auch bei Fehlen eines ausdrücklichen Vertrags vermutet werden kann, dass im Verhältnis des Werkschöpfers zu demjenigen, dem nach der *work made for hire*-Doktrin die Inhaberschaft des Urheberrechts zustehen würde, die vermögensrechtlichen Befugnisse in dem nach Schutzlandrecht zulässigen Umfang eingeräumt worden sind. In Art. 3:201 Abs. 3 CLIP wird ferner darauf hingewiesen, dass bei Entstehen eines Rechts im Rahmen von Vertragsverhältnissen, insbesondere im Rahmen von Arbeitsverhältnissen, das auf den Vertrag anzuwendende Recht für die Frage gilt, von wem Ansprüche auf die Inhaberschaft des Urheberrechts geltend gemacht werden können.

2. ALI

Die *ALI-Principles* wählen hingegen bei der Anknüpfung der Inhaberschaft des Urheberrechts einen *single law approach*. Hinsichtlich des Anknüpfungspunkts wird danach unterschieden, in welcher Situation das Werk geschaffen worden ist. Ist die Werkschöpfung in Erfüllung eines Arbeitsverhältnisses erfolgt, ist die originäre Inhaberschaft des Urheberrechts nach dem Arbeitsvertragsstatut zu ermitteln.[2642] Dabei kann es sich entweder um das Recht des Staates handeln, das vertraglich im Arbeitsvertrag bestimmt wurde oder, wenn diese Rechtswahl fehlt, das Recht des Staates, in

---

2639 Die Entscheidung zugunsten des Schutzlandprinzips war in der Gruppe nicht unumstritten, siehe dazu Kur, GRURInt 2012, 857 (864).
2640 Darunter fallen sowohl die Auftrags- als auch Arbeitsverhältnisse.
2641 Art. 3:201 Abs. 2 CLIP.
2642 § 313 Abs. 3 lit. c) ALI.

dem der Vertrag lokalisiert ist oder zu dem der Arbeitsvertrag die engste Verbindung hat.[2643] Diese Regeln finden auch dann Anwendung, wenn das Werk von einer Gemeinschaft von angestellten Urhebern geschaffen worden.[2644]

Ist das Werk nicht im Rahmen eines Arbeitsverhältnisses geschaffen worden, ermittelt sich die originäre Inhaberschaft des Urheberrechts, wenn nur ein Urheber an der Werkschöpfung beteiligt ist, nach dem Wohnort des Urhebers zum Zeitpunkt der Schöpfung.[2645] Sind mehrere Urheber an der Werkschöpfung beteiligt, ermittelt sich die Inhaberschaft des Urheberrechts dann nach dem Wohnort eines Urhebers, wenn dies vertraglich festgesetzt wurde.[2646] Ist dies nicht vertraglich vereinbart worden, richtet sich die Inhaberschaft des Urheberrechts nach dem Recht des Staates des gewöhnlichen Wohnorts der Mehrheit der Urheber.[2647] Sollte die Mehrheit der Urheber keinen gewöhnlichen Wohnort teilen und keine vertragliche Regelung bestehen, ist das Recht des Staates anzuwenden, das mit der ersten Veröffentlichung des Werks die engste Verbindung hat.[2648]

3. Fazit

Sowohl die *ALI-* als auch die *CLIP-Principles* enthalten kollisionsrechtliche Regeln für die Anknüpfung der originären Inhaberschaft des Urheberrechts. Dem universellen Ansatz der *ALI-Principles* steht der territoriale Ansatz der *CLIP-Principles* gegenüber, die die originäre Inhaberschaft sowohl im Arbeits- als auch Auftragsverhältnis nach dem Recht des Schutzlands bestimmen möchten, in dem die Nutzung des Werks erfolgt. Die *ALI-Principles* unterscheiden bei den Kollisionsregeln danach, ob das Werk im Rahmen eines Arbeitsverhältnisses erbracht worden ist. So wählen die *ALI-Principles* als Anknüpfungspunkt der universellen kollisionsrechtlichen Anknüpfung der originären Inhaberschaft des Urheberrechts im Arbeitsverhältnis das Arbeitsvertragsstatut, d.h. entweder das Recht, das in dem Arbeitsvertrag bestimmt worden ist oder – sollte dies nicht erfolgt sein – das Recht des Staates, in dem der Vertrag lokalisiert ist oder zu dem der

---

2643 American Law Institute; Intellectual property; 2008, S. 141.
2644 American Law Institute; Intellectual property; 2008, S. 142.
2645 § 313 Abs. 1 lit. a) ALI.
2646 § 313 Abs. 1 lit. b) (i) ALI.
2647 § 313 Abs. 1 lit. b) (ii) ALI.
2648 § 313 Abs. 1 lit. b) (iii) ALI.

Arbeitsvertrag die engste Verbindung hat. In den Fällen, in denen das Werk nicht in Erfüllung eines Arbeitsverhältnisses geschaffen worden, vertreten die *ALI-Principles* eine universelle Anknüpfung der Inhaberschaft des Urheberrechts nach dem Recht des Staates, in dem der Urheber zum Zeitpunkt der Schöpfung seinen Wohnort hatte.

II. Herausforderungen bei der Anknüpfung der originären Inhaberschaft des Urheberrechts im Arbeits- und Auftragsverhältnis

1. Ziel des Urheberkollisionsrechts

Die Kollisionsnorm bestimmt unter den verschiedenen, mit dem Sachverhalt in Berührung stehenden nationalen Privatrechtsordnungen diejenige, nach der in einem bestimmten Fall die Sachentscheidung zu fällen ist.[2649] Dabei geht das Kollisionsrecht grundsätzlich vom Sachverhalt aus und nicht vom anzuwenden Gesetz.[2650] Es ist daher grundsätzlich festzustellen, dass die Sachnorm die materielle Rechtsentscheidung trifft und nicht die Kollisionsnorm.[2651] Etwas anderes gilt im Bereich des Urheberkollisionsrechts nur dann, wenn im Wege der Eingriffsnormen oder des *ordre public* das berufene Sachrecht nicht mit den Wertungen des Rechts am Gerichtsstands vereinbart ist. In diesem Fall ist es auch möglich, das anzuwendende Recht nach dem Ergebnis des berufenen Rechts zu bestimmen.[2652] Dabei gilt, dass das Kollisionsrecht ergebnisblind ist. Die Kollisionsnorm will nach dem Prinzip der engsten Anknüpfung das angemessene Recht bestimmen.[2653] Die Regelungen des (Urheber-) Kollisionsrechts müssen Rechtssicherheit gewährleisten und damit vorhersehbar und einfach handbar sein.[2654] Ziel ist es, Rechtssicherheit und einen Entscheidungsgleichklang zu gewährleisten und eine Regelung zu schaffen, die zweckmäßig und nützlich ist.[2655] Im Kollisionsrecht gilt jedoch der Grundsatz der

---

2649 Kropholler, Internationales Privatrecht, 2006, S. 16.
2650 Kropholler, Internationales Privatrecht, 2006, S. 16.
2651 Kropholler, Internationales Privatrecht, 2006, S. 16.
2652 Kropholler, Internationales Privatrecht, 2006, S. 18.
2653 Kropholler, Internationales Privatrecht, 2006, S. 25.
2654 Klass, GRUR Int. 2008, 546 (549), weist dabei darauf hin, dass die Kollisionsnorm nicht nur in einem bestimmten Fall, sondern auch in einem vergleichbaren Fall funktionieren müsse.
2655 Klass, GRUR Int. 2008, 546 (549f.).

Gleichwertigkeit von in- und ausländischem Recht.[2656] Die Ermittlung des Rechts mit der engsten Verbindung zum Sachverhalt findet daher nicht von der Norm zum Sachverhalt, sondern vom Sachverhalt zum anwendbaren Sachrecht statt. Das Internationale Immaterialgüterrecht hat einen Beitrag zum Funktionieren der internationalen Wettbewerbsordnung zu leisten, ohne dabei die Entscheidungen des nationalen Gesetzgebers, unter Berücksichtigung der völkerrechtlichen Vorgaben, im Hinblick auf die Gestaltung seiner eigenen – nationalen – Wirtschaftsordnung in Frage zu stellen.[2657]

2. Vermögensrechtlicher Gehalt der originären Inhaberschaft des Urheberrechts

Die kollisionsrechtliche Anknüpfung der Inhaberschaft des Urheberrechts ist eine besonders sensible Rechtsfrage, weil dadurch die materiellen Divergenzen, die aufgrund der individualistisch bzw. utilitaristisch geprägten Urheberrechtssysteme insbesondere bei der Beurteilung der originären Inhaberschaft des Urheberrechts im Arbeits- und Auftragsverhältnis bestehen, auf kollisionsrechtlicher Ebene fortgesetzt werden. Bei Werken, die im Rahmen eines Arbeits- oder Auftragsverhältnisses geschaffen werden, steht die kollisionsrechtliche Anknüpfung des Urheberrechts vor der Herausforderung, eine interessengerechte sachnahe Anknüpfung zu finden. Außerhalb von Werken, die in Erfüllung eines Arbeits- oder Auftragsverhältnisses geschaffen werden, offenbaren sich keine Unterschiede zwischen dem territorialen und dem universellen Kollisionsrechtsansatz. Denn in diesen Fällen gilt uneingeschränkt der Werkschöpfer als der Urheber des Werks. Inkonsistenzen zwischen den nationalen kollisionsrechtlichen Anknüpfungen ergeben sich erst im Falle des angestellten oder beauftragten Urhebers. Denn erst in diesen Fällen tritt das Problem auf, dass es durch die territorial beschränkten Urheberrechte bei Grenzübertritt zu einem Wechsel der originären Inhaberschaft des Urheberrechts und des Urheberpersönlichkeitsrechts kommen kann. Das kann im Einzelfall bedeuten, dass sich der Sachverhalt für die Beurteilung der Nutzungsrechte in Deutschland so darstellt, dass der Arbeit- bzw. Auftraggeber nur derivative Nutzungsrechte erwerben kann und gerade nicht originärer Rechtsinhaber wird. Bedeutsam wird die Anknüpfung der originären Inhaberschaft auch

---

2656 Kropholler, Internationales Privatrecht, 2006, S. 25.
2657 Drexl in: MüKo, Band 11, Internationales Immaterialgüterrecht, Rn. 5.

dadurch, dass mit ihr stets auch die Verteilung der vermögensrechtlichen Befugnisse verbunden ist, da der Rechtsinhaber in vermögensrechtlicher Hinsicht unbeschränkt befugt ist.

3. Festlegung eines geeigneten Anknüpfungspunkts

Die wohl größte Herausforderung des Urheberkollisionsrechts im Arbeits- und Auftragsverhältnis liegt darin, einen Anknüpfungspunkt zu wählen, der mit dem Sachverhalt am engsten verbunden ist. Denkbar ist grundsätzlich, die Inhaberschaft des Urheberrechts einheitlich und universell nach einer Rechtsordnung oder territorial nach unterschiedlichen Rechtsordnungen anzuknüpfen. Während die territoriale Anknüpfung an die (berechtigte bzw. unberechtigte) Verwertungshandlung anknüpft, bestimmt die universelle Anknüpfung der Inhaberschaft des Urheberrechts entweder das Personalstatut, das (Arbeits-)Vertragsstatut oder den gewöhnlichen Aufenthaltsort des Urhebers – und damit zusammengefasst die Umstände der Werkschöpfung – als maßgebliche Anknüpfungspunkte. Sowohl der Ort der Verwertung – als Anknüpfungspunkt des Schutzlandprinzips – als auch die Umstände der Werkschöpfung – als Anknüpfungspunkt des Ursprungslandprinzips – weisen eine enge Beziehung zum Sachverhalt im Arbeits- und Auftragsverhältnis auf. Die Konzentration auf den Ort der Verwertung lässt sich damit begründen, dass insbesondere im Arbeits- und Auftragsverhältnis das Werk geschaffen wird, um verwertet zu werden. Der Fokus auf die Werkschöpfung lässt sich ebenfalls durch die besonderen Umstände der Werkschöpfung rechtfertigen, die in Erfüllung einer (arbeits-)vertraglichen Verpflichtung erfolgt.

4. Fazit

Die Herausforderungen einer kollisionsrechtlichen Anknüpfung liegen insbesondere darin, einen Anknüpfungspunkt zu finden, mit dem der Sachverhalt eine enge Verbindung aufweist. Dabei gilt, dass sowohl der territoriale Anknüpfungspunkt der Verwertungshandlung eine enge Verbindung zum Arbeits- und Auftragsverhältnis aufweist. Doch auch die kollisionsrechtliche Anknüpfung an die Umstände der Werkschöpfung, wie sich die Anknüpfungspunkte im Rahmen des Ursprungslandprinzips im Groben zusammenfassen lassen, weisen eine enge Verbindung zum Sachverhalt im Arbeits- und Auftragsverhältnis auf. Dabei ist auch zu berücksichtigen, dass das Urheberkollisionsrecht von der Gleichwertigkeit der nationalen Rechtsordnungen ausgeht. Unberücksichtigt bleiben darf jedoch nicht, dass die kollisionsrechtliche Anknüpfung der originären Inhaberschaft des Urheberrechts auch eine Aussage zu der sachrechtlichen Verteilung der vermögensrechtlichen Befugnisse im Arbeits- und Auftragsverhältnis impliziert.

III. Vor- und Nachteile einer universellen oder territorialen Anknüpfung der originären Inhaberschaft des Urheberrechts im Arbeits- und Auftragsverhältnis

Im Folgenden werden die Vor- und Nachteile der universellen oder territorialen Anknüpfung der originären Inhaberschaft des Urheberrechts im Arbeits- und Auftragsverhältnis dargestellt.

1. Vor- und Nachteile einer universellen Anknüpfung nach dem Ursprungslandprinzip

Zu beginnen ist mit den Vor- und Nachteilen der universellen Anknüpfung der originären Inhaberschaft des Urheberrechts im Arbeits- und Auftragsverhältnis nach dem Ursprungslandprinzip.

1.1 Einheitliche Rechtsinhaberschaft im Arbeits- und Auftragsverhältnis

Die Vorzüge des Universalitätsprinzips liegen darin, dass durch die universelle Zuweisung der originären Inhaberschaft des Urheberrechts im Arbeits- und Auftragsverhältnis der Rechtsverkehr zwischen dem Arbeit- bzw. Auftraggeber und einem Dritten über die europaweite bzw. weltweite Verwertung des Werks erleichtert wird. Doch auch im internen Unternehmensbetrieb erleichtert die universelle Anknüpfung der originären Inhaberschaft des Urheberrechts den Rechtsverkehr, zumindest dann, wenn der Arbeit- bzw. Auftraggeber nach der maßgeblichen Rechtsordnung originärer Rechtsinhaber des Urheberrechts ist. Ist nach der maßgeblichen Rechtsordnung hingegen der Werkschöpfer originärer Inhaber des Urheberrechts, wird dadurch nicht der Rechtsverkehr merklich erleichtert, weil sich in diesem Fall die Verteilung der vermögensrechtlichen Befugnisse anerkanntermaßen nach dem Recht des Schutzlands richtet. D.h. der Arbeit-

bzw. Auftraggeber muss dennoch die nationalen Rechtsordnungen bemühen, um seine vermögensrechtlichen Befugnisse zu ermitteln, die ihm gesetzlich zustehen. Spätestens auf der zweiten Verwertungsstufe, in denen
der originäre Inhaber des Urheberrechts nicht mehr vertraglich beteiligt
ist, kann die universelle Anknüpfung der originären Inhaberschaft des Urheberrechts keine Vorteile mehr entfalten, da sich die konstitutive bzw.
translative Übertragung des Urheberrechts wiederum nach dem Schutzlandprinzip richtet.

Es lässt sich daher zusammenfassen: Die Vorteile des Universalitätsprinzips bei der kollisionsrechtlichen Anknüpfung der originären Inhaberschaft des Urheberrechts entfalten sich dann, wenn derjenige, dem universell die originäre Rechtsinhaberschaft des Urheberrechts zugewiesen wird,
auch derjenige ist, der die Verwertungsverträge mit Dritten schließen
möchte.

1.2 Ermittlung eines universellen Anknüpfungspunkts

Soll die Inhaberschaft des Urheberrechts universell angeknüpft werden,
stellt sich die Frage, welcher Anknüpfungspunkt im Arbeits- und Auftragsverhältnis geeignet ist, die engste Verbindung zu dem Sachverhalt herzustellen. Denkbar erscheint – ebenso wie die *ALI-Principles* es vorschlagen –
im Arbeitsverhältnis an das Recht des Arbeitsstatuts anzuknüpfen.[2658] Für
das Auftragsverhältnis könnte sich ebenfalls eine Anknüpfung an das Vertragsstatut anbieten. Weiter ist denkbar, sich an Art. 5 Abs. 4 RBÜ zu orientieren und an das Recht des Staates anzuknüpfen, in der die erste Veröffentlichung des Werks (Art. 5 Abs. 4 lit. a) RBÜ) erfolgte. Wurde das Werk
nicht veröffentlicht, ist ferner zu überlegen, an das Personalstatut des Urhebers (Art. 5 Abs. 4 lit. c) RBÜ) und damit an das Recht des Landes seiner

---

2658   Klass, GRUR Int. 2008, 546 (556). Das österreichische Gesetz zum internatio-
       nalen Privatrecht (IPRG) regelt in Art. 34 IPRG die Anknüpfung im Urheber-
       kollisionsrechts. Art. 34 IPRG lautet: „(1) Das Entstehen, der Inhalt und das
       Erlöschen von Immaterialgüterrechten sind nach dem Recht des Staates zu be-
       urteilen, in dem eine Benützungs- oder Verletzungshandlung gesetzt wird. (2)
       Für Immaterialgüterrechte, die mit der Tätigkeit eines Arbeitnehmers im Rah-
       men seines Arbeitsverhältnisses zusammenhängen, ist für das Verhältnis zwi-
       schen dem Arbeitgeber und dem Arbeitnehmer die für das Arbeitsverhältnis
       geltende Verweisungsnorm (§ 44) maßgebend."

Staatsangehörigkeit anzuknüpfen.[2659] Darüber hinaus wird vorgeschlagen, an das Recht des Staates des gewöhnlichen Aufenthaltsorts anzuknüpfen.[2660] Im Folgenden werden diese Anknüpfungspunkte auf ihre allgemeine Tauglichkeit hin untersucht, die engste Verbindung zu bilden, sowohl wenn das Werk von einem Einzelurheber als auch von einer Gemeinschaft von Schöpfern geschaffen wurde.

1.2.1 Personalstatut

Die originäre Inhaberschaft des Urheberrechts kollisionsrechtlich an das Recht des Personalstatuts anzuknüpfen und damit nach dem Recht des Staates der Staatsangehörigkeit des Werkschöpfers zu ermitteln, wird nur noch im Rahmen von unveröffentlichten Werken vertreten.[2661] Im Anwendungsbereich der RBÜ ist dieser als sachrechtlicher Anknüpfungspunkt in Art. 5 Abs. 4 lit. c) RBÜ kodifiziert und für (in den Verbandsländern) unveröffentlichte Werke maßgeblich. Sobald das Werk jedoch veröffentlicht worden ist, führen selbst die Vertreter des Personalstatuts an, dass sich die Verbindung des Urhebers zu seinem Werk durch die Veröffentlichung des Werks gelockert habe, sodass das Personalstatut nicht mehr als maßgeblich erachtet werden könne.[2662] Begründet wird die Anknüpfung an das Personalstatut damit, dass vor Veröffentlichung nicht die vermögensrechtlichen, sondern die persönlichkeitsrechtlichen Aspekte des Wer-

---

2659 So Schack, Rn. 901. Zu Recht weist Klass, GRUR Int. 2008, 546 (548), Fn. 19, daraufhin, dass selbst der Begriff des Urhebers ein Rechtsbegriff darstellt und zusätzlich darüber zu entscheiden ist, nach welcher Rechtsordnung sich ermittelt, wer Urheber ist.

2660 Klass, GRUR Int. 2008, 546 (556); Ulmer, Die Immaterialgüterrechte im internationalen Privatrecht, 1975, Nr. 57, S. 42; Nr. 78, S. 56. Sofern der Arbeitnehmer seine Arbeit nicht gewöhnlich in demselben Staat verrichtet, gilt das Recht des Staates, in dem der Betrieb sich befindet, das den Arbeitnehmer einstellt.

2661 Diskutiert wird die Anknüpfung der originären Inhaberschaft des Urheberrechts allenfalls im Bereich der nicht veröffentlichten Werke, so Regelin, Das Kollisionsrecht der Immaterialgüterrechte, 1999, S. 155; Schack, Urhebervertragsrecht, 2013, Rn. 900.

2662 Regelin, Das Kollisionsrecht der Immaterialgüterrechte, 1999, S. 156f.; Birkmann, Die Anknüpfung der originären Inhaberschaft am Urheberrecht, 2009, S. 50 m.w.N.

kes im Vordergrund stünden und daher eine Anknüpfung an die Person angemessen erscheine.[2663]

Die Anknüpfung an das Personalstatut ist jedoch abzulehnen, weil die Staatsangehörigkeit in einer zunehmend internationalen Welt an Bedeutung verliert.[2664] Zudem hat die Arbeitnehmerfreizügigkeit in dem Europäischen Binnenmarkt eine besondere Bedeutung. Der Grundgedanke einer universellen Anknüpfung, die Transaktionskosten für den Arbeit- bzw. Auftraggeber zu reduzieren, könnte durch die Anknüpfung an das Personalstatut ebenfalls nicht gewährleistet werden, wenn das Werk durch eine Gemeinschaft von Werkschöpfern geschaffen wurde, da der Arbeitgeber auch in diesem Fall zahlreiche Rechtsordnungen hinsichtlich der Zuweisung der originären Inhaberschaft des Urheberrechts beachten müsste. Gerade in den Bereichen, in denen zwei Arbeitnehmer unterschiedlicher Staatsangehörigkeit zusammenarbeiten, führt dies zu der rechtlichen Herausforderung, zwei gegensätzliche Rechtsordnungen in Einklang bringen zu müssen. Sind die Arbeitsbeiträge teilbar, führt dies zu einer unterschiedlichen rechtlichen Betrachtung eines jeden Urheberrechtsteils. Denkbar wäre, dass der Arbeitgeber Inhaber des Urheberrechts des Arbeitsteils des englischen Arbeitnehmers ist und Inhaber eines Nutzungsrechts an dem Arbeitsteil des deutschen Urhebers. Außerdem kann aus der beispielsweise deutschen Staatsangehörigkeit des Urhebers nicht geschlossen werden, dass der Sachverhalt deshalb eine enge Verbindung zu der deutschen Rechtsordnung aufweist.[2665] Darüber hinaus ist die Anknüpfung an das Personalstatut des Urhebers auch deshalb problematisch, weil es sich dabei um einen Rechtsbegriff handelt, der – wie der Länderbericht über das englische und niederländische Urheberrecht im Arbeits- und Auftragsverhältnis gezeigt hat – national rechtlich unterschiedlich beurteilt wird.[2666] Da das Personalstatut nur bei nicht veröffentlichten Werken vertreten wird, ist ein Statutenwechsel zu befürchten, sobald das Werk veröf-

---

2663 Regelin, Das Kollisionsrecht der Immaterialgüterrechte, 1999, S. 156.
2664 Klass, GRUR Int. 2008, 546 (553); Birkmann, Die Anknüpfung der originären Inhaberschaft am Urheberrecht, 2009, S. 271; Fawcett/Torremans, Intellectual property and private international law, 2011, 13.76, S. 716.
2665 So auch Birkmann, Die Anknüpfung der originären Inhaberschaft am Urheberrecht, 2009, S. 271.
2666 So auch Klass, GRUR Int. 2008, 546 (547); Birkmann, Die Anknüpfung der originären Inhaberschaft am Urheberrecht, 2009, S. 271.

fentlicht wurde.[2667] Das Personalstatut des Urhebers ist daher nicht als kollisionsrechtlicher Anknüpfungspunkt für die originäre Inhaberschaft des Urheberrechts geeignet.

1.2.2 Ort der ersten Veröffentlichung

Bereits die Revidierte Berner Übereinkunft nennt in Art. 5 Abs. 4 RBÜ den Ort der ersten Veröffentlichung als einen maßgeblichen sachrechtlichen[2668] Anknüpfungspunkt. Gerade im Auftragsverhältnis verdient dieser Anknüpfungspunkt eine nähere Überprüfung. Wie die Darstellung der materiellen Rechtslage in den Niederlanden gezeigt hat, ist der Auftraggeber nach Art. 8 AW originärer Inhaber des Urheberrechts, wenn das Auftragswerk ohne Nennung des Urhebers unter Nennung des Auftraggebers veröffentlicht wurde. Daher könnte die Veröffentlichung und deren Ort insbesondere im Auftragsverhältnis eine besonders enge Verbindung zum Sachverhalt aufweisen, weil damit auch der Rechtserwerb verbunden ist. Dennoch ist dies abzulehnen, da die Veröffentlichung eine steuerbare Handlung ist und damit eine Gefahr des Forum Shopping besteht. Der Auftraggeber könnte damit stets in den Niederlanden die erste Veröffentlichung vornehmen und sich auf diese Weise die originäre Inhaberschaft des Urheberrechts und damit alle vermögensrechtlichen Befugnisse sichern.

1.2.3 (Arbeits-)Vertragsstatut

Sowohl die *ALI-Principles* als auch zahlreiche Vertreter in der Literatur[2669] wählen das Arbeitsvertragsstatut als kollisionsrechtlichen Anknüpfungs-

---

2667 So auch Birkmann, Die Anknüpfung der originären Inhaberschaft am Urheberrecht, 2009, S. 80; A.A. Regelin, Das Kollisionsrecht der Immaterialgüterrechte, 1999, S. 180, der davon ausgeht, dass einem Statutenwechsel weder berechtigte Interessen der Verwerter noch der Werkschöpfer entgegenstehen.
2668 Siehe dazu das ZweiteKapitel, § 2.
2669 Ulmer hat bereits 1975 in einer rechtsvergleichenden Studie vertreten, dass die kollisionsrechtliche Anknüpfung der Inhaberschaft des Urheberrechts im Arbeits- und Auftragsverhältnis sich nach der kollisionsrechtlichen Anknüpfung der Übertragung richten müsse. Siehe: Ulmer, Die Immaterialgüterrechte im internationalen Privatrecht, 1975, Nr. 57, s. 42; Nr. 78, S. 56; Art. E und F. des Ulmer'schen Gesetzesvorschlags, S. 108f; Ulmer, RabelsZ 41 (1977), 479 (503f., 509f.); Regelin, Das Kollisionsrecht der Immaterialgüterrechte, 1999, S. 186; Birk in: Hubmann/Forkel/Kraft, Arbeitnehmer und arbeitnehmerähnliche Per-

punkt für die Ermittlung der originären Inhaberschaft des Urheberrechts im Arbeitsverhältnis. Auch die bereits bestehende Kollisionsnorm, Art. 8 Rom I-VO, enthält einen kollisionsrechtlichen Verweis auf das Recht, das der Arbeitsvertrag bestimmt. Im Rahmen von Art. 8 Rom I-VO erfasst die Kollisionsnorm jedoch (noch) nicht die Ermittlung der originären Inhaberschaft des Urheberrechts. Die einheitliche Anknüpfung der originären Inhaberschaft des Urheberrechts im Arbeitsverhältnis nach dem Arbeitsvertragsstatut wird damit begründet, dass die Verbindung zu der vertraglichen Verpflichtung aus dem Arbeits- und Auftragsverhältnis eine engere Verbindung zum Sachverhalt aufweise und daher gegenüber einer allgemein im Urheberkollisionsrecht bestehenden Anknüpfungsregel vorangehe.[2670] Da diese Argumente auch im Rahmen des Auftragsverhältnisses angeführt werden können, ist die Tauglichkeit des (Arbeits-)Vertragsstatuts sowohl für das Arbeits- als auch das Auftragsverhältnis zu überprüfen.

Die Anknüpfung an das Recht, das durch Rechtswahl bestimmt wurde, ist abzulehnen. Zum einen ergibt sich dadurch der weitere Nachteil, an ein Vertragsstatut anzuknüpfen, das in einem Vertrag vereinbart wurde, der möglicherweise selbst nicht wirksam ist. Zum anderen impliziert dies auch, dass die Ermittlung der Inhaberschaft des Urheberrechts und damit der Verteilung der vermögensrechtlichen Befugnisse mittelbar der Parteiautonomie unterworfen ist. Dies führt dazu, dass die Inhaberschaft des Urheberrechts selbst vertraglich beeinflusst werden kann. Demnach ist zu befürchten, dass der rechtlich gut beratene Arbeitgeber ein Arbeitsvertragsstatut vorgibt, dass ihm universell die uneingeschränkte Inhaberschaft des Urheberrechts zuweist. Der Urheber, der den Vertragsschluss nicht riskieren möchte, wird die Festlegung des Arbeitsvertragsstatuts akzeptieren bzw. im Einzelfall gar nicht damit rechnen, dass mit der Festlegung einer Rechtswahl auch die Inhaberschaft des Urheberrechts beeinflusst werden kann. Die Anwendung des Arbeitsvertragsstatuts kann dazu führen, dass

---

son im Urheberrecht bei Auslandsbeziehungen,S. 1 (3); Birk, UFITA 108) 1988, S. 101 (106); Drobnig, RabelsZ 40 (1976), S. 195ff; Spoendlin, UFITA 107 (1988), S. 186; Schack, Urhebervertragsrecht, 2013, Rn. 1036; Klass, GRUR Int. 2008, 546 (556); Engelen in: Kono, Toshiyuki; Intellectual property and private international law; Netherlands; S. 872; Seignette in: ALAI, Copyright in cyberspace, 1996, report of the Netherlands, 309 (310); Quaedvlieg, AMI 1997, 155 (161); Fawcett/Torremans, Intellectual property and private international law, 2011, S. 721; Ricketson/Ginsburg, International copyright and neighbouring rights, 2006, 20.41 f.

2670 So beispielsweise: Fawcett/Torremans, Intellectual property and private international law, 2011, 13.91, S. 722.

ein Recht zur Anwendung gelangt, das keine Beziehung zum Werkschaffen hat.[2671] Es besteht die Gefahr, dass auch in dem sekundären Urhebervertragsrecht im Rahmen der Überprüfung der Legitimierung des Arbeitgebers oder in Verletzungsfällen mit Dritten der vertrauliche Arbeitsvertrag des Arbeitnehmers herangezogen werden muss, um die originäre Inhaberschaft des Urheberrechts zu ermitteln. Dies ist besonders kritisch, wenn der Urheber als Vertragspartei selbst gar nicht beteiligt ist. Zudem kann auch das Arbeitsvertragsstatut in der Situation nicht zu klaren Ergebnissen führen, in denen das Werk in einer Gemeinschaft von Urhebern geschaffen wird, die den Arbeitsvertrag nicht alle mit demselben (verbundenen bzw. Mutter-) Unternehmen geschlossen haben. Darüber hinaus wird dadurch eine materielle Frage, ob das spezielle Werk von der (arbeits-)vertraglichen Pflicht zur Werkschöpfung erfasst wird, vorausgesetzt und damit auf kollisionsrechtlicher Ebene vorweggenommen. Gerade im Auftragsverhältnis muss zudem berücksichtigt werden, dass die Rechtswahl meist Ergebnis eines Kompromisses ist, in dem sich die Parteien auf die Anwendung eines „neutralen" Rechts einigen. Daher besteht auch im Auftragsverhältnis die Gefahr, dass ein Vertragsstatut die originäre Inhaberschaft des Urheberrechts bestimmt, das mit der Werkschöpfung nicht in einem engen Verhältnis steht. Daher ist das Arbeitsvertragsstatut nicht geeignet, eine rechtsklare Anknüpfung für die Ermittlung der originären Inhaberschaft des Urheberrechts zu leisten.

1.2.4 Gewöhnlicher Aufenthaltsort

Daher könnte es die bessere Lösung sein, die Rechtsordnung objektiv danach zu ermitteln, wo der Arbeitnehmer seinen gewöhnlichen Aufenthaltsort hat.[2672]Die Anknüpfung an das Recht des gewöhnlichen Aufenthaltsorts ist als kollisionsrechtlicher Anknüpfungspunkt bereits im Rahmen der Rom I-VO anerkannt[2673], sofern keine Rechtswahl im Arbeitsvertrag getroffen wurde. Da Art. 8 Rom I-VO jedoch nicht die Anknüpfung

---

2671 Klass, GRUR Int. 2008, 546 (556).
2672 Klass, GRUR Int. 2008, 546 (554); Eechoud in: Drexl, Josef/Kur, Annette; International property and private international law; Alternatives to the Lex Protectionis as the Choic-of-Law Rule for Initial Ownership of Copyright; S. 305, die jedoch für den angestellten Werkschöpfer die Anknüpfung an das Arbeitsvertragsstatut präferiert (S. 301); Eechoud, Choice of Law in Copyright and Related Rights, 2003, S. 179.
2673 Art. 8 Abs. 2 Rom I-VO.

der originären Inhaberschaft des Urheberrechts erfasst[2674], muss gesondert überprüft werden, ob der gewöhnliche Aufenthaltsort des Urhebers ein geeigneter Anknüpfungspunkt für die Ermittlung der Inhaberschaft des Urheberrechts im Arbeits- und Auftragsverhältnis darstellt. Der Werkschöpfer wird unbestritten durch die lokale Informationspolitik, Werte und Kultur geprägt.[2675] Daher hat der Werkschöpfer zu seinem Aufenthaltsort auch einen engen Bezug. Problematisch ist hingegen, dass der Ort des gewöhnlichen Aufenthaltsorts dann zu rechtsunsicheren und unklaren Ergebnissen führt, wenn die Werkschöpfung in Etappen an mehreren Aufenthaltsorten erfolgt.[2676] Wird die örtliche Veränderung beim Einzelurheber noch die Seltenheit darstellen, wird diese besonders dann praxisrelevant, wenn die Werkschöpfung in Arbeitsteilung und ortsübergreifend stattfindet. Die Ausgliederung von Schöpfungsprozessen ist überwiegend damit verbunden, dass der weitere Schöpfer sich gewöhnlich an einem anderen Aufenthaltsort aufhält. Darüber hinaus kann die Gefahr des Forum Shopping auch im Rahmen dieser Anknüpfung nicht völlig unbeachtet bleiben. Es ist zwar zuzustimmen, dass es eher unrealistisch erscheint, dass der Werkschöpfer eine für sich günstige Rechtsordnung zur Anwendung bringt, indem er seinen kompletten Lebensmittelpunkt ändert.[2677] Dennoch muss auch bedacht werden, dass der Arbeit- und Auftraggeber zumindest mittelbar den Ort mitbestimmen kann. Denn der Ort des gewöhnlichen Aufenthalts des Werkschöpfers wird in der Regel mit dem Ort der Werkschöpfung übereinstimmen. Dem Auftraggeber wird vor Beauftragung bekannt sein, wo die in Betracht kommenden Urheber ihre gewöhnlichen Aufenthaltsorte haben und dadurch danach entscheiden, wen er mit der Werkschöpfung beauftragt. Auch der Arbeitgeber kann zumindest im Fall europaweiter Präsenz das anwendbare Recht mittelbar positiv für sich steuern, indem er die Stelle in dem Staat inseriert, dessen Recht des Staates für den Arbeitgeber günstig ist. Denn in der Regel wird der Arbeitgeber seinen gewöhnlichen Aufenthaltsort in der Nähe zu dem Arbeitgeber oder zumindest innerhalb desselben Staatsgebiets wählen, in dem der Arbeitgeber die Tätigkeit ausübt. Daher ist auch der gewöhnliche Aufenthaltsort des Werkschöpfers nicht als kollisionsrechtlicher Anknüpfungspunkt geeignet.

2674 Siehe dazu das 2. Kapitel, § 3.
2675 Klass, GRUR Int. 2008, 546 (554).
2676 Dies auch einräumend: Klass, GRUR Int. 2008, 546 (554).
2677 Klass, GRUR Int. 2008, 546 (554).

1.3 Fazit

Die größte Schwierigkeit der universellen kollisionsrechtlichen Anknüpfung der originären Inhaberschaft des Urheberrechts liegt darin, einen Anknüpfungspunkt zu finden, der geeignet ist, eine vorhersehbare und einheitliche Rechtsanwendung zu gewährleisten. Auch wenn im Rahmen des Ursprungslandprinzips Rechtsklarheit erreicht werden könnte, indem ein Anknüpfungspunkt gesetzlich kodifiziert würde, ist es schwierig, diesen im Rahmen des Ursprungslandprinzips ausfindig zu machen. Denkbarer Anknüpfungspunkt ist der Ort des gewöhnlichen Aufenthaltsorts des Werkschöpfers. Dieser kann jedoch allenfalls für Werkschöpfungen eines Einzelurhebers praktikabel sein, sodass er nicht geeignet ist, einen einheitlich geltenden Anknüpfungspunkt zu bilden, sobald die Werkschöpfung in Etappen, ortsübergreifend oder in Arbeitsteilung durch eine Gemeinschaft von Urhebern erfolgt.

2. Vor- und Nachteile einer territorialen Anknüpfung nach dem Schutzlandprinzip

Dem Universalitätsprinzip sind die Vor- und Nachteile einer territorialen kollisionsrechtlichen Anknüpfung gegenüberzustellen.

2.1 Uneinheitliche Rechtsinhaberschaft im Arbeits- und Auftragsverhältnis

Beurteilt sich die originäre Inhaberschaft des Urheberrechts territorial nach den einzelnen Rechtsordnungen der Staaten, in denen die Nutzungshandlung stattfindet, führt dies dazu, dass der originäre Inhaber des Urheberrechts je nach dem Ort der Nutzungshandlung wechselt. Mit der originären Rechtsinhaberschaft im Arbeits- und Auftragsverhältnis wechselt auch die Verteilung der vermögensrechtlichen Befugnisse des Arbeit- bzw. Auftraggebers. Will der Arbeit- bzw. Auftraggeber mit einem Dritten einen Lizenzvertrag über die europa- bzw. weltweite Verwertung abschließen, bedeutet dies für ihn einen zeit- und kostenintensiven Transaktionsaufwand, um nachzuprüfen, wer originärer Rechtsinhaber des Urheberrechts ist und in welchem Umfang der Auftrag- bzw. Arbeitgeber in vermögensrechtlicher Hinsicht befugt ist. Daraus ergibt sich, dass die Inhaberschaft des Urheberrechts sich innerhalb der Europäischen Union nach insgesamt 28 Rechtsordnungen bemisst. Dabei werden sich die 28 Rechtsordnungen jedoch nur dahingehend unterscheiden, ob sie dem Urheber oder dem Arbeitgeber die originäre Inhaberschaft des Urheberrechts zuweisen. Im Gegensatz zu der universellen Anknüpfung der originären Inhaberschaft des Urheberrechts führt dies nicht nur dann zu einem erhöhten Transaktionsaufwand, wenn der Arbeit- bzw. Auftragnehmer nach dem Ursprungslandprinzip originärer Inhaber des Urheberrechts ist, sondern auch dann, wenn der Arbeit- bzw. Auftraggeber nach dem Ursprungslandprinzip originärer Inhaber des Urheberrechts ist.

2.2 Kohärenz der Schutzsysteme

Anerkanntermaßen wird der Bestand und Schutzumfang des Urheberrechts und des Urheberpersönlichkeitsrecht nach dem Schutzlandprinzip bemessen. Selbst die Vertreter des Ursprungslandprinzips gehen nicht von einer unbeschränkten Geltung des universellen Ansatzes im Urheberrecht aus. Würde die Inhaberschaft nach dem Ursprungslandprinzip ermittelt werden und der Schutzumfang des Urheberrechts nach dem Schutzlandprinzip, würden möglicherweise zwei Rechtssysteme miteinander kombiniert werden. Dies ist besonders dann kritisch zu beurteilen, wenn die Schutzschwelle des Urheberrechtsschutzes des Ursprungslands und das Recht des Schutzlands nicht übereinstimmen. In diesem Fall könnte nur durch die Ermittlung der Inhaberschaft des Urheberrechts nach dem Recht des Schutzlands ein kohärentes Schutzsystem gewährleistet werden. Die Schutzschwelle des Urheberrechtsschutzes unterscheidet sich je nach Mitgliedstaat. Manche Mitgliedstaaten lassen Urheberrechtschutz bereits bei geringer Gestaltungshöhe entstehen. Würde daher beispielsweise die Inhaberschaft des Urheberrechts universell nach englischem Recht, die Verwertung bzw. Verletzung des Werks in Deutschland beurteilt, könnte diese Rechtsverbindung dazu führen, dass der Arbeitgeber in Deutschland einen Urheberrechtsschutz erlangt, obwohl dieser unter Bewertung nach deutschem Recht nicht gewährt würde. Durch die universelle Anknüpfung werden daher die Entstehungsvoraussetzungen und Schutzvoraussetzungen auseinandergerissen und zu einem inkohärenten Urheberrechtschutzsystem vereint.[2678] Der Vorteil der territorialen Anknüpfung der ori-

---

2678 So auch Ulmer, RabelsZ 41 (1977), 479 (501); Institute of Information Law; The Recasting of Copyright & Related Rights for the Knowledge Economy; Annex 2, II, S. 292; Lucas; Applicable law in copyright infringement cases in

ginären Inhaberschaft des Urheberrechts im Arbeits- und Auftragsverhältnis liegt daher darin, die Kohärenz der Schutzentstehung und des Schutzumfangs des Urheberrechts zu wahren.

2.3 Eindeutiger Anknüpfungspunkt

Das Schutzlandprinzip entscheidet sich dafür, die Verwertungs- bzw. Verletzungshandlung als den maßgeblichen Anknüpfungspunkt zu setzen Dadurch wird die originäre Inhaberschaft des Urheberechts territorial nach dem Recht des Staates ermittelt, in dem das Werk verwertet bzw. verletzt wird. Auch in dem Fall, in dem das Werk von einer Gemeinschaft von Werkschöpfern geschaffen wurde, kann dieser Anknüpfungspunkt einheitlich angewendet werden.

2.4 Fazit

Der Vorteil des Schutzlandprinzips liegt insbesondere darin, dass es nicht nur die Situation des Einzelschöpfers, sondern auch der Schöpfergemeinschaft abdeckt und damit auch für vergleichbare Sachverhalte im Arbeits- und Auftragsverhältnis geeignet ist, eine einheitliche Kollisionsregel aufzustellen.

3. Zusammenfassende Würdigung

Die Vor- und Nachteile der territorialen und universellen kollisionsrechtlichen Anknüpfung der originären Inhaberschaft des Urheberrechts im Arbeits- und Auftragsverhältnis offenbaren sich an unterschiedlichen Stellen. Dabei ist zwischen dem Transaktionsaufwand, der Ermittlung eines geeigneten Anknüpfungspunkts und der Kohärenz des Urheberrechtsschutzsystems zu unterscheiden.

---

the digital environment; Oktober 2005, S. 5f; Gaster, ZUM 2006, 8 (9); Birkmann, Die Anknüpfung der originären Inhaberschaft am Urheberrecht, 2009, S. 60f.

3.1 Transaktionsaufwand

Das Potential, den Transaktionsaufwand gering zu halten, bietet die universelle Anknüpfung der Inhaberschaft des Urheberrechts im Arbeits- und Auftragsverhältnis dann, wenn derjenige, dem universell die originäre Rechtsinhaberschaft des Urheberrechts zugewiesen wird, auch derjenige ist, der die Verwertungsverträge mit dem Dritten schließen möchte. Im Rahmen des Arbeits- und Auftragsverhältnisses entfalten sich daher die Vorteile der kollisionsrechtlichen Anknüpfung nach dem Ursprungslandprinzip dann, wenn nach dem anzuwendenden Sachrecht dem Arbeit- bzw. Auftraggeber die originäre Inhaberschaft des Urheberrechts zugewiesen wird. Denn nur in diesem Fall beantwortet sich mit der originären Inhaberschaft des Urheberechts auch der Umfang der vermögensrechtlichen Befugnisse des Arbeit- bzw. Auftraggebers und erübrigt eine Überprüfung aller nationalen Rechtsordnungen, in denen das Werk genutzt werden soll. Im Gegensatz zu der universellen Anknüpfung der originären Inhaberschaft des Urheberrechts führt die territoriale kollisionsrechtliche Anknüpfung nur dann zu einem geringeren Transaktionsaufwand, wenn der Arbeit- bzw. Auftraggeber nach dem Recht des Schutzlands originärer Inhaber des Urheberrechts ist.

3.2 Ermittlung eines geeigneten Anknüpfungspunkts

Erhöht sich daher bei der territorialen Anknüpfung der originären Inhaberschaft des Urheberrechts im Arbeits- und Auftragsverhältnis nach dem Schutzlandprinzip der Transaktionsaufwand, liegt bei der universellen Anknüpfung der originären Inhaberschaft des Urheberrechts die größte Schwierigkeit darin, einen Anknüpfungspunkt zu finden, der geeignet ist, eine vorhersehbare und einheitliche Rechtsanwendung zu gewährleisten. Auch wenn im Rahmen des Ursprungslandprinzips Rechtsklarheit erreicht werden könnte, indem ein Anknüpfungspunkt gesetzlich kodifiziert würde, ist es schwierig, diesen im Rahmen des Ursprungslandprinzips ausfindig zu machen. Denkbarer Anknüpfungspunkt ist der Ort des gewöhnlichen Aufenthaltsorts des Werkschöpfers. Dieser kann jedoch allenfalls für Werkschöpfungen eines Einzelurhebers praktikabel sein, sodass er nicht geeignet, ist einen einheitlich geltenden Anknüpfungspunkt zu bilden, sobald die Werkschöpfung in Etappen, ortsübergreifend oder in Arbeitsteilung durch eine Gemeinschaft von Urhebern erfolgt.

3.3 Kohärenz des Urheberrechtsschutzsystems

Da durch die universelle Anknüpfung der originären Inhaberschaft des Urheberrechts die Schutzentstehung und der Schutzumfang des Urheberrechts auseinandergerissen werden, kann allein die territoriale Anknüpfung die Wahrung eines kohärenten Urheberrechtschutzsystems gewährleisten.

IV. Beteiligte Interessen

Wie der vorangegangene Abschnitt gezeigt hat, ergeben sich sowohl für die territoriale Anknüpfung nach dem Schutzlandprinzip als auch für die universelle Anknüpfung nach dem Ursprungslandprinzip Vor- und Nachteile bei der kollisionsrechtlichen Anknüpfung der originären Inhaberschaft des Urheberrechts im Arbeits- und Auftragsverhältnis. Das Urheberkollisionsrecht geht von der Gleichwertigkeit der nationalen Rechtsordnungen aus. Die Ermittlung einer Kollisionsnorm kann aufgrund der eklatanten Unterschiede in den materiellen Urheberrechtsordnungen im Rahmen der originären Inhaberschaft des Urheberrechts allerdings nicht völlig losgelöst von den im Arbeits- und Auftragsverhältnis bestehenden Interessen betrachtet werden.[2679] Daher sind im Folgenden die Interessen der Werkschöpfer, der Arbeit- bzw. Auftraggeber, der Nutzer und der Gerichte zu untersuchen.

1. Interessen der Werkschöpfer im Arbeits- und Auftragsverhältnis

Zunächst sind die Interessen der Arbeit- und Auftragnehmer zu betrachten, die in Erfüllung eines Arbeits- und Auftragsverhältnisses ein urheberrechtlich geschütztes Werk schaffen.

2679 Birkmann, Die Anknüpfung der originären Inhaberschaft am Urheberrecht, 2009, S. 66, 260; Lucas; Applicable law in copyright infringement cases in the digital environment; Oktober 2005, S. 2 (abzurufen unter: http://portal.unesco. org/culture/en/ev.php-URL_ID=29336&URL_DO=DO_TOPIC&URL_SECTI ON=201.html; zuletzt abgerufen am: 11. Mai 2015); Drexl in: MüKo, Band 11, Internationales Immaterialgüterrecht, Rn. 15, 21.

1.1 Universelle Inhaberschaft des Urheberrechts kraft Naturrecht

Die Vertreter des Universalitätsprinzips fordern die universelle Anerkennung eines aufgrund des Schöpfungsaktes nach der *lex originis* entstandenen einheitlichen Urheberrechts in den Händen einer bestimmten Person. Begründet wird dies mit dem naturrechtlichen Entstehen des Urheberrechtsschutzes kraft Schöpfungsakt.[2680] Auf der Ebene des Kollisionsrechts kann dieser Argumentation jedoch nicht gefolgt werden. Der naturrechtliche Schöpfungsakt lässt das subjektive Urheberrecht entstehen. Die Urheberrechtsgesetze würdigen und formen hingegen erst den Inhalt und Schutzumfang des Urheberrechts aus. Außerdem kann diese Argumentation ohnehin nur für die Rechtsordnungen greifen, die dem Werkschöpfer die originäre Inhaberschaft des Urheberrechts zuweisen.[2681] Ein allgemeingültiger Kollisionsgrundsatz kann dem Entstehen eines subjektiven Urheberrechts jedoch nicht entnommen werden.

1.2 Preisgabe des Schöpferprinzips

Zugunsten der Schutzlandanknüpfung wird regelmäßig vorgebracht, sie würde das kontinentaleuropäische Schöpferurheberrecht gegen die Einflussnahme durch das angloamerikanische Arbeitergeber- und Produzentenurheberrecht verteidigen.[2682] Tatsächlich lässt sich die Wertung des *Droit d'auteur* und die Zuweisung der originären Inhaberschaft des Urheberrechts an den Werkschöpfer weder mit dem Schutzland- noch mit dem Ursprungslandprinzip durchgehend bewerkstelligen. Sowohl unter Anwendung eines territorialen als auch unter Anwendung eines universellen Anknüpfungspunkts kann man zumindest partiell nicht verhindern, dass die Inhaberschaft des Urheberrechts utilitaristisch dem Arbeitgeber zugeordnet wird.

Ermittelt sich die Inhaberschaft des Urheberrechts nach dem Schutzlandprinzip, hat der Arbeitnehmer, der nach dem in Deutschland nach § 7 UrhG geltenden Schöpferprinzip Urheber und originärer Inhaber des Ur-

---

2680 Schack, FS Kropholler, 2008, S. 651, 666, der die Anwendung des Schutzlandprinzips auf die erste Inhaberschaft als „Missachtung des naturrechtlichen Kerns des Urheberrechts" ansieht. Klass, GRUR Int. 2007, 373 (381), führt an, dass der Entstehung des Urheberrechts etwas Natürliches beiwohnt.

2681 Im Ergebnis so auch Drexl in: MüKo, Band 11, Internationales Immaterialgüterrecht, Rn. 17.

2682 Drexl in: MüKo, Band 11, Internationales Immaterialgüterrecht, Rn. 23.

heberrechts ist, nicht die Inhaberschaft des Urheberrechts in den Schutzländern inne, in denen das Recht des Schutzlands dem Arbeit- bzw. Auftraggeber die originäre Inhaberschaft des Urheberrechts zuweist.[2683] In diesem Fall verliert der Urheber teilweise räumlich die Inhaberschaft des Urheberrechts. Unter Geltung des Ursprungslandprinzips wird hingegen die für das Arbeitsverhältnis geltende Zuweisung der Inhaberschaft des Urheberrechts universell zementiert. Der Arbeitnehmer, bei dem das Ursprungslandprinzip zur Anwendung des deutschen Rechts führt, behält territorial unbeschränkt die Inhaberschaft des Urheberrechts. Der Urheber, dessen Inhaberschaft nach dem Ursprungslandprinzip nach englischem oder niederländischem Recht beurteilt wird, wäre hingegen nie Urheber und Inhaber des Urheberrechts, selbst wenn die Nutzung in einem Staat erfolgt, dessen Rechtsordnung die Inhaberschaft des Urheberrechts dem Schöpfer zuweist.

Es ist daher festzustellen: Unter Anwendung des Schutzlandprinzips wird das Schöpferprinzip räumlich bezogen aufgegeben, wenn die Nutzung des Arbeitnehmerwerks in Ländern stattfindet, die nicht dem *Droit d'auteur*-Ansatz folgen. Unter Anwendung des Ursprungslandprinzips wird das Schöpferprinzip in Bezug auf die Urheber aufgegeben, bei denen die Inhaberschaft des Urheberrechts an dem Arbeitnehmerwerk nach dem Recht des Ursprungslands dem Arbeit- bzw. Auftraggeber zugewiesen wird.

1.3 Verlust fundamentaler Rechte des Werkschöpfers

Viel weitreichender ist jedoch, wenn die kollisionsrechtliche Anknüpfung nach dem *single law approach* zu dem Verlust fundamentaler Rechte führt, die das Recht des Schutzlands bietet. Dies ist dann der Fall, wenn die universelle Anknüpfung an das Recht des Ursprungslands zu der Anwendung einer utilitaristisch geprägten Rechtsordnung führt, die nicht nur die Inhaberschaft des Urheberrechts, sondern auch die Urheberschaft dem Arbeit- bzw. Auftraggeber zuweist. Bei der Ermittlung des Schutzumfangs der vermögensrechtlichen und urheberpersönlichkeitsrechtlichen Befugnisse des Schöpfers kann dies zu einem Verlust von fundamentalen Rechten führen, wenn das Recht des Schutzlands zwar fundamentale Rechte gewährt, diese jedoch an die Rechtsposition der Urheberschaft knüpft. Dies könnte dazu führen, dass der Schöpfer des Werks eine nach dem Recht des Schutzlands

---

2683 Darauf auch hinweisend: Klass, GRUR Int 2007, 373 (384).

gewährte Rechtsposition nicht wahrnehmen kann, weil er aufgrund der universellen Anknüpfung der Urheberschaft nicht Urheber ist.[2684] Bei den fundamentalen Rechten handelt es sich um Urheberpersönlichkeitsrechte, aber auch um Vergütungsansprüche, die dem Urheber zugewiesen werden. Dieser Fall tritt jedoch umgekehrt nicht auf, wenn die Rechtsinhaberschaft nach einer vom *Droit d'auteur*-Prinzip geprägten Rechtsordnung dem Schöpfer zugewiesen wird und der Umfang der Schutzrechte nach einer Rechtsordnung des *Common Law* ermittelt wird. Denn in diesem Fall wäre der Schöpfer Adressat der fundamentalen Rechte, die dem Urheber nach dieser Rechtsordnung gewährt werden. Dies kann im Einzelfall auch zu einem materiellen Schutzunterschied führen, der Schöpfer ist jedoch nicht von vornherein gehindert, eine Rechtsposition geltend zu machen, die das Recht des Schutzlands dem Urheber bietet.[2685]

1.4 Fazit

Die Interessen der Werkschöpfer sind im Arbeits- und Auftragsverhältnis durch die Anwendung einer territorialen Anknüpfung der originären Inhaberschaft des Urheberrechts nach dem Schutzlandprinzip am besten gewahrt. Nur durch die kollisionsrechtliche Anknüpfung der originären Inhaberschaft des Urheberrechts kann verhindert werden, dass der Werkschöpfer Rechtspositionen nicht wahrnehmen kann, die dem Bestand und dem Umfang gemäß dem Recht des Schutzlands dem Werkschöpfer gewährt werden. Weder das naturrechtliche Entstehen des Urheberrechts kraft Schöpfungsakt noch das Schöpferprinzip können die universelle kollisionsrechtliche Anknüpfung der originären Inhaberschaft nach dem Recht des Ursprungslands begründen.

2684 Dies ist beispielsweise bei der niederländischen Rechtsordnung zu befürchten, weil diese dem Arbeit- und auch Auftraggeber nicht nur die Inhaberschaft des Urheberrechts, sondern auch die fiktive Urheberschaft zuweist. So auch Thum in: Drexl, Josef/Kur, Annette; International property and private international law; Who decides on Colours of Films on the Internet?; S. 270; Fawcett/Torremans, Intellectual property and private international law, 2011, 13.77, S. 717, schlägt daher vor, dass das Recht des Ursprungslands dann nach der *public policy* unangewendet bleiben müsse, wenn es zu einem Verlust fundamentaler Rechte führe. Dazu weiter unten unter Punkt V.

2685 So auch Thum in: Drexl, Josef/Kur, Annette; International property and private international law; Who decides on Colours of Films on the Internet?; S. 270; Birkmann, Die Anknüpfung der originären Inhaberschaft am Urheberrecht, 2009, S. 260f.

2. Interessen der Arbeit- bzw. Auftraggeber

Nachdem die Interessen der Arbeit- bzw. Auftragnehmer dargestellt wurden, sind die Interessen der verwertenden Arbeit- bzw. Auftraggeber zu betrachten.

2.1 Auswirkungen der territorialen Anknüpfung auf die vermögensrechtlichen Befugnisse der Arbeit- bzw. Auftraggeber

Wie soeben festgestellt, kann die universelle kollisionsrechtliche Anknüpfung an eine utilitaristisch geprägte Rechtsordnung dazu führen, dass fundamentale Rechte des Schutzlands nicht mehr dem Schöpfer, sondern dem Arbeit- oder Auftraggeber zugewiesen werden, weil dieser universell als Urheber und Inhaber des Urheberrechts gilt und der Schöpfer dadurch fundamentale Rechte verliert.

Wie der Rechtsvergleich der vermögensrechtlichen Befugnisse des Arbeitgebers gezeigt hat, ergeben sich jedoch auch Unterschiede bei der Zuweisung der Inhaberschaft des Urheberrechts und dem Umfang der vermögensrechtlichen Befugnisse. Der Arbeit- bzw. Auftraggeber kann daher durch eine territorial kollisionsrechtliche Anknüpfung der originären Inhaberschaft des Urheberrechts nach dem Recht des Schutzlands auch vermögensrechtliche Befugnisse verlieren. Denn mit der Zuweisung der Inhaberschaft des Urheberrechts ist auch stets eine Aussage in Bezug auf den Umfang der vermögensrechtlichen Befugnisse getroffen. Gilt im Ursprungsland der originäre Rechtserwerb des Urheberrechts des Arbeit- bzw. Auftraggebers, im Schutzland hingegen nicht, hat der Auftrag- bzw. Arbeitgeber durch die Anknüpfung der originären Inhaberschaft des Urheberrechts nach dem Recht des Schutzlands einen vermögensrechtlichen Nachteil. Es ist zu befürchten, dass der Arbeit- bzw. Auftraggeber, der nach dem Recht des Ursprungslands die originäre Inhaberschaft des Urheberrechts im Arbeits- bzw. Auftragsverhältnis zugewiesen bekommt, keine zusätzliche vertragliche Regelung trifft, die ihm eine vergleichbare vermögensrechtliche Position in dem Staat, in dem das Werk verwertet wird, sichert. Dies würde daher dazu führen, dass er unbemerkt auf den Umfang der Vermögensrechte hinunterfällt, die nach dem Recht des Schutzlands gesetzlich gegeben werden. Hat der Arbeit- oder Auftraggeber dies nicht bedacht, wird dies insbesondere zu einem Verlust der vermögensrechtlichen Befugnisse führen, deren Übertragung an eine Schriftform geknüpft ist.[2686]

Die kollisionsrechtliche Anknüpfung an das Recht des Schutzlands kann jedoch auch vermögensrechtliche Vorteile für den Arbeit- bzw. Auftraggeber mit sich bringen, wenn das Recht des Schutzlands im Gegensatz zu dem Recht des Ursprungslands dazu führt, dass der Arbeit-bzw. Auftraggeber originärer Inhaber des Urheberrechts ist. Die territoriale Anknüpfung der originären Inhaberschaft des Urheberrechts nach dem Recht des Schutzlands führt daher bei dem Arbeit- bzw. Auftraggeber zu vermögensrechtlichen Nachteilen, wenn die originäre Inhaberschaft des Urheberrechts nach dem Recht des Ursprungslands dem Arbeit- bzw. Auftraggeber zugewiesen wird und dies nach dem Recht des Schutzlands jedoch nicht geschieht.

2.2 Auswirkungen der universellen Anknüpfung auf die vermögensrechtlichen Befugnisse der Arbeit- bzw. Auftraggeber nach dem Ursprungslandprinzip

Es können jedoch auch mittelbare vermögensrechtliche Nachteile beim Arbeit- bzw. Auftraggeber entstehen, wenn die originäre Inhaberschaft des Urheberrechts universell nach dem Recht des Ursprungslands ermittelt wird. Dies ist beispielsweise dann denkbar, wenn die originäre Inhaberschaft des Urheberrechts im Arbeits- und Auftragsverhältnis universell nach einem Recht bestimmt wird, das dem Arbeit- bzw. Auftraggeber nur den derivativen Erwerb von Vermögensrechten zuspricht. Dieser Arbeit-bzw. Auftraggeber müsste dann mit Arbeit- bzw. Auftraggeber konkurrieren, bei denen die originäre Inhaberschaft des Urheberrechts universell nach einer Rechtsordnung bestimmt wird, die dem Arbeit- bzw. Auftraggeber die originäre Inhaberschaft des Urheberrechts zuweist. Mit der originären Inhaberschaft des Urheberrechts wäre dieser Arbeit- bzw. Auftraggeber stets auch unbeschränkter Inhaber der Vermögensrechte. Dies kann auch Auswirkungen auf den Wettbewerb vor Ort haben, wenn ein konkurrierender Arbeit- bzw. Auftraggeber zur Verwertung des Werks in demselben Staatsgebiet berechtigt ist, ohne diese Rechte beim Werkschöpfer un-

---

2686 Dies ist insbesondere für die Einräumung exklusiver Nutzungsrechte, die translative Übertragung des Urheberrechts und auch in Bezug auf die zur Zeit der Fertigstellung des Werks unbekannten Nutzungsarten denkbar.

ter zusätzlichem Transaktionsaufwand gegen gesondertes Entgelt zu erwerben.

Die kollisionsrechtliche universelle Anknüpfung der originären Inhaberschaft an das Recht des Ursprungslands kann daher bei dem Arbeit- bzw. Auftraggeber zu wettbewerbsrechtlichen Nachteilen führen, bei dem das anzuwendende Recht nicht dem Arbeit- bzw. Auftraggeber, sondern dem Werkschöpfer die originäre Inhaberschaft des Urheberrechts zuweist.

3. Interessen der Mitgliedstaaten

Wie bereits im vorangegangenen Punkt ausgeführt, kann die universelle Anknüpfung der originären Inhaberschaft des Urheberrechts wirtschafts-politische Wertungen eines Mitgliedstaats hinsichtlich der Verteilung ver-mögensrechtlicher Befugnisse im Arbeits- und Auftragsverhältnis beein-trächtigen. Die Beeinträchtigung der eigenen wirtschaftspolitischen Ent-scheidungen steht der Souveränität der Mitgliedstaaten entgegen, in ihrem Territorium die eigenen wirtschaftspolitischen Wertungen durchzuset-zen.[2687] Daher hat der Mitgliedstaat ein berechtigtes Interesse daran, dass die kollisionsrechtliche Anknüpfung der originären Inhaberschaft des Ur-heberrechts nach dem Recht des Schutzlands erfolgten, da dieses die wirt-schaftspolitischen Wertungen des Staats berücksichtigt, in dem die Nut-zung des Werks erfolgt.

4. Interessen der Gerichte

Das Recht des Gerichtsstands ist weder zwingend mit dem Recht des Ur-sprungslands noch mit dem Recht des Schutzlands identisch. Die Gerichte sind daher in jedem Fall zur Anwendung ausländischen Rechts verpflich-tet. Die kollisionsrechtliche Anknüpfung der originären Inhaberschaft nach dem Recht des Schutzlands könnte jedoch den Vorteil haben, dass das Gericht nur eine ausländische Rechtsordnung anwenden muss, da sich der Bestand und der Schutzumfang des Urheberrechts ebenfalls nach dem Recht des Schutzlands ermittelt. Weiter könnte die einheitliche Anknüp-fung nach dem Recht des Ursprungslands dazu führen, dass das Gericht nicht gezwungen ist, Wertungswidersprüche zwischen zwei unterschiedli-

---

2687 So auch Birkmann, Die Anknüpfung der originären Inhaberschaft am Urhe-berrecht, 2009, S. 70

chen Rechtsordnungen ausgleichen zu müssen.[2688] Daher ist aus der Sicht der Gerichte die Anwendung des Rechts des Schutzlands vorzugswürdig.

5. Interessen der Nutzer

Für die Geltung einer territorialen Anknüpfung der originären Inhaberschaft im Arbeits- und Auftragsverhältnis nach dem Recht des Schutzlands wird auch angeführt, dass dem Verletzer weder die Nationalität des Urhebers, dessen gewöhnlicher Aufenthaltsort oder eine (arbeits-)vertragliche Verpflichtung im Zusammenhang mit der Werkschöpfung bekannt sein wird. Daher müssten sich die Rechtsfolgen einer Verletzungshandlung nach der Rechtsordnung richten, die für den Verkehr vorhersehbar ist, d.h. in diesem Land den anerkannten Rechten entspricht.[2689] Der Verkehrsschutz bietet jedoch nur so lange ein Argument für das Schutzlandprinzip, wie auch ein Bedürfnis nach Rechtsklarheit im Rechtsverkehr besteht. Entscheidend für den Verkehrsschutz sind der Schutzumfang und die Schranken des Urheberrechts. Zu Recht wird daher von Vertretern entgegengehalten, dass der Verkehrsschutz nicht für die kollisionsrechtliche Anknüpfung der originären Inhaberschaft des Urheberrechts herangezogen werden kann, denn für den Verletzer ist es irrelevant, wer der Inhaber des Urheberrechts ist, für ihn ist vielmehr der Schutzumfang des Rechts und dessen gesetzlichen Schranken entscheidend.[2690]

Daher ist die kollisionsrechtliche Anknüpfung der originären Inhaberschaft des Urheberrechts im Arbeits- und Auftragsverhältnis für den Nutzer nicht relevant.

2688 So auch Birkmann, Die Anknüpfung der originären Inhaberschaft am Urheberrecht, 2009, S. 71 m.w.N.

2689 Walter in: Loewenheim, Hdb. des Urheberrechts, § 58 Rn. 10.

2690 So auch Schack, Urhebervertragsrecht, 2013, S. 464; Beckstein, Einschränkungen des Schutzlandprinzips, 2010, S. 66; Birkmann, Die Anknüpfung der originären Inhaberschaft am Urheberrecht, 2009, S. 69.

6. Zusammenfassende Würdigung

6.1 Abwägung der beteiligten Interessen

Die vorangegangene Darstellung hat gezeigt, dass die kollisionsrechtliche Anknüpfung der originären Inhaberschaft im Arbeits- und Auftragsverhältnis nach dem Recht des Schutzlands Vorteile für den Werkschöpfer beinhaltet. Nur durch die Anwendung des Schutzlandprinzips kann gewährleistet werden, dass der Werkschöpfer alle fundamentalen Rechte wahrnehmen kann, die das Recht des Schutzlands für ihn bietet. Zudem hat die kollisionsrechtliche Anknüpfung an das Recht des Schutzlands auch Vorteile für die Gerichte und führt dazu, dass wirtschaftspolitische Wertungen eines Staates bei der Verwertung innerhalb der Staatsgrenzen erhalten bleiben. Zudem bietet die kollisionsrechtliche Anknüpfung an das Recht des Schutzlands den Vorteil, dass stets an das Recht des Staates anzuknüpfen ist, in der die Verwertung des Werks erfolgt. Der einheitliche Anknüpfungspunkt ist vorhersehbar und damit rechtssicher. Die Nachteile, die der Arbeit- bzw. Auftraggeber nach dem Recht des Schutzlands durch den Verlust vermögensrechtlicher Vorteile erleidet, die er nach dem Recht des Ursprungslandprinzips genießen kann, sind hingegen hinzunehmen. Denn im Gegensatz zu dem Werkschöpfer, der nach dem Recht des Ursprungslands fundamentale Rechte verlieren kann, hat der Arbeit- und Auftraggeber die Möglichkeit, sich auf vertraglichem Wege eine weitestgehend vergleichbare vermögensrechtliche Rechtsposition zu verschaffen. Dies erhöht zwar für den Arbeit- und Auftraggeber den Transaktionsaufwand, dennoch ist es dem Arbeit- und Auftraggeber zumutbar, auch das Urheberrecht, in dem Staat, in dem er die Verwertung plant, zu überprüfen. Schließlich ist der Ort der Verwertung für den Arbeit- und Auftraggeber bekannt. Einheitlich an das Recht anzuknüpfen, in der die Verwertung stattfindet, führt auch dazu, dass für den Fall, dass das Werk von einer Gemeinschaft von Werkschöpfern geschaffen wurde, kein Statutenwechsel zu befürchten ist, selbst wenn die Werkschöpfung in Etappen oder durch Urheber an unterschiedlichen Aufenthaltsorten geschaffen wurde.

6.2 Berücksichtigung fremder Rechtsordnungen nach 3:201 Abs. 2 CLIP

Die territoriale Anknüpfung der originären Inhaberschaft des Urheberrechts kann im Arbeits- und Auftragsverhältnis dazu führen, dass der Arbeit- bzw. Auftraggeber vermögensrechtliche Nachteile im Schutzland erleidet. Es stellt sich daher die Frage, ob das Urheberkollisionsrecht auch zu einer Überwindung dieser materiellen vermögensrechtlichen Unterschiede eingesetzt werden soll.

Für eine Überwindung der vermögensrechtlichen Nachteile sprechen sich die *CLIP-Principles* aus und ergänzen die kollisionsrechtliche Anknüpfung der originären Inhaberschaft des Urheberrechts nach dem Recht des Schutzlands mit einer gesetzlichen Übertragungsvermutung zugunsten der Arbeit- bzw. Auftraggeber, die unter Anwendung des Rechts des Schutzlands einen vermögensrechtlichen Nachteil erleiden.[2691] Nach Art. 3:201 Abs. 2 CLIP-Principles gilt: Weist ein Sachverhalt eine enge Verbindung zu einem Staat auf, der die originäre Inhaberschaft des Urheberrechts nach der *work made for hire*-Doktrin zuweist oder eine gesetzliche Übertragungsvermutung aller vermögensrechtlichen Befugnisse enthält und die Regelungen des Schutzlands diesen Ansätzen nicht folgen, dann soll aufgrund einer gesetzlichen Vermutung die vertragliche Vereinbarung der Parteien dahingehend ausgelegt werden, dass all die Rechte, die nach dem Recht des Schutzlands übertragbar sind, auf den Arbeit- bzw. Auftraggeber übertragen werden.[2692] Auslegungsbedürftig ist, wann eine „enge Verbindung" im Sinne des Art. 3:201 Abs. 2 CLIP gegeben ist. Dabei kommen – ebenso wie im Rahmen der universellen Anknüpfung – vier Anknüpfungspunkte in Betracht: Arbeitsstatut, Ort der ersten Veröffentlichung, Nationalität des Werkschöpfers und der gewöhnliche Aufenthaltsort des Urhebers. Im Rahmen des Art. 3:201 Abs. 2 CLIP-Principles wird vorgeschlagen, alle vier Anknüpfungspunkte heranzuziehen, wobei dem Arbeitsvertrag und dem gewöhnlichen Aufenthaltsort des Urhebers eine besondere Rolle zukommen solle[2693]. Die Berücksichtigung dieser vier Anknüpfungspunkte bei der Ermittlung der engen Verbindung im Sinne des Art. 3:201 Abs. 2 CLIP stehe auch nicht im Widerspruch zu der Ablehnung der Anknüpfungspunkte im Rahmen der universellen Anknüpfung der Inhaberschaft, da das Ergebnis nicht die Anwendung des Kollisionsrechts bestimmt, sondern es dabei nur um die Berücksichtigung möglicher Aspekte geht, die zur Berücksichtigung gewisser materieller Regelungen führen.[2694] Die Ergänzung

---

2691 Birkmann, Die Anknüpfung der originären Inhaberschaft am Urheberrecht, 2009, S. 265ff.

2692 Dies befürwortend: Birkmann, Die Anknüpfung der originären Inhaberschaft am Urheberrecht, 2009, S. 265.

2693 Birkmann, Die Anknüpfung der originären Inhaberschaft am Urheberrecht, 2009, S. 273.

2694 Birkmann, Die Anknüpfung der originären Inhaberschaft am Urheberrecht, 2009, S. 270.

der Kollisionsregel mit einer gesetzlichen Übertragungsvermutung biete den Vorteil, dass die wirtschaftspolitischen Wertungen der *work made for hire*-Doktrin nach den Regeln des Rechts des Schutzlands umgesetzt werden könnten. Hat der (Arbeits-)Vertrag eine enge Verbindung zu einer *work made for hire*-Doktrin und wäre nach dem Schutzlandprinzip deutsches Recht anwendbar, dann würde dies dazu führen, dass der Arbeitgeber im Schutzland alle vermögensrechtlichen Befugnisse translativ oder konstitutiv exklusiv erlangen würde. Klärungsbedürftig ist, ob darunter nur die zum Zeitpunkt der Schöpfung bekannten Nutzungsarten fallen und ob der Werkschöpfer für die Verwertung im Schutzland gesetzliche Vergütungsansprüche geltend machen kann.

6.3 Ausreichende Berücksichtigung der vermögensrechtlichen Interessen durch die Auslegungsregeln des Vertragsstatuts

Die Ergänzung der Kollisionsregel um eine gesetzliche Übertragungsvermutung ist abzulehnen. Das Urheberkollisionsrecht ist dazu berufen, das anwendbare Sachrecht zu bestimmen und nicht selbst sachrechtliche Wertungen aufzustellen. Auch wenn grundsätzlich die Harmonisierung des Urheberrechts im Arbeits- und Auftragsverhältnis zu befürworten ist[2695], ist es systemfremd, die Harmonisierung des Sachrechts durch das Urheberkollisionsrecht herbeiführen zu wollen.[2696] Das tatbestandliche Abstellen auf eine enge Verbindung zu einer Rechtsordnung, die der *work made for hire*-Doktrin folgt, oder dem Arbeit- bzw. Auftraggeber ausschließliche Nutzungsrechte gewährt, ist nicht hinreichend rechtsklar und damit wenig vorhersehbar. Denn das Abstellen auf alle vier möglichen Anknüpfungspunkte führt nicht nur zu uneinheitlichen Ergebnissen, sondern lässt zumindest bei einer Ermittlung nach dem Arbeitsvertragsstatut parteiautonome Beeinflussungen zu, die zur Folge haben können, dass materiell-rechtliche wirtschaftspolitische Wertungen im Schutzland durch die Parteiautonomie außer Kraft gesetzt werden. Zudem spricht die Beeinträchtigung des Wettbewerbs im Schutzland gegen eine gesetzliche Überwindung der vermögensrechtlichen Nachteile der Arbeit- und Auftraggeber, die unter Anwendung des Rechts des Schutzlands einen vermögensrechtlichen Nachteil erleiden. Wird am Markt des Schutzlands nur die Wettbewerbsposition der Arbeit- und Auftraggeber gestärkt, die zufälligerweise eine en-

---

2695 Siehe dazu 3. Kapitel, § 1.
2696 So auch Klass, GRUR Int. 2008, 546 (550).

ge Verbindung zu einer *work made for hire*-Doktrin aufweisen, werden die Angehörigen dieser Staaten auf dem Markt gegenüber den Angehörigen der Staaten bevorzugt, die keine enge Verbindung zu einer *work made for hire*-Doktrin aufweisen können. Denn die Arbeit- bzw. Auftraggeber, die eine enge Verbindung zu einer *work made for hire*-Doktrin haben, haben unabhängig von den wirtschaftspolitischen Wertungen des Rechts des Schutzlands stets eine gestärkte vermögensrechtliche Position. Dies führt auf ihrer Seite zu einer Reduktion der Transaktionskosten. Sie müssen keine Rechtsgutachten über die Verteilung der vermögensrechtlichen Befugnisse im Arbeits- und Auftragsverhältnis einholen und sind nicht darauf angewiesen, sich vertraglich zusätzliche Vermögensrechte vom Werkschöpfer zu sichern. Diese Arbeit- und Auftraggeber können diese Kostenersparnis auf dem Markt des Schutzlands für sich nutzen und für den Verbraucher attraktivere Preise anbieten. Dies ist zwar für den Nutzer der Werke von Vorteil, doch kann es auch dazu führen, dass die Arbeit- und Auftraggeber, die keine Verbindung zu einer *work made for hire*-Doktrin haben, in diesem Wettbewerb herausgefordert werden. Denn nur, weil sie keine Verbindung zu einer *work made for hire*-Doktrin haben, heißt dies nicht, dass die Verteilung der vermögensrechtlichen Befugnisse nach dem Recht des Schutzlands stets für sie vorteilhafter ist. Dies müssen sie durch die Einholung von Rechtsgutachten überprüfen, um die nationalen Gegebenheiten berücksichtigen zu können. Dies kann im Einzelfall weitere vertragliche Vereinbarungen mit dem Arbeit- bzw. Auftragnehmer nach sich ziehen. Denkbar ist dies beispielsweise bei der Verwertung in vormals unbekannten Nutzungsarten. Dies hat zur Folge, dass allein die Auftrag- und Arbeitgeber, die keiner *work made for hire*-Doktrin angehören, erhöhte Transaktionskosten zu tragen haben, um dieselben vermögensrechtlichen Interessen auszuüben. Dadurch besteht die Gefahr, dass diese Arbeit- und Auftraggeber dem Kostendruck nur dann Stand halten können, wenn sie an anderer Stelle Einsparungen machen können. Die Einführung einer gesetzlichen Übertragungsvermutung im Recht des Schutzlands zugunsten der Angehörigen einer *work made for hire*-Doktrin kann daher dazu führen, dass die Arbeit- und Auftraggeber der *Droit d'auteur*-Staaten am Markt des Schutzlands geringere Gewinne machen und sich dies auf die Vergütung der Werkschöpfer negativ auswirkt.

Außerdem ist auch nicht ersichtlich, warum ein Arbeit- bzw. Auftraggeber bevorzugt behandelt werden soll, nur, weil ihm eine Rechtsordnung, zu der er eine enge Verbindung hat, alle oder zumindest ausschließliche Vermögensrechte zuweist. Besteht ein berechtigtes Interesse, dass ein Arbeit- und Auftraggeber zu Zeiten, in denen es kein einheitliches Europäi-

sches Urheberrecht gibt, darauf vertrauen darf, dass ihm seine vermögensrechtliche Rechtsposition europaweit einheitlich gewährt wird? Dies ist zu
verneinen. Erfolgt die Verwertung in einem Schutzland, ist es für den Ar-
beit- und Auftraggeber zumutbar, die nationalen Gegebenheiten, die für
die Vermarktung an diesem Standort entscheidend sind, zu überprüfen.
Dies muss auch für die Verteilung der vermögensrechtlichen Befugnisse an
urheberrechtlich geschützten Werken im Arbeits- und Auftragsverhältnis
gelten, wenn diese in dem Schutzland verwertet werden.

Der Arbeit- bzw. Auftraggeber ist bereits hinreichend durch die bereits
im Kollisionsrecht der Rom I-VO bestehenden Regelungen geschützt. Urheberrechtliche Auslegungsregeln fallen bereits unter das Vertragsstatut
nach Art. 12 Abs. 1 lit. a) Rom I-VO.[2697] Findet daher ein Vertragsstatut
Anwendung, das der *work made for hire*-Doktrin folgt, finden die Auslegungsregeln des Rechts des Schutzlands keine Anwendung, nach denen
die (konstitutive oder translative) Übertragung des Urheberrechts inhaltlich auf das Maß beschränkt wird, das für den Betriebs- bzw. Vertragszweck erforderlich ist. Dies würde dazu führen, dass die Nutzungsrechte
dem Arbeit- bzw. Auftraggeber auch nach dem Recht des Schutzlands stillschweigend eingeräumt werden und Auslegungsvermutungen, welche die
Übertragung inhaltlich beschränken, keine Anwendung findet. Einschränkende Auslegungsregeln des Schutzlands, wie beispielsweise die deutsche
Regelung des § 31 Abs. 5 UrhG und die niederländische Regelung des
Art. 2 Abs. 2 AW, finden jedoch in grenzüberschreitenden vertraglichen
Schuldverhältnissen keine Anwendung, sofern die deutsche bzw. niederländische Rechtsordnung nicht das Vertragsstatut bilden. Die Staaten, die
einer *work made for hire*-Doktrin folgen, werden dadurch motiviert, die
Harmonisierung des Europäischen Urheberrechts zu befürworten. Wird
den Arbeit- und Auftraggebern jedoch bereits auf kollisionsrechtlicher
Ebene die Sicherung ihrer vermögensrechtlichen Position gewährleistet,
wird es nahezu unmöglich sein, die Vergütungsansprüche der Werkschöpfer und die Angleichung des Urheberpersönlichkeitsrechts auf europäischer Ebene durchzusetzen. Durch die Ablehnung einer gesetzlichen Übertragungsvermutung zugunsten der Staaten, die einer *work made for hire*-
Doktrin folgen, kann der notwendige Druck auf die Mitgliedstaaten er-
zeugt werden, die notwendige Einführung eines Europäischen Urheberrechts zu unterstützen.

2697 Siehe dazu 2. Kapitel, § 3.

V. Universelle Anknüpfung der originären Inhaberschaft des Urheberpersönlichkeitsrechts nach dem Recht des Ursprungslands

Weder die *ALI-Principles* noch die *CLIP-Principles* unterscheiden bei der kollisionsrechtlichen Anknüpfung der originären Inhaberschaft zwischen dem Urheberrecht und dem Urheberpersönlichkeitsrecht. So ist davon auszugehen, dass die vorgeschlagenen Anknüpfungsregeln sowohl für die Inhaberschaft des Urheberrechts als auch die des Urheberpersönlichkeitsrechts gelten. Wie bereits im 2. Kapitel dargestellt, werden auch in Rechtsprechung und Literatur in Deutschland, England und den Niederlanden unterschiedliche kollisionsrechtliche Ansätze bei der originären Inhaberschaft des Urheberpersönlichkeitsrechts vertreten. Diese lassen sich wiederum in eine territoriale Anknüpfung an das Recht des Schutzlands und in eine universelle Anknüpfung an das Recht des Ursprungslands einteilen. Bei Letzterem werden als mögliche Anknüpfungspunkte der gewöhnliche Aufenthaltsort des Werkschöpfers, das Arbeitsvertragsstatut oder das Recht des Ortes, an dem die erste Veröffentlichung des Werks stattfand, vertreten.[2698] Teilweise wird auch für eine kollisionsrechtliche Anknüpfung auf das Recht des Gerichtsstands aufgrund der *ordre public* bzw. der *public policy* verwiesen für den Fall, dass die Anwendung des Rechts des Ursprungslands zu einem Verlust der Inhaberschaft des Urheberpersönlichkeitsrechts führt.[2699]

1. Anknüpfungspunkte

1.1 Ort der ersten Veröffentlichung

Als möglicher Anknüpfungspunkt bei der Ermittlung der originären Inhaberschaft des Urheberpersönlichkeitsrechts wird auf das Recht des Ortes der ersten Veröffentlichung verwiesen. Dies wird im Rahmen des Urheberpersönlichkeitsrechts damit begründet, dass der Werkschöpfer so die Möglichkeit habe, Kenntnis über die ihm zustehenden Urheberpersönlichkeits-

---

2698 Siehe dazu die Ausführungen, Zweites Kapitel, § 4.
2699 Fawcett/Torremans, Intellectual property and private international law, 2011, 13.77, S. 717; Torremans, EIPR 2005, 220 (221).

rechte zu erlangen.[2700] Zusätzlich biete dies auch für den Verwerter den Vorteil, sich über die Urheberpersönlichkeitsrechte abschließend zu informieren.[2701] Die Kenntnis des Werkschöpfers oder der Verwerter kann sich jedoch nur auf die Inhaberschaft des Rechts beziehen, da sich der Umfang des Urheberpersönlichkeitsrechts nach dem Recht des Schutzlands richtet. Darüber hinaus ist zu befürchten, dass der Arbeit- bzw. Auftraggeber den Ort der ersten Veröffentlichung so steuert, dass dieser ihm maximale Rechte bescheren und der Werkschöpfer nur zur Kenntnis nehmen könnte, dass er nicht Inhaber des Urheberpersönlichkeitsrechts ist. Die Inhaberschaft des Urheberpersönlichkeitsrechts sollte nicht von einer steuerbaren Handlung des Arbeit- und Auftraggebers abhängig gemacht werden.[2702] Zudem ist es das Ziel des Urheberkollisionsrechts, das Recht der engsten Verbindung zum Sachverhalt zu wählen. Das Recht des Ortes der ersten Veröffentlichung ist jedoch eher zufälliger Natur und es kann nicht davon ausgegangen werden, dass es die engste Verbindung zum Sachverhalt aufweist.

1.2 Arbeitsvertragsstatut

Die originäre Inhaberschaft des Urheberpersönlichkeitsrechts nach dem Recht des Arbeitsstatuts anzuknüpfen, wird vorwiegend von den Vertretern vorgeschlagen, die das Arbeitsstatut auch für die Anknüpfung der originären Inhaberschaft des Urheberrechts als maßgeblich erachten.[2703] Dabei werden im Rahmen des Urheberpersönlichkeitsrechts jedoch keine gesonderten Argumente angeführt. Der Anknüpfung an das im Arbeitsvertrag durch Rechtswahl bestimmte Recht widerspricht jedoch, dass die Zuweisung der originären Inhaberschaft des Urheberpersönlichkeitsrechts nicht von der Parteiautonomie abhängig gemacht werden darf. Der angestellte Werkschöpfer wird dabei stets die Regelungen akzeptieren, die der

---

2700 Skrzipek, Urheberpersönlichkeitsrecht und Vorfrage, S. 62; dazu auch Birkmann, Die Anknüpfung der originären Inhaberschaft am Urheberrecht, 2009, S. 281.

2701 Skrzipek, Urheberpersönlichkeitsrecht und Vorfrage, S. 62; dazu auch Birkmann, Die Anknüpfung der originären Inhaberschaft am Urheberrecht, 2009, S. 281.

2702 So auch Klass, GRUR Int. 2008, 546 (546), unter Verweis auf die Zunahme globaler, internetbasierter Veröffentlichungsstrategien.

2703 Siehe dazu Zweites Kapitel, § 4.

Arbeitgeber vorschlägt. Daher kann die kollisionsrechtliche Anknüpfung an das Arbeitsvertragsstatut nicht befürwortet werden.

1.3 Ort des gewöhnlichen Aufenthaltsorts

In der Literatur wird daher auch die Anknüpfung an das Recht des gewöhnlichen Aufenthaltsorts des Werkschöpfers als möglicher Anknüpfungspunkt vorgeschlagen.[2704] Begründet wird dies damit, dass im Arbeits- und Auftragsverhältnis die originäre Inhaberschaft des Urheberpersönlichkeitsrechts zwingend schöpferzentriert anzuknüpfen sei.[2705] Die schöpferzentrierte Anknüpfung der originären Inhaberschaft des Urheberpersönlichkeitsrechts an das Recht des gewöhnlichen Aufenthaltsorts kann jedoch nur dann zu der Wahrung der Schöpferinteressen im Arbeits- und Auftragsverhältnis führen, wenn es sich dabei um eine individualistisch geprägte Rechtsordnung handelt, die stets dem Werkschöpfer die Inhaberschaft des Urheberpersönlichkeitsrechts zuweist. Dennoch kann auch nicht verleugnet werden, dass selbst der territoriale Ansatz zu einem Verlust des Urheberpersönlichkeitsrechts führt, wenn das Recht des Schutzlands zu der Anwendung einer utilitaristischen Rechtsordnung führt. Der Unterschied liegt jedoch darin, dass es in diesem Fall alle Werkschöpfer trifft, deren Werke in dem Schutzland verwertet werden. Der universelle Ansatz hingegen führt dazu, dass der einzelne Werkschöpfer, dessen originäre Inhaberschaft des Urheberpersönlichkeitsrechts nach einer utilitaristischen Rechtsordnung universell bestimmt wird, nie Inhaber des Urheberpersönlichkeitsrechts wird und daher sich europa- bzw. weltweit nicht auf die Verletzung des Urheberpersönlichkeitsrechts berufen kann, obwohl das Recht des Schutzlands dem Umfang nach diese Verletzung abdecken würde.

2704 Klass, GRUR Int. 2008, 546 (556); Eechoud, Choice of Law in Copyright and Related Rights, 2003, S. 179; Eechoud in: Drexl, Josef/Kur, Annette; International property and private international law; Alternatives to the Lex Protectionis as the Choic-of-Law Rule for Initial Ownership of Copyright; S. 289. Auch das Arbeitsstatut knüpft objektiv an den Ort des gewöhnlichen Aufenthaltsorts nach Art. 8 Abs. 2 Rom I-VO an, wenn keine Rechtswahl im Arbeitsvertrag getroffen wurde. Da Art. 8 Rom I-VO jedoch nicht die Inhaberschaft des Urheberrechts und Urheberpersönlichkeitsrechts erfasst, kann daraus nur gefolgert werden, dass es sich dabei um einen allgemein im Kollisionsrecht anerkannten Anknüpfungspunkt handelt.

2705 Klass, GRUR Int. 2008, 546 (556).

2. Verlust fundamentaler Rechte

Die kollisionsrechtliche Anknüpfung der originären Inhaberschaft des Urheberpersönlichkeitsrechts an das Recht des Ursprungslands kann dazu führen, dass der Werkschöpfer urheberpersönlichkeitsrechtliche Befugnisse verliert, die dem Bestand nach gemäß dem Recht des Schutzlands dem Werkschöpfer gewährt werden. Die Gerichte und auch einzelne Vertreter der Literatur[2706] plädieren dafür, die universell berufene Rechtsordnung durch das Recht am Gerichtsort zu korrigieren. Dies verdeutlicht der Fall „John Huston", in dem die französischen Gerichte zwar dem Ursprungslandprinzip folgten, dennoch die vom berufenen amerikanischen Sachrecht materiellen Ergebnisse unangewendet ließen, um die eigenen rechtlichen Wertungen durchzusetzen. Gerade bei der sensiblen Frage der Inhaberschaft des Urheberpersönlichkeitsrechts ist zu befürchten, dass individualistisch geprägte Gerichtsstände alles daransetzen werden, die originäre Inhaberschaft des Urheberpersönlichkeitsrechts einer juristischen Person zu verhindern.[2707] Es stellt sich daher die Frage, wie auf kollisionsrechtlicher Ebene mit dem Verlust fundamentaler materieller Rechte umgegangen werden soll.

2.1 Korrektur durch das Recht des Gerichtsstands: ordre public, national zwingende Normen

Wie bereits ausgeführt[2708] sind diese Grundsätze des Internationalen Privatrechts, der Schutz der öffentlichen Ordnung am Gerichtsstand oder die Durchsetzung national zwingender Normen des Gerichtsstands sowohl in der Rom I-VO[2709], der Rom II-VO[2710] als auch der RBÜ enthalten. Daneben finden sich diese Grundsätze auch in den *ALI-Principles*[2711] und in *CLIP*[2712] wieder. Denkbar ist es, diese allgemeinen Grundsätze des *ordre pu-*

2706 Fawcett/Torremans, Intellectual property and private international law, 2011, 13.77, S. 717; Torremans, EIPR 2005, 220 (221).
2707 So auch Metzger in: Basedow, Jürgen/Kono, Toshiyuki/Metzger, Axel; Intellectual property in the global arena; Applicable Law under the CLIP Principles; S. 162.
2708 Siehe dazu das 2. Kapitel, § 3, 3.
2709 Art. 9 und 21 Rom I-VO.
2710 Art. 16 und 26 Rom II-VO.
2711 §§ 322 und 323 ALI-Principles.
2712 Art. 3:901 und 3:902 CLIP.

blic oder der national zwingenden Normen auch dann zu bemühen, wenn die Anwendung des Rechts des Ursprungslands zu einem Verlust des Urheberpersönlichkeitsrechts beim Werkschöpfer führt.

Dies ist zu verneinen, weil das Urheberpersönlichkeitsrecht des Werkschöpfers nur mittelbar mit dem Schutz der Allgemeinheit gleichgesetzt werden kann.[2713] Die mittelbare Förderung der Kultur durch urheberschützende Normen reicht gerade nicht aus, damit die Rechtsordnung des Gerichtsstands ihre Regelungen zur originären Inhaberschaft des Urheberpersönlichkeitsrechts durchsetzen kann. Dies würde auch dem Grundsatz des Kollisionsrechts widersprechen, nationale Normen grundsätzlich gleichwertig zu behandeln. Weiter spricht dagegen, das Recht des Ursprungslands unangewendet zu lassen und auf die Frage der originären Inhaberschaft des Urheberpersönlichkeitsrechts das Recht des Gerichtsstands anzuwenden, dass diese Normen wohl nicht zwingend die engste Verbindung zum Sachverhalt aufweisen können. Zudem spricht auch gegen eine vorrangige Anwendung der Normen der *lex fori* auf die originäre Inhaberschaft des Urheberpersönlichkeitsrechts, dass dies nur in Ausnahmefällen heranzuziehen sind. Dieser Grundsatz findet ebenfalls im Rahmen der *ALI-Principles* Anwendung.[2714] Dieser gebotenen Zurückhaltung würde es jedoch widersprechen, wenn die Normen der lex fori stets zur Anwendung gelangen würden, wenn das Ursprungslandprinzip dem Werkschöpfer fundamentale Rechte entzieht, die das Recht des Schutzlands dem Werkschöpfer bieten.

2.2 Korrektur aufgrund des Menschenrechtsschutzes

Im Rahmen des Urheberrechts stellt sich in Bezug auf die originäre Inhaberschaft des Urheberpersönlichkeitsrechts die Frage, ob sich aus menschenrechtlichen Grundsätzen[2715] eine originäre Zuordnung der Inhaber-

---

2713 Siehe dazu das 2, Kapitel, § 3, 3.

2714 American Law Institute; Intellectual property; 2008, S. 157.

2715 Ausgelöst wurde dies durch zwei Aspekte: Der fehlende Schutz des geistigen Eigentums indigener Völker und die Verbindung des Menschenrechtsschutzes und des Schutzes des geistigen Eigentums im TRIPS-Abkommen. Ausführlich dazu Helfer in: 5 Minn. Intell. Prop. Rev. (2003), 47 (52ff.) abrufbar unter http://mipr.umn.edu/archive/v 5n1/Helfer.pdf, Stand April 2015; Hugenholtz/Okediji; Conceiving an international instrument on limitations and exceptions to copyright; März 2008, S. 30 ff, abzurufen unter: http://www.iprsonline.org/r esources/IntLE_HugenholtzOkediji.pdf , Stand April 2015.

schaft zur natürlichen Person des Schöpfers ableiten lässt.[2716] Wäre dies der Fall, könnte eine Korrektur der kollisionsrechtlichen Anknüpfung an das Recht des Ursprungslands dann zu korrigieren sein, wenn dies zu einem Verlust fundamentaler Rechte führt, die dem Werkschöpfer jedoch nach dem Recht des Schutzlands gewährt werden. Regelungen, die das geistige Eigentum mit dem Menschenrecht verbinden, finden sich in Art. 27 Abs. 1 und 2 der Allgemeinen Erklärung der Menschenrechte von 1948. Danach hat jeder das Recht, am kulturellen Leben der Gemeinschaft frei teilzunehmen, sich an den Künsten zu erfreuen und am wissenschaftlichen Fortschritt und dessen Errungenschaften teilzuhaben. Darüber hinaus hat jeder das Recht auf Schutz der geistigen und materiellen Interessen, die ihm als Urheber von Werken der Wissenschaft, Literatur oder Kunst erwachsen. Eine inhaltlich gleichbedeutende Regelung findet sich in Art. 15 Abs. 1 lit. c) des Internationalen Paktes über wirtschaftliche, soziale und kulturelle Rechte von 1966.[2717] Nach Art. 2 Abs. 2 des Paktes[2718] haben die Mitgliedsstaaten „zu gewährleisten, dass die in diesem Pakt verkündeten Rechte ohne Diskriminierung hinsichtlich der Rasse, der Hautfarbe, des Geschlechts, der Sprache, der Religion, der politischen oder sonstigen Anschauung, der nationalen oder sozialen Herkunft, des Vermögens, der Geburt oder des sonstigen Status ausgeübt werden." Das Urheberrecht[2719] wird auch durch das Recht auf Eigentum gemäß Art. 1 des ersten Zusatzprotokolls der EMRK[2720], Art. 17 Abs. 1 und 2 der Allgemeinen

---

2716 Fawcett/Torremans, Intellectual property and private international law, 2011, 13.77, S. 717; Torremans, EIPR 2005, 220 (221); Dessemontet, François, Copyright and Human Right in: Cohen Jehoram/Kabel/Mom; Intellectual property and information law; 1998, S. 113-120.

2717 Deutschland hat den Internationalen Pakt am 9. Oktober 1968 unterzeichnet und am 17. Dezember 1968 ratifiziert; das Vereinigte Königreich von Großbritannien hat den Pakt am 16. September 1968 unterzeichnet und am 20. Mai 1976 ratifiziert; die Niederlande haben den internationalen Pakt am 25. Juni 1969 unterzeichnet und am 11. Dezember 19XX ratifiziert.

2718 Art. 2 Abs. 2: „Die Vertragsstaaten verpflichten sich, zu gewährleisten, dass die in diesem Pakt verkündeten Rechte ohne Diskriminierung hinsichtlich der Rasse, der Hautfarbe, des Geschlechts, der Sprache, der Religion, der politischen oder sonstigen Anschauung, der nationalen oder sozialen Herkunft, des Vermögens, der Geburt oder des sonstigen Status ausgeübt werden."

2719 EGMR, 29. April 2008, Nr. 19247/03 – „Bălan v. Moldova". Eindeutig ist dies in den Rechtsordnungen Englands und den Niederlanden, die das *copyright* bzw. *auteursrecht* eindeutig als Vermögensrecht einordnen.

2720 Das Recht auf Eigentum wurde aufgrund von Kontroversen nicht in die ERMK selbst aufgenommen, siehe dazu Drahos/Smith; The Universality of Intellectual Property Rights: Origins and Development; 1999, Fn. 42 m.w.N.

Erklärung der Menschenrechte sowie Art. 17 der EU-Grundrechtecharta geschützt. Aufgrund der genannten Regelungen wird vorgebracht, dass die Gerichte aufgrund des menschenrechtlichen Schutzes des geistigen Eigentums die Regelungen des Ursprungslands nicht anzuwenden haben, wenn diese zu einem Verlust fundamentaler Rechte führen.[2721]

Diese Auslegung der völkerrechtlichen Normen ist jedoch abzulehnen. Es ergeben sich daher aus den genannten Regelungen zum Menschenrecht keine Vorgaben für die nationale Zuweisung der originären Inhaberschaft des Urheberpersönlichkeitsrechts. Auch lassen sich daraus keine Vorgaben ableiten, nach denen das Recht des Ursprungslandprinzips nach dem *ordre public* unangewendet bleiben müsse, wenn dieses zu einem Verlust der urheberpersönlichkeitsrechtlichen Befugnisse führt.[2722] Das Urheberrecht lässt sich nicht in allen Aspekten dem Menschenrecht zuordnen. Grundsätzlich ist die Legitimationsgrundlage des Urheberrechts und der für die Auslegung von Urheberrechtssystemen (unter anderem) beeinflussende Faktor des Menschenrechts auseinanderzuhalten.[2723] Besonders aus historischer und funktioneller Hinsicht lässt sich schwer vorstellen, dass das System des Urheberrechtsschutzes durch das Menschenrecht legitimiert wird. Vielmehr ist der Urheberrechtsschutz aufgrund von wirtschaftlichen und persönlichkeitsrechtlichen Bedürfnissen der Schöpfer entstanden. Außerdem gewährt das Urheberrecht als Teil des Wirtschaftsrechts nicht nur einen Zugewinn an Rechten, sondern beinhaltet darüber hinaus auch gesetzliche Schranken, die in die Wirtschaftsfreiheit des Einzelnen eingreifen. Eine Abwägung aller Allgemein- von den Individualinteressen lässt sich nicht allein auf Grundlage des Menschenrechtsschutzes durchführen.[2724] Neben dem Menschenrechtsschutz spielen im Rahmen des Urheberrechts auch die Meinungs- und Eigentumsfreiheit eine entscheidende Rolle für die Abwägung und die Auslegung des Urheberrechts. Darüber

---

2721 Fawcett/Torremans, Intellectual property and private international law, 2011, 13.77, S. 717; Torremans, EIPR 2005, 220 (221); Dessemontet, François, Copyright and Human Right in: Cohen Jehoram/Kabel/Mom; Intellectual property and information law; 1998, S. 113-120.

2722 So auch Birkmann, Die Anknüpfung der originären Inhaberschaft am Urheberrecht, 2009, S. 288.

2723 Abbott/Cottier/Gurry in: Abbott, Frederick; The international intellectual property system; The International Intellectual Property System; S. 502ff.

2724 Hugenholtz/Okediji; Conceiving an international instrument on limitations and exceptions to copyright; März 2008, S. 32, unter Hinweis auf das Recht, Sicherheitskopien zu erstellen oder das Recht zum Reverse Engineering, das eher dem Verbraucherschutz oder dem Wettbewerbsschutz zuzuordnen sind.

hinaus ist auch fraglich, ob der Menschenrechtsschutz die zeitlich begrenzte Schutzdauer des Urheberrechts begründen kann.[2725]

Außerdem kann sich der Werkschöpfer nicht unmittelbar auf die Allgemeine Erklärung der Menschenrechte aus dem Jahr 1948 berufen, da ihr keine unmittelbare Wirkung für die UN-Mitgliedstaaten zukommt.[2726] Dasselbe gilt hinsichtlich des Internationalen Paktes über wirtschaftliche, soziale und kulturelle Rechte von 1966, der ebenfalls keine subjektiven Rechte des Werkschöpfers begründen kann.[2727]

Daher sind die nationalen Gesetzgeber berufen, die originäre Inhaberschaft[2728] und den Umfang sowie die Schranken des Eigentumsrechts nach den eigenen wirtschaftspolitischen Wertungen zu gestalten.[2729] Dem Menschenrechtsschutz allein kann jedoch keine unmittelbare Aussage für den Schutzumfang und die personale Zuordnung des Urheberrechts entnommen werden.

3. Fazit

Die kollisionsrechtliche Anknüpfung an das Recht des Ursprungslands kann dazu führen, dass der Werkschöpfer die urheberpersönlichkeitsrechtlichen Befugnisse verliert, die das Recht des Schutzlands dem Urheber dem Umfang nach bietet. Die Vertreter, die eine universelle Anknüpfung der originären Inhaberschaft des Urheberpersönlichkeitsrechts nach dem

---

2725 So auch Hugenholtz/Okediji; Conceiving an international instrument on limitations and exceptions to copyright; März 2008, S. 32.

2726 Buck; Geistiges Eigentum und Völkerrecht; 1994, S. 209; so auch Birkmann, Die Anknüpfung der originären Inhaberschaft am Urheberrecht, 2009, S. 287.

2727 Buck; Geistiges Eigentum und Völkerrecht; 1994, S. 239; so auch Birkmann, Die Anknüpfung der originären Inhaberschaft am Urheberrecht, 2009, S. 288.

2728 In Bezug auf Art. 17 der Allgemeinen Erklärung der Menschenrechte: Drahos/ Smith; The Universality of Intellectual Property Rights: Origins and Development; 1999, Fn. 46 unter Hinweis auf: R. B. Lillich, Global Protection of Human Rights, in: Theodor Meron, Human Rights in International Law: Legal and Policy Issues (Clarendon Press, Oxford, 1984, 1992 reprint), S. 157, Fn. 29.

2729 Dies steht auch im Einklang mit der Rechtsprechung der damals noch bestehenden Europäischen Kommission für Menschenrechte zu Art. 1 des Zusatzprotokolls der EMRK: 12633/87 „Smith Kline and French Laboratories Ltd v. The Netherlands", 4. Oktober 1990, (1990) 66 ECHR, Decisions and Reports 70(80), wonach eine Zwangslizenz an einem Patent nicht gegen das Eigentumsrecht nach Art. 1 Abs. 1 Zusatzprotokoll der EMRK verstößt, da der niederländische Gesetzgeber damit eine berechtigte Anreizfunktion für die technologische und wirtschaftliche Entwicklung setzt.

Recht des Ursprungslands präferieren, schlagen daher vor, das Recht des Gerichtsstands, insbesondere über den *ordre public* oder über national zwingende Normen vorrangig anzuwenden, wenn dies der Fall ist. Dies lässt sich jedoch weder aus den allgemeinen Grundsätzen des Internationalen Privatrechts noch aus dem Menschenrechtsschutz ableiten. Daher kann der Effekt des Ursprungslandprinzips zu einem Verlust des Urheberpersönlichkeitsrechts zu führen, der nicht durch die Normen des Gerichtsstands korrigiert werden kann.

VI. Territoriale Anknüpfung der originären Inhaberschaft des Urheberpersönlichkeitsrechts nach dem Recht des Schutzlands

Für eine territoriale Anknüpfung der originären Inhaberschaft des Urheberpersönlichkeitsrechts nach dem Recht des Schutzlands spricht zum einen der Erhalt fundamentaler Rechte, die dem Umfang nach gemäß dem Recht des Schutzlands gewährt werden. Darüber hinaus sprechen für eine einheitliche territoriale Anknüpfung sowohl der Inhaberschaft des Urheberrechts als auch die Inhaberschaft des Urheberpersönlichkeitsrechts, sodass dadurch wesentliche Grundwerte des monistischen Urheberrechtssystems erhalten bleiben können. Denn eine getrennte Anknüpfung des Urheberrechts und des Urheberpersönlichkeitsrechts fordert insbesondere die Rechtsordnungen heraus, nach denen die vermögensrechtlichen von den urheberpersönlichkeitsrechtlichen Bestandteilen einheitlich betrachtet werden. Darüber hinaus hat die territoriale Anknüpfung der Inhaberschaft des Urheberpersönlichkeitsrechts sowohl für den Verwerter als auch für den Werkschöpfer Vorteile. Der Verwerter wird jedes Produkt an die Bedürfnisse des territorialen Marktes anpassen. Neben sprachlichen Anpassungen sind jedoch auch Anpassungen denkbar, die das Urheberpersönlichkeitsrecht betreffen. Die Bedürfnisse des Marktes werden jedoch auch von der am Ort geltenden Rechtsordnung geprägt. Kulturelle Wertungen prägen nicht nur die Werkschöpfung, sondern insbesondere die Verwertungshandlung. Branchenübungen und die Bedürfnisse des Marktes beeinflussen bereits den Schutzumfang des Urheberpersönlichkeitsrechts. Lässt man daher auch zu, dass sich die Inhaberschaft des Urheberpersönlichkeitsrechts nach dem Recht des Schutzlands bestimmt, können die Werke insgesamt an die Vorstellungen des Marktes angepasst werden. Die Rechtsposition ermittelt sich daher einheitlich nach dem Recht des Staates, in dem die Verwertung als maßgebliche Handlung für eine mögliche Beeinträchtigung des Urheberpersönlichkeitsrechts stattfindet. Gegen eine schöpferzentrierte Anknüpfung an das Recht des gewöhnlichen Aufenthaltsorts spricht auch, dass die Urheberpersönlichkeitsrechte im Arbeits- und Auftragsverhältnis in besonderer Weise mit der Verwertung des Werks verbunden sind, denn sie wurden in dem Wissen des Werkschöpfers geschaffen, dass der Arbeit- bzw. Auftraggeber die Werke verwerten wird. Schon bei der Werkschöpfung spielt daher die angestrebte Verwertung des Werks eine besondere Rolle. Gerade im Arbeits- und Auftragsverhältnis ist es üblich, dass sowohl die vermögensrechtlichen als auch die ideellen Interessen des Urhebers mit dem Verwertungsinteresse des Arbeit- bzw. Auftraggebers abgewogen werden. Nicht nur der Werkschöpfer ist von der lokalen Informationspolitik, den lokalen Wertevorstellungen und der Kultur geprägt, sondern insbesondere auch die Verwertung des Werks. Daher ist der maßgebliche Anknüpfungspunkt die Verwertungshandlung. Die nach der Rechtsordnung des Schutzlands zulässigen Einschränkungen des Urheberpersönlichkeitsrechts können die Wertungen des Marktes und die Kultur prägen. Wird die Inhaberschaft des Urheberpersönlichkeitsrechts nach dem Recht des Schutzlands dem Arbeit- bzw. Auftraggeber zugeordnet, ist dies hinzunehmen und als Anreiz zu sehen, die Einführung eines Europäischen Urheberrechts voranzutreiben und mögliche Kompromisse, die eine Entfernung von Grundwerten des eigenen Rechtssystems beinhalten, mit dem völligen Rechtsverlust abzuwägen. Der Vorteil einer territorialen Anknüpfung der originären Inhaberschaft des Urheberpersönlichkeitsrechts für den Werkschöpfer liegt darin, dass dieser nicht in der Gefahr ist, nie Inhaber des Urheberpersönlichkeitsrechts zu sein. Auch liegt der Vorteil darin, dass keine zementierte Rechtslage nach dem Recht des Ursprungslands gegeben ist, das für den Urheber entweder alles oder nichts bedeuten kann. Die Rechtsposition des Urhebers gestaltet sich an jedem Markt, in dem die Verwertung stattfindet, einheitlich. Jeder Werkschöpfer ist dem anderen Werkschöpfer gleichgestellt. Weder der Arbeit- bzw. Auftraggeber noch der angestellte bzw. beauftragte Werkschöpfer werden dem Gesetz nach am maßgeblichen Ort der Verwertungshandlung unterschiedlich behandelt. Dadurch entsteht Wettbewerb am Ort in Einklang, ohne ausländische Verwerter zu bevorzugen oder zu benachteiligen.

VII. Übertragbarkeit des Urheberrechts

1. CLIP

Sowohl *CLIP* als auch die *ALI-Principles* wählen bei der Frage der Übertragbarkeit des Urheberrechts (und des Urheberpersönlichkeitsrechts) einen territorialen kollisionsrechtlichen Ansatz. Auch wenn der Wortlaut der einzelnen Normen sich unterscheidet, führt dies einheitlich zu der Anknüpfung nach dem Recht des Schutzlands (§ 314 ALI-Principles, Art 3:301 CLIP). Dies entspricht auch dem bereits bestehenden Ansatz der nationalen Gerichte und den Vertretern der Literatur in Deutschland, England und den Niederlanden.

2. Eigene Würdigung

Wenn der Schutz des Urheberrechts sich nach dem Schutzlandprinzip ermittelt, muss sich auch die Frage der Übertragbarkeit nach dem Recht des Schutzlands richten, damit das Recht des Schutzlands seinen Schutzumfang einheitlich gewährleisten kann. Die Beurteilung der Übertragbarkeit hängt eng zusammen mit dem Gegenstand der Übertragung. Da der Urheberrechtsschutz territorial bestimmt ist, muss daher auch die Übertragbarkeit des Urheberrechts territorial bestimmt werden. Dies muss auch gelten, wenn das Werk in Erfüllung einer (arbeits-)vertraglichen Verpflichtung erfolgt. Denn auch hier betrifft die Übertragbarkeit die Verwertung am Markt.

§ 3 *Ausblick*

Die materiellen Rechtsunterschiede, die sich beim angestellten und beauftragten Urheber im Rechtsvergleich der Rechtsordnungen Deutschlands, Englands und den Niederlanden zeigen, setzen sich auf der Ebene des Kollisionsrechts fort. Diese Rechtsunterschiede erschweren die grenzüberschreitende Verwertung eines Werks, das in Erfüllung eines Arbeits- oder Auftragsverhältnisses geschaffen wurde. Nationalstaatliche Rechtsreformen können diese materiellen und kollisionsrechtlichen Rechtsunterschiede nur territorial abmildern, sind jedoch nicht imstande, die Rechtsunterschiede grenzüberschreitend anzugleichen.

Es ist daher grundsätzlich sehr zu begrüßen, dass die Einführung eines Unionsurheberrechts in den Fokus der Politik gerückt wird. Die Begrenzung auf digitale Fragestellungen deckt den tatsächlichen Reformbedarf des Urheberrechts auf europäischer Ebene jedoch nicht vollständig ab. Es wäre daher wünschenswert, wenn die Reform sich auch den grundsätzlichen Fragestellungen annimmt, die im Rahmen der Verwertung eines Werks relevant werden, das in Erfüllung eines Arbeits- oder Auftragsverhältnisses entstanden ist.

Literaturverzeichnis

Initiativen zum Grünbuch, Luxemburg, Amtliche Veröffentlichung der Europäischen Gemeinschaften, KOM 90/584, 17. Januar 1991.

Abbott, Frederick M., Cottier, Thomas, Gurry, Francis in: Abbott, Frederick, The international intellectual property system, Kluwer Law International, The Hague, 1999.

Adeney, Elizabeth, The moral rights of authors and performers, Oxford, New York, Oxford University Press, 2006.

Adolphsen, Jens, Europäisches Zivilverfahrensrecht, Berlin, New York, Springer, 2011.

Ahlberg, Hartwig/ Götting, Horst-Peter, Beck'scher Online-Kommentar UrhG, Stand 2014.

Ahrens, Hans-Jürgen, Der Ghostwriter - Prüfstein des Urheberpersönlichkeitsrechts, GRUR 2013, 21-26.

AIPPI (International Association for the Protection of Intellectual Property), Report Q 183, 2004, Employers' rights to intellectual property, abzurufen unter: http://www.aippi.org/download/commitees/183/SR183English.pdf (zuletzt abgerufen am 28.8.2016).

AIPPI, Report Q 190, 2006, Contracts regarding Intellectual Property Rights (assignments and licenses) and third parties; abzurufen unter: http://aippi.org/committee/contracts-regarding-intellectual-property-rights-assignments-and-licenses-and-third-parties-2/ (zuletzt abgerufen am 28.8.2016).

ALAI (Association Littéraire et Artistique Internationale), The moral right of the author, Antwerpen, Paris, 1993.

ALAI, Copyright in cyberspace, Copyright and the global information infrastructure, Amsterdam, 1996.

ALAI, Study contract concerning moral rights in the context of the exploitation of works through digital technology, 2000.

ALAI, Moral rights in the 21st century, Bruxelles, 2014.

Alemdjrodo, Richard, Das Urheberpersönlichkeitsrecht auf dem Prüfstand der Informationsgesellschaft, Münster, 2005.

American Law Institute (ALI), Intellectual property, St. Paul, MN, American Law Institute, 2008.

Appt, Stephan, Der Buy-out-Vertrag im Urheberrecht, 1. Auflage, Baden-Baden, Nomos, 2008.

Asmus, Torben, Die Harmonisierung des Urheberpersönlichkeitsrechts in Europa, 1. Auflage, Baden-Baden, Nomos-Verl.-Ges, 2004.

Axhamn, Johan, Copyright in a borderless online environment, 1. Auflage, 2012.

Bamberger, Heinz Georg/Roth, Herbert, Beck'scher Online-Kommentar BGB, 41. Edition, 2016.

Bärenfänger, Jan, Poelk, Svenja in: Hoeren, Thomas/ Meyer, Lena, Verbotene Filme, Arbeitsberichte zum Informations-, Telekommunikations- und Medienrecht, Lit, Berlin, 2007.

Barthel, Thomas, Arbeitnehmerurheberrechte in Arbeitsverträgen, Tarifverträgen und Betriebsvereinbarungen, Frankfurt am Main, New York, P. Lang, 2002.

Basedow, Jürgen, Metzger, Axel in: Trunk, Alexander/ Knieper, Rolf/ Svetlanov, Andrej, Russland im Kontext der internationalen Entwicklung- Festschrift für Mark Moiseevic Boguslavskij, Berliner Wissenschafts-Verlag, Berlin, 2004.

Baur, Fritz/Baur, Jürgen/Stürner, Rolf, Sachenrecht, 18. Auflage, C.H. Beck, München, 2009.

Bayreuther, Frank, Zum Verhältnis zwischen Arbeits-, Urheber- und Arbeitnehmererfindungsrecht, GRUR 2003, 570-581.

Bayreuther, Frank in: Richardi, Reinhard/ Wlotzke, Otfried/ Wissmann, Hellmut/ Oetker, Hartmut, Münchener Handbuch zum Arbeitsrecht, Beck-Online: Bücher, 3. Auflage, C.H. Beck, München, 2009.

Beaufort, Henri, Het auteursrecht in het Nederlandsche en internationale recht, Utrecht, 1909.

Becker, Bernhard, Juristisches Neuland, ZUM 1995, 303-307.

Beckstein, Frank, Einschränkungen des Schutzlandprinzips, 2010.

Beier, Friedrich-Karl/Schricker, Gerhard/Ulmer, Eugen, Stellungnahme des Max-Planck-Instituts für ausländisches und internationales Patent- Urheber- und Wettbewerbsrecht zum Entwurf eines Gesetzes zur Ergänzung des internationalen Privatrechts (außervertragliche Schuldverhältnisse und Sachen), GRUR Int 1985, 104-108.

Beljin, Saša, Schulze, Reiner, Zuleeg, Manfred, Europarecht, Handbuch für die deutsche Rechtspraxis, Nomos-Verl.-Ges., Baden-Baden, 2. Auflage, 2010.

Bently, Lionel, Between a Rock and a Hard Place: The Problems Facing Freelance Creators in the UK Media Market-place, A briefing Document on behalf of The Creators' Rights Alliance, 2009, abzurufen unter: http://www.creatorsrights.org.uk/media/between.pdf (zuletzt abgerufen am: 28.8.2016).

Bently, Lionel, Cornish, William Rodolph in: Geller, Paul, International copyright law and practice, Matthew Bender, Newark, N.J, Stand 2012.

Bently, Lionel/Sherman, Brad, Intellectual property law, 4. Auflage, Oxford, Oxford University Press, 2014.

Berberich, Matthias, Die Doppelfunktion der Zweckübertragungslehre bei der AGB-Kontrolle, ZUM 2006, 205-211.

Berger, Christian, Zum Anspruch auf angemessene Vergütung (§ 32 UrhG) und weitere Beteiligung (§ 32a UrhG) bei Arbeitnehmer-Urhebern, ZUM 2003, 173-180.

Berger, Christian, Wündisch, Sebastian, Abel, Paul, Urhebervertragsrecht, Handbuch, Nomos, Baden-Baden, 1. Auflage, 2008.

Birkmann, Andrea, Die Anknüpfung der originären Inhaberschaft am Urheberrecht, 2009.

Birk, Rolf, Das internationale Arbeitsrecht der Bundesrepublik Deutschland, Rabelszeitschrift für ausländisches und internationales Privatrecht, 1982a, 384-420.

Birk, Rolf, Arbeitnehmer und arbeitnehmerähnliche Person im Urheberrecht bei Auslandsbeziehugen in: *Hubmann, Heinrich/ Forkel, Hans/ Kraft, Alfons*, Beiträge zum Schutz der Persönlichkeit und ihrer schöpferischen Leistungen, Frankfurt am Main, 1985.

Birk, Rolf, Der angestellte Urheber im Kollisionsrecht, UFITA – Archiv für Urheber-, Film-, Funk- und Theaterrecht, 1988, 101-115.

Blumenwitz, Dieter, Einführung in das anglo-amerikanische Recht, 7. Auflage, C.H. Beck, München, 2003.

Bouche, Nicolas, Cour de cassation, 1ère civ.: Urheberrecht und internationales Privatrecht, GRUR Int 2003, 75-79.

Boytha, György, Whose Right is Copyright?, GRUR Int 1983, 379-385.

Brinkhof, J.J, Geht das grenzüberschreitende Verletzungsverbot im niederländischen einstweiligen Verfügungsverfahren zu weit?, GRUR Int 1997, 489-497.

Büchler, Robert, Die Übertragung des Urheberrechts unter spezieller Berücksichtigung der Rechtswirkungen einschränkender Vertragsklauseln nach deutschem und schweizerischem Recht, Bern, 1925.

Buck, Petra, Geistiges Eigentum und Völkerrecht, Tübingen, 1994.

Bullinger, Winfried, Urheberrecht, 4. Auflage, De Gruyter, Berlin, 2014.

Bundesministerium für Wirtschaft und Technologie (BMWi), Monitoring zu ausgewählten wirtschaftlichen Eckdaten der Kultur- und Kreativwirtschaft 2016, Kurzfassung, abzurufen unter: http://www.kultur-kreativ-wirtschaft.de/KuK/Navigation/Mediathek/publikationen.html (zuletzt abgerufen am 9.1.2017).

Bundesministerium für Wirtschaft und Technologie (BMWi), Monitoring zu ausgewählten wirtschaftlichen Eckdaten der Kultur- und Kreativwirtschaft 2014, Langfassung, abzurufen unter: http://www.kultur-kreativ-wirtschaft.de/KuK/Navigation/Mediathek/publikationen,did=666730.html (zuletzt abgerufen am 9.1.2017).

Bussman, Kurt in: Bappert, Walter/ Hodeige, Fritz/ Knecht, Josef, Das Recht am Geistesgut, Studien zum Urheber-, Verlags- und Presserecht, eine Festschrift für Walter Bappert, Freiburg im Breisgau, 1964.

Carter-Ruck, Peter/Mullis, Alastair/Doley, Cameron, Carter-Ruck on libel and privacy, 6. Auflage, London, LexisNexis Butterworths, 2010.

Choi, Michael, Stellung des Urhebers und sein Schutz im Urhebervertragsrecht sowie im Copyright Contract Law, Hamburg, Kovač, 2007.

Cohen Jehoram, Herman, Netherlands, in: *Geller, Paul*, International copyright law and practice, Newark, New Jersey, 2012.

Cohen Jehoram, Herman/Kabel, Jan/Mom, G., Intellectual property and information law, The Hague, Boston, Kluwer law international, 1998.

Colston, Catherine, Principles of intellectual property law, London, Cavendish, 1999.

Copinger, Walter/Garnett, Kevin/Skone James, Edmund, Copinger and Skone James on copyright, 16. Auflage, London, Sweet & Maxwell, 2011.

Cornish, William, Moral rights under the 1988 Act, European Intellectual Property Review (EIPR), 1989, 449-452.

Cornish, William, Intellectual Property Infringement and Private International Law: Changing the Common Law Approach, GRUR Int 1996, 285-289.

Cornish, William in: Mom, Gerard/ Keuchenius, P., Het Werkgeversauteursrecht, Kluwer, Deventer, 1992.

Cour d`appel de Paris 4ème ch., "John Huston" mit Anmerkung von André Francon, GRUR Int 1989, 937-944.

Czernik, Ilja, Eine urheberrechtliche Betrachtung des Dienstverpflichteten, Recht der Arbeit: RdA 2014, 354-358.

Czychowski, Christian in: Loewenheim, Ulrich/ Nordemann, Wilhelm, Urheberrecht im Informationszeitalter.

Czychowski, Christian/Nordemann, Jan, Die Entwicklung der Gesetzgebung und Rechtsprechung des BGH und EuGH zum Die Entwicklung der Gesetzgebung und Rechtsprechung des BGH und EuGH zum Urheberrecht in den Jahren 2008 und 2009, Neue juristische Wochenschrift, 2010, 735-743.

Dammert, Bernd in: Berger, Christian/ Wündisch, Sebastian/ Abel, Paul, Urhebervertragsrecht, 1. Auflage, Nomos, Baden-Baden, 2008.

Damm, Renate/Rehbock, Klaus/Smid, Jörg, Widerruf, Unterlassung und Schadensersatz in den Medien, Widerruf, Unterlassung und Schadensersatz in den Medien, C.H. Beck, München, 2008.

Däubler, Wolfgang, Arbeitnehmerrechte an Computerprogrammen, Arbeit und Recht, AuR, 1985, 169-173.

Davies, Gillian/Garnett, Kevin, Moral rights, London, Sweet & Maxwell, 2010.

Deinert, Olaf, Internationales Arbeitsrecht, 1. Auflage, Tübingen, Mohr Siebeck, 2013.

Derclaye, Estelle, Research handbook on the future of EU copyright, Cheltenham, UK, Northampton, MA, Edward Elgar, 2009.

Dicey, A.V/Morris, J.H.C/Collins, Lawrence/Briggs, Adrian, Dicey, Morris and Collins on the conflict of laws, Dicey, Morris and Collins on the conflict of laws, 2012.

Dickinson, Andrew, The Rome II Regulation, Oxford, New York, Oxford University Press, 2008.

Dieselhorst, Jochen, Was bringt das Urheberpersönlichkeitsrecht?, Frankfurt am Main, New York, P. Lang, 1995.

Dietz, Adolf, Das primäre Urhebervertragsrecht in der Bundesrepublik Deutschland und in den anderen Mitgliedstaaten der Europäischen Gemeinschaft, München, J. Schweitzer, 1984.

Dietz, Adolf in: Leser, Hans/ Isomura, Tamotsu, Wege zum Japanischen Recht, 1992.

Dietz, Adolf/Peukert, Alexander, Urheberrecht, 4. Auflage, C. H. Beck, München, 2010.

Dietz, Claire, Der Werkintegritätsschutz im deutschen und US-amerikanischen Recht, Berlin, de Gruyter Recht, 2009.

Dittrich, Robert in: Rehbinder, Manfred, Das Urheberrecht im Arbeitsverhältnis, Schriften zum schweizerischen Arbeitsrecht, Verlag Stämpfli & Cie, Bern, 1983.

Donhauser, Daniela, Der Begriff der unbekannten Nutzungsart gemäß § 31 Abs. 4 UrhG, 1. Auflage, Baden-Baden, Nomos-Verl.-Ges, 2001.

Donle, Christian, Die Bedeutung des § 31 Abs. 5 UrhG für das Urhebervertragsrecht, München, VVF, 1993.

Doutrelepont, Carine, Das droit moral in der Europäischen Union, GRUR Int 1997, 293-304.

Doutrelepont, Carine, Le droit moral de l'auteur et le droit communautaire, Bruxelles, Paris, Bruylant, L.G.D.J., 1997.

Drahos, Peter, Smith, Herchel, The Universality of Intellectual Property Rights: Origins and Development, 1999, abzurufen unter: http://www.wipo.int/edocs/mdocs/tk/en/wipo_unhchr_ip_pnl_98/wipo_unhchr_ip_pnl_98_1.pdf (zuletzt abgerufen am 28.8.2016).

Dreier, Thomas/Schulze, Gernot, Urheberrechtsgesetz, Urheberrechtswahrnehmungsgesetz, Kunsturhebergesetz, Kommentar, 4. Auflage, C.H. Beck, München, 2013.

Drexl, Josef, Münchener Kommentar zum Bürgerlichen Gesetzbuch, Band 10, Rom I-VO, 6. Auflage, C. H. Beck, München, 2015.

Dreyer, Gunda, Heidelberger Kommentar, Urheberrecht, Urheberrechtsgesetz, Urheberrechtswahrnehmungsgesetz, Kunsturhebergesetz, 2. Auflage, Müller, Heidelberg, 2013.

Drobnig, Ulrich, Originärer Erwerb und Übertragung von Immaterialgüterrechten im Kollisionsrecht, Rabelszeitschrift für ausländisches und internationales Privatrecht, 1976, 195-208.

Dustmann, Andreas, Urheberrecht, Kommentar zum Urheberrechtsgesetz und zum Urheberrechtswahrnehmungsgesetz, 11. Auflage, Kohlhammer, Stuttgart, 2014.

Dworkin, Gerald, The Moral Right and English Copyright Law, IIC 1981, 476-492.

Dworkin, Gerald/Taylor, Richard, Blackstone's guide to the Copyright, Designs and Patents Act 1988, London, Blackstone, 1989.

Eechoud, Mireille, Choice of Law in Copyright and Related Rights, The Hague, Kluwer law international, 2003.

Eechoud, Mireille M. M. van in: Drexl, Josef/ Kur, Annette, International property and private international law, Hart, Oxford and Portland, Oregon, 2005.

Eichhorst, Werner, Marx, Paul, Thode, Eric, Atypische Beschäftigung und Niedriglohnarbeit, Benchmarking Deutschland: Befristete und geringfügige Tätigkeiten, Zeitarbeit und Niedriglohnbeschäftigung, April 2010.

Ellenberger, Jürgen, Beck'sche Kurz-Kommentare, Bürgerliches Gesetzbuch, 73. Auflage, C.H. Beck, München, 2014.

Ellins, Julia, Copyright law, Urheberrecht und ihre Harmonisierung in der Europäischen Gemeinschaft, Berlin, Duncker & Humblot, 1997.

Engelen, van Dick in: Kono, Toshiyuki, Intellectual property and private international law, Studies in private international law, Hart Pub., Oxford, Portland, Or, 2012.

Eschenbach, Jürgen/Niebaum, Frank, Von der mittelbaren Drittwirkung unmittelbar zur staatlichen Bevormundung, NVwZ 1994, 1079-1083.

Europäische Kommission, Study contract concerning moral rights in the context of the exploitation of works through digital technology, Study contract n° ETD/99/ B5-3000/E°28, 2000.

Europäische Kommission, Final Report to the Study on Intellectual Property and Conflict of Laws, Study Contract ETD/99/B5-3000/E/16, April 2000.

Europäisches Parlament, Contractual Arrangements applicable to creators: law and practice of selected member states, 2014, abzurufen unter: www.europarl.europa.eu/studies (zuletzt abgerufen am: 28.8.2016).

Conflict of laws in intellectual property, Oxford, Oxford University Press, op. 2013.

Fawcett, James/Torremans, Paul, Intellectual property and private international law, 2. Auflage, Oxford, New York, Oxford University Press, 2011.

Feather, John, Authors, Publishers and Politicians, EIPR, 1988, 377-380.

Feather, John, Publishing, piracy, and politics, New York, Mansell, 1994.

Fechner, Frank, Geistiges Eigentum und Verfassung, Tübingen, Mohr Siebeck, 1999.

Fentiman, Richard in: Drexl, Josef/ Kur, Annette, International property and private international law, Hart, Oxford and Portland, Oregon, 2005.

Fezer, Karl-Heinz/Koos, Stefan, J. von Staudingers Kommentar zum Bürgerlichen Gesetzbuch mit Einführungsgesetz und Nebengesetzen, Eckpfeiler des Zivilrechts, Sellier, De Gruyter, Berlin, 1978-2012.

Fintel, Matthias, Tarifverträge für kreative Arbeitnehmer, ZUM 2010, 483-492.

Flint, Michael/Thorne, Cline/Williams, Allan, Intellectual property – Ten new law, London, Butterworths & Co, 1989.

Forkel, Hans, Gebundene Rechtsübertragungen, Köln, C. Heymann, 1977.

Forkel, Hans, Lizenzen an Persönlichkeitsrechten durch gebundene Rechtsübertragung, GRUR 1988, 491-501.

Frey, Markus, Die internationale Vereinheitlichung des Urheberrechts und das Schöpferprinzip, UFITA 1984, 53-69.

Fuchs, Thomas, Arbeitnehmer-Urhebervertragsrecht, 2005.

Füller, Jens, Eigenständiges Sachenrecht?, Tübingen, Mohr Siebeck, 2006.

Gamm, Otto-Friedrich, Urheberrechtsgesetz, München, C.H. Beck, 1968.

Gaster, Jens, Das urheberrechtliche Territorialitätsprinzip aus Sicht des Europäischen Gemeinschaftsrechts, ZUM 2006, 8-15.

Gennen, Klaus, Münchener Anwaltshandbuch Arbeitsrecht, 3. Auflage, 2012.

Gerbrandy, S., Kort commentaar op de Auteurswet 1912, Arnhem, Gouda Quint, 1988.

Giedke, Anna, Cloud Computing: Eine wirtschaftsrechtliche Analyse mit besonderer Berücksichtigung des Urheberrechts, München, Utz, 2013.

Gierke, Otto, Urheberrecht – Nachdruck des Deutschen Privatrechts, Band I, Allgemeines Persönlichkeitsrecht, 1895, UFITA 1994, 103-200.

Ginsburg, Jane, Urheberpersönlichkeitsrechte im Rechtssystem des Common Law, GRUR Int 1991, 593-605.

Ginsburg, Jane, Die Rolle des nationalen Urheberrechts im Zeitalter der internationalen Urheberrechtsnormen, GRUR Int 2000, 97-110.

Ginsburg, Jane, "European Copyright Code" – Back to First Principles (with Some Additional Detail), Columbia Public Law & Legal Theory Working, 2011, 1-27.

Ginsburg, Jane/ Janklow, Morton, Group of consultants on the Private International Law Aspects of the protection of works and objects of related rights transmitted through global digital networks, Geneva, December 16-18, 1998.

Giuliano, Mario/Lagarde, Paul, Bericht über das Übereinkommen über das auf vertragliche Schuldverhältnisse anzuwendende Recht, Amtsblatt der Europäischen Gemeinschaften C/282 vom 31.10.1980.

Gotzen, Frank, The European Legislator`s Strategy in the Field of Copyright Harmonization, in: Synodinou, Tatiana-Helenē, Codification of European copyright law, Information law series, Kluwer law international, Alphen aan den Rijn, The Netherlands, 2012.

Grosheide, Willem in: Davies, Gillian/ Garnett, Kevin, Moral Rights, Sweet & Maxwell, 2010.

Grosheide, Willem in: Hugenholtz, Bernt/ Quaedvlieg, Aanton/ Visser, Dirk, A Century of Dutch Copyright Law, deLex, Amsterdam, 2012.

Groves, Peter, Copyright and designs law, London, Boston, Graham & Trotman, 1991.

Grünberger, Michael, Das Urheberrechtsstatut nach der Rom II-VO, Zeitschrift für Vergleichende Rechtswissenschaft (ZVglRWiss), 2009, 134-177.

Grunert, Eike, Urheberrecht, 4. Auflage, De Gruyter, Berlin, 2014.

Gursky, Karl-Heinz/Pfeifer, Axel/Wiegand, Wolfgang, J. von Staudingers Kommentar zum Bürgerlichen Gesetzbuch mit Einführungsgesetz und Nebengesetzen, Eckpfeiler des Zivilrechts, Sellier, De Gruyter, Berlin, 1978-2012.

Haas, Lothar, Das neue Urhebervertragsrecht, München, 2002.

Hauptmann, Peter-Helge, Abhängige Beschäftigung und der urheberrechtliche Schutz des Arbeitsergebnisses, Frankfurt am Main, Hannover, Lang, 1994.

Henrich, Dieter/Huber, Peter, Einführung in das englische Privatrecht, 3. Auflage, Heidelberg, Verl. Recht und Wirtschaft, 2003.

Herdegen, Matthias, Beck-Online: Bücher, Grundgesetz, Loseblatt-Kommentar, C.H. Beck, München, 2014.

Hertin, Paul, Kommentar zum deutschen Urheberrecht, Unter Berücksichtigung des internationalen Rechts und des Gemeinschaftsrechts in den Mitgliedstaaten der EG, A. Metzner, Frankfurt a.M, 2011.

Hertin, Paul, Kommentar zum deutschen Urheberrecht, Unter Berücksichtigung des internationalen Rechts und des Gemeinschaftsrechts in den Mitgliedstaaten der EG, A. Metzner, Frankfurt a.M, 2011.

Hilty, Reto, Lizenzvertragsrecht, Bern, Stämpfli, 2001.

Hilty, Reto M. in: Synodinou, Tatiana-Helenē, Codification of European copyright law, Information law series, Kluwer law international, Alphen aan den Rijn, The Netherlands, 2012.

Hilty, Reto/Peukert, Alexander, Das neue deutsche Urhebervertragsrecht im internationalen Kontext, GRUR Int 2002, 643-668.

Himmelmann, Ulrich, Vergütungsrechtliche Ungleichbehandlung von Arbeitnehmer-Erfinder und Arbeitnehmer-Urheber, 1. Auflage, Baden-Baden, München, Nomos-Verlags-Gesellschaft.

Hirsch Ballin, E.D.; Auteursrecht in wording, 1947.

Hirst, Alastair J. in: Reimer, Dietrich, Vertragsfreiheit im Urheberrecht, GRUR-Abhandlungen, New York, 1977.

Hoeren, Thomas in: Hoeren, Thomas/ Sieber, Ulrich/ Holznagel, Bernd, Handbuch Multimedia-Recht, Beck-online, 33. Ergänzungslieferung Stand Dezember 2012, C.H. Beck, München.

Hoeren, Thomas, Meyer, Lena, Arbeitsberichte zum Informations-, Telekommunikations- und Medienrecht, Verbotene Filme, Lit, Berlin, 2007.

Hoeren, Thomas, Sieber, Ulrich, Holznagel, Bernd, Beck-online, Handbuch Multimedia-Recht, Rechtsfragen des elektronischen Geschäftsverkehrs, C.H. Beck, München, 33. Ergänzungslieferung Stand Dezember 2012.

Holländer, Günther, Arbeitnehmerrechte an Software, Bayreuth, Verlag P.C.O., 1991.

Hugenholtz, Bernt in: Hugenholtz, Bernt/ Quaedvlieg, Aanton/ Visser, Dirk, A Century of Dutch Copyright Law, deLex, Amsterdam, 2012.

Hugenholtz, Bernt, Okediji, Ruth L., Conceiving an international instrument on limitations and exceptions to copyright, März 2008, abzurufen unter: http://www.iprsonline.org/resources/IntLE_HugenholtzOkediji.pdf (zuletzt abgerufen am 28.8.2016).

Hugenholtz, Bernt/ Quaedvlieg, Aanton/ Visser, Dirk, A Century of Dutch Copyright Law, Auteurswet 1912-2012, deLex, Amsterdam, 2012.

Hugenholtz, P. Bernt in: Synodinou, Tatiana-Helenē, Codification of European copyright law, Information law series, Kluwer law international, Alphen aan den Rijn, The Netherlands, 2012.

Institute for Information Law, Amsterdam, Study on the conditions applicable to contracts relating to Intellectual Property in the European Union, Study contract no. ETD/2000 /B5-3001/E/69, 2002.

Institute of Information Law, University Amsterdam, The Recasting of Copyright & Related Rights for the Knowledge Economy, 2003.

Jahn, Beatrix, Das Urheberpersönlichkeitsrecht im deutschen und britischen Recht, Münster, 1994.

Jani, Ole, Der Buy-out-Vertrag im Urheberrecht, Berlin, BWV, Berliner Wissenschafts-Verlag GmbH, 2003.

Jehoram, Cohen, Urheberrecht: eine Sache des Rechts oder der Opportunität?, GRUR Int 1993, 118-120.

Jougleux, Philippe in: Synodinou, Tatiana-Helenē, Codification of European copyright law, Information law series, Kluwer law international, Alphen aan den Rijn, The Netherlands, 2012.

Junker, Abbo, Internationales Arbeitsrecht in der geplanten Rom I-Verordnung, Recht der internationalen Wirtschaft, RIW, 2006, 401-408.

Junker, Abbo, Münchener Kommentar zum Bürgerlichen Gesetzbuch, Band 10, Rom I-VO, 6. Auflage, C. H. Beck, München, 2015.

Kabel, Jan/ Quaedvlieg, Antoon, Moral Rights, in: Hugenholtz, Bernt/ Quaedvlieg, Aanton/ Visser, Dirk, A Century of Dutch Copyright Law, deLex, Amsterdam, 2012.

Kaboth, Daniel, Kommentierung zu § 69b UrhG, Beck'scher Online-Kommentar UrhG, Stand 2014.

Kadner Graziano, Thomas, Das auf außervertragliche Schuldverhältnisse anzuwendende Recht nach Inkrafttreten der Rom II-VO, Rabelszeitschrift für ausländisches und internationales Privatrecht (RabelsZ), 2009, 1-76.

Katzenberger, Paul, Urheberrecht, 4. Auflage, C. H. Beck, München, 2010.

Kellerhals, Miriam, Urheberpersönlichkeitsrechte im Arbeitsverhältnis, 1. Auflage, Konstanz, Hartung-Gorre, 2000.

Kieninger, Eva-Maria, Internationale Zuständigkeit bei der Verletzung ausländischer Immaterialgüterrechte: Common Law auf dem Prüfstand des EuGVÜ - Zugleich Anmerkung zu Pearce v. Ove Arup Partnership Ltd. and others (Chancery Division) und Coin Controls Ltd. v. Suzo International (UK) Ltd and others (Chancery Division), GRUR Int, 280-290.

Kieninger, Eva-Maria in: Ferrari, Franco/ Kieninger, Eva-Maria/ Mankowski, Peter/ Otte, Karsten/ Schulze, Götz/ Saenger, Ingo/ Staudinger, Ansgar, Internationales Privatrecht, Rom-I-VO, CISG, CMR, FactÜ, München, 2012.

Kikkis, Ioannis in: Synodinou, Tatiana-Helenē, Codification of European copyright law, Information law series, Kluwer law international, Alphen aan den Rijn, The Netherlands, 2012.

Kindermann, Manfred, Der angestellte Programmierer – urheberrechtliche Beurteilung und Vertragspraxis, GRUR 1985, 1008-1016.

Klass, Nadine, Ein interessen – und prinzipienorientierter Ansatz für die urheberkollisionsrechtliche Normbildung: Die Bestimmung geeigneter Anknüpfungspunkte für die erste Inhaberschaft, GRUR Int, 546-557.

Klass, Nadine, Das Urheberkollisionsrecht der ersten Inhaberschaft – Plädoyer für einen universalen Ansatz, GRUR Int 2007, 373-386.

Klass, Nadine, Werkgenuss und Werknutzung in der digitalen Welt: Bedarf es einer Harmonisierung des Urheberpersönlichkeitsrechts?, ZUM 2015, 290-308.

Klein, Eckart, Grundrechtliche Schutzpflicht des Staates, NJW, 1989, 1633-1640.

Knörzer, Thomas, Das Urheberrecht im deutschen internationalen Privatrecht, Mannheim, 1992.

Koelman, K.J, De aanbevelingen auteurscontractenrecht, AMI 2005, 9-11.

Kolle, Gert, Der angestellte Programmierer, GRUR 1985, 1016-1024.

Kotthoff, Jost, Heidelberger Kommentar zum Urheberrecht, 2. Auflage, Müller, Heidelberg, 2013.

Kraßer, Rudolf, Verpflichtung und Verfügung im Immaterialgüterrecht, GRUR Int 1973, 230-238.

Kraßer, Rudolf, Urheberrecht in Arbeits- Dienst- und Auftragsverhältnissen, in: Beier, Friedrich-Karl/ Schricker, Gerhard, Urhebervertragsrecht, Festgabe für Gerhard Schricker zum 60.Geburtstag, C.H. Beck, München, 1995.

Kreile, Johannes/Wallner, Christoph, Schutz der Urheberpersönlichkeit im Multimedia-Zeitalter, ZUM 1997, 625-634.

Kretschmer, Martin/ Derclaye, Estelle/ Favale, Marcella/ Watt, Richard, The Relationship Between Copyright and Contract Law Intellectual, London, 2010.

Kretschmer, Martin/ Hartwick, Philip, Authors' earnings from copyright and non-copyright sources: A survey of 25,000 British and German writers, Bournemouth, 2007.

Kretschmer, Martin/ Sukhpreet Singh/ Lionel Bently/ Elena Cooper, Copyright contracts and earnings of visual creators: A survey of 5,800 British designers, fine artists, illustrators and photographers, Bournemouth, 2011.

Kroitzsch, Hermann/Götting, Horst-Peter, Beck'scher Online-Kommentar Urheberrechtsgesetz, 2014.

Kropholler, Jan, Internationales Privatrecht, 6. Auflage, Tübingen, Mohr Siebeck, 2006.

Krüger-Nieland, Gerda, Das Urheberpersönlichkeitsrecht, eine besondere Erscheinungsform des allgemeinen Persönlichkeitsrechts? in: Festschrift für Fritz Hauß, Karlsruhe, 1978.

Kuckuk, Meike, Die Vergütungsansprüche der Arbeitnehmerurheber im Spannungsfeld zwischen Arbeitsrecht und neuem Urheberrecht, Frankfurt am Main, Peter Lang, 2005.

Kunze, Otto, Arbeitnehmererfinder- und Arbeitnehmerurheberrecht als Arbeitsrecht, RdA 1975, 42-48.

Kur, Annette, Die Ergebnisse des CLIP-Projekts – zugleich eine Einführung in die deutsche Fassung der Principles on Conflict of Laws in Intellectual Property, GRURInt 2012, 857-868.

Laddie, Hugh/ Prescott, Peter/ Vitoria, Mary, The modern law of copyright and designs, 4. Auflage, London, Butterworths, 2011.

Lauber-Rönsberg, Anne, Parodien urheberrechtlich geschützter Werke, Eine Bestandsaufnahme nach der »Deckmyn«-Entscheidung des EuGH, ZUM 2015, 658-666.

Larenz, Karl, Das "allgemeine Persönlichkeitsrecht" im Recht der unerlaubten Handlungen, Neue juristische Wochenschrift, NJW 1955, 521-525.

Larese, Wolfgang, Immaterialgüterrecht 1987, Zur dritten Auflage von Alois Trollers Immaterialgüterrecht, UFITA 1987 (105), 7-16.

Latka, Romy, Das droit moral in den Niederlanden, Münster, 2000.

Lauber-Rönsberg, Anne, Sonderbereiche: Kollisionsrecht, in Möhring/ Nicolini, Beck'scher Online-Kommentar Handels- und Wirtschaftsrecht, Urheberrecht.

Leible, Stefan, Rom I und Rom II: Neue Perspektiven im Europäischen Kollisionsrecht, Zentrum für Europäisches Wirtschaftsrecht, Bericht Nr. 173, 2008, abzurufen unter: https://www.zew.uni-bonn.de/publikationen/schriftenreihe-des-zentrums-fuer-europaeisches-wirtschaftsrecht/heft-173-leible.pdf. (zuletzt abgerufen am 28.8.2016).

Leible, Stefan/ Lehmann, Matthias, Die neue EG-Verordnung über das auf außervertragliche Schuldverhältnisse anzuwendende Recht ("Rom II"), Recht der internationalen Wirtschaft, RIW 2009, 721-735.

Lenselink, Bart in: Hugenholtz, Bernt/ Quaedvlieg, Aanton/ Visser, Dirk, A Century of Dutch Copyright Law, deLex, Amsterdam, 2012.

Lester, David/Mitchell, Paul, Johnson-Hicks on UK copyright law after the 1988 act, London, Agincourt, Ont, Sweet & Maxwell, Carswell Co. Ltd, distributor for Canada and USA, 1989.

Leuze, Dieter, Die Urheberrechte der wissenschaftlichen Mitarbeiter, GRUR 2006, 552-560.

Lewinski, Silke von in: Synodinou, Tatiana-Helenē, Codification of European copyright law, Information law series, Kluwer law international, Alphen aan den Rijn, The Netherlands, 2012.

Lewinski, Silke von/ Katzenberger, Paul, Walter, Michel M. in: Loewenheim, Ulrich, Handbuch des Urheberrechts, C.H. Beck, München, 2010.

Lingen, Niek, Auteursrecht in hoofdlijnen, 6. Auflage, Groningen, Wolters-Noordhoff, 2007.

Link, Klaus-Ulrich, Die Auswirkungen des Urheberrechts auf die vertraglichen Beziehungen bei der Erstellung von Computerprogrammen, GRUR 1986, 141-146.

Lisch, Karsten, Das Abstraktionsprinzip im deutschen Urheberrecht, Frankfurt am Main [u.a.], Lang, 2007.

Loewenheim, Ulrich, Nordemann, Jan Bernd in: Loewenheim, Ulrich, Handbuch des Urheberrechts, C.H. Beck, München, 4. Auflage, 2010.

Looschelders, Dirk/Olzen, Dirk/Schiemann, Gottfried, J. von Staudingers Kommentar zum Bürgerlichen Gesetzbuch mit Einführungsgesetz und Nebengesetzen, Eckpfeiler des Zivilrechts, Sellier, De Gruyter, Berlin, 1978-2012.

Lößl, Wolfgang, Rechtsnachfolge in Verlagsverträgen, 1997.

Lucas, André, Copyright Bulletin, Applicable law in copyright infringement cases in the digital environment, Oktober 2005.

Lucas-Schloetter, Agnès, Die Rechtsnatur des Droit Moral, GRUR Int 2002, 809-815.

Mallmann, Roman, Rechtswahlklauseln unter Ausschluss des IPR, NJW 2008, 2953-2958.

Mankowski, Peter in: Ferrari, Franco/ Leible, Stefan, Rome I Regulation, Sellier. European Law Pub., Munich, 2009.

Martiny, Dieter, Münchener Kommentar zum Bürgerlichen Gesetzbuch, Band 10, Rom I-VO, 6.Auflage, C. H. Beck, München, 2015.

Masouyé, Claude, Kommentar zur Berner Übereinkunft zum Schutz von Werken der Literatur und Kunst, Genf, World Intellectual Property Organization, 1981.

Matanovic, Stefanie, Rechtsgeschäftliche Dispositionen über urheberpersönlichkeitsrechtliche Befugnisse unter Berücksichtigung des französischen und US-amerikanischen Rechts, Frankfurt am Main, P. Lang, 2006.

Mathis, Hans-Peter, Der Arbeitnehmer als Urheber, Frankfurt am Main u.a, Lang, 1988.

Matthies, Uta, Die Unwirksamkeit von Verträgen im deutschen, englischen und spanischen Recht mit Blick auf die Angleichung der Rechtssysteme, 2006.

Maur, Rolf auf der, Die Rechtstellung des Produzenten im Urheberrecht, UFITA - Archiv für Urheber-, Film-, Funk- und Theaterrecht, 1992, 87-146.

Merkin, Robert, Sweet & Maxwell's UK & EC competition law statutes 2004/05, London, Sweet & Maxwell, 2004.

Metzger, Axel, Rechtsgeschäfte über das Droit moral im deutschen und französischen Urheberrecht, , C.H. Beck, München, 2002.

Metzger, Axel in: Basedow, Jürgen/ Kono, Toshiyuki/ Metzger, Axel, Intellectual property in the global arena, Materialien zum ausländischen und internationalen Privatrecht, Mohr Siebeck, Tübingen, 2010.

Metzger, Axel in: Leible, Stefan/ Ohly, Ansgar/ Zech, Herbert, Wissen - Märkte – Geistiges Eigentum, Geistiges Eigentum und Wettbewerbsrecht, Mohr Siebeck, Tübingen, 2010.

Metzger, Axel in: Kono, Toshiyuki, Intellectual property and private international law, Studies in private international law, Hart Pub., Oxford, Portland, Or, 2012.

Mom, Gerard, Keuchenius, P. J., Het Werkgeversauteursrecht, Kan de werkgever het maken?, Kluwer, Deventer, 1992.

Monti, Mario, A new strategy for the single market at the service of Europe`s economy and society, Report to the President of the European Commission José Manuel Barroso, 9. Mai 2010.

Müller-Höll, Dorothea, Der Arbeitnehmerurheber in der Europäischen Gemeinschaft, Frankfurt am Main, Perter Lang, 2005.

Münch, Ingo/Kunig, Philip, Grundgesetz - Kommentar: GG, 6. Auflage, C.H. Beck, 2012.

Neuhaus, Paul, Die Grundbegriffe des internationalen Privatrechts, 1976.

Neuhaus, Paul, Freiheit und Gleichheit im internationalen Immaterialgüterrecht, Rabelszeitschrift für ausländisches und internationales Privatrecht 1976, 191-195.

Nipperdey, Hans-Carl, Das allgemeine Persönlichkeitsrecht, UFITA – Archiv für Urheber-, Film-, Funk- und Theaterrecht, 1960, 1-29.

Nolden, Christoph, Das Abstraktionsprinzip im urheberrechtlichen Lizenzverkehr, Göttingen, 2005.

Nordemann, Jan, AGB-Kontrolle von Nutzungsrechtseinräumungen durch den Urheber, NJW 2012, 3121-3126.

Nordemann, Jan, Urheberrecht, Kommentar zum Urheberrechtsgesetz und zum Urheberrechtswahrnehmungsgesetz, 11. Auflage, Kohlhammer, Stuttgart, 2014.

Nordemann-Schiffel, Anke, Urheberrecht, Kommentar zum Urheberrechtsgesetz und zum Urheberrechtswahrnehmungsgesetz, 11. Auflage, Kohlhammer, Stuttgart, 2014.

Nordemann, Wilhelm/Vinck, Kai/Hertin, Paul/Meyer, Gerald, International copyright and neighboring rights law, Weinheim [etc.], VCH, 1990.

Oechsler, Jürgen, Münchener Kommentar zum Bürgerlichen Gesetzbuch, Band 10, Rom I-VO, 6. Auflage, C. H. Beck, München, 2015.

Oetker, Hartmut in: Richardi, Reinhard/ Wlotzke, Otfried/ Wissmann, Hellmut/ Oetker, Hartmut, Münchener Handbuch zum Arbeitsrecht, Beck-Online: Bücher, 3. Auflage, C.H. Beck, München, 2009.

Ohly, Ansgar, "Volenti non fit iniuria": die Einwilligung im Privatrecht, Tübingen, 2002.

Olenhusen, Albrecht von, Der Urheber- und Leistungsrechtsschutz der arbeitnehmerähnlichen Personen, GRUR 2002, 11-18.

Olenhusen, Albrecht von, Der Arbeitnehmer-Urheber im Spannungsfeld zwischen Urheber-, Vertrags-, und Arbeitsrecht, ZUM 2010, 474-482.

Osenberg, Ralph, Die Unverzichtbarkeit des Urheberpersönlichkeitsrechts, 1979.

Osterrieth, Albert, Die Geschichte des Urheberrechts in England, Leipzig, C.L. Hirschfeld, 1895.

Paapst, Mathieu, Werkgever en auteursrecht, Groningen, University of Groningen, 2010.

Beck'sche Kurz-Kommentare, Bürgerliches Gesetzbuch, Mit Nebengesetzen, insbesondere mit Einführungsgesetz (Auszug) einschließlich Rom I-, Rom II- und Rom III-Verordnungen sowie Haager Unterhaltsprotokoll und EU-Erbrechtsverordnung, Beck, München, 734. Auflage, 2015.

Peifer, Karl-Nikolaus, Die Individualität im Zivilrecht, 2001.

Peifer, Karl-Nikolaus, Das Territorialitätsprinzip im Europäischen Gemeinschaftsrecht vor dem Hintergrund der technischen Entwicklungen, ZUM 2006, 1-8.

Peifer, Karl-Nikolaus, "Individualität" or Originality? Core Concepts in German copyright law, GRUR Int 2014, 1100-1105.

Peinze, Alexander, Internationales Urheberrecht in Deutschland und England, Tübingen, Mohr Siebeck, 2002.

Peter, Wilhelm, Das allgemeine Persönlichkeitsrecht und das "droit moral" des Urhebers und des Leistungsschutzberechtigten in den Beziehungen zum Film, Baden-Baden, 1962.

Peukert, Alexander, Besprechung des Werks von Axel Metzger: Rechtsgeschäfte über das Droit moral im deutschen und französischen Urheberrecht, 2002, UFITA - Archiv für Urheber-, Film-, Funk- und Theaterrecht, 2002/III, 883-887.

Pfeiffer, Thomas, Neues Internationales Vertragsrecht – Zur Rom I- Verordnung, EuZW 2008, 622-629.

Pfeiffer, Thomas/Weller, Matthias/Nordmeier, Carl, Recht der elektronischen Medien, Kommentar, 2. Auflage, C.H. Beck, München, 2011.

Phillips, Jeremy/Firth, Alison; Introduction to intellectual property law; 4; London, Dayton, Ohio; Butterworths; LexisNexis; 2001.

Kingreen, Thorsten/ Poscher, Ralf, begründet von Pieroth, Bodo /Schlink, Bernhard, Grundrechte und Staatsrecht II, 29. Auflage, 2013.

Pieroth, Pilny, Karl, Der englische Verlagsvertrag, München, 1989.

Poort, J.P/Theeuwes, J.J.M, Prova d`Orchestra, AMI, 2010, 137-145.

Quaedvlieg, Aanton, Een multiple personality syndrom in het i.p.r.: wie is auteursrechthebbende, Tijdschrift voor auteurs-, media- & informatierecht (AMI) 1997, 155-162.

Quaedvlieg, Aanton in: Synodinou, Tatiana-Helenē, Codification of European copyright law, Information law series, Kluwer law international, Alphen aan den Rijn, The Netherlands, 2012.

Quaedvlieg, Antoon, Denker im Dienstverhältnis, GRUR Int 2002, 901-914.

Quaedvlieg, Antoon, Moral rights in the 21st century. Questionnaire Report of the Netherlands, The changing role of the moral rights in an era of information overload, 2014.

Quaedvlieg, Antoon in: Association Littéraire et Artistique Internationale (ALAI), Moral rights in the 21st century, 2014.

Radmann, Friedrich, Abschied von der Branchenübung: Für ein uneingeschränktes Namensnennungsrecht der Urheber, ZUM 2001, 731-818.

Reber, Ulrich, Die internationale gerichtliche Zuständigkeit bei grenzüberschreitenden Urheberrechtsverletzungen, ZUM 2005, 194-203.

Regelin, Frank, Das Kollisionsrecht der Immaterialgüterrechte an der Schwelle zum 21. Jahrhundert, 1999.

Rehbinder, Manfred in: Herschel, Wilhelm/ Klein, Friedrich/ Rehbinder, Manfred, Festschrift für Georg Roeber, 1973.

Rehbinder, Manfred, Schriften zum schweizerischen Arbeitsrecht, Das Urheberrecht im Arbeitsverhältnis, Berichte über das Recht im Ausland als Beitrag zur schweizerischen Urheberrechtsreform, Verlag Stämpfli & Cie, Bern, 1983.

Rehbinder, Manfred, Urheberrecht, 15. Auflage, C.H. Beck, München, 2008.

Reimer, Dietrich, GRUR-Abhandlungen, Vertragsfreiheit im Urheberrecht, Eine Sammlung von Beiträgen, New York, 1977.

Ricketson, Sam, The Berne Convention for the Protection of Literary and Artistic Works, [London], Centre for Commercial Law Studies, Queen Mary College, Kluwer, 1987.

Ricketson, Sam/Ginsburg, Jane, International copyright and neighbouring rights, 2. Auflage, Oxford, New York, Oxford University Press, 2006.

Riedel, Hermann, Urheber- und Verlagsrecht, Handkommentar des Urheberrechtsgesetzes und des Verlagsgesetzes mit Nebengesetzen, Dt. Fachschriften-Verl. Braun, Wiesbaden, 1978-1993.

Riesenhuber, Karl, Der Einfluss der RBÜ auf die Auslegungen des deutschen Urheberrechtsgesetzes, ZUM 2003, 333-342.

Riesenhuber, Karl in: Riesenhuber, Karl, Systembildung im europäischen Urheberrecht, de Gruyter Recht, Berlin, 2007.

Rij, Cees, Moral rights, Apeldoorn [etc.], MAKLU, op. 1995.

Rojahn, Sabine, Der Arbeitnehmerurheber in Presse, Funk und Fernsehen, 1. Auflage, C.H. Beck, München, 1978.

Rojahn, Sabine in: Loewenheim, Ulrich, Handbuch des Urheberrechts, C.H. Beck, München, 2010.

Ropohl, Fabian, Zur Anknüpfung der formlosen Markenrechte im Internationalen Markenrecht, 2003.

Rosati, Eleonora, Exploitation of cultural content and licensing models, Mobile Collections Project, 2013, abzurufen unter: http://www.digitalhumanities.cam.ac.uk/Licensingoutreport.pdf.

Rosati, Eleonora, Just a laughing matter? Why the decision in Deckmyn is broader than parody, Common Market Law Review (CMLR), 2015, 511-529.

Rose, Mark, Authors and owners, Cambridge, Mass, Harvard University Press, 1993.

Roth, Hans-Peter, Urheberrecht: Schutz von Portraitfotografien, Europäische Zeitschrift für Wirtschaftsrecht EuZW, 2012, 182-190.

Sack, Rolf, Das IPR des geistigen Eigentums nach der Rom II-VO, Wettbewerb in Recht und Praxis: WRP, 2008, 1405-1419.

Sahmer, Heinz, Der Arbeitnehmer im Spiegel des Urheberrechts und der verwandten Schutzrechte, UFITA - Archiv für Urheber- und Medienrecht, 1956, 34-39.

Schacht, Sascha, Die Einschränkung des Urheberpersönlichkeitsrechts im Arbeitsverhältnis, 1. Auflage, Göttingen, V & R unipress, 2004.

Schack, Haimo, Zur Anknüpfung des Urheberrechts im internationalen Privatrecht, Berlin, Duncker und Humblot, 1979.

Schack, Haimo, Wem gebührt das Urheberrecht, dem Schöpfer oder dem Produzenten? ZUM 1990, 59-62.

Schack, Haimo, Internationale Urheber-, Marken- und Wettbewerbsrechtsverletzungen im Internet, MMR, 2000, 59-65.

Schack, Haimo, Urhebervertragsrecht, 6. Auflage, Tübingen, Mohr Siebeck, 2013.

Schilcher, Theresia, Der Schutz des Urhebers gegen Werkänderungen, München, VVF, 1989.

Schlachter, Monika in: Beck'sche Kurz-Kommentare, Erfurter Kommentar zum Arbeitsrecht, 14. Auflage, C.H. Beck, München, 2014.

Schmieder, Hans-Heinrich, Die Rechtsstellung der Urheber und künstlerischen Werkmittler im privaten und öffentlichen Dienst, GRUR 1963, 297-302.

Schneider, Félicie, Die Leistungsverfügung im niederländischen, deutschen und europäischen Zivilprozessrecht, Tübingen, Mohr Siebeck, 2013.

Scholz, Matthias, Die rechtliche Stellung des Computerprogramme erstellenden Arbeitnehmers nach Urheberrecht, Patentrecht und Arbeitnehmererfindungsrecht, Köln, 1989.

Schrage, Eltjo, Die Regeln der Kunst, Die Regeln der Kunst, 2009.

Schricker, Gerhard in: Hubmann, Heinrich/ Forkel, Hans/ Kraft, Alfons, Beiträge zum Schutz der Persönlichkeit und ihrer schöpferischen Leistungen, Metzner, Frankfurt am Main, 1985.

Schricker, Gerhard, Urheberrecht auf dem Weg zur Informationsgesellschaft, 1. Auflage, Baden-Baden, Nomos, 1997.

Schricker, Gerhard, Zum neuen deutschen Urhebervertragsrecht, GRUR Int 2002, 797-809.

Schricker, Gerhard/Loewenheim, Ulrich, Urheberrecht, 4. Auflage, C. H. Beck, München, 2010.

Schwab, Brent, Der Arbeitnehmer als Urheber, NZA-RR 2015, 5-9.

Schwarz, Mathias/Klingner, Norbert, Rechtsfolgen der Beendigung von Filmlizenzverträgen – zugleich eine Erwiderung auf Wente/Härle, GRUR 1997, 96 ff, GRUR 1997, 103-113.

Seetzen, Uwe, Der Verzicht im Immaterialgüterrecht, 1966.

Seewald, Otfried/Freudling, Gabriele, Der Beamte als Urheber, NJW, 1986, 2688-2692.

Seignette, Jacqueline, Challenges to the creator doctrine, Deventer [etc.], Kluwer Law and Taxation Publishers, 1994.

Seignette, Jacqueline in: Hugenholtz, Bernt/ Quaedvlieg, Aanton/ Visser, Dirk, A Century of Dutch Copyright Law, deLex, Amsterdam, 2012.

Siehr, Kurt, Das urheberrechtliche Folgerecht inländischer Künstler nach Versteigerung ihrer Werke im Ausland, IPRax, 1992, 29-33.

Skrzipek, Klaus, Urheberpersönlichkeitsrecht und Vorfrage, Schriftenreihe der UFITA, 1999

Sonnenberger, Hans, J. von Staudingers Kommentar zum Bürgerlichen Gesetzbuch mit Einführungsgesetz und Nebengesetzen, Eckpfeiler des Zivilrechts, Sellier, De Gruyter, Berlin, 1978-2012.

Specht, Louisa/Koppermann, Ilona, Vom Verhältnis der §§ 14 und 24 UrhG nach dem »Deckmyn«-Urteil des EuGH, ZUM 2016, 19-24.

Spellenberg, Ulrich, Münchener Kommentar zum Bürgerlichen Gesetzbuch, Band 10, Rom I-VO, 6. Auflage, C. H. Beck, München, 2015.

Spindler, Gerald/Schuster, Fabian, Recht der elektronischen Medien, 3. Auflage, C.H.Beck, München, 2015.

Spoendlin, Kasper, Der internationale Schutz des Urhebers, UFITA - Archiv für Urheber-, Film-, Funk- und Theaterrecht, 1988, 11-54.

Spoor, Jacob/Verkade, Dirk/Visser, Dirk, Auteursrecht, 3.Auflage, Deventer, Kluwer, 2005.

Srocke, Marc-Oliver, Das Abstraktionsprinzip im Urheberrecht, GRUR 2008, 867-873.

Srocke, Marc-Oliver, Das Abstraktionsprinzip im Urheberrecht, Frankfurt a.M, Paper Chase, 2008.

Stadler, Astrid, Kommentar zur Zivilprozessordnung, 10. Auflage, 2013.

Stamatoudi, Irini, Moral rights of authors in England: the missing emphasis on the role of creators, Intellectual Property Quarterly (IPQ), 1997, 478-513.

Steinberg, Katrin, Urheberrechtliche Klauseln in Tarifverträgen, 1.Auflage, Baden-Baden, Nomos-Verl.-Ges, 1998.

Sterling, J., World copyright law, 3. Auflage, London, Sweet & Maxwell, 2008.

Stern, Klaus, Das Staatsrecht der Bundesrepublik Deutschland, C. H. Beck'sche Verlagsbuchhandlung, München, 1994.

Stewart, Stephen M., Sandison, Hamish, International copyright and neighbouring rights, Butterworths, London [etc.], 2. Auflage, 1989.

Stieper, Malte, Das Recht der Europäischen Union, C.H. Beck, München, 2012.

Stimmel, Ulrike, Die Beurteilung von Lizenzverträgen unter der Rom I-Verordnung, GRUR Int 2010, 783-792.

Stokes, Simon, Digital copyright, 4. Auflage, Oxford, Hart Publishing Ltd, 2014.

Stolz, Frank, Die Nutzungsrechte am Arbeitsergebnis des bei einem Sendeunternehmen beschäftigten Mitarbeiters im Spannungsverhältnis zwischen Urheberrecht und Arbeitsrecht, UFITA – Archiv für Urheber-, Film-, Funk- und Theaterrecht, 1985, 29-48.

Stolz, Hansjörg, Der Ghostwriter im deutschen Recht, München, 1971.

Strowel, Alain in: Sherman, Brad/ Strowel, Alain, Of authors and origins, Clarendon Press, Oxford University Press, Oxford, New York, 1994.

Strowel, Alain, Vanbrabant, Bernard in: Werra, Jacques, Research handbook on intellectual property licensing, Research handbooks in intellectual property, Edward Elgar, Cheltenham, UK, Northampton, MA, USA, 2013.

Sujecki, Bartosz, Die Solvay-Entscheidung des EuGH und ihre Auswirkungen auf Verfahren über Immaterialgüterrechte, GRUR Int 2013, 201-214.

Sundara Rajan, Mira, Moral rights, Oxford, New York, Oxford University Press, 2011.

Synodinou, Tatiana-Helenē, Information law series, Codification of European copyright law, Challenges and perspectives, Kluwer law international, Alphen aan den Rijn, The Netherlands, 2012.

Thielecke, Susanna, Möglichkeiten kollektiver Wahrnehmung des Urheberpersönlichkeitsrechts, München, Utz, Wiss., 2003.

Thielecke, Susanna/Bechtolsheim, Sebastian, Urheberrecht für die Mitwirkenden an komplexen Werken?, GRUR Int 2003, 754-759.

Thiele, Markus, Die Erstautorenschaft bei wissenschaftlichen Publikationen, GRUR 2004, 392-395.

Thum, Dorothee in: Drexl, Josef/ Kur, Annette, International property and private international law, Hart, Oxford and Portland, Oregon, 2005.

Thum, Dorothee, Urheberrecht, 4. Auflage, De Gruyter, Berlin, 2014.

Tinnefeld, Robert, Die Einwilligung in urheberrechtliche Nutzungen im Internet, Tübingen, Mohr Siebeck, 2012.

Torremans, Paul in: Axhamn, Johan, Copyright in a borderless online environment, 1. Auflage, 2012

Torremans, Paul, Authorship, Ownership of Right and Works created by Employees, European Intellectual Property Review (EIPR), 2005, 220-224.

Torremans, Paul, Holyoak and Torremans intellectual property law, 7. Auflage, Oxford, Oxford University Press, 2013.

Treiger-Bar-Am, Leslie Kim in: Porsdam, Helle, Copyright and other fairy tales, Edward Elgar, Cheltenham, UK, Northampton, MA, 2006.

Triebel, Volker/Balthasar, Stephan, Auslegung englischer Vertragstexte unter deutschem Vertragsstatut – Fallstricke des Art. 32 I Nr. 1 EGBGB, NJW, 2004, 2189-2195.

Ullmann, Elke, Das urheberrechtlich geschützte Arbeitsergebnis – Verwertungsrecht und Vergütungspflicht, GRUR 1987, 6-14.

Ullrich, Jan, Urheberrecht und Satellitenrundfunk, Berlin, BWV Berliner Wissenschafts-Verl, 2009.

Ulmer, Eugen, Der Schutz der industriellen Formgebung, GRUR Ausl. 1959, 1-8.

Ulmer, Eugen, Urheber- und Verlagsrecht, 2. Auflage, Berlin, Springer, 1960.

Ulmer, Eugen, Die Immaterialgüterrechte im internationalen Privatrecht, Köln, Berlin, Bonn, München, Heymann, 1975.

Ulmer, Eugen, Gewerbliche Schutzrechte und Urheberrechte im Internationalen Privatrecht, Rabelszeitschrift für ausländisches und internationales Privatrecht, 1977, 479-514.

Ulmer, Eugen, Urheber- und Verlagsrecht, 3. Auflage, Berlin, Springer, 1980.

Ulmer, Eugen in: Hubmann, Heinrich/ Forkel, Hans/ Kraft, Alfons, Beiträge zum Schutz der Persönlichkeit und ihrer schöpferischen Leistungen, Metzner, Frankfurt am Main, 1985.

Ulrici, Bernhard, Vermögensrechtliche Grundfragen des Arbeitnehmerurheberrechts, Tübingen, Leipzig, Mohr Siebeck, 2008.

Van den Broek, B.J/den Akker, J.H.C/Berghuis, Bas/van Woortman, C.L./David, T.A/ Heezius, A.E/den Hertog, W.P/Pors, W.E./Weij M./van der Wijst, A.A.H.M in: Employers' rights to intellectual property, AIPPI 2004, Report 183 Q, Netherlands.

Van den Eijende, Vincent/Siegelaar, Anouk, Overdracht van auteursrecht op logo`s, AMI 2006, 200-201.

Van der Burg, Marc, Internationaal goederenrechtelijke verwijzingsregels voor de overdracht van merken en octrooien (deel 1), IER, 2006, 131-139.

Van der Hoff, Oliver, Die Vergütung angestellter Software-Entwickler, 1. Auflage, Baden-Baden, Nomos, 2009.

Van Lingen, N., Auteursrecht in hoofdlijnen, 6. Auflage, Groningen, Wolters-Noordhoff, 2007.

Vinck, Kai, Die Rechtsstellung des Urhebers im Arbeits- und Dienstverhältnis, Berlin, Schweitzer, 1972.

Visser, Dirk, Moral rights Persoonlijkheidsrechten van degenen die hebben nagelaten ne te laten, Tijdschrift voor auteurs-, media- & informatierecht (AMI), 1993, 169-171.

V. Hartlieb, Holger/ Schwarz, Mathias, Handbuch des Film-, Fernseh- und Videorechts, 5. Auflage, C.H. Beck, München, 2011.

Vries, Louis de, Parlementaire Geschiedenis van de Auteurswet 1912, (looseleaf edition), Den Hague, 1989.

Wachshöfer, Alfred in: Hubmann, Heinrich/ Forkel, Hans/ Kraft, Alfons, Beiträge zum Schutz der Persönlichkeit und ihrer schöpferischen Leistungen, Metzner, Frankfurt am Main, 1985.

Wadlow, Christopher in: Kono, Toshiyuki, Intellectual property and private international law, Studies in private international law, Hart Pub., Oxford, Portland, Or, 2012.

Waelde, Charlotte/Laurie, G./Brown, Abbe/Kheria, Smita/Cornwell, Jane/MacQueen, Hector, Contemporary intellectual property, 3. Auflage, Oxford, Oxford University Press, 2013.

Wallner, Christoph, Der Schutz von Urheberwerken gegen Entstellungen unter besonderer Berücksichtigung der Verfilmung, Frankfurt am Main [u.a.], Lang, 1995.

Walter, Michel M. in: Loewenheim, Ulrich, Handbuch des Urheberrechts, C.H. Beck, München, 2010.

Walter, Michel/Lewinski, Silke, European copyright law, Oxford, New York, Oxford University Press, 2010.

Wandtke, Artur-Axel, Zum Vergütungsanspruch des Urhebers im Arbeitsverhältnis, GRUR 1992, 139-144.

Wandtke, Artur-Axel, Die Kommerzialisierung der Kunst und die Entwicklung des Urheberrechts im Lichte der Immaterialgüterrechtslehre von Josef Kohler, GRUR 1995, 385-392.

Wandtke, Artur-Axel, Reform des Arbeitnehmerurheberrechts?, GRUR 1999, 390-396.

Wandtke, Artur-Axel, Zur Reform des Urhebervertragsrechts, K&R 2001, 601-607.

Wandtke, Artur-Axel, Bullinger, Winfried, Urheberrecht, De Gruyter, Berlin, 4. Auflage, 2014.

Wandtke, Artur-Axel/Grunert, Eike in: Urheberrecht, 4. Auflage, De Gruyter, Berlin, 2014.

Wandtke, Artur-Axel, 50 Jahre Urheberrechtsgesetz – eine unendliche Geschichte des Arbeitnehmerurheberrechts, GRUR 2015, 831-839.

Wandtke, Artur-Axel/Haupt, Stefan, Die Rechte der Urheber und ausübenden Künstler im Arbeits- und Dienstverhältnis, Berlin, Berlin-Verlag Spitz, 1993.

Wente, Jürgen/Härle, Philipp, Rechtsfolgen einer außerordentlichen Vertragsbeendigung auf die Verfügungen in einer "Rechtekette" im Filmlizenzgeschäft und ihre Konsequenzen für die Vertragsgestaltung – Zum Abstraktionsprinzip im Urheberrecht, GRUR 1997, 97-102.

Wernicke, Nina/Kockentiedt, Florian, Das Rückrufsrecht aus § 34 Abs. 3 UrhG, ZUM 2004, 348-357.

Werra, Jacques de in: Synodinou, Tatiana-Helenē, Codification of European copyright law, Information law series, Kluwer law international, Alphen aan den Rijn, The Netherlands, 2012.

Wille, Stefan, Die kollisionsrechtliche Geltung der urheberrechtlichen Neuregelungen zu den unbekannten Nutzungsarten – §§ 31a, 32c UrhG im Lichte des Internationalen Privatrechts, GRUR Int 2008, 389-393.

Wit, Severin de, van der Burg, Marc, van der Meerakker, Wilma, Berghuis, Bas, Overdijk, Tjeerd, Veltman, Michael in: Europäische Kommission, Studie Q 190, Contracts regarding Intellectual Property Rights (assignments and licenses) and third parties.

Wündisch, Sebastian in: Berger, Christian/ Wündisch, Sebastian/ Abel, Paul, Urhebervertragsrecht, 1. Auflage, Nomos, Baden-Baden, 2008.

Zimmer, Till, Urheberrechtliche Verpflichtungen und Verfügungen im Internationalen Privatrecht, 1. Auflage, Baden-Baden, Nomos-Verl.-Ges., 2006.

Zirkel, Markus, Das Recht des angestellten Urhebers und EU-Recht, Stuttgart, Fraunhofer-IRB-Verlag, 2002.

Zirkel, Markus, Das neue Urhebervertragsrecht und der angestellte Urheber, WRP 2003, 59-65.

Zirkel, Markus, Der angestellte Urheber und § 31 Abs. 4 UrhG, ZUM 2004, 626-634.

Zöllner, Wolfgang in: Hubmann, Heinrich/ Forkel, Hans/ Kraft, Alfons, Beiträge zum Schutz der Persönlichkeit und ihrer schöpferischen Leistungen, Metzner, Frankfurt am Main, 1985.